明清史探研

南炳文先生八秩华诞文集

何孝荣
庞乃明 ◎ 主编

天津出版传媒集团
天津人民出版社

图书在版编目（CIP）数据

明清史探研：南炳文先生八秩华诞文集 / 何孝荣,
庞乃明主编. -- 天津：天津人民出版社, 2023.1
ISBN 978-7-201-18958-1

Ⅰ.①明… Ⅱ.①何… ②庞… Ⅲ.①中国历史—明
清时代—文集 Ⅳ.①K248.07-53

中国版本图书馆CIP数据核字(2022)第231047号

明清史探研：南炳文先生八秩华诞文集

MING QING SHI TAN YAN : NAN BINGWEN XIANSHENG BA ZHI HUADAN WENJI

出　　版	天津人民出版社	
出 版 人	刘　庆	
地　　址	天津市和平区西康路35号康岳大厦	
邮政编码	300051	
邮购电话	（022）23332469	
电子信箱	reader@tjrmcbs.com	

责任编辑　金晓芸
特约编辑　燕文青
装帧设计　明轩文化·李晶晶
封面绘图　明轩文化·苏　畅

印　　刷	天津新华印务有限公司	
经　　销	新华书店	
开　　本	787毫米×1092毫米　1/16	
印　　张	44.75	
插　　页	4	
字　　数	910千字	
版次印次	2023年1月第1版　　2023年1月第1次印刷	
定　　价	299.00元	

序

　　时光荏苒，日月如梭，牛去虎来，万象更新，我们也迎来了南炳文先生八秩华诞。

　　南炳文先生，1942年生，河北省广宗县人。1966年毕业于南开大学历史系，1971年开始先后在南开大学历史系、历史研究所、历史学院工作，担任教授、博士生导师、资深教授，兼任中国明史学会学术委员会主席、廊坊师范学院特聘教授。曾任南开大学学术委员会委员、历史研究所所长、天津市政协常委、文史委常务副主任，中国明史学会会长，兼任日本东北学院大学、立命馆大学、东洋文库及中国社会科学院历史研究所、故宫博物院宫廷史研究中心客座研究员，享受国务院特殊津贴。他曾先后赴日本、韩国、加拿大及中国台湾、香港地区进行学术访问和讲学。

　　南炳文先生从事明清史研究和教学六十载，为南开大学历史学科和中国明史学科体系建设都做出了杰出贡献。南先生治学严谨勤奋，著作等身，代表作有《中国古代史》（合著）、《中国历史大辞典》（明史卷，合编）、《明史》（上下册，合著）、《中国封建王朝兴衰史》（明朝卷，合著）、《中国反贪史》（合著）、《佛道秘密宗教与明代社会》（合著）、《南明史》《明代文化研究》（合著）、《"盛世"下的潜藏危机——张居正改革研究》（合著）、《20世纪中国明史研究回顾》、《清史》（上下册，合著）、《清史纪事本末》（十卷本，主编）、《中国通史》（第8册，合著）、《清代苗民起义》、《清代文化》（合著）、《明清史蠡测》《明清考史录》《明史新探》《明史续探》《明史学步文选》、《明史研究备览》（合著）、《天津古代人物录》（合著）、《辑校万历起居注》（合校）、《校正泰昌天启起居注》等。其中，百余万字的《明史》（上下册）作为首部以唯物史观为指导的明代断代史巨著，先后获得天津市社科优秀成果一等奖、全国高校社科优秀成果二等奖，在学术界具有极大影响，多次再版、重印；《辑校万历起居注》《校正泰昌天启起居注》，皆获得全国古籍整理优秀图书一等奖。南先生目前担任国家重大文化工程"二十四史修订工程"之子项目《明史》修订主持人，以及国家社科基金重大项目"《明实录》整理与研究"首席专家，致力于明史学科基本资料的整理工作。南先生教书育人一甲子，春风化雨六十载，桃李芬芳，硕果累累。他先后指导的硕士生、博士生、博士后、国内进修教师和国外进修教师总共百余名，其中一些进入政府机关和企业，成为领导和高管，大多数则供职于高等学校和科研院所，许多人成为所在单位的学术骨干和学术带头人，充实和推动了海内外明史研究。全国百篇优秀博士论文中明史类论文只有一篇，其作者即为南先生指导的博士生。南炳文先生为中国明史学科体系的形成与发展做出卓越贡献，是改革开放后明史学科繁荣发展的重要奠基人之一，南开大学也由此成为中国明史研究和教学的重镇。

早在去年，一些明史学界师长就鼓励我们在南开大学举办一次全国性明史研讨会，以庆贺南炳文先生八秩华诞。我们向南开大学历史学院提出申请，立即获得批准。但是，因为其后天津断续发生新冠肺炎疫情和市、校疫情防控的规定，我们预定的研讨会日期从8月延到10月再到11月，一改再改，三拖四延，最终未能召开。于是，在一些师长建议下，今年初，我们决定编集一部南炳文先生八秩华诞文集，此举也获得南开大学历史学院的鼎力支持。需要指出的是，由于篇幅所限，经与南先生协商，我们邀请的赐文者以南开大学的专家学者为主，兼及部分与南先生交往密切的海内外专家学者和南先生的部分弟子。文集共收文七十一篇，分为上、下二编。上编五十篇，主要是明清史专业论文；下编二十一篇，包括总结和记述南先生科研、教学成就及其为人和性格的论文、访谈、回忆录等。这些文章，大多已经在期刊报纸公开发表，这次又经作者修订，还有部分文章则是作者新撰，对此我们不胜感激。

文集的编集工作主要由南开大学何孝荣研究员、庞乃明教授、李小林教授、王学秀编审，天津师范大学吴德义教授、张献忠教授负责。南开大学博士生白丽萍、安瑞、宫岩、林慧、郄昊谦、侯振龙及硕士生吴旭栋承担了几轮的核校任务。南开大学历史学院为文集的出版提供了资金支持，院长余新忠教授十分关心进展，为文集的出版提出不少建设性意见。天津人民出版社副社长沈海涛、第五编辑室主任金晓芸、编辑燕文青投入大量精力，保证了文集的出版和质量。在此我们也一并感谢。

古联云："杖朝步履春秋永，钓渭丝纶日月长。"我们期盼，"80后"的南炳文先生能够健康长寿，为南开大学历史学科和中国明史学科的进一步发展和繁荣做出更大贡献。当南炳文先生"90后""00后"时，我们再庆贺！

何孝荣

2022年4月

目　录

下 编

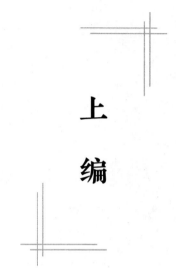

上编

明朝国号"大明"源于《易经》非源于明教[①]

徐　泓

一、前言

元末群雄起义,朱元璋扫平群雄,统一中国,以至元二十七年(1367)称吴元年,次年即帝位,国号"大明"。洪武元年(1368)正月其《即位诏》云:

> 朕惟中国之君,自宋运既终,天(《皇明诏令》作"帝")命真人起于沙漠,入中国为天下主,传及子孙,百有余年,今运亦终,海内土疆,豪杰分争。朕本淮右庶民,荷上天眷顾,祖宗之灵,遂乘逐鹿之秋,致英贤于左右。凡两淮、两浙、江东、江西、湖湘、汉沔、闽广、山东及西南诸部蛮夷,各处寇攘。屡命大将军与诸将校奋扬威武,已皆戡定,民安田里。今文武大臣,百司众庶,合辞劝进,尊朕为皇帝,以主黔黎。勉循舆情,于吴二年正月四日,告祭天地于钟山之阳,即皇帝位于南郊,定有天下之号曰"大明",以吴二年(《明太祖实录》作"是年")为洪武元年,追尊四代考、妣为皇帝、皇后,建大社、大稷于京师(立妃马氏为皇后……)布告天下,咸使闻知。[②]

"大明"国号的来由,在这份诏书及其后大明王朝的官方文书里都没有说明,引起后代各种推测,其中最受关注并普遍接受的,莫过于吴晗的论断:"太祖因明教建国故以明为国号。"[③]但新建王朝正式的国号是"大明",并不是"明"。[④]因此,近年来有不少学者质疑吴晗

① 本文初稿承许倬云老师和毛佩琦、张元、陈支平、常建华、何孝荣、陈宝良、夏维中、伍跃、刘季伦、陈信治、胡英泽、唐立宗、杜洪涛、刘婷玉、罗玮等同道教授好友及内人王芝芝教授惠赐宝贵意见,清华大学(新竹)历史学研究所博士生江丰兆协助查找史料,谨此志谢。

② 明太祖《御制文集》卷1,黄山书社1995年版,第2页;《皇明诏令》,《续修四库全书》第457册,上海古籍出版社1995年版,第35页;《明太祖实录》卷29,洪武元年正月丙子,台北"中央研究院"历史语言研究所校勘本1962年版,第1—2页。本书所引《明实录》如无注明均使用台北"中央研究院"历史语言研究所版本。

③ 吴晗:《明教与大明帝国》,《清华学报》1941年第13卷第1期。

④ 覃仕勇:《是谁在抹黑明朝》,台北新锐文创2017年版,第16页。16世纪来华的西欧人,也了解当时中国的国号是"大明"。C. R. Boxer translates and edits, *South China in the Sixteenth Century: Being the narratives of Galeote Pereira*, Fr. Gaspar da Cruz, O.P., Fr. Martin de Rada, O. E. S. A., 1550–1575(London: Routledge, 1953), pp.64–65. [英]C.R.博克舍(Boxer)编:《十六世纪中国南部行纪》,何高济译,中华书局1990年版,第46页,载葡萄牙人克路士(Gaspar da Cruz)所撰之《中国志》中的一段文字:"这个国家的正式名字是大明(Tame),e明显不发音,几乎消失,该国百姓的名字是大明人(Tamgin)。……不管怎样,事实总如我们所说,那个国家的名字是大明,其百姓叫大明人。"

的"明朝国号出于明教说"。本文旨在厘清这一关于明朝国号"大明"来由的论辩,并提出一己私见,以就教于同道友朋。

二、中国历代王朝国号的由来

中国历代王朝国号的由来,赵翼认为:"建国号者多以国邑旧名。王莽建号曰新,亦以初封新都侯故也。公孙述建号成家,亦以据成都起事也。""金末宣抚蒲鲜万奴据辽东,僭称天王,国号大真,始有以文义为号者。"①进一步可分为八类:

1. 以发迹地定国号,如赵匡胤以宋州节度使发迹而建国号为"宋"。

2. 以祖先封地定国号,如契以助禹治水有功受封于商,汤灭夏后,即以"商"定国号。

3. 以封号爵位定国号,如司马昭受魏封为晋公,司马炎篡魏,遂以"晋"定国号。

4. 以统治区域定国号,如孙权统治地区是历史上的吴国,遂以"吴"定国号。

5. 以发迹地特产定国号,如契丹耶律阿保机定国号为"辽",契丹语"辽"意为镔铁,系契丹人居地特产。

6. 以创业者姓氏定国号,如陈霸先以其姓"陈"定国号。

7. 以古代中原大国国名定国号,如鲜卑拓跋珪沿用三晋魏国国号,如努尔哈赤沿用金朝国名。②

8. 以谶语或经文来定国号,如南齐国号来自谶语"金刀利刃(刘)齐刘之",如元朝来自《易经》"大哉乾元"。③

在上述八类中,"大明"王朝的国号的由来究竟属于哪一类,就是我们要讨论的。

三、明朝非官方史书对"大明"国号由来的说法

"大明"国号的由来,明初建国时期留存至今的官方文书并无说明,当代官员和文人的私家论述也无道及。④宣德以后,私家文集野史渐兴,谈论明初史事掌故者渐多,乃见论及国号来源与释义。宣德年间,夏原吉就在《一统肇基录》说朱元璋建国之前,就"欲尽除道教",适有一道士前来奏说,自称看见一个金榜,上面写着:"山川尊洪武,日月照大明"。朱

---

① (清)赵翼:《廿二史札记》卷29《元建国号始用文义》,清嘉庆五年湛贻堂刻本,第24—25页。

②《资治通鉴》卷110《晋纪》32,中华书局1956年版,第3470—3471页,安帝隆安二年六月丙子:"魏王珪命群臣议国号。皆曰:'周、秦以前,皆自诸侯升为天子,因以其国为天下号。汉氏以来,皆无尺土之资。我国家百世相承,开基代北,遂抚有方夏,今宜以代为号。'黄门侍郎崔宏曰:'昔商人不常厥居,故两称殷商;代虽旧邦,其命惟新,登国之初,已更曰魏。夫魏者,大名,神州之上国也,宜称魏如故。'珪从之。"此条史例承山西大学胡英泽教授提供,谨此志谢。

③ 侯绍文:《中国历代国号之缘起》,《中华文化复兴月刊》1977年第10卷第6期;黄蓉:《各朝代名称的来历》,《中州今古》2004年第4期。

④ 王崇武认为明初对国号列为禁讳,参见王崇武:《论明太祖起兵及其策略之转变》,《中央研究院历史语言研究所集刊》1942年第10本第1分,第55—69页。

元璋以"其言合己意,遂定国号改元",且不再废道教。①但夏原吉这一说法,不符史实,明太祖起兵之初,即雅重道士如周颠、张铁冠之流。建国后,明太祖确认道教的地位,设道录司,并以朝天宫礼生与道教音乐为官方礼乐。夏原吉的记载,不可置信,"大明"国号来自道士的启发说,不能成立。②

成化、嘉靖年间,才子祝允明《野记》记载:元末刘基先投靠小明王韩林儿,后觉得小明王"竖子不足谋",而改投靠朱元璋,因请建号"大明"。③刘基投靠小明王韩林儿之说,从未见诸记载,且从刘基的文集中所记,刘基是反对红巾军的,朱元璋为小明王的江南行中书省平章政事时,设小明王御座行礼,刘基独不拜,还说:"牧竖耳,奉之何为!"④刘基向来看不起红巾军与小明王,怎么会投靠红巾政权和小明王?这条史料可能是祝允明采自民间传说的"野记",并不可靠,而且所谓建号"大明"的意义,祝允明也未解释。这条史料后来被万历年间的涂山引入《明政统宗》,写成《国号大明考》,但内容并未超过《野记》。⑤

嘉靖、隆庆间,田艺蘅《留青日札》"大明大统历解"云:"大明者,国号也。一人为大,日月为明。天大,地大,人大,而宇宙人物如日月之明,无所不照也。"⑥

田艺蘅虽为前辈明史大家谢国桢先生称为"朱明一代杂家之冠",所记可补正史之不足,但田氏对大明国号的来源并无说明,且其解释颇有望文生义之嫌。⑦嘉靖、万历间的大学者焦竑在其《易筌》说道:

> 高皇帝之论诚也,体之而无上,守之而无为,如浮云之驰空,沤花之泛水,电影之逐风,睡酣之幽梦,斯果实之谓欤!虚之谓欤!呜呼!清风摇水,蟾影沈渊,是又体之而非体,相之而非相,孰能识其所以然耶?世儒之见解能及此否?说者谓:我朝国号"大明";盖大道昌明之兆,信不虚也。⑧

号称焦太史的焦竑在这里也只是在歌颂明太祖的学识非世儒可及,因而说"大明"国号真是"大道昌明之兆",也未解释其来由。

---

① 参见(明)夏原吉:《一统肇基录》,《稗乘》明万历孙幼安刊本,第10页。

② 参见南炳文:《佛道秘密宗教与明代社会》,天津古籍出版社2001年版。

③ 参见(明)祝允明:《野记》卷1,《四库全书存目丛书》子部第240册,齐鲁书社1997年版,第3页。

④《明史》卷128《刘基传》,中华书局1974年版,第3778页。

⑤ 参见(明)涂山:《明政统宗》附卷《国号大明考》,明万历刊本,第98—99页。

⑥ (明)田艺蘅:《留青日札》卷12,朱碧莲点校,上海古籍出版社1992年版,第213页。

⑦ 参见(明)田艺蘅:《留青日札》,朱碧莲:《点校说明》,第2页。以上夏原吉《一统肇基录》、祝允明《野记》、田艺蘅《留青日札》三例,参考郑天挺著,孙卫国等整理:《郑天挺明史讲义》上册(中华书局2017年版,第236页)之《大明国号与小明王》《大明国号之解释》。陈学霖:《明朝"国号"的缘起及"火德"问题》,《中国文化研究所学报》2009年第50期。收入陈学霖:《明初的人物、史事与传说》,北京大学出版社2010年版,第1—35页。唯陈学霖未提涂山的《国号大明考》。

⑧ (明)焦竑:《易筌》卷4,明万历刊本,第44页。李剑雄:《焦竑评传》,南京大学出版社1998年版。钱新祖:《焦竑与晚明新儒思想的重构》,宋家复译,台湾大学出版中心2014年版。

四、大明国号源于火德说

以五德终始解释历代王朝之更迭,乃秦汉以后的历史传统,五德有相生与相克,新兴王朝以之立说。[1]朱元璋起自南方,其革命根据地金陵是传说中的祝融故墟,属火德,火带来光明,故建国号"大明"。[2]

这个以火德解释"大明"国号的说法,为日本学者和田清所发展。他于1923年在《东洋学报》发表的论文认为宋朝是火德,尚赤,而韩林儿建立的龙凤政权,以复宋为号召,定国号为宋,自认为火德。朱元璋是韩林儿的部下,因而也崇尚火德,所以定国号为"大明"。其后,和田清又补充说,朱元璋受儒生的五德终始说影响,以朱元璋起兵南方,南方是火德炎帝所在,炎帝辅佐"朱明"一统天下,明朝国号出于此。[3]

这个论点当时并未受到中国学界的关注,主要是中国学界对日本的明史研究不甚了解。20世纪50年代以前,仅有清水泰次的《明朝田亩数目考证》等极少量的论文译介到中国。吴晗在抗战期间说道:"日人和田清君曾撰关于明之国号一文,刊《东洋学报》,滇中无从得此书,未能论列。"[4]其实,在那个时空,中国学者即使知道日本学者的火德说,在五四运动之后的极盛的反传统文化和追求科学的理性解释氛围中,学者也不会寻求以五德终始之"迷信"学说解释"大明"国号。就如吴晗所说:儒生以"明"为"光明"之义,更取阴阳五行之说,谓符以火克木,以明制暗之义。因此,吴晗认为这只是附会而已,并不足论。[5]

自1941年吴晗《明教与大明帝国》发表,"大明"国号起于明教说广为学界所接受,尤其60年代以来,这个学说经由金庸的武侠小说《倚天屠龙记》演绎之后,更广为华文世界所接受。[6]从此,"大明"国号起于明教说占统治地位,与之不同的学说几乎完全不受重视,火德解释"大明"国号说当然也就被束之高阁,为学界和社会大众所遗忘。直到20世纪90年代,才有转变。中央民族大学陈梧桐教授重拾火德说,虽然并没有放弃吴晗学说,但他肯定了这个被吴晗视为儒生附会之说的火德说,以元朝为水德,以火制水,以明克暗,火是光明,故以"大明"为国号。[7]同时,日本学者檀上宽也与陈梧桐教授一样,不放弃吴晗学说,但兼采火德说。[8]

---

① 参见顾颉刚:《五德终始说下的政治和历史》,《古史辨》第5册下编,台北明伦出版社1970年版,第404—617页。

② 参见陈梧桐:《洪武大帝朱元璋传》,贵州人民出版社2005年版,第37页。

③ 参见[日]和田清:《明の太祖と红巾の贼》,《东洋学报》1923年第13卷第2号,第278—302页;[日]和田清:《明の国号について》,《史学杂志》1931年第42编第5号,第70—75页。

④ 吴晗:《读史札记》,生活·读书·新知三联书店1956年版,第236页。中日学界的隔阂,信息交流的困难,吴晗在抗战期间当然更无法掌握和田清的研究,但抗战胜利后一直到60年代中期,吴晗也无从看到和田清的研究成果。而其他大陆学者即使在改革开放后,也乏人注意。

⑤ 参见吴晗:《明教与大明帝国》,《清华学报》1941年第13卷第1期。

⑥ 《倚天屠龙记》1961年开始在香港《明报》连载。

⑦ 参见陈梧桐:《洪武皇帝大传》,河南人民出版社1993年版,第208—209页。

⑧ 参见[日]檀上宽:《明の太祖朱元璋》,东京白帝社1994年版,第163—164页。

五、吴晗的大明国号源自明教说

抗战期间，执教西南联大的吴晗于1941年发表《明教与大明帝国》，提出大明国号源自明教说，于赵翼及一般所论历代国号源起的说法之外，立一国号起于宗教说。[①]吴晗认为历代建国号，或以所封之爵邑，或追溯其所自始，朱元璋建国号为"明"之意，无人言及。他主张"大明"国号出于韩氏之"明王"，"明王"则出于《大小明王出世经》。

吴晗说的明教，即唐代传入中国的摩尼教，虽经唐武宗会昌三年(843)禁止，然转为秘密结社，攀附佛道以图幸存，至南宋益盛。其信徒素食节用，结党互助，故能深入农村。政府一旦诛求过甚，则为野心家所利用，进行有组织的"叛乱"，如北宋末之方腊之乱。吴晗认为明教本衣白，而两宋之际又尚红紫，此与祆教有关。明教本合佛祆而成，北宋末又合于白莲社与弥勒佛。祆尚红，净土宗阿弥陀佛亦尚红，故以红为识。降至元代，明教虽被禁斥，仍在民间活动，附和"弥勒降生"之说。至元三年(1337)，棒胡以此号召反于信阳，朱光卿反于粤，周子旺反于袁州，皆与南宋明教发难之根据地相吻合。后彭莹玉得邹普胜、徐寿辉之助起事，徐又于蕲水建天完国称帝，为陈友谅所篡，明玉珍乃称帝重庆曰夏，去释老止奉弥勒，是为西系红军。同时起兵之韩山童则为东系红军，败死后林儿继之称小明王。吴晗认为朱元璋因林儿之基业，平定天下，建大明帝国，以及明玉珍之改姓明，皆以应"弥勒降生，明王出世"之说，明修《元史》均讳之。其实朱元璋本红军小卒与明教教徒，诸将皆濠泗丰沛子弟，夙受彭莹玉教化，故元璋奉小明王，其军戴红巾而号"红军"，烧香礼佛而称"香军"，私家记载如高岱《鸿猷录》、何乔远《名山藏》均曾言之。

朱元璋后来新进用的浙东儒生刘基、宋濂等既与明王无渊源，又为巨室豪绅，遵礼法，重保守，反异端，目的在团结保卫地方，与红军之破坏不同，明祖遂利用之排除流民武弁之势以代小明王的大宋，于龙凤十二年(1366)后，即讳言其为红军支系，于讨张士诚檄文中并深斥"弥勒降生"为妖言。但吴晗主张朱元璋为迎合民心与笼络旧部，仍建号"明"，以示其承小明王，且示"明王"已出世。这就是吴晗的"大明国号源自明教说"。

"大明国号源自明教说"，前人仅明末清初史家傅维鳞《明书》与查继佐《罪惟录》约略提到："国号'大明'，以小明王故，不忘旧也，亦以应谶也。"[②]但未多说明，此说经吴晗演绎为新

① 参见吴晗:《明教与大明帝国》，《清华学报》1941年第13卷第1期。后收入吴晗:《读史札记》，生活·读书·新知三联书店1956年版，第235—270页。
② (清)傅维鳞:《明书》卷89《宋韩林儿记》，清光绪中王灏辑《畿辅丛书》本，第14页。(清)查继佐《罪惟录》卷5《翼运王国列传·宋韩林儿》，浙江古籍出版社1986年版，第1307页。二书所载，文字完全相同，两位作者时代相同，可能根据的史源相同或相互参考。

论,大为轰动,学界同行多为其所服,纷纷采用其说。①其后,吴晗更将此说写入1944年出版的《由僧钵到皇权》和1949年出版的《朱元璋传》及1965年出版的《朱元璋传》。②吴晗为文深入浅出,平易近人,雅俗共赏,广受学者与读者喜爱。③于是大明国号出于明教说,几乎成为定论,此说亦有助于解释朱元璋农民起义的历史定位。

六、对大明国号源自明教说的质疑:杨讷为主

据陈学霖的考察,对吴晗论说提出质疑始于20世纪70年代,最初的焦点不在明朝国号的来源,而在质疑吴晗的北宋末方腊"吃菜事魔"之徒即明教徒的论点,日本学者竺沙雅章研究南宋王质《论镇盗疏》后,认为《小大明王出世开元经》等是佛门异端团体的书,方腊之乱非明教教徒的叛乱。④接着在80年代初,陈高华也讨论王质《论镇盗疏》,得到类似的结论,而且南宋初年并无吴晗所说白云宗、白莲社与明教开始合流的事。⑤欧洲汉学家Antonio Forte与许理和(Erik Zürcher)也在这段时间先后论证早在隋朝的佛教经典中就有弥勒佛的"明王出世"。⑥

---

① 文章出版的当时即为顾颉刚等学者接受,后来如中国民间宗教史研究专家马西沙等也支持吴晗的论点,参见马西沙、韩秉方:《中国民间宗教史》(上海人民出版社1992年版)第三章《摩尼教在中国的流播》。唯郑天挺先生在《明史讲义》中未提吴晗《明教与大明帝国》,郑先生向来关注当代学者研究,其上课讲义完全不提同事吴晗,甚不寻常,是否不赞成其说,不得而知。参见郑天挺著,孙卫国等整理:《郑天挺明史讲义》上册,中华书局2017年版,第236页,

② 参见吴晗:《由僧钵到皇权》,在创出版社1944年版;吴晗:《明太祖》,胜利出版社1944年版;吴晗:《朱元璋传》,新中国书局1949年版;吴晗:《朱元璋传》,生活·读书·新知三联书店1949年版;吴晗:《朱元璋传》,生活·读书·新知三联书店1965年版。

③ 如中国台湾学者戴玄之即受吴晗影响,进一步主张弥勒教的韩山童吸纳白莲会与摩尼教,成立新的白莲教,遂以"弥勒下生"与"明王出世"为口号,参见戴玄之:《中国秘密宗教与秘密社会》,台湾商务印书馆1990年版。大陆学者论著也不少,除将此学说写入通史性质的概说书外,相关论文也不少,如胡阿祥:《红巾军反元复宋与朱元璋国号大明述论》,《烟台师范学院学报》2001年第1期;韩传强:《大明国号与朱元璋信仰关系研究》,《鸡西大学学报》2016年第2期。国外学者尤以美国学者多采吴晗学说,如John Dardess(达第斯),"The Transformations of Messianic Revolt and the Founding of the Ming Dynasty," *Journal of Asian Studies* 29 (1970), pp.539–558. Edward L. Dreyer, Early Ming China: A Political History, 1355–1535, Stanford: Stanford University Press. 1982, pp.69–70. Teng Ssu-yu(邓嗣禹), "*Chu Yuan Chang*" in Dictionary of Ming biography, 1368-1644, New York: Columbia University Press, 1976, 李小林、冯金朋编译:《明代名人传》,北京时代华文书局2015年版,pp.385. Daniel L. Overmyer(欧大年), *Folk Buddhist Religion: Dissenting Sects in Late Traditional China*, Cambridge, MA: Harvard University Press, 1976.[美]欧大年:《中国民间宗教教派研究》,刘心勇等译,上海古籍出版社1993年版,第92—130页。日本学者三田村泰助也赞成吴晗学说,在《明帝国と倭寇》(东京人物往来社1967年版)第100—102页云:朱元璋的政策是不杀主义与俭素、俭约为主的禁欲主义,正是明教的主张,以"大明"为国号可以很好地解释朱元璋建国的国策。

④ 参见陈学霖:《明朝"国号"的缘起及"火德"问题》,《中国文化研究所学报》2009年第50期;[日]竺沙雅章:《吃菜事魔について》,《青山博士古稀纪念宋代史论丛》,东京省心书房1974年版,第239—262页。

⑤ 参见陈高华:《摩尼教与吃菜事魔——从王质〈论镇盗疏〉说起》,《中国农民战争史论丛》,河南人民出版社1982年版,第97—106页。

⑥ Antonio Forte, *Political Propaganda and Ideology in China at the End of the Seventh Century*, Naples, Italy: Istituto Universitario Orientale, 1976, pp.271–280. Erik Zürcher, "'Prince Moonlight' Messianism and Eschatology in Early Medieval Chinese Buddhism," *T'oung Pao*《通报》, 2d ser., 68, nos. 1–3(1982):34–36.

修正吴晗论说最重要的学者是杨讷,他在 1983 年在《元史论丛》发表《元代白莲教》,1989 年编《元代白莲教资料汇编》,2004 年出版《元代白莲教研究》,2017 年再加增订。①杨讷指出吴晗的明教于北宋末合于白莲社说是不对的,白莲社与白莲教也不是一回事;元末白莲教并非明教,明教与白莲教有相似之处,但是各自独立的教派,明教徒信奉摩尼佛,白莲教徒信奉阿弥陀佛。杨讷认为吴晗主张两教混合的观点不能成立。吴晗说明代史书高岱《鸿猷录》、何乔远《名山藏》均记元末起事者提"弥勒佛下生"与"明王出世"口号,但杨讷的研究确定:"弥勒佛下生"出自西晋月氏三藏竺法护译《佛说弥勒下生经》;"明王出世"出自三国时代支谦翻译净土宗的《佛说大阿弥陀经》,其经文有"阿弥陀佛光明,明丽快甚,""其光明所照无央数天下,幽冥之处皆常大明";阿弥陀佛为"光明之王",可简称为"明王"。这都出自佛教经典,与摩尼明教无涉。因此,杨讷汇出他的结论:朱元璋订的"大明"、国号出自《佛说大阿弥陀经》,表明新王朝的建立,光明所照天下,即使是幽冥之处,亦"常大明",标志着光明世界的到来,同时也是朱元璋"对自己出身佛徒的一个纪念"。②杨讷的论文,论证有据,指出吴晗论文的种种疏失,如引文疏漏、诠释失当和判断错误。可惜国内外学者为吴晗英名所慑,并不认同,"仍然延续吴晗的错误"。③香港中文大学教授陈学霖为此愤愤不平,乃于 2009 年发表《明朝"国号"的缘起及"火德"问题》,宣扬杨讷的主张。④

　　但学界并非如陈学霖所说不重视杨讷的研究发明,赞同者亦有之,泓即于讲授明史课堂采用其说,修正吴晗旧说。也有些学者沿袭杨讷的思路论述,如江西省社科院的朱钧在 2015 年发表《"明王出世"口号与大明国号考》,即从藏传佛教密宗阿弥陀佛形象与汉地之孔雀明王形象入手,从教理上论述孔雀明王乃阿弥陀佛化身,这种信仰在民间广为流传,而于元代渗入白莲教中。因此,朱钧主张"明王出世"实为孔雀明王出世,大明国号来源于此。⑤

　　其实,1983 年杨讷提出"明王出世"非源自明教的主张,并非中外学界之首创。在前一年的 1982 年,中国台湾学者王见川在《从摩尼教到明教》一书中已主张"明王出世"非出于明教经典,而是来自金刚禅等所研习的《大小明王出世经》。⑥但是由于那个时代两岸学界隔阂,杨讷与王见川并无交流,其研究是各自独立发展的。

　　① 参见杨讷:《元代的白莲教》,《元史论丛》第 2 辑,中华书局 1983 年版,第 189—216 页。杨讷:《元代白莲教研究》,上海古籍出版社 2004 年版。杨讷编:《元代白莲教资料汇编》,中华书局 1989 年版。杨讷《元代白莲教研究》(上海古籍出版社 2017 年版)第十二章"明王出世"与大明国号。杨讷 2017 年版新书与 2004 年版比只是多出一篇元代文献,改了个别错别字,其他内容并无差异。

　　② 参见杨讷:《元代的白莲教》,《元史论丛》第 2 辑,第 213—214 页。

　　③ 参见陈学霖:《明朝"国号"的缘起及"火德"问题》,《中国文化研究所学报》2009 年第 50 期。收入陈学霖:《明初的人物,史事与传说》,北京大学出版社 2010 年版,第 1—35 页。

　　④ 参见陈学霖:《明朝"国号"的缘起及"火德"问题》。

　　⑤ 参见朱钧:《"明王出世"口号与大明国号考》,《青海社会科学》2015 年第 4 期。

　　⑥ 参见王见川:《从摩尼教到明教》,台北新文丰出版公司 1982 年版。

七、摆脱"大明"国号来自宗教说:杜洪涛为主

杨讷为主的学者虽更正了吴晗"大明"国号来自明教说,但尚未摆脱吴晗从朱元璋宗教信仰寻求国号来源的思路。[1]2014年,当时还是北京大学历史系博士生的杜洪涛[2]在《史林》发表《明代的国号出典与正统意涵》,[3]首先摆脱吴晗思路,主张明朝国号不但与明教无关,也与白莲教无涉,因为在明建国前两年的龙凤十二年即元至正二十六年(1366)八月颁布的《高帝平伪周榜》中[4],朱元璋已公开否定弥勒信仰,榜文曰:

> 不幸小民,误中妖术,不解其言(《平吴录》作"偈言")之妄诞,酷信弥勒之真有;冀其治世,以苏困苦。聚为烧香之党,根蟠汝、颖,蔓延河、洛。妖言既行,凶谋遂逞,焚荡城郭,弑戮士夫,荼毒生灵,无端万状。[5]

虽然朱元璋当时仍是龙凤政权的臣子,弥勒信仰系龙凤政权之基础,朱元璋理应不会公开忤逆。但龙凤政权自从被张士诚部队围困于安丰,势力衰微,四月才靠徐达解围,其部队已经瓦解,韩林儿寄居滁州,仅存名号,龙凤大宋政权,名存实亡。[6]所以,朱元璋在讨张士诚的榜文中,不再雌伏于小明王之下,公然宣布与弥勒信仰切割,称之为"妄诞"之"妖言""妖术",历数弥勒党徒"焚荡城郭,弑戮士夫,荼毒生灵",罪恶万状,远超过榜文要讨伐的张士诚。杜洪涛指出榜文已说得如此绝对,当然"朱元璋不可能选择与白莲教有关的国号"。[7]

于是,杜洪涛摆脱吴晗从明教解释"大明"由来的思路,转向中华历代王朝统治基础的正统意识形态儒家经典入手,寻求国号"大明"的由来。这一思路,虽有学者私下提过,但真正着之于文字,杜洪涛是第一人。其言曰:检儒家经典《诗经》有《大明》之诗,《易经·乾卦·象传》有"大明"之文。则国号"大明"的由来,《诗经》和《易经·乾卦·象传》都有可能。《诗经·大雅·文王之什·大明》:

---

① 参见韩传强:《大明国号与朱元璋信仰关系研究》,《鸡西大学学报》2016年第2期。

② 杜洪涛现为内蒙古师范大学历史文化学院副教授。

③ 参见杜洪涛:《明代的国号出典与正统意涵》,《史林》2014年第2期。

④ 吴晗以吴宽《平吴录》所载榜文结尾有"龙凤十二年五月二十二日本州岛判官许士杰赍到"(吴晗著,苏双碧校订:《朱元璋传》,百花文艺出版社2000年版,第121—123页),但陈高华认为应该在朱元璋正式讨伐张士诚的龙凤十一年十月。(陈高华:《说朱元璋的诏令》,载陈高华:《陈高华文集》,上海辞书出版社2005年版,第520页)杜洪涛以为是至正二十六年(龙凤十二年)八月,因为朱元璋在这时发布令旨:"命左相国徐达做总兵大将军,平章常遇春做副将军,统领大势马步舟师征取浙西、苏州等处城池,招抚军民,仰大小官将悉听节制。依奉施行者。"[(明)王世贞撰,魏连科点校:《弇山堂别集》卷86,中华书局1985年版,第1637页。]参见杜洪涛:《〈弇山堂别集〉所载〈平伪周榜〉勘误——兼论其颁布时间》,《中国典籍与文化》2012年第3期。

⑤ (明)王世贞撰,魏连科点校:《弇山堂别集》卷85《诏令杂考一》,第1615—1616页。

⑥ 参见吴晗著,苏双碧校订:《朱元璋传》,第125页。

⑦ 参见杜洪涛:《明代的国号出典与正统意涵》,《史林》2014年第2期。

明明在下,赫赫在上。天难忱斯,不易维王。天位殷适,使不挟四方。

挚仲氏任,自彼殷商,来嫁于周,曰嫔于京。乃及王季,维德之行。

大任有身,生此文王。

维此文王,小心翼翼。昭事上帝,聿怀多福。厥德不回,以受方国。

天监在下,有命既集。文王初载,天作之合。在洽之阳,在渭之涘。

文王嘉止,大邦有子。

大邦有子,伣天之妹。文定厥祥,亲迎于渭。造舟为梁,不显其光。

有命自天,命此文王。于周于京,缵女维莘。长子维行,笃生武王。

保右命尔,燮伐大商。

殷商之旅,其会如林。矢于牧野,维予侯兴。上帝临女,无二尔心。

牧野洋洋,檀车煌煌,驷騵彭彭。维师尚父,时维鹰扬,凉彼武王,肆伐大商。会朝清明。

　　这首诗追述周德之盛,武王伐纣,一统天下,正合朱元璋顺应天命,平定群雄,统一中国之形势,并且"大明"有圣德昌明之意,以此为国号相当合适。《易经·乾卦·彖传》:"大哉乾元,万物资始,乃统天。云行雨施,品物流行。大明终始,六位时成,时乘六龙以御天,乾道变化,各正性命。"

　　元、明两代国号的出典,"大哉乾元"在前,"大明终始"接续在后,上下文相连,显示元朝、明朝两代的传承关系。因此,杜洪涛选择以《易经·乾卦·彖传》为"大明"的出典,诚为有说服力之卓见。

　　杜洪涛接着论述明廷"承元"的正统策略:在明太祖《即位诏》中宣布"宋运既终,天(《皇明诏令》作"帝")命真人起于沙漠,入中国为天下主,传及子孙,百有余年"。确立大元王朝在中国史上系继大宋的正统地位,而大明王朝之继大元而起,亦为一统天下之正。依新朝为旧朝修正史之历代旧惯,明廷于洪武三年(1370)七月完成修纂《元史》。洪武六年,明廷将元世祖忽必烈入祀历代帝王庙,将元朝正式列入自三代以来的中国历史系谱之中。[①]

八、回归国号用经典文义说:杜洪涛新说补论

　　杜洪涛主张"明承继于元"的立论极具说服力,泓愿在此补强之。

　　首先,明代后期,引据古代传统经典阐释国号者,有嘉靖、万历间的大学者焦竑的《易筌》,即在《易经》《中孚卦》之诠解中,颂扬明太祖之高见,转而提及:"说者谓我朝国号'大明',盖大道昌明之兆,信不虚也。"[②]虽不能就说直接以经义解国号,但庶几乎是也。稍后,

---

① 参见杜洪涛:《"再造华夏":明初的传统重塑与族群认同》,《历史人类学学刊》2014年第1期。

② (明)焦竑:《易筌》卷4,明万历刊本,第44页。

天启年间，凤阳县知县袁文新与闽人柯仲炯合作的《凤书》，则以祝融传说解释大明国号之秘义云：

> 太祖起淮甸，集滁、和，定鼎金陵，以帝都则祝融之故墟也。……故建国号"大明"，其有祖也。夫祝融大明，容光必照，从古得天下之正，以仁得民心，以义屈群力。三代而下，汉高祖一人，差足与我太祖匹休，其他帝莫能及矣。……所以我太祖以大明建国，故亦以大明光天，中天下而立，定四海之民，所重民历，以示三纲五常，以昭日用，以引趋吉而避凶；此皇明治天下，潜移密化之大旨。所以四海来朝，亦以是赐之耳！知此道者，其可以与语我太祖取号"大明"之秘义乎！故汉德若水，我皇明其德，如日月之代明，汉得地道，我皇明得天道，三统之义，皇明统乎天矣。①

袁文新与柯仲炯说：朱姓出自祝融，是祝融的后代。根据阴阳家的理论，南方属火，祝融是南方之神，尚赤。《康熙字典》引《左传·昭公五年》孔疏云：融是"大明"。故"夫祝融大明，容光必照"，"所以我太祖以大明建国，亦以大明光天"。明太祖取国号"大明"之文义："大明光天，中天下而立，定四海之民，所重民历，以示三纲五常，以昭日用，以引趋吉而避凶。"袁、柯二人以为这就是"大明"国号的秘义。此说言之成理，但若置于制定国号之大明建国时空，不如杜洪涛新说妥切，申述如下。

元、明之间的关系，过去多断裂视之，尤其20世纪初期，受清末革命影响，学者多以元朝欺压汉人，明太祖"驱逐胡虏，恢复中华"，元明革命系因民族矛盾而起的民族革命，明朝制度皆一反蒙元而"复汉唐威仪"，明制不承元制。但自20世纪30年代后期，蒙思明发表《元代社会阶级制度》，独持异说，主社会革命说以来，此说渐被接受。因此，元明革命无异于传统王朝的改朝换代，明实继承元。②以制度而论，大明建国之初，无论政治、社会、军事、财政等，多模仿元朝，中央政府的中书省宰相制，地方的行中书省制，社会的军、民、匠、灶身份世袭的户籍制，军事的枢密院、卫所制，财政宝钞制等，均继承元制加以变通。③然则真正促成

---

① 天启《凤书》卷1《本纪世家·太祖高皇帝本纪》，明天启元年刻本，第26—28页。

② 参见蒙思明：《元代社会阶级制度》，燕京大学1938年版。蒙思明认为革命主力为饥寒交迫的贫民，他们革命的主要对象是富豪大地主；因此，当代主要矛盾是社会矛盾，是阶级矛盾。20世纪40年代初期，萨孟武撰述《中国社会政治史（四）》（台北三民书局1991年版），亦谓：元末群雄起事，"不是依民族思想，出来革命"，"元末学者民族意识并不甚强"。陈高华：《论朱元璋与元朝的关系》，陈高华：《元史研究论稿》，中华书局1991年版，第316—327页。

③ 参见李新峰：《论元明之间的变革》，《古代文明》2010年第4期。李治安：《元代及明前期社会变动初探》，《中国史研究》2005年增刊。陶希圣、沈任远：《明清政治制度》，台湾商务印书馆1967年版。南炳文：《明初军制初探》，《南开史学》1983年第1期；南炳文：《明初军制初探（续）》，《南开史学》1983年第2期。Romeyn Taylor（戴乐），"Yuan Origins of the Wei-so（卫所）System," in Charles O. Hucker（贺凯）, ed., *Chinese Government in Ming Times*,（New York：Columbia University Press，1969）。陈文石：《明代卫所的军》，《历史语言研究所集刊》1977年第48本第2分。吴晗：《元明两代之"匠户"》，《天津益世报·史学集刊》1936年第44期，收入北京市历史学会主编：《吴晗史学论著选集》第2卷，人民出版社1986年版，第139—154页。何维凝：《明代之盐户》，《中国社会经济史集刊》1946年第7卷第2期。吴晗：《记大明通行宝钞》，《人文科学学报》1943年第2卷第1期。

"明制承继于元"的人,乃是明初开国文臣,他们曾仕于元,熟悉元朝典章制度。大明建国期间,在开国规模和制度的规划上出力最多的是刘基。[①]据祝允明《野记》,刘基"请建号大明,太祖从之"。[②]刘基曾在元朝中过进士,做过县级与省级官员,对元朝制度有实务的了解,明朝开国制度多出其手,明太祖尝誉为"吾之子房",祝允明《野记》说:大明国号的命名,就是刘基的建议。

相信刘基对元初开国历史甚为了解。当初,蒙古人从北方草原入主中国,忽必烈为取得广大中国人民的支持,采取认同中国传统文化的政策,接续汉地政权的合法传承,做个正统的中国皇帝。[③]他在建设首都大都城便听从刘秉忠的建议,依儒家的理想蓝图,建设一座最合乎《周礼·冬官·考工记·匠人营国》的城市。[④]在建国号上,也听从刘秉忠的建议,从儒家最重要、居十三经之首的经典《易经》取用有意义的吉利语词,取"大哉乾元"之义,配合"至哉坤元"的"至元"年号,在至元八年(1271)宣布国号"大元"。其《建国号诏》曰:

> 诞膺景命,奄四海以宅尊;必有美名,绍百王而纪统。肇从隆古,匪独我家。且唐之为言荡也,尧以之而著称;虞之为言乐也,舜因之而作号。驯至禹兴而汤造,互名夏大以殷中。世降以还,事殊非古。虽乘时而有国,不以利而制称。为秦为汉者,着从初起之地名;曰隋曰唐者,因即所封之爵邑。是皆徇百姓见闻之狃习,要一时经制之权宜,概以至公,不无少贬。
>
> 我太祖圣武皇帝,握乾符而起朔土,以神武而膺帝图,四震天声,大恢土宇,舆图之广,历古所无。顷者耆宿诣庭,奏章申请,谓既成于大业,宜早定于鸿名。在古制以当然,于朕心乎何有。可建国号曰"大元",盖取《易经》"乾元"之义。兹大冶流形于庶品,孰名资始之功;予一人底宁于万邦,尤切体仁之要。事从因革,道协天人。于戏! 称义而名,固匪为之溢美;孚休惟永,尚不负于投艰。嘉与敷天,共隆大号。[⑤]

---

① 钱穆分析明初开国诸臣宋濂、刘基、高启、苏伯衡、贝琼、胡翰、戴良、方孝孺、杨维桢、赵汸、叶子奇等的心态,发现"当时士大夫心中",非特昧于"夷夏之辨",且并孔子"微管仲吾其被发左衽矣"之言而忘之。在革命初期,尚助元平"盗",甚至有甘为元廷尽忠者;明朝建立之后,或遁为遗民,或仍"崇重亡元",对"新朝""亦似乎茫然不知,漠然无动"。参见钱穆:《读明初开国诸臣诗文集》,《新亚学报》1965年第6卷第2期,及《读明初开国诸臣诗文集续篇》,《中华日报副刊》1975年2月20至23日。两文均收入钱穆:《中国学术思想史论丛(六)》,台北东大图书公司1978年版,第77—200页。王春瑜:《论朱升》,《学术月刊》1980年第9期;张德信:《略论刘基对明王朝建立的历史贡献》,《浙江工贸职业技术学院学报》2006年第4期;宋濂《宋学士文集》中多次颂扬"大明",如"大明出而爝火熄""大明丽天""大明煌煌"等,但皆作于大明开国之后,国号已定,此等言语不足以解释当初国号由何而订。参见郑天挺著,孙卫国等整理:《郑天挺明史讲义》上册,第235—236页《明之国号》。

② 参见(明)祝允明:《野记》卷1,《四库全书存目丛书》子部第240册,第3页。

③ 感谢许倬云老师与常建华教授的赐教与提醒。又参见萧启庆:《说"大明":元朝建号前蒙古的汉文国号——兼论蒙元国号的演变》,《汉学研究》1985年第3卷第1期。后收入萧启庆:《蒙元史新研》(台北允晨文化事业公司1994年版)与《内北国而外中国》(中华书局2007年版)。

④ 参见徐苹芳:《元大都在中国古代城史上的地位——纪念元大都建城720年》,《北京社会科学》1988年第1期;邓刚:《元大都建造者刘秉忠的设计理念与成果》,《兰台世界》2015年第18期。

⑤《元史》卷7《世祖本纪四》,至元八年十一月乙亥,中华书局1926年版,第138—139页。胡阿祥:《蒙元国号概说》,《中国历史地理论丛》2000年第1期。

"大"乃赞词,至大无外,"大哉"赞叹,"乾元"为始万物者。①元代政书《经世大典·帝号》则解释:"元也者,大也","大不足以尽之,而谓之元者,大之至也"。②国名、年号均用《易经》章句,按照中国王朝更替的传统,立一符合古制的国号,明确承认大元是继承尧舜禹汤秦汉隋唐的,将本朝与历代王朝的统绪接续起来,标志着蒙古也是中国正统王朝。③

刘基的角色与刘秉忠类似。刘秉忠是金朝人,蒙古灭金后在忽必烈未任太子时住的潜邸任事,为忽必烈出谋划策,忽必烈接任大汗,刘秉忠位至中书令宰相之职,他向忽必烈进言:"治乱之道,系乎天而由乎人","以马上取天下,不可以马上治",主张参照汉人法律,改善法度,革除弊政。刘秉忠并为忽必烈规划大都和上都,为大元订国号。④刘基也是朱元璋主要谋臣,主持规划兴建首都南京和中都,为大明订国号。刘秉忠取《易经·乾卦》订大元国号,刘基也取《易经·乾卦》订大明国号,所取章句:"大明终始,六位时成,时乘六龙以御天,乾道变化,各正性命。"正在大元国号所取章句:"大哉乾元,万物资始,乃统天。云行雨施,品物流行"之后,标志大明王朝承继大元王朝之正统。

其实,明太祖起兵尚未建国前,已用《易经》"日月重明""六龙时遇"为政治宣传标语。俞本《纪事录》戊戌年(至正十八年,1358)十二月条记载:朱元璋于浙东行省金华府省门曾树立二大杆黄旗,黄旗两旁立有二牌,牌上书写联语:

> 山河奄有中华地,日月重明大宋天。
> 九天日月开黄道,宋国江山富宝图。⑤

"日月重明",来自《易经·离卦》彖辞:"日月丽乎天,百谷草木丽乎土,重明以丽乎正,乃化成天下。"⑥俞本《纪事录》庚子年(至正二十年)正月初一日条,又记载朱元璋于府门亲书:

> 六龙时遇千官觐,五虎功成上将封。⑦

"六龙时遇"疑俞本讹"御"为"遇"。《易经·乾卦》:"大明终始,六位时成,时乘六龙以御天。"朱元璋之亲书,更彰显对《易经·乾卦》之钟爱。

① 参见爱新觉罗毓鋆讲述、陈絪整理:《毓老师说易经》卷1,天地出版社2018年版,第15—18页。
② (元)苏天爵:《国朝(元)文类》卷40《经世大典·帝号》,《四部丛刊初编》本,上海商务印书馆1919—1922年版。
③ 参见胡阿祥:《蒙元国号概说》,《中国历史地理论丛》2000年第1期;陈得芝:《关于元朝的国号、年代与疆域问题》,《北方民族大学学报》2009年第3期。
④ 参见《元史》卷157《刘秉忠传》。袁国藩:《元代开国功臣许衡刘秉忠评传》,台湾商务印书馆2013年版。张德信:《略论刘基对明王朝建立的历史贡献》,《浙江工贸职业技术学院学报》2006年第4期。
⑤ (明)俞本撰、李新峰笺证:《纪事录笺证》,中华书局2015年版,第101页。
⑥ 《周易正义·离》,上海古籍出版社2014年版,第34页。
⑦ (明)俞本撰、李新峰笺证:《纪事录笺证》,第119页。

至正十九年正月，"两以《易经》举于乡，皆第一"的许瑗，前往金华见朱元璋，被"留帷幄，参预谋议"。金华府门朱元璋亲书的标语"六龙时遇（御）"，应该是请教《易经》专家许瑗的。①至正二十年三月，浙东儒生刘基、宋濂、章溢、叶琛加入朱元璋阵营，尤其刘基被朱元璋看重。由于许瑗后来出任太平府知府，在至正二十年闰五月被陈友谅所杀。②刘基的到来，正好接替许瑗"留帷幄，预机密谋议"，对朱元璋的政策走向影响甚大。刘基一向看不起方国珍、张士诚和小明王，他向朱元璋力陈"天命有在"，朱元璋"大感悟"，于是改变自身政权路线属性，逐渐远离红巾农民军，回归以儒家为主的中华政治传统。在至正二十六年讨伐张士诚的檄文中，朱元璋乃与红巾农民军公开决裂。而在此之前的至正二十年"六龙时遇（御）"政治标语的出现，其实已透漏了路线转变的重要信息。朱元璋政权性质的改变，应该就是受"预机密谋议"的许瑗、刘基等人的影响。朱元璋行伍出身，如何能知晓《易经·乾卦》深意？应该就是受教于许瑗和刘基。许瑗是《易经》专家，刘基也是《易经》专家，他们不但精通《易》之象数，而且深谙《易》之义理。相信是许瑗为朱元璋解说《易经·乾卦》的义理之后，朱元璋就推出了政治宣传标语"六龙时遇（御）"。后来要为新王朝命名国号，朱元璋应该就是接受刘基的建议，以寓意生生不息的"大明"为国号。由于刘基参与机密谋议，与朱元璋私下对话时常是"外人莫能测其机"，因而此段国号命名缘由才未曾著录档册，后人因而难据以写入史册，乃从此淹没了这段史事。但揆度其情，上述推断应系极有可能。③

因此，回到朱元璋建国的历史时空来讨论，杜洪涛提出的"大明"国号出典于《易经·乾卦》理由，比较其他学说充分可信。④

九、结语："大明"的意义

明朝国号"大明"的来由，朱元璋的《即位诏》及其后的官方文书均未说明，后代遂多猜测，或以火德为之解。但以五德终始立论，其与前朝既非相生也非相克，难以服人。20世纪40年代初，吴晗首倡"大明"国号源于"明王"说，广为学界与社会大众接受，几乎成为定论。从此，中国历代国号诸多起源，又多一宗教说。直至70年代，学界才开始有人质疑"明王"是否出于明教（摩尼教）。80年代初，杨讷阅读现存所有元代白莲教史料后，否定吴晗学说。他除指出吴晗论文方法上的错误，及引证史料之疏漏外，并以传世史料，证实元末起事者所提"弥勒佛下生"与"明王出世"口号，均与明教无涉，而出于佛教经典。杨讷的研究是研讨明朝国号起源的新突破，唯学界并不太注意，而金庸将吴晗学说引入武侠小说《倚天屠龙记》，并经电影和电视剧广为流传，吴晗首倡"大明"国号源于"明王"说遂深入人心，是以杨

---

① 参见《明太祖实录》卷7，至正十九年正月戊午。
② 参见《明太祖实录》卷8，至正二十年闰五月丙辰、至正二十年三月戊子。
③ 参见（明）黄金：《皇明开国功臣录》卷1《刘基》，明正德二年定远黄氏刊十一年补刊跋文本。
④ 2014年，杜洪涛发表的新说没有引起太多关注，朱钧在2015年的文章《"明王出世"口号与大明国号考》虽提到《易经·乾卦》与《诗经》之出典，可能是受杜洪涛的论文影响，但他并没有放弃他的孔雀明王出世说，而有些学者在课堂上讲到大明国号时，已开始采用杜洪涛的新说。

讷新说未引起较多注意。陈学霖为此颇感不平，遂于2009年撰一长文演绎杨讷论说，提醒学界不应继续宣扬此一错误论断。然而杨讷与陈学霖虽否决吴晗学说，但其思路并未脱离吴晗，仍在宗教中寻找国号出典。

2014年，始有北京大学博士生杜洪涛突破吴晗学说窠臼，循元明承续的思路，参照赵翼大元国号出自《易经·乾卦》"大哉乾元"文义，而主张大明国号亦出自《易经·乾卦》"大明终始"，诚为一大突破。

五四之后，学界与国人多反传统文化，尤反读经，甚至说要把经书、线装书或丢入茅坑，或用机关枪扫射。1949年以后，反传统声浪不减反升，到"文化大革命"之除旧达到顶峰。改革开放后，思想解放，但西化思想倾向浓厚，中国传统学术文化未受重视。在这样氛围中，学者也不会想到在儒家经书中寻找历史答案。改革开放后，尤其近十多年来，国势振新，国人找回自信心，重新肯定老祖宗留给我们的遗产。在政府的鼓励和民间的自主发动下，中国传统学术文化的研究与推广受到重视。在这新生的氛围中，学者开始实事求是地处理历史问题，把历史解释放在当时历史情境中研讨，而不是用现代思维要求古人。传统中国社会与政治脱不开儒家传统，尤其政治操作更须参考儒家经典，即使是非汉族的少数民族政权亦如此，大元国号与年号之命名就是很好的例子。杜洪涛提出研讨大明国号的新思路，是他个人的学养与聪慧有以致之，同时也是新时期新文化氛围涵养的成果。

《易经》是儒家首要经典，近代以前的中国社会，尤其是读书人必读的，也是为人处世的准则，由读书人参与的政府更是重视。因此，当朱元璋接纳浙东地主读书人集团，把农民政权转型为传统的"封建"政权时，参考儒家经典，制定治国方针、政策和制度，是必然的发展。[①]在订国号时，自然不能用早已在《平伪周榜》宣布为妖术并斥其信徒"杀戮士夫，焚荡城郭"的宗教信仰为依据，而改从儒家首要经典《易经》之文义。尤其朱元璋新建的王朝要接续正统的前朝蒙古元朝，就要注意元朝是如何建立其为中国的正统王朝。忽必烈入主中国要做中国皇帝，就"进于中国则中国之"，"用夏变夷"，因此订定国号，依据儒家首要经典《易经·乾卦》之"大哉乾元"。朱元璋革命以"复汉官之威仪"为号召，订定国号，必定更要彰显华夏文化传统，取得华夏政权的正统[②]，也依据《易经·乾卦》，而用"大哉乾元"经文的后一段"大明终始"。

"大明终始"的"大"是赞词，"明"是动词，"大明"即大哉明了《易经》之道。《易经》的什么

---

① 参见王崇武：《论明太祖起兵及其策略之转变》，《历史语言研究所集刊》1942年第10本第1分；陈高华：《元史研究论稿》，第290—306页、第258—289页。

② 《谕中原檄》，见《明太祖实录》卷26，吴元年十月丙寅；（明）高岱：《鸿猷录》，上海古籍出版社1992年版，第87—88页；王世贞：《弇山堂别集》卷85《诏令杂考一》，第1617—1618页。许倬云老师在2019年8月4日给泓的电邮说道："朱元璋早就打算摆脱'小明王'背景，尤其在获得浙西儒生合作后，自己的定位，主要在恢复华夏正统。如此，才能名正言顺，建立合法政权。他又何必恋恋不忘'红军'背景？吴晗的'红军论述'，当然有他自己的打算，借题发挥而已。蒙元国号，也是打算取得汉人支持，以建立其在'中国'地区的合法统治，于蒙古众多汗国中，至少稳住自己在汉地的政权。这也是满清'两合政权体制'的同样策略。"（https://mail.google.com/mail/ca/u/0/? shva=1#search/hsusun%40gmail.com/FFNDWLvmhtTKCCWxbWndBChTCSTJzNfl）

理?“大明终始”之道。“大明”其“终始”之道,“终始”就是终了之后又会开始,即“终而复始”。“终而复始”就是生生,就是生生不息。“生生之谓易”,整部《易经》就在阐明这个道理。[①]以“大明”为国家命名,保佑这个国家的国祚,象征国家的生命力生生不息,即使终了也能复始,长长久久,长治久安。这样的国名多么吉利,多么理想,正是朱元璋和群臣开国的宏图,符合经历元末动乱后全国人民望治的心愿。嘉靖年间学人李纯卿和王世贞说国号“大明”的意义云:

> 我圣祖付以世道之责,恢复二帝三王既沦之境土,修明三纲五典既坠之彝伦。中国之统既失复还,阳明用而天理昭著,贤哲登庸。万方之广,四海之大,一旦皆为雍熙泰和之世。国号大明,岂不名符其实也哉![②]
>
> 建元洪武元年,复中国之统,国号曰“大明”,传国祚于万万年矣![③]

这正和我们推论的《易经·乾卦》“大明终始”文义建国号说,既绪华夏正统,又佑国祚永续,互相呼应,不谋而合。

总而言之,从明朝建国时期的氛围,朱元璋政权君臣人民的心愿,以及国号出典的意义而论,以儒家首要经典《易经》的首章“乾卦”之“大明终始”“终而复始”生生不息的文义定立国号,肯定比以明教的“明王出世”的宗教预言更为妥切,更为正当,更能堂堂皇皇地彰显“大明”王朝“复汉官之威仪”的华夏传统。[④]

作者:徐泓,中国台湾暨南国际大学历史学系荣誉教授,曾任南开大学历史学院讲座教授

---

① 参见爱新觉罗毓鋆讲述,陈絅整理:《毓老师说易经》卷1,天地出版社2018年版,第18—23页。胡英泽教授提醒,应注意朱元璋恐怕也参考《老子》,《老子》有云:“复命曰常,知常曰明。”明代以复命自任,常乃天、乃道。朱元璋喜读《老子》,曾亲自批注《老子》。胡教授的指教很有启发,当另文从朱元璋治国理想及其思想基础讨论。

② (明)李纯卿辑,(明)王世贞会纂:《重刻详订世史类编》卷45《昭代前编·大明初·元顺帝》,明崇祯刻本清初重修本,第67页。

③ (明)李纯卿辑,王世贞会纂:《重刻详订世史类编》卷45《昭代前编·大明初·元顺帝》,第67页。

④ 但明朝开国期间,官方及参与开国的群臣,为什么没有留下文字解说国号的出典及其意义呢?是相关文献遗失了,还是明初读书人熟读《易经》,国号出自《易经》,不言自明,就不必像蒙古人入主中国要多加解释,因而没有留下文档的必要,还是有其他原因,实在耐人寻味,有继续探讨的必要。好友陈信治教授治爱尔兰史,从比较历史观点提出的解说:“我从爱尔兰政治史学到一点:聪明的政治领袖(如Charles Stewart Parnell),喊口号时最好喊得模糊一点,留给激进与温和立场不同的支持者各自想象与解释的空间,便可以扩大支持者的范围。如果用学术语言来讲,就是俄国文学理论家巴赫汀(Mikhail Bakhtin)所说的复音(polyphony对位音乐;王德威教授当年译为‘众声喧哗’)。例如文艺复兴时期法国作家拉伯雷(François Rabelais)的《巨人传》,既可以从人文主义者的角度解读,也可以从中世纪通俗文化的角度理解。事实上,《巨人传》同时包含了精英文化与通俗文化两种成分。(可以参考交大社文所朱元鸿教授为《巨人传》桂冠版所写的扼要导论《拉伯雷与我们的世界》:https://www.douban.com/note/531793064/.)所以,明初不把大明国号的来历说清楚,或许也有类似的考虑,即企图同时吸纳儒生与非儒生的支持?”(陈教授2019年8月13日来信https://mail.google.com/mail/ca/u/0/? shva=1#inbox/FMfc-gxwBTkBzBbhcmdhNwQpfStndWMJJ)陈教授从古今中外政治家对类似问题的反应与对策着眼,看出其”心同理同”的普遍性,这一比较研究方法,很具启发性,值得我辈治中国史的朋友关注。

论明代东北亚国际秩序的二元结构

赵 毅

"华夷秩序"是以历史上中国中原帝制王朝为核心,以文明程度、经济水平、军事实力之高下强弱区分夷夏,以朝贡形式维系的区域关系体系。这种区域关系体系最初行之于中原王朝与周边接壤的少数民族族国之间。推而广之,用以处理区域国际关系,便拓展覆盖了西亚、东南亚、东北亚众多相对弱小的国家,形成一种国际关系体系。[1]据称其存在了近两千年之久,到19世纪中后期,才被西方的条约关系体系所取代。

许多研究者认为,明代东北亚国际关系格局是最为典型的"华夷秩序"体系。帝制中国的"华夷秩序"可谓"春秋公法",牢牢笼盖朝鲜、琉球、日本等东北亚国家,使其诚心向化、恭谨输贡、严守藩封,奉帝制中国为天朝上国。

实际情况并非如此。明代东北亚国际关系格局十分复杂,十分诡谲。"华夷秩序"体系遭遇了严峻的冲击和挑战。日本始终没有承认明代中国的宗主地位,明朝与日本的关系完全不能和明朝与朝鲜关系、明朝与琉球关系等同视之,有本质区分。特别是日本在16世纪中叶结束了南北分裂局面后,侵朝鲜、伐琉球,叫板明朝独大的地位,与明朝分庭抗礼,俨然在构筑"华夷秩序"体系之外的"和夷秩序"体系。

明代东北亚国际秩序的格局是二元的。

一、明代日本从未被纳入"华夷秩序"体系

明朝建国后继承历代"柔远"方略,遣使颁诏,召赉四方,王氏高丽、李氏朝鲜、尚氏琉球等东北亚国家很快来廷来享,接受册封,认同明朝的宗主地位,融入"华夷秩序"体系。而东洋日本非但迟迟未有音讯,倭寇还频频袭扰明朝的辽东和东南沿海地区。明王朝多次派出使团,诘其入寇并诏其来廷。

史籍记载,洪武二年(1369)明朝遣使杨载"诏谕日本,且诘以入寇之故,谓'宜朝则来廷,不则修兵自固。倘必为寇盗,即命将徂征耳,王其图之'。日本王良怀(实为日本亲王怀良)不奉命"[2]。

---

① 参见赵毅:《东亚"华夷秩序"之嬗变——12至19世纪来自中国东北地区族、国的冲击》,《东岳论丛》2013年第8期。

② 《明史》卷322《日本传》,中华书局1974年版,第8341—8342页;《明太祖实录》卷39,洪武二年二月辛未载:"如必为寇盗,朕当命舟师扬帆诸岛,捕绝其徒。直抵其国,缚其王,岂不代天伐不仁者哉。"

洪武三年又遣莱州府同知赵秩赴日本"责让之,泛海至析木崖,入其境,守关者拒弗纳。秩以书抵良怀(怀良),良怀(怀良)延秩入。谕以中国威德,而诏书有责其不臣语。良怀(怀良)曰:'吾国虽处扶桑东,未尝不慕中国。惟蒙古与我等夷,乃欲臣妾我。我先王不服,乃使其臣赵姓者怵我以好语,语未既,水军十万列海岸矣。'"①日本对蒙元蹈海来征仍心存余悸,耿耿于怀。

洪武四年以倭俗佞佛,"可以西方教诱之也",乃命僧祖阐、克勤等八人送日本使者返国,且赐怀良大统历及文绮、纱罗。"祖阐等既至,为其国演教,其国人颇敬信。而王则傲慢无礼,拘之二年,以七年五月还京。"②

洪武七年,日本"大臣遣僧宣闻溪等赍书上中书省,贡马及方物,而无表"。"未几,其别岛守臣氏久遣僧奉表来贡",无国王之命,"且不奉正朔"。九年来贡,"表词不诚"。洪武十三年"复贡,无表,但持其征夷将军源义满奉丞相书,书辞又倨",俱却之。③两国尚无法达成一般性质之邻国关系,何谈建立宗藩关系,纳入"华夷秩序"体系。

洪武十四年,太祖朱元璋命礼部官员移书日本,"责其王,并责其征夷将军,示以欲征之意"。这一次怀良亲王也真的动了肝火,尖锐回复大明朝皇帝:

> 臣闻三皇立极,五帝禅宗,惟中华之有主,岂夷狄而无君。乾坤浩荡,非一主之独权,宇宙宽洪,作诸邦以分守。盖天下者,乃天下之天下,非一人之天下也。臣居远弱之倭,褊小之国,城池不满六十,封疆不足三千,尚存知足之心。陛下作中华之主,为万乘之君,城池数千余,封疆百万里,犹有不足之心,常起灭绝之意。夫天发杀机,移星换宿。地发杀机,龙蛇走陆。人发杀机,天地反覆。昔尧、舜有德,四海来宾。汤、武施仁,八方奉贡。臣闻天朝有兴战之策,小邦亦有御敌之图。论文有孔、孟道德之文章,论武有孙、吴韬略之兵法。又闻陛下选股肱之将,起精锐之师,来侵臣境。水泽之地,山海之洲,自有其备,岂肯跪途而奉之乎?顺之未必其生,逆之未必其死。相逢贺兰山前,聊以博戏,臣何惧哉。倘君胜臣负,且满上国之意。设臣胜君负,反作小邦之羞。自古讲和为上,罢战为强,免生灵之涂炭,拯黎庶之艰辛。特遣使臣,敬叩丹陛,惟上国图之。④

我们不知道怀良亲王的复信出自何人手笔,但其完全可以代表当时日本对华的基本立场和态度是可以肯定的。表面上称明朝为"君""天朝""中华",自称(或谦称)"臣""小邦""夷狄",而骨子里却认为明日双方是权力地位对等的国家,哪有自拟"夷狄",而幕府将军称

---

① 《明史》卷322《日本传》,第8342页。
② 《明史》卷322《日本传》,第8342页;《明太祖实录》卷68,洪武四年冬十月癸巳。
③ 参见《明史》卷322《日本传》,第8342—8343页。
④ 《明史》卷322《日本传》,第8343—8344页。

"征夷将军"的道理！日本自认与明朝一样，有孔孟道德文章，有孙吴韬略兵法，文明程度、军事实力毫不逊色明朝，相逢贺兰山前，放马一搏，谁胜谁负，亦未可知！这纯粹是向明王朝的公开叫板，与朝鲜、琉球对明王朝高山景行，谨遵藩封之道判若天渊。

日本欲挑战中华，并非自明代始。隋炀帝时期，日本写给隋朝的国书竟以"日出处天子致书日没处天子无恙"①之类言辞开篇，公然挑战中国权威。唐朝全盛时期，正是日本的奈良时代，遣唐使、留学生络绎于途，向化来朝，汲取华夏文明，奠定了"大化改新"的人才基础。此时日本短暂融入"华夷秩序"体系，时间并不长久。待到日本平安时代末期，唐朝国势衰微，日本与唐朝有白马江之战，发生公开冲突。日本竟一度把唐朝等国家和地区称为它的"诸藩"，俨然以"宗主"自视。"夫大宰府者，西极之大坏，中国之领袖也……大唐、高丽、新罗、百济、任那等，悉托此境，乃得入朝。或缘贡献之事，或怀归化之心，可谓诸藩之辐辏，中外之关门者也。"②日本天皇实录竟然写下大唐、高丽、新罗、百济等国经太宰府辐辏来朝，"或缘贡献""或怀归化之心"，日本俨然以东北亚共主自命。

洪武朝虽极尽努力试图与日本恢复自元朝中断的中日官方交往，并将其纳入"华夷秩序"体系，却均无果而终。

"成祖即位，遣使以登极诏谕其国。永乐元年（1403）又遣左通政赵居任、行人张洪偕僧道成往。将行，而其贡使已达宁波。礼官李至刚奏：'故事，番使入中国，不得私携兵器鬻民。宜敕所司核其舶，诸犯禁者悉籍送京师。'帝曰：'外夷修贡，履险蹈危，来远，所费实多。有所赍以助资斧，亦人情，岂可概拘以禁令。至其兵器，亦准时值市之，毋阻向化。'十月，使者至，上王源道义表及贡物。帝厚礼之，遣官偕其使还，赉道义冠服、龟钮金章及锦绮、纱罗。"③至此，明日之间的朝贡关系就算建立了，在明朝皇帝眼中，甚至在当代某些学人的认识中，曾一度桀骜不驯的日本向化输贡已融入"华夷秩序"体系之中。笔者对这种认识不敢苟同。

明朝与日本的关系，不能与明鲜关系、明琉关系等同视之。一是明王朝虽曾颁给大统历，但日本仍以天皇年号纪年，不奉明朝正朔。二是日本天皇从未接受明朝册封，而不经制接受明朝王号册封的或幕府将军，或幕府关白，或地方大名而已，王妃、世子未见受明朝敕封。三是日本与明朝恢复关系，意不在"封"，而在于"贡"。明朝理解纳"贡"即为向化来朝。日本理解有"封"才有"贡"，有"贡"必有"市"，有"市"才有"利"。贡品不在贵重珍奇，譬如朋友交往的小礼物即"执贽"一般。贡舶停靠的口岸和京师会同馆皆要设市交易随贡舶带来的其他商品，赚取利润，且明王朝还要"厚往薄来"进行赏赐。以"贡"求"利"，日本是在经济利益的驱动下才与明王朝恢复了关系，而非膜拜中华文明和中国实力。无论是在室町幕府、德川幕府还是江户幕府时代，日本与明朝的经贸关系时断时续，没有经常化和制度化，

---

① （唐）魏徵：《隋书》卷81《东夷传·倭国》，中华书局1973年版，第1827页。
② [日]藤原基经编：《日本文德天皇实录》卷4，京都出云寺和泉掾1709年版，第4页。
③ 《明史》卷322《日本传》，第8344—8345页。

日本是游离于"华夷秩序"之外的。关于这一点,明世宗嘉靖朝礼部尚书欧阳德认识十分清楚。他在写给皇帝的奏疏中明确指出:"日本于国家虽非请封受册、颁历朝正之国",且又"素称贪狡,习为悖骜。先朝数因事颁降敕旨晓谕,俱未见输诚悔谢之奏"。[①]从永乐元年(1403)开始,明日间有限的经贸往来,维持到嘉靖二年(1523)的宁波争贡事件而告终止。此间来华日本贡使多不守中国法度,抢劫商民,杀人越货,走私贩易极其常见。更有甚者,日本大内氏之贡使竟然杀死明朝市舶司官员,掠走明军卫指挥,纵火焚掠,夺船逸归,气焰十分嚣张。请看官修《明史》下列记载:

永乐九年(1411)二月遣王进赍敕使日本,"收市物货。其君臣谋阻进不使归,进潜登舶,从他道遁还。自是,久不贡"[②]。

宣德七年(1432)正月,"帝念四方蕃国皆来朝,独日本久不贡,命中官柴山往琉球,令其王转谕日本,赐之敕"[③]。

景泰四年(1453),日本遣使入贡,"至临清,掠居民货。有指挥往诘,殴几死。司请执治,帝恐失远人心,不许"[④]。

成化四年(1468)十一月,日本贡使"清启复来贡,伤人于市。有司请治其罪,诏付清启,奏言:犯法者当用本国之刑,容还国如法论治。且自服不能钤束之罪,帝俱赦之。自是,使者益无忌"[⑤]。

弘治九年(1496)三月,"王源义高遣使来还至济宁,其下复持刀杀人。所司请罪之,诏自今止许五十人入都,余留舟次,严防禁焉"[⑥]。

嘉靖二年五月,日本"贡使宗设抵宁波。未几,素卿偕瑞佐复至,互争真伪。素卿贿市舶太监赖恩,宴时坐素卿于宗设上,船后至又先为验发。宗设怒,与之斗,杀瑞佐,焚其舟,追素卿至绍兴城下,素卿窜匿他所免。凶党还宁波,所过焚掠,执指挥袁琎,夺船出海。都指挥刘锦追至海上,战殁"[⑦]。明王朝命琉球使臣转谕"日本以擒献宗设,还袁琎及海滨被掠之人,否则闭关绝贡,徐议征讨"[⑧]。日本与明朝虚与斡旋近十年,以押送宗设、袁琎之船在海上遇风飘没而应付过关。

如明朝所描述,所谓日本贡使"性黠,时载方物、戎器,出没海滨,得间则张其戎器而肆侵掠,不得则陈其方物而称朝贡,东南海滨患之"[⑨]。这哪是众星拱月的来华贡使,分明是杀

① 参见(明)欧阳德:《欧阳南野先生文集》卷15《敕谕倭夷》,《四库全书存目丛书》集部第80册,齐鲁书社1997年版,第585页。
②《明史》卷322《日本传》,第8345页。
③《明史》卷322《日本传》,第8346页。
④《明史》卷322《日本传》,第8347页。
⑤《明史》卷322《日本传》,第8347页。
⑥《明史》卷322《日本传》,第8348页。
⑦《明史》卷322《日本传》,第8348—8349页。
⑧《明史》卷322《日本传》,第8348—8349页。
⑨《明史》卷322《日本传》,第8357页。

人越货的海盗。明代日本根本不在东北亚"华夷秩序"之列。

二、明王朝东北亚最忠诚的两藩属国均成为日本侵略鲸吞的目标

　　明代日本并没融入"华夷秩序"体系,而东北亚的李氏朝鲜和尚氏琉球对明王朝的文明程度、经济水准、军事实力皆心悦诚服,两国均奉明王朝正朔,国王、王妃及世子都接受明王朝册封,定期朝贡、恪守臣职,是明王朝忠诚的藩属国。当然,明王朝作为宗主国也有保护藩属国安全的义务。而日本却无视"华夷秩序",虎视眈眈、野心勃勃,先后入侵朝鲜和琉球,直接挑战明王朝。

　　16世纪中叶,日本结束了南北分裂局面,走向统一,综合国力大幅提升。原本就存在的日本与朝鲜的对马岛经济贸易、与琉球的耽罗物资交流均有发展,日方获利不赀。日本的野心不止于此,它蓄谋着侵吞朝鲜与琉球,两场深刻影响东北亚国际关系格局的战争不可避免地爆发了。

　　第一场是万历二十年至万历二十六年(1592—1598)中朝日之间的东北亚区域战争。参战三方从本国出发,对这场战争称谓各异。明朝称"万历东征",朝鲜称"壬辰倭乱"或"壬辰、丁酉之役",日本则称"永禄、庆长之役"。日本欲犯中国和朝鲜的情报最迟在万历十九年明廷就已被获悉,明神宗曾"诏兵部申饬海防",似乎有所戒备。史载,德川幕府关白丰臣秀吉"益大治兵甲,缮舟舰,与其下谋,入中国北京者用朝鲜人为导,入浙、闽沿海郡县者用唐人为导"。"广征诸镇兵,储三岁粮,欲自将以犯中国。"[1]但又必须假道朝鲜半岛,故于万历二十年"秀吉遂分渠帅行长、清正等率舟师逼釜山镇,潜渡临津。时朝鲜承平久,兵不习战,昖(朝鲜国王李昖)又湎酒,弛备,猝岛夷作难,望风皆溃。昖弃王城,令次子珲摄国事,奔平壤。已,复走义州,愿内属。七月,兵部议令驻扎险要,以待天兵;号召通国勤王,以图恢复。而是时倭已入王京,毁坟墓,劫王子、陪臣,剽府库,八道几尽没,且暮且渡鸭绿江,请援之使络绎于道"[2]。明王朝履行宗主国之义务,出兵半岛,与李氏朝鲜联手抗敌,交战、和谈、再战,历时七载,在丰臣秀吉突然死亡的情况下,日本军队才撤离朝鲜。万历东征,明王朝六易统帅,先后派往朝鲜的都督、提督高级将领五人,总兵副总兵十六人,参战将士数十万。《明史》评论这场战争说:"自倭乱朝鲜七载,丧师数十万,靡饷数百万,中朝与属国迄无胜算,至关白死而祸始息。"[3]

　　有关这场战争的研究论著,已经十分丰厚,兹不赘述。在此,仅就在战争和谈第一阶段,丰臣秀吉抛出的《大明日本和平条件》(以下简称《条件》)的要旨进行归纳分析。《条件》要旨有六项:其一是中日和亲,大明朝以公主下嫁日本;其二是恢复明日朝贡、互市,明日官方通好;其三是割朝鲜南方四道给日本;其四是朝鲜以王子、陪臣入质日本;其五是日本归

　　①《明史》卷322《日本传》,第8357—8358页。
　　②《明史》卷320《朝鲜传》,第8291—8292页。
　　③《明史》卷320《朝鲜传》,第8299页。

还朝鲜被俘王子;其六是朝鲜权臣宣誓效顺日本,朝鲜臣服日本。①在《条件》中,日本狮子大张口,要朝鲜割地、入质并宣誓效顺日本,把明朝忠诚的藩属国纳入自己的麾下。要知道,在这场战争中,日本是和中国兵戎相对,公开叫板,你能看到日本对中华有一丝朝贡的谦恭吗?你能说日本处在"华夷秩序"体系之中吗?

日本在侵朝战争中并没有大伤元气,野心有增无减,对明王朝"华夷秩序"体系内另一忠诚属国琉球亦早有吞并图谋。琉球国"居东南大海中,自古不通中国"。洪武初,其国有三王,曰中山,曰山南,曰山北,皆尚姓。自洪武五年(1372)始,中山王察度遣使入朝,三王陆续来朝不辍。后来,山北王为中山王、山南王所并,山南王旋又被中山王所并。中山王一王独大,对明王朝执藩属礼甚恭。一年一贡,或一年多贡,奉明王朝正朔,国王、世子皆受明王朝册封。明王朝曾赐琉球闽中三十六姓,"以便贡使来往"②。

琉球国与日本列岛尤其与萨摩藩相距甚近,在侵朝战争结束后的第十一个年头,"当是时,日本方强,有吞灭之意。琉球外御强邻,内修贡不绝。四十年(实则为万历三十七年,1609),日本果以劲兵三千入其国,掳其王,迁其宗器,大掠而去。浙江总兵官杨宗业以闻,乞严饬海上兵备,从之。已而其王释归……"③明王朝未对此事件做出激烈反应,只轻描淡写"已而其王释归",对琉球国王尚宁君臣所历劫波好像未曾听闻,《明史》《明实录》对日本入侵琉球记载过于简略,可能是因为明王朝未能尽到宗主国保护藩属国安全职责的缘故。"已而其王释归",这个"已而"不是须臾之间,而是两年多,琉球国君被押解到鹿儿岛,受尽摧辱。据谢必震先生研究,万历三十七年,萨摩藩主岛津家久奉德川幕府之命,逼迫琉球对日本称臣入贡,被琉球拒绝,岛津家久派遣精兵三千、战舰百余艘直扑琉球国,执中山王,迁其宗器,大肆焚掠。琉球国三司官郑迥率众抵抗,兵败走匿山林,被日军捕获,随同国王尚宁被押往鹿儿岛,囚禁在渔市附近。随押至鹿儿岛的尚宁仆从喜安,是日本大阪人,写成《喜安日记》,较详实地记录了尚宁君臣两年多的囚徒生活。其间,郑迥曾密写一份萨摩藩入侵琉球的翔实报告,托人带给明朝福建巡抚,希望得到宗主国明朝的同情和解救,由于行事不密而未果。万历四十年秋,萨摩藩主将琉球国王尚宁及被囚琉球官员集中在一起,逼迫他们在早已拟好的降书上签字。其降书云:"琉球自古附属萨摩藩岛津君侯……因不遵制进贡等,而致遭征伐被俘,本该死……然今君侯惟仁惟恕,悯孤流离,斯锡恩宠。匪啻纵得归于故国,多割诸岛,永为履矣。实为再造,何日忘之,何岁谢之,永隶藩侯,惟命是从,无敢贰矣。"④郑迥厉声抗辩,怒斥萨摩藩主掠人国王、迁人宗器,威逼订立城下之盟的强

① 参见[日]竺隐、宗五:《南禅旧记》,长崎肥前松平文库1606年版。亦见郑洁西文《万历朝鲜战争期间的和平条件》,引日本国立公文馆所藏《南禅旧记》版《大明日本和平条件》,见未刊稿东北师范大学《明代的边疆问题与东亚秩序》学术研讨会论文集,2016年版。

② 《明史》卷323《琉球传》,第8361—8364页。

③ 《明史》卷323《琉球传》,第8369页。《明神宗实录》卷496,万历四十年六月庚午亦有相同记载。《明史》卷21《神宗本纪》记此事系于万历三十七年。

④ 杨仲揆:《琉球古今谈》,台湾商务印书馆1990年版,第45页,转引自谢必震:《中国与琉球》,厦门大学出版社1996年版,第258页。

盗行径,无惧项上加刃,表现了无畏生死的英雄气概,被萨摩藩武士掷入沸腾的油锅。[1]笔者推断,琉球国王尚宁迫于死亡的威胁,被迫在降书上签字,违心承认为萨摩藩的属国,得以放归故国,也就有了他对明日"双属双贡"的记载。

自万历二十年起,到万历三十七年止,短短十八年时间,日本侵朝鲜、伐琉球,不仅与朝鲜、琉球军队作战,还在侵朝战争中与明朝军队直接对垒,东北亚国家被它打了个遍。日本侵朝鲜、伐琉球,旨在把明王朝两个忠诚的藩属国变为自己的属国,对抗明王朝,构建自己为主体的东北亚国际关系结构。如此,我们还认为明代日本仍在"华夷秩序"体系之内吗?

三、日本构建的"和夷秩序"体系使东北亚国际秩序呈现为二元格局

"华夷秩序"体系源于"普天之下莫非王土,率土之滨莫非王臣"的思想观念,虽然体现了大国的某些责任担当,却也蕴含一定的霸权意识,它以文明程度和综合国力区分夷夏,主要以怀柔感召和"厚来薄往"的方式吸引周边族国来朝,有一定的积极合理成分,也包含某些非理性因素。东北亚"华夷秩序"体系不是一成不变的,华夷互变经常发生,从未停歇。所谓只有"用夏变夷",未闻"以夷变夏",只能是神话,而不是历史。12世纪至17世纪先后崛起于中国东北地区的契丹、女真、蒙古、满洲及辽、金、元、清等族国,对以中原王朝为中心的"华夷秩序"体系的巨大冲击,甚至颠覆,使"华夷秩序"体系风雨飘摇。中国周边少数民族族国"以夷变夏"的冲击波由近及远向外传播扩散,必然引起中国中原王朝与海外国家第二层级"华夷秩序"体系的嬗变。李氏朝鲜在明清鼎革后以小中华自诩,日本的自我膨胀恐怕比朝鲜来得更早。最迟在隋唐以降,日本似乎便游离于"华夷秩序"体系之外,绝少心悦诚服对中国执藩属国礼节。

"华夷秩序"体系观念,由当代学者提出,是对古代东北亚国际关系格局的高度概括[2],对该课题研究的推进意义重大。然而,以"华夷秩序"体系一个概念并不能真实反映明代东北亚国际关系的全部内容。在东北亚国际关系中,日是"华夷秩序"的挑战者,拆庙人,从未将自己置放明王朝的藩属地位之上,侵吞朝鲜、琉球,竭尽全力想把明王朝的两个忠诚属国变为自己的属国,即使付诸武力亦在所不惜。明王朝建国后,太祖朱元璋为改变"终元世未相通"[3]的中日关系格局,将其列为不征之国,并写入《皇明祖训》,多次遣使诏谕,期望其向化来朝。终明世,日本非但没被纳入"华夷秩序"体系,还公然挑战明王朝,苦心孤诣构建"和夷秩序"体系,与中国相抗衡。当然,日本构建"和夷秩序"体系的动机、手段与明王朝为中心的"华夷秩序"体系不可同日而语。日本确实在追求营造其"和夷秩序"体系,不是作者

---

① 参见谢必震:《中国与琉球》,厦门大学出版社1996年版,第258页。
② 参见费正清著,孙继东译:《中国的世界秩序:传统中国的对外关系》,中国社会科学出版社2010年版。[日]滨下武志:《近代中国的国际契机——朝贡贸易体系与近代亚洲经济圈》,中国社会科学出版社1999年版。关于此话题,[日]檀上宽、岩井茂树等先生亦有精彩论著。
③ 《明史》卷322《日本传》,第8341页。

向壁虚构。请看下面史料：

《大日本史料》第十二编之七记载，明神宗万历三十八年（1610），本多正纯给明王朝呈递的书简毫不掩饰地说："朝鲜入贡，琉球称臣，安南、交趾、占城、暹罗、吕宋、西洋、柬埔寨等蛮夷之君长酋帅，各无不上书输宾。"①本多正纯沾沾自喜其"和夷秩序"体系，不仅涵盖了东北亚朝鲜和琉球，还涵盖了东南亚多国。有人可能会提出质疑，这是日本自夸其"德"，不足信。请看中国官修正史《明史》的记载：德川幕府统治的16世纪末，丰臣秀吉任关白，"征服六十六州，又以威胁琉球、吕宋、暹罗、佛郎机诸国，皆使奉贡"②。类似的情况在中国官修正史中也有记载，便不能用"自夸其德"一言以蔽之了。分析这两则史料，我们可以提出如下认识：

首先，应该明确佛郎机为西欧国家，不在东北亚、东南亚范围。交趾是安南古称，两者应属东南亚同一国家。西洋系指西洋琐里③为东南亚国家。那么，两则史料涉及朝鲜、琉球、安南、占城、暹罗、吕宋、西洋、柬埔寨等两个东北亚国家和六个东南亚国家。这八个国家皆是中国中原王朝"华夷秩序"体系内的蛮夷之邦，与中国有贡使往来，不论执贽厚薄，均被视为中国向化来朝的属国。在某种程度上是中原王朝的自我感觉，而日本也是这样认识的。

其次，日本史料所称诸国对其"称臣""入贡""上书输宾"，构建以其为中心的"和夷秩序"体系，是不择手段的，"以威胁"可谓一针见血。对东北亚的朝鲜、琉球的用兵动武，证明其构筑东北亚"和夷秩序"体系的急不可待。

琉球自15世纪以来便游移于中日两国之间，它紧邻萨摩藩和对马藩，对日贸易经年不断，还背负了对日本的巨大商欠，受制于人。琉球国力薄弱，长期奉行"双贡双属"的生存策略，本无可厚非。朝鲜与日本国力相当，且交往由来已久，对日本政府有无秋波暗送，也大可怀疑。永乐十三年（1415）李朝通事自辽东归国，向朝廷汇报谈及"帝（明帝）若怒而欲征之（日本），则必有助征之命，将若之何？且我国（李朝）交通日本，倭使络绎，帝（明帝）若知之，则必归咎我国，亦将如之何？"④"交通日本""倭使络绎"不只是永乐朝发生的情况，世宗嘉靖时期仍然"我国交通倭国，所在讳之"。⑤谷应泰评论朝日关系说："朝鲜釜山与日本对马岛相望，时有倭户往来互市，通婚姻。"⑥万历东征时朝日经贸互市、信使往来曾一度中断，战后很快恢复，朝鲜遣日访信使肩负着某种神秘外交使命，应引起关注。"朝鲜入贡"日本，尚须进一步证明。

① [日]东京大学史料编纂所编：《大日本史料》第十二编之七，转引自韩东育：《华夷秩序的东亚构架与自解体内情》，《东北师大学报》2008年第1期。
② 《明史》卷322《日本传》，第8357页。
③ 《明史》卷325《西洋琐里传》，第8424页。
④ 《朝鲜王朝实录》卷30，永乐十三年七月戊午，日本政府学习院东泽文化研究所影印本。
⑤ 参见《朝鲜王朝实录》卷54，嘉靖四年六月壬子。
⑥ （清）谷应泰：《明史纪事本末》卷62《援朝鲜》，中华书局1977年版，第963页。

明史学界和中外关系史学界，当共同努力，对于日本《天皇实录》《大日本史料》《丰臣秀吉文集》以及李氏朝鲜、尚氏琉球的原始史料重点发掘，搜寻日本天皇、幕府将军、关白及其国家重要官员与中国、朝鲜、琉球等国之间的国书和个人书简中相关信息，相信会有更多新发现，足以证死"和夷私序"确实存在，揭示自明代已经存在的东北亚国际秩序的二元格局，并证明其为近代东北亚国际关系的巨变埋下前瞻伏笔。

原文载《古代文明》2017年第3期
作者：赵毅，辽宁师范大学历史文化旅游学院教授、博士生导师

明代文官荫叙制度的发展及其特点

郭培贵

文官荫叙作为先秦世官制的残余,自秦汉至清末,一直都是历代王朝维护官僚特权的制度,同时也是对各时期处于主导地位的选官制度的重要补充。明初,文官荫叙制度定而未行;中叶后,则在特恩荫叙实践中逐渐形成了独具特色的文官荫叙制度。不仅对明代政治与社会产生了重要影响,而且在中国古代文官荫叙制度发展史上占有十分重要的地位。对此,学界尚无专门的深入研究,涉及这一问题的论著,又有不少歧异的说法。本文专就这一问题探讨,以就教于方家。

一、洪武文官荫叙之制是否付诸实施

明代文官荫叙制度始定于洪武十六年(1383)[①],其内容,《明太祖实录》载为以下五个方面:

> 其一,用荫,以嫡长子。若嫡长子残废,则嫡长之子孙以逮曾玄;无则嫡长之同母弟以逮曾玄;又无,则继室及诸妾所生者;又无,则旁荫其亲兄弟子孙;又无,则旁荫其伯叔子孙。
>
> 其二,用荫者,孙降子,曾孙降孙;旁荫者,皆于应叙品第降一级。

[①] 关于明代文官荫叙制度的始定时间,学术界有"洪武十六年"和"洪武二十六年"两种说法。前者源于《明太祖实录》卷154的记载,后者则依据万历《明会典》卷6《吏部五·荫叙》的记载。两者相比,应以前者为正。理由如下:其一,《明太祖实录》作为编年体史书,纂修于建文至永乐初年,故其对洪武时期的年代记载理应比万历《明会典》更为可靠。其二,万历《明会典》是在正德《明会典》的基础上重修而成,其对洪武文官荫叙制度的记述与正德《明会典》一样,皆源自成书于洪武二十六年三月的《诸司职掌》;但无论《职掌》,还是正德《明会典》,都是仅记载了该制的内容,而未载其始定时间;"洪武二十六年"乃是万历《明会典》后加上去的。对此,该书《重修凡例》第二条云:"《会典》(此指正德《明会典》)旧列《诸司职掌》于前,历年事例于后,然《职掌》定于洪武二十六年,而洪武事例有在二十六年之前者,不无先后失序。今皆类事编年,凡《职掌》旧文,俱称'洪武二十六年定'。"这样,万历《明会典》就把《职掌》一书的成书年代与其所收典制各自的始定年代混同起来;而事实上,《职掌》所载包含了其成书以前朝廷制定的与五府、六部、都察院以下诸司"设官分职之务"相关的所有典制,其中,主要应是洪武二十六年之前制定的。可见,万历《明会典》并没有对洪武时期所定文官荫叙制度的始定年份做专门考究,其言洪武二十六年完全是按其《凡例》所定原则"一刀切"的结果,主观上虽为纠正正德《明会典》旧文所载洪武年份的"先后失序",客观上却造成了更大的混乱。其三,在万历十五年《明会典》成书之前,史籍中无言荫叙之制始定于洪武二十六年者。万历初,精于考证的史学家王世贞在其《弇山堂别集》卷25《史乘考误六》中,也明确指出洪武荫叙之制是"高帝朝洪武十六年,吏部题准事例"。另外,谈迁《国榷》卷7和张廷玉《明史》卷72《职官志一》、卷136《任昂传》等史籍,也皆载此制定于洪武十六年。

其三，正一品官，荫其子于正五品用；从一品子，则从五品用；正二品子，则正六品用；从二品子，则从六品用；正三品子，则正七品用；从三品子，则从七品用；正四品子，则正八品用；从四品子，则从八品用；正五品子，则正九品用；从五品子，则从九品用；正六品子，则于未入流上等职内叙用，如行人、巡检、司狱之类；从六品子，则于未入流中等职内叙用，如各关、仓、库，税课司、局，批验、冶铁所官之类；正从七品子，则于未入流下等职内叙用，如递运所、驿丞、闸坝官之类。

其四，凡职官子孙许荫一人，年二十五以上，能通本《经》《四书》大义者叙用；其不通者发还习学。

其五，应叙之人，各于原籍附近布政司所属地方铨注。①

以上各条分别对文官的用荫顺序、荫序不同而递降荫叙品级、一至七品官员各自应荫品级或职官类别、荫叙数额和对承荫者年龄及其儒学素养的要求、承荫者任职地区等做出了明确、具体的规定，构成了洪武荫叙制度的完整体系。但这一制度是否得以实施呢？正德《明会典》对此持肯定态度，该书卷8载云："国初，因前代任子之制，文官一品至七品，皆得荫子一人，以世其禄；后乃渐为限制。"②这一说法被后来的万历《明会典》《明史·选举志》等史籍所沿袭，并一直影响到今天。如《中国历史大辞典·明史卷》"荫监"条、《中国政治制度通史·明代卷》《官员的品级与待遇》一节，就皆持此论。③最近出版的《明代政治史》也认为"明初，沿用前代任子之制，'文官一品至七品，皆得荫一子以世其禄'"④。但笔者通过对相关史料的综合分析，却得出与之完全相反的结论。理由主要有三：

第一，洪武十六年至景泰间的文官荫职实例，说明洪武荫叙之制并未实行。为便于说明问题，在此，笔者谨把明太祖、太宗、仁宗、宣宗、英宗诸朝《实录》及王世贞《弇山堂别集》、徐学聚《国朝典汇》、焦竑《国朝献征录》和张廷玉《明史》等史籍所载此间文官荫职的实例一一胪列如下：

洪武十六年至景泰间文官荫职实例表

荫职实例	出处
洪武十六年，荫山西左布政使(从二品)何真之侄润、弼、敬三人为官。二十年，真以湖广左布政使致仕，封东莞伯，荫其第六子宏为尚宝司丞(正六品)。真原为元江西分省左丞，洪武元年以广东归附。	《明太祖实录》卷189《何真传》第2832—2834页；(明)焦竑《国朝献征录》卷10《何真传》第330页。
洪武二十三年，升故祭酒(从四品)宋讷子训导复祖为司业(正六品)。	《明史》卷137《宋讷传》，第3953页。

---

① 《明太祖实录》卷154，洪武十六年五月庚申。
② 正德《明会典》卷8《吏部七·验封清吏司》，《景印文渊阁四库全书》第617册，第78页下。
③ 参见王毓铨、曹贵林主编：《中国历史大辞典·明史卷》，辞书出版社1995年版，第345页；杜婉言、方志远：《中国政治制度通史·明代卷》，人民出版社1996年版，第455页。
④ 张显清、林金树等：《明代政治史》，广西师范大学出版社2003年版，第558页。

荫职实例	出处
建文帝即位,荫故翰林学士(正五品)宋濂孙怿官翰林。	《明史》卷128《宋濂传》,第3788页。
永乐十二年(1414)十二月辛卯,北京刑部尚书朱浚卒。浚,前燕府长史(正五品)复之子,复事上最久,既卒,以浚署典仪所引礼舍人(未入流)。上起义靖难,命署北平布政司事。永乐元年擢通政司左通政,三年升刑部尚书,至是卒。	《明太宗实录》卷159第1810页;王世贞《弇山堂别集》卷17《任子官位大于所由》第321页。
永乐十年,荫中书舍人(从七品)刘彦铭子素中书舍人。	《明太宗实录》卷125第1566页。
永乐十三年,荫故北京刑部尚书(从二品)朱浚子棻卫同知(从三品)。	《明太宗实录》卷162第1837页。
永乐十六年,荫故太子少师(正二品)姚广孝养子继尚宝少卿(从五品)。	《明史》卷145《姚广孝传》第4081页。
永乐十六年,故交趾布政司参政(从三品)莫邃子嵩袭父职,以邃战死交趾。	《明太宗实录》卷203第2097页。
永乐十七年,荫故大学士(正五品)胡广子穜翰林检讨(从七品)。	(明)徐学聚《国朝典汇》卷83《吏部·恩荫》第1158页;《明史》卷147《胡广传》第4125页。
永乐中,荫侍讲学士沈度子藻中书舍人。	(明)杨荣《文敏集》卷22《故翰林学士奉政大夫沈公墓志铭》,《景印文渊阁四库全书》第1240册第355页。
仁宗即位,荫故吏部侍郎(正三品)许思温子俊赞礼郎(正九品),以"靖难"时思温佐城守有功并因侍皇太子(后即位为仁宗)遭谗瘐死。	《明史》卷150《陈寿传附许思温传》第4165页。
仁宗即位,荫故翰林学士兼右春坊大学士正五品解缙子祯期中书舍人,以缙维护皇太子(后即位为仁宗)地位而死于汉王高煦谮。	《献征录》卷12《学士解公缙传》第392页。
洪熙元年,荫故兵部尚书(正二品)刘俊子奎户科给事中(从七品),以俊战死。	《明仁宗实录》卷7上第231页;《明史》卷154《刘俊传》第4228页。
洪熙元年,荫故工部左侍郎陈寿子瑞中书舍人。寿因得皇太子(后即位为仁宗)赏识而死于汉王高煦谮。	《明史》卷150《陈寿传》第4164页。
洪熙元年(1425),"升尚宝司卿朱琇为金吾左卫指挥使,子孙世袭,以琇在先帝靖难时尝效力守城"。	《明仁宗实录》卷7下第237页。
洪熙元年,荫少师(从一品)兼吏部尚书蹇义子荃尚宝司丞。	《明仁宗实录》卷7下第239页。
洪熙元年,荫故兵部尚书金忠子达检讨,以忠永乐时辅太子监国。	《明史》卷150《金忠传》第4160页。
宣宗即位,荫故礼部左侍郎仪智子铭给事中,以智辅导皇太孙读书。	《明史》卷152《仪智传》第4189页。
宣宗初立,太子太保(从一品)兼礼部尚书吕震数于帝前为其子熊乞官,至流涕。帝不得已,授兵科给事中。	《明史》卷151《吕震传》第4181页。
宣德元年(1426),上念故工部侍郎郑刚旧劳,荫其子让鸿胪寺序班(从九品)。	《明宣宗实录》卷17第452页。
宣德四年,荫故兵部尚书陈洽子枢刑科给事中,以洽战死。	《明宣宗实录》卷57第1363页。
宣德五年,荫故少保(从一品)兼户部尚书夏原吉子瑄尚宝司丞。	《明宣宗实录》卷62第1470页。

荫职实例	出处
宣德八年，荫户部尚书郭资子佑主事(正六品)，以资有靖难功。	《明史》卷 151《郭资传》第 4179 页。
宣德十年，荫故少师兼吏部尚书蹇义子英尚宝司丞。	《明英宗实录》卷 1 第 20—21 页。
英宗即位，荫唐府长史詹恩子万里唐府长史纪善(正八品)。	《明英宗实录》卷 2 第 59 页。
英宗即位，荫致仕少保户部尚书兼武英殿大学士黄淮子采中书舍人。	《明英宗实录》卷 179 第 3453 页。
正统三年(1438)，荫故工部尚书李友直子昉主事，以友直有靖难功。	《明英宗实录》卷 49 第 945 页。
正统四年，荫故北京行部尚书朱浚子荣主事，以浚有靖难功。	《明英宗实录》卷 53 第 1024 页。
正统五年，荫故少师兼工部尚书谨身殿大学士杨荣子恭尚宝司丞。	《明英宗实录》卷 69 第 1332 页。
正统七年，荫故少师尚书吴中子贤世袭锦衣卫百户，以中"累有军功"。	《明英宗实录》卷 94 第 1895 页。
正统十年，荫故少师兼兵部尚书华盖殿大学士杨士奇子稷尚宝司丞。	《明英宗实录》卷 127 第 2544 页。
正统十一年，荫故少保兼礼部尚书武英殿大学士杨溥孙寿尚宝司丞。	《明英宗实录》卷 143 第 2829 页。
正统中，荫故右参议知建宁府事张瑛子官，以瑛为国死难。	《明史》卷 289《张瑛传》7420 页。
景帝即位，荫故通政使谢泽子俨评事，以泽战死。	《明史》卷 167《孙祥传附谢泽传》第 4508 页。
景帝即位，荫故太子太保兵部尚书兼詹事仪铭长子海锦衣卫百户、季子泰礼科给事中，以铭原为郏府长史。	《英宗实录》卷 243 第 5289 页；张廷玉《明史》卷 152《仪智传附子铭传》第 4190 页。
景泰元年(1450)，荫故户部尚书王佐子道阳主事，以佐死于土木之难。	《明英宗实录》卷 190 第 3902 页。
景泰元年，荫故兵部尚书邝埜子仪主事，以埜死于土木之难。	《明英宗实录》卷 190 第 3902 页。
景泰元年，荫故吏部侍郎兼学士(阁臣)曹鼐子恩评事(正七品)，以鼐死于土木之难。	《明英宗实录》卷 190 第 3902 页。
景泰元年，荫故刑部右侍郎丁铉子琥评事，以铉死于土木之难。	《明英宗实录》卷 190 第 3902 页。
景泰元年，荫故工部右侍郎王永和子汝贤评事，以永和死于土木之难。	《明英宗实录》卷 190 第 3902 页。
景泰元年，荫故右都御史邓棨子瑶评事，以棨死于土木之难。	《明英宗实录》卷 190 第 3902 页。
景泰元年，荫故翰林侍读学士张益子翮鸿胪寺序班，以益土木死难。	《明英宗实录》卷 190 第 3902 页。
景泰元年，荫故左通政龚全安子廷辉照磨，以全安土木死难。	《明英宗实录》卷 190 第 3902 页。
景泰元年，荫故太常少卿黄养正子希祖照磨，以养正死于土木之难。	《明英宗实录》卷 190 第 3902 页。
景泰元年，荫故太常少卿戴庆祖从子升照磨，以庆祖死于土木之难。	《明英宗实录》卷 190 第 3902 页。

荫职实例	出处
景泰元年,荫故太仆寺少卿刘容子鉴照磨,以容死于土木之难。	《明英宗实录》卷 190 第 3902 页。
景泰元年,荫故钦天监监正廖义子景明司历,以义土木死难。	《明英宗实录》卷 190 第 3902 页。
景泰元年,荫太医院院使钦谦子智为本院吏目,以谦死于土木之难。	《明英宗实录》卷 190 第 3902 页。
景泰元年,荫尚宝司少卿凌寿子晖为序班,以寿死于土木之难。	《明英宗实录》卷 190 第 3902 页。
景泰元年,荫故浙江副使陶成子鲁县丞,以成战死。	《明英宗实录》卷 192 第 4011 页;《明史》卷 165《陶成传》第 4464 页。
景泰二年,荫故兵部尚书侯琎子爵为世袭正千户,锦衣卫带俸。以琎累著军功,劳瘁于普定,子爵乞荫职。	《明英宗实录》卷 204 第 4358 页;《明史》卷 172《侯琎传》4582 页。
景泰三年,荫太子太傅兵部尚书于谦子冕府军前卫副千户。	《献征录》卷 38《兵部尚书于公谦传》,第 1546 页。
景泰四年,荫故礼部尚书杨翥子玮县主簿,以翥原为郧府右长史。	《明史》卷 152《杨翥传》第 4194 页。
景泰五年,荫刑部尚书薛希琏子胤中书舍人。	《明英宗实录》卷 237 第 5175 页。
景泰五年,荫故少师兼兵部尚书华盖殿大学士杨士奇孙昱中书舍人。	《明英宗实录》卷 239 第 5221 页。
景泰五年,荫尚书杨宁子珶直隶新安卫世袭副千户,以军功自乞而荫。	《明英宗实录》卷 246 第 5343 页。
景泰六年,故太子太保兼户部尚书金濂子良辅自陈其父有军功,乞录用,命荫为照磨。	《明英宗实录》卷 249 第 5388 页。

由上表所示资料,可以得出如下结论:其一,洪武十六年至景泰间,文官得荫职者五十余人,这一数量,在同期七品以上文官队伍中,可谓微不足道。其二,表中所示,皆属特恩荫职,大致可分为以下几种情况:一是个别重要文臣,如宋濂、宋讷等;二是重要辅臣,如杨士奇、杨荣、杨溥、胡广、蹇义、夏原吉等;三是在"靖难之役"等战争中立有军功的大臣和官员,如姚广孝、朱琇、郭资、李友直、侯琎、于谦、杨宁、金濂等;四是"以潜邸恩"荫职,如朱复、朱浚、许思温、陈寿、金忠、仪智、仪铭、杨翥等;五是在交趾和"土木"等战争中殉难的官员,如莫邃、刘俊、陈洽、王佐、邝埜、曹鼐、丁铉、王永和、邓棨、张益、陶成等;六是其他特殊情况荫职。其三,荫职一般都是在荫叙者故后或致仕以后,其中有相当一部分是通过"乞恩"获得。其四,所荫官职,除个别为军职或地方官职外,绝大部分为中央官职,品秩自从三品至未入流。总之,以上荫职状况,无一与洪武十六年所定文官荫叙之制相符者。

第二,文献所载依洪武十六年荫叙之制应荫而未荫者俯拾皆是。限于篇幅,以下仅择最具代表性的数人为例,以见其概:

唐铎,随太祖起兵,洪武六年拜刑部尚书,二十二年,进太子太保,三十年卒于京师,"赗赠甚厚,命有司护其丧归葬",是洪武时期少见的始终得太祖"恩遇不替"的大臣之一。[1]

师逵,太祖时任陕西按察使;成祖时为吏部侍郎,佐尚书蹇义掌铨二十年;仁宗嗣位,进南京户部尚书,兼掌吏部;为官以廉正著称,宣德二年正月卒于官。[2]

黄福,洪武时官工部右侍郎;永乐时以尚书镇抚交趾十九年,卓有成效;宣德时为户部尚书,后改官南京,兼兵部尚书;英宗即位,加少保,参赞南京守备机务;"历事六朝,多所建白,公正廉恕,素孚于人";正统五年卒。[3]若洪武十六年荫叙之制得行,则上述三人无论如何都不应置身于外;但翻遍相关史籍,却找不到他们有任何荫职的记载;而且《明史·师逵传》还载逵"有子八人,至无以自赡";《明宪宗实录》也明确记载黄福的子孙至成化初年"仍未及录用"。[4]又如吕震,也历事洪武至宣德五朝,永乐时,历官大理卿、刑部尚书等职;仁宗即位,进太子太保兼礼部尚书。若洪武十六年荫叙之制得行,其子例应荫从五品官职,但《明史》本传却载其于"宣宗初立,数于帝前(为其子熊)乞官,至流涕。帝不得已,授兵科给事中"。[5]再如胡濙,建文二年进士,自宣德元年至天顺元年正月,任礼部尚书达三十一年之久,位至太子太师;"历事六朝,垂六十年,中外称耆德"。然只是在其致仕后,当其遣子长宁"诣阙申谢"时,英宗才念其历事累朝的旧劳,遂"官长宁为锦衣卫世袭镇抚"。[6]以上事例,都只能得出一个结论,这就是洪武十六年荫叙之制根本就未实行。

第三,英宗君臣及此后史家都明确肯定洪武荫叙之制没有实行。如正统二年六月,"贵州按察使应履平奏:'欲照旧典,请令文臣子孙袭荫。'事下行在礼部议,以先朝所未举行,乃止"。[7]在此,应履平所援"旧典",显然是指洪武十六年所定文官荫叙之制;而行在礼部拒绝其请求的唯一理由就是"先朝所未举行"。礼部作为当时主管文官荫叙之事的国家最高政务机构,承旨议处此事,其言显然是可信的。又如"天顺七年,上谕礼部臣曰:'文职荫子,出于朝廷特恩。近来往往干求不已,甚非简贤任能之意。今后文职病故及致仕者,子孙乞恩进用,俱不宜允,并著为令。'"[8]此类记载,其他还有许多。如成化元年正月,国子监助教李伸上言:"近日以来,大臣乞致仕而归,子孙率多为编氓,殊非朝廷优礼大臣终始之意。宜敕所司考求永乐、宣德、正统、天顺年间之大臣,非有过犯降调而致仕以礼者,子孙皆得录用。"[9]

① 参见《明太祖实录》卷254"洪武三十年秋七月辛未"、《国朝献征录》卷38(第1532页)、《明史》卷138(第3975—3976页)皆有其《传》。

② 参见《明宣宗实录》卷24"宣德二年春正月丙申"、《国朝献征录》卷31(第1283页)、《明史》卷150(第4162—4162页)皆有其《传》。

③ 参见《明英宗实录》卷63"正统五年春正月戊申"、《明史》卷154(第4225—4228页)皆有其《传》。

④ 参见《明宪宗实录》卷41,成化三年夏四月庚戌。

⑤ 参见《明宣宗实录》卷16"宣德元年四月丙寅"、《国朝献征录》卷33(第1368—1369页)、《明史》卷151(第4179—4181页)皆有其《传》。

⑥ 参见《明英宗实录》卷356"天顺七年八月丙辰"、《国朝献征录》卷33(第1369—1372页)、《明史》卷169(第4534—4537页)皆有其《传》。

⑦ 《明英宗实录》卷31,正统二年六月壬午。

⑧ 《礼部志稿》卷4《乞恩之训》,《景印文渊阁四库全书》第597册,第69页。

⑨ 《明宪宗实录》卷13,成化元年春正月己巳,第285—286页。

这说明永乐至天顺间，大臣子孙率未得荫；否则，也就用不着李伸在此奏请了。嘉靖中，黄佐也指出虽洪武定制"品官自一品至七品，皆得荫叙；然皆出自特恩"①。

由上可知，洪武十六年虽然制定了完备的文官荫叙制度，而且，洪武二十六年还把它编入了国家的行政法典——《诸司职掌》，后来的正德和万历两部《明会典》对其内容也皆有明确记载。但实际上，这一制度始终未得执行。

洪武十六年文官荫叙之制何以定而不行？万历时王世贞认为"终高皇帝世，群臣不半岁非迁则死谪"，故"未有能一人与者"，②也即由官员的率不久于其位造成的。表面看来，这似乎有一定道理，但细究其实，却令人难以信服。因洪武时期官员虽普遍任职短促，但毕竟还有不少如唐铎、师逵、黄福等长期任官并得明太祖赏识的大臣，为什么他们也未能依制荫叙呢？况且，任职短促也不必然就影响荫叙，因上引洪武十六年所定荫叙之制并未在任职时间方面对文官的荫叙资格做出明确规定。

笔者认为，造成洪武文官荫叙制度定而不行的主要原因应是明太祖的政治需要。一方面，出于标榜恢复华夏正统的需要，使他感到有必要在制度层面上继承这一自汉唐以来就被历代王朝奉行的传统，因就连被他称为"夷狄腥膻、污染华夏"的元朝都能承袭这一制度，那么，自始就以恢复华夏制度相号召的大明王朝岂能在国家典制中付之阙如呢？但另一方面，由于特殊的出身和经历，更由于强化皇权和改善政治的需要，又使他对"以亲授官"的文官荫叙有一种天然的反感和戒备。如早在建国前夕，他就"谕中书省臣曰：自古圣贤之君，不以禄私亲，不以官私爱，惟求贤才以治其民，所以示天下至公也。元朝出于沙漠，惟任一己之私，不明先王之道，所在官司，辄以蒙古、色目人为之长，非公天下爱民图治之心也"③。尽管元朝"辄以蒙古、色目人为之长"，从而使其文官荫叙制度具有了民族统治的特色④，但这与传统的文官荫叙在"以禄私亲、以官私爱"上还是完全一致的。洪武二年二月，他又"谕群臣曰：昔元时不重名爵，或以私爱，辄授以官职。朕今命官，必因其才官之，所治必尽其事，所以然者，天禄不可虚费也"⑤。即他认为"以亲授官"的文官荫叙不仅非示天下之"至公"，直接有悖于其一贯强调并坚持的"任官惟贤""惟才是使"和"不限资格"的用人方针。⑥而且，也不利于官员"所治必尽其事"，并由此导致朝廷统治力的削弱。所以，其在实施层面上对所定文官荫叙之制持否定态度，即虽定而不行，也就成为顺理成章的事情。另外，洪武属创制时期，有些制度虽定而因故未行也属常有之事，仅以科举为例，如吴元年诏三年后"设文、武科取士"⑦，但三年后也即洪武三年开设的仅有文举，而无武举。当洪武二十年礼

① （明）黄佐：《南雍志》卷15《储养生徒之定制》，《续修四库全书》第749册，第374页下。
② 参见（明）王世贞：《弇山堂别集》卷25《史乘考误六》，中华书局1985年版，第445页。
③ 《明太祖实录》卷28下，吴元年十二月戊辰。
④ 参见《元史》卷83《选举三》，中华书局1976年点校本，第2059—2061页。
⑤ 《明太祖实录》卷39，洪武二年二月甲午。
⑥ 参见张德信等主编：《洪武御制全书》，黄山书社1995年版，第104页、472页、478页。
⑦ 《明太祖实录》卷39，吴元年三月丁酉。

部奏请开武举时，明太祖反指责礼部这是"析文、武为二途，自轻天下无全才矣！"①又如，洪武三年诏"中外文臣皆由科举而选，非科举者毋得与官"，②可至洪武六年明太祖就以科举"所取多后生少年"，"能以所学措诸行事者甚寡"为由停罢科举。③且即使在洪武三年至五年初行科举和洪武十七年恢复科举之后，明太祖乃至整个明朝选官都是多途并用，而从未实行过"非科举者毋得与官"。以上皆属制虽定但实未行的显例。

再从文官们对荫叙的态度看，在正常情况下，只要有可能，他们当然都会努力营求之；但在洪武时期尤其是在洪武十三年之后的特殊政治气候下，文官们对此则表现出普遍的不屑与冷漠。由于明太祖的严酷治官，即《明史》所载："太祖开国之初，惩元季贪冒，重绳赃吏，揭诸司犯法者于申明亭以示戒；又命刑部，凡官吏有犯，宥罪复职，书过榜其门，使自省；不悛，论如律。累颁犯谕、戒谕、榜谕，悉象以刑，诰示天下。凡三《诰》所列凌迟、枭示、种诛者，无虑千百，弃市以下万数。"特别是几次大兴党狱，株连死者数万，"仕者不保首领"④。在这种情况下，士人们自然视入仕为畏途，甚至躲之不及。为强制士人出仕，明太祖甚至破天荒地设立"寰中士夫不为君用"的不赦罪条以相逼。如"贵溪儒士夏伯启叔侄断指不仕，苏州人才姚润、王谟，被征不至，皆诛而籍其家"；"吴人严德珉，由御史擢左金都御史，以疾求归，帝怒，黥其面，谪戍南丹"。⑤试想，在这样的境遇之下，还能有多少官员对荫叙感兴趣呢！这虽难以构成洪武荫叙之制定而不行的原因，但却为这一局面的出现提供了适宜的氛围和背景。

二、以阁臣荫叙为核心、以三品京官荫叙为主体的荫叙制度体系的形成与发展

洪、永之后，由于君主治下的由严转宽，文官的为官环境日趋宽松，所得利益日渐增大，其对荫叙的要求则日益迫切。继体之君也出于笼络高级官员、激励臣下忠君死节等多种需要，遂经长期反复探索，而逐渐形成以阁臣荫叙为核心、以三品京官荫子入监出身为主体的荫叙制度体系。

（一）阁臣及重臣荫叙

仁、宣以后，随着内阁大学士"累加至三孤"和"宣宗内柄无大小，悉下大学士杨士奇等参可否"⑥，阁臣地位迅速提高，在国家政务运转中实居六部之上，处于辅佐皇帝决策的地位。所以，文官荫叙制度自然也就首先在他们身上体现，表现为正统间，阁臣"三杨"先后卒

①《明太祖实录》卷183，洪武二十年秋七月丁酉。
②《明太祖实录》卷52，洪武三年五月己亥。
③ 参见《明太祖实录》卷79，洪武六年二月乙未。
④《明史》卷138《杨靖传附严德珉传》，中华书局1974年点校本，第3971页。
⑤《明史》卷94《刑法二》，第2318页；《明史》卷138《杨靖传附严德珉传》，第3971页。
⑥《明史》卷72《职官一》，第1729页。

于任上,皆荫尚宝司丞。①其中,杨荣官至少保,杨士奇、杨溥官至少师,秩皆从一品,自永乐十七年(1419)至正统十一年(1446),都曾先后为阁臣之首。②由此,标志着"首揆一品恩荫,例拜尚宝司丞"制度的形成。③这是明代在实践中形成的第一个有关文官荫叙的条例,并最终成为明中后期文官荫叙制度的核心部分。但由于此时阁臣荫职还仅限于一品首辅,且皆为卒后荫职,再加自正统十二年至成化二年(1466),此例中断实施近二十年。④故总体来说,成化前,阁臣荫叙尚处于初创阶段。

成化、弘治、正德间,是阁臣荫叙制度臻于完备的时期,主要表现有四:

其一,首辅卒后因品级不同而荫叙有等差之分。如成化首辅李贤、彭时、商辂、万安和弘治首辅刘吉、徐溥,秩皆为从一品,除刘吉外,卒后,皆依正统例荫子尚宝司丞。⑤吉虽荫子礼部主事⑥,然品秩为正六品,与尚宝司丞同。而成化时另一首辅太子太保礼部尚书兼文渊阁大学士陈文,因秩为正二品,故其卒后,官其子璋为中书舍人。⑦

其二,其他阁臣卒后皆得荫叙,一般荫为中书舍人。如阁臣学士吕原,天顺六年(1462)卒,成化三年(1467),荫子中书舍人;成化阁臣太子太保刘珝、太子少保彭华卒,分别于弘治八年和正德七年(1512),荫子中书舍人。⑧此为常例,至明后期仍在执行,如万历十四年(1586),阁臣少傅陈以勤卒,天启六年(1626),阁臣太子太保周如磐、丁绍轼卒,皆"荫一子中书舍人"。⑨当然,个别也有高于中书舍人者,如弘治中次辅少保丘浚,嘉靖中次辅顾鼎臣,卒后皆荫子尚宝司丞,与一品首辅同。也有低者,如成化八年荫天顺元年被处以弃市的阁臣王文子为国子生,正德元年录天顺阁臣侍郎薛瑄孙于中书舍人习字出身,⑩皆为特例。

其三,阁臣致仕荫叙。弘治以前,阁臣致仕者,尚无荫叙之典。弘治十一年,首辅少师徐溥致仕,"官其一子为中书舍人"⑪,是为明代第一个以致仕而加恩荫叙的阁臣。此后,阁臣凡以礼致仕者,率恩荫中书舍人。如正德四年阁臣少傅王鏊、六年少傅刘忠、十二年太子

---

① 参见《明英宗实录》卷69,正统五年秋七月壬寅;卷114,正统九年三月甲子;卷143,正统十一年秋七月庚辰。

② 参见《明史》卷109《宰辅年表一》,第3316—3325页。

③ 参见(明)沈德符:《万历野获编》卷11《任子为郎署》,中华书局1959年版,第286页。

④ 正统十一年(1446),杨溥卒,荫子尚宝司丞。此后,首辅曹鼐殉难于土木之变,荫子大理寺评事。天顺元年正月,首辅陈循充军。至成化二年(1466)首辅李贤卒,荫子尚宝司丞。故此例中断实施近二十年。

⑤ 参见《明宪宗实录》卷37,成化二年十二月甲寅,第737页;卷139,成化十一年三月辛未,第2605页。《明孝宗实录》卷7,成化二十三年十一月乙卯,第121页;卷22,弘治二年正月丙子,第509页;卷219,弘治十七年十二月戊戌,第4122页;卷174,弘治十四年五月丁卯,第3183页。

⑥ 参见《明孝宗实录》卷112,弘治九年四月己亥,第2044页。

⑦ 参见《明宪宗实录》卷53,成化四年四月丁巳,第1087页。

⑧ 参见《明宪宗实录》卷42,成化三年五月壬申,第857页;《明孝宗实录》卷99,弘治八年四月丁丑,第1825页;《明武宗实录》卷85,正德七年三月戊午,第1832页。

⑨ 参见《明神宗实录》卷177,万历十四年八月戊子,第3288页;《明熹宗实录》卷68,天启六年二月甲申,第3241页;卷70,天启六年四月戊戌,第3391页。

⑩ 参见《明孝宗实录》卷98,弘治八年三月庚戌,第1089页;《明世宗实录》卷247,嘉靖二十年三月辛卯,第4949页;《明宪宗实录》卷110,成化八年十一月甲寅,第2152页;《明武宗实录》卷13,正德元年五月壬辰,第399页。

⑪ 《明孝宗实录》卷139,弘治十一年七月癸亥,第2423页。

太保靳贵致仕，皆"荫子为中书舍人"；七年首辅"少师李东阳致仕，荫其侄兆延为中书舍人"。①明末阁臣致仕荫叙仍循此例，如天启三年、五年，大学士史继偕、孙承宗致仕，皆"荫一子为中书舍人"。②

其四，阁臣考满荫叙。正德以前，阁臣考满无荫叙之典，正德九年（1514）七月，"吏部言'少师兼太子太师吏部尚书华盖殿大学士杨廷和升任一品已历再考，未尝荫子'，命荫其弟廷历为国子生"③。此为笔者所见明代阁臣第一例以考满荫叙者。此后，率为常例，如：正德十一年，"荫太子太保礼部尚书兼武英殿大学士靳贵子懋仁为国子生，以三年考满也"；正德十六年，荫大学士毛纪次男集为国子生，以从一品三年秩满也。④嘉靖后，一品六年考满者率荫中书舍人，如嘉靖十四年（1535），首辅少师"张孚敬，六年秩满，上嘉其辅相有年、忠勤茂著，荫一子为中书舍人"；⑤甚至有三年考满即荫中书舍人者，如隆庆阁臣少傅李春芳、陈以勤，就皆以"一品三年考满，荫一子中书舍人"。⑥

由上可知，明代阁臣荫叙，自正统形成第一个荫叙条例——首辅荫叙条例，经成化、弘治到正德，经历了一个不断发展、完备的过程，以至全部阁臣都可依例荫叙，不仅卒后荫叙，而且致仕、考满都可加恩荫叙，其承恩之优渥为文官之最，这对于提高阁臣地位、激励其尽心辅政具有积极作用。

在阁臣荫叙日益优渥的同时，皇帝对其他重要大臣也往往给予特恩荫叙。从本文前表所示可知，早在仁、宣之时，少师吏部尚书蹇义、少保户部尚书夏原吉，就皆曾荫子尚宝司丞。景泰以后，重要大臣特恩荫叙明显增多，其中，以部、院卿贰特别是吏、兵二部尚书荫叙最为常见，一般为卒后承荫。有荫为锦衣卫副千户者⑦，有荫为国子生者⑧，有荫为中书舍人者⑨，还有荫为中书舍人习字出身者⑩。究承何荫？取决于皇帝的眷注程度及承荫大臣的品级、功劳和声望等多种因素。重臣荫叙与阁臣荫叙一样，对激励臣下忠君尽职和促进三品京官荫叙制度的形成与确立，皆产生了积极影响；并且在三品京官荫叙制度确立之后，仍然

① 参见《明武宗实录》卷135，正德十一年三月丁亥；卷81，正德六年十一月壬戌；卷148，正德十二年夏四月壬子；卷95，正德七年十二月丁卯。
② 参见《明熹宗实录》卷36，天启三年七月己亥；卷64，天启五年十月庚寅。
③ 《明武宗实录》卷114，正德九年七月庚午。
④ 参见《明武宗实录》卷144，正德十一年十二月丁巳；《明世宗实录》卷5，正德十六年八月丙午。
⑤ 《明世宗实录》卷172，嘉靖十四年二月壬寅。
⑥ 《明穆宗实录》卷10，隆庆元年七月乙丑；卷43，隆庆四年三月丁亥。
⑦ 参见《明英宗实录》卷282，天顺元年九月癸酉。
⑧ 参见《明英宗实录》卷218，景泰三年秋七月己亥；卷229，景泰四年五月庚申；卷247，景泰五年十一月壬申；卷254，景泰六年六月己亥；卷266，景泰七年五月壬午。《明宪宗实录》卷50，成化四年正月戊子；卷53，成化四年夏四月癸巳；卷60，成化四年十一月戊辰；卷110，成化八年十一月辛酉；卷141，成化十一年五月辛亥；卷215，成化十九年五月丙戌。《明孝宗实录》卷21，弘治元年十二月癸卯。天顺元年至成化三年间奏准入监者，因必须由科目出身，已不具荫叙性质，故此不注。
⑨ 参见《明宪宗实录》卷56，成化四年秋七月己巳；卷59，成化四年冬十月丁亥朔。
⑩ 参见《明英宗实录》卷338，天顺六年三月乙巳；《明宪宗实录》卷208，成化十六年冬十月己巳；《明孝宗实录》卷26，弘治二年五月丁亥。

作为文官荫叙制度体系的一个重要方面而存在并发挥作用。

（二）三品京官荫子入监制度的形成与发展

三品京官荫子入监制度的形成，经历了一个漫长的过程。作为特恩的文官荫子入监，早在明初就已出现，如"洪武十六年，儋州知州魏世吉请遣子入太学，诏许之"①；又如，宣德八年，洪武中燕府良医所医士王文之子谦，乞准"送北京国子监读书"②。因这时奏请入监者，既无资格限定，又可与其他监生一样依例获得出身，故可看作是特恩荫叙。

正统三年（1438），明廷首次规定奏请入监者必须通过科举入仕，而不能与其他监生一样通过历事出身。即《明英宗实录》所载：

> 正统三年四月己卯，北京国子监助教翁瑛男世资援例请入监读书。行在礼部尚书胡濙等以闻。上命从之，既而又谓濙曰："国学，育贤之地，岂宜滥进？前之若此入监者，务俾科目出身，勿容诸司历事以图侥幸。继是有请者，令入原籍学科贡。"于是，京官子弟已历事者六人，皆复监肄业。③

这一新规定不仅切断了已奏请入监者通过入监而入仕的通道，而且还要求今后奏请者应首先"入原籍学"，与其他生员一样走"科贡"也即科举或岁贡之路，而不得直接入监。显然，对奏请者来说，其入监和入仕的门槛同时被提高了，但此时对奏请入监者的资格仍未做出限定。

明廷首次对奏请入监者的资格做出限定，即确定文官荫子入监"必京官三品以上"，始于天顺元年（1457）。对此，《明英宗实录》有明确记载：

> 天顺元年冬十月丁巳，礼部奏："朝廷设国子监，所以储养天下科贡之士，以备任用。近年，内外官员子孙，多有敷叙父祖远年事功，希求入监，名虽补报朝廷，实则苟幸进取。宜敕自后京官三品以上子孙愿入监读书者听，然必责其科目出身。其四品以下子孙不许。"上曰："国子监乃育才之地，岂可滥进纂养之子，以启奔竞之风，礼部言是。宜申禁之。"④

由上可知，明廷规定三品以上京官子孙方可奏请入监读书，是在越来越多的内外官员子孙"希求入监"的背景下做出的，这朝着成化以后形成三品京官荫子入监制度迈出了重要一步。不过，明廷此时仍坚守"必责其科目出身"的原则，也即虽许其入监，但并不许其依监

---

① 《明太祖实录》卷151，洪武十六年春正月戊申。
② 《明宣宗实录》卷103，宣德八年六月壬戌。
③ 《明英宗实录》卷41，正统三年四月己卯。
④ 《明英宗实录》卷283，天顺元年冬十月丁巳。

例出身。由于获得出身或官职是荫叙的核心内容,而责其必"科目出身",就意味着一部分奏请入监者可能因一直乡试落第而永远不能获得出身。故严格说,天顺元年例与正统三年例一样,仍不能称为完整意义上的荫叙。充其量是通过"准其入监读书",而为其科考提供了有利条件而已。

但几年后,上例也被停止执行,即天顺四年,礼部奏"旧例以三品以上官员子孙许令入监。近者,故尚书古朴之孙约、侍郎苏瓒之孙晟,俱援例入监,有旨不准。今右副都御史韩福亦援例乞令其孙入监读书,未敢裁处",上曰"国子监是育才之地,不可滥进,今后三品以上子孙奏入监者,俱不许"。①也即又关闭了三品以上京官子孙奏请入监的大门,这反映了英宗对文官荫叙仍持保守态度。

成化间,是三品以上京官荫子入监制度的形成时期。成化三年(1467),礼部在国子监助教李伸奏请的基础上,奏准"在京三品以上官员,听令一人送监读书出身"②。相比于天顺元年例,该例有了本质的变化,这就是它取消了"必责其科目出身"的限制,也即承荫的三品京官子弟可"送监读书出身"。由此,"入监"与"入仕"直接联系起来,标志着三品以上京官荫子入监例的初步形成。

之所以称其为"初步形成",是因朝廷对三品京官荫子入监仍持谨慎态度,而不愿把口子一下子敞开。如成化四年,户科给事中李森奏请停罢该例,宪宗虽驳其"持论刻薄",但同时也提高了荫监的条件,令"自今三品以上官非历任年久、政绩显著者,不许滥叙其子"入监。③就是说,达不到这一条件的三品京官就不能荫子入监,遂使该例仅仅成为对三品以上京官个别"任久绩著"者的奖励措施,而对三品京官失去了普遍意义。成化十八年,宪宗在重申这一原则的同时,又进一步规定承荫者还必须"试其能通经书大义,乃许入监"④,即对承荫入监者的儒学素养也提出了明确要求。

在以上严格控制下,至成化二十年,据礼部尚书周洪谟奏:"迄今一十八年,大臣之子入监者,不过六十人",即每年荫监平均不过三人。周洪谟认为这"有孤朝廷盛典"。为此,他提出以下奏请:"乞凡大臣已经考满准给诰命者,许一子自陈;本部审其子可教者奏请送监作养。庶大臣之子均荷造就之典,得预叙用之列"。成化帝"从之"。⑤其中,所说"大臣"即指在京三品文官。这样,就把三品京官荫子入监与其任职考核结合起来,即三品在京文官只要三年考满并获得诰命就可"许一子自陈";同时取消了对承荫者"考试入监"的规定,改由礼部"审其子可教者奏请送监作养"。这不仅使荫叙对三品京官有了普遍意义,而且也使荫叙标准更加明确、合理和易于把握。标志着三品京官荫子入监例的形成。

弘治十年(1497),礼部在给事中叶绅等又上言对该例的实行提出异议,认为"资荫之恩

---

① 参见《明英宗实录》卷314,天顺四年夏四月戊申。
② 万历《明会典》卷6《吏部五·荫叙》,第32页下。
③ 参见《明宪宗实录》卷53,成化四年夏四月庚子。
④ 《明宪宗实录》卷227,成化十八年五月丁丑。
⑤ 参见《明宪宗实录》卷254,成化二十年七月戊戌。

似乎太滥"。对此,礼部在肯定该例"所以劝忠励孝、寓赏延于世"合理性的同时,又奏准实行以下改进措施:

其一,对荫叙资格做了补充规定,强调三品以上在京考满文官只有正途出身者方能荫子入监。所谓"正途"出身,主要是指通过科举和学校贡途获得出身,这是明中叶后科贡出身官员成为文官队伍主体和铨选日重资格在文官荫叙中的反映。

其二,适当扩大承荫对象的范围,规定可"荫一子或孙或承继之侄入监"。从而使该例对符合荫叙条件的官员具有了更广泛的适应性。

其三,为堵塞荫叙作弊的可能性,明确规定"如未一考并劾退及年远者,或杂流出身者,俱不许"荫叙。以保证只有正途出身的三品以上在京考满文官方能荫子入监规定的切实执行。

其四,明确了"补荫"的规定,即"荫子未及授官而身故,或自以科举出身者,仍许一人补荫入监"①。以使此恩典尽可能落实到每一个符合条件的官员身上。

至此,在京三品文官荫子入监制度得以最终确立,并成为明中后期文官荫叙制度的主体。但此后,仍有一些重要补充,主要有四:

一是取消了三品京官考满荫叙的"自乞"程序,而由吏部为之奏请。即正德八年(1513)吏部尚书杨一清奏准:"大臣考满,例应录荫者,所司宜为之请,勿令陈乞,以示上恩而励臣节。"②

二是进一步明确了补荫的次数:正德八年,"令补荫止许一人,已补而又故者,不许再补;先由录荫,后中科目者亦许补荫一人"③。嘉靖十四年(1535),又重申了"后止补荫一次"的规定。④

三是对北方和西北边镇巡抚荫叙实行特例优待。即嘉靖三十一年题准:"宣大、蓟辽、保定、山、陕、延、宁、甘肃各边巡抚系佥都御史,三年升副都,即照三品例荫子。"也就是规定在上述边镇担任巡抚的佥都御史(正四品),只要任满三年,一升副都御史(正三品)就可荫子入监,而不必在副都职位上再任满三年。这一规定,显然是对在边防地区任职京官的一种奖赏和鼓励;但同时又规定必须是实历"边俸居三分之二以上",并"转行兵部查无地方失事或虽曾失事而罪不掩功者,方准题请"。⑤该例在当时得到了切实的执行,如"万历四十四年六月壬寅,巡抚宁夏右佥都御史杨应聘三年考绩。有旨:杨应聘升副都御史照旧巡抚,荫一子入监读书"⑥,即为适例。

四是恩诏提前荫子入监。有时,因生皇子、立东宫等喜庆之事,皇帝推恩,也往往诏令

①《明孝宗实录》卷126,弘治十年六月壬辰。
②《明武宗实录》卷107,正德八年十二月戊午。
③ 万历《明会典》卷6《吏部五·荫叙》,第32页下。
④ 参见《明世宗实录》卷177,嘉靖十四年七月甲戌。
⑤ 参见万历《明会典》卷12《吏部十一·考核一》,第70页。
⑥《明神宗实录》卷546,万历四十四年六月壬寅。

未及三年考满的三品以上京官提前荫子入监。如嘉靖十五年以皇子生，十八年以立东宫，就"恩诏两京文职三品以上官未及三年考满者，荫一子入监读书"①。天启三年（1623），以皇子生，"两京三品以上文官例该荫子未及三年考满者，俱准荫一子入监读书"②。

通过上述补充，三品京官荫叙制度不仅更加规范和稳定，而且在保持基本原则的前提下具有了一定的弹性。从而，既有利于激励有关官员在艰险岗位上尽职，又便于通过皇帝推恩，以强化皇权的影响力和凝聚力。

（三）其他荫叙

在明代文官荫叙制度体系中，除处于核心地位的阁臣荫叙和处于主体地位的三品京官荫叙制度外，还有若干其他荫叙途径，成为该体系的重要补充。以下分而述之：

1. 侍讲官荫叙。侍讲官掌辅导太子或经筵讲读，属太子和皇帝近臣；早在明初，就有对此类官员的特恩荫叙。如太祖时，宋濂为太子傅，洪武九年（1376），其仲子璲"以濂故，被召为中书舍人，璲兄子慎亦为仪礼序班"③。又如，朱复为燕府长史，虽非侍讲官，但对太宗来说，实际上处于侍讲官的地位，"既卒，以其子浚署典仪所引礼舍人。上起义靖难，命署北平布政司事"④。

宣德后，曾任侍讲官者，往往荫子或孙"于中书习字三年出身"，如宣德七年（1432），致仕少保武英殿大学士黄淮奏准"子采于翰林院进其书学"，三年后，英宗嗣位，"官采为中书舍人"⑤，即为该例之始。此后，故少师华盖殿大学士杨士奇之孙昱、故少师谨身殿大学士杨荣之孙士俊，亦分别"以乞恩写诰满三年"和"援例于中书舍人处习字满三年"，擢为中书舍人。⑥又如，成化二十一年（1485），"故少詹事兼国子祭酒司马恂孙公勤，以恂尝东宫讲读，乞恩荫叙，诏于中书科习字三年照例出身"⑦。也有荫子入监者，如正统八年（1443），"翰林学士兰从善既致仕，请以其孙蕃为国子监生，上念其侍从岁久，特许之"⑧。不过，总体而言，弘治前，侍从官荫叙往往是随机而行，并无常制可依。

弘治十年（1497）六月，礼部奏准"官非三品曾侍从春官讲读辅导有功者，殁后，子孙乞恩入监，本部议请上裁"⑨。这是明代有关侍从官荫叙的第一个专门条例。虽规定只是入监，但实际上荫子中书习字出身例仍在执行，如弘治十一年，"录故南京礼部尚书倪谦之子泽于中书舍人习字出身，以泽自陈谦在天顺中尝有春官讲读之劳也"⑩。正德元年（1506），

---

①《明世宗实录》卷193，嘉靖十五年十一月戊午；卷221，嘉靖十八年二月辛丑。

① 《明世宗实录》卷193，嘉靖十五年十一月戊午；卷221，嘉靖十八年二月辛丑。
② 《明熹宗实录》卷40，天启三年闰十月壬寅。
③ 《明史》卷128《宋濂传》，第3788页。
④ 《明太宗实录》卷159，永乐十二年十二月辛卯。
⑤ 《明宣宗实录》卷97，宣德七年十二月癸卯；《明英宗实录》卷179，正统十四年六月辛亥。
⑥ 参见《明英宗实录》卷239，景泰五年三月丁丑；卷300，天顺三年二月己未。
⑦ 《明宪宗实录》卷267，成化二十一年六月己亥。
⑧ 《明英宗实录》卷106，正统八年秋七月丙寅。
⑨ 《明孝宗实录》卷126，弘治十年六月壬辰。
⑩ 《明孝宗实录》卷140，弘治十一年八月甲子。

又规定"东宫讲读旧臣,子孙乞恩荫叙者,备查祖父年劳已及三年,送中书舍人习字出身;未及三年,送国子监读书"①。相比于弘治十年例,不仅更加明确、具体,而且荫叙规格也有所提高:"未及三年"即可荫叙入监;而"及三年"者可送子孙"中书舍人习字出身"。此例迄明末继行不废。

当然,决定侍从官实际荫叙状况的,除例之外,还往往取决于皇帝的眷注程度及其此后在仕途上的发展情况。如嘉靖十四年(1535),"荫故大学士谢迁子豆为中书舍人。豆援东宫事例陈乞,且称父迁讲读最久,故有是命"。又如,天启二年(1622),"赠少詹事庄天合为礼部右侍郎,荫子中书舍人,以其讲读劳深也"②。前者在弘治中已升至一品阁臣,而后者于万历中曾"侍讲筵、晋宫僚,以端谨受知于光宗"③。故二者荫叙都超出了侍从官的常例。

2.死于忠谏荫叙。明中叶后,新帝登极之时,往往要给予前朝因忠谏而死的官员以荫叙恩典,以示抚恤和激励。如景泰间,御史钟同因奏请恢复沂王皇储位而被杖死,"英宗复位,录其子为国子生,寻授咸宁知县,成化中,授次子越通政知事"④。这是明代较早的死于忠谏官员的荫叙实例。正德十六年又定,"凡文武官死于忠谏者,荫一子送监读书"⑤。由此,使此类荫叙更加稳定。此后,凡新帝登极,往往重申此例,如嘉靖四十五年,穆宗《登极诏》所列"合行事宜"第一条,就是"自正德十六年(1620)四月以后至四十五年十二月以前,建言得罪诸臣,遵奉遗诏,存者召用,殁者恤录";泰昌元年,光宗《即位诏》所列"合行事宜"第二条中,也有恤录因建言而"没身"诸臣的内容。⑥该类荫叙,对于鼓励臣下忠心进谏和弘扬朝廷正气,具有重要意义,并成为明代形成士大夫敢言之风的重要原因之一。

3.为国殉难荫叙。主要用于奖赏和抚恤为国殉难的文官,一般为荫子入监。如建文元年,录湖广行省参政"吴云子黼为国子生,以云死节云南也"。⑦成化中,给事中林荣、行人黄乾亨使满剌加国,航海遇风溺死,"各录其子一人为国子监生"。⑧重要官员死难或事迹突出者,则往往直接荫授官职。如宣德元年,兵部尚书陈洽战死交趾,荫其子枢为刑科给事中。⑨又如,景泰元年三月,荫"土木之变"殉难诸臣之子为官;五月,浙江副使陶成战死,荫其子鲁为新会县丞;⑩天顺六年,录正统间死于战事的浙江佥事王晟之子忠孝"为河南府经历"。⑪正德后,随着国内外民族和阶级矛盾的日益尖锐,为激励臣下勇于为国死难,明廷逐渐加大对文官殉难者的荫叙力度,不仅直接荫官者增多,而且多荫世袭军职。如正德七年,

① 万历《明会典》卷6《吏部五·荫叙》,第32页下。
② 《明世宗实录》卷176,嘉靖十四年六月辛亥;《明熹宗实录》卷25,天启二年八月癸巳。
③ 雍正《湖广通志》卷50《乡贤志》,《景印文渊阁四库全书》第533册,第99页。
④ 《明史》卷162《钟同传》,第4410页。
⑤ 万历《明会典》卷6《吏部五·荫叙》,第32页下。
⑥ 参见《明穆宗实录》卷1,嘉靖四十五年十二月壬子;《明光宗实录》卷3,泰昌元年八月丙午朔。
⑦ 《明史》卷69《选举一》,第1682页。
⑧ 《明宪宗实录》卷247,成化十九年十二月乙丑。
⑨ 参见《明史》卷154《陈洽传》,第4230页。
⑩ 参见《明英宗实录》卷190,景泰元年三月辛亥;卷192,景泰元年五月辛酉。
⑪ 参见《明英宗实录》卷344,天顺六年九月庚戌。

江西副使周宪战死,"荫其子金锦衣百户世袭";八年,荫战死四川副使冯杰、佥事王源各一子"百户世袭";九年,荫死难四川佥事吴景一子"百户世袭";十六年,荫殉难江西巡抚孙燧、副使许逵"各一子锦衣卫世袭百户"。①又如,天启二年,荫殉难兴文知县张振德一子锦衣卫正千户世袭;三年,荫死事重庆知府章文炳子为漳州卫左所副千户世袭;五年,荫死难《五经》博士孟承光一子锦衣卫千户世袭。六年,荫四川殉难教谕一子本卫实授百户世袭。②其例之多,不可尽述。此类荫叙对于激励臣下勇于为国死难起到了很好的作用。

4.军功荫叙。随着"土木之变"带来的北边军事危机的加剧,明廷在给予殉难诸臣荫叙的同时,也开始对军功突出的现任大臣加恩荫叙。首承此恩者为太子太傅兵部尚书于谦,景泰三年,荫其子冕为府军前卫副千户。③五年,南京刑部尚书杨宁也以军功乞准荫子"新安卫世袭副千户";成化中,项忠因镇压荆襄流民有功,荫子授为锦衣千户;韩雍因镇压广西瑶民起义有功,荫一子锦衣百户;王越因大同黑石崖之捷"荫一子锦衣百户"。④弘治初,陆容指出:"近时,各边巡抚文臣,一有克捷,则以其子弟女婿冒滥升赏,要君欺天,无耻甚矣!"⑤可见当时各边巡抚文臣对军功荫叙之热衷。

正德后,文官军功荫叙,不仅荫直接立功者,而且往往荫及阁臣。如正德五年,赏宁夏之功,内阁大学士李东阳"荫子尚宝司丞,杨廷和荫子中书舍人";⑥隆庆五年(1571),"上以辽东大捷,归功辅臣高拱、张居正,敕各荫一子锦衣卫正千户世袭"。⑦而在出现宦官专权的正德、天启二朝,包括阁臣在内的文官以军功荫叙又往往在宦官之下,即"文职功荫,多因中官妄希恩数,一例普及"⑧。如正德五年(1510)在阁臣因宁夏功得荫的同时,太监张永却"封兄富泰安伯、弟容为安定伯",太监温祥"荫弟侄为锦衣卫指挥佥事"。⑨其恩荫之隆远出阁臣之上。又如,天启六年(1626)以宁远大捷恩荫,首功袁崇焕仅与首辅顾秉谦、兵部尚书王永光一样,荫子正千户世袭;而无尺寸之功的魏忠贤却荫弟侄一人为锦衣卫都指挥使世袭;其他辅臣"丁绍轼、黄立极、冯铨也各荫一子锦衣卫副千户世袭"。⑩荫叙之滥严重损害了军功荫叙的本来目的。

5.各种加恩荫叙。如遇登极、立中宫、生皇子、立东宫、完工、献俘、修书成等,为表示喜

---

① 参见《明武宗实录》卷90,正德七年七月癸巳;卷106,正德八年十一月乙酉;卷114,正德九年秋七月丁丑。《明世宗实录》卷3,正德十六年六月甲辰。

② 参见《明熹宗实录》卷22,天启二年五月癸丑,卷33,天启三年四月丁丑;卷60,天启五年六月甲辰;卷68,天启六年二月丙申。

③ 参见(明)焦竑:《国朝献征录》卷38《兵部尚书于公谦传》,上海书店1987年影印本,第1529页。

④ 参见《明英宗实录》卷246,景泰五年冬十月戊戌;《明史》卷178《项忠传》(第4730页)、《韩雍传》(第4736页);(明)王世贞:《弇山堂别集》卷80《赏功考下》,第1530页。

⑤ (明)陆容:《菽园杂记》卷12,中华书局1985年版,第153页。

⑥ (明)王世贞:《弇山堂别集》卷80《赏功考下》,第1530—1531页。

⑦ 《明穆宗实录》卷64,隆庆五年十二月癸丑。

⑧ (明)黄训:《名臣经济录》卷33《兵部武选下·查革武职疏》,《景印文渊阁四库全书》第444册,第14页。

⑨ 参见(明)王世贞:《弇山堂别集》卷80《赏功考下》,第1530—1531页。

⑩ 参见《明熹宗实录》卷70,天启六年四月辛卯。

庆或酬功，皇帝都有可能加恩阁臣和有关官员荫叙。此类荫叙大致起于弘治间，如弘治十二年（1499），以清宁宫完工，命督工太监李兴、黄瓒、姚训，英国公张懋，兵部尚书马文升，各子侄一人为锦衣卫百户。①加恩荫叙一般为荫子入监；而阁臣等高级官员往往可直接荫授官职，荫文职高者可授中书舍人乃至尚宝司丞。②如嘉靖七年（1528），《明伦大典》书成，"加恩纂述效劳诸臣"，荫少师首辅杨一清一子为尚宝司丞、少保次辅张璁一子为中书舍人，升吏部左侍郎兼翰林院学士翟銮为礼部尚书兼文渊阁大学士、太子太保吏部尚书翰林院学士桂萼加少保兼太子太傅，各荫一子为中书舍人。③万历十二年（1584），"以献俘礼成，荫内阁辅臣申时行一子尚宝司丞"④。天启三年，"以皇子诞生，加恩内阁大学士叶向高荫一子尚宝司丞"⑤。此类荫叙灵活多样，便于皇帝随机运用，但也易流于滥荫。

综上所述，经过明初以来文官特恩荫叙的不断发展，特别是天顺、成化间对文官荫叙制度建设进行的反复摸索和实践，到弘治中就大致形成了以阁臣荫叙为核心、以三品京官荫叙为主体的文官荫叙制度体系。该制何以会在此时最终形成？原因大致有三：

一是文官日益增长的荫叙要求和君主笼络、激励臣下的需要。文官荫叙具有悠久的历史传统和深厚的社会土壤，随着洪武以至永乐严法治官时代的过去，在传统观念特别是现实利益的促使下，文官们对于荫叙的态度开始由冷漠转为期望，特别是在正统以后，要求荫叙的呼声越来越高，而载于《诸司职掌》的文官荫叙之制，又为这一呼声提供了援引的依据。对此，明廷不能不有相应的对策。与此同时，仁、宣以后的历朝君主也逐渐认识到适当实行文官荫叙并使其逐渐制度化在笼络和激励臣下忠君报国、尽职守节中的重要作用。而上述历朝尤其是成化、弘治朝的荫叙实践及其制度建设就说明了这一点。

二是成、弘间"传奉官"的泛滥，客观上为三品京官荫叙制度的形成起到了"催化"的作用。"传奉官"始于成化中，即指不经吏部铨选，而由皇帝直接传旨任命的官员。当时，"四方白丁、钱虏、商贩、技艺、革职之流，以及士夫之子弟，率夤缘近侍内臣，进献珍宝，辄得赐太常少卿、通政寺丞、郎署、中书、司务、序班等职"⑥；而弘治间，传奉文武官员也多达一千余人，其中"中官亲戚居其大半，此又宪宗朝所无也"⑦。既然这么多被视为"杂流"的人，都能不按资序而传奉授官，那么，对于历史悠久且载于祖制又被文官们迫切要求的正常荫叙，明廷自然也就不宜再继续采取"承而不行"的态度。

三是明廷在新的历史条件下对传统文官荫叙制度进行长期的改革。形成于弘治间的文官荫叙制度体系至少经历了自正统至弘治五朝六十余年的摸索。之所以经历这么漫长

---

① 参见《明孝宗实录》卷155，弘治十二年十月戊子。

② 参见（明）王世贞：《弇山堂别集》卷12《立中宫加恩内阁》《皇子生推恩内阁司礼》《边功加恩内阁》，第219—221页；《明熹宗实录》卷41，天启三年十一月乙酉，卷63，天启五年九月甲寅。

③ 参见《明世宗实录》卷89，嘉靖七年六月辛丑朔。

④《明神宗实录》卷153，万历十二年九月戊寅。

⑤《明熹宗实录》卷41，天启三年十一月己未。

⑥（明）邓士龙：《国朝典故》卷60《謇斋琐缀录八》，北京大学出版社1993年版，第1341页。

⑦（明）沈德符：《万历野获编》卷11《吏部·传奉官之滥》，第280页。

的时间,首先是由于弘治特别是在成化二十年(1484)前历朝君主长期对文官荫叙改革持保守和谨慎的态度。尽管仁、宣以后君主治官由严转宽,但这种"宽"主要是指官员为官环境的宽松,而非普遍增加其特权。因从专制政体的本性来说,君主给予臣下特权还是愈少愈好,尤其是对臣下依据制度享有特权就更会采取慎之又慎的态度,而不会轻易把口子敞开。上述阁臣荫叙例在正统十二年(1447)至成化二年中断实施近二十年和三品京官荫叙例在天顺、成化间所经历的反复,都说明了这一点。其次是来自文官内部的阻力。由于文官荫叙主要集中在阁臣和三品及以上京官范围内,其他官员非特殊情况与此无缘,也由于明代官僚和科举教育制度的空前发达,士人们在科举或学校中的建树已经成为决定其能否当官和仕途能否通达的主要依据,成为官员入仕最为正当和主要的途径,所以,官场中尤其是中下层官员对文官荫叙特别是对三品京官荫子入监普遍持轻视态度,认为他们"生于富贵,鲜克知礼,惟知骄傲是尚,计以岁月得官"[1]。正是在这一背景下,才有人上书公开对其表示异议,如上述成化四年户科给事中李森和弘治十年(1497)礼部左给事中叶绅等,皆为适例。最后,洪武十六年(1383)所定文官荫叙制度,基本上是因袭元制而来。[2]始定之时,就不合时宜,所以才长期定而不行。因此,要真正实行制度化的文官荫叙,明廷就必须从实际出发,以有利于强化皇权和巩固统治为原则,对传统的文官荫叙制度进行改革,创造出既能适应明代专制官僚制度空前发达和选官与学校教育紧密结合等时代特点,以充分发挥其积极作用,又能尽量减少其消极影响的新型荫叙制度。而事实上,形成于弘治间的文官荫叙制度体系正是对正统特别是天顺以来文官荫叙实践不断总结和完善的结果。

三、荫叙官的任用

承荫者的铨选任用,除少数荫武职者由兵部负责外,占主体地位的荫监官生和荫授文官,则概由吏部负责。以占主体地位的荫监官生的任用情况而言,至迟在正德以前,该途就已与举人、岁贡和纳粟并列为监生铨选的四大途径之一。[3]其大体升迁路径,

---

① 《明宪宗实录》卷53,成化四年夏四月庚子。

② 《元史》卷83《选举三》载元代文官荫叙制度曰:至元四年诏:"诸官品正从分等,职官用荫,各止一名。诸荫官不以居官、去任、致仕、身故。其承荫之人,年及二十五以上者听。诸用荫者,以嫡长子;若嫡长子有废疾,立嫡长子之子孙,曾玄同;如无,立嫡长子同母弟,曾玄同;如无,立继室所生;如无,立次室所生;如无,立婢子。如绝嗣者,傍荫其亲兄弟,各及子孙;如无,傍荫伯叔及其子孙。诸用荫者,孙降子、曾孙降孙,婢生子及傍荫者,皆于合叙品从降一等。"大德四年,省议:"诸职官子孙荫叙,正一品子,正五品叙;从一品子,从五品叙。正二品子,正六品叙;从二品子,从六品叙。正三品子,正七品叙;从三品子,从七品叙。正四品子,正八品叙;从四品子,从八品叙。正五品子,正九品叙;从五品子,从九品叙。正六品子,流官于巡检内用,杂职于省札钱谷官内用;从六品子,近上钱谷官。正七品子,酌中钱谷官;从七品子,近下钱谷官。诸色目人比汉人优一等荫叙,达鲁花赤子孙与民官子孙一体荫叙,傍荫照例降等。"至大四年诏:"诸职官子孙承荫,须试一《经》一史,能通大义者免傍使,不通者发还习学;蒙古、色目愿试者听,仍量进一阶。"(中华书局1976年版,第2059—2061页)对照以上引文,可知除去其中有关蒙古、色目官员的荫叙规定外,洪武十六年文官荫叙之制基本承袭元制而来,仅更加简明和富有条理,并增加了第五条"应叙之人,各于原籍附近布政使司所属地方铨注"而已。

③ 参见(明)王世贞:《弇山堂别集》卷95《中官考六》,第1817页。

据万历时沈德符说：

> 自弘、正以后，大僚任子，拜各衙门幕职，得遍升宗人府、五都督经历。若官及经历，则五品，竟升知府矣。盖以郎官应列宿，不欲轻畀也。穆庙时，高文襄（拱）以首揆掌铨，建议以为知府四品方面官，大臣子弟既可以纨绔得之，岂有反不堪郎署之理？且宗人、五府经历，两京止十二人，缺少人多，铨法壅滞。宜一切疏通，除吏、礼、兵外，余三部俱得迁转，待俸满升知府如故事。得旨允行。时高势甚张，言路莫敢忤。大僚也有相左者，以其利己之子弟，亦唯唯赞成。遂相沿以至于今。①

即在隆庆以前，荫监出身者一般先"拜各衙门幕职"，也即选任"五府都事、通政司经历、太常寺典簿、光禄寺典簿、太仆寺主簿、詹事府主簿、部照磨、都察院照磨、通政司知事、国子监典簿、光禄寺录事、部检校、都察院检校、上林苑典簿、光禄寺署丞"等职；②俸满考称，再升任"宗人府、五都督经历"；又俸满考称，则可外升至知府。当然，其中，也不乏不待俸满而推升者。但无论是俸满升迁，还是推升，一般都没有先升任六部郎中，再外升知府者。隆庆间，高拱以阁臣掌铨，改定户、刑、工三部郎中缺，也成为官生出身者的升任职位，从而使其升迁路径有所扩展。万历八年（1580）又奏准："官生授职须计其年资六七年以上，然后酌其才品，在内升部、寺、司属，在外升府佐贰官，俟其晓畅吏治、效有功能，然后陟为知府、藩、臬。"③由此，其升迁空间又进一步扩大。此后，其授职年资，又由"六七年"，减少到"三四年"。④

在荫授文官中，荫尚宝司丞者，号称"清华之选"，其"九年秩满，有升卿者，有升少卿者"⑤，也有累升至太常寺少卿（正四品）仍掌尚宝司事者。如夏原吉子瑄，宣德五年（1430）荫尚宝司丞，天顺二年（1458）升少卿，秩满，升南京太常寺少卿仍管司事。⑥又如，杨士奇子稹，正统十年（1445）荫尚宝司丞，成化中，进太常少卿仍掌司事。⑦荫中书舍人者，甚至有累官太常卿（正三品）者，如吕原子𪟝，成化初荫授中书舍人，后历官南京太仆寺少卿，弘治九年（1496），擢太常寺卿；⑧但在明代，这仅为特例。一般情况下，中书舍人"考满十二年，始升三级为主事；又九年，为尚宝卿；俱仍管中书事。即加至四品、三品，不出局，约略与玺卿等"。中书舍人虽处机密之地，为近侍官，但因其所在官署——中书科、值文华殿东房、值武英殿西房及内阁制敕、诰敕两房，皆属"清水衙门"，故"诸胄君苦之，反羡京幕郎署之递转，早得金绯、膴、黄之寄。然以祖宗成例，莫敢为迁就他徒者"。万历中，阁臣殷士儋子盘荫

---

① （明）沈德符：《万历野获编》卷11《任子为郎署》，第285页。
② 参见（明）李默、黄养蒙删定：《吏部职掌·文选三·求贤科》，《四库存目丛书》，史部第258册，第67页。
③ 《明神宗实录》卷104，万历八年九月甲午。
④ 参见《明熹宗实录》卷41，天启三年十一月甲戌。
⑤ 《明宪宗实录》卷127，成化十年四月庚辰。
⑥ 参见《明宣宗实录》卷62，宣德五年正月戊辰；《明宪宗实录》卷212，成化十七年二月辛亥。
⑦ 参见《明史》卷148《杨士奇传》，第4238页。
⑧ 参见《明武宗实录》卷76，正德六年六月戊申。

中书舍人，"居秘书年久，独愤上疏，愿得外升三部郎官，如二、三品任子事例。奉旨允行，殷首出为户部郎，旋以正郎出理宣府粮储。此后，薇垣诸胄君，无复有厌承明者矣"[1]。天启三年(1623)，又把"中书舍人九年考满转员外郎"，改为"俱五年升转"。[2]

综上所述，隆、万以后，荫监官生和荫授文官的铨选任用，在升迁空间上体现出不断扩展的趋势，在升迁年资上，也体现出不断缩短的趋向。也就是说，对荫叙文官的铨选限制呈放宽态势。然而，这并不意味着荫叙官升迁高官的道路日益通达，与此形成强烈反差的，是万历后文官队伍中竟然无一由荫叙升至三品者。这从下表所示资料就可显示出来。

明代文官荫叙仕至三品者统计表

荫叙官至三品情况	出处及备注
燕王府长史朱复荫子浚引礼舍人，永乐时官至北京刑部尚书。	《明太宗实录》卷159，第1810页。
永乐中，尚书朱浚荫子荣为卫指挥同知。	《明太宗实录》卷162，第1837页。
永乐中，布政司右参政莫邃荫子嵩袭职。	《明太宗实录》卷203，第2097页。
洪熙元年，工部左侍郎陈寿荫子瑺兵科给事中，官至工部侍郎。	《明史》卷150《陈寿传》，第4164页。
洪熙元年，兵部尚书金忠荫子达，官至长芦都转运使。	《明史》卷150《金忠传》，第4160页。
洪熙元年，尚宝司卿朱琇升世袭金吾左卫指挥使。	《明仁宗实录》卷7上，第237页。
宣宗即位故礼部侍郎仪智荫子铭，官至太子太保，兵部尚书兼詹事。	《明史》卷152《仪智传》，第4289页。
景泰间，浙江副使陶成荫子鲁县丞，成化时官至布政使。	《明英宗实录》192，第4011页；《明史》卷165《陶成传》，第4464—4465页。
景泰间，兵部尚书于谦荫子冕副千户，成化时官至应天府尹。	《献征录》卷38《兵部尚书于公谦传》，第1546页。
成化初，阁臣吕原荫子崇中书舍人，弘治时官至太常寺卿。	《明武宗实录》卷76，正德六年六月戊申，第1681—1682页。
成化初，刘珝荫子为中书舍人，嘉靖中官至太常卿兼五经博士。	《明史》卷168《刘珝传》，第4527页。
成化中，余子俊荫子真为锦衣千户，终指挥同知。	《明史》卷178《余子俊传》，第4739页。
少詹事刘铉荫子荣，正德时官至太常寺卿。	《弇山堂别集》卷17《任子官位大于所由》，第321页。
南京工部右侍郎黄孔昭荫子绾，嘉靖时至礼部尚书兼翰林学士。	《弇山堂别集》卷17《任子官位大于所由》，第321页。
嘉靖时，江西副使许逵荫子场，官至锦衣卫指挥使管卫事。	《弇山堂别集》卷17《任子官位大于所由》，第321页。
嘉靖时，右副都御史孙公燧荫子堪，官至都督佥事。	《弇山堂别集》卷17《任子官位大于所由》，第321页。
嘉靖时，严嵩荫子世蕃由太常卿进工部左侍郎，仍掌尚宝司事。	《明史》卷308《严嵩传》，第7920页。
隆庆二年，大学士徐阶荫子璠由太常少卿升本寺卿掌尚宝司事。	《明穆宗实录》卷4，隆庆二年二月丙戌，第468页。
万历王崇古荫孙之桢，累官太子太保左都督，掌锦衣卫事凡十七年。	《明史》卷222《王崇古传》，第5844页。

---

[1] (明)沈德符：《万历野获编》卷11《任子为郎署》，第286页。
[2] 参见《明熹宗实录》卷41，天启三年十一月甲戌。

荫叙官至三品情况	出处及备注
万历十四年,荫已故大学士杨廷和曾孙宗吾锦衣卫指挥佥事世袭。	《明神宗实录》卷177,万历十四年八月庚寅,第3290页。
兵部尚书田乐荫孙尔耕,后积官至左都督,天启间,掌锦衣卫事,累加至少师兼太子太师。	《明史》卷306《田尔耕传》,第7872页。
万历兵部尚书吴兑荫孙孟明锦衣千户,崇祯间,累迁都督同知掌卫事。	《明史》卷222《吴兑传》,第5850页。

上表所示资料体现出两个鲜明特点:一是有明一代文官荫叙仕至三品以上者,文、武合计仅二十余人,这个数字在明代庞大的官员队伍中可谓沧海一粟,微不足道;二是文官以荫仕至三品者,绝大部分集中在隆庆以前,此后,仅隆庆时徐瑶一人,还是以其父"徐阶历一品俸再满九年"而升,并非因自身历官所至。之所以呈现这种状况,除荫叙官素质普遍较低外,应主要由于明中后期学校教育和科举取士的空前发达以及铨选重视科贡正途,尤其"独重进士"资格造成的。①

四、明代文官荫叙的特点

综上所述,可以看出明代文官荫叙的发展体现出以下明显特点:

其一,在制度层面的发展上,经历了由宽到严的过程,而在实践上,却留下了由严至宽的演变轨迹。这表面看似矛盾的现象,恰与明代历史的发展特点相适应,具有内在的必然性。

就荫叙规定的由宽至严而说,洪武是创制时期,由于历史的巨大惯性,再加时间仓促,故在定制时,明廷必然要借鉴甚至因袭元代荫叙制度。又因官员荫叙实质上是先秦世官制的遗留,其过度发展必然会削弱专制皇权,也会对官员队伍素质以致吏治状况造成不利的影响。故明中叶后,继体之君要实行制度化的文官荫叙,就必须适应明朝空前强化的专制皇权的需要以及学校和科举制度空前发达的特点,对洪武所定文官荫叙之制进行改革,以把传统荫叙制度的消极影响降低到最低限度。这样,就自然形成了文官荫叙在制度规定上由宽至严的发展特点。正因如此,《明会典》诸书才说,成化后,乃对洪武文官荫叙之制"渐为限制";万历间,国子监祭酒邓士龙也指出:"我朝任子无复前代之滥矣!"②

就荫叙实践的由严到宽而言,明初,尤其是洪武时期是君主高度集权和专制政体空前发达的时期,明太祖是中国历史上少有的雄才大略而又严苛寡恩的君主之一,其驭下的方法主要是靠权谋和威势,而非恩威并济,况且,在当时严法治吏的情况下,臣工们往往自身难保,又何望荫叙哉!这样,荫叙之制定而不实行也就成为顺理成章的事情。成祖为政,酷似乃父,自然也不会在文官荫叙上有任何更张。但自仁、宣以后,皇帝无论在勤政,还是在

① 参见郭培贵:《论明中后期铨选的"独重进士"》,《河南师范大学学报(哲学社会科学版)》2003年第5期。
② (明)邓士龙:《国朝典故》卷56《謇斋瑣缀录四》按语,第1294页。

能力上，都已无法与太祖、太宗相比，特别自宪宗以后，皇帝日益昏庸、怠政，政务的处理越来越倚重于大臣，故其对臣下的控制手段也逐渐由太祖、太宗时的以威势为主变为恩威并用。这样，在文官荫叙实践上也就自然形成了由严到宽的特点。正因如此，王世贞才指出，洪武文官荫叙之制并未执行，而成化三年（1467），令三品以上京官荫子入监，乃是"推恩而为之制"。①

其二，在中国古代文官荫叙发展中发生重大变化，具有明显的进步意义。主要表现有四：

一是荫叙范围大大缩小。宋初定任子之法，台省六品以上皆得荫叙。②金天眷中定文官荫叙范围为"一品至八品"，且"不限所荫之人（数）"。贞元二年（1154），重"定荫叙法，一品至七品皆限以数，而削八品用荫之制"③。元代承金贞元之制，仍定为七品以上皆得荫叙。④而到明代，则发生显著变化：洪武荫叙之制定而不行，自太祖至宪宗间，文官只有极少量的特恩荫叙；成、弘间，最终确定以三品京官荫叙作为荫叙制度的主体，不仅在常制上把具有荫叙资格的官员由七品缩小到三品，而且把地方官全部排除在外，只有三品以上京官才有荫叙资格，且仅限荫叙一子或一孙。尽管其他荫叙途径不受此限，但因其人数很少，故对全局无明显影响。再对照清代文官的荫叙范围："满汉官员文职在京四品以上、在外三品以上，送一子入监读书。"⑤可见，明代文官的荫叙范围不仅远远小于前代，而且也大大小于清代，也就是说，在中国古代文官荫叙制度发展史上，明代文官荫叙范围之小达到了空前绝后的程度。

二是文官荫叙与其任职考满相结合。尽管前代已经出现把官员荫叙与其任期相联系的制度。如西汉任子令就曾规定"二千石以上视事满三年，得任同产若子一人为郎"⑥；宋初任子之法也曾规定"台省六品登朝尝历两任，然后得请"⑦。但这类规定仅有任期，而无考核，且总体说来，时有时无，极不稳定。而明代自成化二十年开始，则固定把三年任职考满得诰命也即在任期间"无过犯被劾"作为三品京官荫叙的必备条件，这对于激励官员恪尽职守、积极向上具有重要作用。

三是把承荫者纳入国子监教育入仕的轨道。前代文官荫叙以直接荫官为主，而明代则改为与国子监教育相结合，规定凡三品京官考满荫叙，承荫者一律先送国子监读书，并与其他监生一样，经历事后赴吏部待选。由此，"入监读书"成为三品京官荫子入仕的必经途径，并成为明代文官荫叙的主流方式。这一变化尤具进步意义，因其不仅对提高荫叙官的文化素质和治事能力具有重要意义，而且在相当程度上削弱了传统荫叙作为独立入仕途径的

① 参见（明）王世贞：《弇山堂别集》卷25《史乘考误六》，第445页。
② 参见《宋史》卷159《选举五》，中华书局1977年点校本，第3727页。
③《金史》卷52《选举二》，中华书局1975年点校本，第1159页。
④ 参见《元史》卷83《选举三》，中华书局1976年点校本，第2060页。
⑤《钦定大清会典则例》卷30《荫叙》，《景印文渊阁四库全书》第620册，第584页。
⑥《汉书》卷11《哀帝纪第十一》，中华书局1975年点校本，第337页。
⑦《宋史》卷159《选举五》，第3727页。

地位。

四是荫叙官在官员队伍和明代政治中处于边缘地位,作用微弱。宋代"是荫补过多、过滥的时代",以致其荫叙官的数量远远超过了科举出身的官员。①而明代则因显著缩小了荫叙范围,并严格限制承荫人数,正常情况下,符合荫叙条件的三品京官只能荫叙一人,这不仅使荫叙官的数量大大小于前代,而且远远小于同期科、贡出身的官员。又主要由于铨选重科贡正途,尤其独重进士资格,故荫叙官极少仕至三品以上者。所有这些,都使荫叙官在文官队伍和明代政治中处于边缘地位,影响十分微弱。正因如此,荫叙官在当时并不被世人所重,甚至受到轻视。也正是在这样的背景下,成化时吕嵩已荫为中书舍人,还要乞请参加乡试。②万历末沈德符也说"自舍人之有胄子,而任渐轻"③。

上述变化都表征着传统的以血缘为基础的荫叙制度在明代走向衰落,标志着选官制度的进步,同时也从一个侧面透露了明代社会开始向近代的嬗变。

任何时代,都面临着如何继承传统以为当代服务的问题。就对制度的继承而言,明智的做法是:一方面,充分继承和利用其中的积极因素为现实服务;另一方面,通过改革其过时和不合理的因素把其副作用减少到最低程度。明代荫叙制度可谓达到了两方面的最佳结合:一方面,它通过有条件地满足臣下日益增长的荫叙需求,以达到激励其忠君报国、尽职守节和积极上进的目的;另一方面,又通过大大缩小荫叙范围以显著减少荫叙官的数量和规定承荫者必先入监读书出身,来尽量减少其消极影响。从而为制度的继承与创新提供了成功的范例。

原文载《历史研究》2005年第2期

作者:郭培贵,福建师范大学社会历史学院教授、博士生导师

---

① 参见游彪:《宋代荫补制度研究》自序,中国社会科学出版社2001年版,第8页。

② 参见《明武宗实录》卷76,正德六年六月戊申。

③ (明)沈德符:《万历野获编》卷10《词林中舍互改》,第253页。

乞留：明代舆论的清官期盼与官员调留

展　龙

在中国历史上，官员在任满当迁、丁忧当服、患疾当免、受诬当贬、获罪当惩时，吏民集体上书或诣阙吁请留任，是谓乞留。汉唐以来，有关乞留的记载不绝于书，但作为一项颇具"民主"色彩的特殊制度，乞留现象的频繁发生和相关制度的有效推行当在明代。当时，作为一种集体性、自觉性社会舆论，乞留现象纵贯终明一代，且表现出时间长、次数多、规模大、影响深的时代特征，实为中国古代所仅见。乞留故事的此起彼伏，赓续不绝，曲折表达了广大民众对清官群体的集体祈盼和无限眷恋，充分彰显了民众舆论力量对明廷执政理念的预警、矫正和干预。而官方对乞留行为的诸般应对，不仅折射出明代治吏方略的演进轨辙、政治意蕴及其时代特质，凸显了明廷对民望、民意、民心的顺应和尊重，而且反映了此期民众话语力量的日趋强化和民主自觉意识的日渐勃兴，一定程度上对整饬纲纪、澄清吏治、伸张正义、淳化民风起到了极其重要的推动作用。然而，对明代乞留这一重要问题，迄今论者尚少。①有鉴于此，本文拟围绕明代社会舆论中的"清官"话语，结合官员铨选、考核、任期、致仕、丁忧、诣阙等制度，对明代乞留的演进轨迹、生成机制、表达形式和社会功能予以较为深入、全面的探讨。

一、明代乞留的演进轨迹

明代乞留现象的发生表现出鲜明的阶段性特征。明初，在官方的倡导、鼓励和褒奖下，乞留现象渐多，相关制度初具。承此，永宣时期，乞留现象一如既往，络绎不绝。至英宗时，乞留现象臻至频繁。尔后直至明亡，乞留现象趋少，这既反映了明中期以后吏治不治、人心浇薄的态势，也印证了乞留之于明代兴衰的重要意义。

洪武时，太祖鉴于元季吏治纵弛，重绳贪吏，奖拔清官。当时，群臣每有小过便严加惩处，但若为清官廉吏，便既往不咎，甚至大加赏赉，破例超擢。这一点，在吏民乞留时表现得尤为突出。如洪武二十九年（1396），灵璧知县周荣、宜春知县沈昌、昌乐知县于子仁、新化

---

①　隋喜文先生《明代的乞留》（《北京社会科学》1986年第4期）一文简要介绍了明代乞留的类型及作用。郭培贵先生在《明史选举志考论》自序《〈明史·选举志〉编纂考述及研究意义》介绍了明代民众乞留地方官员制度的特色及意义（中华书局2007年版，第21—22页）。赵克生先生《明代国家礼制与社会生活》中编《丧服制度与明代文官的丁忧、夺情和匿丧》描述了明代官民保留丁忧地方官的情形及原因（中华书局2012年版，第178页）。展龙《明代官员久任法研究》（《清华大学学报》2013年第4期）在论及明代官员久任原因时，也将"乞留"视为原因之一。

县丞叶宗等坐事逮讯,民众叩阍乞留,奏称其贤,太祖大喜,提拔四人为知府,"由是长吏竞劝,一时多循良之绩焉"①。同年,定远知县高斗南、永州知府余彦诚、齐东知县郑敏、仪真知县康彦民、岳池知县王佐等人犯事,耆民奔走阙下,陈列善政,乞求留任。太祖听从民意,留任不罚,并赐赏衣钞,对乞留耆民也赐给旅费,以示褒奖②。在太祖看来,治国安民须重视民意,"夫国之大权惟赏与罚,故赏无私赏,必因民之所共好而赏之;罚无私罚,必因民所共恶而罚之"③,乞留作为至公无私的民意表达,实际是对官员政绩的最高表彰,其背后所蕴含的深层意义在于:"人君狩于四方,询于民情,知政之得失,然后赏罚行焉,所以官之贤否民情为验。"④依此,太祖对乞留的推扬,实则是对民意的尊重和对清官的褒奖。洪武十八年七月,丹徒知县胡孟通、县丞郭伯高以事当逮,耆民韦栋等诣阙乞留,太祖特命释放。太祖明白,胡孟通等为民所乞,在于其平日为政,"能尽父母斯民之道",而韦栋等之所以愿意诣阙举留,则在于"令丞之政,境内怀泽,审如是官得其人矣"⑤。同年,金坛县丞李思进亦坐事,邑民诣阙乞留,太祖命留任,理由是:"尔为政有方,士民乐业……朕非私尔,特为民也。"⑥总体上,太祖时期对乞留持鼓励态度,与此期允许民众状奏地方官员的规定有一定联系,"官吏有能清廉直干,抚吾民有方,使各得遂其生者,许境内耆宿老人,遍处乡村市井士君子人等连名赴京状奏"⑦。

永宣时期,承太祖遗风,仍鼓励乞留,尤其是"承流宣化"⑧的地方守令,因"国家置守令,但欲其得民心"⑨,故每有吏民乞留,朝廷多能准允。如吉水知县钱本忠,素有廉名,因事罢官,父老奔走乞留,得以还任,永乐中卒官,百姓号泣,留葬吉水⑩。东阿知县贝秉彝,善于决狱,凿渠引水,民食其利,永乐初,朝廷征用,耆老诣阙乞留,许之⑪。洪熙元年(1425)五月,贵池典史黄金兰以政绩显著,调任京师,父老诣阙,称其"施政宽厚,有爱民心",请复其任,仁宗以为百姓"能致数千里乞留,是不负朝廷使矣",遂升金兰为本县知县⑫。宣德时,会宁知县郭完廉洁正直,爱民勤事,却被奸民诬告,耆老乞留,宣宗说:"今一人言其恶,而众人称其善",遂命陕西按察司特加辩明,以防冤枉⑬。山西参政樊镇,考满当升,然"吏民信服,乞留再任",升秩正三品⑭。南城人邓棨,永乐进士,授监察御史,巡按苏松,"清慎有威望",任

①《明史》卷281《循吏传》,中华书局1974年版,第7191页。
② 参见《明史》卷281《循吏传》,第7190页。
③《明太祖实录》卷174,洪武十八年七月乙丑,中研院史语所1962年影印本。
④《明太祖实录》卷174,洪武十八年七月乙丑。
⑤ 参见《明太祖实录》卷174,洪武十八年七月乙丑。
⑥《明太祖实录》卷174,洪武十八年七月乙丑。
⑦ (明)朱元璋:《大诰·民陈有司贤否第三十六》,《续修四库全书》史部第862册,第254页。
⑧《明史》卷281《循吏传》,第7192页。
⑨《明史》卷281《循吏传》,第7190页。
⑩ 参见《明史》卷281《循吏传》,第7192页。
⑪ 参见《明史》卷281《循吏传》,第7194页。
⑫ 参见《明仁宗实录》卷15,洪熙元年五月戊寅。
⑬ 参见《明宣宗实录》卷35,宣德三年正月己酉。
⑭ 参见《明宣宗实录》卷111,宣德九年六月壬子。

满将去，父老赴阙乞留，得请。①与吏民乞留官员相联系，永宣时期往往按照民众意愿，允准官员复任久任。如永乐时，汶上知县史诚祖，廉平宽简，政绩显著，擢济宁知州，仍视汶上县事，后屡次当迁，均被乞留，在任二十九年，卒后，县民"留葬城南，岁时奉祀"。②蠡县吴祥，永乐时任嵩县知县，阅三十二年，至宣德中卒于任。临汾人李信，永乐时任遵化知县，阅二十七年，至宣德才升任无为知州。涓县人房岩，宣德间任邹县知县，阅二十余年，至正统卒于任。③

英宗时，吏民乞留现象日盛，"吏治淳厚，部民奏留率报可"④，以致"秩满奏留者，不可胜纪"⑤。据笔者考察，有明一代，英宗时期乞留次数最多，仅以"乞留"为关键词在《明实录》检索：太祖、成祖时，吏民乞留各11次，仁宗时4次，宣宗时53次，英宗时153次，宪宗时18次，孝宗时10次，孝宗时10次，世宗时25次，穆宗时4次，神宗时36次，光宗时9次，熹宗时4次，思宗时无"乞留"记载。不仅如此，这一时期很多乞留事件，英宗都亲自过问。如正统九年（1444）五月，均州知州王从，秩满当升，民众数百人称其"从政勤廉，抚民有方"，乞留复任，英宗从其请。⑥清河知县李信圭，正统元年（1436），因侍郎章敞举荐，擢蕲州知州，清河民众诣阙乞留，命以知州治理县事，在清河达二十二年。⑦陈复，正统时任杭州知州，廉静无私，遭逢丧葬，部民乞留，英宗下诏留任。⑧陈璇任浙江按察使，严惩污吏，缓解民困。后因同僚诋毁去任，"行李萧然，唯图书数册"，军民号泣拦道，诣阙奏留，英宗从之。⑨较之永宣，英宗时期民众对乞留行为已习以为常，对乞留官员及留任官员的认识也趋于理性和务实。盖因如此，这一时期对民众乞留大都批准，但对官员去世后的祠祭行为，已不再如永宣一样予以认可，如处州知府李信圭，为政宽简，后将调任，民众拦道乞留，及卒，又立祠奉祀，但官府认为"信圭之事，乃职分当为"，不可祠祭，遂毁其祠。⑩综上，这一时期乞留现象之所以频发，英宗之所以准许民众乞留官员，并升以禄位，盖与地方缺官现象严重、部分官员的推助、太祖遗训的影响等不无关联，但究其根本，则在于"固为民计"⑪。

成化以降，世风日下，人心浇薄，吏治废弛，乞留现象趋少，且乞留往往发生在官员任满之际。如成化年间，镇江府知府姚堂，"治有善状"，任满将去，县民乞留，遂升其俸，复任三年。⑫广东左布政使张瑄，在任九年，吏民怀服，秩满当去，但因战事频仍，官民千余人奔走

① 参见《明史》卷167《邓棨传》，第4506页。
② 参见《明史》卷281《循吏传》，第7192页。
③ 参见《明史》卷281《循吏传》，第7192页。
④《明史》卷281《循吏传》，第7200页。
⑤《明史》卷281《循吏传》，第7199页。
⑥ 参见《明英宗实录》卷116，正统九年五月乙亥。
⑦ 参见《明史》卷281《循吏传》，第7198页。
⑧ 参见《明史》卷158《轩𫐐》附《陈复传》，第4325页。
⑨ 参见《明英宗实录》卷230，景泰四年六月乙巳。
⑩ 参见《明英宗实录》卷209，景泰二年十月丁卯。
⑪《明英宗实录》卷120，正统九年八月庚戌。
⑫ 参见《明宪宗实录》卷4，天顺八年四月己丑。

乞留,遂再任三年。①邳州知州王谏,在任期间,"赋平讼简,盗贼不生,流亡复业",考满将代,州人相率乞留,复任三年。②四川乌撒军民府同知刚正,"抚字有方",九年秩满,族民乞留,再任三年。③瞿式耜,万历末任永丰知县,有惠政,后调江陵,永丰百姓夹道乞留,遂命再任。④但较之以往,此期明廷对乞留现象的应对趋于漠然。如成化时,兵部郎中邹袭因事降德安府同知,张旺等百人乞留,吏部称"其奏保出于公论",宪宗虽复其官,但仍斥责吏部官员说:"黜陟,朝廷大柄,尔等何以知奏保出于公论,事当究治,姑宥不问。"自此,"诸司坐黜罚者甚众"⑤。

实际上,明代乞留的演进轨迹,一定程度上彰显了明代吏治的发展大势,生动再现了明初吏风清明,明中期吏治浇薄,明末吏治颓败的基本趋势。更具意义的是,乞留现象的此起彼伏,以异样的画面展示了明代官方执政理念的变动,尤其是官方对民意舆论效益的尊重和重视程度,实际上有效区分了明代不同时期的舆论环境和吏治状况。总体上,政治承平、世风淳厚、吏治严明之际,清官就多,相应地,民众乞留清官的意愿就会愈发高涨,而明廷对乞留现象的诸般应对,则进一步为清官文化的形成提供了政策保证和舆论语境。

二、明代乞留的生成机制

明代乞留作为一种自下而上的群体性舆论行为,成为明廷评价官员政绩的重要依据,时常引起各级政府不同程度的关注,并逐渐形成应对乞留的相关制度。明代乞留行为的生成与泛起,既有一定的社会突发性,也有一定的制度规定性。前者是指乞留往往发生在官员任满、丁忧、患疾、受诬、获罪时,颇具偶然性和突发性;后者是指乞留的运作与官员铨选、考核、任期、致仕、诣阙等制度密切相关,且有严格的运作方式。而乞留现象的持续发生,既需要良好吏治风气、舆论环境的引领和熏染,也需要广大民众能够对清官的为人之德、为政之能、为官之道给予集中关注和集体判断,并在恰当时机公开表达乞留清官的意愿。

(一)乞留群体

明代主导乞留舆论的社会群体主要是清官所辖区域的民众,他们是默默无闻、平平常常的普通人,但其中所蕴含的巨大精神能量却不容小觑。他们乞留官员的理由虽有不同,但大多是基于官员赢得人心民望的惠政和善政。

1.民众乞留。在乞留群体中,最为常见、最有规模、最具影响的当是来自基层的广大民众。总体上,民众乞留在明前期较为常见,这与此时鼓励"耆民奏有司善恶"⑥"民陈有司贤

---

① 参见《明宪宗实录》卷71,成化五年九月甲午
② 参见《明宪宗实录》卷79,成化六年五月辛巳。
③ 参见《明宪宗实录》卷159,成化十二年十一月庚申。
④ 参见《明史》卷280《瞿式耜传》,第7179页。
⑤《明宪宗实录》卷276,成化二十二年三月戊午。
⑥ (明)朱元璋:《大诰·民陈有司贤否第三十六》,《续修四库全书》史部第862册,第254页。

否"有一定关系。①如：洪武时，安陆知州余彦诚，以征税延期，按例当罚，父老伏阙乞留，太祖赐宴嘉赏，遣归还任。郑敏，坐事被逮，部民数千伏阙求宥，太祖赐宴慰劳，复任其官。②永乐七年(1409)，青田知县谢子襄，考满当迁，部民乞留，遂擢处州知府，"俾得治其故县"。③在民众乞留中，生员作为一股特殊力量参与其中。如阎禹锡，天顺初任国子监丞，得罪贵幸，迁徽州经历，诸生伏阙乞留。④鹤庆儒学训导杨应，九载秩满，将赴吏部，生徒乞留复任。⑤建安县学训导杨寿，考满当去，诸生乞留，升建安教谕，后"以内艰服阕"，诸生又乞留。⑥魏骥，永乐中任松江训导，潜心育人，九年考满，诸生诣阙乞留。⑦教官因乞留而久任，是生员对其业绩的认可和肯定，无疑对地方学校教育的发展颇具意义，"受其指教以有成者，盖多矣"⑧。从规模上看，乞留民众少则数人，多则数百，乃至数千。如谢骞，正统中任漳州知府，考绩为最，军民恐其调离，乞留者达五千八百余人。⑨滕霄，永乐初任黄州知府，以宽为政，秩满当去，属民数千人乞留，复任十九年，"廉贞之操终始不渝"。⑩嘉定县丞俞贵芳，九载秩满，吏民认为"自君之来，民有父母，自君之来，礼义以兴"，于是四千余人拜疏乞留。⑪汀州府经历王得仁，廉能勤敏，秩满当迁，军民数千人乞留，遂增秩再任。⑫邓荣，明初巡按苏松等处，恩威并著，考满将去，耆老二千余人上疏乞留。⑬盖因民众乞留关乎民心民意，关切民望民怨，故明廷一般都会予以准许，以便表达尊重民意、善待民心的政治意图和治国理念。长远来看，这一举措无疑深孚民望、广得人心，对于明廷获得坚实的统治基础极具意义。

2.官员乞留。官员乞留时常以正式奏言的形式出现，乞留意见直达皇帝，皇帝也多会批准，而其意义则在于可以更直接地彰显清官政绩，推扬清官形象。以官员乞留发生最为频繁的英宗、景帝时期为例：正统十四年(1449)三月，御史寇深"抚治有方，番人畏服"，参议陈敏及各位土官乞求留守，英宗允准；⑭咸阳知县王瑾，任满当升，巡按御史陆厚保荐其"廉能有为"，乞留复任；⑮正统时，大同知府霍瑄秩满当迁，巡抚诸臣乞留，诏加山西右参政，仍

① 参见(明)朱元璋：《大诰·耆民奏有司善恶第四十五》，《续修四库全书》史部第862册，第256页。
② 参见《明史》卷281《循吏传》，第7190页。
③ 参见《明史》卷281《循吏传》，第7193页。
④ 参见《明史》卷282《阎禹锡传》，第7230页。
⑤ 参见《明英宗实录》卷116，正统九年五月壬子。
⑥ 参见(明)王直：《抑庵文后集》卷15《送杨修撰致仕序》，《景印文渊阁四库全书》第1242册，第683页。
⑦ 参见(明)邓元锡：《皇明书》卷21《魏骥传》，《续修四库全书》史部第316册，第117页。
⑧ (明)王直：《抑庵文后集》卷15《送杨修撰致仕序》，《景印文渊阁四库全书》第1242册，第683页。
⑨ 参见(明)过庭训：《本朝分省人物考》卷40《谢骞》，《续修四库全书》史部第532册，第77页。
⑩ 参见(清)孙奇逢：《中州人物考》卷5《滕知府霄》，明文书局1991年版，第428—429页。
⑪ 参见(明)倪谦：《倪文僖集》卷16《赠贰尹俞君重理嘉定序》，《景印文渊阁四库全书》第1245册，第379页。
⑫ 参见《明史》卷165《王得仁传》，第4469页。
⑬ 参见《明英宗实录》卷181，正统十四年八月壬戌。
⑭ 参见《明英宗实录》卷176，正统十四年三月戊戌。
⑮ 参见《明英宗实录》卷193，景泰元年六月甲戌。

治府事;①四川布政使李教,以母丧去任,重庆等府官员称其"处事公平",乞夺情复任;②泗州判官黄绂,九载任满,巡按御史奏其"在任廉慎,深得民心",乞令复职;③宜春县丞孙昇,九年考满,巡按御史等奏其"抚字公勤",乞留复任。④较之民众乞留,官员乞留一般规模较小,多则数人,少则一人,且多是科道官员或被乞留官员的同僚。而且,官员乞留时除了要依据巡查考核成绩,更要借助"民吏畏服""深得民心"等民众意愿,换言之,官员乞留实际是民众乞留的延续,代表的仍然是广大民众的普遍利益。

3.官民乞留。一些官员在任期间,既得民意,又得官心。因此,在其离任之际,民众与官员便同道乞留。如万观,永乐中任严州知府,励学校,劝农桑,九年考绩,海内第一,丁忧除服,同僚上章乞留。⑤正统时,陈复任杭州知府,"持己廉静,为政宽平",以母丧去职,耆民千余乞留之,巡按监察御史及布、按二司亦连章奏请,英宗认为"既有耆老民人告保,复其任"⑥。景泰时,许仕达任巡按福建御史,整肃风纪,因弹劾镇守宦官廖秀等罢官,耆老数千人乞留,给事中林聪等亦为仕达辩护,遂命留任。⑦成化时,张瑄任广东布政使,考满当赴京,军民千余奔走乞留,巡抚陈濂等也交章乞留,为"慰民情",宪宗诏令留任。⑧

(二)乞留渠道

明代吏民乞留,渠道较多,近有知县,远有皇帝,"有力者即走北京,诉于通政司,弱者诉于府,诉于总兵官,诉于巡抚侍郎"⑨。根据不同情况,民众可以选择不同渠道进行乞留,而不同的渠道,乞留效果也不尽相同。一般而言,乞留衙门或官员职别越高,反而乞留越易获准,反之则难。其中原因,主要在于乞留作为一种关乎官员任期的民意表达,一般须经掌管监察的按察使、巡按御史以及掌管人事的吏部;有时候,吏民会同时向布政司、按察司、府、州、县及监察部门乞留,"相率诉于府、于藩宪、于巡按御史乞留之"⑩;当然,直达阙下,由皇帝亲自定夺的情况也时常发生。

1.御史:核实乞留。明代设按察使、巡按御史、总督御史、巡抚等,纠察地方官员。其中,巡按御史"大事奏裁,小事立断"⑪,在维护整饬吏治、淳化风俗、振纲立纪、剔弊发奸等方面发挥了重要作用。一般而言,明代民众乞留都要经过"临事大臣"⑫,或经由巡按御史核实

① 参见《明史》卷171《霍瑄传》,第4570页。
② 参见《明英宗实录》卷50,正统四年正月辛丑。
③ 参见《明英宗实录》卷60,正统四年十月戊寅。
④ 参见《明英宗实录》卷95,正统七年八月乙未。
⑤ 参见《明史》卷281《循吏传》,第7195页。
⑥《明英宗实录》卷79,正统六年五月戊申。
⑦ 参见《明史》卷164《许仕达传》,第4455页。
⑧ 参见(明)焦竑:《献征录》卷48,童轩撰《南京刑部尚书观庵张公瑄墓志铭》,《续修四库全书》史部第524册,第504页。
⑨ (明)王直:《抑庵文集》卷5《赠李太守赴清河序》,《景印文渊阁四库全书》第1241册,第105页。
⑩ (明)王直:《抑庵文后集》卷20《送陈经历序》,《景印文渊阁四库全书》第1242册,第804页。
⑪《明史》卷73《职官志二》,第1768页。
⑫《明神宗实录》卷424,万历三十四年八月庚戌。

查验,若情况属实,则准允留任。如涿州知州朱巽,任满当代,耆老称其"躬亲劝课,有惠及民",乞留复任,巡按御史覆实允准。①砀山知县杜钊,秩满赴京,县民言其"有惠政",恳求留任,巡按御史核实留任。②淮安同知程宗,"端谨慈明",考满当迁,百姓恳留,巡按御史等核实复任。③曹县知县范希正,九载任满,邑民保留,巡按御史核实复任。④嘉兴知县李逊,"刚明廉能",任满当去,属民乞留,副都御史轩𫐐等核实复任。⑤有时,对于一些乞留行为,巡按御史等监察官员要协同布政使、按察使等地方官员核实。如渭南知县周璘,考称当迁,属民称其"抚字公勤",乞求复任,巡按御史会同布、按覆核留任。⑥德安经历张孟昇,秩满去任,属民累章奏其"律己奉公,祛革奸蠹",乞留复任,巡按御史并布、按覆验其实,复其任。⑦安定知县杜让,任满当代,县民奏其"勤于抚民",乞留复任,巡按御史并布、按覆实以闻,升俸复任。⑧

2.吏部:覆奏乞留。明代吏民乞留行为一般要涉及官员的任期、调迁、考核、丁忧等制度,而允准乞留也要突破明代人事制度的相关规定。因此,每逢吏民乞留官员,吏部(或行在吏部)即要依制加以覆奏。如南昌同知王庸,九年考满,例应升迁,部民数百人奏其"处事公廉",乞留复任,行在吏部覆奏,复其任。⑨顺天府通判沙安,任满当升,属民认为他"处事勤慎",乞留复任,吏部侍郎陈恭等覆奏,升为本府治中。⑩广平府推官郑谈,"谳狱明慎",秩满当迁,部民乞留,行在吏部覆奏复任。⑪通州知州魏复,"公廉慈惠",丁忧去职,部民乞留,行在吏部覆奏留任。⑫开州判官林伯兴,九年考满,州民保其"公勤",乞留之,吏部覆奏复任。⑬隆德知县马玉,九载考满,民众不忍其去,乞留复任,行在吏部覆奏留任。⑭巩昌府通判李宗政,"佐政平恕,抚字有方",秩满当迁,县民乞留,吏部覆奏核实,故留任。⑮

3.皇帝:定夺乞留。明代诣阙乞留现象较多,尤其明前期,民众诣阙络绎不绝。从制度程序而言,民众乞留不应直达阙下,但在实践中,很多乞留会越过相关部门直至阙下,对于这种法外之举,明廷多予以宽容和理解,"军民诣京陈诉,似非蓦越"⑯。如会宁知县郭完廉

---

① 参见《明英宗实录》卷41,正统三年四月癸酉。
② 参见《明英宗实录》卷87,正统六年十二月戊戌。
③ 参见《明英宗实录》卷172,正统十三年十一月壬子。
④ 参见《明英宗实录》卷91,正统七年四月甲午。
⑤ 参见《明英宗实录》卷193,景泰元年六月己丑。
⑥ 参见《明英宗实录》卷106,正统八年七月甲子。
⑦ 参见《明英宗实录》卷116,正统九年五月乙丑。
⑧ 参见《明英宗实录》卷156,正统十二年七月乙巳。
⑨ 参见《明英宗实录》卷49,正统三年十二月丁巳。
⑩ 参见《明英宗实录》卷169,正统十三年八月甲寅。
⑪ 参见《明英宗实录》卷44,正统三年七月甲申。
⑫ 参见《明英宗实录》卷49,正统三年十二月癸酉。
⑬ 参见《明英宗实录》卷137,正统十一年正月壬午。
⑭ 参见《明英宗实录》卷50,正统四年正月戊戌。
⑮ 参见《明英宗实录》卷87,正统六年十二月庚戌。
⑯《明英宗实录》卷116,正统九年五月癸亥。

洁正直,爱民勤事,为奸民诬告,里长老人数十人诣阙乞留,宣宗说:"众好之必察,众恶之必察。今一人言其恶而众人称其善,其令陕西按察司特与辩明,毋为所罔。"①徐永达,洪武时授宝鸡教谕,"科条甚严,士类化之",即将离任,宝鸡百姓诣阙乞留,太祖可其奏。②王黻,永乐时任峄县知县,"莅政廉勤,练达治体",秩满当迁,峄民伏阙乞留者千人,成祖从之,并赐书褒谕。③杨信民,宣德时任广东参议,"清操绝俗,性刚负气",因事被逮,军民诣阙乞留,诏复其官。④安福知县何澄,在任"外若无为,内有区画",拟调京师,县民诣阙乞留,英宗从之。⑤总体上,由皇帝定夺的乞留有两种情形:一是民众的诣阙乞留;二是巡按御史、吏部官员的覆奏乞留。当然,民众乞留阙下,皇帝也不一定批准,如吴讷,宣德初巡按贵州,恩威并行,将代还,部民诣阙乞留,宣宗不许。⑥

(三)明廷应对

针对吏民乞留,明廷的应对方式大体有二:一是留任,一是不留。就留任而言,又有同级留任、升秩留任、增俸留任三类。其中,同级留任最为普遍,兹不赘述。

1.加秩复任。所谓"加秩复任",即提升品秩留任。这一应对方式意义有二:一是满足了民众的乞留意愿,达到了抚慰民意、营造舆论的目的,"牧民官许民保留升以禄秩者,固为民计也"⑦;二是在以增秩方式肯定了官员政绩之时,也部分补偿了留任官员因不能晋升而造成的损失。明代针对乞留的增秩较为普遍,但也会在增秩复任的原则下,根据情况加以变通。一是晋职还任。如:陈琏以政绩卓著,拟调往北京,滁人恐其升去,诣阙乞留,遂擢扬州知府,仍治滁州事。⑧清河知县李信圭,为政宽简,及调任蕲州知州,县民千余人诣阙请留,遂以知州治县。⑨刘智,正统时任绛县知县,"以公平著绩",九年考满,百姓诣阙乞留,晋六品阶,仍知县事。⑩二是进秩还任。琼山知府易先,有善政,岁满还朝,郡人乞留,增秩三品还任。⑪吉安知府陈本深,九年考满,郡人乞留,"增其禄秩,俾复任"。⑫宣德中,巩昌知府孙瑄,九年考满,耆老乞留,增秩三品。⑬

2.增俸留任。增俸留任一般发生在官员任满时,若有人乞留,明廷便增俸留任,并赐衣币诸物,以示褒赏。此类事例在《明实录》中所载极多,以《明英宗实录》为例,此期被乞留的

①《明宣宗实录》卷35,宣德三年正月己酉。
② 参见雍正《河南通志》卷58《徐永达》,《景印文渊阁四库全书》第535册,第1335页。
③ 参见陈玉中等:《峄县志点注》卷19《职官下·王黻》,枣庄出版管理办公室1986年版,第401—402页。
④ 参见《明史》卷172《杨信民传》,第4589页。
⑤ 参见《明英宗实录》卷45,正统三年八月甲戌。
⑥ 参见《明史》卷167《吴讷传》,第4317页。
⑦《明英宗实录》卷120,正统九年八月庚戌。
⑧ 参见《明英宗实录》卷246,景泰五年十月甲午。
⑨ 参见《明英宗实录》卷209,景泰二年十月丁卯。
⑩ 参见《明英宗实录》卷219,景泰三年八月丁亥。
⑪ 参见《明史》卷154《易先传》,第4232页。
⑫ 参见(明)王直:《抑庵文后集》卷17《送陈太守致仕序》,《景印文渊阁四库全书》第1242册,第744页。
⑬ 参见(明)何乔远:《名山藏》卷10《典谟记》,福建人民出版社2010年版,第277页。

官员在升俸时,并无统一标准,或升俸一级,如瑞州知府刘说、巩昌知府韩福等由知府(正四品)升从三品俸;安定知县(正七品)杜让、隆德知县马玉、卢氏县知县张慎等升从六品俸。或升俸二级,如湖州知府(正四品)赵登、松江知府赵豫、常州知府莫愚、凤翔知府扈暹等升正三品俸;卢氏知县张慎、赣县知县李素、阳城知县韩谨等升正六品俸。应该说,"增俸"一定程度上弥补了留任官员的利益损失,激发了留任官员的积极性,也同时达到了抚慰民意的目的。当然,除英宗时期,其他时期乞留升俸事例也时有发生,如仪封知县许誉,秩满至京,耆民诣阙乞留,成祖说:"守令民休戚所系,欲知其贤否,但观民心之向背。今民不忍其去,此必尝有及人之德。"遂增俸二级,并赐钞衣。[1]洪熙元年(1424),思州通判檀凯,考满当升,百姓乞留,加正五品俸复任。[2]成化时,邠州知州王谏,"赋平讼简,盗贼不生,流亡复业",考满将代,州人乞留,增俸一级,复任三年。[3]

3. 乞留不从。明代民众的乞留行为,既不是私人行为,也不是法律赋予的权利,而是由广大民众自由集合在一起而形成的自发性、集体性舆论行为。民众对官员的乞留,是官员的政治行为赢得了民众的集体关注和一致赞誉,且其本身也暗含着民众寻求自身利益的深层目的。从这个意义上说,民众的普遍利益实际是乞留行为得以发生的基础,乞留的意义也在于通过留任官员的政绩,尽量满足民众的利益需求。与此相联系,明代民众的某些乞留行为,有时并不能与明廷的国家利益保持一致,也难以引起一些官员的利益共鸣,所以在应对乞留事件时,明代各级政府也会拒绝民意,反对乞留。

明代吏民乞留发生最频繁是在英宗、景帝时期,乞留不从也多在此期,而之所以不从,官方自有理由。如景泰四年(1453)二月,福建耆老乞留御史许仕达,都察院以仕达巡按福建已有二年,"如仍留,恐岁久情稔,乖于激扬",最终景帝按都察院意见,按例遣代。[4]杭州府同知侯昌,"守职勤能",九载任满,民众千人乞留,不得,理由是"处州民盗矿为业,实难抚治"。[5]工科都给事中李侗,九载任满,同僚乞留,按例当迁,但英宗认为其"历任既久,宜循例迁用,不可徇情以戾旧典"[6]。至明后期,乞留渐少,明廷也多不允。如张天禄,成化时任峄县知县,丁内艰,峄人乞留,宪宗不从。[7]王仪,嘉靖时任苏州知府,因事获罪,苏州士民乞留,世宗不许。[8]杨博,隆庆初任吏部尚书,以事忤旨,谢病告归,尚书刘体乾等交章乞留,穆宗不听。[9]每当乞留不准时,民众会深感无奈,"涕泣而去"[10],甚而遮道哭留、立祠奉祭,以表

① 参见《明太宗实录》卷25,永乐元年十一月己亥。
② 参见孙承泽:《春明梦余录》卷34《吏部·考课》,北京古籍出版社1992年版,第558页。
③ 参见《明宪宗实录》卷79,成化六年五月辛巳。
④ 参见《明英宗实录》卷226,景泰四年二月庚子。
⑤ 参见《明英宗实录》卷156,正统十二年七月丁巳。
⑥《明英宗实录》卷87,正统六年十二月己未。
⑦ 参见雍正《平阳府志》卷23《张天禄》,清乾隆元年(1736)刻本,第17页。
⑧ 参见《明史》卷203《王仪传》,第5374页。
⑨ 参见《明史》卷214《杨博传》,第5658页。
⑩ 嘉靖《潮州府志》卷7《林兴祖》,明嘉靖二十六年(1547)刻本第12页。

达对"清官"的无限眷恋和感念之情。如：黔阳知县陈钢，成化时"均定徭役，招复流离"，考满当代，民众乞留，监司不许。陈钢离任时，数千民众送行百里，"无不拦车哭泣"，归后又立生祠，碑曰"以无忘仁人于世世"。①李淮之，曾任东平知州，兴利除害，"州民悦而戴之"，九年秩满，民不忍其去，相率乞留，不得，"怏怏而去"。②海瑞任应天巡抚半年即被革职，"小民闻当去，号泣载道"，乞海瑞留任，但未被批准。③有时，针对民众的乞留行为，明廷有时也尊重官员的不留意愿，尤其是身患疾病、高年致仕的官员，民众的乞留深情，并不能改变官员的离任意愿。如浙江按察司佥事彭贯，刚毅善断，然"负气寡合"，因遭到都御史洪英的弹劾，自陈辞职，浙民诣阙乞留，但彭贯仍"以疾致仕"。④孙子良，正统时任山东参政，年七十时奏乞致仕，巡按都御史贾谅及军民皆上书挽留，然孙子良去意已决："吾老且病，不去将以废事得罪。"遂归去。⑤

三、明代乞留的表达形式

明代吏民乞留行为的发生时常有许多契机和缘由，诸如官员考满时乞留，调任时乞留，丁忧时乞留，违法时乞留，患病时乞留，罢免时乞留，致仕时乞留等。这些缘由，实际成为吏民乞留的合理表达途径，也成为普通民众彰显清官形象，表达政治意愿的特殊时机。在"民望"与"制度""民愿"与"权力"发生博弈时，吏民的乞留行为及其理由所蕴含的深刻道理，往往会以"合理"的方式突破制度的规定和权力的规约，最终使得一大批"清官"得以复任或留任。

1.考满乞留。明代官员任期九年，称作"秩满"，秩满之官由吏部考核，确定黜陟。九年中，三年初考，六年再考，九年通考。在通考中，按九年功过表现定为称职、平常和不称职。除了考满，还有考察，即将须处理的官吏定为贪、酷、浮躁、不及、老、病、罢、不谨八种情况，分别予以降调、致仕等处理；而有"殊勋异能、超迈等伦者"⑥，不受考满限制，可随时升迁。与此相联系，明代吏民乞留官员，也多发生在官员考满之际。当时，凡逢官员考满，民众总能以各种理由乞留官员。一是政尚宽简，莅事公平。此类情形侧重于对官员为政业绩的评判。如抚州知府王昇，任满当迁，部民乞留，理由是其"政尚宽简"。⑦吉安知府陈本深，九年任满，县民乞留，理由是其"为政平易，庭无滞讼"。⑧阳城知县韩谨，秩满去任，邑人保其"守法奉公"，乞留复任。⑨寿州同知李亨，九年将满，州民言其"廉慎平易"，乞留之。⑩大邑知县

① 参见(明)过庭训：《本朝分省人物考》卷12《陈钢》，《续修四库全书》史部第532册，第79页。
② 参见(明)王直：《抑庵文集》卷5《赠李知府赴任诗序》，《景印文渊阁四库全书》第1241册，第106页。
③ 参见《明史》卷226《海瑞传》，第5932页。
④ 参见《明英宗实录》卷234，景泰四年十月壬辰。
⑤ 参见(明)王直：《抑庵文后集》卷24《参政孙公神道碑》，《景印文渊阁四库全书》第1242册，第23页。
⑥《明史》卷71《选举三》，第1722页。
⑦ 参见《明英宗实录》卷84，正统六年十月戊辰。
⑧ 参见《明英宗实录》卷84，正统六年十月己巳。
⑨ 参见《明英宗实录》卷69，正统五年七月丙午。
⑩ 参见《明英宗实录》卷86，正统六年闰十一月乙亥。

冯泰,九载任满,县民保其"莅事公平",乞留任事。①镇江知府姚堂,九年将去,县民乞留复任,理由是其"治有善状"。②二是律己公勤,廉能公恕。此类情形侧重于对官员政治纪律的评判。以被民众乞留的知县为例,刘英,洪武中任繁峙知县,"廉能守法,深得民心",秩满当迁,县人诣阙乞留,特诏复任,并予以褒奖。③信丰知县王学古,任满当去,耆民乞留复任,理由是"廉干精勤,爱民如子"。④怀集知县谢有立,"廉慎公恕,吏畏民怀",秩满当迁,邑人乞留,擢本府通判。⑤寿昌知县范衷,任满当迁,邑人保其"廉恕",乞留之。⑥三是赞画有方,民怀其惠。此类情形侧重于对官员安抚民众的评判。如荆州知府张岩,"善抚字细民",九年将满,属民乞留。⑦湖州知府赵登,秩满去任,部民"怀其善政",乞留复任。⑧巩昌知府韩福,任满当升,巡按御史及当地官员言其"民怀其惠",乞求留任。⑨安定县丞柴林,九载秩满,县民言其"廉正爱民",乞留还任。⑩由上可见,明代吏民乞留官员的理由符合官方倡导的"清官"形象,因而吏民的乞留行为,时常成为明廷考评官员和复职留任的重要依据。如正统六年(1441)九月,山东参议孙子良,九年考满,升为本司参政,原因是他在任期间,"措置有方",官民不忍其去。⑪松江知府赵豫,任满当迁,"廉静爱民",耆民五千人乞留,英宗对吏部官员说:"豫治郡绩最,当升。民既恳留,宜俯从之,令其复任。"⑫左通政陈恭,九载秩满,保定等处柴夫数千人乞留,遂升为工部侍郎,仍理前事。⑬

2.调任乞留。在明代乞留官员中,有人已经调任,但民众鉴于其任内勤政廉洁,业绩卓著,心系民意,故乞求离任官员复任原职。对于此类情形,明廷也会尊重民意,予以准允。如康彦民,洪武时任天台知县,政绩卓著,永乐初罢归,洪熙元年(1424),县民言彦民"廉公有为",乞求还任天台,宣宗叹曰:"彦民去天台二十余年,民犹思之,其有善政可知。"乃起用为江宁县丞。⑭永乐时,原宁阳知县孔公朝戍边已达二十年,宁阳民众眷念公朝,乞求复任,朝廷接受民意,官复原职。⑮正统五年(1440),绍兴府知府罗以礼,丁忧去官,继任者不胜其任,耆民称以礼"有治才",乞求还任。⑯十四年(1449)十月,长清知县汤思恭,任满将去,接

① 参见《明英宗实录》卷105,正统八年六月壬寅。
② 参见《明宪宗实录》卷4,天顺八年四月己丑。
③ 参见(明)过庭训:《本朝分省人物考》卷1《刘英》,《续修四库全书》史部第532册,第32页。
④ 参见《明英宗实录》卷194,景泰元年七月己酉。
⑤ 参见民国《怀集县志》卷4《宦绩列传》,民国五年(1916)铅印本,第23页。
⑥ 参见《明英宗实录》卷70,正统五年八月辛未。
⑦ 参见《明英宗实录》卷349,天顺七年二月己卯页。
⑧ 参见《明英宗实录》卷53,正统四年三月己巳。
⑨ 参见《明英宗实录》卷75,正统六年正月己卯页。
⑩ 参见《明英宗实录》卷117,正统九年六月戊戌。
⑪ 参见《明英宗实录》卷83,正统六年九月庚戌。
⑫《明英宗实录》卷65,正统五年三月己酉。
⑬《明英宗实录》卷124,正统九年十二月乙巳。
⑭ 参见《明史》卷281《循吏传》,第7190—7191页。
⑮ 参见《明史》卷281《循吏传》,第7199—7200页。
⑯ 参见《明英宗实录》卷73,正统五年十一月戊辰。

任者已至,然民众以思恭"抚民有惠,守己无私",乞留复任,遂召回接任者,命思恭复任。①景泰五年(1454)五月,莒州知州李经,任满将调,逢接任者因患病不能任事,耆民奏请李经"勤能有为",乞留复任。②成化初,仪封知县胡澄,"治有异政",拟调任杞县,县民乞留者千余人,宪宗"不忍夺,乃归澄"。③不仅如此,明代甚至出现了两地争留一官的现象,如:金砺,嘉靖间任太原知县,有惠政。后调汾阳,父老奔走乞留,复调太原,汾阳民众又拦道乞留,致使金砺数日不能出发。④

3.丁忧乞留。明代官员丁忧之制甚严,凡逢祖父母、父母丧事,官员须离任守丧,期满起复。正统七年(1442)有令,"凡官吏匿丧者,俱发原籍为民";十二年(1447)又令,"内外大小官员丁忧者,不许保奏夺情起复"。⑤但实际上,当时很多官员并未严守丁忧之制,夺情事件时有发生。究其根本,民众乞留无疑是原因之一。在孝道与民意之间,明廷往往秉承官为民治的理念,不惜违背丁忧之制,尊重民心民意,批准官员夺情视事,"以福吾民"⑥。洪武时,丁忧乞留现象已有先例。如盱眙知县方素易在职三年,民受其惠,后以母丧当去,耆民刘本等诣阙乞留,太祖特准。⑦准允原因太祖一语道出:"盱眙知县方素易莅政三载,惠爱在民,俱称廉能,今以内艰去官,民弗忍舍,诣阙恳留再任。非能尽牧民之职者,曷以致此?"⑧此后,丁忧乞留现象渐多,尤以英宗一朝为盛,"正统以后,遂有京官营求夺情,而在外方面以下等官,往往部民耆老诣阙请留,辄听起复还任"⑨。总体上,明代丁忧乞留四种情形:一是父母丧后,民众乞求留任,此属"夺情视事"。如儋州知州陈敏,"宽厚得民",以丁忧归,民众遮道乞留,仍任原职。⑩陈复,正统间任杭州知府,"洁廉无私",寻丁忧去,民众当道乞留者万余人,遂夺情视事。⑪二是丁忧官员服阕,民众追念其政,乞求复任。如郑辰,永乐十六年(1418)迁山西按察使,纠治贪浊,后丁忧归,军民乞留,服阕还任。⑫正统十年(1445),三河知县孙理以父丧去任,后赴阙至京,民众诣阙乞留。⑬三是丁忧之际,乞留升职。如两淮盐运司同知耿九畴,"尽革宿弊,条奏数事",正统八年(1443),丁母忧,盐场数千人赴阙乞

① 参见《明英宗实录》卷184,正统十四年十月戊辰。

② 参见《明英宗实录》卷241,景泰五年五月辛亥。

③ 参见(明)何乔新:《椒邱文集》卷10《送大尹胡君永清复任诗序》,《景印文渊阁四库全书》第1249册,第166页。

④ 参见(清)员佩兰:《(道光)太原县志》卷5《职官·金砺》,清道光六年(1826)刊本,第6页。

⑤ 参见(明)申时行等:万历《明会典》卷11《吏部·丁忧》,中华书局1989年版,第153页。

⑥《明太祖实录》卷235,洪武二十七年十一月癸亥。

⑦ 参见《明太祖实录》卷235,洪武二十七年十一月癸亥。

⑧《明太祖实录》卷235,洪武二十七年十一月癸亥。

⑨(明)夏燮:《明通鉴》卷25《纪二十五·恭仁康定景皇帝》,岳麓书社1999年版,第737页。

⑩ 参见(清)沈秉成:《(光绪)广西通志辑要》卷15《人物》,清光绪十七年(1891)刊本,第35页。

⑪ 参见(明)刘伯缙:《(万历)杭州府志》卷63《名宦三》,明万历刻本,第49页。

⑫ 参见(清)吴辅宏:《(乾隆)大同府志》卷17《郑辰》,清乾隆四十七年(1782)重校刻本,第42页。

⑬ 参见《明英宗实录》卷131,正统十年秋七月己卯。

留,乃进盐运使。①虞瑄,正统中任温县知县,以丁忧去,邑民诣阙乞留,诏迁河南知府。②四是两次丁忧,两度乞留。如:洪武时,宁州知州刘纲在任期间,"一郡翕然",以母丧免,吏民诣阙乞留,后又以父忧去,再次乞留,许之。③英宗时,平山知县张璟,任满九载,民众保其"居官有善政",乞留复任,后又以母忧去,民众再次乞求夺情视事。④

4. 罢职乞留。按明制,若官员被告违法犯事,理当受到处罚,且无复出机制,但此时若得到民众乞留,官员不但可以免罪,而且可以恢复原职,甚至获得提拔。这种特殊的乞留现象,实际反映了法律和民意的博弈。明代官员违法罢职时发生的乞留故事屡见不鲜。如钱本中洪武中任吉水知县,有廉名,后因事免官,父老号泣乞留,人们听说本中归来,奔走迎拜。⑤洪武二十九年(1396),定远知县高斗南、永州知府余彦诚等犯法,民众赴京"具列善政",太祖下令免罪,并"皆复官"。⑥洪武时,朔州知州石亨,"劝民力稿,讼至立得",后坐事免官,父老赴阙乞留。⑦有些官员屡次违法,均因民众乞留而豁免,如苏亿、赵森、孟廉犯法时,县民"颂其廉勤",太祖特赦免罪,恢复原官。⑧宣德时,恩县县丞冯好学"坐科敛罚役",县民奏其"一心抚民,公勤廉能",宣宗认为:"丞佐令之官而能使民爱慕不忘,非有实惠不能然,且言所坐非其罪,此则法司之过。"遂官复原职。⑨吴县知县叶锡,有人诬告他"贪酷枉己",者民称其"清廉仁恕",乞求留任,英宗说:"民既欲留,其毋罪之,令视事。"⑩清苑知县屈义,有人诬陷他"受财枉法",而民众称其"在任廉勤",请与诬告者当面对证,最终诬告者被戍辽东,而屈义官复原职。⑪可见,民众乞留一定程度上给违法官员的留任和复出提供了广泛的社会支持,官员的复出既实现了"取信于民"的效果,也达到了惩前毖后的目的,一定程度上彰显了明廷推扬民本思想,坚守清官政治的治国理念。

5. 致仕乞留。明代官员致仕年龄一般为六十岁以上直至七十岁,每逢此时,地方民众会纷纷乞留,很多"清官"因此得以留任,甚至久任官职直至死而后已。如潘海,正德十四年(1519)以监生知封川,"廉平不苟,节用爱民,抚绥流亡,民赖安集",后致仕,因士民乞留,得以复任。⑫潮州知府王源,三年考绩,将致仕,县民相率诣阙,奏其"兴学弭盗",乞留复任。⑬周尚文,成化间任平乐府同知,九年致仕,郡民乞求留任。⑭黄琥,弘治初任肇庆知府,后引

---

① 参见(清)孙奇逢:《中州人物考》卷4《耿清惠九畴》,明文书局1991年版,第307—308页。
② 参见顺治《温县志》卷之下《人物》,清顺治十五年补修本,第4页。
③ 参见(清)孙奇逢:《中州人物考》卷2《刘知州纲》,明文书局1991年版,第109页。
④ 参见《明英宗实录》卷192,景泰元年五月甲子。
⑤ 参见万历《常州府志》卷14《人物二》,明万历四十六年刻本,第83页。
⑥ 参见《明史》卷281《循吏传》,第7190页。
⑦ 参见雍正《朔州志》卷6《名宦宦绩》,清雍正十三年刻本,第25页。
⑧ 参见《明史》卷281《循吏传》,第7190页。
⑨ 参见《明宣宗实录》卷94,宣德七年八月甲午。
⑩ 《明英宗实录》卷142,正统十一年六月甲辰。
⑪ 《明英宗实录》卷97,正统七年十月乙卯。
⑫ 参见雍正《广西通志》卷78《潘海》,《景印文渊阁四库全书》第565册,第26页。
⑬ 参见《明英宗实录》卷75,正统六年正月甲寅。
⑭ 参见(清)汪森:《粤西诗文载》64《周尚文》,《景印文渊阁四库全书》第1465册,第76页。

疾解职,民众争相乞留。[1]后又以母老致仕,兵民拦道哭留,终不可得。[2]青州知府陈永,乞归养病,耆民诣阙乞留,认为陈永"莅政公勤,刑狱无滞,有为有守,吏民畏服",宣宗说:"郡守以疾求去,民不忍舍,为政之善可知。虽病,岂不堪卧治,其遣还任。"[3]

6.缺员乞留。按制,明代各级机构的官员额数有定,但因告病、致仕、丁忧、终养、获罪、病殁等原因,常会出现官缺现象。凡逢此时,明廷便会按制补授空缺,而这一特殊人事状况,却给民众乞留提供了契机。前述宣德年间乞留行为频发,一个重要原因就是地方缺官严重。宣德四年(1429)初,浙江布政司奏,府县及杂职官缺一百十一员。[4]次年(1430),行在吏部又奏各府知府多缺。[5]至英宗时,官缺现象更甚,民众乞留日多。如清苑县主簿高俨,九载秩满,会县丞缺员,耆民奏保其"可堪其任",英宗从之。[6]亳县知县徐贵,任满辞职,邑民念他"详明勤慎,善革奸弊",诣阙乞留,吏部认为"当徇民情",遂复其任。[7]历城县丞熊观,"持身廉谨,政尚宽平",秩满去任,逢知县缺员,耆民乞以熊观补缺,吏部认为不合旧例,英宗说:"有司贤否,观民心向背,历城民于令之去不加意,而于丞拳拳保留如此,贤否可以验矣。"遂升为知县。[8]崇仁县丞潘原清,九年考满,属民乞留,仍旧职管事;后缺知县,县民乞以原清补之。[9]当然,明代官缺与乞留的发生并无必然联系,很多时候,官缺情况严重,却少有乞留事件。如嘉靖以后,官缺普遍,衙署皆空,且长期不补,但有关官缺的乞留行为却罕有发生。究其原因,并非民众不愿乞留,也并非无清官可乞,而是与党争日炽、吏治腐败、人心浇薄、士风空疏等衰弊之际的时代风气休戚相关。

总之,明代乞留行为的发生,无疑有着特殊的舆论契机、社会氛围和政治基础,也表明明廷对乞留行为的特殊推重和奖掖。在明代乞留舆论与国家权力的政治共鸣当中,不仅触及了民众对清官群体的集体期待,彰显了民间力量参与政治的集体自觉,而且更具意义是:乞留行为的持续发生,一定程度上突破了明代官员铨选、任期、致仕、丁忧、考核等国家制度的原则性规定,充分展示了明代国家政治运作的日趋灵活和民主。

四、结语

乞留行为作为一种舆论形态,一定程度上代表了参与民众的普遍利益,具有一定的社会公正性,有时实际成为明廷施政的舆论基础和现实依据,并对抚慰民意、纾缓民困、澄清吏治颇具意义。明代吏民把一切希望寄托于人格完美的清官身上,并期待其能主持公道,

① 参见道光《广东通志》卷244《宦绩录十四》,清道光二年刻本,第5页。
② 参见(明)蔡清:《蔡文庄公集》卷5《祭新淦周虚白宪副公文》,《四库全书存目丛书》集部第42册,第723页。
③ 《明宣宗实录》卷45,宣德三年七月己卯。
④ 参见《明宣宗实录》卷50,宣德四年正月壬申。
⑤ 参见《明宣宗实录》卷72,宣德五年十一月乙未。
⑥ 参见《明英宗实录》卷115,正统九年四月癸卯。
⑦ 参见《明英宗实录》卷259,景泰六年十月甲子。
⑧ 参见《明英宗实录》卷117,正统九年六月壬寅。
⑨ 参见《明英宗实录》卷114,正统九年三月乙亥。

为民做主。同时，清官身上公正廉明、克己奉公的崇高形象，也始终带给民众莫大的审美喜悦和精神慰藉。乞留行为无疑表达了他们对清官群体的集体期冀和无限眷恋，更彰显了他们恒久而深沉的清官情结。在传统专制社会，这种略带几分悲怆和无奈的乞留行为，不仅可以激发一些官员成为清官的坚定信念和自觉意识，而且官方对乞留意见的听取和接受，无疑能裨益于清官文化的建设。同时，广大民众借助乞留的舆论评价和舆论效应，客观上对官员的执政行为产生了广泛的社会监督。当然必须承认，在明代政治博弈与利益妥协的复杂格局中，民众乞留也存在局限，如有些乞留是官员制造的假象，被乞留的官员不一定都是清官，乞留时常成为政治斗争的工具。因此，明代官民的乞留行为纵然可以在特定历史时期营造良好的舆论氛围，甚至一定程度上转变、革新专制背景下的治国理念和施政方略，但广大民众基于清官崇拜的有限政治诉求，尚难以构成明代官场文化的主流形态。虽然人数相对较少的清官群体代表了民众与统治者的共同愿望和利益，但民众乞留清官的意图与官方对清官的期盼并不完全契合。民众对清官的乞留蕴含着对清平政治的向往和切身利益的考量，体现了民心所向和舆论力量；而官方对清官的期盼和褒扬，则旨在弘扬其清正、清明、清廉的吏道形象，树立理想官员的良好标范，其中对清官伦理功能、舆论价值的工具性诉求，已经超迈普通民众单纯的清官信仰和崇拜。这种立足点的内在差异，时常让广大民众的乞留行为陷入一厢情愿的尴尬局面，他们可以为了自身利益不惜历经艰难诣阙哭乞，但官方也可以根据利益所需认同或拒受乞留。故囿于时代，明代民众的乞留诉求时常沦为一种奢求，代表民愿的舆论话语不得不受到专制权力的持久宰制。

原文载《中国史研究》2015年第1期

作者：展龙，中国社会科学院历史理论研究所研究员

明代商业政策再认识

张明富

学界对明代商业政策的研究,始于20世纪30年代,迄今已走过八十余年的曲折历程。80年代之前,虽有不同的声音,如谷霁光对唐末以降至清初抑商政策变本加厉的观点予以批评①,但"抑商"说是一种占主流地位的观点。80年代以后,看法趋于多样:有的继续坚持抑商观点,如王兴亚等认为,朱元璋及其继承者固守抑商的国策,严禁去农从商,延缓了经济的快速发展;②有的则对抑商观点进行反思,重构新论,如韦庆远等认为,自明中叶始,重商思想断续出现,商业政策由抑商向重商转变;③还有的提出通商的观点,但没有全面、系统地展开论述,仅对明太祖朱元璋的通商观念与通商政策进行了初步的探讨。④那么,明代商业政策的实态究竟是怎样的呢? 对这一问题的认识,直接关系到对明代许多重大事件,乃至中国古代社会的理解和阐释。揆诸史实,明代的商业政策既非"抑商"所能概括,明中叶后也未"重商",而是经历了一个从洪武至万历抑商与通商并存,到万历及以后通商政策完全确立的动态过程。兹不揣谫陋,拟在吸收已有研究成果的基础上,略加论列,以就正于方家。

一、"通商"之意渊源有自

商业是国家重要的经济部门,与国计民生密切相关。据确切可靠的记载,至迟到西周时期,统治者即已有明确的通商意识,并推行通商之政。《尚书·酒诰》载,周公教妹土之民种植黍稷以事父兄,牵车牛远服贾以养父母。⑤无独有偶,《史记》记载,武王灭商而王天下,分

---

① 参见谷霁光:《唐末至清初间抑商问题之商榷》,《文史杂志》1940年第1卷第11期。

② 参见王兴亚:《明代抑商政策对中国经济发展的影响》,《郑州大学学报》2002年第1期;刘颜东:《抑商还是重商:中国古代商业政策再认识》,《云南社会科学》2004年第6期;王燕玲:《"抑商"思想与明清官僚经商》,《云南社会科学》2005年第3期;李桂海:《封建主义"重农抑商"思想剖析》,《学术论坛》1981年第4期。

③ 参见韦庆远:《明中叶从抑商到恤商、惠商的政策转变》,《明清史续析》,广东人民出版社2008年版,第59—72页;李伯重:《从"重农抑商"到"工商皆本"——中国传统社会商业观的曲折演变》,《北京日报》2017年8月7日,第15版;王卫平:《明清时期江南地区的重商思潮》,《徐州师范大学学报》2000年第2期;李祖基:《论闽南地区的重商倾向与海外贸易》,《闽南文化研究———第二届闽南文化研讨会论文集》(上),泉州2006年,第123—138页;赵世明:《我国明朝中后期重商略论》,《商业研究》2015年第5期;林春虹:《论晚明闽南士商互动及其重商意识》,《福建师大福清分校学报》2016年第1期;徐晓望:《论明清福州城市发展及其重商习俗》,《闽江学院学报》2008年第1期;张玉蕾:《论明代商业政策的转变》,郑州大学2010年,硕士学位论文等等。相关研究,另可参见王大庆:《1980年以来中国古代重农抑商问题研究综述》,《中国史研究动态》2003年第3期。

④ 参见张明富:《抑商与通商:明太祖朱元璋的商业政策》,《东北师大学报》2001年第1期。

⑤ "妹土,嗣尔股肱,纯其艺黍稷,奔走事厥考厥长。肇牵车牛,远服贾,用孝养厥父母。"(《尚书正义》卷14《酒诰第十二》,北京大学出版社2000年版,第443页。)

封姜尚于齐之营丘,姜尚至国修政,通商工之业。①春秋时期,晋文公"通商宽农"②,卫文公"通商惠工"③。通商成为晋、卫等国国家治理体系的重要组成部分。

然至战国,抑商议兴,并在秦国率先得到实施。到秦汉,则形成了一套完整的抑商的制度化体系,具体内容主要有五:商人不得衣丝乘车、仕宦为吏、名田,重租税困辱之,重要商品国家专卖。④商人的政治、经济及日常生活尽皆囊括其中。秦汉及以后各朝对这一政策的执行时有弛张,强调的侧重点也不完全一样,但总体得到延续,未曾中辍。直到唐代,尚未看到有根本性削弱的迹象:"工商不得乘马"⑤;工商杂户不能与庶人一样穿黄色衣服⑥;商人不得参加科举考试⑦;官府食盐专卖依旧存在⑧。不仅如此,国家专卖商品还增加了新的内容,茶叶成为禁榷的对象。另外,政府尚有借商之令,勒索商人以筹措军费。⑨总之,自战国秦汉至唐,通商作为一项政策在国家治理体系中的地位,由显而隐而微,"通商"一词几乎在载籍中消失,仅稀见于《南史》《北史》《隋书》等少数典籍。然抑商主要是抑制商人,正常的、必要的商业活动是允许存在的,且各朝为保障商品交易活动的有序进行,皆制定有规范商业行为、整顿市场秩序的法律条文,只是有一些地域、时间和行业的限制而已。如市坊制度,盐铁、盐茶专卖,"诸非州县治所,不得置市"⑩,等等。因此,抑商与容商共同构成了战国秦汉至唐朝商业政策的完整内涵。

至宋,不抑兼并,禁止商人占有土地的制度得到完全的松绑;商人在服饰、乘马等日常生活方面,取得了与庶人平等的权利;⑪商人入仕的限制有所松动,凡有奇才异行的商人皆

① "至国修政,因其俗,简其礼,通商工之业,便鱼盐之利,而人民多归齐,齐为大国。"(《史记》卷32《齐太公世家》,中华书局1959年版,第1480页。)

② 晋文公"轻关易道,通商宽农,懋穑劝分,省用足财。利器明德,以厚民性"。(徐元诰:《国语集解·晋语四》,王树民、沈长云点校,中华书局2002年版,第349—350页。)

③ 卫文公"务材训农,通商惠工,敬教劝学,授方任能。"(王道焜、赵如源编:《左传杜林合注》卷8,《景印文渊阁四库全书》第171册,台湾商务印书馆1986年版,第410页。)

④ 参见《史记》卷30《平准书第八》,中华书局1963年版,第1418页;《汉书》卷24下《食货志第四下》,中华书局1962年版,第1153页。李桂海认为,抑商政策包括尚简法令、任土作贡、官营手工业、专卖制度、均输平准五个方面的内容(参见《封建主义"重农抑商"思想剖析》一文)。笔者认为,尚简法令不是专门针对商人,任土作贡只是一项贡赋制度,官营手工业主要是满足统治的特殊需要,均输、平准是为了平抑物价,这四项虽对商业有一定影响,但并不直接,抑商主要是抑制商人,因此这四项不应作为抑商的内容。

⑤《唐会要》卷31,中华书局1955年版,第573页。

⑥ "庶人服黄","自非庶人不听服黄"。胡三省注:非庶人,谓工商杂户。(《资治通鉴》卷202《唐纪十八》,古籍出版社1956年版,第6373页。)

⑦ "工商杂类,不得预与士伍。"(《旧唐书》卷48《食货上》,中华书局1975年版,第2089页。)

⑧ 唐代食盐专卖始于唐肃宗之时,由第五琦创立。其后,虽有刘晏推行盐法改革,在制度上打开了一个缺口,向商人开放,允许商运商销,但时间极为短暂。刘晏去职,盐法即趋于混乱。(《新唐书》卷54《食货四》,中华书局1975年版,第1378页。)

⑨ 参见《新唐书》卷52《食货二》,中华书局1975年版,第1352页。

⑩《唐会要》卷86,第1851页。

⑪ 太宗至道元年(995)四月,"许士庶工商服紫"。(《宋史》卷5《本纪第五·太宗二》,中华书局1977年版,第98页。)太平兴国七年(982),定车服制度,"余官及工商庶人,许并乘乌漆素鞍"。(《宋史》卷150《舆服二》,第3512页。)"贡士及胥吏、工商、庶人服铁角带。"(《宋史》卷153《舆服五》,第3565页。)

可以出仕;①政府亦保护商人利益,公布征税商品的种类与名称,使官吏不得上下其手;②盐茶官府专卖逐渐转向通商。宋代食盐行销分官鬻、通商两种。③官鬻即官运官销;通商之法则变革不常:一是商人入中粮草或现钱于沿边州军,官府给券,领盐贩卖;④二是商人输钱请钞,"赴产盐郡授盐";⑤三是入钱请引贩盐,官收引税。⑥宋代茶法亦分通商和禁榷。禁榷,即官设山场收购园户茶叶,商人入钱京师,"计直予茶"。⑦通商则有交引法,商人输刍粮于边,量地之远近,授以交引,诣京师给茶;⑧有贴射法,官府不再收购园户茶叶,商人入钱京师,赴山买茶,与园户自由交易"官收其息"⑨有茶引法,官不收茶,也不定价,茶商赴官买引,与园户"从便交易""官为抽盘""批引贩卖",运茶到规定地点销售谋利。⑩

元代无商人日常生活的歧视性规定,也无出仕的限制,其商业政策基本承袭宋代而来,且有一定发展。商税税率较轻,至元七年(1270),"定三十分取一之制";二十年,定"上都税课六十分取一"。⑪元代食盐销售实行盐引法,较宋严密,商人买引,"就场支盐,许于行盐地方发卖"。⑫但亦"置局设官卖之"⑬,官府卖盐仍在一定范围存在。元代茶法因宋之旧而略有变通,实行茶引法以通商,"令客买引,通行货卖"。商人卖茶须随身携带茶引,否则,以私茶论罪。⑭

由上可见,自宋迄元,抑商格局发生较大变动,奠定于秦汉的制度化的抑商内容已五去其四,仅在专卖制度中有部分保留,通商政策开始复兴,"通商"一词在《宋史》《续资治通鉴长编》《建炎以来系年要录》等书中出现的频率陡然增高,仅《宋史》一书,"通商"一词即出现近五十次。《金史》《元史》等史籍中,也出现不少"通商贾"⑮"通商惠工"⑯"力穑通商"⑰的记载。这些表明,在宋元时期的商业政策中,抑商虽仍未消失,但所占比例逐步缩小,通商的比重日益扩大,通商已深度地参与到了国家的治理之中,成为国家治理的重要手段和方法。

---

① 英宗治平元年(1064)六月,下诏:"工商杂类有奇才异行者,亦听取解。"(《宋会要辑稿·选举十四》,中华书局1957年版,第4488页。)

② "常税名物,令有司件析,颁行天下,揭于版,置官署屋壁,俾其遵守。"(《宋史》卷186《食货下八》,第4541页。)

③ "宋自削平诸国,天下盐利皆归县官,官鬻、通商,随州郡所宜,然亦变革不常。"(《宋史》卷181《食货下三》,第4413页。)

④ 参见《宋史》卷181《食货下三》,第4415、4417、4418页。

⑤ 参见《宋史》卷182《食货下四》,第4452页。

⑥ 参见《宋史》卷183《食货下五》,第4475页。

⑦ 参见《宋史》卷183《食货下五》,第4477、4478页。

⑧ 参见《宋史》卷183《食货下五》,第4479页。

⑨ 参见《宋史》卷183《食货下五》,第4477、4484页。

⑩ 参见《宋史》卷184《食货下六》,第4503页。

⑪ 参见《元史》卷94《食货二》,中华书局1976年版,第2397页。

⑫ 参见《元史》卷97《食货五》,第2499页;卷94《食货二》,第2387页。

⑬ 《元史》卷97《食货五》,第2485页。

⑭ 参见《元史》卷94《食货二》,第2393页。

⑮ 《金史》卷81《耶律怀义》,中华书局1975年,第1826页。

⑯ 《元史》卷147《张柔》,第3473页。

⑰ 《元史》卷193《哈喇布哈》,第4385页。

二、明代的"通商"之制

明代承元之后,通商观念更加普遍,"工商众而国贫"的老调被碾轧粉碎,前代商业政策中的通商元素得到延续,并呈进一步扩展之势。有明一代的许多经济社会制度都贯穿了通商之意,体现了通商的政策取向。

让我们先看看盐法。

明代的盐法凡历三变:一是洪武初至弘治初年的开中制;二是弘治初至万历末年的运司纳银制;三是万历末袁世振改革盐政,推行的纲盐法。[①]从其内容看,不论是开中制、运司纳银制,还是纲盐法,实质上皆是国家凭借手中掌握的食盐,利用商人趋利的动机和本性,以达到足边裕国的战略目的,其间贯穿了通商的精神。明朝人即阐发有不少这样的认识。

陆深,生于成化十三年(1477),卒于嘉靖二十三年(1544),南直隶松江府人,弘治十八年(1505)进士,累官至詹事府詹事。他认为,设立开中制的初衷是通商:"祖宗时,设立各处转运、提举等司,金灶以办税,置仓以收盐,建官以莅政,设法以开中,其要在于通商而已。大抵商益通,则利益厚,此立法之本意也。"[②]开中制的实行固为保证边军物资供给,但能否达到目的的关键在于通商,通商是开中制成功的基础。因而,对侵夺商利的"势要",陆深持严厉批评的态度:"盐课一事,本因海泽自然之利以充边方缓急之储,于国计甚便。然使朝廷壅实惠而不下,商贾畏空名而不来,则蠹亦甚矣。"[③]认为"势要"垄断盐利,导致商人因未沾实惠而不愿报中,是侵蚀开中制的蛀虫。通商之意呼之欲出。邹德溥,江西安福人,万历十一年(1583)进士,官至太子洗马。他在《九边屯政考》中说:"国初又因计边地寒,近边且耕且守,力最艰,乃通商中盐以维之,令贾人输粟边郡,官给之引,赴盐所领盐转鬻。"[④]同样道出了明初统治者开中通商的意蕴!萧良榦,泾县人,号拙斋,阳明学派著名代表性人物王畿的门人,仕至陕西布政使。其《盐法议》云:"按盐之为制,因天地自然之利以实边足国,其策不可废也。历代无论已,国朝盐法大都以通商、恤灶为本。洪武初,边方召商,纳银八分给盐一引。永乐间,改输粟二斗五升。是征之官者薄,而赒之商者厚也。"[⑤]许国,徽州府歙县人,嘉靖四十四年进士,历仕嘉、隆、万三朝,累官至礼部尚书,入阁参与机务。他说:"国家盐政本以济边,非利其岁课之入。其行之要在恤灶、通商,不专于私贩之禁。……洪武中,边商开中,每引纳银八分,而灶丁煮盐每引给工本钞二贯五百文,所取于商甚薄,而所给于灶甚厚。取之薄,故商乐于报中;给之厚,故灶勤于煎办,商灶两利而国课常足。"[⑥]他们对

① 参见(明)袁世振:《两淮盐政编》,(明)陈子龙等辑:《明经世文编》卷476,中华书局1962年版,第5234页。

② (明)陆深:《陆文裕公文集》卷1《拟处置盐法事宜状》,(明)陈子龙等辑:《明经世文编》卷155,第1551页。

③ (明)陆深:《陆文裕公文集》卷1《拟处置盐法事宜状》,(明)陈子龙等辑:《明经世文编》卷155,第1551页。

④ (明)邹德溥:《九边屯政考》,(明)黄宗羲编:《明文海》卷120,《景印文渊阁四库全书》第1454册,第337页。

⑤ (明)萧良榦:《拙斋十议·盐法议》,清道光十二年刻本,第5册,第5页上。

⑥ (明)许国:《许文穆公集》卷4《盐法考》,《四库禁毁书丛刊》集部第40册,北京出版社1997年版,第449页。

寓以通商之意的开中制称羡不置,并对开中制的废革充满惋惜之情。

也有综论整个明代盐政的,认为开中制以外的明代盐法都以通商为其灵魂。朱廷立,湖广通山县人,嘉靖二年进士,历任河南道御史、两淮盐政、畿辅学政等官,以礼部侍郎致仕。尝云:"当官须识大体,如盐政大体所在,主于足边便民,而中间条理,不过通商、恤灶二者而已。"①顾炎武亦云:"大都盐法之本在恤灶、在通商、在慎任人。"②王珍锡,崇祯朝任户部员外郎,也有类似的看法。时两淮盐场积引甚多,累年不销,王珍锡"思厘剔之",于崇祯四年(1631)八月上《两淮盐政疏》,其中有曰:"盐法无他,不过裕国、通商、恤民三者而已。"③陆深、邹德溥、萧良榦、许国、朱廷立、顾炎武、王珍锡诸君熟悉明代典章制度,虽表述略有差异,但其共识是明确的,即:明代的盐法建立于通商的基础之上,"法不行,则盐不售;盐不售,则商不通;商不通,则课为之亏,而财计匮乏之病必及于国"④。盐法能否顺畅运行,取决于食盐能否销售。而食盐能否销售,则取决于是否通商。如商不通,则盐不售。盐不售,则盐法面临全面崩溃,国家立法的目的就不能达到,也将导致国家发生财政危机。沈鲤,河南归德府人,生于嘉靖十年,嘉靖四十四年进士,累官至礼部尚书,万历四十三年卒。他与陆、邹、萧、许、朱、顾、王持相同见解:"商之利,即吾利也",商利则国利,"商既告困而国家亦由兹多事矣"。⑤攘臂而侵之,与割股实腹无异! 对留难侵渔盐商的官吏予以痛责,表达了对其不理解制度设计深意的无奈。

明代的茶法也一样,其制度的设计蕴含了通商的内涵。《四川通志》云:"茶者,南方之嘉木……自唐时回纥入贡,以马易茶,宋元因之……斯卫民与务边两得矣。前明斟酌繁简,陕以西、川以南,置茶马司各一……上以裕国,下以通商,允为经久之良法矣。"⑥清代方志作者对明代茶法的制度构建意图洞若观火。

在明代的救荒制度中,也有明确的通商内容。每当灾荒发生,多将通商作为救荒的重要法宝。万历三十二年,畿辅饥荒,百姓流离,户部上疏要求"发仓平粜",神宗皇帝对百姓处境"深切悯痛",不仅同意"发仓平粜",并命各省及南北直隶"动支解京银两,和买前来接济,通商、开纳,多方招徕,有成绩者,酌量优给"。⑦将通商与和买、捐纳等并列为救荒之策。天启年间,周起元巡抚吴地,逢江南大水,苏松等地"茫茫巨浸",田园庐舍淹没,"市间菜蔬、米谷并贵",饥馑兼作。面对严峻形势,周起元檄行所属道、府官员切实推行"一切救灾之政",其内容包括"竭诚斋戒、祈祷,并通商,广粜积谷、买米"。通商是政府救荒的重要内容之一,政府对通商在救荒中的作用有充分的认识:"通商劝粜,使民间自为流注,不平价、不

① (明)朱廷立:《盐政志》卷8《评论》,北京图书馆出版社1999年版,第20页上。
② (明)顾炎武:《扬州·盐法考》,《天下郡国利病书》(二)第12册,上海科学技术出版社2002年版,第888页。
③ (清)嵇璜:《续文献通考》卷20《征榷考》,商务印书馆1936年版,第2972页。
④ (明)王慎中:《遵岩集》卷8《盐政刻石记》,《景印文渊阁四库全书》第1274册,第157页。
⑤ 参见(明)沈鲤:《亦玉堂稿》卷6《赠黑丹渠判山东盐运序》,《景印文渊阁四库全书》第1288册,第290—291页。
⑥ 雍正《四川通志》卷15上,《景印文渊阁四库全书》第559册,第625页。
⑦ 参见《明神宗实录》卷403,万历三十二年十一月辛丑。

遏籴,以聚商贾。"①商贾聚,则米谷多而价格降,灾民得食,社会稳定。通过市场的自组织方达到救荒目的,救荒手段部分市场化。文学作品也有反映以通商为救荒之策的。吕元声,海盐人,万历间太学生,其《武原纪灾诗》有"忽传湖广籴新来,家户看看改颜色。通商亦是救荒策,昔人有言毋遏籴"②。

"商籍"这一制度虽最初仅惠及两淮的山陕盐商,但无疑体现了明代国家的通商之意。万历十三年,朝廷采纳巡盐御史蔡时鼎建议,"许扬州商、灶子弟于运司应试,提学官一体选取入学"③。山陕盐商子弟可在盐商经商省份入学、参加科举考试,解决了其回原籍参加考试的不便。

《两淮盐法志》也载:"明万历间,定商灶籍,由运使送考扬郡,商籍额取十四名,灶籍额取六名","大都盐法之本在恤灶,在通商"。④后来,明廷还把这项制度由两淮推行到了两浙、长芦、山东等盐场,受益面增大。⑤隆庆时期的开海制度更为海商之福音,是对明初以来历行二百年之海禁政策的颠覆,准贩东西二洋,商人出海贸易合法化,这无疑是通商的。

当然,贯穿通商之意的明代经济社会制度不止这些。但限于篇幅,不再做其他考察。

三、明代的"通商"之政

在明代,通商之意不仅贯穿于多项经济社会制度,而且,还较普遍地落实到了行政的操作层面,众多执政者将通商之意付诸治国理政的实践之中。这方面例子甚多,我们略做梳理。

(一)庙堂决策

在明代政治中枢的庙堂之上,"通商"一词已进入国家治理理论的政治话语体系之中,并较为频繁地使用。在许多重大或一般性的政治、经济、外交、军事问题的讨论和处置中,通商都成为所提解决方案的内容之一,俨然是明代国家治理的重要逻辑。为说明这一情况的普遍性和连续性,我们将依据收集到的这方面的事例,按时间先后顺序展开叙述。洪武十三年(1380)四月,都督濮英"复请督兵略地,开哈梅里之路以通商旅"。太祖赐书表示同意,"略地之请,听尔便宜"。但叮嘱"将以谋为胜",不能疏忽轻敌。⑥不仅不反对略地开路以通商旅,而且予以关心。永乐六年(1408),朱棣命内官赐拔达克山首领敕书、采币,"谕以

① (明)周起元:《周忠愍奏疏》卷下《普弘仁事疏》,《景印文渊阁四库全书》第340册,第294页。
② (清)沈季友:《檇李诗系》卷15《武原纪灾诗》,《景印文渊阁四库全书》第1475册,第370页。
③《明神宗实录》卷164,万历十三年八月甲辰。
④ 参见(清)王定安:《两淮盐法志》卷151《杂记门》、卷153《杂记门》,《续修四库全书》第845册,上海古籍出版社2003年版,第605、627页。
⑤ 参见吕小琴:《明代两淮运学倡设中的盐商地位变迁》,《兰州学刊》2015年第4期。
⑥ 参见《明太祖实录》卷131,洪武十三年四月丁亥。《明史》卷330《西域二》所载稍异:"梅里哈地近甘肃,元诸王兀纳失里居之。洪武十三年,都督濮英练兵西凉,请出师略地,开哈梅里之路以通商旅。"(中华书局1974年版,第8567页。)

往来通商之意，皆即奉命"①。正统十四年（1449），英宗"北狩"，郕王奉皇太后之命监国，南京翰林院侍讲学士周叙上奏八事，条陈内修外攘大计，其第八"修庶政"中有言："禁抑权贵中盐以通商贾。"郕王祁钰"嘉纳之"②。将禁抑权贵中盐，整顿盐法以通商贾，作为增强边防力量以使明朝渡过政治军事危机的重要举措。正德十年（1515），乾清宫火灾，武宗下令群臣直陈时政。杨廷和在所提消弭灾变的方案中，有"罢皇店之设，以通商贾"的内容，与"接群臣""颐养圣体""经筵日讲"等举措相并列。③正德十六年七月，世宗即位不久，南京给事中陈江上言三事，第三即为"通商贾"，言通州张家湾密迩京畿，地当冲要，商贾辐辏，"皇亲贵戚之家列肆其间，尽笼天下货物，令商贾无所牟利，宜亟禁治，使商民乐业"。奏疏呈上，得到户部及世宗皇帝的支持："皇亲贵戚家不得列肆夺民产"，命御史"察不法者以闻"。④嘉靖九年五月，户部尚书梁材等上疏力陈钞关应禁、应革事宜，强调"设关榷税，上以裕国课，下以通商民，诚非细务"，主张严禁关吏苛刻多征。⑤嘉靖四十三年四月，世宗下旨："禁各门税课额外重征诸弊，以通商货。"⑥隆庆时，给事中郑大经上言"重榷务"，曰："我国家通商裕国，凡财货舟楫会通之所，置关榷税，部臣专敕往督之。盖取商贾之纤微以资国用，重本抑末之意亦行乎其间。年来当事之臣，固有洁己澄源，通商利国者，操柄行私、蔑法干纪者亦往往有之。"⑦主张朝廷任命具清望、有才能者监督权关收税，利商利国，并行不悖。汪应蛟，万历时人，其巡抚京畿时上疏痛陈：卢沟桥距崇文门只二十余里，门税既已过重，桥税何可复苛？神宗明令禁止重复征收："朝廷税课原为裕国通商德意，岂忍重叠征收，累及小民？"⑧万历二十五年二月，大学士张位、沈一贯奏陈经理朝鲜事宜，建言：开城、平壤"西接鸭绿、旅顺，东援王京、乌岭"，战略地位重要，有虎踞龙盘之势，据之，进可以战，退可以守，应于此二处"开府立镇"，"练兵屯田，用汉法以教朝鲜之人；通商惠工，开利源以佐军兴之费；选贤用能，立长帅以分署朝鲜八道之士。开平既定，次第取庆尚、忠清、黄海等处，日逼月削，倭可立尽。""上然之，令下部议"，得到神宗皇帝的许可。⑨在万历抗倭援朝战争中，张位、沈一贯将"通商惠工"作为对日斗争取得胜利的一项重要战略。万历二十八年五月，督理山西税粮内臣孙朝参劾巡抚魏允贞、巡按赵文炳"不与同心"，神宗皇帝下旨："朝廷遣官税课，原为不忍加派小民、裕国通商德意，如何内外各官不思同心共济，彼此背戾支吾，职任安在？其清查无碍银两著上紧会查明白，一半留彼军饷、赈济，一半并岁课解进，如有抗违，必罪不

　　①《明史》卷332《八答黑商》，第8613页。
　　②《明英宗实录》卷182，正统十四年九月壬午。
　　③ 参见（明）杨廷和：《杨文忠三录》卷1《自劾不职乞赐罢黜以答天谴疏》，《景印文渊阁四库全书》第428册，第754页。
　　④ 参见《明世宗实录》卷4，正德十六年七月庚申。
　　⑤ 参见（明）黄训：《名臣经济录》卷24《户部·梁材"题钞关禁革事宜"》，《景印文渊阁四库全书》第443册，第469页。
　　⑥《明世宗实录》卷533，嘉靖四十三年四月甲午。
　　⑦《皇明两朝疏抄》卷15《郑大经"酌议任官事宜以裨国计疏"》，《续修四库全书》第465册，第505—506页。
　　⑧（明）汪应蛟：《抚畿奏疏》卷2《分疆已蒙睿断税额重叠难支疏》，《续修四库全书》第480册，第437页。
　　⑨ 参见《明神宗实录》卷307，万历二十五年二月乙亥。

宥。"①在调解内外官员的矛盾中,流露出了内心的通商观念。万历三十三年八月,礼部侍郎冯琦上言:"矿使出而天下苦,更甚于兵;税使出而天下苦,更甚于矿。皇上欲通商而彼专欲困商。"②反对矿监税使对商贾的压榨盘剥,要求撤回矿监税使以期商业流通。天启五年(1625)十月,熹宗以皇子降生,普天同庆,大赦天下,颁布诏书,其中有云:"天下税课抽分衙门,原有祖宗旧制。其各路关津隘口,商货经由处所,曾经万历二十七年等年设立征榷者,近因新旧兵饷诎乏至极,暂议开复,责成廉明经管,务期通商裕国,于民不扰!此处倘有擅立牙行私抽税钱,罔利病民者,抚按官严行查革,参奏重治。"③尽管因军饷极度短缺而承认万历二十七年新增的榷关,但要求遴选廉洁、公正的官员经管,务必通商裕国,不得私立牙行抽税,增加商民负担。其他事例尚有,兹不尽录。从这些事例可以看出,自明太祖朱元璋始,明代的绝大多数皇帝和数量不少的朝臣都把通商作为处理内政外交的重要政策和策略,"通商"一词已进入了明代官方的主流话语体系。同时,我们也发现,明代君臣的榷税观在弘治以后亦发生了较大的变化,征税以抑末的观念在慢慢地、悄悄地发生变化,代之而起,并逐渐占据主导地位的是"榷关之设以通商裕国"的榷税理念。

(二)地方治理

地方治理是国家治理的重要组成部分,其治理体系和治理能力直接影响国家治理效能的发挥。通过爬梳史料发现,在明代的地方治理中,通商也已正式地进入了地方治理体系之中,成为其不可或缺的内容,不少官员常将通商作为重要的地方治理措施。目前,我们已收集到四十篇在地方推行通商之政的官员传记,试根据其记载,从时间和区域两个维度做一分析。

从时间分布看,推行通商之政的官员在明代的前期、中期和后期都有出现。明前期有7人,占总数的17.5%。胡深,处州龙泉人,"颖异有智略,通经史百家之学",元末兵乱,集里中子弟自保。朱元璋素知其名望,授左司员外郎,令守处州。其施政,"兴学造士",减轻田赋,盐税原为"什一","请半取之以通商贾",军民感激,"皆怀其惠"。④齐原芳,陕西乾州人,元末兵燹,民皆窜徙。洪武初,为郾城县丞,"缮城邑,修室庐,督农事,通商贾",流民闻风而归。⑤蒋宫,江南仪征人,洪武中,官兰阳县丞。时郡邑凋零,民多流亡,遂广为招抚,使流民复业,并弭灾捍患,"通商贩,理冤滞,兴学校,邑用大治"。⑥杨英,洪武中,"以明经领乡荐",历官刑部主事。永乐中,升福建按察佥事,迁两淮盐运使,"勤以督课,公以通商,惠以恤下。"宣德元年(1426),调河东盐运使,到任后,"以施诸两淮者施之",把在两淮盐运使任上

① 《明神宗实录》卷347,万历二十八年五月辛亥。
② (清)谷应泰:《明史纪事本末》卷65,中华书局2015年版,第1019—1020页。
③ 《明熹宗实录》卷64,天启五年十月庚子。
④ 参见《明史》卷133《胡深传》,第3889—3891页。
⑤ 参见雍正《河南通志》卷56,《景印文渊阁四库全书》第537册,第343页。
⑥ 参见雍正《河南通志》卷55,《景印文渊阁四库全书》第537册,第246页。

含有通商的施政带到河东盐场。①焦瑾,诸城人,永乐初年,授浚县税课大使,"通商利民"。②徐正,浙江鄞县人,永乐中,知陈留县,"莅政仁恕,济贫民,招逃移,屯军扰民者严禁之。又置集场以通商货,邑遂富庶,民咸怀之"。③曾泉,泰和人,永乐十八年进士,选庶吉士,后官御史。宣德初,贬谪氾水典史,不以降黜而旷废职守,躬自督民开辟荒土,"收谷麦,伐材木,备营缮,通商贾,完逋责,官有储积,民无科扰",治理绩效显著,百姓感怀,"死之日,老幼巷哭"。④他们施行的通商之政在明政权建立及明初经济社会的恢复和发展中发挥了重要的作用,给民众带来了福祉,获得了百姓的拥护和爱戴。

明中后期推行通商之政的官员共有33人,占总数的82.5%。许颙,安阳人,成化间,以太仆寺丞出知南康府,政令严明,"开河道以通商旅,实义仓以备荒歉,修葺文庙,祷雨辄应,士民怀之"。⑤章懋,兰溪人,成化(1466)二年进士,选庶吉士,历南京大理评事,迁福建按察佥事,"通商惠工,振穷均赋,部内大治"。⑥贺勋,湖广湘乡人,成化间,任广西府知府。是时,该地初设流官,百废待举,勋至,"建城垣,修学校,立廨舍,惠农通商,正风俗,弭盗贼"⑦,将通商作为一项要务,地方以安。张恺,无锡人,成化末进士,嘉靖十七年五月八日以疾卒,任福建盐运使期间,"抑遏强御,务以通商惠民,而持廉守法,不以冗散易节"。⑧李梦阳,世为开封扶沟人,弘治(1493)六年进士,授户部主事,迁郎中,"尝治关,立通商法,痛格势人"⑨,对阻碍通商的势要打击不遗余力。汤沐,江阴人,弘治九年进士,观政户部,寻官浙江崇德知县,十五年,召拜山东道监察御史,"奉敕监临河东盐池,一切禁利,通商惠民,边储以饶"。⑩杨一清,南直隶镇江府丹徒人。弘治十五年冬,兵部尚书刘大夏举荐时任南京太常卿的杨一清为副都御史,督理陕西马政。一清对西北马政多有整顿,"又请相地势,筑城通商,种植榆柳,春夏放牧,秋冬还厩。马既得安,敌来亦可收保"。时孝宗重边防,"所奏辄行"。⑪王彦奇,云阳人,弘治末,官延安知府,"兴学校,作人才,正风俗,广储蓄,释冤滞,恤孤独,建桥梁,治水患,通商贾,弭盗贼,文章政事名盛一时"⑫。陈大中,蕲州人,正德三年进士,初任南京户部主事,寻擢庆远知府。当地惯例,新官莅任,土官以金银器物为见面礼。大中不囿于旧习,重塑政治生态,"拒不受,削平蓝贼以通商旅"⑬。潘鉴,婺源人,亦正德三

① 参见(明)杨荣:《文敏集》卷13《送杨运使还任河东序》,《景印文渊阁四库全书》第1240册,第198页。
② 参见(明)过庭训:《本朝分省人物考》卷97《焦瑾》,《续修四库全书》第535册,第632页。
③ 参见雍正《河南通志》卷55,《景印文渊阁四库全书》第537册,第247页。
④ 参见《明史》卷281《曾泉传》,第7206页。
⑤ 参见康熙《江西通志》卷64,《景印文渊阁四库全书》第515册,第235页。
⑥ 参见(明)章懋:《枫山集》卷4《传略》,《景印文渊阁四库全书》第1254册,第143页。
⑦ 雍正《云南通志》卷19,《景印文渊阁四库全书》第569册,第665页。
⑧ 参见(明)文徵明:《甫田集》卷27《企斋先生传》,《景印文渊阁四库全书》第1273册,第216页。
⑨ (清)毛奇龄:《西河集》卷81《传九·李梦阳》,《景印文渊阁四库全书》第1320册,第740页。
⑩ 参见(明)周用:《周恭肃公集》卷13《祭文碑名墓表·明故前通议大夫大理寺卿汤公墓碑》,《四库全书存目丛书》集部第55册,第94页。
⑪ 参见《明史》卷92《志》第六十八,第2272页。
⑫ 雍正《陕西通志》卷52,《景印文渊阁四库全书》第554册,第252页。
⑬ 雍正《湖广通志》卷48,《景印文渊阁四库全书》第533册,第41页。

年进士，历官南京大理寺评事、福建按察佥事、四川按察使、江西右布政使、都察院右副都御史、工部右侍郎等。在蜀地久，熟知地理险易，了解民间风俗，周知"夷情"变化。"凡抚循安辑，通商便民，及诘兵控夷之政，大者驿闻，小者按举。"①通商便民为其治蜀理政之良策。青浦县经元末兵乱，至明仍田多荒芜，税多逋额。正德中，内江人喻公任松江知府，"乃议分设镇治，使通商惠民，垦治田土，以省合郡包赔之苦"。②吴世泽，连江人，嘉靖二年进士，擢广西按察使副使，受委派整饬府江，刚正不阿，廉洁为政，"剔吏蠹，端士习，复流移，通商贾"。③康河，武功人，嘉靖二年进士，历官户部主事、郎中，后出守兖州、广西、赣州，主政地方府州。不论是为官朝廷，还是治理地方，皆以"培本抑末，通商裕赋"为鹜。④苏士润，晋江人，嘉靖七年进士，为吉水令，历江西道监察御史等官。他在巡按长芦鹾政期间，推行小票法，"通商利民，至今著为令"，⑤为后任所遵循，沿用至清。史朝宾，福建晋江人，嘉靖二十六年进士，授刑部主事，后转任兵部员外郎，因受杨继盛狱牵连，降三级调任泰州通判，仕途坎坷。再迁南京户部员外郎，以丁忧归。服丧期满，补工部郎中，分署张秋镇，"通商惠民"。⑥黄㦂，陕西咸宁人，嘉靖二十六年进士，授卫辉府推官，升工部主事，"居淮上，会兵变"，"通商儹运，开屯蓄饷，吏不敢奸，叛军帖服"。⑦徐鹬，海盐人，嘉靖二十六年进士，"恬于进取"，迁南京国子监助教，转任工部都水司主事，"监税仪真，通商便民，所立规条，至今为令"。⑧陶守训，平乐人，嘉靖三十一年举人，性孝友，"守镇远府，抚苗夷，通商旅，建桥梁"，为官清廉，"乞休家居，萧然壁立"。⑨宋仪望，永丰滁溪人，进士，生活于嘉万时期，巡按河东盐政，"祛夙蠹，通商贾"。⑩任养心，芮城人，万历二年进士，由浚县知县擢升御史，巡按两淮盐政，条陈通商、恤灶四事。⑪袁亮，湖广麻城人，万历三年以户部员外郎监督淮关榷税，"既莅任，询知淮地节苦水患，商氏友困，因汲汲以惠民通商为务，而群情爱戴，争愿出途，课比往岁转增"。⑫达到了通商以裕国的目的，并获商民发自内心的爱戴。宁化龙，保定新安人，万历五年进士，历官中书舍人、工部都水司员外郎。十二年，"榷税荆州"，在禁奸、节费、通商惠民等方面，多所用心，"荆之人士为诗歌以颂之"。⑬杨植，阳城人，万历五年进士，任益都知县

① (明)过庭训：《本朝分省人物考》卷37《潘鉴》，《续修四库全书》第534册，第6页。

② 参见万历《青浦县志》卷1，明万历刊本，第1页下。

③ 参见雍正《广西通志》卷67，《景印文渊阁四库全书》第667册，第123页；《粤西文载》卷65，《景印文渊阁四库全书》第1467册，第106页。

④ 参见(明)过庭训：《本朝分省人物考》卷104《康河》，《续修四库全书》第536册，第68页。

⑤ 参见(明)过庭训：《本朝分省人物考》卷71《苏士润》，《续修四库全书》第535册，第161页。

⑥ 参见《闽中理学渊源考》卷73《鸿胪史观吾先生朝宾》，《景印文渊阁四库全书》第460册，第704页。

⑦ 参见雍正《陕西通志》卷57，《景印文渊阁四库全书》第554册，第503页。

⑧ 参见(明)徐象梅：《两浙名贤录》卷38《湖广按察司副使徐鸣川鹬》，《续修四库全书》第543册，第356页。

⑨ 参见雍正《广西通志》卷79，《景印文渊阁四库全书》第567册，第343页。

⑩ 参见(明)胡直：《衡庐精舍藏稿·续稿》卷6《大理卿宋华阳先生行状》，《景印文渊阁四库全书》第1287册，第724页。

⑪ 参见雍正《山西通志》卷131，《景印文渊阁四库全书》第546册，第499页。

⑫ 参见(明)马麟：《续纂淮关统志》卷8，《四库全书存目丛书》史部第273册，第818页。

⑬ 参见(明)过庭训：《本朝分省人物考》卷5《宁化龙》，《续修四库全书》第533册，第127页。

六年后,擢大理司评事,转兵部主事,"守山海关,通商贾",兵戎关政为之一新。①周之驯,黄冈人,万历十一年进士,"以计曹督榷清江浦,约己通商"②。王基,青州卫人,嘉靖四十四年进士,历任大同知府等,累官至户部尚书。万历十六年,巡抚大同,"谨斥堠,明赏罚,练将士,裁冗费,通商贾,严惩强御,奏锢豪宗,四民宁帖,边方晏安"③。苏茂相,福建晋江人,万历二十年进士,授户部主事,后历任江西按察司副使、太仆少卿、金都御史等,累官刑部尚书。凤阳、泗州为"帝乡汤沐",陵寝重区。其巡抚两淮时,此地水旱蝗相继,"公下令捕蝗、通商、平粜"。④冯应京,盱眙人,万历二十八年,"擢金宪湖广,备兵武汉","一以厚民生,兴教化为务","崇贤奖节、息讼弭盗、惩淫斥异、缮城葺祠、除道疏川、利农通商"。⑤饶景晖,江西进贤人。万历四十六年,在四川巡抚任上,上疏朝廷:蜀中自征播之役后,兵荒频见,公私交困,经费告匮,理财可解燃眉之急者,莫如钱法。其中有"通商"一条,云:"钱法之行,为便于日用之需耳,行商挟重赏游千里外,囊底加千文,俾伛偻不能胜矣,乃勒令行钱,此必不得之数也。自后行市贸易,自一两而上,银、钱听其自便。"为方便商贾行商贸易,商品交易价格在白银一两以上的,用银、用钱悉听自便。⑥温纯,陕西三原人,万历时,巡抚浙江,会同巡按浙江御史傅好礼上奏七款,其中之一为"复关政",曰:"惟国家设立关税,所以通商裕课,重务也。"⑦要求整顿关务,通商裕课。刘一相,山东长山人,万历时进士,历任山西高平令、南京吏科给事中、茂州卫知事等官,平播州杨应龙之乱有功。任陕西按察司副使期间,"清军理屯,简核邮传","立法通商,市无折阅"⑧。张伯鲸,江都人,万历四十四年进士,崇祯初,迁户部主事,"出督延、宁二镇军储,通商惠工,军民便之"。⑨秦植,无锡人,天启中,知全椒县,"杜苞苴,除耗羡,薄税通商,调知皖江,惟携布絮一箧而行"⑩。黄嘉隽,鄞县人,贡生,崇祯三年(1630),任贵阳府开州知县,"建城垣,课士通商,民甚德之"⑪。他们不论是在战火纷飞的边关、苗瑶等族聚居的荒凉之地,还是在繁华喧嚣的内地,都将通商视为治政的不易之策。通商在其长长的施政纲目中赫然在列。推行通商之政的官员的时间分布反映了明代经济发展的逻辑,商品经济发展的程度与推行通商之政的官员的数量呈正相关的关系。

从施政区域看,东西南北均有,如处州、郧城、兰阳、汜水、鄞县、诸城、南康、延安、庆远、

① 参见雍正《山西通志》卷122,《景印文渊阁四库全书》第546册,第207页。

② 雍正《湖广通志》卷48,《景印文渊阁四库全书》第533册,第54页。

③ 雍正《山西通志》卷94,《景印文渊阁四库全书》第545册,第298页。

④ 参见(明)黄宗羲编:《明文海》卷391《大司寇苏公传》,《景印文渊阁四库全书》第1457册,第527页。

⑤ 参见(明)曹于汴:《仰节堂集》卷5《湖广按察司金事慕冈冯公墓志铭》,《景印文渊阁四库全书》第1293册,第743页。

⑥ 参见雍正《四川通志》卷15下,《景印文渊阁四库全书》第559册,第648页.

⑦ (明)温纯:《温恭毅集》卷4《俯竭愚衷敬陈末议以求少裨治理疏》,《景印文渊阁四库全书》第1288册,第471页。

⑧ 参见(明)倪元璐:《倪文贞集》卷9《陕西按察司副使顷阳刘公墓志铭》,《景印文渊阁四库全书》第1297册,第109页。

⑨ 参见乾隆《江南通志》卷144,《景印文渊阁四库全书》第511册,第214页。

⑩ 乾隆《江南通志》卷118,《景印文渊阁四库全书》第510册,第488页。

⑪ 乾隆《贵州通志》卷20,《景印文渊阁四库全书》第571册,第539页。

松江、镇远、仪真、全椒、大同、荆州、开州等府县,还有两淮盐场、河东盐场、长芦盐场、福建盐场等,几乎遍及了明代所有的省级行政区划,地域不可谓不广。总之,在地方推行通商之政的官员的身影既出现在明初社会经济的恢复期,也见于承平之世的内地省府州县;既可在北方边疆地区和南方少数民族地区寻觅到其踪迹,还可见于商旅往来如织的诸处榷关。地方治理的实践与朝堂之上的通商呼声和决策相互辉映,成为明代通商全图的有机构成。

这些官员的属籍也让我们充满兴趣。除杨英1人暂时不能确定其为何方人氏外,其余皆记载清楚,南直隶8人,北直隶1人,浙江布政使司5人,陕西布政使司4人,江西布政使司3人,山东布政使司3人,河南布政使司2人,湖广布政使司4人,四川布政使司2人,福建布政使司3人,广东布政使司1人,广西布政使司1人,山西布政使司2人,在明清十大商帮的诞生地所在的省级行政区划皆有分布,这绝非完全偶然。如果再按南北地域划分的话,南方籍27人,北方籍12人,也与明代商品经济南方较北方发达的事实相契合。以上所举40例,当然不是以通商作为治政之策的地方官员及其地方治理的全部,我们也很难将其"一网打尽",但已足见明代的通商之制落实到地方治理实践的深度和广度。

四、明代"通商"与"抑商""重商"的关系

通过前面的论述可以明了:在明代,通商之意已经贯穿于盐法、茶法、救荒、海外贸易、商人子弟教育等多项经济社会制度,并在较大的时间范围和空间范围内,落实到了国家和地方治理的行政实践之中。那么,抑商说、重商说还是否成立呢? 换言之,在明代是否存在过抑商或重商的政策呢? 如果存在,它们和通商又是一种什么样的关系呢?

先看看抑商说。考诸典籍,和通商的客观存在一样,在明代,抑商也是确实存在的。如洪武十四年,朱元璋下令:"农衣绅、纱、绢、布,商贾止衣绢、布。农家有一人为商贾者,亦不得衣绅、纱。"[1]正德元年,"禁商贩、仆役、倡优、下贱不许服用貂裘"[2]。对商人服饰有限制性规定。就此而言,与宋元相比,实为一不小的倒退。"抑末"之论也不乏见,仅在《明实录》中就有不少这方面的记载。为保持史料的原生态性,兹罗列于后。洪武十九年三月,明太祖谕户部臣曰:"善理财者,不病民以利官,必生财以阜民……我国家赋税已有定制,撙节用度,自有余饶,减省徭役,使农不废耕,女不废织,厚本抑末,使游惰皆尽力田亩,则为者疾而食者寡,自然家给人足,积蓄富盛。尔户部政当究心,毋为聚敛以伤国体。"[3]宣德六年(1431)三月,宣宗曰:"……朕谓为国养民在有实惠,何必拘于法古! 诚能省徭役、薄征敛,重本抑末,亦足养民。"[4]宣德八年正月,再次强调:"……先王法制猝难复,后世重农抑

① 《明史》卷67《舆服三》,第1649页。
② 《明史》卷67《舆服三》,第1650页。
③ 《明太祖实录》卷177,洪武十九年三月戊午。
④ 《明宣宗实录》卷77,宣德六年三月丁丑。

末,轻徭薄税,足以致富庶;兴举学校,惇崇孝悌,足以立教化,固不必尽合古制。"①景泰四年(1453)三月,监察御史左鼎奏:"……诚能痛抑末技,严禁游惰,凡工商僧道之流减汰抑遏,悉驱而归之农。"②嘉靖九年正月,兵部尚书李承勋言:"……思小民衣食之孔艰,皆以重本抑末为主……"③嘉靖九年十一月,瑞昌王府奉国将军拱㮶奏:"臣闻古圣王之治天下,勤学以基之,务本以先之,敬天以保之,三者而已。……凡有征税,务重本抑末宽农……"④上引材料中的"抑末"一词虽含义较广,但无疑是包含有抑商之意的。

那么,"抑末"与"通商"是一种什么样的关系呢?首先,在明代的语境中,"抑末"与"通商"不是非此即彼的对立性的关系,而是可以相容的。从上面所列《明实录》的材料就可以看出,"抑末"是明代的一项宏观的国家经济管理政策,主要是平衡各经济部门的关系,驱使游惰之民归于南亩,保证有足够多的人手从事农业生产,维护传统社会的稳定。而国家理性地对待商业,实行"通商",则主要是为了足边、裕国、便民,解决国家面临的重大难题,具有浓厚的工具理性色彩。对于这一点,弘治时期的大臣倪岳认识得很深刻。他在《灾异陈言疏》中,对工部派往地方的抽分官员以增课为能事以及不择手段侵克商民、索取银钱的行为大张挞伐,认为"抑末固为政之理,而通商亦富国之术。苟使官司肆为侵克,遂致道路渐成愁怨,伤和召沴,岂王政之所宜哉!"把侵克商民提到了与王政相悖的高度,要求孝宗下旨,命工部亟加整顿,使各处抽分官员务必"奉公守法,律己便人"。否则,客商阻绝,"此岂祖宗设关通商、足国裕民之初意哉!"⑤明确了这一点,就不难理解为什么有的皇帝或大臣既主张"抑末",又提倡"通商",以及洪武、嘉靖等朝"抑末"与"通商"的现象同时并存了!但我们也要注意到,在明代,"抑末"已经式微,成了强弩之末,"通商"渐居主导。这主要表现在以下三个方面。第一,到明代,在秦汉时期形成的抑商的制度化体系中,只有关于服饰的规定作为抑商的"幽灵"孤零零地残存了下来。而这些规定本身也很脆弱,很快就在嘉靖朝及其以后愈演愈烈的服饰越礼逾制之风中被全面突破。自此以后,直至清代再未出现,汉以来对商人服饰的歧视性政策画上了句号。第二,考诸《明实录》,在其所收录的皇帝谕旨及大臣奏疏中,"抑末"一词出现有6次:洪武朝1次,宣德朝2次,景泰朝1次,嘉靖朝2次。且皆在嘉靖九年十一月以前,以后则无。而"通商"一词,在《明实录》出现的次数则要高得多,

---

① 《明宣宗实录》卷98,宣德八年正月癸酉。

② 《明英宗实录》卷227,废帝郕戾王附录第四十五·景泰四年三月乙丑。

③ 《明世宗实录》卷109,嘉靖九年正月丙辰。

④ 《明世宗实录》卷119,嘉靖九年十一月丁亥。

⑤ (明)倪岳:《灾异陈言疏》,黄训编:《名臣经济录》卷7《保治》,《景印文渊阁四库全书》第443册,第113—114页。

达 15 次。①其中,洪武朝 1 次,正统朝 1 次,世宗朝 7 次,隆庆朝 1 次,万历朝 3 次,天启朝 2 次。在《明实录》所载明代的前、中、后期都有出现,且嘉靖九年十一月以后占绝对多数,达 11 次。《明实录》是明史研究的资料宝库,也是明代官方意志的集中体现。其中"抑末"和"通商"二词使用频率的变化,一定程度上可以反映出明朝商业政策重心的严重倾斜与走向。

第三,与抑商政策日渐消解的过程相反,明洪武以后,通商政策不断发育生长,内容不断丰富,如前所述,通商之意贯穿于盐法、茶法、救荒、开海、商籍等经济社会制度之中。与宋元相比,明代的通商之政在继承宋元的基础上,又适时地有所创新和发展。如明代的盐法,在运销环节完全向商人开放,主要实行商运商销的开中制和商收商卖的纲盐法。特别是,商籍制度的确立,更为前朝所无,把明代的通商之政推向了新的高度。通商之意贯彻得更为彻底。至迟到万历时期,商人经商已无行业和地区的限制,商人子弟参加科举考试有了更为便利的制度支持。以上这三个方面所呈现的抑商与通商此消彼长的过程非常清晰,由此可以审慎地做出综合的判断:在万历时期,抑商的政策体系全面坍塌,通商政策完全形成,其标志就是商籍制度的确立。这一论断正与晚明社会转型论相呼应,也应是晚明社会转型的一项重要内容。

通商政策在明万历年间的确立,是中国古代商业政策历史演进的产物。从纵向看,中国古代的商业政策走过了一个否定之否定的过程,经历了春秋及以前的通商、战国秦汉至唐的抑商与容商、宋元至明万历年间的抑商与通商、万历以后至清的通商四个阶段。清前期的商业政策是对明代通商政策的沿袭②,晚清的通商思潮和政策并不完全是西方影响的结果,而是有其内在的历史发展理路。万历以后的通商,也不是对春秋及以前的通商政策的简单回归,经螺旋式上升之后出现在万历年间的通商,其内容更为丰富。春秋及以前的通商内容相对简单,主要是减轻关税、平治道路以利商货流通、商旅往来,即孔颖达所说的"通商贩之路,令货利往来也"。③万历年间确立的通商,除了通商贩之路以外,还包括达仕宦之途、均服饰之权。在制度层面,商人已享有和庶民同等的政治、经济及日常生活方面的地位和权利,解除了束缚商人近两千年的桎梏。

不过,也应注意到,制度化的抑商体系虽在万历年间落下了帷幕,但文化观念的发展具有相对的滞后性,不会随着制度的终结戛然而止,抑商观念仍会在一定时期内继续存在,并产生一定的消极作用。制度与行为也会有不相一致之处,抑商行为当然也不可能立即消

---

① 参见《明太祖实录》卷 131,洪武十三年四月丁亥;《明英宗实录》卷 182,正统十四年九月壬午;《明世宗实录》卷 4,正德十六年七月庚申;《明世宗实录》卷 96,嘉靖七年十二月庚寅;《明世宗实录》卷 110,嘉靖九年二月癸酉;《明世宗实录》卷 125,嘉靖十年五月辛卯;《明世宗实录》卷 460,嘉靖三十七年六月癸未;《明世宗实录》卷 533,嘉靖四十三年四月甲午;《明世宗实录》卷 533,嘉靖四十三年六月癸酉;《明穆宗实录》卷 45,隆庆四年五月乙酉;《明神宗实录》卷 307,万历二十五年二月乙亥;《明神宗实录》卷 323,万历二十七年四月己未;《明神宗实录》卷 347,万历二十八年五月辛亥;《明神宗实录》卷 403,万历三十二年十一月辛丑;《明熹宗实录》卷 40,天启三年闰十月癸丑;《明熹宗实录》卷 64,天启五年十月庚子。

② 参见张明富:《清前期的商业政策与多民族国家的统一和巩固》,《古代文明》2016 年第 4 期。

③ 参见《春秋左传正义》卷 11,北京大学出版社 2000 年版,第 362 页。

失。明万历以后的历史已充分地证明了这一点。重商之论又如何呢？揆诸明代，特别是明中叶以后，确实有不少重视商业的言论，如海瑞："今之为民者五，曰士、农、工、商、军。士以明道，军以卫国，农以生九谷，工以利器用，商贾通焉而资于天下。身不居一于此，谓之游惰之民。""纵商贾、佣工、场圃、夫脚嗣往兴来莫非王道，亦莫非孔门事业。"①张居正："商通有无，农力本穑，商不得通有无以利农，则农病；农不得力本穑以资商，则商病。故商农之势，常若权衡然。"②赵南星："士农工商，生人之本业。""农之服田，工之饬材，商贾之牵车牛而四方也，其本业然也。"③在江南及福建沿海等地，重视商业的习俗也确实存在，不容忽视，如视商贾为第一等生业、弃农经商、弃儒就贾等。政府也的确采取了一些发展商业的措施，如除贩夷之律、对病商政策的调整等。但这些是否就是重商呢？之所以有此一问，是因为一提到重商，我们就会很自然地联想到16—17世纪西欧的重商主义。众所周知，西欧16—17世纪重商主义经济理论的核心观点有二：第一，金银（货币）是财富的唯一形式，对外贸易是财富的真正源泉，主张在国家的支持下发展对外贸易；第二，国家间的关系属"零和"博弈，一个国家要改善自己的国际地位，必须掠夺别国财富。因此，奉行重商主义的国家都竭力进行海外扩张。而反观明代，其重视商业的言论凸显了商业的重要性，确实是对我国战国以后传统农商理论、四民理论的重大突破，可概括为"士农工商皆本论"，但其表述尚未超出通商一途。无论是海瑞，还是张居正等，都没有使用"重商"一词，倒是对商之通与不通的影响反复申论。一言以蔽之，明代重视商业的言论旨在阐释士、农、工、商各业的共存关系，认为士、农、工、商皆为国家、社会发展进步所需，都是本业，不存在本与末的问题，并没有表现出对金银的炽热渴求。同时，也没有表现出急切地发展对外贸易的愿望。而一些地区重视商业的习俗的出现则完全是生存环境逼迫的产物，许多商人迈向市场是受生理型动机的驱使。在明中后期，国家虽有限度地开放了海禁，允许私人进行海上贸易，但并没有海外扩张的企图，更遑论掠夺别国财富，这与西欧16—17世纪的重商是有着根本的不同的。总体而言，西欧16—17世纪的重商是目标向外的，具有明显的外向型特征；而明代的商业思想、政策与习俗，则在主观上多是向内的，打上了鲜明的内向型印记。因此，言明代重商是不恰当的，易引起历史理解的歧见。且明代，哪怕是在中叶后也确实不存在重商。其所谓的"重商"，实是通商的构成内容和表征。

原文载《历史研究》2018年第6期

作者：张明富，西南大学历史文化学院教授、博士生导师

①（明）海瑞：《复欧阳柏庵掌科》，（明）陈子龙等辑：《明经世文编》卷309，第3267页。

②（明）张居正：《张文忠公全集》卷8《赠水部周汉浦榷竣还朝序》，上海古籍出版社1984年版，第99页。

③（明）赵南星：《赵忠毅公文集》卷4《寿仰西雷君七十序》、卷4《贺李汝立应乡举序》，《乾坤正气集》本，清道光二十八年，袁江节署求是斋刊版，清同治五年（1866）印行。

明代工赈述论

张兆裕

以工代赈是中国古代的救荒方法之一,先秦及以后多有运用。它通过工程建设来吸纳灾民,并以支付工作报酬的形式,达到赈济的目的,其本质是一种有偿赈济。明代在救荒中对此种方法也多有运用,并呈现自己的特点。但相关研究一直不够充分,更无专文加以探讨,本文即对明代的工赈情况进行初步探讨,以期推动该问题的研究。

一、明代之前的工赈

明代的以工代赈是对传统以工代赈方法的继承,而中国古代的以工代赈起源甚早,可追溯到先秦时期。春秋时期齐国政治家管仲说:"若岁凶旱水泆,民失本,则修宫室台榭,以前无狗后无彘者为庸。故修宫室台榭,非丽其乐也,以平国筴也。"①他主张在灾荒之年兴建宫室台榭,并雇用那些家庭条件不好的人,认为这是符合国家财政策略的。管仲的主张还是一种理论,而另一位齐国政治家晏婴则将以工代赈付诸了实践。齐景公时年饥,晏婴请为民发粟,景公不许,于是其利用景公要造"路寝之台"的机会,"令吏重其赁,远其兆,徐其日而不趋",即增加工价,扩大面积范围,延长工期,"三年台成而民振"②。尽管后世对灾荒时修建宫室之类工程多持批评态度,但齐国政治家的主张和做法,已经具备了以工代赈的基本要素,这可能也是清代学者将其列为工赈之始的原因。③

秦汉以降,以工赈救荒的议论和实践的记载相对较少,但也偶见于史籍。如,西汉末王莽主政时曾就治理黄河水患组织了一次较大规模的讨论,主持此事的司空桓谭事后对朋友说,这些讨论中肯定有恰当的方案,考察确定以后就可以用来治河,又言:"计定然后举事,费不过数亿万,亦可以事诸浮食无产业民。空居与行役,同当衣食,衣食县官,而为之作,乃两便,可以上继禹功,下除民疾。"④桓谭把治河工程的建设者定位在浮食无业贫民,期望在治河同时发挥济贫的效用。此议没有付诸实施,但这一思想已经引起研究者的注意,认为"后世以工代赈,这是开始"⑤。

---

① 《管子》卷21《乘马数第六十九》,《四部备要》第52册,中华书局1936年版,第178页。

② 《晏子春秋》卷5《内篇杂上第五》,《丛书集成》本,商务印书馆1937年版,第45页。

③ 参见(清)陆曾禹:《康济录》卷3下《临事之政·兴工作以食饿夫》内首言晏婴作路寝之台事。而此事在(宋)董煟:《救荒活民书》及明代救荒专书中均未言。

④ 《汉书》卷29《沟洫志》,中华书局1962年版,第1697页。

⑤ 马大英:《汉代财政史》,转引自陈业新:《灾害与两汉社会研究》,上海人民出版社2004年版,第278页。

至唐代，以工代赈的记载稍多，如贞元年间（785—805）荆州饥荒，荆南节度使裴胄的幕僚郑易建议救荒时开展工赈，获得采纳，"公因大饥岁，请公廪赢食，兴筑堤防……难者不能对，得果其谋。既而饥赢大济，堤防以立。至今人无水患，岁有恒入者，实公之惠也"①。这是目前所见唐代工赈的最早资料。此后有元和年间（806—820）韦丹在江南西道的工赈、大中年间（847—860）李频在武功疏浚六门堰、卢坦兴辟当涂县水田等。②这些说明唐代不仅确实在救荒中采用过工赈的手段，而且其工赈多与水利工程有关。此外，唐代工赈的事实也可以部分解释宋代以工代赈大发展的原因，即宋代工赈的发展是有前朝基础的。

宋代是以工代赈发展的重要时期，首先体现在工赈实践增多，史籍中有大量的实例，最著名的是范仲淹在杭州的工赈和赵抃在越州的工赈，二者成为宋以后工赈的范例，被屡屡提及。其次是宋代工赈成为国家政策，并制定有相应的制度。如熙宁六年（1073）朝廷规定："自今灾伤年份，除于法应赈济外，更当救恤者，并预计合兴农田水利工役人夫数及募夫工直，当赐常平钱谷，募饥民兴修。"③国家明确提出工赈的要求，并规定了基本原则，虽然相关要求侧重于农田水利方面，但不妨碍宋代工赈已达到前所未有的水平。最后是富民在工赈中表现突出，成为工赈中的一个亮点。

此外，宋代在工赈的理论观念上继承了传统的认识，并将其写入救荒专著，对后世产生影响。在如何认识工赈问题上，除王安石等人极力主张者的思想外，另如董煟说："流民至……莫若修堤浚河兴水利，公私两便。"④董煟是我国第一部传世救荒专著《救荒活民书》的作者，他的看法说明当时对工赈在救荒中的重要意义是有充分认识的，而这种认识应该与社会实践的广泛性有关。实际上，从晏子到桓谭都提出工赈是"两利的"，这成为支撑工赈存在发展的理论依据。到唐代，人们认为工赈是"散公家委积之粟，成御害致久之利，穷者得食，官无费财，是一动而三利"⑤，显然这比"两利"之说更细致和具体，因此，宋代在工赈上的认识就是对其之前观点的继承。宋代工赈的突出表现，引起后世研究者的注意，相关研究也较丰富，这使宋代荒政研究更加全面，也使人们对中国古代工赈的认识更加深入。⑥

元代救荒体制比较完善细致，而工赈似未能如宋代成为国家政策，但作为救荒手段仍然被运用。如元末至正年间（1341—1368）福建建安杨达卿的育林活动，"值岁大歉，乡人乏食，公欲发廪赈之，恐为人所忌，乃托言：某山将募人种树，有能植杉木一株者，偿粟一斗。于是贫者毕至，至则饭之，给粟而去，亦不录其姓名，粟既尽，公乃闭关……逾数载，山木茂

① 牛红广：《唐郑易墓志考略》，《中国国家博物馆馆刊》2014年第4期。
② 参见牛红广：《唐郑易墓志考略》，《中国国家博物馆馆刊》2014年第4期。
③ （宋）李焘：《续资治通鉴长编》，中华书局2004年版，第5586页。
④ （宋）董煟：《救荒活民书》，李文海、夏明主编：《中国荒政全书》第1辑，北京古籍出版社2003年版，第33页。
⑤ 牛红广：《唐郑易墓志考略》，《中国国家图书馆馆刊》2014年第4期。
⑥ 如杨世利：《宋朝以工代赈述论》，《中州学刊》2005年第3期；丁雨晴、庄华峰：《略论传统社会保障中的以工代赈——以宋代长江下游圩区为中心》，《安徽广播电视大学学报》2008年第1期；李华瑞：《略论宋朝临灾救助的三项重要措施》，《淮阴师范学院学报》2013年第1期；袁莹莹：《"以工代赈"与北宋灾荒赈济》，《文史博览（理论）》2014年第4期。

盛,望之蔚然"。他还为子孙立下规矩:"此山之木誓不售人,惟作桥梁、学舍、寺观、神祠,及贫无室庐、死无棺椁者则与之。"①杨达卿之所以采取这样的方法救荒,应该不是偶然的,因此他的工赈在当时也不会是个别现象。

要之,明代之前的以工代赈不仅起源早,发展至宋代已达到很高水平,并走向制度化。同时,中国古代以工代赈的理论也有发展。这些为明代以工代赈的开展奠定基础。

二、明代工赈的发展特点

以工代赈在明代比较发达,在其整个发展过程中,呈现出几个特点:一是前后期的差别明显,前期该救荒方法并不流行,而广泛出现于中期以后;二是明朝廷对工赈逐渐重视,但始终没有确立相应的制度,临时性质明显;三是官府是明代工赈的主要力量,但富民的参与力度非常大,成为不能忽略的现象。

(一)工赈的前后表现不同

明前期工赈的相关记载很少,目前所见的仅有洪武时期苏州府通判徐垕在任上兴修水利,"令有田者量募贫力,饥人得哺"的记载。②以理度之,这类活动应该不是孤例,就像元末杨达卿的育林一样,但另一方面文献普遍不加提及,也反映出这种方法整体上应该还不是很多。此外,正统初年由于各地灾荒严重,故政府从正统五年(1440)开始,进行了大规模的荒政治理,被派往巡抚各地的官员如于谦、周忱、何文渊等,在救荒和整顿时不遗余力,但以工代赈没有纳入他们的建议当中,也没见到具体实行情况。说明在明初这些朝廷派员的观念里,工赈还是不值得特别提及的方法。

这种情况从成化时期开始有了变化,以工代赈成为救荒手段的选项之一。成化元年(1465)四月陕西巡抚项忠修西安、延安等五城,"时陕大饥,故公所在,俱兴大役,使民得糊其口,以免流离思乱"③。成化二十年(1484)北方各省大旱,百姓饥馑流离,次年正月朝廷派出刑部侍郎何乔新、工部侍郎贾俊等十多位官员携京库银二十五万两分往山西、河南等地救济。④其中何乔新在山西"选司府官分部赈济,死者为丛冢葬之,又僦民疏沟渠,而偿以粟。所活凡三十万人"⑤。所谓"僦民疏沟渠,而偿以粟"就是通过兴修水利工程进行救灾。何乔新是作为钦差官员到山西主持救灾的,他的这项政策施行于整个灾区,因此工赈的面积很大。

至弘治时,工赈方法在救荒中的运用多起来。弘治元年(1488)湖广左布政使张敷华在

① (明)杨荣:《文敏集》卷16《万木图事实》,《四库明人文集丛刊》,上海古籍出版社1991年影印本,第257—258页。

② 参见(明)王鏊:《姑苏志》卷40《宦迹四》,《景印文渊阁四库全书》第493册,上海古籍出版社1988年影印本,第729页。

③ (明)陈仁锡:《荒政考》下《项襄毅公救荒事宜》,李文海、夏明主编:《中国荒政全书》第1辑,第564页。

④ 参见《明宪宗实录》卷261,成化二十一年正月乙巳,台湾"中央研究院"历史语言所1962年版。

⑤ (明)蔡清:《椒邱先生传》,见《椒邱文集·外集》,《景印文渊阁四库全书》第1249册,上海古籍出版社1988年影印本,第533页。

任时,"湖广岁饥,令府县大修学官,以佣直资饿者"①。而河南巡抚孙需在弘治后期因水害为灾,"汴河啮城,需募民筑堤,堤成,饥者亦济"②。张敷华是地方首脑,孙需也是主持地方事务的朝廷派驻官员,他们在不同地区的救灾共同选择工赈方法不是偶然的。当时这种救灾方法应该在实践中已经不少且有正面表现,在舆论上也获得良好评价,不然这些地方大员的趋同之举很难发生。

成化、弘治时期是明代社会开始发生变化的时代,荒政中的许多政策也在这个阶段完善或出台,如预备仓的积谷数额,救荒中的捐纳制度等。以工代赈的运用,既是在这样的背景下实现的,也成为明代荒政变化的一个表现。

此后,以工代赈更为流行,相关的记载也丰富起来。其中,隆庆四年(1570)上海吴淞江和常熟白茆河工程,就是通过兴办水利工程实现赈济的典型,也因兴起者是南直隶巡抚海瑞而广泛流传。另一个著名的例子,是万历二十二年(1594)的河南救荒。该年河南大饥,给事中杨东明上《饥民图》,请求赈济,于是光禄寺丞钟化民奉敕前往救灾。在诸多的救荒措施中,就有以工代赈:"公令各州县查堪动工役,如修学、修城、浚河、筑堤之类,计工招募兴作,每人日给谷三升。借急需之工,养枵腹之众,公私两利。"③这次工赈涉及范围很大,影响也甚广,说到明代工赈,一般都会提及。

(二)朝廷逐渐重视,但没有制度化

以工代赈作为救荒的有效手段,首先兴起于地方,不论是负有守土之责的地方官,还是奉旨救灾的钦差官员,往往在救荒实践中实行工赈。这种情况逐渐影响到中央政府,朝廷也将以工代赈看成是救荒的手段之一。

如嘉靖初广东佥事林希元在其《荒政丛言》中建议实行工赈,获得世宗的认可,"上以其疏切于救民,皆从之"④。万历四年(1576)凤阳巡抚因水患,请迁建宿迁县治,户部认为"迁县治以避水患,政急则避之之权也。虽时拙未暇举赢,顾无宫墙何以群弟子,无闾阎何以保百姓。政有大体,宁惜小费……况工作原救灾之一政,淮扬一带昏垫已极,借此以聚失业之人,岂徒寓赈恤之仁,亦将弥饥寒之变,于以兴教化、恤流离,胥此举矣",神宗"然之"。⑤万历十七年(1589)南直隶大灾,南京工部尚书李辅请兴工作以寓救荒,谓"留都流离渐集,赈粥难周,请修神乐观、报恩寺,各役肇举,匠作千人,所赈亦及千人",神宗予以批准。⑥朝廷的这种反应,表明工赈无论是在观念上,还是其实际作用均获得了广泛认可,这是明代工赈流行的结果,也是工赈流行的一种表现。

但是,目前还没有看到明代中央政府出台有工赈的政策,也没有相应的制度,即在政府

① 《明史》卷186《张敷华传》,中华书局1975年版,第4918页;《明孝宗实录》卷11,弘治元年二月壬子。
② 雍正《江西通志》卷90,《景印文渊阁四库全书》第516册,第73页
③ (明)钟化民:《赈豫纪略·赈荒事实》,李文海、夏明主编:《中国荒政全书》第1辑,第274页。
④ 《明世宗实录》卷99,嘉靖八年三月庚子。
⑤ 参见《明神宗实录》卷55,万历四年十月丙寅。
⑥ 参见《明神宗实录》卷214,万历十七年八月己卯。

救荒文件中没有特别提出工赈方面的要求。其具体原因不得而知,但出现这种情况,应该是与救荒资金的不确定性和过于重视救荒的直接效果的思想有关。

(三)政府为主导,富民广泛参与

明代中期以后,工赈救济方式普遍存在。这些工赈的发起者主要是灾区官员,资金也多来自政府资金,工程也是公共工程。但不可忽视的是地方富民参与进来,他们或者出于自觉,或者是响应地方政府的号召,成为工赈的重要实践者。

洪武时徐垕的工赈,就是督促富民实施,而不是地方政府出资,"令有田者量募贫力,饥人得哺,正所谓佚道使民"。这种号召或要求富民举行工赈的做法在明代后期很多。如嘉靖时巡按御史吕光洵在南直隶救荒时,行牌各府县,令富民举行工赈:"富户有田近河之家,随地挑浚。如某河淤塞若干丈,人、田若干,计田给值。每人挑河一日,给工食银米若干,每工挑河若干丈。则无食之人既可不饥,而灌溉不通之地又可备旱。"[1]即让富民按照田亩数出资,招募饥民疏通河道。这也是地方常见的方法,万历十七年(1589)宝坻县令袁黄救荒时也采用过。其后,浙江巡抚周孔教也是采用计亩出米或出力的方法。万历三十七年(1609)浙江一些地方灾荒,周孔教即令青浦、华亭的大户出资修圩,他在《条谕》中说,修圩一事"无烦官帑,有益大户,而兼可以济贫民",是一举多得。具体办法是:"每圩之中,有田而稍饶者,计亩出米若干,有田而家贫者,计亩出力若干,即以饶者之米充贫者之腹,使之毕力修筑……在出米者,非置之无用之地,在出力者,即自为己田之谋,且可以目前救荒之谋,为后来备荒之用。"[2]周孔教倡导的是一定范围内的贫富互助,这种贫富相资的主张在明后期很是流行,尤其是在江南地区。

富民开展的工赈,在记载中很少见到细致描述,比较著名的是嘉靖时期溧阳富民史际所开的"救荒堰",这是他独立举行的一个较大的工赈工程。嘉靖二十二年至二十四年(1543—1545),东南地区连续三年发生饥馑,溧阳县富民史际在捐谷七千五百石助官赈济之后,又进行工赈。"邑故多堰以汇水,其沙涨堰在邑西北十余里,涝溢旱缩,不障不陂,弃为旷土,久不可艾。君(史际)既隐民之饥,则计之曰:古盖有兴役以救饥者,吾试行之",于是募民兴工,饥民至者络绎不绝。史际规定,每役一人,日给米二升,银一分,薪一束,"计一夫赴役自食,可兼食其老弱瘵病之不能役者二人",这些饥民"日出则畚者、锸者、筑者、救者、汲者、爨者,蚁旋于堤上;夜则妇子饱哺嬉嬉而卧,又晏然如在乐土,而忘其为流徙饥馑之时也"。工赈从嘉靖二十四年八月开始,至次年四月结束,"共垦田四百余亩,为圩者三"[3],"赖以全活者无虑千万"[4],收到了很大成果。

史际财力雄厚,又是退职的吏部文选司主事,交游广泛,其在乡居时乐善好施的事迹多

---

① (明)陈仁锡:《荒政考上·监司》,李文海、夏明主编:《中国荒政全书》第1辑,第555页。
② (明)陈继儒:《煮粥条议·附》,李文海、夏明主编:《中国荒政全书》第1辑,第517页。
③ (明)唐顺之:《救荒堰记》,《古今图书集成·经济汇编·食货典》卷101《荒政部艺文八》,中华书局1984年影印本,第684册,第51页。
④ (明)徐显卿:《与李兵道论救荒书》,《明经世文编》卷396,中华书局1962年影印本,第5册,第4284页。

有传播者。而其他富民可能因为没有这样的条件,其工赈行动的传播受到影响,但我们从地方官员在救荒时屡屡推动此事,可以推断富民工赈是有很多成功经验的,不然人们在选择救荒方法时不会很重视。

三、明代工赈的内容与实施

明代工赈包括公共工程和私家兴造,其中以水利工程最多,此外则有修整学校、城防、寺观等建设工程。这些工程的确定与实施主要是根据当地情况确定,有时是多种工程并举。

(一)工赈内容

水利工程。兴修水利是明代工赈中最普遍的现象,包括修筑堤坝、疏浚河道、整理圩岸等多种。其中有规模较大的,如海瑞疏通吴淞江等,而更多的是较小规模的工程。隆庆三年(1569)因水潦南直隶秋粮歉收,至次年正月初饥民动以千百,告求赈济。而吴淞江淤塞为陆,官民一直希望疏通。于是海瑞募集资金,招徕饥民,奏报后"工起正月初三,而二月二十日告成,则子来者众也。因之全活者十三万人"[1]。在吴淞江开工后,海瑞又在常熟县开白茆河,以解决当地饥民无法赴吴淞江工程而缺食的问题,"兴工之中,兼行赈济,既有利于目前之饥民,河道开通,且有望今秋之成熟",所开白茆河五千多丈,用工近一百六十五万个。[2]除以上两个工程,海瑞还令各府县"遍修圩岸塘浦支河"[3],在南直隶地区兴起一个整修水利的高潮。

城防、公共设施等工程。城防修筑等在工赈中属于较大的工程,也比较普遍。如上文提到的成化元年(1465)四月陕西巡抚项忠修西安、延安等五城,再如万历时莱州知府罗奎上任后,"会岁祲,莩流载道,时府治城堞多倾圮,奎曰:古有兴役济饥者,非其时耶? 乃募工修筑,量食支给,城工速竣而民赖以存"[4]。

学校等文教设施。学校的改造维修也是工赈中受关注的内容,如前文所说的张敷华"令府县大修学宫"。再如万历十七年(1589)赣州大饥,知府黄克缵"发仓以赈,更因旧学之制而新之,鸠工庀材,而以廪中余粟给役人食,民皆竞赴,不期月讫工"[5]。

其他工程。在救荒中工赈工程的选择均是因时因地,因此具有多样性。如万历十七年年南直隶大灾,南京的神乐观、报恩寺等通过工赈的形式进行了修缮。民间宗教设施的修缮也是受到鼓励的,"庙宇崇祀,民所乐从,惟准其募求,或多方鼓舞,明示以权宜之意,而兴作者亦无算矣"[6]。实际上,在救荒中工赈的形式应该不限于以上所述,如修桥补路之类被

① (明)黄秉石:《海忠介公传·抚吴第四章》,《海瑞集·附录》下册,中华书局1962年版,第564页。
② 参见(明)海瑞:《海瑞集》上编《开白茆河疏》上册,第233页。
③ (明)黄秉石:《海忠介公传·抚吴第四章》,《海瑞集·附录》下册,第565页。
④ 雍正《陕西通志》卷57下《人物三》,《景印文渊阁四库全书》第554册,第511页。
⑤ 雍正《江西通志》卷65《名宦·赣州府》,《景印文渊阁四库全书》第515册,第280页。
⑥ (明)孙绳武:《荒政条议》,《中国荒政全书》第1辑,第590—591页。

视为善举的活动以及其他的雇佣形式,因相关记载缺乏难知其详。

(二)工赈的实施

一项工程是否为以工代赈,关键看工程的建设者是否是灾民和劳动关系是否为雇佣。明代的工程兴建平时是采用徭役的形式来征集人夫,而工赈则不同,工程面对的是灾民,采用雇佣的办法。

但由于工赈没有统一的规定,均由地方根据情况实施,因此明代工赈虽然普遍,但规模、赈济钱粮的标准和工赈延续时间各有不同。下面通过万历时期宝坻知县袁黄的举行工赈的情况,概略观察一下明代工赈的实施过程。

一个地方是否举行工赈,首先取决于地方主官是否具有这样的愿望,尤其是在经济条件不好的地方。宝坻是明代京东的名县,但"地皆泽卤,不雨则成石,田不生粟,雨多则垄亩中帆樯集焉"①。袁黄上任时,宝坻已经多年水灾,"万历戊子(十六年),公下车,宝坻大潦五年矣"②。因此袁黄上任首要急务是救灾,而他也有这样的愿望,"本县旧有虞学士古堤一道,先经丁知县修辑,遂得数年不潦。今若因其遗迹,募穷民修筑,随着各有土地之家,量出粮食,既可以延穷民旦夕之命,又可以垂地方永久之利……今本县利害莫急于修堤,尤莫急于疏沟"③。一是现实的紧迫性,大潦之后,修堤疏沟势在必行;二是救饥民于旦夕;三是防止之后的水灾。袁黄的观点与明代其他主张工赈者基本相同,反映了这个时代人们的共同认识。

按照袁黄的筹划,此次工赈共涉及三项工程,包括"古堤一道,起自三岔口,至鲁沽止,长一百三十余里","又有县南一道通水旧渠,一向湮塞,理合浚治",此外,"西北小堤亦应修理,以防不虞"。三项工程均经过实际调查,是袁黄"自循行垄亩"之后确定的。④

关于工赈的经费,有几项来源。首先是县仓储粮,"先将县仓见贮蓟粮三百三十一石五斗一升内,留二百二十石给孤老、囚犯等项月粮外,其余粮一百一十一石五斗一升,悉发为雇工之费"。其次为捐助,包括本县官员和乡绅,"又本县各官俱各捐俸,以为士民之倡。随遇乡官苑囿、苑固、苑时葵等各量力捐助,远近士民闻风乐施"。袁黄没有记录此次富民们具体的捐助数额,但从他的汇总情况看,粮食可能超过五百石,银超过六百两。此外是其他形式的来源,"近堤之家则照地出夫,各随其愿"⑤,照地出夫,是解决资金不足的一个手段,使用较普遍,带有一定的摊派性质。所谓"近堤之家",指的是堤成之后的受益者,他们有义务参与修堤工作。这条原则,也是吕光洵在南直隶推行工赈时采用过的。值得注意的是,经费来源中没有赃罚之类,这主要是宝坻此项银两较少,"先生宽刑薄罚,初岁计赎金仅四

① 乾隆《宝坻县志》卷17《袁侯德政碑》,台北成文出版社1969年版,第912页。
② (明)袁黄:《了凡杂著》卷17《宝坻政书·感应篇》,书目文献出版社1988年版,第891页。
③ (明)袁黄:《了凡杂著》卷16《宝坻政书·救荒书·查议赈恤公移》,第838页。
④ 参见(明)袁黄:《了凡杂著》卷16《宝坻政书·救荒书·查议赈恤公移》,第838—839页。
⑤ (明)袁黄:《了凡杂著》卷16《宝坻政书·救荒书·查议赈恤公移》,第839页。

十三两五钱,积谷不如额者十之八九"①。

在资金落实后,对大堤、小堤派定负责人以及资金收发人员,并确定应募人役的报酬标准,每人每日助银三分或二分五厘,或二分一厘。工赈自万历十七(1589)年的"二月初一日起工,至四月二十七日始毕,约用过夫五万二千九百五十余,工银六百二十一两五钱七分,粮六百三十一石五斗一升"②。二月至四月正是青黄不接的时间,也是赈饥的重点阶段,明代工赈很多都选择冬春之际,就是这个原因。

这次历时三个月的工赈效果,史籍中讲"积水尽泄,遂获有年"③,而以用过夫役五万二千九百多的事实,说本次工赈全活五万若干人是完全可以的。宝坻工赈是地方财政不理想条件下实行的,反映了明代多数州县的情况,因此这个实例,对全面了解明代工赈很有意义。

四、明代工赈普遍化的原因

明代工赈在中期以后的普遍化有两个重要原因:一是资金来源有了更多渠道,二是对以工代赈的认识发生转变。

(一)工赈的资金问题

明代工赈的发展情况表明,其资金一是朝廷拨付,如何乔新的山西工赈、钟化民的河南工赈。二是地方自筹,包括赃罚银、耗羡银、里甲银等,此外还有劝输获得的钱粮等,这些是工赈资金最主要的几种来源。民间工赈的资金则是富民自助筹集。

朝廷的救灾资金一般很难获得,工赈主要靠地方自筹资金。号召富民捐助是明代筹集救荒钱粮的普遍手段,海瑞进行以工代赈时就用过富民史际所出赈济谷二万石,袁黄在宝坻工赈也进行过劝输。但劝输往往遇到效果不理想的情况,故一般是作为辅助方法。因此,在自筹资金中较常见的还是使用罚赎银两,或者称赃赎、赃罚等,即案件处理时的涉赃款物、罚款以及罪犯的折罪赎罪银两。

虽然明代赃罚银两规定大部分要上缴,但由于这部分银两并无具体额度,有很大伸缩空间,地方可以动用一部分,这项资金在地方事务中被十分看重。明中叶以后赃罚银两是地方财政的重要组成部分,其投入数量对工赈工程的规模有很大影响。

嘉靖二十三年(1544)海州大饥,知州王同于次年闰正月疏浚蔷薇河及境内运河,所用资金一是赃罚银,一是盐引银余银,"以赃罚银二千两浚蔷薇河十余里,以盐商积引余银五千六百两浚河运一百四十余里","饥民闻之,牵臂荷锸,日数千人欢呼赴事,不两月而功

---

①(明)袁黄:《了凡杂著》卷14《宝坻政书·积贮书·序》,第764页。

②(明)袁黄:《了凡杂著》卷16《宝坻政书·救荒书·查议赈恤公移》,第839页。

③(明)袁黄:《了凡杂著》卷17《宝坻政书·感应篇》,第891页。

成"。①盐引余银是由巡盐御史支配的,不属于地方资金,因此王同在工赈之前,就请求上级与巡盐御史共同商议资金问题,并获得支持。

海瑞开浚吴淞江所用经费大部分也是赃罚银两,"计将节年导河夫银、臣本衙门赃罚银两、各仓储米谷并溧阳县乡官太仆寺少卿史际义出赈济谷二万石,率此告济饥民,按工给与银米",所谓"本衙门赃罚银两",是指应天巡抚衙门审处案件时所得银两。此外他还请求"凡应天等十一府州县库贮,不拘各院、道诸臣项下无碍赃罚银两,听臣调用"②,即将南直隶所属地方的赃罚统一使用。海瑞的做法,在天启四年(1624)周起元巡抚应天府时仍被效仿,"于所属再搜括积欠导河银并赃赎,再查照往牍或量行募派,以奏其绩"③。

万历三年(1575)江西泰和县欲修筑破塘口长堤,巡抚潘季训、巡按赵耀令当地议处。有人"议请追完税契旧差银两,与富户赔纳虚粮之镪",或者向里甲摊派,但知县唐伯元坚持"以已自理赃罚暨巡道与大府张公符发重犯赎金"作为资金,即用县里的赃罚和按察官员、知府等所得罪赎资金来招募石匠,让他们转募远近饥民。此役"为日六百五十,筹较经费为白金若干,用人之力计三十余万工。然费皆取于罚锾,民不知财所从出"④。这个酝酿经费的过程,首先并没有议及赃罚,而是追讨税契等项银两以及摊派,这是地方官员的习惯做法,因为赃罚银在地方财政中有较多用途,要尽量缩减其使用范围。

明代罚赎银用于赈灾、备赈在宣德、正统时期就出现了,但用于以工代赈则在成化以后,这与工赈的流行时间是吻合的。明代工赈资金并不止是劝输所得和罚赎两项,一些地方的工赈所使用的经费来源还有多种。

万历八年(1580)御史林应训再开常熟白茆河,资金来源有三项:一是追讨拖欠的宗人府禄米银,"正供之赋有所谓宗人府禄粮者,民见谓可缓,而岁逋以为常,繄法宜追征,可得金三百四十有奇";二是侵占公用水道的民间田地、水塘所隐匿的租税,"民居并塘牟蚀水道,而租匿不入,繄法宜追夺,得金二万一千有奇,夫其追夺者民甘之矣";三是多余的练兵银,"适有江上练兵羡金,贮之润州,遂携取八百有奇"。资金解决后,"君则仿《周礼》救荒之意,募厥无馆者,即以工直给而赈之。躬率其属,早夜董督,殚神劬形,即胼胝不辞,即奸黠不惮,有舟车撬桐之遗风焉。凡再阅月,而工遂告成"⑤。

万历十年(1582)宁夏灾荒,陕西总督高文荐欲兴筑边堡,提请"动支主饷银二万两,召集流民","计工给食,以寓赈恤"。⑥宁夏作为边镇,经费渠道不如内地多样,欲兴工赈特别

① 参见(明)万选:《海州浚蔷薇运河记》,隆庆《海州志》卷10,《天一阁明代方志丛书选刊》第14册,上海古籍书店1962年影印本,第29页。

② (明)海瑞:《海瑞集》上编《开吴淞江疏》上册,第232页。

③ (明)周起元:《周忠愍奏疏》卷下《题为亟兴水利以备潴泄以救岁荒以裕国用事疏》,《景印文渊阁四库全书》第430册,第286页。

④ (明)陈昌积:《泰和修筑破塘口长堤记》,雍正《江西通志》卷132《记》第517册,第683页。

⑤ (明)严讷:《常熟县重浚白茆塘记》,(明)张国维:《吴中水利全书》卷25,《景印文渊阁四库全书》第578册,第951页。

⑥ 参见《明神宗实录》卷127,万历十年八月癸丑。

是规模较大的工程,动用饷银是情理之中的事。

此外还有使用里甲银、耗羡银的,"若里甲之类者,臣(林希元)在泗州盖尝支用,而不碍于赈济者矣"①。以上情况表明,明代工赈经费使用赃罚银最普遍,但其他来源也不少,基本是因地制宜,各显神通。这一方面说明地方缺乏稳定的救荒资金,另一方面说明地方在资金筹措上空间很大,地方政府在明代中期以后是可以筹集到相应资金的。这意味着,明代地方财政在这时已经发生变化,更具有施展的条件和余地,这也是以工代赈较明代前期流行的重要原因。

(二)工赈观念的转变

明中叶以后以工代赈的流行,还与人们观念的转变相关,工赈的积极意义逐渐被认识和强调。在明代对以工代赈始终存在着不同的声音,早在洪武时期徐垔在"大兴筑捍之役时",就有人认为"妨农劳民",徐垔回答"他役诚妨农,水不退则田不可耕,妨农孰甚焉?且令有田者量募贫力,饥人得哺,正所谓佚道使民,曷为劳哉!"②徐垔的观点也是后来主张工赈者的观点,但"妨农劳民"的指责一直没有消失。嘉靖时户部尚书许赞就说:"顷值岁凶,道殣相属……请敕各被灾地方抚按官员,严督所属,务撙费停工,简讼弛役,与民休息。"③

这种"与民休息"的观念,与"兴工作"自然不合,但其来源甚早。《周礼》十二荒政中就有"弛力"一项④,讲的就是与民休息,保护困难中的灾民。《周礼》的儒家经典地位,使其主张不仅流传广泛,而且难以怀疑。因此明中叶以后工赈的倡导者,既要回答经典中的问题,更要阐述工赈的益处。

嘉靖八年(1529)广东佥事林希元向朝廷进呈《荒政丛言》,这是明代荒政史上很有影响的一份文件。其中有"兴工作以助赈"一项,说道:"兴工役以助赈者,盖凶年饥岁,人民缺食,而城池、水利之当修,在在有之。穷饿垂死之夫,固难责以力役之事,次贫、稍贫人户,力任兴作者,虽官府量品赈贷,安能满其仰事俯育之需?故凡圮坏之当修,湮塞之当浚者,召民为之,日受其直,则民出力以趋事,而因可以赈饥,官出财以兴事,而因可以赈民。是谓一举而两得,于工役之中而有赈济之助者。"工赈有现实的需要,而通过工赈,既解决了官府的困难,也赈济了饥民,一举两得。随即,他对《周礼》的观点提出看法,"或曰'荒年财力方诎,凡百工力,皆当停止,故《周礼》荒政有弛力之令,今子乃欲兴工役,何也?'臣曰:'荒年工役之停止者,盖谓宫室台榭之类之可已者,若夫城池之御侮,水利之资农,皆荒政之所不可已者。府库之财自有应该支用而不干赈济之数。'"⑤他认为《周礼》的"弛力"是指停止那些无

---

① (明)林希元:《荒政丛言》,(清)俞森编:《荒政丛书》卷2,《景印文渊阁四库全书》第663册,第39页。

② (明)王鏊:《姑苏志》卷40《名宦》,第729页。

③《明世宗实录》卷134,嘉靖十一年正月甲戌。

④《周礼·地官·大司徒》:"以荒政十有二聚万民:一曰散利,二曰薄征,三曰缓刑,四曰弛力,五曰舍禁,六曰去几,七曰眚礼,八曰杀哀,九曰蕃乐,十曰多昏,十有一曰索鬼神,十有二曰除盗贼。"(汉)郑玄等:《周礼注疏》卷10,《景印文渊阁四库全书》第90册,第187页。

⑤ (明)林希元:《荒政丛言》,(清)俞森编:《荒政丛书》卷2,《景印文渊阁四库全书》第663册,第39页。

用的工程,而城池、水利用来防敌资农,不可以排除在外。

林希元的观点很有代表性,明后期其他论述工赈的观点往往采用之。如周孔教的《荒政议》直接借鉴了林希元的看法。"兴聚贫之工,凶年人民缺食,虽官府量加赈济,安能饱其一家? 故凡城之当筑,池之当凿,水利之当修者,召壮民为之,日授之直,是于兴役之中,寓赈民之惠,一举两得之道也","或曰《周礼》荒政,'弛力'居一;'筑郿新厩',《春秋》非之,兴工役何居? 曰《周礼》所禁、《春秋》所非者,盖使之而饥之也,今则使之而食之也。至于城池、水利,政莫大焉,大禹尽力沟洫,岂必三江五湖方有水利之可讲哉!"①

崇祯时陈龙正也是持"以工役救荒,饥民得食,公事亦赖焉"的观点,但对《周礼》"弛力"的看法则与前人不同,他认为"三代之时,工役稀少,又彻法普遍,沟洫时修,不待饥年始修水利也,直弛力役之征而已矣。后世井田既废,随处多可兴之水利,或兴之或修之,因以济民,一举而两便,可谓善通《周礼》之意者。"②他将"弛力"看作仅仅是三代时的措施,彼时田制等情况与后世不同,因而需要弛力,后世井田既坏,又不经常兴修水利,故工赈是必要的。显然,陈龙正没有把"弛力"作为后世救荒的一项原则。

由于人们对以工代赈的认识有了改变,明代后期的救荒建议中工赈成为常见的内容。嘉靖二十四年(1545)直隶巡按御史吕光洵在《修水利以保财赋重地疏》中,提出"略仿宋臣范仲淹以官粮募饥民修水利之法,行令有司查审应赈人数……有力者日给米三升,就令开浚",则"官不徒费,民不徒劳,所谓一举而两利者也"③。万历时,屠隆在《荒政考》中将工赈扰民的说法看做是拘泥不达的表现,"乃若范仲淹遇灾荒募民大修营造,而令饥者就工就食,世人不达,以为灾岁兴作扰民也,而不知饥民反赖以获济"④。而邓以赞的《救荒议》将"便工作"作为六项救荒措施之一,"夫圩者,低乡之生命,不可不修者也。事虽似缓,然今饥荒之时,预给工谷,而及秋责其成功,则修圩亦所以议赈"⑤。万历三十六年(1608)直隶巡按李云鹄的建议中提出"兴工作以寓赈恤","凡颓城郡邑,宜速出公储以兴工作,复禁出票以杜扰害,俾失业之人食力于朝夕,而少缓其须臾。则有形之险既成,而无形之险亦固,不赈之赈,亦救荒之一策也"⑥。

明人的这些认识,是对"妨农"观念的突破,突显了工赈的对于救荒的积极意义,从而为人们利用工赈救荒提供了理论依据,明代工赈的普遍化与此关系密切。

① (明)周孔教:《荒政议》,(清)载俞森编:《荒政丛书》卷4,《景印文渊阁四库全书》第663册,第70页。
② (明)陈龙正:《救荒策会》,李文海、夏明主编:《中国荒政全书》第1辑,第666—667页。
③ (明)俞汝为:《荒政要览》,李文海、夏明主编:《中国荒政全书》第1辑,第330页。
④ (明)屠隆:《荒政考》,李文海、夏明主编:《中国荒政全书》第1辑,第185页。
⑤ (明)俞汝为:《荒政要览》,李文海、夏明主编:《中国荒政全书》第1辑,第349页。
⑥ 参见《明神宗实录》卷449,万历三十六年八月戊寅;(明)董其昌编:《神庙留中奏疏汇要·户部》卷5,燕京大学图书馆1937年版,第12页。

五、明代工赈的评价与影响

明代工赈是中国古代工赈发展史上的一个阶段,表现出了其自身的特点,折射出明代社会的发展变化。工赈的实施,丰富了明代救荒的手段,产生了良好的救荒效果,也对后世以工代赈的发展奠定了基础并产生一定影响。

首先,成化以后工赈的逐步普及,是明代社会与经济变化的一种反映。明前期地方财政的固化限制了工赈的开展,而中期以后地方财政资源的多元化,为实施工赈提供了可能和资金来源。同时,富民的兴起,也为地方官员调动民间资源提供了新的途径,工赈带来的可预期效益,成为富民参与工赈的一项动力。此外,明中叶以后工赈观念的更新突破,一举两利的观点使"妨农"之类传统观念的存在空间受到压缩,思想得到解放。

其次,工赈是明代救荒措施中的后起者,丰富了救荒手段,对推动明代荒政的发展具有促进作用。明代工赈使大批灾民获得救济,如海瑞疏浚吴淞江"全活十三万人"等,同时兴建、修缮了一批工程,对农业发展、公共事业的开展有益。要说的是,工赈效果评估,比其他蠲免、赈贷等措施要难。一是相关记载不够全面或较笼统,如"全活无虑千万人"之类;二是统计数据中,往往将工赈成果放在赈济数额内,很难单独显现,如何乔新在山西"全活三十万人",既包括工赈,也包括直接赈济的受益者。尽管如此,从明代工赈逐步流行的趋势看,工赈效果受到当时人的肯定,即使如袁黄对所行工赈评价保守,"工役已毕,又无就食之资,四野惶惶,朝不谋夕"①,也表明在工赈期间灾民是有食物保障的。

明代的工赈是有局限性的,制度化建设没有发展起来。嘉靖时吕光洵请求"宜令所在有司检勘某水利害大,某水利害小,某水利最急,某水利缓。其最大而急者则今岁修之,次者明年修之,次者又明年修之。则兴作有序,民不知劳"②。但这种思想最终没有变成实际制度。人们基本还局限在"一举两利"的认识范围,其所举行的工赈工程对贫民救助的"持续性"还很有限,以发展生产和增加个人、地方财富的工赈活动极为少见,而这是后世以工代赈项目的一个目标。因此,明代的工赈还是传统意义上的赈济活动,与近代以来的以工代赈具有一定区别。

明代树立了工赈在救荒中的牢固地位,清代工赈继续沿着这一趋势发展,并达到一个新的高度。清康熙时期,工赈成为国家政策,并列入中央政府指导救荒的措施;乾隆时期工赈制度正式确立,清代工赈达到前所未有的水平。③

清代的以工代赈是中国古代工赈发展的高峰,蕴涵了一些近代工赈的元素。其中,预先规划的思想,突破了古代工赈的"临时"性质,更具计划性;而其政策中雇用"穷民"的思想

---

① (明)袁黄:《了凡杂著》卷16《宝坻政书·救荒书·查议赈恤公移》,第834页。
② (明)俞汝为:《荒政要览》卷2《奏议》,李文海、夏明主编:《中国荒政全书》第1辑,第330页。
③ 关于清代工赈的论文较多,本文主要参考了周琼:《乾隆朝"以工代赈"制度研究》,《清华大学学报》2011年第4期。

也是对"饥民"范围的扩大。进入近代以后,工赈在继承古代工赈的基础上,也有了重要的发展,就是在治标的同时,延伸到治本层面,灾荒发生时通过公共工程救助灾民,在平时则以此帮助贫困人口实现短期就业,以最终脱贫为目标。因此,近代以来的以工代赈虽然脱胎于古代,但已不是清代,更不是明代的工赈所能比拟的了。

原文载《安徽史学》2016年第6期

作者:张兆裕,中国历史研究院古代史研究所研究员

交通贸易与明代山东土地开发

成淑君

明代,是山东地区土地开发过程中一个承上启下的重要的发展变化阶段,但长期以来,并未引起史学界足够的重视。进入20世纪80年代以后,部分学者才逐渐有所关注。其中,尤以许檀与李令福两位先生的研究最为突出。他们分别著有专著《明清时期山东商品经济的发展》(中国社会科学出版社1998年版)和《明清山东农业地理》(台湾五南图书出版公司2000年版)。这两部著作虽对明代山东土地开发以及商品贸易对区域内不同地区土地开发的影响问题有所论述和涉及,但由于在时间上偏重于清代等原因,并未展开深入全面的论述。另外一些论文如从翰香的《十四世纪后期至十六世纪末华北平原农村经济发展的考察》(《中国经济史研究》1986年第3期)、陈冬生的《明代以来山东植棉业的发展》(《中国农史》1992年第3期)等,也仅是从个别角度对明代山东地区土地开发问题进行了阐述,而对影响其开发的因素包括交通贸易等论述甚少。

总体来看,有关明代山东地区土地开发问题的研究成果还不多,目前的研究还缺乏系统性和深入性。为此,笔者的博士论文《明代山东农业开发研究》对其进行了全面系统的探讨。[①]本文即是其中的一部分,在前人研究的基础上,首次深入分析了交通贸易在明代山东东西部地区土地开发过程中发挥的作用。不当之处,敬请专家学者批评指正。

交通与贸易是影响地区开发的两个重要因素,19世纪中叶烟台开埠以后福山县经济的发展充分印证了这一点,因此民国《福山县志稿》称:"物产之盛衰,关乎地方之贫富,而犹视转输之通塞以为消长,销路旺则营业多也。福山僻处海隅,无特殊之产,民生所务,耕织而已。烟埠通商,而寻常之蔬果、微末之工艺,竟有借此以致巨富者。"[②]对土地开发而言,交通贸易同样发挥着举足轻重的作用。

交通是经济的命脉,贸易的作用则在于互通有无,一方面将区域内多余物产外销,另一方面输入当地欠缺物资,形成双向交流。多余农产品如得以外销,有广阔的市场需求,利润所趋则必然刺激生产者的积极性,进而推动土地开发的进行。而欠缺物资的输入,又使当地居民安心致力于发展本地的优势生产成为可能,有利于因地制宜开发原则的实施。古人很早就已意识到商品贸易对于农业生产的积极作用,因此提出了"货殖通则农末相资"的主

---

① 参见成淑君:《明代山东农业开发研究》,齐鲁书社2006年版。
② 民国《福山县志稿·疆域志》卷一之三,烟台福裕东书局1931年铅印本,第2页。

张。①高王凌先生则指出：自古以来直至明清时期，制约中国农业经济发展的因素"主要是农业经济在供给上的相对狭窄性和需求上的相对有限性"，因此对中国古代许多欠发展地区而言，"其主要的困扰，不是粮产的不足，而是粮价低廉，销路有限，同时却没有新的优势可供发展。……这些，可能才是明清时期中国大多数地区所面临的主要历史性难题"。②明代山东多数地区农业生产迫切需要解决的难题之一正是"粮价低廉，销路有限"，这一事实在较大程度上阻碍了各地土地开发的进一步深入。而贸易的落后，又往往与交通不便有着直接的关联。

一、明代山东地区的交通与农产品贸易概况

山东地区地处华北平原东部，与辽东半岛隔海相望。从地形地貌来看，中南部山地突起，东部丘陵起伏，西部与北部则低洼平缓。明代，山东布政司共辖六府，从经济特色和地理位置来看，明显分化为东、西两大区：即地处东部沿海的青州、莱州、登州三府和地处西部运河沿岸的济南、兖州、东昌三府，也就是当时习惯所称的"东三府"和"西三府"。相对而言，东三府地区不论是在交通还是在贸易方面都同西三府存在着较大差距。

地处东部沿海的东三府，境内多为丘陵和山地，陆上交通极为不便。位于最东部的登州府，三面临海，陆上交通最为闭塞，"西境虽连莱（州）、青（州），而阻山界岭，鸟道羊肠，车不能容轨，人不能方辔"，人称"无一线可通之路"。③此种交通状况无疑极大地阻碍了它与其他地区的商贸流通，所以出现"僻在东隅，阻山环海，地瘠民稀，贸易不通，商贾罕至"④的局面也就不难理解了。

虽然陆上交通劣势极大，但东三府海岸线绵延近三千千米，所辖二十九个州县中，濒海州县占了近60%的比重，因此在海上贸易方面具有相当大的优势。早在隋、唐、北宋时期，登州、莱州、密州（即胶州）即已发展成为中国与国外进行贸易的重要港口。元代，海运的实行，使位于海运必经之地的山东沿海海上贸易得到了较快发展。入明以后，由于除个别特殊时期外⑤，明廷一直推行严厉的海禁政策，故山东沿海的海上贸易受到很大打击。

山东沿海海上贸易虽由于海禁而受到限制，但事实上商人私自贸易者仍不在少数，特别是嘉靖中叶以后。明代山东沿海海上贸易的路线主要为：或南下淮安，或北上天津或辽东。淮安至胶州段及莱州湾海仓口至天津段，商船一直往来不断，"岁无虚日"。从嘉靖中

① 参见（明）陶朗先：《登辽原非异域议》，康熙《登州府志》卷19《艺文志》，清康熙三十三年（1694）刻本，第15-25页。

② 参见高王凌：《经济发展与地区开发——中国传统经济的发展序列》，海洋出版社1999年版，第23、192页。

③ 参见（明）陶朗先：《登辽原非异域议》，康熙《登州府志》卷19《艺文志》，第15—25页。

④ （明）徐应元：《辽运船粮议》，康熙《登州府志》卷19《艺文志》，第15—27页。

⑤ 明政府在辽东或登莱等地发生饥荒时，往往短时间地解除海禁，以期通过贸易解决灾区粮食短缺问题。不过，每次饥荒过后，海禁政策随之也就恢复了。

叶开始，东三府沿海居民已全线冲破海禁禁令，至此自胶州途经登州海面至海仓口段的海上贸易也开始发展起来。故此，隆庆间山东巡抚梁梦龙上报说："查得海禁久弛，私贩极多。辽东、山东、淮、扬、徽、苏、浙、闽之人做卖鱼虾、醃猪及米豆、果品、瓷器、竹木、纸张、布匹等项，往来不绝垂二十年。"[1]胶州、唐头寨、诸城、日照等在当时都是重要的通商口岸。早在洪武初年，胶州就已是"商舶辐辏之地"。[2]隆庆间议行海运后，每年自淮安而来之商船在二百艘上下。[3]胶州的大豆是当时闻名远近的重要的贸易商品。[4]据明人记载，当时"胶之民以醃膘米豆往博淮之货，而淮之商亦以其货往易胶之醃膘米豆，胶西(指胶州)由此稍称殷富。……今虽有防海之禁而船之往来固自若也"[5]。每年二月至五月间汇聚于唐头寨的山东、辽东、天津等地商人"贩运布匹、米豆、曲块、鱼虾并临清货物，往来不绝"[6]。

由上述可见，米豆、水果、布匹等是明代山东沿海地区海上贸易的重要交易商品。不过，由于当时海上贸易仍属违禁贸易，所以贸易规模通常不大，"转运米豆南北互济，犹不过轻舟沿海赍粮百石而止，连樯大艘未尝至也"[7]。虽然如此，海上贸易的开展，对陆上交通极为不便的东三府而言，还是起到了一定的补充作用，或多或少促进了当地的粮食流通，因而也在一定程度上推动了当地农业发展与土地的开发。这种推动作用在清初厉行海禁期间明显地表现了出来，据载，当时因"片板不许入海"，沿海贸易受到很大影响，粮食流通受阻，结果出现了"禁海以后，谷贱民贫"的局面。[8]

与僻处东部沿海一隅，区域内多为山地、丘陵地形的东三府相比较而言，西三府在交通贸易方面具有得天独厚的优势。该区不仅多属平原地形，且处于北上南下的必经之地，由浙江、广东、南直隶等地北上途经山东西部德州、济宁、兖州、临清等处直达北京的驿路干线就有五条之多，而且临清、济宁等地周围还密集地分布着一些商路。[9]另外，贯通南北交通、承担着南北货物输送重任的大运河，也蜿蜒穿过境内。因此，无论是陆路还是水路，西三府之交通条件都远较东三府便利，所以时人指出：山东地区"西走赵、魏，北输沧瀛而川陆孔道并会德州、济宁、临清之间"。[10]相对便捷的交通条件，带来了相对活跃的商品贸易，该区之农业生产也因此大受裨益，各类农产品得以通过大运河等运销南北。在濮州，"(粮食)有余

① (明)梁梦龙：《海运新考》卷中《勘报海道》、卷下《经理海防》，《四库全书存目丛书》史部第274册，第376页。

② 参见道光《胶州志》卷22《列传二》，清道光二十五年刻本，第1页。

③ 参见(明)崔旦：《海运编》卷上《海运议上勘理河道熙泉何侍御》《船舶考》，《四库全书存目丛书》史部第274册，第420页。

④ 参见许檀：《明清时期山东商品经济的发展》，中国社会科学出版社1998年版，第194页。

⑤ (明)许铤：《地方事宜议》，万历《即墨县志》卷10《艺文》，《中国方志丛书·华北地方》第374号，台北成文出版社有限公司1976年版，第992页。

⑥ (明)梁梦龙：《海运新考》卷上《海道湾泊》，第350页。

⑦ 道光《胶州志》卷1《海疆图序》，第29页。

⑧ 参见光绪《日照县志》卷3《食货志》，《中国方志丛书·华北地方》第366号，第118页。

⑨ 参见杨正泰：《明代国内交通路线初探》，《历史地理》1990年第1期。

⑩ 参见(明)张瀚：《松窗梦语》卷4《商贾纪》，中华书局1985年版，第83页。

出以售他境,贸迁有无,资用不匮",州境及属县所产棉布多销往北直隶地区。①东昌、兖州地区出产的大枣、棉花,每年都吸引大批商人前往购买,随后销往各地,当地农民因此获利丰厚。②如没有便利的交通条件,上述物品的外销无疑将受到相当大的限制。另外,灾荒年份,因交通便利,西三府也较东三府容易从南方输入粮食以补充当地市场。据记载,万历某年,济南地区因蝗灾小麦歉收,该年小麦遂大量由南方贩至。③

明代,西三府人民已充分认识到大运河对地区发展所具有的重要意义,因此千方百计以维护大运河的地位。明中期,大运河因受黄河的冲击等原因经常淤塞,为了保证物资的顺利北上,不断有人主张恢复海运,在东部开凿胶莱运河。上述建议遭到多方面的阻挠,原因之一即是,许多人担心胶莱河一通,船只纷纷改道东行,"则临清一带,商贩自稀",经济随之衰落下去。④

二、东、西三府交通贸易相对欠发达对土地开发的限制

明代山东东、西部各地虽然均不同程度地开展了一些贸易活动,但总体来看,仍面临着因交通贸易欠发达而导致土地开发受阻的事实。这当中,东三府地区表现得尤为突出,而西三府各地则明显要好得多。

嘉靖间,山东副使王献即将登、莱土旷人稀局面的出现归因于"舟楫不通"。⑤该区由于陆上交通不便,海上贸易又受阻,结果导致农产品无法外销,而本地市场需求毕竟有限,为此粮食销售就成为困扰当地农民的一大难题。明人徐光启已注意到这一社会现实,称:"自秦皇帝,则挽黄、睡负海之粟矣。今登莱,则古黄、睡也,其菽粟狼戾,苦无所泄,民甚病之。"⑥每值丰年,家家粮食充足,市场基本处于饱和状态,故粮食虽低价出卖,尚不易售。而灾荒之年,当地缺粮,外地粮食又难以输入,遂导致粮价高昂,民不聊生。所以有人认为,登、莱两地,"地瘠卤,禾苗少熟",农业生产条件本身已较差,而交通贸易之不畅更可谓雪上加霜,所以"谷有余不能出给他郡以转资,不足不能求籴他郡,只以自给。故小熟则骤饶,小凶则坐困"。⑦三府当中交通贸易状况最差的登州府的情况最具代表性,"登属军民不但荒年逃,熟年亦逃也。故登民为之谚曰:登州如瓮大,小民在釜底。粟贵斗一金,粟贱喂犬豕。大熟赖粮逃,大荒受饿死"⑧。

明中期以后田赋折银的情况使东三府交通贸易于农业开发不足之局限更加明显。在

---

① 参见嘉靖《濮州志》卷2《食货志》,《天一阁藏明代地方志选刊》本。
② 参见万历《东昌府志》卷2《物产》;万历《兖州府志》卷4《风土志》,齐鲁书社1985年版。
③ 参见(明)张居正:《张文忠公全集》书牍7《答河道徐凤竹》,商务印书馆1935版,第336页。
④ 参见《明世宗实录》卷392,嘉靖三十一年十二月乙未。
⑤ (明)徐光启撰,石声汉校注:《农政全书校注》卷8《农事》,上海古籍出版社1979年版,第193页。
⑥ 参见(明)章潢:《图书编》卷37,《景印文渊阁四库全书》第969册,第762页。
⑦ (明)陶朗先:《登辽原非异域议》,康熙《登州府志》卷19《艺文志》,第15—25页。
⑧ 参见(明)许铤:《地方事宜议》,万历《即墨县志》卷10《艺文》,第991页。

折银征收的情况下,农民被迫先将自己土地上出产的农产品出售,换成银钱,这样无疑就多遭受了一重损失。因为通常每逢纳税之时,正是农作物收获不久、市场基本饱和时期,如此自然就导致了粮食出售的困难和廉价。另外,由于无法与外地进行广泛的商品贸易,致使东三府各地货币不足,银钱短缺。莱州府即墨县的情况正是上述情况的反映,该县由于"商贩不通,货重物轻",因此"每遇催科,□难枭谷。肩□背负,觅市投街,即大其斗升,减其价值,有竟日不售者"。①莱州其他地区,也面临着同样的问题,"僻在海隅,雅称□□□□,无通都大邑陆挽水输之利,廛廛仰哺于南亩,□□稍自给,乃不胜谷贱之病"②。明末清初学者顾炎武根据亲身经历也证实了这一点,其记载称:"往在山东,见登莱并海之人,多言谷贱。处山僻不得银以输官。"③而西三府则因贸易相对活跃、粮食流通相对便利,粮食价格相对较高。据文登知县孙昌龄记载,明末兵事繁兴,朝廷向登、莱等地大量派征米豆,为示优恤,特增其价,米豆每石加银二钱有余,但即使如此,"比之天津犹为大贱,比之西府亦为稍贱"④。显然,这与交通贸易状况是不无关系的。

农产品出售的困难及价格的低廉,势必削弱农民对土地开发的热情,因为其投入和收益并非成正比关系。应该说,农民在自己的土地上辛辛苦苦耕种庄稼,管理、收获只是完成了第一步,更关键的也许还是其后销往市场获取利润的环节。而相对较高的价格和高额利润都是要以农产品大量外销为前提的。莫尔豪斯在《土地经济学原理》中阐述了这样的观点:"与改现有土地的利用密切相关的,是消除妨害使它充分利用的那些障碍。其中最主要的就是运输的缺乏。有些生产性的资源缺少同市场联系起来的适当运输条件。有的地方的运费是那样的高,弄得充分利用土地无利可图;另有些土地并不完全适合生产,不过它们由于运输便利反而被利用了。"⑤妨碍土地开发的主要因素因时因地而异,因此上述观点显然有些绝对化,但它充分说明了交通贸易在农业生产中举足轻重的作用。同为美国学者的珀金斯也说:"无可怀疑的是,凡是产生过交易的地方,一定会提高按人计算的农业收入,使之超过中国农民那种实际上完全依靠他们自己资源的时代。交易会提高亩产量的说法也是有根据的。"⑥土地的收益决定了它的价值。明人谢肇淛已认识到土地收益与其价值及人们对其所持态度三者之间的关系。他发现:由于土地利息薄而赋役重,江南富商多不买田。江西、湖广、五岭之间,由于"百物俱贱,无可化居转徙"之故,导致米贱田多,人也不以田为贵。福建地区田赋轻,米价也比较适中,所以达官贵人争相购买田地。⑦上述现象充分表明:土地收益决定了它的价值,同时也决定了人们对它的态度,从而最终决定了它的开发

① (明)徐海:《□于大参条陈修城利病书》,乾隆《掖县志》卷6《艺文》,中国方志丛书本,第975页。

② (明)孙昌龄:《文登加派议》,民国《文登县志》卷7《名宦》,《中国方志丛书本·华北地区》第368号,第606页。

③ [美]伊利、莫尔豪斯:《土地经济学原理》,商务印书馆1982年版,第66页。

④ [美]德·希·珀金斯:《中国农业的发展(1368—1968)》,上海译文出版社1984年版,第122—123、152页。

⑤ (明)谢肇淛:《五杂俎》卷4《地部二》,上海书店出版社2001年版。

⑥ (清)赵国琳:《理陶五议》,光绪《定陶县志》卷10《艺文》,《中国方志丛书·华北地区》第30号,第700页。

⑦ 参见许檀:《明清时期山东商品经济的发展》,中国社会科学出版社1998年版,第143页。

程度。只有较高的利润回报才能激发农民对土地开发的积极性。在交通便利、贸易活跃的前提下，正所谓"民聚则粟贵，粟贵则农利，农利则地辟"①。

由于明代山东各地商品贸易总体的不够发达及全国范围内物资流通格局尚未形成等原因，导致了山东农产品等流通的局限性。上述状况不仅削弱了农民投身农业生产和土地开发的热情，而且也进一步限制了土地的开发。东三府自不必说，即便是交通相对便利、贸易相对活跃的西三府，就对土地的高水平开发利用而言，交通与商品贸易仍存在着较大的局限性。土地的高水平利用，一言以蔽之，就是要最大限度地发挥因地制宜的原则。与此形成对比的是：农民为满足自家消费而进行的自给性生产，"它往往不顾土地适宜与否而在很小的土地范围内进行多种甚而是'全面'的种植。……如果不顾土地是否适宜，不管哪一地区都既要种粮又要植棉，还要种植其他等等作物，这必然会大大降低社会的整体经济收益"②。而商品贸易的发展，会对传统自给自足的种植模式形成有力的冲击，有利于促进农产品的商品化，从而最终推动耕地向因地制宜的高水平利用方向发展。正如美国学者贝克尔所言，"自然条件对农业生产发展的影响，并没有随着科学和发明的进步而有所减轻，反而是加强了。农业中商品率的发展以及由此而来的各区域间的激烈竞争，使得任何作物的生产对于一个地方哪怕是最小的优点或缺点都是敏感的，从而以空前未有的速度引起作物分布或土地利用的改进"③。珀金斯也指出："商业能使个别农民集中精力于经营适应他的土壤或他的技能的作物（或手工业产品）。……专业化增加了他的效率。"④而明代的山东特别是东三府的交通贸易状况显然还不足以促进土地的优势化种植。

在上述情形下，明代山东各地的耕地基本仍处于多项种植的低水平利用状态，没有形成真正"单一经营"的优势生产。在这一点上，东三府表现得尤其明显。当时，该区虽然以种植对贫瘠土地有较强适应性的大豆和谷子为主，但农民为了满足自家生活所需，凡是土地上能够生长的农作物多多少少都种植了一些。⑤以棉花为例，该区各地多濒临大海，境内又多为丘陵和山地，故土地盐碱、瘠薄者居多。上述土地条件并不适宜棉花生长，但根据各种情况来看，棉花在该区各地还是进行了广泛的种植。⑥明代，该区之所以不顾本地土地条件种植棉花，很可能与明初的强制性植棉政策有很大关系。但是，并没有迹象表明此项政策明初以后仍在推行，而且自明中期以后，各地花绒、棉布等的征收也逐渐折钱交纳。所以说，明代东三府各地棉花的种植，更多的是基于小农自给自足自然经济的影响及地区间物资交流受阻的事实，而不是因地制宜做出的选择。这对土地开发而言是极为不利的，事实上，此举无疑是对土地资源的一种浪费。

---

① （清）赵国琳：《理陶五议》，光绪《定陶县志》卷10《艺文》，《中国方志丛书·华北地区》第30号，第700页。

② 高王凌：《经济发展与地区开发——中国传统经济的发展序列》，海洋出版社1999年版，第67页。

③ 杨云彦：《人口、资源与环境经济学》，中国经济出版社1999年版，第94—95页。

④ [美]德·希·珀金斯：《中国农业的发展（1368—1968）》，上海译文出版社1984年版，第147页。

⑤ 参见万历《青州府志》卷5《物产》。

⑥ 根据嘉靖《山东通志》卷8《田赋》《物产》及嘉靖《青州府志·田赋》、万历《莱州府志·田赋志》等的记载可知。

清代山东沿海经济的飞速发展充分反映了明代东三府交通贸易对其土地开发的限制。自康熙中叶海禁完全解除后,山东沿海贸易迅速发展起来,贸易规模和范围空前扩大,形成了北至东北、南至江浙闽广等大范围内大规模的物资交流。在此过程中,形成了各地较为明确的地区分工。山东向江浙等地输出大豆和豆饼,输入棉花,从东北输入粮食。①如此,山东沿海地区得以全力发展本地自明代以来已有的大豆及新兴作物花生等的种植优势,土地开发也随之进入了一个新的发展阶段。

明代,西三府虽借助境内平坦之地形及大运河交通贸易之便利等条件,土地开发总体而言较东三府各地深入不少,但还远远没有发展到促进优势种植的地步。如明代鲁西北平原地区初步形成的三大棉产区,在清代,随着商品贸易的进一步活跃,才在原有基础上得到大幅度发展,棉花种植也在很多地区占据了绝对优势,以至于取代了粮食作物的主导地位。棉花的大规模种植带来了较高的收益,因此在上述地区以棉花收成的好坏作为衡量"年之丰歉"的标准,就成为一种较为普遍的现象。②

三、明人改善东三府交通贸易状况的建议

明代,鉴于东三府地区土地开发等严重受阻于交通贸易的客观事实,部分官员特别是任职于山东地区的官员有针对性地提出了一些意见和建议,其中个别者还得到了一定程度的实施。

首先,不少人提出了解除海禁,实行海上自由贸易的建议。明末登莱巡抚陶朗先便是海上自由贸易的积极倡导者,他认为海上贸易的实行,必将推动山东濒海地区经济的发展,"诚令登、辽两地不为禁限,则商贾往来络绎不绝。不惟登辽边腹之间征贵征贱,人可使富。即青莱淮泗皆可与登辽转相贸易。则登州且为一大都会……何患户口之不殷繁,方舆之不充实也!"③万历时即墨知县许铤也认为,若准许海上贸易,实乃"为登莱赤子开一线生路"④。

另外,还有人主张开凿胶莱运河。明代之贸易海道与元代海运通道不同之处在于:元代海道多距离海岸较远,在大洋中航行;而明代海道则多"傍岸而行"⑤,故风险较元代要小。虽然如此,因路途遥远,风险仍然很大。为了缩减路程、减小风险,从元代开始,就有开凿胶莱运河之举。胶莱运河乃沟通北部莱州湾和南部胶州湾的人工运河。此运河如若开通,不仅可免绕行登州长途海运之险,而且还可省上千里之路途,既减少了路上风险,又大大节约了运费和时间,还可促进沿线地区的商品流通,可谓一举多得之盛事。因此,许铤坚信,胶莱河之开通,乃"百姓无穷之利,三齐百姓转泰之机"⑥。基于同样的想法,嘉靖中叶,山东副

① 参见许檀:《明清时期山东商品经济的发展》,中国社会科学出版社1998年版,第143页。
② 参见乾隆《夏津县志》卷2《建设志》,中国方志丛书本。
③ (明)陶朗先:《登辽原非异域议》,康熙《登州府志》卷19《艺文志》,第15—25页。
④ (明)梁梦龙:《海运新考》卷下《经理海防》,第377页。
⑤ (明)许铤:《即墨县图说》,万历《即墨志》卷10《艺文》,第975页。
⑥ (明)许铤:《地方事宜议》,万历《即墨县志》卷10《艺文》,第99页。

使王献向明廷建议开凿胶莱运河。得到批准后,立即组织施工。结果未等完工,即调他任,工程也随之搁浅。其后,由于运河沿线水源不足、地势开凿难度大等原因,直至明亡,虽屡议开通,而终未成功。

综上所述可见,明代山东多数地区均不同程度地面临着因交通贸易相对欠发达而造成的土地开发受阻的问题。具体表现为由于交通不便,贸易不畅,这一方面导致农产品价格低廉、出售困难,进而降低了农民投身生产的积极性,另一方面又限制了土地向因地制宜高水平利用方向的发展。这当中尤以东三府地区表现得最为明显。而东、西三府交通贸易方面的差距,显然是"六府大抵地广民稀而迤东海上尤多抛荒"[1]局面形成的重要原因之一。

明代上至朝廷,下至山东地方政府,在交通贸易制约山东地区土地开发这一问题上,可以说多没有意识到自身所应负的职责,更遑论有所作为了。当时,个别政府官员特别是山东地方官员虽已意识到问题所在,也有针对性地提出了一些改善的意见和建议,但多流于空谈,因此对现状基本没有什么改变。

原文载《史学月刊》2005年第8期

作者:成淑君,天津社会科学院历史研究所副研究员

---

[1] (明)沈一贯:《东省垦田疏》,陈子龙等编:《明经世文编》卷435,中华书局1962年版,第4762页。

明代军屯处所及管屯公署探略

——兼谈清代卫所与屯所关系及变革大势

肖立军

所谓军屯处所，是指屯田军余居住单元。[①]一般而言，若干军屯处所(包括相关屯田军余与屯地)构成屯所。目前学界对卫所及军屯的研究成果，可谓洋洋大观，王毓铨先生、南炳文先生、于志嘉先生和张金奎先生等对明代军屯均有集中研究；[②]近年受顾诚先生影响关于清代卫所及屯田演变的研究，成果丰硕。[③]不过由于选题及侧重点的缘故，部分问题仍有拓展的空间。从军屯处所角度对军屯及管屯公署进行探讨的专文似未见到，本文拟对相关问题略加考察。

一、关于明代屯所及军屯处所的个体规模

明代军屯在军事编制上主要是以百户所为基本单位进行管理，但具体管理如何呢？据笔者所经见的有限材料，权列下述三种情况稍加探讨。

(一)以百户屯为屯所

有的地方以一百户屯为屯所，如天津卫、天津左卫在兴济县(今沧县兴济镇)屯田有四十三"百户屯"，均以百户的姓命名，称"某百户屯"。四十三个屯所分布于县治北、东、南3个方向，离县治最近三里，最远五十里。其中，县治北分布较多，参见下表。

明兴济县治以北屯所分布表

屯所名称	距县治里数	屯所名称	距县治里数
冯百户屯	县北三里	王百户屯	县北三十五里
韩百户屯	县北八里	范百户屯	县北三十五里
周百户屯	县北八里	刘百户屯	县北三十五里
戴百户屯	县北十里	王百户屯	县北三十五里

---

① "军屯处所"的提法，在明清典籍中不乏其例，如明巡抚汪应蛟在《重地荐罹重灾疏》中提到，宁山卫管西屯指挥金事往获嘉"亲诣军屯处所"(汪应蛟：《抚畿奏疏》卷2，《续修四库全书》第480册，上海古籍出版社2001年版，第431页)；光绪《大清会典事例》卷276《户部·蠲恤·贷粟一》嘉庆十一年上谕中称"长安等厅、州、县并军屯处所秋收歉薄"(《续修四库全书》第802册，第415页)。王毓铨先生在提到屯所时，指出其主要含义是屯田百户所，此外也有"屯地处所"含义(王毓铨：《明代的军屯》，中华书局2009年版，第191页)。本文侧重于考察军屯居住单元或屯庄，所以采用了明清时军屯处所的提法。

② 参见邓庆平：《明清卫所制度研究述评》，《中国史研究动态》2008年第4期。

③ 参见杨晨宇：《清代卫所裁并研究综述》，《史志学刊》2017年第6期。

屯所名称	距县治里数	屯所名称	距县治里数
林百户屯	县北十二里	张百户屯	县北四十里
谭百户屯	县北十二里	只百户屯	县北四十里
王百户屯	县北三十里	孙百户屯	县北四十二里
刘百户屯	县北三十里	陈百户屯	县东北四十三里
周百户屯	县北三十里	曾百户屯	县北五十里
归百户屯	县北三十二里	吴百户屯	县北五十里
柳百户屯	县北三十二里	张百户屯	县北五十里

资料来源:嘉靖《兴济县志书》上《建置志·屯所》,《故宫珍本丛刊》第71册,海南出版社2001年版,第151页。

上表中,有几组百户屯距县治距离相当,可能是东、西错落分布的。总体来看,明兴济县治北大约每隔三五里有一个百户屯。

县治东边,距离县治三里、八里和十里各有一个百户屯,在这几处百户屯附近,距县治五里、六里、十里、十二里、十五里均有村庄分布,形成军民杂错居处的局面。[①]

在广西太平府(今崇左市)设太平守御千户所,其下十个百户所均设立屯所,坐落某村旁,每一屯所都有界限。如第十百户屯所,"坐落陀陵县(广西崇左市东北)那槎村",四至为"东(至卢村为界),南(至桥龙小江边为界),西(至小江为界),北(至土岭为界)"。[②]屯所以百户为单位,坐落于村落间,界限明确。

广东龙川县龙川守御千户所,"明洪武二十三年冬十二月,奉勘合于本县宁仁、广信、仁义等都设立六屯,曰白芒,曰马塘(俱仁义都),曰田心(宁仁都),曰上莒、曰兴隆(俱广信都),曰岭西(宁仁都)。俱纳本县际留仓,共屯种抛荒田一百九十三顷二十亩,每屯三十二顷二十亩。"[③]说明:第一,军屯是奉上级命令开展的,有统一规划;第二,各屯的地亩数基本相当,都是"三十二顷二十亩";第三,军屯地来自"抛荒田"。龙川县军屯最初记载是六屯,后改为五屯(马塘屯缺载)。五屯中的上莒屯,"在本县广信都,去县二百里。东至大佛岭,南至和平地方,西至蓝坑尾,北至本都。原额旗军田一百一十二分"[④],表明是百户屯,四至明确,另四屯情况相仿。

(二)将若干屯田百户所划片称一屯

直隶宁山卫,在河南获嘉、滑县、辉县等地分"东、西两屯",有时以千户总领。如"三卫

---

① 参见嘉靖《兴济县志书》上《建置志·庄村》《建置志·屯所》,《故宫珍本丛刊》第71册,海南出版社2000年版,第150、151页。

② 参见万历《太平府志》卷1《屯田》,《日本藏中国罕见地方志丛刊》第3册,书目文献出版社1990年版,第179—181页。

③ 嘉庆《龙川县志》第28册《屯田》,《中国地方志集成·广东府县志辑》第18册,上海书店出版社2003年版,第424页。

④ 嘉庆《龙川县志》第28册《屯田》,《中国地方志集成·广东府县志辑》第18册,第424—425页。

营始祖(陈)大林,原籍山东汶上县贾村社人,明永乐时以靖难功世袭直隶宁山卫中所正千户,理东、西两屯事。东屯驻滑县南六十里之干河营,西屯驻获嘉北之三卫营及辉县之九圣营"①。千户综领东、西屯,东、西屯各辖若干百户屯。

明末曾在西屯设武职管理。明巡抚汪应蛟在《重地荐罹重灾疏》中写道:"据宁山卫管西屯指挥佥事李先申,本屯军人张金等告称,金等领种屯田俱坐落获嘉等县地方,连遭凶荒,军民饥馑。卑职公同掌印千户薛宗文等,亲诣军屯处所。勘得本屯连伤久旱,日吼烈风,秋禾未及二寸,委俱旱死"②。此段材料透露:其一,卫指挥佥事管理西屯,掌印千户参与管理,此掌印千户可能是宁山卫中千户所或前千户所掌印千户,如在获嘉县北的西屯三卫营陈姓始祖陈大林为宁山卫"中所正千户",综理东、西两屯③,又据乾隆《获嘉县志》卷一〇记载,宁山卫在获嘉一带屯军"计十八百户"所④,分别属于中千户所和前千户所;第二,将西屯统称"本屯",以分布在获嘉等县的西屯为一军屯单位。

(三)屯军居住单元小于百户所

同一百户所屯军分散居住,呈现为若干军屯处所。如获嘉县及相邻辉县有十八个屯田百户所,但居住分散,有七八十军屯处所,多称"某某营",分布于县城东、东南、南、西南、西、西北、北等方向,据县城近者三里,远者五十里。其中,石家庄、宋家桥、南云门、薄壁镇、北沈家庄、焦泉等坐落辉县界内。⑤部分屯营名称带有卫所官旗烙印,如罗旗营、刘四旗营、南王官营、谢旗营、穆官营、军三卫营、北王官营、蔡旗营、冯官营、李千户营等。

据乾隆《获嘉县志》卷二记载,"屯营八十五所,皆宁山卫地屯田"⑥。十八百户分为八十五处,每百户分为四五处屯田营庄。其中有五处提"某(姓)旗营",一处提"刘四旗营",估计与总旗或小旗有关。个别军屯处所规模可能较小,与八十五屯营之一的"裴村营"有关之裴村观荷诗句——"绝爱裴村四五家"⑦,或许是其人户较少的写照。

其他地区,如川南"十军哨守则为堡,三家住种则为屯"⑧,辽东"有十数家为一屯者,有三二家为一屯者,势涣星罗,居无鳞次"⑨。在宁夏,正德八年以前的杨信堡,"为屯种军余十余家所居"⑩。在福建泉州,成化时屯田减少,"每屯之军多不过四十名,少止二十名而已。弘治末

---

①民国《获嘉县志》卷8《氏族》,《中国方志丛书·华北地方》第474号,台北成文出版社有限公司1976年版,第359—360页。

②(明)汪应蛟:《抚畿奏疏》卷2《重地荐罹重灾疏》,《续修四库全书》第480册,第431页。

③参见民国《获嘉县志》卷8《氏族》,《中国方志丛书·华北地方》第474号,第359—360页。

④参见乾隆《获嘉县志》卷10《官师附军卫》,《中国方志丛书·华北地方》第490号,第433页。

⑤参见乾隆《获嘉县志》卷2《城池附村屯》,《中国方志丛书·华北地方》第490号,第131—136页。

⑥乾隆《获嘉县志》卷2《城池附村屯》,《中国方志丛书·华北地方》第490号,第136页。

⑦乾隆《获嘉县志》卷2《城池附村屯》,《中国方志丛书·华北地方》第490号,第135页。

⑧(明)蔡献臣:《清白堂稿》卷14《云南左布政使发吾蔡公墓志铭》,《四库全书未收书辑刊》第6辑第22册,北京出版社2000年版,第433页。

⑨(明)顾养谦:《冲庵顾先生抚辽奏议》卷9《奉谕查勘灾伤地方》,《续修四库全书》第478册,第317页。

⑩嘉靖《宁夏新志》卷1《五卫·右屯卫》,宁夏人民出版社1982年版,第74页。

年屯军灾亡益众"①。说明在成化及弘治时期泉州的军屯处所中,屯军及屯地严重减额。

明代军屯屯所,从军事管理的角度讲,含义之一是屯田百户所,也泛指与卫所治所相对应的地方(包括屯军、屯地和屯庄等)。但是,从居住单元的角度讲,除部分地区为防御少数民族需要百户全伍集中居住、且屯且守外,很多地方屯军分散居住,形成不同规模的军屯处所。

二、卫所管屯官坐屯管理与在卫遥控

有关明代基层管屯官旗的记载,不绝于书,在当今学界也耳熟能详。不过,稍分层级的话,据笔者目前检见的资料,管屯卫所官旗似可分为四级:第一级,包括卫指挥、同知或佥事(后来则为管屯官或管屯佥书),此外也包括千户②;第二级,为百户或屯老③;第三级,为总小旗或后来的旗甲,以及屯长、屯头等;三级之下就是屯田正军或余丁,也可视为四级。当然,有的地方未必有这么多级别。

从卫城与屯所关系角度看,卫所管屯官对军屯管理途径值得重视。那么,卫所管屯官是坐屯管理,还是在卫遥控呢?

关于这一问题,从笔者所见有限资料看,管屯官既有坐屯管理的情况,也有平时在卫所、定期下屯督征籽粒的事例。万历间南直隶巡屯御史陈玉辉在提及飞熊、英武、广武三卫时疏言:

> 虽列在京卫,实与京卫大相悬绝。京卫世居都城,近在宇下,指臂相使,其势便。三卫世居池河,距京二百余里。虽鞭之长,欲及马腹,其势难。京卫屯戍,皆在长江以北,武弁非注卯不许渡江,即渡江不过旬日而返,其肆毒于军余有限。三卫武弁屯戍,世世比闾而居,土田之密迩,无日不眈眈虎视,其肆毒于军余无穷。京卫棋列星置,自武弁袭职而外,舍余各食其力,与屯所风马牛不相及也。故军余咸得以安其业。三卫屯戍,既受制于武弁,而舍余日益繁衍。三五为群,咆哮吓诈,触之者,未有不中以奇祸。故军多至轻去其乡。④

上述资料说明:第一,飞熊、英武、广武虽属南京京卫,但设于池河(安徽定远境);第二,

---

① 万历《重修泉州府志》卷7《版籍志下·屯田》,台湾学生书局1987年版,第647页。

② 参见(明)彭而珩:《乞修屯政疏》,(明)朱吾弼等:《皇明留台奏议》卷13《财储类》,《续修四库全书》第467册,第588页;(明)张岳:《小山类稿》卷17《杂著一·还乡事略付宓》,《景印文渊阁四库全书》第1272册,台湾商务印书馆1986年影印本,第496页。

③ 参见(明)施沛:《南京都察院志》卷14《巡视屯马职掌一·留台总约巡务类》记载:"近访得各该卫所官员,率多擅行占役,轮办月钱。或指帮贴操运,领驾快船,或指造册、工食等项名色,滥科使用。以致各千、百户及屯老、旗甲望风效尤。殃众妨屯,莫此为最。"《四库存目丛书·补编》第73册,齐鲁书社2001年版,第412页。

④ (明)陈玉辉:《武弁土居江北军余世被鱼肉疏》,《南京都察院志》卷33《奏议七》,《四库存目丛书·补编》第74册,第219页。

三卫武弁与本卫屯田军余，居住、田土相邻，而其他南京京卫不到过江征收籽粒时间不到屯所；第三，三卫的舍人，荼毒屯所的程度，远重于其他南京京卫。

又据崇祯《廉州府志》记载，"本州洪武年间设立屯田六十二顷，坐落城东厢新立乡、灵山县下东乡等处，拨钦州千户所百户二员，领军出种"[①]。这里的"本州"，指廉州府下钦州。从"领军出种"四字看，百户当离所下屯，统领屯军。说明管屯百户等，坐屯管理和在卫遥控两种情况都有。

总之，从目前发现的资料看，管屯百户等下屯常年督耕和定期赴屯所征收籽粒两种情况，至少分别在部分地区存在。管屯百户等屯官及其舍人凭借势力隐占屯地确有其实，且有不少属上等好地。

三、军屯处所设立公署以管理屯军及屯田

明代屯所的管理，是否设有公署或公所（即屯署）呢？百户等管屯官是在家中理屯，还是在屯署理屯？如果设立屯署，理应选择本卫所相应屯所的某一重要军屯处所。下面据所发现的资料分别予以考察。

（一）河南获嘉县之宁山卫屯署——似为明管屯千户视事之所

明代有关管屯武官公署或公所的记载，目前只发现只鳞片爪，其中之一是宁山卫屯署。据乾隆《获嘉县志》记载，万历七年（1579）知县张一心大修城池，本县王锡类《修城记》云：

> 万历戊寅岁（六年），邑侯纯菴张公莅获。明年谋缮城，命省祭官张士杰等分督其事。城工既完，独门未缮。会沁水决，罢工。辛巳秋，门工始既。明年十月，父老方崑等伐石，征余言，记成事。夫获乘废缺，城所经始暨终历缮修不可考，以余目睹者，敝甚矣。其狭则不可骑，夷可襄裳，而陧坯堞垩，饰雨辄损。每当使者阅视，为新之。秋夏之际，递新递损，且多责之。薄城居者不胜其扰。近年有议修城者，谓宁山卫屯署当城北，北面役宜屯众赞之。屯众与其长嚄然不平，而役迄未兴。乃我纯菴公将经始城工，先集军、民语曰：'夫今邑之室而处市而营，士而学曲直而讼者，军孰非半于民者，而城独可逭也。今缮城，其屯众有不共力趋役者，有罚！籍军、民夫役，漏脱者，有罚！役而怠事者，有罚！'于是乎军、民奋杵云集，声登登四彻，乃尔两月役完矣。视旧周增筑五尺，高半之。夫若干，军、民半焉……[②]

从上一资料看：其一，万历七年（1579）获嘉知县修县城，难度较大，动用了屯军和民

---

① （明）林希元：《奏复屯田疏》，崇祯《廉州府志》卷11《奏议志》，《日本藏中国罕见地方志丛刊》第25册，书目文献出版社1992年版，第175页。

② 乾隆《获嘉县志》卷2《城池》，《中国方志丛书·华北地方》第490号，第111—112页。参见民国《获嘉县志》卷2《建置上》，《中国方志丛书·华北地方》第474号，第76—77页。

夫;其二,宁山卫屯卒参与了北城工役,所谓"宁山卫屯署当城北",估计是指宁山卫在河南屯田分东、西屯,西屯中心在获嘉三卫营。据乾隆《获嘉县志》卷二记载,"军三卫营,去城二十里"①。民国《获嘉县志》卷八记载,"西屯驻获嘉北之三卫营"。所以宁山卫在获嘉的"屯署"当指宁山卫西屯,设在三卫营,在获嘉县城北二十里。此屯署,可能是管屯千户治所。②

(二)广东从化守御千户所"屯所署"——明代千户所署在清代的改称

据雍正《从化县新志》卷二《屯田志下》记载,"屯所署,在城东,深三十丈,广十丈。大门、仪门各一,嘉靖十年千户宁彬建。公堂一,万历十一年千户任肇鲁重建。因屯粮在番禺,所官移省就征,致署废。雍正四年裁所,粮归番禺县征解。"③从化县和从化守御千户所,建于弘治二年(1489)。④所谓"移省就征",当指移至距离屯所(在番禺县)更近的省城广州就近征收屯粮。

由上可知,从化守御千户所,设立于弘治间,嘉靖间建官署。清初强调卫所的屯田职能,所谓"屯所署"当为明代的守御千户所官署。后从化所署废坏,康熙五十七年(1718)移"移置所署在广城(广州)豪贤街"⑤,雍正四年(1726)裁千户所。

(三)金山卫屯署——清代管屯守备署

明代金山卫治在松江府小官场(今上海市金山区海滨)。屯所在卫治北百里外,其管屯屯署,据光绪《南汇县志》卷三记载,"金山屯署在周浦镇(明代建)"⑥。清顺治四年(1647),"设金山卫守备一员,掌卫印,专理七所屯田"⑦。按查屯田坐落上海、南汇两县者多,远隔卫城百余里,故历任守备皆居南汇所属之周浦镇,就近收粮。

南汇金山卫屯署,"俗呼金山卫署。清季卫官(守备)裁,署发卖"⑧。综合诸项记载,金山屯署明代建,又称金山卫署。清代金山卫掌印理屯守备在此办公。

(四)中潮所在湖南新化县之屯田"公局"——屯田处所入清后的集会所

明代贵州五开卫下属中潮守御千户所设立于洪武二十一年(1388)⑨,永乐二年(1404)在湖南新化县设立屯所,"共七十二户"。屯米折银及丁银,"每年卫遣差征收",即直接上交

---

① 乾隆《获嘉县志》卷2《城池附村屯》,《中国方志丛书·华北地方》第490号,第134页。
② 参见民国《获嘉县志》卷8《氏族》,《中国方志丛书·华北地方》第474号,第359—360页。
③ 雍正《从化县新志》卷2《屯田志下》,《中国地方志集成·广东府县志辑》第4册,第389页。
④ 参见《明孝宗实录》卷24,弘治二年三月己巳。
⑤ 雍正《从化县新志》卷2《屯田志下》,《中国方志集成·广东府县志辑》第4册,第389页。
⑥ 光绪《南汇县志》卷3《建置志·衙署》,《中国方志丛书·华中地方》第42号,台北成文出版社有限公司1970年版,第259页。
⑦ 乾隆《金山县志》卷8《兵防·屯田》,《中国方志丛书·华中地方》第405号,台北成文出版社有限公司1983年版,第342—343页。
⑧ 民国《南汇县续志》卷3《建置志·衙署》,《中国方志集成·上海府县志辑》第5册,上海书店出版社2010年版,第996页。
⑨ 参见嘉靖《贵州通志》卷5《公署》,《天一阁藏明代方志选刊续编》第68册,上海书店出版社1990年版,第672页。

五开卫。①

中潮所新化屯在明代是否有屯署或公所，未见记载。至清代，在新化县设有"公局"，据道光《宝庆府志》所引段起玲《中潮所碑》记载：

> 康熙二十年，我屯户其建公局于本县城毕家巷，以为卫差到县议事之所。标与本屯卢正公居住。至雍正七年，朝议将铜鼓、五开卫改县，令各屯就近归并，以一事权。于是七十二户之粮征入新化，而卫差之役免矣。后此公局虽存，无人管理。乾隆二十五年，卢正公之后又文，遂将屋基私与传价三十六两。有李鹏哉者，亦屯户也。侦其事，始闻知通屯，而又文无银归赎。遂公出原价赎还。顾屋小地窄，不称公所，因将老基变卖，得价九十六两。除赎价尚余六十两，买余姓地基一所，坐落东门内金家巷。时值价银一百四十两，业主余文任兄弟，乐捐六十两，尚该八十两，而余银不敷此数。于是除绝户不计，其现存屯户，照议老米起费，每石科银一两，补足地价，别建新局二栋，共费银三百两有奇，具规模视旧差强。但公家之事易于谋始，难于图终。当下屯之初，所谓七十二户者，号为帖骨亲，后几视同秦越。今起玲同首事余文观、李度远、陶廷正、许尊正、夏重琏复联合为一家，如见我祖荷戈释甲、聚首论事时景象，何幸如之！②

中潮所新化屯所人段起玲将新化屯称"我屯""本屯""通屯"，说明是同一屯所，不足一个百户所。该屯所在明代的公所情况不详，但是清康熙二十年（1681）正式在县城建"公局"一所。后由于卫所改入州县，卫差不再派遣，"公局"一度无人管理，房基出卖。乾隆二十五年（1760）众人集资，重建"新局"。

下屯之初，"七十二户者号为帖骨亲，后几视同秦越"，关系疏远。待公局重建，又"联合为一家"。至于公局功能，当主要用于岁时"毕集、修祀、燕饮"等③，虽然没有军事组织纽带，但同屯关系仍很密切。

（五）湖南九溪卫与永定卫屯署一度成为卫公署

湖南九溪卫在湖南慈利县西北九十里。其屯所在新安市，"明天启时建九溪征粮署于其地，名曰所厅"，又称"九溪卫屯署"。④康熙《九溪卫志》卷一《廨署志》记载，"卫城附近无屯田，皆远隔各所，不便输纳。明季因就所置署征收，得免道路险远、转输之失"⑤。说明九溪卫屯署建于天启年间，主要功能是征收屯粮。

---

　　① 参见道光《宝庆府志》卷33《氏族表二·勋卫》，《中国方志丛书·华中地方》第302号，台北成文出版社有限公司1975年版，第520页。

　　② 道光《宝庆府志》卷33《氏族表二·勋卫》，《中国方志丛书·华中地方》第302号，第520—521页。

　　③ 参见道光《宝庆府志·末卷中·摭谈二》，《中国方志丛书·华中地方》第302号，第2071页。

　　④ 参见同治《安福县志》卷8《公署》，《中国地方志集成·湖南府县志辑》第79册，江苏古籍出版社2002年版，第134页。

　　⑤ 康熙《九溪卫志》卷1《廨署志》，卓德元主编：《慈利县志校注》，内蒙古人民出版社2006年版，第1142页。

九溪卫屯所新安市的位置,据康熙《九溪卫志》卷一《疆域志》记载:"屯堡地名新安,其地离卫城三百余里,田地绣错。东与澧州连界,西与石门,南与武陵、桃源,北与公安、松滋各州县疆土参杂。军民交错……"①从这一记载来看,其核心当在今临澧县北新安镇。

除了征收屯粮以外,新安屯署一度代行卫署职能,屯署设立后,明末因卫城受到进攻,卫署毁坏,"嗣后竟居所廨,不在卫矣"②。此"所廨"即指屯署,屯署一度相当于卫署。

至清雍正八年,九溪"卫所均废"③,新安屯署改为"巡检署"。乾隆三十八年"移巡检驻九溪营城,以署址改建常平仓六座"。道光二十七年(1847),因火灾将新安常平仓归并到县城附近的常平仓。④

湖南永定卫情况差不多。该卫在"在慈利县西南"一百八十里。⑤屯所在今临澧县等地。据康熙《永定卫志》记载,曾于屯所设立"征屯行署",具体地点在襄阳街或裴家河,前后几次变化。⑥随着卫所改县,曾为屯署所在地的裴家河后成为临澧县(原称安福县)治所在地。

上述几处屯署或公所的事例,虽然是笔者在资料分散情况下发现的少数个案,带有偶然性。但是其背后反映了卫所及军屯兴衰。明代卫所同司府州县一样,也设立衙门;明代大兴卫所军屯,至少个别地区建有管屯公署(如宁山卫屯署);卫所至清代取消武职世袭,设守备等管理屯田(如金山卫守备);明代卫所在清代逐渐并入州县,屯所脱离原上级主管卫所,改隶所在州县,融入里甲村屯。

四、结论

综合全文,总结如下:

首先,明代屯军起初虽按卫所总小旗编伍成军,特别强调以百户所为屯所,或若干百户所为一屯。但是在很多地方,屯军分散居住,居住单元的规模小于百户所,形成若干军屯处所。

其次,明代卫所到屯田军余间似可分四级,分别是卫官及千户、百户、总小旗、屯军(后来是卫所管屯金书、屯老、旗甲或屯长、屯军或余丁)。屯军有时也承担其他任务,仅以屯田而言,分别对应县官、里长、甲长、民户。有的地方淡化百户一级,形成卫所管屯官——旗甲(或屯长)——屯田军余系列,大略为三级。已发现的资料表明,明代卫所管屯官,有的下屯管屯,有的在卫遥督,屯田授予旗、军,征收籽粒,卫官及千百户等负责屯田管理,但也占有屯地。

---

① 康熙《九溪卫志》卷1《疆域志·疆域》,卓德元主编:《慈利县志校注》,第1139页。
② 康熙《九溪卫志》卷1《廨署志》,卓德元主编:《慈利县志校注》,第1142页。
③ 民国《九溪卫志》卷1《沿革》,卓德元主编:《慈利县志校注》,第1176页。
④ 参见同治《安福县志》卷8《公署》,《中国地方志集成·湖南府县志辑》第79册,第134页。
⑤ 参见隆庆《岳州府志》卷6《军政考》,《天一阁藏明代方志选刊》第57册,上海古籍书店1963年版,第9页。
⑥ 参见康熙《永定卫志》卷1《建置》,张家界永定区委党史研究室2015年影印,第57—59页。

最后,明代卫所设有公署,千、百户所或建有独立官署,或者在上级衙署中辟出办公房间。明代屯所屯署的开设情况,资料发现较少,不过至少个别地区确有屯署。

明代屯所与卫所治所,是卫所两大主要基地。屯所由若干军屯处所构成,除了负责屯田(必要时屯田正军也被调守城)外,有的在特殊时期还是卫所治所人口的避难地,如湖南"九溪卫自明季天启元年,山贼窃发,诸蛮亦乘机骚扰,卫城孤立难守,各避归屯所"①。明天启时期九溪卫在屯所设立征屯署,当与"贼"乱卫城有关。在屯所设立"征屯行署"征收屯粮,卫城人口避难迁往屯所,屯署也兼有卫公署的象征意义。清康熙元年卫城等地"寇"乱渐平,流向屯所等地的卫城"四所原旧逃出者归集",人口又迁回卫城。②不仅卫所和原籍州县间军户人口有流转③,而且卫所和屯所间人口也有流转。

明代屯署及卫署的存废演变,反映了卫所军事职能的逐渐弱化、屯田(包括漕运)职能的维持相对较长。明中后期,从战守职能角度看,省镇营兵制逐渐兴盛。卫所衰落,但是其屯田多一度得以延续。这样,明末清初有的卫所公署闲废,卫所官公务渐少,只剩下管理军屯等任务,或是在私第管理屯田,或是租赁民房打理屯务。如广东从化守御千户所"因屯粮在番禺",所官移居省城广州,该千户所所署废坏,康熙五十七年(1718)迁署至广州城。广东增城守御千户所大约在明末"所署倾圮,荫职俱于私第作署,分理屯务"。到了清初"无署可居,(屯官)俱僦民房"④。山东靖海卫"卫署自明季坍塌,前官皆赁民房"⑤。

清初设卫所掌印守备管理屯田,其工作重心已在一定程度上转到屯所或军屯处所。因卫所治所与军屯处所多相距较远,所以有的守备就在核心军屯处所办公或大建屯署。如金山卫卫治,乾隆《金山县志》记为"今废"⑥,说明至迟乾隆时期卫治(即卫署)废坏。而金山卫守备设立后"皆居南汇所属之周浦镇"屯署。九溪卫卫署毁于明末清初"兵火",清顺治、康熙间四任掌印理屯卫守备皆对屯署捐俸修理,对卫署则听任其成为废墟。⑦永定卫情况相仿,而且康熙二十二年(1683)改建的襄阳街屯署,颇为壮观:"有内堂(三舍),仪正堂(三舍),仪门(三间),大门(三间),左、右书役班房(共八间),内书房(三舍),新围土墙,覆瓦涂粉,规模较前更为巍丽。"⑧该卫管屯守备"每岁"去卫城要"寓居民房"⑨,而其主

① 康熙《九溪卫志》卷3《寇氛志》,卓德元主编:《慈利县志校注》,第1168页。
② 参见康熙《九溪卫志》卷3《寇氛志》,卓德元主编:《慈利县志校注》,第1168页。
③ 参见张金奎:《明代卫所军户研究》,线装书局2007年版,第70—74页。
④ 康熙《增城县志》卷2《政治志·兵防》,《中国地方志集成·广东府县志辑》第5册,第54页。
⑤ 康熙《靖海卫志》卷1《形胜》,《中国方志丛书·华北地方》第3号,台北成文出版社有限公司1968年版,第8页。
⑥ 乾隆《金山县志》卷2《公署》,《中国方志丛书·华中地方》第405号,第122页。
⑦ 参见康熙《九溪卫志》卷1《廨署志·廨署》、卷2《宦绩志·宦绩》,卓德元主编:《慈利县志校注》,第1142、1152页。
⑧ 康熙《永定卫志》卷1《建置》,第58页。
⑨ 康熙《永定卫志》卷1《建置》,第59页。

要办公地点当在屯署①。

屯署有卫署象征意义，清初金山卫在南汇的屯署，"俗呼金山卫署"②。九溪卫在新安建屯署，康熙《九溪卫志·廨署志·廨署》记为"自天启年迁署于此"，意思是九溪卫城及卫署因战乱"难守"，新安所建屯署相当于将卫署迁到军屯处所。③永定卫军屯处所裴家河，在康熙十八年(1679)到康熙二十二年一度作为屯署所在地④，康熙二十二年迁回襄阳街。但是，雍正七年(1729)户部等衙门议覆原任湖南巡抚王国栋奏疏，建议九溪、永定卫改县，新设县"请于永定卫原驻之裴家河地方建立衙署"⑤。得到皇帝批准，不久定名安福县(后改名临澧县)。清朝君臣将永定卫屯署原驻地裴家河称为永定卫"原驻"地方，将屯署驻地指为卫驻地。

已发现的部分屯署记载表明，清初屯署相对受重视，与某屯署相对应的卫署逐渐边缘化乃至无存，仅就所见资料似有一热一冷之迹象，但卫城的绿营官署势头正盛。顺治三年(1646)十月，兵部奏准，"指挥、千、百户名色，既已尽裁……每卫设掌印官一员，兼理屯事，改为卫守备……卫军改为屯丁"⑥。卫所屯丁一度承担部分守城任务，后来被绿营兵取代，如九溪卫顺治七年设"哨官四员"，屯丁一百七十六名"看守门铺"。康熙二十三年(1684)取消哨官及屯丁，所谓"汰指挥等官及城守军丁一并归农"⑦。康熙间本卫设协镇一员，中军守备两员，把总四员，统领绿旗官兵"驻防卫城"⑧。永定卫在顺治初虽裁卫所官军，但"存留屯丁"一百八十名，设哨官四名统之，负责"协守卫城""催赞屯粮"等。康熙二十三年户部议准取消哨官、屯丁⑨，以绿营官兵防守，"设游击一人，统坐营守备、千、把等官军防守卫城"⑩。全国卫所屯丁退出守城的时间不一，或有反复，但是大趋势如此。⑪卫军改屯丁，主要负责屯田，绿营兵负责防守。随后屯丁多归入州县民籍。

已发现的卫所屯田公署相关零星个案资料，虽难以透露明清卫所屯署的方方面面，但却凸显了明清卫所归入州县、屯所融入里甲村社、卫所军事职能转给绿营兵的趋势，尽管这些转变并非一蹴而就。军事战守任务在明代逐渐由省镇营兵承担，入清后则有绿营和八旗

① 参见同治《续修慈利县志》卷7《名宦·李时培》，《中国方志丛书·华中地方》第290号，台北成文出版社有限公司1976年版，第745页。

② 民国《南汇县续志》卷3《建置志·衙署》，《中国地方志集成·上海府县志》第5册，第996页。

③ 参见康熙《九溪卫志》卷1《廨署志·廨署》、卷3《寇氛志》，载卓德元主编：《慈利县志校注》，第1142、1168页。

④ 参见康熙《永定卫志》卷1《建置》，第58页。

⑤《清世宗实录》卷88，雍正七年十一月己卯。

⑥《清世祖实录》卷28，顺治三年十月乙未，中华书局1985年版。

⑦ 康熙《九溪卫志》卷1《战守志·战守》、卷2《屯丁闲丁志·屯丁闲丁》，卓德元主编：《慈利县志校注》，第1141、1144页。

⑧ 康熙《九溪卫志》卷1《建置沿革志·建置沿革》《战守志·战守》，卓德元主编：《慈利县志校注》，第1138、1141页。

⑨ 参见康熙《永定卫志》卷2《丁徭》《田赋》，第94、89页。

⑩ 康熙《永定卫志》卷1《建置》，第57页。

⑪ 参见毛亦可：《清代卫所归并州县研究》，社会科学文献出版社2018年版，第258—263页。

兵。明代卫所军屯以及部分地区的关营屯田和卫丁寄庄,主要任务之一是种地纳粮,到了清初尤其明显。而且随着时间推移军屯屯地出佃和被侵占情况比比皆是,有的地方屯田者"非应募白徒,即他所军余耳"①。屯田早已失去了明初耕守结合、军民相参、犬牙交错的本意。从种地纳粮角度看,卫所屯军与百姓类似,加之其他因素,也就决定了卫所归并州县是大势使然,只是如何操作、多久实现的问题了。

原文载《史学集刊》2019年第5期

作者:肖立军,天津师范大学历史文化学院教授、博士生导师

---

① (明)张肯堂:《㟆辞》卷10"宁山卫东屯百户徐缺下军地丈量一案",台湾学生书局1970年版,第561页。

明代宗族祠庙祭祖的发展

——以明代地方志资料和徽州地区为中心

常建华

一、引言

关于明代宗族祠庙祭祖的发展问题,我曾从祭祖礼制的角度对明代家庙令最早制定的时间、胡秉中建议的时间、嘉靖十五年(1536)家庙及祭祖制度的出发点和内容进行了考订,指出"议大礼"的推恩令允许庶民祭祀始祖,客观上为宗祠的普及提供了契机。[①]陈柯云、赵华富论述了明代中后期徽州宗族祠堂普及的事实。[②]日本学者井上彻也考察了"议大礼"与家庙制度的改革,并研究了依据《家礼》制定的明朝家庙制度和程颐、朱熹见解的关系。[③]铃木博之认为:基于《家礼》的祠堂未成为明代一般的倾向;明代以祭祀始迁祖为中心祠堂群的存在,多从《家礼》以前的古老时期寻求渊源;在徽州府,宗祠的丛生是在嘉靖年间。[④]以上的研究列举了明朝人建立祠堂、家庙的一些事例,尚未能从总体上反映出有明一代祠庙祭祖的时空分布,对于明代宗祠发展的动因,也持不同见解。鉴于此,我将以祠庙祭祖研究中很少利用的明代地方志为基本资料,结合明人文集、族谱等资料,全面考察明代祠庙祭祖存在状况,以及方志编撰者和建祠者的相关看法。

二、明代风俗志记载祠庙祭祖的一般情形

明代地方志对宗族祠庙祭祖的记载主要集中在风俗志的祭礼和岁时节日部分。祭礼部分记载祭祖礼仪实施情形,涉及祠庙的设置状况;岁时节日部分有节令祭祖活动的记录。下面我们就这两方面分别论述。

---

① 参见常建华:《明清时期祠庙祭祖问题辨析》,《第二届明清史国际学术讨论会论文集》,天津人民出版社1993年版,第233—246页。

② 参见陈柯云:《明清徽州的修谱建祠活动》,《徽州社会科学》1993年第4期;赵华富:《徽州宗族祠堂的几个问题》,周绍泉、赵华富主编:《1995年国际徽学学术讨论会论文集》,安徽大学出版社1997年版。

③ 参见[日]井上彻:《夏言の提案——明代嘉靖年间における家廟制度改革》,《中国における歴史と歴史意識の展開についての総合的研究》(研究成果报告书),东北大学文学部1994年版;《祖先祭祀と家廟——明朝の対応》,《文経論叢》第30卷第3号,弘前大学文学部1995年版。

④ 参见[日]铃木博之:《明代における宗祠的形成》,《集刊東洋学》第71集,1994年。

（一）从祭礼看宗族祠庙的设置状况

先看京师，辖有今天的北京、河北省。顺天府是首善之区，多有士大夫。万历《顺天府志》卷一《地理志·风俗》记载："祭礼：士大夫庙祠如朱文公《家礼》；民间朴野，唯岁时市阡张焚于道，寒食持酒肴哭于坟上。"可见该府士大夫建有家庙、祠堂祭祀祖先。不过该府隆庆《丰润县志》卷三《地理志·风俗》记载："祭礼：士大夫四时祭毕，合族人宴饮为会，拜扫亦如之。"未提到士大夫是否建有家庙。京师其他地区地方志则反映出士大夫建庙极少，嘉靖《广平府志》卷一六明确指出："士夫家多无祠堂，惟奉先世神主于寝（知礼之家作木椟盛神主，凡祖考妣、考妣及有伯叔者共盛一椟，有椟中高下间隔者；乡人多画家堂供养，亦无神主）。"显然，该府有祠堂的士大夫是少数。而嘉靖《隆庆志》卷七《人物·风俗附》说："其祭扫也，清明、中元、下元谓之鬼节，则携酒、果、肴、纸、烛，男妇俱诣祖茔行礼焉。"只谈到扫墓，未涉及祠庙祭祖，也表明当地祠庙祭祖不盛。

再看河南。开封府的地方志记载祭礼较多，嘉靖《通许县志》卷下《人物·风俗附》讲到祭礼时说："吉祭于清明、七月十五日、十月一日，祀于先垄，大族用伎乐，祭既而饮，竟日乃归。自提学陈公降祭式，命各学行礼，乃有祭主于家者。"可见当地墓祭是传统的，家祭是后起的，是地方官提倡的结果。嘉靖《太康县志》卷四《礼乐》记载："祭：四时祭先主及墓祭行《家礼》，士夫家一二举行；乡民岁时墓祭，多用释道文疏、设食奠酒、焚纸钱、叩首而已。"这里只有个别士大夫根据《家礼》祭祖。嘉靖《尉氏县志》卷一《风土类·风俗》记载："祭：祖先随时随事祭告。"未及祭告场所。嘉靖《许州志》卷七《典礼·风俗》则说当地："又重墓祭，而祠堂亦渐设云。"除了传统的墓祭外，祠祭在增加。在汝宁府光州，嘉靖《光山县志》卷一《风土志·风俗》记载："祭：士大夫家有祠堂，无则祭于正寝之中堂，春秋有墓祭，其礼节除士大夫外，多随时俗行之。"光山的士大夫依礼在祠堂祭祖。嘉靖《商城县志》卷六《典礼·乡仪》也记载："祭礼：按朱子祭礼主于尽爱敬之诚，贫则称家之有无，疾则量力而行之。力可及者，自当如仪。今庶民之家鲜克由礼，遵式厚俗，当自士夫始。"从要求士大夫以身作则来看，士大夫祠庙祭祖是不会多的。

士大夫祠庙祭祖也见于其他北方的地方志。崇祯《历乘》卷一四《风俗纪》记载山东济南历城县的情形："祭：士大夫有家庙，设主于中，祖考龛椟，依次附焉，累世不祧；凡遇祭期，则刑鸡以荐。或诣墓侧奠之，即贩夫贩妇亦知负楮锭而往。诗云'清明祭扫各纷然'，历俗尚有之。"在陕西，万历修西安府同州《续朝邑县志》卷四《里俗》说："乡人祭于墓，士大夫起祠堂，墓祭亦不废。"以上朝邑、历城二例证明当地士大夫在祠堂、家庙祭祖，而乡人庶民则谒墓祀先。嘉靖《平凉府志》卷二记载："成化中，我先祖平谷君天锡，与先正大名通判桑君桂、知县彭君会，率同志诸友，创移风社，行之七十余年，通古宜今。时春自庚寅而归，以乞于今，冠婚丧祭，率由先正，本于朱文公者为多，而稍正《仪礼》《曲礼》《小雅》之文。立祠堂略仿昭穆序祔之意，而先仁者祭于所居之寝堂，俟夫终而后入祠序世也。"这里士大夫建祠祭祖以移风易俗。

以上考察了北方的祭礼，下面继续考察祭礼在南方的情形。

江苏、安徽在明代隶属于南京，是第二政治中心所在地。在应天府，嘉靖《六合县志》卷二《人事志·风俗》记载："祭：荐祭多不能如礼，惟三月清明、七月望、十月朔、冬至、除夕通祭祖先。"讲的是民间的一般情形。凤阳府，嘉靖《定远县志》卷一《风俗》说："祭无祠堂，惟于所居正室中间设案置主，而以岁时供祀，其礼有祭无荐。士夫之家则设有祠堂，祭荐兼举。"明确指出士大夫祭祖在祠堂进行。而该府嘉靖《寿州志》卷一《吉凶礼》在冠、婚、丧诸礼记载了缙绅的实行情况后，接着讲祭礼："四时无庙祭，有墓祭。"未提缙绅，可见当地无论庶民还是士大夫均未设家庙。扬州府，嘉靖《通州志》卷二《风俗》记载："祭：人家只于节序献先，鲜行时祭之礼，惟墓祭犹近古也。其奉先惟士大夫家有祠堂、有题主，余皆以纸牌列祖宗厅北，杂祀鬼神而已。"士大夫与庶民祭祖地点明显不同，前者在祠堂，后者于家中。嘉靖修属县《海门县志》卷三《风俗》也记载："祭：士夫家多建祠堂，主式仿《家礼》，四时设奠，清明、十月朔复有墓祭。"进一步证明该州士大夫建祠堂具有普遍性。苏州府，弘治《常熟县志》卷三说："祭：洪武三十一年四月内节该钦奉教民榜，父母生身之恩至大，其鞠育劬劳，详载《大诰》。今再申明：民间有祖父母、父母在堂者，当随家贫富，奉养无缺；已亡者依时祭祀，展其孝思。"该志号召民间祭祖，表明祭礼的不行。徽州府，嘉靖《徽州府志》卷二《风俗志》记载当地："家多故旧，自唐宋以来数百年世系比比皆是。重宗义，讲世好、上下、六亲之施。村落家构祠宇，岁时俎豆其间。……歙、休丧祭遵文公仪礼。"另据该府万历《祁门县志》卷四《人事志·风俗》记载："家有祠，岁时俎豆燕好不废。……丧祭多用文公礼。"徽州府以祠堂祭祖为普遍，祭礼受到朱熹《家礼》的影响不小。

江西。嘉靖修南昌府《宁州志》卷一三《风俗》总说当地礼仪："分宁吴楚之交，俗多类楚，近世士大夫家冠婚丧祭，悉行文公《家礼》。"建祠祭祖自然也包括在内。万历《吉安府志》卷一一《风土志》记载："故家世胄族有谱、家有祠，岁时祭祀必以礼。"临江府，崇祯《清江县志》卷一《舆地》也说："邑多巨族，乡村聚族而处……宗祠及公众赡差之田，得古之遗。"可见吉安、临江地区聚族而居，宗族建有祠堂祭祖。天启《赣州府志》卷三《土俗》记载："四时之祭，杂以乡俗，不纯用古。"未明确指出是否设立祠堂。嘉靖《南安府志》卷十《礼乐志》专门讲到祭礼："凡祭，古有大夫五祀、庶人先祖之礼，其仪俱在，知礼者以时行之（大小宗祠堂，惟南康为讲，上犹一二姓为然）。"关于南康宗祠祭祖的具体情况，嘉靖《南康县志》卷四《礼制》说："祭礼：士庶家多立祠堂（无者祭于寝），一依朱子《家礼》行之。清明、中元、冬至合族人于祠致祭，惟冬至祭始祖、立春祭先祖、季秋祭祢，尚未有定论。其仪文简略、合祭太数，当议而正之。"这里不仅士大夫祠祭先祖，庶民也建祠祭祖。建祠依朱熹《家礼》，而祭祀则采纳程颐的说法，修者对其祭祀持保留态度。

湖南。长沙府，嘉靖《茶陵州志》卷上《风俗》记载："祭礼不备，士大夫家间举古礼行之。"万历《湖广总志》卷三五《风俗》分府介绍，有两处言及祭祀问题。常德府条说当地："正寝中堂比比多列佛老及诸神像，或镂或绘，务为繁侈，且夕供祀致虔；至其祖先神位，则杂处

114

其间，或列于其旁，此其俗所当先正者也。"衡州府条说永明县"族有长，祭有宗，颇有古意。"上述资料表明，永明县、茶陵州的宗族或士大夫行祭礼，而未提祭祀场所；至于常德府，民间家祭是一种多神崇拜。总之，湖南的祠庙祭祖不盛。

浙江。杭州府，万历《余杭县志》卷二《风俗》说："祭则家各异时，忌日无论贫富皆行之，清明日具牲醪率男妇拜墓，祭毕饮胙。"谈的是百姓时祭情形。嘉兴府，崇祯《嘉兴县志》卷一五《里俗》记载："祭祀自岁时馈奠外，每寒食率妇子一诣坟堂，挂纸钱、洒麦饭，以寄哀思，亦有于十月朔再举者。"文中的所谓"坟堂"，即建于墓所的祠堂，这里以墓祠祭祖。该府万历修《秀水县志》卷一《舆地·风俗》进一步区分了家庙和宗祠的不同："士大夫家庙木主，大都高曾祖祢为四亲，岁时、伏腊、忌辰奉主祭于中堂，鸡、豕、鱼、菽荐以时果，仪用三献，祭毕还庙，吉凶事皆告庙。其一二世家或别建祠宇，祀先世之功德显著者，有加笾。清明、十月朔祭墓。"这种世家大族择地另建祭祀高祖以上先世祖宗的祠宇，实为宗祠。湖州府，崇祯《乌程县志》卷四《风俗》记载："祭礼：民间只随俗举行，清明墓祭亦皆相率致敬，士夫家有建祠合祭者。"所谓"建祠合祭"，当是指祭祀高祖以上祖先的宗祠，而非一般意义上等同于祭祀高曾祖祢家庙的祠堂。嘉靖《武康县志》说："岁时祀先，多无家庙，仪亦简略。"反映出当地有少数建家庙祭祖者。绍兴府，嘉靖《萧山县志》卷一《风俗》记载："祭礼：岁时设馔于中堂，长者在前，历序亡者私谥，子弟罗拜于下，惟初丧亦行献礼。"未及祠祭问题。而万历《新昌县志》卷四《风俗志》说当地祭礼："其始祖祠堂以冬至日祀之，古礼也，但宗法未行耳。"表明这里建有祠堂祭祀始祖。台州府，万历《黄岩县志》卷一《舆地志·风俗》记载："族稍大，则置祭田、建宗祠，以为世守。"当地的宗祠设立十分普遍，已不分士庶。

福建。兴化府，《闽书》卷三八《风俗志》引弘治《福建通志》："莆人以是日具牲醴荐角黍先祠毕，长幼序宴饮。"可知莆田人祭祖是在祠堂进行。嘉靖《建宁府志》卷四《风俗》记载："祭礼：士大夫家间有行四时之祭者，民家则以岁时祭之。"该府士大夫家有以礼祭祖者，当是在祠堂进行。邵武府，嘉靖《建宁县志》卷一《地理·风俗》说："旧俗……祠堂不立，神主止设纸轴，书昭穆香火数字，甚至惑异端，刻观音、祖师像以祀。嘉靖二十三年，知县何孟伦深耻流俗失尚，思欲返而还之，以为古礼不复则敝俗不革，乃制谕俗文。首先申明使之敦厚伦理，次率士夫家举行冠婚礼……家堂之祭，准以文公《家礼》，参酌浦江郑氏，刊为图式，家喻户晓，尤谆谆于孝敬哀思之数言，故今政教甄陶，民俗归厚，而复古之机端有在矣。"何知县倡导的家堂，近似朱子祠堂之制，对当地的祭俗应有影响。漳州府，嘉靖《漳平县志》卷四《风俗》记载："中元祀祖于家庙，民家颇重之，长至惟行公礼，私家饮米圆供先而已。"在家庙祭祖这里具有普遍性。

广东。广州府，万历《广东通志》卷一四说该府连州："故家巨族克守祭田，每遇蒸尝，亲疏毕集，衣冠典雅，仿佛中州。"嘉靖三十五刊《惠州府志》卷五《地理》记载："祭礼：旧四代神主设于正寝，今多立祠堂，春秋祭祀，一依朱文公《家礼》，遇忌日素服具奠。乡曲多重墓祭，惟时节奉荐而已。"惠州府是在嘉靖后期普遍建祠的。潮州府，嘉靖《广东府志》卷一八《风俗》说潮州府:"士族之家又多重丧祭,营居室必先立祠堂,置祭田以供祀事。"士大夫家族立祠祀先较多。不过该府嘉靖《大埔县志》卷七《礼乐志·民俗》则记载:"祭礼:祠堂之祭,一二士夫家间有行之者,余皆俗节奉荐而已。"大埔进行祠祭的士大夫极少。

由上可知,明代地方志对祭礼的记载南方多于北方,这是祭礼的实行南方较北方为盛的反映。地方志祭礼的内容证明,庶民一般有传统的墓祭习俗,士大夫还要实行属于精英文化的祭祖礼仪。祭祖礼仪包括在正寝祭祀和祠堂祭祀,基本上依据朱熹《家礼》实行。依礼仪祭祖,特别是建祠祭祖,成为士大夫的行为特色。居乡的士大夫不仅自己实行,还以此倡行乡里。前引嘉靖修陕西《平凉府志》说,当地士大夫创立移风社七十余年,推行以朱子《家礼》为中心的儒家人生礼仪,并给予立祠堂特别的重视,就是一个突出的事例。时人认为倡行礼制是士大夫应尽的职责,如前引嘉靖修河南《商城县志》就说:"今庶民之家鲜克有礼,尊式厚俗当自士夫始。"一些地方官还不遗余力地推行祭祖礼仪,如前引嘉靖修河南《通许县志》讲提学陈公向各学颁布祭礼,于是有士子先行家祭礼。再如前引福建《建宁县志》说,嘉靖二十三年(1544)知县何孟伦刊行《祭礼图式》,家喻户给。士大夫及地方官对儒家礼仪的倡行并非无的放矢,而是针对当时的民俗。以上所引福建《建宁县志》《湖广总志》常德府条的记载表明,民间家祭往往祖先与观音、祖师佛老及诸神像杂处,祖先神主也不符合礼制。所以士大夫与地方官的家祭礼仪推行活动,是儒家对佛道二教民间化以及民俗信仰的移风易俗。

(二)从岁时节日看宗族祠祭活动

岁时节日祭祀祖先除了墓祭外,通常以家祭为主。以一年中最重要的节日元旦为例,前面提到的河南《通许县志》说当地嘉靖时始行家祭礼,又讲元旦祀神毕,"复于中堂或悬祖考影像,或请主以祭"。明代元旦祭祖设遗像比较普遍,还有一些方志对此有记载,万历江苏《昆山县志》(华东卷)说:"岁朝以祖考像悬之中堂,男女参毕,始贺尊长。"又如嘉靖江西《南安府志》卷十《礼乐志·岁时节物习尚》记载:"元旦设先世遗像,焚香烛,率长幼男女展拜。"贵州在元旦的前一天即除夕祀祖像,嘉靖《贵州通志》卷三《风俗》说:"祖有遗像,至是日俱以父祖者悬挂于堂,自曾高以上惟论尊卑设神土(主?)奉祀之,尽一月复藏之,无像亦具神主如礼。"在家里祭祖,一般祭及祖、父。

值得注意的是,明人岁时节日祭祖往往以宗族祠祭形式进行。在南京,嘉靖修苏州府《太仓州志》卷二《风俗》说元旦列拜神祇后,"次谒祠堂,或悬祖先影像,设神主于中堂,具香烛、糕果、茶饭以祀其先而列拜焉。"嘉靖修应天府《六合县志》卷二《人事志·风俗》说,当地清明"其不奠者亦挂纸钱于墓而祀于家庙"。嘉靖《池州府志》卷二《风土篇·时序》记载:"七月中元荐祖,郡人咸谒寺观……惟士人祭于家庙。"该府嘉靖《石埭县志》(华东卷)则说中元"惟士夫家荐之宗祠"。弘治修松江府《上海志》卷一《疆域志·风俗》记载:"十月朔,开炉,以面裹菠菜,名菠菜饼,登献祠堂,复拜扫先墓。"在祠堂对祖先的谒、祭、荐、献,分布于元旦、清明、中元、十月朔,祠堂祭祀祖先活动比较频繁。

江西。嘉靖修南昌府《宁州志》卷一三《风俗》记载:"腊月二十四日名小除,晦日名大除,皆设祭于家庙。"所谓小除、大除即灶王、除夕二节,宁州有家庙祭祖之俗。正德《建昌府志》卷三《风俗·四时土俗大略》说冬至:"人初不为重,近时士夫家行祀先礼,人渐效之。"当地的祀先礼,或许包括祠祭。嘉靖南安府《南康县志》卷一《风俗·岁时所尚》记载清明:"祭先于祠,复以醴馔拜于墓,标以纸钱曰醮墓。……中元以楮为衣冠,拜献于先祖焚之,仍合族祭于祠,亦有用浮屠作为追荐者。……冬至祭先于祠,醮墓如清明。"南康的清明、中元、冬至诸节均在祠堂祭祖,可见祠祭之盛。一地岁时节日记载中反复出现祠祭也极为罕见。

湖广。嘉靖《常德府志》卷一《地理志·风俗》记载冬至:"惟近时士夫家行祀先礼,乡人渐效之。"这一记载类似于正德《建昌府志》。

浙江。弘治《温州府志》卷一《风俗·岁时》记载:"中元:郡人于是日设盂兰盆,请僧人诵经追荐祖考,亦有具酒肴致祭祠堂不用僧者。"当地中元节流行用僧追荐祖考,祠祭者占少数。嘉兴府,天启《平湖县志》卷十《风俗志·岁时》说元旦要拜天地家庙。从该卷《家庙》部分可知,拥有家庙的是少数士大夫家族。天启《海盐图经》卷四《风土记》说:"十月朔:祭先于祠堂,间有扫墓者。"则表明十月朔祠祭很普遍。

福建。嘉靖修兴化府《仙游县志》卷一《风俗·岁时》讲到,元旦首先拜神祇以祈一年之福,其次谒祠堂致祭祖先。万历修建宁府《建阳县志》说冬至:"是日大族行祭始祖之礼"。崇祯修延平府《尤溪县志》卷四《风俗》也说冬至:"会通族子姓以祀其始祖"。嘉靖修漳州府《漳平县志》卷四《风俗·节序》:"中元祀祖于家庙,民家颇重之。"同府嘉靖修《龙溪县志》卷一《四时土俗》记载冬至:"巨家合族祀始祖"。崇祯《海澄县志》卷一一《风土志·岁时》说冬至:"是日巨家祀始祖"。万历修福宁州《福安县志》卷一《舆地志·风俗》说中元祀先:"衣冠之家率族于家庙行祭。"福建岁时节日祭祖的记载有两个特点:一是元旦、中元节在祠堂、家庙祭祀祖先;二是冬至日巨家大族祭祀始祖。一般来说,始祖之祭以清明墓祭为主。冬至祭祀始祖,且系巨家大族所为,当是在宗祠举行。反映冬至祭始祖有四条材料,所在方志纂修时间,嘉靖、万历各一志,崇祯两志,也说明明后期宗族势力的发展。

广东。嘉靖《惠州府志》卷五《地理·土俗》说清明:"士大夫举族杀牲墓祭,以祠祭尤盛。"似乎这里的祠祭盛行于墓所。

岁时节日中的祠祭活动是实行祭礼的结果,所以祠祭流行省区与祭礼流行省区一致,均为南京、江西、湖广、浙江、福建、广东。而且岁时节日的祠祭记载仅见于这些南方地区,祠祭祖先的记载往往与宗族联系在一起,说明祠祭祖先是宗族建设的一部分,明代宗族势力盛于南方。

总而言之,尚需对本节所引明代地方志的数量、纂修时间说明,以进一步把握其资料价值。本节引用明代地方志63种,是笔者阅读了《天一阁藏明代方志选刊》《天一阁藏明代方志选刊续编》《日本藏中国罕见地方志丛刊》《北京图书馆古籍珍本丛刊》《四库全书存目丛书》《中国地方志民俗资料汇编》(华东卷)以及南开大学图书馆藏总计三百余部明代地方志后选择的,这些地方志分布于全国各地,《中国地方志联合目录》(中华书局1985年版)收载明代方志 973 种,已读方志占现存方志约 1/3,这是一个不大不小的数字,具有一定的普遍性。已读方志有关祭礼的记载占所读地方志总数的 1/5,这是一个比例不太大的数字,表明明代祭礼特别是祠祭在全国的空间分布上居少数。或者更确切地说,明代祭礼特别是祠祭主要流行于南方地区。从所引地方志的纂修时间来看:弘治 4 种,正德 1 种,嘉靖 34 种,隆庆 1 种,万历 14 种,天启 3 种,崇祯 6 种。基本上是嘉靖以后的,以嘉靖、万历为多。这一统计结果也和今存明代方志纂修时间分布一致。这是由于嘉、万两朝持续时间长,重视修志,明后期所修志书较前期修志书容易保存下来的缘故。再一个不容忽略的问题是,嘉靖以来祭礼进一步深入民间。本节第一部分提到的士大夫与地方官倡行礼制的事例均出自嘉靖修地方志,还有方志明确记载祭祖民俗的变化。如嘉靖三十九年(1560)刻本《平凉府志》所记移风社成立于成化年间,但立祠堂则是嘉靖时。正德十二年(1517)刻本《建昌府志》说冬至祭祖礼:"人初不为重,近时士夫家行祀先礼,人渐效之。"嘉靖十四年(1535)刻本《常德府志》也说:"惟近时士夫家行祀先礼,乡人渐效之。"如嘉靖二十二年(1594)刻本河南开封《许州志》讲当地:"又重墓祭,而祠堂亦渐设云。"嘉靖三十五年(1556)刻本《惠州府志》说:"旧四代神主设于正寝,今多立祠堂,春秋祭祀,一依朱文公《家礼》。"上述南北各地的资料表明,虽然成化、正德年间士大夫已有倡导祭礼的活动,但嘉靖时期规模更大,效果更为明显。而第二部分中福建等地祭祀始祖的记载以嘉靖以后为多,表明宗族势力得到了发展。嘉靖以来祭礼进一步深入民间。

三、徽州宗祠个案分析

以上我们考察了明代祭礼及祠庙祭祖的一般情形,尚需对不同地区宗族祠庙祭祖的具体情况深入了解。十分宝贵的是弘治《徽州府志》、嘉靖《徽州府志》、万历《祁门县志》对徽州宗祠有比较系统的记载,下面从这些地方志入手,结合文集、族谱资料具体探讨安徽徽州宗祠的发展问题。

(一)弘治《徽州府志》所见祀先之所

弘治十五年(1502)刻本《徽州府志》卷十《宫室》记载了当地"可道"的建筑,修志者在小序中介绍了记述的范围,表示包括"作专构以祀先"的建筑,又在文中列举了一些事例。下面我们将这些祀先之所列表录出,以便于了解。

弘治《徽州府志》所见祀先之所一览

属地	序号	名称	地点	受祀者	建祠者
本府	1	有源堂	东山坊西		义易朱氏建
歙县	1	报德庵	县西灵山		汉方储七世孙建,明初十世孙进卿重修,弘治间进卿裔孙更建仙翁祠
	2	孝思堂	藤原		山长唐仲实建,三州陈浩记

续表

属地	序号	名称	地点	受祀者	建祠者
	3	吴氏祠堂	澄塘	中奉得姓之祖泰伯，次奉始迁澄塘开先公而下凡七世神主	明兵部左侍郎吴宁会族人同立祠三间，西建廪室三间，东建义塾三间
	4	陆氏祠堂	渔梁霸下	宋五经大夫陆惇彦，太府寺丞陆梦发	远孙彦功率族人建，捐田一十六亩
	5	孝思堂			检校江彦杰
休宁	1	永思亭	县南陪郭		程岘建，为墓祀合族之所，朱升记
	2	兖山汪氏祠堂			里人知县汪道倡族众重立，程敏政记
	3	臧溪汪氏祠堂	臧溪		宋汪时若、汪士良等建，秋崖方岳记
	4	宗贤祠堂	汊川	唐御史中丞都使程沄等	里人程用高等建，程敏政记
	5	永思堂	云溪		处士孙德新之子原中建，汪舜民记
婺源	1	知本堂	大畈	上奉始得姓祖汪侯，中居初渡江祖汉龙骧将军文和及始居大畈祖	元末枢密院判汪同建，又建庙屋祀汪华等，建永思堂祀高祖以下四世，赵汸记
	2	吴氏祠堂	太白董村	季札、少微及遇龙、遁斋等	弘治间裔孙昶、松、韬、椿重建，程楷记
黟县	1	承泽堂	横冈	梁太常卿	明知县胡哲建，成化间重建，汪舜民记
绩溪	1	世德堂		祖仲德	监生胡赞建，胡敬记

明代徽州府辖歙、休宁、婺源、祁门、黟、绩溪六县，志中未记载祁门县宗族祠堂，根据其他资料证明当时该县也有(如善和里程氏)，说明修府志时没有提供这方面资料。在被记载的15例祠堂中，既有宋元祠堂的沿袭，如休宁永思亭[①]、休宁臧溪汪氏祠堂、婺源知本堂，也有旧祠的重建，如歙县报德庵、休宁兖山汪氏祠堂、黟县承泽堂，其余则多是明代兴建。这些新建祠堂多祭祀五代以上的远祖，甚至是得姓之祖，按照古代礼制应该是宗庙，而名称除庵、亭各一例外，其余13例皆以堂或祠堂命名。祠堂的名与实不符，反映了建祠者对礼的理解，即祭祀远祖出自人之感情，命名则要符合礼制(有关明朝人对对此问题的看法请参见本文四之三部分中汪禔的观点)。自朱熹《家礼》制定出祠堂之制，深受士大夫欢迎，明朝政府并将其纳入"品官家庙"礼。但是，宋元以来被社会接受和流行的祀先之所是祠堂一名[②]，所以成化《徽州府志》沿用了这一名称。

① 检(明)朱升《朱枫林集》卷六《永思亭记》，知该记写于元至正八年(1348)，系永思亭建成不久所作，见黄山书社1992年版，第101—102页。

② 参见常建华:《宗族志》第2章第1节五、第2节五，刘佛丁等主编:《中华文化通志·制度文化》，上海人民出版社1998年版。

（二）嘉靖《徽州府志》所见宗祠

嘉靖四十五年(1566)刻本《徽州府志》卷二一《官室》比起弘治《徽州府志》对官室的记载有很大的不同,宗族祠堂的名称变为"宗祠",而且宗祠占据了官室内容的绝大部分。宗

嘉靖《徽州府志》所见宗祠一览

属县	序号	名称	数量	位置	其他
歙县	1	兖山吴氏宗祠			
	2	东门许氏宗祠			
	3	江氏宗祠	2	一在龙舌头,一在桃源屋	
	4	上路汪氏宗祠			
	5	上路程氏宗祠			
	6	荷花池程氏宗祠			
	7	接官亭汪氏宗祠			
	8	汪氏宗祠		在城河上	
	9	毕氏宗祠		在穆家巷左	
	10	詹氏宗祠		在北关门外	
	11	府前方氏宗祠		在新安卫前	
	12	朱氏宗祠		在斗山麓	
	13	萧江统宗祠		在东察院前	
	14	潭渡黄氏宗祠	2		一祀黄芮,一祀黄孝则
	15	下市黄氏宗祠			祀黄芮
	16	沙溪汪氏宗祠			
	17	五里亭程氏宗祠			
	18	向杲吴氏宗祠			
	19	梅村叶氏宗祠			祀叶敷泽
	20	岩镇郑氏宗祠			
	21	佘氏宗祠			
	22	孙氏宗祠			
	23	阮氏宗祠			
	24	上路李氏宗祠			
	25	棠樾鲍氏宗祠			
	26	槐塘程氏宗祠			
	27	沙溪凌氏宗祠		在社左	
	28	罗田上源方氏宗祠			
	29	罗田柘源方氏宗祠			
	30	石冈汪氏宗祠	2		
	31	潜川汪氏宗祠	2	一在曹门,一在楼下	
	32	洪源洪氏世祠		在坑口	
	33	洪源洪氏宗祠		在竹林里	
	34	西溪南吴氏宗祠			
	35	南溪南吴氏宗祠			
	36	南溪南江氏宗祠			

属县	序号	名称	数量	位置	其他
	37	浯村朱氏宗祠			
	38	孙氏慕源宗祠		在百孝(?)峰下	
	39	疏塘黄氏宗祠			
	40	石桥吴氏宗祠			
	41	雄村曹氏宗祠			
	42	陆氏宗祠		在梁下	
	43	萧氏宗祠		在梁下	
	44	项里殷氏宗祠			
	45	桂林洪氏宗祠			
	46	疏口程氏宗祠			
	47	汪氏宗祠			
	48	方塘胡氏宗祠			
	49	丰堨汪氏宗祠			
	50	章祁汪氏宗祠			
	51	灵山方氏宗祠			
	52	葛塘吴氏宗祠			
	53	黄村黄氏宗祠			
	54	潘氏宗祠			
	55	云雾塘汪氏宗祠			
	56	托山程氏宗祠	2		一祀程忠壮,一祀程参军
	57	瀹潭方氏宗祠			
	58	徐村徐氏宗祠	2		
	59	仇村黄氏宗祠			
	60	呈坎罗氏宗祠			
	61	澄塘吴氏宗祠			祀侍郎吴宁建
休宁	1	南门夏刺史宗祠			祀元康
	2	珰溪金氏世仕宗祠		在著存观	
	3	率口程氏宗祠			
	4	太塘程氏宗祠			
	5	流塘詹氏宗祠			
	6	玉堂王氏宗祠		在董干珰琅	
	7	板桥杨刺史宗祠			祀杨受
	8	山斗程氏宗祠			
	9	陪郭程氏宗祠			
	10	邑前刘氏宗祠		在东门内	
	11	博村林塘范观察宗祠			祀范传正
	12	金忠肃宗祠		在崇寿观左	
	13	吴氏节孝宗祠		在董干	

属县	序号	名称	数量	位置	其他
	14	城北苏氏宗祠			
	15	渠口汪氏宗祠			
	16	上山吴文肃宗祠			
	17	孙氏庆源宗祠		在西山麓	
	18	由溪程氏宗祠			
	19	东门汪氏宗祠			
	20	文昌坊程氏宗祠		在董干	
	21	上溪口汪氏宗祠			
	22	临溪程氏宗祠			
	23	上溪口吴氏宗祠			
	24	黄石程氏宗祠			
	25	石岭吴氏宗祠			
	26	屯溪朱氏宗祠		在上山头	
	27	汪溪金氏宗祠			
	28	溪西俞氏宗祠			
	29	南街叶氏宗祠			
	30	凤湖汪氏宗祠			
	31	新屯戴氏宗祠			
	32	岭南张氏宗祠			
	33	黎阳邵氏宗祠		在阳湖坦	
	34	杨村程氏宗祠			
	35	洪方王氏宗祠			
	36	孙氏万荣宗祠		在云溪口	祀孙永秀
婺源	1	种德程氏宗祠			
	2	东溪胡氏宗祠			
	3	双溪王氏宗祠			
	4	绣溪孙氏宗祠			
	5	双杉王氏宗祠			
	6	玉川胡氏宗祠			
	7	理由李氏宗祠			
	8	汪口俞氏宗祠			
	9	萧江统宗祠		在中平	
	10	汪征君宗祠		在大畈	
	11	汪睦肥祠堂			
	12	济溪游氏宗祠			
	13	篁岭曹氏宗祠			
	14	外庄叶氏宗祠			
	15	官源洪氏宗祠			
	16	官源汪氏宗祠			

属县	序号	名称	数量	位置	其他
	17	叶村汪氏宗祠			
	18	小源詹氏宗祠			
	19	陀川余氏宗祠			
	20	清华胡氏宗祠	2	一在上市,一在中市	
	21	桃溪潘氏宗祠			
	22	龙川程氏宗祠			
	23	桂岩戴氏宗祠			
	24	宝后李氏宗祠			
	25	甲道张氏宗祠			
	26	云川王氏宗祠			
	27	丰田俞氏宗祠			
	28	丰洛王氏宗祠			
	29	龙槎金氏宗祠			
	30	沣溪吕氏宗祠			
	31	平盈方氏宗祠			
	32	横槎黄氏宗祠			
	33	太白潘氏宗祠			
	34	五镇倪氏道川祠			
	35	环溪程氏宗祠			
	36	许昌许氏宗祠			
	37	疆溪臧氏宗祠			
	38	鹏岳汪氏宗祠			
	39	港源程氏宗祠			
	40	游汀张氏宗祠			
	41	凤砂汪氏宗祠			
	42	中平祝氏宗祠			
	43	镇头方氏宗祠			
	44	游山董氏宗祠			
	45	符竹汪氏宗祠			
	46	太白吴氏宗祠			
	47	翀田齐氏宗祠			
	48	车田洪氏宗祠			
	49	长径程氏宗祠			
祁门	1	谢氏宗祠		在邑南柏山	
	2	井亭汪氏宗祠			
	3	韩溪汪氏宗祠			
	4	梓溪汪氏宗祠			
	5	画绣坊汪氏宗祠		在邑北	
	6	朴里汪氏宗祠		在邑南	

属县	序号	名称	数量	位置	其他
	7	文溪汪氏宗祠			
	8	舜溪汪氏宗祠			
	9	卢溪汪氏宗祠			
	10	润溪汪氏宗祠			
	11	楚溪汪氏宗祠			
	12	在城汪氏宗祠		在邑东鹤山麓	
	13	槐庭王氏宗祠		在邑西石山	
	14	历溪汪氏宗祠		在十九都	
	15	高塘鸿村王氏宗祠			
	16	马氏宗祠		在邑东桐冈	
	17	新庄张氏宗祠		在邑南道堂前	
	18	朱紫叶氏宗祠		在重兴寺口	
	19	元魁坊叶氏宗祠		在官浣山	
	20	胡氏宗祠	2	一在贵溪,一在邑胡源坑口	
	21	桂林胡氏宗祠		在下横街	
	22	方氏宗祠	2	一在邑北,一在伟溪	
	23	樵遁饶氏宗祠		在石墅源口	
	24	窦山程氏宗祠		在六都程溪	
	25	东溪仰氏宗祠		在七都斜汉	
	26	北蒋宗祠		在八都白塔	
	27	郑氏宗祠		在十五都奇岭	
	28	金溪金氏宗祠		在金村	
	29	塔湾陈氏宗祠		在桃源	
	1	环山余氏宗祠			
	2	义门胡氏宗祠			
	3	古筑孙氏宗祠			
	4	横冈胡氏宗祠			
	5	黄村峰(?)黄氏宗祠			
黟县	6	城东王氏宗祠			
	7	城南汪氏宗祠			
	8	黄陂黄氏宗祠			
	9	横渠程氏宗祠			
	10	城南许氏宗祠			
	11	景溪李氏宗祠			
	1	中正坊程氏宗祠		在南门外	
绩溪	2	市南许氏宗祠		在南门外	
	3	北门张氏宗祠			
	4	县北张氏宗祠			

属县	序号	名称	数量	位置	其他
	5	城北任氏宗祠			
	6	仁里程氏宗祠			
	7	市西葛氏宗祠		在坦石头	
	8	瀠川章氏宗祠			
	9	孔林汪氏宗祠			
	10	胡里胡氏宗祠			
	11	程里程氏宗祠			
	12	龙川胡氏宗祠			
	13	涧洲许氏宗祠		在十五都	
	14	上田汪氏宗祠			
	15	市西胡氏显义宗祠		在高村	
	16	市南汪氏宗祠		在下三里	
	17	美俗坊胡氏宗祠		在县北	
	18	市东戴氏宗祠			

祠的具体情况请看下表：

　　以上统计表明，徽州府所辖六县的宗祠分别是：歙县61例，休宁县36例，婺源县49例，祁门县29例，黟县11例，绩溪县18例，总计为204例。表中有的宗祠下还有分祠，计9例。如将两项相加，一共是213例。比起弘治《徽州府志》来，嘉靖志所载宗祠大幅度增加。其原因一是修志者对宗祠的记载重视，各县均提供了有关宗祠的统计资料，特别是祁门县不仅提供了宗祠数量，而且详载宗祠所在地，比另外五县做得认真。二是成化以来特别是嘉靖年间新建了众多的宗祠。关于徽州宗祠设立与因"议大礼"进行宗庙、祭祖改革的关系，歙县人汪道昆有一段重要的话："夫七世之庙惟天子尊，次五而三，次二而一，要皆以位为差，不仕不田，不田不庙，礼有顺而讨者是也。文公之制《家礼》也，位不必同而庙同，我世祖因之，合九为一，无虑诸侯王大夫士庙一而已。吾郡故刑（行？）礼俗，遵世祖而法文公，凡诸贵族世家一祠足矣，礼有经而等者是也。既祠而庙，君子何谓已渎乎，宗则有祠，祠继别而为大宗也；家则有庙，庙继祢而为小宗也。"[1]这段论述的要点虽是提倡在祭始祖的宗祠外再建家庙祭祀近四世祖先，但是可以从中看出：徽州世家大族受嘉靖帝建九庙合祀祖先并推恩臣民的影响，建祠祭及始祖，这种宗祠具有相当的普遍性。宗祠为始祖祠，在徽州具有普遍性，也可从吴子玉的论述得到证明。他说："徽之宗姓率为祠宇，谓之宗祠，视比郡独为盛也。"[2]又说："古有墓祠，徽之墓多自唐宋而下，殊为众伙。且处陵者葬陵，处泽者葬泽，墓不容有祠。间有祠或父母墓，自大父而上不及为墓祠。大姓巨宗率其族人为祠，谓之宗祠，仿

　　① （明）汪道昆：《太函集》卷63《许氏家庙碑》，《四库全书存目丛书》集部第118册，齐鲁书社1997年版，第44页。
　　② （明）吴子玉：《大鄣山人集》卷52《宣仁吴谱小论》，《四库全书存目丛书》集部第141册，第845页。

《家礼》祠堂之制。"①并引休宁刘氏祠仪:"既曰宗祠,必祭所共宗者,礼曰冬至祭始祖,始之云者,言不容以泛祠也。"②可知徽州祖父以上的墓祠不太普遍,而择地另建的宗祠较为普及,宗祠是主祭始祖之祠,祠堂建筑则是依据朱熹《家礼》。

兹仅就目前掌握的资料,对表中宗祠的设立年代略做考述,便可说明此点。歙县部分:2号东门许氏宗祠建于正德年间;34号西溪南吴氏宗祠建于正德十四年(1519);60号呈坎罗氏宗祠建于弘治十一年(1498)③;14号潭渡黄氏宗祠中的黄芮祠建于成化元年(1465)④;27号沙溪凌氏宗祠建于嘉靖年间⑤;31号潜川汪氏宗祠约建于嘉靖年间⑥;57号瀹潭方氏宗祠,据说"宋时已建祠祀祖",明嘉靖三十六至四十二年(1557—1563)间又建宗祠⑦。另外,42号陆氏宗祠、61号澄塘吴氏宗祠已见于前引弘治修府志。休宁部分:3号率口程氏宗祠始筑于宋代,明洪武重建,弘治七年(1494)新建⑧;4号太塘程氏宗祠建于成化年间⑨;6号玉堂王氏宗祠建于嘉靖三十年(1551)⑩;11号博村林塘范观察宗祠实为二祠:其一是博村统宗祠,即范观察祠建于嘉靖四十五年(1566),其二是林塘范氏宗祠,建于成化十三年(1477)、重葺于弘治五年(1492)、三葺于嘉靖十五年(1536)⑪;27号汪溪金氏宗祠建于嘉靖末年⑫;29号南街叶氏宗祠建于明中期⑬。婺源部分:19号沱川余氏宗祠建于嘉靖四十二年(1563)⑭;29号潘氏宗祠建于嘉靖十三年(1534)⑮;32号横槎黄氏宗祠建于嘉靖二十一年(1542)⑯;42号中平祝氏宗祠、46号太白吴氏宗祠见于弘治修府志。祁门部分:24号窦山程氏宗祠,据程昌嘉靖二十四年(1545)始纂、程钫万历三年(1575)重纂《窦山公家议》卷三《祠祀议》记载,六都善和里程氏有百花园墓祠、书院祠、合族祠三座宗族祠堂,其中"合族祠堂原附于报慈庵后,祀始迁祖以下神主,各割田以供香火,前辈重祠之意可见"⑰。作为宗祠,自然是指这

① (明)吴子玉:《大鄣山人集》卷52《刘谱小论》,《四库全书存目丛书》集部第141册,第843页。
② (明)吴子玉:《大鄣山人集》卷52《刘谱小论》,《四库全书存目丛书》集部第141册,第843页。
③ 以上三例见赵华富:《徽州宗族祠堂的几个问题》中所列表,参见《1995年国际徽学学术研讨会论文集》,安徽大学出版社1997年版,第346—352页。
④ 参见(明)程敏政:《篁墩文集》卷46《故唐孝子黄府君祠堂碑铭》,《景印文渊阁四库全书》第1253册,第113页。
⑤ 参见(明)吴子玉:《大鄣山人集》卷22《沙溪凌氏祠堂记》,《四库全书存目丛书》集部第141册,第511—512页。按:吴子玉系嘉靖贡生,府志刻于嘉靖四十五年,结合记文内容,推断该祠建于嘉靖年间。
⑥ 参见(明)严嵩:《钤山堂集》卷31《汪处士墓表》,《四库全书存目丛书》集部第56册,第268页。
⑦ 参见(明)方承训:《方郏邬复初集》卷24《瀹潭宗祠记》,《四库全书存目丛书》集部第188册,第111页。
⑧ 参见(明)汪循:《汪仁峰先生文集》卷11:《柏山祠堂记》,《四库全书存目丛书》集部第47册,第335页。
⑨ 参见(明)程一枝:《程典》之《祖墓宗祠合同》,明万历二十六年刻本。
⑩ 参见(明)吴子玉:《大鄣山人集》卷22《王氏小宗祠堂记》,《四库全书存目丛书》集部第141册,第512—513页。
⑪ 参见(明)范涞:《休宁范氏族谱》第5册《祠表·祠制》,明万历二十八年休宁范氏刻本。
⑫ 参见(明)吴子玉:《大鄣山人集》卷22《汪溪金氏祠堂记》,《四库全书存目丛书》集部第141册,第513页。
⑬ 参见赵华富:《徽州宗族祠堂的几个问题》中所列表。
⑭ 参见(明)余懋衡:《余氏宗祠约》之《祠田》,明天启刻本。
⑮ 参见(明)严嵩:《钤山堂集》卷23《潘氏祠堂记》,《四库全书存目丛书》集部第56册,第202—203页。
⑯ 参见赵华富:《徽州宗族祠堂的几个问题》中所列表。
⑰ (明)程昌著,周绍泉、赵亚光校:《窦山公家议校注》黄山书社1993年版,第20页。

座祭祀始祖的合族祠堂。该宗祠的历史在程敏政成化时所作《祁门善和里程氏重修报慈庵祠宇记》有记载,知该祠是宋南渡初程伯源等兄弟四人祭祀亡父处士程涯的墓祠,绍兴七年(1137)朝廷赐额"报慈"。程涯的高祖是宋中奉大夫,始居善和里,"伯源兄弟尝推始迁之意,列祀中奉以下诸祖于报慈",成化六年(1470)族人"大新程氏之祠"①。26号北蒋宗祠建于嘉靖年间②;27号郑氏宗祠建于正德年间③。黟县部分:3号古筑孙氏宗祠建于明中期④;4号横冈胡氏宗祠见于弘治修府志。绩溪部分:12号龙川胡氏宗祠建于正德以前;13号润州许氏宗祠建于明中期⑤。虽然以上事例只占嘉靖修府志宗祠数量的一小部分,而且有些事例的宗祠始建于宋元时代,但是如果结合明中叶士大夫对朱熹《家礼》特别是祭礼的倡导,结合嘉靖十五年(1536)宗庙、祭礼的变革,结合以往的研究成果,有理由相信嘉靖志所载宗祠大部分是成化以来特别是嘉靖时修建的。

事实上,嘉靖府志所记宗祠只是当时徽州宗祠的一部分,有的宗祠未被府志记载。例如歙县西溪汪氏于正德六年(1511)建成先祠。⑥再如休宁古林黄氏于正德六年(1511)始筑宗祠,又于嘉靖元年(1522)改地另建更大的宗祠。⑦复如吴子玉《休宁茗州吴氏家记》卷七《祠述记》记载,嘉靖四年(1525)休宁吴氏设立宗祠。⑧然而嘉靖府志没有记载这些宗祠。

(三)万历《祁门县志》所见宗祠

祁门县在嘉靖以后修的地方志,更加重视记载宗祠。万历二十八年(1600)刻本《祁门县志》卷四《人事志·恤政·宫室》开宗明义:"堂室家有之,不可胜载,载名人所尝构及各宗祠。"对宗祠记载更为详细,为我们提供了嘉靖《徽州府志》修成以来宗祠变化的资料。有关祁门宗祠的情况请看下表:

万历《祁门县志》所见宗祠一览

序号	名称	数量	位置	其他
1	谢氏宗祠	1	在邑南柏山	族子时贵义助田三十五亩,有碑记
2	汪氏统宗祠	1	在西隅	
3	井亭汪氏宗祠			族子祯助千金构
4	韩溪汪氏宗祠			
5	梓溪汪氏宗祠			
6	画绣坊汪氏宗祠	1	在邑北	族子备捐资恢复
7	朴里汪氏宗祠	1	在邑南	

---

① (明)程敏政:《篁墩文集》卷14,《景印文渊阁四库全书》第1252册,第246页。

② 参见赵华富:《徽州宗族祠堂的几个问题》中所列表。

③ 参见(明)郑岳编修,(明)郑维城增刻:《奇峰郑氏本宗谱》之《祁门奇峰郑氏祠堂记》,明嘉靖四十五年(1566)歙县黄镒刊本。

④ 参见赵华富:《徽州宗族祠堂的几个问题》中所列表。

⑤ 以上二例参见赵华富:《徽州宗族祠堂的几个问题》中所列表。

⑥ 参见(明)邵宝:《容春堂后集》卷2《歙县西溪汪氏先祠记》,《景印文渊阁四库全书》第1258册,第237页。

⑦ 参见(明)黄文明修:《古林黄氏重修族谱》卷4《重构祠堂记》,明崇祯十六年(1643)刻本。

⑧ 参见(明)吴子玉:《大鄣山人集》卷五二《说谱部·家记小论·祠述记》,《四库全书存目丛书》集部第141册,第809页。

序号	名称	数量	位置	其他
8	文溪汪氏宗祠			
9	润里汪氏宗祠			
10	舜溪汪氏宗祠	6	一在庠西,五在尚田汪村	
11	卢溪汪氏宗祠			
12	楚溪汪氏宗祠			
13	城东汪氏宗祠			
14	在城汪氏宗祠	1	在邑东鹤山麓	
15	槐亭汪氏宗祠	1	在邑西右山	
16	柏溪程氏宗祠	1	在八都	
17	历溪汪氏宗祠			
18	高塘鸿村王氏宗祠			
19	马氏宗祠	1	在邑东桐冈	
20	新庄张氏宗祠	1	在邑南道堂前	
21	沙堤叶氏宗祠	1	在十八都	
22	朱紫叶氏宗祠	1	重兴寺口	
23	朱紫元魁坊叶氏宗祠	1	在官坑	
24	胡氏宗祠	3	一在贵溪,一在胡源坑口,一在邑北溪头	在贵溪者由惟易义助田三十五亩
25	桂林胡氏宗祠	1	在下横街	
26	方氏宗祠	4	一在伟溪,一在邑北,一在石拦杆,一在邑西门	在伟溪者由知府敏、生员敬征等义助山田一百亩
27	石墅饶氏宗祠	1	在城西	
28	窦山程氏宗祠	1	在六都程溪	
29	东溪仰氏宗祠	1	在七都斜汉	
30	北蒋氏宗祠	1	在八都白塔	
31	郑氏宗祠	2	一在十五都奇岭,一在十六都清溪	
32	金溪金氏宗祠	1	在金村	
33	塔溪陈氏宗祠	1	在桃源	
34	周氏宗祠	1	在一都大元坞	
35	余氏宗祠	3	一在龙源,一在江村,一在郭潭	
36	黄氏宗祠		在石山坞	族子万仞捐千金构,妻王氏毕其事
37	朱紫叶氏宗祠	1	在县西旁	
38	李源李氏宗祠			
39	石坑张氏宗祠			
40	陈氏宗祠	1	在石门村	
41	廖氏宗祠	2	一在城北藕塘,一在石门	
42	郑坑胡氏宗祠			族子元禄置义田百亩

表中罗列42个宗祠(有的宗族还有分祠,计14个,全部加起来为56个),比起嘉靖《徽州府志》中的29例祁门宗祠,增加了13例,宗祠的设立更加普及。所增加的宗祠是表中第2、13、14、21以及从34—42号计13个宗祠。

无论是嘉靖《徽州府志》还是万历《祁门县志》都没有明确记载宗祠的设立年代和设立动机。前面我们已考察了部分宗祠的设立年代,这里再根据一些背景资料和个别事例进一步论述。祁门所在的徽州是唐宋以来聚族而居的地区,宗族制度化明显,祁门的宗祠有历史的传统,不过祁门的宗祠是在明代得到新的大发展。它得力于明代祁门的学者,他们是宗族建设的积极倡导者。汪禔(字介夫,号樊庵)生活在明中叶的弘治三年(1490)至嘉靖九年(1530),就是这样一位地方人士,据王讽《樊庵先生行状》记载:“吾祁理学自元汪环谷先生而后,久失其传,先生特倡兴起,人方目为怪物,谤议沸腾,笑(?)排丛至。先生志勇气勃,风力独持,如逆流握柁、抗狂澜犯飓风者。先生考订朱文公、丘琼山冠婚丧祭仪节,参以祁俗,屏斥佛事,著为《砭俗》一编,欲俾一邑之人习于其礼。”①我们看到,汪禔倡导理学,并付诸实践,即以“礼”化俗,对抗佛教的影响。不过这位理学先生不为世俗理解,被视为迂腐。他在相当大的社会压力下,特立独行,实践着化民成俗的大理想。在宗族问题上,汪禔也大力提倡。王讽就此继续写道:“宗法不立,伦叙素涽,昔贤每称难复,先生不谓然。遂考古证今,著《宗法议》,以晓当世。”汪禔不仅晓谕世人,也付诸实践。王讽还说:“家遭回禄,宗祠未建,先生率族人鸠工庀材,即旧址为祠,祠先祖以下及众子所同出者,礼仪条式,巨纤毕具。立春先期榜示,斋沐致祭,子姓胜冠以下,莫不戒严,凛若朝廷。祭毕馂余,男位外,女位内,肃肃如也,有违礼者罚,人咸异之。先生曰:‘家国一理也,处家苟简,处国与天下当何如?’族本戍籍,役繁责重,先生独立担当,各具经画,子孙遂可世守。又于私寝立四亲庙,岁时祭祀,朔望谒告,一如事生,非饰仪文者。”汪禔的祭祖活动是在宗祠、家祠进行,他把自己的宗族祠庙建设作为理学的齐家实践,以从属于治国平天下的政治目的。有人对于祠庙祭祖是否合乎古典礼制心存疑虑,汪氏就此加以讨论,认为朱子欲为先祖之祭,乃先祖可祭之定论。当有人问:“世俗之敝固不可胜正已,君子之因俗为礼也,宜如何而乃可?”他答道:“四亲之祠,小宗之法,不可不修也。世之远、族之众,先祖之祭其焉可废耶? 丘琼山所谓‘所以萃群心、摄众志,而敬宗收族于悠久,端不可无也。’然则不可无所也,于是乎必立之祠焉。祠不可虚视也,于是乎必设之主焉。主不可以周设,先祖考妣而已矣,先祖下二三四五数世为众子孙所同出者而已矣,甚者先祖在高祖上而已矣。为之寝以栖主,为之堂以飨神。其礼如丘说,其时以立春,子孙正至朔望之会而可于是也,祖训之宣、谱牒之明而可于是也。岁举而弗失,世守而弗离,使吾子孙虽至于百世远、千万人之众,其来处不迷。”②在汪氏看来,家祠符合小宗之法,而宗祠是萃心摄志的收族活动,二者皆必不可少。修建祠庙祭祖是为了移风易俗。汪氏的这些看法写在《胡氏祠堂记》中,也是在宣扬自己的主张。后来据他在《与汪子立论庙祭书》中讲,他的上述先祖庙祭主张被人称为“理明论定”“万世不易之论”,并自许为“得礼之变”。但是,也有人认为“先祖固当祭,但不当立庙立主”。对此,他进一步申论道:“《家礼》本注谓设位于祠堂,则有庙矣;余注谓祠堂中各有牌子,则有主矣。该

---

　　① (明)王讽:《樊庵先生行状》,(明)汪禔:《樊庵集》,《四库全书存目丛书》集部第146册,第336页。
　　② (明)汪禔:《樊庵集》卷上《胡氏祠堂记》,《四库全书存目丛书》集部第146册,第343页。

当时朱子以为不可祭,故不复更详定,至后来取横渠祫毕后迁之说,则明谓祭于太庙毕,奉祧主归于夹室,此其议论之定者。夫既曰祭于太庙,非有庙乎? 曰祧于夹室而不埋,非犹存主乎? 此愚所以断以为祠必可立而主必可设也。况《家礼》之制盖酌古今之变而为之,非得已也。今在在人家皆有先庙,君子于此苟不知所以因其时、通其变、酌其宜,制为定法,使为之者知所依据,而不失乎古人之意,而顾听其僭乱妄为,则亦何贵于考古而化今也哉。"①汪禔坚信祠庙祭祖是合乎《家礼》的因时制宜之策,士人有责任付诸实践。

以上事实告诉我们,明代祁门的宗祠建设与发展,是以士大夫的推动为背景的。实际上这也反映了明代徽州宗祠发展的基本动力。

四、结语

明代地方志对祭礼的记载南方多于北方,这是祭礼的实行南方较北方为盛的反映。明代岁时节日中的祠祭活动增多,是实行祭礼的结果。祠祭流行省区与祭礼流行省区一致,均为南京、江西、湖广、浙江、福建、广东。而且岁时节日的祠祭记载仅见于这些南方地区,祠祭祖先的记载往往与宗族联系在一起,说明祠祭祖先是宗族建设的一部分。明代宗族势力盛于南方,尤以安徽、江西、福建为最。

明代祭礼实行比较普及的地方,也正是士大夫集中的地区。地方志祭礼的内容证明,庶民一般有传统的墓祭习俗,士大夫还要实行属于精英文化的祭祖礼仪。祭祖礼仪包括在正寝祭祀和祠堂祭祀,基本上是接受朱熹《家礼》的提倡。依礼仪祭祖,特别是建祠祭祖,成为士大夫的行为特色。居乡的士大夫不仅自己实行,还以此倡行乡里,时人认为倡行礼制是士大夫应尽的职责。士大夫与地方官的家祭礼仪推行活动,是儒家对佛道二教民间化以及对民俗信仰的移风易俗。

明朝士大夫对朱熹《家礼》特别是祭礼的提倡,贯穿有明一代,明中后期进一步深入民间。明代祁门宗祠的建设与发展,是以士大夫的推动为背景的。实际上这也反映了明代徽州乃至全国宗祠发展的动力。"议大礼"的推恩令导致的嘉靖十五年(1536)家庙及祭祖制度的改革,特别是允许庶民祭祀始祖,更在客观上为宗祠的普及提供了契机,强化了宗祠的普及。徽州地方志对祀先之所的记载,由弘治时的祠堂变为嘉靖、万历时的宗祠,反映了宗族势力的凸显和宗族的制度化与组织化。

原文载《中国社会历史评论》第二卷,天津古籍出版社2000年版

作者:常建华,南开大学历史学院暨中国社会史研究中心教授、博士生导师,

中国社会史学会会长

---

① (明)汪禔:《樊庵集》卷上《与汪子立论庙祭书》,《四库全书存目丛书》集部第146册,第341页。

优 出 常 典

——明代乡贤专祠的礼仪逻辑与实践

赵克生

中国古代社会往往通过祠祀、传记等形式来表彰乡贤,昭往劝来,激励后进,从而形成历史悠久的乡贤文化。明代是乡贤文化繁荣与定型时期,特别是明朝政府对地方乡贤祠祀进行了较为彻底的儒家化改造,使之由地方之私祭而被纳入国家政教系统,形成了由乡贤祠和乡贤专祠构成的双轨制体系。乡贤祠,通常指府、州、县等地方儒学里的乡贤祠,它以同堂合祀的形式集中祭祀某地的乡贤群体,故亦称乡贤总祠、乡贤合祠。乡贤专祠,又称乡贤特祠,是为奉祀某个或某几个乡贤而建立的专门祠宇,乡贤专祠大多不在地方儒学内。

近年来,学界主要关注明代的乡贤祠,梳理了乡贤祠的形成、规制与功能,探讨了乡贤冒滥、乡贤祠与基层社会的关系等问题。[1]对于乡贤专祠,仍难见到可资参考的相关研究。不过,由于乡贤专祠与宋元以来先贤祠的渊源关系以及二者都属于非神异性祠庙,学界关于宋元先贤祠的相关研究成果应当予以重视。特别是包弼德(Peter K.Bol)、魏峰、郑丞良等探讨了两宋以降一些地方出现的不同于先贤祠的乡先生祠及其向州县儒学转移的趋势,认为这是源于以士绅为主的地方社会势力的成熟、地方认同的彰显与士人重建乡里文化传统的努力。[2]这些成果虽然不是直接研究明代乡贤专祠,但对笔者思考明代乡贤专祠的历史演变、运转模式等问题无疑具有启发性。

乡贤专祠既然是明代乡贤祠祀体系的"另一半",忽视乡贤专祠而仅仅关注地方儒学中的乡贤祠,显然难窥明代乡贤祠祀系统的全貌。故本文拟用地方志、乡贤专祠志、族谱等文献,勾勒明代乡贤专祠的礼仪逻辑、主要类型、运转模式,试图从多重视角分析乡贤专祠的社会意义,从而为呈现清晰、完整的明代乡贤祭祀体系、构建明代乡贤文化史的整体框架提供坚实的基础。

---

① 代表性的成果参见赵克生:《明代地方庙学中的乡贤祠与名宦祠》,《中国社会科学院研究生院学报》2005年第1期;林丽月《俎豆宫墙——乡贤祠与明清的基层社会》,黄宽重主编:《中国史新论·基层社会分册》,台北联经出版事业股份有限公司2009年版;牛建强《地方先贤祭祀的展开与明清国家权力的基层渗透》,《史学月刊》2013年第4期;[日]奥崎裕司:《苏州府乡贤祠の人々—乡绅の地域性について》,《明代史研究》第10号特集号,东京明代史研究会,1982年。

② 参见[美]包弼德(Peter K.Bol):《地方传统的重建:以明代的金华府为例(1480—1758)》,李伯重、周生春主编:《江南的城市工业与地方文化(960—1850)》,清华大学出版社2004年版;魏峰:《从先贤祠到乡贤祠——从先贤祭祀看宋明地方认同》,《浙江社会科学》2008年第9期;郑丞良:《南宋明州先贤祠研究》,上海古籍出版社2013年版。

一、明代乡贤祠祀双轨制下的乡贤专祠

要了解明代乡贤祠祀体系的形成,须回顾中国古代先贤祠祀的传统,特别是宋元以来先贤祭祀的历史演变。

中国古代先贤祠祀的传统可以追溯到《周礼》"瞽宗之祭"和韩愈所说"乡先生殁而祭于社"[①]。乡先生附祭于学,配食于社,非如后世建立专门祠庙进行祭祀。图形立庙、专门而祭,或于墓所,或居一邑之中,是汉以后才流行的专祠祭祀模式。[②]历经唐宋,以至明代,这种专祠祭祀模式一直延续下来,先贤故里、府县儒学、城市通衢、书院、寺院等地方都有先贤(乡贤)专祠存在。然而,传统的延续中,转变也悄然成型,其大者有两点值得注意:一是长期以来人们对"乡"的概念并不深究,是乡贤、名宦或是寓贤也不细分,故多称先贤,祭祀的祠庙也多称先贤祠。但明人对先贤进行了"乡与非乡"的严格区分,按照地域的限定,乡贤必须是本县、本府之人,"乡贤必产于其乡之贤达也"[③]。这种对乡贤地域身份的严格化,不仅有助于辨识先贤群体中的乡贤、名宦、寓贤,使乡贤祠从原先统称的先贤祠中分化出来,而且使某地乡贤群体因为有了同一地方身份而被集合起来,为乡贤合祠的形成准备了基础。二是乡贤祭祀开始向学校转移、集中。据清人考证,乡贤(先贤)祠祀向学校转移的时间起自北宋,《宋史·郑侠传》载,宣和元年(1119)郑氏卒,州县皆祀之于学。[④]元人许有壬也说:"祭于社之制不可考,附庙学、作屋而祭之者,则间有之矣。"[⑤]宋元时期附学的先贤祠亦是专祠,其中有些可能发展为集中祭祀数人的祠堂,如南宋理宗时明州州学的五先生祠,但这种现象并不普遍,且仍作专祠看待,与其他先贤专祠并处。

与此不同,明朝开始在府州县儒学里建立一个乡贤祠,集中奉祀本地的乡贤,开启了乡贤祭祀的新模式。

> 昔朱邑为桐乡令,既没,桐乡人祠之,此名宦祠之权舆矣。张良食采于留,后人于留城为子房立庙,此乡贤祠之权舆矣。自是以后,见于史册者甚伙,然皆专祠,而非总

---

① (唐)韩愈:《韩昌黎集校注》卷4《送杨少尹序》,马其昶校注,马茂元整理,上海古籍出版社1986年版,第275页。

② 步兵校尉习隆、中书侍郎向允等为立庙祭祀诸葛亮而向刘禅建言,曰:"昔周人怀邵伯之美,甘棠为之不伐。越王思范蠡之功,铸金以存其像。自汉兴以来,小善小德而图形立庙者多矣。"(梁)沈约:《宋书》卷17《志第七·礼四》,中华书局1974年版,第486页。

③ 嘉靖《和州志》卷4《乡贤列传》,《原国立北平图书馆甲库善本丛书》第326册,国家图书馆出版社2013年版,第344页。

④ 参见乾隆《兴业县志》卷三《学校第五》,《故宫珍本丛刊》第202册,海南出版社2001年版,第302页。

⑤ (元)许有壬:《至正集》卷41《晋宁路乡贤祠堂记》,《北京图书馆古籍珍本丛刊》集部第95册,书目文献出版社1988年版,第215页。

祠也。明代始令府、州、县学立名宦、乡贤总祠,有司春秋致祭。国朝亦因其制。①

这种附于各地儒学的乡贤祠自洪武初开始推行,到嘉靖时其规制基本定型,并为清朝所继承。一般情况下,各地儒学的乡贤祠与名宦祠分立学官门外之左右,二祠分布的常制是左为名宦祠,右为乡贤祠,体现名宦与乡贤的宾主关系。此外,乡贤祠有立于孔庙之侧,有立于启圣祠前、后,有立于儒学之侧等。在庙学一体的明清时期,附学的乡贤祠其实融入了孔庙祭祀系统,成为孔庙的附祭,每年春秋祭祀的时间也是在祭孔之后。

乡贤祠是在同一空间奉祀某地历史上的乡贤群体,这些乡贤之间可能的联系就是他们共同的乡土身份,正是由于这一身份,不同历史时期的乡贤被集合在一起。相较于乡贤专祠的独立、分散,乡贤祠集约的容纳空间能够奉祀众多的乡贤,祭祀的地点集中,且具有开放性。从制度设计的本意看,明朝似有以乡贤祠这种简单易行的祭祀模式代替乡贤专祠。但另一方面,当乡贤祠把乡贤作为一个整体进行集中奉祀时,学行、功业卓著者泯然若众,大贤与众贤之间的差别消失了。加之,一些地方乡贤祠祀存在冒滥之弊,入祀者良莠混杂,如莆田人刑部尚书彭韶(1430—1495)批评他家乡的儒学乡贤祠"所祀之人颇失之泛"②。这就使得乡贤祠在旌贤褒异方面的功能严重削弱,引起时人的质疑与不满,反对以乡贤祠代替乡贤专祠。弘治时,彭韶以疾卒于家,入祀原籍乡贤祠。莆田籍在朝官员以为:"惠安公一代之伟人,宜有专祠,俾后学有所矜式。"③福建晋江人陈琛(1477—1545)为明代名儒,死后祀之儒学乡贤祠,"然景行私淑之士犹谓不满崇尚之意,始议特祠"④。晚明大学士赵志皋为前首辅李春芳专祠撰写祠堂记时说:"乡贤祠祀,国之常典。凡孝友、廉节,其行谊有一节足以表正闾俗者,例得祀。"然而,以乡贤祠奉祀李春芳这样道德、勋业懋隆朝野者,是让大贤"溷以常典"⑤。郭子章(1543—1618)《大学士陈文端公祠堂碑》借物喻人,说出同样的道理:"日月不并出,狐不二雄,神龙不匹,猛兽不群。公道绳圣贤,功施社稷,其行纯矣,恶得无专祠。"⑥

相对于总祀,专祠乃常典之外的特典,大贤应用专祠,亦即乡贤专祠可以弥补乡贤祠在旌贤褒异方面的功能缺失。故乡贤祠成为乡贤祭祀的主流模式之后,明代之前长期流行的专祠并没有废止。

① (清)李璋煜:《厘正木主记》,光绪《增修甘泉县志》卷6,《中国方志丛书·华中地方》第408号,台北成文出版社有限公司1983年版,第1079—1080页。

② (明)彭韶:《彭惠安集》卷8《与郡守岳公书》,《景印文渊阁四库全书》第1247册,上海古籍出版社1987年版,第90页。

③ (明)何乔新:《椒邱文集》卷28《赠太子少保彭惠安公祠堂碑》,《景印文渊阁四库全书》第1249册,第426页。

④ 道光《晋江县志》卷14《附乡贤专祠之祭》,《中国地方志集成·福建府县志辑》第25册,上海书店出版社2000年版,第229页。

⑤ (明)赵志皋:《赵文懿公文集》卷2《太师李文定公祠堂记》,《四库禁毁书丛刊》集部第180册,北京出版社1997年版,第682页。

⑥ (明)郭子章:《蠙衣生蜀草》卷5《明光禄大夫柱国少傅兼太子太师吏部尚书武英殿大学士赠太保谥文端陈公祠堂碑并序》,《四库全书存目丛书》集部第154册,齐鲁书社1997年版,第651页。

明朝乡贤专祠得以延续不辍,除了旌表乡贤的历史传统,还与当时的恤典制度有关。恤典是古代王朝政府对已故官员的褒奖、对其家属的抚恤,包括赐祭葬、祠祀、荫子入监、赐给谥号等。祠祀是恤典中非常重要的一项内容,明人曾说:"恤典以谥、祠为重。祭、葬,特常格耳。"①其中赐祠于乡,朝廷敕建祠宇表彰忠烈、名臣、名儒,这些表彰功德的祠宇虽不以乡贤祠称之,但从地方看来,这些祠宇建在本乡、奉祀的是乡之先达,自然属于乡贤专祠,是常典之外的特典,属于一份特殊的荣耀。有明一代,能够在死后获得赐祭葬、赐谥等恤典的同时获得"赐祠于乡"者,或出于特恩,如仁宗追念故官僚少詹事邹济、左春坊左赞徐善,赠官赐谥之外,命有司立祠墓侧,或"节义激烈"者,可专祠于乡。②其他则是在其恤典之后若干年,通过单独的建祠申请,获得"祠于乡",这种情况可视为恤典之后的一种"补恤"。

基于乡贤祠祀的自身演化与明代恤典的制度支撑,乡贤专祠得以与乡贤祠并行同处,两种模式并存,呈现明代乡贤祠祀的双轨制。这种双轨制下,乡贤一般先入祀乡贤祠,再以专祠奉祀。这种专、总兼祭,看似重复,其实乃"标典刑(型),重文献,春秋与贤之义,不嫌于复也"③。这里以晋江的蔡文庄祠为例,具体考察专祠与总祠并祀的关系。蔡文庄祠是蔡清(1453—1508)专祠,蔡氏一生著述、讲学,阐扬朱子学术,被誉为一代儒宗师表。蔡清死后,从祀孔庙未果,但立祠乡郡,春秋祭祀。当然,蔡氏也附祭乡贤祠。为何并祀两处?明人曾有解释:"我国家既设乡贤祠,以祀其一乡之贤者。此外,又有专祠之举,盖以其人之贤将出于众贤之上而祀之者,亦不以众贤待之,所以旌异名儒,风励后学,甚盛典也。"④

概言之,明代保留、新建一些乡贤专祠,祭祀地方杰出人物,表达乡邦一份特别的敬意,弥补乡贤祠在旌扬杰出乡贤方面的功能缺失。二者在处理众贤与名贤、一般与特殊的关系上互为补充:有总祠,众乡贤能享春秋祠祀;有专祠,卓异者得以尊崇。二者结合,乡贤祠祀的激励风示意义方能够全面彰显。⑤

二、明代乡贤专祠的地区分布、立祠模式与祀典规制

在明代乡贤祠祀的双轨制下,每个府、州、县只建立一所乡贤祠,位于孔庙之旁,规制统一,地区分布均衡。而乡贤专祠则不同,不仅有当朝新建、重建的专祠,还有少数前朝遗存的专祠,不仅乡贤专祠分布存在较大的地区差异,其立祠模式也不尽相同。

明代乡贤专祠地区分布的差异性首先表现为专祠分布的地区不平衡,或多或少,因地

①《明熹宗实录》卷42,天启三年十二月庚戌。
② 参见《明穆宗实录》卷40,隆庆三年十二月癸亥载:"……有祭葬、赠谥兼给而复立祠以表之者。所谓死事,如抗节不屈身死纲常者,犯颜谏诤身死国是者,执锐先登身死战阵、危城固守身死封疆者,如此而立祠祀之,乃足以劝人心,维世教……至于立祠一节,合应慎重,必须节义激烈、真心死事者,抚按从实奏来,容本部酌议、奏请,建立祠庙;其非此类者,并从覆寝。议上,俱从之。"
③(明)张天复:《鸣玉堂稿》卷4《茶陵三学士祠记》,《续修四库全书》第1348册,上海古籍出版社2002年版,第520页。
④(明)李熙:《礼部覆本》,(明)蔡清:《蔡文庄公集》卷7,《四库全书存目丛书》集部第43册,第15页。
⑤ 参见赵克生:《明清乡贤祠祀的演化逻辑》,《古代文明》2018年第4期。

134

而异。

明代六府乡贤专祠分布情况对比简表①

地区	专祠数量	资料来源	地区	专祠数量	资料来源
苏州府	43	乾隆《苏州府志》卷21—23	永州府	1	康熙《永州府志》卷9
泉州府	26	乾隆《泉州府志》卷13—15	廉州府	0	崇祯《廉州府志》卷10
松江府	11	崇祯《松江府志》卷20	大理府	0	康熙《大理府志》卷17

表中显示，左边苏、松、泉三府属于文化、科举发达地区，乡贤专祠数量较多；右边永、廉、大理三府属于文化、科举落后的边鄙之地，乡贤专祠数量很少，二类不同地区拥有的乡贤专祠数量相差悬殊。乡贤专祠的不均衡分布看似无规律，其背后还是有可寻的线索：一个地区乡贤专祠的数量与这个地区的文化传统、科举兴盛等状况最为相关。因为专祀的多是名儒、名臣，这些人的出现是文化、科举发展的结果，一个地区文化、科举越发达，这个地区人文荟萃，乡贤的总数就会越多。而乡贤总数越多，出现名儒、名臣的概率就会越大，乡贤专祠就会越多。

乡贤专祠的地区分布与该地区的经济状况也应有一定的关系，但地区经济是通过影响地方文化发展而影响地方乡贤数量，进而影响乡贤专祠的地区分布，并非直接表现为有无经费建祠等问题。相较于富庶的东南沿海，廉州、大理等边地之贫瘠自不待言，不过，两地无乡贤专祠，却有很多其他祠庙，包括不少的名宦专祠、名将专祠。这说明这些地方不缺建祠的经费，而是缺少乡贤；不缺外来的名宦、名将，而缺生于斯、长于斯的本土名儒、名臣。归根结底，该地区人文不昌，科举不发达，乡贤专祠才十分罕见。

其次，明代乡贤专祠分布的地区差异性还表现在同一地区内部的不平衡。这种情况在泉州府表现得很明显，泉州府辖晋江、惠安、南安、同安、安溪、永春、德化等县，其中晋江有十六座乡贤专祠，安溪一座，惠安、南安、同安各三座。苏州府乡贤专祠数量多，但大多集中在吴县、长洲县，而昆山、常熟、吴江等县较少。通过比较，可以发现晋江县、吴县和长洲县具有某些共同的特点：都是府治所在的附郭县，为该府的政治、文化中心；都是科举大县。也就是说，附郭县的中心地位及其文化、科举的发达是影响地区内部乡贤专祠分布的重要因素。

对于这些分布各地的乡贤专祠，根据不同的标准进行分类研究可能是一个行之有效的方法。本文从探讨明代乡贤专祠的实践样貌着眼，主要根据立祠模式，将明代乡贤专祠分为两个类型：

1.敕建的乡贤专祠。即朝廷钦准、由地方政府奉敕建立的专祠，这类专祠列入地方祀典，有的还能蒙赐祠额。明代敕建的专祠除少数崇祀前朝先贤（如宋代的真德秀、刘安世等）外，绝大多数专祀当朝人物。或是大臣，如杨士奇、顾鼎臣，两人专祠分别赐额"襄功"

---

① 本表统计的乡贤专祠包括前代留存至明代的专祠和明代新建的专祠，但排除了一些神异性的祠庙。

"崇功";或是名儒,如薛瑄、吴与弼、蔡清,其中薛瑄专祠赐额"正学",吴与弼专祠额曰"崇儒";或为忠烈,如在安南死难的兵部尚书陈洽、弹劾严嵩的杨继盛,所立专祠分别赐额"忠节""旌忠"。这些专祠皆立于所祀之人的家乡故里,敕建与赐额使朝廷给予的荣耀泽及桑梓,代表了乡贤祠祀的最高层级。

敕建乡贤专祠,恩命出自朝廷。如系恤典赐祠,即按照请恤程序,祠祀与赐祭葬、赠官等一道给予。否则,就需要在朝官员或地方官员向朝廷具疏,代为申请,这上、下两种途径在明代都很常用。一般来说,在朝以给事中、御史等言官为主,他们上疏题请,经礼部覆议,最后请皇帝批准;如果乡贤后裔中有上疏之权的官员,也可私家上请建祠。地方则以巡抚、巡按、知府等官员具疏呈请,经礼部而达御前。二者相较,地方的申请程序繁多、严格,相关细节可从顾鼎臣专祠的申请过程中得以一窥。顾鼎臣(1473—1540),南直隶苏州府昆山(今属江苏)人,官至礼部尚书兼文渊阁大学士,嘉靖十九年(1540)卒于官,谥文康。顾氏曾敦促昆山县建城池以防倭寇,后倭寇猖獗,而昆山依赖城池得以保全。昆山人感恩顾氏,在他死后十多年,提请修祠专祀。昆山士民的建祠请求先由昆山县学生员陶子鸣等具呈总理粮道提督军务兼巡抚应天等府地方都察院右佥都御史张景贤。张景贤先将呈请建祠事状责令府、县勘查复核,经昆山县学训导会集通学生员复查,所呈事情真实,吻合祭法;接下来,由学校到昆山县,由县到苏州府,层层勘查,写立结状。最后,张景贤将专祠顾鼎臣之事上报朝廷,礼部祠祭清吏司拟议"似应俯从所请",嘉靖皇帝钦准。官为建祠,春秋致祭,赐给祠额、祭文。[①]

赐额对于敕建的专祠来说,不仅仅是一个祠额,而是一种特殊的荣誉。祠额出自翰林院拟名,经皇帝钦定,是在祠主一生功业、行事的基础上抽绎出的道德评价,是对祠主的崇高褒奖,并非所有的敕建专祠都能得到赐额的恩宠。赐额与建祠的时间也并非像顾鼎臣专祠、陈洽专祠那样总是同一的。杨士奇专祠建于弘治十二年(1499),赐额在嘉靖三十二年(1553),前后相隔半个多世纪,这也从一个侧面表明赐额对于专祠的难能可贵。为了郑重其事,礼部可能对制作、悬挂匾额也有一些要求,如嘉靖时礼部移文江西地方:杨士奇额"褒功"是皇上根据翰林院初拟的"崇功""褒德"御批钦定的;制匾务求浑坚,书额需极端楷;分守道官员亲诣悬挂,方面官员致祭(以后交由泰和县祭祀)。[②]

需要补充的是,敕建专祠并非都是官方建立,事实上顾鼎臣专祠建立之前,顾氏孙子尚宝司丞顾谦亨曾奏称,顾家欲自备工料建造祠堂。只是当时主拟题疏的徐学谟可能因为同乡之谊,没有采纳顾家自建的请求,仍给予官建的待遇。早在成化初,工部尚书、大学士杨荣的专祠虽曰敕建,实际是杨氏嫡孙杨泰自建的。[③]故而,敕建与否,不在于官府建祠还是私家建祠,而在于是否获得朝廷的批准,是否被列入祀典。

---

① 参见(明)徐学谟:《徐氏海隅集》卷2《题专祀辅臣顾鼎臣疏》,《四库全书存目丛书》集部第125册,第246—247页。

② 参见(明)欧阳德:《欧阳南野先生文集》卷15《大学士杨士奇祠额祭文》,《四库全书存目丛书》集部第80册,第588页。

③ 参见弘治《八闽通志》卷59《杨文敏公祠》,《四库全书存目丛书》史部第178册,第398页。

2.檄建的乡贤专祠。"檄"是官府间的下行文书,"檄建"可理解为"檄令府县建立"或"府县奉檄而建"。明代建立地方乡贤专祠,需巡抚、巡按、提学的批准,得到令函,开始建祠,这就是所谓檄建的乡贤专祠。相比敕建的乡贤专祠,檄建的乡贤专祠虽少了赐额等恩荣,但在祀典规制方面,二者仍是相同的。

明代檄建乡贤专祠的申请程序与儒学乡贤入祀申请程序类同,也与地方申请敕建专祠的前半段(从儒学生员呈请到巡抚、巡按准许)相同,兹不赘述。所要特别指出的是,檄建乡贤专祠的建设方式多样。大致存在三种方式:

一是官给建祠。府、州、县地方政府负责建祠,经费、经办等相关事宜操之于官。何孟春(1474—1536),郴州人。郴州原有何孟春专祠,后何氏门祚中衰,祠事废弛。隆庆时,巡抚赵某为孟春重新建祠,"檄郴州,发筦库,新其祠……岁编守者一人,供洒扫"①。轩𫐓(?—1464),鹿邑人,是大学士沈鲤敬重的同乡前辈。归德府欲用府库结余经费为沈氏修坊,沈鲤辞谢,让鹿邑县用这笔钱为轩𫐓建立了一座乡贤专祠。②山东德平葛端肃专祠祭祀葛守礼,"时山东巡抚为汝泉赵公,直指使者为次山王君,以士民之请,檄邑令何君,创公祠于东门之外"③。

二是乡贤后裔、门人自建。由乡贤后裔等人自费新建祠堂,或就原有的屋宇改建而成,不劳官府,不耗公帑,避免劳民伤财起民怨,以损乡贤令德,是明代常见的乡贤专祠建立方式。刘龙(1476—1554),山西襄垣人,官至南京兵部尚书。其子刘承恩、孙刘珙追崇父祖之德,欲建祠于乡:

> 请于督学宪使宋君泊巡抚都御史杨公,专祠祀公。而又虑勤父老子弟,或生仇訾,于是议即公生存所建紫岩书院改为之,费不烦乎公室,劳弗逮乎齐民。两公并加奖赞,檄有司以时致祭如仪。④

类似的还有万历时四川南充人大学士陈以勤专祠,先请于巡抚等官,初议由地方建祠,但陈家谢绝官建,最终拓建旧居而成,"下无烦里旅,上无损于公帑,以终先公志,以微诸大夫之惠于百世"。官府仅以祠祀载入祀典。⑤

---

①(明)汪道昆:《太函集》卷73《何文简公祠堂记》,《续修四库全书》第1347册,上海古籍出版社2002年版,第607页。

②参见(明)吕坤:《去伪斋文集》卷8《都察院左都御史静斋轩公祠堂碑》,王国轩、王秀梅整理:《吕坤全集》上册,中华书局2008年版,第453页。

③(明)郑洛:《葛公祠堂碑记》,(清)凌锡祺、(清)李敬熙总纂光绪:《德平县志》卷11,《中国方志丛书·华北地方》第356号,第565页。

④(明)胡松:《胡庄肃公文集》卷4《文菴刘公祠堂记》,《四库全书存目丛书》集部第91册,第171页。按,"泊"通"及"。

⑤参见(明)郭子章:《蠙衣生蜀草》卷5《明光禄大夫柱国少傅兼太子太师吏部尚书武英殿大学士赠太保谥文端陈公祠堂碑并序》,《四库全书存目丛书》集部第154册,第652页。

乡贤专祠的自建与官建的区别主要在于经办、经费来源的不同，建祠程序则一样，自建不是私建，必须向巡抚、巡按、督学等官员呈请，获准而后建，这样的专祠才可能被纳入地方祀典。否则，私建祠庙就不能获得官祠的公共身份。崇祯时，理学家张信民(1561—1633)专祠就是由他的学生们私建的，"专祠未经上文，终属私典"。后补办了呈请手续，专祠才得到官方表彰，入了祀典。①

　　三是官绅捐建。崇祀乡贤、建立专祠，一定程度上反映了地方各阶层的民意，官员、士绅、乡民会不同程度参与其中，由此，明代出现了许多官、绅、民捐建立乡贤专祠的现象。有官捐，如巡按御史王应鹏、聂豹前后捐助一百七十余金建陈茂烈专祠。②有民捐，福建崇武百姓"醵金创祠"，祭祀已故兵备按察副使戴一俊。③而崔铣专祠比较典型地体现了官、民捐建的复合形态。崔铣(1478—1541)，河南安阳人。崔铣因弹劾权监刘瑾而名闻天下，崔铣死后，其门人与旧友拟捐资修祠，安阳知府高某遂请于巡抚都御史、巡按，两官同意，檄府建祠，闻知此事的藩王也慷慨解囊：

　　　　以公门人所寓六十金易地一区，官给建宇费。或有闻之赵王者，王雅重公，乃曰："固知文敏当祀，即为宇不称，亦非所以祠也。"与弟江宁郡王各助资若干……董工者为郡贰隆文良氏。④

　　敕建、檄建的乡贤专祠都是明朝政府控制下建立的乡贤祠祀体系的一个部分。敕建的乡贤专祠可能有皇帝赐额，檄建的乡贤专祠也可能有巡抚、巡按的题额。⑤乡贤专祠虽有敕建与檄建之别，有官修与自建之分，但其祭祀空间设置则大致相近，纳入祀典的乡贤专祠春秋祭祀安排也是相同的。

　　乡贤专祠祭祀空间的设置都是在"正堂祭神"的基础上略有繁简之别。

　　　　(章懋专祠)中为堂四楹，前为门，如堂之数。两序傍翼，缭以周垣。中位神主，而颜其门曰"枫山先生祠堂"⑥。
　　　　(徐缙专祠)为堂三楹，肖像其中。旁为斋室，翼以廊庑，前乂亭树碑，凡制诰、御祭

　　① 参见(清)冯奋庸：《理学张抱初先生年谱》，《北京图书馆藏珍本年谱丛刊》第54册，第724页。
　　② 参见(明)郑岳：《山斋文集》卷13《孝廉陈先生祠堂碑铭》，《景印文渊阁四库全书》第1263册，第78页。
　　③ 参见乾隆《泉州府志》卷14《乡贤专祠附》，《中国地方志集成·福建府县志辑》第22册，上海书店出版社2000年版，第344页。
　　④ (明)葛守礼：《葛端肃公文集》卷3《崔文敏公祠堂记》，《四库全书存目丛书》集部第93册，第291页。
　　⑤ 参见(明)张天复《鸣玉堂稿》卷4《茶陵三学士祠记》曰："请御史台吴公书额。"《续修四库全书》第1348册，第520页。(明)皇甫汸《皇甫司勋集》卷47《徐文敏公祠碑》曰："题其额者，按院洛阳董公尧封。"《景印文渊阁四库全书》第1275册，第812页。
　　⑥ (明)邵宝：《容春堂续集》卷11《枫山先生祠堂记》，《景印文渊阁四库全书》第1258册，第571页。

诸文及题咏诗词具勒焉。优而为门,缭而为垣,浚而为池,邃而为道。①

(张信民专祠)祠宇正堂三楹,享堂三楹,耳房各三楹,内立神龛,肖先生像。②

以上三祠,章懋专祠用神主,另二祠设像而祭。事实上,明代乡贤专祠设像而祭的情况更加普遍,即使是在嘉靖礼制改革之后,也是多设像而少置主。这种设像而祭的模式既受汉代"图形立庙"祭祀先贤传统的影响,也源于后世佛、道等宗教的偶像崇拜的流行。从观感上讲,图像直接简易,"盖使观者形感而得之深"③。因而,明代乡贤专祠多设像而祭,但统属于庙学祭祀系统的乡贤祠,须与孔庙一致,嘉靖礼制改革之后乡贤祠皆用木主。

乡贤专祠只要纳入地方祀典,地方官就会定期致祭,即在每年阴历二月、八月祭祀孔子(称丁祭)之后一、二日举行。由府、县正官或正印官(掌印官)来主持,飨以少牢之礼。至于是知县还是知府主祭,看专祠坐落何处。如杨士奇"褒功祠"位于江西泰和县,故由该县掌印官按时举祭。④陈洽专祠位于的武进县城,是常州府治所在,祀典就由常州知府主祭。少牢之礼是以猪、羊为主要仪物的祭祀,如陈洽专祠的祭品:猪一口,羊一只,鱼醢、肉醢、菹菜共五品,米、面食共五品,果子五品,香一炷,烛一对,帛一段,酒二瓶。主祭者行三献礼。⑤

府、县正官主祭之外,还有府、县其他官员和儒学生员参加祭祀活动。如陈琛专祠"丁后二日,府县正印官率僚属、师生临祭"⑥。真德秀专祠"春秋丁期,支动额编。祀典,邑候、学师、僚属官员同致祭焉。"⑦乡贤后裔中有功名的族人一般作为陪祭参加典礼。平湖陆氏甚至把参加这样的活动作为一项任务写进家规:"(景贤)祠中春秋二祭,有司修祀孔严。子孙既列章缝,当从骏奔之列。凡遇祭日……合族衣冠皆宜陪祭,每位给与盘费银一钱,无故不到者议罚。"⑧

总之,通过不同途径建立的乡贤专祠为享祀的乡贤提供了独立祭祀空间,并在专有空间独享少牢之礼。明代乡贤专祠实践再一次显示,乡贤专祠乃是在乡贤合祀之外对大贤、名贤的特别表彰,正所谓"优出常典"。

① (明)皇甫汸:《皇甫司勋集》卷47《徐文敏公祠碑》,《景印文渊阁四库全书》第1275册,第812页。

② (明)冯奋庸:《理学张抱初先生年谱》,崇祯七年十二月初三日,《北京图书馆藏珍本年谱丛刊》第54册,第723页。

③ 嘉靖《固始县志》卷首,《天一阁藏明代方志选刊》,上海书店1963年版,第3页。

④ 参见(明)欧阳德:《欧阳南野先生文集》卷15《大学士杨士奇祠额祭文》,《四库全书存目丛书》集部第80册,第588页。

⑤ 参见(清)陈懋和:《江苏毗陵双桂里陈氏宗谱》凡例,《中华族谱集成·陈氏谱卷》第1册,巴蜀书社1995年版,第96页。

⑥ (明)陈敦履:《陈紫峰先生年谱》卷2,万历二年甲戌,《北京图书馆藏珍本年谱丛刊》第44册,第410页。

⑦ (清)真采:《西山真文忠公年谱》,成化三年丁亥,《北京图书馆藏珍本年谱丛刊》第33册,第329页。

⑧ (明)陆基忠:《平湖陆氏景贤祠志》卷4《陆氏家训》,《中国祠墓志丛刊》第59册,广陵书社2004年版,第292页。

三、明代乡贤专祠的运转模式

乡贤专祠无论在市镇通衢还是在乡野僻邑,都是地方的公共祠庙。只有祭祀以时,启闭有常,维持祠庙正常运转,让观者登祠瞻拜,睹祠而思,才能发挥其风示激励的功能。那么,明人是如何维持乡贤专祠的运转? 这里先从平湖陆氏景贤祠谈起。

平湖陆氏为世家望族,名人辈出。先是,平湖有忠宣庙,祭祀唐宰相忠宣公陆贽;有靖献祠,祀宋儒靖献先生陆正。嘉靖中,倭寇侵扰平湖,遂合祀忠宣、靖献于平湖城内,祠名"景贤"。"祠虽建于陆氏子孙,缘系申详学道,春秋二祭,有司主之,故子姓不敢自专。"①在陆氏后裔的努力下,景贤祠先后配祀宣德间布衣陆宗秀、弘治间岁贡陆铱;万历三十三年(1605),陆光祖入祠配飨。于是,景贤祠中祀忠宣公,侧侍陆正、陆宗秀、陆铱、陆光祖,为四配。景贤祠实际上兼有了陆氏大宗祠与平湖乡贤专祠的双重性质。景贤祠建立不久,官给奉祀生二名,负责典守祠事,后以为常。景贤祠有祠田千亩,为陆氏后裔捐立,在陆氏家族的周旋下,以祭祀名贤的名义,援例获得优免,只需完纳正粮,豁免一切杂泛差徭,这不仅使景贤祠祭祀、修缮之费得到保障,也使陆氏祠田能够瞻族济困。朝廷在批准优免的同时,要求陆氏宗族订立规制,完善管理,《陆氏家训》《景贤祠族田规则》相继议立。

从景贤祠的情况看,除了陆氏宗族的影响力及其对景贤祠管理的深度介入,要维持乡贤祠的正常运转,必须守祠有人,祭祀有费,管理有制。

所谓守祠有人,即乡贤专祠需要实际的管理者来负责日常洒扫、上香、修葺、祠田租种等事务。就所见文献而论,明代乡贤专祠守祠人大致可分三类,或者说有三种来源。一是由地方政府佥派。如同官给祭祀一样,作为地方徭役编排,佥派"门子"之类,负责看护某个乡贤专祠。正德时,河南河内县修复了元代大儒许衡的专祠,官给祭祀、立祀田之外,还为之安排守祠人:"庙无典守之人,非惟易致倾坏,而市井之徒、鸡犬之类不免杂入,践秽亵渎,不敬孰甚。"遂取附近人户,"审编门子一名,责令看守本庙,司其启闭,时其洒扫"。②隆庆时,郴州何孟春专祠由于何氏子嗣不振,无人看守,亦由地方政府"岁编守者一人,供洒扫"③。二是僧、道守祠。把乡贤祠这样的公共祠庙交给黄冠缁徒看守,通常出自官方的委命,陈洽专祠比较典型地体现了这一官方委托模式。嘉靖八年(1529)敕建陈洽专祠"忠节祠",礼部在给常州府的勘合中批准了地方的题请,将专祠委托给常州府武进县正觉寺僧圆仁等看守。因为忠节祠与圆仁的精舍接连,圆仁与其徒明洁、性恺等朴实雅静,清规无玷,情愿看守,礼部和常州府一致认为是看守忠节祠的合适人选,并给予委命文书。④三是选任

---

① (明)陆基忠:《平湖陆氏景贤祠志》卷4《嘉兴府平湖县为恳批配飨本邑宗祠以隆祀典以光先德事》,《中国祠墓志丛刊》第59册,第324页。

② 参见(明)何瑭:《柏斋集》卷7《元魏国许文正公庙祀记》,《景印文渊阁四库全书》第1266册,第561—562页。

③ (明)汪道昆:《太函集》卷73《何文简公祠堂记》,《续修四库全书》第1347册,第607页。

④ 参见(清)陈懋和:《江苏毗陵双桂里陈氏宗谱》凡例,《中华族谱集成》第1册,第96—97页。

乡贤后裔为奉祀生（或称守祠生），负责典守乡贤专祠。佥派门子，委命僧道，通常是在乡贤子孙断绝或贫弱无力等后嗣不振情况下的无奈之举。只要乡贤后继有人，他们子孙有能力看守祖先的乡贤祠庙，给乡贤后裔一个奉祀生的身份，这些后裔就成为世袭的合法的乡贤祠守护人。从制度渊源讲，明代的乡贤奉祀生脱胎于孔、孟、颜氏等圣裔奉祀，近代地方史志名家王葆心说："奉祀生之制，始于明太祖。洪武中，改颜池为三氏学教授，以奉祀事。至武宗正德二年，命衍圣公次子袭五经博士，主子思书院祀事……明英宗正统十一年，令颜希仁主颜子庙祀事。孝宗弘治元年，抚按给周公之裔东野禄奉祀生，此给衣巾以奉祀者，即奉祀生之始。以后渐推及各府县名宦、乡贤祠，每代择适裔一人，由督抚、提学咨部给照，充奉祀生。"[1]王氏所论明朝推行乡贤奉祀生制度，虽不甚准确，大致可证明代中期之后乡贤奉祀成为一种惯例，故嘉靖时有人说："凡先贤祠宇，例有生员守祠。"[2]这里的守祠生员即奉祀生，他们拥有生员的身份，但不同于府、州、县学的廪、增、附学生员，其职事在守祠，属于生员中的另类名色。奉祀生可世代接任，永久守祠。如况钟祠，"子孙世续奉祀生"；平湖陆氏景贤祠、吴县王鏊专祠等皆是乡贤后裔世代守祠，自明至清，相传数百年。相较于前两种守祠人，乡贤后裔守祠奉祀，往往有一种与乡贤祠荣辱与共、息息相关的责任感与使命感，也就更能尽心尽力。

所谓祭祀有费，首先是春、秋二季的祭祀经费。敕建或檄建的乡贤专祠列入地方祀典，春秋两祭经费出自地方，用银一二两到七八两不等，主要购买祭祀物品等。如陈紫峰祠每祭需"猪一只，重一百斤；羊一只，重二十斤；糖饼二桌，油□一桌，果伍色，粉伍碗，果酒二事，大金一架。其银，二两三钱"[3]。春秋二祭经费就是四两六钱。这笔钱只是用于春秋办祭，无可他用。乡贤祠平时的香烛、修缮、守祠等开支需另外措办，因此，祭祀有费还包括这部分经费支持，其数量远大于春秋办祭的费用，恐非地方财政所能承担。《定山庄先生祠田记》载：

> 定山庄先生祠在江浦之涯……岁时春秋二祭，其祭仪、修葺之费皆取诸里甲，然不奉额设，故公私皆称未便。嘉靖乙巳秋，侍御史午山冯公奉命提督南畿学，正倡明正学，殚精竭思，乃谒先生祠，诹祀事，顾张尹峰曰，此有司责也……孝义里民奚瀛有定山北麓田若地，凡八十八亩，时将他售。尹乃以俸资二十三金贸之，盖不欲重烦民也。田去先生故居北三里而近，酌肥饶、丰歉之常，岁得租约凡五十石。岁会所得，料理二祭、公输之外，稍存羡余，以备荒歉、修葺。于是，尊崇先生始有成典矣。[4]

---

① 王葆心：《湖北罗田东安王氏庚申宗谱》卷6，1930年铅印本。按，王氏所论不确者有二，一是乡贤祠奉祀生并非在弘治之后才出现。如陆宣公庙，景泰四年给守祠生。二是奉祀生一般是一人，但也有两人者，如景贤祠、高拱专祠。

② （明）陆基忠：《平湖陆氏景贤祠志》卷4《嘉兴府帖·激励忠良事》，《中国祠墓志丛刊》第59册，第353页。

③ （明）陈敦履：《陈紫峰先生年谱》卷2，万历二年甲戌，《北京图书馆藏珍本年谱丛刊》第44册，第409页。

④ （明）庄昶：《定山集·补遗》，《景印文渊阁四库全书》第1254册，第358页。

庄昶祠的经费解决方案其实是明代乡贤专祠普遍采取的方案:买田置地,以租息为祭祀、修缮等费。此举被认为是那个时代最为可靠的长远之策,各地纷纷仿效,于是祠田成为乡贤祠运转的经济基础。至于祠田的来源则途径多样,常见的有官员捐俸购置,上述庄昶祠就是如此。在同治《江山县志》保留的一份明代祭祀乡贤的文书中,比较详细记载了从正德十六年(1521)到万历十三年(1585)间,地方官员先后五次为江山县的两座乡贤祠捐俸,不仅购置了祠田,还为乡贤后裔娶妻成家。①有乡绅富民捐献,如陈洽专祠的二十六亩祠田。也有乡贤后裔捐献,如平湖陆氏捐献千余亩,德平葛氏捐献二顷。②只要乡贤后继有人,或其宗族势力强大,就会有后裔捐献田产作为祠田,维持先祖的祠祀,毕竟这些后裔分享了先辈的荣耀与声名,他们会通过自己的建祠、捐产等方式维护这种家族声望。捐献的祠田单独立籍,可以申请优免杂泛差徭的待遇,就像平湖陆氏的千余亩祠田直接以"陆景贤"名字另行登记,只纳正粮即可。

所谓管理有制,即关于乡贤专祠的一套规章制度,是保障乡贤专祠正常运转的规矩。这些规章制度一般来自公、私两方面,也就是由政府制定和参与乡贤祠管理的乡贤宗族制定。政府制定的有关祀典安排、奉祀生选任、祠田优免等内容。宗族制定的规矩表现为家训、族规对于祠宇、祠产的保护,以防侵占、盗卖等行为。

国法、家规相资为用。陆氏把千余亩祠田登记在官,单独立籍,也是借用国法保护祠田。经办此事的陆光祖长子陆基忠就说过:"族田原以赡乏,而非册籍在官,则久后不无湮没;赡族虽有家规,而非仰赖国法,则人众易至纷更。"③守祠人与乡贤祠兴废密切相关,为规范守祠人,官府予之以帖文,上载祀典、祠产(田)等详情,既为守祠人应对外来侵占之保障,也是守祠人谨守之规条、官府稽查之根据。

当然,守祠有人、祭祀有费与管理有制只是乡贤专祠运转的必要条件。一个乡贤祠能不能垂之久远,还与其他多种因素相关。因为蔡清的名儒声望,建于隆庆四年(1570)的蔡文庄祠到清代康熙年间由李光地等人募众修建、乾隆十八年(1753)由教授唐山倡修,"苗裔之贤、后学之好义者咸力捐赀"④,旧祠焕然一新。顾鼎臣专祠"崇功祠",也持续得到家族、官方的支持,专祠自明至清运转良好,不断发展、完善,但咸丰时毁于兵火。这些表明,乡贤宗族强弱、乡贤本身影响,甚至社会秩序都会影响到乡贤专祠的运转与存废。

四、官方话语之下的地方诉求与家族策略

明代乡贤祠祀作为一种政治伦理信仰,借由表彰乡贤、激励后人,传导儒家政治伦理,

---

① 参见(明)易仿之:《崇祀乡贤文案》,同治《江山县志》卷11,《中国方志丛书·华北地方》第67号,1970年版,第1277—1278页

② 参见光绪《德平县志》卷11《葛公祠堂碑记》,《中国方志丛书·华北地方》356号,1976年版,第565页。

③ (明)陆基忠:《平湖陆氏景贤祠志》卷4《奏请遵守义田疏》,《中国祠墓志丛刊》第59册,第275页。

④ 道光《晋江县志》卷14《附乡贤专祠之祭》,《中国地方志集成·福建府县志辑》第25册,第229页。

必然承载着政治教化的使命,因此,乡贤专祠与乡贤总祠一样,总是关涉世道人心。祠之所立,旨在"表扬忠义以激劝风化""表名臣以端风化""崇功德而为世道劝""表章贤哲以扬励世风"等。①这是明朝朝野上下关于乡贤专祠意义的普遍认识,明代乡贤专祠就是在这样的话语环境下展开,并获得其存在的正当性。

需要注意的是,熟稔这套话语的地方士绅、乡贤后裔往往在乡贤专祠的政治教化意义之外赋予其另外的意义,表达他们各自的诉求,实现他们各自的目标。

经由祠祀、传记等形式把乡贤集合在一起,形成一个乡里文化传统,并通过这种传统来定位个人。②这样的策略揭示了表彰乡贤对于当时士人的意义。明代有类似的例子,如闽籍士人表彰蔡清,为其建立乡贤专祠。闽籍士人并不仅仅是在政治教化的目标下表彰蔡清,而是因为蔡清乃闽学之关键人物,与地方文化传统密切相关。身为闽人的李光地曾说:

> 吾闽僻在天末,然自朱子以来,道学之正,为海内宗。至于明兴,科名与吴越争雄焉。暨成、弘间,虚斋先生崛起温陵,首以穷经析理为事,非孔孟之书不读,非程朱之说不讲……故前辈遵岩王氏谓,自明兴以来,尽心于朱子之学者,虚斋先生一人而已。③

明代八闽人文蔚起,俨然东南邹鲁,闽人引以为豪。他们为蔡清建立专祠,是要借助对乡贤的表彰来标识这种地方儒学传统,表彰蔡清便是表彰闽学。而表彰闽学便把服膺闽学的士人置于其谱系之中,从而获得儒学正统的地位。

另一个例子是地方争抢名人,无论是名臣或是名儒,只要与该地有一线联系,即便难以确考其人就是该地人,也要为之立祠祭祀,树碑立传。如平湖陆氏景贤祠所祀陆贽,华亭县在正德时也为之建祠奉祀,因为华亭人相信陆氏本来就是"生于华亭无疑矣"④,亦尊之为乡贤,专祠奉祀。一乡之贤乃一乡之山斗,尤其是名贤,实际上成为地方的文化坐标,地方为之立祠是标识这种文化坐标的一种方式,因此,争祀的背后其实隐藏着地域间的文化竞争。

至于乡贤后裔如何运用乡贤专祠来实现家族目标,在《平湖陆氏景贤祠志》中看得比较清楚。陆氏通过景贤祠首先获得世袭的奉祀生身份、千余亩祠田(也是族田、义庄)的差徭优免。更为重要的是,陆氏通过增加景贤祠的配飨,把陆氏有功德的祖先安放于祠内,乡贤专祠实际上具有陆氏大宗祠的意味。无独有偶,顾鼎臣专祠也有这样的发展趋势,直到清

① 参见(清)陈懋和《江苏毗陵双桂里陈氏宗谱》凡例;光绪《德平县志》卷11《葛公祠堂碑记》,第565页;(明)王恕《王端毅公文集》卷1《刑部尚书彭公祠堂记》,《四库全书存目丛书》集部第36册,第174页;(明)黄凤翔《田亭草》卷7《陈紫峰先生黉宫特祠记》,《四库禁毁书丛刊》集部第44册,第459页。

② 参见陈雯怡:《"吾婺文献之懿"——元代一个乡里传统的建构及其意义》,台北《新史学》2009年20卷2期。

③ (清)李光地:《榕村集》卷13《重修蔡虚斋先生祠引》,《景印文渊阁四库全书》第1324册,第713页。

④ 崇祯《松江府志》卷20《杨枢记》曰:"陆宣公贽世传嘉兴人,稽之载籍,钱起《送贽第还乡诗》'乡路归何处?云间独擅名。华亭养仙鹄,指日再飞鸣。'则贽之生于华亭无疑矣。"《日本藏中国稀见地方志丛刊》,书目文献出版社1991年版,第521页。

代雍正时才完成乡贤专祠宗祠化。林济教授曾指出,明代徽州的一些乡贤专祠也出现过类似情况。[1]明代一些家族往往为那些有功德的祖先建立专祠以祭于家,而建于家乡的乡贤专祠正好与这样的传统相契合,经由乡贤后裔的运作和深度参与管理,乡贤专祠逐渐兼有宗祠的性质,故乡贤专祠宗祠化在一些地方并不罕见。作为一种策略,乡贤专祠宗祠化实质上就是乡贤后裔得以改造公共的乡贤专祠,使之成为家族开基祖先的专祠,家贤与乡贤合而为一。乡贤专祠宗祠化既使乡贤后裔实现了"把家标识于乡",家族直接、完整地分享了乡贤声望,又使乡贤后裔更深入地参与专祠的管理,防止乡贤专祠兴废无常。

可以说,王朝政府、地方社会与乡贤家族对于乡贤专祠具有不同认知与目标诉求,同时又具有高度的共识和一致的态度,合力共理,共同推动、维护了乡贤专祠的建立、运转,使之与儒学乡贤祠相得益彰,并行共荣,明代乡贤专祠得以存在、发展的动力机制也由此可见。

五、结语

本文把乡贤专祠与乡贤祠相联系,提出明代乡贤祠祀双轨制,重构了完整的明代乡贤祠祀体系,一定程度上深化了学界对明代乡贤祠祀的认知。同时,在双轨制的架构中,使乡贤祠与乡贤专祠相并、互视,正是在这种互视中,我们看到乡贤专祠与乡贤祠在处理众贤与名贤的关系方面可以相互补充,乡贤专祠可以弥补乡贤祠在表彰著名乡贤方面的功能缺失,乡贤专祠特祀的礼仪逻辑得以展现,即优出常典,大贤须专祀。

乡贤专祠总是建于乡贤的桑梓故土,在明王朝政令或国家话语下,其背后交织着地方政府、士绅与乡贤后裔等多元社会力量。应和了这些社会力量的各自诉求,乡贤专祠的建立有敕建与檄建之分,乡贤专祠的守护有佥派徭役、委托僧道与乡贤后裔奉祀等多种形式,乡贤专祠的祭费出自祀典公费或祠田收入等。乡贤专祠就是在明代历史进程中被多元社会力量综合型塑,并表达了他们的目标、诉求,或标识地方文化传统,或实现专祠宗祠化。因此,乡贤专祠在承载政治教化的使命之外,具有多元的社会意义。

原文载《中国史研究》2020年第1期

作者:赵克生,海南师范大学历史文化学院院长、教授、博士生导师

---

[1] 参见林济:《"专祠"与宗祠——明中期前后徽州宗祠的发展》,常建华主编:《中国社会历史评论》第10卷,天津古籍出版社2009年版。

明代徽州谱牒的纂修、管理及其家国互动关系研究

卞　利

明代的徽州是一个极具典范意义的宗族社会,"兹顾唐虞三代之名族,载之坟典,史传可稽也。历秦而汉、晋、唐、宋,或强合于世胄,或阴夺于天亲,若魏瞒之窃曹叔,刘裕之冒元王。世勒赐李,娄敬易刘;吕秦牛晋,真妄杂糅。求族之不紊者,盖寥寥矣,矧名族乎? 新安则异是矣,山峭水厉,燹火弗惊,巨室名族,或晋唐封勋,或宦游宣化,览形胜而居者恒多也。其故家遗俗,流风善政,宛然具在"①。为强化宗族控制,维护等级秩序,明代徽州宗族在继承宋元谱牒纂修传统的基础上,在徽州仕宦、乡绅和徽商的襄助下,掀起了纂修谱牒的高潮,先后纂修与刊刻了数以千计的各类谱牒,在中国谱牒学史上,具有极为重要的地位。尽管历经沧桑,但遗存至今的明代徽州谱牒仍有 424 种之多,占全国现存明代谱牒总数近62%。②故赵万里说:"传世明代谱牒,大都是徽州一带大族居多,徽州以外绝少。"③

作为记录与承载宗族活动的历史记忆和地域文化的重要内容之一,明代徽州谱牒的纂修、刊刻与管理都进入了一个相对较为成熟完善的阶段,形成了十分完备的谱牒纂修理论与相对成熟的谱牒刊刻与管理制度,涌现出了一批专门的谱牒纂修与剞劂队伍,加上富甲一方的徽商慷慨资助,直接导致明代徽州谱牒纂修刊刻的繁荣与宗族管理制度的建设及完善。

一、明代徽州谱牒的纂修

徽州谱牒的纂修,最远可追溯到宋元时代。尽管宋代徽州的谱牒原本现已无一留存,但元代纂修的徽州谱牒尚有至少 6 种存世,总体而言,元代徽州谱牒体例与内容尚显简略。无论在类型、体例、内容,还是纂修理论和刊刻与管理制度上,明代徽州谱牒都远远超越以往任何时代,且自明初洪武至明末崇祯年间,呈现出日臻成熟与完善的发展趋势。特别是各类统宗谱以及嘉靖和天启年间分别纂修刊刻的跨地域的徽州名门望族谱牒——《新安名族志》和《休宁名族志》的问世,是明代徽州谱牒纂修理论与实践走向全面繁荣与成熟发展的重要标志。

---

① (明)戴廷明、(明)程尚宽撰,朱万曙等点校:《新安名族志》卷首《胡晓序》,黄山书社 2004 年版,第 4 页。
② 根据《中国家谱总目》《中国家谱综合目录》《中国善本书目》,结合《中国珍稀家谱丛刊:明代家谱(一、二辑)》,安徽各地馆藏徽州谱牒目录统计,现存明代各类谱牒总计 688 种,其中徽州谱牒为 424 种,占现存明代谱牒总数近 62%。
③ 赵万里:《从天一阁说到东方图书馆》,天津《大公报》1934 年 2 月 3 日《图书副刊》第 12 期。

（一）徽州谱牒纂修的宗旨与谱例

明代徽州谱牒的纂修宗旨和主要目的是："序昭穆、辨尊卑、萃涣散、联属人心、志事实也。使后世子孙知宗派源流，不忘所自。"①谱牒在聚族而居、敦于孝道的徽州人思想观念中，地位堪称神圣，"谱牒所载，皆宗族祖父名讳，孝子顺孙目可得睹，口不可得言。收藏贵密，保守贵久"②。纂修谱牒是一种敬宗收族、追本报远、弘扬孝道的大事。所谓"尊祖故敬宗，敬宗故收族，收族之法，莫若辑谱"③。在徽州，谱牒甚至被置于同国史、郡志并列的高度，加以强化，所谓"家之有谱，犹国之有史也。国非史无以昭实录，家非谱无以明世系"④。明代徽州各地普遍流传一种"三世不修谱，即为庸人"⑤的诫语。三世不修谱，被认为是大逆不道的行为，"无之（指谱牒——引者注），将见贵不齿贱，富薄其贫"⑥。因此，整个有明一代特别是明代中叶以降，徽州纂修谱牒之风极盛，以致形成"新安多望族，族各有谱"⑦的社会现象。

明代徽州纂修谱牒打着"尊祖、敬宗、收族"的大旗，实际上，其主要目的和直接动机还是为了维系宗族的尊卑、长幼、男女等社会等级秩序，维护包括族长在内的既得者利益，"使恶者有所惩，吉凶相告，患难相恤，疾病相扶，孝弟行于家则身修而家齐，忠义行于国则国治而天下平"⑧。因此，明代徽州谱牒之修，"使名分正而彝伦叙，宗族睦而礼义敦，千载犹一代，九族犹三亲"⑨。这是徽州宗族纂修谱牒的实质所在。

在谱牒纂修中，谱例和谱法直接关系到谱牒纂修方法利用与内容标准的取舍问题。北宋以欧阳修和苏洵为代表的按照"小宗之法"纂修的谱牒体例，是后世谱牒纂修的圭臬与指针。欧阳修采用的是图表亦即"吊线"或"挂线"的方式，将五世祖以来的家族迁徙、婚嫁、官封、名谥、墓葬及其行事，编成《欧阳氏图谱》。苏洵纂修的《苏氏谱牒》，则采用分派的方式，将直系六世祖以来的事迹，按照序、表、后录的结构进行叙述和说明。

不管欧、苏两种类型谱牒的优劣如何，但这两类谱牒所创立的谱牒纂修体例，为南宋以来谱牒纂修奠定了基本的体例和形式。值得注意的是，明代以降徽州谱牒纂修的体例，并未单纯遵循欧氏或苏氏谱牒的某一体例，而是各取其优，将两者合而为一。

正如万历休宁《重修休邑城北周氏宗谱》所云："谱义例起于欧、苏，今合两式者。欧吊而不派，则亲疏别而长幼莫究，或窒于尊尊；苏派而不吊，则长幼序而亲疏难考，或病于亲亲。苟独遵一式，恐未得其长而先蹈其弊矣。故先欧图以明亲疏之分，继苏派以定长幼之

---

① 万历《重修休邑城北周氏宗谱》卷9《家训》，明万历二十四年刻本。
② 万历《休宁范氏谱牒》卷6《谱祠·统宗祠规》，明万历三十三年补刻本。
③ 崇祯《休宁戴氏谱牒》卷首《嘉靖戊午戴甫序》，明崇祯五年刻本。
④ 万历《曹氏统宗世谱》《嘉靖十二年汪铉序》（不分卷），明万历四十三年刻本。
⑤ 嘉靖《率东程氏家谱》卷首《程祖关正统二年序》，明嘉靖四十二年刻本。
⑥ 崇祯《海阳吴氏族谱》卷首《序》，明崇祯三年抄本。
⑦ 乾隆《考川明经胡氏统宗谱》卷首《乾隆二十四年吴炜序》，清乾隆二十五年木活字本。
⑧ 正德《新安毕氏族谱》卷首《正德四年毕馨〈休宁闵川毕氏重修会通世谱序〉》，明正德四年刻本。
⑨ 正德《新安毕氏族谱》卷首《正德三年毕文琛序》。

序。二式相兼,其法始备。"①

因此,明代徽州谱牒基本上糅合了欧阳修和苏洵所创造的两种纂修体例,遵循了吊线谱表和图文叙述并重的原则。

(二)明代徽州谱牒纂修的组织和经费

纂修谱牒是一项规模浩大的工程,远非个人之力所能承担,"日久事繁,固非一人所能任,各支下之倡而和之者,实与有力焉"②。除少数谱牒成于一人之手外,明代徽州大部分谱牒纂修都要成立专门的组织和机构,如谱局、谱馆和谱堂等,推选专门的纂修人员,负责修谱活动的组织与管理。嘉靖刻本《祁门金吾谢氏宗谱》即是由谱局负责筹划纂修的谱牒。只有建立组织机构、确定具体纂修人员并明确分工之后,谱牒的纂修才能真正开始。

纂修谱牒所需成本及资金巨大,谱牒纂修工作能否成功开展,很大程度上取决于所筹措资金的多寡。特别是在徽州这样一个人口迁徙与流动极其频繁的山区,大量徽商侨寓他乡,没有纂修人员的奔波调查,缺乏雄厚的资金支持,要想在谱牒纂修中毕其工于一役,其难度可想而知。明代徽州谱牒纂修过程中,不少宗族都遇到了资金不足和短缺问题,有的甚至是在谱牒即将付梓时,资金发生困难。万历歙县大阜吕氏宗族在谱牒修毕行将刊刻之际,遭遇资金不足的困累,无奈之下,被迫以祭祀银两冲抵,"宗谱既成,约用工食求文二百余金,所得该分银者,不过五余两而已。荷蒙各派族英资助,虽有白金,仍银五十两无出。黄川万五公派下四门族众继寿等商议,只得权将本社祭祀银充偿"③。

为保证纂修谱牒的开支,明代徽州宗族大体采取了以下途径筹措经费。

第一,个人独立捐资。以这种方式筹集纂修谱牒经费,在富商大贾辈出的徽州,是一个常见的现象。正德《新安呈坎罗氏宗谱》纂修与刊刻的所有资金,全部由"挟巨资贸易于海上"④的海商罗汝声一人负责。崇祯《徽城杨氏宗谱》则是通过"贾寓吴门"的族人杨震源"不缘人从臾,不向人谋议,祇凭笃挚一念,加意募镌"⑤,独立资助,方才付梓刊刻的。

第二,科丁派捐和自愿捐助。科丁派捐是明代徽州纂修谱牒筹集资金较为常用的一种方式。但单纯靠按丁派捐的方式筹集修谱经费,并不能够完全满足谱牒纂修和刊刻所需,甚者还会加重族人负担,造成抵触情绪。因此,徽州不少宗族往往采用按丁派捐和自愿乐输相结合的筹资办法。万历《新安吕氏宗谱》即采取了族人捐资的方式筹措经费,且带头倡捐者几乎都是宗谱的主修人员,从总裁编修吕继华,到校正吕廷福,甚至管帐、催督等,都或多或少地进行了捐输。⑥有的宗族为鼓励捐输,甚至在谱牒中专门刻有"某公房刊",或辟有《捐输芳名》一卷,对踊跃捐输者予以表彰,但一般采取志愿而非强制方式进行资金募集。

---

① 万历《重修休邑城北周氏宗谱》卷2《凡例》。
② 康熙《周氏重修族谱正宗》卷15《书名小引》,清康熙四十五年刻本。
③ 万历《新安吕氏宗谱》卷5《名氏》,1935年重刊万历五年刻本。
④ 正德《新安呈坎罗氏宗谱》卷首《序》。
⑤ 崇祯《徽城杨氏宗谱》卷首《序》,明崇祯三年刻本。
⑥ 参见万历《新安吕氏宗谱》卷5《名氏》。

如万历三年(1575)休宁县璜源吴氏宗族,即在纂修宗谱的《谱启》中倡议"诸房有好义不吝者,听计其本枝合用工价而劝给之,即于卷首为书刻曰'某公房刊'以见之。其有欲助而不能与,能助而不欲者,不强索之以求必得也"①。纂修和刊刻谱牒的花费可以说是极为巨大的,"宗谱告成,历七春秋,计共用银一千零二十三两九钱"。为此,该谱专门记录了各派捐资的名单及数量,其中超过百两的就达三笔之多。②

(三)明代徽州族谱纂修失真的问题

明代徽州族谱纂修中普遍存在失真的问题,其因有二:

其一是故意牵强附会、攀附名人和富贵问题。"有乐富贵而认其非族者,有耻贫贱而弃其同族者。"③这种因主观因素造成的失真是中国族谱的通病。对此,胡滢在为祁门《关西方氏宗谱》所作的《序》中就曾指出:"天下世家,谱牒多矣。他谱喜借名位援远族人,以张大其宗。"④崇祯《休宁戴氏族谱》更是认为:"近代族谱多以附会而成,无论亲疏、久近,各为赞述生平;不论殊甚,间有湮灭,即撱饰以补之;明知字号、生殁俱非本来,徒欲欺世,不惮自欺矣。"⑤这种故意攀援富贵和嫌贫爱富的心态与现象,完全是修谱者的主观故意所致,它直接造成了族谱内容的失真。

其二,是世远年湮、旧谱散佚、族派散居难以联络以及战乱等因素。这些因素造成族谱在搜罗文献、考订史实等方面出现客观困难,所谓"否泰迭运,兵燹纷兴。顾投鼠以无路,岂简编而有收。由是,旧谱图牒非腐乎雨露,则烬于烟尘。纵旁搜博采以补,不无模棱于其中,欲冀真是之归"⑥。

针对族谱普遍存在的牵强附会、攀附名人和富贵以及故意涂改甚至公然编纂伪谱造成"诈伪纷纷而出"⑦的现象,徽州各大宗族纷纷制订了严格的修谱原则,严厉打击主观造假的行为,避免客观失误,以期革除族谱失真的积弊。

首先,明确要求修谱人员必须严肃认真,广搜博引,厘定错误,从实书写。万历年间,休宁程一枝为保证族谱的真实性,在所纂修《程典》中,前后引用各种文献达113种之多。⑧针对因客观因素造成的谱牒失实,崇祯《休宁戴氏族谱》要求纂修者对"间有世派差伪、行序倒置"者,务必"以各门旧谱为凭,其确然可考者,不难订以公论。若徒执私臆,未睹明征,则亦罔敢变乱,直缺所疑"。⑨

其次,为杜绝因主观因素造成的族谱嫌贫爱富和评议失真的问题,明代徽州一些宗族

---

① 万历《璜源吴氏族谱》卷首《谱启》,明万历七年吴氏保和堂刻本。
② 参见万历《古歙谢氏统宗志》卷首《捐资镌梓》,明万历三十二年刻本。
③ 正德《新安毕氏族谱》卷首《原序·桐冈张文凤序》。
④ 道光《关西方氏宗谱》卷首《序·永乐壬寅胡滢序》,清道光二十一年木活字本。
⑤ 崇祯《休宁戴氏族谱》卷首《凡例》。
⑥ 天启《新安休宁山斗程氏本宗续谱》卷首《序·天启六年程履初序》,明天启六年抄本。
⑦ 嘉靖《新安琅琊王氏统宗世谱》卷首《凡例》,明嘉靖三十九年刻本。
⑧ 参见万历《程典》卷首《〈程典〉引用书目》,明万历三十七年刻本。
⑨ 参见崇祯《休宁戴氏族谱》卷首《凡例》。

在纂修族谱时，要求编修人员秉笔直书、反复斟酌，再下结论，总之一定要以信实为最高追求。正德《新安呈坎罗氏宗谱》云："谱，家史也。史贵乎信，一言一事，必有皆实而后信，有不实则取讥于人。"①针对谱牒中普遍存在的"人以彼富贵则攀援附合"②等现象，嘉靖《新安岭南张氏会通谱》云："宗谱之修，所以清源流、别是非，而谨其所自出也。敦本厚伦之道，不外乎此。此诚吾派者，虽贫贱不遗。非吾派者。纵富贵不与。"③万历歙县《托山程氏家谱》也指出："后世子孙，支派繁多。而有经商迁徙远方，其根源可寻者，虽贫贱必书。根据不可考者，虽显不录。"④

最后，严惩谱牒纂修中的任意涂改、变易私弊等行为。个别族谱甚至专门设置了"谱辨"和"订讹"等专篇，对族谱予以订误和考辨。如程敏政在纂修《新安程氏统宗世谱》之前，就专门撰写了《谱辨》三十七条，对诸谱异同进行考辨。⑤万历年间，对休宁曹嗣轩自纂伪谱反而指责他谱为伪谱的污蔑，《曹氏统宗世谱》纂修者专门撰写了《涤讹论》一篇，进行反驳，并呼吁本族"间有为彼所惑而误受其谱者，急当付祖龙之焰。否则，亦仅留覆瓿可可"⑥。一些宗族为族谱编修中涂改和变易等弊端，还专门制订了严厉的惩罚规条。有的宗族，甚至对任意涂改、伪造变易族谱等行为予以削除族籍的惩罚，万历《休宁范氏族谱》就在《祠规》中规定："誊写原本，瞒众觅利，致使以赝乱真、紊乱支派者，不惟得罪族人，抑上得罪祖宗，众共黜之，不许入祠，仍会众呈官，追谱治罪。"⑦这种惩处不可谓不严。

总之，明代徽州谱牒纂修中存在的诸多主观和客观因素，直接造成了谱牒的失真和失实。如何解决这一痼疾，实事求是地记录宗族的历史，真正做到所纂修的族谱客观公正，这就要求修谱者必须本着严谨公道的态度，"以公直之心，秉公直之笔，研核谱例，纤毫不苟"⑧。"讹而用正，阙者用益，紊者用叙，疑者用剔"⑨，做到"心有所主"⑩。嘉靖《新安汪氏重修八公谱》甚至总结出了三条避免失真的修谱之道，即"一曰审异同，二曰削悖伦，三曰笔行实"⑪。尽管如此，明代的徽州谱牒纂修中攀缘富贵和假借名人等现象既成痼疾，便一时不能从根本上加以革除和杜绝。

---

① 正德《新安呈坎罗氏宗谱》卷首《凡例》。
② 万历《新安潘氏宗谱》卷首《旧序·洪武六年唐仲序》，明万历间刻本。
③ 嘉靖《新安岭南张氏会通谱》卷首《凡例》，明嘉靖十二年刻本。
④ 万历《歙县托山程氏家谱》卷首《凡例》，明万历元年刻本。
⑤ 参见成化《新安程氏统宗世谱》卷首《序》，明成化十八年刻本。
⑥ 万历《曹氏统宗世谱》卷首《涤讹论》。
⑦ 万历《休宁范氏族谱》卷6《谱祠·统宗祠规》。
⑧ 万历《曹氏统宗世谱》卷首《嘉靖十一年汪鋐序》。
⑨ 嘉靖《新安张氏统宗世谱》卷首《嘉靖乙未蒋贯休邑渔滩续谱序》，明嘉靖间刻本。
⑩ 道光《祁门关西方氏宗谱》卷上上《永乐庚辰述修说》。
⑪ 嘉靖《新安汪氏重修八公谱》卷首《嘉靖乙未汪嵩序》，明嘉靖十四年刻本。

二、明代徽州谱牒的管理

明代徽州的谱牒被宗族视为是"纂前垂后,关系甚大"①的神圣之物,要求领谱人员妥善加以保存,不得私自借出、油污、损毁和鬻卖。否则,将可能会招致惩罚。围绕谱牒的管理,明代徽州各地的宗族逐渐制定并形成了一整套完整的管理制度,在中国谱牒发展史上具有极为重要的意义。

(一)刊刻与毁板

明代中后期,由于徽商的崛起和徽州科第的勃兴,纂修谱牒成为一时风尚,"近世名门右族以谱牒为先"②。稍有经济实力的宗族在谱牒纂修完成最后的定稿之后,大都要筹集资金予以镌梓。用程玠的话来说,就是"惟谱非托诸梓,则不足以信后而传远"③。

为保证质量,不少刻工在承揽了谱牒刊刻任务之后,按照委托人的要求,在谱牒中刊上镌梓者的姓名和所刊的板数。如嘉靖《绩溪积庆坊葛氏族谱》就专门列上了镌梓者的名单,即"歙西虬村黄钟、黄镒、黄链、黄锋、黄锐、黄铅、邦用"④。而嘉靖《新安琅琊王氏统宗世谱》不仅将缮写者和刻工之名列出,"缮写,黄钟;刊刻,黄金兹、黄锐、黄铅、黄时镇、黄邦用、黄金弋、黄镗、黄金夫、黄仲元"⑤,更是将所有刻板悉数列出,计有"附录各房人丁板张数于后:孝字号一百四十板,六万一千五百三十五字,二千六百四十三人;悌字号一百五十二板,六万一千零六十八字,二千九百八十五人;忠字号四十三板,一万三千二百九十字,一千五百六十三人;信字号六十板,二万四千三百四十一字,一千五百二十六人"⑥。

录上刊刻者姓名和所刻板数,除了责任之外,也还有刻工借此自律和计算工价的意蕴。

为防止刊刻后的族谱刻板被别有用心的人盗印,冒乱宗支,明代徽州逐渐建立和形成了毁板制度,即谱牒一经刊刻,旋即销毁所有刻板。嘉靖婺源《考川明经胡氏统宗谱》规定:"谱刊成印给毕即毁板,以千字文编号于各谱图下,庶通族知散谱之数。"⑦崇祯《休宁戴氏族谱》规定:"谱成散讫后,原板俱削,以防私伪。"⑧崇祯《徽城杨氏宗谱》则规定:"刻谱告成,印装三十五部,取刚、健、中、正、纯、粹、精七字各五号,编定收藏,主名、原板即与销毁。"⑨

显然,刊刻告竣,编号颁发完毕后,旋即销毁刻板,是明代徽州宗族防止谱牒被盗刻伪造的一项较为普遍的管理制度。

---

① 万历《新安吕氏宗谱》卷5《族谱总论》。
② 崇祯《休宁戴氏族谱》卷首《序·胡以升序》。
③ 嘉靖《十万程氏会谱》卷末《嘉靖己酉程炘序》,明嘉靖二十八年刻本。
④ 嘉靖《绩溪积庆坊葛氏族谱》卷首《葛氏重修族谱职名》,明嘉靖四十四年刻本。
⑤ 嘉靖《新安琅琊王氏统宗世谱》卷首《各房领谱字号》。
⑥ 嘉靖《新安琅琊王氏统宗世谱》卷首《附录各房人丁板张数》。
⑦ 乾隆《考川明经胡氏统宗谱》卷首《凡例》。
⑧ 崇祯《休宁戴氏族谱》卷首《凡例》。
⑨ 崇祯《徽城杨氏宗谱》卷7《祭祝称呼及领谱名号附》。

(二)颁发、收藏与防伪

在谱牒付梓之际,明代徽州的谱牒纂修者通常会编定字号,按照字号分别颁发给宗族成员进行珍藏。有的还专门使用了防伪的方法和手段,对颁发出去的谱牒进行控制,以防止他族或族内人员进行盗窃以及私鬻、翻刻牟利。

明代徽州"主仆分严"①,一些佃仆或小姓为了改变自身地位,往往不惜攀附名门望族或盗窃大族族谱,希图窜入其中。景泰和嘉靖年间,婺源清华胡氏宗族就曾遭遇两次私售和赝卖宗谱的事件。景泰元年(1450),胡氏不肖之子胡庶,贪财忘本,收接"白银二两五钱",将其父胡尚文原掌本宗众共宗谱,设计私卖给了"非族"胡巽宇之孙胡否、胡礼道兄弟。之后,胡否兄弟"冒认所迁祁门支派,插写其名于下",妄图扳援"认宗",胡氏举族惊骇。事情最后,以族长胡汝器为首的胡氏宗族,通过诉讼的方式追出谱牒还众。胜诉之后,胡氏宗族认为"旧谱被非族谋买,妄接枝派,若不革弊重修,恐莠乱苗惑深难辩",为此召开宗长会议,于景泰二年(1451)立式修葺本宗正谱,最终纂成十本。②在正德朝胡棠荫等人再修之后,"不四五十年而赝售并兴"。③虽然这两起事件最终分别以胡氏宗族诉诸词讼和重修族谱的方式予以了结,但它反映在明代徽州盗买盗卖谱牒现象普遍存在的事实。

为避免这种盗买盗卖、丢失污损和伪造谱牒紊乱宗支现象的发生,明代徽州宗族对谱牒实行了严格的编发字号和防止伪造的管理制度。正德《新安呈坎罗氏宗谱》对刷印的谱牒"二百四十二本逐一编号,委星源江向手各名以识。一式字迹,如差即为假伪"④。嘉靖《新安琅琊王氏统宗世谱》规定:"各房领谱字号:应斗独以宗字为号者,非敢僭逾也。盖欲执此以为注。凡领者俱将所得号名之下空白处,中折压于宗字同号名下空白上,钤以印刷图书。其领者惟本名下有后半面钤记,余皆空字,字本则号,号下皆有前半面钤记,皆所以防诈伪也。"⑤不唯如此,该统宗谱纂修者为防止诈伪谱出现,还特别将谱牒纸张页数、碑记和领谱人居住地、领谱字号以及钤印图记等悉数记录在案,"今谱议于八房,每一宗尾,总计曰本房谱,纸张几百叶,碑记迁徙几处,续迁几十处,其几万几千人,几万几千字。愿领谱者,先期开报,听其送名先后,以为次序。以千字文编号,通刻于谱后,本本相同,曰天字号某处某人领,地字号某某某人领,本局收执者,以宗字为号,揭于诸号之首。凡领谱者,将所领谱本名下空白处,中摺合于宗谱本名下,一样空处,用印刷图书钤记。少有不合者,即系伪本。给尽所领字号,再不复给。将见斯谱一出,则矫伪无所托。旧日之伪不攻自废矣"⑥。弘治《休宁陪郭叶氏世谱》、嘉靖《祁门金吾谢氏宗谱》和万历《古歙谢氏统宗志》还分别采取所谓族谱字号填入"宝和鼎"或"宝和钟"的方式,让领谱族人永久珍藏、杜绝私鬻或盗卖等

---

① 《商山吴氏宗法规条》,明抄本。

② 参见民国《清华胡氏宗谱》卷之首《事迹类考·具诉情状》《事迹类考·革弊重修赞》,1917年刊本。

③ 民国《清华胡氏宗谱》卷之首《谱序·永思祠修族谱记》。

④ 正德《新安呈坎罗氏宗谱》卷末《书谱号》。

⑤ 嘉靖《新安琅琊王氏统宗世谱》卷首《各房领谱字号》。

⑥ 嘉靖《新安琅琊王氏统宗世谱》卷首《凡例》。

弊。如上海图书馆收藏的弘治《休宁陪郭叶氏世谱》所记录的领谱字号编定为"宗字二十六号",鼎内文字为"告我宗盟,世宝斯谱,永贻尔孙,勿亵尔祖"。①

在颁发谱牒时,明代徽州宗族通常还要举行隆重的告庙仪式,并宣读告文,以示对祖宗宣誓,永久珍藏好谱牒。明代休宁周氏宗族在万历《重修城北周氏本宗谱》"刊印之后,编排字号,备仪告于家庙,颁行给付,各房收掌,保守珍藏于家,不许泛滥填写"②。该谱还录有《谱完奉告本祠祭文》,惜因谱牒残缺,此文内容无法阅读。③万历年间,休宁林塘范氏宗族要求族人务必将族谱永久妥善珍藏,云:"谱牒所载,皆宗族祖父名讳,孝子顺孙目可得睹,口不可得言。收藏贵密,保守贵久。每岁春正三日祭祖时,各带所编发字号原本,到宗祠会看一遍。祭毕,各带回收藏。"④歙县大阜吕氏宗族不仅要求族人妥善珍藏和保管族谱,而且要求每年在祖祠宣讲,"宗谱虽当修,又不可束之高阁,每岁时,族之长幼贤否,皆得聚讲肆于祖祠,溯其源流,明其枝派,以别亲疏,以兴揖让,以昭戒训,以消僻傲,俾贤者听之,愈知其重,愚者听之,亦不敢视为虚文"⑤。

(三)惩罚

尽管明代徽州各大宗族对谱牒的管理制定了一系列管理制度,冀望族人能永久珍藏、妥为保管本族的谱牒。但违反制度盗买盗卖、污染损毁谱牒的现象仍难以制止。为此,明代徽州各大宗族对违犯谱牒管理规定的族人,纷纷制定了极其严厉的惩罚措施,从而使徽州谱牒管理制度更加趋于完善。这些措施包括:

第一,罚款。这是相对较轻的惩罚措施。不过,由于个别宗族罚款数额巨大,对违犯管理制度的族人来说,不啻是一种非常沉重的经济负担。万历休宁城北周氏宗族对族人违犯谱牒管理制度,按照损污和遗失两种形式分别加以处罚,对"如有损污者,例罚"⑥,具体罚款数额不详。万历休宁范氏宗族也区别不同违规形式,对鼠侵、油污、磨坏字迹,予以罚款处置,"如有鼠侵、油污、磨坏字迹者,罚银一两入祠外,另择本房贤能子孙收管,登名于簿,以便稽查"⑦。弘治休宁陪郭叶氏宗族对将族谱丢失或私售于人者,则采取了斥责、追赎和罚款三种相结合的处罚形式,"谱牒成编,刻梓印本,惟吾同派各受一帙,告于宗祖,贻厥子孙珍藏,传之永远。如有所失,族众诘之。或售于人,令取赎,仍罚白银二十两入祭田,用以警将来"⑧。万历歙县岩镇谢氏宗族在《岩镇谢氏家谱》付梓颁谱之前,曾专门讨论过如何使家谱得到永久珍藏,做到"今日颁谱,异日辑谱,人在谱在,世存谱存",对失守、擅更和私售谱牒者,则采取了惩罚措施,但具体罚款数额不详,"而失守有罚,一谱作,则众谱如式,传信传

① 参见弘治《休宁陪郭叶氏世谱》附录下《领谱号并跋语》,明弘治十一年刻本。
② 万历《重修休邑城北周氏宗谱》卷9《家训》。
③ 参见万历《重修休邑城北周氏宗谱》卷首《目录·谱完奉告本祠祭文》。
④ 万历《休宁范氏族谱》卷6《谱祠·统宗祠规》。
⑤ 万历《新安吕氏宗谱》卷5《族谱总论》。
⑥ 万历《重修休邑城北周氏宗谱》卷9《家训》。
⑦ 万历《休宁范氏族谱》卷6《谱祠·统宗祠规》。
⑧ 弘治《休宁陪郭叶氏世谱》附录下《领谱号并跋语》。

疑,历世罔异;而擅更有罚,惟我宗党获典是谱,永为家璧,遑恤千金? 而私售有罚"①。而对嗜利私售谱牒者,古歙谢氏宗族采取了迄今所见数额最大的罚款措施,规定:"谱成编号,定名收执。异日,倘有不肖嗜利私售者,知属某支某号,众共呈举,究惩追谱,仍罚本宗银一百两公用。各村岁时稽查,为之珍重。"②

第二,削除族籍、治以不孝和罚款相结合的族内处罚。正德歙县呈坎罗氏宗族一再告诫族人,务必要珍藏好族谱,"各派务宜珍藏,幸毋损失。倘遇不虞,当鸣族长。如有妄售他人,以辱祖宗、乱族氏者,许人呈公追治,仍一不孝论罪"③。嘉靖徽州张氏宗族对盗卖族谱者,规定了严厉的处罚措施:"有贪得重贿,鬻谱于非吾宗者,吾先有灵,当必殛之。然谱各有号,又各有纪,矧所领者,必推素所众服者领之。"④古歙谢氏宗族对售谱者采取削除族籍的处罚,"有弃祖茔、售谱牒、蔑视先祠、毁弃手泽、干犯名义,概黜不书,以示惩创"⑤。

第三,族内处罚与呈官惩治相结合。族内惩罚主要包括罚款、治以不孝和削除族籍等方式,其与告官惩治相结合,即家法辅之以国法,处置方式是很重的。万历休宁林塘范氏宗族,对族内"或有不肖辈鬻谱卖宗,或誊写原本,瞒众觅利,致使以赝混真、紊乱宗派者,不惟得罪族人,抑上得罪祖宗,众共黜之,不许入祠,仍会众呈官追谱治罪"⑥。休宁城北周氏宗族也采取了几乎与范氏宗族相近的处罚措施,即对族谱"如有损污者,例罚;有失者,闻官,以弃灭祖宗不孝治罪,追究原谱,仍例罚银入拜扫用"⑦。

总之,为强化谱牒管理,明代徽州各地的名门望族采取了一切尽可能的措施和手段,对污染损毁、私相盗卖、以赝混真和紊乱宗支等行为进行惩处,以避免因谱牒损毁和外流而导致伪谱泛滥、尊卑倒置和宗支紊乱等现象。平心而论,这些措施和手段客观上起到了一定的作用。但是,攀富援贵、盗卖和伪造谱牒等现象既已泛滥,便很难从根本上得到革除。

三、明代徽州谱牒纂修和管理中所体现的家国互动关系

作为包括明朝在内的中国封建王朝的统治思想和精神支柱,儒家伦理向来强调修身、齐家、治国、平天下四位一体的理念。而自给自足的小农经济恰恰需要这种伦理道德的支撑,正如程昌在为嘉靖《祁门金吾谢氏宗谱》题写的序文中所指出的那样:"谱也者,谱一家也,有治道存焉。夫天下之不治者,凡以不能统宗联属而归一也,圣王知其然。封建也者,所以统一国;井田也者,所以统一乡;宗法也者,所以统一家。故天下之本在国,国之本在

---

① 万历《古歙谢氏统宗志》卷4《谱成颁族议》。
② 万历《古歙谢氏统宗志》卷首《颁谱字号》。
③ 正德《新安呈坎罗氏宗谱》卷末《书谱号》。
④ 嘉靖《新安张氏统宗世谱》卷11《关谱严议》。
⑤ 万历《古歙谢氏统宗志》卷首《凡例》。
⑥ 万历《休宁范氏族谱》卷6《谱祠·统宗祠规》。
⑦ 万历《重修休邑城北周氏宗谱》卷9《家训》。

乡，乡之本在家。由国而乡而家，则尽乎人矣而各有统焉。"①以徽州为代表的明代宗族社会，以纂修和管理谱牒为中心，将儒家伦理道德中的个人、家庭、宗族与国家有机地统一了起来，形成了宗族与国家相呼应的良性互动局面。

纂修宗族内部的谱牒，进而到编修非血缘的地域性名族谱，如《新安名族志》和《休宁名族志》，原本是一族、一地之事，但由于徽州有号称"东南邹鲁"和"程朱阙里"的特殊文化和社会地位，使得这种看似简单的谱牒纂修与管理，因有助于既有社会秩序的维系而变得复杂起来。或者说，在"家国一体、齐治一机"②的家国互动与文化认同观念驱使下，明代徽州谱牒纂修与管理的宗旨与目的，在更多层面上体现和显示出了徽州宗族强烈的祖先和国家认同意识，并希冀在"尊祖宗，崇孝敬"的名义下，通过谱牒的纂修来规范宗族的个体和群体行为，使宗族全体成员在同姓同族血缘的外衣下，"谨时祭、念祖德、保世业、振家纲、孝父母、敬长上、友兄弟、教子孙、务生理、勤学业、立树艺、肃内外、谨火烛、和邻里、礼宾亲"③，并最终实现"心正而身修，身修而家齐，家齐而国治，国治而天下平"④的家国良性互动目的。

不唯如此，在谱牒纂修过程中，明代徽州宗族还一再强调谱牒与国史的相通相同关系，并为史书善恶并书和谱书隐恶扬善之异同进行辩护。万历歙县托山程氏宗族在纂修《托山程氏家谱凡例》时重申："谱书与史无异，史录一国之事，谱书一家之事。其贤愚不肖，举世有之，今书善而不书恶者，亲亲之道则然耳。"⑤崇祯《徽城杨氏宗谱》亦云："家乘之与国史取义不殊，法戒具存，劝惩斯大，故传游侠不碍儒林，传循吏不遗酷吏，洵良史也。"⑥对谱牒与国史之殊途同归关系进行辩解。从这些辩解中，我们不难看出，明代徽州宗族正是通过纂修谱牒、阐明谱牒与国史的殊途而同归这种方式，在强化宗族内部控制和宗族成员认同的同时，来寻求国家的认同，进而实现家国互动和家国一体的目的。

作为国家在地方的代表，徽州府以及府属歙县等六县地方官府拥有代表国家行使治理地方的权力。因此，为强化谱牒的真实性、权威性和严肃性，明代徽州宗族在纂修谱牒的过程中，在寻求全国和地方有影响的名人撰写序跋的同时，还呈文徽州地方官府，希望得到官府的批准，从而使修谱这一单纯的族内行为转化为官方行动。正德年间，婺源清华胡氏族裔胡大参、胡棠荫等人在族谱被不肖族裔胡庶贪利盗卖，导致非族胡否兄弟冒认扳援事件发生之后，即曾赍文呈请徽州知府"赐印钤缝"，以徽州知府的名义，追缴府吏胡滋家藏旧本族谱，予以翻录，并最终得到了时任徽州知府张芹的批准，就是这种寻求官府支持与保护，将族内修谱行为转变为官府行动的集中体现。鉴于该批示学术价值极为珍贵，我们谨将其全文照录于下：

---

① 嘉靖《祁门金吾谢氏宗谱》卷首《序·嘉靖庚寅程昌序》，明嘉靖九年刻本。
② 万历《窦山公家议》卷1《管理议》，明万历三年刻本。
③ 万历《祁门清溪郑氏家乘》卷4《祖训》，明万历十一年刻本。
④ 万历《休宁茗洲吴氏家记》卷1《谱序汇记·万历辛卯陈文烛序》。
⑤ 万历《歙县托山程氏家谱》卷首《凡例》。
⑥ 崇祯《徽城杨氏宗谱》卷首《凡例》。

直隶徽州府正堂张（芹）为崇本事。据歙、婺等县乡官胡大全、胡德、生员胡晟、胡浩、胡旦、胡大章等连名呈：切缘本族自唐宣歙节度使、银青光禄大夫常侍公始居清华，迨今世远，子姓繁硕，故址迁异地，一本万流，绵延遐旷，则忧喜名利相关，多至视为途人，罔有族谱具载，懵然无知。稽诸宋元暨我国朝，幸赖本系先贤刻意谱书，各支收掌。不幸老谱已遭兵火，十无一全。生等访求，得见充府吏胡滋家藏旧本，呈迄追给，付生翻录，赐印钤缝，以示悠久，不胜感佩等因到案。据此，照得胡士夫所言，深为劝戒，笃恩重伦，教化先务。为此，除外拟，合仰诸生即将胡滋收藏老谱，如式抄誊，投印钤盖，以传永久，毋得因而冒作不便。须至出给者。①

隆庆年间，祁门文堂陈氏宗族编刻《文堂陈氏乡约家法》，也曾呈文该县知县廖希元，"请申禁约，严定规条，俾子姓有所凭依"②。结果同样得到了廖希元的批准。前文所引的休宁戴氏宗族将颁发于族人的族谱开列总单，"请府县照印交贮公所存验"，实际上也是这种寻求官方权力支持与保护的一种重要手段。通过地方官府的批文认可，包括纂修刊刻谱牒在内的纯粹的宗族内部行为，最终演变成为地方官府的官方行为，将宗族内部某些管理事务的习惯规则和规约戒条提升为官府的地方立法，从而达到了家、国互动的目的。

明代徽州宗族纂修和刊刻的谱牒，其实是在强调对祖先、尊长尽孝的名义下公开进行的。如果说明朝中央和地方官府强调的是对皇帝和国家效忠的话，那么徽州谱牒则重点强调"孝"，而无论是"忠"还是"孝"，只要恪守在封建统治者所倡导的"礼法"范围之内，两者则又可以完全相辅相成地统一起来。明清徽州谱牒在这里所规范的家与国、忠与孝关系，实际上就是徽州许多宗族所一向标榜的"家国虽殊，忠孝则一"③的道理。

明代徽州地方官府对当地宗族纂刻谱牒颁发牒文、告示予以认可和支持的做法行为，始终贯穿着对宗族开展编刻谱牒、强化家国一体观念的接受与承认理念，这种方式和手段，对谱牒本身及谱牒内容进行批准和确认，从而使宗族内部纂修与刊刻谱牒的民间行为转化为官方意志。同样，徽州宗族自身为了获得纂刻谱牒的权威性，也往往借助国家和地方官府来伸展自己的意志，通过主动邀请国家和地方权力介入的方式，达成官方和民间行为的一致，维护自身组织和群体的利益。就此而言，明代徽州谱牒纂修、刊刻和管理中国家、地方官府与宗族之间的互动是双向的，其整体目标也是一致的。

原文载《江海学刊》2010年第1期

作者：卞利，南开大学历史学院教授、博士生导师

---

① 民国《清华胡氏宗谱》卷首《事迹类考》。

② 隆庆《文堂乡约家法》（不分卷），明隆庆六年刻本。

③ 万历《祁门清溪郑氏家乘》卷3《祀产条例》。

试论明代海南方志编纂成就及其理念变迁

张朔人

具有典型的文化传承与传播功能的方志编纂工作,在海南起步较晚,入明之后,该项工作有了突破性进展。究其原因,国家在南部边疆地区持续的教化推进,使得官学、社学、书院等多途径的办学方式日益发展,有明一代海南共为国家输出三千一百一十九名人才。以丘浚为首的进士群体、海瑞为代表的举子群体以及二千四百五十余名贡生等构成了海南人才梯队。①这支金字塔式的人才队伍脱颖而出,为方志编纂提供了人才保障。

一、明以前方志纂修成就

(一)南北朝时期的《朱崖传》

海南方志,最早可以追溯到南北朝时期的《朱崖传》。据清代学者丁国钧的考证:该传为一卷本,作者为"伪燕聘晋使盖泓"②。《太平御览》转引《朱崖传》的部分材料,可见其吉光片羽。

> 朱崖大家有铜镬,多者五、三百,积以为货;
> 朱崖俗多用土釜。③
> 朱崖出入着布,或细纻布巾,巾四幅,其中内头如领巾象。④
> 果有龙眼。⑤

《太平御览》大量引用《方舆志》《交州记》《十道志》及《山海经·海内南经》来描述本岛崖州、儋州、振州、琼州及万安州建制沿革情况。⑥由此观之,关于方物和风俗的记录是《朱崖传》的主要内容。

---

① 参见张朔人:《明代海南文化研究》,社会科学文献出版社2013年版,第215页。
② (清)丁国钧:《补晋书艺文志》卷2《乙部史录》,《续修四库全书》第914册,上海古籍出版社2002年版,第643页。按:道光《广东通志》卷193《艺文略五》中记曰:"《隋书》,伪燕聘晋使盖宏撰。"(《续修四库全书》第673册,第251页。)
③ (宋)李昉:《太平御览》卷757《器物部二》,中华书局1960年版,第3358—3359页。
④ (宋)李昉:《太平御览》卷820《布帛部七》,第3652页。
⑤ (宋)李昉:《太平御览》卷973《果部十八》,第4312页。
⑥ 参见(宋)李昉:《太平御览》卷172《州郡部十八》,第842页。

(二)宋元时期纂修情况

宋元时期本岛的方志编纂比起付之阙如的隋唐来说,有了一定的改观。从南宋王象之《舆地纪胜》第124—127卷中,可以看出《琼管志》的踪影:

> 琼州府,古扬粤地;牵牛、鹜女之分。
>
> 政和五年,升琼管安抚都监为靖海军(《国朝会要》政和元年不同)。
>
> 风俗形胜:其俗朴野,若伯叔兄弟之子,不以齿序。伯之子虽少,皆以兄自居,而叔之子虽耄亦为弟也。
>
> 气候:夏不至热,冬不甚寒。乡邑多老人,九十百年尚皆健步。
>
> 昌化军。绍兴五年宪使请罢三军为邑(《国朝会要》在绍兴六年不同)。
>
> 海南自古无战场,靖康之变,中原纷扰,几三十年。北(此)郡独不见兵革。
>
> 吉阳军风俗形胜:吉阳地多高山,峰峦修拔。所以郡人间有能自立者。
>
> 其外则乌里苏密吉浪之洲,而与占城相对,西则真腊交趾,东则千里长沙,万里石塘。上下渺茫,千里一色,舟船往来,飞鸟附其颠颈而不惊。
>
> 海南以崖州为著郡。崖州旧治在今琼州之谭村,土人犹呼为旧崖州。所谓"便风杨帆,一日可至"者,即此地也。
>
> 振(州)在吉阳、昌化之间。
>
> 崖州旧治谭村,后迁于振州,改吉阳军。乃创治于今吉阳县基。
>
> 吉阳地狭民稀,气候不正,春常苦旱,涉夏方雨。樵牧渔猎与黎獠错杂,出入必持弓矢。妇女不事蚕桑,止织吉(贝)。[1]

除去物产、景观等没有辑入,从星野表述、行政建制沿革、气候和风俗形胜等诸多构成要素来看,以本岛一州三军为描述对象的《琼管志》已经具备了方志的基本雏形。可能受《舆地纪胜》体例限制,舆图缺载,或为《琼管志》之不足。

此外,王象之在对"万安军""风俗"进行记载时,转引了《图经·风俗门》一段话:

> 此邦与黎蛋杂居,其俗质野而畏法,不喜为盗。牛羊被野,无敢冒认。居多毛竹,绝少瓦屋。妇媪以织贝为业,不事文绣。病不服药,信尚巫鬼。

可以互相印证的是,郡人唐胄《正德琼台志》卷7《万州风俗》除了没有"病不服药,信尚巫鬼",其他一字不落地转引,并称之为《万州图经》。就《万州图经》的"风俗门"设计来看,兼及王象之在对海南一州三军全方位叙述之际,也少量引用《万州图经》内容,可以推断出

---

[1] (宋)王象之:《舆地纪胜》卷124—127,《续修四库全书》第585册,第132—152页。

其乃以记述万州为主的最早一部州志。

如此,《舆地纪胜》之前,海南至少有两本方志:《琼管志》《万州图经》。

(三)《永乐大典》中的海南方志

明代以前本岛的方志究竟有多少,目前尚未有确论。然而《〈永乐大典〉方志辑佚》一书为人们展现了明代以前海南方志的基本情况。

表1 《永乐大典》中海南方志情况一览①

方志名称	分项	《永乐大典》卷次分布
琼州府图经志	山川	册122卷11980页5、20、22、23 册19卷2262页9
	仓廪	册81卷7514页25、29
(琼州府)图经志	山川 形势	册122卷11980页23 册49卷3525页25
琼台郡志	湖泊 村寨 兵防 宫室	册19卷2263页21 册50卷3579页10 册52卷3587页10 册70卷7237页8
琼州府琼台志	湖泊	册19卷2265页8
琼台志	宫室	册71卷7240页15
琼州府万全郡志	仓廪	册81卷7514页25
万全郡志	山川 陂塘	册122卷11980页22 册34卷2755页7
琼州府南宁军志	仓廪	册79卷7507页21
南宁军志	山川 宫室	册122卷11980页23 册71卷7241页20
崖州郡志	山川 仓廪 人物 诗文	册122卷11980页22、23 册81卷7516页3 册47卷3151页34 册134卷13075页15

经由马蓉、陈抗、钟文、乐贵明、张忱石四位先生的努力,明代以前海南方志方显冰山一角。尽管该著在"前言"部分指出,"海南省十二种"与上表的十种有着两种悬殊,但这并不是问题的关键。根据辑佚内容来判定,《琼州府图经志》《(琼州府)图经志》及《崖州郡志》是元代的志书。其余七部,因内容所局限,究竟是宋抑或是元时方志,无法断定。从志书角度出发,上述辑佚的十部方志,《崖州郡志》有"山川""仓廪""人物""诗文",是体例较为完备的一部方志。

如果说《琼州府图经志》与《(琼州府)图经志》二者皆有"山川"一目,故而成为二部志书的话,那么《琼州府琼台志》与《琼台志》,《琼州府南宁军志》与《南宁军志》,《琼州府万全郡志》与《万全郡志》这三组方志中,所列"目"不多且无重复,是否各成体系,因《永乐大典》的不完整而无法得知。

即便三组合并,明以前海南方志种数至少有七种之多。与同时期全国各地方志修纂数量比较,排序虽仍不尽人意,但如此成就,确实令人惊叹!

---

① 《〈永乐大典〉方志辑佚》,马蓉、陈抗等点校,中华书局2004年版,第2829—2839页。

表2 《〈永乐大典〉方志辑佚》国内分地区方志种类数①

地区	种类数	地区	种类数
北京市	13	天津市	3
河北省	29	山西省	24
上海市	6	江苏省	68
浙江省	123	安徽省	56
福建省	51	江西省	143
山东省	12	河南省	35
湖北省	39	湖南省	63
广东省	77	海南省	12
广西壮族自治区	58	四川省	52
云南省	3	陕西省	8
甘肃省	3	其他地区	10

明代海南方志,在承继前人成果基础上,不断地加以完善并取得极大的发展。

二、明代方志的新发展

(一)主要成就

有明一代,方志成果丰硕。从描述对象来看,可以划分成三个层次:以海南地域为中心的总志修纂、以三州十县为中心的州县分志修纂以及因科举而官宦北国的本岛人士参与修纂的岛外方志。

1.以本岛为中心的总志修纂

表3 明代海南总志修纂情况一览

名称	纂修者	成书时间	卷数	保存情况	备注
琼海方舆志	蔡微	宣德六年	2	佚	《琼海方舆志·序》存《正德琼台志》卷首
景泰志	庄敬	景泰六年		佚	《正德琼台志》卷14 仓场 定安县;卷15 府学;卷32 朝遣
琼州府志	佚名	成化十四年	12	佚	《琼州府志·序》存《正德琼台志》卷首
琼台外纪	王佐	正德六年	12	佚	《东岳行祠会修志·序》存《正德琼台志》卷首
正德琼台志	唐胄	正德十六年	44	残卷	天一阁残存40卷,缺22、23、43、44卷
琼管山海图说	顾可久	嘉靖十六年	上下	全	光绪庚寅如不及斋校刊,国家图书馆藏
琼志稿	郑廷鹄	嘉靖年间		佚	《石湖遗集·本传》
琼州府志	周希贤	万历年间		佚	张岳崧道光《琼州府志》卷30 官师 宦绩
万历琼州府志	欧阳璨等修,蔡光前等纂	万历四十六年	12	残卷	《日本藏中国罕见地方志丛刊》,书目文献出版社1990年版

---

① 《〈永乐大典〉方志辑佚》前言,马蓉、陈抗等点校,第3页。

159

2.各州县分志修纂

表4 明代海南分州县志修纂情况一览

名称	纂修者	成书时间	卷数	存佚	资料来源
儋州志	曾宽	弘治间		佚	万历《儋州志·天集·秩官·儒职》，第33页
万历儋州志	曾邦泰	万历四十六年	3	见存	《日本藏中国罕见地方志丛刊》，书目文献出版社1990年版
乐会志	鲁彭		8	佚	黄佐嘉靖《广东通志》卷42《存目》
乐会县志		崇祯十四年		佚	康熙《乐会县志卷首·不分卷》，广东省立中山图书馆藏
澄迈县志	曾拱璧修 李同春辑	万历间		佚	阮元:道光《广东通志》卷192《艺文略四》，第236—238页
文昌县志	李遇春 叶懋同修	嘉靖间		佚	
	周廷凤修 林梦正辑	崇祯年间		佚	
万州志	茅一桂	万历间		佚	
崖志	林贵芳	洪武间		佚	康熙崖州志 卷1 儒林
崖志略	钟芳	嘉靖年间	4	佚	钟筼溪集 本传
崖志		万历四十三至四十六年		佚	万历琼州府志 卷7，第220页

3.本岛士人参与岛外相关郡县方志修纂

表5 修纂岛外志书存目情况一览

名称	纂修者	成书时间	卷数	备 注	
江闽湖岭都台志	唐胄			阮元:道光《广东通志》卷301 第675—263页	
重庆府志	冯谦			阮元:道光《广东通志》	
柳城志	吴诚			授柳城教谕，修该志	150
都台志				迁赣州教谕，修该志	
漳州志	陈大章			杨宗秉:《琼山县志》	
白鹿洞志	郑廷鹄	嘉靖三十二年	19	《石湖遗集》《本传》《新置都昌洞田记》	

就上述三表来说，此时段内海南方志数量无论是全岛总志还是各州县分志都取得了超越前代的发展，更有本岛士人参与岛外方志的修纂，这是前代从未发生的现象。《琼管山海图说》、部分残缺的正德《琼台志》及万历《琼州府志》的存世，对了解有明一代海南的诸方面情况，具有无法替代的重要价值。同时，也为研究者探求明代方志纂修方法、理论提供了可能。

（二）修志者的相关问题

1.修纂人员主体的变化

正德《琼台志》卷36《人物·名德》，对蔡微身份作了如下描述："蔡微，字希玄，号止庵，宋学士襄之裔。居万宁，后迁琼山。……任乐会学校官，后摄琼郡学事。值时不偶，随隐德弗耀，纂《琼海方舆志》。"

残存于正德《琼台志》卷首的《琼州府志·序》中，下面一段话值得推敲："于戏！生长一方而不知一方事，耻也；若事有所不知，而强以为知者，非智。余于是编，非强也，亦非沽钓也。"这种用"耻也""非智"的态度来指责不谙乡土之事，足以说明"余"的身份为海南人氏。

王佐、唐胄、郑廷鹄为海南人的身份已经明晰。其中，唐胄(1471—1539)，字平侯，号西洲，琼山人，师从王桐乡(即王佐)，博通经史百家。弘治十五年(1502)进士，授户部山西司主事，"以忧归。刘瑾斥诸服除久不赴官者，坐夺职"。刘瑾被诛后，朝廷"召用，以母老不出"。嘉靖初，恢复原职，不久进为员外郎、广西提学金事、右副都御史，巡抚南赣、山东，南京户部右侍郎，北京户部右侍郎、户部左侍郎。因大礼仪之争而"下诏狱拷掠，削籍归"，"遇赦复冠带"时已卒。勤于著述，留世著作有《江闽湖岭都台志》、正德《琼台志》《西洲存稿》《传芳集》等。①《明史》为之立传，云："胄耿介孝友，好学多著述，立朝有执持，为岭南人士之冠。"②唐胄给予后人最为厚重的文化遗产——四十卷本的正德《琼台志》(原四十四卷，佚四卷)。其翔实的记述风格，充分体现出著者对故土的热爱之情。

顾可久究竟何许人也？《琼管山海图经·序》中作者自称为"勾吴"，附于该著之后，由张衮所撰的《顾洞阳宪副神道碑》有"居锡中，为邑之冠"之语。考之，属今天江苏省无锡市人氏，履琼官职为"中宪大夫奉敕整饬琼州兵备广东按察副使"。

周希贤，福建莆田人，琼州府知府；欧阳璨，江西新建人③，琼州府知府。

对于八部方志(除去《景泰志》不明外)修纂者身份的确认，可以看出，正德以后，以海南士人为主体的方志纂修开始让渡与外籍履琼官员。在方志修纂中，本岛人士由编纂主体向客体身份的转变，反映出官方对方志价值的认同，作为制度化的结果，官修民纂便应运而生。

私家修方志的历史，由来已久。但是，明代本岛私家修志实践呈现出如下特征：一方面因经费不足而无法付梓或囿于有限抄本使之无法传承，蔡微、王佐的个人著述及成化《琼州府志》的结果便是如此；另一方面，褒贬、评判一由著述者个人好恶，缺少相对公正的客观标准，从而弱化了方志的基本功能。

明代后期，官修民纂形式的出现，解决了方志纂修过程中经费的根本问题，纂者队伍也得到了制度性保障。这表明，方志修纂开始由早期私家的偶发行为向常规化方向转变。州县方志的修纂情况亦如此，这同全国的情况大致相当。

2.人员队伍由单一向群体的转变

这是一个值得关注的问题，上述八部方志中，完全由个人著述的，主要有：

---

① 参见嘉靖《广东通志》卷63《人物》，第1596—1598页。

②《明史》卷203《列传第九一》，中华书局1974年版，第5357—5359页。按：(明)唐胄：《传芳集》由民国王国宪搜集整理，载《海南丛书》。目前对于唐胄相关研究，尤为不足。

③ 参见万历《琼州府志》卷9《秩官·知府》，书目文献出版社1990年版，第301页。

蔡微《琼海方舆志》、佚名成化《琼州府志》、王佐《琼台外纪》、顾可久《琼管山海图说》、郑廷鹄《琼志稿》等五部。从其大致轮廓来看，总体篇幅不大，结构也不甚完善。"独详于人物、土产，而他目仍旧。"唐胄《琼台志·序》转述了地方官员对王佐《琼台外纪》的评价，是私家方志著述的一个缩影。

与之相比，唐胄正德《琼台志》、周希贤《琼州府志》及欧阳璨万历《琼州府志》则是集体创作的结果。

唐胄在其《琼台志·序》中曰"得庠彦钟生远、张生文甫辈"，而"助余之不及"，则说明二位庠彦在方志修撰过程中所承担的作用。

周希贤的《琼州府志》参与人员，根据台湾学者王会均先生研究，主要有：广东博罗人、举人、琼州府学教授韩鸣金，琼山人、琼州府学岁贡陈龙云，琼山人曾学确、林养英。①

欧阳璨的万历《琼州府志》的修纂人员队伍之庞大、阵容之整齐，令人咋舌。

> 总　　裁：钦差海南道兵巡兼提学副使　戴禧
> 副总裁：琼州知府　欧阳璨；同知、通判、推官各一
> 参　　订：三州知州、十县知县
> 校　　阅：府儒学教授一、训导三；崖州署学正一；琼山县教谕一、训导二；澄迈县教谕一；文昌县训导一
> 供　　修：经历、照磨各一
> 纂　　修：府学廪生　蔡光前、陈于宸、吴玄钟、陈钦禹
> 　　　　　县学廪生　柯呈秀、陈圣言、赵之尧
> 督刻吏：陈经纶、黎文明、李德焕②

在上列四十人之多的纂修人员队伍中，分工明晰。"供修"的设置，重点解决办公地点和经费，"督刻吏"则是为确保方志的印刷。可以说，这是海南方志修撰以来所仅见。赋闲、致仕的在籍海南士大夫的淡出，表明方志纂修中民间立场已日趋式微，而官方意志日益凸显。在海南分州县方志的纂修中，这一倾向更为明显。

三、正德《琼台志》与万历《琼州府志》编纂异同

关于正德《琼台志》作者、卷次等争论不一。最早对此进行评介的是黄佐的嘉靖《广东通志》，"《琼台志》二十卷，唐胄撰并序"③。清道光《广东通志》在参阅黄佐之后，并作如是评

---

① 参见王会均：《明修〈琼州府志〉研究》，周围民主编：《琼粤地方文献国际学术研讨会论文集》，海南出版社2002年版，第128页。
② 万历《琼州府志·修志姓氏》，第8页。
③ 嘉靖《广东通志》卷42，第1052页。

介:"《琼台志》二十卷,明上官崇修、唐胄撰,佚。"①"二十卷""佚"之说,姑且不论,阮元将唐胄的私人著述纳入官修民纂体系的主观愿望,表明这一纂修方式在清代已经盛行。

(一)编纂体例

1.两部方志相异之处

对二部方志"凡例"研读,可看出如下不同:"沿革"既仿《史记》作"表"括要,而"考"复逐著辩者,以《旧志》《外纪》沿祖他书,故极证以合乎史尔②;尽管不认可乡贤王佐"执旧疑史"之说不是正德《琼台志》写作的主要动因,但是,唐氏为本土历史正本清源的努力仍可以窥见——以历代官修史书为基本素材,结合其他地方典籍,用"表"的形式,对本地的历史沿革进行考证。到了明代中后期,海南的文化日益繁盛,对海南地方归属时间的探讨已经明显淡化。是故,大异唐氏之趣的万历《琼州府志》,如何与中原文化有效对接是其关注的焦点:

"已上凡例,大率按《旧志》并参诸各省郡志而裁列之。非敢妄出私见,谬为分别也。"③关于资料来源问题,二者分歧较大。唐胄强调:"《外纪》一书,王桐乡先生平生精力所在,故凡有录入者,逐一明著,不敢窃为己有,以掩其善。唯所纪原出《旧志》者,不著。"

唐氏本着史家的基本态度,对于史料的来源一一予以注明。具体写作过程中,已远远超出了凡例的相关规定,乃至于引用资料在"经、史、子、集"中皆有涉猎,且分别加注。从其仅存的四十卷本中,可以看到如下书目:

经部:《尔雅》《山海经》《禹贡》《水经注》;

史部:《史记》《汉书》《后汉书》《魏书》《晋书》《隋书》《唐书》《宋史》《元史》《国朝功名录》《皇朝名臣言行通录》等;

志书类:《世史志》《五行志》《唐元和志》《方舆胜览》《寰宇通衢》《太平广记》《十道志》《永乐志》《明一统志》《雷州志》《琼海方舆志》《琼台外纪》《临高志》《儋州志》;

政书类:《通典》《文献通考》;

子部:《朱子语录》《本草传》《纲目本传》;

集部:《苏东坡诗文集》《御制文集》《丘深庵诗稿》《琼台类稿》《觉非集》《鸡肋集》;

类书:《太平御览》《玉海》等。

此外,尚有杂著、诸家的诗词歌赋、碑碣匾铭额等大量资料的引证。

与唐氏大量引用参考文献比较,万历方志要简略,表明私人著述向官方转变。

唐胄在《旧志》《外纪》各十二卷的基础上,将《琼台志》增至四十四卷。从《琼台志·目录》可以看到以下内容:

郡邑疆域图;郡邑沿革表;郡邑沿革考;郡名、分野、疆域、形胜、气候;山川;水利、

① 道光《广东通志》卷193《艺文略5》,《续修四库全书》第673册,第236页。

② 参见正德《琼台志·凡例》,第7页。

③ 万历《琼州府志·凡例》,第4页。

风俗;土产(上、下);户口;田赋;乡都、墟市、桥梁;公署;仓场、盐场、驿递、铺舍;学校(上、下);社学、书院;兵防(上、中、下)。

平乱、海道;黎情(上、下);楼阁(上、下);坛庙;寺观、古迹、塚墓;职役;秩官(上、中、下);破荒启土、按部;名宦;流寓;罪放;人物(一、二、三、四、五);纪异;杂事;文类;诗类。

唐氏"意欲无遗郡之事尔"的努力,为万历《琼州府志》所摒弃:

《旧志》标目太烦,《新志》叙述病略。今以舆图、沿革、地理、建置、赋役、学校、兵防、海黎、秩官、人物、艺文、杂志为纲,而掇其目分隶焉。①

受体例的影响,唐氏方志中一事散见于多卷的现象十分明显,如"涂棐"相关事迹分散在卷十九《兵防中·兵官》和卷三二《破荒启土·分巡》便是一例。

采用纲目体叙事的万历方志,在这一方面有着较大的改善。比起唐氏志,后者更为简洁。毋庸讳言,这种简洁是以大量历史信息的丢失为代价的。

2.相似之处

方志有助于地方政治。两部方志皆注重版籍的相关记录。唐胄认为:"丁粮,民治之要,古人入关,而先收图籍者以此。今于户口、田赋独不厌繁者,体孔孟'式负版,叹去其籍'意耳。"②万历方志在此方面尤为注重:

赋役,民治之要,古人入关,而先收图籍者以此。郡自万历九年清丈后,琼山县复丈二次。飞压那移,弊窦猬集。今不妨详载,以尊"式负版,叹去籍"之意。③

对于当时人物的品题,两部方志亦有相同的认识:

唐胄。官守见任与见在仕途者,但书履历,不敢辄加褒贬。本土人物见在者亦然。④
欧阳氏。秩官有异任而同名者,详于后任。其见任与见在仕途者,但书乡贯、履历,虽有卓异不书,有待也。名宦以去任为定,其去思碑、生祠记,各志间有录者,皆出其人好谀,与夫感念私恩之人。今一切不录,以息谄倖之风。⑤

---

① 正德《琼台志·目录》,第1—6页。
② 万历《琼州府志·凡例》,第6页。
③ 正德《琼台志·凡例》,第1页。
④ 万历《琼州府志·凡例》,第6页。
⑤ 正德《琼台志·凡例》,第1页。

欧阳氏在此基础上,进而指出:

> 人物,必其人殁世,公论既定,然后书之。见存者,不录。亦盖棺事定之意也。其评论只以素履为据,不以从祀乡贤为主。盖从祀出于子孙之营请,或可以欺上司;历履出于生平之行,实不可以欺后世。间有操行纯洁,无愧乡评,亦当备载。若志、铭、行状称誉过情,尤不可执以为信。①

唐胄对品题人物"不辄加褒贬"的谨慎态度,到万历中后期,因子孙经营先人"从祀乡贤",进而使得人物进入方志的标准十分复杂。万历方志在此方面制定了较为苛严的入志标准,旨在遏制这种不良的社会风气。

(二)方志功能与编撰理念差异

1.方志功能的变化

唐氏志深受丘浚史学思想的影响和王佐《琼台外纪》框架的限定,这一点在唐胄的《琼台志·序》中有所反映:

> 《志》,史事也。例以史,而事必尽乎郡。故以《外纪》备《旧志》,以《史传》备《外纪》,以诸类书备《史传》,以碑刻、小说备类书,以父老刍荛备文籍;如地切倭岐而述海道、黎情之详;急讨御而具平乱、兵防之备;隐逸附以耆旧,不遗善而且以诱善;罪放别于流寓,不混恶且因以惩恶;田赋及于杂需、额役,以书民隐;纪异及于灾异祯祥,以显天心。首表以括邦纲,殿杂以尽乡细。非徒例史以备事,而且欲微仿史以寓义,盖体文庄而将顺其欲为之意;尊桐乡而忠辅其已成之书,以求得臣于二公。

唐氏"以求得臣于二公"的努力,使得《琼台志》具有明显的史论结合的倾向。也就是说,唐氏名垂青史的个人追求,使得方志的"资政"功能成为附属品。官修志书的万历府志旨在"上宣主德,下畅民情"②,故而"参诸各省郡志而裁列之",使得方志走向"经世致用"的轨道。

2."纪异灾祥"中的理念差异

早期方志关于灾害的记录,以"纪异"为篇目,将"灾异祥瑞"罗列与一起,并以"嘉禾、白鱼之异,经书不费"为缘由,"沿述异纪而比灾瑞"③。

所谓"嘉禾",乃"嘉禾合穗"之简称,此为《唐会要》中提及的祥瑞之物④;"白鱼",即"白鱼入于王舟","此盖受命之符"的代指。董仲舒认为:"国家将有失道之败,而天乃先出灾害

---

① 万历《琼州府志·凡例》,第6页。
② 万历《琼州府志》卷首《序》,第2页。
③ 参见正德《琼台志》卷41《纪异》,第1页。
④ 参见(宋)王溥:《唐会要》卷29《祥瑞下》,中华书局1960年版,第537—540页。

以谴告之，不知自省，又出怪异以警惧之。"①

显而易见，唐胄关于灾异的编纂理念，承继着董仲舒的"天人感应"思想，其实质是通过对本土的灾异祥瑞记述，试图规劝统治者"内省"。

这种为政治服务的理念，消弱了关注岛内民生实际的现实功能。受此影响，其著作对灾异方面的记录多体现为以异预灾，灾、瑞并重，灾、瑞不分。"弘治十四年春，彗星见于东南，七日始散。季夏，淫雨大作，洪水暴至，荡屋坏城。秋七月，儋贼符南蛇作乱。"②毫无疑问，编纂者认为弘治十四年（1501）的天灾人祸，与是年春"七日始散"的彗星之间有着因果关系。

正德元年（1506）冬，远在岭之南的海南东南部万州，突然之间遭遇雨雪天气。弘治壬子科（1492）举人，有宣化知县履历的万州人王世亨③将其家乡的这场灾害以"长篇歌"的形式记录下来。"歌"以家乡气候突变而降雪作为祥瑞，敬献给新即位的武宗皇帝。兹将其《长篇歌》引录如下：

撒盐飞絮随风度，纷纷着树应无数。严威寒透黑貂裘，霎时白遍东山路。
老人终日看不足，尽道天家雨珠玉。世间忽见为祥瑞，斯言非诞还非俗。
越中自古元无雪，万州更在天南绝。岩花开发四时春，葛衫穿过三冬月。
昨夜家家人索衣，槟榔落尽山头枝。小儿向火围炉坐，百年此事真稀奇。
沧海茫茫何恨界，双眸一望无遮碍。风冽天寒水更寒，死鱼人拾市中卖。
优渥沾足闻之经，遗蝗入地麦苗生。疾厉不降无夭扎，来朝犹得藏春冰。
地气自北天下治，挥毫我为将来记。作成一本长篇歌，他年留与观风使。④

"沧海茫茫""无遮碍"等词，表明此场降雪之大；四季常青的槟榔也"落尽山头枝"、水中"死鱼"之多，乃至人们拿去卖掉，足见温度骤降幅度，实为历史仅见。作者并没有对这场降雪带来的危害过多描述，而是将希望"优渥沾足"的丰沛降水，能带来来年的丰收之上。此事正好发生在明武宗入继大统的正德元年，在此基础上，将其列入"祥瑞"。

《长篇歌》所描述的万州降雪表明，正德元年南方地区经历着一次较大规模的寒潮。此事发生在唐胄丁父忧后的第三年，而此时的唐胄仍居于家中，也就是说唐胄也经历了这场突如其来的气候变化。但是自北而南的寒潮，对琼北地区究竟有着怎样的危害，正德《琼台志》的纂者唐胄不可能不知晓，该著对此几无着墨。相反，该著承继了万州举人王世亨的观点，将其纳入"祥瑞"项下。可能的解释是，献给新皇帝的祥瑞，是吉祥之物，为此避讳所致。

---

① 《汉书》卷56《董仲舒传》，中华书局1962年版，第2498、2500页。
② 正德《琼台志》卷41《纪异》，第9页。按：万历《儋州志·地集·祥异志》（书目文献出版社1990年版，第93页）在记录该条时曰：秋七月。
③ 正德《琼台志》卷38《人物·乡举》，第17页。
④ （明）王世亨：《长篇歌》，正德《琼台志》卷41《纪异》，第12页。

明代中期出于将灾异记录视为为上层服务的理念,将灾害说成祥瑞的做法,为明代后期方志编纂者所诟病,使得灾祥记录开始以关注岛内民生方面转变:

> 夫灾,戾气也。正气和而天地如之。府修事治,则灾不为害,岂讳言哉?若夫矞云瑞草,灵禽仙鹿,实与珠还;麦秀凤集,鳄驯映贡。简编岂惟世运、政治系之矣!志灾祥。①

对前代修志中"灾不为害"的做法进行怀疑,指出方志记载灾异,并不是以维系世运和政治作为终极目标。

长期以来,人们对于祥瑞一直津津乐道,而明代后期海南在此方面产生出颠覆性的判断,万历《琼州府志》直接将其斥为"草妖物孽",而"时和岁丰"才是真正的祥瑞。"至于祥瑞,虽史不厌书,然草妖物孽,何如时和岁丰? 则瑞之为瑞,固自有在也。"②

这应该是两部方志编纂理念最为本质的区别。

作者:张朔人,海南热带海洋学院民族学院院长、特聘教授

---

① 万历《琼州府志》卷12《灾祥志》,第614页。
② 万历《琼州府志》卷12《灾祥志》,第614、620页。

明代日本对华施为考辨

高艳林

明代,日本以勘合贸易为支点,以获取最大经济利益为目标,与中国建立了史上第四次官方联系。勘合贸易中出现的使臣四次行凶、与中国争价及日本对中国相关政策的无视,反映了日本因自卑而傲慢的民族本质及对物质资源掠夺的贪暴本性。幕府、守护及商人是勘合贸易的最大受益者,史实证明,勘合贸易受益者与倭寇侵华有直接关系。勘合贸易与倭寇侵略二者之间有明显的负相关性,倭寇则是日本手中控制的一台战争机器。

一、明代以前日本对华施为追溯

日本遣使中国始于东汉中元二年(57),此后三国、西晋、东晋和南朝等时期多有日使来华。据中国正史记载统计,隋代以前,日本遣使朝贡中国共计二十次,多集中于三国和南朝两个时期,前者四次,后者十次。与曹魏建有朝贡关系的是统治日本北九州地区的邪马台国,这是有史以来日本首次与中国建立国家间关系。与刘宋政权建有朝贡关系的是大和国初期的几位统治者,即赞、珍、济、兴、武等五人,史称"倭五王",他们先后遣使朝贡刘宋政权,接受册封,取得了爵号,这是日本第二次与中国建立国家间关系。邪马台、大和国与中国的关系持续时间都很短,前者九年,后者五十七年,而且,这仅有的两次前后也相隔了一百五十余年。日本与中国这种忽即忽离的外交行为,背后有"合理"的动因。自曹魏太和六年(232)始,邪马台人屡犯新罗,遭到抵制[1];在日本岛内,邪马台国也受到其他"倭国"的威胁[2],内外交困的局面促使卑弥呼寻求外部支持力量。早在赞即位前,日本就以任那为抓手,将势力伸向了朝鲜半岛南部地区,高句丽的坚决抵制,是其势力深入半岛的最大障碍。因此,大和与刘宋建交,欲借中国之势达到震慑高句丽、用兵朝鲜半岛之目的。

开皇二十年(600),日本遣使朝隋,此后大业三年(607)、四年,又两次遣使来华,这是日本第三次与中国建立国家间关系。唐贞观四年(630),日本延续与隋的关系,遣使朝唐,直至唐乾宁二年(895)为止,与中国保持了近三百年的外交关系,其间遣使来华共计十六次。开皇二十年日本人突然来华,与本国兴起的佛教有关,日本欲借助国家间的外交关系,为本国僧人在中国学习佛教文化提供政治保障。乾宁二年后日本停止朝唐,与中国断绝关系,是因为"在日

---

① 参见[高丽]金富轼:《三国史记·新罗本纪》卷2,朝鲜史学会1928年版。

② 参见(晋)陈寿:《三国志》卷30《魏书·乌丸鲜卑东夷传·倭国传》,中华书局1997年版,第854—858页。

本,则是凡可汲取的唐朝文化已大致汲取,所以对遣唐使缺乏热情"①。第三次对华关系首践者圣德太子,一开始就对中国彰显出了傲慢自大的民族个性,并为其后代所推崇。720年成书的第一部国史《日本书纪》对这一个性从理论上做了阐述,总结起来有如下几点。第一,日本民族起源说张扬了"大日本"意识,日本民族一出现天然就以"帝"制立国。第二,《日本书纪》篡改历史,将隋炀帝给日本诏书中的"王"字改为"皇"字②,显示与隋朝平等之地位。第三,与唐朝争礼表面化:遣唐使不持国书,模糊中日两国上下之分;刻意回避唐使高仁表与日本争礼之史实;不记中日两国交往文献,以保全日本民族尊严;否认隋唐以前日本朝贡中国的历史,等等。《日本书纪》及日本对华关系实践对明代中日关系的发生与发展有深刻影响。

有宋一朝,虽然两国有些许牒文往还,但并未建立官方联系。宋朝有恢复两国关系的愿望,也进行了努力,但日本一直采取拒绝态度,其原因有以下两条。第一,日本认为宋代的政治、经济与文化没有利用价值。第二,宋朝皇帝一如隋唐皇帝,把日本天皇视为国王,把日本视作藩国,致使中国对日本的一贯认识不能为日本所接受。入元后,忽必烈曾七次遣使日本,欲建立两国友好关系,均遭拒绝,终元一世中日仍无国家间往来。

二、明代日本对华施为表现

明代,日本以勘合贸易为支点,以获取最大经济利益为目标,与中国建立了史上第四次官方联系。

1.足利义满禁倭动因

明朝建立后,朱元璋分别与日本南朝将军怀良、北朝征夷大将军足利义满取得了联系,提出了禁倭要求,均遭傲慢态度。足利义满于洪武九年(1376)和十三年两次遣使入明,或其表文"词语不诚"③,或无表文,而奉丞相书又"辞意倨慢"④,引起朱元璋厌恶。尽管洪武二十一年怀良死、二十五年足利义满阴谋促南北朝合并,执一国之柄,但在洪武一朝,足利义满终未与明朝建立官方联系。

永乐元年(1403),足利义满遣使来华,所上表章中不但接受了建文帝给予的"日本国王"之称谓,还自称"臣",符合外国与中国交往的身份要求;另外,表章语词也恳切自然,受到了明太宗朱棣的肯定,遂准予其与中国勘合贸易。此后六年中,足利义满对中国一直持尊奉之态,频频遣使。不难看出,此时谦卑的足利义满之所以与彼时傲慢的足利义满判若两人,"勘合"起了决定作用。肥富的点拨让他看到了中国的价值,终于找到了与中国交往的契合点。勘合代表着权利,同时也承担着禁倭的义务,故此,勘合与禁倭、权利与义务、经

① [日]木宫泰彦:《日中文化交流史》,胡锡年译,商务印书馆1980年版,第74—75页。
② 参见《经籍后传记》,转引自[日]木宫泰彦:《日中文化交流史》,第55页。
③《明太祖实录》卷105,洪武九年四月甲申。[日]岗谷繁实:《日本全史》卷54,天授二年,日本印刷株式会社1911年版。
④《明太祖实录》卷13,洪武十三年九月甲午。

济与政治之间建立起了必然联系。足利义满清楚这种内在关系,自勘合关系建立后,中国东南沿海倭寇敛迹,不能不说是足利义满的"功绩",对此,朱棣多次给予书面"表彰"。但对比足利义满的前后表现,他未必把禁倭看作是应尽的义务与责任,而只是从中国获取最大利益的手段。自永乐二年至六年,足利义满连续遣使朝贡达七次之多,为获取巨大的经济利益而严重违反"十年一贡"之规定,是个极好的证明。

2.足利义持放纵倭寇

洪武二十七年(1394),足利义满主动去职,让征夷大将军位于长子足利义持;晚年又转宠幼子足利义嗣,打压足利义持,有废立之图,致使义满死后幕府起嫡庶之争,义持将军之位险遭旁落。[①]这段经历是足利义持对其父产生不满乃至仇恨的根本原因,否定其父开创的中日关系,是他最好的报复手段。故此,义满一死,义持断然拒绝了与中国的任何往来。在此后的永乐时期,义持不遣一使来华,对朱棣三次派遣至日本的使臣拒而不见,不与朱棣保持任何联系。足利义持主动放弃勘合权利的同时,也就放弃了禁倭的义务与责任,对其国民——倭寇——犯境中国的侵略行径采取任其所为的放纵态度。对中国的责问,义持先是称"不知"进行搪塞,既而又以"逋逃之徒""不受我命"加以推卸。[②]故而,自永乐七年(1409)至二十年,倭寇侵略中国沿海地区达二十一次之多。足利义持为一己之私而纵倭犯罪,是极不负责任的。然而,他为了某种目的向朝鲜做出的承诺,证明了他与倭寇有着何等密切关系[③],对中国的所言所行又是何其虚伪。

3.景泰年后日本对华贪暴本性大暴露

正统年间,随幕府内部政局发生的变化,日本对华关系出现了新情况:一是由幕府将军掌控勘合的管理方式发生改变,出现了幕府将军、管领、地方守护以及商人等组成的统治集团,共同左右对中国勘合贸易的局面;二是勘合贸易发生了质变,演变成日本加强对华经济掠夺的合法工具和平台;三是日本使臣在华恶劣表现越发突出。

第一,日使在华四次行凶伤人及中国被迫调整政策。

景泰四年(1453),使臣允澎一行在赴京途经山东临清时,有行员掠夺居人,中国官员前来诘问,"又殴之几死"[④]。日使的野蛮行径,造成了极为恶劣的影响,代宗皇帝向日本提出了严正告诫,今后"差来人员务要择其端谨、识达大体、执守礼法者前来"[⑤],表达了强烈不满。事实证明,警告未起任何作用。成化四年(1468)十一月,日使清启一行行员有麻答二郎者,于市场购物用酒,以刃伤人。礼部奏"其强横行凶,宜加惩治"。宪宗皇帝以"远夷,免

① 参见[日]岗谷繁实:《日本全史》卷55,应永十五年。
② 参见[日]林罗山、[日]林春斋:《标记本朝通鉴》卷之61,应永二十六年,日本博文馆1897年版。
③ 永乐七年六月,足利义持为获取《大藏经》经版与朝鲜建立了联系,为达到这个目的,做出了如下承诺:"先是西鄙岛夷无赖之徒泛海为贼,以有扰贵国之边者。今已申命州牧制之,若有犯者,罪当族诛,勿为虑焉。不肯食言也。"[日]林恕:《本朝通鉴》卷第156,应永十六年六月己未,日本报文社1919年版。
④《明英宗实录》卷234,景泰四年十月丙戌。
⑤ [日]《标记本朝通鉴》卷62,享德三年十月己卯。

下狱,付其国正使清启治之",不予加罪。不久伤者死,经礼部奏,依例追银十两,给死者之家埋葬。①其时,兵部也奏"倭使清启凌轹馆仆、残杀市人,迹实桀骜"②之状。使臣所为引起了中国官员的反感。成化十三年九月,日使妙茂一行行员在会同馆为争夺柴薪"殴伤朵颜夷人",再次惊动了宪宗皇帝,向日本提出严正警告:"今后王差使臣通事等,须择知大体守礼法者,量带夷伴(须)严加戒饬,俾其沿途往还小心安分,毋作非为,以尽奉使之体,以申纳款之忱。"③弘治九年(1496)闰三月,日使寿蓂一行使人在从浙江至北京途经山东济宁州路上,"夷众有持刃杀人者,其正副使寿蓂等不能约束",礼部"乞赐裁抑",为此,孝宗皇帝做出了重大决定:"今后日本国进贡使臣,止许起送五十人来京,余存留浙江馆谷者,严加防禁。"④在两次严正警告无效的情况下,中国被迫做出了政策调整。

第二,对华贸易表现出的日本经济掠夺的本质特征。

景泰四年,日使允澎一行携带的贸易品较宣德八年(1433)有了惊人增长。如硫黄由2.2万斤增至36.44万斤,增长了15.5倍;苏木由1.06万斤增至10.6斤,增长了9倍;生红铜由0.43万斤增至15.2万斤,增长了34.3倍;腰、衮刀由3052把增至9900把,增长了2.2倍。宣德八年中国对日使货物没按市场时价,而以"赐例"的优待价值进行了结算,日本获得了很大利益,刺激起更大欲望,故巨载而来。如仍按宣德八年优待价给价,此番货物中国花费铜钱将达217732贯,值银217732两,数目极其巨大,大大超过了中国能够承受的支付能力。故礼部提议、皇帝批准,有司按市值议价,其后礼部在议价基础上再提价给予优待,计算结果此番货物值铜钱34790贯,银34790两。⑤即便这样,日本仍获得不菲的利益,如大刀在日本市场每把价八百文或一贯,而中国给价每把五贯。⑥仅此一项日本就获利五倍,更何况此番中国大刀给价每把六贯。允澎因没得到预期利益,对中国给价极其不满,虽代宗皇帝已签署敕书,仍不还,"乞照旧给赏",无奈,加给铜钱一万贯,犹以为少,求赠赐物,再加给绢五百匹、布一千匹。允澎仍不满,当朝参奉天门时,"正使捧表请益方物给价",并曰"给价若不依宣德八年例,再不版本国云云"⑦,与礼部纠缠一月有余。就此事代宗告诫日本:"进贡方物毋得滥将硫黄一概报作附搭,又数其正贡硫黄亦不得过三万斤"⑧,首次对日货硫黄做出了明确的数量限制。

成化四年(1468),日本正使清启也学允澎样与礼部争价。此番日货物价银38000两,与允澎一行收入相当,但清启对给价也不满意,"援例争论不已"。礼部奏:"虽倾府库之贮,亦难满其溪壑之欲矣,宜裁节以抑其贪。"宪宗皇帝是之,令通事谕清启不要再争论物价。⑨清

---

① 参见《明宪宗实录》卷60,成化四年十一月壬午。
②《明宪宗实录》卷67,成化五年五月辛丑。
③ [日]中岛竦校订:《新订善邻国宝记》补遗,株式会社开明堂东京支店1932年版。
④《明孝宗实录》卷116,弘治九年八月庚辰。
⑤ 参见《明英宗实录》卷236,景泰四年十二月甲申。
⑥ 参见《卧云日见录拔尤第二》长禄二年正月八日,《续史籍集览》第三册,近藤出版部1930年版。
⑦《明英宗实录》卷237,景泰五年正月乙丑,《允澎入唐记》,《续史籍集览》第一册。
⑧ [日]林罗山、[日]林春斋:《标记本朝通鉴》卷62,享德三年十月己卯,《新订善邻国宝记》卷中下。
⑨ 参见《明宪宗实录》卷62,成化五年正月丙子。

启一行来华船共三只，其中三号船去而复回，土官玄树奏称在海上遭风，方物丧失，乞再如数给价还国。礼部查无先例，奏不准予，宪宗大度，特赐国王绢一百匹，彩缎十表里。命下，玄树嫌少，乞讨铜钱五千贯，礼部再奏不准予，宪宗再予铜钱五百贯，命"速遣之去"。①

除矿物（硫黄、铜等）外，刀剑也是日本对华贸易大宗物品。成化年间，日使运来的刀剑数量突然猛增：景泰四年九千四百把，成化四年突增至三万余把，成化十二年（1476）降至七千余把，二十一年又增至三万七千余把。②自永乐元年始，日本刀剑就明确由中国政府直接收购，给官价。如此大数量无用之物载来，给中国经济造成不小损失，为此，宪宗皇帝告诫日本"各样刀剑总不过三千把"③，对日货刀剑也做出了明确数量限制。

中国政府做出的五十人上京、硫黄不过三万斤、刀剑不过三千把等若干政策调整，日本根本不予理睬，各样货物照旧巨载而来。正德七年（1512），日使桂悟不满五十人上京安排，领衔率众上书争辩，要求全员二百九十二人同赴杭州，方"得慰众人之谊哗，否则必致纷诤不虞之事"，给明朝政府施压。不久，桂悟等第二次上书列数四事：一曰附搭太刀并给价今年减之，使臣自进太刀不蒙收纳之事；二曰五十人上京事；三曰硫黄附搭事；四曰归国失时事。④前三件都是对中国政策的抗议，第四件是因与中国争辩滞留过长延误归期，责任也在中国。显然，此番日货中的硫黄和刀剑数量大大超过了三万、三千之数量限制。嘉靖十八年（1539），日使周良一行来华所携带生红铜29.85万斤，刀剑24862把⑤，仍远高于中国限制之上。由此可见，日本无视中国的政策，就是要利用勘合贸易这个合理合法的平台，达到掠夺中国资源的目的。

4. 宁波案件后日本的态度

宁波案件发生后，日本方面无一丝歉意传来，而是准备将袁琎等三名被宗设掳去日本的中国官员送往朝鲜，由朝鲜转达中国⑥，被朝鲜拒绝。嘉靖四年（1525）六月，世宗皇帝传敕日本，命将要犯宗设绑缚归案，归还袁琎等被掳中国官员，不理。六年八月，足利义晴回书明朝，一是索要宋素卿，一是索求嘉靖新勘合并金印，不提宗设一事。⑦九年，中国再次向日本提出上述两项要求，仍未得回应。十八年，日本使臣周良一行来华贸易，带来幕府两个要求，一是求赐嘉靖新勘合，一是归还宋素卿及宋素卿留在中国的货物。中国回应道：旧勘合缴清始易新勘合⑧；宋素卿罪恶深重，货物已经入官不许还。此外对原定勘合贸易做出了"贡期定以十年，夷使不过百名，贡船不过三只，违者阻回"⑨的重大政策调整。

---

① 参见《明宪宗实录》卷63，成化五年二月甲午。
② 参见[日]木宫泰彦：《日中文化交流史》，第575页。
③ [日]中岛竦校订：《新订善邻国宝记》补遗。
④ 参见[日]林罗山、[日]林春斋：《标记本朝通鉴》卷之178，永正八年十二月、九年十二月。
⑤ 参见《下行价银并驿程录》，《续史籍集览》第一册。
⑥ 参见《李朝中宗实录》卷54，中宗二十年四月乙巳、丙午，日本学习院东洋文化研究所1959年版。
⑦ 参见《幻云文集》，《续群书类从》第13辑上，续群书类从完成会工场1907年版，第287—288页。
⑧ 两路贡使中，宗设持正德勘合，宋素卿持弘治勘合，日本旧勘合未缴清及勘合管理的混乱，是造成案件发生的原因之一，故中国坚持清缴旧勘合再发放新勘合这个历朝旧规定。
⑨《明世宗实录》卷234，嘉靖十九年二月丙戌。

宁波案件发生后,中国并未关闭勘合贸易大门,虽对勘合贸易政策做出了调整,但同时也放弃了缚送宗设、还送袁琎的要求,算是对日本做出了较大让步。但是,中国的让步没能换得日本的尊重,嘉靖二十三年(1544),日使寿光一行来华,因远不足十年贡期,被阻回。二十六年二月,日使周良二次率队来华,贡期仍不足十年,且来船四只、人员六百,更为严重地违反了规定,引起了世宗恼怒。中国仍不计较,还对日本放宽了缴清旧勘合的条件要求。①即便如此,周良一行之后,日本就断绝了与中国的外交关系。

日本断绝与中国外交关系的原因何在?是因为中国未给予嘉靖新勘合所致吗?非也。周良言,日本所存的七十五道弘治勘合为宋素卿子宋一所盗,现存五十道正德勘合留为信。礼部覆查后奏,令日本异时朝贡缴还"正德勘合四十道,但存十道为信,始以新者予之。而宋一所盗,责令捕索以献",世宗准奏。②很明显,中国只要求日本将现存的正德勘合四十道缴来,并未在被盗的弘治勘合上为难日本。日本史记载:嘉靖三十年,大内义隆臣下陶隆房反,纵火馆舍殿第,"烧失明勘合印,贸易遂绝"③。烧失正德勘合事中国并不知晓,事后日本也未向中国做任何解释和说明,更未做任何形式的沟通。因此,终结勘合贸易,断绝对华外交关系,责任完全在日本一方。

5.倭寇大举侵华及给中国造成的巨大损失

如前所述,嘉靖二十三年寿光一行来华,因贡期不到被阻回;二十六年二月周良一行到中国,贡期仍不到,被滞留港外,二十七年三月方入住宁波宾馆。此后又有一系列诸如五十人上京、勘合缴旧易新等令使臣"不快"之事发生,引起了日本政府的不满,自感"大日本"自尊受到了伤害,便恼羞成怒。日本西海路上松浦唐津太守源胜在给朝鲜政府书呈中表露了心声:"我王下均命曰,近岁许大明之贼船有故。先岁遣进贡船,立十岁一贡之新法,宁波府之外奥山置焉。凌饥寒责,惟轻绍命,蔑使节。"④这就是倭寇再次侵华的根本原因。

与洪武、永乐时期相比,此番倭寇侵华有以下五个新特点。第一,"流劫"是主要战术方式。第二,战斗力强劲,破坏性巨大,所过之境纵火屠掠,焚民房屋,极尽破坏之能事。第三,深入内地腹里,直逼南京城下。第四,集中兵力以攻城,分散兵力以流劫。第五,为持久计,设立巢穴据点,以吞并浙江为战略目标。

这场大规模的局部战争,除中国军民死伤、房屋财产损失外,还给中国社会造成了巨大创伤,以下几个方面是对这一问题的个案说明。第一,生产遭受了严重破坏。如苏、松、杭、嘉等府,屡经劫掠焚烧之祸,农人释耒,盐丁罢灶,不十余年,未得复旧。⑤第二,人口大量减少。如莆田县人口锐减了1.9万,泉州府人口锐减了4.3万。⑥第三,耗费了数额巨大的钱

① 参见《明世宗实录》卷239,嘉靖二十八年六月甲寅。
② 参见《明世宗实录》卷349,嘉靖二十八年六月甲寅。
③ [日]冈谷繁实《皇朝编年史》卷之86,天文二十年八月十六日,日本神田印刷所1909年版。
④《朝鲜王朝实录》卷19,明宗十年十二月丁酉,日本学习院东洋文化研究所1960年版。
⑤ 参见(明)郑晓:《重大倭寇乞处钱粮疏》,(明)陈子龙:《明经世文编》卷217,中华书局1962年版,第2260页。
⑥ 参见范中义、仝晰纲:《明代倭寇史略》,中华书局2004年版,第224—225页。

粮。据《明实录》不完全记载统计，为抗倭耗费银132.5万两，粮55万石。第四，引发了社会问题。应天、苏松等地加派兵饷银达435900两，造成地方民困。①由于兵费浩繁，兵饷征集更加"急迫，民生日蹙，是以人心摇惑"②。第五，为备倭耗费巨大财政支出。嘉靖倭难后，东南沿海省份比以往加强了防备，造成了巨大的劳动力浪费及物资银两的损耗。如浙江添设备倭将领军丁33290员名，岁支饷银达348000两。③福建岁增兵饷约四五十万两。④添造备倭船，器械火药，增兵等项开支，岁增银24700余两。⑤倭寇侵华战争给中国造成的经济损失，无论是直接还是间接，都是巨大的。

6.勘合贸易与嘉靖倭寇侵华

勘合贸易和倭寇侵华，是明代中日关系中的两大问题。中国行勘合贸易为禁倭，日本因勘合贸易不顺则纵倭，因此，勘合贸易与倭寇有着必然联系。日本参加勘合贸易的人员有如下几类：一是天皇，二是幕府（将军），三是寺社僧侣，四是大名守护，五是商人武士。由此可见，凡日本社会上层，都积极地参与了勘合贸易，组成了利益共同体。其中幕府（将军）、大名守护和商人是最大的利益获得者。

宁波案件后中国坚持勘合贸易新规定，日本认为利益和尊严受损，开始纵容、支持甚至组织倭寇开展对华战争，以下材料就是最有力的证明。第一，源胜书呈"许大明之贼船有故……"的"许"字，表明了利益共同体对倭寇的支持，"故"字后面的内容说出了倭寇侵华的原因，日本人的自供状再清楚不过地说明了勘合贸易与倭寇侵华间的密切关系。第二，倭俘辛五郎，系日向、大隅、萨摩三州守护岛津氏之弟⑥，这种特殊身份表明岛津氏对倭寇侵华的默许与支持。第三，明使蒋洲至山口，山口都督源义长送回被掳中国人口，并有国王印之咨文。丰后太守源义镇遣僧德阳等具方物奉表谢罪，请求颁勘合修贡⑦，又一次表明了倭寇战争与勘合间的关系。无论是岛津氏，还是源义长、源义镇，都是日本国家统治阶级中的一员，他们纵容、支持倭寇的侵略行为，部分地代表着国家意志。第四，以北九州为中心的较为广大地区的人员被动员投入到了这场战争中来，主要者为萨摩、肥后、长门三州之人，其次有大隅、筑前、筑后、博多、日向、摄津、纪伊、种岛等人员，丰前、丰后、和泉之人也间而有之。⑧日向、大隅、萨摩的岛津氏，长门、丰前、和泉的大内氏，筑前、丰后的大友氏，肥后的少二氏，纪伊的畠山氏等，都是日本历史上著名的守护，能征惯战，他们管辖区域人员参加侵华战争，离不开他们的支持和组织。第五，嘉靖三十三年（1554），武卫遣使朝鲜，告之"漂流

① 参见《明世宗实录》卷525，嘉靖四十二年九月己丑。

②《明世宗实录》卷454，嘉靖三十六年十二月甲申。

③ 参见《明神宗实录》卷117，万历九年十月戊戌。

④ 参见《明神宗实录》卷19，万历元年十一月戊寅。

⑤ 参见《明神宗实录》卷239，万历十九年八月乙巳。

⑥ 参见《明史》卷205《胡宗宪传》，中华书局1997年版，第5412页。

⑦ 参见《明世宗实录》卷450，嘉靖三十六年八月甲辰。

⑧ 参见（明）郑若曾：《郑开阳杂著》卷2《日本入寇论》，《景印文渊阁四库全书》第584册，上海古籍出版社1987年版，第507页。

之人勿为杀害"①。所谓"漂流之人",即乘船侵略中国、在往返途中因遭风或船败等原因漂流到朝鲜境上的倭寇。武卫,即九州探题涩川氏。九州探题职掌日本地区"军务、边御之事"②,可见,身居要职的九州探题给朝鲜如此之"指示",证明了日本上层对倭寇侵华的支持态度。第六,幕府将军对倭寇有绝对的支配力。源胜复述的幕府将军之言,以及足利义持组织倭寇计划抢夺朝鲜《大藏经》经板之史实③,一方面证明了倭寇侵略是达到某种目的的手段,另一方面证明了幕府将军一直就是倭寇之统帅。

三、明人对日本对华施为认识

明代以前中国与日本接触较少,故对日本认识很不全面,除正史外,这方面文献大约仅有四十八篇/章。《隋书》《旧唐书》《唐书》等正史对日本的记述,给世人影响很大,在这四十八篇/章文献中未见有对日本的不良认识和评价。

入明后的密切接触,使明人对日本产生了颠覆性认识。日本南、北两朝将军的傲慢态度,菊池氏暗结胡惟庸谋反的败露④,使朱元璋对日本有了"虽朝实诈"⑤的基本认识。这是明朝人,也是中国人首次对日本有如此恶劣之评价。

倭寇对中国的长期困扰,勘合贸易中的使臣表现,使中国与日本的关系成为当时中国外交上的最大难题之一,故而,日本问题引起了中国社会的普遍关注,文字记述多了起来,除《明实录》外,现存的约有三百八十余篇/部。这些记述反映了明人对日本的清醒认识,以及认识的高度一致,主要集中在以下几个方面。第一,对倭寇侵略中国的认识。绝大多数文献都有这方面的记述。第二,对日本谲诈的认识。《鸣玉堂稿》有礼部对日本"倭夷谲诈,难以言词化诲"之评价。⑥《双槐岁钞》以日本永乐初入贡,后又犯辽东金州大败为例,称"虽朝实诈可征"。⑦《敬事草》有对日本"苟吾方客之,而彼实以盗自为;吾推心以置其腹,彼刡刃以向吾腹"的认识。⑧《无梦园初集》也有"日本狡猾异常"之语。⑨第三,对日本傲慢自大的认识。在《明太祖文集》中,朱元璋多次使用"傲慢不恭""妄自尊大""效井底鸣蛙""坐井观天""自夸强盛"⑩等语句形容日本民族的傲慢自大,可谓准确。朱元璋多次授意礼部致书日本国王,书中也持这种认识,如:"王若不审其微,井观蠡测,自以为大,无乃构隙之源

---

①《朝鲜王朝实录》卷17,明宗九年七月丙辰。

②《朝鲜王朝实录》卷16,明宗九年三月庚戌。

③ 参见《朝鲜王朝实录》卷23,世宗六年正月丁酉,日本学习院东洋文化研究所,1956年。

④ 参见[日]林罗山、[日]林春斋:《标记本朝通鉴》卷59,康历二年九月。

⑤ (明)朱元璋:《皇明祖训》首章《日本国》,《四库全书存目丛书》史部第264册,第168页。

⑥ 参见(明)张天复:《鸣玉堂稿》卷9《疏类·覆传谕日本疏》,明万历八年刻本,第23页。

⑦ 参见(明)黄瑜:《双槐岁钞》卷5《倭国逸书百首》,清岭南遗书本,第5页。

⑧ 参见(明)沈一贯:《敬事草》卷1《论倭贡市不可许疏》,明刻本,第26页。

⑨ 参见(明)陈仁锡:《无梦园初集》漫集二《纪海艊》,明崇祯六年刻本。

⑩ (明)明太祖:《明太祖文集》卷2《诏·谕日本国王诏》、卷16《杂著·设礼部问日本国王》《设礼部问日本国将军》,《景印文渊阁四库全书》第1223册,上海古籍出版社1987年版,第17、195、196页。

乎?"①第四,对朝贡及与倭寇关系的认识。《日本考》对日本朝贡的目的有这样的评价:诏定贡期约十年一贡,太宗朝日本贡无定期,而使"至京师,燕赏优渥,稛载而归。是以其贡而来也,于利不于义"②,评价可谓深刻。《昭代典则》记:"夷人至京师,宴赏市易,饱恣其欲。已而备御渐疎,正统四年(1439),寇大暑,入桃渚,官庾民舍焚劫一空。"③

明人留下的这些文献,真实地记述了日本对中国的所作所为,以及明朝对日本的认识。与以往相比,明人更近距离地、全方位地接触到了日本,对日本民族本质认识得更为透彻和清楚。通过文献对比可以这样说,中国对日本的真正认识当始于明代。

通过上述研究,可以得出以下几点结论:

第一,截至明代,日本与中国的关系经历了四个阶段、三个指向。第一、二阶段日本要借助中国威势达到震慑朝鲜半岛政权的目的,具有明显的政治指向;第三阶段日本通过与中国建立国家间的关系,达到获取中国佛教文化的目的,具有明确的"文化"指向;第四阶段日本借助倭寇之威胁与中国建立勘合贸易,攫取中国的物资资源,具有鲜明的经济指向。由此可以说,凡日本与中国建立官方联系,都具有天然的功利目的,在明代表现得更为明显和露骨。

第二,自隋代开始,日本对中国已显露出傲慢自大的姿态,这种姿态在明代表现得更为明显和突出。朱元璋对日本的认识准确而深刻,虽幕府将军表辞谦卑而恭顺,但代表日本国家的使臣在中国的表现则傲慢而强横,其民族真性情的流露反衬其表辞之虚伪。

第三,朝贡体制与勘合贸易互为表里。日本把朝贡的外衣撕得粉碎,让日本与中国的关系只表现出纯粹"生意"上的经济关系。最为明显的是,当日本七次遇到勘合上的"中国难题"时,不是直接面对中国,而反求朝鲜从中斡旋,以张显与中国没有上下之分。唐代日本对中国的态度又以另一种形式在明代重演。

第四,勘合贸易与倭寇侵略有明显的负相关性。一当勘合贸易满其所欲,倭侵稍息;一当其主动放弃勘合贸易,则倭侵复萌。在勘合贸易与倭寇侵略二者之间,非此即彼,日本有很大的自主选择性。"倭寇侵略"这个风向标,灵敏地反映着中日关系的变化,多少让人感到它是日本手中操控的一台机器,一台战争机器。

第五,倭寇侵略给中国造成了极大危害,扰乱了中国社会正常的政治、经济秩序,给中国生产力造成了严重损耗。明朝政府被迫采取的防倭抗倭军事行动,耗损了中国大量人力物力,乃至产生了严重社会问题。日本曾是东亚不安定根源之所在这个事实,首次在中国得到了证实。

原文载《廊坊师院学报》2018年第1期
作者:高艳林,南开大学历史学院副教授

---

① (明)沈国元:《皇明从信录》卷7,明末刻本。
② (明)李言恭:《日本考》卷2《朝贡》,中华书局1983年版,第64页。
③ (明)黄光昇:《昭代典则》卷15《英宗睿皇帝》,明万历二十八年金陆周日校刻本。

明初空印案补证

高寿仙

空印案与胡惟庸案、郭桓案、蓝玉案一起,被并称为"明初四大案",凡谈明初史事者多会涉及。与其他三案相比,有关空印案的记载最为匮乏,而有些重要资料又没有得到注意和使用,以致此案迄今仍使人感到扑朔迷离,就连发生时间也存在不同说法。兹不揣谫陋,在前人研究基础上略作补证。

一、关于案发时间的不同说法

明代官方典籍对空印案并无具体记述,现存最重要的史料,是案发不久方孝孺写下的三篇文章。一篇是《先府君行状》,系为死于此案的其父方克勤所写,其中谈道:洪武八年(1375),方克勤遭人诬陷,"遂得罪谪江浦,终岁将释归,会印章事起,吏又诬及,九年十月二十四日,遂卒于京师"①。另一篇《叶伯巨郑士利传》,意在表彰洪武九年两位冒死上书者的事迹,其中谈道:"洪武九年,天下考校钱谷策书,空印事起,凡主印吏及署字有名者,皆逮系御史狱,狱凡数百人。士利兄亦以河南时空印,系狱中。"②再一篇《郑处士墓碣铭》,系为郑士利之父郑邦彦所写,其中亦谈到空印案:"洪武九年,大臣擅事者,以过用印章,系郡国守相以下数十百人狱,劾以死罪。"③对于空印案发生时间,三篇文章的说法高度一致,即发生在洪武九年。终明之世,似乎并无异说。

清修《明史·刑法志》给出另外一种说法:"(洪武)十五年空印事发。每岁布政司、府州县吏诣户部核钱粮、军需诸事,以道远,预持空印文书,遇部驳即改,以为常。及是,帝疑有奸,大怒,论诸长吏死,佐贰榜百戍边。宁海人郑士利上书讼其冤,复杖戍之。"④不过,同书《郑士利传附方徵传》却又有矛盾的记载。该传引方徵上书云:"去年各行省官吏以用空印罹重罪,而河南参政安然、山东参政朱芾俱有空印,反迁布政使,何以示劝惩?"接着叙述方徵上书后,"贬沁阳驿丞。十三年,以事逮至京,卒"⑤。据此,空印案在洪武十三年前数年当

---

① (明)方孝孺:《逊志斋集》卷21《先府君行状》,《景印文渊阁四库全书》第1235册,台湾商务印书馆1983年版,第590页。

② (明)方孝孺:《逊志斋集》卷21《叶伯巨郑士利传》,第608页。

③ (明)方孝孺:《逊志斋集》卷22《郑处士墓碣铭》,第645页。

④《明史》卷94《刑法二》,中华书局1974年版,第2318—2319页。

⑤《明史》卷139《郑士利传附方徵传》,第3998页。

已发生。《明史》作为基本史料影响甚大，其自相矛盾虽早有学者指出①，但洪武十五年（1382）说迄今仍在流行。

到20世纪80年代，又出现一种新说法。孙达人先生发现《国榷》卷6"洪武九年闰九月丙午条"节引方徵上书，有"去年诸行省官吏悉坐空印被罪"之语，遂据"去年"断言案发于洪武八年；他又据方孝孺《先府君行状》中"（洪武八年）得罪，谪江浦，终岁将释归，会印章事起"之语，断言"此案的发作更确切说在八年的年末"。②陈梧桐先生亦指出《明史》记事自相矛盾，并引据《国榷》此条，认为方孝孺所说"不确切"，空印案发生年代"当为洪武八年"③。刘孔伏等先生对这种新说法提出质疑，指出《国榷》此条提到曾秉正、方徵、叶伯巨三人上书，而《明太祖实录》同日却只记载了曾秉正一人上书。他推测谈迁只看到三人皆"因星变求言"而上书，失之详考，误加上方、叶二人，方徵上书时间实际应在洪武十年。④檀上宽先生也认为洪武八年说不能成立，他梳理了地方政府向户部提交财政报告的流程，并结合《明太祖实录》中洪武九年六月和七月两次大规模任命地方官员的记载，推断空印案发生在洪武九年上半年。⑤

二、案发时间当为洪武九年

上述三说之中，《明史·刑法志》所说的洪武十五年，既与同书《方徵传》相互矛盾，也无任何其他旁证史料，尽管被不少学者采用，但显然难以成立。出现这种错误的原因，有些学者认为是《明史》抄录方孝孺《郑士利传》时将"九年"讹误为"十五年"，其实未必这么简单。刘辰《国初事迹》提到空印案时，将此案与行用半印勘合搅在一起："各布政司用使空印纸，于各部查得或钱粮、军需、段匹有差错改正，却将空印纸填写，咨呈补卷。事发，太祖怒曰：'如此作弊瞒我，此盖部官容得，所以布政司敢将空印填写。尚书与布政司官尽诛之。'议用半印勘合行移关防。"⑥而始置诸司半印勘合的时间，正是洪武十五年。⑦《国初事迹》这条史料，被明代很多史家采用，且均明确系于洪武十五年。⑧《明史》当是受这些记载影响，将空印案误系于洪武十五年。

① 参见孟森：《明清史讲义》，中华书局1981年版，第55页。

② 参见孙达人：《关于"空印案"时间》，《陕西师范大学学报（哲学社会科学版）》1980年第2期。

③ 陈梧桐：《明初空印案发生年代考》，《历史研究》1982年第3期。

④ 参见刘孔伏：《明初空印案新探》，《贵州文史丛刊》1986年第1期；刘孔伏、潘良炽：《读〈明史·循吏·方克勤传〉——兼考明初空印案发生年代》，《浙江师范大学学报》1987年第1期。

⑤ 参见[日]檀上宽：《明初"空印の案"小考》，载氏著：《明朝专制支配の史的构造》，汲古书院1995年版，第83—113页。

⑥ （明）刘辰：《国初事迹》，邓士龙辑：《国朝典故》卷4，许大龄、王天有主点校，北京大学出版社1993年版，第104页。

⑦ 参见《明太祖实录》卷141，洪武十五年正月甲申。

⑧ 参见（明）陈建：《皇明通纪法传全录》卷7，洪武十五年八月，《续修四库全书》第357册，上海古籍出版社2002年版，第138页；（明）邓元锡：《皇明书》卷1《太祖高皇帝帝典》，《四库全书存目丛书》史部第29册，齐鲁书社1996年版，第35页；（明）徐学聚：《国朝典汇》卷102《户部十六》，《四库全书存目丛书》史部第265册第668页，等等。

顺便指出,始置诸司勘合时,距空印案已过五年,两事之间其实并无关系,这从《命诸司遵用勘合敕》可以明确看出。该敕谈道:"洪武十四年工部事发,考其行移,自本年五月至十一月终,擅生事务,行下诸司文书,计一万九千件。虽然各有名色,似乎当理,其中斡旋作弊,不可数目以言之。"有鉴于此,朱元璋"特置半印勘合",以防止"六部、都察院擅自行移,逼扰诸司,害及于民"。①可惜自明代迄今,刘辰的错误说法被各种史籍辗转传播,几成定论。

　　洪武八年之说,细究也难以成立。孙达人先生将《先府君行状》中的"终岁"理解为"年末",并不符合原意。查该行状所述方克勤行迹,其"谪江浦"在洪武八年十月,而牵连空印案被杀在九年十月,可知"终岁将释归"意为"满一年将释放",孙先生谓空印案发生在"八年的年末",纯属以误生讹。这样,洪武八年说的证据,实际只有一条,就是方徵上书的时间,必须是洪武九年。对于这一问题,刘孔伏先生和檀上宽先生虽然提出质疑,但均未提出直接的否定证据。所以两文发表后,洪武八年说依然逐渐得到一些学者认可。

　　《国榷》所记方徵上书时间确实有误,朱元璋《建言格式序》就提供了直接证据。这篇序言对星变求言后的上书情况有详细说明:"洪武九年,朕见灾异万端,余无措手,于是特布告臣民,许言朕过。告既出矣,逾月藩臣上书者,山东布政使吴印,参政宋善、阎钝,山东按察副使余奎,海州学正曾秉正,平凉府崇信知县潘卣,监察御史孙化,海宁县丞方仲容,登州府福山县丞徐谦,山东布政使司检校傅奎,台州黄岩县徐季清,安吉卫军丘绂,守御庄浪指挥佥事李景,山西分教国学生余懋,台州府民郑士利,共一十五人。准其言者,吴印、宋善、阎纯、余奎、曾秉正、孙化、傅奎、李景八人,计一十七事;全不可行者,潘卣、方仲容、徐谦、徐季清、丘绂、余懋六人;假公营私而罪者,郑士利。是后,近臣刑部主事茹太素以五事上言……"②查《建言格式》之颁布,是在洪武九年十二月初一日③,茹太素上书及此序之撰写当在十一月。朱元璋在序中详细列举了上书者姓名,其中并无方徵、叶伯巨,显然到此序撰写之时,他们尚未上书。

　　事实上,关于方徵上书的时间,陈鹤《明纪》有明确记载,是在洪武十年正月辛卯(十二日)。④方徵上书是在怀庆知府任上,查其履历,他于洪武九年三月二十二日由给事中改监察御史⑤,然后"奉旨广西、山东公干回,月余,升怀庆知府"⑥。其在广西、山东公干时间虽不可知,然两地相隔辽远,先后奔波,恐非数月不可,其升怀庆知府并到任,当已在本年晚些时候。综合这些情况判断,《明纪》所载方徵上书时间当有所本。既然方徵是在洪武十年正月

　　①　参见《皇明诏令》卷2《命诸司遵用勘合敕》,《续修四库全书》第457册,上海古籍出版社2002年版,第57页。
　　②　(明)朱元璋:《明太祖文集》卷15《建言格式序》,《景印文渊阁四库全书》第1223册,台湾商务印书馆1983年版,第157页。
　　③　参见《明太祖实录》卷110,洪武九年十二月庚戌。
　　④　参见(清)陈鹤:《明纪》卷4《太祖纪四》,《四库未收书辑刊》第6辑第6册,北京出版社2000年版,第70页。
　　⑤　参见《明太祖实录》卷105,洪武九年三月丙子。
　　⑥　(明)焦竑:《国朝献徵录》卷93《河南怀庆府知府方公徵传》,《四库全书存目丛书》史部第105册,齐鲁书社1996年版,第251页。

上书,书中所说"去年",当然就是洪武九年。朱元璋接到方徵上书后,"遣使令详具所言实迹以报,徵所陈忤旨,谪为沁阳驿丞"①。据《明太祖实录》记载,洪武十年五月,降河南布政使徐贲为怀庆知府②,这或许就是填补方徵被贬之空缺。

檀上宽先生提到的《明太祖实录》中大规模任命地方官员的两条记载,一条是在洪武九年六月辛卯:"擢济南府德州知州张瑛等三百四十三人为南昌府知府以下官有差,皆以考课第优等升之。"③另一条是在同年七月丁卯:"以监察御史王偶等一百二十三人,为知府、知州等官有差。时各处有司为考校钱粮簿牒至京,故命官往代之。"④前一条是否与空印案有关不敢遽定,但后一条肯定与此案有直接联系。前引方孝孺《郑士利传》,明确说空印案系因"天下考校钱谷策书"而起,与实录所言"考校钱粮簿牒"显系一事。此前朱元璋亦曾令守令来朝,并未遣人代职,此次突然大规模派遣御史到各地担任知府、知州等官,当是在考校中发现空印情况,遂将涉及官员逮捕并遣御史往代。九年七月癸丑朔,丁卯为十五日。笔者推测,空印案当发作于此前不久,很可能就在七月内,最晚也在六月中。案发时,在京地方官吏可以就地逮捕,但牵连到的在外人员,路程有远有近,应当是陆续被押解至京。

此外《明太祖实录》中还有一条资料,对了解空印案也有帮助,就是洪武九年十月戊寅朱元璋以手诏谕山东布政使吴印,其中谈道:"昔者天厌元之不德,朕乘群雄并起之秋,摧强抚顺,偃兵息民,纲维海内,以主黔黎,律施令布,惟务安人,已九年矣。其间尚有不迪于教而丽法者,欲尽以刑治之,又恐没身者众,特姑缓刑章,俾之力役,冀其格心,期于无刑。顷者天变于上,致心皇皇,于是诏告臣民,许言朕过。诏令既行,中外言者有之,独卿敷露肝胆,面陈国计,虽可否半之,岂不尽己之谓忠乎!"⑤前引《建言格式序》列举上书诸人,以吴印官职最高,故被列在首位。朱元璋对其"敷露肝胆,面陈国计"十分欣赏,特赐手诏褒奖。诏中所说"尚有不迪于教而丽法者",虽然未必专指空印诸人,但肯定包括这些人在内。看来朱元璋把此事看得很严重,确实有过把涉案者尽皆诛杀的想法,最后把其中一部分改为力役,他认为是从宽处理。洪武九年十月辛亥朔,戊寅为二十八日。前引方孝孺《先府君行状》,谓其父死于二十四日,可知朱元璋赐吴印手诏时,刚刚处理完空印案数日。

以往援引郑士利上书内容,均据方孝孺或《明史》之《郑士利传》。其实这份上书留有较为完整的版本,收入《明文衡》《名臣经济录》等书。⑥从中可知,九月九日下诏求言后,陆续

---

① 弘治《八闽通志》卷54《选举·科第》,《四库全书存目丛书》史部第178册,齐鲁书社1996年版,第333页。
② 参见《明太祖实录》卷112,洪武十年五月乙酉。
③《明太祖实录》卷106,洪武九年六月辛卯。
④《明太祖实录》卷107,洪武九年七月丁卯。
⑤《明太祖实录》卷110,洪武九年十月戊寅。
⑥ 参见(明)郑士利:《论考校钱粮封事》,(明)程敏政编:《明文衡》卷6《奏议》,《景印文渊阁四库全书》第1373册,台湾商务印书馆1983年版,第562—565页。

有人上书言事,但因皇帝盛怒未解,无人敢提及考校钱粮事。因其兄牵入此案,郑士利对情况较为了解,便想上书说明。但其兄尚在狱中,郑士利怕皇帝怀疑他假公营私,"欲进复退者累一月",直到其兄"已断发工役,固不敢辞,而甘心输作以赎罪矣",他才毅然进呈。郑士利谈到了对涉案者的惩罚:一部分被处死,并追夺三年俸禄;一部分免死杖一百,工役终身,其中又有人改发充军。方孝孺《郑士利传》亦描述其上书情形云:"其书既成,欲上者数矣,而未决。每归逆旅,则闭门俯首而泣,泣数日。其兄子侍行者,疑而问之曰:'何所苦乎?'士利曰:'吾有所自苦。我以触天子怒,必受祸。然杀我活余人,我更何恨!'遂持书诣丞相府。"但其上书并未达到期望效果,"然犹输作终身,而竟杀空印者"①。根据这些叙述判断,郑士利上书时,距下诏求言已过一个多月,当时涉案者已经定罪,断发工役者已着役输作,但判处死刑者有些尚未处决。方克勤被杀于十月二十四日,可能就是这些死囚被最终处决的日期。

三、涉案人数与空印缘由

关于空印案涉及的人数,方孝孺《郑士利传》谓"狱凡数百人",《郑处士墓碣铭》谓"系郡国守相以下数十百人狱"。但也有些史料说得比较含糊,如郑士利上书中谈道:"今内而尚书,外而参政等官……今乃俱为考校钱粮,有不保首领复追俸者,有断发工役改发充军者,中外老成,荡然一空。"刘辰《国初事迹》谓"尚书与布政司官尽诛之"。《明史·刑法志》谓"论诸长吏死,佐贰榜百戍边"。王世贞发现洪武年间不少人被破格授官,也发出"岂空印事发,藩臬诸臣俱得罪耶"②的疑问。根据这些含糊说法,有人认为当时"把地方上的长吏一杀而空"③,甚至推测涉案者达到数万,被处死者也有成千上万。

所谓地方长吏,布政司及府州县官都包括在内,前引《明史》亦有"每岁布政司、府州县吏诣户部核钱粮、军需诸事"之说。但郑士利《考校钱粮封事》谓"考校钱粮,各府赍将文卷,越行省攒造",并未提到县级。从情理上说,各府、布政司文卷是在县级文卷基础上攒造的,最终户部考校时,修改县级文卷的可能性不大。前引实录记载派出一百二十三名御史担任知府、知州等官,这可能就是当时已被拘押的府州主印官数量。再加上"署字有名"的佐贰官,以及已离任或调任又被牵涉者,也就翻上一两倍。布政司层面,本年六月刚改行中书省为布政使司,设布政使一人,左、右参政各一人,此外还有经历、都事、检校、照磨、管勾等中低级官员。④从郑士利所说"内而尚书,外而参政等官"可知,布政使并未牵涉其中,惩罚对象主要是参政。当时全国共有十二个布政司,除河南参政安然因"率齐东海军民内附"、山

---

① (明)方孝孺:《逊志斋集》卷21《叶伯巨郑士利传》,第608—609页。
② (明)王世贞:《弇山堂别集》卷10《布衣超擢》,中华书局1985年版,第192页。
③ 吴晗:《朱元璋传》,三联书店1965年版,第256—257页。
④ 参见《明太祖实录》卷106,洪武九年六月甲午。

东参政朱蒂因"乡里旧人有才干"未罚反升①,其他恐怕大都遭殃。中央层面,惩罚对象主要是尚书等主官,《国初事迹》谓"各布政司用使空印纸,于各部查得或钱粮、军需、段定有差错改正,却将空印纸填写,咨呈补卷",看来应以户部为主,可能还牵涉兵部和工部。当时六部官职设置与后来有异,据洪武八年定制,户部设五科,刑部、工部设四科,每科皆设尚书、侍郎各一人,吏、礼、兵三部则各设尚书二人、侍郎二人。②总计六部共有尚书、侍郎各十九名。综合上述情况,笔者认为方孝孺所说比较合乎实际,因空印受惩者数百人,可能最多也不会超过千人。

关于为何会出现账目对不上的情况,方孝孺《郑士利传》谈道:"钱谷之数,府必合于省,省必合于户部,其数诚不可悬断预决,必至户部而后定。"③这段话并非郑士利上书原文,而是方孝孺对其文意之概括,但不够清晰明白,以致引起一些悬揣误解。如《剑桥中国明代史》谈道:"地方官员一直用的是一种方便的老办法,使用盖有铃印的空白的申报表册来上报运送给南京的岁入;在南京则在扣除了运送途中的折耗之后登录实际总数。这样就会消除财政申报中不符合实际的差额,因为地方官员不能预先知道运送的损失究竟会有多大。"④这种说法纯属臆测,当时考校内容包括所有收支项目,并不限于起运京师的钱粮物料。其实郑士利《考校钱粮封事》,本来对此说得非常清楚:"夫考校钱粮,各府赍将文卷,越行省攒造,千百卷宗攒于一册,牵查照算,岂无错误? 故曰:'寸寸而度之,至丈必缪;铢铢而数之,至石必差。'是以必须空印,无弊也。"做过数据统计的人,恐怕都会有这样的体会:数据一多,往往就会产生计算错误,抄写时也会出现一些笔误。上下账目对不上,确实只是一个容易出现的技术问题。

朱元璋对于使用空印的缘由,即使开始不清楚,也很快就会弄明白。但他依然严惩相关官员,恐怕未必是认为情节有多严重,而是认为性质极其恶劣。自开国以来,朱元璋反复强调要革除"胡元弊政",这些官员却"不迪于教",仍然沿袭惯例而不守规矩,这恐怕才是朱元璋勃然大怒、必予严惩的原因吧。

原文载《西部史学》2019年第2期
作者:高寿仙,北京行政学院校刊编辑部主任、研究员

---

① 参见(明)焦竑:《国朝献征录》卷93《河南怀庆府知府方公微传》,第251页。
② 参见《明太祖实录》卷83,洪武六年六月辛未;卷102,洪武八年十一月丁丑。
③ (明)方孝孺:《逊志斋集》卷21《叶伯巨郑士利传》,第608页。
④ [美]牟复礼、[美]崔瑞德编:《剑桥中国明代史》,张书生等译,中国社会科学出版社1992年版,第132页。

真实与虚构

——朱元璋家世身世与官方私人著述的神化及迷信

王　熹

　　有关大明开国皇帝朱元璋及其时代的研究,自明代以来,持续不断,热情不减,发表或出版的著述可谓数量众多,然而研读有关文献资料,仍感到有很多问题有待深入研究,形成新的认识和见解。诸如朱元璋的家世,其先祖勉强可追溯至四世,他自称是"田野间一农民尔"①,并不认为自己是天生龙种。但从解缙撰写《天潢玉牒》以来②,有关朱元璋家世的记载,就多了虚假成分,出现了所谓祥瑞与神助的描述,神化迷信色彩渐趋浓厚。永乐十六年(1418),明成祖修纂的《明太祖实录》,即明代的"国史"③,把朱氏家世与圣贤相联系,虚构了朱氏家世与佛道神仙的故事,突出了神佑朱氏的主调。嘉靖以后,在明人著述和笔记之中,出现了极力渲染神化朱元璋家世和其个人经历的倾向,造神的语境愈加浓厚,编造出来的荒诞离奇的"神龙"故事广为流传。在朱元璋家世记载中,为什么会衍生出这些神异故事,其深层原因是什么,其用意和目的又是什么? 而明清以来的国史、正史和私家著述与野史,为何热衷于记录和传播这些内容? 怎样解释或理解这种社会文化现象? 此类等等,都是明史研究的一些重要问题,确实有正本清源,还历史本来面目的必要。

一、《朱氏世德碑》《皇陵碑》和《御制皇陵碑》是研究朱元璋家世身世的权威文献

　　研究朱氏家世的第一人是朱元璋,他撰写的《朱氏世德碑》,是当下所能看到的最早的传世文本。这个文本不是一个完整记载,下限到龙凤九年(即至正二十三年,1363),此时朱元璋正处在创业过程中。在碑文中,朱元璋开宗明义:"本家朱氏,出自金陵之句容,地名朱

---

　　①《明太祖实录》卷20,丙午(至正二十六年,龙凤十二)四月庚午。

　　②《天潢玉牒》一卷,《千顷堂书目·史部·谱系类》《四库全书总目·别史类存目》皆著录,无撰者名氏,明《纪录汇编》、清《胜朝遗事》均收入此书,题解为解缙撰。解缙,字大绅,吉水人,官至翰林学士兼右春坊大学士,明史卷147有传。

　　③ 著名的历史学家瞿林东教授在《中国史学史纲》(北京出版社1999年版)一书中,指出:"自东汉以来,历代皇帝都十分重视本朝史的撰述;而自唐以后,则有起居注、实录、国史相互配合,形成了本朝史撰述的机制。明朝则只修实录,不修国史;它的浩繁的实录,仍然显示出官修史书所具有的优势。"武汉大学谢贵安教授在《明实录研究》(湖北人民出版社2003年版)中认为,"国史的概念有两种,一种是指'本朝的历史',如黄景昉的《国史唯疑》和潘柽章的《国史考异》,均使用这一概念;另一种是指'一国之正史',是最具有权威性的记载当朝历史的史著。在明代,普遍把《明实录》称作'国史'"。有的明代学者甚至直接将《明实录》称作"正史"。

家巷,在通德乡。"其先君曾告诉他,朱氏"世为朱巷人,宗族俱存"。龙凤四年(即至正十八年,1358),朱元璋调兵遣将,攻克金陵,与世居句容的"父母昆弟四十余人,始得与之叙长幼,行亲睦之道",亲眼看到朱家巷的"历世祖墓"后,他确信"朱氏世次,自仲八公之上不可复考,今自仲八公、高、曾而下皆起江左"。这说明,朱元璋创立大明王朝之前,基本搞清了自己的家世渊源。但朱元璋创立大明王朝后,追尊四代考妣,却不是将自己手撰的家世刻在凤阳《皇陵碑》上,而是授意翰林侍读学士危素代为撰写,且在叙述方式和某些内容方面做了修正,增加了自己的身世经历,为何要这么做? 洪武十一年(1378),朱元璋认为《皇陵碑》内容仍不能淋漓尽致地表达自己的意愿,于是再立《御制皇陵碑》[1],将真实意图和目的全盘托出。至此,朱元璋对家世渊源与自己身世经历的梳理算是有了一个较为完整的结果。因此,要搞清楚其中的原委,必须解决三个基本问题:一、三通碑文的形成及内在渊源关系;二、朱元璋最初考订的手稿《朱氏世德碑》与代笔碑文的内容有什么变化;三、朱元璋已对家世碑文做过修订,为什么洪武十一年亲自撰文,再予确认,其真实意图又是什么?

首先,必须厘清现存三通《皇陵碑》的渊源关系。毫无疑问,《朱氏世德碑》是朱元璋关于朱氏家世的最早手稿文本,发现于先辈大臣家中[2],其成文于何年何月,因无具体撰写时间,而明清以来的研究者亦未做专门考证,故一时难以确认具体的撰写年月,但从其所载内容下限看,龙凤九年三月,在他称吴王的前一年,追尊其三代世祖,封赠官职,且于闰三月十一日"祗诣先垄,焚香告祭"的叙述推断,下限止于此,而缺载龙凤九年闰三月下旬至洪武元年(1368)的内容。因此,洪武元年正月乙亥,定天下之号曰大明,建元洪武。追尊高祖考曰玄皇帝,庙号德祖;皇曾祖考曰恒皇帝,庙号懿祖;皇祖考曰裕皇帝,庙号熙祖;皇考曰淳皇帝,庙号仁祖;妣皆尊封为皇后等内容不见于其记载中。[3]据此可断定,其成稿在龙凤九年闰三月十一日之后。而由翰林侍讲学士危素奉命撰写的《皇陵碑》,成文于洪武二年二月二十二日,且经朱元璋钦定[4];《御制皇陵碑》则完成于洪武十一年四月[5]。所以三通皇陵碑的排列顺序是:朱氏世德碑、皇陵碑、御制皇陵碑。其中,虽然第一通碑文不是完本,但它是朱元璋实地考察句容朱家巷先祖陵墓、拜会朱氏宗族之后,写成的权威手稿,真实地记录了朱氏家世的渊源,故具有非同一般的原创性和可靠性,是《皇陵碑》的母本;第二通碑文是危素

---

① 王剑英著《明中都研究》(中国青年出版社2005年版)一书,载有《〈大明皇陵之碑〉考释》一文,对朱元璋谨述的皇陵碑文之史源做了翔实的考证和梳理,对研究皇陵碑颇有帮助,但没有进行三通碑文的比较研究。

②(明)郎瑛:《七修类稿》卷7《国事类·朱氏世德碑》记载:"瑛旧于先辈大臣家获《朱氏世德碑》一通,乃我太祖之手笔也,《御制集》中所缺。近又见《剪胜旧闻》所载与此本有异,因借校观,讹者辨之,疑者存之,各于其下释焉,尚或字讹句漏,谨依原文拜录于左。"(明)吕毖辑:《明朝小史》卷1《洪武纪·世德碑》亦载此碑,舛讹之处与野同,郑振铎辑:《玄览堂丛书》第4册,广陵书社2010年版。

③ 参见《明太祖实录》卷29,洪武元年正月乙亥。

④ 参见《明太祖实录》卷39,洪武二年二月乙亥记载:"诏立皇陵碑。先是命翰林侍讲学士危素撰文,至是文成,命左丞相、宣国公李善长诣陵立碑。"《明史》卷285《文苑一·危素传》记载:"洪武二年授翰林侍讲学士,数访以元兴亡之故,且诏撰《皇陵碑》文,皆称旨。"

⑤ 载于嘉靖十四年刻本《高皇帝御制文集》卷14,又载(明)邓士龙编辑:《国朝典故》卷1《天潢玉牒》附《御制皇陵碑》,许大龄、王天有校点,北京大学出版社1993年版,第11—13页。

根据朱元璋的授意,摘取钦定手稿内容,经反复推敲修饰而成。危素所谓"兹欲撰文,词臣考撰弗周,则记载弗称,敢以上请",于是"臣善长以上所录付词撰文"的记载[1],表明危素是奉朱元璋之命而撰写碑文,其内容是根据"上所录付词"而成,下限到洪武二年以前;第三通碑文是朱元璋对《朱氏世德碑》和危素所撰《皇陵碑》的再次修订和重新确认,其下限止于洪武十一年四月,以所载内容和时限而言,三通碑文都非朱元璋家世身世与经历的完整记录。

其次,三通《皇陵碑》的相同之处与差异区别。朱元璋手书《朱氏世德碑》详细论证了本家朱氏出自金陵句容朱家巷通德乡的事实和经过,强调指出其家世并非显赫望族,而是以"服勤农业"起家。从地望上讲,也不属于沛国范畴。其先祖元代时为淘金户,后为生活所迫,由句容迁徙至盱眙、濠州钟离同居,以"务本"谋生路。他说:

> 本家朱氏,出自金陵之句容,地名朱家巷,在通德乡。上世以来服勤农业,五世仲八公娶陈氏,生男三人,长六二公,次十一公,其季百六公,是为高祖考。娶胡氏,生二子,长四五公,次即曾祖考四九公。配侯氏,生子曰初一公、初二公、初五公、初十公凡四人,初一公娶王氏,是为祖父母,有二子,长五一公,次先考五四公,讳世珍。元籍淘金户,非土产,市于他方以供岁赋,先祖初一公困于役,遂弃田卢,携二子迁泗州盱眙县。先伯考十有二岁,先考才八岁,先祖营家泗州,置田产。及卒,家道日替,由是五一公迁濠州钟离县,其后先考君因至钟离同居。先伯父洎先考君性皆淳良,务本积德,与人无疾言忤色,乡里称为世长。先伯娶刘氏,子四人,重一公、重二公、重三公皆生于盱眙,次重五公生钟离。先考君娶陈氏,泗州人,长重四公生盱眙,次重六公、重七公皆生于五河,某其季也。先迁钟离,后戊辰所生先伯考有孙六人,兵兴未已,相继而殁。先兄重四公有子曰文正,今为都督,重六、重七皆绝嗣。曩者父母因某自幼多病,舍入皇觉寺,岁甲申父母、长兄俱丧,次兄守家,三兄出赘刘氏,某托猫缁流。二十四岁天下大乱,诸兄皆亡,淮兵大起,掠入行伍。为集义旅,兵力渐众,因取滁、和。龙凤三年,率师渡江,驻兵太平,为念先君尝言世为朱巷人,宗族俱存,平日每曰乡土之思,即访求故乡宗族之所居,遂调兵取句容,明年克金陵,而朱巷距城四十里,举族父母昆弟四十余人至,始得与之叙长幼,行亲睦之道。但朱氏世次,自仲八公之上不可复考,今自仲八公、高、曾而下皆起江左,历世墓在朱巷,惟高祖葬泗州、先考葬钟离,此朱氏之原委也。爰自金陵、太平驻师,开府为建台之所也,实乡郡焉。连岁征伐,拓境吴楚瓯越,方数千里,由是累膺显爵,乃龙凤九年三月十四日丙辰降制赠曾祖为资德大夫、淮南等处中书省左丞相、上护军司空、吴国公,曾祖姚侯氏吴国夫人,先祖为光禄大夫、江西等处中书省右丞相、太尉、吴国公,先祖姚王氏吴国夫人,先府君开府仪同三司录军国重事平章、右丞相、吴国公,先姚陈氏吴国夫人。以闰三月十一日祗诣先垄,焚香告祭,遵旧典也。

---

[1] (明)郎瑛:《七修类稿》卷7《国事类·皇陵碑》,上海书店出版社2001年版,第71—72页。

重念报本者礼所宜厚，今勉建事功，匪由己能，实先世灵长之泽垂衍后昆，宜得推恩三代并为上公，以遂为子孙者之至。《书》曰："作善降之百祥。"《易》曰："积善之家必有余庆。"先祖父积功累善，天地之报茂于厥后，凡子孙当体祖父之心，循德存仁，以承其绪于无穷，是吾之所望也。于是备书于石，以传信将来，有所考焉。①

从朱元璋背书的、可传信将来的《朱氏世德碑》可知，其文虽成于明朝创立之前，但根据充分，内容朴实，相信没有虚假和攀龙附凤的成分，其真实性和可靠性毋庸置疑，可以作为研究朱元璋家世的权威文献。

由危素撰文的《皇陵碑》，名义上是以朱元璋"手录大概"而成，但与《朱氏世德碑》记载做比较后发现，其主旨和取向则反映了创建大明王朝后，朱元璋追述家世的真实心态，内容增加了与其身世经历有关的人和事，碑文结构和形式更接近传统样式。从时限上看，朱氏家世身世碑文的记载止于大明王朝创立。从所述内容看，有增有删也有修订，增加的有"时家甚贫，谋葬无所，同里刘大秀悯其孤苦，与地一方以葬皇考、皇妣，今之先陵是也……谨献陵曰皇陵，汝其据事直言无讳"等；铭文是新增内容。删除的有"龙凤年号"和冠以元代职官的封赠，如"龙凤三年，率师渡江，驻兵太平，为念先君尝言世为朱巷人，宗族俱存……但朱氏世次，自仲八公之上不可复考……龙凤九年三月十四日丙辰降制赠曾祖为资德大夫、淮南等处中书省左丞相……先祖父积功累善，天地之报茂于厥后"等。其修订未说明原因，如《朱氏世德碑》所载"先考君娶陈氏，泗州人，长重四公生盱眙，次重六公、重七公皆生于五河，某其季也。先迁钟离，后戊辰所生"一段，《皇陵碑》修改为"皇考有四子：长兄讳某，生于津律镇；仲兄讳某，生于灵璧；三兄讳某，生于虹县。皇考五十居钟离之东乡而朕生焉。十年后，复迁钟离之西乡"。②《朱氏世德碑》所载"岁甲申父母、长兄俱丧，次兄守家，三兄出赘刘氏"，《皇陵碑》修改为"长兄侍亲，仲兄、三兄皆出赘，既而复迁太平乡之孤村庄。岁甲申，皇考及皇妣陈氏俱亡弃，长兄与其子亦继殁"。其增删和修订，或据朱元璋自撰、或遵其自述，或为其钦定或授意，当不是奉命撰文者的发挥和独创。

洪武十一年四月，朱元璋命江阴侯吴良督工新造"皇堂"陵园时，以"孝子皇帝谨述"的第一人称语气，重新撰写《御制皇陵碑》，声称其意是"特述艰难，明昌运，俾世代见之"使"世世承运而务德，必仿佛于殷商"，"谕嗣以抚昌"。朱元璋借此对自撰和钦定的朱氏家世与身世经历，再作删减、增补和修订。其增补有"孟嫂携幼，东归故乡""友人寄书，云及趋降，既忧且惧，无可筹详……试与智者相商，乃告知曰：'果束手以待罪，抑奋臂而相戕？'智者为我计划，且阴祷以默相，如其言往卜去守之何祥，神乃阴阴乎有警，其气郁郁乎洋洋，卜逃卜守则不吉，将就凶而不妨……驸马引儿来接我，外甥见舅如见娘，此时孟嫂亦有知，携儿挈女皆从傍。次兄已殁数载，独遗寡妇野持筐"等。其修订主要表现在修辞和内容两方面，如：

① （明）郎瑛：《七修类稿》卷7《国事类·朱氏世德碑》，第75—76页。
② 参见黄云眉：《明史考证》第1册，中华书局1979年版，第1—2页。

"皇考及皇妣陈氏俱亡弃,长兄与其子亦继殁",修订为"皇考终而六十有四,皇妣五十有九而亡。孟兄先逝,合家守丧";"同里刘大秀悯其孤苦……"修订为"田主德不我顾,呼叱昂昂,既不得与葬地,邻里惆怅,忽伊郑兄之慷慨,惠此黄壤";"邻人汪氏助为之礼",修订为"汪氏老母,为我筹量,遣子相送,备礼馨香"等等,其所载人和事更加具体,内容增加了其早期身世经历等内容。从不断修订的三通碑文内容可知,尤其是后两通碑文,无论是其内容增删还是修订,都说明随着大明王朝的创立,以及巩固政权的需要,朱元璋对自己家世身世经历的认知,正在发生选择性的记忆和取舍,有的被淡化,如高祖、曾祖、先考等家世渊源不再是强调和突出的重点,而自己的艰难创业过程、神灵的荫佑、国运的延续等内容见诸碑文,成为关注或记载的重点。出现这种变化绝非偶然,其幕后的主导者是朱元璋,朝中大臣或词臣是助推者,两者上下互动,彼此呼应,其最终目的就是要突出君权神授思想,维护当朝皇帝的独尊地位,为专制集权服务,这从一个方面折射出朱元璋建国之前与创立大明之后,其治国安邦之策和政治理念正在发生变化的特殊复杂背景,也是在政治博弈过程中,朱元璋为控制思想意识形态领域而采取的必要措施之一。

最后,形成于不同历史时期的三通《皇陵碑》,为美化和神化朱氏家世身世经历提供了基本素材和母本。三通碑文内容侧重点虽各有不同,叙事方式、遣词造句、文风也存在差异,但其宗旨却有一个共同指向,即一个农民出身的朱元璋能够在元末群雄割据中,异军突起,创建明朝,确实非同寻常,似乎有一种神秘力量荫佑。朱元璋起草《朱氏世德碑》时,正是大明王朝的创建时期,他把自己的命运归结为是"先祖父积功累善,天地之报茂于厥后"的善报。他曾明确指出,撰写家世的最大愿望是"凡我子孙当体祖父之心,循德存仁,以承其绪于无穷"。翰林危素奉命撰写《皇陵碑》时,贯彻了朱元璋的基本思想,在家世开端特别强调,朱元璋能够"奉天承运,大建武功,以有天下,实由祖宗积德所致"。但他未能透彻领会朱元璋的真实意图和潜在指向。其实仔细观察,就可以发现朱元璋手书家世的内容,已与《朱氏世德碑》有了不同的表述,他宣称:"朕以十五年间遂成大业""富有天下",是仰"赖天地之佑,祖宗之福也"。即充分肯定天地神灵护佑是第一位的,而"祖宗之福"退居第二位,这种微妙变化,表明朱元璋蓄藏已久的君权神授天命思想正式浮出水面①,而此时元朝已被推翻,大明王朝已经创立,朱元璋不用再掩饰自己的真实想法,当洪武二年二月,危素奉命撰写皇陵碑文时,其手稿中即有"汝其据事直言无讳"的文字提示,危素似乎未能深刻体会其深意,但奉命前往凤阳诣陵立碑的左丞相、宣国公李善长却从中嗅到了朱元璋的真实意图,于是他把朱元璋与古代的圣贤帝王虞舜及汉高祖相提并论,并煞有其事地说"臣善长以上手所录付词臣撰文,臣善长等钦承明训,黾勉论次,惟古先帝若虞舜、汉高祖皆起自

① 元至正十四年(1354),朱元璋攻克滁州,当时他是郭子兴手下的一名部将,就萌生了"群雄之中当膺天命者""请自某始","愿天早降大命"的政治野心。《明太祖实录》卷1记载:"上以四方割据称雄者众,战争无虚日,又旱蝗相仍,人民饥馑死者相枕藉,心甚忧。乃祷于天曰:天下纷纷,群雄并争,迭相胜负,生民皇皇,坠于涂炭,不有所属,物类尽矣。愿天早降大命,以靖祸乱。苟元祚未终,则群雄宜早息,某亦处群雄中,请自某始。若元祚已终,群雄之中,当有膺天命者,大命早归之,无使生民久陷危苦存亡之几。"

侧微,以成德业之盛,盖天降大任于圣明,必先有以起之"①。接着撰写铭文,盛赞朱元璋:
"皇矣上帝,厥命煌煌,监观四方,有道者昌。惟今天子,奋猋田里,叱风驱霆,仗剑而起。"把
当今天子朱元璋与上帝并列,这无疑为朱元璋和其后继编造神话故事提供了理论依据。
洪武初期,朱元璋撰写《纪梦》一文,追忆自至正十一年(1351)至洪武元年期间,攸关自身命
运的"梦"故事,从而将天神与朱氏家世及自己的身世经历联系起来。②洪武十一年四月,建
造新的皇家陵园时,朱元璋更以皇陵碑记"皆儒臣粉饰之文,不足为后世子孙之戒"为借口,
再次"御制"朱氏家世与自己的身世经历,其重点则转向凸显自己的"创业"之艰难,并在"身
世"中植入"神卜"内容,暗喻自己非常人可比,而是在神灵的指引和佑助下做出了命运之中
至为关键的决定,从而堂而皇之地把自己的创业经历刻立于朱氏"皇堂"之中,置于皇祖的
地位,巧妙地将颂扬祖德与自我美化有机地结合起来,为神化朱氏家世与自己的身世经历、
编造神话故事、粉饰自我、制造舆论埋下了伏笔。

二、《天潢玉牒》和《明太祖实录》所编造虚构的有关神仙与朱元璋的故事,为神化和迷信朱元璋身世经历及其家世提供了理论和文献根据

洪武十一年四月,朱元璋在《御制皇陵碑》中含蓄地在自己的身世经历之中植入"神卜"
内容,但他并不满足于此,而是加快了自我神化与迷信的过程。撰写《纪梦》之后,洪武二十
六年七月,朱元璋遣官祭祀庐山的周颠仙人,刻立御制碑,以示优渥与重视。③八月,朱元璋
撰写《祭天眼尊者周颠仙人徐道人赤脚僧文》,强调指出:"今者神神妙用,幽隐于卢岳,独为
朕知而济朕……今世之人,知幽明之理者鲜矣。敢请倏然而显,倏然而隐,使善者慕而不
得,恶者见而难亲,岂不有补于世道者欤?"④九月,又撰《周颠仙人传》,认为周颠的所作所
为,攸关"国之休咎存亡之道",肯定他在明朝创立过程中所发挥的特殊作用。⑤对朱元璋玩
弄这套政治把戏的用意,明末清初史学家谈迁的批评切中要害,他说:"国初如铁冠道人张
中、周颠仙,于国家无毫发之益,自蒙宸眷,今人犹艳称之不置。神道设教,上欲以祛天下之
惑,然其惑也深矣。"⑥而《天潢玉牒》和《明太祖实录》的修纂者,洞悉朱元璋的内心世界,也
深知这对于当政的统治者和朱氏家族意味着什么,所以他们千方百计搜罗一些道听途说的

　　① 李善长的这个想法,在他于至正十四年投奔朱元璋时就阐述得十分清楚。《明史》卷127《李善长传》记
载:"太祖略地滁阳,善长迎谒",朱元璋"尝从容问曰:'四方战斗,何时定乎?'对曰:'秦乱,汉高祖起布衣,豁达
大度,知人善任,不嗜杀人,五载成帝业。今元纲既紊,天下土崩瓦解,公濠产,距沛不远。山川王气得公当受
之。法其所为,天下不足定也。'太祖称善。"
　　② 参见《高皇帝御制文集》卷14《纪梦》,嘉靖十四年刻本;又见《全明文》卷12《朱元璋十二·纪梦》,上海古
籍出版社1992年版,第177—179页。
　　③ 参见(清)谈迁:《国榷》卷10,上海古籍出版社1958年版,第744页。
　　④ (明)沈节甫辑:《纪录汇编》卷6《御制祭天眼尊者周颠仙人徐道人赤脚僧文》,万历丁巳年刻本,全国图
书馆文献缩微复制中心1994年版,第47页。
　　⑤ 参见(明)沈节甫:《纪录汇编》卷6《御制周颠仙人传》,第47页。
　　⑥ (清)谈迁:《国榷》卷10,第744页。

故事或民间传说,不加辨别直接植入朱氏家世和朱元璋的身世经历之中,极力渲染朱元璋得到神佑的虚假史实,想当然地为其先祖涂脂抹粉,开启了神化和粉饰朱氏家世与朱元璋身世经历的恶例。

《天潢玉牒》是目前所能见到的第一个完整记录朱元璋身世经历的文本,也是朱元璋去世之后,由外人为朱元璋家族撰写的第一本皇家玉牒。该玉牒按年概要记述朱元璋一生的主要活动,迄于洪武三十一年(1398)朱元璋逝世。据此可断定其成书时间,当在洪武三十一年以后,永乐十六年修纂《明太祖实录》之前。在朱元璋家世及身世经历的记载方面,《天潢玉牒》和《明太祖实录》都编造了很多虚假史实,前者将朱元璋关于纪梦和天眼尊者及周颠的故事,植入其身世经历之中,同时虚构与朱元璋身世有关的神话,鼓吹濠梁有王者之气,指出朱元璋能够称帝绝非偶然。而后者作为官方正史,更是肆无忌惮地造假,宣称朱元璋系颛顼之后,朱氏"世居沛国相县"之地,从地缘上将朱元璋与汉高祖刘邦联系起来。为达到神化朱元璋的目的,更是不择手段,颠倒黑白,以假乱真,混淆视听。概而言之,上述两部文献精心设计编造的有关朱元璋身世经历的伪历史、假史实,主要表现在以下三大方面:

第一,虚构了朱氏先祖系圣贤颛顼之后、世居沛国相县的历史。朱元璋在《朱氏世德碑》中明确记载:"朱氏世次,自仲八公之上不可复考,今自仲八公、高、曾而下皆起江左,历世墓在朱巷,惟高祖葬泗州、先考葬钟离,此朱氏之原委也。"此段记载非常清楚地表明了三方面的重要史实:一是朱氏的世次,只能追溯到仲八公,之前的不可考;二是本家朱氏,出自金陵句容朱家巷,在通德乡;三是朱氏历世墓在朱巷,高祖葬在泗州、先考葬在钟离,与历史上的圣贤和沛县的汉高祖刘邦没有什么关系。洪武二年二月,左丞相李善长奉命撰写皇陵铭文时,其中有"善长等钦承明训,黾勉论次,惟古先帝王若虞舜、汉高祖皆起自侧微,以成德业之盛。盖天将降大任于圣明,必先有以起之"的论述,但这几句话,没有什么根据,也没有说明朱元璋在家世方面,与虞舜、汉高祖能扯上什么渊源和地缘关系,却非常符合朱元璋的胃口和需要,因此被刻入皇陵碑之中。著名历史学家蔡美彪曾指出,汉高祖刘邦起义前是沛县亭长,可算来自底层。明太祖朱元璋则是真正的贫苦农民出身,由起义农民的领袖转化为地主阶级的首脑。一介贫苦农民成为一代开国皇帝,明太祖可谓千古一人。[1]明嘉靖末年的文人郎瑛看到朱元璋、危素及孝子谨述碑文后,对朱元璋与汉高祖的家世背景做了比较,深有感触地慨叹:"自古帝王之兴,皆位逼势敌,有以成其私志。汉祖虽微,亦为泗上亭长,岂特有如我太祖不阶尺土者耶?夫起自庶人,贵为天子,富有四海,莫不夸张先世,照耀将来,至有妄认其始祖者也,岂特有如我太祖特述其卑微者乎?此可见天生豪杰上圣之资,不可与常人等也。"[2]此番议论的重点是强调朱氏家世是名副其实的"卑微者",明太祖与常人不同的特质是真实而不虚荣,不像有些贵为天子者,明明家世卑微,却以"妄认其始

---

① 参见蔡美彪等:《中国通史》第8册,人民出版社1993年版,第13页。

② (明)郎瑛:《七修类稿》卷7《国事类·皇陵碑》,第71页。

祖"和"夸张先世"来标榜炫耀,欺世盗名,其中意味深长。

但朱元璋去世后,其继承者和当世文臣,不顾三通家世碑的事实存在,以朱元璋的《纪梦》和《祭天眼尊者周颠仙人徐道人赤脚僧文》为根据,直接把纪梦内容和道士形象植入家世和国史之中,公然虚构朱氏的始祖为颛顼,在地缘上编造"龙飞濠梁"、朱氏世居沛国相县,其后再有徙居句容的虚假历史,凭借掌握的公共权力,统治者便无中生有,颠倒黑白,愚弄公众。解缙的《天潢玉牒》,虽从"太祖高皇帝,先世江东句容朱家巷人"记起,但编造了"龙飞濠梁"的神话,从地理上将濠梁与大禹、周世宗与王者之气等扯上关系,并在按语中强调:"濠梁即古涂山国,神禹会诸侯之所,时为钟离,今之凤阳府也。周世宗显德中至淮南,常言荆、涂二山为濠州朝冈,有王者气。后三百年而我太祖出焉,地理之符,岂偶然哉?"①永乐十六年修纂《明太祖实录》时,不问青红皂白,径称朱元璋:"姓朱氏,讳元璋,字国瑞,濠之钟离东乡人也。其先,帝颛顼之后。周武王封其苗裔于邾。春秋时,子孙去邑为朱氏。世居沛国相县,其后有徙居句容者,世为大族,人号其里为朱家巷。高祖德祖、曾祖懿祖、祖熙祖累世积善,隐约田里。宋季时,熙祖始徙家渡淮,居泗州。父仁祖讳世珍,元世又徙居钟离之东乡,勤俭忠厚,人称长者。"②这段有关朱氏家世的记载,从根本上颠覆了朱元璋御制碑所载的基本事实,编造了一个看似天衣无缝的家世神话语境,代替了原本真实的家世记载。

第二,精心设计和编造了朱元璋身世经历与佛道神仙的故事。历史就是胜利者的"黑板",任由其捏造和篡改。帝王从来都是造神和用神的高手,朱元璋更可谓是这方面的佼佼者。他耐人寻味的举动是撰写与自己身世有关的《纪梦》故事,把自己的"梦"公之于世,为道士周颠立碑立传,歌功颂德。这种异常举动和意向,在追述其创业艰难经历时有所表露,但未列举具体内容,而他的继承者或御用文人,却毫无掩饰,如获至宝,将这些内容稍做修订,直接移入《天潢玉牒》和《明太祖实录》之中,从而代替朱元璋完成了未竟的"遗愿"。这些神仙故事主要有六:

一是朱元璋降诞与黄冠道士的"白药丸"。《天潢玉牒》记载:"九月十八日,太祖高皇帝降诞。适遇陈太后在麦场,见西北有一道士,修髯髻冠,红服象简,来坐场中,以简拨白丸置手中,太后问曰:'此何物也?'道士曰:'大丹,你若要时与你一丸。'不意吞之,忽然不知何往。及诞,白气自东南贯室,异香经宿不散。"《明太祖实录》卷1记载:"母太后陈氏生四子,上其季也。方在娠时,太后常梦一黄冠,自西北来至舍南麦场,取白药一丸,置太后掌中,有光,起视之渐长,黄冠曰:'此美物,可食。'太后吞之,觉以告仁祖,口尚有香气。明日,上生,红光满室。时元天历元年戊辰九月十八日子丑也。自后夜数有光,邻里遥见,惊以为火,皆奔救,至则无有,人咸异之。"

二是朱元璋生病与道士摩顶子时能食的故事。《天潢玉牒》记载:朱元璋出生后"不

---

① (明)邓士龙:《国朝典故》卷1《天潢玉牒》,第1页。

② 《明太祖实录》卷1。

能食，淳皇求医归，有一僧奇伟，坐于门侧，曰：'翁何往？'淳皇曰：'新生一子不食。'僧曰：'何妨，至夜子时自能食。'淳皇谢，许为徒，入家取茶，不知何往。至夜半，信然。"《明太祖实录》卷1记载：朱元璋"常遘疾，抱之佛寺，寺无僧，复抱归，见室东檐下一僧，面壁坐，顾仁祖曰：'来'，乃以手抚摩上项。旦日疾遂愈。后复疾，仁祖念前梦之异，欲俾从释氏，不果"。

三是"一龙"与"好人"的故事。《天潢玉牒》记载："后十年，迁钟离之西乡，时至正丁丑（至正无丁丑，当为"至元"三年，1337）。俄有一老翁造门曰：'你家有一龙。'时太祖正在侧。"《明太祖实录》卷1记载："既而徙居钟离之西乡，后迁太平乡之孤庄村。太后常谓仁祖曰：'人言吾家当生好人，今吾诸子皆落落不治产业，指上曰：岂在此乎？'"

四是"好个公公，八十三当大贵"的故事。《天潢玉牒》记载："又迁太平乡县庄村，复有一翁指淳皇：'好一个八十公公到了。'归仁德追封尊号，年符其数。"《明太祖实录》卷1记载："一日黎明，仁祖坐于东室檐下，上侍侧，有道士长髯朱衣，持简排垣栅，直入，遽揖仁祖曰：'好个公公，八十三当大贵。'仁祖初见道士突入，颇不悦。闻其言异，乃留之茶，道士不顾而去，既出门不见，时莫知所谓。及上即位，追上尊号，推其年数，适符其言。"

五是紫衣道士护佑朱元璋的故事。《明太祖实录》卷1记载："岁甲申（至正四年，1344）上年十七，值四方旱蝗，民饥，疾疠大起。四月六日乙丑，仁祖崩；九日戊辰，皇长兄薨；二十二日辛巳，太后崩。上连遭三丧，又值岁歉，与仲兄极力营葬事。既葬，念仁祖、太后常许从释氏，乃谋于仲兄，以九月入皇觉寺。仅五十日，寺僧以食不给，散遣其徒游四方。上遂西游，至合肥界，遇两紫衣人欣然来就，约与俱西。数日，上忽病，寒热，两人解衣覆上身，夹侍而卧，调护甚至。病少差，复强起行。行数日，至一浮屠下，两人者辞去，谓上曰：'姑留此，待我三日。'后三日疾愈，两人亦不至。上心异之。"

六是老儒"贵相非凡"的故事。《明太祖实录》卷1记载：朱元璋"及行至六安，逢一老儒，负书箧力甚困，上闵其老，谓曰：'吾代翁负。'老儒亦不让，偕行至朱砂镇，共息槐树下。老儒谓上曰：'我观贵相非凡。我善星历，试言汝生年月日为推之。'上具以告，老儒默然良久曰：'吾推命多矣，无如贵命，愿慎之。今此行，利往西北，不宜东南。'因历告以未然事甚悉。上辞谢之。老儒别去，问其邑里、姓字，皆不答。上遂历游光、固、汝、颍诸州凡三年。时泗州盗起，列郡骚动，复还至皇觉寺。上所居室，夜复数有光，僧皆惊异"。而《天潢玉牒》记载此内容时，系之甲申年九月条，并称朱元璋"在寺居室，夜有红光，近视不见，众咸异之"。与实录在时间上有所差异。另外，还在朱元璋返回皇觉寺的1345年条下，增加了"有红衣道士在寺西北，言：'这寺中有好人'"的内容。

上述六则故事，有五则与佛道神仙有关，一则与深谙星历术数的老儒有关，这些内容均不见于朱元璋自述或代笔的皇陵碑家世记载，而在朱元璋去世后，却出现在皇家玉牒或国史之中，其意向和目的有二：一是说明朱元璋的身世非同一般，他不是一个普通的"农民"，而是一个始终受神仙护佑的"真命天子"；二是告谕天下，他的察天观象之术，不是后天成就,而是荷蒙"神人"指点传授,故此能够洞察天下的风云变幻,高深莫测,无与伦比。

第三,极力掩饰朱元璋未受教育的经历。朱元璋是否受过教育,明代文献闪烁其词。《朱氏世德碑》未载此内容,在他自述中有"朕居寺时甫两月,未谙释典……归则无家,出则无学,乃勉而游食四方",当时活命都成问题,不可能谙习"释典"。《皇明本纪》说他"复如皇觉寺,始知立志勤学"①。他自己曾说:"朕于幼时,家贫亲老,无资求师以学业,故兄弟力于畎亩之间,更入缁流,遂致圣人、贤人之道,一概无知,几丧其身焉。然虽不知圣人之道何如,其当时善人之言,彼虽不教我,我安得不听信之?忽遇群雄并起,于吾之命,如履薄冰,不数年间,获众保身。又数年,众广而大兴,以统天下。时乃寻儒问道,微知其理。"②这段自述表明,朱元璋幼年时,以家贫"无资求师",应是事实,不是谦词。但《明太祖实录》卷1记载其家世时称:"及上稍长……既就学,聪明过人。"后半句称朱元璋"聪明过人",的确如此,毫不夸张;但前半句"及上稍长……既就学",含糊其词,与朱元璋的自述相矛盾,应当是"后天之学"才对,而不是"稍长"就开始学习了。实录为掩盖其青少年时期"目不知书"的文盲经历,刻意植入这么一句似是而非的话,公然为朱元璋的"学历"造假,编造子虚乌有的"稍长既就学"的内容,为贤者讳,确实有损实录的权威性。然而不容否认的是,朱元璋确实聪明过人,富有睿智,其口才表达天分、刻苦学习精神、超强的领会能力、实际的写作水平,则非圣明之君相提并论,是一个天才。对他的语言水平和构思能力,解缙在序顾禄诗时曾说:"高皇睿思英发,顷刻数百千言。臣缙载笔从,辄草书连幅不及停,比进,财点定数字而已。"③明代著名词臣宋濂的别记称赞朱元璋:"帝为文,性或不喜书,诏濂坐榻下操觚受词,食顷滚滚千余言,出经入史,与解缙说同。"明代文人黄景昉感叹:"不谓开创雄主,兼妙篇章,千古来未有其比。"④清人赵翼对朱元璋的"文义"做过系统研究,他得出的结论是:"明祖以游丐起事,目不知书,然其后文学明达,博通古今,所传御制文集,虽不无词臣润色,然英伟之气自不可掩。至如凤阳《皇陵碑》,粗枝大叶,通篇用韵,必非臣下代言也。此固其聪明天亶,然亦勤于学问所致。"⑤由此可见,朱元璋博通古今的学问都是后天勤奋学习的结果。因此,《明太祖实录》的画蛇添足之举,不仅不利于凸显朱元璋的伟岸形象,反而会严重贬损国史的文献价值,使人怀疑其真实性和客观性,造成难以消除的负面影响。

事实上,《天潢玉牒》和《明太祖实录》继三通皇陵碑之后,作为系统记载朱氏家世及朱元璋身世经历的两部史料,无疑是研究朱氏家族历史、朱元璋的开国创业过程、朱元璋及其时代的重要参考文献,但由于修纂者过于强调其政治性和皇权神授的天命思想,编造虚构朱氏家世渊源,将一些神化和迷信朱元璋身世的内容,强行塞进朱氏玉牒和实

① (明)邓士龙辑:《国朝典故》卷2《皇明本纪》,第15页。
②《高皇帝御制文集》卷15《资世通训序》,嘉靖十四年刻本;又见《全明文》,上海古籍出版社1992年版。
③ (明)黄景昉:《国史唯疑》卷1《洪武·建文》,陈士楷、熊德基点校,上海古籍出版社2002年版,第9页。
④ (明)黄景昉:《国史唯疑》卷1《洪武·建文》,第10页。
⑤ (清)赵翼著,王树民校证:《廿二史札记校证》卷32《明祖文义》,中华书局1984年版,第738页。

录之中，把朱元璋当成"神仙"来吹捧颂扬的做法，无疑产生了严重的政治和社会问题。一方面，由于弄虚作假，使人们对朱氏家世文献的真实性和可信度产生了怀疑，其严重后果是上行下效，有关朱氏家世的各种神话，充斥官私文献之中，不胫而走，广为流传，难免使百姓对当政者的公信度产生怀疑，扰乱了人们正常的人生观和价值理念；另一方面，这些荒诞不经、虚无缥缈的神话故事，严重损害了"国史"实录的公正形象，令人对其权威性产生怀疑和不信任，使其原始文献价值大打折扣。明人张岱在《石匮书·自序》中曾对明代实录提出尖锐批评，他说："有明一代，国史失诬，家史失谀，野史失臆，故以二百八十年，总成一诬妄之世界。"①政治需要、统治权术攸关江山社稷，固然重要，是封建专制统治的基础，但这并不意味着，公权力的掌控者可以随意编造历史，颠倒黑白，指鹿为马，强奸民意，愚弄社会公众。

三、简单的结论

通过以上对朱元璋本人和由他人代笔的三通皇陵碑文的解读，并将其与解缙撰写的《天潢玉牒》和国史《明太祖实录》中有关朱氏家世和朱元璋身世经历记载内容进行比较研究之后，初步可以得出如下不成熟的结论：

第一，三通皇陵碑文的内容基本可信，是研究朱氏家世及朱元璋身世与早期经历的重要参考文献。朱元璋以"聪明神武之资，抱济世安民之志，乘时应运，豪杰景从，戡乱摧强，十五载而成帝业"，是一位"天授智勇，统一方夏，纬武经文，为汉、唐、宋诸君所未及"的盖世明君。②同时，他还是朱氏家世的第一位作者，由他撰写或钦定的皇陵碑共有三通，其中未刊而藏于民间的《朱氏世德碑》，其下限止于龙凤九年，而所载内容却朴实准确，没有修饰或雕琢的成分，反映了朱氏家世的真实状况。明末清初人傅维麟著《明书》中强调："帝王之兴也，莫不光美所生，荫及支庶，其关巨矣……明太祖不附名族，只以己所确知之四世，追尊帝后，卓哉见欤？"③大明王朝创立后，朱元璋又对皇陵碑作了两次修订完善，而这两通皇陵碑文，尽管其语气、结构以及行文格式上有所不同，其内容有所增删修订、调整和补充，尤其在第三通皇陵碑中，增加了朱元璋身世及经历的内容，然而在记述朱氏家世方面，仍然较为真实地反映了朱氏家世的渊源及其基本情况，可作为研究的重要文献。

第二，完成于朱元璋去世后的《天潢玉牒》和《明太祖实录》，是有关朱氏家世及朱元璋身世与经历的两部完整文献资料，由于编造虚构的神话迷信充斥其中，故使其文献参考价值受到很大影响。前者为私人著述，后者为体现官方意志的"国史"实录，因受政治指向、编修目的、修纂者观察角度和认知水平等因素的制约，其所载内容侧重点明显存在差异。这

---

① （明）张岱：《琅嬛文集》卷1《石匮书·自序》，云告点校，岳麓书社1985年版，第18页。

② 参见《明史》卷3《太祖本纪三》，中华书局1974年版，第55—56页。

③ （清）傅维麟：《明书》卷22《表一·祖系故王表》，《丛书集成初编》第3931册，商务印书馆1936年铅印版，第287页。

里需要特别强调的是,《天潢玉牒》的编撰者解缙,不仅独立撰写了第一部完整的朱元璋家世身世与经历的玉牒,而且还参与了《明太祖实录》的修纂工作。据此,可以断定,在朱元璋家世、身世的记载方面,解缙作为朱氏玉牒的起草者或编撰者,无疑在编造虚构朱元璋神话故事方面担任了一定的角色,发挥了负面作用。山东大学著名的历史学家黄冕堂教授曾指出:"元明之际的文人为朱元璋这个布衣天子编造神话传说格外卖力。有的捕风捉影,道听途说;有的巧为粉饰,锦上添花;有的荒诞不经,离奇可笑。"①仅就记述朱元璋家世身世与经历而言,这两部文献的共同点是:较为系统地记载了朱元璋的家世;虚构了朱元璋与神仙的各种故事情节;朱元璋撰写的关于"梦"和道士的内容被巧妙地植入家世和身世经历的描述之中;朱氏家族与佛道神仙融为一体,亦神亦人,莫辨真伪,达到了预期的造神目的。两者的差异是:前者为个人著述,体现的是个人意志和学术见解,权威性有限;后者作为"国史",体现的是官方意志,朝廷共识,由此造成的政治负面影响更为深远。

第三,朱元璋家世身世及经历记载内容前后所发生的变化,并非偶然,它所反映的是统治者心态的微妙变化和政治诉求的不同。朱元璋龙凤年间撰写朱氏家世,为的是封赠祖先,光宗耀祖,以为创建大明王朝做准备。大明创建后,朱元璋令危素代笔撰写《皇陵碑》,派中书省左丞相李善长前往皇陵立碑是告慰列祖列宗,"赖天地之佑,祖宗之福",实现了创立大明王朝伟业的宏伟政治目标。洪武十一年四月,朱元璋命江阴侯吴良前往皇陵督办新建的"皇堂"时,他偶然之间"秉鉴窥行,但见苍颜皓首",不由得想起往日艰苦奋斗的辛酸经历,于是以《皇陵碑记》皆儒臣粉饰之文,恐不足为后世子孙戒"为借口,特述自己创业的艰难和不幸遭遇、奋斗历程,另立一碑文,美其名曰"明昌运,俾世代见之",其实是借机将自己的创业经历与先祖的家世碑并列,其用意是显而易见的。洪武十三年(1380),朱元璋废除了中书省和丞相制,而以中央六部直接隶属于皇帝。他作为政府和国家最高首脑,正统的皇权主义者的总代表,再也不用顾忌什么,而是大肆鼓吹自己能够称帝,建立大明伟业,主要是"荷上天眷佑,海岳效灵,祖宗积德"②,即天地神灵的眷佑是主要的,而"祖宗积德"由第一位退居第三位。但朱元璋并不满足于这些,洪武二十六年八月御制《祭天眼尊者周颠仙人徐道人赤脚僧文》,九月御制《周颠仙人传》,宣扬道士与大明王朝的特殊关系,自古圣明君主亲自为道士作传,歌功颂德,实为罕见,朱元璋可谓是其中之一,其真实目的无外是向天下表明,他才是真龙天子,神仙道士都是其臣下,听命他并为他服务。朱元璋的这些前后不一的异常做法和举动,为解缙所洞悉,也为他撰写《天潢玉牒》、神化和迷信朱元璋提供了鲜活的素材。而以"靖难"篡夺皇位的朱棣,为了洗刷"窃贼"的骂名,巩固来之不易的皇位,达到编造"嫡出"和"国有长君,吾欲立燕王"之语的目的,不惜再修、三修《明太祖实录》,反复篡改其内容。为了神化明太祖,在记载朱氏家世及朱元璋身世经历的记载中,更把朱氏说成是颛顼之后,这样朱氏先世也由不可考而成为圣明君主之后,其地望乡里也由江左句

① 黄冕堂:《明史管见》,齐鲁书社1985年版,第2页。
②《高皇帝御制文集》卷2《平云南诏》,嘉靖十四年刻本;又见《全明文》卷2《平云南诏》,第23页。

容追溯至沛国相县,终于与汉高祖扯上了关系,重新论证朱元璋不是一个普通的"农民",而是一个具有优秀基因和血缘的"神人",其实质同样是在说明一个最简单的道理,真命天子之后,自然也是"真命天子"。神化乃父的本质目的即神化自己,为的是在人们的意识中树立起朱姓天下的正统地位,以巩固新兴王朝,江山社稷永续,这就是解缙和朱棣千方百计虚构编造朱元璋家世的真实动机和目的。

原文载《故宫博物院院刊》2017年第4期
作者:王熹,澳门理工大学人文及社会科学学院教授、博士生导师,中西文化研究所所长

从明太祖的"三教论"看中华帝国极权化政体的开创

[法]马骊

引言

专制君主朱元璋是一个颇有争议的人物。要对他的统治做一番总结,势必发现许多明显的相互矛盾之处。清代史学家赵翼曾经概括如下:"盖明祖一人,圣贤、豪杰、盗贼之性,实兼而有之者也。"[①]

的确,我们的研究表明[②],朱元璋是一位掌握着绝对权力的"开明专制主",他非常积极地寻求"人民的福祉",同时,其统治又有极为血腥残暴的一面,经常被认为是一个有极权倾向的暴君。他力求全面地监控社会,并实施最残酷的刑罚,对造成数万人丧命的几次大清洗负有全部责任。"实际上,明太祖朱元璋是一个双面人物,他既是'明君',也是'暴君',这是其专制政权的局限性造成的。"[③]

专制君主朱元璋显然是一位实用主义的威权者,他的极权常被他的实用目的所左右,看起来往往自相矛盾。比如,明朝建国初期,颇受佛道影响的明太祖却将新儒家学说确立为明朝的官方意识形态,同时,他又倡导"三教论",提出儒释道共处共存。众所周知,一位君主的信仰,尤其是一个专制者的好恶,会直接影响到他所统治的国家与人民的命运。本文主旨不在于辨析朱元璋对儒释道三教的好恶,而是通过分析明太祖对三教的态度,来剖析这位务实的"暴君"看似自相矛盾乃至荒谬的行为背后一套系统而严谨的统治手段。

一、民族文化复兴与新儒学权威

自1260年忽必烈建元中统并于1279年灭南宋后,在大都建立元朝,统治中国。蒙古人打破了汉人统治中国的传统,成为第一个统治全中国的非汉人民族。当蒙古族在中原建立起政权之后,他们给代表中国传统文化思想的儒家学派带来了巨大的打击。再则,元朝统治者多重武轻文,忽视思想文化的进步,一心培养善战的蒙古武夫,使得中原传统文化饱受压制。明朝之初,面对被蒙古人统治了将近一百年的中国社会的混乱局面,明太祖寻求通

---

① (清)赵翼:《廿二史札记》卷36,中华书局1963年版,第769页。
② 关于对朱元璋的专制政权分析,请参见[法]马骊:《朱元璋的政权及统治哲学:专制与合法性》,莫旭强译,吉林出版集团股份有限公司2018年版。
③ [法]马骊:《朱元璋的政权及统治哲学:专制与合法性》,第239页。

过各种措施,极力推行复兴传统文化的价值观念。

早在北伐大都时(1367),朱元璋就发布了一篇檄文,即由宋濂起草的《谕齐鲁河洛燕蓟秦晋之人檄》。在这篇檄文中,他控诉了外族对华夏的侵占,揭露蒙古专制政权的暴虐,还痛斥蒙古统治破坏了中华文化的纲常:

> 元以北狄入主中国,四海内外,罔不臣服。此岂人力,实乃天授。彼时君明臣良,足以纲维天下,然达人志士,尚有冠履倒置之叹。自是以后,元之臣子,不遵祖训,废坏纲常……渎乱甚矣……驱逐胡虏,恢复中华,立纲陈纪,救济斯民。①

朱元璋认为,蒙古文化是"不良"的。他痛斥蒙古侵略者对中原人民的统治是历史的大倒退,蒙古政权不仅置中华民族于水深火热的苦难中,并使中原人民蒙受了巨大的文化耻辱。所以,他"奉天承命",来"驱逐胡虏,恢复中华,立纲陈纪,救济斯民"。不仅要消灭侵略者,恢复中华民族的独立,还要恢复先贤圣道,重建纲纪礼仪,捍卫中华文化思想的价值观念——儒家正统,切除外夷习俗这个"肿瘤"。

朱元璋渴望恢复礼制,在他看来,"五伦"是社会关系的基础。正如他在《大诰》中指出的:官员和百姓的家庭,应该是彰显父子之间的骨肉亲情的,应该了解君臣之间的礼仪之道,夫妻之间的内外之别,老幼之间的尊卑之序,以及朋友之间的诚信之德。明太祖特别强调:"此古人之大礼也。"②

在某种意义上,蒙古人的统治激发了朱元璋言下之"中华"人民寻求"中华文化共同价值"的民族精神。重定正朔的明太祖,通过向这些渴望安居乐业的民众推销"复兴"传统价值观念能带来丰荣景象之说,来博取人民的支持。其实,朱元璋"复兴"中华文化的主要目的,是重建被废坏的纲常,恢复社会等级制度秩序。众所周知,儒家思想一直是中国传统政治思想的根本,是提倡三纲五常的祖源,尤其是宋明理学,更是维护尊卑贵贱等级制的先驱。所以,朱元璋十分注意利用孔子和新儒学,通过借以推行民族文化"复兴",大力尊孔弘儒,确立儒学政治思想的官方意识形态,来修复被外来文化破坏了"纲常礼仪"的混乱民风。"复兴"民族文化的倡议,正好给他的政权统治提供了一个民族价值的文化认同观,达到恢复并维护社会秩序的目的,这个措施可谓一举两得,独裁者朱元璋的务实主义也暴露无遗。

二、新儒家官方意识形态的确立

明太祖统治时期,新儒家是官方的意识形态。部分原因可能是因为在那个时代,文人社会是由新儒家主导的,特别是因为朱元璋早期任用的文人幕僚,大部分属于新儒家学

---

① 《明太祖实录》卷26,吴元年十月丙寅。
② (明)朱元璋:《御制大诰续编·申明五常第一》,《明朝开国文献》第1册,台北学生书局1966年版,第95页。

派。①张德信②和窦德士(John Dardess)等学者认为,朱元璋之所以能在乱世群雄中脱颖而出,并最终获取政权,主要是依靠加盟其队伍的文人儒士所起的作用。张德信还特别指出,朱元璋是这些文人儒士的优秀学生,他从他们那里获得了历史、兵法等方面的知识以及儒家思想的传统文化启蒙。他写道:"学习成绩的好坏与他的成就密切相关。元璋正是这个学习的佼佼者。"③窦德士则强调,未来的皇帝从文人幕僚那里得到的建议,使他的政权获得了儒家认同的合法性,并明确了他的行动目标。④他这样说道:

> 农民出身的造反领袖朱元璋和他的臣下深信自己在当时的乱世中肩负使命。随着朱元璋招募越来越多的儒生,特别是于1360年攻下浙东地区作为根据地以后,政权的目标开始逐渐明朗,为实现这些目标所设立的政权机构也开始逐渐建立起来。⑤

窦德士在其专著《儒家与专制政体》(*Confucianism and Autocracy*)一书中,将朱元璋的政体跟新儒家的原则进行了对比,提到了两者的关系。⑥他还认为,两者之所以能进行比较,主要建立在以下的基础之上:首先,朱元璋的主要谋臣中,有好几位是当时名满天下的新儒家文人,如宋濂和刘基;其次,元末社会的主流意识形态是新儒家,从政权的合法性考虑,不可能逆潮流而动,去建立一种非儒家的意识形态。⑦范德(Edward Farmer)也持同样的观点。他指出,一个新建立的国家,应该从意识形态方面提供一种政权合法性的解释,代表它的政权目标。他还认为,提倡新儒家的正统性,是一种"必要的策略",因为除了儒家,其他任何学派都不可能为帝国提供那么多合格的管理人才。⑧

总之,确立儒家在明朝的意识形态权威性,跟朱元璋本人是否是儒士的优秀学生,是否推崇儒学儒教并无直接关系,它只是朱元璋建立中央集权的一种实用性策略。

三、儒生士大夫:代表政权合法性的群体

对于官方意识形态来说,另一个重要的方面是拥有一个政权合法性代表群体。这是一

---

① 参见钱穆等主编:《明代政治》,台北学生书局1968年版,第1—10页。
② 参见张德信:《论朱元璋对传统文化的认识与理解》,《史学集刊》1995年第3期。
③ 张德信:《论朱元璋对传统文化的认识与理解》,《史学集刊》1995年第3期。
④ John Dardess, "The Transformation of a Messianic Revolt and the Founding of the Ming Dynasty", *Journal of Asian Studies*, 29, 1970, pp. 554-556.
⑤ John Dardess, *Confucianism and Autocracy: Professional Elites in the Founding of the Ming Dynasty*, Los Angeles, University of California Press, 1983, p. 194.
⑥ John Dardess, *Confucianism and Autocracy; Professional Elites in the Founding of the Ming Dynasty*, Los Angeles, University of California Press, 1983,pp. 131-181.
⑦ Frederick Mote, *"The Growth of Chinese despotism, a critique of Wittfogel's theory of oriental Despotism as applied to China"*, *Oriens Extremus*, 8, 1961, pp. 32-33.
⑧ Edward Farmer, *Social Regulations of the First Ming Emperor, orthodoxy as a function of authority, in Orthodoxy in Late Imperial China*, Kwang-ching Lin (ed.), Berkeley, University of California Press, 1990, pp.106-109.

个在政府和全体民众之间起到调节作用的少数派。在儒家体系的框架中，这个少数派，向民众解释政府的行为主张，劝说他们服从统治。另一方面，这个群体评估政权，判断它所宣传的目标是否与社会的基本价值观相一致。如果评判结果一致，这个群体就会配合政权，为它提供一种具有合法性的合作。作为这种珍贵合作的交换，该群体在社会中经常被赋予一种特殊地位。明朝建国初期，儒生士大夫群体就肩负起了政权合法性的保障责任。

正如窦德士分析的，元末明初，文人儒士构成了一种职业，他们竭力维护其权势和垄断地位。[1]他们相信自己手中掌握了调节社会秩序的钥匙，认为他们的学说可以适用于社会的各个方面。这个团体向社会广泛传播他们的一整套政治治理理念。为了增加自己的特权，保护自己的信仰，他们又断言，要完全掌握和理解他们学说的原理，是极其困难的；同时，他们表示，文人儒士要无私地为社会服务，因为他们的目标是实现一种理想，而不是为了获取酬劳。所以，在他们看来，即使受过教育的普通人，也不可能理解他们所创立的学说原理，更无法依照这些原理行事。[2]出于这种理由，这个儒家的职业群体维护它的特权地位，竭力使其成为任何政府都不可或缺的社会群体。特别是，文人儒士还倡导一种社会等级制度，在这个社会等级金字塔里，皇帝位居塔尖，而他们位于顶层，下面依次是农民、手工业者和商人。如果每个等级都各守其位，社会秩序就可以保持稳定。士大夫阶层在全国人口中所占比例很小（约0.1%到0.5%），元末明初，他们却拥有林林总总的特权：小诉讼豁免权，免征徭役，地位世袭，子弟可直接进入官方教育机构，等等。

朱元璋统治时期，儒士们保持着在以往朝代获得的中心地位。他们常常在皇帝和民众之间充当中间人角色，例如被派往各地乡村，向不识字的百姓解释《大诰》中的各款条文的含义。类似《教民榜文》中明确指出，官员和乡里老人要理解政府政策，向民众解释宣传政府发布的训示。[3]根据儒家的学说，士大夫的职责不仅仅是去执行皇帝的指令，还应当理解政府的政策，并进行深入人心的宣传。

根据儒家理论，在理想的状态下，社会秩序是通过符合礼制规范的行为得到保障的，社会稳定有序，民众对政府的支持也随之而来。另外一种机制也强化了这种支持：当民众认为，服从政府的命令是合乎道德的，一种服从的社会压力就随之产生，政权就会取得其合法性。

儒家认为，把统治者的德行礼制传播给民众，于是民众就遵循礼制，社会秩序就得到保障，凡事皆有礼制。所以，明太祖要向全社会大力推行其明君"德行"与整套纲纪礼制，就需要大批儒士士大夫的合作，他们肩负起为皇帝"教化"民众的重要责任。

在某些重大场合，儒士们从事礼仪活动，让民众注意到他们出现在政权的周围，通过他们特有的、有象征性的活动，赋予政权传统的合法性。需要特别指出的是，文官大臣所从事的朝拜仪式，以一种非常明确的方式，显示出儒士们授予了政权的合法性。比如，按照《皇

---

[1] John Dardess, *Confucianism and Autocracy*.

[2] John Dardess, *Confucianism and Autocracy*, pp.44-45.

[3]《教民榜文》，（明）张卤编：《皇明制书》第3册，台北成文出版社1969版，第1442页。

明祖训》规定,每年元旦这天,文武大臣要身穿朝服,行"八拜"之礼。①如果朝廷官员被派到亲王府邸,要向亲王行"四拜"之礼。

明太祖需要大批儒士来辅助他安定社会秩序,维持专制政权的正常运作。所以,他尝试用各种不同方式选拔儒士官员,例如通过科举与荐举,还进行培养。1365年,朱元璋创办了一所大学,名为国子学,后来改名为国子监,专门培养政府官员:

> 学校之教,至元其弊极矣。使先王衣冠礼仪之教混为夷狄,上下之间波颓风靡,故学校之设名存实亡。况兵变以来,人习于战斗。惟知干戈,莫识俎豆。朕恒谓,治国之要,教化为先。教化之道,学校为本。今京师虽有太学,而天下学校未兴。宜令郡县皆立学,礼延师儒教授生徒,以讲论圣道,使人日渐月化,以复先王之旧,以革污染之习。此最急务,当速行之。②

从上文可以看出,朱元璋认为建立理想的社会秩序,必须依赖教化。而教化的推行,必须依赖儒家礼仪道德的训导。

以儒家经典及皇帝自己写的《大诰》等书,作为大学培养官员的教材;以朱熹"朱子家礼"作为民间的社会关系的准则;以"立纲陈纪"作为复兴中华文化的核心。目的就是建立绝对的社会秩序,保证其统治政权的运作,这就是确立儒家在明朝的正统思想地位的主要原因。虽然,朱元璋的主要谋臣是儒士,但这并不是最根本的原因。至于元末社会的主流思想是新儒学,要从统治的合法性方面考虑等等,虽也可作为理由之一,但也不是最重要的因素,因为明太祖完全可以将其作为元朝的"糟粕"去掉。《孟子节文》就是一个例子。

通过朱元璋对《孟子》一书的删节,我们就可以看到,他要控制儒家这个官方意识形态的内容。恢复科举考试不久,朱元璋注意到《孟子》中的一段话,勃然大怒,后来命令删节《孟子》。这是孟子对齐宣王说的话:"君之视臣如手足,则臣视君如腹心;君之视臣如犬马,则臣视君如国人;君之视臣如土芥,则臣视君如寇仇。"③

朱元璋对待大臣一贯粗暴,并且要求他们绝对服从,所以,他当然不喜欢孟子的这段话。虽然他并不反对孟子的思想,尤其是关于当君主是暴君时,民众有造反的权利的话,因为他本人的经历就是一个例子。他大怒的原因是,他认为,大臣在任何情况下都应该忠于君王。当君主不为民众谋取利益压迫人民时,民众可以起来推翻这个君主的统治,而不是像孟子所说的,由大臣们起来造反。朱元璋认为,孟子对齐宣王所说的话,从大臣的角度来说,是大逆不道的。于是,有一段时间,《孟子》在学校的教材中被取消,也不再纳入科举考试的内容,后来在儒生士大夫们的压力下,才重新恢复。再后来,1394年,朱元璋又重提此

---

① 参见《皇明祖训》,(明)冯应京编:《皇明经世实用编》第1册,台北成文出版社1967年版,第95—96页。
②《明太祖实录》卷46,洪武二年十月辛巳。
③《孟子·离娄篇下》,商务印书馆1935年版,第61页。

事,他命令儒生刘三吾删除了《孟子》中的八十五段,后来,官方科举考试中使用的是《孟子》的删节版,名为《孟子节文》。[1]

总之,专制政权和以儒家为代表的士大夫群体成为两个需要相互维护的团体。明太祖深知这一点。所以,虽然士大夫们在朱元璋发动的各种清洗运动中饱受摧残,但他们的地位在朱家王朝中依旧不可动摇。原因在于朱元璋是一个务实主义的专制者,而这种实用主义又造成了其专制政权的局限性。

四、明初宗教信仰大整肃——禁止烧香集众祭神拜鬼

朱元璋起初是红巾军属下的一名义军首领,他信奉明教。后来,他给自己树立起一种代表儒家传统政治思想合法性的形象,逐渐与明教拉开距离。大明建国后,他发诏书表示只尊奉儒家传统,禁止一切秘密社团的活动,包括他原来信奉的明教。他特别指出,凡宣扬邪教的巫师,那些烧香集众、夜聚晓散之徒,将受到以下惩罚:为首者绞死,其他人员各杖一百,流放三千里。[2]很明显,这种树立正统意识形态的做法,目的是为了阻止那些传播某种预言的社团活动,避免他们利用风吹草动,兴风作浪,聚众造反,最终导致另一个"朱元璋"在造反群雄中脱颖而出。

另外,禁止官员问卜求签,测算命运。[3]跟上天沟通是皇帝的特权,百姓不得涉足。[4]观测天象也是皇帝的特权,民间不准留存预卜算命的书籍,也不准拥有观测天文的仪器,违者各杖刑一百,并且发配边疆。[5]

朱元璋禁止烧香集众祭神拜鬼的活动,那么他是一位无神论者吗?他曾撰有一篇《鬼神有无论》,以答问形式明确地表达自己的观点:

> 卿云无鬼神,将无畏于天地,不血食于祖宗,是何人哉?今鬼忽显忽寂,所在其人见之,非福即祸,将不远! 其于千态万状,呻吟悲号,可不信有之哉?[6]

朱元璋字里行间蕴含的意思,不信鬼神即是"无畏于天地",愧对祖宗,神鬼是要敬重的。但是,他又强调神鬼莫测,"忽显忽寂",所以,鬼神的祭祀是必须注重"礼"与"时",不能像一些愚笨之徒那样乱来:

> 观自古至今相传,祭礼鬼神之事,岂不重乎?然事鬼神必有礼有时,毋犯分,毋越

① 参见容肇祖:《明太祖的孟子节文》,《容肇祖集》,齐鲁书社1989年版,第170—183页。
② 参见《大明律》,(明)张卤编:《皇明制书》卷13、14,台北成文出版社1969年版,第1896—1897页。
③ 参见《大明律》,(明)张卤编:《皇明制书》卷13、14,台北成文出版社1969年版,第1909—1910页。
④ 参见《大明律》,(明)张卤编:《皇明制书》卷13、14,台北成文出版社1969年版,第1895—1896页。
⑤ 参见《大明律》,(明)张卤编:《皇明制书》卷13、14,台北成文出版社1969年版,第1998页。
⑥ (明)朱元璋:《明太祖御制文集》卷11《鬼神有无论》,台北学生书局1965版,第359—362页。

礼，毋非时，毋昧于鬼神。若昧于鬼神，则为鬼神亦难矣。且聪明正直，变化不测之谓神。祸福所施，必不以亲疏而异。但世人愚而贪，欲心浩大，遂至犯分越乱。不知以敬求神，在于有礼有时也。①

其实，朱元璋最怕的是，民众祭神拜鬼、烧香集众被邪教组织惑乱，搞不好再出现另一个"明教义军"，起来反对他的政权。所以，他特别强调祭祀鬼神也有礼制时辰等规则，不能随意聚众乱拜。

明太祖其实并不相信仙佛鬼神之类的说法，但是不想公然推翻这些信仰，在他论述自己宗教观点的《三教论》这篇文章中曾说：

昔梁武帝好佛，终不遇佛证果。汉武帝、魏武帝、唐明皇皆好神仙，足世而不霞举。以斯之所求，以斯之所不验，则仙佛无矣。若崇信者从而有之，则世人皆虚无，非时王之治。若绝弃之而杳然，则世无鬼神，人无畏天。②

由此可见，朱元璋也害怕如果没有神鬼这些东西，老百姓无所畏惧，人间的秩序就不好维持，反而不利于统治。与此相反，道教和佛教的命运好一些，没有被禁止，但也受到严格的控制。

五、"三教论"与务实专制政治

尽管朱元璋表现出对儒学的热情，然而，他并不是一位真正的"儒君帝王"。其他的学者也对朱元璋成功夺取政权的原因，做过一番研究。牟复礼（Frederick Mote）认为，朱元璋的成功在很大程度上是依靠运气："他最后取得胜利，在很大程度上靠的是运气。但不可否认，他建立起强有力的组织，而且，机遇一来，他会千方百计，不失时机地充分加以利用。"③

"不失时机地充分加以利用"是朱元璋务实主义统治的充分体现，他的三教合一论调就是一个典型。

自魏晋至元末，佛道已经发展成为中国最大的两个宗教，与儒家并称三教。儒释道三教的争执也愈演愈烈，元末明初，三教的冲突已经不限于教说论争，大有政争的意味④，尤其体现在结合政治势力相互打压排斥对方。

明太祖为了充分利用三教势力，稳定国本，曾撰文大谈自己对儒释道三教的看法，文章题

---

① （明）葛寅亮：《金陵梵刹志》卷三，《中国佛寺史志汇刊》第1辑第3册，第310页。
② （明）朱元璋：《明太祖御制文集》卷11《三教论》，第345—348页。
③ Frederick Mote, *The Growth of Chinese despotism, a critique of Wittfogel's theory of oriental Despotism as applied to China"*, Oriens Extremus, 1961, p.21.
④ 参见朱鸿：《明太祖与僧道——兼论太祖的宗教政策》，台湾师范大学《历史学报》第18期。

名为"三教论"。文中他对三者的合理存在进行了分析①,表达了他对各家学说的理解②,阐明他对三教的态度:深信儒家礼仪;但是,佛僧之界,道法之术,天神地鬼各家均有可取之处。

朱元璋在《三教论》中大谈释道二教,为道辟谬辩诬,为佛申辩,批评韩愈之辟佛,大赞释道二教有"阴翊王度"③"暗助王刚"④的作用,认为二教能帮助教化愚笨的人,并表明他毫无打压更无灭绝释道之意。然而,他并没忘记强调儒教才是"万世永赖"的正统学说:

> 于斯三教,除仲尼之道,祖尧舜,率三王,删诗制典,万世永赖。其佛仙之幽灵,暗助王纲,益世无穷,惟常是吉。尝闻天下无二道,圣人无两心。三教之立,虽持身荣俭之不同,其所济给之理一然。于斯世之愚人,于斯三教,有不可缺者。⑤

他明确指出,宗教必须永远臣服于国家政权之下,这才是儒释道生存之道。他的"天下无二道,圣人无两心"之说,为三教并立提供了依据。《三教论》一文堪称是树立明朝三教观的范本。

事实上,面对势力强大的佛道二教,朱元璋是无法禁绝二教"独宠"儒教的。再者,他可以通过国家势力操纵二教,使其成为朝廷对民众的教化工具。

总之,在宗教方面,可以说,朱元璋是一位诸说混合论者,《三教论》代表他的混合学说观点,他擅长在各种学说中找到他感兴趣的东西⑥,这是他一贯使用的取其所需为其所用的务实专制模式。

为了达到利用宗教又限制宗教势力过度膨胀的目的,他为佛教设立了一个机构,掌管僧人的升迁事宜,又将道教的天师改名为"大真人",力图控制各种宗教。

六、"扶佛"与"抑佛"政策并行的目的

建国伊始,为了稳定全国局势,明太祖对释道两教也采取礼遇的政策。例如,在南京设置了专门的佛教管理机构——善世院,洪武五年(1372),给发僧人度牒,十五年又置为僧录司,归礼部管辖。朱元璋不仅设立僧人衙门,僧官制度,还颁布由政府出资修缮寺庙的政策,并赏赐佛寺免税土地。甚至使僧人参与朝廷及王府事务,派他们作为外交使节出使,做王府的顾问等等。另外,明太祖常召集全国各地的名僧到京城大谈佛经做法事,命令高僧

① Romeyn Taylor, "An imperial endorsement of syncretism, Ming Taizu's essay on the three teachings: translation and commentary", *Ming Studies*, 16, 1983, pp. 31—38.

② 参见(明)朱元璋:《明太祖御制文集》,第345—348页;还可参见 Romeyn Taylor, pp. 31—38。

③ (明)朱元璋:《明太祖御制文集》卷11《宦释论》,第364—368页。

④ (明)朱元璋:《明太祖御制文集》卷11《宦释论》,第364—368页。

⑤ (明)朱元璋:《明太祖御制文集》卷11《三教论》,第348页。

⑥ John D. Langlois and Sun K'o-K'uan (Sun Kekuan), "Three Teachings Syncretism and the Thought of Ming T'ai-tsu", *Harvard Journal of Asiatic Studies*, 1983, 43, pp. 97—140.

们齐聚南京大寺庙,举办法会,超度在战乱中丧生的亡魂,为国为民祈福。洪武五年,朱元璋在南京蒋山寺举办规模宏大的法会,并于同年十二月召集名僧大德校刻藏经①,大有扶持佛教之势头。

朱元璋扶持佛教的操作使一些儒士大为担心,早在洪武元年(1368),就有儒士上疏建议太祖灭佛:

> 洪武元年戊申春三月,开善世院,秩视从二品,特授师(觉原禅师)演梵善世利国崇教大禅师,住特大天界寺,统诸山释教事。颁降诰命,俾服紫方袍。章逢之士,以释氏为世蠹,请灭除之。上以其章示师,师曰:'孔子以佛为西方圣人,以此知真儒必不非释,非释必非真儒矣。'上亦以佛之功阴翊王度,却不听。②

朱元璋不以为然,认为佛有"阴翊王度"之功能。虽然如此,曾出家为僧的朱元璋,非常清楚元末佛教内部的混乱状况,不守戒律的僧徒大有人在。他曾回忆说:

> 只因曩者,天下兵争之日,朕居金陵,军士在征者多,金陵在城巨细僧寺庵观数多,当是天界一寺,重门楼观,金碧荧煌,可谓寺之大者矣,其斋僧布施者鲜入其内。其房一间为庵,三五间为寺。道观如之。朝天官亦然,金碧荧煌,重门楼观,人皆不入。其香灯烛昼夜不息于小庵小舍,何也? 实非求福,乃构淫佚,败常乱俗。③

所以,其"扶佛"政策很快又转为"抑佛"政策。明太祖对佛教也实行了不少打击、限制的措施。最明显的是明廷设立专门机构管理,表面上是官方保护佛教,其实也是意在整顿宗教事务,特别是通过实行度牒制度来限制僧徒的数量,同时归并佛寺庙,推毁多余的寺庵堂。

洪武五年五月,明太祖颁诏:"僧道之教,以清静无为为本,往往斋荐之际,男女溷杂,饮酒食肉自恣,已令有司严加禁约。"④

小寺小庵众多,常"乃构淫佚","男女溷杂,饮酒食肉自恣",好吃懒做,"释、老二教,近代崇尚太过,徒众日盛,安坐而食,蠹财耗民,莫甚于此"。

为了整顿这种"败常乱俗",朱元璋决定归并一些佛寺道观。⑤明太祖谕令:"府州县止存大寺观一所,并其徒而处之,择有戒行者领其事。若请给度牒,必考试精通经典者方许",

① John D. Langlois and Sun K'o-K'uan (Sun Kekuan), "Three Teachings Syncretism and the Thought of Ming T'ai-tsu", *Harvard Journal of Asiatic Studies*, 1983, 43, pp. 97—140.

② (明)宋濂:《翰苑续集》卷5《天界善世禅寺第四代觉原禅师遗衣塔铭》,《宋濂全集》第2册,浙江古籍出版社1999年版,第859—860页。

③ (明)葛寅亮:《金陵梵刹志》卷2《钦录集》,洪武二十四年。

④《明太祖实录》卷73,洪武五年五月。

⑤ 关于明初的佛教寺院归并,参见何孝荣、李明阳:《论明初的佛教寺院归并运动》,《南开学报》2018年第5期。

"著为令"。①

洪武中后期,明太祖继续推行佛寺归并政策,各府州县仅存留一所寺庙道观,其余尽毁。值得注意的是,这些整顿监控政策不仅涉及佛教,同时也针对道教。除此之外,明太祖还出台了几种公文:《申明佛教榜册》,规定禅、讲、教三类寺院的规格与归并寺院庵堂;《避趋条例》,规范瑜伽法事时僧侣的行止操作。这些公文已经渗透到佛教的礼仪规范操作中并限制其规模,明太祖的目的是掌控佛教,使其成为专制政权的统治工具。

七、"扬道"又"抑道"

朱元璋在其对抗元朝的初期,曾与道士往来。在他征战期间,道士从不缺席。朱元璋本人也经常阅读道教经典。他还亲自注释《道德经》,成为历史上御注《道德经》的四位帝王之一。②他著有《释道论》③《三教论》《问佛仙》《鬼神有无论》等文章,阐述了自己对佛道二教的理解与崇敬观点。

朱元璋在《释道论》一文中指出,二教中的道教,是有"其说可为信"④的。跟他《三教论》的文章一样,朱元璋在《释道论》文中分析了释道的教化功能,暗理王纲等对社会对国家统治的有利帮助,所以要扶持"道术",利用"道术",而不是灭绝它。明太祖非常怀念当年的道人仙人,尤其铁冠道人张中⑤、仙人周颠等对自己在建立帝业中的帮助,还专门写了一些文章纪念他们,例如怀念周仙人的《御制周颠仙人传》⑥《赤脚僧诗》等文。

《释道论》一文再次表明了专制统治者朱元璋的务实主义行为,"三教九流"皆有用,都可为我所用。他分别对孔子、释迦牟尼、老子作了评论,指出其功能各有千秋,用处不少。自己虽然喜爱道术,但是,社会功能最大的是儒教,所以只有儒教是国家不可缺的。如对待佛教一样,朱元璋在明初就对道教实行了制度管制,他对释道双管齐下一起进行整顿并实行监控政策。如上面对佛教改革所分析的,朱元璋同样也对道教制定相关政策,逼迫性地引导道士们服务于明朝的统治。"洪武元年立善世、玄教二院。……五年给僧道度牒。"⑦

其中最重要的,是建立了"度牒"的考试制度,限定成为道士必须通过严格考核,测试通过后才能获得一份"度牒"。而且,要取得考试资格,必须取得系籍成为道童。再者,即使考试通过,还要受各地僧道总数的限制,没有指标就不能立刻成为名正言顺的道士。朱元璋通过这一制度,掌控了道教教理内容并规范了其发展的规模,为他有力监控道教提供了制

---

① 《明太祖实录》卷86,洪武六年十二月戊戌。

② 其他的三位是:唐玄宗、宋徽宗、清世祖。

③ (明)朱元璋:《释道论》,载钱伯城、魏同贤等主编:《全明文》第1册,上海古籍出版社1992年版,第143—144页。

④ (明)朱元璋:《释道论》,载《全明文》第1册,第144页。

⑤ 参见(明)王世贞辑次:《有象列仙全传》卷9,明万历时期汪云鹏校刊本,第305页。

⑥ 参见《明史》卷299《周颠传》,中华书局1974年版,第7640页;(明)朱元璋:《御制周颠仙人传》,《丛书集成初编》,商务印书馆1939年版。

⑦ 《明史》卷74《志第五十·职官三》,中华书局1974年版,第1818页。

度保障。除对道教入道资格、教理内容和人数进行控制之外，朱元璋还对道教的日常操作、管理机构、道观规模严格规定。尽管明太祖推行了"抑道"政策，也不能否认他对道教在明朝的发展起了积极作用，太祖之后，明朝不少皇帝、亲王都尊崇道教①，并出现了"私度"现象。

明太祖深谙中国的佛教是与儒道相结合的，儒释道三教合一的思想产生于唐代之前，元朝三教之风流行，孔子、释迦牟尼、老子三教祖祀拜一堂在元代已有先例。朱元璋推行限制又保护佛道二教的整顿和调和政策，使儒释道合流在明朝中后期蔚然成风。朱元璋的三教论调，对明朝民众的宗教信仰、思想文化与社会风气等造成了极大的影响，特别是促进了明初的社会安定、经济的逐渐恢复，起到了"安邦定国"的作用，这已是不争之实。②许多专家学者也都有相关论述，本文不在此重复。

八、明太祖——中华帝国极权化的始祖

朱元璋涉足宗教领域、染指教理内容、规范宗教的礼仪操作、限制教徒数量的政策，在中华帝国也有先例，如秦始皇"焚书坑儒"就是一例，以宗教信仰作为官方意识形态的一部分，也是历朝历代的做法。自汉武帝"罢黜百家、独尊儒术"以来，中国皇历基本以儒家思想为正统思想，但有些朝代也有过崇道或者崇佛的时期。另外，值得注意的是，儒家虽然成为中华帝国的官方意识形态，但它不是以宗教的形象出现的，它是政治哲学思想，是为官方服务的政治信仰工具。再则，中国民众向来信仰各种神通，所以诸教混合在民间也成为一种风气，即使官方只承认正统思想。总而言之，中国历朝都没能形成像西方王朝那样政教合一的局面。

明初，颇受佛道影响的明太祖确立了新儒家为明朝的意识形态，同时又唱起了三教论的调子，提出儒释道共处共存，乍一看并没有什么特别之处，假如要找出其惊人之处，也就是历朝皇帝对各家学说诸教的信仰，都有自己的好恶，而像朱元璋这样"三教九流"同一体，皆为我用的帝王，唯有他一人。虽然，朱元璋来自社会底层，而民间向来信仰混杂，特别是异教"匪徒"大有人在，例如朱元璋在元末借用信奉明教而起来反元，就是一个好例子，但是后来，他发布诏书表示只尊奉儒家传统。不过，朱元璋三教混合，牛鬼蛇神都要敬畏祭拜的一系列政治操作，与他本身的底层习气没有直接关联。相反的，他的贫民经历，反而赋予他一种务实主义的个性，就如牟复礼所指出的，朱元璋往往是面对机遇，千方百计，不失时机地充分加以利用。这个推理虽然有其逻辑，但是，其解释并不十分严谨。所以，以下我们尝试从政权理论上来厘清朱元璋的统治手段与三教论相结合的一些疑问。

朱元璋的政权正如孟德斯鸠对中国皇帝政绩的评论，往往前后矛盾："有时候，中国的

---

① Richard G. Wang,"Le parrainage taoïste et le sort du fief de Liao sous les Ming ", 载于 Li Ma（马骊）编著, Cité interdite, palais impériaux et cours royales Les symboles du pouvoir impérial et monarchique en Orient et en Occident, Paris, CNRS Éditions, 2021, pp. 341-371.

② 参见何孝荣、李明阳:《论明初的佛教寺院归并运动》,《南开学报》2018年第5期。

皇帝(清代)以暴君的面目出现,有时候却以模范君主的形象出现。"①

众所周知,明太祖朱元璋这位时为"明君"时为"暴君"的明朝开国皇帝,已不是以往的"匪徒"义民,在他所推行的看似自相矛盾的一些政策以及某些荒谬的行为背后,有着一套系统而严谨的统治逻辑,他对明代三教的改革与利用,也是出自同样的逻辑。

作为14世纪中华帝国的开国君主,明太祖可以超越时代与文化,宗教信仰以及自己的贫民阶层背景等诸多影响与限制,冲破重重阻碍,坐到了皇帝的龙椅上,把统治了一百年的元朝政权推翻,开启了一个崭新的汉人统治时代新篇章。他的统治手段之高明,跟他一路披荆斩棘,夺取皇权的做法一致,他不同以往的帝王,死抱着一堆教条原则,他能跳出传统的政治文化框架,能暂时放弃信仰好恶的心理,再则,因为他是明太祖——明朝的开国皇帝,他没有祖宗训条要遵循,不为其约束。唯一能束缚他的就是,他的政权的生存空间。所以,朱元璋采取了务实主义手段,"三教九流"皆可用,只要能达到他的目的。

虽然,他的喜恶及文化程度,不自觉地限制了他本人对专制统治的理解及运作。但是,他能勇往直前,虽好疑,但又好奇与好学,这种个性开放而又保守的农民思想,促使他所采取的政治措施都是经过深思熟虑,尽管这种不断寻求对政权对人民有利共存的政治理想,还是被他的小农意识所影响,被他的易怒性格所左右,被他的独裁欲望所束缚。但是,深明宗教与政治亲密关系的明太祖加强了政权与宗教的互动,为中国传统统治方式开创了一个"现代化"极权政体模式的先例。

人们普遍认为,20世纪某些高压政权发明了一种新型的专制,是人类历史从未有过的更为极端的新统治类型:极权政体。几位当代学者从不同的角度对这种政体的运作进行了详细的分析。这些学者包括汉娜·阿伦特(Hannah Arendt)②、雷蒙·阿隆(Raymond Aron)③、卡尔·弗里德里希(Carl Friedrich)和兹比格涅夫·布热津斯基(Zbigniew Brzezinski)④等人。汉娜·阿伦特认为:"极权主义在本质上与我们所知道的其他形式的高压政治不同……凡是由极权主义者掌握政权的地方,便会产生全新的政治体制,它摧毁国家所有的社会、司法和政治传统。"⑤一般来说,这些政权采用一种纯粹意识形态的观念,并力求使这种观念与现实世界(包括最细微的方面)相互融合。它们试图直接将这种意识形态的观念运用在人类身上,以便改造人类,使其与意识形态所阐释的自然界相吻合。

朱元璋认为,要改造民众,必须推行礼制才有效。他这种表面上似乎宽容的治国方法

---

① Etiemble, *L'Europe Chinoise*, Vol. II, Paris, Gallimard, 1989, p. 58.

② Hannah Arendt, *Le système totalitaire*, Paris, Seuil, 1951(J.-L. BOURGET, R. DAVREU 和 P. LEVY 法译本).

③ Raymond Aron, *Démocratie et totalitarisme*, Paris, Gallimard, 1965.

④ Carl Friedrich, *Zbigniew Brzezinski, Totalitarian Dictatorship and Autocracy*, London, Praeger Publishers, 1969 (4e edition), p.469.

⑤ Hannah Arendt, *Le système totalitaire*, p. 203. 雷蒙·阿隆的观点,没有汉娜·阿伦特那么绝对:"阿伦特女士将德国或俄国极权主义的独特性概括出来,也许有所夸大";Raymond Aron, "L'essence du totalitarisme", *Critique*, 1954, 80, pp. 51-70 (重载于此书中: Raymond Aron, *Machiavel et les tyrannies modernes*, Paris, Editions de Fallois, 1993, p. 219).

特征,不仅受到儒家的影响,还受到其他学说的影响,如道家和佛教等。比如,1374年,他给《道德经》的一本注疏作序,里面特别提到他赞同老子对滥用刑罚的批评。他引用了老子的原话:"民不畏死,奈何以死惧之?"①接着,他指出,当他读到这段话时,国家刚刚平定,当时民风日下,官员贪腐。虽然有死刑,但犯罪的人却越来越多,就像老子所预言的那样。于是,朱元璋下令免除死刑,以强迫劳役代之。1375年,皇帝的确赦免了一批犯人,免除了他们的死罪,改判他们去服劳役,劝说他们改过自新。②他甚至还让其中一个犯人感谢佛祖给他这个机会。这种爱民的仁慈措施,是例外而不是惯例。事实上,在他经常引述的残忍的惩罚案例中,那些"酷刑",不仅是针对官员的,也针对平民百姓。

朱元璋在他的整个统治时期,通过颁发各种敕令和亲自撰文,一直致力于规范改造人们日常生活方面的言行举止与思想信仰。比如,他发布了一系列文件,描述各种场合下人们应遵循的礼仪和言行举止,主要涉及社会生活中公开的、正规的、涉外的场合:如不同社会阶层和不同场合的衣服式样,车马仪仗的装饰,房屋的外观,婚礼或葬礼上的言行等。如《教民榜文》,是皇帝谕旨与官府的告示、法令与案例,榜文包含了很多教育百姓遵纪守法以及改造民众道德观念的说教内容,是一些用来规范臣民礼俗行为的条文。但是,通常后面会附上条款,明确指出,一旦违反条文,就要受到惩罚。

朱元璋把对民众的道德改造与礼制说教作为法律来执行。例如,明太祖亲自制定的法外刑典《大诰》,在每条道德指令之后,不断地出现威胁的字眼。比如,他经常提到,违反等级制度是一种犯罪,既然是犯罪,违者将会受到惩罚。③还说"教化风俗,乃有司之首务"④。例如,《大诰》列出关于婚礼中必须遵循的礼仪之后,还出现了这样一个条款:从现在开始,凡是违反了古圣先王教导的人,将会被处死。⑤《榜文》《大诰》的法律性比官方法律《大明律》还要强,是法外用刑,而且处罚严厉,酷刑种类繁多。朱元璋还要求,每家每户都要有一本《大诰》,甚至在乡村僻野也不例外。

强迫性地对民众进行意识形态改造,同时对不服从者严刑重罚,明太祖的务实统治手段可谓"开明专制"式的极权。值得注意的是,"开明"这里的词义,并非是对"明君"的定义,应该说明太祖更是一位"现代化的暴君",他的"开明"行为在于不为思想宗教信仰与其时代所禁锢,想通过改造人民的思维模式、道德思想与宗教信仰来强制社会秩序的凝固化与等级化,并以窥探活动和监控社会来辅助他的统治。

从上文分析,我们可以总结出,朱元璋的经典戏码是:洗脑教化—特务组织—全民相互监督—酷刑。这些流程都是现代化极权体制的统治手段之一,特别是他推行的洗脑功能,

　　①《大明太祖高皇帝御注道德真经序》,《正统道藏·洞神不玉诀类》(两卷),https://ctext.org/wiki.pl? if=gb&chapter=111914&remap=gb。

　　②参见《明太祖实录》卷97,洪武八年二月甲午。

　　③参见(明)朱元璋:《御制大诰·乡饮酒礼第五十八》,《明朝开国文献》,第62—63页。

　　④(明)朱元璋:《御制大诰·设立粮长第六十五》,《明朝开国文献》,第71页。

　　⑤参见《大明令》,(明)张卤编:《皇明制书》第1册,台北成文出版社1969年版,第25页。

是借用了"三教"的教化技巧。

如上所述，《三教论》代表朱元璋的混合学说观点，是辅助他树立起官方意识形态的工具，是协助他教化民众的工具。明太祖力图将他的意识形态观施加于人民，用它去改造他们，以保证他的大明江山的千秋万代。朱元璋政权对民众进行了大幅度的"洗脑"教化运动，想通过礼制规范与道德改造来获得人民的服从。不可否认，明太祖朱元璋为中国传统统治方式开创了"现代化"先例，其务实统治手段可谓"开明专制"式的极权。朱元璋可被视为中华帝国晚期政体的开创者，是帝国极权化政体的始祖。

我们可以通过朱元璋的《蜂蚁论》一文，来理解他的理想社会：

> 夫蜂蚁者，世间最微之命，分巢居、穴处之两般，有卫阵之律，本类有不可犯者。且蜂有巢、有户、有守土者，有官、有殿、有尊王室之纲甚严者。出入有验……又蚁者穴居，有治宫室门户，与蜂相类，宫将建近于九泉，其形命虽微，能知寒而闭穴，识阳回而辟户，巡防守界，采食盘旋，列阵于长堤之下，出奇于草木之上，众蚁有绳，如兵之听将命也。呜呼！蜂小有胆有毒，蚁微群结继行，气类相感，治律过人。①

朱元璋所认为的人类社会的理想模式，是蜂巢蚁穴群的模式。其中每个成员都各司其职，各尽其责，成为一种绝对秩序。朱元璋曾经往这个方向努力过，虽然结果不能达到他所渴望的"蜂蚁世界"的层级化秩序的标准，毋庸置疑，朱元璋想象中的"蜂巢蚁穴群模式的社会"与新儒家思想是相吻合的。

结语

朱元璋是中国历史上最伟大、最专制的帝王之一。在漫长的中国帝制时代，他史无前例地废除了丞相职位，将权力集中到皇帝手中。他在统治中实行高压政策，但不是只依靠高压手段维持统治，他所创立的明朝，有一套完整、复杂的政权体系，以及行之有效的典章制度。他的统治方式被后来的统治者所继承，从大明王朝建立的公元1368年开始，延续了276年，直到1644年才被推翻。朱元璋建立的明朝，虽然被大清王朝（1644—1912）所取代，但他亲手建立起来的制度及推行的改革措施，并没有因为改朝换代而彻底湮灭，其中大部分仍然为清朝所沿用，也对中国14世纪后的帝制，对东亚各国王朝有着深远的影响，特别是对越南、日本等国家。②

朱元璋，他不仅开启了几百年的明朝统治，毫无疑问，他也创立了一种新的政体，使专

---

① （明）朱元璋：《蜂蚁论》，《明太祖御制文集》，第344—345页。

② Li Ma（马骊），*La restauration de l'empire chinois au XIVe siècle, modèle des institutions et règlements de l'État viêt moderne*，dans B. Durand, P. Langlet, C. T. Nguyen éds., Histoire de la codification juridique au Vietnam, Faculté de Droit, Université de Montpellier 1, France, 2001, pp. 59–71.

制集权"极权化"[1]。正是明太祖朱元璋,开启了帝制极权化的时代。我们可以用法国汉学家谢和耐(Jacques Gernet)的评述来概括朱元璋的成败:

明朝缔造者的功业对于他身后两个半世纪的历史起决定性作用,他直至明末仍然被视为英雄而备受尊敬是有其理由的。的确,洪武帝调动全国人民的巨大力量,重建国家的物质繁荣,使其恢复强盛与国际威望。他推动中国的政治发展,其后果至15世纪中叶仍然在起作用。总之,他建立了新皇朝的基本制度。但这位开国君主显然也是一些政治社会弊端的始作俑者,使他身后的明代中国深受其害。他在位期间形成的猜疑气氛从未消失过。中央政权与其官吏之间,疑忌与不和日益加深。[2]

作者:马骊,法国滨海大学(Université du Littoral Côte d´opale)历史语言文学与跨文化研究所特级副教授、博士生导师

---

① Li Ma, 2018, pp.237-243.

② Jacques Gernet, *Le Monde chinois*, Paris, Armand Colin, 3e édition, 1990, p. 345.

刘基"密奏立军卫法"辨疑

彭 勇

卫所制度是明代一项重要的军政制度,此制例来被认为是刘基首创于洪武元年(1368)。虽然学界研究明初军制者大多认为明代卫所制乃承袭前朝(事实亦是如此),但对刘基"密奏立军卫法"之说鲜有质疑。[①]考辨相关史籍,所谓刘基于洪武元年"密奏立军卫法"之说,均为不实之词。卫所制在元时就已出现,且基本职掌已具备,相关的军户世袭和屯田制度等也都已实行。然何以有刘基密奏立之说呢?笔者认为,明代的卫所制被误认是刘基所创,与明初刘基的确参与了诸多礼仪典制的创制有关。同时,由于明初的刘基即被打上了神秘的色彩,到明中后期更被文人学士或普通民众以政治目的或社会心理加以演绎,刘基"密奏立军卫法"之说遂成信史。本文即以此说为切入,考察明代卫所之初创史事。

一、"密奏立军卫法"史料辨析

记载刘基"密奏立军卫法"的早期史料虽不算太丰富,但著者身份重要,影响甚大。这些史料既有刘基同时代的黄伯生和宋濂等人的作品,也有作为官方正史的清修《明史》。然而,细推敲这些史料,疑点多多。本文对重要史料逐一开列释读,从著者、文本和具体内容等方面对存在的不实之处予以分析。

史料一:黄伯生《故诚意伯刘公行状》

> 洪武元年正月,上登大宝于南郊,公密奏立军卫法,外人无知者。拜御史台中丞。适中丞章公溢奏定处州七县税粮,比宋制亩悉加五合。上特命青田县粮止作五合起科,余准所拟,且曰:使刘伯温乡里子孙世世为美谈也。[②]

按:黄伯生的行状撰写于洪武十六年(1383),系"基密奏立军卫法"说之滥觞。黄伯生,处州丽水人,"秦府纪善、同郡诸生",洪武十年任秦府纪善(太祖次子樉的藩府),后因事贬

---

① 南炳文《明初军制初探》(《南开史学》1983年第1、2期),彭勇《明代班军制度研究——以京操班军为中心》(中央民族大学出版社2006年版)指出明代的卫所制度承袭元制,在洪武建国前已普遍实行。张宪博认为,明代兵制是对元朝制度的继承和发展,"并非全由刘基自创"(张显清、林金树主编:《明代政治史》,广西师范大学出版社2003年版)。对刘基"密奏立军卫法"之说,李新峰曾提出质疑,认为既是"密奏"而"外人无知者",后人又何以得知?(《明前期兵制研究》,北京大学1999年博士学位论文)

② (明)刘基:《诚意伯刘先生文集》,中国文史出版社2011年版,第15页。

归乡里。他是刘基同时代、同乡之人,对刘基的生平事迹应有最直接的了解。不过,笔者检校《明太祖实录》,并没有发现秦府纪善黄伯生事迹。又,查黄伯生与同在处州的刘基家有交往,与刘基长子刘琏可谓世交,且为刘琏之《自怡集》作序(洪武十三年)。黄伯生洪武十八年卒。①

黄伯生的行状并不可靠。杨讷就认为行状"谎言累累,任意编造故事的,实属罕见","杜撰了许多刘基故事,掩盖了刘基的一些真实事迹。六百年来,人们在总体上均视《行状》为信史,不断引用,只有个别史家识破《行状》的某些不实之词"。他认为行状不是黄伯生所撰,而是后人按时代圣贤的标准编造的故事。②实际上,"行状"里充斥着关于刘基"神异"的描写,不仅今天看来有问题,就连清人也提出质疑。其详容后。

不少史籍均记载,朱元璋征刘基问事,多屏退左右,入室密谈要务。黄伯生之处所载"奏立军卫法",仍然采用了"密奏",自然"外人无知者"。那么,黄伯生是如何知道此事密奏的内容呢? 因此,黄伯生行状中"密奏立军卫法"之说并不可靠。

史料二:《国初礼贤录》

> 洪武元年春正月,上登大宝于南郊,越翼日,召刘基、章溢入见。上御奉天殿,臣咸在。上历言二人之功,并拜御史中丞。基密奏立军卫法。会章溢奏定处州七县税粮比宋制亩,悉加五合。上特命青田县粮止作五合起科,余准所拟。且曰:使刘伯温乡里子孙世世为美谈也。③

按:"礼贤"专指朱元璋礼遇刘基、叶琛、章溢和宋濂,并建礼贤馆以备顾问。是书亦专载太祖与四人交往事,有《金声玉振集》本和《纪录汇编》本,均不载作者。是书一说作者为刘基。四库馆臣考订认为,该书为后人托刘基言而成,实则辑录明国初野史故事编辑而成,并非出自作为当事人的刘基之手。④

史料三:项笃寿《今献备遗》卷二

> 洪武元年,上即皇帝位,基密奏立军卫法,拜御史台中丞。中丞章溢奏定处州七县税粮如宋制亩,悉加五合。上特命青田县止科五合。且曰:使刘伯温乡里子孙世世为美谈也。⑤

---

① 参见(明)刘廌:《盘谷集》卷7。按:刘廌,刘基之孙,是书收录于北京图书馆古籍出版社出版编辑组编的《北京图书馆古籍珍本丛刊·集部·明别类集》(书目文献出版社1988年版)。

② 参见杨讷:《刘基事迹考述》,北京图书馆出版社2004年版,第169—179页。

③ (明)沈节甫纂辑:《纪录汇编》卷14《国初礼贤录》,长沙商务印书馆1938年影印版。

④ 参见(清)永瑢等:《四库全书总目》卷52《史部八·杂史类存目·国初礼贤录》,中华书局1965年版,第475页。

⑤ (明)项笃寿:《今献备遗》卷2《刘基》,《景印文渊阁四库全书》第453册,台湾商务印书馆1986年版,第518页。

对项笃寿是书的评价,四库馆臣的评价是:

> 是编采明代名臣事迹,编为列传。起洪武,讫弘治,计二百四人,盖本袁衷所著而稍增损之。《明史·艺文志》亦载其目,其曰"备遗"者,《自序》谓姑备遗忘,盖谦不以作史自任耳。明人学无根柢,而最好著书,尤好作私史。其以累朝人物汇辑成编者,如雷礼之《列卿记》、杨豫孙之《名臣琬炎录》、焦竑之《国史献徵录》,卷帙最为浩博,而冗杂泛滥,不免多所抵牾。惟笃寿此书,颇简明有法。其中所载,如刘基饮西湖上,见西北云气,谓是天子气在金陵,我当辅之。此术家附会悠谬之谈,笃寿乃著之《基传》中,殊失别择。①

认为刘基对天子之气的预测,不过是"术家附会悠谬之谈",实乃"殊失别择",项氏关于刘基密奏立军卫法之说的选择,也属此类性质。此外,项氏的说法从内容结构看,显然出自黄伯生行状。

史料四:宋濂《洪武圣政记》肃军政第四

> 洪武元年春正月,上以太史令刘基奏,立军卫法。乃自京师达于郡县,皆立军卫。大率以五千六百名为一卫,一千一百二十名为一千户所,一百一十二名为一百户所。每一百户下设总旗二名,小旗一十名,管领钤束。通以指挥使等官领之,大小相维,以成队伍,抚绥操练,务在得宜,毋敢紊乱空歇。凡有事征伐,则诏总兵官佩将印领之。既旋,则上所佩印于朝廷,军士则各归其卫,而单身还第。其权一皆出自朝廷,而不敢有所擅调。②

按:宋濂与刘基同为明开国文臣,交往素多。但署名宋濂的《洪武圣政记》却非必是他本人的作品,查《四库全书总目》,四库馆臣虽标注为宋濂所著,但字里行间透漏出些许怀疑。

> 明宋濂撰。濂有《篇海类编》,已著录。是书略仿《贞观政要》之例,标题分记。……濂自为《序》,见所作《文宪集》中,盖当时奏御之书也。梅纯《损斋备忘录》曰:"本朝文章近臣,在洪武初,则学士宋濂,其所记当时盛美有《洪武圣政记》。自永乐以后,则少师杨士奇有《三朝圣谕录》。至天顺改元,则少保李贤有《天顺日录》《二录》。皆近有印本,而《圣政记》独亡,仅见其《序》文,惜哉。"据其所云,则此书在成化间已无传本,不知何以得存于今。然勘验文义,实非赝托。或纯偶未见,遽以为佚欤?然是书之不

---

① (清)永瑢等:《四库全书总目》卷58《史部十四·传记类二·今献备遗》,第524页。
② (明)邓士龙辑:《国朝典故》卷9《洪武圣政记》,许大龄、王天有点校,北京大学出版社1993年版,第182页。

行于明代,亦可见矣。①

这里,四库馆臣质疑有如下几点:一是本朝文章为什么《圣政记》独亡,仅见其序文,既然在成化间已无传本,"不知何以得存于今";二是虽然勘验文义,并非赝托,也许只能用亡佚来解释了吧? 当然,四库馆臣也有失察之处,梅纯只说成化间不行于世,却不能得出"是书之不行于明代"的结论,实际上《洪武圣政记》在明中期即有刻本行世。

此外,还有与《洪武圣政记》书名相似的《别本洪武圣政记》。据《四库全书总目》:

> 不著撰人名氏。其书与宋濂《洪武圣政记》同名,而载至太祖之末。又有成祖时夏元吉等进《太祖实录》表文。卷端有浙江丁敬题语数行。称其缮写古雅,疑出永乐时沈度诸人手。检连江陈氏所藏只四卷。绛云楼所藏亦只八卷。此得一十二卷,真秘册也云云。然其文皆抄撮实录,别无异闻。其缮写亦抄胥俗书,未见所谓古雅者。疑书与跋语皆书贾赝托耳。②

是书十二卷,浙江汪启淑家藏本。在这里,四库馆臣的判断一是疑其假后人之手,二是书商赝托。

《洪武圣政记》中关于"军卫法"的记载,最值得怀疑的是"乃自京师达到郡县……而不敢有所擅调"。关于明代卫所制度的规定,这句似是而非的规定不仅在洪武初年并没有出现,更没有成为一代定制。一卫"五千六百人"的标准,以及"凡有事征伐,则诏总兵官佩将印领之。既旋,则上所佩印于朝廷,军士则各归其卫"的规定,在洪武初年也并没有实行。详细论述见下一部分。因此,《洪武圣政记》有关军卫法奏立之事的说法同样是靠不住的。

史料五:林富《重锓诚意伯刘公文集序》

> 富自童孺时,即闻有诚意伯刘公之勋烈,为开国宗臣之冠。筮仕以来,求公之遗文而读之,乃得公平生所建立之详……予尝夷考其行事,当天下甫定之初,首谂滞狱,倡立兵卫。③

按:林富,正德十四年(1519)时任处州府知府,正是刘基家乡的"父母官"。林富从小既听说过刘基的故事,也广泛搜集了刘基生前著述及事迹。不过,林富只有"倡立兵卫"四字,并不提"密奏"立军卫法之说,也只是用"倡立"二字,语气显稍客观、公允些,同时也表明作者在某种程度上不认同"密奏"一说。

---

①《四库全书总目》卷52《史部八·杂史类存目·洪武圣政记》,第474页。
②《四库全书总目》卷52《史部八·杂史类存目·别本洪武圣政记》,第476页。
③(明)刘基:《诚意伯文集》卷首,《四部丛刊》第248册,第34A、36页。

史料六:《明史》卷128《刘基传》

> 太祖即皇帝位,基奏立军卫法。初定处州税粮,视宋制亩加五合,惟青田命毋加,曰:"令伯温乡里世世为美谈也。"

按:对比成书稍早的黄伯生行状、《国初礼贤录》和项笃寿《今献备遗》,不难发现,《明史》不过是摘编以上记载,并稍加修订而已。如《明史》亦删掉了"密"字。这段史料讲的"立军卫法"和"减处州税"二事,与黄伯生行状、《国初礼贤录》和《今献备遗》记载亦大体一致,出处应是一处,即出自黄伯生行状。另,《明太祖实录》所载《刘基传》亦改编自此行状,然其中并未提及密奏立军卫法之事[①],这里其实已非常清楚地表明了建文、永乐乃至明中央对刘基奏立军卫法的官方立场和态度。

二、元末明初卫所制度的创设

卫、所是卫所制度下军事管理的基本单位。明代的卫所制从作为一种编制单位到制度的确立,经历了较长的过程。其间,卫所的编制、职能和管理都有明显的变化。一种制度的形成,虽然可以以某一时间节点为标志,却不能呆板地认为该点前后制度的特征截然不同,卫所制度建立的过程与班军编制和管理的变化就足以说明这一点。

卫所编制及其职官称谓的出现,可以追溯到元代。元代的侍卫亲军是以"卫"为编制的,设都指挥使和副都指挥使统领,"千户"是元朝的基本军事单位,以十户—百户—千户—万户的十进位方法编制。朱元璋创立的卫所制度显然是糅合了元朝军事职官制度的基本内容,并加以改造,使之更符合自己的治国需要。朱元璋初掌军权时,军官名称及军伍编制均较为混乱。至正二十四年(甲辰年,1364),渐成统一之势的朱元璋称吴王后,在改造和统一所辖各武装力量时,决定用卫所制来编组军队。在他的新政权职官中出现了诸如指挥使、同知、正千户、副千户、卫镇抚和百户等官职。当年四月,鉴于"招徕降附,凡将校至者皆仍旧官,而名称不同",决定"立部伍法",规定:"其核诸将所部,有兵五千者为指挥,满千者为千户,百人为百户,五十人为总旗,十人为小旗。令既下,部伍严明,名实相副,众皆悦服,以为良法",有关指挥、千户、百户、总旗、小旗所辖军数,是有明一代卫所制的基本建制,即所谓"甲辰整编"。[②]

洪武建国前的卫所之制已具备了建国之后卫所的所有基本属性,尽管卫所临时征伐的性质更为明显,但戍守等日常管理的军政性质同样存在。

---

① 参见《明太祖实录》卷99,洪武八年夏四月丁巳。实录之《刘基传》虽多处记载刘基之好卜算,且载有"有司奏定处州七县田赋亩税一升,上以基故,特命青田县亩止征其半",却不载"密奏立军卫法"事。

② 参见《明太祖实录》卷14,甲辰年四月壬戌。

首先，立卫所以管理地方。1365 年，常遇春攻克安陆，"以沔阳卫指挥吴复守之"①。1367 年十月徐达北征，沂州王信欲降，朱元璋遣人密谕徐达："王信父子反覆，不可遽信。宜勒兵趋沂州，以观其变。如王信父子开门纳款，即分两卫军守其地，信父子及部将各同家属遣至淮安。若益都济宁、济南俱下，各令信军五千及我军万人守之，其余军马分调于徐、邳各州守城，然后发遣其家属与居，惟土兵勿遣分调，之后仍选其马步精锐者从大军北伐，苟闭门拒守，即攻之。"②这里谈到了朱元璋对大军安置、降地防御、卫所设置的基本思想，其政策是相当成熟的了。

其次，调卫所军以征伐。1367 年，"上海民钱鹤皋作乱，据松江府。大将军徐达遣骁骑卫指挥葛俊等率兵讨平之……仁济等既脱走，率其党五千余人突入嘉兴府，劫库藏军实而去。海宁卫指挥孙虎会其守御指挥张山、知府吕用明率兵追击，悉擒之"③。当年，徐达北征时，也从已经建立的诸卫所中抽调不少卫所官军参与，包括安吉、宁国、南昌、袁赣、滁和、无为等卫所的旗军。④

这一时期，无论在京亲卫军还是在外卫所，都是因事、因地和因势而设，改元朝之"翼"为卫，由前元帅或副帅充都指挥使，改亲军卫千、百户为在外地方外卫都指挥、指挥或千户等，卫所的设置伴随着朱元璋控驭的区域展开。

在明朝立国的最初几年里，卫"有兵五千"只是一种笼统的规定，各卫所建制差别很大。洪武三年（1370）时浙江卫所的每一卫大都超过了五千人的规模，"曹国公李文忠奏置浙江七卫：曰钱塘、曰海宁、曰杭州、曰严州、曰崇德、曰德清、曰金华，及衢州守御千户所。其兵总五万二千五百一十三人"⑤。明政府在调整卫所所辖军数方面也做了不少努力。洪武五年，"并河南左、右二卫为河南卫指挥使司，以余兵二千六百七十人，置陕州守御千户所"⑥。此条史料表明：一、原来两卫的人数比较庞大；二、陕州千户所的规模也远远超过了一千人的编制；三、虽然"每卫五千六百人"的新标准在洪武七年才正式实施，而此前河南都司已经有了调整卫所额军的举动。

洪武六年制定的军政条律仍以"每卫五千"为标准，当时，"教练军士律"规定，"凡在京卫所，每一卫以五千人为则，内取一千人，令所管指挥、千百户、总小旗，率赴御前试验，余以次更番演试，周而复始。在外各都司卫所，每一卫于五千人内取一千人"⑦。此时在京和在外每卫仍以五千人计之，总小旗数是单列的。当年，大都督府奏"内外军卫一百六十四，千户所八十四，计大小文武官一万二千九百八十人"。当时的卫所集中布局于两大区域：一是

① 《明太祖实录》卷 17，乙巳五月乙亥，第 228 页。
② 《明太祖实录》卷 26，吴元年冬十月辛未，第 407 页。
③ 《明太祖实录》卷 23，吴元年夏四月丙午，第 325、327 页。
④ 参见《明太祖实录》卷 26，吴元年冬十月甲子，第 396 页。
⑤ 《明太祖实录》卷 58，洪武三年十一月壬子，第 1143—1144 页。
⑥ 《明太祖实录》卷 71，洪武五年正月庚戌，第 1313 页。
⑦ 参见《明太祖实录》卷 78，洪武六年正月戊午，第 1428 页。

京师附近卫所,洪武四年京师军士已高达二十四万四千九百。①二是沿海和沿边地区,目的是防止北边敌对的边地民族和沿海倭寇的侵扰。

一年后,朱元璋颁发命令,"申定兵卫之政","先是,上以前代兵多虚数,乃监其失,设置内外卫所,凡一卫统十千户,一千户统十百户,百户领总旗二,总旗领小旗五,小旗领军十,皆有实数。至是重定其制,大率以五千六百人为一卫,而千百户总小旗所领之数则同"。②不过,这里所说此前"凡一卫统十千户"的说法,也不能呆板地理解。我们仅可知:原来的一卫人数确实比较多,以及洪武七年改制后,各卫所额制军数所规定的数额有可能按照这一标准在调整。如洪武九年二月,"调扬州卫军士千人补登州卫,高邮卫军士千人补宁海卫"。③

一卫编制为五千六百"人",有别于上文中的"有兵五千",笔者认为两者有明显的区别。明代文献述及武官数量时多以"员"为单位,计军兵数时则常以"名"为单位以示区别,而官军合称时则用"员名",是有明确区分的。一卫下辖五千户所也仅仅是一般性规定,各都司在不同时期会根据中央的部署做出调整。"一卫五所"的规定有明一代演变的大体过程是:洪武七年确定了"一卫五所"的编制后,军数也尽量符合规定。④其次,随着防御形势的变化,在军民分籍的情况下,因防守需要,政府被迫拆分"卫",改卫下"千户所"为"直隶守御千户所",一"卫"所辖遂不足五"所"。如成化年间,河南都司共有十个卫、两个中护卫,其中宣武卫、陈州卫、睢阳卫、弘农卫、彰德卫、信阳卫、南阳卫、南阳中护卫和颍川卫均辖五所,怀庆卫四个千户所,洛阳中护卫二个,河南卫最多,共七个千户所。而嘉靖时期,弘农卫和南阳中护卫减至四个,南阳卫仅剩下三个。⑤

以上卫所建置的发展演变,看不出洪武元年由刘基奏立军卫法的影响,明初卫所制度的发展演变就是在元朝制度的影响之下,根据形势的需要,逐步发展而来的。

三、刘基创设卫所制之说臆测

既然明军卫之法并非刘基所创,那么为何后代史家会把这一明代重大军政制度作为刘基之功呢?除却史实考辨时不察外,恐怕背后另有深意。笔者受陈学霖教授《刘伯温与哪吒城:北京建城的传说》以及学界对"刘基文化"研究的启发,尝试从明初政局、明初思想文化和刘基文化角度对刘基"密奏立军卫法"之说等方面加以分析。

1.军卫之法"归功"于刘基的可能性

明立国之初,刘基确实参与了军政、律例和礼法之制的创立,"军卫之法"是明代重要的

---

① 参见《明太祖实录》卷70,洪武四年十二月癸未。

② 参见《明太祖实录》卷92,洪武七年八月丁酉。

③ 参见《明太祖实录》卷104,洪武九年二月庚子。

④ 这一点可以从明代和清代地方志中得到广泛证实,尽管无法断定后人记载"原额军数"时,究竟是真实数字的反映,还是利用了规定而加以推测。

⑤ 参见成化《河南总志》卷2《河南三司·建置沿革》,《河南历代方志集成》第一册,大象出版社2016年版,第21页;嘉靖《河南通志》卷13《城池·兵御附》,《河南历代方志集成》第3册,第213—214页。

军政制度,刘基归附朱元璋后,也一直参与重大军事活动,有自己独到的军事思想,朱元璋也多次与刘基探讨军政制度。①所以,刘基参与立法的可能性是很大的。

明建国前后,刘基担任的主要职务有太史监令(太史院使)②、御史中丞③、弘文馆学士④,主要从事修史、备咨、文字、图籍和教授,以及司法监察等事务。当然,作为明初的谋略之士和文人代表,刘基需要听从朱元璋的安排从事一些国家大政方针的制定工作。据粗略检读明初实录,并佐以其他史籍,可知刘基参与了诸多制度建设工作。

(1)科举取士之法的制定

"科目者,沿唐、宋之旧,而稍变其试士之法,专取四子书及《易》《书》《诗》《春秋》《礼记》五经命题试士。盖太祖与刘基所定。"⑤

(2)历法

"吴元年十一月乙未冬至,太史院使刘基率其属高翼上戊申《大统历》。"⑥

(3)法律制度

"太祖为吴王,拜右相国。……遂命与中丞刘基等裁定律令,颁示中外。⑦

然其令李善长、刘基等定律,则又斟酌轻重,务求至当。"⑧

(4)服饰之制

"命省部官会太史令刘基参考历代朝服公服之制,凡大朝会天子衮冕御殿则服朝服,见皇太子则服公服。仍命制公服、朝服以赐百官。"⑨

(5)朝仪之制

"明祖初不知书,而好亲近儒生,商略千古。……其后定国家礼制,大祀用陶安,祫禘用詹同,时享用朱升,释奠耕籍用钱用壬,五祀用崔亮,朝会用刘基,祝祭用魏观,军礼用陶凯,一代典礼皆所裁定。"⑩

尽管赵翼认为诸制度乃集大臣众议和多人之手,从以上征引刘基参与情况看,赵氏将一制归于一人之创设,实有行文风格之需要。此外,他说"军礼"乃陶凯所定。查:陶凯,洪武三年七月始任礼部尚书,史载他参与修《元史》《大明集礼》,并修军礼和"品官坟茔之制"等。礼制之设,属职责范围,太祖称"一时诏令、封册、歌颂、碑志、多出其手"⑪。

① 参见《明太祖实录》卷31,洪武元年三月乙酉,"上御奉天门与刘基论兵事"。
② 参见《明太祖实录》卷17,乙巳七月壬午,置太史监;《明太祖实录》卷26,吴元年冬十月丙午,改太史院(洪武元年十二月壬申再改为司天监)。
③ 参见《明太祖实录》卷26,吴元年冬十月壬子,"置御史台"。
④ 参见《明太祖实录》卷51,洪武三年夏四月庚辰,置弘文馆,刘基兼任学士。
⑤《明史》卷70《选举二》,中华书局1974年版,第1693页。
⑥《明史》卷31《历一》,第516页。另见《明太祖实录》卷27,吴元年十一月乙未,第415页。
⑦《明史》卷127《李善长传》,第3770页。另见《明太祖实录》卷26,吴元年冬十月甲寅。
⑧(清)赵翼:《廿二史札记》卷32《明史·明祖晚年去严刑》,黄寿成校点,辽宁教育出版社2000年版,第599页。
⑨《明太祖实录》卷49,洪武三年二月。
⑩(清)赵翼:《廿二史札记》卷36《明史·明祖重儒》,第676页。另见《明太祖实录》卷27,吴元年十一月乙未。
⑪《明史》卷136《陶凯传》,第3934页。

综上，刘基既参加了明初多项典章制度的创设，作为明代以后最具神秘色彩的人物，"立军卫法"之功归于他的头上也全非无根之谈。当然，我们也并没有找到一条有关刘基参与军卫之制度的直接证据。

2."密奏之说"臆测

密奏之法为传统政治所惯用，然真正意义上的密奏，如无主动解密或被动泄密，应当不为人知。但结合刘基之神秘之事。毋庸回避的是，从朱元璋时代开始，刘基就已被打上了浓重的神秘主义色彩。刘基的神化从《明太祖实录》、署名黄伯生的《行状》等就可知道。在官方正史的《明太祖实录》里，有关刘基神仙化倾向的描述充斥其间。

对刘基被神化的阐释，陈学霖在《刘伯温与哪吒城：北京建城的传说》一书中结合北京建城的传说进行了分析解读。他认为，"刘伯温传说的始作俑者是黄伯生的《行状》。这里撰者除详细叙谱生平勋业，亦记载许多他的奇迹异行，大抵采自闾里稗闻，委巷猥谈，间以荒诞夸张之辞……明代中叶以降，野史稗乘，弄陋杂著蓬勃，始于弘治正德而大盛于嘉靖万历，颇多敷衍神化国初史事人物以推广流传。刘伯温既有玄秘迷惑的传说，自然易成为箭垛的对象"，以至于成为清代以后民间最具神秘色彩的传奇人物之一。任何民间传说或历史记忆都不可能没有任何缘由。陈学霖把刘基的神话归结于既有玄秘迷惑的传说，也说是他多一些或少一些附加在他身上的故事并没有关系，同时，他又结合北京建筑之刘秉忠和刘基之"刘"姓关系，终被后人穿凿附会。①

刘基在军事方面应当有一定的才能，他在军事方面被神化和异化，除却他被神秘化的大背景有关外，可能还有更直接的原因。

神秘化背后总是有一个社会中上层的文人士大夫群体的主导，以及下层的基层社会群体的响应与推动。吕立汉言："刘基的被神化，其始作俑者还是文人。"从明中期以后，就有治学严谨的学者对刘基的"神话"加以考订，如王世贞的《史乘考误》、何乔远的《名山藏》和清人朱彝尊的《静志居诗话》等。②

那么，刘基密奏"军卫法"背后是不是还蕴含有更为复杂的背景，即淮西与浙东势力之争呢？明初的卫所之军和都督府武官显然主要出自淮西勋贵势力，明初浙东势力在政坛处于明显的斗争劣势，但浙东势力在思想文化层面又起到主导和决定作用。行政和军事权力斗争从表象到深层展开，有可能是在精神层面抬升刘基地位的诱因。

自明中后期以后，刘基的神话故事越来越多。明清鼎革之际，在反清复明的大背景下，弃元而入明的刘基被赋予更多的神秘色彩。这一时期，仍然有传说与他的军事活动有关，

---

① 参见陈学霖：《刘伯温与哪吒城：北京建城的传说》，生活·读书·新知三联书店2008年版，第94、106—115页。

② 参见吕立汉：《刘基考论》，中州古籍出版社2000年版，第4页。

值得注意。①一如明末李自成等农民起义时,传说天崩之后,出土有刘基所造古剑,上有刘基的验语,后又出土有火器等,李自成等农民军的进攻最终被击退。计六奇按语称,所记显然不实,但此后发生的事情还应验了。

那么,明清之际有关刘基再次"出山",并以其神力和验语,或帮助地方士绅抗击反叛武装,或帮助江南义士抵御清军入侵等。其实,都反映了民间社会一种期盼神奇的刘基能够现身显灵的心理诉求。

原文载《北京联合大学学报》2012年第3期

作者:彭勇,中央民族大学历史文化学院院长、教授、博士生导师

---

① 诸如(清)李天根:《爝火录》卷17,丁亥(1647)、清顺治四年(永明王永历元年、鲁王监国二年,五月二十六日);《江阴城守纪》卷上(托名韩菼)。类似的记载还见《江上孤忠录》,该书文字虽不多,但清初版本和清后期版本内容篡改极大,概避清廷文网之故也,收入《丛书集成初编》,商务印书馆1935年版,第5页;(清)计六奇:《明季北略》卷19《郧阳古剑》,等等。

正 统 与 "僭 伪"

——明永乐朝官方的正统论述及其历史影响

吴德义

政权的合法性是其存在的基础。自古及今,每一个政权都会极力证明其来源与存在的合法性。在中国古代,由于深受儒家思想的影响,所谓政权的合法性就表现为正统性。明成祖朱棣是开国皇帝朱元璋的第四子,在法理上并无继位资格,他以武力夺取政权后,极力否定建文帝朱允炆的皇统,为其所谓的"靖难"与皇位继承寻求合法性论述。

中国古代每一个政权关于正统性的论述,虽然总的目的一致,但在具体论述上又不尽相同。由于明成祖与建文帝为叔侄关系,明成祖是从侄儿而非异姓手中夺取政权的,因此,有关正统性的论述独具特色。明成祖朱棣与在其授意下修纂的官方史书,主要从天命、道德、圣意三个方面论述正统性问题。这三个方面中,圣意——程序的合法性,是皇位合法性最关键、最本质的体现。永乐朝官方在这三个方面,尤其是有关圣意合法性的论述中,存在深刻的内在矛盾:为维护朱棣所谓"靖难"的正当性与皇统的合法性,必须否定建文帝的正统地位,但这既违背历史事实,又会诬及明太祖和威胁明王朝的嫡长子继承制度。因此,明后世官方与民间社会,在试图恢复建文帝正统地位与维护朱棣政权的合法性的两难抉择之间,长期陷入矛盾纠结之中。明中期后,部分史家从历史传说中汲取政治智慧,以类似于禅让的解说将殊死的皇位争夺美化为传贤的自愿选择,提出了建文"逊国"说。"逊国"说的提出,化解了有关建文帝与朱棣正统地位非此即彼的对立认知模式,在承认建文帝正统地位的前提下,亦肯定了朱棣取得皇位的合法性,从而为明王朝内部权力的更替实现了程序正义的诠释。

一、真命天子——天意的体现

在中国古代社会,君权神授是被人们普遍认同的政权合法性的理论基础。人们视天为至高无上的神,认为帝王的权力来源于上天,并秉承天意治理天下。作为接受天命的体现,天子自生下来就有许多瑞征;而如失去天命,则会有许多凶兆显现。朱棣在起兵过程中及夺取帝位后,其本人与御用文人编造各种灵异现象,说明朱棣获得上天青睐,而建文帝朱允炆则因失德乱政而被上天抛弃,以此解释皇位嬗替的正当性。

传统观点认为,凡是伟大人物在其出生时必有不同于常人之异象。永乐初,在朱棣授意下编纂的《奉天靖难记》,就给朱棣镀上一层"受命于天"的金色光环,声称:"今上皇帝初生,云气满室,光彩五色,照映宫闱,连日不散。"①永乐十六年(1418)纂成的《明太祖实录》又谓:"今上初生,有云龙之祥,后甚异之。"②"云气满室""云龙之祥",这些天生吉兆,是贵为天子者出生时的标志。

官书还从其他方面编造朱棣具有天命的异兆。从相学上,以"善相者"之言,称朱棣天生具备帝王之相:"有善相者见上,私谓人曰:'龙颜天表,凤资日章,重瞳隆准,真太平天子也。'""龙颜天表""重瞳隆准"乃为帝王之奇贵品相。传统望气术认为,天子所在之处,将会显现瑞气,故官书借交好于懿文皇太子的大将蓝玉之口称:"臣窃闻望气者言,燕地有天子气。"③以攀附于政治对手的大臣不怀好意的陷害之词反衬朱棣确实天命在身。官书还以具有特殊身份的道士,造作谶言:"初,允炆起兵时,有道士谣于途曰:'莫逐燕,逐燕日高飞,高飞上帝畿。'已忽不见,人不知其所谓。至是上即位,方知其言验云。"④以"燕子"喻燕王,以"高飞上帝畿"隐喻朱棣将要入主皇宫的辉煌人生结局。官书大肆记载此类奇异之象及政治谶言,其目的在于说明朱棣之得位乃天命所定。

明朝开国君主朱元璋喜欢用"奉天"一词来合理化其代元行为,朱棣深得其精髓。他不仅将反叛朝廷的行为称为"奉行天讨",且在取得胜利后所封赏的功臣勋号前均加"奉天"二字,官方修纂的史书亦名为《奉天靖难记》,特别注意记录显示天意的各种神迹,如称朱棣宣布起兵后,"俄阴晦,咫尺不相见。少焉,东方云开,露青天,仅尺许,有光烛地,洞彻上下,将士皆喜,以为上诚心感格也"⑤。朱棣大军与李景隆率领的官军战于白河,虽已至冬,河水流澌,兵不得渡,"上默祷曰:'天若助我,河冰即合。'是夜起营,次,报至曰:'河冰已合。'于是挥师毕渡。诸将进贺曰:'昔光武中兴汉室,滹沱河冰合。今殿下剪除奸雄,以安社稷,亦复如是。天之相助,同符千载。'上曰:'命之兴废,岂人所知?惟听于天尔。'"⑥以举兵之故祭告天地时,"有神爵五色飞驻旗竿之首,祭毕,由西北而去。诸将来言,上曰:'此神灵告我所向也,必有大捷。'"⑦凡如此类,无非欲借以说明朱棣感格于天,得天之助罢了。除天意外,朱棣还经常宣称得到祖宗之灵的佑护,将天地与祖宗之灵并提,如在举兵不久获得几次胜利后,大犒师,谕将士曰:"自举义以来,荷天地眷佑,皇考在天之灵,以保予躬。亦尔有众用命,同心一德,故获累胜。"⑧朝廷被迫将主持削藩的齐泰、黄子澄放逐后,他又上书将获胜原因归结为:"上荷天地祖宗神明冥加祐护,凡战必胜,实非善用兵也。"⑨占领泗州后,朱棣晋

---

①(明)不著撰者:《奉天靖难记》卷1卷首,(明)邓士龙辑:《国朝典故》,许大龄、王天有点校,北京大学出版社1993年版,第199页。

②《明太祖实录》卷147,洪武十五年八月丙戌。

③(明)不著撰者:《奉天靖难记》卷1卷首,第200页。

④(明)不著撰者:《奉天靖难记》卷4,洪武三十五年六月己巳,第276页。

⑤(明)不著撰者:《奉天靖难记》卷1,洪武三十二年七月癸酉,第207页。

⑥(明)不著撰者:《奉天靖难记》卷2,洪武三十二年十一月庚午,第220页。

⑦(明)不著撰者:《奉天靖难记》卷2,洪武三十三年四月乙丑,第234页。

⑧(明)不著撰者:《奉天靖难记》卷2,洪武三十二年十一月丁丑,第224页。

⑨(明)不著撰者:《奉天靖难记》卷3,洪武三十四年闰三月癸丑,第250页。

谒祖陵,涕泣曰:"荷祖宗神灵,相祐予躬,今日得拜陵下。"①夺得帝位后,朱棣更是一而再地强调天地祖宗之灵的庇佑,如《即位诏》称:"朕荷天地祖宗之灵,战胜攻克。"②《封赏功臣制》谓:"赖天地祖宗之灵,遂平内乱。"③《册立皇后诏》云:"朕荷天地神灵祖宗敷佑,继承大统,华夏肃清。"④《谕功臣敕》曰:"朕荷天地祖宗之灵,继承大统。"⑤将"靖难"与皇位继承看成天地祖宗之灵的佑护,这成为永乐时期确立朱棣正统地位的主要论述之一。

相反,永乐朝官方竭力将建文帝描述成因失德而遭受天命抛弃之人。朱棣即位诏,称建文帝"天变于上而不畏,地震于下而不惧。灾延承天而文其过,飞蝗蔽天而不修德"⑥。以此确立了明官方关于建文帝因失德而遭受天谴的论述原则。稍后,朱棣敕谕天下文武群臣、军民人等,更将建文帝所谓"乱政"所致天谴报应具体化:"上天怒其无道,灾于承天门,灾于乙字库、于锦衣卫,飞蝗蔽天","将欲成造炮驾,雷火烧其木植;将欲练习水战,雷震其大将之舡;将欲守城,雷雨震陷其城,屡修屡陷,百数十余丈。钦天监奏天象大变,占云:国失山河。"⑦后来官方修纂的《奉天靖难记》,完全遵从朱棣所定的调子,进一步编造了不少建文帝遭受天谴的恐怖事例:

> 自是灾异叠见,恬不自省。夜宴张灯荧煌,忽不见人。寝宫初成,见男子提一人头,血气模糊,直入宫内,随索之,寂无所有。狐狸满室,变怪万状,遍置鹰犬,亦不能止。他如日赤无光,星辰无度,慧扫军门,荧惑守心犯斗,飞蝗蔽天,山崩地震,水旱疫疠,连年不息,锦衣卫火,武库自焚,文华殿毁,承天门灾,虽变异多端,而酗乐自如。⑧

天人感应思想认为,天象与人事行为之间存在某种神秘的联系,"国家将兴,必有祯祥;国家将亡,必有妖孽"。官方史书攻击建文帝失德乱政,无视上天的警告,不用心体会天心之仁爱,而终被上天所抛弃。这样就将建文帝的失位归结为天意,是天厌之、天亡之。

二、圣王——道德价值的承载

中国传统政治推崇天命,但又认为"天命靡常""唯德是依","德"被视为获得天命的依据。君王应成为社会道德的模范,"内而成圣,外而成王",圣王合一。永乐时官方史书依据传统儒家关于"圣王"的论述,着力塑造朱棣的完美形象,而对于建文帝则是竭力贬损,将其

① (明)不著撰者:《奉天靖难记》卷4,洪武三十五年五月己丑,第268页。
② (明)傅凤翔辑:《皇明诏令》卷4《即位诏》,《四库全书存目丛书》史部第58册,齐鲁书社1996年版,第79页。
③ (明)傅凤翔辑:《皇明诏令》卷4《封赏功臣制》,第81页。
④ (明)傅凤翔辑:《皇明诏令》卷4《册立皇后诏》,第85页。
⑤ (明)傅凤翔辑:《皇明诏令》卷4《谕功臣敕》,第86页。
⑥ (明)傅凤翔辑:《皇明诏令》卷4《即位诏》,第78页。
⑦ (明)宋端仪:《立斋闲录》卷3《皇帝敕谕天下文武群臣军民人等知道》,《四库全书存目丛书》子部第239册,齐鲁书社1995年版,第647页。
⑧ (明)不著撰者:《奉天靖难记》卷1,洪武三十一年闰五月,第203—204页。

描绘为有甚于桀纣、幽厉的昏暴之君,试图从传统道德价值层面证明朱棣取代建文帝的必要性。

官方史书竭力将朱棣描述成为具有正直仁慈品格与卓越才能的领袖人物。他天性聪颖,勤于学问,"书一览辄记。六经群史,诸子百家,天文地志,无不该贯。日延名儒,讲论理致,自旦达暮不休"。他文武才略,卓越古今,"暇则阅武骑射,便捷如神,虽老将自以为不及。每料敌制胜,明见千里,赏罚号令,不爽而信。用是威震戎狄,虏人帖服,不敢近塞"。他亲民爱人,体恤民情,"每出亲访民间疾苦,抚循百姓,无男女老少皆爱戴焉","谦虚处己,宽仁爱人,意豁如也。任贤使能,各尽其才,英贤之士,乐于为用"。他深具人君之度与治国之才,"度量恢廓,规模宏远矣。修明文物,力行节俭,故国内无事,上下咸和,年谷累丰,商旅野宿,道不拾遗,人无争讼"。①这些描述树立了朱棣德行优异、气度豁达、才能卓越的圣王形象。

朱棣推翻建文政权,要证明取而代之的合理性,亦应取消建文帝道义上的正当性。朱棣在起兵之初将抨击的主要对象限定于所谓的"奸臣",而在夺取政权后,就将攻击的主要矛头转向了建文帝,《即位诏》称:"侄允炆以幼冲之姿,嗣守大业,秉心不孝,改更章宪,戕害诸王,放黜师保,崇信奸回,大兴土木。"②稍后他发布的敕谕,不再满足于笼统地将建文帝定性为昏君的做法,而是不惜以皇帝之尊,亲自编造有关建文帝的各种具体恶事:

> 不幸太祖宾天,建文嗣位,荒迷酒色,不近忠臣,作奇技淫巧以悦妇人,为禽兽之行,信任奸臣黄子澄、齐泰等,改更祖宗法度。当太祖不豫,不报各王,不一日而殡,七日即葬。初崩之时,将鬼见愁、硫黄、雄黄调水,遍洒满殿,使秽气触忤梓官。及至发引,仗剑在后,谓人曰:"我仗此剑,不畏强鬼。"矫称不许各王会葬,如此诡秘事,比可疑。居丧未及一月,便差内官往福建两浙娶女子。将后宫拆毁,掘地二丈,大兴土木之工,军民不得聊生。溺于佛教,印经饰像,礼忏饭僧,靡费巨万,甚至改去公主名号,舍与道姑为徒。尼媪出入宫闱,秽德丑露,渎乱人伦,灭绝天理。又将父皇母后御容尽行烧毁……又将吕太后之父吕本灵位与太祖皇帝同祀于西官。③

其后,朱棣又借发布诏谕的机会,数次对建文帝致以声讨之罪:"间者,建文不君,信任奸回。妄兴师旅,加之中土。异端之费,流毒无厌。"④"允炆无道,不孝不君,不耻不仁,不畏不义,灭绝天理,败坏人伦。"⑤"朕长兄懿文皇太子降年弗永,胤子允炆幼冲嗣位,昏愚自暴,颠覆旧章,崇信奸回,戕害骨肉举兵攻朕,必欲咸刘,俾无噍类,天下荡然,社稷几坠。""允炆

① 参见(明)不著撰者:《奉天靖难记》卷1卷首,第199页。
② (明)傅凤翔辑:《皇明诏令》卷4《即位诏》,第78页。
③ (明)宋端仪:《立斋闲录》卷3《皇帝敕谕天下文武群臣军民人等知道》,第647页。
④ (明)傅凤翔辑:《皇明诏令》卷4《谕文武官员敕》,第87页。
⑤ (明)傅凤翔辑:《皇明诏令》卷4《封王诏》,第88页。

罪恶贯盈"①由此可见,后来明代官方史书极力抹黑建文帝,肆意歪曲历史,朱棣乃为始作俑者和幕后推手。

朱棣所颁布的系列诏令,从不孝、荒淫、倚信奸臣、更改祖制、戕害诸王等方面对建文帝进行攻击,这不仅为官方史书歪曲建文帝形象定下了基调,且其内容多半为官书所继承。如称允炆不孝:

> 允炆矫遗诏嗣位,忘哀作乐,用巫觋以桃茢祓除宫禁,以硫磺水遍洒殿壁,烧诸秽物以辟鬼神。梓宫发引,与弟允熥各仗剑立宫门,指斥梓宫曰:"今复能言否?复能督责我否?"言讫皆笑,略无戚容。

> 时诸王坐废,允炆日益矫纵,焚太祖高皇帝、孝慈高皇后御容,拆毁后宫,掘地五尺。

官方史书所诬建文帝不守孝道的主要论述基本上没有超越朱棣诏谕所言,而官方史书所谓对建文帝荒淫生活的描绘,却在遵循朱棣所述之外,另外增加了一些特别低级下流的内容:

> 大兴土木,怨嗟盈路,淫佚放恣,靡所不为。遣宦者四出,选择女子,充满后宫,通夕饮食,剧戏歌舞,嬖幸者任其所需,谓羊不肥美,辄杀数羊以厌一妇之欲。又作奇技淫巧,媚悦妇人,穷奢极侈,暴殄天物,甚至亵衣皆饰以珠玉锦绣。各王府官人有色者,皆选留与通。常服淫药,药燥性发,血气狂乱,御数老妇不足,更缚牝羊母猪与交。荒耽酒色,昼夜无度,及临朝,精神昏暗,俯首凭案,唯唯数事而已。宫中起大觉殿,于内置轮藏。出公主与尼为徒,敬礼桑门,狎侮宗庙。尝置一女子于盒以为戏,谓为时物,舁入奉先殿荐新,盒开聚观,大笑而散。

官方史书诬建文帝生活淫乱,竟至于"御数老妇不足,更缚牝羊母猪与交",所造谣言实在太过下流无耻,这是官方史书诬毁建文帝超过朱棣的地方。官方史书还将建文帝描绘为毫无治国理政能力、优柔寡断之人,因受奸宦教唆而作恶多端。他不仅"政事一委权奸",还"倚信阉竖,与决大事,凡进退大臣,参掌兵马,皆得专之。陵辱衣冠,毒虐良善,御史皆被捶挞。纪纲坏乱,构成大祸"。②

朱棣及其御用文人,肆意编造事实,不遗余力地抹黑建文帝,大肆败坏其人格形象,诬陷建文帝之失德甚至超过了历史上最著名的桀、纣、幽、厉等昏暴之君,试图以此表明建文帝已不具备人君之德,他的失位乃因失德所致,进而从传统道德层面消解其皇位的合法性。

---

① (明)傅凤翔辑:《皇明诏令》卷5《封佚为王诏》,第99页。
② 参见(明)不著撰者:《奉天靖难记》卷1,洪武三十一年闰五月,第203页。

三、圣意——明太祖意愿的实现

从天意和道德两方面进行正统论述,这是非常重要的,但毕竟是比较虚幻的理由。天命,可以是既得位者的美妙说辞;而道德,也可以是"窃国者侯"的遮羞布。任何得大位者,都可以轻松地为自己罩上这美丽的光环。对于一个非开国的继位之君来说,圣意——程序的合法,才是皇位合法性最关键、最实质的体现。而这一条,编造起来恰恰是最难的。

古人具备深刻的嫡庶观念。明太祖以复兴汉官礼仪为己任,建立了严格的嫡长子(孙)继承制度。关于朱棣是否嫡出学界存在不同意见,姑且不论嫡庶,历史上是很少有人念念不忘将之挂于嘴上的,而朱棣却不厌其烦地言必称"嫡子"。《即位诏》云:"朕惟高皇帝嫡子","诸王大臣谓朕太祖之嫡子"。①《申谕臣民敕》谓:"朕以高皇帝嫡子,奉藩于燕。"②永乐时官方将朱棣宣称的"嫡子"身份编入了正式的皇室家谱中。永乐初修本《天潢玉牒》,竟宣称:"后亲子二人,今上及周王也。""(高皇帝)皇子二十四人,第四子今上、第五子周王,高后所生也。长懿文太子、第二子秦愍王、第三子晋恭王,诸母所生也。"③为提高朱棣的身份,官方史书竟然把懿文太子连带秦、晋二王都排除在高后亲子之外,这实在太不合情理了。懿文皇太子是明太祖亲自册立的皇位继承人,任储君二十五年,且薨于洪武年间,乃天下人所共知的事实,而官方史书公然否定懿文太子的嫡子身份,这不仅是对皇太子朱标的诋毁,更有厚诬太祖自坏法度册立庶子之嫌,也与后来朱棣自己立嫡长的做法不相符合。所以,稍后再修的《天潢玉牒》只得放弃高后"二子"说,而改持"五子"说,称"后亲子五人,东宫、秦王、晋王、今上及周王也。""太祖皇子二十四人。长懿文太子、第二子秦愍王、第三子晋恭王、第四子今上、第五子周王,高后所生也。"④自此以后,高后"五子"说便成为明代官方的正式说法。《奉天靖难记》开宗明义即曰:"今上皇帝,太祖高皇帝第四子也。母孝慈高皇后,生五子,长懿文皇太子,次秦王,次晋王,次今上皇帝,次周王也。"⑤永乐时三修本《明太祖实录》亦云:"皇后生皇子五人,长曰标,懿文太子;次樉,封秦王;次棡,封晋王;次今上;次橚,封周王。"⑥永乐朝官方再三强调朱棣所谓的"嫡子"身份,意在说明在懿文皇太子早薨、秦晋二王相继辞世及建文帝焚死之后,朱棣依伦序当立,因为"惟照《皇明祖训》,朝无皇子,始由嫡子继承",这是为朱棣夺取皇位的行为编造合理性依据。朱棣多次宣称太祖生前有传位于他的意愿,"乃以懿文太子薨逝之时,皇考欲立朕为嗣"⑦,"后懿文太子薨,高皇帝以朕堪

① 参见(明)傅凤翔辑:《皇明诏令》卷4《即位诏》,第78、79页。
② (明)傅凤翔辑:《皇明诏令》卷4《申谕臣民敕》,第90页。
③ (明)解缙:《天潢玉牒》,(明)邓士龙辑:《国朝典故》许大龄、王天有点校,北京大学1993年版,第8、10页。
④ (明)解缙:《天潢玉牒》,(明)沈节甫编:《纪录汇编》本、(清)吴弥光辑:《胜朝遗事》本。
⑤ (明)不著撰者:《奉天靖难记》卷1卷首,第199页。
⑥ 《明太祖实录》卷147,洪武十五年八月丙戌。
⑦ (明)傅凤翔辑:《皇明诏令》卷4《封王诏》,第88页。

属大事,欲正位东宫,永固基本"①。官方史书承其旨意,将太祖欲传位于朱棣的意愿编造成为一个有始有终、有情节的完整事件。因其出生时有异象,"太祖高皇帝、孝慈高皇后心异之,独钟爱焉"②。就藩北平后,因屡立边功,多次受到高皇帝称赞,谓:"清沙漠者,燕王也,朕无北顾之忧矣。"③太祖因懿文太子"所为多失道",生废立之心,语高后曰:"诸子无如燕王最仁孝,且有文武才,能抚国家,吾所属意。"④懿文太子薨后,太祖更明确地表示欲立朱棣为太子,"一日,召侍臣密语之曰:'太子薨,诸孙少不更事,主器必得人,朕欲建燕王为储贰,以承天下之重,庶几宗社有所托矣。'学士刘三吾曰:'立燕王,置秦、晋二王于何地?且皇孙年已长,可立以继承。'太祖遂默然。是夜,焚香祝于天曰:'后嗣相承,国祚延永,惟听于天尔。'后立允炆为皇太孙"⑤。虽因刘三吾的阻挠,最终太祖勉强立允炆为嗣,但仍然中意于四子朱棣,"先是,太祖病,遣中使召上还京,至淮安,允炆与齐泰等谋,矫诏令上归国,太祖不之知。至是病革,问左右曰:'第四子来未?'无敢应者,凡三问,言不及他,逾时遂崩"⑥。依上所言,太祖于临终前召见燕王,而允炆等"矫诏"令燕王归国,这其中暗含太祖本欲传位于朱棣,而允炆等使用诡计夺取帝位之意。

朱棣还以太祖遗训的忠实继承者自居。在永乐官方的论述下,建文朝主持削藩的重臣齐泰、黄子澄等被视为"奸邪",称其煽惑幼主,削废诸王,逼湘王阖宫自焚,又图谋燕王,欲绝灭宗室,"然后大行无忌,而予夺生杀,尽归其手,异日吞噬,有如反掌"⑦。因而朱棣的起兵在"遵祖制,清君侧"名义的掩盖下,被赋予了道义上的正当性,被合理化为"靖难"。在他即位后,立即废除建文时期的各项改革措施,全面恢复洪武旧制。他宣称:"统承天位,恪守成宪,凡皇考法制为所更改者,悉复其旧。"⑧建文时出于慕古而无实质意义的一些改名,如改谨身殿为正心殿、午门为端门、端门为应门、承天门为皋门、正前门为辂门等,"至是首命撤之,悉复其旧云"⑨;建文时提高文臣品级、减轻江南重赋等具有重要意义的新政,永乐时也遭废除。朱棣试图以恢复旧制、维护《祖训》的行为,作为其发动"靖难"战争与皇位继承的合法依据。

尽管永乐官方竭力丑化、贬低建文帝的道德人格,但这只是给建文帝烙上了荒暴之君的印象,如果不能从根本上否定建文帝的皇统,那么,朱棣不但会面临以皇叔身份承袭侄儿皇位的不合乎礼制的尴尬,而且终究难以逃脱"篡位"的嫌疑。因此朱棣及其御用文人,不惜制造谎言,将"僭位"的罪名安在了建文帝头上。朱棣首先声称:"不幸高皇帝宾天,允炆

① (明)傅凤翔辑:《皇明诏令》卷4《申谕臣民敕》,第90页。
② (明)不著撰者:《奉天靖难记》卷1卷首,第199页。
③ (明)不著撰者:《奉天靖难记》卷1,洪武二十三年春,第201页。
④ (明)不著撰者:《奉天靖难记》卷1卷首,第200页。
⑤ (明)不著撰者:《奉天靖难记》卷1,洪武二十五年四月丙子,第201—202页。
⑥ (明)不著撰者:《奉天靖难记》卷1,洪武三十一年闰五月乙酉,第202页。
⑦ (明)不著撰者:《奉天靖难记》卷1,洪武三十一年七月戊子,第210页。
⑧ (明)不著撰者:《奉天靖难记》卷4,洪武三十五年六月甲戌,第277页。
⑨ 《明太宗实录》卷9下《奉天靖难事迹》,洪武三十五年夏六月庚午。

矫遗诏即位。"①稍后史臣修纂《奉天靖难记》时，唯其马首是瞻，也宣称"允炆矫遗诏嗣位"②。这是欲从根本上推翻建文帝皇统的合法性。按此逻辑衍伸，官书进一步采用春秋笔法，从法理上全面地否定建文帝的正统地位。

首先，不使用"建文"年号纪年，人为地将建文时期视为洪武时代的延伸。朱棣即位诏宣布："今年仍以洪武三十五年为纪，其改明年为永乐元年。"③建文帝君临天下四载，朱元璋仅在位三十一年，"洪武三十五年"是子虚乌有的。朱棣荒唐地以并不存在的"洪武三十五年"取代建文帝在位的第四年，其目的在于宣示其皇位非篡夺建文帝而来，他继承的是太祖的皇位，接的是太祖之统。朱棣一再声明："今天下者，太祖之天下也；百姓者，太祖之赤子也。"④"天下者，父皇之天下；军民官员，皆父皇赤子。"⑤这是欲以对太祖的尊崇掩盖建文帝曾经君临天下、他之皇位乃篡夺而来的事实。官书《奉天靖难记》承其旨意，将朱棣否定建文帝皇统的立场贯彻得更加彻底，不仅建文帝在位的第四年，而且建文帝在位的全部四年，均采用"洪武"年号表示，分别称为三十二、三十三、三十四、三十五年，这当然使用的是洪武纪年。如果说，朱棣最初使用"洪武三十五年"取代建文第四年，或可视为一时权宜之计的话，那么，后来官方史书的做法就进一步变成了有意识的"革除"建文年号。因自汉武帝以来，年号就被认为是正朔的标志。永乐朝官修史书不采用建文年号，是不承认建文帝正统地位的标志。

其次，官方史书从未对建文帝使用"上""帝"等表明皇帝身份的用语。古代史书编纂，有一套春秋笔法。永乐官书在进行一般的历史陈述时，直呼"允炆"，如"允炆与黄子澄俱坐东角门"⑥，"书至，允炆以示方孝孺"⑦等。直呼名讳，不仅表示不承认建文帝的皇位，而且毫无起码的尊重可言。所记朱棣发布的诏令敕谕，或称"幼冲"，如谓"幼冲不思祖宗陵寝为重"⑧；或称"孺子"，如谓"不意孺子无知"⑨；或称"幼主"，如谓"今幼主嗣位"⑩；或称幼君，如谓"今日使幼君自焚者"⑪等。使用"幼主""幼君"的名号，是比较模糊的称呼，但不能认为是对建文帝皇帝身份的明确认可。

再次，称官军为"贼"。"贼"为贬义词，是一种对对方身份与行为带有否定性评价的用语。永乐官书称朝廷军队为"贼"，如谓燕军"夜半至雄县，围其城，贼众始觉"⑫，"乃率大军列阵而

①（明）傅凤翔辑：《皇明诏令》卷4《申谕臣民敕》，第90页。
②（明）不著撰者：《奉天靖难记》卷1，洪武三十一年闰五月，第202页。
③（明）傅凤翔辑：《皇明诏令》卷4《即位诏》，第79页。
④（明）不著撰者：《奉天靖难记》卷1，洪武三十二年七月己丑，第211页。
⑤（明）傅凤翔辑：《皇明诏令》卷4《申谕臣民敕》，第90页。
⑥（明）不著撰者：《奉天靖难记》卷1，洪武二十五年四月，第202页。
⑦（明）不著撰者：《奉天靖难记》卷3，洪武三十四年闰三月癸丑，第252页。
⑧（明）不著撰者：《奉天靖难记》卷2，洪武三十二年十一月戊寅，第224页。
⑨（明）不著撰者：《奉天靖难记》卷4，洪武三十五年六月丙寅，第274页。
⑩（明）不著撰者：《奉天靖难记》卷1，洪武三十二年七月癸酉，第207页。
⑪（明）不著撰者：《奉天靖难记》卷4，洪武三十五年六月乙丑，第274页。
⑫（明）不著撰者：《奉天靖难记》卷1，洪武三十二年八月壬子，第212页。

进,遥见贼军欢动,上曰:'贼乱而嚣,可以击也。'"①按照中国传统政治伦理原则,以建文帝为首的朝廷是具有正统性、合法性的一方,朱棣一方才为叛贼。称朝廷的军队为"贼",这是不承认建文帝的正统地位,将建文帝看成"伪皇帝"、以建文政权为"伪政权"的表现。

为前朝皇帝议谥、上尊号,举行庙祀,是中国古代每一个王朝惯常的做法,即便是异姓革命,新王朝的统治者一般也会给被推翻的前代皇帝议谥。建文帝与朱棣同为朱元璋一脉子孙,既称建文帝自焚死,按照常理,新皇帝应为建文帝追上谥号、庙号,但建文帝却一无所得,更无庙祀可享。为前代帝王修实录,亦为明朝的制度,但朱棣即位后却不为建文帝修实录,这既是试图湮灭历史,也是不承认建文帝正统地位的表现。

综上所述,永乐朝官方比较全面地建构了一套否定建文帝皇统、确立朱棣统治合法性的论述,但这种正统性的论述是不完善的,尤其是对于建文帝皇统的否定,笔端露怯,底气不足。虽然官方史书声称朱元璋册立皇太孙是勉强的,但却无法公然否定太祖册立允炆为皇太孙、皇太孙地位合法的事实,而对所称允炆"矫遗诏嗣位",如许可以一剑封喉地否定建文帝皇统合法性的天大之事,官书也仅此寥寥几字,此后全然不再予以提及:既不见起兵"靖难"时公开声讨建文帝"矫遗诏"之罪,取得胜利后亦不追究其"篡位"之责。因为朱棣的假话说得太离谱了,是经不起检验的。如果真像诬蔑建文帝荒淫那样穷追猛打建文帝"矫诏即位"之罪的话,必然牵涉到朱棣口口声声所尊崇并被奉为其权力来源的父皇明太祖,其结果不是厚诬太祖并威胁太祖所亲自订立的嫡长子继承制度,就是假象暴露得更加彻底而已。所以,此一假话只好适可而止!

不仅如此,朱棣为避免被视为乱臣贼子,还再三表白:其起兵的目的不是要推翻建文帝,只是"清君侧"而已。这反过来又意味着承认了建文帝的正统地位。他在起兵时称:"《祖训》云:'朝无正臣,内有奸恶,必训兵讨之,以清君侧之恶。'今祸迫予躬,实欲求生,不得已也。义与奸邪不共戴天,必奉行天讨,以安社稷。"②既然称起兵的目的是"清君侧",而非取而代之,因此,官方史书所记朱棣当年给朝廷的文书,仍只得称为"上书",称建文帝发布的命令曰"诏",自称为"臣",如"戊子,上获宋忠,因上书曰"③;"癸丑……乃上书曰……下责己之诏",称"臣每战胜""臣忝居叔父"④。这些都是朱棣并不否认建文帝身份的表现。当北平都司都指挥张信、布政司右布政郭资、按察司副使墨麟等上表,劝以"遵太祖之心,循汤武之义,履登宸极之尊"时,"上览表谕群臣曰:'我之举兵,所以诛奸恶,保社稷,救患难,全骨肉,岂有他哉? 夫天位惟艰,焉可必得? 此事焉敢以闻。待奸恶伏诛,吾行周公之事,以辅孺子,此吾之志。尔等自今其勿复言。'"⑤当燕师振旅江北,朱棣又对前来请以割地讲和的庆成郡主等说:"我此行在诛奸恶,以清朝廷,奠安社稷,保全骨肉。事已,欲得故封幸矣,余

① (明)不著撰者:《奉天靖难记》卷2,洪武三十二年十一月庚午,第220页。
② (明)不著撰者:《奉天靖难记》卷1,洪武三十二年七月癸酉,第207页。
③ (明)不著撰者:《奉天靖难记》卷1,洪武三十二年七月戊子,第209页。
④ (明)不著撰者:《奉天靖难记》卷3,洪武三十四年闰三月癸丑,第249—252页。
⑤ (明)不著撰者:《奉天靖难记》卷3,洪武三十四年十一月乙酉,第259页。

非所望也。"①在渡江前祭祀江神时,朱棣再称:"予为奸恶所迫,不得已起兵御祸,誓欲清君侧之恶,以安宗社。"②在占领南京后,诸王与文武群臣请上尊号,"上曰:'予始逼于难,誓救祸除奸,以安天下,为伊周之勋。不意孺子无知,自底亡灭。今奉承洪基,当择有才德者,顾予菲薄,岂堪负荷?'"③文武群臣再三上表劝进,他仍坚称:"勤苦百战,出万死一生,志清奸恶,以匡幼冲,其乃殄绝于今,遂自焚殒。群臣劝予即位,予思天位惟艰,有如幼冲,弗克负荷,几坠丕图。"④即便他不得已被群臣强拥登辇即位后,仍自表心迹曰:"驻师几旬,索其奸贪,庶几周公辅成王之义,而乃不究朕怀,阖宫自焚,以绝于宗社。"⑤当然,朱棣再三宣传的"周公辅成王"之心自然是假的,但无论真假,既公开自许为周公,表明他是承认建文帝的身份的,并且,在建文帝阖宫自焚后,"壬申,命有司备礼葬允炆,上辍正朝三日"⑥。所谓"备礼",即指"天子之礼",即便对建文帝所行之天子葬礼不是很隆重、周到,但参照天子之礼安排则是无疑的。这些均表明,另一方面,朱棣又是承认建文帝的皇帝身份的。

所以,永乐朝官方关于建文帝的正统论述是非常矛盾的,充满了两面性:一方面,官书称允炆"矫遗诏嗣位",并通过不使用建文年号、直呼允炆等历史笔法,表达不承认建文帝正统地位的立场;另一方面,又通过记录朱棣自称"周公辅成王",使用"上书""诏""臣"等字样,又传达出似乎承认建文帝皇统的意向。这两种互相矛盾的倾向,始终存在于朱棣之口和永乐朝所修纂的官方史籍中。这是因为具有叔父之尊的朱棣,从感情上是不愿意承认他的皇位是来源于侄儿建文帝的,并且要摆脱"篡位"的恶名,最好的办法就是釜底抽薪似的否定建文帝的皇统。但另一方面,建文帝毕竟是明太祖所亲自册立的皇太孙、选定的皇位继承人,况且太祖所建立的嫡长子继承制度,是朱棣自己也需要遵守的国法家规,所以,他的造假终究不够圆满,缺乏足够底气。只要朱棣不公开丢掉明太祖这面旗帜,那么,他就会有所忌惮,所造之假就一定不会圆满。而他是不可能丢得掉自称的皇位合法性来源、明王朝创立者——太祖这面旗帜的。

四、永乐朝官方正统论述的影响

由于明代自永乐后,统治权一直由朱棣一系子孙所掌握,所以,永乐朝官方关于正统性的系列论述基本上被后世继承,并且得到广泛的传播,但后世官方和民间对于相关论述的接受程度并不相同。相比于官方几乎全盘吸收的保守态度而言,民间的整体认识更加激进,更接近于历史的真相,尤其是民间关于建文帝正统问题的认知,较多地突破了官方论述的局限而具有一定的进步意义。

---

① (明)不著撰者:《奉天靖难记》卷4,洪武三十五年五月壬寅,第270页。
② (明)不著撰者:《奉天靖难记》卷4,洪武三十五年六月甲寅,第271页。
③ (明)不著撰者:《奉天靖难记》卷4,洪武三十五年六月丙寅,第274页。
④ (明)不著撰者:《奉天靖难记》卷4,洪武三十五年六月戊辰,第276页。
⑤ (明)傅凤翔辑:《皇明诏令》卷4《即位诏》,第79页。
⑥ (明)不著撰者:《奉天靖难记》卷4,洪武三十五年六月壬申,第276页。

永乐朝官方关于朱棣正统性的论述,被明后世统治者全盘接受并发展。朱棣去世后,其子仁宗朱高炽继位,尊谥朱棣"体天弘道高明广运圣武神功纯仁至孝文皇帝",进庙号"太宗",并亲撰《长陵神功圣德碑》,为朱棣发动的"靖难之役"进行辩护,还设史馆修纂《明太宗实录》,这些盖棺定论的行为进一步明确与强化了朱棣的正统地位。宣德时继续修纂《明太宗实录》,前九卷《奉天靖难事迹》,是在永乐朝官书《奉天靖难记》的基础上编纂的,不仅继承了关于"奉天靖难"的战争定性,且对于表现其正统性的天命、圣德、太祖属意等关键方面的论述也与之几无二致。嘉靖时期,明世宗"尊文皇帝庙号为'成祖',谥曰'启天弘道高明肇运圣武神功纯仁至孝文皇帝'"①,将朱棣的庙号由"宗"改为"祖",将原谥号中的"广运"改为"肇运",突出了朱棣成就光大祖宗功业及开创皇位继承新统之勋,这在中国历史上是前所未有的行为,无疑极大地提升了朱棣在明代皇统传承中的地位。

清初顺治、康熙年间,为了笼络人心并表明清接明统的合理性,对位列明代二祖之一的朱棣是非常尊崇的。到中期乾隆时,清朝统治已经稳固,面对新的社会矛盾,宣扬忠君思想,防止乱臣臣子,成为维护清朝统治的主要议题。清高宗为《通鉴辑览》所做的"御批",反对以"靖难之名"美化燕王,谓:"晋阳之甲以清君侧为名,七国之反以诛晁错为名,大抵乱臣贼子必有说以为兵端,燕王之称端靖难,亦犹是也。明季诸臣曲为尊亲之讳,凡纪燕事必以靖难时书之,言之不顺,殊乖征实。今于初起时直载其事,其余所有靖难之名,概行刊削。"②自此,朱棣的"靖难"美名被清朝官方正式废除,不仅如此,清高宗还进一步将其定性为"篡弑"。嘉庆时托津等奉敕纂《明鉴》,史评完全遵从高宗批示,视朱棣为"篡弑"③。但吊诡的是,虽以朱棣为"篡弑",但清高宗与定稿于乾隆年间的官修《明史》,却并没有顺乎逻辑地否定永乐政权及其一脉子孙的正统地位。或因朱棣及其子孙统治明朝二百多年,其合法性早已被天下认可,而清朝又以接明统绪为词,如否定其正统地位,则清接何统?所以,传统正统理论的纯粹性与逻辑的一致性,不得不让位于既成的历史与现实政治的考量。

明代中期以后,私家修史非常繁荣,这些史籍基本上接受了永乐朝官方关于朱棣正统地位的论述,但这种接受是有选择性的。一般说来,称朱棣起兵为"靖难"得到较为普遍的承认,基本上没有人对此表示过公开的异议,但在具体内容的记述与评价上,则有所突破,如万历时信天缘生谓《姜氏秘史》:"但历数建文君仁厚好古,死难诸臣视死如归,则知当时亦无难可靖。金川门诚为失守矣,抑郁不平之情见乎言外,与郑端简《逊国记》大都相似者与?野人之见不约而同。"④并不公开否定战争的"靖难"性质,但在具体内容的表述上却"无难可靖",是一部分私修史书与史家的看法。但亦有人为朱棣开脱,认为建文帝过于柔弱,高皇帝开创的基业难乎为继,"师称靖难,或疑无难可靖,是不睹善述为功而忘二百年治安

① 《明世宗实录》卷216,嘉靖十七年九月辛未朔。

② (清)傅恒等:《御批历代通鉴辑览》卷101,《景印文渊阁四库全书》第339册,台湾商务印书馆1986年版,第241—242页。

③ (清)托津等:《明鉴》卷4《明惠帝》,清刊本。

④ (明)信天缘生:《姜氏秘史》卷尾,《四库全书存目丛书》史部第46册,第774—775页。

赐也"①,赞颂朱棣以守兼创,如代商而立的周武王,"不有武王,固无以安天下"②。直到明末清初,以明遗民为代表的一批知识分子,痛定思痛,反思明朝历史,探索国家兴亡之因,才对明成祖朱棣展开了初步批判。查继佐称:"燕与子汉煦,虽成败分,要是父子间相授受,两不洗管蔡之名哉!"③张履祥谓:"燕王是成事之管蔡,管蔡是不成之燕王。"④黄宗羲则将成祖与七国之乱的吴王濞相比较:"夫分封太过,七国之反,汉高祖酿之;成祖之天下,高皇帝授之,一成一败。成祖之智勇十倍吴王濞,此不可以成败而誉咎王室也。"⑤将明成祖比之管蔡、吴王濞,其所暗含之意已十分明显,但"篡"字仍没有说出口。到清代,著名学者段玉裁写作《明史十二论》,依据《春秋》笔法,对燕王大加挞伐,直斥为"篡"⑥。由明至清,史家对朱棣的评判终于完成了由"靖难"到"篡弑"的转变,但却并未由此引申出否认朱棣及其后代子孙统治正当性的结论。如果说明代的史家有在朱明王朝统治下生活的忌惮,有对于安身立命的此在之所的珍惜,且直面的是不得不效忠的明代君王而别无选择的话,那么,清人则是基于对明代几百年有效统治的合法性及其所代表的中华文化统绪的认可。

与后世基本承认永乐政权的正统性相比,后世对永乐官方否定建文帝正统地位的立场接受度却出现分化。永乐后的明政权,在接受相关论述的基础上有所调整。朱棣之子仁宗朱高炽撰《长陵碑文》,不再诬建文帝"矫遗诏嗣位",称"允炆"为"建文君",但并非真正承认建文帝的身份,还其正常的历史定位。宣德时所纂《太宗实录》,调和皇祖父的立场:既在永乐立场上有所进步,又在仁宗立场上有所倒退。继续诬建文帝"矫遗诏嗣位",不呼名讳"允炆"而称"建文君",不再以洪武年号表示建文统治的四年,但也不使用建文年号,而只称元、二、三、四年,此为仍未从根本上承认建文帝皇帝身份立场的表现。万历时朝廷开馆纂修本朝正史,不少大臣借机上书请求恢复建文年号并为建文修史,最终明神宗批准"以建文事迹附太祖高皇帝之末,而存其年号"⑦。这是明代官方在建文帝历史定位问题上的重要让步,但只是将建文事迹附太祖本纪后,而不是为建文帝单独修纂本纪,显然不能视为已经完全承认了建文帝的正统地位,最多只是半承认而已。直到明末崇祯时,面对不少大臣为建文议谥、进庙号的请求,明思宗亦迟迟疑疑终未采纳。自明代中期后,官方已不再诬建文帝"矫遗诏嗣位",对建文君臣曾经的铭骨仇恨亦随着逝者如斯夫的时间而流逝,为什么承认建文帝的正常历史地位仍然会那么艰难呢?因为这不仅是涉及建文帝身份的历史问题,而是关乎朱棣及其后世子孙统治合法性的问题。如果承认建文帝的正统地位,那么朱棣所谓的"靖难"行为即为"篡逆",由此朱棣与其后子孙的皇位、甚至当朝政权的合法性都将会受

---

① (明)钦叔阳:《建文书法批序》,《建文书法批》卷首,《四库全书存目丛书》史部第53册,第231页。

② (明)张芹:《备遗录·引》,《丛书集成初编》,商务印书馆1939年版,第1页。

③ (清)查继佐:《罪惟录》卷9《抗运诸臣传·方孝孺》,方福仁点校,浙江古籍出版社1986年版,第1470页。

④ (清)张履祥:《杨园先生全集》卷28《愿学记三》,陈祖武点校,中华书局2002年版,第779页。

⑤ (清)黄宗羲:《明儒学案》卷43《文正方正学先生孝孺》,中华书局1985年版,第1042页。

⑥ (清)段玉裁:《明史十二论·三大案论》,(清)张潮、杨复吉、沈楙惠等编纂:《昭代丛书》,上海古籍出版社1990年版,第1792页。

⑦ 《明神宗实录》卷289,万历二十三年九月乙酉。

到质疑。直到南明弘光政权，在强敌压境、命悬一线的危急关头，为笼络人心、鼓舞忠义，以挽大厦之将倾，才不得已抛开这许多顾虑，依据私修史书所提出的建文"逊国"说，上建文帝谥曰"嗣天章道诚懿渊恭覵文扬武克仁笃孝让皇帝，庙号惠宗"，附祭孝、康陵。一个"让"字，将横亘在建文帝与朱棣面前的此是彼非必居其一的矛盾化解了，各自取得了所需的正统性而互不相妨。但弘光政权只是一个很快就灭亡的偏安政权，其肯定建文帝皇统的追谥行为的意义、影响都不大。清乾隆元年(1736)，清高宗追谥建文帝曰"恭闵惠皇帝"，清官修《明史》亦为建文帝单独设立本纪，使用建文年号。可以说，这才真正从法理意义上承认了建文帝的正统地位，最终完成了拨乱反正的历史任务。

　　明中期后涌现的大量私修史书，多数都能遵循秉笔直书的原则，实事求是，客观、公正地记录建文朝历史，不再刻意地抹黑建文君臣，但对建文帝在传统皇位问题上的认识仍存在很大分歧。成化时，宋端仪撰《立斋闲录》，提出"革除建文年号"和"建庶人"说，称："太宗皇帝既即位，革除建文元年、二年、三年、四年年号，仍称洪武三十二年、三十三年、三十四年、三十五年。""建庶人，洪武二十五年九月十三日册为皇太孙""建文君废为建庶人。"①正德时，祝允明《野记》谓"国破，建庶人出"②。这时期的私修建文史籍，亦以干支或洪武纪年，称"建文君"或"革除君"。如张芹《备遗录》称"己卯七月，靖难兵起"③，谓卓敬"疏上，建文君大惊"④；黄佐《革除遗事》以"洪武"纪年，在其后以小字附注建文年，亦以"建文君""革除君"⑤相称。可见，正德以前的私修史书，很大程度上受到了官方论述的影响。嘉靖后，虽然不少史家仍囿于官方立场，但相当部分史家已在一定程度上摆脱了官修史书的束缚，依据史实实事求是地承认建文帝的正统地位。如《姜氏秘史》用建文年号，称"建文帝亡去""帝嘉纳"⑥；《革朝遗忠录》用"革除"年，多次称"建文帝"，有时亦称"革除君"⑦；而更多的史书则是杂采两者，如《革朝志》用建文年号，下面又用小字注明"革除称洪武年"，本纪虽名《建文君纪》，又谓"帝在东宫""上御奉天殿"⑧；《龙飞纪略》也是用洪武纪年，旁注建文年号于下，称"皇帝首亲大祀"⑨；陈建《皇明通纪》先列干支，次用洪武，最后标注建文年，称"帝"，有时也称"建文君"；郑晓《逊国记》用"建文"纪年，书"建文皇帝""帝"，有时也称"建文君"。万历中期以后，受到明神宗将建文事迹附太祖本纪之末并"存其年号"圣旨的影响，多数史书使用建文纪年，但称呼"建文君"者仍比较多。明亡后的遗民史家，已完全使用"建文"年号，称

　　①(明)宋端仪：《立斋闲录》卷2《革除录》，第608页。

　　②(明)祝允明：《野记》卷2，(明)邓士龙辑：《国朝典故》，许大龄、王天有点校，北京大学出版社1993年版，第522页。

　　③(明)张芹：《备遗录·黄子澄传》，第1页。

　　④(明)张芹：《备遗录·卓敬传》，第6页。

　　⑤(明)黄佐：《革除遗事》卷1《革除君纪》，《四库全书存目丛书》史部第47册，第252、253页。

　　⑥(明)姜清：《姜氏秘史》，《四库全书存目丛书》史部第47册，第700页。

　　⑦(明)郁衮：《革朝遗忠录》卷下《宋忠》，《四库全书存目丛书》史部第90册，第191页。

　　⑧(明)许相卿：《革朝志》卷1《建文君纪》，《四库全书存目丛书》史部第47册，第138、140、142页。

　　⑨(明)吴朴：《龙飞纪略》卷8，《四库全书存目丛书》史部第9册，第671页。

"让皇帝"或"惠宗"。清朝前期,私家修史则称"建文帝",用建文年号;而自清高宗为建文帝追上谥号后,私家修史均称"惠帝"了。由上所述,自明至清私家修史虽然受到永乐朝官方正统论述的影响,但又往往突破这种局限,愈往后愈多史家承认建文帝的正统地位。

综上所述,永乐朝官方的正统论述存在着深刻的内在矛盾。按照理论的逻辑,如果肯定朱棣所谓"靖难"的合法性及正统地位,就必须否定建文帝的皇统,而这却会殃及池鱼似的诬及太祖和威胁朱明王朝嫡长子继承的根本制度,这就是为什么官书编造建文帝"矫遗诏嗣位"却又不敢深究之由。既然无法从根本上将建文政权诬为"僭越",朱棣就不能理直气壮地将推翻建文帝宣示为公开的目标,只能称"清君侧""周公辅成王",而这又与否定建文帝正统地位的立场相矛盾。但如为消弭这一矛盾而公开承认建文帝的正统地位,那么又会出现一个更加令人尴尬的局面,朱棣的夺权行为无疑将被视为"篡位",由此自永乐后二百多年的明政权,将会深陷合法性危机之中,这是朱棣的子孙、朱明王朝的臣子乃至取而代之的清朝统治者都无法面对的事实。后世不少敏感的史家意识到了这个巨大的困惑,从传统禅让说的历史观照中,提出了建文"逊国"说,建文帝主动让位于贤者——叔父燕王朱棣。如此一来,理论的困惑解决了,建文帝与朱棣都各自获得了正统地位而互不相妨。但是,历史被阉割了,建文帝即使最终如传说那样没有焚死而是出亡了,将出亡说成"逊国",也只能是史家一厢情愿的说辞而已。在后世关于建文帝出亡行迹的各种记载中,无一例外的是并没有出现符合"逊国"二字的内容。为了适应政治的需要,建文帝最后的生命归宿及其价值意义被后世史家和官方联合书写了。

原文载于《明史研究》第十五辑

作者:吴德义,天津师范大学历史文化学院教授、博士生导师

关于永乐帝的遣使宦官的启用

[日]荷见守义

在中华王朝漫长的历史中,宦官跳梁跋扈的例子不胜枚举。其中甚至有的宦官成了亡国的元凶。拿明朝举例、造成土木之变的王振、明末党争的魏忠贤等人便是其中代表,可以说是这些宦官的所作所为才导致了王朝的苦难。明朝宦官跳梁跋扈常被认为是其第三代皇帝永乐帝启用宦官所导致的。本文的目的在于研究永乐帝的宦官启用到底是什么样的,是针对遣使宦官的启用而做的研究。永乐帝即位后,接连不断地向各国派遣了使臣,其中不乏宦官。1402年,向各国传达永乐帝即位的使节中,马彬被派遣到爪哇、苏门答腊等地,李兴等人前往暹罗,尹庆等人前往马六甲、古丁等地。之后著名的郑和、王景弘指挥大舰队下西洋,把李达派到西域,把海童派到蒙古等北方地区,把侯显派到西藏等地,把亦失哈派到了奴儿干。还有,实际上也向朝鲜派遣了很多宦官。原本,使臣给人以文武官僚的印象,实际上永乐年间也派遣了文武官僚。那么,被派遣到各国的宦官和官僚之间的关系怎么处理才好呢? 我想通过这件事,来逼近永乐政权的特质。

一、朱元璋和宦官

明朝的建国者,永乐帝的父亲朱元璋对起用宦官非常慎重。《明史》卷74《职官三》宦官条上写着:"因定制,内侍毋许识字。洪武十七年,铸铁牌,文曰:内臣不得干预政事,犯者斩,置宫门中。又敕诸司,毋得与内官监文移往来。"铁牌上严格禁止宦官(内臣)参与政治,违反者处以斩刑并放在宫门口。此条明示时间是洪武十七年(1384)。[①]另外,不允许宦官识字的记录还有《明史》卷304《宦官传》写着:"初,太祖制,内臣不许读书识字。"[②]因此,宦官不被允许学习和识字。《明史》卷95《刑法三》条中,"按太祖之制,内官不得识字、预政,备扫除之役而已。末年,焚锦衣刑具,盖示永不复用。而成祖违之,卒贻子孙之患。君子惜焉"。虽然可以看到宦官禁止识字和政治参与的文词,但在禁止宦官识字、读书方面却缺乏更多的线索。[③]

---

① 《明史》卷304《宦官传》:"尝镌铁牌,置宫门曰,内臣不得干预政事,预者斩。"《周忠毅公奏议》卷2《请斥大珰刘朝典兵行边疏》:"昔太祖高皇帝曰:内臣无得干预政事,预者斩。"但是没有明确表示是什么时候。另外,这个奏疏是福建道监察御史周宗建在天启三年的奏议。周宗建(1582—1627)是东林党的一员。忠毅是南明弘光帝赠予的追谥。王鸿绪等撰《明史稿》列传178《宦官》有:"且尝语侍臣曰:此曹给事宫掖,毋得典兵预政。命立铁牌树之宫门:有言政事者,即日斥遣。呜呼! 子孙率是制也,祸败焉自而兴。"根据《明太祖实录》卷161,洪武十七年夏四月癸未记载,这一年太监的官制得以完善。

② (清)王鸿绪:《明史稿》列传178《宦官》上也有"初,太祖不许内侍读书识字"。

③ 参见[日]野口铁郎《译注明史刑法志》(日本风响社2001年版)。但是,关于宦官的读书、识字禁止,没有更多的根据。

从前面的《明史》卷304《宦官传》"内臣不许读书、识字"接着看，"后宣宗设内书堂，选小内侍，令大学士陈山教习之，遂为定制。用是多通文墨，晓古今，逞其智巧，逢君作奸"。也就是说，宣德帝设立了内书堂①，让内阁大学士陈山②进行小内侍的教育，形成了定制。关于这个小内侍，《明史》卷74《职官三》宦官条上写着"（洪武）十七年，更定内官诸监、库、局品职。……直殿监，设令一人，正七品，丞四人，从七品，小内使十五人"，以及"命大学士陈山，专授小内使书，而太祖不许识字读书之制，由此而废"。小内侍是小内使。③关于这点，《明宣宗实录》宣德四年冬十月庚寅一条中记载着："命行在户部尚书兼谨身殿大学士陈山，专授小内使书。"因此，宣德帝让大学士陈山对宦官进行了教学，使得宦官教育制度化了。也就是说，朱元璋试图通过禁止宦官学习来削减其介入政治的能力，但可以说这个意图在宣德年间便被瓦解了。

二、永乐帝及宦官的起用

就如这里所写一样："建文帝嗣位，御内臣益严，诏出外稍不法，许有司械闻闻。"④可以说对于宦官的限制变得格外严格了。⑤从姜清的《姜氏秘史》记载来看，不难知道正德、嘉靖年间就存在着这样的看法，从"及燕师逼江北，内臣多逃入其军，漏朝廷虚实。文皇以为忠

①《明史》卷74《职官三·宦官》："司礼监，提督太监一员，掌印太监一员，秉笔太监、随堂太监、书籍名画等库掌司、内书堂掌司、六科廊掌司、典簿无定员。"另外，"宣德四年，特设内书堂"，《明史》卷164《黄泽传》中有"当成祖时，宦官稍稍用事，宣宗寝以亲幸，泽于十事中为尤切。帝虽嘉叹，不能用也。其后设内书堂，而中人多通书晓文义。宦寺之盛，自宣宗始"。在《明史》中，宣德帝在宣德四年设置了内书堂，对宦官进行了教育。

②陈山（1365—1434）字伯高，福建延平府沙县人。洪武二十六年举人，永乐六年九月在壬戌从浙江绍兴府奉化县学教师成为吏科给事中，永乐十八年九月在丁卯成为皇太孙的讲官。同年九月丁酉在仁宗即位成为左春坊左庶子，洪熙元年六月在丙辰成为在户部左侍郎，宣德二年二月癸亥成为户部尚书兼谨身殿大学士。《明宣宗实录》在宣德九年十一月庚子条上刊登了传记，据记载，陈山因老病请求辞官虽得到允许，但最终未能还乡，以七十岁高龄与世长辞。传说还有《国朝献征录》卷12、《明史列传》卷25等。

③（清）王鸿绪《明史稿》写道："初，太祖不许内侍读书、识字。后宣宗设内书堂，令翰林官二三员为教习。由是此辈多通文墨，晓古今，逞其智巧、逢君作奸，为患益大。"在这里，在内书堂教书的是翰林院的官僚二三人，不限定于陈山，并且，学的人员也不限定。该书《职官·宦官》规定："宣德四年，特设文书房，命大学士陈山，专授小内使书，而太祖不许识字、读书之制，由此而废。"陈山将其作为小内使的教育。只是，内书堂是一个文书房，但文书房不是教育场所，所以以内书堂是正确的。在这一点上，《明史》中，原本将内书堂错认为是文书房，在中华书局的注释中说："宣德四年特设内书堂。内书堂，原作'文书房'。按上文言文文书房系宦官掌封进本章，发行谕批之内衙，非宦习读之所。本书卷304《宦官传》《明宫史》木集页二四都作有'内书堂'，据改。"

④《明史》卷304《宦官传》。另外、王鸿绪等撰《明史稿》宦官条里也有"建文帝御内竖无恩"。

⑤（明）姜清：《姜氏秘史》卷4里"（建文三年）十二月辛巳，诏内官出使放纵，许有司械送于京。洪武初，内官奉使出外，约束甚严，不得与士民交。然亦特宠放纵，有司畏之。尝有鲁内官过广信之弋阳，纵马于田，兼件践食其稼。佃者不知也，击击之伤足。鲁询佃者，知田主富人周也，遂遣人告之，周大惧，尝其马，倾资贿焉。鲁归，有以击马事闻高庙，竟籍周，谪戍铜鼓卫。至是，有以内官暴横为言，诏所在有司，但遇内官奉使暴横虐害士民者，即擒缚送京师以闻。于是，内官夺气，密谋推戴矣。"姜清，据（明）黄虞稷：《千顷堂书目》卷5《别史类》记载，乃弋阳县人，正德辛未（六年，1511）进士，据《正德六年进士登科录》《天一阁藏明代科举录·登科录》，宁波出版社2006年版）记载，乃江西广信府弋阳县民籍国子生，字源甫，兄弟七人中第三位，妻子是李氏，曾祖父姜度是训导，祖父是姜璧，父亲姜绾是察使，母亲是周氏。第二甲的八十四位（全体的八十七位）赐予进士出身，江西乡试的第十七名，会试的第二百二十二名。此外，根据《明世宗实录》记载，姜清于嘉靖七年五月丁亥从吏部考功司郎中成为尚宝司少卿，之后病假，同年十月戊寅成为南京尚宝司少卿，同年十二月乙巳在南京光禄寺少卿同年四月在壬子成为南京太仆寺少卿。

于己,而狗儿辈复以军功得幸,即位后遂多所委任"①,可以看出宦官从建文政权方面向燕王军方面叛变了。只是,这一点有很多疑问。建文元年(1399)举兵的燕王,此后与建文政权军队展开了一进一退的攻防战,战场基本上在北平周边。建文四年初迎来转机,燕王为结束这场战斗而开始南下,三月在渭河击破平安军后,转战淮河,五月到达扬州。燕王之军于五月逼近江北,六月渡江下镇江,攻入南京城。在前引的《明史》中,燕王军攻入江北,宦官多逃到燕王军中,泄露了朝廷的情报,燕王对于对自己忠诚的人,即位后都委以重用。在众多的宦官中可能有逃入燕王军的人,但这次的南下作战本身是从年初开始持续的,在江北被逼入绝境的时候,燕王取得了胜利,即使在这个时候提供了情报,在战略上也没有什么意义。关于这点,姜清的《姜氏秘史》卷4如下写道:

> 或曰,靖难兵起三年,屡战多胜,冲突千里,罕能御之。然所过城邑,往往坚守不下,间克之,兵去即杀守帅,复为朝廷。及壬午,所据者惟北平、永平、保定三郡而已。至是,内官密言于文庙,直捣京师,约为内应,天下可定。文庙然之。壬午春,举兵直赴京师,不复为归计,意有所属,而朝廷不知之也。兵既入城,天下大定,内官言功不已,文庙患之。未几,诸有谋者皆为边藩镇守,假以大权,赐公侯服,侪于侯伯之上。②

这里所说的和《明史》有很大的不同。壬午年,也就是建文四年之前,燕王在与朝廷的战斗中没有占据优势,在那里宦官偷偷提出了内应,于是在当年春季开始了与攻占南京有关的南下作战。结果,燕王入城后,宦官执意地强调自己的功绩。燕王对此感到很郁闷,但却比侯伯还优待之。如果说建文政权方面的宦官在燕王的军事作战中的大转变有着很深的关系的话,那么永乐政权中的宦官的重用说明其与《明史》中记录的相比显然更好。还有,燕王对这样的宦官绝对没有很好的想法这一部分很有意思。但却是没有证据的故事。

靖难之役对永乐帝来说是付出了很大牺牲的战斗。战斗中他失去了许多追随自己的将领和士兵。结果,在建立起来的永乐政权中,重用的是建文政权方面内应的宦官们的话,这简直不像话。例如,有一个叫洪保的宦官,他为永乐帝效忠且活跃。建文元年成为燕王府的宦官,在那之前,洪武十四年,在征南将军傅友德的云南平定战中成为俘虏,成为火者,被带到京师后,偶被分配到了后宫。当建文政权开始时,黄子澄展开了旨在摧毁燕王府的五王削藩政策,对燕王的身边也施加了压力。其中,政府方面为了在建文元年六月逮捕燕王府官属,派出了中贵。王志高指出,此时洪保包含在其中,有可能就是在这时洪保从中贵

① 以及王鸿绪等撰《明史稿》宦官条,写着"燕师逼江北,多逃入其军,漏朝廷虚实。成祖以忠于己也,即位以后,颇加委任。"
② 此外,屠叔方的《建文朝野汇编》中还引用了"革除备遗录"中的文庙为燕王等,虽然有出入,但基本上与《姜氏秘史》相同。

一行中走到了燕王一方。①燕王方面为了强化阵营而热心于人才的招集,但是一般来说,既然火者和宦官没有行动的自由,洪保自己不会去燕王府。如果是那样的话,政权方面会对向燕王府派遣的使者进行拉拢,因为某些原因而使之归顺到燕王那边去吗?②或是从政府方面送来的可能性很高。不管怎么说,洪保并不是上述的内应者。燕王府有很多因为各种原因而聚集起来的宦官。永乐时期活跃的郑和等宦官原本是燕王府的宦官。因此,必须注意,以政权方面的宦官,论述郑和等燕王府出身的宦官的活跃,原本就不完整。倒不如说,作为永乐政权的构造性特质,有必要以燕王府出身的宦官为中心,灵活运用政策进而展开研究。

三、关于明朝初期的遣使

明朝是什么时候开始把宦官用在对外国的遣使上的呢? 在此先看一下明朝初期的遣使情况。《皇明通纪》卷2的洪武元年十一月这样写道:"遣使以即位颁诏,报谕安南、占城、高丽、日本各四夷君长。"由此可见洪武元年使者们被送往了安南、占城、高丽以及日本去宣告朱元璋的即位。关于这点,《明史稿·杨载传》中说:"尝官行人,凡再使日本还,复使琉球,皆有功,帝嘉之。"③杨载曾两次作为使者赴日,之后作为使者被派往琉球国,《明太祖实录》洪武二年春正月乙卯条中写道:"遣使以即位诏,谕日本、占城、爪哇、西洋诸国。"在同年二月辛未的条款中:"遣吴用、颜宗鲁、杨载等,使占城、爪哇、日本等国。"由此可见,洪武元年尝试性地向日本派遣了杨载等使臣,却不知什么原因失败了,杨载同年被重新派往了日本。④还有一种观点认为洪武元年被派往日本的使者在五岛列岛附近被倭寇杀害了。⑤另外,黄金在撰写的《皇明开国功臣录》卷24的《杨载传》中这样写道:

> 国初,任行人,洪武元年,奉使招谕日本。二年,至自海上。未几,诏复往使其国。四年秋,日本奉表入贡。载以劳获承宠赉。即又遣琉球,五年秋,琉球奉表从载入贡。上嘉载功,复厚赉之。

据悉杨载在洪武元年首次派遣日本,同年海路归国后再次赴日。

---

① 参见王志高:《洪保生平事迹及坟寺初考》,《考古》2012年第5期。
② 参见[日]荷见守义:《关于洪保的明朝宦官遣使的情况——与朝鲜遣使·郑和大航海事业的关系》,《亚洲史研究》2022年第46期。
③ (清)徐乾学:《徐本明史列传》也载此文。
④ 参见[日]佐久间重男:《关于日明关系史的研究》,日本吉川弘文馆1992年版;习书仁:《明清中朝日关系史研究》,吉林文史出版社2001年版;[日]有井智德:《围绕十四、十五世纪倭寇的中韩关系》,《高丽李朝史的研究》,日本国书刊行会1985年版。
⑤ 参见[日]村井章介编:《日明关系史研究入门——亚洲中的遣明船》,勉诚出版社2015年版。

但是，令人在意的是，洪武元年，在安南、占城、高丽以及日本四个国家发布即位诏的使者被派遣到日本和占城，翌年正月至少会再次向日本和占城派遣同样目的的使者。《明太祖实录》中虽然没有记载洪武元年即位诏相关的遣使记录，但洪武元年送出的使者全部以失败告终吗？从洪武元年派遣高丽的使者看一看，《高丽史》世家卷41恭愍王十八年夏四月壬辰之条中这样写道："大明皇帝遣符宝郎偰斯，赐玺书及纱罗段匹总四十匹。王率百官，出崇仁门外。其书曰，大明皇帝致书高丽国王……"在向高丽国王送出即位诏书之后，"斯以去年十一月发金陵，海道患关。至是，乃来。斯即逊之弟也"。偰斯于当月丁酉踏上了归途。另外，朝鲜当月辛丑停止了至正年号，显然是接受朱元璋即位之诏后的回应。十八年是洪武二年(1369)。这是《高丽史》中关于明朝来使的最初的记载。《明太祖实录》洪武元年十二月壬辰条记载："遣符宝郎偰斯奉玺书，赐高丽国王王颛。"①虽然符合上述条件，但《高丽史》中偰斯从南京出发的时间是十一月这个说法和《明实录》的十二月记载有出入。但不管怎么说，派遣到高丽的使者在洪武元年出发，平安到达高丽且完成了任务。

另一边，安南的情况也在《明太祖实录》洪武元年十二月壬辰条中有记载："遣知府易济，颁诏于安南。"及《明太祖实录》洪武二年六月壬午条写道："安南国王陈日煃遣其少中大夫同时敏、正大夫款悌黎安世等，来朝贡方物，因请封爵。"还有："诏遣翰林侍读学士张以宁、典簿牛谅，往使其国，封日煃为安南国王，赐以驼纽涂金银印。"又对安南新派遣了张以宁和牛谅，由此可见对安南的派遣任务也顺利完成。

问题在于占城和日本。首先是占城的情况，在上述洪武二年正月乙卯决定与日本、爪哇、西洋各国一起向占城派遣使者之后，实际派遣谁去哪里在同年二月辛未的前两天给出了明示："占城国王阿答阿者遣其臣虎都蛮，贡虎象方物。"②这是从占城来的使者虎都蛮，带着表和贡品来朝，为此，同年二月辛未的条中记载：

赐占城国王阿答阿者玺书曰，今年二月四日，虎都蛮奉虎象至。王之诚意，朕已具悉。然虎都蛮未至，朕之使已在途矣。朕之遣使正欲报王知之。曩者，我中国为胡人窃据百年，遂使夷狄布满四方，废我中国之彝伦。朕是以起兵讨之，垂二十年，芟夷既平。朕主中国，天下方安。恐四夷未知，故遣使以报诸国。不期，王之使者先至，诚意至笃。朕甚嘉焉。今以大统历一本，织金绮段纱罗四十四，专人送使者归，且谕王以道，王能奉若天道，使占城之人安于生业，王亦永保禄位，福及子孙。上帝实鉴临之。王其勉图，勿怠。虎都蛮及从者亦赐文绮纱罗有差。

因为己巳是二月四日，所以吴用的占城遣使是和虎都蛮结伴归来的。另外，给占城国王阿答阿者的诏书是基于虎都蛮朝贡的内容。在虎都蛮来朝以前，曾向占城派遣使者。虽

①《明史》卷320《朝鲜传》："明兴，王高丽者王颛。太祖即位之元年，遣使赐玺书。"
②《明太祖实录》卷39，洪武二年二月己巳。

然没有明确这个使者是什么时候向占城出发的,但是从高丽和安南的情况来看,恐怕洪武元年的十一月,最晚也就是十二月已出发。这虽是朱元璋的明朝建国宣言,但不难看出与同元军持续战斗有关。征虏大将军徐达攻克大都是在洪武元年八月,到了十月朱元璋才下了元都平定的诏书。但是,之后徐达转战山西等地,与元军的战斗还在继续。朱元璋特意于十月下了元都平定之诏,意味着能否攻陷大都是未知的,就像一块巨大的试金石。因此,朱元璋将目光转向各国,是在那之后。

另外,二月虎都蛮的来朝是令人感到意外的。因为占城使者是沿着海路到达南京的,但是冬季的东亚海域刮着东北的季风,从中国南下到东南亚是适当的时期,但是北上却是个艰难的季节。相反,当时正是向安南、占城、爪哇、西洋诸国派遣使者的好时期。

问题在于日本的情况。《明史》卷322《外国三》日本条中这样写道:"洪武二年三月,帝遣行人杨载诏谕其国,且诘以入寇之故,谓宜朝则来廷,不则修兵自固。倘必为寇盗,即命将徂征耳,王其图之。"

也就是说洪武二年三月杨载被派遣往日本了。①但是,如后述所言,只能认为和其他国家一样,洪武元年十一月左右向日本派遣了使臣。那么日本为什么要和洪武二年遣使的占城一起被列举呢。洪武二年向高丽和安南顺利地派出了使者。另一方面,占城的使者自己也平安出使,但是由于占城王派来的朝贡使到了,所以对应的使者被紧急派遣。因此,在第二次占城遣使所带来的诏书中具体写有王和使者的名字。那么,日本是怎么样的情况呢?只有"日本国王",这和爪哇的情况"爪哇国王"完全一样,并没有对方具体的信息。②关于这个问题可以考虑下两种可能性。一个是可能没有派使日本。郑梁生在洪武元年提出了日本遣使相关史料,但实际上只是表示了遣使的方案,关于实施,洪武二年才决定派遣杨载。③另一个可能是,使者虽然被派遣了,但有可能中途返回了。洪武元年的四国派遣指示中,因为对三国实施了派遣,对日本的使者派遣也自然实行了。但是,如果洪武元年遣使返回日本的话,洪武二年的诏书中应该有日本国王的名字,诏书的内容也会不一样。说起来,由于时间关系,要在这么短的时间内就完成日本的来回是无法想象的。洪武二年的遣使之所以举出日本的名字,可能是因为使者在执行途中返回了。这个时期如上所述是冬季,如果考虑到东北的季风的话,就变成了逆风。另外,也有受到倭寇袭击的危险性。如果使者中途遭到倭寇的袭击而被杀害的话,明朝并没有立即知悉的方法。因此,难道不是这样吗?洪武元年的使者也许是杨载。我不认为因为中途折返了就能解除派遣的使命,杨载和吴用、颜宗鲁一起再次作为使者被派遣到海外。另外,杨载是行人,被派到占城的吴用、被派

---

① 据郑梁生:《明史日本传正补》(文史哲出版社1981年版)记载,这里应该是把二月误记成了三月。

② 参见《明太祖实录》卷39,洪武二年二月辛未。

③ 上述郑梁生《明史日本传正补》中,《皇明资治通纪》卷4洪武元年十一月的一条中,记载了使者给日本带来的诏书,此诏书记于《大明集礼》卷33《宾客三》;《诣诸番国开诏》及《皇明从信录》洪武元年十一月指出被收录在诏四夷之条中。另外,关于洪武元年的日本遣使,然此洪武元年遣使日本之事,《明太祖实录》没有记载,而与二年正月使占城爪哇西洋各国同时,提到派遣使节到日本。由此可知,元年时只有令人诏谕,至二年始正式遣使。

到爪哇的颜宗鲁,身份可能和杨载一样也是行人。

四、遣使和宦官:高丽的情况

洪武二年,从符宝郎偰斯那儿收到朱元璋即位诏书的高丽派遣了礼部尚书洪尚载和监门卫上护军李夏生到明朝祝贺朱元璋即位。①受此影响,朱元璋于同年八月,再次派偰斯前往高丽,册封恭愍王为高丽国王(1351—1374在位),并赐予了金印。②就像这样,明朝和高丽通过派遣官僚建立了邦交,明朝方面的宦官被派遣的事例应该是在洪武二年。《明太祖实录》洪武二年夏四月乙丑朔条中这样写道:

> 遣内臣送高丽流寓人还其国,以玺书赐其王王颛曰:去冬尝遣使至王国,以玺书赐王。比因南徙幽燕之民,其间有高丽流寓者百六十余人,朕念其人岂无乡里骨肉之思,故令有司遣使护送东归。而内使金丽渊适在朕侧,自言亦高丽人,家有老母,久不得见。朕念其情,就令归省并护送流寓者还。赐王纱罗各六匹,至可领也。

在《高丽史》中,金丽渊是高丽人的宦官,虽然作为内使监丞被派遣了出来,但为了把高丽流寓者送回本国,金丽渊也回了故乡。③

在这之后,从明朝开始派遣官员到高丽,洪武三年(1370)派遣朝天宫道士徐师昊去祭祀高丽的山川。④为了赐封高丽国王的诸子,派遣礼部主事柏礼。⑤为了向高丽分发科举的流程,派遣了侍仪舍人卜谦。⑥为了抓捕兰秀山的叛贼陈君详一众并将其引渡,派遣了百户丁志、孙昌甫等人。⑦为了更正山水等神号,派遣了秘书监直长夏祥凤。⑧为了交付“平定沙漠诏”,中书省宣史孟原哲的派遣。⑨洪武七年,为了要求来自耽罗岛的两千匹马匹的供品,

---

① 参见《明太祖实录》卷44,洪武二年八月甲子;[朝鲜]郑麟趾:《高丽史》卷41《恭愍王世家》,恭愍王十八年五月甲辰。

② 参见《明太祖实录》卷44,洪武二年八月丙子;[朝鲜]郑麟趾:《高丽史》卷42《恭愍王世家》,恭愍王十九年五月甲寅。

③ 参见[朝鲜]郑麟趾:《高丽史》卷42《恭愍王世家》,恭愍王十九年六月丙寅。

④ 参见《明太祖实录》卷48,洪武三年春正月庚子;[朝鲜]郑麟趾:《高丽史》卷42《恭愍王世家》,恭愍王十九年夏四月庚辰;[朝鲜]崔世珍:《吏文》卷2:“归附各国山川降香致祭事中书省咨高丽国王洪武三年(恭愍十九)”。

⑤ 参见《明太祖实录》卷51,洪武三年夏四月丙寅;[朝鲜]郑麟趾:《高丽史》卷42《恭愍王世家》,恭愍王十九年六月辛巳。

⑥ 参见《明太祖实录》卷52,洪武三年五月己亥;[朝鲜]郑麟趾:《高丽史》卷42《恭愍王世家》,恭愍王十九年六月辛巳。

⑦ 参见[朝鲜]郑麟趾:《高丽史》卷42《恭愍王世家》,恭愍王十九年六月辛巳;[朝鲜]崔世珍编:《吏文》卷2:“兰秀山海贼干连人高丽高伯一审决发回事中书省咨高丽国王洪武三年(恭愍十九)。”此外,参见[日]藤田明良:《〈兰秀山之乱〉和东亚海域世界》,《历史学研究》1997年。

⑧ 参见《明太祖实录》卷53,洪武三年六月癸亥;[朝鲜]郑麟趾:《高丽史》卷42《恭愍王世家》,恭愍王十九年七月壬寅。

⑨ 参见《明太祖实录》卷53,洪武三年六月丁丑;[朝鲜]郑麟趾:《高丽史》卷42《恭愍王世家》,恭愍王十九年七月乙巳。

礼部主事林密和栖牧大使蔡斌被派遣到高丽。①《明太祖实录》洪武十八年秋七月甲戌条中写道："诏颁诰于高丽国，封王禑为高丽国王，其故王颛赐谥恭愍。以国子学录张溥为诏使，行人段裕副之，国子典簿周倬为诰使，行人雒英副之。"

朱元璋赐予已故的高丽国王王颛以恭愍的谥号，并册封王禑为新的国王。使节将这份诏书送达了。《高丽史节要》卷32辛禑十一年九月乙亥之条里记载有"张溥、段佑等来赐诏"，《高丽史》卷135《辛禑三》辛禑十一年九月的条里记载有："译者郭海龙还自京师言，帝遣诏书使国子监学录张溥，行人段祐，谥册使国子监典簿周倬，行人雒英来。"

这里没有宦官的记录。使节一行中虽然有宦官随行的可能性，但宦官并没有发挥主要作用。《明太祖实录》洪武九年八月戊子条中写道："诏遣指挥佥事高家奴等，以绮段布匹市马于高丽，每马一匹给文绮二匹、布八匹。"②《高丽史》卷135《辛禑四》辛禑十二年十二月丁酉条："帝遣指挥佥事高家奴、徐质。"

与此相对，关于从明朝到高丽的宦官派遣，洪武五年，陈友谅的儿子、归德侯陈理，明玉珍的儿子、归义侯明升和他的家人转移到了高丽，元枢密使、延安答理率领一行被派遣到高丽。《高丽史》的记录是："帝遣宦者前元院使延达麻失里及孙内侍来。"由此我们可以得知，延达麻失里（延安答理）和孙内侍都是宦官。③洪武二十四年（1391）派遣了宦者前元中政院使韩龙、黄秃变等人，要求高丽进献马匹和阉人。④另外，还派遣了宦者前承徽院使康完者笃等三人视察了高丽权国事王瑶的政治实况。⑤

综上所述，朱元璋和高丽王朝的关系中，明朝开始派遣宦官作为使者的场面是极其有限的。原则上，可以认为派遣了与案件相关的文武官员，维持了两国的邦交。

东北亚国际局势的变化与两国的邦交建立和继续有着密切的关系。原本，高丽是元的驸马国。⑥但是，在元朝末期，空前的寒冷化和疫病的蔓延中，由于红巾之乱的爆发，元朝的统治逐渐减弱，恭愍王加强了从元朝脱离的自立倾向。朱元璋的目标是从元朝势力中将高丽分割出来。明朝和高丽的邦交建立有着两国的利害关系的一致性。只是，在与明朝建交

---

① 参见《明太祖实录》卷98，洪武八年三月丁卯；[朝鲜]郑麟趾：《高丽史》卷43《恭愍王世家》，恭愍王二十三年夏四月戊申；[朝鲜]崔世珍编：《吏文》卷2，"征进马匹官金义杀害明使走往北元纳哈出处事　高丽国都评议使司申中书省洪武七年（恭愍二十三）"。《明太祖实录》中是朝使蔡斌、主事林实。另外，[日]末松保和：《丽末鲜初的对明关系》，《青丘史草》卷1，1965年版中详细叙述了此事始末。

② [朝鲜]崔世珍编：《吏文》卷2有："高家奴辽东到任招谕事及高丽所在辽东人户起取事留守卫指挥高家奴咨呈高丽国洪武九年（禑二）。"

③ 参见《明太祖实录》卷71，洪武五年春正月乙丑；[朝鲜]郑麟趾：《高丽史》卷43《恭愍王世家》，恭愍王二十一年五月癸亥；卷44《恭愍王世家》同二十二年七月壬子。另外，根据《高丽史》卷43《恭愍王世家》，恭愍王二十一年五月癸酉记载，孙内侍在佛恩寺的松树上吊自杀。另外，同样在恭愍王二十二年七月壬子的一条中，还有"他达麻失里院使，它是元朝的火者。"这样的说法。

④ 参见[朝鲜]郑麟趾：《高丽史》卷46《恭愍王世家》，恭让王三年夏四月壬午；《明太祖实录》卷208，洪武二十四年三月己丑。

⑤ 参见《明太祖实录》卷213，洪武二十四年十月甲寅朔；[朝鲜]郑麟趾：《高丽史》卷46《恭让王世家》，恭让王三年十二月甲子。

⑥ 参见[日]森平雅彦：《蒙古霸权下的高丽帝国秩序与王国的对应》，日本名古屋大学出版2013年版。

后,元朝的使者频繁访问高丽,所以高丽和元的关系并没有完全消失。明朝在进入中国东北地区,设置辽东都司①在对北元的左翼施加压力的同时,也许有着牵制高丽的目的。如果设置辽东都司的话,明朝和高丽的沟通大概会在以下五个方面进行。

（一）明朝→高丽

①皇帝直接向国王派遣敕使。

②皇帝命令中书省、六部、五军都督府派遣使者。

③在皇帝的指示下,辽东都司派遣使者。②

（二）高丽→明朝

④高丽的使者前往南京,在传达高丽国王的意向的同时,将皇帝的指示带回高丽。

⑤高丽使者被派遣到辽东都司。

上述五条中频率最高的是④。

宦官被派遣的情况限定为①,不用说是皇帝为了直接向对方传达自己的意思而派遣宦官。高丽人宦官金丽渊被派遣目的是为了把高丽流寓者送回本国,但是因为那个时期是在洪武二年建交后不久,所以很明显是为了宣示朱元璋对高丽的恩宠。另外,陈理和明升被转移到高丽,是皇帝自身的政治判断,因此,皇帝直属的宦官作为使者被派遣到高丽。朱元璋认为,这件事之所以可行,是因为在明朝皇帝为宗主,高丽国王为藩属国王的"宗藩关系"

---

① 参见[日]荷见守义:《明代辽东与朝鲜》,日本汲古书院2014年版。

② [朝鲜]郑麟趾:《高丽史》卷134《辛禑传》,辛禑五年正月乙亥写道:"辽东都指挥司遣镇抚任诚来索被俘人及逃军。咨曰:洪武三年十一月,高丽军所俘辽阳官民男妇千余人及各卫军人逃往彼处者,悉发解。时辽东人传言,高丽遣兵,助北元。故托以遣诚,来觇虚实。"洪武三年十一月高丽军带领辽阳官民,洪武二年高丽决定跟随明朝后,同年十一月李成桂任东北面元帅为讨伐北元势力。洪武三年,李成桂渡鸭绿江降下原东宁府同知李吾鲁帖木儿,八月攻下辽阳城,俘虏了平章金伯脸等(以上参见[日]河内良弘:《明代女真史的研究》,日本同朋舍1992年版)。从《高丽史》的文章中可以看出,正如"时辽东人传言"中所说,往高丽方面派遣任诚的目的实际上是派遣人到辽东进行调查。结果表明,表面上任诚被派遣的目是带回被俘人员和逃军,而探听高丽是否协助北元才是真正的目的。关于这点《明太祖实录》洪武十年十一月是月条写道:"高丽国遣使来贺明年正旦。上以王颛既被弑,而其国数遣使入贡,敕中书宰臣曰,高丽国王王颛,自入朝贡奉表称臣,云世世子孙愿为臣妾。数年之后,被奸臣所弑。及奉表来贡,皆云嗣王所遣,莫明其实,故拘其使询之,终不得其详。拘之既久,朕不忍其有父母妻子之情,特敕归之。未几,复遣使至,却而弗纳。不逾数月,又遣使以朝正为名,奉表贡马,皆称嗣王,如此者五,朕观高丽之于中国,自汉至今,其君臣多不怀恩,帷挟诈以构祸。在汉时,高氏失爵,光武复其王号,旋即寇边,大为汉兵所败。唐尝锡封,随复背叛,以至父子就俘,族姓遂绝。迨宋兴,王氏当国,而逼于契丹、女真,甘为奴虏。元世祖入中原,尝救其国于垂亡,而乃妄生疑贰,盗杀信使,屡降屡叛,数遭兵祸。今王颛被弑,奸臣窃命,春秋之义,乱臣贼子,人人得而诛之,又何言哉。而其前后使者五至,皆云嗣王遣之。中书宜遣人往问,嗣王如何,政令安在。若政令如前,嗣王不为羁囚,则当依前王所言,岁贡马千匹,差其执政以半来朝。明年贡金一百斤、银一万两、良马百匹、细布一万,仍以所拘辽东之民,悉送来还,方见王位真而政令行,朕无惑也。否则弑君之贼之所为,将来奸诈并生,肆侮于我边陲,将构大祸于高丽之民也。朕观彼奸臣之计,不过恃沧海重山之险固,故敢逞凶跳梁,以为我朝用兵如汉唐,不知汉唐之将长骑射,短舟楫,不利涉海。朕则平华夏,攘胡虏,水陆征伐,所向无前,岂比汉唐之为,中书其如朕命,遣人往观其所为,且问王之安否。"其背景中有暗杀恭王的问题,朱元璋对高丽的不信任感加深了。为了预测高丽的动向,作为条件之一,高丽要求遣返被拘留的辽东人民。只是辽阳的官民被拘留是很久以前的事情,事到如今才提出来感觉很不自然。或者说,牵制拘束拘留辽阳官民的部队指挥官李成桂才是目的吗?不管怎么说,洪武十二年正月,在辽东都司镇抚的高丽派遣的背景下,两国间的不信任感增加了。

中,高丽包含在明朝的势力范围内。①这样的认知,从明朝国内同样祭祀高丽等藩属国的山川这样的行为也可以看出。元枢密使等人的派遣也许和高丽有某种关系,但不清楚。只是,要区分在什么样的案件中派遣官僚,在什么样的案件中派遣宦官是极其困难的。例如,要求高丽提供马匹的事件,有时会派遣官僚,有时也会派遣宦官。

最后,让我们看看关于导致高丽灭亡的原因涉及明使的部分。②《高丽史》卷137《辛禑五》辛禑十四年三月乙亥朔条中写道:"大明后军都督府遣辽东百户王得明,来告立铁岭卫。禑称疾,命百官郊迎。判三司事李穑领百官,诣王得明,乞归敷奏。得明曰:在天子处分,非我得专。"关于这点,《明太祖实录》洪武二十年十二月壬申条中写道:

> 命户部咨高丽王,以铁岭北,东西之地,旧属开元。其土著军民女直、鞑靼、高丽人等,辽东统之。铁岭之南,旧属高丽人民,悉听本国管属。疆境既正,各安其守,不得复有所侵越。

综上所述,朱元璋决定用铁岭来划分和高丽的国境,并通知了高丽国王。朱元璋指示户部的理由,是因为有居民管辖的问题。最终,将辽东方面作为军管区的后军都督府命令辽东都司向高丽通告。在高丽,在辽东都司来的使者到达之前就对铁岭问题神经紧张,以此为契机,高丽开始攻占辽东,李成桂率领军队出兵。然而,李成桂在抵达鸭绿江的威化岛时,却掉头回城,发动兵变废黜了辛禑王,这就是有名的威化岛回军事件。③

五、遣使与宦官:李氏朝鲜的情况

1388年威化岛回军获得高丽实权的李成桂(朝鲜太祖)在1392年即位,随后朝鲜王朝开始。但是,这个王朝交替没有获得朱元璋的承认,中朝关系比高丽时代更严峻。关于洪武年间到永乐初旬的中朝关系,荷见守义就"关于洪保的明朝宦官遣使的情况与朝鲜遣使·郑和大航海事业的关系"的问题已经进行了研究,所以我想从这里的要点开始总结。

(一)洪武年间的遣朝鲜使臣

①朝鲜太祖二年(1393)五月丁卯,钦差内史黄永奇、崔渊等人中内史两人是朝鲜人。

②朝鲜太祖二年十二月己卯,朝廷使臣内史金仁甫等四人中四人均是朝鲜人。

③朝鲜太祖三年(1394)正月壬子,钦差内史卢他乃、朴德龙、郑澄等人中似乎都是朝鲜人。

---

① 参见[日]川越泰博:《洪武·永乐期的明朝与东亚海域——〈皇明祖训〉围绕不征各国条文的关联》,收入井上彻编:《海域交流与政治权力的对应》,日本汲古书院2011年版;[日]荷见守义:《〈宗藩之海〉与冬至使沈通源》,收入《人文研纪要》65,日本中央大学人文科学研究所2009年版。

② 参见[日]荷见守义:《明朝·高丽往来文书的研究——以〈吏文〉所收档案为线索(一)》,中央大学东洋史学研究室编:《池田雄一教授古稀纪念亚洲史论丛》,日本人文科学研究所2008年版。

③ 参见[日]河内良弘:《明代女真史的研究》。

④朝鲜太祖三年四月癸酉,钦差内史崔渊、陈汉龙、金希裕、金禾等人。

⑤朝鲜太祖三年四月甲午,钦差内史黄永奇等三人都是朝鲜献上的阉人。

⑥朝鲜太祖五年(1396)六月丁酉朝廷使臣尚宝司丞牛牛,以及宦者王礼、宋孛罗、杨帖木儿。

以上,朱元璋的使者在所见范围内都是宦官,派遣目的是为了谴责李成桂的非难以及要求马匹或阉人的进贡。

(二)建文年间的遣朝鲜使臣

①朝鲜太宗元年(1401)二月乙未,朝廷使臣礼部主事陆颙,鸿胪行人林士、英泰的派遣,目的是为了下赐建文三年(1401)的大统历。

②朝鲜太宗元年六月己巳,通政寺丞章谨、文渊内阁待诏端木礼的派遣,目的是给朝鲜国王带去封李芳远(朝鲜太宗)的诰命和朝鲜国王金印等。

③朝鲜太宗元年九月丁亥朔,朝鲜使臣太仆寺少卿的祝孟献和礼部主事的陆颙的派遣,目的是要求提供马匹。

④朝鲜太宗二年(1402)二月己卯,鸿胪寺行人潘文奎的派遣,目的是冕服的赏赐。

综上所述,建文年间文官遣使一边倒。建文帝推翻了朱元璋对朝鲜的严厉应对,承认李芳远为朝鲜国王的理由,对靖难之役的影响很大。另外,建文帝不起用宦官作为使臣,可能是受到了官制改革的影响。

(三)永乐年间上半年的遣朝鲜使臣

①朝鲜太宗二年十月壬戌,朝廷使臣都察院金都御史俞士吉、鸿胪寺少卿汪泰、内史温全、杨宁以及省亲内官郑贵等三人的派遣,目的是传达永乐帝即位诏书。当时的朝鲜遣使中正使为俞士吉、副使为汪泰、太监温全和杨宁随从,并伴有朝鲜出身的宦官郑贵等三人。也就是说,文官成为正副使节,不是朝鲜出身的宦官温全和杨宁,是朝鲜出身的宦官陪伴的形式。但是,在朝鲜方面的记录中,永乐帝曾认为温全应该站在正副使节的前列,使节团的实权有可能是宦官掌握的。

②朝鲜太宗三年(1403)四月甲寅,都指挥高得、通政司左通政赵居任以及宦官太监的黄俨、曹天宝、本朝宦者朱允端、韩帖木儿等人的派遣,目的是将朝鲜太宗任命为朝鲜国王的诰命、印章和历法带去。根据朝鲜方面的记录,如正副使都指挥使高得等所说,钦差内官太监的黄俨等遣使宦官放在了正副使的位置上。另外,当时的黄俨、曹天宝的傲慢举动,让李芳远也皱起了眉头。

③朝鲜太宗三年八月乙卯,朝廷使臣宦官田畦、裴整、给事中马麟等人的派遣,目的是告知朱元璋为马皇后追尊了谥号。另外,宦官是朝鲜人。

④朝鲜太宗三年十月辛未,朝廷使臣钦差内官太监的黄俨和宦官朴信、翰林院待诏王延龄、鸿胪寺行人崔彬的派遣,目的是为了给朝鲜国王们提供冕服和书籍。

⑤朝鲜太宗三年十一月乙亥朔,朝廷使臣韩帖木儿、还乡宦官朱允端的派遣,目的是要

求提供阉人。

　　⑥朝鲜太宗四年(1404)四月戊子,朝廷使臣掌印司卿的韩帖木儿、鸿胪寺序班的邹修、行人李荣等人的派遣,目的是要求耕牛和阉人提供。

　　⑦朝鲜太宗四年六月己卯,朝廷使臣内史的杨进保、给事中的敖惟善的派遣,目的是告知立了皇太子。

　　⑧朝鲜太宗四年十一月甲辰,朝廷使臣太监官刘璟、国子监丞王峻用的派遣,另外,省亲宦官李成、金禧、朴麟等人也一同前往。

　　目的是去送朝鲜提供了一万头耕牛这件事的谢礼。

　　⑨朝鲜太宗五年(1405)丙午,朝廷使臣千户王教化的派遣,目的是为了到女真任职,所以告知朝鲜朝廷使臣需要经由朝鲜国内前往女真。

　　⑩朝鲜太宗五年四月辛未,朝廷内使郑升、金角、金甫等朝鲜出身的宦官的派遣,目的是要求提供阉人。

　　⑪朝鲜太宗六年(1406)三月己酉,朝廷使臣内官郑升与省亲内官赵良等6人同行。都是朝鲜出身的宦官。

　　目的是提供纸、黄牡丹等,并要求遣返逃亡军人。

　　⑫朝鲜太宗六年四月己卯,朝廷内使黄俨、杨宁、韩帖木儿、尚宝司尚宝奇原等人的派遣,目的是提供佛像和要求遣返逃亡军人。

　　⑬朝鲜太宗六年闰七月丙寅,内史朴麟、金禧等朝鲜出身的宦官的派遣,目的是赐予朝鲜乐器。

　　⑭朝鲜太宗六年八月壬辰,内史李原义、尹凤等十九人兼亲还乡。

　　⑮朝鲜太宗六年十二月丁未,朝廷内史的韩帖木儿、杨宁等人的派遣,目的是对朝鲜国王提供铜像的回礼。

　　⑯朝鲜太宗七年(1407)五月甲寅朔,内史郑升、行人冯谨的派遣,另外,还乡内官金角、李成、南江、金勿之、尹康等人也一同前往。目的是把安南平定的诏书订下来。

　　⑰朝鲜太宗七年五月辛未,朝廷使臣司礼监太监的黄俨、尚宝司尚宝奇原的派遣,目的是请求提供舍利。

　　⑱朝鲜太宗七年八月丁亥,钦差内史的韩帖木儿、尹凤、李达、金得南等朝鲜出身的宦官的派遣,目的是要求提供阉人。

　　⑲朝鲜太宗八年(1408)四月甲午,朝廷内史的黄俨、田嘉禾、海寿、韩帖木儿、尚宝司尚宝奇原等人的派遣,目的是请求提供处女。

　　⑳朝鲜太宗九年(1409)五月甲戌,太监的黄俨、监丞海寿、奉御尹凤的派遣,尹凤是朝鲜出身的宦官。目的是为了传达前一年从朝鲜献上的处女的经过。

　　㉑朝鲜太宗九年十一月甲戌,朝廷内史祁保的派遣,目的是给朝鲜施加压力,以供马匹和阉人。

㉒朝鲜太宗十年(1410)十月壬寅,朝廷内史正使太监田嘉禾、副使少监海寿的派遣,目的是向朝鲜提供马匹的谢词和马价的支付。这里明确了正使和副使都是宦官。

综上所述,永乐年间的前半期,朝鲜的遣使最初正副使由文武官僚来担任,但实际上以宦官为中心。之后以文武官僚跟随宦官的形式被派遣。不仅如此,根据场合的不同,太监也被任命为正副使。另外,被起用为遣使的文武官僚也多是在永乐政权中被选拔出来的。永乐政权诞生后,朝鲜遣使中宦官的分量一下子增加了。这是在别的稿上讨论的内容。

(四)永乐年间后半期的遣朝鲜使臣

从这里开始虽然涉及其他稿中没有讨论到的范围,但是想如下所示依次看下去。

①朝鲜太宗十一年(1411)八月甲辰

派朝廷使臣宦官太监黄俨给朝鲜太宗配药,并命令他提供写经用纸。另外,黄俨参观了光禄寺少卿吕贵真的墓,并到贤妃权的母家去吊唁了。①

②朝鲜太宗十七年(1417)七月丙寅

派遣太监黄俨、少监海寿等人,进行处女选拔并带回北京。这件事和以下④的事例有很深的关系,所以请在④具体看看。

③朝鲜太宗十七年十一月庚戌

派遣钦差内史奉御陆善财,给处女韩氏、黄氏等的母家予以奖励。

④世宗元年(1419)春正月甲子

《朝鲜王朝实录》在世宗元年春正月甲子条中这样写道:

> 皇帝遣太监黄俨,偕正使光禄少卿韩确、副使鸿胪寺丞刘泉持节,奉诰命来,锡王命。上之与使臣行礼也。韩确辞不敢。上强之,乃就位。及宴,确不赴。确,本国人,其妹选入帝所,见宠。帝欲荣之,召赴京师,授诰遣还。黄俨奉宣谕求火者四十人,印佛经纸二万张。

黄俨带领作为正使的光禄寺少卿韩确和副使鸿胪寺丞刘泉,给世宗带来了承认朝鲜国王即位的诰命。朝鲜王朝第四代国王世宗(在位1418—1450)李裪作为朝鲜太宗的三子出生,朝鲜太宗八年二月封忠宁君,同十三年五月进封忠宁大君。同十八年六月壬午时,世子禔被废嫡流放广州,忠宁大君被任命为王世子②,永乐帝也承认了其地位。③《明实录》永乐十六年冬十月壬寅条中记载:

---

① 参见《朝鲜王朝实录》卷22,太宗十一年八月甲辰、己酉、乙卯;《明太宗实录》卷61,永乐七年二月庚辰条中,记载了"命贤妃父权永均为光禄寺卿,昭仪父李文命、婕妤父吕贵真为少卿,顺妃父任添年为鸿胪寺卿,美人父崔得霏为少卿。"同八年冬天十月丁巳:"车驾次临城。时,贤妃权氏侍行,以疾薨。赐祭,谥恭献权,厝于峄县。"

② 参见《朝鲜王朝实录》卷35,太宗十八年六月壬午。

③ 参见《明太宗实录》卷111,永乐十六年七月丙子;《朝鲜王朝太宗实录》卷35,太宗十八年六月戊子。

朝鲜国王李芳远遣陪臣沈温等贡方物，谢立嗣子恩。且言，年已衰老。请以嗣子㵖理国事。从其请。命光禄寺少卿韩确为正使，鸿胪寺丞刘泉副之，赍诏往封㵖为朝鲜国王。

李芳远派遣了陪臣沈温等人，就承认李㵖为王世子的事向皇帝谢恩，并一再请求能即位成朝鲜国王。[1]永乐帝承认了这一点，将光禄寺少卿韩确作为正使、鸿胪寺丞刘泉[2]作为册封使的副使。通过这里《明实录》的记载，可以看出明朝派遣了两名文官作为正副使册封世宗为新的朝鲜国王。但是，实际上并非如此。正使光禄寺少卿韩确不是正式的文官，而是朝鲜人。

在这里讨论一下韩确的背景吧。永乐十五年（朝鲜太宗十七年）五月壬寅派遣左军金总制元闵生到北京上奏的内容是：

永乐十五年四月初四日，通事元闵生回自京师言，本年正月二十一日，钦受赏赐，宣进表使李都芬及元闵生等入右顺门内，有权婆婆、黄俨等，对元闵生等说道，怎回去国王根底说了，选一个的当的女儿，奏本上填他姓年纪来。

由于这处女选拔的请求。于是在朝鲜，从中央和地方的文武两道和军民家中选出一个女孩等待进献，据记录选拔出来的女孩"一、奉善大夫宗帐副令黄河信女子，年十七岁，辛巳五月初三日亥时生，本贯尚州"[3]。接着，六月丙午，奏闻使元闵生从北京回来，向朝鲜国王报告说："皇帝问采女脸色之美，奖赏甚厚。乃使宦者黄俨、海寿等来逆女。"[4][2]中的黄俨和海寿同月癸丑进入辽东物色人参和牛马引起骚动后，七月丙寅抵达汉城，己巳记载："宴使臣于庆会楼，幸景福宫，聚处女黄氏、韩氏等十余于勤政殿，令两使臣择之，以韩氏为第一。"于是，决定把韩氏作为了第一位。八月己丑条记载："使臣黄俨、海寿，以韩氏、黄氏还。韩氏兄副司正韩确、黄氏兄天录事金德章为源、侍女各六人、火者各二人从之、路旁观者莫不滴"。被选为进献处女的韩氏和黄氏，他们的亲人也一起去了北京。同时，同一天，作为进贡使，向北京派遣了都总制卢龟山和奏闻使金总制元闵生。[5]十二月丁亥通事崔天老从北京回来，并向世宗报告道："帝爱重韩氏，遣内官善财能赐到辽东。"[6]同月辛丑，卢龟山和元

①《朝鲜王朝实录》卷36，太宗十八年九月戊申。

②关于刘泉的记载《明太宗实录》卷66，永乐七年冬十月丙寅中，从光禄寺珍耻署丞晋升为同右寺丞，兼朝鲜遣使，同永乐二十二年十月癸丑、丁巳条中，从鸿胪寺右寺丞晋升为同右少卿。也就是说，朝鲜遣使时期有可能是鸿胪寺右寺丞。

③《朝鲜王朝实录》卷33，太宗十七年五月壬寅。

④《朝鲜王朝实录》卷33，太宗十七年六月丙午。

⑤参见《朝鲜王朝实录》卷33，太宗十七年六月癸丑、七月丙寅、己巳、八月己丑。

⑥《朝鲜王朝实录》卷34，太宗十七年十二月丁亥。

闵生归国,元闵生向世宗报告道:

> 去十月初八日,黄氏、韩氏自通州先入,臣等以初九日入京,十日,朝见。帝见臣,
> 先笑宣谕曰,汝等来矣,黄氏服药乎。闵生对曰,路次疾病,至极忧患。帝曰:难得国王
> 至诚,送来韩氏女儿好生聪俐,尔回还对国王根底说了。

韩确被任命为光禄寺少卿,赐物甚厚,还赐给黄家和韩家金银彩帛。①③中的同月庚戌
因为陆善财带来了敕书和奖赏,所以,在辛亥赐予了光禄寺少卿韩确月俸。②

永乐十六年(1418)是世宗即位年,《朝鲜王朝实录》太宗十八年九月庚申一条中记载:
"光禄少卿韩确以帝命,亦从使臣以行。"

从上述的世宗元年春正月甲子条来看,这里的使者指的是黄俨。这一点是显而易见
的。也就是说,韩确和刘泉是跟随太监黄俨来朝鲜的,韩确扮演了给世宗带来朝鲜国王即
位的诰命的光荣角色。韩确被任命为正使,当然是因为其妹妹深受永乐帝喜欢。《朝鲜王朝
实录》世宗元年二月己卯条中写道:"黄俨、刘泉还京师,韩确以帝旨仍留。命赐入朝火者尹
凤、瑞兴本家米豆二十石。时凤得幸于帝,故俨请之也。"

任务结束后,黄俨和刘泉返回明国,而韩确听从永乐帝的命令,留在了朝鲜。

⑤世宗元年八月己丑③、癸巳④

永乐帝派遣了中官黄俨,向世宗说明了作为国王的心得。

另外,还派遣钦差官王贤,举行了光禄寺少卿郑允厚的葬礼。

⑥世宗五年(1423)四月丙辰

永乐帝派遣使臣内官刘景、礼部郎中杨善,举行朝鲜太宗的祭礼,并赐与恭定为
谥号。⑤

① 参见《朝鲜王朝实录》卷34,太宗十七年十二月辛丑。
② 参见《朝鲜王朝实录》卷34,太宗十七年十二月庚戌、辛亥。
③《朝鲜王朝实录》世宗元年八月己丑和《明太宗实录》永乐十七年六月辛巳记载:"遣中官黄俨使朝鲜国,
敕前国王李芳远曰:王祗事朝廷,始终不怠,比陈年老,请以子裪嗣爵。夫继世在于有后,而传绪在于得人,王能
简贤命德,俾宗祀有托,且副国人之望。朕用嘉悦。特遣太监黄俨赍敕劳王,王其优游暮年,益膺寿福。敕国王
李裪曰:尔父以尔孝弟力学,可承宗祀,请嗣其爵位。尔常念传序之不易,孝以事亲,忠以事上,俾子孙世享其
庆,而一国之人永永有赖焉。其敬之哉。并赐与善阴骘书一帙。"
④《朝鲜王朝实录》卷5,世宗元年八月癸巳,以及《明太宗实录》永乐九年春正月乙酉记载:"命郑允厚为光
禄寺少卿。允厚,朝鲜人,掖庭之亲。因其来朝,特授是职而不任事。"
⑤ 参见《朝鲜王朝实录》卷3,世宗五年四月丙辰。另外,《明太宗实录》永乐二十年十二月庚寅写道:"前朝
鲜国王卒。讣闻,赐祭,谥恭定,赙布帛千疋。"另外,杨善(1384—1458)字思敬,北直隶大兴县人。靖难之役有
守城之功,永乐年间成为鸿胪寺序班、礼部右寺丞。土木之变后,他活跃于英宗的回归,在夺门之变后,被兴济
伯封印。传记除《明史》卷171外。另外,[日]川越泰博:《被蒙古绑架的中国皇帝明英宗的坎坷命运》(日本研文
出版2003年版)详细描述了英宗从瓦剌归来的过程中杨善的活动。

⑦世宗五年八月丙寅①

永乐帝派遣使臣内官海寿、礼部郎中陈敬,进行了王世子的认定,《朝鲜王朝实录》世宗五年八月丙寅条中记载:

A.其敕书曰:皇帝敕谕朝鲜国王李,得奏,国人请立王之嫡子珦为世子。今特允所请,以珦为朝鲜国王世子。王尚教以孝悌忠信,俾进于德义,以副国人之所望。兹遣少监海寿、礼部郎中陈敬,赍敕谕王。王其体朕至怀。故谕。

B.皇帝敕谕朝鲜国王李:前者,征剿残胡。王献马万匹,以资国用。朕甚嘉悦。今特遣少监海寿,赐以银两、彩币。王其体朕至怀。故谕。(以下、省略)

C.皇帝敕谕朝鲜国王李:今特遣少监海寿,赍敕谕王。王即选取马一万匹来进,以资国用,并以银两、彩币赐王。王其体朕至怀。故谕。(以下、省略)

这里登载了三种敕谕。其中,A认定王世子的敕谕上记载着海寿和陈敬的名字,这原本是礼部的管辖范围,B是嘉奖朝鲜国王向蒙古亲征提供一万匹马而赏赐东西的敕谕,C是要求朝鲜国王再新献上马一万匹的敕谕。B和C都只写了海寿的名字。让朝贡国提供物资的行为,如果是礼节性的东西的话应该是礼部的职责,但是即使是与军事相关的也不认为是兵部和五军都督府的管理范围。也就是说这是皇帝对国王的直接要求。因此,一般认为是皇帝钦差的宦官的职责所在。

六、结语

明朝第三代皇帝永乐帝是朱元璋的第四子,作为燕王在被封于北平,原本应该作为一个藩王结束他的一生。但是,由于作为皇太子的朱标突然去世,朱元璋不得不重新选择皇太子,燕王的命运受到了激烈的动摇。朱元璋对新的皇太子的选择相当犹豫,结果朱标的次子朱允炆作为皇太孙被选出。朱允炆成为明朝第二代皇帝建文帝。朱元璋选择新继承人时犹豫的原因是因为燕王。燕王当时以北平为据点,站在与蒙古的战斗前线,大显身手,让朱元璋很是满意,朱元璋在新的继承人选拔中,在朱允炆和燕王之间犹豫了。结果导致朱允炆和燕王之间产生了矛盾,洪武三十一年朱元璋去世后,成为建文帝的朱允炆和燕王之间对立日渐激化,最终打响了为期三年多的内乱——"靖难之役"。结果,打倒建文帝的燕王作为明朝第三代皇帝永乐帝掌权。即位的永乐帝将自己的燕王军出身的将官作为新官,将建文政权军出身的将官作为旧官,将全国的卫所重新编成以新官为中心,并同时将五军都督府的军官换成了靖难功臣来巩固军权,完全掌握了全军。另一方面,为了确保国政的正常运行需要有能力的官僚。从燕王府时代开始,朱棣的幕僚就很少,所以基本上都接受了建文政权的官僚(建文旧臣)。永乐帝对于对自己发誓忠诚,且有能力的官僚不问出

---

① 参见《朝鲜王朝实录》卷5,世宗五年八月丙寅。礼部郎中陈敬这个人物不详。同时代有一个叫陈敬宗的翰林院侍讲的人物,或者说的是这个人。

身,都会给予重用。①

虽然像这样确保了人手,但政策决策和决定是由藩王时代的亲信们加上内阁官僚等的亲信集团进行的,六部建文旧臣只执行政策。②这个亲信集团没有宦官的影子。永乐年间的军事行动——蒙古远征、亲征、安南远征等,都是以靖难功臣为轴心展开的,但为了扩大对外关系,以从燕王府出征的宦官为中心被起用了起来。这两股力量都是能正确实现永乐帝意图的道具。那么,本文的探讨仅限于对高丽王朝和朝鲜王朝的遣使分析。关于郑和等的研究预计近期会出版,虽然政治中宦官的作用必须在整个明朝史上一一阐明③,但这里请允许我对本稿做个总结。

洪武年间,朱元璋对宦官的起用非常慎重。但要说完全没有使用宦官的话,恐怕也不太多。对高丽归还流寓者,陈理等被移管到高丽等。宦官直接显示了皇帝的恩宠和权威。在建文年间,宦官的存在就从外交上消失了。到了永乐年间,外交就成了宦官没有竞争对手的舞台,文武官僚只能在宦官手下活动。只是,例如在国王册封等场合,礼部等文官被派遣为正使、副使等,官僚机构的作用并没有消失。但是,包括正副使在内,除了入了宦官的指挥下之外,还被宦官占据了正副使,只有宦官的派遣也变多了。另外,宦官大多是高丽、朝鲜出身的宦官。对于这样的状况,朝鲜国王和官员表现出很大的困惑。对于遣使的宦官在朝鲜国内蛮横的行为也有困惑吧,倒不如说,中朝关系中有宦官横行的情况是不正常的吧。

永乐帝在外交上多用宦官,是想表现出军事以及对外关系上都完全掌握在皇帝手中的强烈意志。这是永乐帝打算弥补在军事和外交上推翻建文帝而掌握政权的不足之处,另外,在永乐政权的特征即亲信型政治(Inner Circle)中,其不通过六部等官僚机构,可以认为是由皇帝直接来推动政治的政治形式。

作者:荷见守义,日本弘前大学人文社会学部教授

---

① 参见[日]川越泰博:《明代建文朝史之研究明代》,日本汲古书院1997年版;同《永乐政权成立史之研究》,日本汲古书院2016年版。

② 参见[日]川越泰博:《永乐政权成立史之研究》;[日]荷见守义:《永乐帝——明朝第二之创始人(永乐帝——明朝第二の创业者)》,日本山川出版社2016年版。

③ 参见李建武:《明代镇守内官研究》,天津古籍出版社2016年版。

试论明中叶的财政危机与浙江的赋税制度改革

董郁奎

　　明中叶,土地兼并日益严重,农民纷纷逃亡,税源剧减,赋税严重失控,而统治集团的消费却仍急剧膨胀,明王朝出现了严重的财政危机。为此,大致自正统至嘉靖年间,各地官府纷纷推行赋税制度改革,以维护明王朝的封建统治。作为明王朝财赋重地的浙江,自然是这次赋税改革的重点地区。

一

　　明王朝的财政危机,早在洪、宣时就已露端倪。其时政府的财源主要是田赋,但统治者又凭借特权疯狂兼并土地。洪熙时,皇室即设立了仁寿、清宁、未央宫庄,是为皇庄出现之始。弘治时,畿内皇庄有5处,共12800余顷。正德十六年(1521)时达200919顷。[①]这些皇庄在圈地过程中,附近百姓"有以近庄故,冢墓被其发掘,屋庐被其拆毁者,耕夫饷妇,稍不退让,辄罹鞭捶。嚌酸忍痛,敢怒而不敢言,按巡之使,过之而不敢问,守牧之官,即之而不敢直"[②]。其他王府、勋戚、官宦纷纷效仿,形成了一股兼并土地狂潮。

　　建国初,朱元璋分封诸王,陆续把自己的23个儿子分封到全国各重要城市,如燕王朱棣分封于北京、秦王封于西安、吴王封于杭州(后改封周王,迁河南开封府)等。到明中叶,府庄田遍及山东、山西、河南、湖广、四川、江西等省。王田扩充的方法主要有向皇帝"奏讨""乞请",胁迫农民向他们"投献"等。正德年间,江西宁王宸濠"其于民间田地、山塘、房屋,或用势强占,或减价贱买,或巧为准折,或妄行抄收。中人之家一遭其毒,即无栖身之所;上农之田一中其奸,即无用锄之地"[③]。

　　景泰时,大学士商辂曾说:"在京功臣等官之家,将口外附近各城堡膏腴田地占作庄田,以次空闲田地又被彼处镇守总兵、参将并都指挥等官占为己业,每岁使军夫耕种,收利肥己。"[④]这从一个侧面反映了当时勋戚占地现象。弘治时,外戚张鹤龄占地4000余顷;嘉靖年间,外戚陆炳在南昌、嘉兴、扬州、承天等地都有田庄。到明中叶,宦官的政治势力恶性膨胀,随之便是疯狂占地。成化时,宦官汪直在官坻有荒地2000余顷。正德时,宦官官大用侵

---

①　参见(清)嵇璜等:《续文献通考》卷6《田赋考》,《景印文渊阁四库全书》第626册,台湾商务印书馆1986年版,第167页。

②　(明)何孟春:《何文简疏议》卷1《应诏万言疏》,《景印文渊阁四库全书》第429册,第23页。

③　(明)唐龙:《请还宸濠所占民田疏》,《明臣奏议》卷16,清武英殿聚珍版丛书本,第14页。

④　(明)商辂:《边务疏》,(明)陈子壮编辑:《昭代经济言》卷3,清岭南遗书本,第2页。

占民田1000余顷。缙绅地主兼并土地的贪婪与凶狠程度也毫不逊色。英宗时，浙江富豪俞克明"既宦而贪。家有田，与他塍相连，每岁令人侵其畔，乡民苦之"[①]。隆庆年间，大官僚徐阶在嘉兴、湖州、松江一带，占田2400余顷，有佃户不下万人。

因此，到明中叶，土地已大量向地主贵族集中，"其田连阡陌，地尽膏腴，多夺民之田以为田也"[②]。这些权贵在千方百计掠取民田的同时，又通过"飞洒""诡寄""包纳"等手段，想方设法逃避赋税。在浙江，由于不少地主豪绅通过涂改黄册来逃避赋税，以致出现了无田之家在黄册上仍记载有田，有田之家在黄册上却无田的怪现象，顾炎武斥之"名为实册，实为伪册也"[③]。明政府规定每十年整顿编造一次黄册，作为征发赋役的依据，到这时已没有认真执行，而是任意填报。黄册失实的现象因此非常严重，黄册已没多大实际意义。

田赋是封建政府财政收入的最主要来源。土地大量被兼并的结果是政府掌握的税田数额大幅度减少。洪武二十六年（1393）全国税田总额为8577000多顷，到弘治十五年（1502）下降到4228000多顷，仅一百多年时间，税田额减少了一半以上，政府的财政收入也相应减少。洪武二十四年政府所征收的夏秋两税米麦数为32278983石，永乐年间平均为31824023石，正统年间平均为26871152石，正德年间平均为26794024石，嘉靖年间平均为22850535石。[④]弘治时侍讲学士王鏊说当时"出多入少，故王府久缺禄米，卫所缺月粮，各边缺军饷，各省缺俸廪"[⑤]。隆庆元年（1567），太仓银仅存132万两，而当时京边岁用需银500多万两，故太仓银仅够支三个月。明政府的财政已面临着破产的危机。

然而，明政府的财政开支却急升。究其原因，首先是官僚机构不断膨胀，冗员众多。嘉靖时，官员十万余人，而宋代最多时也就三万余。支撑这个庞大官僚机构所需的行政和俸禄开支自然相当惊人。其次是宫廷、宗室的消费剧增。最后是由于为镇压内地的农民起义和应付边疆地区，特别是北方地区少数民族的骚扰，而导致军费开支大幅增加。

统治阶级为应付不断增加的财政开支，同时也为满足他们对财富的渴求，加紧了对农民的搜括。广大无地或少地的农民的租赋负担日益沉重。在江南地区，许多佃户"岁仅秋禾一熟，一亩之收不能至三石，少者不过一石有余，而私租之重者，至于一石二三斗，少亦八九斗。佃人竭一岁之力粪壅工作，一亩之费可一缗，而收成之日所得不过数斗。至有今日完租而明日乞贷者"[⑥]。各种征收摊派的项目也愈来愈多。弘治时，仅田赋一项的征收项目，夏税增至二十余种，秋粮增至十余种。不堪重负的百姓纷纷逃亡。正统三年（1438），山西代州繁峙县有一半的农民逃亡。[⑦]正统六年，金华府有五分之二的农民逃亡，共十多万

①（清）陶元藻编：《全浙诗话》卷36《俞古章》，清嘉庆元年怡云阁刻本，第18页。

②（明）王邦直：《东溟先生集·陈愚衷以恤民穷以隆圣治事》，（明）陈子龙：《明经世文编》卷251，明崇祯平露堂刻本，第4页。

③（清）顾炎武：《天下郡国利病书·浙江四》，稿本，第79页。

④参见梁方仲：《中国历代户口、田地、田赋统计》甲表51—61，上海人民出版社1980年版，第185—197页。

⑤（明）王鏊：《震泽长语》卷上《食货》，清指海本，第30页a。

⑥（清）顾炎武：《日知录》卷10《苏松二府田赋之重》，清乾隆刻本，第15页b—16页a。

⑦参见《明英宗实录》卷45，正统三年八月乙卯。

人,台州府有三分之二的农民逃亡,共十二万余人。[1]影响最大的荆襄地区流民最多时有一百五十余万。在册的人口急剧减少,如严州府洪武二十四年有户70479,口301089,嘉靖时有户50695,口211943,人口减少了30%。[2]最典型的台州府太平县洪武二十四年时有242649人,嘉靖时只有47000人,减少了80%以上。[3]不少地方"千里一空,良民逃避,田地抛荒,租税无征"[4],失去生活来源的农民被迫铤而走险,纷纷揭竿而起。正统时,浙闽边界爆发了叶宗留、邓茂七起义,转战于闽、浙、赣三省交界地区,人数最多时有十多万。另外还有成化时荆襄郧阳山区流民起义,正德时河北的刘六、刘七农民起义等。此起彼伏的农民起义,使统治者更加深刻地认识到调整其统治政策、进行赋税改革已是迫在眉睫。

二

要解决财政困难,如采取限制或打击土地兼并活动的办法根本行不通,因为这触动了地主贵族的既得利益,会遭坚决抵制。如果再增税,农民对原有的赋税已经不堪重负,会引起农民更激烈反抗,引起更大的社会动荡。处于左右两难的明政府选择了改革官田税则,减轻官田赋税,调整官、民田之间赋税负担的办法。因此,明中叶的赋税改革从某种意义上来说,也是官田税则的改革。

当时,明政府拥有大量的官田,这些官田主要集中在江南地区。洪武时,嘉兴府有官、民田共19769顷,其中官为8312顷。官田占该府官、民田总额的42%。[5]嘉靖时,嘉兴府共有官田11042顷,官田占该府官、民田地总额的37.8%。湖州府有官田15923顷,占该府官民田地总额的42.5%。[6]苏松二府官田更多。洪武二十四年常熟有官田9337顷,约占官民田地总额的70%。[7]弘治十五年,苏州府有官、民田15524997亩,其中官田为9778636亩,占官、民田总额的63%左右。[8]相比之下,浙中、浙南的官田较少。如弘治时,金华府有官民田共13270顷,其中官田为482顷。[9]嘉靖时,温州府的平阳县官田为257顷,民田为6880顷;永嘉县官田为275顷,民田为6320顷;瑞安县官田为320顷,民田为4117顷;乐清县官田为289顷,民田为3449顷;泰顺县官田为36顷,民田为838顷[10]……这些地区的官田占官、民田总额的比例普遍在5%以下。

这些官田属国家所有,严格来说耕种这些官田的农民向政府交纳的赋税应是地租,而

① 参见《明英宗实录》卷85,正统六年十一月甲午朔。
② 参见雍正《浙江通志》卷72《户口二》、卷74《户口四》,《景印文渊阁四库全书》第521册,第58页。
③ 参见嘉靖《太平县志》卷3《食货志》,明嘉靖刻本,第1—2页。
④《明英宗实录》卷175,正统十四年二月己未。
⑤ 参见弘治《嘉兴府志》卷8《田亩》,明弘治刻本,第13页。
⑥ 参见蒋兆成:《明清杭嘉湖社会经济史研究》,杭州大学出版社1994年版,第76页。
⑦ 参见万历《常熟县私志》卷3《叙赋》,民国抄本,第6页。
⑧ 参见洪焕椿:《明清苏州农村经济资料》,江苏古籍出版社1988年版,第49页。
⑨ 参见万历《金华府志》卷6《田土》,明万历六年刊本,第5页a。
⑩ 参见嘉靖《温州府志》卷3《贡赋》,明嘉靖刻本,第2—5页。

不是真正意义上的赋税。民田因土地属私人所有,故其向政府交纳的才是名副其实的赋税。由于政府按私租额向官田耕种者收取赋税,故其税额远高于民田,"民田米止于一斗,而官田米有七斗者,民地山荡止纳税丝,而官地有二斗以上者"①,甚至"亩税有二三石者"②。官田最集中的苏、松、杭、嘉、湖地区因此赋税畸高,是朝廷最重要的财税之地。洪武二十六年,全国共征秋粮米 24729450 石,其中浙江为 2667207 石,占全国总额的 10.79%,苏州府为 2746990 石,占全国总额的 11.11%,松江府为 1112400 石,占全国总额的 4.5%,三者所纳占全国秋粮米的 26.4%。在如此庞大的税额中,官田所纳占了很大比例,如正德时湖州府每年的正粮为 46 万石余,其中抄没重租官田即在 26 万石,"盖在十之六矣"。

耕种官田的农民根本无法交纳如此重的赋税,有的辛勤耕种所得还不够交税,因此不断出现卖儿鬻女来补税的惨状,逃亡成为这些农民唯一的选择,致使"田地荒芜,钱粮年年拖欠"③。湖州府在永乐时即逋赋 60 万石,到正德时已是"积所逋负,数累亿万"。苏州府在宣德时拖欠也达 790 万石。巨额的拖欠使朝廷的财政实际收入大为减少,严重威胁其封建统治。明初,朝廷也想通过蠲免减征的措施来调整江南地区的税收负担。洪武七年(1374),诏苏、松、嘉、湖四府凡每亩起科七斗五升者,减半征收。建文帝继位后,立即下诏:"国家有惟正之供,江浙赋独重","今悉与减免,亩毋逾一斗"。④但这种临时性的减免根本不能解决江南赋税体制中存在着的种种弊端,同时因减免赋税意味着政府财政收入的减少,因此在推行时阻力相当大,结果不是未付诸实施,就是大打折扣。明政府在减免赋税政策失败后,认识到对其赋税政策进行改革才是最好的出路。

明政府在制定赋税改革措施时,有一个明确的指导思想:一是财政收入的总额绝不能减少;二是这些赋税须确保足额上交。改革官田赋税对朝廷来说可解决财政危机之忧,对地主贵族来说仍可安稳地占有其兼并来的土地。虽然对于占有大量江南民田的地主豪绅来说,赋税负担会稍有增加,但随着官田税负的减轻,他们又可大量兼并官田,得大于失。对于耕种官田的农民来说,赋税负担也有所减轻。故改革官田税负看起来似乎是个很完美的办法。

最早对江南地区官田税负进行改革的是周忱。宣德五年(1430)九月,明宣宗"以天下财赋多不理,而江南为甚,苏州一郡积逋至八百万石,思得才力重臣往厘之"⑤。大学士杨荣便荐周忱以户部右侍郎巡抚江南诸府,总督税粮。周忱从解决税粮在征收、贮藏、运输中的一系列问题着手,首先对粮长制进行改革。(1)针对粮长在征收田赋时常私造大斛,大斗进,小斗出,他"请敕工部颁铁斛,下诸县准式,革粮长之大入小出者"。(2)粮长领交勘合手续,"旧例,粮长正副三人,以七月赴南京户部领勘合。既毕,复赍送部。往反资费,皆科敛充

① 民国《海宁州志稿》卷9《食货志二·田赋》,民国十一年排印本,第8页a。
② 《明史》卷78《食货二·赋役》,中华书局1974年版,第1896页。
③ 正德《松江府志》卷7《田赋中》,明正德七年刊本,第8页。
④ 《明史》卷4《恭闵帝纪》,第63页。
⑤ 《明史》卷153《周忱传》,第4212页。

之"，这样开支甚巨。周忱便只设正副各一人，循环赴领，"讫事，有司类收上之部，民大便"①。(3)建立水次仓制度，设《拨运文薄》登记支拨起运数目，《纲运文薄》开列运输途中的应开支项目，以备核查，遏止了税粮在贮藏、运输过程中粮长自盗行为的发生。

正粮与耗米合称"平米"。当时，在税粮在征收时，势豪大户只供正额，不交加耗，结果耗米全部由普通百姓交纳。加耗主要用于田赋征收、保管、运输，费用甚巨，有时竟与正额相等。对广大百姓来说，这些必交的加耗实际上已经是赋税的一部分，不是赋税的赋税，农民负担也因此更加沉重。

周忱于宣德八年(1433)奏行《加耗折征例》，创立"平米法"，确定了征收耗米的原则：田赋征收的耗米须依据上一年耗米支出的盈亏数额来确定，每年多寡不一，耗米并入正米，一并征收，以论粮加耗为主，"每正粮一石，收平米一石七斗"。民田采取论田加耗，"于轻额民田，每亩加耗一斗有奇，以通融官田之亏欠"②。

严格地说，"平米法"并不是对当时官田赋税畸重现象进行改革，仅仅是对田赋加耗做适当调整。它虽然没有降低江南的赋税总额，但从此结束了势豪大户不交加耗的历史，赋税负担严重失衡的不合理现象有所改变。对加耗的改革实际上是明中叶田赋制度改革的前奏，对以后浙江地区田赋制度的改革，影响深远。

在周忱巡抚江南时，当时赋税制度还出现了一个重大变化———金花银的实施。浙江是全国最早开征金花银的地区之一。金花银虽不是周忱制定的，但周对金花银的推行十分积极。正统元年(1436)，副都御史周铨上书谓："行在各卫官俸支米南京，道远费多，辄以米易货，贵买贱售，十不及一。朝廷虚糜廪禄，各官不得实惠。"③因此要求在南畿、浙江、江西、湖广不通舟辑地，折收布、绢、白金，解京充俸。后江西巡抚赵新也为此上书，户部尚书黄福又"复条以请"，行在户部尚书胡濙对英宗说："太祖尝折纳税粮于陕西、浙江，民以为便。"英宗遂同意以米麦一石，折银两二钱五分，南畿、浙江、江西、湖广、福建、广东、广西米麦共四百余万石，折银百余万两，入内承运库，谓之"金花银"。周忱对金花银的实施办法是："七斗至四斗则纳金花、官布、轻赍折色。二斗、一斗则纳白粮、糙米、重等本色。"④因只有官田才有可能亩征税粮四斗以上，所以起初纳金花银者是官田承租者，湖州府就规定金花银"专为此等重租官田"设立。由于一般税粮折金花银价高于粮食的市场价格，同时交纳金花银又能免除税粮的运输之苦，实际上减轻了农民的负担。地主富豪见有利可图，故对推行金花银也十分积极，想方设法扩大其征收范围。金花银的征收也逐步从官田扩大到民田。正德四年(1509)，浙江在全省范围内派征金花银，"不分官民(田)，每正米一石，派征折银米二斗五升有零"⑤。因为金花银与税粮的比例可随时浮动，所以也为浙江田赋的改革提供了极为

---

① 《明史》卷153《周忱传》，第4212页。
② (清)蒋伊：《苏郡田赋议》，(清)贺长龄编：《清经世文编》卷32《户政七》，清光绪十二年思补楼重校本，第9页b。
③ 《明史》卷78《食货二·赋役》，第1895页。
④ (清)顾炎武：《天下郡国利病书·常镇》，稿本，第29页。
⑤ 万历《湖州府志》卷11《赋役》，明万历刻本，第3页。

便利的条件。

由于平米法限止了豪强权贵拒不纳耗的特权,触犯了这些人的切身利益,因此周忱的改革所遇到的阻力极大。正统七年(1442),周忱被迫停止平米法。平米法停止执行后,江南"两税复逋,民无所赖"①。明政府因此不得不宣布恢复平米法,"举行前法如故"。景泰元年(1450),溧阳县豪绅彭守学又攻讦周忱多征耗米,"假公花销,任其所为,不可胜计"②,户部让监察御史李鉴等前往诸郡稽核追还。次年五月,给事中金达又上书弹劾周忱,周忱被迫致仕。

周忱下台后,明政府迫于局势,继续对赋税制度进行改革。就在周忱被弹劾后,帝命李敏代之,"敕无轻易忱法"。景泰二年十一月,浙江右布政使杨瓒"以湖州诸府官田赋重,请均之民田赋轻者,而严禁诡寄之弊"③。明景帝令其在不失原额总数的前提下,"公同遍历所属府县,督同官吏查勘重则田地,除每亩税粮二斗、丝绵三两以下者不动外,其余相度田土肥瘠,将粮丝量宜增减,勘酌分搭"④。由于当时"民田多归于豪右,官田多留于贫穷"⑤,故所谓分搭,实际上是要把官田的一部分租赋转嫁给民田负担。

镇守浙江兵部左侍郎孙原贞具体负责这次改革的实施。他制订了《征粮则例》,如规定凡官田每亩一石至四斗四升八合、民田每亩科米七斗至五斗三升者,俱每石岁征平米一石三斗;官田每亩科米四斗至三斗、民田每亩科米四斗至三斗三升者,俱每石岁征平米一石五斗……⑥这个办法实际上是周忱平米法的继续,其根本目的也是为了解决官田耕种者负担畸重及官、民田之间赋税负担不均的弊端,但两者也有很大差别:孙、杨《征粮则例》中的平米仅指加耗,不含正粮,该方案是论田加耗,使起科重的征平米少、起科轻的征平米多、平米数额是固定不变的;周忱平米法中的平米包括正粮与耗米,每年的耗米是浮动的。孙、杨改革方案的最大意义在于第一次采取切实措施来调节重赋田与轻赋田之间的负担悬殊的矛盾,但其也有不足之处;首先是该方案对轻、重赋田之间的税负调节力度太小,相互间税赋差距仍相当大;其次是计算繁杂,势豪要从中作弊易如反掌;再次是原先只有官、民田征收耗米,一些旱地及草荡不征耗米,今则全部征收。

浙江与苏松两地在这次赋税改革中始终互相影响,相互促进,把改革推向深入。景泰七年,就在孙、杨在浙江推行改革时,被委任巡抚苏松的陈泰也试行改革,规定:"民田五升者倍征,官田重者无征耗。"根据科则的不同来确定不等的加耗额,以达到"赋均而额不亏"的目的。天顺元年(1457),李秉继任为苏松巡抚,制订了较为具体的改革方案。此方案的核心也属论田加耗,但与孙、杨方案不同的是,在规定加耗数量时,不再有官、民田之别,仅根据每亩所征正粮数量来确定加耗,如每亩征六斗以上田,只征正粮,不加耗,每亩征五斗

① 《明史》卷153《周忱传》,第4216页。
② 《明英宗实录》卷191,景泰元年四月乙亥。
③ 《明史》卷161《杨瓒传》,第4386—4387页。
④ 《明英宗实录》卷210,景泰二年十一月庚戌。
⑤ (明)王鏊:《震泽集》卷36《吴中赋税书与巡抚李司空》,《景印文渊阁四库全书》第1256册,第522页。
⑥ 参见万历《大明会典》卷17《户部四》,明万历内府刻本,第14页。

至六斗田,每石加耗一斗五升……每亩征五升至一斗田,每石加耗一石一斗五升。这是一个值得注意的变化。

论田加耗是赋税改革的一大进步,但因其损害了占有大量民田的地主豪绅的利益,故在推行时一波三折,阻力重重。天顺元年,湖州知府岳璇上疏:"奏每亩正粮不动外,其耗米不分等则,每亩通为一斗。"①这实际上是对孙、杨论田加耗的否定,即取消了把重则官田的加耗向轻则民田转移的办法,这实际上是一种倒退。次年,苏松巡抚崔恭也改变了李秉的论田加耗法,恢复了论粮加耗,"以一则加赠,不论正粮斗则"②。民田的负担虽然因改为论粮加耗而减轻,但耕种官田的农民其负担却因此骤增,被迫逃亡,江南地区的官田出现了成片荒芜的现象。

重新恢复论粮加耗所引起的赋税混乱、农业生产凋敝现象迫使朝廷迅速做出反应。天顺五年(1461),明政府委派刘孜巡抚南直隶,整顿赋税。刘对苏州府恢复了陈泰、李秉论田加耗法。由于松江府抛荒土地较多,便召民开垦,规定一律按土地肥瘠重新制定征收标准,原来的征收额不予考虑,"肥田亩税米三斗,瘠田二斗,谓之官租,仍与民约,永不起科加耗"③。刘孜在松江实行论田加耗,让农民用垦荒所得来弥补耗米之不足。

通过这一系列改革,官、民田之间的税赋差距缩小了,官田的负担显著减轻,兼并官田的收益因此相应增加,地主豪绅遂即加大了对官田的兼并。有些耕种官田的农民因交不起租赋,便将官田诡称为民田,卖给势豪,但这些赋税仍要农民负担。也有一些耕种官田的农民"日久各认为己业",转让佃权,"更佃实同鬻田,第契卷仅书承佃而已",由于佃权屡次转移,原有的册籍或被销毁,或被里胥篡改,这些土地连疆界都无法清查,到底是官田还是民田则更无法深究,权贵对其兼并更是如探囊取物。这种土地占有形式的改变,一定程度上是赋税制度改革的必然结果。一些失去官田的农民因无法完税,"其间毙于桎梏,殒于图圄,自投于沟壑者,不可胜数。追呼愁苦之声盈耳"④,湖州府乌程、归安等县不少农民因无法交纳官田赋税而逃亡。虽然如此,对于大部分耕种官田的农民来说,赋税改革所带来的好处是显而易见的。

三

无论是论粮加耗,还是论田加耗,在实际推行时都遇到了来自不同方面的阻力,明政府在周忱平米法废止后不久,曾设想通过让大户民田改为按官田起科、小户官田改为按民田起科的办法来解决,此方案明显带有一厢情愿的理想色彩,地主豪绅自然不会答应。景泰四年五月,朝廷命江南巡抚李敏去执行这个方案,"均定搭派",并下令凡敢违抗者,执治其

---

① (明)钱薇:《承启堂集·均赋书与郡伯》,《明经世文编》卷214,明崇祯平露堂刻本,第18页。
② 乾隆《吴江县志》卷12《田赋一·额征》,清乾隆修民国年间石印本,第9页。
③ (清)顾炎武:《天下郡国利病书·苏松》,稿本,第68页。
④ 同治《安吉县志》卷5《赋役》,清同治十三年刻本,第34页。

罪，但结果李敏被指控"为府尹时纵子婿盗本府银四百两，及巡抚直隶时，又埋设苏松等府钱粮数百万者"，逮捕下狱，"均定搭派"也随之流产。

严格地说，论粮加耗与论田加耗都仅是对耗米征收的改革，官田赋重、民田赋轻的矛盾始终存在着。要解决这个矛盾最理想的办法是官、民田一则起科。湖州府武康县在成化时曾试行过官、民田各为一则的科则改革。曾任武康县知县的桂萼在正德十三年（1518）的上疏中说："臣治湖州府武康县时，尝查成化年间，节该奏行田粮事例，官为一则，民为一则申府，已而该府七州县已行屡年，民甚便之。至今苏、松、常、镇、杭、嘉六府各州县，又莫不欲取法于湖州府者。"①

正德十四年，都御史许光庭上疏，"请均湖州府各州县粮耗"，其实施办法是：先查得该府有正粮469119石，耗米278841石，京库折粮米141832石，时粮价"每石值银5钱"，但官定折价"每石额银二钱5分"，"每折银米二石，可准实米1石"，故京库折粮米实征数为70916石。以上正粮、耗米、京库折粮米共计为81876石，按全府27296顷11亩官民田均摊，每亩应征米3斗。原先湖州府的征收科则达4447则，许光庭统一征收科则，在分摊耗米时，对于科则轻重不等的官、民田，通过摊派不同比例的本色米和折银米，使其负担趋于平均，达到每亩"俱以实米三斗为率"的标准。许光庭同时还制订了具体的分摊比例。②

许光庭改革方案名为官、民田各一则起科，但实际上是官、民田统一亩征3斗，"税粮务要通融损益，不失概府每田一亩实米三斗之数"③。而使负担均平的途径是田赋加耗的货币化。这种田赋征收的变化，黄册上并没有反映出来。在当时条件下，许光庭的方案要立即不折不扣地履行，显然不可能。但此方案为以后浙江的赋税改革提供了一个正确的思路，意义重大。

次年，湖州知府刘天和在该府推行官、民科则各简化为轻重二则的改革，"轻者总为一则，不得于轻则之内，更有参差；重者总为一则，不得于重则之中，尚多分析"④。各县在具体实施时，因当地实际情况不同也有差别。长兴县因其处于平原与山区的交汇地带，有平坦区、沙瘠区之分，地势、土质差异较大，便制定了不同的征收则例。平坦区：原亩征本色8斗至5斗5升的官田，不加耗，全部按米1斗折银2分5厘折成金花银交纳；原亩征本色4斗以下的官田和所有的民田均为一则，本色米和折色银通融均派。沙瘠区：原每亩征本色4斗6升以上的官田及每亩征收2斗7升以上的民田，不再加耗，全部按每斗折银2分5厘折成金花银交纳；官田原每亩征收本色3斗至1斗、民田原每亩征1斗1升至8升者，各均为一则，本色米与折色银通融均派。⑤我们可以看到，长兴县主要通过本色米折成金花银，并提高其折银比率来解决田赋负担不均这一矛盾的。

安吉县的改革方案是将该县以前繁杂的官、民田则分为轻、重二则，通过赋税的调整来

---

① （明）桂萼：《桂文襄公奏议·请修复旧制以足国安民疏》，《明经世文编》卷180，明崇祯平露堂刻本，第5页。
② 参见万历《湖州府志》卷11《赋役》，明万历刻本，第1—2页。
③ 万历《湖州府志》卷11《赋役》，明万历刻本，第2页。
④ 同治《安吉县志》卷5《赋役》，清同治十三年刻本，第8页。
⑤ 参见光绪《长兴县志》卷6《田赋》，清光绪十八年刻本，第5页。

调节官民田之间、轻重田则间的差距,使之逐渐趋于平均。如安三区的官田征科自5斗5升起至8斗凡11则,长三区的官田征科自5斗5升起至6斗4升凡4则,皆划为重则官田,两区税粮折银率及每亩所征的马草米和银的数额相等。征收科则的简化,最终为官、民田一则起科打下了扎实的基础。

到嘉靖年间,实行官、民田一则起科的条件已经成熟。嘉靖十六年(1537),以右副都御史巡抚应天等十府的欧阳铎率先在苏州府推行官、民田一则起科的改革。

嘉靖二十二年,湖州府知府张铎接受乌程县粮塘里老邵铖等关于"不论官、民,每田一则,每地一则,每山一则,每荡一则,均派粮税,均徭里甲"①等建议,把该府一应岁办夏税、秋粮均摊于全府的田地山荡上,田不再分官、民,先核算出每亩田、地、山、荡该粮若干,该折银若干,该丝若干,各州县又"各自委曲通融摊派,一州自为一则,六县各为一则"②。湖州府官、民田的赋税从此二则均为一则,不再有轻、重之分。

嘉兴知府赵瀛在嘉靖二十六年推行"扒平田则"的田赋改革。他在向巡抚欧阳必进、巡按御史裴绅所上的报告中说,当时嘉兴府7县官民田地每亩征自3斗至7斗者总计550则;地荡、山滩轻者亩征1升至1斗,重者3至5斗,共276则,以往"似于七斗六斗官田甚为繁重,所以原议将金花折银每两准米四石,尽派重则,少苏民困,其五升民田似觉轻省,故以两京白粮均派轻则,以分其害",但"缘田则太繁,法久弊滋"。③赵瀛制订的具体方法是"不动版籍,合官、民田麦地一例牵摊耗米",即不分官田、民田和麦地、粮地,"算共若干,与诸额征取正耗通融斟酌,截长补短。如正米重者,耗米减轻;正粮轻者,耗米加重"。④所有土地,只按田赋多寡征派,如所征"正米数少,则全征本色,正米数多,则量派折银,银不足,则加之以米,米不足,则补之以银",最后达到所有土地"俱不出三斗之数,合为一则"⑤的目的。

赵瀛的方案是在许光庭的田赋改革方案影响下制订的,故在摊平田则的方式和目的上,都有相通之处。欧阳必进批准了赵的方案,但由于各县原有的土地总数及官田数多寡不一,赋税总额不等,故扒平田则后,各县亩征额不尽相同。"平田则者,平一邑,未尝平一郡。故嘉善之粮重于秀水,秀水之粮重于嘉兴。"⑥

绍兴府会稽县知县张鉴也于嘉靖二十六年上书浙江巡抚,建议实行均田粮。他指出当时该县官、民田地科则共达64则,则数繁多,容易出现作奸犯科之事,"卖田者隐重则以邀高价,而摘粮在户;买田者图轻则以便收纳,而贻患他人。事久人亡,考究无法"⑦,势户富户趁机将赋税转入贫户土地上,一些农民为完纳赋税,被迫典妻鬻子。他建议将以前繁杂的等则尽行

① 万历《湖州府志》卷11《赋役》,明万历刻本,第6页。
② 同治《安吉县志》卷5《赋役》,清同治十三年刻本,第43页。
③ 参见康熙《嘉兴府志》卷11上《田赋》,清康熙二十一年刻本,第7页。
④ 参见万历《嘉兴府志》卷5《田亩》,明万历二十八年刊本,第13页。
⑤ 万历《嘉兴府志》卷5《田亩》,明万历二十八年刊本,第13页。
⑥ 康熙《嘉兴府志》卷11上《田赋》,清康熙二十一年刻本,第8页。
⑦ 万历《绍兴府志》卷14《田赋志一》,明万历十五年刊本,第33页。

革去,只定山乡、水乡、海乡三则。"查山乡之田数并其粮数,即以山乡之田均摊山乡之粮";"查海乡之田数并其粮数,即以海乡之田均摊海乡之粮";"查水乡之田数并其粮数,即以水乡之田均摊水乡之粮"。应该说此方案考虑到了各地间粮食收成之差异,比较合理,浙江巡按将此建议转给绍兴府。结果各县虽对土地进行清丈,但"均为一则之说,卒未行焉"①。

嘉靖三十年(1551),山阴知县何璇进行赋税改革。当时山阴的田则共有116项,"屡易而税不均"。他把该县土地按土地肥瘠分为四乡,"曰鉴湖、曰中水、曰沿山、曰江北、曰天乐,总五则。而以北折税轻,稍抵山乡之甚瘠者。于是四乡之税始均"②。万历十四年(1586),余姚知县周子文在该县实行统一田则的改革,规定全县田每亩征银6分1厘5毫、麦米1升9合余;地每亩征银2分4厘2毫,麦米9合余;山每亩征银1分3厘,米7合余。

隆庆元年(1567),杭州府海宁知县许大赠对全县土地进行丈量,实行官、民田一则起科,"以官田之米派于民田之上,以民田之夫派于官田之中"③。隆庆五年,明政府"议准杭州府仁、钱二县税粮均为五则,宁波三则,处州一则,湖州依原定四则"起科。④至此,针对浙江田赋税则混乱及税负不均等弊端而进行的赋税改革基本完成。

另外,隆庆时明政府又将地、荡和田合为一则起科。在官、民田科则改革后,地、荡于田的征科仍各为一则。如嘉兴桐乡"每地一亩,派麦五升,田一亩,派米一斗"⑤。随着明中叶商品经济发展,地、荡通过种桑、养殖等方法使其收益大为提高,有的甚至超过了田的收益,客观上也为地、荡与田的科则合并提供了条件。隆庆二年,嘉兴府"编定成规,田地合为一则"。海宁州也于不久后实行"田、地、荡一概均摊"。田、地、荡赋税合为一则的改革,实际上是赋税改革的深化。

这次赋税改革在浙江财政史上有极为重要的意义。首先是沿袭了近二百年的官田重赋问题得到了解决,纷繁杂乱的税则也得以统一;其次是从此官民田的差别逐渐消失,官田转化为民田。这次改革也有不少缺憾,如部分地区没把产量相当悬殊的高、低产田区别对待,划一收税,产生了新的负担不均。通过改革,明政府的财政收入有了保证,原耕种官田的农民负担也有减轻。但当这次改革完成时,明王朝也已走向衰落。统治者为应付日益膨胀的军费等开支而不断巧立名目,向农民收取更多的税费。不堪重负的农民被迫纷纷加入起义队伍,明王朝就这样逐步走向灭亡。

原文载《浙江学刊》2000年第4期

作者:董郁奎,浙江省地方志办公室副主任、研究员

---

① 万历《绍兴府志》卷14《田赋志一》,明万历十五年刊本,第34页。
② 嘉庆《山阴县志》卷23《政事志第三之五》,清嘉庆修民国排印本,第3页。
③ 民国《海宁州志稿》卷9《食货志二·田赋》,民国十一年排印本,第8页。
④ 参见(清)陈梦雷:《古今图书集成·食货典》卷132《赋役部汇考二十二·明四》,清雍正铜活字本。
⑤ 光绪《桐乡县志》卷6《食货志上·赋役》,清光绪十三年刊本,第5页。

左顺门事件与景泰帝即位

林延清

  明朝正统十四年(1449)八月发生的左顺门事件,是一场突发的,影响深远的事变。群臣在朝堂之上痛殴王振党羽,致其三人当场毙命。监国郕王朱祁钰在兵部尚书于谦等的支持下,宣布彻底清算王振集团的罪行,这不仅有力地提升了朝臣抗御瓦剌入侵的士气,而且粉碎了孙太后阻挠郕王即位,继续维持她及明英宗权力的企图。同时它也树立了郕王的权威,为其顺利即位打下基础。明朝统治中心的重新确立,是其后北京保卫战胜利的重要条件。左顺门事件成为土木之变后明朝政局转变的关键所在。

一

  明正统十四年,明英宗朱祁镇不听群臣劝阻,在宦官王振的怂恿下,贸然亲征瓦剌,在土木堡被瓦剌军打得大败。英宗被俘,数十万军队溃败,首都北京直接暴露在瓦剌军的兵锋之下,明朝处于生死存亡的危急时刻。

  明军土木堡溃败的消息传到北京后,朝廷上下一片混乱,"时京师戒严,羸马疲卒不满十万,人心汹汹,群臣聚哭于朝,议战议守未决"[①]。不少富户举家南迁。一些如翰林侍讲徐珵(即徐有贞)之类胆小怕事的官员,也准备出逃。虽然经过于谦等官员的努力,明廷初步确定固守北京不南迁的方针,但大量的、十分急切的加强北京防务的工作,需要明廷有一个稳固的团结的领导核心。而当时的皇帝明英宗却成为瓦剌向明廷勒索的筹码。瓦剌首领也先在俘获明英宗后大喜过望地说:"我常告天,求大元一统天下,今果有此胜!"[②]他觉得恢复大元疆土,重现祖先辉煌的时机已经到来。于是也先就把手中的明英宗作为与明争天下的工具。一方面可以用明英宗来牵制朝廷,使其在对抗瓦剌时缩手缩脚,顾忌甚多;另一方面可以利用明英宗勒索明朝财物,增强自己的实力。八月十六日,即英宗被俘的第二天就挟持他来到宣府城南,要守城明将开门,迎接君主。明方没有上当。随后,又拥英宗到大同,不仅要明将开启城门,还索要金银彩帛。英宗出于个人性命考虑,竟不顾国家安危,遣人传旨,责备守将郭登说:"朕与登有姻连,何外朕若此!"[③]郭登虽未开城门,但也只好送去

---

  ①(清)谈迁:《国榷》卷27,正统十四年八月癸亥,《续修四库全书》第359册,上海古籍出版社2002年版,第582页。

  ②(清)谷应泰:《明史纪事本末》卷32《土木之变》,中华书局2015年版,第474页。

  ③(清)谷应泰:《明史纪事本末》卷33《景帝登极守御》,第478页。

大量金银彩缎给瓦剌军。同时也先还遣人传信明朝孙太后，要她搜集金银财宝，以赎回明英宗。孙太后并不抵制也先的奸计，出于赎回英宗的侥幸心理，和钱皇后一起，将宫中金银财宝、文绮彩缎等珍贵财物，以八匹健马驮负送往也先军营。并默许大同等地守将把两万两千余两银子献给瓦剌。虽然也先对孙太后送来的财宝照收不误，但并不将英宗放还。显然明英宗虽然已成阶下囚，但其明朝皇帝的身份，不仅使明朝在与瓦剌进行军事较量中顾忌重重，手足无措，还被瓦剌勒索去大量财物，增强了瓦剌实力。

在这种严峻形势下，明朝只有尽快地确定新皇帝人选，使之顺利登基，履行最高封建统治者的职责，混乱的局面才能得到抑制，抵御瓦剌大规模入侵的各项战备工作才能有条不紊地进行，也才能彻底粉碎瓦剌挟持英宗，要挟明朝的企图，使自己在与瓦剌对抗中处于主动的地位。从当时具体情况看，明朝最恰当的皇帝人选是郕王朱祁钰。英宗被俘后，其长子朱见深是法定皇位继承人，但他年仅两岁，根本无法主持军国大政。尤其在此国家危难之际，更不能以一个幼童来承继皇位。而作为英宗同父异母弟的朱祁钰，生于宣德三年（1428），宣德十年被封郕王。正统十四年七月，出征瓦剌前，朱祁钰奉命居守京师，担负起后方的具体事务。从年龄和经历来看，朱祁钰是最适宜承继皇位以使明朝渡过危难的不二人选。

然而，孙太后却从维护英宗和她本人的权益出发，竭力阻挠朱祁钰当皇帝。她认为必须保住英宗的皇位，她本人的皇太后地位才能稳固，英宗和她本人的权力和利益也才能被维护。为达此目的，在得知英宗蒙尘的消息后，孙太后首先做的是把大量金银财宝送往瓦剌军营，企图赎回英宗；对内则封锁消息，稳住朱祁钰及朝臣。孙太后颁敕给朱祁钰："迩者寇犯边，皇帝率六军亲征，已尝敕尔朝百官。今尚未班师，国家庶务不可久旷，特命尔暂总百官，理其事。尔尚夙夜祗勤以率中外，毋怠其政，毋忽其众，钦哉！"①敕文只字不提英宗被俘之事，仅轻描淡写地说一句"尚未班师"，似乎英宗仍有望在近日返京，显然孙太后是在争取时间。随后又以"国家庶务不可久旷"为由，命朱祁钰"暂总百官，理其事"。这就明显地告诉朱祁钰，其兄朱祁镇仍是皇帝，而他只是按照英宗的安排，暂时代理国政，不能听信流言蜚语，更不能有其他"非分之想"。

英宗被俘的消息毕竟难以长久封锁，同时赎回英宗的计划也未实现，在此情况下，孙太后又采取立太子以牵制郕王朱祁钰的策略。八月二十日，司礼监太监金英传达孙太后旨意："今立皇帝庶长子见深为皇太子。该衙门便整理合行事宜，择日具仪以闻。"②两天后，孙太后颁发诏书，正式宣布立英宗之长子朱见深为皇太子。诏书首先公开英宗被俘的事实，"因虏寇犯边……不得已躬率六师往正其罪，不意被留虏庭"③，随后说："尚念臣民不可无主，兹于皇庶子三人之中，选其贤而长者见深，正位东宫。仍命郕王为辅，代总国政，抚安天下。"④

①《明英宗实录》卷181，正统十四年八月乙丑。
②《明英宗实录》卷181，正统十四年八月丁卯。
③《明英宗实录》卷181，正统十四年八月己巳。
④《明英宗实录》卷181，正统十四年八月己巳。

孙太后的用意十分清楚:英宗如能平安返回,皇位自然还是他的;即使英宗一时无法被释,皇位也不会旁落,仍会稳稳地掌握在其儿子手中。这样,英宗及孙太后等皇室贵族的权益就不会受到损害。

孙太后的这种做法,对明朝抗击瓦剌、保卫北京十分不利。朱祁钰虽被赋予监国之位,但缺少皇帝的权威,政令无法畅通,掣肘障碍甚多。特别是当国家处于危急存亡的紧急关头,无法进行战时的动员和布置。从明朝外部来看,正因为明朝不能及时拥定朱祁钰为新皇帝,才使掌握在瓦剌手中的明英宗仍为明朝法定的皇帝,成为瓦剌也先要挟牵制明廷的工具,使明朝在与瓦剌的较量中处于极其不利的地位。

在此种危急情势下,正统十四年八月二十三日,左顺门事件发生了,明朝政局有了重大转机。

二

八月二十三日,朱祁钰御午门左门议事,右都御史陈镒联合朝臣启奏:

> 尝谓擅政专权者难逃于显戮,陷君误国者当速置于严刑,论十恶莫加其罪,虽万死犹有余辜。天地不容,神人共怒。切照司礼监太监王振本自刑余,幸居内侍,素无学问之益,岂有经纶之才。误蒙圣上眷顾之隆,逾于师保倚托之重,过于丘山。为振者自合竭诚守分以图补报,岂期侍宠狎恩,夺主上之威福;怀奸狭诈,紊祖宗之典章。每事不由于朝廷,出语自称为圣旨。不顾众议之公,惟专独断之柄,视勋戚如奴隶,目天子为门生。中外寒心,缙绅侧目。卖官鬻爵则贿赂大行,恣毒逞凶则诛杀无忌。孕妇被剖,童稚遭屠;伤天地之至和,致宫殿于回禄。迩者胡寇犯边,止宜命将讨罪,缘振乃山西人因见大同有警,逼胁圣驾亲征,备历艰危,躬冒矢石。既欲保全其家,又欲光幸其第,增一己之威势,屈万乘之尊严。彼时文武群臣恐陷不测之祸,上章恳留。皇上畏其强愎不臣,不得已而强行。舆论皆欲驻跸宣府,被振逼胁直抵大同。兵柄在其掌握,总戎惧其威权。亲信小人、钦天监官彭德清不择善地驻扎,以致逆虏犯跸,邀留乘舆,护从官军肝脑涂地,宗社为之震惊,臣民为之痛愤。原其罪恶,虽殄灭其族,籍没其家,亦不足以上回列圣在天之怒,下雪全师覆没之冤……乞令诸司缉捕,得获万剐其尸以伸天下之愤,以释神人之怒。仍将其九族诛夷,籍没家产财物宝货,给付阵亡之家;发其祖宗坟墓,暴弃骸骨,庶几可以固臣民之归心,鼓三军之锐气,剿逆虏之强暴,解圣驾之拘留,宗社复安,端在于此。不然无以警戒将来,人皆解体矣![①]

疏文是一篇讨伐王振集团祸国殃民的檄文。它列举王振及其党羽,依仗英宗的宠信,

---

①《明英宗实录》卷181,正统十四年八月庚午。

专断独行,败坏朝章,贪残贿赂,迫害正直臣工的滔天大罪。特别是挟制英宗贸然出征瓦刺,不知兵而用兵,胡乱指挥,不听劝阻,始则冒进,终则畏敌仓皇后撤,终致全军覆没的种种劣行,罄竹难书,神人共愤。虽然王振本人已在土木之变中身亡,但其罪行不可不清算,其党羽也不可不惩办。可以说这是明朝臣民对数年以来王振专权祸国仇恨的大爆发,当权者如果顺应民情,清算和惩办王振集团,必将大大提升抗击瓦刺入侵的士气和民心,为日后北京保卫战的胜利打下基础。然而甫任监国的朱祁钰哪里见过这样群情激奋的场面,一时不知如何是好,只得敷衍道:"汝等所言皆是,朝廷自有处置。"①言未毕,百官趋进,伏地不起,齐声言道:"王振罪不容诛,殿下不即正典刑族灭之,臣等今日皆死此廷中。"②痛哭失声,不辨人声。郕王府长史仪铭膝行前,竟被锦衣卫指挥同知马顺叱骂喝退。马顺此人投靠王振,狐假虎威,作恶多端,早已被朝臣痛恨在心。众臣见他依旧气焰嚣张,实在无法容忍。户科给事中王竑怒火中烧,冲过去,揪住马顺的头发,骂道:"若曹奸党,罪当诛,今尚敢尔!"③刑科给事中曹凯也走上前与王竑一起痛殴马顺。④其他官员也纷纷扭住马顺殴打。拳脚齐下,马顺即刻毙命。此时"朝班大乱,卫卒声汹汹",郕王朱祁钰不知所措,乱了方寸。马顺固然死有余辜,但朝臣在殿堂之中公然动武,毕竟是无视法律的行为。朱祁钰不知如何处置,准备逃避回官,"王环视屡起"。兵部尚书于谦认为朝臣在这种非常时期的过激行动,是为了惩办奸臣,挽救朝廷,应予肯定,否则日后就可能遭到非议和责难,是不利于提升抗敌士气的。于是他排众直前,拦住郕王,请他当众宣告:"顺等罪当死,勿论。"⑤朱祁钰也醒悟过来,立即照此宣告。并遣太监金英询问众臣,还有什么要求。朝臣索要宦官毛贵和王长随,称此二人亦为王振党羽,且作恶多端。金英遂将此二人从宫门缝隙中推出,立刻又被众臣打死。三人尸体还被拖出,陈列于东安门外示众,军民争击尸体发泄积郁心胸的愤恨。

左顺门事件是突发事件,仓促混乱之际于谦当机立断,协助郕王妥善处理,使情势平定下来,得到理想的结果。在拥挤之际,于谦的袍袖都被挤轧破了。当他步出左掖门时,吏部尚书王直握着于谦的手,以敬佩的口吻说:"国家正赖公耳。今日虽百王直何能为?"⑥

三

左顺门事件产生了深远的影响。它直接宣告王振宦官集团的破产,终结王振专权祸国的局面。朝臣在左顺门痛殴三名王振党羽后,郕王在于谦等的支持下,宣布:"国家多难皆因奸邪专权所致,今已悉准所言,置诸极刑,籍没其家,以谢天人之怒,以慰社稷之灵。尔文武群臣

①《明英宗实录》卷181,正统十四年八月庚午。
②(清)谈迁:《国榷》卷27,正统十四年八月庚午,第586页。
③《明史》卷177《王竑传》,中华书局1974年版,第4706页。
④ 参见《明史》卷164《曹凯传》,第4454页。
⑤《明史》卷170《于谦传》,第4545页。
⑥《明史》卷170《于谦传》,第4545页。

务须各尽乃职以辅国家,以济时艰。"①这就给了王振宦官集团定了性——奸邪专权,为惩办和清除其党羽提供了法律依据。郕王随后采取一系列具体措施,进行清洗。首先将王振侄,锦衣卫指挥王山押赴西市,凌迟处死。王振族属无论老少皆斩首示众。还命都御史陈镒籍没王振家产,得"金银六十余库,玉盘百,珊瑚树六七尺高者二十余株"②。并依准朝臣议,籍没王振党羽镇守太监郭敬、内官唐童和钦天监正彭德清等人家产。③从此,王振集团解体,军民抗击瓦剌士气得到提升,而孙太后也丧失了控制朝政的基础,为新君的到来准备了条件。

同时,年轻的监国郕王朱祁钰在这突发的事件中,虽因经验不足,资历不够而略显慌乱,但能在于谦等人的提醒和支持下,及时地采取果断措施,支持朝臣的正义行动,与王振宦官集团划清界限,并采取一系列措施惩办和清除王振党羽,显示了一定的驾驭朝政的能力,树立了权威。而以于谦、王直、陈镒和王竑等为代表的朝臣,则在这一事件中展示出他们坚持正义,铲除奸邪的勇气和能力,成为辅佐郕王理政的基础。这同样为景泰时代的到来奠定了基础。

水到渠成,景泰帝即位的时机成熟了。正统十四年八月二十九日,于谦等联合诸位大臣启奏皇太后孙氏曰:"圣驾北狩,皇太子幼冲,国势危殆,人心汹涌。古云:'国有长君,社稷之福',请定大计,以奠宗社。"④孙太后最担心、最害怕的事临头了,因为郕王一即位,她所苦心经营的一切都成了泡影。但是左顺门事件之后,她对朝政已失去控制,对于此变也只能干看着,无能为力了。对于朝臣的上疏,孙太后只能无奈地批复道:"卿等奏国家大计,合允所请,其命郕王即皇帝位。礼部具仪择日以闻。"⑤当群臣将孙太后懿旨告知郕王朱祁钰时,他很惊慌地说:"卿等何为有此议? 我有何才何德敢当此请。"退让再三,群臣固请。朱祁钰厉声说:"皇太子在,卿等敢乱礼法邪!"众人不敢言,于谦上前说:"臣等诚忧国家,非为私计。愿殿下弘济艰难以安宗社,以慰人心。"⑥郕王这才接受使命。九月六日,朱祁钰即皇帝位,尊英宗为太上皇,以明年为景泰元年(1450),景泰时代到来了,明朝抗击瓦剌的战争进入新阶段。左顺门事件确实成为政局转换的关键。

值得一提的是,朝臣在左顺门一连殴毙三名奸臣,不仅未受到惩处,而且还被目为除奸。左顺门竟成为聚众除奸之所,在那里把众人皆曰可杀的奸人打死,可以循例不予治罪。这对明廷政治有一定影响。

原文载中国明史学会等编:《第十七届明史国际学术研讨会暨纪念明定陵发掘六十周年国际学术研讨会论文集》,北京燕山出版社2018年版

作者:林延清,南开大学历史学院教授、博士生导师

①《明英宗实录》卷181,正统十四年八月庚午。
②《明史》卷304《王振传》,第7773页。
③参见《明英宗实录》卷181,正统十四年八月乙亥。
④《明英宗实录》卷181,正统十四年八月丙子。
⑤《明英宗实录》卷181,正统十四年八月丙子。
⑥《明英宗实录》卷181,正统十四年八月丙子。

祖制重现

——世宗勤政与嘉靖朝政治文化

王　剑

"内臣之势,惟嘉靖朝少杀"是嘉靖朝宦官政治所呈之态,史家多将其归结于"世宗驭内侍最严"。嘉靖朝宦官在政治上的无为,固然与世宗皇帝驭内最严有关,但更重要的是因为世宗在决策和理政上勤于上朝、亲批章奏、亲批阁票,使得宦官在政治上远离了中枢决策体制。如果说明代其他时期宦官能在政治上发挥重大作用,是因为通过司礼监代为批红而实现了体制上参与的话,那么嘉靖朝宦官在政治上不能有所作为,恰恰是世宗皇帝在决策体制上回归祖制,而使得宦官在体制上的参政权被收回了。世宗的理政方式,是对明代内阁政治产生之初皇权理政典型形态的重现。嘉靖朝宦官政治文化,只是世宗的皇权表达所呈现出政治生态的一个表现而已,它与世宗对朝政的绝对专制、世宗与内阁首辅间相互依赖的政治关系、内阁首辅与宦官间固有关系的松弛,共同构成嘉靖朝复杂的政治生态。

一、被误读的嘉靖朝宦官政治

世宗即位之初,通过即位诏革除正德朝为祸甚烈的宦官,召回驻外的镇守太监并停废这一行之百年的镇守太监制度。如果说世宗初年通过大行皇帝的遗诏和新君即位诏打击宦官、实现革故鼎新的作用常为史家忽视的话,那么,嘉靖初政,在张璁等人力促下对相沿百余年镇守太监的裁撤,则在一定程度对后人认知世宗的宦官政策起到了掩盖作用。

明代官方文献及后世史家论及嘉靖朝宦官之政多会只言及于此两方面。止步于这种表象,而对世宗之于宦官的态度缺少深入解读,实是对嘉靖朝宦官政治实况的误读。

世宗初政,严厉打击前朝宦官,时人及史家评价甚高。时任内阁首辅杨廷和言:"陛下嗣登大宝一月以来,用人无不当,行政无不宜,群小远斥,积弊一清,天下闻之,皆忻忻然有太平之望。"[①]世宗死后,官方的盖棺定论再次对世宗打击宦官给予高度评价:"正德之末,政在权幸,盗贼蜂起,海内骚动。上方龙潜藩邸,深鉴其弊,及入践大统,乃赫然发命,诛除巨奸,革去镇守内臣,清汰冗滥,诸凡弊政,以次尽罢,海内欣欣若更生焉。"[②]世宗即位之初和去世以后,官方在述及宦官政治时都只及"诛除巨奸"和"革去镇守内臣"两事,可见世宗所谓驭内臣最严,也主要指两个方面。

①《明世宗实录》卷3,正德十六年六月辛巳。
②《明世宗实录》卷566,嘉靖四十五年十二月壬寅。

相比之下,史家对此却有着更加丰富的记述。素称"博稽典故,披集旧闻"的尹守衡记:"上自楚藩习见毅皇任中官之过,及入嗣帝位,御此辈甚严,有罪挞之至死,陈尸示戒。先是中官散布诸边守备无余地,于是裁划殆尽,给役省殿,视先朝什之一二。"①尹守衡提供了"世宗驭内臣最严"更多的细节。时人陈师对此亦有高度评价:"世宗继统,独持乾纲,收削中官,事权不一,百僚安职。独革除镇守,尤福庇天下生灵甚巨,天生中兴圣人,岂偶然哉。"②王世贞指出世宗皇帝打击宦官以后,出现了"国朝文武大臣见王振而跪者十之五,见汪直而跪者十之三,见刘瑾而跪者十之八,嘉靖以来此事殆绝"③的局面,称道之意,溢于言表。时人李乐指出:"世宗皇帝继统,年龄虽少,英断夙成,待此辈(宦官)不少假借,又得张公孚敬以正佐之,尽革各省镇守内臣,司礼监不得干预奏章……盖自汉唐宋元以来,宦官敛戢,士气得伸,国体尊严,主威隆重,未有如今日者,诚千载一时哉。"④称赞世宗皇帝在严厉驭内臣的同时还提及了"司礼监不得干预奏章"。类似李乐提及世宗皇帝限制司礼监干预奏章的还有时人范守己,他将世宗皇帝"革藩镇之诸阉,废畿甸之皇庄,夺外戚之世封,抑司礼之柄用"视为是世宗的"四伟烈"。⑤

史家的这些记述与评论,使得世宗驭内臣最严似乎是成了嘉靖朝宦官政治的标签了。清代学者赵翼甚至将此说推向极致,"世宗驭内侍最严,四十余年间未尝任以事,故嘉靖中内官最敛戢"⑥。很显然赵翼这种夸大的说法,似乎是对《明史》所言"世宗习见正德时宦侍之祸……终四十余年不复设,故内臣之势,惟嘉靖朝少杀云"⑦中"终四十余年不复设"的误读,是把世宗朝四十余年不再设镇守内臣混同于"四十余年间未尝任以事"了。

事实上,世宗皇帝对宦官之政并非"未尝任以事",而是在不同时期仍大行宦官之政,甚有超出前代皇帝对宦官的信任与恩宠者。时人王世贞在《弇山堂别集》之《中官考》有集中的较为详尽的记录。"嘉靖之始,不远殷鉴,悉诛斥其渠首,而又采辅臣之密赞,与言路之指摘,次第收革诸镇监军,朝野为之吐气,边腹为之回色。"⑧的确,嘉靖初政,世宗在对待新旧朝宦官之奏请方面,多能严词拒绝,只有六宗奏请为世宗皇帝准允,分别是:元年(1522)六月神官监太监刘杲奏请天寿山等空地栽种果菜,以备四时供献;元年七月太监杨閟奏请"陵户、坟户全复其丁";元年十二月御马监太监阎洪奏请顺天府各州县寄养马内如数处补;二年四月阎洪再请外豹房永安庄地;二年十一月东厂太监芮景贤劾给事中刘最、长芦巡盐御史黄国用违例;三年二月御用监太监刁永、潘杰为织造匠人乞恩。值得注意的是,此时世宗准允之六事恐不足为怪,此六事多为宦官所管之事,与外廷事务关联不大,因此,世宗准允

① (明)尹守衡:《明史窃》卷25《宦官》,《续修四库全书》史部第317册,上海古籍出版社2002年版,第71页。
② (明)陈师:《禅寄笔谈》卷7《杂记》,《四库全书存目丛书》子部第103册,齐鲁书社1995年版,第713—714页。
③ (明)王世贞:《觚不觚录》,《丛书集成初编》,中华书局1985年版,第11页。
④ (明)李乐:《见闻杂记》,上海古籍出版社1986年版,第986—987页。
⑤ 参见(清)谈迁:《国榷》卷64,世宗嘉靖四十五年,张宗祥校点,中华书局1958年版,第4038页。
⑥ (清)赵翼:《廿二史札记》卷35《明代宦官》,曹光甫校点,上海古籍出版社2011年版,第725页。
⑦ 《明史》卷304《宦官传一》,中华书局1974年版,第7795页。
⑧ (明)王世贞:《弇山堂别集》卷90《中官考一》,魏连科点校,中华书局1985年版,第1720页。

之六事,恐不能消解世宗对宦官之政严格限制的积极作用。同时,朝官对违法乱纪宦官的弹劾却大多都得世宗皇帝的支持,坏乱法度的宦官也都受到相应的惩处。

但是,在嘉靖四年以后的十多年时间里,宦官之奏请和朝官对宦官的弹劾结果出现了相反情况。在《弇山堂别集》中可统计的宦官直接奏请30次及相关事项中,世宗皇帝准允的就高达21次,而因诸部反对不为世宗准允的仅9次。尽管内臣的这些奏请仍多为宦官所管之事,但也表明世宗对宦官是越发信任了。与此呈正相关的是,朝臣对宦官不法弹劾结果之不尽人意。嘉靖四年(1525)以后,朝臣弹劾宦官27次,其中弹劾事由得到世宗赞同并惩处涉事宦官的有15次,没有得到世宗支持而纵容犯事宦官的12次。①虽然朝官们有过半的弹劾得到世宗的赞同,但有一个时间节点必须要提出来,那就是在这些得到世宗支持的弹劾中,有近半的是发生在张璁致仕的嘉靖十四年前。也就是说,张璁对宦官之政的厌恶与打压,对世宗朝前期宦官之政的影响是很大的。所以王世贞称赞张璁说:"公在而中涓之力绌,至于今,垂五十年,士夫得以行其志于朝,而黔首得以安寝于里者,谁之力欤? 由此言之,罗峰相业,谁可与并?"②

然而,世宗朝最为信任且得势较久的几个大珰阎洪、黄锦、麦福等,他们地位之高、权势之炽、影响之大,在明代的大珰权宦中也有一席之地,他们实是世宗朝宦官之政的代表。他们或位高权重,如麦福历御用监太监、御马监太监,"累朝以来,未有兼其任者,兼之自公始"③,黄锦亦累迁至司礼兼总督东厂。司礼兼东厂,实是明代异制:"司礼掌印,首珰最尊,其权视首揆,东厂次之,最雄紧,但不得兼掌印。每奏事,即首珰亦退避,以俟奏毕,盖机密不使他人闻也,历朝皆遵守之。至嘉靖戊申、己酉间,始命司礼掌印太监麦福兼理东厂。至癸丑而黄锦又继之,自此内廷事体一变矣。"④他们或被异于常制委以重务,如麦福与宣城伯卫錞、遂安伯陈鏸、大学士顾鼎臣、兵部尚书张瓒等共同被委命参赞机务,辅佐太子监国。或因世宗皇帝的宠信而被赐予银印,允许他们密疏言事,明代皇帝给朝臣赐银印许密疏言事者并不少见,但给宦官赐银印许密疏言事实是异常之制。

不过,这些宦官大珰权势再大,确因世宗的严驭以及世宗在政治上对他们没有产生依赖,也未产生什么过恶的影响,如阎洪,世宗多宽纵于他,"洪所欲行,多取中旨",言官多次连章论劾,"然洪无甚大过得见容"。黄锦为世宗钟爱,不离左右最久,"视厂务,持大体而已,诸缇骑亦不敢生事"⑤。所以,后世史家对此亦有中肯评说。如王世贞说世宗晚年任用宦官:"虽晚节不无所向狥,然不至如累季之弊。"⑥清人修《明史》时也说"张佐、鲍忠、麦福、

① 根据(明)王世贞:《弇山堂别集》卷99《中官考十》至卷100《中官考十一》第1875—1900页中的有效记载统计。
② 陈登原:《国史旧闻》(三)卷50《明阉人风气前后不同》,中华书局2000年版,第278页。
③ (明)焦竑:《国朝献征录》卷117《寺人·司礼监太监掌监事兼督东厂麦公福墓志》,台湾学生书局1965年版,第5167页。
④ (明)沈德符:《万历野获编》卷6《内监》,中华书局2004年版,第168页。
⑤ (明)尹守衡:《明史窃》卷25《宦官》,第71页。
⑥ (明)王世贞:《弇山堂别集》卷90《中官考一》,第1720页。

黄锦辈,虽由兴邸旧人掌司礼监,督东厂,然皆谨饬不敢大肆"①。晚清人王颂蔚也不认同"内臣之势,惟嘉靖朝少杀",他说"'故内臣之势惟嘉靖朝少杀云',改'故嘉靖朝虽内臣权势尚在,然其害视他时差减云'"②。为何史家关于嘉靖时期宦官之政的评说没有引起当代学者的深入思考呢?

二、世宗勤政与理政方式

世宗皇帝以小宗入继大统,继位方式在明代诸帝中最为特殊,且他为小宗时没有受过作为储君的行政历练。继位之前,新君即位诏的内容安排、新君入京进宫仪、居何宫殿、母妃蒋氏进京入宫仪等方面,与杨廷和等朝臣的矛盾在表明皇权不彰的同时,也预示着接下来"大礼议"发生的必然。这多少对新君的理政方式和决策能力提出了挑战。世宗继位后皇权不彰,朝政被杨廷和等旧臣把持,但世宗政治上的主心骨并不是杨廷和等人,而是从龙的原王府长史袁宗皋,理政方式也以勤于上朝和亲批章奏为主。

上朝即朝会、御朝或视朝,是文武臣僚得见天颜少有的机会,也是传统意义上朝臣们对皇帝勤政显见的要求,在一般臣僚的认知中,不能朝会或皇帝少朝会,则很容易被视为是皇帝怠政。明初诸帝都能很好地坚持常朝,给朝野及史家留下了勤政的深刻记忆。但英宗皇帝以九岁孩童继位,没有能力和朝臣们议论朝政,于是杨士奇、杨荣、杨溥遂创立"每一早朝,止许言事八件"的权宜之制。三杨因创权制的本意,是想等英宗皇帝长大后再行正常的君臣共议国是的朝会,不想"英宗既壮,三臣继卒,无人敢言复祖宗之旧者,迄今遂为定制"③。即便如此,早朝止许言事八件的传统也没有得到很好的执行。到了宪宗成化后期,宪宗皇帝就准允"盛暑祁寒……止奏五事"④,就连号称勤政、被视为中兴之主的孝宗皇帝,"每日早朝不过数刻,而起鼓或至日高,宫中奏事止得一次"⑤。

世宗即位,勤于朝会,与朝臣们共议大政。嘉靖初年对于革除前朝弊政,几乎都是世宗和朝臣们商议后做出的。时人称赞世宗皇帝"英睿神武,日亲机务,延接公卿"⑥,当事者大学士杨一清曾奏请世宗注意圣躬,切勿过劳:"今陛下常于昧爽以前视朝,或设烛以登宝座,虽大风寒无间。是固励精图治之心,第圣躬得无过劳乎?"夏言也曾说世宗"励精图治,视朝临政,鲜有暇日"⑦。世宗勤于朝会,一直延续到嘉靖十七年(1538)内皇坛修成金箓大斋,延请天师张彦頔助修长生术为止,世宗方不复视朝,史载"自戊戌(十七年)以后上不复视朝,

① 《明史》卷304《宦官传一》,第7795页。
② (清)王颂蔚:《明史考证捃逸》卷35,《续四库全书》史部第294册,第387页。
③ (明)王锜:《寓圃杂记》卷1《早朝奏事》,张德信点校,中华书局1997年版,第5页。
④ 《明宪宗实录》卷267,成化二十一年六月癸未。
⑤ 《明孝宗实录》卷190,弘治十五年八月己巳。
⑥ (明)陈全之:《蓬窗日录》卷3,《续修四库全书》子部1125册,第283页。
⑦ (明)徐学聚:《国朝典汇》卷109《朝仪》,书目文献出版社1996年版,第1393、1394页。

辅弼大臣,皆希得进见"①。

不过,世宗虽勤于朝会,鲜有暇日,在议政的形式上做得很足,但它并不是世宗理政最主要的方式,只是作为藩王入继大统后亲政的新气象,在公开的朝会上,宦官自然是没有发挥其政治作用的机会的。既然朝会在明代很快流为具文,那么,世宗皇帝理政的主要方式也就自然是亲批章奏了。为学界所忽视的是,世宗亲批章奏经历了从直接批答章奏到批答阁票的转变,但不变的是世宗对朝章的批答可能是明代皇帝中最为勤勉的一个。

皇帝亲批朝章,是明代内阁制产生以后就少有的理政方式,因而一时间有不少朝臣不能适应和习惯世宗的这种理政方式,以为是中旨内降,纷纷提出批评。嘉靖元年(1522)正月,清宁宫小房火,御史程启允借此批评"迩者旨由中出,而内阁不知",并臆测如此为政将会"大臣疏远,股肱有痿痹之患;司礼之权重于宰相,枢机之地委之宦官"②,给事中郑一鹏说:"自陛下即位……所拟旨,内多更定。"③更有甚者,世宗亲批朝臣章奏未下内阁票拟,被给事中直接驳回,如二年二月,世宗亲批都察院差御史巡盐事,刑科给事中黄臣当即以违制驳回。④此后世宗又多有亲批章奏之举,结果也被言官邓继曾视为"渐疏大臣,政率内决"⑤,引起了批评,理由竟然是世宗亲批章奏和"祖宗以来,凡有批答,必付内阁拟进者"的传统不一样,将世宗皇帝内决之政归咎群小。对世宗之亲批章奏,反对者并非是个别的,当时像给事中张达、韩楷、郑一鹏,御史林有孚、马明衡、季本等皆通过论救批评者邓继曾而表达了他们的态度。这些言官反对世宗亲批章奏,除了自觉维护自永乐以来的内阁体制,为杨廷和等阁臣因世宗亲批章奏而可能被疏远张目外,也确实担心世宗倚信群小,再次形成武宗时的政治生态。可能是世宗最为信任的袁宗皋很快去世,朝中再无亲信可以依赖,也可能是世宗不熟旧制,在大礼议后,杨一清、张璁等人进入内阁,世宗很快改变了亲理章奏的方式而依靠内阁理政了。这一点,当事者杨一清也说,到嘉靖六年,"政务归于内阁,裁断出于宸衷"。⑥至此世宗的理政,从刚入继大位时的亲批章奏,转向了对内阁票拟的亲批。

宸衷独断、亲批阁票是世宗理政的最主要方式,且一直持续到世宗末年,即便在他久居西苑修长生不老之时也是如此。不过,除了当事阁臣外,世宗亲批阁票的理政方式在当时是不为他人了解的,只是世宗去世以后,他亲批阁票,甚至"顾阅章疏无虚日"的理政方式才被后人知之。万历四年(1576),张居正为教育年幼的神宗,将世宗亲批的朝章和阁票给神宗皇帝研习,以锻炼神宗的为政能力:"先该臣等面奏,以皇上圣龄日长,乞留神政务,省览章奏,暇时间取皇祖世宗皇帝所亲批旧本览阅,以为裁决庶务之法,已荷圣明嘉纳。"⑦万历

---

① 《明世宗实录》卷490,嘉靖三十九年十一月丙戌。
② 《明史》卷206《程启充传》,第5434页。
③ 《明史》卷206《郑一鹏传》,第5437页。
④ 参见《明世宗实录》卷23,嘉靖二年二月丙戌。
⑤ 《明史》卷207《邓继曾传》,第5462页。
⑥ (明)杨一清:《杨一清集》卷18《为献愚忠以答圣眷事》,唐景坤、谢玉杰点校,中华书局2001年版,第694页。
⑦ (明)张居正:《张居正奏疏集》,华东师范大学出版社2014年校注本,第343页。

中的内阁大学士王锡爵指出,即使世宗皇帝不行朝会,但遇到"边庭警报,大吏升除,与夫稽古考文、祈年忧旱等事,(世宗)手批或一日而数下,口宣或一人而数及"①。大学士沈鲤甚至将世宗亲批阁票与临朝称制的作用进行比附,以强调世宗亲批阁票:"亦自与临朝称制者不殊。"②这些说法,无不明言世宗皇帝对阁票的亲自批答是如此勤勉,而不是假司礼监宦官之手去代为批红。

在世宗皇帝亲理朝政的几十年间,无论是勤于朝会,还是亲批章奏,抑或是亲批阁票,都有效地撇开了宦官参与机务。朝会,宦官根本是无缘参加的;亲批章奏,是世宗皇帝直接处理章奏,批答的结果表现为中旨,但此中旨和皇帝依靠内阁票拟时不听阁票而径自定夺的中旨还略有不同;亲批阁票,是世宗和内阁阁臣间的协作,也无须宦官代为批红。加之世宗皇帝广泛行密疏政治,避开一切外在干扰而实现君权独断,因此,世宗亲理国政是"内臣之势,惟嘉靖朝少杀"的根本原因。

三、皇权表达的弹性:回归祖制的政治文化

从体制上看,嘉靖朝的内阁、六部、宦官衙门,甚至言路体系的格局并没有异乎于前的变化,王朝参与决策的体制因素也没有变化,但世宗自成风格的理政方式,却不经意地使得嘉靖朝宦官的政治作用和地位没有了彰显的机会。其实,宦官政治不彰,只是一个显著的现象,而世宗皇帝与首辅的关系,首辅与权宦关系的微妙变化却是隐象,显象和隐象的叠加才共同构成了嘉靖朝复杂的政治特征。这一切都和世宗理政方式的变化直接关联,其本质是对祖制的间接回归。

尽管世宗皇帝的理政方式历经了勤于朝会、亲批朝章和亲批阁票三个过程,但从性质上说,勤于朝会和亲批朝章应属同一性质,都是皇权表达能有效地实现专制却决策效率低下的理政方式,而亲批阁票,则是乾纲独断、皇权表达时集权与效率高度统一的方式。这两类性质不同的理政方式,正好和内阁制产生前后,太祖的理政方式和永宣时期成祖、宣宗与内阁协作的理政方式相一致。

表面上看,明太祖的理政方式和世宗勤于朝会及亲批章奏是不可同日而语的。太祖一生极为勤政,朝会不辍,洪武十三年(1380)废除丞相后,朝廷事无巨细都由皇帝决策,明代皇权专制体制基本形成了。但朱元璋勤于朝会的理政方式却无法通过体制化的形式确定下来,这既为后世嗣君在朝会上的弹性执行提供了可能,也为以后内阁制的产生提供了制度空间,而且朱元璋决策权的高度集中与皇权决策低效的窘境是不可克服的矛盾。世宗继位后也勤于朝会,但此时的朝会只许言事八件且早成具文,亲批章奏既面临着世宗为政经验不足、故事不熟的问题,还面临着朝官们以为是中旨的批评。不过,他们的理政方式都能

①(明)王锡爵:《王文肃公全集》卷3《请视朝建储疏》,《四库全书存目丛书》集部第135册,齐鲁书社1997年版,第70页。

②《明神宗实录》卷389,万历三十一年十月甲申。

有效地表达出乾纲独断的皇权,同时也巧妙地回避了宦官在体制上参与朝政。

世宗皇帝的亲批阁票也是如此。明代皇帝亲批阁票,多发生在内阁创制之初至英宗初年杨士奇等因创权制之间。永乐时内阁初创,解缙等七人入阁参与机务,对各衙门所上章奏"随事纳忠",他们帮助皇帝"平允章奏",太宗对阁臣们"平允章奏"所拟意见亲批而不假他人之手。宣宗继位,皇位四传且天下承平日久,宣宗对朝政的热情早远不如其父祖,故有"宣宗内柄无大小,悉下大学士杨士奇等参可否"①。至此,内阁拟票、皇帝亲自朱批,成为内阁制形成以后中枢决策的典型形态。世宗初政之时亲批章奏,多遭朝臣批评,在"大礼议"初步结束以后,世宗与内阁的关系为之一变,尤其是杨一清、张璁相继入主内阁以后,世宗的理政方式也随之改变,正是由于世宗亲批阁票,方有宦官等"近臣非惟不能与力,亦且不敢与闻",形成"于近习靡所假借……中贵人廪廪奉法,非复如向日轹张"的局面。②

因之,世宗初政时勤于朝会和亲批章奏,并非要夺内阁处理章奏之权,应是世宗在处理朝章上对洪武勤政祖制的回归,而后来世宗亲批阁票不假宦官之手,则是回归内阁初创时太宗、仁宗和宣宗理政的常制。明代自正统初年三杨权制成为定制以后,中枢决策体制也基本形成定制,即皇权本质上而非形式上的高度专制,内阁以票拟的形式参与决策但不能独立决策,司礼监以代为批红的形式参与决策但不能真正决策,六科以发抄的形式参与决策完成决策程序,此四者中,皇权绝对独立,而内阁票拟、司礼批红和六科发抄,承接完成中枢决策的整个过程。这种已成定制的决策体制,历时英宗、宪宗、孝宗和武宗等朝百年之久,至嘉靖朝,早已成为朝野共同遵守的传统与习惯了,可以想见,世宗一反传统的勤政,不仅限制了嘉靖朝宦官参政并产生了相应的影响,也影响着参与中枢决策的其他几个因素。

既然内阁在中枢决策体制中发挥着至关重要的作用,那么,世宗皇帝与内阁的关系也就最为紧要。内阁政治发展到嘉靖时,内阁中的首辅与次辅、群辅关系早已发生了很大的改变,因此,世宗与内阁的关系,实际也就演变成世宗与首辅的关系了。世宗一朝,任首辅大学士的共有十二人,其中杨廷和、蒋冕、毛纪和费宏在大礼议上和世宗意见不合,虽为首辅,但和世宗的关系不甚和谐,且此间世宗为政也主要以勤于朝会和亲批章奏为主,在决策上对内阁特别是首辅的依赖度并不高。自杨一清直到末年的徐阶,世宗和首辅的关系都非常密切,彼此的依赖程度也高,这在明代其他时期是少见的。个中缘由,后人解释为:"自嘉靖以来,人主罕与群臣廷决,事之可否,悉取裁于票拟,内阁始以代言之任,凌尚书出其上。"③世宗这时的理政方式是亲批阁票,既然"悉取裁于票拟",当然他也就更加依赖于首辅了,相应的,这些首辅们也都极力迎合并维系着和世宗皇帝的亲密关系,这样也可以解释为何嘉靖年间首辅之间彼此倾轧了。这是嘉靖朝世宗皇帝与阁臣间的政治生态。

与此相关的,构成嘉靖朝政治生态的还有首辅与宦官的关系。关于明代朝臣与宦官的

---

① 《明史》卷72《职官志序》,第1729页。

② 参见(明)黄凤翔:《嘉靖大政类编》,《续修四库全书》史部433册,第710页。

③ (清)孙承泽辑:《山书》卷7《论中官阁部》,裴剑平校点,浙江古籍出版社1989年版,第166页。

关系,孟心史先生有论:"历代宦官与士大夫为对立,士大夫决不与宦官为缘。明代则士大夫之大有作为者,亦往往有宦官为之助而始有以自见。逮其后为他一阉及彼阉之党所持,往往于正人君子亦加以附阉之罪名而无可辨。"①此论也为学界奉为圭臬。不过,心史先生所言情形,应是和三杨权制确立以后明代大多数时期的情况一致的,似不大符合嘉靖年间的首辅们与宦官的实况。原因仍是体制上的,即世宗亲批阁票以后,再也不需要假司礼监太监之手代为批红,司礼监的太监因而没有机会参与中枢决策,从体制上说,阁票既然无需经宦官之手批红,首辅又何必冒着结交阉宦之恶名而和宦官们眉来眼去呢。至于何良俊所说的嘉靖朝的几位首辅与宦官的关系:"昔日张先生进朝,我们多要打个弓,盖言罗峰也。后至夏先生,我们只平着眼儿看哩。今严先生与我们拱拱手,方始进去。盖屡变屡下矣。"②这正说明严嵩较之张璁、夏言要阴柔得多,而不是严嵩为了政治上的需要而有意交结宦官。

四、简短的结论

嘉靖朝是明代中叶最重要的时期,过去学术界在讨论明代中叶的政治时,多将整个中叶视为一个连续不变的整体。事实上,嘉靖朝的政治特征是明显不同于其前后两个历史时期的,自成一体,形成了独特的政治生态,即世宗皇帝以小宗入继大统后,其理政方式以勤于朝会、亲批章奏、亲批阁票等形式实现了对朝政的绝对控制,进而在决策机制上改变了中枢决策参与者的角色和地位,使得世宗与内阁首辅间的政治关系更加紧密,彼此依赖;收回了宦官代为批红参与中枢决策的机会,使得嘉靖朝的宦官政治不彰显;同时也间接地改变了内阁首辅与宦官间固有的关系。而世宗的理政方式并非独创,只是对洪武时期太祖的理政方式和内阁初创时期成祖和宣宗理政方式的回归。

如果认为"内臣之势,惟嘉靖朝少杀"是对嘉靖朝宦官政治描述的全部,那么这实是对嘉靖朝宦官政治的误读;如果认为嘉靖朝宦官政治不彰是因为"世宗驭内侍最严",那么这实是对世宗皇帝理政方式回归祖制以及由此产生的复杂政治生态缺少认知。

原文载《吉林大学社会科学学报》2020年第3期

作者:王剑,南京师范大学社会发展学院院长、教授、博士生导师

---

① 孟森:《明清史讲义》,中华书局1981年版,第4页。
② (明)何良俊:《四友斋丛说》卷8《史四》,中华书局1997年版,第74页。

明代嘉、隆、万时期农村的贫富两极分化

林金树

明代嘉、隆、万一百年间,是中国由古代社会向近代社会转型的关键阶段。在这个空前激烈的变动时期中,人们的私有观念亦随之趋强,农村贫富两极分化明显加快。这种现象对整个社会发展产生了重大影响,因而也成为人们普遍关注的热点话题。本文试就其主要表现、原因、特点与后果等进行初步分析。

一

贫富两极分化,是社会发展到一定阶段的产物,亦即私有制的派生物。自从有了私有制,世上一切争斗,归根结底一是争名,二是争利。所谓两极分化,表象是人与人的社会关系发生变态,实质是财富发生转移。在这里,"分"是争夺,是过程;"化"是转移,是结果。即有人由无"化"为有,或由少"化"为多;有人则由有"化"为无,或由多"化"为少。

在农耕社会,人和土地是最根本的经济资源,土地还是私人财富的象征和标志。农村贫富两极分化,重在"分"地权(争夺土地),次为"分"货币,而货币最终绝大多数也是用于购置土地。这是传统中国争夺财富的普遍规律。

允许土地自由买卖,是地权"分化"的基本前提;以权势掠夺土地,也是引发地权"分化"的重要原因。宋代号称"不抑兼并",于是"贫富无定势,田宅无定主,有钱则买,无钱则卖"。时至晚宋,地权"分化"频率进一步加快。"古田千年八百主,如今一年一换家。休怨嗟,休怨嗟,明年此日君见我,不知又是谁田蛙";"一派青山景色幽,前人田土后人收,后人收得休欢喜,还有收人在后头"①。"百年之内兴废无常,必有转售其田至于三家。"②这些对地权转移的描写具体、生动、形象,从中可以看到财富争夺的残酷无情。

明代农村贫富两极分化,也首先表现在争夺土地之上,地权"分化"为其主要内容。这种"分化"通过权势占夺和私人买卖(自愿或强迫)两条途径得到实现。明代初年,由于国家立法严厉,实行"锄强扶弱""抑富扶贫"的政策,《大明令》《大明律》《大诰》等法律,都有严禁土地兼并,反对以强凌弱,以富欺贫,防止两极分化的相应规定。同时,令民垦荒,见丁授田,没收(或限制)"有力之家"多占土地,相当一部分无田的贫者因此获得土地,为摆脱贫困带来一线生机。明中叶成、弘至正德时期,以皇族系统为代表的强者"与民争利",占夺民

---

① (明)张萱:《西园闻见录》卷24《田宅》,《续修四库全书》第1168册,上海古籍出版社2002年版,第593页。
② (清)钱泳:《履园丛话》卷4《水学·协济》,张伟校点,中华书局1979年版,第110页。

田,遍立庄田,不少农民从此失去土地,陷入贫困。进入嘉、隆、万时期,农村贫富两极分化的走势又为之一变。争霸社会财富的主要势力,由内廷皇族集团转为外廷官僚集团,由中央转向地方,在皇族系统的兼并势头受到限制后,以缙绅为代表的各地官豪势要趁机而起,大肆争夺土地,积聚财富。

嘉靖时,何良俊说:"宪、孝两朝以前,士大夫尚未积聚……至正德间,诸公竞营产谋利……皆积至十余万";"今士宦之家,皆积财巨万,犹营求不已"。[1]同一时期,黄省曾在其所著《吴风录》中云:"至今吴中缙绅士夫,多以货殖为急,若京师官店,六部牙行债典,兴贩盐酤,其术掊克于齐民。"而顾起元曰:"正、嘉以前,南都风尚最为醇厚……求田问舍之事少。"[2]究其原因,是明初社会风气比较清明,社会舆论也有作用:"当时士大夫畏清议,归来宦囊皆淡,无豪强兼并之风,民有限田,家无甚穷,谷无甚贵。"后来,风气大变。"仕改清操,捆载而归,求田问舍"[3],大量兼并土地。从此土地不断集中,"田尽归巨室,而小民之田稀","往往租耕富民之田",遭受地租剥削,甚至"中人之产尽并于豪右",连中产之家也难逃破产贫困的厄运。

二

贫富无定势是私有制存在的必然现象和正常反映。需要用力研究的是,在嘉、隆、万时期农村贫富两极分化中,富者是谁? 他们是怎样富起来的? 贫者又是谁? 他们为何而贫? 这是两极分化中的核心问题。

根据历史资料显示,在当时农村两极分化中,富裕起来的大致有两类人,而其致富手段与性质完全不同。

第一类,主要是凭借权势致富,或曰由官而富。

明代官僚自己说:"官豪势要之家,其堂宇连云,楼阁冲霄,多夺民之居以为居也;其田连阡陌,地尽膏腴,多夺民之田以为田也。至于子弟恃气凌人,受奸人之投献,山林湖泊,夺民利而不敢言。当此之时,天下财货皆聚于势豪之家。"[4]关于投献,清人赵翼说:前明时,"又有投献田产之例。有田产者,为奸民籍而献诸势要,则悉为势家所有"[5]。还有人说:"前明缙绅,虽素负清名者,其华屋园亭,佳城南亩,无不揽名胜,连阡陌。推原其故,皆系门生故吏代为经营,非尽出己资也。"[6]

---

① (明)何良俊:《四友斋丛说》卷34《正俗一》、卷10《史六》,李健雄校点,上海古籍出版社2012年版,第225、63页。
② (明)顾起元:《客座赘语》卷1《正嘉以前醇厚》,孔一校点,上海古籍出版社2012年版,第17页。
③ 转谢国桢:《明代社会经济史料选编》(下册),福建人民出版社1981年版,第58页。
④ (明)王邦直:《陈愚衷以恤民穷以隆圣治事》,(明)陈子龙等选辑:《明经世文编》卷251,上海书店出版社2019年版,第2779页。
⑤ (清)赵翼:《廿二史札记》卷34《明乡官虐民之害》,商务印书馆1937年版,第721页。
⑥ (清)顾公燮:《消夏闲记摘抄》卷上,涵芬楼秘笈本,第6页。

这些依靠"夺民利"而致富的"官豪势要之家",不仅兼并大量土地,而且千方百计逃避应尽的纳税义务。他们凭借权势,又捣鬼有术,对于本应交纳的税粮,有的公开抗拒不纳,有的一再拖欠,有的隐瞒税额。例如,万历重修《常州府志》卷六《赋额》载:"苏、常诸府税粮,自洪、永以来,逋多待负。大户及巾靴游谈之士例不纳粮;纳粮无增耗。椎髻秉耒小民,被迫累年拖扰不定。"连万历朝内阁首辅张居正都不得不承认:"江南豪家田至七万顷,粮至二万,又不以时纳。"最后,这些税粮多半转嫁到无权无势的贫苦农民身上。还有人在土地科则轻重上做文章。例如,"松江一府,大户多轻则之田,小户多重则之赋"①。经过一番分化,到了"万历以后,天下水利、碾硙、场渡、市集,无不属之豪绅"②。

"豪绅",绝大多数出身于科举,入仕起家,或称缙绅。以上所引几条资料已经把少数人——"豪绅"(或称"官豪势要")的致富门径说得十分清楚,不必再做任何解释。总其大要,不外掠夺、逃税两端,而非通过自己劳动所得,只是致富的手段有所不同,有人一朝暴发,有人不断积累。

第二类,依靠自己努力经营致富。

这类致富者,大致有三种人:一种是大力经营新兴手工业(棉纺织业);一种是"改粮他种",种植经济作物,发展商业性农业;再一种是弃农从商。

依靠经营新兴家庭手工业富裕起来的,多数集中于江南地区。万历朝官僚张瀚的先世,即为其中之一。张瀚在追述其先世致富过程时说:"毅庵祖家道中微,以酤酒为业。成化末年值水灾,时祖居傍河,水淹入室,所酿酒尽败,每夜出倾败酒濯瓮。一夕归,忽有人自后而呼,祖回首应之,授以热物,忽不见。至家燃灯烛之,乃白金一锭也。因罢酤酒业,购机一张,织诸色纻币,备极精之。每一下机,人争鬻之,计获利当五之一。积两旬,复增一机,后增至二十余。商贾所货者,常满户外,尚不能应,自是家业大饶。后四祖继业,各富至数万金。"需要特别指出的是,通过这种致富途径者,在嘉、隆、万时期的江南等地,并非只是一家一户的个别现象,而是几乎遍地开花。如张瀚说:"余尝总览市利,大都东南之利,莫大于罗绮绢纻,而三吴为最。即余先世,亦以机杼起,而今三吴之以机杼致富者尤众。"③

通过"改粮他种",发展商业性农业致富者,更是比比皆是。"以往东南之田,所种惟稻。"到了嘉、隆、万时期,有些地方"农田种稻者不过十之二三,图利种棉者,则有十之七八",或"十居八九"。有些地方,农民以种稻"利薄,蔗利厚,往往有改稻田种蔗者",或是改粮种烟。凡此,"皆乡民以水稻收薄,故为他种以图利"。在这类致富者中,苏州常熟谈参(谭晓)搞商品生产致富,可谓典型的一例:"谈参者,吴人也。家故起农。参生有心算,居湖乡,田多洼芜,乡之民逃农而渔,田之弃弗辟者以万计。参薄其值收之,佣饥者,给之粟,凿其最洼者池

① (清)顾炎武:《天下郡国利病书·苏松备录》,黄珅等点校,《顾炎武全集》,上海古籍出版社2012年版,第612页。
② (清)顾炎武:《日知录》卷13《贵廉》,严文儒、戴扬本校点,《顾炎武全集》第548页。
③ (明)张瀚:《松窗梦语》卷6《异闻纪》、卷4《商贾纪》,盛冬铃点校,中华书局1985年版,第119、85页。

焉,周为高塍,可备坊泄辟而耕之,岁之入视平壤三倍。池以百计,皆畜鱼,池之上为梁为舍,皆畜豕,谓豕凉处,而鱼食豕下,皆易肥也。塍之平阜植果属,其汗泽植菰属,可畦之蔬属,皆以千计。鸟凫昆虫之属悉罗取,法而售之,亦以千计。室中置数十甀,日以其分投之,若某甀鱼入,某甀果入,盈乃发之,月发者数焉。视田之入,复三倍。……参之资日益,窖而藏者数万计。"①

在这方面,最为治史者津津乐道的例子,有浙江桐乡张履祥《补农书》中关于"种田"(种粮)与"治地"(种经济作物)何者能致富的比较研究,书曰:"(浙江)桐乡田地相匹,蚕桑利厚。东而嘉善、平湖、海盐,西而归安、乌程,俱田多地少,农事随乡地之利为博,多种田不如多治地。盖吾乡田不宜牛耕,用人力最难。又田壅多,工亦多,地工省,壅亦省。田工俱忙,地工俱闲。田赴时急,地赴时缓。田忧水旱,地不忧水旱……地得叶盛者,一亩可养蚕十数筐,少亦四五筐,最下二三筐(若二三筐者,即有豆二熟)。米贱丝贵时,则蚕一筐即可当一亩之息矣(米甚贵,丝甚贱,尚足与田相准)。虽久荒之地,收梅豆一石、晚豆一石。近来豆贵,亦抵田息,而工费之省,不啻倍之,况又稍稍有叶乎。但田荒一年熟,地荒三年熟,人情欲速,治地多不尽力,其或地远者,力有所不及耳。俗云:种桑三年,采叶一世。未尝不一劳永逸也。"②

"货殖之利,工商是营。""《周书》曰:'农不出则乏其食,工不出则乏其事,商不出则三宝绝。'……夫用贫求富,农不如工,工不如商。"③弃农从商,更是致富的重要途径。嘉、隆、万时期,全国各地经商成风。例如,在广东"人多务贾","获大赢利",于是"农者以拙业力苦利微,辄弃耒耜而从之"。④中国十大商帮(山西、陕西、宁波、山东、广东、福建、洞庭、江右、龙游、徽州)就是在这一时间形成、发展起来的。⑤

如果说,第一类致富者主要是凭借权势,沿袭掠夺他人财富的传统手段富起来的,在性质上是阻碍社会前进的一种可耻、落后行为。那么,第二类的致富者则主要是依靠自己的聪明才智,显现时代本色,在性质上是推动社会发展的进步活动。

弄清了以上两类人起家致富及其途径与原因之后,对于在两极分化中的贫者是谁及其为何而贫,也就不难了解了。贫者固然多种多样,贫困的原因也不尽相同,但除了不可抗拒的自然原因,就人为因素而言,最主要的也是两类人:第一类无疑是由于没有权势受到欺压、掠夺而失去土地的农民;第二类自然是那些思想保守,观念落伍,缺乏经济头脑,不善于进行多种经营,或者害怕艰苦的人。劳动致富是正道。然而,"四民之中,为农最苦",农民依靠艰难农作很难致富,所以"纤啬筋力,治生之正道也,而富者必用奇胜"⑥。

① (明)李诩:《戒庵老人漫笔》卷4《谈参传》,中华书局1982年版,第153页。
② (明)张履祥:《补农书》卷下,《四库全书存目丛书补编》第80册,齐鲁书社2001年版,第15页。
③ (汉)司马迁:《史记》卷129《货殖列传》,中华书局2006年版,第751、755页。
④ (清)屈大均:《广东新语》卷14《谷》,中华书局1985年版,第371、372页。
⑤ 参见张海鹏、张海瀛主编:《中国十大商帮》,黄山书社1993年版,前言第3—4页。
⑥ (汉)司马迁:《史记》卷129《货殖列传》,第757页。

三

贫富两极分化,也是一种社会风气。它随着社会经济和思想观念的发展变化而起伏。

物质财富是分化的基础,财富一旦消失,争夺便失去意义。但是在某种情势下,思想观念的作用更为明显。甚至可以说私有意识的存在与膨胀,是贫富分化最主要的动力。"富者,人之情性,所不学而俱欲者也。""天下熙熙,皆为利来;天下攘攘,皆为利往。"①"有生之初,人各自私也,人各自利也。"②与生俱来的私有心理,决定了人们对财富的强烈追求,引发致富欲望。从而造成整个社会对财富的无休止争夺,结果是"富无经业,则货无常主,能者辐辏,不肖者瓦解"③。联系到明代的具体环境,经济基础与思想观念的变化过程是这样的:明中叶以前,整个说来,国家处于经济恢复和调整时期,生产发展缓慢,生活水平低下而单调,社会风气比较淳朴,价值取向、消费观念尚未明显改变,因而社会竞争不甚激烈,贫富两极分化尚不明显。嘉、隆、万以后,形势就不大一样了。

嘉、隆、万一百年,是明代历史上社会生产力发展最辉煌、社会生活变化最深刻的时段。这一时段,商品经济空前繁荣及赋役改革"计亩征银"的出现,引来消费领域空前扩大,消费水平日益提高,思想意识和行为准则随之大变,社会风气从此日益腐败。当此之时,商品、金钱可以代替一切,人与人之间的关系发生了新的变化。凡是有市场价值的,都可以转化为货币和财富,财富私有观念空前强烈,并在整个社会形成一股纵欲思潮。人们纷纷以"奢华"为时尚。于是在一些人看来,只有拼命追逐财富,才能满足不断高涨的物质欲望和精神刺激,舍此别无选择。

何良俊在其名著《四友斋丛说》中,对当时一些人一心向"钱"看的描述和揭露可谓入木三分。他说:"吾松士大夫一中进士之后,则于平日同堂之友,谢去恐不速。里中虽有谈文论道之士,非唯厌见其面,亦且恶闻其名,而日逐奔走于门下者,皆言利之徒也。或某处有庄田一所,岁可取利若干;或某人借银几百两,岁可生息若干;或某人为某事求一覆庇,此无碍于法者,而可以坐收银若干,则欣欣喜见于面,而待之唯恐不谨。盖父兄之所交与而子弟之所习闻者,皆此辈也。未尝接一善人,闻一善言,见一善行。"④也正是在这种大环境下,缙绅势力迅速成长壮大起来,其剥削、掠夺的范围、种类与对象进一步扩展,手段与方式愈为凶残,或是明目张胆,假公济私,侵吞国家财产,或是贪污受贿。贫富两极分化从此进一步加快,形成一种互相争夺,贫富无定势的混乱局面。这种局面所造成的结果,是农村贫富差别更加悬殊。

一方面,以土地为大宗的社会财富,日益集中于以缙绅为代表的少数人手里。

---

① (汉)司马迁:《史记》卷129《货殖列传》,第755、752页。
② (明)黄宗羲:《明夷待访录·原君》,王珏、褚宏霞译注,中华书局2020年版,第28页。
③ (汉)司马迁:《史记》卷129《货殖列传》,第757页。
④ (明)何良俊:《四友斋丛说》卷34《正俗一》,李健雄校点,上海古籍出版社2012年版,第226页。

明末钱士升说:"缙绅豪右之家,大者千百万,中者百十万,以万计者不能枚举。"①下列几例亦可充分说明当时社会财富是何等集中及少数人的富有程度。嘉靖朝大学士徐阶占有土地六万余亩。大学士严嵩,在北京附近有庄田百余所,在南京、扬州等处有数十所,在老家,"袁州一府四县之田,七在严而三在民,在严者皆膏腴,在民者悉瘠薄,在严则概户优免,在民则独累不胜"②。万历朝著名大学士张居正,为政时"以天下为己任",然而最后家里也拥有土地八万余亩。尚书湖州董份、松江董其昌,亦"皆田过万顷(亩)"。

南方缙绅如此富有,北方缙绅占有财富的状况也同样惊人:"是时中州鼎盛,缙绅之家,率以田庐仆从相雄长,田之多者千余顷,即少亦不下五七百顷。"③

另一方面,更多的农民走向破产,沦为佃户、雇工、奴仆、无业游民。由于这些农民再也不能像从前那样,"各有定业","安于农亩,无有他志"。他们为了求得生存,百般无奈,"遂皆迁业",纷纷为自己寻找出路,除了"去农而改业为工商"之外,有的"去农而为乡官家人",有的"去农而蚕食于官府",有的"去农而游手趁食"。从明代后期(或明末清初)的文献资料里,人们看到当时全国各地佃户、雇工、奴仆、无业游民各色人等数量之多,及其去向和活动的记录,骤然增多,原因就在于这一时期农民贫困的严重性,成为一个空前突出的社会和政治问题。不然,当时农村也不可能出现人口大分流。还有以往有司岁计户口,"登耗以闻"。至是,政府户籍失控,嘉、隆、万三朝《实录》,几乎见不到户口记录(隆庆朝年年"抄旧"),也可能与大量贫困农民纷纷被迫外出谋生,不在官府视线之内有关。

农村贫富两极分化,无处不在,无时不有。但像嘉、隆、万时期涉及层面如此之广,贫富差别如此之大,则是前所未有的。通过这些现象,可以看到当时农村两极分化的某些特点,其中比较引人注目的有两点。

第一,社会变动越激烈,贫富两极分化越快。

明代社会大变动,始于成、弘、正、嘉以后步伐加快,至万历基本定型。嘉、隆、万期间经济繁荣,而风气败坏,贫富两极分化更加迅速,就是这种变动趋势的深刻反映。对于当时贫富分化速度及其变化不定的情势,时人有生动的记述。朱国桢《涌幢小品》载:"弘治时,世臣富。正德时,内民富。嘉靖时,商贾富。隆万时,游侠富。"或如顾炎武《天下郡国利病书》中说的:"出贾既多,土田不重,操资交捷,起落不常。能者方成,绌者已毁,东家已富,西家自贫,高下失均。"对此,何良俊说得更为明确、具体:"(正德以后)诸公竞营产谋利……皆积至十余万。自以为子孙数百年之业矣。然不五六年间,而田宅皆已易主,子孙贫匮至不能自存……然此十万之业,子孙纵善败,亦安能如是之速,盖若天怒而神夺之然。然一时有此数家,或者地方之气运耶,或诸公遗谋未善耶,皆不可晓也。"④

①《明史》卷251《钱士升传》,中华书局1974年版,第6487—6488页。
②(明)林润:《申逆罪明典刑以彰天讨疏》,(明)陈子龙等选辑:《明经世文编》卷329,第3696页。
③参见谢国桢:《明代社会经济史料选编》(下册),第57页。关于缙绅兼并土地的详细情况,可参考傅衣凌:《论明清社会土地所有形式》,厦门大学历史研究所中国经济史研究室编:《中国经济史论文集》,第170—202页。
④(明)何良俊:《四友斋丛说》卷34,第225页。

第二,经济文化发达区域,贫富差别可能更大。

贫富两极分化,必有其经济基础和思想原因。明代经济文化发达之区,首推江南。江南为全国财赋重地,国家经济命脉所系。"今天下财货聚于京师,而半产于东南"[1],"国朝岁供军储四百万,大抵取给江南"[2]。有明一代,代变风移,风气变化最快,思想最开放,最敢于开拓进取之地,在江南。而在明代中后期,农村社会矛盾最复杂尖锐、争夺财富最激烈的地方,也同样在江南,尤其是苏、松诸府。强势者为了拥有更多的钱粮,想方设法不纳税粮,拖欠税粮,这是江南豪强大户争夺财富的惯用手法之一。此前已经提到,兹再列举几条史料予以证明。嘉靖十一年(1532)正月戊寅,户部复直隶巡按御史钱学孔条奏三事,其一曰:"苏、松等府钱粮,豪猾侵欠者动以万计,事发追赔,百方诡脱。名为监禁,代替居多;名为变产,占吝如故。及当比较,则又骗诈平民,为害滋甚。"[3]嘉靖十六年(1537)九月戊戌,礼部尚书顾鼎臣言:"苏、松、常、镇、嘉、湖、杭七府,财赋甲天下,而里书、豪强欺隐洒派之弊,在今日为尤多。以致小民税存而产去,大户有田而无粮,害及生民,大亏国计。臣于往年两次具奏,经今十余年,未闻一人遵奉敕旨能清查者。"[4]"吴俗苦重役,上户常巧免,移之下户,无能存者。"[5]江南财富甲天下,争夺亦最激烈,贫富差别最明显,财富最集中,富者极富,贫者实贫。万历时归有光说:"(江南)富家豪民兼百室之产,役财骄溢,妇女、玉帛、甲第、田园、音乐,拟于王侯,故世以江南为富,而不知其民实贫也。"[6]当然,江南的富家也有自己的特点。就是货币的出路除了主要用于购置土地,还将相当一部分用于兴办教育、修路造桥、扶贫济困诸公益事业,以及园林建筑等豪华文化娱乐消费。

总而言之,嘉、隆、万时期,是明代历史上生产力发展最迅速的时期,也是社会风气日趋腐败、农村贫富两极分化最快的时期。这种分化有其环境和复杂的历史社会原因,它扩大了贫困群体,激化了人际关系,加剧了社会矛盾,明王朝也从此陷入无法摆脱的危机之中。

原文载《江海学刊》2005年第6期

作者:林金树,中国社会科学院历史研究所研究员

---

①(明)张瀚:《松窗梦语》卷4《百工纪》,第76页。

②(明)张瀚:《松窗梦语》卷1《宦游纪》,第21页。

③《明世宗实录》卷134,嘉靖十一年正月戊寅。

④《明世宗实录》卷204,嘉靖十六年九月戊戌。

⑤(明)归有光:《震川先生集》卷18《外舅光禄寺典簿魏公墓志铭》,周本淳校点,上海古籍出版社1981年版,第443页。

⑥(明)归有光:《震川先生集》卷11《送昆山县令朱侯序》,第254页。

防范第二个张居正的出现：万历朝的政治特点

——"明亡于万历"新解

田　澍

对于万历政治的叙述，学界主流的叙事模式是先讲张居正改革，然后讲反对张居正和神宗怠政所带来的严重后果，并因此导致明朝的灭亡，一再凸显"明亡于万历"，即张居正死后的万历时期。其中一些学者对张居正"人亡政息"遗憾不已，想当然地指望他的后继者能够延续张居正的作风与政策。同时对张居正"人亡政息"的原因简单地归于神宗的翻脸，而不及张居正个人的因素。如言："张居正虽然有远见之明，但再多的智慧与权谋，也敌不过皇帝的变脸。人在政在，人亡政息。"①黄仁宇也说道："张居正的不在人间，使我们这个庞大的帝国失去重心，步伐不稳，最终失足而坠入深渊。"②

自神宗即位后，所发生的第一件大事就是张居正与内廷勾结赶走顾命首臣高拱。该行为破坏了穆宗生前的顾命安排，在极短的时间里张居正由次辅变为首辅，极大地改变了隆庆、万历之际的政治生态，对万历朝政治带来了莫大的影响。第二件大事就是万历十年（1582）张居正的突然病逝，使万历初年的顾命政治局面因张居正倒在首辅岗位上而被动中止，使皇权未能按照穆宗的遗愿主动而又顺利地移交于神宗，对身后万历的政治带来了难以估量的影响。这两件大事其实就是一个问题，即张居正与万历政治关系的问题，一个是头，一个是尾，是一个问题的两个方面。长期以来，学界简单地割裂张居正去世前后的万历朝政治，以片面的"改革"视角人为地将万历朝划分为张居正生前和死后两个截然不同的时期。③如有的学者在全面肯定张居正的同时，一味地否定张四维等后继首辅，认为"张居正卒，张四维、申时行先后继为首辅，皆无格君之术"，其中申时行"继为首辅，其为祸尤大，万历政敝与其有莫大关系"，并对其柔软自守、循墨避事的品行大加挞伐④，而极力回避张四维、申时行等阁臣被张居正荐用的基本事实和应负的连带责任。事实上，自张居正夺取首辅之后，明朝政治便向弱化首辅权力的政治陷阱发展，张居正身在其中而不自知。自张居正担任首辅开始，防止出现第二个张居正式的人物便成为万历政治的最大特点。张居正本人就没有指望自己的权力格局在身后延续，对阁臣人选的过硬素质没有清醒的认识，未能

---

① 刘志琴：《张居正评传》，南京大学出版社2006年版，第310页。
② 黄仁宇：《万历十五年》，中华书局1982年版，第76页。
③ 参见商传：《走进晚明》，商务印书馆2014年版，第95页。
④ 参见马楚坚：《明清边政与治乱》，天津人民出版社1994年版，第5—6页。

选拔任用有担当、有能力、有品行的朝臣进入内阁,当然更谈不上对内阁制度的改革和对阁权的进一步强化。换言之,因顾命政治而形成的张居正的政治作风不可能延续下去,在这一特殊时期,张居正的表现只与张居正个人有关,随着张居正的突然病逝,所谓张居正的行政风格和特点必然消失,绝不可能延续下去。把这一变化的原因简单地推卸到神宗或后继阁臣上,而刻意回避甚至无视张居正的责任,则是偏颇的。

一、阁权的逐渐强化是明代政治发展的客观要求

尽管明朝政治像每一个封建王朝一样存在这样或那样的弊端,但朱元璋等明代统治者能够深刻反思历史,吸取历史教训,不断改革政治体制,有效防范各类害政势力,制度的后发优势明显。在明初制度变革中,最显著的莫过于朱元璋废除传统相权之举措,这是学界所普遍认可的。至于废相是否具有积极作用和意义,学界一直存在着激烈的争论。

随着明史研究的不断深入,把明代内阁简单地比附为传统相权的观点被越来越多的学者所否定,相当一部分学者以动态的眼光来认识明代阁权的演变与政治的互动关系,分阶段认识阁权的变动趋势。总体而言,有明一代阁权经历了由弱变强和由强到弱的过程,但两头的“弱”,其形式与内涵完全不同。前一个“弱”,是废相之后内阁形成初期的必然现象,内阁在废相后的政治挤压中艰难地适应新的政治生态,在各种政治势力的夹缝中不断利用特殊的政治机遇来试图扩张权力。所以,此时的阁权之“弱”是常态,而非变态。后一个“弱”是相对于阁权在不断强化之后的一种状态而言,是一种变态,而非常态。明朝就在阁权由强变弱的变态中活力减弱,逐渐走向衰亡,其亡国模式具有自身的独特性。

明朝的阁权在嘉靖初年至万历初年的五十多年间达到了高峰,这是学界的主流看法。[1]具体而言,就是从阁臣张璁到张居正在职时阁权的表现形态。[2]在这一阶段,张璁、夏言、严嵩、徐阶、高拱和张居正等人在阁期间都与其时的皇帝关系密切,得到了皇帝的支持,成为明代历史上阁臣特别是首辅与皇帝密切关系持续时间最久的时期。尽管这一时期有这样那样的问题,甚至是巨大的政治或军事危机,但最终都能化险为夷,转危为安,没有对政治造成本质性和无法扭转的伤害。其根本的原因就在于政治中枢具有活力,内阁与皇帝之间的互动关系正常而又密切。

在这一时期阁权的强势扩张中,尽管有些人对阁权突破祖制而不断强化表示了担忧,但难以对内阁的强化趋势有所影响。在严嵩被罢免之后,徐阶为了迎合部分舆论,一度提出了所谓“以威福还主上,以政务还诸司,以用舍刑赏还公论”[3]的“三语政纲”,试图借此来笼络人心,改变形象,但由于惯性强大,难以在短期内改变强势阁权的走向。一些学者一再凸显此时的徐阶,自觉或不自觉地把徐阶看成嘉靖、隆庆之际的栋梁!事实上,这种观点是

---

① 参见田澍:《八十年代以来明代政治中枢模式研究述评》,《政治学研究》2005年第1期。
② 参见田澍:《张璁与嘉靖内阁》,《中国史研究》2008年第4期。
③ 《明史》卷213《徐阶传》,中华书局1974年版,第5635页。

在自觉或不自觉地承认此时的内阁依然强大。徐阶之后的高拱和张居正将阁权继续向前推进，首辅权力不断扩大，这应该是学界主流的看法。

对这一时期阁权的显著变化，长期以来大多数学者用"混斗"来描述，而不及阁权的强化必然会引起政治系统的不适应和由此引发的系统内部的剧烈震荡，指望阁权的强化不经过内部的巨变而一步到位或朝夕完成显然是不切实际的。而强化的态势是一个渐进的过程，同时也是由不平衡到平衡的过程。在这一过程中，不仅非阁臣的朝臣乃至一部分士人会有异议，就是阁臣之间也有不同的看法。出现这些现象，都是极其正常的，不足为奇！

但是，核心的问题是嘉靖、隆庆、万历之际的阁权最终要往何处发展？明史学界对此问题的探索远远不够！总体而言，从张璁到张居正，阁权是不断扩张的，但扩张毕竟还是有限的。从现有的认知水平来讲，学界一致的看法是在这一过程中张居正任首辅时的阁权达到了峰值，甚至超出了内阁的职权范围。如王天有所言："张居正推行考成法，虽然当时提高了行政效率，但是以内阁控制六科，监督六部，就超出了内阁议政的权限，明显地把权力延伸到监督百官执行权的领域。所以张居正改革以失败告终，死后被抄家，罪名就是'侵权'。"①张居正被大多数人所肯定，被人们自觉或不自觉地誉为"宰相之杰"，事实上就是对明代阁权峰值的另外一种表达。如果这种认识能够成立，那就必须回答后张居正时代阁权走向这一重大问题。这是研究晚明历史必须正视的首要问题。

二、张居正防范第二个张居正的出现

对于嘉、隆、万时期阁权由强变弱的时间，大多数学者认为是在张居正去世后。这种认识只是看到了问题的表象，简单地将张居正与其身后的万历政治割裂开来。事实上，由于惯性和特殊机遇使然，张居正时代既是阁权所能达到高峰的时代，又是阁权必然开始弱化的时代。

很多学者用"宰相之杰"来形容张居正的权势和地位，从阁权的高峰状态来讲是有一定道理的，但在理解时并没有看清问题的真相。与张璁、严嵩、徐阶、高拱等首辅相比，张居正执掌内阁的确有其自身的特殊性，从表面上看，此时首辅张居正如同摄政者，确实发挥着独特而又显著的作用。神宗的年幼使首辅张居正事实上具有辅政的权力和地位，与皇帝能够独立行使皇权时的内阁首辅作用确实有明显的不同。换言之，万历初年的内阁就是"顾命内阁"，在特殊的时期具有特殊的使命。而这一顾命内阁本来的设计是集体顾命模式，而不是张居正一人的顾命模式。众所周知，经过张居正与内廷的勾结，强势而又有个性的顾命首臣高拱被赶走，高仪很快去世，三位顾命阁臣只剩下了张居正一人。这样，穆宗临终时安排的三人顾命模式瞬间就变成了张居正一人顾命模式。特别是"顾命元臣"高拱"以片言谴

---

① 王天有：《王天有史学论集》，北京大学出版社2018年版，第115页。

罢,如叱一奴"①,是明代从未有过的政治现象,自然也是从未有过的变局。内阁集体的权力就变成了张居正一人的权力,这也是明代内阁演变中极为特殊的一幕。②毋庸置疑,有内廷支持且以顾命名义执掌内阁的张居正自然也就成为明代阁臣中空前绝后的权势显赫之人了。但必须指出的是,张居正的这种权势绝不是阁权的常态,恰恰相反,是阁权的变态。在这一看似风光的政治权力背后,如果把握不好,将给万历政治带来灾难性的后果。

不论阁权或大或小,也不论首辅次辅地位有多大的差异,明代内阁不变的特征就是集体讨论,集体决策。尽管阁权的运行过程中有个别强势首辅出现,但在万历之前,这一基本格局没有发生根本性变化。只是到了神宗即位之时,自张璁以来不断强化的阁权才因特殊的政情而发生了显著变化,正如《明史》所言:"迨张居正时,部权尽归内阁,逡巡请事如属吏,祖制由此变。"③张居正以极为特殊的身份控制了内阁,掌控着朝政。长期以来,人们一再凸显的就是张居正所拥有的这一非常态的权力。

事实上,对于自己的阁权,张居正并没有充分的自信。在他担任首辅之前,阁臣之间的权力争夺让张居正刻骨铭心,牢记教训,所以他要韬光养晦,藏而不露。一旦时机成熟,他就毫不犹豫,迅速出手,将对手置于绝地,使其难以东山再起,无法对自己构成威胁。张居正对高拱的前后态度的变化就集中反映着他的这一性格和作风。尽管张居正获得了暂时的成功,但其内心的恐惧并没有因此而减少,反而在增加。他担心像他一样的人在暗地里注视着自己,算计着自己,在力量聚集到足以下手时将自己置于死地,使自己又变成了第二个高拱。换言之,要使自己不再成为第二个高拱,就必须防止出现第二个张居正。这是张居正确保自己权力稳定而必须要全力实现的目标,也是张居正在获得首辅权力后所有行政行为的核心工作。

纵观万历之前的阁权演变,对现任首辅权力造成最大威胁的无外乎两种力量,一是比其资历深、被当朝皇帝看重的致仕阁臣;二是像张居正自己一样觊觎首辅权位、伺机取而代之的现任阁臣。

就第一种情况而言,在张居正夺得首辅之后,健在的致仕阁臣有69岁的徐阶,68岁的吕本,64岁的赵贞吉,61岁的严讷、李春芳、郭朴和陈以勤,60岁的高拱,50岁的殷士儋等人,一共九位。其中对张居正最大的威胁来自高拱,所以,他要竭力防止高拱的复出。其他八位对张居正威胁不大,要么年事已高,要么魄力不足。但即使如此,防范意识极强的张居正也不会掉以轻心。万历初年,在一次朝讲结束之后,神宗"顾辅臣,问阁臣吕本在家安否,江陵大怒,退召其子中书兑至朝房,问曰:'主上问尊公起居,何缘受知?'兑大恐,即上疏自罢,旋被内察。盖见上问及,恐其复用,故排抑之如此"④。从中可以看出张居正内心对致仕

① (明)于慎行:《谷山笔麈》卷6《阉伶》,吕景琳点校,中华书局1984年版,第64页。
② 参见田澍:《顾命政治视野下张居正的行政轨迹——张居正"人亡政息"新解》,《西南大学学报》2019年第5期。
③《明史》卷225《杨巍传》,第5917页。
④ (明)于慎行:《谷山笔麈》卷4《相鉴》,第44页。

老臣的极大恐惧,故必须严加防范,不能有所闪失。万历六年(1578),张居正在前往湖北葬父之际,"念阁臣在乡里者,高拱与己有深隙,殷士儋多奥援,或乘间以出,惟徐阶老易与,拟荐之自代。已遣使报阶,既念阶前辈,己还,当位其下,乃请增置阁臣"①。由于张居正的严防死守,故没有出现嘉靖前期启用谢迁、杨一清、费宏和隆庆年间召复高拱等现象。可以说,在防止启用退休阁臣方面,张居正取得了极大的成功,使这一势力对张居正的阁权没能出现丝毫的威胁,确保了张居正始终以唯一的老资格身份掌控着万历初年的内阁。

第二种情况,是张居正防范的重点。当三人集体顾命的阁臣变为张居正一人顾命时,如何构建万历新朝的内阁,将是考察张居正是否具有政治远见的关键之处。换言之,在确保张居正权力稳定的前提下,如何组建后张居正时代的万历内阁,应该是张居正必须妥善解决的重大政治问题,当然也是首要问题。人们应该清楚张居正之所以能够有所作为,前提在于有较大空间的独断权力,即在内廷支持下能够独享阁权。所以说,独享阁权既是张居正有所作为的主要原因,也是张居正将对万历政治造成深刻影响的主要原因。

与明代其他所有首辅不同的是,张居正在选用阁臣时完全是在白纸上写字,自己能够一手操控。但是,让人不可思议的是,张居正在这一关键环节的表现让人大跌眼镜,将其无能、自私、短视的一面暴露无遗。为了防范现任阁臣对其阁权的危害,张居正用尽了心机,利用自己独掌内阁的特殊时机,完全改变了明代阁臣的选用方式,将性格柔弱、不敢担当甚至善于伪装且能讨好自己的人选入内阁,避免像张璁、夏言、高拱和自己那样的强臣进入内阁,完全改变了选用阁臣的传统,导致了明代内阁自设置以来最大的变化。隆庆六年(1572)六月二十三日,顾命阁臣高仪去世,第六天,即二十八日,礼部尚书吕调阳入阁。万历三年,礼部尚书张四维入阁。万历六年,礼部尚书马自强和吏部左侍郎申时行入阁。张居正临终时又密荐致仕的礼部尚书潘晟和现任吏部侍郎余有丁入阁。下诏此二人入阁的第二天,张居正病故,远在浙江的潘晟因"秽迹昭著""舆情共恶"而遭到严厉的弹劾,未能入阁。②故被张居正推荐入阁者共五人。现将这五位阁臣的行事风格列表说明如下:

姓名	行事风格	材料出处
吕调阳	"张居正当国,同列吕调阳莫敢异同。"	《明史》卷213《张居正传》
张四维	高拱为首辅时,张四维"干进不已,朝士颇有疾之者"。因张居正推荐入阁,"谨事之,不敢相可否,随其后,拜赐进官而已。"	《明史》卷219《张四维传》
马自强	"虽持正,亦不能有所为,守位而已。"	《明史》卷219《马自强传》
申时行	"以文字受知张居正,蕴藉不立崖异,居正安之。"	《明史》卷218《申时行传》
余有丁	"性阔大,喜宾客,不设城府。"	《明神宗实录》卷155,万历十二年十一月己丑

①《明史》卷219《马自强传》,第5772页。
② 参见(清)谈迁:《国榷》卷71,万历十年六月庚戌,中华书局1958年版,第4415—4416页。

从该表中不难看出，与首辅张居正在万历前期共事的这五位阁臣中，没有刚强之人，不可能与张居正相抵牾。《明史·张居正传》认为："当是时，太后以帝冲年，尊礼居正甚至，同列吕调阳莫敢异同。及吏部左侍郎张四维入，惴惴若属吏，不敢以僚自处。"①张居正的个人意志因此能够得以推行，故《明史·申时行传》论道：张居正"揽权久，操群下如束湿，异己者率逐去之"②。《明史·张四维传》亦言："当是时，政事一决居正。居正无所推让，视同列蔑如也。"③在回湖北葬父之时，小事由张四维"代拟旨，大事则驰报居正于江陵，听其裁决"④，被边缘化的吕调阳则"坚卧称疾不出，累疏乞休"⑤。张居正因此开创了首辅个人独断的新例，明朝的决策中心便由北京转移到了湖北江陵，为明代空前绝后之事。可以说，万历前期的内阁，表面上是集体内阁，实为张居正一人的独裁内阁。长期以来，人们所赞誉的张居正的权力，其实就是这种极不正常的独裁阁权。在这一政治生态中，与张居正共事的阁臣为了自保，职如纸糊，形同泥塑，在张居正面前唯唯诺诺，不敢吱声，故皆能在表面上与张居正暂时和谐相处，确保自己权位的稳当，以防被张居正赶出内阁。正如商传所言：张居正"是强势的，在他把持的内阁中，实在容不得任何强者的苗头"，"伴随居正而去的还有内阁的权威的丧失，留下的只是举朝的茫然"。⑥毋庸置疑，在防范第二个张居正的缜密设计和刻意实践中，张居正利用或明或暗的方式，完全实现了自己的预定目标，暂时确保了自己阁权的绝对安全，没有出现此前他人取而代之的常例。与高拱的失败相比，尽管张居正较好地解决了与后宫和太监的关系，但同样没有解决好与皇帝的关系。《明神宗实录》的编纂者论道：神宗"冲年在疚，拱默受成于两宫，权不自制，惟恐外廷之擅。而顾命之臣自负付托之重，专行一意，以致内猜外忌，同列阴行其谋，而内竖黠者亦谋间旧以自固，相比伺衅，骤移两宫之意，而权复偏有所归。后先同辙，相寻以败。专擅之疑，深中圣心。魁柄独持，以终其世。晚虽倦勤，而内外之间无复挟重恣行如初年者。主术所操，犹未得其大也"⑦。与世宗即位之初必须围绕新帝建立新秩序一样，万历初年也必须围绕神宗建立新的政治秩序，这是当时的头等大事，高拱与张居正等阁臣必须处理好与新皇帝的关系，否则下场将与杨廷和等旧臣一样，甚至更惨。但他们二位都没能很好地解决这一问题，是他们最大的政治失误。而张居正为了维持自己的首辅权力只能与太监勾结，政治风险更大，故比高拱付出的代价更高，受到的清算更严厉。

---

① 《明史》卷213《张居正传》，第5647页。
② 《明史》卷218《申时行传》，第5747页。
③ 《明史》卷219《张四维传》，第5770页。
④ 《明史》卷219《马自强传》，第5792页。
⑤ （清）夏燮：《明通鉴》卷67，隆庆六年七月乙卯，中华书局1959年版。
⑥ 商传：《走进晚明》，第95页。
⑦ 《明神宗实录》卷2，隆庆六年六月庚午。

三、后张居正时代防范第二个张居正的出现

在张居正成功防范出现第二个张居正之后,后张居正时代无缝对接,对防范出现第二个张居正采取公开和严厉的手段,不遗余力,也完全达到了预期的目的。

长期以来,相当一部分学者对张居正的政治作风不能延续深表不满,并对反对张居正的势力大加挞伐。其实这种看法是没有任何道理的。因为问题的根本在于张居正的权势只属于张居正个人,张居正的行事作风也只属于张居正个人,其他人根本不可能效法,也没有条件效法。除了前述被张居正推荐选拔的阁臣自身软弱之外,张居正的死,意味着万历初政即顾命政治的结束,这是万历政治的一大变化。要在张居正死后延续其行政风格和特点,即要延续顾命政治,完全是不切合实际的臆想,既是对万历前十年的误读,也是对后张居正时代的误读,当然归根结底是对明代政治的误读。正是因为强势的张居正选择的都是弱势的阁臣,所以在他之后就根本不可能再出现第二个张居正来推进自张璁以来不断强化的阁权。也就是说,是张居正自己阉割了万历初期的内阁,使其后继者既无心也无力来延续张居正式的阁权。正如刘志琴所言:在张居正身边的次辅张四维、申时行是"居于六部之上的内阁重臣,是主导政务的政治家,也是能不能继续坚持新政的关键人物,对这要害人物,张居正一个也没有看准"[1]。特别是为了与张居正彻底划清界限,避免使自己成为第二个张居正,张四维、申时行等阁臣坚决站在张居正的对立面,向天下表明自己决不做张居正式的阁臣,自然也就不会成为第二个张居正。如张四维"曲事居正,积不能堪,拟旨不尽如居正意,居正亦渐恶之。既得政,知中外积苦居正,欲大收人心"[2],"力反前事,时望颇属焉"[3]。其与申时行"务为宽大","罢居正时所行考成法"[4],"以次招收老成,布列庶位,朝论多称之"[5]。摆脱顾命束缚的神宗也"乐言者讦居正短"[6],"居正诸所引用者,斥削殆尽"[7]。正如夏燮所言:申时行"在阁九年,政令务承上指,不能有所匡正。又惩居正综核之弊,一切务为简易。由是上下恬熙,法纪渐至不振云"[8]。死后的张居正受到皇帝和阁臣的全力碾压,尽管得到了后人的同情乃至喊冤,但无法跨越现实的政治。君臣对张居正的清算在于试图结束张居正高压的顾命时代,不论张居正利用手中的强权做出了多大的政绩,在朝野上下皆要求结束其顾命政治的期望和呼声之中,清算张居正在短时期内符合民意。如对申时行沿用张居正密荐阁臣的做法,吏部尚书陆光祖就提出了尖锐的批评,认为:"旧制,阁臣

① 刘志琴:《张居正评传》,第358页。
②《明史》卷219《张四维传》,第5770页。
③《明史》卷219《张四维传》,第5771页。
④《明史》卷218《申时行传》,第5747、5749页。
⑤《明史》卷218《申时行传》,第5747页。
⑥《明史》卷218《申时行传》,第5748页。
⑦《明史》卷213《张居正传》,第5651页。
⑧（清）夏燮:《明通鉴》卷69,万历十九年九月甲申,第2773页。

必由廷推,若令一人密荐,恐开植党之门。"①而从申时行密荐的赵志皋和张位两位阁臣上任后平淡的政治表现中,人们进一步看清了密荐阁臣的弊端,所以,朝野必然强烈要求摒弃张居正的做法,杜绝"植党树援""挟私"用人的再次出现。御史钱一本对张居正死后强势阁权的延续提出了批评,认为"朝廷之政,辅臣安得总之?内阁代言拟旨,本顾问之遗,遇有章奏,阁臣宜各拟一旨。今一出时行专断。皇上断者十一,时行断者十九。皇上断谓之圣旨,时行断亦谓之圣旨","我国家仿古为治,部院即分职之六卿,内阁即论道之三公。未闻三公可尽揽六卿之权,归一人掌握,而六卿一又俯首屏气,唯唯听命于三公,必为请教而后行也","国家命相之大任,仅为阁臣援引之私物"。②由于张居正自身不正被攻击,故将其与严嵩败政行为相提并论,钱一本认为"以远臣为近臣府库,又合远近之臣为内阁府库,开门受赂自执政始","故自来内阁之臣一据其位,远者二十年,近者十年,不败不止。嵩之鉴不远,而居正蹈之;居正之鉴不远,而时行一又蹈之。继其后者庸碌罢弩,或甚于时行;褊隘执拗,又复为居正"。③

要结束顾命政治,清算张居正是不可避免的,这是专制政治的正常现象。学界需要理性探究的问题应该是,为何被后人大夸能耐的张居正难以幸免。人们在讨伐反张的各种势力的同时,难道就不能正视张居正本人的责任吗?在担任首辅之时,他一方面把其他阁臣不放在眼中,颐指气使,盛气凌人,视为无有;另一方面,挑选的阁臣都是忍气吞声、逆来顺受的怯懦之人,无振兴之意,无担当之能。人们对后继阁臣无能的讽刺挖苦,事实上是对张居正所选阁臣的嘲弄。如张四维就是张居正与冯保联手选入内阁的。据《明史·张四维传》记载:"四维家素封,岁时馈问居正不绝。武清伯李伟,慈圣太后父也,故籍山西,四维结为援。万历二年复召掌詹事府。明年三月,居正请增阁臣,引荐四维,冯保亦与善,遂以礼部尚书兼东阁大学士入赞机务。"张四维的入阁,集中反映着万历初年的政治生态,其与当时掌握最高权力的三方都有良好的关系。但让张居正根本想不到的是,他是在选拔自己的掘墓人。人们对后张居正时代的一再讥讽,事实上就是在揭露张居正的无能。目前学界对万历朝研究的最大问题就在于人为地割裂首辅张居正时代与后张居正时代的关系,无限度地肯定前者而否定后者,并因此导致对张居正的研究止步不前。

张居正刻意推选的阁臣确实在其生前给足了面子,既没有冒犯张居正,也没有像张居正那样在背后捣鬼而暗算张居正,使张居正的首辅地位得以稳定。这样一种只顾自己权势的短视目的和行为,是张居正最大的政治失误。张居正只顾自己的行政,而忽视身后政策的延续;只顾自己的权位,而不防后继者的背叛;只顾自己为所欲为,而无视后继者的厌恶与疏远。神宗为什么能够轻易地发动对张居正的持久清算,根本原因就在于张居正无力平衡各种关系,无力凝聚人心,无力培养忠于自己的政治势力,无力延续自己的风格。他应该

---

① (清)夏燮:《明通鉴》卷69,万历十九年九月丁丑,第2773页。
② 《明史》卷231《钱一本传》,第6037—6039页。
③ 《明史》卷231《钱一本传》,第6039页。

明白,自己的权势不可能被后继者所沿袭或复制,他的离世必然标志着政局的巨变和顾命政治的结束,无人能够填补他的空白。日本学者小野和子论道:"张居正施行了以强化对六科管理体制为内容的考成法,想封住批判政治的言论。但是,在张居正死后,考成法被接掌内阁的申时行事实上废止了。因为以他的政治力量,怎么也难以维持这样的体制。"① 商传亦言:"自居正去世,内阁再无权威所言。一个失去内阁权威的明帝国,也就失去了它应有的政府管理。治国方面先天不足的明神宗们无法在短时间内担负起国家管理的责任。"②

反对和清算张居正,客观上就是在削弱阁权。此前高拱虽以"专擅"之名被驱逐,但张居正并没有开展对高拱"专擅"的清算,也没有像徐阶之于严嵩提出所谓的"三语政纲"来糊弄舆论,而是喜欢高拱式的"专擅",而且是越"专擅"越好。但在张居正之后,清算首辅的"专擅"再不是虚晃一枪,走走过场,而是全面的、切实的、持久的政治运动。特别是在这一政治运动中,各方势力的认知高度一致,连张居正所选的阁臣都集体背叛,主张削弱阁权,避免再次出现张居正式的人物。万历十二年,申时行向神宗疏言:"照得阁臣之设,所以备顾问,赞枢机,其务至繁,其职至重,必登延哲义,广集众思,乃可以裨翼皇猷,弼成治理。仰惟皇上聪明天纵,总揽权纲,万化聿新,百废具举,臣等才疏识闇,莫能仰佐下风,近又该臣余有丁病故,止臣等二人在阁,一应事务,窃恐办理不前,有负任使。今在廷诸臣人品学术,俱莫逃于圣览,伏乞皇上断自宸衷,简求贤哲,以充是任。或查照旧例,敕下吏部,会同九卿科道官推举,上请圣明简用,以昭公道,以服舆情。"神宗允准,"着便会推堪是任的五六员来看。吏部知道"③。这样,就完全改变了张居正秘密推荐的做法,恢复公推使被推阁臣有了独立感,不再对首辅心怀感激而不敢发表不同意见,亦即不再属于首辅的附属者。然而由于对张居正的过度清算,内阁地位和作用的迅速下降是不可避免的。对此,阁臣叶向高倾吐了自己尸位素餐的尴尬处境,说道:"自不肖受事以来,六曹之政,绝未尝有一语相闻,甚至上疏之后,揭帖亦无,直至发拟,然后知之。仓卒之间,无从商榷,直以意为之票答而已。至于事有壅格,则无人不相委罪,即六曹亦云:'吾疏上已了矣,其得旨与否,阁臣事也。'故尝谓今日人情,论事权,则共推阁臣于事外,惟恐有一毫之干涉;论利害,则共扯阁臣于事中,惟恐有一毫之躲避。其难易苦乐已大失其平矣。而事无大小皆须催请。催请稍迟,便相督过。每日阁揭,常数十上,至有一事用二三十揭,而谭者犹病其缄默也。岂不困哉!不肖无聊之中,每思高皇帝罢中书省,分置六部,是明以六部为相也,阁臣无相之实,而虚被相之名,所以其害一至于此。"④

与所有阁臣特别是首辅不同的是,张居正遇到的神宗是明代在位最久的皇帝,在张居正去世后神宗近有三十八年的在位时间。由于神宗同样对张居正恨之入骨,所以张居正不

① [日]小野和子:《明季党社考》,李庆、张荣湄译,上海古籍出版社2013年版,第105—106页。
② 商传:《走进晚明》,第186页。
③ 南炳文、吴彦玲:《辑校万历起居注》,天津古籍出版社2010年版,第502—503页。
④ (明)叶向高:《与申瑶老第二书》,(明)陈子龙等选辑:《明经世文编》卷461,中华书局1962年版,第5051页。

可能被神宗所平反。"终万历朝,无敢白居正者。"①在反张运动持续而又深入进行之中,明代中枢政治受到致命打击,在张居正之后,再无强势阁臣出现,政治环境为之大变。于慎行说道:张居正死后,"太后惮上威灵,不复有所谕,辅导诸臣,亦不敢极力匡维,而初政渐不克终矣。江陵自失臣礼,自取祸机,败在身家,不足深论,而于国家大政,有一坏而不可转者,何也?凡天下之事持之过甚,则一发而溃不可收,辟如张鼓急则易裂,辟如壅水决则多伤"②。尽管防范出现"专擅"的第二个张居正的目标实现了,但在这一过程中,明朝也就同步走向衰亡。看似热闹的晚明其实就像迷失方向的破船漫无目的地乱撞,"当事者痛饮于危墙之下,歌笑于漏舟之中"③。孟森先生认为:"熹宗,亡国之君也,而不遽亡,祖泽犹未尽也;思宗,自以为非亡国之君也,及其将亡,乃曰有君无臣。夫臣果安往?昔日风气未坏,正人君子,屠戮之而不能遽尽,故无君而犹有臣;至崇祯时,则经万历之败坏,天启之椓丧,不得挽回风气之君,士大夫无由露头角矣。思宗而在万历之前,非亡国之君也;在天启之后,则必亡而已矣。"④此言虽有一定道理,但"无臣"并不是缺少人才,缺少能臣,而是朝臣失去了发挥作用的机制,其根本原因就在于内阁制度的破坏和由此导致的人心涣散。天启元年(1621),御史袁化中认为当时的政治是"宫禁渐弛""言路渐轻""法纪渐替""贿赂渐章""边疆日坏""职掌渐失""宦官渐盛""人心渐离"⑤,可谓一针见血。在熹宗折腾之后,要凭崇祯皇帝一人的单打独斗根本不可能阻挡明朝灭亡的趋势。对此,崇祯五年(1632)兵部员外郎华允诚就有清醒的认识,他说:"窃见三四年来,皇上焦劳于上,群百工执事鞅掌拮据于下,匆匆孜孜,日不暇给。而法令滋章,臣民解体,人才荡尽,根本受伤,此臣所谓可惜可忧者也……庙堂不以人心为忧,政本不以人才为重,四海渐成土崩瓦解之形。"⑥正是由于内阁的疲软和阁权的流失,明朝政治中枢失去了支柱,其他力量没有能力填补空缺,导致议论纷扰,"书生误国",无人担责。黄仁宇论道:万历时期"大明帝国却已经走到了它发展的尽头。在这个时候,皇帝的励精图治或者宴安耽乐,首辅的独裁或者调和,高级将领的富于创造或者习于苟安,文官的廉洁奉公或者贪污舞弊,思想家的极端进步或者绝对保守,最后的结果,都是无分善恶,统统不能在事业上取得有意义的发展,有的身败,有的名裂,还有的人身败而兼名裂"⑦。高寿仙亦言:"皇帝权威的下降和党社运动的活跃,也未能促进政治体制的变革,反而干扰了朝廷解决问题的能力。"⑧在这种政治和社会的生态中,指望明朝在自身不保的情况下带领17世纪中叶的中国进入新时代,是根本不可能的。任何对晚明社会"新因素"的放大和鼓吹都是只见树木不见森林。

---

① 《明史》卷213《张居正传》,第5652页。

②(明)于慎行:《谷山笔麈》卷2《纪述二》,第20页。

③(清)梁份:《秦边纪略》卷1《西宁卫》,赵盛世等校注,青海人民出版社2016年版,第64页。

④ 孟森:《明史讲义》,上海古籍出版社2008年版,第264页。

⑤ 《明史》卷244《袁化中传》,第6399页。

⑥(清)孙承泽:《春明梦余录》卷24《内阁二·纶扉药石》,北京出版社2018年版,第374页。

⑦ 黄仁宇:《万历十五年》,第238页。

⑧ 高寿仙:《变与乱:明代社会与思想史论》,人民出版社2018年版,第337页。

结　语

在晚明史的研究中，一些学者过多地注意了明代新因素的出现，而极少关注明代政治的真正走向。事实上，16—17世纪的明代社会变迁是缓慢的，传统政治仍然起着极大的作用。明代政治中枢与社会如何互动，是研究晚明社会变化的核心问题。后张居正时代阁权的衰落使朝廷控制社会的能力迅速下降，即明代国家的领导力越来越弱，而当时社会的发展不可能产生新的力量来弥补这一权力巨变中的真空，相反依然需要强有力的中央集权。也就是说，晚明时代并不意味着需要一个弱化的中央集权，否则，面对日益繁杂的内外情势，政府无法做出正确的选择和强有力的政治引导。在晚明时代，强力的行政中枢决策仍然是第一位的。而在防范出现第二个张居正式的"专擅"阁臣的集体无意识的喧嚣中，除了张居正个人及其家庭遭遇无情的打击和羞辱之外，明朝政治也因此付出了惨重的代价，影响深远，教训深刻。可以说，这一集体无意识的喧嚣与争闹，反映出晚明社会的迷茫与无奈。在防范第二个张居正所导致的政治中枢弱化的背景下，各种政治势力都不会成为赢者，没有任何一种力量来承担挽救明朝命运的历史重任。

在这一历史演变中，不能因为张居正有功和付出代价而完全忽略张居正个人的责任。在张璁之后，明代内阁功能的弱化从张居正夺取首辅的那一刻就开始出现了，只是张居正本人根本没有意识到自己的行为对未来政局的巨大影响。张居正生前与身后两个阶段防范第二个张居正的出现，其实反映的是同一个问题，都是在不自觉的政治活动中完成的，而且都真正达到了各自的目的。换言之，张居正赶走高拱而防范第二个张居正的出现，标志着晚明政治的开始，自然也是晚明政治的最大特点，这是明代独有的政治现象。长期以来，学界以"改革"的视角来认识张居正的思维模式又极大地掩盖了这一现象，导致对张居正认识过于片面，使对晚明政治缺乏深度认知和理性反思。

从政治制度的角度来讲，"明亡于万历"其实就是亡于万历时期内阁制度的破坏，而起点并不是在张居正去世之后，而是在张居正夺取首辅之时。不论是首辅张居正，还是亲政后的明神宗，他们严防第二个张居正的出现，事实上都是在有意或无意地冲击着内阁制度，使嘉靖以来不断增强的内阁中枢化进程被打断，并发生逆转，不可收拾。"明亡于万历"表明明朝的灭亡是一个渐进的过程，其亡国的根本原因在于中枢政治出现了严重的故障，自身又无力修正。长期以来，学界以张居正个人来命名万历新政，一再凸显所谓"张居正改革"，从另一个侧面说明张居正在万历初政中的绝对影响力，年幼的皇帝处于被架空的状态，使万历初政在张居正个人权力的异化中逐渐走向不可控制，延至崇祯时彻底崩溃。

原文载《史学集刊》2020年第4期

作者：田澍，西北师范大学副校长，历史文化学院教授、博士生导师，

中国历史研究院田澍工作室首席专家

万历壬辰战争和谈中的朝日交涉

——以朝鲜义僧惟政与加藤清正的接触为中心

刘晓东

　　万历壬辰战争中的和议问题，一直是中外学界关注的一个焦点。不仅关于壬辰战争的整体性研究都不可避免地会涉及于此，各种专题性的著述亦不在少数。尤其是针对和议中的讲和条件、过程、破裂原因等，都做了十分深入细致的探讨与梳理。[①]由于整个议和活动是在明朝与日本主导下进行的，因此明朝与日本之间的议和交涉，也自然成为学界关注的重点领域，而对于议和过程中朝鲜的战略意图，以及朝鲜方面外交活动的探讨，则要相对薄弱许多。因此，本文拟以朝鲜义僧惟政（松云大师）与日本将领加藤清正的外交接触为中心，对和谈中朝鲜与日本的外交活动略做整理与分析，以期从另外的一个场域与视角，对万历壬辰战争中的和谈问题及其影响，能有更为深入的认识，以就教于方家。[②]

一、癸巳和议与刘綎遣使

　　万历二十年（1592）四月，丰臣秀吉打着"假道入明"的名义，悍然入侵朝鲜，揭开了一场关涉中日韩三国的区域战争的序幕。这场战争中国方面多称之为"万历朝鲜战争"或"壬辰之役"，朝鲜多称为"壬辰、辛酉倭乱"，而日本则称之为"文禄、庆长之役"。日本侵略军以对马岛为基地，渡海进占釜山后，兵分三路，分别由小西行长、加藤清正、黑田长政率领，长驱直入并预定于五月中旬会师汉城。猝不及防的朝鲜军队溃不成军，日军很快攻克尚州、忠州，汉城门户洞开，朝鲜国王李昖慌忙弃城北遁。五月三日，日军攻占汉城，损毁朝鲜王陵。

---

　　① 其中代表性的著述主要有李光涛《万历二十三年封日本国王丰臣秀吉考》（台北"中研院"历史语言研究所1967年版）、[韩]李炯锡《壬辰战乱史（上中下）》（韩国新现实社1975年韩文初版，东洋图书出版株式会社1977年日文初版）、[日]三木晴男《小西行长と沈惟敬—文禄の役、伏見地震、そして慶長の役》（日本图书刊行会1997年版）、[日]中村荣孝《日鲜関系史の研究》中册（吉川弘文馆1969年版）、[日]北岛万次《豊臣政権の对外認識と朝鲜侵略》（校仓书房1990年版）等。

　　② 关于松云大师的研究，日韩学界主要集中于通信使交往方面，代表性成果有[韩]홍성덕《十七世紀朝·日外交使行研究》（전남대 대학원 사학과 박사학위논，1998年）；[日]仲尾宏《朝鲜通信使と壬辰倭亂—日朝關係史論》（明石书店2000年版）；[日]仲尾宏、[韩]曹永禄主编《朝鮮義僧將·松雲大師と徳川家康》（明石书店2002年版）；[韩]河宇凤《壬亂後國交再開期사명당惟政의講和活動》（《歷史學報》第173期，第127—154页）等。近年来，国内学界对此也开始有所涉及，诸如陈尚胜：《壬辰战争之际明朝与朝鲜对日外交的比较：以明朝沈惟敬与朝鲜僧侣四溟为中心》（《韩国研究论丛》第十八辑，世界知识出版社2008年版，第329—354页）；陈文寿：《朝鲜僧惟政与壬辰战争及战后合议：佛教僧侣与东方外交之个案研究》（《韩国学论文集》第十六辑，辽宁民族出版社2007年版，第7—17页）；郑洁西：《十六世纪末的东亚和平构建：以日本侵略朝鲜战争期间明朝的外交集团及其活动为中心》（《韩国研究论丛》第二十四辑，社会科学文献出版社2012年版，第283—308页）等。

之后又继续北进，数月间相继占领平壤、开城，直达会宁，朝鲜"八道几尽没"①。尤其是加藤清正，不仅率军深入到了朝鲜东北的咸镜道，还在会宁俘获了临海君、顺和君两位王子。于是，被逼走至义州的朝鲜国王李昖，不得不将"复国"的希望寄托在了"上国"明朝的身上，"请援之使，络绎于道"②。明朝内部在经过十分激烈的议论争锋之后，最终基于"扶危字小"的责任担当，决定派兵援朝御倭。③

在明朝军队入朝平倭的同时，朝鲜内部各种民间的抗日义旅也纷纷兴起，惟政所率领的僧军就是其中的一支。据徐滢修《松云大师传》记载，他本姓任，名惟政，字离幻，号松云，又号四溟、钟峰。出生于嘉靖甲辰年(1544)，十一岁时祝发出家，"受具戒于西山大师休静"。万历壬辰之役起时，正隐居于金刚山之榆店寺。不料为"倭寇"所扰，幸无惧以舌辩得免难。事后他慷慨泣誓曰"国危矣，虽吾侪山人，宁恝然坐视乎"，遂"入岭东，募僧七百余人"，组建抗日僧军。此时，其师休静也已起义师抗倭，并被朝鲜政府授命为"八道僧兵都总摄"。惟政听闻后立刻率军奔赴顺安法兴寺，投奔西山大师。后来休静"举以自代"，惟政"遂领其军"成为僧军领袖。之后，他率军协同体察使柳成龙，在平壤之役中击败小西行长部日军。又跟随都元帅权慄，进趋岭南，一路"屡有斩获"，并被朝鲜政府授予"通政"之职。④

由于明朝军队的介入，战争局面很快有所改观。在双方军队的协力配合下，万历二十一年正月，明朝大将李如松率军相继收复平壤、开城。三月初，明军捣毁日军补给基地龙山粮仓，迫使日军撤离汉城，退缩至釜山一带。然而，战争进行到此时，对于三方来说，都已感到愈发力不从心。一方面，从外部来说，无论哪一方都没有快速击败对手从而结束战争的实力与能力；另一方面，三方自身内部的各种问题也渐趋凸显，矛盾愈发激化，持久战对各方的政治与社会稳定都是十分不利的。⑤因此，随着战争进入胶着状态，"和议"之风日渐兴起，并在沈惟敬与小西行长的运作下，开始将议和之事纳入日程。这年五月，明朝使臣谢用梓、徐一贯在小西行长、石田三成等人陪同下，抵达日本名护屋，正式拉开了明、日双方谈判的序幕。⑥之后历经多次折冲，直至万历二十二年十二月，明朝才最终决定册封丰臣秀吉为日本国王。

就在明朝与日本和谈的同时，朝鲜方面也于万历二十二年四月，派遣僧人惟政与日本方面的加藤清正进行接触。不过，惟政的派遣，不只是朝鲜单方面的行为。按照朝鲜都元帅权慄所说，乃是因为"刘督府令臣务择可人，入送清正之窟，臣令都总摄臣惟正(政)入送"⑦。《松云大师传》也记载："甲午四月，都督刘綎遣师，侦探贼情，师与北部王(主)簿李谦受，率二十余

① 《明史》卷302《外国一》，中华书局1974年版，第8292页。
② 《明史》卷302《外国一》，第8292页。
③ 参见刘晓东：《扶危字小与万历出兵朝鲜》，《读书》2012年第10期，第3—7页。
④ 参见[朝鲜]徐滢修：《明皋全集》卷14《松云大师传》，景仁文化社1990年版，第290页。
⑤ 关于三方议和的背景问题，可参见朱亚非：《明代援朝战争和议问题新探》，《中国史研究》1995年第2期，第155—164页。
⑥ 关于谈判详情可参见[韩]李炯锡：《壬辰战乱史(中卷)》，东洋图书出版株式会社1977年版，第443—450页。
⑦ 《朝鲜王朝实录》卷51，宣祖二十七年五月癸未，韩国国史编纂委员会1955—1963年版。

人,往蔚山之西生浦,求见倭帅清正。"①可见,松云大师的派遣,乃是受明朝总兵刘綎之命实行的。对于刘綎遣使的目的,朝鲜士人申维翰在为《奋忠纾难录》所作按语中云:

> 甲午三月,都督刘徙自星州,移镇南原……与清正交使通意,盖自癸巳以后,天将力主和议,沈惟敬与平行长欲封秀吉为日本国王,以撤其兵。而刘綎则交通清正,欲使清正乘时受封,自为关白,反击秀吉,故特遣松云以探本情。②

按照他的说法,刘綎是为了离间加藤清正与丰臣秀吉之关系,才派遣惟政深入倭营的。成海应在为《奋忠纾难录》所作的"题后"中,也说"于时沈惟敬与平行长议欲封秀吉为日本国王,以撤其兵。綎亦遣松云大师惟政于清正,诱以乘时受封,自为关白,反击秀吉"③。粗看似乎并无不妥,但细思之下,却不难发现,这一说法实际上是由惟政三入倭营的活动内容推导而出的。这到底是不是刘綎遣使的最初目的,还是需要进一步思考的。

从朝鲜方面资料所述来看,此时正是沈惟敬与小西行长议和的关键时期,而刘綎却贸然派出使者挑拨加藤清正与丰臣秀吉的关系,无论如何都是有着一定破坏和谈的嫌疑的。虽然明朝内部反对议和的声音也比较强大,但作为武将体系中的总兵官刘綎,是否真的会超越职权边界去做这样一件具有高度政治风险的事情,还是需要有所掂酌的。事实上,在得知惟政"行间"之事后,刘綎曾致书朝鲜领议政柳成龙说"行间事,若善为则甚好,若不善为,则必有决裂之患矣",并劝朝鲜致书小西行长对议和之事进行商议。④可见,刘綎对"行间"之事虽未全力反对,但还是希望妥当运用,以免导致和谈的破裂。而且,从后来沈惟敬因为惟政从倭营回来后,久不与其沟通而大为愤怒之事来看,他对惟政出使之事显然也是有所了解的。⑤

的确,自从入朝作战以后,在袁黄的建议下,明朝军队也从事了很多间谍活动。⑥尤其是知晓小西行长与加藤清正的矛盾后,如何挑拨两者的关系,也成为明朝将领一直思考的一个重要战术。平壤战役前后,经略宋应昌在与李如松的通信往来中,就多次商量"行间"之事。他对李如松建议:"且闻此倭(指加藤清正——笔者注)与行长不睦,如令沈惟敬说行长,冯仲缨等说清正,令彼二人自相猜忌,必至攻击,而我坐观鹤蚌相持,以收渔人之利,岂非胜算,但中间机彀须门下指授方妙。"⑦在日军从王京败撤时,他又指示李如松"设行长肯

---

①[朝鲜]徐滢修:《明皋全集》卷14《松云大师传》,第290页。

②[朝鲜]松云大师:《奋忠纾难录(乾)·甲午四月入清正营中探情记》,[朝鲜]申维翰整理,韩国学中央研究院王室图书馆藏书阁藏朝鲜王朝刊本,番号:2-229,第1页。

③[朝鲜]成海应:《研经斋全集》卷18《文二·题奋忠纾难录后》,景仁文化社1990年版,第446页。

④参见《朝鲜王朝实录》卷55,宣祖二十七年九月辛巳。

⑤参见《朝鲜王朝实录》卷88,宣祖三十年五月辛丑。

⑥参见张金奎:《万历援朝战争初期的内部纷争——以赞画袁黄为中心的考察》,《求是学刊》2016年第5期。

⑦(明)宋应昌:《经略复国要编》卷7《与李提督书·十八日》,《壬辰之役史料汇编》上,全国图书馆文献缩微复制中心1990年版,第624—625页。

还王子、陪臣,肯留倭将,而清正乃拗其中,我则速遣智术之士,间谍其中,令之变动,徐观相持行事,是一策也"①。不过,随着明朝议和政策的日渐确定,这一离间战略也随之发生改变。万历二十一年十月,宋应昌在给刘綎的书信中就明确指出:

> 闻执事差兵前往行长营中,欲行反间,使与清正搆隙。夫反间,固兵家妙着,但事在两持未有归着,行之为当。兹倭已遵约,主上复有明旨,且行长、清正亦是海外雄奸,俱属关白所辖,未可以计间也。设行之不中机宜,因此致生事端,不惟执事难于自解,即本部亦何说之辞,彼时悔之晚矣。②

可见,为保证和谈的顺利进行,宋应昌已明确表示要停止针对小西行长与加藤清正的离间活动,以避免不必要的麻烦,对此刘綎也是不可能予以无视的。尤其是继宋应昌之后,于此时担任朝鲜经略的顾养谦,更是主张"封贡"的中坚人物。因此,刘綎的遣使,应该不像后人所臆测的那样,是为了"争功"的任性之举,通过挑拨小西行长与加藤清正的关系,来对抗与日本的议和,达到破坏和谈的目的。③相反,他的这一举动更有可能是受命而为,目的是为了配合议和活动的顺利进行。

如前所述,小西行长与加藤清正的矛盾与不协,早为明朝及朝鲜所知,尤其是在小西行长的不断挑唆下,明朝认为日本方面中,最有可能也最有能力反对、阻碍和谈的,非加藤清正莫属。因此,对加藤清正的动向与想法,也就自然格外关注。以和谈为名,行打探之实,以防备加藤清正对和谈的阻碍与破坏,应该才是刘綎的真正目的所在,否则他也不会对柳成龙做出"若不善为,则必有决裂之患"的警告了。

事实上,万历二十二年二月前后,加藤清正就派人与朝鲜方面接触,希望商讨和议之事。朝鲜都元帅权慄将此事禀报给刘綎,并表达了"渠虽自谓和之意,俺等岂可忍与此贼论此事"的意愿。对此刘綎劝解说,朝鲜君臣对日本的"怨痛之心"自可理解,但"行船海上者,虽欲指东风,势不顺而强掉,则必败矣,不若因势而利导之也"④。他所说的"势",自然是明朝已然确定的"和议"政策。由此我们对其遣使的真正目的,也不难略窥一斑了。

在听从刘綎的劝解后,权慄向朝鲜国王陈奏,认为加藤清正因与小西行长不睦,为了争功,差人请和,其"狡诈之谋虽不可测",但"亦恐或出于实情",请求朝廷裁定区处。⑤这一事件,也成为惟政出使加藤清正军营的契机所在。

---

① (明)宋应昌:《经略复国要编》卷8《与李提督书·又初三日》,《壬辰之役史料汇编》上,第639—640页。
② (明)宋应昌:《经略复国要编》卷11《与副将刘綎书·二十二日》,《壬辰之役史料汇编》上,第948—949页。
③ 参见李光涛:《万历二十三年封日本国王丰臣秀吉考》第三章《封事失败之原委·七条之约》,台湾"中研院"历史语言研究所1967年专刊版,第153—190页。
④《朝鲜王朝实录》卷48,宣祖二十七年二月庚午。
⑤ 参见《朝鲜王朝实录》卷48,宣祖二十七年二月庚午。

二、惟政的倭营探查与朝鲜议和战略

刚刚移镇南原不久的刘綎,将遣使的任务委托给了朝鲜都元帅权慄,因此这次遣使也演变成了朝鲜与日本之间的一次正面外交接触,从而也为朝鲜了解并参与议和活动打开了一个窗口。可以说,朝鲜方面对议和的态度是十分复杂的。一方面基于劫掳王子、盗掘祖陵之仇,与日本着实难以共戴一天;另一方面也由于自身基本被排除在和谈的核心之外,因此对和谈表现出极为强烈的抵触与反对情绪,国王李昖甚至一度以退位相抗争。①但随着两位王子的放回,以及明朝确实已无力再派大兵的困境,令朝鲜君臣认识到和议或许是无奈的最佳选择,态度也多少有所缓和。朝鲜使臣尹根寿等在进呈给明朝兵部的上书中,就非常生动地描述了朝鲜君臣对和谈之事的复杂心态,并或隐或显地展现出了朝鲜的议和战略:

> 夫倭之于小邦,其毒祸不止于烧夷城邑,虔刘人民,而发掘祖先之坟墓,极其残辱,诚终古不共戴天之仇贼也。……若羁縻之计出于中国制驭夷狄之权,而解纷息兵,容或一道。……今奏所为既陈所大愿者,而不得不及其次。……所谓大愿者,惟再赐兵粮,大加膺惩,使贼片帆不还,百年无动为长策;兼借东南舟师,下洋于釜山对马之间,拦截贼往来,令首尾不救为奇策;而所谓其次者,固乃羁縻耳……此亦足以为权宜之策。三策者之行废利否,不特小邦之幸不幸,盖华夷之盛衰、天下之安危关焉。……由是言之,向所列三策者,阁下不得专保其一,而不素讲其二也。……大要虽款事也,亦必早与施行,不容放过时日……若于宣谕倭酋之际,混及小邦,欲伊款成之文,则在小邦为自忘其仇贼。寡君闻之,将谓死亡不足以灭耻,在天朝亦非所以揭示于华夷。不宁惟是,贼之要款,惟于天朝,故不过封耳。设小邦之与于其间,伊所求索,何所不至,而天朝完了事,亦无其期矣。②

从这段文字,我们不难看出:(1)朝鲜君臣最希望的自然是明朝能增派大军,彻底击败日本,使其元气大伤难以再起的"长策";其次是稍借水军,截断日军的海上归路,令其首尾不能相救,从而逼退釜山之倭的所谓"奇策";最后才是以和谈行羁縻的权宜之策。(2)既然对明朝来说,已难兴大军,且欲以羁縻之计"制驭夷狄",那么朝鲜也遵从上国意图,同意讲和之策,但也希望明朝做好万全之准备。(3)讲和之内容,最好仅局限在明朝与日本范畴内,只讨论"册封"与否,而不要涉及与朝鲜相关的条款,以免影响和谈的早日达成。言外之意,对所听闻的一些涉及自身的条款,朝鲜是心怀不满甚至是十分反对的。因此,在和谈几乎成为唯一选择的状态下,如何有效保护自身利益,也就成为朝鲜君臣不得不思考的重要问

① 关于朝鲜朝廷的议和反对运动,可参见[韩]李炯锡:《壬辰战乱史(中卷)》,第422—429页。
② [朝鲜]崔岦:《上兵部书》,《皇明时槐院誊录》第十,韩国学中央研究院王室图书馆藏书阁朝鲜王朝刊本,番号:2-3465。

题。而这一战略意图,也贯穿于惟政出使的整个过程之中。

在接到权慄的陈奏后,朝鲜君臣似乎对和谈之事并无兴趣,认为"无约而请和者,谋也"。但对加藤清正与小西行长的矛盾却十分关注,"万一清正与行长有隙,出于争功不睦之意,则多为之间,使其党自相携贰,不无可乘之机"①。于是,万历二十二年四月,惟政携带刘綎的书简,率主簿李谦受等进入驻扎在西生蒲的加藤清正军营。会谈中,加藤清正反复询问小西行长与沈惟敬的和谈是否能够成功,并出示了双方讲和谈判的五项内容,即"一、与天子结婚事;一、割朝鲜地,属日本事;一、如前交邻事;一、王子一人,入送日本永住事;一、朝鲜大官老人,质日本事"②。

这五件事,除了与明朝通婚之事外,其他都是直接关涉朝鲜的内容。惟政对此自然坚决予以否定,并逐条阐释了其不可行性。面对日本方面咄咄逼人的关于朝鲜和谈态度的问询,则以"我国则大明属国","朝鲜之事无大小,皆委诸大明"的名义予以回避了。同时,为留有缓冲余地,对于自己这次出使的目的,则进一步解释为不仅朝鲜方面就连明朝都督刘綎等,也都认为这五件和议之事难以成功,所以才派遣他来与加藤清正交涉,在小西行长与沈惟敬之外,另议"和谐"之事,且"此必成事之秋也"。③

此次遣使,对于朝鲜君臣来说,另一个重大收获则在于进一步了解到日本内部矛盾的复杂性。惟政在《别告贼情》的上书中,这样汇报道:

> 清正反复行长与惟敬相约之事,成不成如何,而曰不成则喜动于色。虽不能的知清正微意所在,观其言辞而斟酌,若行长之事不成而有犯上国之举,则声罪行长与关白,而欲反戈之意也。言必称秀吉非王也,有吾王也云云。④

在他分析看来,加藤清正对议和的态度虽然还难以确定,但其与小西行长、丰臣秀吉的矛盾却是很深的。因此,一旦议和失败,加藤清正很可能会反戈相击,讨伐小西行长与丰臣秀吉。他之所以这样认为,一个重要的原因在于加藤清正曾多次亲口声言"秀吉非王""有吾王也"。但这一说法,很可能是惟政的误解。事实上,他在《甲午四月入清正营中探情记》中,明确记载了他与加藤清正关于这一问题的笔谈内容:"我等书示曰:我国以关白为日本国王,而以上官为臣,今送此国云,然耶?答书示曰:我非关白之臣,乃国王之臣,关白恶人,今以武艺住西国。"⑤

从中我们不难看到加藤清正的原话是"我非关白之臣,乃国王之臣",而他口中的"关

---

① 《朝鲜王朝实录》卷48,宣祖二十七年二月庚午。
② 《朝鲜王朝实录》卷51,宣祖二十七年五月癸未。
③ 参见[朝鲜]松云大师:《奋忠纾难录(乾)·甲午四月入清正营中探情记》,第6页。
④ [朝鲜]松云大师:《奋忠纾难录(乾)·别告贼情》,第11页。
⑤ [朝鲜]松云大师:《奋忠纾难录(乾)·甲午四月入清正营中探情记》,第9页。

白"应该是日本当时的在任关白丰臣秀次,"国王"才是已就任"太阁"之职的丰臣秀吉。①对此不甚了解的惟政,自然很容易将加藤清正所云的"关白"误认为是丰成秀吉,因而在汇报中将"关白"替换为了"秀吉"。

这一错误认识,对朝鲜君臣产生了很大震动,认为惟政由于不了解日本掌故,对于加藤清正的言语未能及时跟进,"失其可乘之机,极可叹惜"②。因此,如何离间加藤清正与丰臣秀吉、小西行长的关系,促使加藤清正倒戈反击,令自身危情亦随之而解的战术思考,开始进入朝鲜君臣的战略谋划之中。在惟政再次深入倭营之后,朝鲜国王李昖曾忧心忡忡地对柳成龙说:

> 清正桀骜,以为欲战不欲和云。无乃清正,除去行长等,欲为西向之计耶?清正所谓斩头揭竿,欲为东向之说,无乃相反耶?兵贵先声而后实。大明为朝鲜,防守甚固之言,使之传播于清正阵中如何?贼将闻之,必有忌惮矣。③

这里的"西向"是指明朝,"东向"则是指日本而言。可见,李昖所担心的是,素以桀骜好战著称的加藤清正,在除掉小西行长后,是否真的会回师日本讨伐丰臣秀吉?还是恰好相反,没有了小西行长的掣肘,他会更加随心所欲地吞并朝鲜进而出兵明朝。由此,我们也不难想见惟政再入倭营的目的与使命所在了。

这年七月,惟政再次进入加藤清正军营,会谈中一有机会朝鲜使臣就"欲起清正回戈之端",将话题引到为加藤清正鸣不平上,声言"上官以豪杰之人,甘为关白之下人",刘都督等天将闻之"实自慨然,欲奏于天子以上官为日本关白,以兵助之","清正若欲图关白,则督抚一力担当"。但加藤清正方却"皆以沈行和议成不成,及我国和不和等事"为问,而且在之前的五条之外,又附加了"大明一人入质"及"大明以何物为日本通信"两条。惟政等人的回答自然也如前次一样,全部予以否定,并以"国之事无大小,皆决于天将"为推脱。加藤清正则以自己曾优待并送回王子,且与王子有所约定,但王子归后杳无音信,实属"不信"的欺诈之举等事相威胁。按照惟政的说法,朝鲜使臣商议后认为"五条牢逆,则疑彼不尽其实",遂"举交邻一款,欲钓其情"。对此,加藤清正等人表现出浓厚的兴趣,并向朝鲜使臣要求希望明朝都督刘綎能至庆州具体面议"交邻"事宜,惟政只能以"吾归告督府及启我圣上,然后可决耳"予以应付。④

惟政深入倭营的同时,朝鲜君臣也在焦急地等待消息,并开始秘密策划下一步的离间

---

① 丰臣秀次初名三好信吉,本是丰臣秀吉姐姐智子的长子。日本天正十九年(1591)八月,丰臣秀吉嫡男鹤松去世,他遂于十一月被丰臣秀吉收为养子,改名丰臣秀次,并在同年十二月就任关白,而丰臣秀吉则以"太阁"身份继续幕后秉政。

② 《朝鲜王朝实录》卷52,宣祖二十七年六月丙寅。

③ 《朝鲜王朝实录》卷55,宣祖二十七年九月辛巳。

④ 参见[朝鲜]松云大师:《奋忠纾难录(乾)·甲午七月再入清正阵中探情记》,第16—26页。

计划，"使两贼自相疑贰，则必有自中相图之变……虽我国往来之人，亦不可知其行间之意"①。然而，在惟政的探情报告送达后，朝鲜君臣感到事情似乎并不像之前预想的那样。备边司官员在仔细研究了惟政的报告书后，认为通过惟政与加藤清正的问答来看，"其意与行长，无大相远，行间离贰之计，未必可施"②。事实上，惟政本人似乎也看清了这一点，"知督府所嘱绝不可遂，而清正凶锋终不可遏"③。因此，他在九月赴汉城的上疏中，就未再提及离间之策，而提出了"讨贼保民"的建议，认为要么集聚全国南北"未发之民"以"讨贼复仇"，要么"翻依越王廿年教训生聚之策，佯许交邻而还之"，以图中兴。④无独有偶，几乎与此同时，柳成龙在写给顾养谦的呈文中，也表达了类似的想法：

> 盖此贼一日不退，则小邦有一日难保之势。如蒙天朝威信远布，许其封款，使贼面渡海，则小邦得于其间，收拾余烬，生聚教训，以图桑榆，使将亡之余绪得延，孑遗之生灵粗保。其于小邦，幸亦大矣。⑤

这种态度的松动，固然不乏明朝议和派施加压力的因素所在，但一定程度上也是朝鲜自身在权衡利弊之后的无奈选择，正如庆尚道巡抚御史徐渻所云"兵疲财竭，国势岌岌，争欲讲好息兵，以安国保民耳"。对此，备边司官员也未给予否认，只是批评他"吐实太过，恐不必如此言之"⑥。

恰逢此时，沈惟敬与小西行长主导的讲和之事，取得突破性进展，获得明朝政府的认可，"封倭"之事就此确定。这也使朝鲜陷入了十分尴尬的境地，如果继续与加藤清正接触，无疑会引起天朝的不满，招致破坏和谈之嫌疑。而断绝往来，又怕引起加藤清正的反弹，酿成意外之变，"贼势日急，而在我先绝不报，则其毒益深"⑦。因此，朝鲜政府一方面不得不对小西行长的邀请做出回应，于十一月派遣庆尚右兵使金应瑞赴咸安与其会谈；另一方面，也不得不思考如何应对加藤清正的发难。于是，备边司官员提出"交好"之事"固难轻许"，但"兵家之事，不厌机变"，可否答应加藤清正希望王子予以回书的请求，"以缓其冲突之祸"。⑧对于王子回书之事，国王李昖颇为犹豫，认为王子通书于"君父之贼"实在有损大义名分。备边司官员几经商议后，提出了如下的建议：

---

① 《朝鲜王朝实录》卷55，宣祖二十七年九月辛巳。

② 《朝鲜王朝实录》卷55，宣祖二十七年九月丁亥。

③ [朝鲜]松云大师：《奋忠纾难录(坤)·甲午九月驰进京师上疏言讨贼保民事》，韩国学中央研究院王室图书馆藏书阁藏朝鲜王朝刊本，番号：2-229，第34页。

④ 参见[朝鲜]松云大师：《奋忠纾难录(坤)·甲午九月驰进京师上疏言讨贼保民事》，第31—32页。

⑤ [朝鲜]柳成龙：《西厓集》卷9《呈文·回报顾经略(养谦)简(甲午)》，景仁文化社1990年版，第186页。

⑥ 《朝鲜王朝实录》卷60，宣祖二十八年二月乙卯。

⑦ 《朝鲜王朝实录》卷55，宣祖二十七年九月丁亥。

⑧ 参见《朝鲜王朝实录》卷55，宣祖二十七年九月壬寅。

王子通书于贼营,情理所难思为。……如使在我之势,足以制贼,则绝而不通,专力攻剿可也。而势有所不然者,欲于往来羁縻之际,默寓行间之计。幸而得成则天也,虽不成,而迁延时月,少缓其祸,待天朝处置,亦是一时救急之计。故王子因前日之事,略为寒暄相问之语,使惟政以此为面目,兼致总兵答书,更观贼之所答如何。此系兵家权宜之术,未见其以此大害于义。①

也就是说,王子通书于仇贼,自然不合情理,但如果只是出于寒暄,并不会损害国家大义。面对自己无力制贼的局面,这只是朝鲜用来稍事缓解,以待天朝处置的一种权宜之术而已。于是,这年十二月,惟政打着送"王子君答书"的名义,第三次进入加藤清正军营,"以观附仰"。②

此时的加藤清正已经知晓金应瑞与小西行长会面之事,对惟政大失所望。尽管惟政一再声言"曾闻行长辈与天将论议,未闻与我朝鲜讲和也",加藤清正最终还是拒绝与他相见,只是令将随同的李谦受等带入营中。与李谦受的会谈内容可以说较为简单却也令人惊悚,加藤清正一方只是一再强调之前所说的"五条"之内,必须达成一条才会令丰臣秀吉满意,希望朝鲜方面速做决断,否则"三、四月间必有大举矣"。③

针对这次惟政等人带回的情报,在小西行长与加藤清正之间如何取舍,朝鲜内部展开了激烈论争。徐渻就认为以丰臣秀吉之贪虐,仅以天朝一纸册封诏书就会"退守弹丸日本,恭顺为臣职"的说法,完全是小西行长的欺罔之言,绝不可信。主张"讲和之事,颇专于清正",否则"挑清正之怒,逼其愤兵,则其祸岂小哉?……独将其军,出屯庆州,放兵四掠,则左道更无完邑……国家失一左臂,更无收拾御敌之望"。④对此,备边司官员则极力予以反对,认为应该与加藤清正进行切割而专心于小西行长一方:

天朝已与行长通好,而差官之行交错,事既垂成,行长若闻我国之专意于清正,或以不近之说,告之天朝,致有疑端,此亦非细事也。清正嫌其天朝许款之事,不成于其手,而成于行长,今乃纵间于秀吉……以动秀吉之心,则安知欲专清正之计,终未免败事之归,而日后难处之患,纷拏竞起,无有结了之期乎?秀吉贪虐无比,封王一纸制书,果似必不厌足其心……但秀吉崛起田户之间,弑其主,吞诸岛,其为罪恶,神人所不容,要得天朝敕封之命,借重镇服者,心之所存,实在于此,则一封退去,息兵安国,亦不无其理。……清正虽极凶悖,憾行长之独成其功,欲逞愤兵,而不从秀吉之令,则已为叛将,手下思归之士,四载他国,辛苦万状,其肯从其叛将之指挥,甘心锋镝之下,灭其身而无悔乎?军心至此,清正不过为穷海之一独夫,是则不须过虑之深。⑤

①《朝鲜王朝实录》卷55,宣祖二十七年九月壬寅。
②参见[朝鲜]松云大师:《奋忠纾难录(坤)·甲午十二月复入清正营中探情记》,第35页。
③参见[朝鲜]松云大师:《奋忠纾难录(坤)·甲午十二月复入清正营中探情记》,第36—40页。
④参见《朝鲜王朝实录》卷60,宣祖二十八年二月乙卯。
⑤《朝鲜王朝实录》卷60,宣祖二十八年二月乙卯。

在备边司看来，徐渻的担忧固然不无道理，但小西行长是与天朝直接议和，这对朝鲜来说显然是难以逾越的。丰臣秀吉虽然贪欲不足，但他出身低微，急欲借天朝封典镇伏国内，所以得一封而退兵也在情理之中，这样自然也不会涉及诸如"割地"等朝鲜之事了。而加藤清正如果违背丰臣秀吉的命令，则沦为日本之叛将，再加手下兵士思归心切，想要有所图谋也是很难实现的，所谓"必有大举"之说只是危言耸听的恐吓而已。朝鲜国王李昖，最终还是接受了备边司的意见，同时基于"姑缓清正之策，虽出于十分思量，而恐未得其十分恰当"的考虑，为防止加藤清正的"意外之变"，命令朝鲜左道将领"整饬兵马，以待其变"。① 不久之后，万历二十三年四月，明朝册封使李宗城、杨方亨等抵达朝鲜王京，九月南下至南原，直至十二月中旬才正式进入釜山的日本军营。

三、加藤清正"一己之见"辨析

万历二十四年九月，明朝册封使杨方亨等一行终于抵达日本大阪城，对丰臣秀吉进行册封。按照日本江户时代学者赖山阳的说法，当丰臣秀吉听到明朝诏书中"封尔为日本国王"一句时，勃然大怒，脱冕毁书骂道"吾掌握日本，欲王则王，何待髯虏之封哉"。于是封事未成，战事再起。② 这种说法已被后世诸多学者予以否定，认为多系编造之说，于此不再赘述。③ 对于和谈失败的原因，学界也探讨颇多，大体而言多归之为沈惟敬与小西行长的欺瞒行为。这自然也不无道理，但如果沈惟敬与小西行长没有欺瞒的话，所导致的结果应该是根本就不会有和谈册封之事，而不是册封的失败。因此，封事之坏的关键性因素，还在于各方诉求的契合度问题。对此，学界的关注主要集中在作为议和主场域的明朝与小西行长的交涉上，如果我们从次场域的加藤清正的视角进行观察，是否会有一些新的理解与补充呢？

万历二十一年五月，明朝使臣谢用梓、徐一贯抵达日本名护屋，与丰臣秀吉展开会谈。日本方面提出了七项和议条件：（1）明朝公主下嫁日本天皇；（2）两国复开勘合贸易；（3）明、日高官誓约通好；（4）割朝鲜南部四道予日本；（5）朝鲜王子及大臣渡日为人质；（6）交还被俘的朝鲜王子陪臣；（7）朝鲜权臣永誓不背叛日本。④ 这匆匆拟就的七条，无疑是漫天要价，

① 参见《朝鲜王朝实录》卷60，宣祖二十八年二月乙卯。
② 参见[日]赖襄：《日本外史》卷16《丰臣氏中》，吉原呼我标注、关机校订早稻田大学图书馆藏牧野善兵卫1875年刊本，请求记号：文库01_01794。
③ 详情可参见郑洁西：《十六世纪末的东亚和平构建：以日本侵略朝鲜战争期间明朝的外交集团及其活动为中心》，参见《韩国研究论丛》第二十四辑，社会科学文献出版社2012年版，第283—308页。
④ 参见[日]北岛万次：《丰臣秀吉朝鲜侵略关系史料集成》第2卷，平凡社2017年版，第313—314页。所谓的《大明日本和平条件》全文如下："一、和平誓约无相违者，天地纵虽尽，不可有改变也。然则迎大明皇帝之贤女，可备日本之后妃事。一、两国年来依境隙，勘合近年断绝矣，此时改之，官船商舶可有往来事。一、大明、日本通好，不可有变更旨，两国权之大官，互可题誓词事。一、于朝鲜者，遣前驱追伐之矣，至今弥为镇国家安百姓，虽可唯遣良将，此条目件于领纳者，不顾朝鲜之逆意，对大明割分八道，以四道并国城，可还朝鲜国王。且又前年，从朝鲜差三使，投木瓜之好也，余蕴付与四人口实。一、四道者即返投之，然则朝鲜王子并大臣一两员为质，可有渡海事。一、去年朝鲜王子二人，前驱者生擒之，其人非凡间，不混和平，为四人，度与沈游击，可归旧国事。一、朝鲜国王之权臣，累世不可有违却之旨，誓词可书之。"

也是不可能被明朝接受的。不过,我们姑且抛开条文内容,从其所涉及的层面来看,还是多少可以反映出丰臣秀吉的基本思路的。七条之中,前三条都是和明朝相关,后四条则是与朝鲜相关的。因此,丰臣秀吉是将明朝与朝鲜分开来看的,他既要从明朝获取利益,也要在朝鲜有所收获。在遭到明朝使臣的反对后,他又提出"公主下嫁"与"中分朝鲜"务择其一的要求①,从根本上说也是这种思路的一种反应。因为前者明朝绝不会答应,后者朝鲜也会坚决反对,两择其一实际上是等于没有选择。当然,在之后的一系列议和谈判中,正如一些学者所指出的那样,丰臣秀吉并没有完全拘泥于条款,还是在双方的不断调适中做出了一些让步。②但究其基本思路而言,可能还是很难改变的。

惟政初入倭营时,加藤清正出示的所谓"沈行议和"的五项条件,小西行长完全否认,尤其是"求婚""割地"两条更声言是加藤清正的编造,意欲"以此恐吓天朝"。③因而后人也多认为这完全是出于加藤清正的"一己之见",想借此败坏小西行长的讲和之举,"清正为人本是枭雄喜事者耳,自负其勇,谓可以所向无敌,而愤于行长辈所为,出此五件绝悖之言,以怯我国人心"。④有趣的是,当惟政第二次探访加藤清正时,他居然又加了两条。我们不妨将加藤清正的和议条件与丰臣秀吉最初的条件试对比如下:

丰臣秀吉与加藤清正议和条件比较表

丰臣秀吉(名护屋会谈,1593年五月)	加藤清正(西生蒲会谈,1594年四月、七月)
(1)明朝公主下嫁日本天皇	(1)与天子结婚事
(2)两国复开勘合贸易	(7)大明以何物为日本通信(七月新加)
(3)明、日高官誓约通好	(6)大明一人入质(七月新加)
(4)割朝鲜南部四道予日本	(2)割朝鲜属日本事
(5)朝鲜王子及大臣渡日为质	(4)王子一人送日本永住事
	(5)朝鲜大臣大官入质日本事
(6)交还被俘朝鲜王子陪臣	
(7)朝鲜权臣永誓不背叛日本	
	(3)如前交邻事

上表名护屋会谈中的第(6)条,因朝鲜被掳的王子及陪臣,在西生蒲会谈前就已放回,因此在加藤清正的条件中也自然不用涉及了。他新加的第(7)条"大明以何物为日本通信"虽然未必一定就指丰臣秀吉的第(2)条"复开勘合贸易",但从性质来说是可以归于一类的。新加的第(6)条"大明一人入质"与丰臣秀吉的第(3)条"明、日高官誓约通好"也基本属于同一性质。而加藤清正的第(4)、(5)两条,实际上是将丰臣秀吉的第(5)条拆分开来,同时兼及第(7)条的一种处理方式。据此,加藤清正的条件与丰臣秀吉最初的议和条件,可以说

---

① 参见[日]北岛万次:《丰臣秀吉朝鲜侵略关系史料集成》第2卷,第264—265页。

② 参见郑洁西:《跨境人员、情报网络、封贡危机:万历朝鲜战争与16世纪末的东亚》第十一章《交涉与妥协:万历朝鲜战争期间的和平条件》,上海交通大学出版社2017年版,第221—242页。

③《大东野乘》卷27赵庆南《乱中杂录·二》,《大东野乘》第四,朝鲜古书刊行会1910年版,第683—684页。

④ 参见[朝鲜]松云大师:《奋忠纾难录(乾)·别告贼情》,第12页。

几乎是完全一致的。同时,在确定"公主下嫁"完全没有可能的情况下,加藤清正又新加了两条直接与明朝相关的"旧"条款,让明朝无法从议和的博弈中有所超脱,这种手法也与丰臣秀吉几乎如出一辙。因此,简单认为加藤清正之说乃"一己之见",无疑有些过于偏颇了。正如申维翰所感叹的那样,"秀吉之爪牙,莫深于清正,清正之言,即秀吉之心也"①。

不过,通过对比我们也不难发现,加藤清正讲和条件中的第(3)条"如前交邻事"是丰臣秀吉名护屋会谈中没有的。尤其值得注意的是,万历二十三年三月三日,加藤清正在与明朝方面直接交涉的第四次西生蒲会谈中,则完全删除了这条,将其替换为丰臣秀吉的第(7)条,即朝鲜大臣盟誓之事(同大官家老共誓议和)。②也就是说,这一条款既不是丰臣秀吉所提出,也不在加藤清正与明朝会谈的内容之中,仿佛是他专门为朝鲜设计提出的。由此我们是否可以推测,这一条内容才是加藤清正所谓的"一己之见",也是他与朝鲜和谈中最为核心的"诉求"所在。

根据惟政的记述,"如前交邻事"在他第一次探查倭营时,加藤清正就提出了。但作为双方的首次接触,探讨的焦点都集中在了沈惟敬与小西行长议和的可行性方面,并未有所深入。但第二次进入加藤清正军营时,他在日本方面的紧逼之下,无奈以"如前交邻一事,则容有将议之势"予以应付,却不想引起了"诸倭"的极大兴趣,"喜悦之心现于色矣"。加藤清正也紧跟表示,"我则离本土久矣,每欲回去,而举兵三年成何事而还渡也?今汝国若欲交邻,斯速决议,则吾即渡海",并希望刘綎能尽快到庆州商议"交邻"之事。此后,日方所有的议题,都基本围绕这一中心问题展开,"终日议论,少无违忤",且在饭食的招待上"极致精备"。③

不仅如此,及至夜半时分,加藤清正的心腹喜八显然是受命而为,又将朝鲜使臣李谦受偷偷招至自己"私宿处",继续商议并面授机宜:

> 喜八曰:我大上官在此图之,则事无不成。汝须勤勤往来,速决可也。若成事,则我受爵于汝国,永以为好,不亦可乎?又与通事附耳潜言曰:关白若求王子,则交邻亦必不成矣,汝国若取他人之子,年可八九者,假称王子而入送,则事当速成,汝归处置。又出片纸所记曰:此事汝传书归告处之。其辞云:沈游击行长和议不成事也,故大明、朝鲜之人欲与清正三国和合,早奏日本大(太)阁殿下,此和议成给者大望也,余者不宣。一自朝鲜每年送对马岛斗米员数矣,一自对马岛来朝鲜国书矣,一自对马岛来朝鲜国人数名矣。④

① [朝鲜]松云大师:《奋忠纾难录(乾)·甲午七月再入清正阵中探情记》,第27页。
② 参见《朝鲜王朝实录》卷61,宣祖二十八年三月丁酉。其五事:一曰大明与日本婚姻;二曰朝鲜四个道,属于日本;三曰朝鲜王子,质于日本;四曰朝鲜大官老人,入质日本;五曰同大官家老,共誓议和等事也。
③ 参见[朝鲜]松云大师:《奋忠纾难录(乾)·甲午七月再入清正阵中探情记》,第22—25页。
④ 参见[朝鲜]松云大师著申维翰整理:《奋忠纾难录(乾)·甲午七月再入清正阵中探情记》,第25—26页。

喜八所表述的意思,大概有这样几点:(1)加藤清正对"交邻"之事极为上心,希望朝鲜方面也能早做决断;(2)为保证"交邻"的顺利达成,如果丰臣秀吉提出"质子"的要求,朝鲜方面不妨考虑以他人假冒王子入质;(3)朝鲜与明朝欲与加藤清正商定讲和之事,最好能够直接传达给日本太阁殿下丰臣秀吉;(4)希望朝鲜能提供过去与对马岛通好往来的相关资料,作为日本实施"交邻"的参考。

这其中自然不乏加藤清正欲借此打击对手小西行长的意图,但以"交邻"为切入点寻求和谈的突破,也应该是他的本意所在,否则也不会如此煞费苦心地安排,并明确希望朝鲜能将"三国和合"之事传达给"太阁"而非"关白"殿下了。因为"交邻"之事,虽不在丰臣秀吉的和谈条件中,却是符合其实际利益需要,且早晚要做的事情。朝鲜国王就曾对政院大臣谈道:"今见贼译之言,则通信使入去之后,秀吉将要熊川、釜山等处开市。"[①]而"关白必请开市"[②]之说,在日本将士中也流播甚广。或许在加藤清正看来,这有可能是可以打动丰臣秀吉的一个要素吧。

不过,对于惟政等人而言,所谓的"如前交邻"只是迫不得已的敷衍罢了,与加藤清正和谈也不是朝鲜的战略意图所在。因此,加藤清正的"交邻"设想,在没有回应的境况中最终不了了之。这里比较引人注意的是,加藤清正似乎很在意王子入质之事,甚至唆使朝鲜采用欺骗的手段来蒙混丰臣秀吉。这一举动,恐怕很难简单地以加藤清正的"欺诈"来解释。那么,王子入质与和谈之间又有怎样的关联性呢?

关于册封典礼之情形,中日韩三方都各有记述且渲染颇多,倒是置身事外的西方耶稣会士的记载或许要相对真实一些。根据传教士刘易斯·弗洛伊斯在1596年12月28日的《日本报告书》中所说,丰臣秀吉举行盛大仪式十分高兴地接受了明朝的册封,对明朝使臣更是盛情款待,毫无不谐之处。但他也比较强烈地表达了对朝鲜君臣的不满,并拒绝接见朝鲜使臣。明朝册封使对此多方劝解,并在回国前夕给丰臣秀吉写了一封信,希望日本将在朝鲜的军营全部毁弃,撤回全部军队,以慈悲之心宽恕朝鲜人的过错。当丰臣秀吉读到"尽毁倭营"这段要求时,内心好似被一个恶魔的军团给占据了,勃然大怒,于是战事再起。[③]

如前所述,丰臣秀吉的议和条件随着事态的演变发展,一定会有所调整,但其既要从明朝也要从朝鲜获取利益的基本思路却是很难改变的。在他看来,"册封"只是在明朝那里多少得到了满足,但朝鲜方面却还未有收获。限于形势,他可能不得不放弃"割地"的请求,但借此形成对朝鲜的"胁控"态势却是势在必得的。事实上,明朝册封使进入朝鲜王京后,丰臣秀吉就于万历二十三年五月向小西行长、寺泽正成,颁发了名为《大明朝鲜与日本和平条目》的朱印状,提出最新的议和条件:

<hr>

① 《朝鲜王朝实录》卷76,宣祖二十九年六月甲寅。
② 《朝鲜王朝实录》卷76,宣祖二十九年六月丙辰。
③ 参见[日]松田毅一监译:《十六·七世纪イエズス会日本报告集》第1期第2卷,日本同朋舍1987年版,第319—322页。

一、沈游击到朝鲜熊川，自大明之条目演说之云云，依大明钧命，朝鲜国于令恕宥者。朝鲜王子一人渡于日本，可侍大(太)阁幕下，然则朝鲜八道之中四道者可属日本者，前年虽述命意，王子到本朝近侍，则可付与之。朝鲜大臣两人为轮番，可副王子之事；

一、沈游击与朝鲜王子同车马至熊川，则自日本所筑之军营十五城之中十城即可破之事；

一、依大明皇帝恳求朝鲜国和平赦之，然则为礼仪赍诏书，大明敕使可渡于日本。自今以往，大明、日本官船、商舶于往来者，互以金印勘合，可为照验事。①

在这份新的议和条件中，丰臣秀吉确实做出一定战略调整与让步。首先，他明确提出了册封之后，希望能与明朝恢复勘合贸易的请求，但这是可在册封之后再进一步商讨的，因而对封典的完成不会构成太大的阻碍；其次，日本可以放弃朝鲜割地的请求，但作为交换，朝鲜王子要入质日本；最后，朝鲜王子到达熊川日本军营后，日本即毁弃所建军营的三分之二，但仍保留五座。

可见，日本的对朝鲜交涉实际上是围绕"王子入质"问题展开的。在丰臣秀吉看来，对朝鲜进行"胁控"的方式不外乎两条：一是王子入质，另一个则是在朝鲜半岛南岸保留一定的军事压力。这应该也是丰臣秀吉读到"尽毁倭营"的要求时，勃然大怒的原因所在。朝鲜既未入质王子，再将自己的军事据点全部拔除，这实际上也就意味着他"胁控"朝鲜意图的全盘落空。恐怕也正是因为如此，对丰臣秀吉了解颇深的加藤清正，才在与朝鲜的交涉中一再探寻王子入质之事，不仅唆使朝鲜弄虚作假，甚至不惜提出以自己的儿子入质朝鲜，来换取朝鲜王子的入质。②

当然，对于丰臣秀吉的要求，朝鲜自然是无法接受的，"质子"有伤国体，保留倭营则后患无穷。对于明朝来说，无论是基于秩序体系还是"字小"之义，也是不可能强迫朝鲜予以接受的。于是，各方诉求的不可调和，也就注定了和谈必然破裂的结局。加藤清正是否是因为深刻理解了这一点，才提出从"交邻"层面予以突破的思考，我们不得而知。但从壬辰之役后朝鲜与日本"通信使"外交的恢复，以及釜山开市等历史演变过程与轨迹来看，当时的各方如果能更为理性地关注到这一点，事态的演进或许会相对缓和一些吧。

四、结语

万历二十一年三月之后，随着战争进入僵持阶段，交战各方围绕"和议"问题展开了一系列的外交活动。为保证以沈惟敬、小西行长为主导的和平谈判的顺利进行，更好把握最

---

① [日]北岛万次：《丰臣秀吉朝鲜侵略关系史料集成》第2卷，第899页。
② 参见[朝鲜]松云大师：《奋忠纾难录(坤)·甲午十二月复入清正营中探情记》，第40页。

有可能破坏和谈的日方将领加藤清正的动向,在明朝的允许下,朝鲜也派遣义僧惟政与加藤清正进行了接触。通过惟政的三次"倭营"探查,朝鲜更为详细地了解到日本方面的谈判条件及和议的基本内容,对日方的无理要求进行了驳斥与拒绝,并煞费苦心地制定了离间日本内部关系的战术计划。虽然这一计划,因为种种错误理解的存在,实际上并不具有可操作性。但这次朝鲜与日本之间的直接接触,对一直未能进入谈判核心的朝鲜来说,确实成为其表达自身诉求、维护切身利益的一个重要场域,也对后来的和谈活动产生了一定影响。

丰臣秀吉的和谈条件,随着形势的变化,确实有所改变。但其既要从明朝获取利益,也要在朝鲜有所收获的基本思路却是贯穿始终的。加藤清正在与朝鲜交涉中所提出的议和条件,绝非简单的"一己之见",除了"如前交邻"外,可以说其他都基本承袭了丰臣秀吉的意志。而他提出的"如前交邻"以突破和谈困境的建议,因各方都陷于纷繁复杂的内部斗争中,没有给予更多的关注与思考,最终不了了之。更为重要的是,加藤清正与惟政围绕王子入质问题展开的诸多交涉,真实反映了丰臣秀吉意欲"胁控"朝鲜、牵制明朝的意图所在。这对朝鲜和明朝来说,都是难以接受的,也就注定了和谈必然破裂的结局。但不管怎样,加藤清正与惟政的外交接触,在一定程度上为日后朝鲜与日本"邻交"关系的恢复,埋下了一定伏笔,却是毋庸置疑的。

原文载《山西大学学报》2022年第1期

作者:刘晓东,华南师范大学历史文化学院院长、教授、博士生导师

明中后期江南出版业的勃兴

章宏伟

　　明清时期作为一个经济区域的江南地区,按李伯重的研究,其合理范围应是今苏南浙北,即明清的苏、松、常、镇、宁、杭、嘉、湖八府以及由苏州府划出的太仓州。"此八府一州的大部分地区,都同属一个水系——太湖水系。这一特点,使八府一州在经济方面的相互联系极为紧密。"[①]明中后期,在本文中主要指16世纪中期至明末大概一百年的时间,多种社会力量进入书籍出版领域,私人商业出版兴盛。出书地区广布各地,尤以福建、江南与北京最为集中。江南地区的南京、苏州、杭州、常熟、湖州等地,出版机构涌现,图书刻印出版业有一套非常成熟的运作流程,商业出版日益成熟,出现了一批出版名家,出版形式多样,分工与目标受众明确,出书品类繁多,出版规模和数量庞大,鸿篇巨制频现,传统经史等经典著作出版呈现出全新的气象,通俗文学、日用类书、生活用书、经商用书、蒙学读物、科举考试用书诸多方面又都创出了一番天地,出版文化臻至极盛,呈现出一派欣欣向荣的景象。

　　江南地区长期有刻书出版的传统,至16世纪中期以后,江南刻书出版业主体是以书坊为主、依托市场、追求赢利的商业出版,其勃兴与当时社会的发展大势若合符节,是明代中后期江南经济发展和社会变迁的缩影。

一、江南地区拥有优越的自然和商业基础

　　江南拥有相对宽阔的平原与优越的交通区位。江南多水道,水运连接大江南北,沟通了江南区域内外的经济文化交流,京杭大运河、长江等主要干道及地域内各层级支道纵横交错,杭州、苏州、南京,为天下南北之要冲,四方辐辏,百货毕集。同时,江南士商编印了各类水陆交通指引册子,以满足交通和运输需要,隆庆四年(1570)黄汴《新刻水陆路程便览》、万历四十五年(1617)壮游子纂《水陆路程》[②]、天启六年(1626)程春宇《士商类要》、天启六年憺漪子《新刻士商要览天下水陆行程图》,对各类水陆路都有详细记载。对江南各级交通路线详细勘察,并编印成书成图,成为士商出行的重要指南,为书籍地域流通提供了良好的基础条件。

　　因江南良好的水运交通条件,湖州书船成为影响江南乃至全国的特殊书籍流通方式。

---

　　① 李伯重:《简论"江南地区"的界定》,《中国社会经济史研究》1991年第1期。
　　②《水陆路程》有壮游子序,水野正明作壮游子纂,山根幸夫作商浚纂。参见陈学文:《明清时期商业书及商人书之研究》,洪叶文化事业有限公司1997年版,第258页。

康熙年间，郑元庆《湖录》曰："书船出乌程织里及郑港谈港诸村落。……明中叶如花林茅氏，晟舍凌氏、闵氏，汇沮潘氏，雉城臧氏，皆广储签帙。旧家子弟好事者，往往以秘册镂刻流传。于是织里诸村民以此网利，购书于船，南至钱塘，东抵松江，北达京口，走士大夫之门，出书目袖中，低昂其价。所至每以礼接之，客之末座，号为书客。二十年来，间有奇僻之书，收藏家往往资其搜访，今则旧本日希，书目所列，但有传奇演义、制举时文而已。"①湖州书船是湖州独有的一种书籍贩卖形式，以船为载体，借助四通八达的水路交通，"南至钱塘，东抵松江，北达京口"，贩书以谋取商业利润，被称为"流动的书肆"。清张鉴《眠琴山馆藏书目序》云："吾湖固多贾客，织里一乡，居者皆以佣书为业。出则扁舟孤棹，举凡平江远近数百里之间，简籍不胫而走。盖自元时至今，几四百载，上至都门，下迨海舶，苟得一善本，辄蛛丝马迹，缘沿而购取之。"②书船的贩书商又叫"书客"，湖州织里举乡从事书船贸易，因此湖州书船又称织里书船，"扁舟孤棹"于江南的河湖港汊中，满足了僻居江南各地的士人的购书需求。明隆庆四年徽商黄汴编纂《天下水陆路程》记有"湖州府四门夜船至各处"③，足见湖州至江南各地水运之发达，书船充分利用优越的水运条件，使书船贸易成为江南书籍流动的重要方式。湖州书船声名远播，享誉江南，无论是客居者还是本地人，都对"卖书船"留有深刻印象。"吴江四子"之一的张隽有《寓浔口号》云："自于香火有深缘，旧管新收几缺编。旅食数年无可似，最难忘是卖书船。"④乌程人汪尚仁《吴兴竹枝词》亦称："制笔闻名出善琏，咿哑织里卖书船。莫嫌人物非风雅，也近斯文一脉传。"⑤以湖州书船为代表的书船贸易成为江南图书出版与流通网络的重要组成部分，其便利通达的优势，推动了整个江南书籍网络的通畅与繁荣。

明代中后期商品经济的发展极大地冲击了传统价值观，人们不再安贫乐道，大胆开始了对利的追求，出现了弃儒从商或亦儒亦商的文人经商风潮。对工商业的热衷成为江南地区社会缙绅的普遍行为，"吴中缙绅士夫多以货殖为急"⑥，将治生经商看作是实现自身价值的途径，不再拘于读书入仕一途。归有光提到新安人白庵程翁以经商致富，"君岂非所谓士而商者欤？然君为人，恂恂慕义无穷，所至乐与士大夫交。岂非所谓商而士者欤？"⑦士与商融合的潮流影响了当时的刻书出版业，而且对文人学士而言，书籍出版是他们熟悉的领域，通过文字谋利，是他们比较容易参与的商业行为。大量文人在自己熟悉的图书领域寻求生计，进一步加速了书籍出版商业化的进程。"富者馀赀财，文人饶篇籍，取有余之赀财，拣篇

① 同治《湖州府志》卷33《舆地略·物产下·舟车之属·书船》，成文出版社1970年版，第647页。

② (清)张鉴：《冬青馆甲集》卷4《眠琴山馆藏书目序》，《续修四库全书》第1492册，上海古籍出版社2002年版，第51页。

③ (明)黄汴：《天下水陆路程》卷7，杨正泰校注，山西人民出版社1992年版，第235页。

④《南浔志》卷49，《中国地方志集成》乡镇志专辑第22册，上海书店1992年版，第603页。

⑤ (清)汪尚仁：《吴兴竹枝词》，(清)阮元、(清)杨秉初等辑：《两浙輶轩录补遗》卷7，《续修四库全书》第1684册，第673页。

⑥ (明)黄省曾：《吴风录》，广陵书社2003年版，第11页。

⑦ (明)归有光：《震川先生集》卷13《白庵程翁八十寿序》，周本淳校点，上海古籍出版社1981年版，第319页。

籍之妙者而刻传之,其事甚快,非惟文人有利,而富者亦分名焉。"①商人致富后,也多好附风雅,"徽人近益斌斌,算缗料筹者竞习为诗歌,不能者亦喜蓄图书及诸玩好,画苑书家,多有可观"②。清初剧作家孔尚任的《桃花扇》里,刻画的那位明末在南京三山街开设"二酉堂"书坊的出版商蔡益所,或许可以反映出17世纪书商的某种身份自觉与自我肯定。

二、江南书籍刻印业具有明显的物质、技术和人工优势

1. 刻书原材料充足便利

与出版相关的墨、纸等材料制作业和出版业的发展相辅相成。材料的改进为出版业的发展提供了基础,出版业的兴盛又刺激着材料的进步,这在明中期后的江南形成了良性的循环互动。墨、纸的生产,数量大,制作精,品种丰富。

明代制墨工艺有明显进步,制墨名家辈出,墨质精良,墨式新奇,以徽州最为有名。徽墨在明代制墨产业中长期居于主导地位,产区主要在歙县、绩溪和婺源三县。明代徽墨生产规模大,生产品类丰富,特别是油烟制墨法制造工艺发展成熟,逐渐取代松烟制墨法,占据了制墨业的主导地位。③明初洪武年间就已经有了专门总结油烟墨制作技艺的图书《墨法集要》,叙述油烟墨制作技法有条有理,极为翔实,将油烟墨的制作技艺归纳为浸油、水盆、油盏、烟椀、灯草、烧烟、筛烟、镕胶、用药、搜烟、蒸剂、杵捣、秤剂、锤炼、丸擀、样制、印脱、入灰、出灰、水池、试研等二十一个工序,图文并茂地介绍了油烟墨的制作工艺。④明代还出现了一批墨书⑤,方瑞生《墨海》、宋应星《天工开物》对油烟墨工艺都有精当总结和详细的叙述,这自然是制墨业发展的结果。

沈氏烧烟法中用于烧烟的油类品种增加了,"古法惟用松烧烟,近代始用桐油、麻子油烧烟,衢人用皂青油烧烟,苏人用菜子油、豆油烧烟",《墨法集要》同时指出最常用的油却是桐油,桐油得烟最多。制作桐油的桐树果生产周期短、更新快,不仅解决了松烟原料稀缺的问题,而且油烟墨制作工序简便,生产效率高,制作成本比松烟墨低,同时油烟墨墨色附着力强,克服了松烟墨不适宜印书的缺点,使产量大增,适应并满足了印刷出版业发展对墨的需求。明代的墨不仅颜色黑,附着力强,产量足,还有光泽,有香味,对明代中后期出版业的

---

① (明)钟惺:《隐秀轩文余集·题潘景升募刻吴越杂志册子》,《四库禁毁书丛刊》集部第48册,北京出版社2000年版,第494页。

② (明)袁宏道:《袁宏道集笺校》卷10《新安江行记》,钱伯城笺校,上海古籍出版社1981年版,第461页。

③ (明)宋应星《天工开物》说其中松烟占十分之九,其余占十分之一。见(明)宋应星:《天工开物》卷16,钟广言注释,广东人民出版社1976年版,第415页,可能只是他在一地考察得出的结论,并不是明代制墨的整体情况。王伟通过文献研究和实地调研后指出,油烟墨从南宋以后,逐渐占据我国传统制墨的主流,并且一直延续至今。今天安徽皖南一带的墨厂,其主要产品均为油烟墨,采用原料多为桐油。参见王伟:《中国传统制墨工艺研究——以松烟墨、油烟墨工艺发展研究为例》,中国科学技术大学2010年博士学位论文,第24页。

④ 参见(明)沈继孙:《墨法集要》,《景印文渊阁四库全书》第843册,台湾商务印书馆1986年版,第677—704页。

⑤ 明代墨书的简况请参见陈卓:《古法制墨工艺探微——关于一个传统工艺案例的研究》,中国美术学院2015年硕士学位论文。

勃兴起了促进的作用。

　　书籍刻印需要纸张作为载体。明代竹纸生产的发展促使造纸手工业发生了全面革新。江西、福建、浙江、安徽、广东、四川等省盛产竹，竹纸产区不断扩大，生产规模迅速增加，近竹林山区造纸槽坊林立。万历二十八年，江西铅山石塘镇"纸厂槽户不下三十余槽，各槽帮工不下一二千人"①。雇工数量如此之多，纸业规模可以想见。江西铅山的造纸工艺需要分工协作，槽房中从事造纸生产的工匠已有明确而细致的分工："每一槽四人，扶头一人，舂碓一人，检料一人，焙干一人，每日出纸八把。"②竹纸制造技术不断改进而日臻完善，水碓打浆技术在竹浆生产中的应用，为竹纸提高质量创造了条件。明宋应星《天工开物·杀青》记江西竹纸生产："凡水碓，山国之人居河滨者之所为也。……江南信郡③，水碓之法巧绝。盖水碓所愁者，埋臼之地卑则洪潦为患，高则承流不及。信郡造法，即以一舟为地，橛桩为之。筑土舟中，陷臼于其上。中流微堰石梁，而碓已造成，不烦椓木壅坡之力也。"④大致可见临近溪流因地制宜，水碓之法运用之巧妙。用水碓做舂捣加工，不必脚踏，不仅节约劳动力，且提高了劳动效率，扩大了产量。因杀青⑤等工序需用大量流动的水，因而纸坊多沿溪流。浙江湖州，"东沈钱家边，傍溪分流，激石转水以为碓，以杀竹青而捣之；垒石方空，高广寻丈以置镬，以和垩灰而煮之。捣之以糜其质也，煮之以化其性也"⑥；安徽泾县，"沿溪纸碓无停息，一片舂声撼夕阳"⑦；安吉水碓，"惟孝丰以上有之。中虚可容黍数斗，不人而运，或截竹置其中，待水自舂，捣烂如泥，辄用竹帘捞起，堆积蒸曝，便可成纸"⑧。竹纸生产大发展，虽然纸质较绵为次，但价格相对低廉，采用竹纸是图书商业化的必然结果，逐步居于手工纸的主导地位。浙、赣、闽、皖、川等省所产的竹纸、皮纸都成为"利市四方"的商品，而广销海内外。王世懋《闽部疏》说："凡福之绸丝、漳之纱绢……顺昌之纸，无日不走分水岭及浦城小关，下吴越如流水。"⑨常熟毛氏汲古阁刻书用纸，"岁从江西特造之"⑩。可见南方水运发达，各地纸张流通频繁而便利。

---

　　① 乾隆《上饶县志》卷8《封禁考略》引(明)陈九韶：《封禁条议》，清乾隆九年刻本，第15页。

　　② 乾隆《铅山县志》卷2《物产·纸》，《故宫珍本丛刊》第110册，海南出版社2001年版，第308页。

　　③ 信郡：指广信府。唐乾元元年(758)置信州，元至元十四年(1277)升为信州路，至元二十年(1360)朱元璋改置为广信府，辖境相当今江西贵溪以东的信江流域，今江西上饶一带。请参见同治《广信府志》卷1《地理·沿革》，成文出版社1970年版。

　　④ (明)宋应星：《天工开物》卷4，第131页。

　　⑤《天工开物》所述造竹纸的工艺流程，先是将砍下的嫩竹打成捆，放入池塘内沤制百日，上面压以石块。沤好后，在河水中洗之，同时用力捶打竹料，使成竹丝状，剔除硬壳和青壳皮。宋应星将此工序称为"杀(sǎi)青"。详请参见潘吉星：《中国造纸史》，上海人民出版社2009年版，第369—374页。

　　⑥ 同治《湖州府志》卷33《舆地略·物产下·物产之属·纸》引明《前溪逸志》，第645页。

　　⑦ 嘉庆《泾县志》卷32《词赋·赵廷挥〈感坑〉》，成文出版社1975年版，第2753页。

　　⑧ 光绪《浙江通志》卷102《物产》引嘉靖《安吉州志》，商务印书馆1934年影印光绪二十五年十月重刊本，第1844页。

　　⑨ (明)王世懋：《闽部疏》，《四库全书存目丛书》史部第247册，齐鲁书社1996年版第685页。

　　⑩《光绪常昭合志稿》卷32《毛凤苞》，《中国地方志集成》江苏府县志辑第22册，江苏古籍出版社1991年版，第559页。

2. 印刷技术的进步与装帧形式的演进

刻书字体方面。明代以前刻印书籍,对写样、刻板有很高的要求,相应要投入极大的人力和财力。到明代正德、嘉靖年间,刻书字体版式发生了变化。这一方面是受文坛复古风气的影响,翻刻古籍追求版式字体都依旧式,另一方面是正、嘉年间有些书坊刻印科举考试用书,为了营利求速,内容错讹百出,官府严禁书坊篡改版式文字,如有违误即拿问治罪。刻书匠户为了避免违法受刑,凡刻"四书五经"都照旧版依式翻刻,就是新刻也极力模仿宋体,于是形成一种当世的刻书字体——仿宋硬体。宋体字(即匠体字)是模仿宋代浙江刻本形成的一种新字体,字体方正、横平竖直、棱角分明,书写方便,易于雕刻,极大地提高了刻板速度。宋体字出现于弘治年间的苏州地区,正德时期发展到苏州附近的常州、松江地区,嘉靖年间基本成型,为全国大部分地区出版业采用。①

彩色印刷方面,有三色、五色套印,还发明了饾版与拱花技术,图案更加生动活泼,各类书籍几乎"无书不有图",这种图文并茂的形式可以吸引更大数量的读者。胡正言十竹斋运用饾版、拱花新技术,出版套印彩色版画《十竹斋书画谱》《十竹斋笺谱》,更是将中国版画艺术推上了巅峰。②

书籍装帧形式方面。元代书籍以包背装为主,一直延续到明代嘉靖以前。著名的《永乐大典》用的就是包背装。包背装书籍是用糨糊和纸捻粘接书叶,外面包有结实的书皮,比以前各种装订形式都进步。但糨糊和纸捻的黏结力仍然比较差,长期翻阅或者书籍放的时间长了,书页还是要脱落、破散,于是书籍装帧就逐渐转向方册装(即今天所说的线装)。方册装的装订方法与包背装大致相同,折页也是版心向外,书页右边先打眼加纸捻,前后各加书衣,而后再打孔穿双根丝线订成一册,不用书衣前后包裹,并形成四眼订法,较大的书则在上下两角再各打一个孔,变成六眼订法。钉眼外露,装订成册,既容易存放,又节省材料,降低工艺难度,也降低了成本。这是中国书籍装帧史上的一次重大改革,简化了装订工序,提高了劳动效率,为书籍的大规模生产提供了技术支持,它适应当时书籍出版的客观需求,很快得到普及推广,成为书籍的主要装订形式。这种装帧形式的改变,应该是从明中叶开始的。万历年间,紫柏真可等筹备刊刻方册《大藏经》,力排众议,毅然将《大藏经》从经折装改为简便的线装,就是因为"金玉尊重,则不可以资生;米麦虽不如金玉之尊重,然可以养生。使梵夹虽尊重,而不解其意,则尊之何益? 使方册虽不尊重,以价轻易造,流之必溥"③,顺应了印刷出版技术发展的潮流,从而开创了佛教《大藏经》的线装时代。④

3. 工匠数量多、流动性强,刊刻成本低廉

书坊主雇佣工匠刻印书籍,人数、规模扩大之势明显。毛晋刻书,"汲古阁后有楼九间,

① 参见李开升:《明代书籍文化对世界的影响》,《文汇报》2017年9月1日。
② 参见章宏伟:《胡正言生平及其"饾版""拱花"技术》,《美术研究》2013年第3期。
③(明)释真可:《紫柏老人集》卷7《刻藏缘起》,故宫博物院藏《嘉兴藏》续藏第52函,第2页。
④ 参见章宏伟:《方册藏的刊刻与明代官版大藏经》,章宏伟:《十六—十九世纪中国出版研究》,上海人民出版社2011年版。

多藏书板,楼下两廊及前后,俱为刻书匠所居"①。毛晋之子毛扆回忆:"吾家当日有印书作,聚印匠二十人刷印经籍。……今板逾十万。"②在刻书出版各环节中,刷印是需要人手最少的一个部门,汲古阁仅负责刷印的工匠就有二十人,此外还有写手、刻工、校对、装订诸环节,规模堪称空前。嘉靖三十四年(1555)无锡顾起经、顾起纶的"奇字斋"刊刻《类笺唐王右丞集》,书末附表所录刻书工作日程与工匠名单。③由明代刻本书籍留下的刻工名录来看,刻书工匠在当时全国几处雕版印刷中心和城镇中流动。冀淑英曾提道:"刻工也有很大的地域性。从现有资料看,有不同地区刻工同刻一部书的,说明刻工会有迁移,或是应邀往外地工作。"④明代徽州刊刻书籍与书籍版画的工匠文献中也有类似记载。刊刻于道光十年(1830)的《黄氏宗谱》载有自明正统元年(1436)至清道光十二年黄氏家族刻书资料,约四百年间共有三四百名本族刻工的记录。"我们透过《黄氏宗谱》,可以看出我国明清之际,有一支不小的版画队伍。他们始以务农,继之半工半农,最后专以刻书为业,成为特殊的手工业者。他们起初在本地刻书,后来声誉高了,路子也广了,相邀结伴,甚至全家迁往外地城市,以剞劂为生,至三四代人者都有";宗谱记载可见这些徽州籍的"黄氏子孙流寓在外地的人数不少,范围之广,也是少见的。他们北至北京,南至湖广,主要是在长江沿岸和浙江一带,虽然他们不一定都以刻书为业,但可以说大部分已证明他们是刻工",足见刻工的流动性强;从黄氏刻工所刻书籍可见他们刻书鼎盛期是万历至顺治年间(1573—1661),约计八十八年左右。⑤

叶德辉《书林清话》中有"明时刻书工价之廉"一条,记明代刻工工资之低:"明时刻字工价有可考者。陆志、丁志有明嘉靖甲寅闽沙谢鸾识岭南张泰刻《豫章罗先生文集》,目录后有'刻板八十三片,上下二帙,一百六十一叶,修梓工资二十四两'木记。以一版两叶平均计算,每叶合工资一钱五分有奇,其价廉甚。至崇祯末年,江南刻工尚如此。徐康《前尘梦影录》云:'毛氏(指毛晋——引者注)广招刻工,以十三经、十七史为主,其时银串每两不及七百文,三分银刻一百字,则每百字仅二十文矣。'"⑥明代后期的刻书工价很低,是可以断言的。

① (清)钱泳:《履园丛话》卷22《梦幻·汲古阁》,张伟点校,中华书局1979年版,第579页。

② (清)毛扆:《影宋精钞本五经文字九经字样》,(明)毛晋:《汲古阁书跋》,潘景郑校订,古典文学出版社1958年版,第128页。

③ 参见王维:《类笺唐王右丞诗集十卷文集四卷外编一卷年谱一卷唐诸家同咏集一卷赠题集一卷历朝诸家王右丞画钞一卷》,刘辰翁评,顾起经注,《四库全书存目丛书》集部第9册,齐鲁书社1997年版,第250页。该书现存嘉靖三十五年顾氏奇字斋刻本多部,可能是由于印次不同,导致版心刻工著录不尽一致,如想进一步了解,请参见何朝晖、李萍:《明中叶刻书的劳动力配置、刊版效率与刻工工作方式——以顾氏奇字斋〈类笺唐王右丞集〉为例》,《大学图书馆学报》2018年第6期。

④ 冀淑英:《谈谈明刻本及刻工——附明代中期苏州地区刻工表》,《冀淑英文集》,北京图书馆出版社2004年版,第88页。

⑤ 参见周芜:《〈黄氏宗谱〉与黄氏刻书考证》,《徽派版画史论集》,安徽人民出版社1984年版,第19—47页。《黄氏宗谱》创自宋元,明季有黄应济(二十六世)重修刊行,清康熙间黄师浩曾重编修补,未及刊行,至清道光元年(1821),"开簏复承祖父遗志,详加修订,增修付梓",历十余年,实际上是道光十二年(1832)才算最后刊成。

⑥ 叶德辉:《书林清话》卷7《明时刻书工价之廉》,古籍出版社1957年版,第186页。

三、明中叶后江南社会文化繁荣，书籍需求旺盛

1. 教育和科考普及，读书与识字率提升

明代自洪武以来，社会持续稳定发展，人民安居乐业，人口稳步增长。江南富庶之地，人口繁衍更快。曹树基推测，从洪武二十四年（1391）至清代乾隆四十一年（1776）[①]，常州、镇江两府人口年平均增长率为3.4‰左右，苏州府为2.5‰，嘉定府不足2‰，杭州为1.8‰，嘉兴为0.9‰，湖州为1.5‰。排除明清之际人口锐减的因素，明代浙江北部的人口增长速度与苏南相似。[②]万历时的杭州，"连同大量流动人口在内，杭州人口能达到百万左右"[③]，这个数字是相当可观的。

明代大众教育普及，教育系统从南北两京的国子监到地方府学、州学、县学、书院、社学（义学），官办与私兴的各级学校，衔接形成一个全国性的教育网。江南经济文化发达，学校普及，以书院为例，明代的浙江有书院一百二十所，这就意味着读书人增多，文盲率下降。对于明代末期全国各地生员数量，顾炎武估计，"合天下之生员，县以三百计，不下五十万人"[④]，陈宝良利用明代方志和文集来统计明末生员总数，认为极有可能突破六十万，"若加上各类不与科举的生员，其数字将更大"[⑤]。如此庞大的人数，为刻书出版业的发展开辟了广阔的市场。这场改变起自成化年间。郎瑛云："成化以前世无刻本时文，吾杭通判沈澄刊《京华日抄》一册，甚获重利。后闽省效之，渐至各省刊提学考卷也。"[⑥]说明科考用书书坊是在《京华日抄》大卖后才开始跟风而上的。由此引起官府关注，"弘治十一年春正月戊申，河南按察司副使车玺奏言：祭酒谢铎尝奏革去《京华日抄》等书，诚有补于读书穷理，然令行未久，而夙弊滋甚，《日抄》之书未去，又益之以《定规》《模范》《拔萃》《文髓》《文机》《文衡》；《主意》之书未革，又益之以《青钱》《锦囊》《存录》《活套》《选玉》《贯义》，纷纭杂出，由禁之未尽得其要也。乞敕福建提督学校官，亲诣书坊，搜出书板尽烧之，作数缴部，仍行两京国子监及天下提学分巡分守等官，严加禁约，遇有贩卖此书，并歇家，各治以罪。若官不行禁约，坐以不奉诏令之罪。礼部以闻，上从之"[⑦]。大致可以看出坊刻科举用书颇具规模，以致官府要严行禁约。江南科举之盛冠于全国，科考用书风行，为书商带来了巨额利润。李诩曾感慨道："余少时学举子业，并无刊本窗稿。有书贾在利考，朋友家往来，钞得灯窗下课数十篇，每篇誊写二三十纸，到余家塾，拣其几篇，每篇酬钱或二文或三文。忆荆川中会元，其稿

---

① 乾隆四十一年（1776）是距明代最近的一个标准时点，此前至明末的一个多世纪属于中国人口数据的"空白"时期，没有复原全国分府人口的可能。

② 参见曹树基：《中国人口史》（第四卷），复旦大学出版社2000年版，第277页。

③ 韩大成：《明代城市研究》（修订本），中华书局2009年版，第58页。

④ （清）顾炎武：《顾亭林诗文集》卷1《生员论上》，华忱之点校，中华书局1983年版，第21页。

⑤ 陈宝良：《明代儒学生员与地方社会》，中国社会科学出版社2005年版，第214—215页。

⑥ （明）郎瑛：《七修类稿》卷24《辩证类·时文石刻图书起》，上海书店出版社2001年版，第259页。

⑦ （明）黄佐：《南雍志》卷4《事纪四》，《续修四库全书》第749册，第170页。

亦是无锡门人蔡瀛与一姻家同刻。方山中会魁，其三试卷，余为怂恿其常熟门人钱梦玉以东湖书院活字印行，未闻有坊间板。今满目皆坊刻矣，亦世风华实之一验也。"①顾炎武断定早在15世纪末叶即已有"刻文，但不多耳"②，"十八房之刻，自万历壬辰《钩玄录》始。旁有批点，自王房仲选程墨始"③。实际上，时文选本自明代中期就已经开始流行。④万历末年，江西人艾南英、陈际泰的八股文选本风行一时，苏州、杭州的书坊都竞相邀请他们去主持选政。⑤科考用书的出版愈益兴盛，以至"书坊非举业不刊，市肆非举业不售，士子非举业不览"⑥。

明代中叶以后，江南社会经济得到充分发展，城市和集镇空前繁荣，市民阶层开始形成。他们物质生活安定，在富裕闲暇之余，就会对文化生活提出较高的要求。面对市民阶层的文化需求，日用类书以及戏曲、小说等文化娱乐书籍开始大量出现。明人叶盛言："今书坊相传射利之徒伪为小说杂书，南人喜谈如汉小王（光武）、蔡伯喈（邕）、杨六使（文广），北人喜谈如继母大贤等事甚多。农工商贩，抄写绘画，家畜而人有之；痴呆女妇，尤所酷好，好事者因目为《女通鉴》，有以也。甚者晋王休徵、宋吕文穆、王龟龄诸名贤，至百态诬饰，作为戏剧，以为佐酒乐客之具。有官者不以为禁，士大夫不以为非；或者以为警世之为，而忍为推波助澜者，亦有之矣。意者其亦出于轻薄子一时好恶之为，如《西厢记》《碧云骔》之类，流传之久，遂以泛滥而莫之救欤。"⑦基本的读、写、算的能力，是自主地进行商业化生产的小农场主和小作坊主所必须具备的。明话本小说《宋小官团圆破毡笠》，描写"会写会算"的宋金，因为识字，能在商业活动中有稳定的营生。⑧因此，获得独立从事一般经济活动所需要的读、写、算的基本能力，成为民间大众教育的重要内容，也是明清商书、日用类书得以传播的文化基础。出版业的发展，也使那些过去不能或者很少接触书籍的底层乡村社群成为书籍的消费者和受益者。⑨

2. 书籍成为士大夫日常收藏与交往的重要内容

明代中后期，私人藏书家不断涌现，藏书数量不断提高，藏书在万卷以上的藏书家越来越多，在江浙二省形成了浓厚的藏书风气。"大抵收藏书籍之家，惟吴中苏郡、虞山、昆山，浙中嘉、湖、杭、宁、绍最多。金陵、新安、宁国、安庆，及河南、北直、山东、闽中、山西、关中、江

① （明）李诩：《戒庵老人漫笔》卷8《时艺坊刻》，魏连科点校，中华书局1982年版，第334页。此条曾为《日知录》卷16《十八房》所引，略异。
② （清）顾炎武著，（清）黄汝成集释：《日知录集释》卷16，栾保群、吕宗力校点，花山文艺出版社1990年版，第728页注[4]。
③ （清）顾炎武著，（清）黄汝成集释：《日知录集释》卷16，第727页。
④ 参见（清）阮葵生：《茶余客话》，《丛书集成新编》第86册，新文丰出版股份有限公司1985年版，第13页。
⑤ 参见谢国桢：《明清之际党社运动考》，中华书局1982年版，第119—120页。
⑥ （明）李濂：《纸说》，（清）黄宗羲编：《明文海》卷105，中华书局1987年版，第1034页。
⑦ （明）叶盛：《水东日记》卷21《小说戏文》，魏中平点校，中华书局1980年版，第213—214页。
⑧ 参见（明）冯梦龙：《警世通言》卷22《宋小官团圆破毡笠》，魏同贤主编：《冯梦龙全集》第2册，凤凰出版社2007年版，第301—320页。
⑨ 参见李伯重：《八股之外：明清江南的教育及其对经济的影响》，《清史研究》2004年第1期。

西、湖广、蜀中，亦有不少藏书之家。"①《中国历代藏书家辞典》统计明代知名藏书家358人：江苏142人、浙江114人、福建22人、江西20人、上海19人、山东7人、安徽7人、河南6人，其他省份少有分布。②范凤书《中国私家藏书概述》统计，明代藏书家有869人，主要集中在东南地区，最多的10个县市是：苏州（268人）、杭州（198人）、常熟（146人）、湖州（94人）、绍兴（93人）、宁波（88人）、福州（77人）、嘉兴（75人）、海宁（67人）、南京（60人）。③范凤书《中国私家藏书史》第四章第二节明代收藏万卷以上藏书家简表④，共收录藏书家231人，其中江苏60人、浙江57人、福建18人、山东16人、河南11人、上海10人、安徽10人、江西9人、陕西6人、山西6人、河北5人、湖北4人、云南3人、湖南2人、广东2人，海南、广西、四川、甘肃、北京各1人，还有宗室6人，有1人籍贯青城，因全国多地名"青城"，一时不能确定归属，就没有归入以上的行政区划。由这些统计可知，藏书家大多汇聚在江南。藏书家的大量出现，既表明书籍生产有了长足的发展，又说明书籍生产存在广阔而稳定的市场，为书籍商品生产的不断增长注入了动力。

晚明江南士大夫的日常交往中普遍存在着以书为礼的行为。胡应麟指出："今宦途率以书为贽，惟上之人好焉。则诸经史类书，卷帙丛重者，不逾时集矣。朝贵达官，多有数万以上者，往往猥复相揉，芟之不能。万余精绫锦标，连窗委栋，朝夕以享群鼠。而异书秘本，百无二三。盖残编短帙，筐箧所遗，羔雁弗列，位高责冗者，又无暇缀拾。名常有余，而实远不副也。"⑤张升通过对《明代徽州方氏亲友手札七百通考释》的研究，发现《考释》共收礼帖51通，其中涉及赠书的达30通，占60%，书籍是当时士大夫交往中最常见的礼物之一。据《考释》作为礼物之书一般都是新书，即新刻印之书，往往包括赠书者之著作（主要是诗文集）、赠书者家人之著作、官书等。他同时提出："以书为礼发生在京城和江南地区的相对较多，因为这些地区士大夫比较集中，出版业发达，制作和获取书籍相对更容易，等等。从时间上来说，以书为礼主要发生在明代中期以后。"⑥冯梦祯，浙江秀水（今嘉兴）人，万历五年进士，官至南国子监祭酒。他的日记所记，是万历十五年他去官归里后所写的行年录，内中就记有赠书之事，如："（己亥）八月初五，晴。早候胡葵南太守于新码头。自壬辰以丁内艰去守被论谪，起复补官，擢青州守。余以嘉善于丞大谟之任，有书相闻，所寄《三国志》，乃是俗本《衍义》。向在南都，一北台使者见问：所刻《三国》得非《衍义》乎？余微笑，语其实，何独一丞也？""（壬寅四月）十二，晴，小热。张孟奇来，惠诗刻，又云杭严何公刻诗集，索余作

① （清）孙从添：《藏书记要·鉴别》，（清）徐增编：《娱园丛刻十种》，光绪己丑四月序刊本，第2b页。
② 参见王河主编：《中国历代藏书家辞典》，同济大学出版社1991年版。
③ 参见范凤书：《中国私家藏书概述》，虞浩旭主编：《天一阁论丛》，宁波出版社1996年版，第268—270页。
④ 参见范凤书：《中国私家藏书史》，大象出版社2001年版，第168—187页。
⑤ （明）胡应麟：《少室山房笔丛》卷4《经籍会通四》，中华书局1958年版，第54页。原书断句，将"万余"二字前置，误，今改正。
⑥ 张升：《以书为礼：明代士大夫的书籍之交》，《北京师范大学学报（社会科学版）》2017年第5期。

序。"①这类书籍往来记载在一些江南士绅文人的文集日记里多次出现②，以至晚明时许自昌说："老童低秀，胸无墨、眼无丁者，无不刻一文稿，以为交游酒食之资。"③现存《明别集》的数量，据《明别集版本志》前言所提，编纂《中国古籍善本书目》时，"当时全国近八百个藏书单位报送《中国古籍善本书目》总编的，约十五万四千种，其中属于'明别集'的一万一千种。审校中我们删除丛书和总集零种，合并复本(含批校题跋本)，约得三千五百余种。此后又在美国普林斯顿大学葛思德图书馆发现一些就当时所知中国大陆尚未见著录的'明别集'复制品，亦予审录，并入此志，遂增至三千六百余种"④。《明别集版本志》还附录了279种"生活于明清间俗目为清人而版本传世较少者"，因为"对生活在两朝之间的人物，往往看法有歧异，从上从下，或不一致"⑤。这样的数字离实际相差应该不会太远，大概就是淘汰之余的《明别集》数量。明人文集较前代有突破性的增长，原因固然很多，但相当多的书是为了送礼而出版的。

在明中后期声势浩大的江南出版业勃兴与商业化现象中，最值得我们关注的，是印本对写本核心地位的取代。海外学者通过书目，敏锐地发现了这个现象。日本学者井上进根据《中国古籍善本书目》统计出来了宋、元、明时期随着时间进程出版书籍的数目表(宋、元、明代出版数目表⑥)，使我们可以比较直观地对中国印本做历史分期的考察。由这个统计数，井上进说："加上明初刊本在内，宣德以前刊本的平均现存数也不及元代，这是出版量从元代开始减少这一趋势到了明代加速发展所带来的结果。明建国后七十年再到历时百年的正统天顺期，期间平均现存刊本数量是元代的1.4倍，即是否恢复到了元代水平很值得怀疑。总之，无论是从质还是从量上来说，和元代相比，明初百年的的确确算得上是出版史上的衰退期了。"⑦井上进指出："出版量整体增加是从15世纪末，即弘治初年开始的。实际上16世纪前半期，从正德到嘉靖中期的坊刻本，大部分都是福建所印。在这之外的其他地方的出版大致限定于官刻和家刻。……江南的营利出版呈现向上的征兆大概是在16世纪中期嘉靖三十年代的事情。"⑧美国学者贾晋珠曾以弘治末年的1505年为界，将明代对分为前后两个时期，"发现在已知的总共1660种建阳坊刻或私刻书籍里，只有179种(11%)是前138年里刻印。因为有些计入明初的刻本实际上是元代版片的后印本，这个比例的偏态在事实上更严重。……还有一个类似的对江南各大出版中心(南京、苏州、无锡和杭州)的刻本统计显示，不到10%的书是明代前期印制的""清代和民国时期善本收藏家的藏书志也

① (明)冯梦祯：《快雪堂日记校注》卷11、卷13王启元校注，上海人民出版社2019年版，第215—216、266页。
② 如(明)祁彪佳：《祁彪佳日记》，张天杰点校，浙江古籍出版社2016年版。
③ (明)许自昌：《樗斋漫录》卷1，《续修四库全书》第1133册，第50页。
④《明别集版本志》，崔建英辑订，贾卫民、李晓亚参订，中华书局2006年版，"前言"第1页。
⑤《明别集版本志》，"前言"第2页。
⑥ 参见[日]井上进：《中国出版文化史》，李俄宪译，华中师范大学出版社2015年版，第120页。表下说明文字中的数据有误。
⑦ [日]井上进：《中国出版文化史》，第121页。
⑧ [日]井上进：《中国出版文化史》，第160—161页。

表明,他们珍视的明代非官刻本大多是16世纪中叶之后印制的。"①贾晋珠是以1505年来作时间的划分,与本文的时间划分略有不同,但足以证明本文的观点。日本学者胜山稔对《明代版刻综录》著录的5200种明代印本数据做过统计,提出明代出版活动发展可以分为三个阶段:在明朝统治的头一个世纪,除了最后一个十年——1458至1468年外,所有其他的十年时间段里平均每年只生产不到十部书。到了下一个世纪,这个平均数翻了三倍多,增长主要发生在1508年至1528年间。第三个时期从1561年开始,到16世纪末每十年出版的书籍数量升至多达53部,直到1644年王朝终结才滑落至16世纪早期的生产水平。②缪咏禾统计《明代版刻综录》共著录图书7740种,其中洪武至弘治时期(1368—1505)137年间的书共著录766种;正德、嘉靖、隆庆(1506—1572)66年间的书,共著录2237种;万历至崇祯(1573—1644)71年间的书,著录4720种。③周绍明从公私藏书的规模、藏书中印本的份额、获得书籍的难易程度、手抄本与印本生产的相对成本几个方面做了系统考察后提出:"明代对印本需求的增长,导致中国印刷机构性质的一个重要变化,政府传统的支配地位让位于许多私人、通常是商业出版者不可遏制的崛起";"晚明出版者的兴趣也会被消费者的口味所激发。对于同样的著作,读者越来越倾向于选择印本而非抄本,他们看中抄本更多的是因为其美学价值,尤其是书法,而不是其内容的稀有。这种更注重抄书者,而不是书本身及其内容、价格的现象,突出说明了到16世纪末的江南书业中印本在总体上崛起的程度"。④确实,诚如周绍明所说,雕版印刷术发明以来,印本书绝没有立即宣告手抄本时代的终结,是商业出版的爆炸式发展使得印本与抄本的消长形势发生了质的变化,印本在图书流通中取得了毋庸置疑的统治地位。但周绍明将井上进的观点推进了一步,说:"与惯常的学术思维相反,井上认为只有在16世纪中期,而不是11世纪晚期或12世纪,印本才在江南地区永久性地取代了写本,成为传播书写文化的主要方式。"⑤将印本在数量上超过了抄本的时间确定在16世纪中期,显然是把事情的开端与结果混为一谈了,实际上直至16世纪中期印本还没有在中国取得优势,印本是在16世纪中期以后才开始变得普遍。但无疑我们还是要充分肯定周绍明强烈的问题意识和敏锐的学术目光。

正如胡应麟所言:"盖当代板本盛行。刻者工直重巨,必精加雠校,始付梓人,即未必皆善,尚得十之六七;而钞录之本,往往非读者所急,好事家以备多闻,束之高阁而已,以故谬误相仍,大非刻本之比。凡书市之中,无刻本则钞本价十倍。刻本一出,则钞本咸废不售

---

① [美]贾晋珠:《谋利而印:11至17世纪福建建阳的商业出版者》,邱葵等译,福建人民出版社2019年版,第231—232、235页。

② 参见[日]胜山稔:《明代における坊刻本の出版状況について——明代全般の出版数から见る建陽坊刻本について—》,[日]矶部彰编:《東アジア出版文化研究—にわたずみ》,日本文部科学省科学研究費特定領域研究"東アジア出版文化の研究"総括班,2004年,第81—99页。

③ 参见缪咏禾:《中国出版通史·明代卷》,中国书籍出版社2008年版,第10页。

④ 参见[美]周绍明:《书籍的社会史:中华帝国晚期的书籍与士人文化》,何朝晖译,北京大学出版社2009年版,第62、67页。

⑤ [美]周绍明:《书籍的社会史:中华帝国晚期的书籍与士人文化》,第42页。

矣。"①印本使书籍收藏更为容易,因此超越延续十多个世纪的抄本,成为当时藏书家的主要藏书,取得数量上的压倒性优势,奠定了其在此后中国出版史上的核心地位。技术的进步、商业的发展与旺盛的书籍文化需求,明中后期书籍出版业获得了质和量的双重飞跃,成为中国古代出版史上具有标志性意义的阶段。

原文载《首都师范大学学报》2020年第4期
作者:章宏伟,故宫出版社有限公司董事长,故宫博物院研究馆员,
南开大学兼职教授、博士生导师

---

① (明)胡应麟:《少室山房笔丛》卷4《经籍会通四》,中华书局1958年版,第59页。

晚明：中国早期近代化的开端

张显清

一、中国封建社会能否滋生近代社会因素

对于中国古代社会自身能否滋生新的近代社会因素，能否向近代社会转型，中外学者向来有不同的看法和分歧点。不同学术观点和理论见解尽管很多，但归结起来只有两大学派：一派是不变论、无发展论、停滞论；另一派是变迁论、发展论、转型论。这两派争论的焦点又集中在明代中后期至清代中期，即15世纪至19世纪中叶。

中国历史"停滞论"的表述多种多样，但共同点都是认为中国古代社会稳定不变，没有发展，自身不可能产生近代性因素，只有靠西方文明的冲击才能打破平衡状态，向近代转变。这一理论由来已久，并随着时代的不同而不断变化。它最早出现在19世纪欧洲伴随完成工业革命加强对外扩张之时，其时一些人污称中国是"一具涂着香料、裹着丝绸、写着象形文字的木乃伊，它的内部循环就如同一只冬眠鼠那样"。20世纪初叶，马克斯·韦伯等西方学者提出精神文化决定论，给中国历史"停滞论"涂上理论色彩。第二次世界大战期间，日本秋泽修二等人鼓吹中国历史具有"停滞""倒退"与"循环"的特性，只有依靠外力才能推动历史的发展。其后，西方学者又相继提出了"西方冲击—中国反应"论与"传统—近代"论，认为凡是近代的就是西方的，中国传统社会是停滞不变的，如果没有西方资本主义的入侵，中国根本无力产生近代性变化，西方是中国近代转变的创始者。再后，自称"与共产党决裂"的魏特夫为了与共产主义进行"战斗"，还抛出了"东方专制主义"论。20世纪70年代以来，西方学者又相继提出了中国明清时期"高水平平衡陷阱论""有增长无发展论""过密型商品化论""明代倒退论"等，从而把"停滞论"提升到更高的理论形态。

国外的中国"停滞论"被中国学者引进到国内。20世纪80年代以后，一些学者提出了近代资本主义西欧文明特有论、中国封建社会超稳定系统论及稳定性最高、进化度最小、封闭性最强的中国单纯农业经济论。

自从中国历史不变论、停滞论出现之日起，中外学者即不断与之商榷和争鸣，并在争辩中使中国历史发展论、变迁论得到发展。有的学者认为，明清时代的中国已经出现了近代社会因素。

二、中国早期近代化历程在晚明起步

人类社会是不断发展变化的,而人类社会又是由一定的经济基础和上层建筑构成的整体。因此,判断一个社会是否发生了较大变化,是否发生了结构性变化,是否发生了转型,应该做全方位的、综合的与整体的评估,既要看其社会经济,也要看其阶级关系、社会生活、政治变革、思想意识、文学艺术和科学技术等。依据马克思主义社会发展学说来考察中国古代社会,可以看到,至明代中后期,古代封建社会业已高度成熟,在明成化、弘治与正德年间(15世纪中叶至16世纪初叶),向近代社会转型的苗头已经出现;明嘉靖年间至明末(16世纪初叶至17世纪中叶),新的近代社会因素更为普遍而显著地增长起来,向近代社会的转型开始启动。

这里所讲的中国古代封建社会向近代社会转型有其特定含义,系指由自然经济向商品经济转化,由农业社会向工业社会转化,由古代传统政治、文化向近代政治、文化转化。这是一个十分漫长、非常曲折的历史过程,在不同时期有着不同的转化程度、形态和特点。此处的社会转型起始系指中国古代封建社会自身经过近两千年的向前发展,至明代后期已经积累、孕育出新的社会因素,这些新因素在性质上不同于以往的传统封建社会,而与未来的近代社会相同。它们首先出现在经济领域,然后使阶级关系、社会生活、政治关系、思想意识、文学艺术与科学技术发生相应变化,传统古代封建社会已经发生局部结构性变换。新生的先进社会因素代表了社会的未来,显示了社会的新走向,因而各种新因素纷纷出现的明代后期显然就成为中国早期近代化的开端。

从人类社会的总体发展趋势来说,人类的近代史乃是资本主义时代史。从社会形态来看,中国古代社会向近代社会转型,归根结底也是从封建社会向资本主义社会转型,只不过有着本民族的历史特色和独特的发展道路而已。

三、经济基础发生变异

所谓经济有了发展,其内涵不是单一的,而是综合的,既有量的增长,也有质的进步。因此,只有全面、整体地进行考察,才能真实反映出某一历史时期的经济发展程度和走势。明后期,中国社会经济呈现全面发展之势,经济结构、社会结构与生产关系呈现深刻变革之势。商品货币经济空前发展是社会经济全面发展的显著特征,由古代社会向近代社会转型是经济体制变革的走向。其具体表现是:

第一,商品性农业的发展引起中国农业经济和农村社会发生结构性变异。明后期,农业经济的突出特点是商品性农业以前所未有的规模和速度发展,这种发展使农业经济和农村社会发生深刻的结构性变异,其变异的历史进程是这样展开的:农业生产力的发展,粮食生产能力的提高,为经济作物种植的扩大和畜牧业、林业、渔业、副业的发展提供了可能;经济作物的普遍种植导致农业生产商品化程度提高;商品性农业的发展冲击、瓦解着传统自然经济结构和农村社会结构;传统社会经济结构的变异促使新的农业生产关系和经营方式出现;等级雇佣向自由雇佣过渡;农业雇工经营是农业资本主义生产关系萌芽的主要体现。而农业商品化程度的提高,又是手工业、商业、金融业和城镇空前发展的基础。不言而喻,农业经济和农村社会的结构性变异是整个明代社会经济结构发生变异的起点。

第二,民营手工业的蓬勃发展引起手工业发生历史性变革。这一变革具有以下五个特征:一是官营手工业实施体制改革,向商品化和民营化转变;二是民营传统手工业焕发新颜,新兴手工业勃然兴起,由于其商品化程度增强,所以占据了整个手工业生产的主导地位;三是在民营手工业普遍发展的基础上,形成苏杭丝织业、松江棉纺织业、芜湖浆染业、佛山矿冶业、景德镇制瓷业、铅山造纸业、石门榨油业与南京印刷业等著名手工业中心;四是民营手工业的新发展有力推动了商业繁荣、市场扩展和早期城镇化进程,同时推动了为其提供原料的商品性农业的发展,使社会经济结构进一步发生变化;五是主要手工业部门出现了资本主义生产最初阶段的手工作坊、手工工场或包买商。

第三,商业贸易的繁荣、商人势力的壮大和全国性市场网络的形成,开创了中国古代商业史的新阶段。明后期的商业流通主要有以下五个特点:一是商品种类增多,商品流通范围扩大;二是商人和牙人势力空前壮大,地域性商帮形成。商人阶层不仅拥有巨额资产,而且社会地位也有提高;三是商人不仅在本地区开展贸易,而且还进行跨区域的大规模的长途贩运,把全国市场联成网络。沿海海商还从事进出口国际贸易;四是一些商帮实施的自由雇佣制、合伙制、伙计制及领本制等都是与传统商业不同的新的经营方式和劳资关系;五是一部分商人将商业资本转向产业资本,经营手工业或商品性农业。所有这些都表明,在明后期,中国封建商业已经高度发展,并孕育出近代商业因素。

第四,货币权力的增大和信用借贷的活跃。明后期的货币关系主要有以下四个特点:一是赋役货币化,货币以银为本位,此变革具有划时代的历史意义;二是白银流通量和储存量剧增,货币权力空前增大;三是从事货币兑换、汇兑和保存的货币经营业应运而起,它们已具有近代金融业的某些因素;四是信用借贷需求旺盛,生息资本剧增。借贷利率下降趋势的出现、农业生产性借贷的增多、生息资本与商业资本的结合、部分生息资本向手工业资本的转移,都是信用借贷出现的新现象。

第五,早期城镇化进程启动。城镇化程度是近代化程度的重要标志之一。明后期,以往延续下来的城市、市镇与集市,无论是居民规模,还是工商业繁荣程度都超过了前代,工商业贸易中心的经济功能明显上升。一批新的工商业城市、市镇与集市蓬勃兴起,构成中国古代城镇发展史上前所未有的新的时代特色。工商业城镇是当时先进生产力和生产关系的聚集地,带动着周围地区的经济发展和社会进步。明后期的城镇奠定了中国近代城镇发展的基本布局。

第六,资本主义生产关系萌芽出现。自20世纪50年代以来,关于中国明清时期资本主义萌芽问题的研究取得巨大成就。但长期以来,对于中国资本主义萌芽不仅有不同的学术观点,而且这一命题还遭到中外一些学者的诘难和嘲笑。在这种气氛下,自20世纪90年代以来,相关研究随之走向沉寂,不少学者自此缄口,即使原来对资本主义萌芽研究做出过重要贡献的学者有的也抛弃此说。但是,我们应该尊重客观历史,重新肯定明代后期中国出现了资本主义萌芽,将被歪曲、被否定的资本主义萌芽论重新确立起来。不仅如此,还应在以往研究的基础上,将这一研究不断引向深入。事实证明,以往对明后期中国资本主义萌芽出现范围和发育程度的估量,不是高了,而是低了。大量史料表明,它不仅出现在丝织业、矿冶业,而且还出现在棉织业、制瓷业、造纸业、榨油业、印刷业、商业和农业。

四、上层建筑的新景象

晚明时期,随着经济基础发生变异,上层建筑也相应出现了许多带有近代性质的新景象。这主要表现在以下几个方面:

一是阶级关系方面。晚明时期的社会基本矛盾和主要阶级关系虽未发生根本变化,但已出现了具有近代资本主义劳资关系萌芽的新型劳资关系。所谓"资",即在某些手工业部门投入资本、开设手工作坊或手工工场、雇用工人进行商品生产的早期资本家或包买主;所谓"劳",即在手工作坊或手工工场为雇主劳作、将劳动力作为商品出卖的雇工,劳资之间形成摆脱人身依附关系的劳动力自由买卖关系。这种性质的劳资关系,在农业中也已出现,农业雇工经营者与农业雇工之间以经济契约为纽带,建立起新型的农业雇佣关系。但工农业中的这种劳资关系仍处于占统治地位的封建经济结构和阶级结构的层层包围中。明后期时,工商业城镇的发展和城镇人口的增加,导致中国历史上的市民阶层开始出现。这一以商人特别是中小商人、手工业主、手工业工人、各种服务行业业主及从业人员为基本成分的群体,为明后期的政治斗争、思想意识和文学艺术带来了新气象。

二是社会风气方面。明后期,商品经济开始发达,消费领域不断扩大,货币权力不断提高,社会价值观念为之转变,各阶层人士竞相推崇消费,追逐财富和金钱。为了追求金钱,人们纷纷弃农经商,以致"以商贾为第一等生业,科第反在次者"。这种社会新风形成了对贵贱尊卑封建等级制度的挑战。在封建时代,人们的物质生活方式也是有等级的,不得"违式僭用"。明后期,随着商品货币关系的发展,人们纷纷冲破封建礼法的等级限制,享受他们原来所不能享受的生活。这表现在衣、食、住、行、用以及婚、丧等各个方面,正如时人所言,"不以分(名分、身份)制,而以财制","不复知有明禁,群相蹈之"。明后期所形成的这种追求财富、崇尚消费、舍本逐末、违礼越制的风俗习尚,是社会转型起始在社会生活方面的体现。

三是政治维新方面。明中后期的赋役改革汇集成一条鞭法,其中的摊丁入亩,不再直接对人身征役,适应了挣脱封建经济人身束缚的要求。此外,明后期,清议之鼎沸,党争之酷烈,士气之高昂,均为前代所无。朝政争论背后蕴涵的具有历史价值的新因素主要有三个方面:一是敢于挑战权威的议政精神;二是要求"公论""共治"的政治主张;三是东林、复社已成为具备带有粗浅近代政党色彩的政治化组织。尤为值得关注的是明后期民众政治意识空前提高,连续爆发了大规模的民众反抗运动,其中尤以市民反抗运动为以往所无。这些运动具有两个鲜明的时代特点:一是以手工业主、手工业工人、商人、商店雇员以及服务行业从业者为主体的市民阶层开始登上中国政治斗争历史舞台;二是知识阶层与民众相互支持。这些民众运动都有知识分子参加。明天启(1621—1627)年间,各地民众纷纷起而反对阉党迫害东林党人,这本身即表明,知识阶层(东林党人)与民众在反阉党斗争中已经联为不可分割的一体。总之,明后期出现的改革运动、党社运动和市民运动构成生机勃勃的中国社会政治新气象,孕育出了某些带有近代政治色彩的新因素。

四是思想观念方面。明后期,突破传统观念束缚,曾出现两次大的思想解放:一次是由程朱理学向阳明心学的转变;一次是早期启蒙思潮和经世实学思潮的兴起。这都促使人们的价值观念出现明显转化。比如,对欲望合理性的肯定,即是晚明思想十分突出的现象。在传统观念里,人欲与天理相对立,必须祛除。而在这一时期,人欲的必然性和合理性在理念上得到充分肯定,使古老的理欲观发生革命性变化。对欲望的肯定,基于对人的推尊和自我意识的觉醒,人的自我价值与地位获得前所未有的重视。王艮的"尊身立本""爱身如宝"论,李贽的"人必有私""穿衣吃饭即是人伦物理"论,都闪耀着近代人本主义的思想光辉。在充分肯定自我与人的欲望的前提下,伦理观、财富观、权威观与政治观都与以往的传统观念有了很大不同,贯穿着批判和求实精神,呈现着近代人文主义色彩。黄宗羲对君主专制的批判和对开明君主制的设计,更是那个时代新型政治思想发展的高峰。明后期及明清之际出现的这些新的理论和观念具有近代思想因素,蕴涵着人本主义、人文主义精神,适应了商品货币经济发展和新型生产关系出现的理论需要,属于近代早期启蒙思想,为19世纪末、20世纪初的中国资产阶级改革派提供了思想渊源和理论武器。

五是文学艺术方面。明后期,文学艺术也出现了前所未有的变革,其主要标志是公安派、竟陵派诗文的兴起和市民通俗文学的繁盛,尤以后者最具划时代意义。以小说、戏曲和市井民歌为主要形式的反映城镇商业手工业繁荣、反映市民阶层和广大民众、下层知识阶层生活及思想情绪、审美观念的市民通俗文学,构成了明后期文学艺术的主要特色。徐渭、李贽、汤显祖、袁宏道与冯梦龙等文学巨匠还提出了具有近代人文启蒙性质的文学理论,其主要内容是:主张抒发现实之中我的"童心""真情""性灵",反对封建礼法束缚,宣扬人的个体价值,鼓吹人性解放与个性自由;追求"本色""率真"与自然,反对伪饰矫作和刻意模拟古人;在创作方法上,推崇新奇,不拘格套,开创积极浪漫主义新风。这种文学思潮的实质是要求从文学复古主义和封建正统文学的束缚中解放出来,实现向反映市民阶层、普通民众与下层知识阶层生活和思想愿望、审美情趣的市民通俗文学转型。这些都是中国近代早期启蒙文化的重要组成部分。

五、阻力和挫折

由于经济、社会、政治以及思想文化各个领域新因素的涌现，明后期中国社会呈现出新旧混合的多元化趋势。但是，母体社会的旧结构仍占统治地位，新因素还处于受压抑的劣势，社会转型遭遇旧结构的强劲阻碍，不仅减缓了转型的速度，而且使之出现了巨大曲折。

关于明后期社会转型的阻力可以举出许多例子，但从根本来说，主要来自封建等级特权制度及其所造成的封建统治阶级的政治腐败。封建等级特权制度是造成封建社会社会矛盾与阶级矛盾全面激化，财政危机与社会危机全面爆发的根本性体制原因。明后期，封建统治阶级的腐败除了传统原因之外，还在于任由商品货币经济发展带来的负面作用泛滥：一方面是商品货币经济空前繁荣，另一方面是封建政治腐败愈演愈烈，形成鲜明反差。商品法则、金钱关系不仅支配着社会经济生活，而且还充斥于政治领域，封建统治阶级的贪婪欲望日益失控，无限制地掠夺财富，导致社会资源和利益分配极度失衡，贫富悬殊，社会阶级矛盾激化，社会转型受阻。尤其是当腐败全面加剧，进而引起社会大动荡之时，社会转型更遭到了严重挫折。

明后期，封建统治阶级的政治腐败主要表现在以下三个方面：一是封建等级特权失去约束，贫富差距极度拉大；二是贪贿公行，吏治败坏；三是纪纲废弛，机体瘫痪。封建统治阶级全面腐败所造成的直接社会后果是：一方面激化了社会阶级矛盾，酿成全国范围的社会大动荡；另一方面，削弱了对后金（清）地方割据势力发动的掠夺战争的抵御能力，使经济惨遭破坏。明末农民大起义持续了近二十年，明清战争持续近三十年，这二三十年蔓延不断的战火和动荡，对社会经济的发展，对明后期出现的社会转型趋势都是严重打击和挫折。

虽然中国封建社会晚期已经出现近代因素，具有向近代转型的趋势，但是，中国封建社会经济体制与政治体制自身又蕴涵着阻碍社会转型顺利发展的消极因素。当封建统治阶级在政治上尚有自我调控能力之时，这些消极因素得到抑制，近代因素得到生长；当封建统治阶级丧失自我调控能力、日趋腐败之时，这些消极因素便肆意泛滥，酿成社会动荡，社会转型便遭受挫折。因此，封建统治阶级的腐败程度成为中国近代因素能否顺利生长、社会转型能否顺利进行的关键。晚明社会转型只能在不断克服阻力中曲折前进。

李自成大顺军撤离北京后，清军趁乱入主中原。中国历史上以往的改朝换代，新王朝开国之初，一般皆吸取前朝败亡的历史教训，实行偃兵息武、休养生息、恢复发展政策。明清嬗递则不同，清初统治者带来的并不是和平与发展，而是四十多年的民族征服战争，商品经济最发达的长江中下游及东南沿海地区所遭涂炭尤甚。不仅如此，清朝统治者还在很长时间内残酷地实施民族歧视与压迫，并将其在关外实行的落后的农奴制经济、政治、文化政策移至关内，使中原地区先进的物质文明和精神文明遭到严重摧残，致使明后期出现的社会转型趋势发生逆转。这种历史的倒退持续了九十多年，到清乾隆初期社会经济才逐渐恢复到明代最高水平,并逐渐与明后期出现的社会转型趋势重新接轨,但是发展的时间和历史机遇却丧失了。这一丧失竟然使以后的中国历史进程变得异常复杂和曲折。

原文载《河北学刊》2008年第1期

作者:张显清,中国社会科学院荣誉学部委员、历史研究所研究员、博士生导师,中国明史学会名誉会长

晚明科举与思想、时政之关系考察

——以袁黄科举经历为中心

张献忠

  科举制度自确立后,就成为中国传统社会最重要的选官制度,它承载和连接了文化、教育、政治等多方面的功能。晚明时期科举考试达至鼎盛,对当时的思想和时政都产生了重要影响;与此同时,思想与时政也反作用于科举考试,三者由此形成了复杂的互动关系。这种互动不仅体现在宏观层面,而且更体现在中观和微观层面,体现在个体的举业经历乃至每一次具体的考试中。但是迄今为止,相关的研究还很少,而且主要集中在宏观层面。[①]本文以袁黄科举考试的经历为中心,对晚明思想、时政与科举考试之间相互作用的具体情况进行深入考察。之所以选择袁黄为个案,不仅是因为袁黄编纂了很多举业用书,更是因为袁黄的思想在很大程度上反映着晚明思想的变迁,而且他坎坷的考试经历更能体现晚明思想、时政与科举之间复杂的互动关系。

一、袁黄的学术渊源及其科举经历

  袁黄(1533—1606),初名表,后改名黄,字坤仪,号了凡,浙江嘉善县人,万历十四年(1586)进士。本部分拟对袁黄的学术渊源及科举考试经历予以阐述。

  袁黄青少年时期就开始研习六经,并出入佛、道。他在给友人的信中也曾坦言:"某自束发,诵习六经,游神二氏,视尘世轩冕藐如也。"[②]就儒学而言,袁黄深受阳明心学的影响,其父袁仁(字良贵,号参坡)是阳明心学的信徒,王畿在《袁参坡小传》中曾述及袁仁与王阳明及其弟子的关系:

  心斋王艮见之(袁仁——引者注)于萝石所,与语,奇之曰:"王佐之才也!"引见阳明先师,初问良知之旨……先师以益友待之。嘉靖戊子,闻先师之变,公不远千里迎丧

---

  ① 从宏观角度阐释明中后期科举与思想以及国家政治之间关系的研究成果主要有吕妙芬《阳明学士人社群:历史、思想与实践》第一章《学派的建构与发展》,新星出版社2006年版,第27—61页;张献忠《道统、文统与政统——明中后期科举考试中主流意识形态的分化》,《学术研究》2013年第9期;钱茂伟《国家、科举与社会:以明代为中心的考察》,北京图书馆出版社2004年版,第42—49页;Benjamin A. Elman, *A Cultural History of Civil Examinations in Late Imperial China*, University of California Press, 2000.

  ② (明)袁黄:《两行斋集》卷10《尺牍·复吴巡青书》,(明)袁黄:《袁了凡文集》第12册,线装书局2006年版,第1375页。

于途,哭甚哀。与余辈同返会稽。

自是而后,余至嘉禾,未尝不访公,公闻予来,亦未尝不扁舟相遇。故余知公最深。大率公之学,洞识性命之精,而未尝废人事之粗;雅彻玄禅之奥,而不敢悖仲尼之轨。①

可见,袁仁不仅问学于王阳明,而且与阳明的弟子王畿、王艮都有很深的交往。袁黄所受阳明心学的影响,显然首先是来自家学,来自其父袁仁。不仅如此,后来袁黄还曾师事王畿,他在文集中说:"我在学问中,初受龙溪先生之教,始知端倪。后参求七载,仅有所省。"②王畿讲述与袁黄的师徒关系说:"公(袁仁——引者注)没后二十年,武塘袁生表从予游,最称颖悟,余爱之而不知其为公之子也。"③袁黄的同乡好友沈大奎亦曾谈及袁黄与王畿等人的师承关系,他说:"司马坤仪袁公,幼即致圣贤之学,从事于龙溪诸先生之门。"④袁黄的思想还深受泰州学派王艮和罗汝芳的影响,他曾为王艮作传。⑤在《答杨复所座师书》中又谈及罗汝芳对他的影响,他说:"某自受官以来,轻徭缓刑,颇得民和,每朔望,群弟子员而授之经,讲《论》《孟》之遗言而实示以现在之至理,生童之属环明伦而观听者不下数百人,诵义之声达于四境,此皆先生及罗先生之教也。"⑥

阳明心学本来就融合了佛、道的思想,袁黄在这方面尤为突出。佛教方面,袁黄研习信奉的主要是禅宗。他曾与栖霞山高僧云谷禅师"对坐一室,凡三昼夜不瞑目"⑦,得其点拨后,发愿行善,并开始笃信佛教。其门徒杨士范在《刻了凡杂著序》中说:"了凡先生幼习禅观,已得定慧通明之学,欲弃人间事,从游方外,入终南山,遇异人,令其入尘修炼,谓一切世法皆与实理不相违背,遂复归家应举。"⑧袁黄的佛教思想集中体现在《了凡四训》和其所编纂的举业用书中。⑨袁黄受道家思想的影响也非常之深,杨士范说:"先生识高今古,学贯天人,上自天文、地理、历律、兵刑之属,下至奇门、六壬、遁甲、翻禽、阴阳、选择之类,靡不涉其津而咀其真。"⑩其中的"奇门、六壬、遁甲、翻禽、阴阳、选择之类"皆为与道教有关的方术,"天文、地理、历律"也涉及道家的知识。袁黄所著《祈嗣真诠》则是其道家思想的集中体现,该书分为祈祷、改过、积善、聚精、养气、存神、和室、知时、成胎、治病十篇,大都涉及道家的思想,其中的聚精、养气、存神三篇更是汲取了道教的内丹修养之术。

正是因为袁黄深受佛、道的影响,因此一些固守传统的士人公开批判袁黄,有的甚至将

① (明)王畿:《王畿集》附录三《逸文辑佚·袁参坡小传》,吴震编校整理,凤凰出版社2007年版,第815页。
② (明)袁黄:《了凡杂著·训儿俗说·立志第一》,(明)袁黄:《袁了凡文集》第1册,第9页。
③ (明)王畿:《王畿集》附录三《逸文辑佚·袁参坡小传》,第816页。
④ (明)沈大奎:《训〈儿俗说〉序》,(明)袁黄:《袁了凡文集》第1册,第4页。
⑤ 参见(明)袁黄:《两行斋集》卷11《王汝止传》,(明)袁黄:《袁了凡文集》第12册,第1405—1410页。
⑥ (明)袁黄:《两行斋集》卷9《尺牍·答杨复所座师书》,(明)袁黄:《袁了凡文集》第11册,第1314—1315页。
⑦ (明)袁黄:《游艺塾文规》卷1《立命之学》,《续修四库全书》第1718册,上海古籍出版社2002年版,第21页。
⑧ (明)杨士范:《刻〈了凡杂著〉序》,(明)袁黄:《袁了凡文集》第1册,第1页。
⑨ 对于袁黄所纂举业用书中的佛教思想,参见张献忠:《阳明心学、佛学对明中后期科举考试的影响——以袁黄所纂举业用书为中心的考察》,《四川大学学报》2012年第1期。
⑩ (明)杨士范:《刻〈了凡杂著〉序》,(明)袁黄:《袁了凡文集》第1册,第2页

其与李贽并列,共目为"异端",如明末清初的张尔岐说:

> 文士之公为异端者,自昔有之。近代则李贽、袁黄为最著。李之书,好为激论,轻
> 儇者多好之。既为当时朝论所斥,人颇觉其非是。至袁氏《立命说》,则取二氏因果报
> 应之言,以附吾儒"惠迪吉,从逆凶","积善余庆,积不善余殃"之旨,好诞者,乐言之;急
> 富贵、嗜功利者,更乐言之。递相煽诱,附益流通,莫知其大悖于先圣而阴为之害也。①

袁黄编纂了大量举业用书并将阳明心学和佛、道融汇其中。这些科举考试用书在当时产生了非常大的影响,以至于"天下士传诵……令都市纸增价"②。

袁黄青年时就"负一方盛名,浙中士子俱视为准的"③,他编纂的举业用书,有些是在中举以前所编。④但是,袁黄的举业之路却非常坎坷,他在给友人的信中说:"弟凡六应秋试,始获与丈齐升,又六上春官,仅叨末第,秦裘履敝,齐瑟知非,落魄春风,孤舟夜雨,此时此味,此恨此心,惟亲尝者脉脉识之,未易为傍人道也。"⑤由此可见,袁黄共参加了六次乡试、六次会试。

根据笔者所掌握的文献,有三次乡试的时间可以确定,分别是嘉靖三十四年(1555)、嘉靖四十年(1561)和隆庆四年(1570)。袁黄于嘉靖二十九(1550)年进学,与嘉靖三十四年之间还有一次乡试,时间是嘉靖三十一年(1552),笔者推测,因为刚进学两年,袁黄很可能没有参加此次乡试。如果这一推测成立的话,从嘉靖三十四年起到隆庆四年乡试中举,十五年间共六次乡试,袁黄都参加了。

对于嘉靖三十四年的乡试,袁黄之弟袁衮曾经提及:"乙卯,四兄进浙场,文极工,本房取首卷。偶以《中庸》义太凌驾,不得中式。"⑥这里所说的"太凌驾",从字面意思看是指文字太奇纵、过于追求自我。实际上,这与袁黄所受阳明心学的影响不无关系,阳明心学注重自我,认为良知在心中,而且在时人看来,朱学主平实,王学主新奇。另外,就在这次乡试的同一年,袁黄编纂的举业用书《四书便蒙》和《书经详节》刊行,这两部书"大删朱注而略存其可通者"⑦,遭到了时人的批评,万历年间任礼部郎中的蔡献臣曾批评其"中间异说诐辞又多有与紫阳抵牾者"⑧。结合这些情况,笔者推断袁黄乙卯乡试《中庸》义太凌驾"很可能是指其

① (清)张尔岐:《蒿庵集》卷1《袁氏立命说辨》,张翰勋等点校,齐鲁书社1991年版,第45页。
② (明)韩初命:《〈祈嗣真诠〉引》,(明)袁黄:《了凡杂著》,《北京图书馆古籍珍本丛刊》第80册,书目文献出版社1988年版,第546页。
③ (明)袁黄:《游艺塾续文规》卷1《荆川唐先生论文·答袁坤仪》,《续修四库全书》第1718册,第168页。
④ 参见张献忠:《袁黄与科举考试用书的编纂——兼谈明代科举考试的两个问题》,《西南大学学报》2010年第3期。
⑤ (明)袁黄:《两行斋集》卷9《尺牍·寄夏官明书》,(明)袁黄:《袁了凡文集》第11册,第1337页。
⑥ (明)袁衮等录、(明)钱晓订:《庭帏杂录》卷下,中华书局1985年版,第17页。
⑦ (明)袁黄:《游艺塾续文规》卷3《与邓长洲》,《续修四库全书》第1718册,第199页。
⑧ (明)蔡献臣:《清白堂稿》卷3《烧毁四书书经删正等书札各提学》,明崇祯刻本,第34页。

所作八股文未遵程朱传注。袁黄在给秀水籍进士项笃寿的信中亦提及此次乡试落第的情况：“乙卯，不幸与足下同黜于乡。”①

嘉靖四十年（1561），袁黄又参加了乡试，因此时袁黄尚未贡入太学，故参加的仍然是浙江乡试，落第后袁黄还作《秋试败回戏言拟罪》以自嘲：

> 供状人袁某……本居蓬室，误入芹堂。壮志屡违，命途多舛，年年落地。春风积恨于流莺，处处羁游，夜雨惊寒于断雁。拟罚醇酒百斛，酡颜醉骨；暂命竹林之车济河焚舟，再申王官之战！②

袁黄第六次参加乡试是在隆庆四年。早在隆庆元年（1567），袁黄就补岁贡入北监，两年后又转入南监，因此这次参加的是应天府乡试，且终于中举。③

袁黄中举后，次年就又参加了会试，结果下第，此后又接连参加了五次会试。也就是说从隆庆五年至万历十四年，共有六科会试，袁黄都参加了。在这六次会试中，第三次会试是在万历五年（1577），袁黄“本房取首卷”，但最后却以“五策不合式下第”。④那么究竟是哪些方面不合式呢？关于这一点在其《游艺塾续文规》以及《两行斋集》中都多次提到。而且《两行斋集》还收录了这次考试的五篇策答。下面主要以万历五年会试为中心，并结合万历十四年袁黄第六次会试的情况，探讨科举考试与时政以及晚明思想之间的关系。

二、万历五年会试及袁黄下第原因

根据《万历五年会试录》可知，该科的主考官为礼部尚书兼东阁大学士张四维和詹事府詹事兼翰林院侍读学士申时行，同考官共十七人，其中袁黄所在房的同考官为吏科都给事中陈三谟。明代科举考试共分三场：第一场试以四书义三道、五经本经义四道；第二场试以论一道，判五道，诏、诰、表内科一道；第三场试以经史时务策五道。本部分主要结合第三场的经史时务策、首场四书义中的第三题以及袁黄的作答展开论述。

首场考察的是八股文的写作水平，而第三场策问则重在考察对经邦治国的认识，多与现实政治有关。此次会试的五篇策问，也皆是就时事以及如何治国理政进行发问。

第一篇策问先以经史作引申和铺陈，然后就当下如何居安思危发问：

> 《书》称：“制治未乱，保邦未危。”《传》言：“图难于易，为大于细。”是知清夷暇豫之

① （明）袁黄：《两行斋集》卷9《尺牍·与项少溪书》，（明）袁黄：《袁了凡文集》第11册，第1289页。
② （明）袁黄：《两行斋集》卷4《骈语·秋试败回戏言拟罪》，（明）袁黄：《袁了凡文集》第9册，第1103—1104页。
③ 隆庆四年应天府乡试，袁黄以第三十六名中举，参见龚延明主编：《天一阁藏明代科举录选刊·乡试录（二）》，宁波出版社2016年版，第1645页。
④ 参见（明）袁黄：《游艺塾续文规》卷4《了凡先生论文》，《续修四库全书》第1718册，第215页。

时,幽眇几微之衅,固明主荩臣之所竞竞惕虑者也。虞周之隆,君臣胥敕儆戒、张皇之说,在书可征已。汉唐之世,若"流涕太息",近于激谈,"十渐十思",疑于过计,而二主讫受千载美称焉,亦可方于古欤?"

我国家綦隆之业,迥轶前代。皇上嗣历以来,宪修政举,时和物丰,三垂晏然……顾处泰者危城复,居丰者戒日中。今宁无衅萌微作,当蚤见豫图以应《易》《书》之指者欤? 皇上方上嘉虞周,励精求理,设有深恤远谟,补苴盛治。即激且过,亦宵旰所乐闻也。诸士其率意陈之,毋有所让。①

第二篇策问主要考察士子如何对待古文经之周官:

班固《艺文志》有称《周官》经者,其书不知所从出。然诋其为伪者,众也。自汉列于博士,始得与高堂生、萧奋之业抗而为三。至王仲淹氏、朱仲晦氏,盖亟称之矣……说者以为,先圣致太平之书是矣……程氏曰:"有《关雎》《麟趾》之意,然后可以行《周官》之法度。"则今之穷经者,无亦缘其意而求之欤? 吾愿与诸士相质正焉,以观稽古之学。②

这篇策问虽然属于"稽古之学",但实际上旨在考察考生的治国理念。

第三篇是关于儒者与黄老、申韩之术的问题:

儒者之说,尊周孔,而辟黄老、申韩尚矣。乃史氏述二家,或以为合于大道,或以为南面之术,或取其明分职,或称其辅礼制。于儒者,则各刺讥。何悖谬也,岂亦有见欤? 即以汉事论,文帝躬修玄默,其说出于黄老,然致治之美,庶几成、康;武帝尊儒术,黜百家,而其治顾不逮孝文远甚,何欤? 宣帝综核名实,大抵申韩术也。然号称中兴,与周宣侔德;元帝征用儒生,委之政事,而孝宣之业衰焉,其失安在? 岂儒者之道,曾黄老、申韩不若欤? 抑风会日趋,缘法而理,即黄老、申韩皆适于用,而儒者顾无关于理乱欤? 将用之,有善不善也。士贵明道术、习治体,其以得失之效著于篇。③

道体和治术的理解以及有无从权之心,是涉及治国理政的大问题。

第四篇是关于文章与社会变迁的关系问题,考察的是士子对文风和学风的看法,策问如下:

文章与时高下,自古记之矣。历观盛世,其文皆温厚雅驯,啬于巧而安于朴。迨中

① 《万历五年会试录》,龚延明主编:《天一阁藏明代科举录选刊·会试录》下册,第679页。
② 《万历五年会试录》,龚延明主编:《天一阁藏明代科举录选刊·会试录》下册,第680页。
③ 《万历五年会试录》,龚延明主编:《天一阁藏明代科举录选刊·会试录》下册,第680页。

叶,则学务多方,始竞瑰奇、夸炜丽矣。顾浮文胜,斯雅道伤。士习渐于浇薄,将文以时敝耶？抑文敝,而世道从之耶？……明兴二百余年,文凡几变矣,盖迄于今而称盛际。其沿袭变易之概,可略举而言欤？今操觚之士,各欲纵其材情之所极,非烂焉可观,而论者复有文胜之虑。抑别有见欤？兹欲华不灭质,巧不斲朴,以无失先民之程,则何术而可？夫正文体,变士习,明诏所申饬。诸士熟闻之矣,愿相与扬榷之。①

第五篇策问与现实的关联最为紧密,是关于如何处理明朝与"夷狄"关系的问题,尤其就俺答封贡后如何从长远解决北部边患问题,请士子"揣度虏情,筹所以善后之画":

> 中国之于夷狄,顺则抚之,逆则威之,此制御常道也。史册所载,未暇枚举……我国家威德陋视汉代,顷岁虏首款塞,乞贡市,愿外臣。廷议争言非便,乃庙谟弘远,推赤心待之。息兵罢警,亦既五六载于兹矣。顾未雨绸缪,国家至计。今贡市抚处之宜,边镇战守之备,果可恃欤？有如黠虏渝约,能一大创之,使不敢窥欤？多士必有抱先忧者,其揣度虏情,筹所以善后之画,有司者欲亟闻之。②

由上可见,第三场的五篇策问,都不同程度地与万历初年的政局有关。当时神宗幼冲,张居正秉国,此时的明朝虽然表面上"时和物丰,三垂晏然",但其背后却潜藏着诸多危机,张居正将其归纳为五大积弊:"曰宗室骄恣,曰庶官瘝旷,曰吏治因循,曰边备未修,曰财用大匮。"③正是在这一大背景下,为挽救明王朝的危机,张居正进行了改革。但是在专制体制下,任何改革倡导者和发起者如想取得成功,必须掌握足够的权势,或曰权术,而儒家主张王道,反对申韩之流尊崇权、术、势的霸道。第一篇策问显然是基于明朝的危机而发,第三篇则是基于如何消弭儒家王道政治与法家权、术、势的矛盾,希望士子能够就此做出阐释,为张居正霸、王道并用,进而推动改革顺利进行提供合法性论证和舆论支持。第四篇策问虽然是关于文章和学风的,但其主旨在题目中已经点明,那就是"正文体,变士习"。明朝自正德、嘉靖年间以来,民间讲学之风颇盛。"正文体,变士习"实际上就是要加强思想控制,为改革扫除舆论障碍。第五篇策问更是涉及张居正所谈及的五大积弊中的边备问题。"北虏"问题自明初以来就一直困扰着明朝,土木之变后明朝更是开始转入被动防御。隆庆五年,在张居正、高拱、王崇古等人的努力下实现了俺答封贡,明朝北部边防带来了暂时的安宁,但"北虏"问题并没有彻底消除,第五篇策正是就此而发问。

对于此次会试,袁黄在《游艺塾续文规》中自称因"五策不合式下第",其子袁俨在《两行斋集》目录第四卷"丁丑下第谢主司启"下方则以双行小字附注形式说明下第缘由:"丁丑会

---

① 《万历五年会试录》,龚延明主编:《天一阁藏明代科举录选刊·会试录》下册,第680页。
② 《万历五年会试录》,龚延明主编:《天一阁藏明代科举录选刊·会试录》下册,第680—681页。
③ (明)张居正:《张太岳先生文集》卷12《论时政疏》,明万历四十年唐国达刻本,第12页。

332

场,原拟先君卷作元,因五策太奇纵,故弃不录。"①在与友人的书信中袁黄也多次谈及此事,如在《与绍城书》中说道:"今年所以见黜于春官者,非以其愚耶?夫欲行之志与欲言之事,百未露其一,读者已不能堪,使尽露其愚,人谁忍耶?故某一身不足当百斧钺耳……"②其中对考官的抱怨和不满显而易见。但另一方面,袁黄在《丁丑下第谢主司启》中又做了辩解:

> 窃谓明镜无私,故见嗤而忘怨幽兰……虽吾舌之尚在,不敢干时;苟此道之可行,何须在我。伏念某学书不成,为箕未货,佩洙泗战兢之训,久留意于三缄,慕洛阳慷慨之风,遂放言于五策,文诚过激,心实无他。忧社稷而危言,未可拟刘蕡之愤;诵诗书而自戢,断不为桑悦之狂。③

那么袁黄"五策不合式",究竟是哪些方面不合式呢?《两行斋集》以及国内收藏的几个版本的《续文规》中都没有具体说明,但日本内阁文库藏本《续文规》卷四中,对此有比较详细的解释:

> 丁丑会试……及场中果定予为第一,蒲州主试以"御夷"一策,予深辟和议之非,大触其怒,弃弗录。当时俺嗒之封,王公鉴川实主其事,原是利国便计,而书生不谙远略,矢口雌黄。初亦不知其故,今检《世宗实录》,明书云:"报入礼部,左侍郎张四维首以为可。"盖王即张之母舅,而予之所诋,乃深触其忌也,其见黜宜矣。然因是而开璞见宝,名重四方,身非刘蕡,误得佳誉,可愧矣!④

至此,我们基本上可以确认,袁黄在第五道策中"深辟和议之非"是其下第的主要原因。幸好《两行斋集》中收录了袁黄的五篇策,笔者得以认真研读。其中第五篇策几乎通篇都是对俺答封贡的否定。如前所述,俺答封贡是由高拱、张居正主导,王崇古等人参与的与俺答的议和活动。当时身为吏部右侍郎的张四维既是高拱的心腹,后又得张居正信任,同时还是王崇古的外甥。在隆庆议和中,他积极奔走,多方斡旋,最终促成了俺答封贡,而且取得了积极的效果,并得到了朝廷的认可。由此可见,无论是从张四维私人情感的角度,还是从朝廷的角度看,袁黄的这篇策都不合时宜。其实,不仅仅这篇策,其他四篇策的观点也都或多或少与当时张居正的政策相抵牾,特别是第一篇更是有针对张居正整顿学校和裁抑生员的政策之嫌,如在该篇袁黄谈及士风不振时说:

---

① (明)袁黄:《两行斋集》卷首《目录》,(明)袁黄:《袁了凡文集》第8册,第920页。
② (明)袁黄:《两行斋集》卷9《尺牍·与绍城书》,(明)袁黄:《袁了凡文集》第11册,第1332页。
③ (明)袁黄:《两行斋集》卷4《骈语·丁丑下第谢主司启》,(明)袁黄:《袁了凡文集》第9册,第1064页。
④ (明)袁黄:《游艺塾续文规》卷4《了凡先生论文》,日本内阁文库藏本,第31页。

何谓士风不振？士在学校，隆之则贵，抑之则贱。今之待士者不超常格拔一人以作豪杰之气，独严为之令而裁抑之、禁锢之。当有司作养之日，固已垂首丧气矣。及其入仕，类以避事为智、捐身为愚，终日唯唯诺诺，望门而拜，鞠躬而揖以供臣职。此风不变，尚谓国有人乎？①

张居正厌恶讲学，他当政后，于万历三年（1575）上《请申旧章饬学政以振兴人才疏》，提出了十八条整顿学校、裁抑生员的具体措施。在这篇奏疏中，张居正反对"标立门户，聚党空谈"，明确表示"不许别创书院，群聚徒党及招他方游食无行之徒，空谭废业"②，对讲学之风的打压由此可见。由于当时张居正当国，奏疏中所提政策措施自然得以实施，成为张居正改革的一项重要内容。袁黄的策显然是对张居正相关改革措施的批评。

袁黄第三篇策也与出题的旨意相悖，同样存在和张居正唱反调之嫌。为使改革顺利推行，张居正需要强化自己的权力，需要汲取法家的思想，他批评"腐儒不达时变"③，认为"法令政刑，世之所恃以为治者也"④。结合张居正改革及其背景，我们就不难理解第三篇策问的意图了。其目的显然是调和儒法，希望士子从权变的角度理解道体和治术，从而为其改革的合法性提供舆论支持。但是，袁黄却在策答中对法家思想大加挞伐，批评"申韩以法把持天下，非知治者也"⑤。

对于此次会试策论中的过激言论，袁黄后来也有所反思，他在《游艺塾续文规》中说："至二场、三场，只信手写去，不惟无一毫周旋世界之心，并文之工拙，亦所不计，第于不加检点之时，而粗心浮气，一时并出，足见予涵养之未至，则深可愧憾耳！"⑥

至此，我们对"五策不合式"有了更具体、更深入的认识。那么，"五策不合式"是不是袁黄此次会试下第的唯一原因呢？下面我们再做进一步分析。

袁黄是当时的八股文高手，他对自己的八股文非常自信，此次会试首场结束后，袁黄为同乡好友钱湛如诵读了自己写的第一篇八股文，"渠踊跃称快，谓必会元无疑矣"⑦。结合"取本房首卷"之语，我们一般会认为袁黄首场的八股文不会有问题，但实际上，正是由于袁黄比较自负，在做第三篇八股文时也犯了放言无忌的错误，这一点伍袁萃的《林居漫录》和吕毖的《明朝小史》中都有记载。四书义第三题出自《孟子·滕文公下》中的一段："我亦欲正人心、息邪说、距诐行、放淫辞，以承三圣者，岂好辩哉？予不得已也。"⑧《林居漫录》的记载

① （明）袁黄：《两行斋集》卷3《策·丁丑五策》，（明）袁黄：《袁了凡文集》第9册，第1035页。
② （明）张居正：《张太岳先生文集》卷39《请申旧章饬学政以振兴人才疏》，第10页。
③ （明）张居正：《张太岳先生文集》卷18《杂著》，第9页。
④ （明）张居正：《张太岳先生文集》卷9《宜都县重修儒学记》，第17页。
⑤ （明）袁黄：《两行斋集》卷3《策·丁丑五策》，（明）袁黄：《袁了凡文集》第9册，第1041页。
⑥ （明）袁黄：《游艺塾续文规》卷4《了凡先生论文》，《续修四库全书》第1718册，第216页。
⑦ （明）袁黄：《游艺塾续文规》卷4《了凡先生论文》，《续修四库全书》第1718册，第215页。
⑧《万历五年会试录》，龚延明主编：《天一阁藏明代科举录选刊·会试录》下册，宁波出版社2016年版，第677页。

如下：

> 袁了凡丁丑场中作《我亦欲正人心》，题结云："韩愈谓孟子之功不在禹下，愚则谓孟子之罪不在桀下。"房考陈三谟阅之，喜甚！力荐为会元。蒲州（指张四维——引者注）恶而欲黜之，同列劝止，乃行国学戒饬之。即此而袁、陈两人之品亦可见矣！①

《明朝小史》的记载大同小异，故不再引述。虽然由于袁黄这次会试的首场八股文没有流传下来，因此伍袁萃《林居漫录》和吕毖《明朝小史》中所引袁黄的话，具体语境我们不得而知，但无论如何，迳称"孟子之罪不在桀下"，都是非圣无法之举，即使在今天也会受到非议。所以笔者认为，这道八股文也是袁黄落第的一个重要原因。袁黄是在后来检阅《世宗实录》时才知道张四维在隆庆和议中的作用及其与王崇古之关系的。如果万历五年会试时，袁黄了解这些情况，相信他虽然敢于直言，但断不会在如此关键的考试中直接否定主考官参与的重要国策。然而，即便假设成立，袁黄仍有可能因"孟子之罪不在桀下"之语而见黜。因此，笼统地说袁黄万历五年会试因"五策不合式"而下第是不全面、不妥当的。

三、科举中的思想与时政

由上我们可以看出，科举考试，尤其是其中第三场的策问与时政息息相关，是考官代表朝廷问计于广大士子，并借此考察士子对时事的见解及其处理政务的能力，考生虽然也可以"率意陈之"，但必须在不违背朝廷旨意、不与现行政策相抵牾的前提下，否则就会落第。

除了政治观点，在意识形态上也必须尊崇儒家思想、尊崇孔孟，因此科举又和意识形态紧密地联系在了一起。但是，明中后期，随着阳明心学的兴起，主流意识形态开始发生分化，至嘉靖年间，阳明心学与程朱理学彼此颉颃，这种状况必然体现在科举考试中。明前期，科举考试基本上以程朱理学为宗，明太祖规定："四书主朱子《集注》，《易》主程《传》、朱子《本义》，《书》主蔡氏《传》及古注疏，《诗》主朱子《集传》，《春秋》主左氏、公羊、谷梁三《传》及胡安国、张洽《传》，《礼记》主古注疏"②；明成祖时期，命胡广等人编纂《五经大全》《四书大全》，"遂悉去汉儒之说，而专以程朱传注为主③，进一步确立了科举考试中程朱理学的独尊地位。对此，明末的八股文大家艾南英说："国初功令严密，匪程朱之言弗遵也。"④清代的方苞也评论说："自洪、永至化、治百余年中，皆恪遵传注，体会语气，谨守绳墨，尺寸不逾。"⑤由此可见，朝廷欲借程朱理学加强对士子思想的控制，而且在明前期效果显著，同时科举考试

---

① （明）伍袁萃：《林居漫录·畸集》卷3，明万历刻本，第19页。
② 《明史》卷70《选举二》，中华书局1974年版，第1694页。
③ （明）何良俊：《四友斋丛说》卷3《经三》，明万历七年张仲颐刻本，第1页。
④ （清）顾炎武：《日知录》卷18《举业》，严文儒、戴扬本校点，上海古籍出版社2012年版，第720页。
⑤ （清）方苞：《方望溪全集·集外文》卷2《奏札·进四书文选表》，中国书店1991年版，第287页。

也进一步强化了程朱理学作为官学的霸主地位。

　　科举考试与程朱理学的"联姻"固然有利于加强思想控制,从而巩固明王朝的统治,但同时也导致了"偏离圣学之精要而落于'支离'的学问风气"。①王阳明不满于这种风气和程朱理学的独尊地位,认为:"夫道,天下之公道也;学,天下之公学也。非朱子可得而私也,非孔子可得而私也。"②他汲取了老庄和佛教中的心性论思想,提出了"致良知"和"知行合一"说,重构了儒学的意识形态,这就是阳明心学。③阳明心学发端于王阳明被贬贵州的"龙场悟道"时期,至嘉靖年间风行天下,很多士子都服膺王学,就连包括朝廷大员徐阶、耿定向等在内的很多士大夫也都成为王学信徒,甚至成为阳明学派的重要代表人物。科举考试的主体是士子,其中的阳明学信徒,必然自觉或不自觉地将阳明心学渗透进科举制义中,信奉王学的当政者一旦担任考官,也会对同道网开一面,甚至着力提携。与此同时,固守传统的士大夫则极力维护程朱理学的正统地位,科举场域中由此出现了阳明心学和程朱理学的竞争。嘉靖二年癸未(1523)会试,主考官为固守程朱理学的蒋冕,他借机在第三场的时务策中"阴诋阳明"④,其中第二道策问最为明显,摘引如下:

　　　　《宋史》取周、程、张、朱诸大儒言行,述为列传,而以《道学》名焉。盖前无此例,而创为之,以崇正学也。大儒在当时,挺然以道学自任,而未尝辄以道学自名。流俗乃从而名之,又因而诋之,后又以伪学目之。时君不察,顾严为禁焉,何也?……程子亲授《太极图》于周子,而朱子释之,义理精微,殆无余蕴。金溪于此乃不能无疑焉,何欤?易简支离之论,终以不合。而今之学者,顾欲强而同之,果何所见欤?岂乐彼之径便,而欲阴诋吾朱子之学欤?究其用心,其与何澹、陈贾辈亦岂大相远欤?甚至笔之简册,公肆诋訾,以求售其私见者。礼官举祖宗朝故事,燔其书而禁斥之,得无不可乎?宗正学而不惑于异说,求仰副我皇上一道德以同风俗之盛意,是所望于尔诸生也。幸尽言之,无隐。⑤

　　整篇策问对阳明心学"阴诋吾朱子之学"大加批判,甚至目之为"异说"。虽然此策旨在引导士子辟王崇朱,但是王阳明的很多弟子也参加了这次会试,其中欧阳德、魏良弼"直发师旨,竟俱登第"⑥。参加这次会试的阳明弟子中还有至少八名中进士,分别是朱廷立、王激、王臣、萧璆、杨绍芳、薛宗铠、薛侨、徐阶。⑦这说明嘉靖初年阳明心学虽然受到非议,尚未跻身于官学,但其影响力日益扩大,对程朱理学形成了挑战。到嘉靖后期至隆万年间,阳

　　① 参见吕妙芬:《阳明学士人社群历史、思想与实践》,第31—32页。
　　② (明)王守仁:《王阳明全集》卷2《答罗整庵少宰书》,上海古籍出版社1992年版,第78页。
　　③ 关于王阳明心学体系的建构及其与程朱理学的竞争,可参见张献忠:《道统、文统与政统——明中后期科举考试中主流意识形态的分化》,《学术研究》2013年第9期。
　　④ (清)欧阳桂:《西山志》卷5《丹陵书院》,清乾隆三十一年梅谷山房刻本,第5页。
　　⑤《嘉靖二年会试录》,龚延明主编:《天一阁藏明代科举录选刊·会试录》下册,第61页。
　　⑥ (清)欧阳桂:《西山志》卷5《丹陵书院》,清乾隆三十一年梅谷山房刻本,第5页。
　　⑦ 参见陈致:《晚明子学与制义考》,《诸子学刊》第1辑,上海古籍出版社2007年版。

明心学的影响力进一步扩大,甚至超过了程朱理学,从而使主流意识形态发生分化,所有这些在晚明科举考试中都有所反映。

如前所述,阳明心学本身就融汇了佛道思想,随着其影响的扩大,佛道开始向科举考试渗透。隆庆二年(1568)会试,主考官李春芳所作程文,首次引用阳明语录,并"以《庄子》之言入之文字",顾炎武对此批评道:"自此五十年间,举业所用,无非释老之书。"①他还进一步评论说:"嘉靖中姚江之书虽盛行于世,而士子举业尚谨守程朱,无敢以禅窜圣者。自兴化(李春芳)、华亭(徐阶)两执政尊王氏学,于是隆庆戊辰《论语》程义首开宗门,此后浸淫无所底止。科试文字大半剽窃王氏门人之言,阴诋程朱。"②顾氏所言,虽有所夸张,但大体符合历史事实。万历五年,与袁黄一起参加会试的杨起元又"以禅入制义"③,艾南英认为"以宗门之糟粕为举业之俑者自斯人始"④。由此可见,至迟在隆庆年间,阳明心学已经被科举所接纳,佛、道也借此渗透进科举考试。

袁黄在科举考试中称"孟子之罪不在桀下",这在明初是不可想象的,伍袁萃对此也有深刻的认识,他评论说:

> 袁兵曹黄好奇吊诡,作《删正四书注》以攻紫阳,总其大旨不过以佛老之似乱孔孟之真而已,陈筠塘太守为《正删正》,力驳袁说之谬,崇正辟邪,其功伟矣!⋯⋯
>
> 洪武初俞干(当为余干——引者注)人朱季支上书专攻紫阳之学,高皇震怒,令押季支至该县明伦堂,杖其人焚其书,以此二百年来圣教修明、彝伦攸序,高皇建极绥猷之功大矣!第不知季支之说何居意者,姚江袭其讹,管、袁踵其谬乎?如遇高皇则三君之书皆当付之烈焰中矣!⑤

以上所提袁黄纂《删正四书注》,"大删朱注而略存其可通者"⑥,实际上是对程朱理学的批判和反动,该书在当时大行天下。在万历五年的会试中,袁黄又非议孟子,而且还被"本房取首卷",甚至被"力荐为会元"。笔者认为这一方面固然反映了晚明时期思想文化的多元化,但另一方面也有王学同道互相提携之因素。袁黄是阳明学的信徒,曾师事王畿、王艮等人,而万历五年袁黄所在房的分考官陈三谟为诸生时,曾与阳明学信徒定期聚会⑦,因此也是阳

① (清)顾炎武:《日知录》卷18《破题用庄子》,第723页。
② (清)顾炎武:《日知录》卷18《举业》,第721页。
③ (清)梁章钜著:《制艺丛话 试律丛话》,陈居渊点校,上海书店出版社2001年版,第72页。
④ (清)顾炎武:《日知录》卷18《举业》,第721页。
⑤ (明)伍袁萃:《林居漫录·畸集》卷3,明万历刻本,第18—19页。另朱季支上书遭杖事件,(明)杨士奇《东里诗集》、(明)徐纮《明名臣琬琰录》、(明)廖道南《殿阁词林记》、(明)黄佐《南雍志》、(明)薛应旂《宪章录》、(明)王世贞《弇州山人四部稿》等皆记载为永乐年间,其中杨士奇记载为永乐二年,且杨士奇是此事件的亲历者,故伍袁萃所言"洪武初"当系"永乐初"之误。
⑥ (明)袁黄:《游艺塾续文规》卷3《与邓长洲》,《续修四库全书》第1718册,第199页。
⑦ 参见(明)王守仁:《王文成公全书》卷35《年谱附录二》,明隆庆谢氏刻本,第18页。

明心学的传人。另外,万历十四年,袁黄第六次参加会试,而且中式,这科负责袁黄所在房的同考官恰恰就是"以禅入制义"的杨起元,杨起元是罗汝芳的弟子,系泰州学派的传人。在阳明后学中,泰州学派在融合佛道上较阳明及其他阳明学派走得更远,杨起元更是公开崇奉佛道,他说:

> 三教皆务为治耳,譬之操舟然,吾儒挽舵理楫于波涛之中,二氏乃指顾提撕于高岸之上。处身虽殊,其求济之理则一……治天下之道,于斯三教,有不可缺者如此,则宜崇奉之矣!……秦汉以还,微言中绝,不复知道为何物。而佛之教,能使其徒守其心性之法,递相传付,如灯相禅,毋令断绝。及至达磨西来,单传直指,宗徒布满,儒生学士从此悟入,然后稍接孔脉,以迄于兹,此其暗理者一也。①

由此可见,杨起元和袁黄不仅都与泰州学派有很深的渊源,而且都公然崇奉佛道,不仅志同,而且道合。在这种情况下,杨起元看到袁黄的会试卷,定会有惺惺相惜之感,无怪乎后来他对袁黄说:"吾看至五策知必袁了凡,其余士子断然无此识见,恐复致蹉跎,不敢取作首。"②由此可见,杨起元不仅能断定是袁黄的答卷,而且如果不是担心他重蹈万历五年的覆辙,很可能会取其为本房首卷。另外,此时王阳明已经于万历十二年(1584)获准从祀孔庙,这意味着王学正式被官学所接纳。

四、结语

综上,无论是袁黄万历五年会试落第还是万历十四年会试中式,都与当时的思想潮流有着紧密的关联,从中也可以看出晚明思想文化变迁对科举的影响。同时,科举考试与时政特别是朝廷的大政方针也存在着复杂的互动关系,这一点尤其体现在袁黄万历五年的会试经历中。通过对袁黄科举经历的考察,我们可以对晚明科举与思想及时政之间复杂的互动关系有更加深刻、更加直观的认识。

一般来说,思想潮流与科举考试的互动关系主要体现在首场制义,也就是俗称的八股文中。八股文的写作必须符合主流的意识形态。但是主流意识形态也并非静止不变。洪武、永乐时期,由于皇帝明确规定士子在作八股文时"专以程朱传注为主",从而确立了程朱理学作为主流意识形态的独尊地位。有最高统治者为之张目,有科举这种制度化的强制性规定,程朱理学自然获得了难得的发展机遇。但是另一方面,为了应付科举考试,大部分士子只知道记诵程朱传注,而不再潜心于经书大意,从而扼杀了程朱理学进一步发展的活力。明前期,虽然也出现了像曹端、胡居仁、薛瑄等理学大家,但他们基本上都是谨守"程朱矩

---

① (明)杨起元:《证学编》卷首《论佛仙》,《续修四库全书》第1129册,第334页。
② (明)袁黄:《游艺塾文规》卷7《正讲四》,《续修四库全书》第1718册,第96—97页。

孽",而且大部分都是章句之儒。正是在这种情况下,阳明心学逐渐兴起并为很多士人所尊崇,从而对程朱理学形成了挑战。开始时,阳明心学受到压制,但是随着其影响的扩大,逐渐为官方所接受,官学由此产生了分化,科举考试中开始出现了阳明心学与程朱理学的竞争,至万历十二年王阳明从祀孔庙,科举考试中程朱理学的独尊地位彻底被打破。

作为官吏选拔制度的科举,还需体现国家也就是朝廷意志,并为朝廷贡献智慧,这就使其与国家政治特别是朝廷的大政方针产生了紧密的关联。这种关联尤其体现在第三场的策问中。策本身就是一种就当下政治、经济或军事问题阐发见解、向朝廷建言献策的古老文体。晚明时期,由于内忧外患频仍,这就使科举与时政的关系更加密切。第三场"策五道"以及殿试的时务策实际上就是朝廷直接就时事问题问计于广大士子,以此考察他们的政治见识和处理政务的能力。因此在科举考试中,除了首场的八股文,第三场也非常重要,它要求考生不仅要有问题意识和对时事的洞察力、判断力,而且还要与朝廷既定的方针政策保持一致。袁黄万历五年之所以落第,其中最主要的原因就是五篇策文的观点没有与朝廷大政方针保持一致。

袁黄的科举经历也说明传统的认为科举考试只重首场,二、三场只是走过场的观点是错误的。明代,因第三场而落第者,袁黄绝非个案。嘉靖十六年(1537),《筹海图编》的作者郑若曾参加会试,结果因第三场"对策切直"[1]而落第。崇祯十二年(1639),侯方域参加了南直隶的乡试,"举第三人",但最终却因第三场的策触犯时忌而见黜。[2]另一方面,因第三场成绩优异而中式者也不鲜见。如袁宏道万历二十六年(1598)参加乡试,考官"见其后场,出入周、秦间,急拔之"[3]。再如归有光第九次参加会试时,首场的八股文"去有司之绳墨甚远",但却因第三场"真巨儒笔也","遂得中选"。[4]所有这些都说明首场虽然最关键,但因为第三场关乎时政,因此在科举考试中的地位亦非常重要。这也从另一个侧面体现了科举与国家政治之间的互动关系。

原文载《中国史研究》2020年第4期

作者:张献忠,天津师范大学历史文化学院教授、博士生导师

---

① (清)郑定远:《先六世祖贞孝先生事述》,(明)郑若曾撰:《筹海图编》卷末《附录》,李致忠点校:中华书局2007年版,第986页。

② 参见(明)侯方域:《壮悔堂文集》卷8《南省试策一》后附注,清顺治刻本,第4页。

③ (明)袁中道:《吏部验封司郎中中郎先生行状》,(明)袁宏道著,钱伯城笺校:《袁宏道集笺校》下册附录二,上海古籍出版社1981年版,第1650页。

④ 参见(明)袁黄:《游艺塾续文规》卷3《与邓长洲》,《续修四库全书》第1718册,第204页。

晚明的地方人际网络与书籍出版

——以《宝颜堂秘笈》为中心

陈支平　　　张金林

一、引言

晚明是中国历史上书籍生产的繁荣时代,种类繁多,数量庞大。[1]在晚明诸多书籍种类中,丛书是颇值得注意的一类,丛书一般卷帙庞大、收录书籍众多。[2]笔者在翻阅晚明大型丛书时,注意到了一个现象,即不少丛书和类书如《汉魏丛书》《古今逸史》《纪录汇编》等都详细胪列了所收之书的编辑校对人员及其籍贯信息。[3]校对是书籍出版的关键环节,研究出版史,不能不关注校书。那么,这种详细胪列校对者信息的情形究竟有什么样的内涵?它反映了晚明什么样的书籍出版实态?其对理解中国书籍史乃至更为一般的社会文化史有什么意义?据笔者管见,似乎尚未有学者对这一现象予以专门的解读。因此,笔者拟以晚明大型丛书《宝颜堂秘笈》(以下或简称《秘笈》)为例[4],对上述问题试作探讨。

大致而言,有关中国古代书籍的研究可以分为两大类:一类是传统文献学路数的研究,着重考察书籍的材质、尺寸、版本、编目等,此即版本目录之学;一类是所谓“书籍史”范式的研究,侧重考察书籍的生产、流通、传播、阅读等书籍的“生命历程”。[5]纵观西方较有代表性的书籍史论著,我们发现西方书籍史研究在史料上的特色是较依赖书籍价格单、订书单、账簿、书商通信等材料,例如书籍史名著《启蒙运动的生意》就是得益于书商之间的五万余封

---

① 参见杜信孚、杜同书:《全明分省分县刻书考》,线装书局2001年版;张秀民:《中国印刷史》(插图珍藏增订版)上册,浙江古籍出版社2006年版,第44页;缪咏禾:《中国出版通史》(明代卷),中国书籍出版社2008年版,第11—17页。

② 参见缪咏禾:《中国出版通史》(明代卷),第111—116页。

③ 如《汉魏丛书》的每一种书都列了校对人,不过《汉魏丛书》的校对主要是由程荣一人独任其责的,参见(明)程荣纂辑:《汉魏丛书》,吉林大学出版社1992年版。《古今逸史》的情况类似,校对人即编者本人,只有少数书例外,参见(明)吴琯辑:《古今逸史》,上海涵芬楼1937年版。《纪录汇编》则更为仔细,不仅收录的每一种书都列举了校正的人员,而且列举了对读的人,参见(明)沈节甫辑:《纪录汇编》,书目文献出版社1994年版,第23页。更具体的例子来自晚明建阳书商刘弘毅,刘弘毅刊印《史记》和《文献通考》时曾得到建宁、邵武官员的帮助,连改正了多少个字牌记上都记载得很清楚,转引自缪咏禾:《中国出版通史》(明代卷),第122页。

④ (明)陈继儒:《陈眉公订尚白斋秘笈》,哈佛燕京图书馆藏明刊本。《宝颜堂秘笈》是分集出版的,一开始并无统一的名称,后来六部陆续出版之后,版本目录家始把六部称为《宝颜堂秘笈》之《宝颜堂秘笈·正集》《宝颜堂秘笈·续集》等,后人因之,本文也沿用通行的用法,称之为《宝颜堂秘笈》。

⑤ 参见[美]罗伯特·达恩顿:《拉莫莱特之吻:有关文化史的思考》,萧知纬译,华东师范大学出版社2011年版,第85—112页。

信件才做出来的。①可是在中国，这类记载书籍生产数量、销售数量等经济史的材料委实难得一见，我们很难照搬西方书籍史的研究范式来重构一个书籍生产、流通、消费的历史过程。②然而，中国书籍史也有自身的优势与特点，即记载书籍编校、序跋、题识方面的信息比较丰富，记载文人出版、交流的资料特别可观③，而这些材料直接反映了与书籍出版有关的当事人之间的人际关系。因此，如何就中国书籍史史料的客观情况做出恰当的解读，是需要审视的。是故，笔者拟在书籍史视角的基础上带入人际网络研究的视角，对《宝颜堂秘笈》试作解读。

二、《宝颜堂秘笈》编校者籍贯略考

《宝颜堂秘笈》是晚明著名的大型丛书。自明末以来，各种书目收录《宝颜堂秘笈》时多题为陈继儒编。④陈继儒（1558—1639），字仲醇，号眉公、麋公、空青子、无名钓徒等，南直隶华亭（今上海松江）人，晚明著名文学家、书画家、隐士，在晚明享有极高的声誉。⑤然而考察《宝颜堂秘笈》的成书过程，实际的编撰者却非陈继儒。关于《宝颜堂秘笈》的成书经过，沈德先在《续秘笈序》中云："余既镌汇秘籍，犹然不疗饕癖。复从陈眉公篋中索得若干种，辄以艳羡。亲好人亦不斩出所藏来会，而家弟更从荆邸寄我数编"，"余益搜得其秘"⑥，表示《续集》中的书得自陈继儒与诸亲友。姚士粦《汇集叙》亦云，"他若《解老》《兼明绸素》等，又皆眉公手授也"⑦，表示《汇集》中的若干种书乃陈继儒手授。实际上，陈继儒也曾毫不隐讳地与友人说道："但书坊所刻《祕笈》之类，皆伪以弟名冒之，念此曹病贫，贾不能救正，听其自行，多有极可笑、可厌者"⑧，"《秘笈》非弟书，书贾赝托以行，中无一二真者，此曹贫，不忍

---

①　参见[美]罗伯特·达恩顿：《启蒙运动的生意：<百科全书>出版史（1775—1800）》，顾杭、叶桐译，生活·读书·新知三联书店出版社2005年版。

②　Cynthia Brokaw and Kai-wing Chow，eds，*Printing and Book Culture in Late Imperial China*，Berkeley And Los-Angeles：University of California Press，2005.

③　参见赵益：《从文献史、书籍史到文献文化史》，《南京大学学报（哲学·人文科学·社会科学）》2013年第3期，第110—121页；王国强：《中国古籍序跋史》，武汉大学出版社2010年版；钱仲联编：《历代别集序跋综录》，江苏教育出版社2005年版；冯惠民、李万健编：《明代书目题跋丛刊》，书目文献出版社1994年版；金桂台：《明代文学书信研究》，博士学位论文，复旦大学古代文学研究中心，2008年。另：本文将在不同的语境下使用"文人"与"士人"的概念。关于"文人"与"士人"概念的认识，学界至今尚未形成统一的意见。笔者也无意重新给出新的定义。大体上，当笔者强调的重点是相关人员所具有的"文化"的一面时，用"文人"，当笔者突出的重点是人们拥有的官员身份之时，用"士人"。

④　参见（清）丁丙藏、丁仁：《八千卷楼书目》卷13《子部》，《续修四库全书》第921册，上海古籍出版社2002年版，第261页；（明）黄虞稷：《千顷堂书目》卷15，上海古籍出版社2002年版，第417页；（清）张之洞：《书目答问》卷4《子部》，《续修四库全书》第921册，第647页，等等。

⑤　参见《明史》卷298《陈继儒传》，中华书局1974年版，第7631页；（清）朱彝尊：《静志居诗话》卷20《陈继儒》，人民文学出版社1990年版，第601页。

⑥　（明）沈德先：《续秘笈序》，《宝颜堂秘笈·续集第一》，第2页。

⑦　（明）姚士粦：《叙》，《宝颜堂秘笈·汇集第一》，第3页。

⑧　（明）陈继儒：《陈眉公尺牍》卷1《与戴悟轩》，贝叶山房1936年版，第35页。

督付丙丁"①。则《宝颜堂秘笈》非陈继儒所编应无疑问。因此，虽然《秘笈》中的若干种书出自陈继儒，陈继儒也参与过诸集的编校，但实际的主事者乃沈德先、沈孚先兄弟。

《宝颜堂秘笈》是商业出版物，所收之书多为消遣读物。大概由于第一集问世之后销路不错，该丛书不断有续集问世，前后共出版了六集，即俗称之《正集》《续集》《汇集》《广集》《普集》《眉公杂著》六集，六集共收书五百余种，其中大部分为明代著作，少部分为明以前之作。值得注意的是，《秘笈》所收之书几乎全部标明了校阅者及其籍贯，校阅人数合计超过百人，校阅者有时候也是收录之书的作者。如此详细的编校者信息使得我们有可能了解每一种书乃至每一卷书的校对人员与校对差异，这在一定程度上正为我们了解这部丛书的编校及问世过程提供了宝贵的线索，因而值得仔细分析。

古人云"书非校不可读"，书籍几经辗转流通之后，难免出现讹误缺字，此时便须校勘。那么这套丛书的具体编校情形如何呢？以下笔者拟通过《宝颜堂秘笈》的各书校阅者来考察晚明的书籍编校情况。《宝颜堂秘笈》所编选之书的开头记录了校阅者的姓名与籍贯，经笔者初步统计，所有校阅共涉及104人，未注明籍贯者7人，又由于范明泰乃秀水范应宫之侄（详后），则《宝颜堂秘笈》校阅者中有98人可以确定籍贯。若以彼时县级行政辖区论，98人涉及14县，其中秀水（秀州）和嘉兴（槜李、嘉禾）82人、海盐2人、苕溪1人、盐官1人、华亭4人、秣陵3人、姑苏2人、无锡1人、新安1人、洪都1人；若以府为限，则涉及嘉兴、杭州、松江、苏州、应天、常州、徽州、南昌八府，分别为嘉兴府85人、杭州府1人、松江府4人、应天府3人、苏州府2人、常州府1人、徽州府1人、南昌府1人。其中，嘉禾、槜里（槜李）乃嘉兴府城一带之古称。可见，嘉兴籍的编校者占绝对多数，编校者是以嘉兴府为中心，囊括江南其他地区，偶有远达安徽新安（吴怀古）、江西南昌者（熊位女）。

不仅校阅者的籍贯比较集中，校阅订正的工作也主要集中在若干校阅者身上。据统计，陈继儒、高承埏、沈德先、沈孚先、姚士粦、王体元、陈天保、郁嘉庆、张昺、王体国、李日华、张发校阅的书籍合计达281种，超过校阅总数的一半，亦即不到1/10的人校阅了超过50%的书稿。可见，《宝颜堂秘笈》的编校虽参与者众多，但诸人在这部丛书中所分担的工作量并不平均，工作主要是由一小部分人完成的，上述12人是《秘笈》校阅的主要承担者。既然编校者如此集中于嘉兴一地，那么这些编校者是什么关系呢？绝大多数编校者的籍贯集中于一地反映了什么内涵呢？

三、《宝颜堂秘笈》编校者的亲属关系网络

笔者在阅读有关晚明嘉兴的史料时，发现《宝颜堂秘笈》的不少编校者之间存在着密切的人际关系。这种情况对《宝颜堂秘笈》意味着什么？其对晚明书籍史是否有别样的内涵？为此笔者认为有必要引入人际网络研究的讨论。人际网络研究是社会科学研究的重要方

①（明）陈继儒：《陈眉公尺牍》卷1《又答费无学》，第36页。

法,最早是由人类学与社会学开创的①,后来中国社会学与人类学界也运用此种方法推进了对中国社会的研究②,它们总的倾向是主张从"关系"和人际网络的视角来理解社会。在中国历史学界,近年来经若干学者的进一步倡导与实践,已成为中国历史研究寻求新突破的可贵尝试。如刘永华认为,人际关系网络既可以是历史研究的对象,又可以是历史研究的方法。从方法论的层面,可以把人际网络当作理解历史的一种路径,体现在对史料的处理上,就是以人名为"指南",透过检视不同史料中的相关信息,拼接出研究对象的肖像,同时围绕这个个体,重构其人际关系,进而观察此人生活的时代与社会。③

受这些研究的启发,笔者采用人际网络研究的方法,结合书籍史的视角,尝试着重构《宝颜堂秘笈》编校者的人际关系网络,以求进一步理解晚明书籍史。笔者根据关系的性质把编校者的人际关系简单分为两种:一种是亲属关系,一种是非亲属关系。前者主要体现在宗亲关系与姻亲关系,后者主要体现在交友、同年、同僚等非亲属的关系。正是通过这两种人际关系,我们将会发现,晚明嘉兴已经形成了一个以士人为主体的地方性社会关系网络。以下笔者梳理编校者之间的人际关系。

沈德先家族。沈德先、沈孚先兄弟是晚明嘉兴的书商,是《宝颜堂秘笈》编校的实际主事者。沈德先,生卒年不详,嘉兴秀水人,字天生,沈思述子,沈孚先兄,东林党人沈思孝侄。万历三十七年(1609)举人,官上海教谕、国子监录转桂番审理,升刑部河南司主事。明藏书家,刻书家,与弟孚先以刻书名著于时。沈德先与陈继儒、李日华、姚士粦等过从甚密。沈孚先(1576—1613)字白生,沈思述子,沈德先弟,沈思孝侄。万历二十六年(1598)进士,授应天府教授,官历工部主事济南宁督南旺闸口,吏部验封司郎中。幼时而聪慧,性喜藏书,著有《尚白斋诗文稿》《人才录》。沈士龙,生卒年不详,字汝纳,沈思孝子,沈德先、沈孚先从兄弟,万历二十五年(1597)举人,晚明嘉兴藏书家、刻书家。沈士皋,生卒年不详,嘉兴秀水人,沈思孝子,沈士龙弟,沈德先从兄弟。沈元昌,字鸿生,沈思孝嗣子,沈德先、沈孚先从兄弟,万历三十一年(1603)举人,官故城教谕。④此外,虽然目前并未发现表明编校者沈元祯、

① Barnes, J. A. "Class and Committees in a Norwegian Island Parish." *Human Relations*, 1954.7.1, p.39–58. Bott, E. *Family and Social Networks*, London: Tavistock, 1957; 2nd ed., 1971. Boissevain, Jeremy and J. Clyde Mitchell, eds. *Network Analysis: Studies in Human Interaction*, The Hague: Mouton, 1973.

② 参见(美)杨美惠:《礼物、关系学与国家:中国人际关系与主体性建构》,赵旭东、孙珉译,江苏人民出版社2009年版;翟学伟:《人情、面子与权力的再生产》,北京大学出版社2005年版;边燕杰主编:《关系社会学:理论与研究》,社会科学文献出版社2011年版;金耀基:《人际关系中人情之分析》《关系和网络的建构——一个社会学的诠释》,分别载氏著:《中国社会与文化》,香港牛津大学出版社2013年版,第21—47、75—99页。

③ 参见刘永华:《排日账与19世纪徽州乡村社会研究——兼谈明清社会史研究的方法与史料》,《学术月刊》2018年第4期;刘永华:《"其板不许资与外人刷印":晚清闽西四保的书板流通与社会关系》,《明清史评论》第2辑,中华书局2020年版;侯旭东:《宠:信一任型君臣关系与西汉历史的展开》,《清华大学学报》(哲学社会科学版)2016年第6期(第31卷);2017年第1期(第32卷);刘铮云:《哥老会的人际网络——光绪十七年李洪案例的个案研究》,《档案中的历史:清代政治与社会》,北京师范大学出版社2017年版,第216—244页。

④ 参见(清)盛枫:《嘉禾征献录》卷12,《续修四库全书》史部第544册,上海古籍出版社2002年版,第467—474页;潘光旦:《中国伶人血缘之研究 明清两代嘉兴的望族》,商务印书馆2017年版,第328页;丁辉、陈心蓉:《嘉兴历代进士研究》,黄山书社2012年版,第111—112页。

沈元熙、沈元嘉、沈元亮四人有亲属关系的记载，但考虑到他们同为秀水人，又都带有"元"字，他们同属一个宗族的可能性是存在的。

在参与编校的沈氏诸人中，沈德先兄弟出力最多，沈德先在《秘笈》中编校的书达35种之多，沈孚先编校的书也有18种，其余诸人校书较少，如沈士龙只校对了赵台鼎著《脉望》第四卷（《续集》），沈士皋只校对了《丹铅续录》第八卷（《广集》），沈元昌只校对了《丹铅绪录》第七卷（《广集》），沈元祯只校对了宋柴望撰《丙丁龟鉴》第五卷（《广集》），沈元熙只校对了宋陈骙撰《文则》上卷（《广集》）和宋陶谷撰《清异录》第三卷（《汇集》），沈元嘉只校对了唐张鷟撰《朝野佥载》第四卷（《普集》）和宋陶谷撰《清异录》第三卷（《汇集》），沈元亮只校对了宋陈骙撰《文则》下卷（《广集》）。笔者之所以详细列出诸人校对的具体卷册，意在指出沈氏诸人的校对反映了《宝颜堂秘笈》编校的一个突出特点，即编校是随意的，编校者并不专门负责某些书的编校。这种情形在整部丛书中非常普遍，常常是同一部书的不同卷分属不同的人校对，非主要校者通常只是校对某部书的其中一卷。可见，《秘笈》所收书稿的编校并没有专门的分工，这种编校并不系统，并无一定之规。

那么晚明其他丛书类书乃至一般书籍是否如此呢？笔者注意到大型书籍的编校也存在类似的情形，例如程荣辑《汉魏丛书》、华淑辑《闲情小品》等，其中的很多书都是由不同的人校对的①，晚明建阳书商刘弘毅刊印《史记》和《文献通考》时也曾得到建宁、邵武官员的校订。②因此，校阅的随意性也许不仅是《宝颜堂秘笈》编校的独有特点，也是晚明书籍编校的突出特点之一。这种情况的存在表明晚明书籍出版中的校对尚未全面形成专门的分工，像清代那种高度专门化的校勘在晚明尚非普遍情形，书籍的编校仍具有很大的随意性。

在姻亲方面，编校者中与沈德先家族有姻亲关系的有岳元声、岳和声、岳骏声等。沈孚先娶岳九皋女③，而岳九皋正是岳氏三兄弟之父。岳氏三兄弟均为万历年间进士，三人均为官多年，时人称"三凤"。岳元声（1562—1633），嘉兴秀水人，岳和声、岳骏声之兄。万历十一年（1583）进士，官历旌德知县、大名府教授、国子监博士、南京工部主事、南京兵部右侍郎。岳元声著述宏富，性格刚烈，其以劾魏忠贤而罢官，门生众多，是嘉兴文人的精神领袖，与嘉兴地方名流交往甚多。岳和声（1569—？），岳元声弟，岳骏声兄，万历二十年（1592）进士，历官多地，亦颇有著述。岳骏声（1573—？），初名金声，字之宣，号石钟，岳元声、岳和声弟。万历三十八年（1610）进士，历官多地。④岳元声编校的书有唐张鷟《朝野佥载》第二卷、宋陶谷撰《清异录》第二卷、明陈继儒辑《邵康节先生外纪》第一卷，岳和声编校的书有唐张鷟《朝野佥载》第二卷，岳俊声编校的书有明陈继儒辑《邵康节先生外纪》第二卷，可见岳氏三兄弟参与编校也是比较随意的。

---

① 参见(明)程荣辑：《汉魏丛书》，吉林大学出版社影印明刊本1992年版；(明)华淑辑：《闲情小品》，哈佛燕京图书馆藏明万历刻本。

② 转引自缪咏禾：《中国出版通史》（明代卷），第122页。

③ 参见丁辉、陈心蓉：《嘉兴历代进士研究》，第236页。

④ 参见(清)盛枫：《嘉禾征献录》卷6，《续修四库全书》史部第544册，第417—422页。

黄承玄家族。秀水黄承玄家族是晚明嘉兴的望族,见诸《秘笈》编校队伍的族人有黄承玄、黄承乾、黄承昊、黄申锡、黄卯锡等。黄承玄(1564—1614),清康熙年间为避康熙帝玄烨讳改作承元,字履常、宇参,黄洪宪长子,黄申锡、黄卯锡父,黄承乾、黄承昊从兄。万历十四年(1586)进士,官至右副都御史、巡抚福建,赠工部左侍郎,著有《盟鸥堂集》《河漕通考》《两台奏草》《安平镇志》等。黄承乾,生卒年不详,字履谦。黄正色子,黄承玄从弟,黄承昊兄。万历四十一年(1613)进士,授凤阳府推官,四十六年(1618)充本省同考官,继充湖广同考官,补兵部给事中,未赴,卒于家,著有《理学格言》。黄承昊(1576—约1645),字履素,号暗斋,黄洪宪次子,黄承玄从弟,黄承乾弟,黄寅锡、黄卯锡父。万历四十四年(1616)进士,历官河南盐驿副史、湖南参政、福建海防按察司副使、广东按察使等,著有《暗斋吟稿》《白乐道人集》《律例析微》《折肱漫录》等。①黄申锡,生卒年不详,黄承玄长子,黄承乾、黄承昊侄,黄卯锡兄,著有《伤寒具眼》。②黄卯锡,生卒年不详,黄承玄次子,黄承乾、黄承昊侄,黄申锡弟,著有《闺秀诗选》。③可见,黄承玄家族有多人参与到《秘笈》的编校之中,只不过他们编校的书并不很多,两代人所校之书及所校之书的问世时间均不同。这也是《宝颜堂秘笈》编校的又一个特点了。

在姻亲关系方面,《秘笈》可见黄氏编校者的姻亲有屠中孚、郁嘉庆、项梦原等人。黄氏与嘉兴屠氏婚姻关系密切,黄承玄娶屠氏,黄承玄姑母黄观娇适屠中孚,黄承玄从姊妹黄淑德适屠耀孙,而屠耀孙正是屠中孚之侄。④屠中孚,嘉兴平湖人,生卒年不详,字德胤,号敏澜,秀才,著有《重晖堂集》等⑤,其在《宝颜堂秘笈》系列中校书很少,只有《陈眉公订正祈嗣真诠》一种(《普集》)。屠中孚从兄屠谦之女适高道素⑥,而高道素正是高承埏之父。高承埏(1603—1648),嘉兴秀水人,字泽外,号寓公,高道素子,崇祯十三年(1640)进士,官历宝坻知县、甘肃泾县知县、南京工部虞衡司主事等,曾率民抵御清兵,父子皆以清节显,明亡后隐居,拒不仕清。⑦其在《宝颜堂秘笈》系列中校书四十余种。郁嘉庆乃黄承乾之婿⑧,嘉兴秀水人,生卒年不详,字伯承,别号拙修居士。明末嘉兴藏书家、书画家,喜结客,举家产收书,有贫孟尝之名⑨,其在《宝颜堂秘笈》系列中编校书十二种。黄卯锡妻项兰贞乃项德成之女,

---

① 参见(清)盛枫:《嘉禾征献录》卷22,《续修四库全书》史部第544册,第552—553页;崇祯《嘉兴县志》(二)卷18《艺文志》,《日本藏罕见中国地方志丛刊》,书目文献出版社1991年版,第725页;光绪《嘉兴府志》卷52,鸳湖书院藏光绪戊寅年(1878)版,第37页b—38页a。

② 参见崇祯《嘉兴县志》卷18,第725页。

③ 参见崇祯《嘉兴县志》卷18,第725页。

④ 参见(清)沈季友:《槜李诗系》卷34,《景印文渊阁四库全书》第1475册(集部第414册),台湾商务印书馆1986年版,第812页;龚肇智:《嘉兴明清望族疏证》(中册),方志出版社2011年版,第374—376页;赵青撰,嘉兴市文化广电新闻出版局、嘉兴市文物局编:《嘉兴历代才女诗文征略》(上册),浙江大学出版社2014年版,第37页。

⑤ 参见(清)沈季友:《槜李诗系》卷17,《景印文渊阁四库全书》第1475册(集部第414册),第406页;光绪《嘉兴府志》卷51,第42页。

⑥ 参见潘光旦:《中国伶人血缘之研究 明清两代嘉兴的望族》,第340页。

⑦ 参见(清)盛枫:《嘉禾征献录》卷15,《续修四库全书》史部第544册,第499页。

⑧ 参见龚肇智:《嘉兴明清望族疏证》(中册),第376页。

⑨ 参见光绪《嘉兴县志》卷25,第14页a。

也即项梦原侄女,项兰贞是明末嘉兴著名女诗人,著有《裁云草》《月露吟》等。①

项氏亦为晚明嘉兴望族,见诸《宝颜堂秘笈》编校者队伍的族人有项梦原、项利侯、项琳之、项燧先等。项氏于鉴赏与收藏尤为一时所重,收藏大家项元汴即秀水项氏族人。项梦原,嘉兴秀水人,生卒年不详,原名德棻,更名梦原,字希宪,明末收藏家项笃寿次子,项鼎铉、项利侯、项利宾叔父。万历四十七年(1619)进士,官历刑部山西司主事、都水员外郎、山东督学、刑部郎中等。梦原是晚明知名藏书家、刻书家,著有《读宋史偶识》《项氏经笺》《云烟过眼录》《冬官纪事》等。项利侯,生卒年不详,项梦原侄,项琳之从兄弟,著有《无患社诗稿》《薙余带草》。项琳之,生卒年不详,项梦原侄,项利宾、项利侯从兄弟。项燧先,生卒年不详,项利侯、项琳之从兄弟。②项氏族人参加《宝颜堂秘笈》编校的方式与黄承玄家族类似,参与编校的数量不多,且较为随意,大体属于帮忙性质,而非专业的编校。

在姻亲关系方面,《宝颜堂秘笈》编校者中与项氏有姻亲关系的有黄卯锡、沈道明、屠中孚等。黄卯锡已如上述。沈道明,嘉兴秀水人,生卒年不详,名启南,号志堂,道明博综载籍,间为诗歌,书法宗李邕,颇有所得。③沈道明与项氏的姻亲关系在于,沈道明之兄沈启原乃是沈德符、沈瑶华的祖父④,而沈瑶华正是项梦原的侄媳。⑤秀水项氏与平湖屠氏婚姻关系密切,至迟从项梦原祖父一代起,两姓即有婚姻往来,项梦原祖父项铨的从兄弟项镛即娶屠勋女,而屠勋正是屠中孚的曾祖父,项梦原曾祖父项纲的从兄弟项经之女又适屠中孚的祖父屠应埈。到了《宝颜堂秘笈》编撰的万历中期以后,两家的通婚更为密切,如项梦原兄项德桢娶屠中孚之妹,项梦原从兄弟项德裕娶屠孟元之女,而屠孟元是屠中孚的叔父,即屠中孚的从姊妹适项梦原的从兄弟项德裕。⑥

李日华与李肇亨。李日华(1565—1635),字君实,号竹懒、九疑,嘉兴秀水人,晚明著名书画家、鉴赏家,子李肇亨。万历二十年(1592)进士,官历汝州佐贰副官、西华知县、南京礼部主事,至太仆少卿,后辞官归家奉养父母,里居二十余年,与嘉兴地方文人交往甚多,是晚明嘉兴士人圈的核心人物之一。李日华工书画,精鉴赏,著述宏富,较为重要的有《恬致堂集》《紫桃轩杂缀》《味水轩日记》《六研斋笔记》等。⑦李肇亨(1592—1664),字会嘉,号珂雪,日华子,子新枝、琪枝,明末清初学者,喜藏书,擅书画,工诗文,有《写山楼》《率圃集》《梦余

① 参见(清)沈季友:《槜李诗系》卷34,《景印文渊阁四库全书》第1475册(集部第414册),第812页;光绪《嘉兴府志》卷79,第71页。

② 参见(清)盛枫:《嘉禾征献录》卷5,《续修四库全书》史部第544册,第411—412页;崇祯《嘉兴县志》(二)卷18《艺文志》,第726页;光绪《嘉兴府志》卷52,第38页。

③ 参见光绪《嘉兴县志》卷27,第12页b。

④ 参见(清)盛枫:《嘉禾征献录》卷22,《续修四库全书》史部第544册,第546页;潘光旦:《中国伶人血缘之研究 明清两代嘉兴的望族》,第330页。

⑤ 参见潘光旦:《中国伶人血缘之研究 明清两代嘉兴的望族》,第294页。

⑥ 参见(清)盛枫:《嘉禾征献录》卷7,《续修四库全书》史部第544册,第428—436页;潘光旦:《中国伶人血缘之研究 明清两代嘉兴的望族》,第293—294、339—340页。

⑦ 参见(清)盛枫:《嘉禾征献录》卷18,《续修四库全书》史部第544册,第519—520页;(清)沈季友:《槜李诗系》卷16,《景印文渊阁四库全书》第1475册,第376—377页。

集》《率圃吟稿》《琴言阁新咏》。[①]

范应宫与范明泰。范应宫,字君和,嘉兴秀水人,生卒年不详,范之京子,范应宾弟,侄范明泰。范明泰,生卒年不详,字长康,号鸿超,范应宾子。万历二十八年(1600)举人,事母至孝,未求仕途。明泰工诗文,好刻书,嗜藏书,著有《米襄阳遗集》《米襄阳外纪》《米芾志林》等。[②]

陈邦俊与陈诗教。陈邦俊,生卒年不详,嘉兴秀水人,字良卿,号白石子,子陈诗教。诸生,能文章,好搜罗遗文,著有《广谐史》《见闻纪异》《明代异人传》等。陈诗教,字四可,善属文词,然恃才傲物,好为讥刺文字。[③]其在《宝颜堂》编校的书有宋丘广庭著《兼明书》第三卷、宋荆溪吴氏著《林下偶谈》第四卷、《异渔图赞》第二卷。

张如兰、张可大与张可仕。张如兰,应天秣陵(今江苏南京)人,字德馨,南京羽林卫世袭指挥,官漕运参将,张可大、张可仕之父。[④]张可大,生年不详,字观甫,号扶舆,谥庄节。万历二十九年(1601)武进士,崇祯元年(1628)升总兵,驻防山东,崇祯四年(1632)升南京右都督,未及赴任,因"吴桥兵变",败于叛军而自尽,著有《南京锦衣卫志》《驶雪斋文集》《驶雪斋诗集》等。张可仕,生卒年不详,字文寺、紫淀,号紫淀楚人,张可大之弟。[⑤]

以上是亲属关系可以确定的编校者,至于王体国与王体元、郁之骥与郁之𫍯、王以纯与王以绳、陈良谟与陈皋谟等,虽然目前并未获见任何能够证实他们之间有亲属关系的史料证据,但是从他们的籍贯和名字来看,他们为兄弟或同宗兄弟的可能性是存在的。可见,以上编校者很多都是五服之内的亲属,甚至是父子兄弟这样的至亲。由于六部《秘笈》出版时间相差三十余年,很多不仅是同辈的兄弟参与,而且是父子、伯侄叔侄甚至祖孙参加,由此可见,这部丛书的出版与嘉兴地方家族关系匪浅。在姻亲方面,许多编校者之间也存在着密切的姻亲关系,他们或者为甥舅,或者为表兄弟,或者为翁婿,等等。通婚是连接两个或多个异姓家族的最好方式,通过家族之间频繁的通婚,嘉兴在晚明形成了一个密切的婚姻网络。[⑥]如上文所看到的,《宝颜堂秘笈》的诸多编校者——尤其是主要编校者——正是这个网络中的成员。

---

① 参见(清)盛枫:《嘉禾征献录》卷18,《续修四库全书》史部第544册,第520页;(清)沈季友:《槜李诗系》卷20,《景印文渊阁四库全书》第1475册,第467页。

② 参见崇祯《嘉兴县志》卷18《艺文志》,第726页;(清)沈季友:《槜李诗系》卷18,《景印文渊阁四库全书》第1475册,第421页。

③ 参见(清)盛枫:《嘉禾征献录》卷46,《续修四库全书》史部第544册,第729页;(清)沈季友:《槜李诗系》卷19,第421页。

④ 参见(明)黄虞稷:《千顷堂书目》卷23,第612页。

⑤ 参见《明史》卷270《张可大传》,第6939—6941页;(清)王士祯撰,张宗柟辑:《带经堂诗话》卷19,《续修四库全书》集部第1699册,第104页。

⑥ 参见潘光旦:《中国伶人血缘之研究 明清两代嘉兴的望族》,第243—398页。

四、编校者的非亲属关系网络

除了由血缘和婚姻建构起来的社会关系网络，人的具体实践也为关系网络的建构提供了持续的动力，甚至可以说，晚明嘉兴的地方性社会关系网络正是通过日常生活中的人际互动才得以凸显的。这类人际互动大多属于非亲属关系的人际关系建构。宗亲与姻亲关系的网络是相对牢固静止的网络，而非亲属关系的个人交往更具有灵活性与随意性，更能反映人际交往的动态存在。晚明嘉兴士人往来频繁，尤其在文化活动上联系密切，他们常常通过书画鉴藏、诗文唱和、游山玩水、公共活动、祝寿聚会等方式增加人际交往，加强人际关系的亲密度，使社会关系得到再生产，在亲属关系之外增添了非亲属的人际关系，从而使这个人际网络变得更加复杂与厚实。作为嘉兴士人网络中的成员，《宝颜堂秘笈》的编校者们自不会例外。他们不仅存在密切的亲属关系，也存在非亲属关系性质的人际往来。以下笔者即以《宝颜堂秘笈》主要的编校者为例，依次梳理他们之间的人际交往，以期窥见晚明嘉兴士人人际网络的具体运作。需要说明的是，他们的人际网络不局限于嘉兴一地，而是扩展至整个江南，个别声望卓著者甚至具有全国性的影响力，不过限于主题，本文主要探讨嘉兴的情况。

沈氏兄弟作为嘉兴的刻书家、嘉兴士人圈的成员，其参加艺文聚会自是不少的。万历四十年（1612）六月十九日，董其昌在嘉兴项鼎铉家品赏字画，项鼎铉《呼桓日记》曾有详细的记载："阴。日中大雨。董思白过晤。姚叔祥、沈天生、郁伯承、家昆于番、侄惟百皆次第到。思白亟索《万岁通天》真迹阅之。"①董思白即董其昌，晚明著名书画家，郁伯承即郁嘉庆。这样，他们之间也是互相认识的。同年闰十一月初，沈德先与李日华、徐达夫两次造访岳元声家，六日更是"四鼓别去"，尽兴而归。②沈德先兄弟与李日华关系密切。在李日华辞官乡居用里期间，沈德先一度与李日华做了八年的邻居。李日华原来住在嘉兴府城东门附近，东门又称春波门，是商贾聚集的繁华地段。然而在写《味水轩日记》期间，李日华并不住在那里，而是住在城外的用里。③用里正是沈氏兄弟的住处，"余昔居用里，与沈白生联庐"④，因为做了邻居，又有共同的爱好，李日华与沈氏兄弟过从甚密。万历四十年（1612）六月十五日，李日华为沈孚先的两幅扇面题过诗⑤，而类似的活动是非常多的。在沈孚先死后，李日华又为其撰写了祭文，李日华感慨道："余僦居用里吴氏第，左邻赵驾部青阳，右邻沈铨部白生，二君俱有胜韵。……沈监税荆州，素号脂膏处，翛然不染，止携滇茶一株植家

---

① （明）项鼎铉：《呼桓日记》卷2，万历四十年六月十九日，《北京图书馆古籍珍本丛刊》史部第20册，书目文献出版社1991年版，第443页。

② 参见（明）李日华著，屠友祥校注：《味水轩日记校注》卷4，闰十一月六日、八日，上海远东出版社2011年版，第307页。

③ 参见万木春：《味水轩里的闲居者：万历末年嘉兴的书画世界》，中国美术学院出版社2008年版，第17页。

④ （明）李日华：《恬致堂集》卷26《周本音先生墓志铭》，赵杏根整理，上海古籍出版社2012年版，第963页。

⑤ 参见（明）李日华：《味水轩日记》，第240页。

圃,作高斋封之。余深庆托交素心,得数晨夕。而二君前后化去,余亦还春波旧里,暇日追念,为之慨然。"①可见李日华对沈孚先很欣赏,对沈氏兄弟的故去颇有不舍。至于声名颇盛、与嘉兴士人往来密切的陈继儒②,沈德先兄弟不可能没有听说过,况且沈氏兄弟出版《宝颜堂秘笈》还是伪托其名,因此沈氏兄弟可能是与陈继儒有所来往的,只不过不一定称得上频繁。然而,他们的叔父沈思孝与陈继儒的关系就很密切了。沈思孝年长陈继儒十七岁,万历三十四年(1606)冬,陈继儒在沈思孝的快雪堂同殷仲春、姚士粦、王淑民等诗文唱和,相聚甚欢。③除了亲自见面,陈继儒曾多次与沈思孝通信谈论各种问题。④姚士粦,嘉兴海盐人,万历举人,晚明学者,著述宏富。士粦虽是海盐人,但其做过沈思孝的幕僚⑤,与嘉兴地方士人往来密切,其在《宝颜堂秘笈》编校的书为数不少。

陈继儒虽是华亭人,但其与嘉兴士人圈的往来是很密切的,除了上文所述沈思孝,陈继儒与李日华的关系更为密切。陈继儒早在万历九年(1581)即与李日华相识,日华时年十八岁,陈继儒授其《毛诗》,自此他们结下了师生之谊。《陈眉公先生年谱》载:"十六年戊子(1588)……李九疑、陈白石自嘉禾来"⑥,赴松江拜访陈继儒。李日华曾如此评价陈继儒:"吾师眉公先生,灵心妙韬,卓蹈遐踪。于学靡所不窥……上足掩商瞿、干臂、毛、鲁、孔、伏之光,而下可刮盲史之膜,龁腐肉之骨,卓然表竖天壤间……不轻出也"⑦。可谓推崇备至。由于两人同有丹青之好,常在一起探讨书画,交流心得。李日华在《六研斋笔记》中曾多次记载他们品评字画的情形:"今崇祯庚午(1630)之二月,晦甫卧疾,忽令所善鲍老归余。既成购,而晦甫即治后事,若相付者。余庆物之来,而怅友之速化也。越月,陈眉公先生顾余清樾堂,出观,终日赞叹。"⑧"陈眉公先生携王文肃公所藏《淳化祖帖》见示,每卷有'陈王著摹',及汪俊、陈知古等名,纸墨极新好,较吾禾项氏所藏,又出一头地。"⑨万历四十一年,陈继儒到李日华处观赏字画,观李肇亨(日华子)画画,题曰:"画学深诣如此,岂徒南宫之虎儿,当是大小李将军复现耳"⑩。对李肇亨很是欣赏。万历四十四年九月十四日,陈继儒访李日华,甚至把所刻《晚香堂帖》相示。⑪在李日华家中失火之后,陈继儒告诉李日华,郁嘉

①(明)李日华:《六研斋笔记》卷1,《六研斋笔记 紫桃轩杂缀》,郁震宏、李保阳点校,凤凰出版社2010年版,第9页。

②参见(明)陈继儒:《陈眉公集》,《续修四库全书》集部第1380册,上海古籍出版社2002年版。

③参见(明)陈继儒:《陈眉公集》卷3,《续修四库全书》集部第1380册,第108页;(明)陈继儒:《白石樵真稿》卷18《题快雪堂岁寒盟》,《四库禁毁书丛刊》集部第66册,北京出版社1997年版,第292页。

④参见(明)陈继儒:《白石樵真稿·尺牍》,《四库禁毁书丛刊》集部第66册,第463、525页。

⑤参见(清)盛枫:《嘉禾征献录》卷46,《续修四库全书》史部第544册,第726—727页。

⑥(明)陈梦莲:《陈眉公先生年谱》,《陈眉公先生全集》(附《年谱》一卷),《原国立北平图书馆甲库善本丛书》第899册,北京图书馆出版社2014年版,第954页。

⑦(明)李日华:《恬致堂集》(中册)卷11《陈眉公先生秘笈序》,第532页。

⑧(明)李日华:《六研斋笔记》,第131页。

⑨(明)李日华:《六研斋笔记》,第131—132页。

⑩(明)李日华:《味水轩日记》,第301—302页。

⑪参见(明)李日华:《六研斋笔记》,第549页。

庆知道李日华家失火后颇为惊愕，大为关心。①陈继儒曾到嘉兴坐馆，许多嘉兴士人与其有师生之谊②，再加上陈继儒名动天下，诗文书画造诣精深，因而常被奉为座上宾，其与嘉兴士人圈的关系非常密切。据陈继儒《冬余记》载，万历三十八年十二月二十日，郁嘉庆来访，"伯承以岁杪踏冰霜访予，草堂信宿，非特高义。实以五十，婚嫁皆毕。二子皆秀才，闭门读书史，无烦检课。伯承真冬余处士也"③。后来他们还一起品鉴花瓶，颇见二人之趣④，可见二人的关系是比较密切的。陈继儒也曾与《广庄》的编校者范明泰鉴赏山水画。⑤陈继儒也与顾宪成有所往来，他曾和顾宪成探讨读书心得，并把所著呈请顾宪成斧正。⑥张可大虽是军旅中人，而且远在南京，但是陈继儒仍与之有往来。陈继儒非常推崇张可大，并以张氏军务繁忙，不能坐而论道为憾。⑦

李日华是晚明嘉兴士人圈的中心人物之一，且辞官里居二十余年，与嘉兴乃至江南的士人往来密切。李日华笔耕不辍，著述宏富，留下了丰富庞杂的史料，尤其是其暂居甪里撰写《味水轩日记》期间，更是巨细无遗地记载了书画品鉴、诗文切磋、人际交往等家居生活，不仅为了解晚明士人生活留下了宝贵的材料，也为研究江南士人人际交往留下了难得的素材。除了前述与沈德先兄弟、陈继儒有交往之外，李日华与《秘笈》编校者有往来者尚有很多。李日华与郁嘉庆的关系很好，"余友郁伯承，勇者也"⑧，他们常常互通书册，切磋读书之得。万历三十八年正月，李日华拜访郁嘉庆，一起讨论陆游《出蜀记》。⑨万历三十九年（1611）九月，李日华曾向郁嘉庆借过三本纪游之作。⑩他们常常一起参加活动，他们的友谊几乎是终生的。姚士粦是李日华的文友，两人常有诗文唱和⑪，在姚士粦考中举人后，李日华专门写了一首七言律诗表示祝贺。⑫李日华与岳氏三兄弟的交情都很不错，他们常常谈论读书心得，互通琴棋书画之得。李日华对岳家三兄弟很是推崇，他曾写信问岳元声有无读《易》的心得相示，其中有云，"谭人间可喜事，或屈指海内胜流，必首推君家昆季"，并且认为与岳元声非常相投："鄙人尤心折长公孤秀，岂寒岩枯木，气味相投耶？"⑬李日华年少时就与岳元声相识，他少时有一次去里社，见人玩一种叫"拘艺"的游戏，其他人都冥思苦想，唯

① 参见（明）陈继儒：《陈眉公集》卷12《寄李九疑》，《续修四库全书》集部第1380册，第181页。
② 参见（明）陈梦莲撰：《陈眉公先生年谱》，载《陈眉公先生全集》（附《年谱》一卷），《原国立北平图书馆甲库善本丛书》第899册。
③ （明）汪珂玉：《珊瑚网》卷17《冬余记》，载《陈眉公先生全集》（附《年谱》一卷），《原国立北平图书馆甲库善本丛书》第899册，第152页。
④ 参见（明）陈继儒：《陈眉公集》卷11《书袁石公瓶史后》，《续修四库全书》集部第1380册，第162页。
⑤ 参见（明）陈继儒：《陈眉公集》卷11《答范长康》，《续修四库全书》集部第1380册，第171页。
⑥ 参见（明）陈继儒：《陈眉公集》卷11《答顾泾阳》，《续修四库全书》集部第1380册，第170页
⑦ 参见（明）陈继儒：《白石樵真稿·尺牍》，《四库禁毁书丛刊》集部第66册，第510页。
⑧ （明）李日华：《恬致堂集》卷23《先懒庵记》，第874页。
⑨ 参见（明）李日华：《味水轩日记》卷2，第82页。
⑩ 参见（明）李日华：《味水轩日记》卷3，万历三十九年九月二十三日，第208页。
⑪ 参见（明）李日华：《恬致堂集》（中册）卷15《<段黄甫诗集>序》，第652页。
⑫ 参见（明）李日华：《恬致堂集》（上册）卷1《贺姚叔祥举子》，第30页。
⑬ （明）李日华：《恬致堂集》（下册）卷32《東岳水部石帆》，1146—1147页。

独岳元声嬉笑自若,可见岳元声非常聪明。①万历二十年前后,他们还一起参加过嘉兴楞严寺正堂的募修,当时"议各任募百金"。②李日华和岳元声曾一起讨论《老》《易》之旨。岳元声六十大寿时,李日华还专门写过诗表示祝贺。③岳骏声在千里之外的晋楚之地任官时,仍然很关心身在乡梓的李日华,④当岳骏声过寿时,李日华写了一首贺诗,推许岳骏声"仙级高推第一班"⑤,而当岳骏声去世之后,李日华也为其撰写了祭文。⑥李日华与岳和声的交往也很密切,万历三十八年闰三月初一,李日华拜访岳和声,一起品赏《研山堂帖》⑦,不到十天,李日华又和项孟璜到杉青闸给岳和声饯行。⑧岳和声是李日华的同年,晋江李廷机是他们的共同座师。当万历四十年十一月李廷机去职返乡路过嘉兴时,岳和声和李日华一同接待了他。⑨万历四十一年正月,李日华与岳和声等人造访项鼎铉(字孟璜)的招集园,两人极力怂恿项鼎铉改造园子⑩,后来他们还多次到过项鼎铉的园子。当岳和声入京任职之际,李日华特意叮嘱他"惟多噉饭,少饮酒……庶于神用有裨也"⑪。当岳和声去世之后,李日华又为其撰写了祭文。⑫李日华不仅与项鼎铉交好,其与鼎铉叔父项梦原的交情也不错。当项梦原还朝时,李日华曾写诗相赠。⑬当项梦原六十大寿之际,李日华写了一篇寿序表示祝贺,对项梦原治《尚书》很是推崇。⑭在李日华的追随者中,还有诸生钱应金。钱应金,字而介,晚明嘉兴人,擅长诗词骈文,崇祯中嘉兴大疫,死者甚众,应金募人掩埋。钱应金与《宝颜堂秘笈·续集》的主要编校者高承埏相友善,凡有著述,"皆承埏为之序"。明清鼎革之乱中嘉兴城陷,钱应金避走乡间,但不幸为盗贼所杀,其死后也是高承埏所葬,并由高氏作悼词。⑮从两人的友谊和钱只校对了一卷的情况看,钱应金的校对可能只是其作为朋友略微帮忙一下而已。

　　除了两位编校者之间的人际交往外,也有一些群体性活动,更可以证明晚明嘉兴地方士人网络的存在。三过堂和烟雨楼是晚明嘉兴的著名楼阁,是晚明嘉兴士人进行文化雅事的会聚之所,士人们留下了大量墨宝。万历三十八年,致仕在家的沈思孝邀姚士粦、陈懋仁、项利侯、屠兑访三过堂。沈思孝抚今追昔,感念人生,当即吟出一首七律《春日同诸名仕

① 参见(明)李日华:《恬致堂集》(中册)卷18《题岳且涟江晓拈时义》,第734—735页。
② 参见(明)李日华:《恬致堂集》(下册)卷28《楞严寺募修正殿柱疏》,第1016页。
③ 参见(明)李日华:《恬致堂集》(上册)卷1《寿岳石帆六秩》,第41页。
④ 参见(明)李日华:《恬致堂集》(下册)卷32《答岳石钟太守》,第1156页。
⑤ (明)李日华:《恬致堂集》(上册)卷7《寿岳石钟银台》,第345页。
⑥ 参见(明)李日华:《恬致堂集》(下册)卷33《祭岳银台石钟文》,第1201—1202页。
⑦ 参见(明)李日华:《味水轩日记》卷2,第100页。
⑧ 参见(明)李日华:《味水轩日记》卷2,第101页。
⑨ 参见(明)李日华:《味水轩日记》卷4,十一月四日,第297页。
⑩ 参见(明)李日华:《味水轩日记》卷5,正月十一日,第323页。
⑪ (明)李日华:《恬致堂集》(下册)卷32《又柬岳石梁》,第1150页。
⑫ 参见(明)李日华:《恬致堂集》(下册)卷33《祭同年岳石梁中丞文》,第1200—1201页。
⑬ 参见(明)李日华:《恬致堂集》(中册)卷10《关项希宪比部还朝》,第509页。
⑭ 参见(明)李日华:《恬致堂集》(中册)卷21《项宪副希宪六十寿序》,第830—832页。
⑮ 参见(清)盛枫:《嘉禾征献录》卷46,《续修四库全书》史部第544册,第731—732页。

访三过堂》。随后，姚士粦、陈懋仁、项利侯、屠兑相继步沈氏原韵奉和一律。①从五人的交往看，姚士粦、项利宾、项利侯应为沈德先、沈孚先兄弟之长辈。万历二十九年（1601）五月，屠中孚、孙光裕、姚士粦、朱廷策、李贞开、彭绍贤六人同游烟雨楼②，这就说明屠中孚、姚士粦、朱廷策三人是相互认识的。崇祯《嘉兴县志》曾载包衡作《同沈祖量、丘伯畏、陈仲醇、殷方叔集烟雨楼诗》③，殷方叔即殷仲春，包衡与沈祖量、丘伯畏、陈继儒诸人同游烟雨楼。如此，包衡、陈继儒、殷仲春三人是相互认识的。同卷载，王体元、屠隆、黄承昊、项圣谟同游烟雨楼，并有赋诗，屠应诏即屠隆。如此，此五人亦相互认识。万历末期，嘉兴重建烟雨楼，岳元声题写《重建烟雨楼记》，考其立石者，同列《秘笈》编者的有岳元声、沈中英、李日华诸人。此后，文人墨客留下了许多诗文或留有足迹。其中参加《宝颜堂秘笈》校阅的有：岳元声、沈启南、王稚登、何三畏、黄承玄、岳和声、殷仲春、李日华，等等，可知这个地方文人群体与书商的书籍编校事业或多或少有些联系。

相家湖亦很好地说明了这一点。崇祯《嘉兴县志》卷一《地理志》"相家湖"条多有载地方文人之交往。姚士粦《游相湖诗序》详细记载几人同游相家湖，其云："屠德胤，乐寻名胜，命长君用明携樽鼓棹，招同殷方叔、沈明德、郁伯承、陈无功及予泛饮此湖，时适雷雨，遂以雷声忽送千峰雨为韵，各赋一诗，用志兹游云。殷仲春得雷字，郁嘉庆得声字，陈懋仁得忽字，沈昭得送字，姚士粦得千字，屠中孚得峰字，屠懋昭得雨字。"④此处透露的信息颇为丰富：首先，姚士粦、殷方叔（仲春）、郁伯承（嘉庆）、屠中孚这几位都出现在《宝颜堂秘笈》的校阅者名单里，而此处证明他们是相互认识的。其次，屠德胤是嘉兴书商，其书坊名为重晖堂，刊刻有不少古籍，说明书商与地方文人的关系是比较密切，常有诗文唱和活动。最后，关于屠隆与陈邦俊，李日华《核桃之舟》载其与屠用明同访余春波赏核桃雕刻之舟事："虞山王叔远，有绝巧，能于桃核上雕镌种种。细如毫发，无不明了者。一日同陈良卿、屠用明，顾余春波新第，贻余核舟一。"⑤陈良卿即陈邦俊，屠用明即屠隆，如此他们与李日华是相识的。

除了以上面对面的直接交往之外，书信的往来也值得注意。在交通相对不发达的古代，见面交往仍然是比较费时的。譬如从嘉兴到杭州、苏州，今日交通只需一二小时，而李日华至少需要在中途过夜。⑥在这种情况下，书信往来就很好地起到了沟通的作用。尺牍的交往一般限于通信的双方，私人性较高，是人际交往最直接的证据之一。陈继儒、李日华、冯梦祯等人的文集收录了大量尺牍，证明他们之间的交往是非常频繁的。这类书信非常多，限于篇幅，此处不再一一列举。在地域范围和人群比较确定的情况，根据书信可以串联起人际关系的网络。

---

① 参见崇祯《嘉兴县志》卷5《建置·古迹》，第185页。
② 参见崇祯《嘉兴县志》卷5《建置·古迹》，第199页。
③ 参见崇祯《嘉兴县志》卷5《建置·古迹》，第201页。
④ 崇祯《嘉兴县志》卷1《地理志》，第60页。
⑤ （明）李日华：《六研斋笔记 紫桃轩杂缀》，第56页。
⑥ 参见万木春：《味水轩里的闲居者：万历末年嘉兴的书画世界》，第24—27页。

笔者之所以不厌其烦地征引他们交往互动的材料,就在于力图说明他们之间的关系是非常密切的,力图说明嘉兴地方士人网络不仅仅是通过血缘姻亲建构起来的人际关系关系网络,也是一个通过日常实践建构起来的人际关系网络。有关人际关系网络的研究,粗略而言大概有两种取径:一种考察人们在具体的情境下如何利用人际关系来达到某种目的,现有历史学领域的大多数人际网络研究就是这种取径;一种是以社会关系网络为自变量,考察网络如何影响人与社会乃至改变社会结构与社会运行机制,这种取向认为人际网络可以形塑社会,对社会产生结构性的影响。通过上文的论述,我们约略可以窥见,晚明嘉兴以士人为主体的地方性网络正是通过亲属人际关系和非亲属人际关系而建构起来的。这种"非亲属性质的人际关系"包括许多种形式,交游、书画品鉴等,而校书正是其中的一种。可以说,这样的人际关系网络也正是通过校书等实践活动而建构起来的。虽然上文论述了嘉兴存在若干个影响力很大的望族,许多编校者也都是出自这些大族,但编校者的行动却不是以家族,甚至也不是以家庭为单位的集体行动,而是个体的行动。

五、结语

中国古代书籍的出版囊括很多环节,校对是非常关键的环节之一。晚明大型丛书《宝颜堂秘笈》所收的每一种书都记载了校阅者的姓名与籍贯,本文通过对校阅者籍贯信息的梳理,发现校阅者多为嘉兴人,且多数是嘉兴府城及其周围之人。进一步地,本文通过对编校者之间人际关系性质和人际互动的梳理,发现这些校阅者之间存在着密切的亲属关系与非亲属关系性质的人际互动。从血缘关系看,编校者或为父子、或为兄弟、或为叔侄的情况很多,主要校阅者大多出自沈氏、项氏、岳氏、屠氏、黄氏等影响力很大的嘉兴望族。从姻亲关系看,编校者之间或编校者所在的家族之间亦存在比较密切的通婚情形,有的甚至已经形成了比较密切的固定联姻关系、比较固定的婚姻圈。从非亲属性质的关系看,编校者之间也存在着比较密切的人际交往,他们常常一起赏鉴书画、吟诗作赋、交流读书心得、参加地方公共活动等,这种非亲属性质的人际交往对社会关系的再生产发挥了重要的作用。通过这三种类型的人际关系及人际交往,晚明嘉兴文人形成了一个庞大而互动频繁的社会关系网络。

这个网络无固定的组织与场所,也不以家族为行动单位,其成员大多具有较高的文化水平。作为这个网络中的成员,嘉兴文人共同参与形形色色的地方文化活动,许多活动都是借助这个网络才得以顺利进行的,如本文考察之《宝颜堂秘笈》的校阅在很大程度便是依托于这个网络。《宝颜堂秘笈》的校阅具有很大的随意性,校阅者的身份也各不相同,不仅校阅者校书的数量差异很大,即使一部书的不同卷册也常常由不同的人校阅,校书多者可达数十种,少者不过某书之一卷。这种形式的书籍校阅与出版不同于晚明福建建阳那种分工明确的书籍出版模式①,也不同于同时期的一人专任校阅的编校模式②,恐怕更多的具有消遣和人情往来的性质,书籍的出版只不过是嘉兴地方社会关系网络的一小部分活动而已。此时书籍的编校尚不具备专业的分工,书籍出版还不是职业化的工作,尚不具备很强的专业性和独立性。

原文载《江海学刊》2022年第4期

作者:陈支平,厦门大学国学研究院院长,历史系教授、博士生导师,中国明史学会会长

张金林,厦门大学历史系博士研究生

---

① 参见[美]贾晋珠(Lucille Chia):《谋利而印:11至17世纪福建建阳的商业出版者》,邱葵、邹秀英等译,福建人民出版社2019年版。

② 如本书第340页注①所举《汉魏丛书》与《纪录汇编》例,程百二编《程氏族丛刊》也是如此,参见(明)程百二编:《程氏丛刻》,《北京图书馆古籍珍本丛刊》,书目文献出版社1998年版,第495—571页。

晚明潮州"鸽变"新解

——生命共同体史视角

赵玉田

　　"生命共同体"理念是习近平生态文明思想重要组成部分,是中国优秀传统生态思想与马克思主义深度结合的最新成果,是马克思主义生态文明思想的丰富和发展。"生命共同体"理念亦推动史学研究进入新境界,有利于拓展历史研究维度和要素,有利于增添历史的内容、表现形式及研究议题和方向,有利于推动历史观念更新、完善,有利于深化历史解释及提出新的价值判断,有利于为谋求人与自然和谐相处的可持续性发展提供历史视角与经验借鉴。因此,史学工作者应当加强生命共同体历史(下文简称"生命共同体史")研究。生命共同体史是历史研究新视角、新范式与新领域。晚明潮州"鸽变"事件实则亦演绎生命共同体史的故事,其中"故实"值得探究。①

一、方志中的晚明潮州"鸽变"事件

　　明代潮州位于粤东,所辖区域主要位于韩江流域下游。历史上,潮州名称有一些变化。东晋时,潮州之地属义安郡,隋朝始称潮州,至元代则改设潮州路。明代洪武二年(1369),改潮洲路为潮州府。《明史》称:"潮州府,元潮州路,属广东道宣慰司。洪武二年为府。领县十一。西距布政司千一百九十里。"②明代潮州府是粤东政治、经济与文化中心。有明一代,潮州府所辖区域不断变化,县级建制区划不断增加,至明后期稳定下来,主要包括海阳县、潮阳县、揭阳县、程乡县、饶平县、惠来县、镇平县、大埔县、平远县、普宁县、澄海县。③

　　晚明,偏于一隅的潮州发生"鸽变"事件。对于大明帝国而言,"鸽变"不是一件大事,而是一件小事,是一件中央政府可以"忽略不记"的偶发事件。然而,对明代潮州府官民而言,"鸽变"则是当地一件不得不书写的怪事;对区域史研究者来说,"鸽变"是值得探究的一件

---

　　① 参见赵玉田:《明代潮州的"鸽变"事件与"奢靡陷阱"》,《中国社会科学报》2018年10月8日。

　　②《明史》卷45《地理六》,中华书局1974年版,第1141页。

　　③ 明代潮州府辖县级行政区包括:饶平县,"成化十二年十月以海阳县三饶地置,治下饶。"惠来县,"嘉靖三年十月以潮阳县惠来都置,析惠州府海丰县地益之。南滨海。西有三河,以大河、小河、清远河三水交会而名,即韩江之上源。"镇平县"本平远县石窟巡检司,崇祯六年改为县,析程乡县地益之。"大埔县"嘉靖五年以饶平县大埔村置。"平远县"嘉靖四十一年五月以程乡县豪居都之林子营置,析福建之武平、上杭,江西之安远,惠州府之兴宁四县地益之,属江西赣州府。四十二年正月还三县割地,止以兴宁程乡地置县,来属。"普宁于嘉靖四十二年正月设置。澄海县"本海阳县辟望巡检司。嘉靖四十二年正月改为县,析揭阳、饶平二县地益之。"(《明史》卷45《地理六》,第1142—1143页)

地方上的大事。

晚明于潮州"鸽变"事件,在明清时期编修的潮州府各方志中是有记载的,而且有些记载还较为详细。

嘉靖十四年(1535),戴璟主修《广东通志初稿》记载:

> (嘉靖)甲申、乙酉年间,潮州鬻鸽腾价。时,少年养鸽相鬻,因荡产入刑,人事既忒,大变虽生。飓风大作,走石扬沙,海洋泛溢,毁民居以万数。三阳旧称富康,至是亦凋弊矣。[①]

隆庆年间(1567—1572),明修《潮阳县志》记载,嘉靖三年九月:

> (潮阳县)鸽鸟价值百金。先是,有鸟自中州来者,菊冠紫衣,首尾纯素,号曰四停花,羽毛以墨绿为上,红紫为次,其品色名号不一,人争尚之。初值仅一二金,稍长至十数金,殊未之觉也。已而转相夸艳,价遂腾踊。甚至倾赀以易二卵者。得之便以美锦包裹函护,不啻如双璧然。卒抱成雏,则邻里亲朋哗然往贺之。日求贸易者填门,须臾价增十倍,以先得为幸。或购得一鸽,曾未移晷,即有负重赂而至者,委诸其家而去,竟无难色。以致百姓废业,商贾罢市,人情汹汹,道路剿夺,虽厉禁之不止也。其异如此。其后,黄少詹作《广东通志》,书之曰"鸽变"。[②]

万历初,潮州籍士大夫陈天资纂修饶平县《东里志》,该志对"鸽变"事件也做了记载。即嘉靖三年,潮州府:

> (潮州府)鸽鸟腾贵,价至十金,或百金、或二三百金。以四停花为奇品,盖菊冠紫衣、首尾纯白者也。下此,则黑青纯绿,杂花鱼鳞色,名号不一。转相夸诩,至倾赀以易二卵者。须臾,价增十倍,以先得为幸。阖郡惶惑,至废业、罢市以趋,道路剿夺,虽厉禁之不可止……分巡西弁施公,令骁勇搜捕,郡几大变。[③]

另,清修《揭阳县正续志》,亦有"鸽变"记载。即:

> (嘉靖)三年甲申鸽变。先是,市民有得鸽于河南者,黑白相杂,名四停花。黠者以之愚人,价渐增至累十累百,不分少长男女,倾产市之。百业皆废,有至杀夺者。兵备

---

① 嘉靖《广东通志初稿》卷37《祥异》,广东省地方志办公室2003年誊印本,第605页。
② 隆庆《潮阳县志》卷2《县事纪》,《天一阁藏明代方志选刊》,上海古籍书店1963年影印本,第15页。
③ (明)陈天资:《东里志》,饶平县地方志编纂委员会办公室校订,2001年,第52—53页。

佥事施孺按潮,厉禁之。民犹不悟,其夜飓发海溢,始稍息焉。然余风未殄,遂有养鸽赌赛者,以认路远近为胜负。或养画眉,或养山鹊,竟斗能胜者得高价。①

据上述史料内容分析,不难发现,晚明潮州"鸽变"是"奸商"精心策划的一场"炒买炒卖"的商业欺诈事件。《东里志》也是这样界定的。如《东里志》称:

> 窃原鸽鸟之变,起于奸商之狡谋……故奸商合伙二十余人,挟赀千余两,假言镇守府买禽鸟,分为二伙,一从南门入,凡遇鸽鸟,则三五金,或十数金,悉尽买之。一从北门入,亦云买鸽鸟。倡为四停花、二条线、黑青纯绿、杂花之号,或数金,或十金,尽买之,或转卖与其徒,或得数十金及增至百金。市民炫惑,以为可得利而趋之,而奸商饱欲以去,一郡哄然如狂。②

当代学者认为,在16世纪的潮州社会,工商业活动的重兴,再一次激扬起潮州人心中那种不惜冒险追逐货利的惯性,终于导致了"鸽变"事件。③此论不无道理。

二、"林大春问答"与"林熙春之问"

明代潮州"鸽变"最初为"炒买炒卖"的经济事件。由于地方政府控制失措,未能及时化解危机,"鸽变"一度造成社会动荡,甚至激发杀人越货事件,"鸽变"继而演变为群体性社会事件。不过,如果仅仅从经济与社会层面探究"鸽变"发生原因,还是不能洞悉"鸽变"全部历史内涵的。其中,关于"鸽变"发生的社会环境赖以依存的生态环境,应该给予必要的关注。

如果我们进一步追问"鸽变"事件的成因与背景,还有许多值得我们关注和思考的问题。换一句话说,看似偶发的"鸽变",实为晚明韩江流域诸多因素共同作用的必然之"果",是"害之者众"的一种表现、一个致因及必然结果。要言之,"鸽变"发生是有经济、社会与思想文化基础的,不是孤立存在的。其中,在晚明韩江流域生态环境恶化背景之下,韩江流域频繁的灾荒、活跃的商品经济及逐利竞奢民风等诸多因素,共同成为"鸽变"事件发生的"经济社会—生态环境—文化价值观念"基础。进而言之,晚明韩江流域之所以出现"害之者众"问题,当是韩江流域社会环境、经济生活内容与生态问题相互作用的结果。其中,自然灾害是"害之者众"的"众害"之一,生态环境因素也是造成"闾阎转贫窭"问题的一个致因,而"鸽变"则是阐释"生态环境致因"的一个重要视角与典型案例。

---

① 乾隆《揭阳县正续志》卷7《事纪》,《中国方志丛书·华南地方》第195号,成文出版社1937年影印本,第944—945页。

② (明)陈天资:《东里志》,第52—53页。

③ 参见黄挺、陈占山:《潮汕史》,广东人民出版社2001年版,第355页。

（一）"林大春问答"

元明鼎革之际，韩江流域天灾兵燹肆虐。[①]明初，朝廷移民屯田、鼓励垦荒，重视农田水利建设，韩江流域传统经济也逐渐恢复与发展起来。至明中期，以海外贸易为牵引，韩江流域工商业异常活跃，商品集市增多，农产品商品化趋势增强，商品观念与金钱至上观念盛行，商业网络遍布韩江流域与南洋诸地，经济社会生活呈现近代化转型新气象。然而，这种"新气象"实则昙花一现。如潮州府潮阳县"方隆盛时，财富甲于东广"[②]，然而，隆庆时（1567—1572），潮阳籍士大夫林大春（1523—1588）称：潮阳县于明"太祖开疆以来，驯至孝皇之盛，一时境内晏然，户口殷富，鸟兽草木咸若。百里之内，禾满阡陌，桑麻蔽野，牛羊不收。千里之内，鱼盐载道，行者不赍粮。当是时，以其土之所出，自足以供贡税、畜妻子而有余。乃今田野宜辟矣，而家有县租；山泽之利宜增矣，而市无藏贾，即供力于他（谓以他技谋利，及取诸异地之所有者）以充赋，而反不足者，何也？其生之者寡，而害之者众也"[③]。本文称林大春的这则自问自答为"林大春问答"。

林氏之问，道出明中后期韩江流域潮阳县经济社会衰败状态；林氏之答，实则概括出潮阳县"生之者寡，而害之者众"症结。明代潮阳县社会经济由盛而衰的发展轨迹只是韩江流域的一个缩影，"生之者寡，而害之者众"则是明中后期韩江流域普遍存在的问题。下文仅从生态环境机制探究潮阳县乃至整个韩江流域"害之者众"现象，"鸧变"事件则是其中一个视角。

（二）"林熙春之问"

至明中叶，韩江流域经济经历百余年近于稳定的持续发展之后，逐渐繁荣起来，尤其是经济社会商业化趋势增强，与之伴随的，是社会上竞奢成风，以及随即出现经济由盛而衰问题。为此，晚明潮州籍士人林熙春（1552—1631）写诗追问："弘正以前正淳庞，上下恬熙实宁宇。岛夷煽乱嘉隆间，因之海酋大跋扈。此时扰忧不堪闻，儋石百钱犹充腋。数十年来似苟安，云何闾阎转贫窭？岂其器服事豪奢，抑亦橝蒲萃成薮？岂其雀鼠日繁多，抑亦貔貅猛于虎？岂其逐末少农桑，抑亦闽舵如鸟飞？"[④]显然，"闾阎转贫窭"事实令林熙春困惑，他从倭寇杀掠、山贼海盗抢劫、奢靡赌博风习、贪官污吏肆意盘剥、民众弃农重商活动等方面逐一考量，探寻其中原因。

林熙春之问是历史之问。为何晚明潮州出现"闾阎转贫窭"？林熙春并没能弄清楚"闾阎转贫窭"的真正原因。诚如上文所论，隆庆年间，潮州府潮阳县亦出现类似"闾阎转贫窭"问题。是时，潮州籍士大夫林大春亦感叹潮阳县"害之者众"而造成经济衰退、民生维艰的

---

① 元"泰定以来，潮州五路大饥。至至顺、后元至正之间，复水旱相继，星变屡作，山崩川溢，不可胜记。"而南宋流亡朝廷入粤，元兵攻夺潮州，文天祥南下潮州组织抗元，南宋潮州知州刘兴与潮阳县都统陈懿鼠首两端，叛服不常，潮州兵燹肆虐。（隆庆《潮阳县志》卷2《县事纪》，《天一阁藏明代方志选刊》，第10—11页。）

② 隆庆《潮阳县志》卷2《县事纪》，《天一阁藏明代方志选刊》，第19页。

③ 隆庆《潮阳县志》卷7《民赋物产志》，《天一阁藏明代方志选刊》，第1页。

④ 温廷敬辑：《潮州诗萃》，吴二持、蔡启贤校点，汕头大学出版社2001年版，第150页。

事实。①事实上，林大春的"林氏问答"同样适用于晚明潮州府与整个韩江流域。正是由于"害之者众"，最终造成林熙春所称"闾阎转贫窭"事实。谨就笔者分析，概要说来，"闾阎转贫窭"是晚明韩江流域经济生活与生态环境问题等多种因素共同作用的结果。所以，要回答"林熙春之问"，首先要弄清楚林大春所谓"害之者众"有哪些"众害"？

三、"鸽变"与"害之者众"

林大春关于晚明潮阳经济衰败原因是"生之者寡，而害之者众"②的认识虽然不全面，但还是有一定道理的。其时，何止潮阳县，潮州府亦重复"潮阳县故事"。进而言之，晚明潮州"鸽变"事件，表面看来，似乎与潮州灾害环境没有干系。实则不然。生态环境因素直接影响民众生活，生态环境因素通过作用于经济社会因素而间接影响"鸽变"事件发生与走向。因此，可以说，"鸽变"是一种经济社会生活状态，也是晚明韩江流域生态环境变迁的"表征"。

（一）晚明潮州灾害环境

水害环境构成明代潮州灾害环境的主要内容。明代潮州，干旱与水灾的破坏性最大，其中水灾最为频繁严重，这与明代潮州所处地理位置、地形地貌、河流分布等有密切关系。潮州北部位于粤东北山区，山川纵横，林木繁茂；潮州中部与南部是潮汕平原，地势平衍。潮州境内河汉纵横，主要有韩江、榕江、练江、龙江及黄冈河等河流穿境入海。在河流沿岸，分布着低谷平原和河口三角洲平原，平原被丘陵、山地、河流分割得支离破碎。古代潮州，干旱与水害是其大害，以水害为主。关于明代潮州水害环境，明中期潮州籍士大夫薛侃在其所撰《修堤记》中概括明代潮州水害环境，即"潮治东南，夹溪为堤，民居其下。一遇崩溃，巨浸百里，沉庐倾堵，禾稼弗登，潮民之害未有甚于此也"③。晚明潮州籍士人林熙春对潮州水害环境——暴雨与水灾频发、江堤频繁溃决等亦有精彩论述。如他在所撰《海阳县重修东津沙衙堤记》称：

> 潮本泽国，盖合赣、循、梅、汀、漳五郡之水注之韩江，千里建瓴，万派归壑，而龟湖凤溪以下，势转而东，东津正其要害处也。沿江两岸，赖堤以固。春夏之交，雨淫江涨，云昏天回，几撼地轴。白浪越雉堞出，居民望之摇摇然。夜则迅雷震惊，甫就枕辄彷徨起，若此者十余日，或五六日，每岁三四至以为常。仓卒有警，则扶白负黄，号泣闻数里。他不具论，即东津沙衙堤，庚子以来，已三溃矣。庚子之溃，赖直指李公用薛孝廉

① 参见隆庆《潮阳县志》卷7《民赋物产志》，《天一阁藏明代方志选刊》，第1页。
② 隆庆《潮阳县志》卷7，《天一阁藏明代方志选刊》本。
③ （明）薛侃：《薛侃集》，上海古籍出版社2014年版，第241页。另，薛侃（1486—1545），字尚谦，号中离，明代揭阳人，早年师事王阳明，一生致力于王门心学。正德十二年（1517）登进士，官行人、司正，晚年在潮州宗山书院讲学，传播王学。

采议,发帑金八百予司理姚公,拮据修治。仍自虎豹陂培土增矶,以逮于此。不可谓不计久远,奈旁多流沙,水且易啮。壬子圮甫塞。癸丑复圮东厢。秋溪、隆眼城、苏湾诸都,禾没殆尽。时直指周公正代狩入潮,士民许绍等合词以疾苦请。周公穆然咨嗟,遂捐百金为帜,因饥未举。越岁而观察陈公,首重民瘼,捐亦称是,太守陆公复捐溢其半,盖所谓同心出治者。而令尹沈公,甫下车辄毅然补救,谓此地善圮,非中砌地龙,无以杜渗泄;非外培荒石,无以御冲激;非上流加石矶,无以障狂澜。议上,诸大吏悉报可。遂命主簿黄君大德,集耆义廖一潜等,戴星敦督……余惟潮地滨江,赖堤以固。利害眉睫,存亡呼吸,若非民隐之难知也。①

当然,明代潮州除了频繁严重的水灾及"万派归壑""雨淫江涨,云昏天回,几撼地轴"的水灾环境,还有其他"险害者"。明代气候转冷,灾害性天气增多,水灾、旱灾、雪灾与雹灾、风灾增多。②另如明清之际思想家顾炎武(1613—1682)撰《天下郡国利病书》所载:

潮郡十县,皆阻山带海,而最为险害者,程乡之径,饶平、惠来、澄海之澳港,平远之隘。山峒葱郁,海涛喷薄,或连闽、粤,或通广、惠、琼崖及外夷之属,号为水国,最霸胜矣。山川之气,代有凭依,故治则贤哲借以兴,乱则鲸鲵薮之,狐兔穴之。③

另,清修《潮州府志》称:

潮郡当闽广之冲,上控漳汀,下临百粤,右连循赣,左瞰大洋。由闽入粤则柏嵩分水,锁钥重关自嘉至潮则畬坑、留隍、提封、百里、蔡潭为潮地要隘,石上亦汀郡咽喉三河城宛矣,金汤览表渡居然天堑;南澳为外海门户,庵埠、黄冈、樟林乃内洋门户,他如柘林、达濠、海门、蓬洲、南洋、鸥汀、大城、靖海、神泉诸城皆沿海保障,山多悬崖峭壁,鸟道羊肠,大都险以成奇奥而毓秀。故乱则城狐社鼠,最易凭依;治则日趋淫靡讼狱繁矣。④

(二)"鸽变"发生在"灾害密集爆发时期"

晚明潮州"鸽变"似乎与灾害环境(或曰生态环境)并无关系,但是,"鸽变"发生的经济社会环境与生态环境不无关系。进而言之,"鸽变"并非发生在"天公作美"的好年景,而是发生在灾害密集爆发时期。

明代原本就是一个灾荒空前的朝代,偏于岭南一隅的韩江流域,坐落于韩江流域的潮

---

① (清)冯奉初辑:《潮州耆旧集》,吴二持点校,暨南大学出版社2016年版,第444页。
② 参见隆庆《潮阳县志》卷2《县事纪》,《天一阁藏明代方志选刊》,第11页。
③ (清)顾炎武:《天下郡国利病书》之《广东备录中》,上海古籍出版社2012年版,第3240页。
④ 《潮州府志》卷5《形势》,《中国方志丛书》,台湾成文出版社1967年版,第63—64页。

州府,同样遭受着密集灾害袭击。其中,嘉靖三年潮州发生"鸽变"前后,正是潮州天灾肆虐之际。史载:

> 正德二年夏六月雨雹,其大如拳。三年冬十月地震。四年夏六月飓作海溢,潮、揭、饶三县民溺死者众,冬十二月阴雪厚尺许。十年秋七月,飓大作,海潮滔天,漂屋拔木,凡沿海之田厄于咸水,越年不种,民多溺死。十二年春正月大雨雹,是年春涝,秋蝗,夏无麦苗,民饥。十四年秋八月地震。嘉靖三年秋八月,大飓海溢,潮、揭、饶之民沿海居者皆为漂没,浮尸遍港,舟不能行。七年秋飓发连月,民多饥。八年旱,斗米价至二钱,山无遗蕨,民多饥殍……(嘉靖)十四年夏五月,揭阳地震,饶平夏旱,秋大水,山谷崩裂,城垣倾颓,水溢襄陵,民家临流者皆没焉……二十四年春大旱,秋潦害稼,大埔饥。[1]

可见,"鸽变"前后,潮州与韩江流域正处于自然灾害频发的背景之下。因此,认识与解读"鸽变",需要尽可能全面考察当时的各种客观环境与主观因素。其中,生态环境不能被漠视,因为它是客观的当然的一种环境。

实际上,明中叶以来,韩江流域生态环境持续恶化,"鸽变"几乎就发生在生态环境恶化的同时。若就其二者关系而言,正是由于日趋频繁严重的水旱灾害连同倭寇不时杀掠、山贼海盗时常抢劫、奢靡赌博风习、贪官污吏肆意盘剥等"灾难性"社会环境一并加剧晚明韩江流域的民众苦难。生态环境威胁(主要是自然灾害)与社会环境威胁(海盗、山贼、倭寇等)[2]。使得民众生存在"朝不保夕"的惶恐之中,因而催生及时享乐的心理,奢靡之风进一步强化民众及时享乐心理与暴富暴利愿望。因此,表面看来,晚明"鸽变"是经济社会现象。稍加分析,不难看出,它实际上恰是晚明韩江流域生态环境恶化(或曰灾害环境)的另一种"面相"。

四、自然灾害与"鸽变型"社会

有明一代,嘉靖初年的潮州府"鸽变"不能算作一个大事件。然而,今天看来,对于明代潮州乃至韩江流域而言,"鸽变"当是一个地域性的标志性事变,它标志着明代潮州乃至韩江流域经济社会进入历史"拐点",即进入"鸽变型"社会状态。本文所谓"鸽变型"社会,系指晚明韩江流域传统社会近代化转型的一种异化形式,是传统社会的一种变态,本质上属于传统社会,然而又兼具近代社会某些特征的一种传统社会的变态状态。进而言之,"鸽变型"社会是传统经济社会极端商品化的产物,它是以城镇为中心的传统经济社会异化形态,

---

① (明)郭春震校辑:嘉靖《潮州府志》卷8《杂志》,书目文献出版社1991年版。
② 参见隆庆《潮阳县志》卷2《县事纪》,收入《天一阁藏明代方志选刊》,上海古籍书店1963年影印本。

以"金钱至上"为主要社会规则,财富成为社会价值标准,竞奢成风,民众追崇暴利暴富,盛行经济欺诈与巧取豪夺,"礼崩乐坏",传统社会秩序失范,社会遵循"商品规则>政治规则>传统礼法道德规范"的社会价值模式,传统社会基本处于无序与混乱状态。①"鸽变"事件预示明代韩江流域进入以竞奢与推崇"炒卖""暴利"为主导方式的经济生活时期。"鸽变"经济模式则是晚明韩江流域"害之者众"之一,也是"鸽变型"社会主要表现。"鸽变型"社会为我们探究明中后期韩江流域"闾阎转贫窭"②原因提供了一个新视角。

"鸽变"与"鸽变型"社会的发生,经济因素固然很重要,生态环境因素也不能忽视。生态环境因素与经济社会等诸因素相互影响、相互作用而形成一种合力,催生"鸽变"事件与"鸽变型"社会。需要强调的是,明中叶以来韩江流域生态环境恶化的历史,与"鸽变型"社会形成过程(历史)几乎是同步的。就二者关系而言,正是由于日趋频繁严重的水旱灾害及不断恶化的灾害环境等一并加剧晚明韩江流域的民众苦难,催生"鸽变"事件与"鸽变型"社会。

(一)"鸽变"与"鸽变型"社会发生,生态环境因素参与其中

明中叶以来,生态环境与传统社会之间经常形成相互"肯定"或"否定"关系,韩江流域也不例外。谨就"鸽变"而言,"鸽变"发生在明中叶以来韩江流域生态环境恶化、自然灾害频发的背景之中。我们需要做的,是将"鸽变"事件与"鸽变型"社会置放于晚明韩江流域特别是潮州具体而生动地经济社会生活与生态环境当中加以考察。如晚明潮州,在灾害频繁打击之下,潮州民生为灾害左右。自然灾害高发之地,生命财产毫无保证,人生转瞬阴阳阻隔,财富瞬息化为乌有。从灾害心理分析,频繁的自然灾害对民众心理产生巨大刺激与影响,容易激发民众悲观心理,也容易诱发民众渴望"骤富"与"及时享乐"心理。

进而言之,"鸽变"事件与"鸽变型"社会应当置放于晚明韩江流域特别是潮州经济社会生活与生态环境相互作用的关系当中予以思考。如明中叶以来,韩江流域荒政废弛,农田水利多荒废,贫困无依的灾民或多或少产生与政府离心离德心理倾向及"离经叛道"之心。明代潮州籍官员王天性(1525—1609)所作《先潦后旱》诗,描写当时潮州的水旱灾害情况,也是当时民生的哭诉:"四月五月雨不晴,六月七月断雨声。叹霪二涤更衰旺,禾黍午畦半死生。野老哀哀如有诉,皇天漠漠总无情。又闻簿吏朱书票,催促钱粮并限征。"③又如正德七年(1512),潮籍官员杨琠撰《请留公项筑堤疏》所云:"海、揭之民,呼天抢地,无所控诉。民困如此,若不预为之计,服先畴者已不得耕,而耕者复忧于湮塞之无时。死于溺者已不可生,而生者复忧于死期之不远。嗟此小民,日就穷蹙。如之何不为盗也?"④民逢灾害,深受灾害之苦,物质生活与精神都备受折磨。

① 参见(明)林大钦:《林大钦集》,广东人民出版社1995年版,第40—41页。注:林大钦(1511—1545),明代潮州海阳县东莆都人,嘉靖十一年中进士,状元。后以母病老,乞归终养。
② 温廷敬辑:《潮州诗萃》,第150页。
③ 温廷敬辑:《潮州诗萃》,第118页。
④ 《潮州府志》卷40《艺文》,《中国方志丛书》第46号,第992—993页。

生态环境不是历史旁观者。频繁灾荒密集打击之下，包括晚明"鸽变"与"鸽变型"社会诸多变化等韩江流域经济社会生活都受到生态环境因素影响。

(二)在灾害频繁打击之下，潮州经济社会秩序为灾害所左右

韩江中下游地势低平，沟渠河汉众多，极易发生水灾。仅就水灾而言，"鸽变"前后，频繁而严重的水灾不断改变潮州灾区人民生存环境与经济社会发展状态。这种"改变"主要是破坏性的，水灾成为左右潮州经济社会发展状态的重要因素之一。水灾连同其他各种自然灾害，构成了"鸽变"事件与"鸽变型"社会产生的生态环境基础。如明代潮州府潮阳人萧与成（1493—1557）在《赠邑侯邬前郊先生入觐序》中所讲的"鬻女金"故事，虽然可以读出邬侯爱民救民之"仁心"，同时可以读到当时民众生活之苦、生计之艰难。是时，潮州民生已为灾害所左右。萧与成《赠邑侯邬前郊先生入觐序》是这样讲述的：

> 今夫潮之民，憔悴于政，为日久矣。邬侯以恺悌之心，施而为和易之政。一念忧民之诚，时行于色。今岁春夏旱甚，民无力穑之望，厥心汹汹。侯朝夕焦劳，竭诚祈祷，遂得雨，民赖以安。上司以旱故，下州县发赈贷。侯惧实惠不及贫民，乃率吁众戚至于庭，询父老以赈给之策。恻恻之意，见于言面，有足感动人者。卒用父老议，令里之长，各疏其里中之贫者，按图给散，民得均沾。有旧负差役钱者，系狱久，侯许之释出，令竭力佣作以输。既数月，负如昔，复召之。其人泣曰："父母重恤，我即劬瘁，敢爱其力？顾家之老稚，待食者众，佣作所入，未足糊口，曷有余者？今有一女鬻于人，仅数金，敢以此充役钱之半。"侯闻之恻然，竟释遣而去。越数日，会有赈饥之令，侯命以鬻女金籴仓谷给其家焉。其有意穷民类如此。①

学者赵冈明确提出："在人与自然资源的相对关系中，最重要的是人与土地的关系……农作物与天然植被是互相竞争土地的，要推广农业生产就要先铲除地面上的天然植被。此消然后彼长。人口增长后，就要增加耕地，垦殖的结果就会减少天然植被覆盖的面积。天然植被，如森林及草原，对生态环境有一定的保护作用，过量铲除后，就会导致生态恶化。"②明中期以来，气候转冷，水旱灾害增多，而韩江流域农田水利失修，沿江堤坝疏于防护，河流沟汉多有淤塞，农业生产受害最为严重，灾害频发，加剧区域社会贫困化，饥荒严重，饥民嗷嗷，流民增多，区域经济发展自然无法维系，社会处在动荡不安之中。

(三)"祸"不单行："人祸"频发

成化以降，环境灾变频率加快，各地水旱灾害明显增多。其实，除了频繁的自然灾害，还有不时出现的"人祸"。"人祸"加重了晚明潮州自然灾害破坏力。

---

① (清)冯奉初辑：《潮州耆旧集》卷3《萧太史铁峰集》，第30页。
② 赵冈：《人口、垦殖与生态环境》，《中国农史》1996年第1期。

本文所谓"人祸"，系指明中期以来韩江流域屡遭山贼、海盗与倭寇劫掠，经济屡遭破坏，社会动荡不安。如明代士大夫林大春所言："五岭以外，惠潮最称名郡。然其地跨山濒海，小民易与为乱。其道通瓯越闽楚之交，奸宄易入也，以此故称多盗。盖自倭患以来，其亡命之徒、乌合之众，斩木为竿、揭木为旗，所以蜂屯蚁聚。弥漫于岩谷，充斥于岛屿者，十数年矣。"[①]

万历以后，山贼与倭寇横行。《潮州志·大事志》记载，明代潮州寇盗及倭寇劫掠杀戮事件与官军评定祸乱战事，嘉靖三十一年（1551）到崇祯十七年（1644），九十余年间一共发生九十余起。[②]也就是说，明代中后期，特别是万历以降，潮州天灾人祸密集袭来，经济社会生活处于动荡不安之中。如嘉靖时期海阳人陈一松称："潮州地方邈悬岭外，山海盗贼匪茹，遭荼毒之惨者，垂十余年。群丑日招月盛，居民十死一生。"[③]光绪《潮州府志》亦载："万历间，大丈增额，重以墨吏诛求。穷民聚而摽掠，潮充斥于寇不得宁者六十余年。"[④]明代潮州知府郭子章（1543—1618）在所著《潮中杂纪》称："潮自嘉靖四十一年以来，苦遭剧盗吴平、张琏、刘兴策等相继流劫，燕巢林木，民死锋镝。万历元年，惠潮之界始平……斩一万二千二百余名颗。大贼首六十一人，次贼首六百余人，贼属牛马无算。万历二年，始平叛贼朱良宝，俘斩一千二百五十余名颗，良宝死，刃下男妇不计。是年，海贼寇潮阳……三年，始平海寇林凤，获贼徒男妇八千余人，凤走外夷……七年以后，寇渐骚除，民渐耕耨。则六年以前，潮中莽为盗区。"[⑤]由于长期深受山贼、海盗与倭寇之苦，韩江流域经济社会屡遭劫难。

要言之，明中叶以来，随着韩江流域商品经济与海外贸易（包括走私）发展，民众商品意识明显增强，金钱至上观念盛行，为了获取金钱而不择手段，人们的价值观念趋于混乱（或称多元化），社会矛盾增多，韩江流域还屡遭山贼、海盗与倭寇劫掠，经济屡遭破坏，民众生产生活处于威胁之中，社会动荡不安。除此之外，也包括"奢靡陷阱"。

六、"鹄变型"社会与"灾害型社会"

"鹄变"是一种民生状态，是一种为金钱发狂的动荡不羁的民众生存状态。这种"鹄变"状态，是疯狂逐利的痴迷金钱之态，也是无视传统礼法道德的民心失范之态。这种"痴迷金钱之态"与"民心失范之态"实则源于时人的人生价值以金钱财富为尺度的经济社会生活实际。也就是说，明中后期，随着商品经济活跃，社会物质产品更加丰富，商业行为与商品意识逐渐影响人们的社会行为准则，人们对金钱痴迷，物质欲望强烈，为获取金钱而不择手段，催生人们追逐暴富暴利心理，而"炒卖经济"[⑥]又是时人谋求暴利暴富的主要"便捷"方

---

① （明）林大春：《伸威张宪使平寇序》，（清）冯奉初辑：《潮州耆旧集》卷21《林提学井丹集（二）》，第288页。
② 参见《潮州志·大事志》，收入《潮州志汇编》，香港龙门书店1965年版。
③ （明）陈一松：《玉简山堂集》，（清）冯奉初辑：《潮州耆旧集》卷19，第257页。
④ 光绪《潮州府志》卷21，《中国方志丛书》第46号，第296页。
⑤ （明）郭子章：《潮中杂记》，香港潮州商会1993年影印万历乙酉刊本。
⑥ 本文所谓"炒卖经济"，系指以炒买炒卖商品（或者物品）为主要获得高额利益的经济活动。

式。所以说,晚明潮州"鸽变型"社会是以城镇为中心的传统经济社会的异化形态,"鸽变型"社会是一个具有代表性的案例。笔者指出,"鸽变型"社会是传统社会的一种特殊状态,是传统礼法纲常名教受到严重冲击与破坏的社会状态,是一种商品经济活跃、拜物教盛行的经济生活状态,是一种以商品规则为社会与人际准则、以商品意识为主要思潮与时尚的经济社会生活状态,是一种逡巡于传统经济社会与近代社会的夹缝中的变异的传统社会状态,它在本质上仍是传统社会。

若放开视域,放眼整个明代与明朝疆域,我们还会发现,嘉靖三年(1524)潮州发生的"鸽变"事件不是一个孤立的事件,事实上此类事件不仅发生在潮州,也不止发生在嘉靖时期。明中叶以来,不止潮州,也不止韩江流域,明代各地类似"鸽变"的事件时有发生。也可以说,大明帝国后期,活跃的商品经济、频繁自然灾害连同日趋贫困的农民一并把大明王朝推进此起彼伏的形形色色的"鸽变型"社会当中。通常,"鸽变型"社会首先发生在城镇,如同河中落石激起晕圈,层层外扩,席卷周边村落。进一步恶化,最终滑向生态环境制导的"灾害型社会"。从这点上来说,"鸽变型"社会可以称之为"前灾害型社会"。

明中叶以来"鸽变型"社会转为"灾害型社会"的过程是具体而复杂的。本文在此,略作论述。概要说来,由嘉靖而隆庆而万历,韩江流域"鸽变型"社会在商品经济与奢靡之风及灾害环境等的交相作用下而不断变化,民众经济生活徘徊在传统经济与商品经济的夹缝当中,传统社会秩序在商品规则冲击下斑驳陆离、支离破碎,传统社会道德(纲常伦理思想)在钱本位思想、拜物教思潮浸润侵袭之中丢盔卸甲、威力近无,民众生计在追逐奢靡生活、甚至"超前消费"的游戏中越发贫困脆弱。此等状态遭逢万历时期严重的自然灾害,这个社会于是乎发生巨变。

万历以来,韩江流域水旱灾害严重,民众生活凄苦。时人潮州籍士人林熙春(1552—1631)称:

> 敝潮谷米,原不甚贵,贵之则有丙寅、丁卯二年。维时饥民啸聚,动至数千,则有曾一本、林道乾等,敢行称乱,至勤四省之兵,而后救定。即今言之,犹令人疾首痛心也。今米价较往时犹逾矣。往者饥仅一方,今则饥遍数邑;往者米贵数日,今则已贵数月;往者或啖鱼虾,今则已茹草木;往者只奄奄待毙,今则已饿殍无算;往者旧谷没,犹盼新谷,今则淫雨水溢,水田大半被淹。然犹未揭竿代鼓,啸聚山海如前年者……惟是民间已竭,十有九饥。①

韩江流域"灾区化现象"越发普遍,"灾害型社会"逐渐形成。如万历四十四年五月,潮州府大水,海阳、揭阳、澄海等县均受影响。②此次水灾较为严重,民众深受其害。当时,广

---

① 顺治《潮州府志》卷2《赋役部·灾祥考》,收入《广东历代方志集成》,岭南美术出版社2009年版。
② 参见(明)田生金:《按粤疏稿》卷2《请留税赈灾疏》。

东巡按御史田生金两次上疏请留税以赈济。田生金大约在万历四十三年(1615)至万历四十七年(1619)间出任广东巡按御史,曾与两任两广总督张鸣岗和周嘉谟共事。其中,田生金第一疏《请留税赈灾疏》云:

> 盖粤自庚戌以来,无岁不有水患,兼之师旅相继,比屋萧条,臣待罪年余,日讨其疾苦而剔除之,亦惟是微灵造化,幸获有年,庶几疮痍之民有起色乎?不谓三月以后,阴雨连绵,迫至五月初旬而滂沱如注,昼夜不止,会城庐舍万栋倾颓,海涛杂怒,雨同声沉,与悬釜并号。臣耳闻目击,殊为恻心。无何而人自肇庆来,谓其孤城水绕,一望无涯,百里村烟,迫成沧海矣。无何而南海、三水等县之民环泣于庭,皆衣不蔽身,形如槁木,大抵家无栖址,枵腹,累累其何之矣。臣犹意广肇地势卑下,众流所汇,湍激使然。孰意韶州曲江两河泛滥,坏城垣,浸廛市,浮榱桷于巨浪,漂男妇于波心,虽官司衙宇亦归乌有哉![1]

万历四十四年(1616)十二月,田生金再次上疏:

> 水旱之灾,有一于此,民已不堪,而东粤一岁之中盖两罹也。先是五月间洪水为虐,淹浸城市,坏庐舍,漂人民,殊为数十年未有之变。迫后七月不雨至于十有一月,民间树艺粒米无收,臣等发仓廪、搜库藏、审贫赈急,籴粟平粜,修城郭以防盗,筑圩基以聚民,而钱粮苦于无凑,多方移借以充之,至于带征者且缓,存留者议蠲,苟可拯民,惟力是视,而赈粜有限。修筑无资,挪移者易穷而蠲停,终难抵也。[2]

此疏上呈万历帝,留中不报,不了了之。

万历时期潮州,最严重的一次水灾当是万历四十六年的大水灾,潮州多地经历一场"地狱"般的浩劫。史载:万历四十七年六月,"广东潮州府海阳、揭阳、饶平、惠来、普宁、澄海等县以去年八月初四日异常水患,火雷海飓交作,淹死男妇一万两千五百三十名口,倾倒房屋三万一千八百六十九间,漂没田亩、盐埕五千余顷,冲决堤岸一千二百七十余丈,其有各都庐舍城垣衙署全化为乌有者,人民尤不可数计"[3]。需要指出的是,在明代,当然没有"灾害型社会"这种称呼。然而,明代一些士大夫有关潮州的撰述文字中,有着潮州及韩江流域水利、自然灾害对经济社会影响的诸多认识,从"灾害型社会"维度概述灾害环境中民生与社会状态,记述明代自然灾害对韩江流域民生与社会秩序造成的影响。

---

① (清)冯奉初辑:《潮州耆旧集》,暨南大学出版社2016年版,第426页。
②《明神宗实录》卷552,万历四十四年十二月甲寅。
③《明神宗实录》卷583,万历四十七年六月己未。

清代地理学家顾祖禹《读史方舆纪要》亦称潮州"介闽粤之间，为门户之地，负山带海，川原饶沃，亦东南之雄郡也"[1]。土壤肥沃，水利充沛，负山带海，这些都是潮州得天独厚的自然条件。然而，看似优越的自然条件，不一定就带来有序而富裕的民生及繁庶的经济生活。晚明韩江流域及类似于韩江流域的地区的传统社会近代化转型抽绎之际随即陷入"鸽变型"社会及类似于"鸽变型"社会而终止。按照系统论理论与灾害学理论的观点，灾害系统与环境系统之间，各个灾害系统之间存在着相互联系，发生着相互作用。所谓灾害系统与自然生态系统的协同进化是指自然灾害系统随着自然生态系统的演化而形成的。即人类产生以后，人类的活动对自然生态系统的影响日益广泛、深刻，自然生态系统逐渐转化为生态经济系统，自然灾害中融入人的因素，且越来越多，不断改变着自然生态系统与生态经济系统。[2]换言之，明中后期，包括韩江流域在内的明代部分地区的经济生活呈现近代化转型新气象。然而，"新气象"昙花一现。随之而来的，则是田地荒废、市井萧条，区域经济萎靡不振。"鸽变型"社会、天灾及人祸，可谓"祸"不单行，它们共同消耗韩江流域社会财富与生产发展，破坏区域经济再发展，凡此加速乡村及平民的贫困化，一并构成晚明社会近代化的"死结"。

作者:赵玉田,韩山师范学院历史文化学院教授

---

　　① (清)顾祖禹:《读史方舆纪要》卷103《广东四》,清稿本。
　　② 参见张建民、宋俭:《灾害历史学》,湖南人民出版社1998年版,第17—19页。

试论明末财政危机的历史根源及其时代特征

赵轶峰

如果以万历中期至崇祯十七年(1644)作为明朝历史的末期,那么在这将近半个世纪的历史时期中,明王朝恰好处于一场持续不懈、日益深化的财政危机中。户部太仓的白银收入预算额由明中期的二百余万两暴增至二千一百万两;实际的收入额则虽曾追随预算的增加而上涨,但在天启二年(1622)之后却急剧下降到不足五百万两。地方财政也渐渐血竭髓干。国家不得不依赖各种非常性的财政聚敛以支应日益增长的财政支出,财务行政体制呈现空前混乱的局面。挽救危机的计划累牍连篇,但却如投薪入火,适得其反。到了崇祯末年,兵部连派遣一名侦骑的兵饷也拿不出来,只好坐以待毙。对于这场中国历史上空前严重的财政危机的一般表现,史学界已有一些论述,但关于这场危机的历史根源,关于这场危机处于中国传统社会后期所必然具有的新的时代特征等问题,却迄今没有专门的研究。本文拟就此提出一些粗浅的看法,以就正于前辈和同好。

一、明代实物财政向货币财政的体制转变及其特征

明末财政危机是怎样形成的? 表面看来,是由于皇室开支的漫无节制,战争的耗费,加以吏治败坏、自然灾害等等。这大约是明末留心世事的人士就已经看得很明白的了。在这些正确但又表面化的结论后面,明末财政危机还有没有更深刻的社会历史根源呢? 为了回答这个问题,我们还是首先简要回顾一下明朝初年的财政体制。

明初国家财政活动的基本原则是与分散的小土地私有制经济基础相适应的,它要求实现国家对于土地和人民的直接严格控制,从而保证财政行为的持续性。它在实行过程中的基本特征是以实物和劳役作为财政运转的基本标的。这是中国帝制时代前期就形成的典型的财政原则。

明初即实行严格的人口普查,以籍为断,建置"户帖",在洪武十四年(1381)以后又相继确立了黄册和鱼鳞图册制度。两册的相辅相成,恰好表明人口和土地作为国家财政基础的时代特征。直接的力役征取有多种名目,《明史·食货志》举出的"里甲、均徭、杂泛"三项仅仅是其中的一部分,即一般民户所承担的部分。其他如屯军的屯田劳作、军户的兵役征发、灶户的大量强制性廉价劳动等等,都是以劳役制度为基础的。力役的征取虽然对某些单项来说有一定的标准,但其总额却没有统一的预算和会计。可以肯定的是明初的力役是极其沉重的。实物的征收在财政收入中占绝对的主导地位。财政收入的主要来源是两税。据

《明会典》(万历)记载，洪武二十六年，各布政司并直隶府州实征夏税秋粮总数合计为：米麦29442350石；钱钞45530锭，明钱钞皆5贯为1锭，折合227650贯[①]；绢288487疋，绢疋与米石的比价为1∶1.2[②]，共折合米346184石。洪武三十年，纸钞的市价约为5贯抵米1石，国家折收税粮时为2贯500文抵米1石。取其后者，则前列中"钱钞"一项皆以钞计，合米91060石，该项收入仅占两税收入总额（29879594石）的0.3%。设若"钱钞"一项皆为钱，钱1贯折米2石，则该项折米455300石，占两税总数（30243834石）的百分之1.5%。大约两税的征收中，货币所占比例在0.3%至1.5%之间。其他的重要财政收入有盐课。明初的盐课以引、斤计量。由于实行纳米开中制度，实际基本转为粮食的征收。至于金、银、铅、水银等矿课以及各项杂税，在明初都极不发达。商业税收"三十税一"，因为整个社会的贸易额较少，收入不多，而且常常不是以货币而是以粮食来征收。[③]洪武时期规定凡"蔬果、饮食、畜牧诸物"，"军民嫁娶丧祭之物，舟车丝布之类"，皆不征税，并"罢天下抽分竹木场"。[④]明初的国家库藏也基本是实物的贮备，设在漕河沿线的水次仓和京、通仓皆为粮贮。中央主要仓库十二所，通谓内库，其中只有广惠库贮钱钞，天财库（司钥库）贮各衙门管钥及钱钞，余皆贮各色实物。中央仓贮的这种构成形式，反映了中央财政的实物中心体制，中央与地方的财政关系也基本是实物形式的关系。这样，依据财政收支形式的主流，我们可以把明初确立的这种财政体制称为实物财政体制。这种财政体制是与商品货币关系的不发达相应的。在这种以实物为中心的财政活动中，为了实现财政流转，必然伴随着大量的劳役征发。大量的官产收入是这种实物财政体制的补充。这种较为初级的财政体制具有简单和稳定的特点。

由明初的这种实物财政体制到明末山崩地坼般的财政危机经过了两个关键性的转折。第一个转折点是正统元年（1436）开始的金花银之征。金花银之征是以南方六个布政使司和南直隶的两税米麦400万石，按每石白银2钱5分的比率折收白银100万两入内承运库。这意味着把当时2670余万石的米麦征收总额的15%转为货币赋税。而且，改折之门一开，"其后概行于天下。自起运兑军外，粮四石收银一两解京，以为永例，诸方赋入折银，而仓廪之积渐少矣"[⑤]。如按《明史稿·食货志》的说法，"诸方赋入折银者几半"，那么就有50%左右的两税麦米转变为货币税收。由于大量实物形式的财政收入转为货币收入，在正统七年设立了太仓，"各直省派剩麦米，十库中棉、丝、绢、布及马草、盐课、关税，凡折银者皆入太仓库。籍没家财、变卖田产、追收店钱、援例上纳者，亦皆入焉。专以贮银，故又谓之银库"[⑥]。可见太仓设立之后财政收入的各项中折银比例有相当的扩大。由于同样的需要，弘治八年

① 夏税为米麦，秋粮为米，此处统以米麦记之。关于钱钞比率，参见吴晗：《读史札记·记大明通行宝钞》，生活·读书·新知三联书店1956年版，第316页。

② 参见《明史》卷78《食货二》，中华书局1974年版，第1895页。

③ 参见《明史》卷81《食货五》，第1975页。

④ 参见《明史》卷81《食货五》，第1975页。

⑤ 《明史》卷78《食货二》，第1896页。

⑥ 《明史》卷79《食货三》，第1927页。

（1495）在南京也设立了银库。①明初的中央库藏——所谓内府十库，既是政府官库也是皇帝的私藏，混同支收。太仓设立之后，专以收贮白银、支放军饷和中央政府开支为宗旨，"公"的性质明显，内承运库则作为专门收贮金花银供皇室开支的私库。②这两库是中央库贮的核心。由是，国家中央库贮的结构就根本改变了。皇室收支与政府收支基本被分为各自独立的两个系统，政府的收支因而可以实行比较明确的预算和会计，货币收支和贮积成为主要的财政活动内容。这个变化是社会的自然经济基础发生变革的反映，同时表明国家财政体制正在顺应这种变化做出相应的调整。这种调整又推进了全社会商品货币关系的发展和自然经济的解体。其后的财政体制就沿着这条轨道与社会经济的发展相辅相成地演进下去。

第二次转折是16世纪末张居正主持的财政改革。张居正改革的核心是在全国范围内施行一条鞭法，一条鞭法的核心则是赋税征收的全面货币化。各种名目的劳役并入赋税，各种名目的赋税基本转为白银。万历三十年（1602）前后，户部尚书赵世卿开列的国家财政收入项目是这样的："盖国家钱粮征收有额，曰税粮、曰马草、曰农桑、曰盐钞者为正课，各运司者为盐课，各钞关者为关课，税契、赎锾、香、商、鱼、茶、屯折、富户等项为杂课。内除径解边镇外，大约三百七十余万两。此外则开纳、撙省、军兴搜刮等银为非时额外之课，大约五六十万不等。合此数项，方足四百余万之数，以当一岁之出。"③这里除了"径解边镇"部分以外，显然都是货币的收支。而"径解边镇"的部分，据《万历会计录》的记载，在万历初年就早已用货币来收支、会计了。④除上述各项以外，国家财政收入中以实物为形式的项目主要有漕粮和径解工部、光禄寺、内府各监局的物料。到了明朝末年，工部和光禄寺及各监局物料已大部分实行派商招买的制度，直接征收的实物量大大减少。作为实物收支最稳定的大项漕粮，每年定制四百万石，在明末不仅每年有定例三十余万石的白银改折，而且凡逢灾伤即议改折，在财政收支总额中所占的比重已大大减轻了。

明末财政体制中劳役征发的成分大大减少。内中除因推行一条鞭法以后均徭、里甲、杂泛皆并入条鞭征银以外，还有三个大的项目。第一是屯田制度瓦解。明初屯田本质上是一种劳役制度，依靠这一制度，明朝在永乐年间每年可平均收入粮食一千零三十万石。⑤至万历末年，"大约损故额十之六七"，大大降低了国家财政收入中的劳役、实物比例。⑥不仅屯地失额，所存屯田的生产关系也在渐次变为地主制的租佃关系。第二是官工业瓦解。明初沿用元代的官工匠制度，入匠籍者要负担极重的劳役。但中叶以后，纳银代役，大批官营

---

① 参见李洵：《明史食货志校注》，中华书局1982年版，第136页。
② 其中包括武臣俸禄十万两和首功赏赐开支。
③ （明）赵世卿：《题国用匮乏有由疏》，（明）陈子龙等：《明经世文编》卷411，中华书局1962年版，第4462页。
④ 参见（明）张学颜等：《万历会计录》卷1《天下各项钱粮原额见额岁入岁出总数》，《北京图书馆古籍珍本丛刊》第52册，书目文献出版社1988年版，第19页。
⑤ 参见梁方仲：《中国历代户口、田地、田赋统计》乙表46、57，上海人民出版社1980年版，第360、376页。
⑥ 参见（明）叶向高：《屯政考》，（明）陈子龙等：《明经世文编》卷461，第5060页。

工场也停办了。尤其是明初的盐业生产是官工业性质,盐田、草荡及各种生产工具都归国家所有,灶户把产品盐全数直接交给国家,产销皆为国家所把持,这在财政上意味着大量的官产收入和专卖收益。中叶以后,生产工具渐归私人所有,灶户自行销出产品,然后以银交纳盐课,多产的余盐销出后收益自得。这就把其中依靠官工匠劳役的官产收入变成了货币形式的手工业税收。万历六年(1578),输入太仓的各盐运司并各提举司余盐盐课、盐税等银共1003876两余。①第三是原来分派民户为国家豢养军马的劳役制度改为交纳马价银,每年额收四十余万两,在明中叶累积至一千余万两。

地租和赋税的实物和劳役形态被货币取代的程度,反映出中国传统社会典型性状变异的程度,这是一个漫长的历史过程,明中期是这个过程的一个重要转变时期。经过前述的一系列变化之后,货币成为国家财政中,尤其是中央财政的基干,实物退居其次,劳役成为二者的附庸。这种以货币关系为纽带的财政体制可以被称为货币财政体制。②

实物财政体制有简单和凝重的特色,而货币财政体制却有严整和灵活的特点。劳役进入财政过程以后,它的收取与支用在时间和空间上是一致的。收入即支出,财政过程单一明了。例如明初屯种旗军约一百万③,他们的劳动生产过程既表示国家强制取得每日一百万工日的劳役收入,也表示国家同时支出了这一部分收入,因为军事屯田的目的就是养活这一庞大的军队本身。实物在财政过程中的流转也是简单的,专收专支,收入之后不需要统筹支用的繁难工作。供给皇室的贡品以及宗禄,在收入的时候对国家来说也就完成了支出过程。实物财政的流转是繁难浩大的实物运输过程,四百万石本色粮米的收运、支放,比起一百万两金花银的收支运送不知要繁难多少倍。所以,实物财政体制的运转是缓慢的。这种古老的财政体制形成了自己的稳定机制,就是保存大量贮积,一旦遭受战争或灾害,马上可以支出,调整财政运转回到原来的平衡状态,表现出凝重的特性。货币财政的收支过程严重分离,收入时取得的不是使用价值而是价值,因其共同的形态和本质便聚会到统一的管理和收贮中心。原来由实物本身的使用价值规定的支用途径被打乱了,中央与地方的财政联系加强,原来专收专用的自然平衡让位给需要由统一的财政管理中心精密统筹的人为的平衡。货币财政大大加快了财务运转的速度,有灵活之便,也有变化猝然之虞。所以比较严格的会计和财会监督制度成为必需。货币财政体制下的财政支出,需要经过商品市场中的交换才能实现社会效用,所以财政对于商品市场、流通过程的依赖空前紧要,国家不得不经常面临货币贮积与社会上的物资在总量、构成、时间、地区上的平衡问题,不得不更多地按照经济规律行事。这就减弱了实物财政体制的那种凝重特性,为当时国家财政管理提出许多严峻的新课题。

---

① 参见(明)张学颜等:《万历会计录》卷1《天下各项钱粮原额见额岁入岁出总数》,第18页。
② 这种性质是就财政收支中起主导作用的成分判定的,与现代高度发达的货币财政体制当然有显著的不同。
③ 参见王毓铨:《明代的军屯》,中华书局1965年版,第33页。

二、明末货币财政体制同传统社会结构的矛盾与明末财政危机

财政是联系国家上层建筑与社会经济基础的中介环节。财政体制发生的重大转变,势必严重影响上层建筑同经济基础的关系,从而进一步对整个社会结构提出改造的要求。这种要求是原有社会结构自身内部生发的自我否定倾向,它同旧的社会结构的基本特性是相互矛盾的。这种矛盾正是明末财政危机的根源。明末货币财政体制同传统社会结构的矛盾主要表现在四个方面。

第一,实物财政体制转变为货币财政体制以后,原有的高度专制主义的国家政治经济体制并没有改变。

帝制中国的政治上层建筑是以皇权专制主义为基本精神的,皇帝是整个政治结构中不容置疑的决策核心。由于皇帝在经济结构中归根结底体现着更相迭代的一个个封闭式的大贵族集团的利益,所以高度的皇权专制必然对应着皇室经济在国家经济生活中的特权地位。这种特权地位在帝制时代中国的成熟时期并非主要地体现在土地所有关系上,而是在社会财富的分配与再分配关系中强烈体现出来。万历二十四年(1596),山西巡抚魏允贞曾经对这种状况有一段描述,他说:皇上"今富有四海,米帛则取诸吴越,绒绸则取诸秦晋,金则取之滇,扇则取之蜀,磁器则取之江西,太仓为库,太仆为厩,光禄为厨。何求不得,而必以开矿为利乎?"①这种分配关系与实物财政体制可以长期保持稳定的协调,因为与实物财政关系相应的分散的农业自然经济,既需要比较集中的政治集约力来维系全社会的经济结合,也自然地给皇帝在分配关系中的掠夺提出了一定的限制。劳役是不能积贮的,而且征用过多,生产马上就会崩溃;实物不具备自身使用价值以外的效用,大多不便积累;货币关系不发达,皇室的消费即使尽其所欲却仍然不能不是有节制的。但是,随着货币财政体制的发展,这种自然的限制消失了。贵金属货币作为一般等价物是取得各种使用价值的理想的交换手段,也是理想的贮藏手段。加以商品市场和海外贸易日益强烈地激起对于白银的崇拜,握有几无限制的政治经济特权的皇帝,势必要在分配领域极度扩大自己的直接利益,大规模分割和掠夺社会财富。这时国家财政必然首当其冲。所以,明末财政危机的第一条导火索就是皇室开支的恶性膨胀。

明末皇室开支的膨胀有三重含义。

一是皇室直接的挥霍消费扩大。如明神宗本人在万历六年结婚,不过向户部取用银七万两,到万历三十五年七公主"下嫁",户部核算内承运库索取"金两珠石等项",估价银十九万两有余,而御马监、御用监"所开数复倍之"。②福王婚礼用费更多。万历二十一年册立

① 清高宗敕撰:《续文献通考》卷23《征榷考·坑冶》,商务印书馆1936年版,第3002页。
② 参见(明)赵世卿:《司农奏议》卷1《请减七公主婚礼钱粮疏》,《续修四库全书》史部第480册,上海古籍出版社1995—2002年,第109页。

太子,仅"所用珍宝之类约费三十余万两"①。为措办太子婚事,到万历二十七年户部即已"前后办进珠玉等项约银七十余万,视皇上大婚之费已逾八倍"②。为了满足皇室的奢侈消费,万历六年,皇帝下令由太仓每年向内府进送二十万两白银供"买办"之用,后成惯例。仅此一项,到万历三十一年(1603),二十五年间分割国家财政收入五百万两。③万历二十九年,官内修乾德殿,仅其基台即计划高八丈一尺,广十七丈,每日"役夫匠二千余人,班军二千余人,内外管工诸臣朝暮督率,不遑起居",历时一年,仅仅得高一丈三尺。④此类事件,在明朝末年不胜枚举。

二是贪求无厌地扩大内府的私藏。自万历中期开始,皇室对于白银的需求远远不以满足现实的挥霍为限,把大量白银作为私财贮积起来,已成为他们头等重要的事情。在万历二十四年至四十八年间,皇帝亲自派往全国各地的大批矿监税使,越过正常的财政管理机关进行狂暴的白银搜刮,以供皇室的奢侈消费和贮积。这二十四年间,他们究竟搜敛了多少民财,已难以确切地说明。根据王德完在万历二十八年的报告,仅仅此前的四年间,"各监进过矿银四十八万五千余两,矿金二千三百余两,各项税课并加罚等银共二百五十六万二千六百余两"⑤。如按这个比例,二十余年间会有六千余万两白银和四万余两黄金的额外征收。这些资财直接献入内府,户部既不司其事,亦不知其详。万历中后期国家财政已经十分空虚窘急,但就在这时,"内帑之充韧"却达到"亘古所无"的程度。⑥辽东战争爆发,"是时内帑山积,廷臣请发率不应",却要向人民进行正赋以外成倍的加派。⑦万历四十六年(1618),经朝臣苦苦恳请,发出内帑十万两饷军,户科查报,其中有五万九千两"或黑如漆,或脆如土……盖为不用朽蠹之象"⑧。这些积藏在天启间遭到大量挥霍,崇祯初年还有余能大量发出饷军,其数额之宏巨可想而知。

三是宗禄大量增加。明朝宗藩是纯粹的寄生阶级,单纯依靠与皇帝的宗族关系参与国民经济分配。明朝末年徐光启指出:"洪武中,亲郡王以下男女五十八位耳",以后大约三十年翻一番。至万历二十二年(1594),"丽属籍者十万三千,而见存者六万二千"。到万历三十二年(1604),"丽属籍者十三万,而见存者不下八万"⑨。这样大量的高级寄生消费人口毁灭性地分割国家财政。早在嘉靖四十一年(1562),御史林润即指出:"天下之事极弊而大可虑

①《明神宗实录》卷268,万历二十一年己未。

②《明神宗实录》卷341,万历二十七年十一月丙午。

③参见(明)赵世卿:《停买办疏》,(明)陈子龙等:《明经世文编》卷411,第4456页。

④参见《明神宗实录》卷360,万历二十九年六月乙未。

⑤(明)王德完:《稽财用匮竭之源酌营造缓急之务以光圣德以济时艰疏》,(明)陈子龙等:《明经世文编》卷444,第4886页。

⑥参见(明)孙承泽:《春明梦余录》卷35《户部一·内供》,《景印文渊阁四库全书》第868册,台湾商务印书馆1986年版,第490页。

⑦参见《明史》卷220《李汝华传》,第5807页。

⑧《明神宗实录》卷569,万历四十六年闰四月戊寅。

⑨(明)徐光启:《处置宗禄查核边饷议》,(明)陈子龙等:《明经世文编》卷491,第5422页。

者,莫甚于宗藩禄廪。天下岁供京师粮四百万石,而诸府禄米凡八百五十三万石"[1]。当时宗藩人口不及2.8万,耗已如此。[2]万历三十二年,在"玉牒"上有名封的宗藩人口达8万,按嘉靖末的标准就该禄米2437万余石,相当国家每年漕粮的六倍有余! 这还是按规定额数标准的禄米。明末皇亲贵族大量侵占民田,福王庄田2万顷,如按明朝规定的亩征3分的租额,2万顷征银6万两,折粮可24万石。当时亲王禄米定额1万石,实得数额超出定额23倍。当时占田万顷以上的亲王、公主很多,穆宗子潞王朱翊镠甚至占田4万顷。[3]他们实际征收租银都远高于每亩三分的标准。庄田仍不足以满足亲贵的贪占,他们更径直割占国家正额赋税。赵世卿指出:"周府宗仪数多,正项禄粮往往不足。自皇祖朝每缘抚按题奏,有发太仓银两者,有扣留正额银两者,有议留原纳银两者,有挪借充军银两至三十余万者,各项补支难以悉数。"[4]蜀王"富厚甲于诸王,以一省税银皆供蜀府,不输天储也"[5]。明末,税粮及宗禄皆严重逋欠时,皇帝竟调拨军饷以充宗禄。[6]至于乞请商税、盐课等国税者更不可胜举。[7]

皇室开支的这种恶性膨胀是以公然掠夺的方式实现的,这种掠夺给国家财政带来灾难性的后果。应朝卿就曾指出:"夫天下财货百物止有此数,东盈西涸,理无兼得。今国家边需所仰给者唯此常赋,自近日包矿包税,贫富并窘,官民两困。今内使源源进之内库者,即往日度支永衡之财也。催科不前,边饷大缺,大司农屡屡告匮矣。"[8]大学士朱赓说:"自矿税设立以来,各处正供多被侵削,盐课壅滞,关征减少,曾未十年,其所亏损已四百六十万。"[9]王锡爵也曾指出:"方今东南大害在尽笼各州县羡银输之内库……内地括尽,只今已肉尽髓枯。"[10]

疯狂增长的皇室开支,不择手段的巧取豪夺,把由实物财政转向货币财政带来的进化前景打得粉碎。对于国家财政来说,矿税的搜求无异于釜底抽薪,不停地宣索迫使财务行政陷于混乱,皇室开支的猛增不仅超出国家财政所能承担的水平,而且超出社会维持正常经济生活所规定的限度,于是财政陷于恶性循环,国库贮藏枯竭,社会的货币蕴含也渐趋干涸,国家财政的运转失去了任何弹性……这样,在财政体制变化,要求强化合理的统筹计划和管理的时候,却面临了无法抗拒的强制干涉、毫无规律和节制的破坏,于是陷入危机之中,而且危机一旦爆发,必然是粉碎性的结局。

①《明史》卷82《食货六》,第2001页。
② 参见(明)徐光启:《处置宗禄查核边饷议》,(明)陈子龙等:《明经世文编》卷491,第5422页。
③ 参见《明史》卷120《诸王五》,第3648页。
④ (明)赵世卿:《司农奏议》卷9《参河南税监疏》,《续修四库全书》史部第480册,第308页。
⑤ (明)张瀚:《松窗梦语》卷2《西游纪》,中华书局1985年版,第40页。
⑥ 参见(明)孙传庭:《孙传庭疏牍》卷3《辞剿饷借充盐本疏》,浙江人民出版社1983年版,第101页。
⑦ 参见(清)赵翼著,王树民校证:《廿二史札记校证》卷32《明分封宗藩之制》,中华书局1984年版,第748—749页。
⑧ (明)应朝卿:《请罢采榷矿税疏》,《古今图书集成》第703册《经济汇编·食货典》卷339《银部·艺文一》,中华书局1934年版,第13页。
⑨ (明)朱赓:《备陈边饷揭》,(明)陈子龙等:《明经世文编》卷436,第4778页。
⑩ (明)王锡爵:《与顾冲庵巡抚》,(明)陈子龙等:《明经世文编》卷395,第4271—4272页。

第二,财政体制转变之后,中国的经济和政治地理布局并没有改变,这是又一个重大的矛盾。自南宋以来,中国的基本经济区在东南,北方相对落后,经济发展的地理布局是不平衡的。明朝由于政治方面的需要,以北京为政治的中心,使北方的消费需求远高于它的生产水平。经济布局的南重北轻与政治布局的南轻北重相矛盾,提出了在全国财政平衡中必须首先解决的重大课题。明初解决这个问题靠两个办法:一个是漕运,每年把400万石南粮北调。再一个是屯田,大批的军队屯垦和通过开边报中维持的商屯。这两项措施使北方的粮食需求得到满足。在实物财政体制下,粮食的充裕和均布就意味着国家财政的基本平衡。

但是,随着货币财政体制的发展,到了明朝末年,屯田和漕运都发生了变化。军屯由于商品货币关系的发展,人身依附和劳役制度的松弛,以及"官豪势要"的占匿而瓦解。商屯由于成、弘间把纳米中盐改为纳银买引而致诸商撤业徒家,"边地为墟",一蹶而不振。[1]漕粮400万石的严格定额在明末也变化了,每年有30万石固定的折银,此外又有各种名目的改折。如由于灾伤,嘉靖八年(1529)折兑1708000石,十年折兑210万石,十二年折兑100万石。十四年折兑150万石……"无岁不有灾伤,则无岁不有折兑。"[2]由于"国用不足",万历十三年三月"诏改折各省直万历十三年分起运漕粮150万石。"[3]由于边地乏粮,万历十八年八月"户部以河南应纳临德二仓米改折一年以济边用。"[4]所折银两随即挪用。由于这些原因,明末北方的粮食储积大大空耗,粮食生产大大萎缩。这时虽然国家财政收入的价值额不减,甚至由于折银的差价而增加了收入,但这些货币收入在支出时必须仰赖北方有充裕的商品粮市场和安定的社会环境。否则粮价在北方上涨,白银在北方贬值,遇到大的灾伤和战争时,国家无法有效地利用白银来解决社会急剧增加的物资需求,财政平衡就必然被破坏了。万历四十八年九月,辽东经略熊廷弼上疏报告该地的情况说:"米粮踊贵异常。蜀米每斗值二钱二分,粟米、黄豆每斗值二钱五分,稻米每斗值七钱,青草碗口大一束值一分,每五六束不得马一饱,且无买处。"当时"月饷每日军五分,马三分"。但军人以白银一钱二分在饭铺食面,或用银五分买蜀饭,皆不得一饱。[5]崇祯元年,发帑金100万两饷辽东将士,左光斗当即指出:"今日辽东之患,又不在无银,而在无用银处。何也?辽自用兵以来,米粟踊贵,加以荒旱之余,石米四两,石粟二两,其一石尚不及山东之四斗。通计一百万之赏,分十五万之军,每名约为六两,于银不为不多,而此六两者籴米才一石五斗耳。纵是富人,未免抱金饿死。且各丁月粮,河东一两五钱,尚有三斗本色,可以救死,河西一两二钱,尽以市米,仅得三斗,而况无市处。日腾日贵,已不能支撑眼下,如何捱过冬春?不及数月,辽必无民,安能有兵?"[6]据全汉昇先生研究,"明帝国北方边境的米价,在15世纪中叶以后将近二

　　① 参见《明史》卷77《食货一》,第1885页。
　　② (明)唐顺之:《与李龙冈论改折疏》,(明)陈子龙等:《明经世文编》卷261,第2761页。
　　③《明神宗实录》卷159,万历十三年三月己卯。
　　④《明神宗实录》卷226,万历十八年八月甲午。
　　⑤ 参见(明)熊廷弼:《经辽疏牍》卷4《钦赏犒军户部抵饷疏》,清光绪刻本,第21—22页。
　　⑥ (明)左光斗:《题为急救辽东饥寒事疏》,(明)陈子龙等:《明经世文编》卷495,第5477页。

百年的期间内,约上涨九倍多点"①。

货币财政体制在发展中与其他种种社会因素一起破坏了实物财政时代实现财政平衡的基本条件,但其自身却与现存的政治、经济地理布局存在严重的矛盾。这种矛盾在承平之世尚可潜隐于一般正常经济活动之后,但已严重削弱了国家应对非常情况的行为功能。一旦政治、经济局势或自然条件发生大的问题,它则会爆发为一系列难以解决的财政问题,把财政活动拖离常轨,推入危机的泥潭。

第三,转入货币财政体制以后,兵农合一的军事制度变为雇佣兵制,而原始性的军事技术水平并没有改变,这是又一个重大的矛盾。在生产力水平和国家政治环境不变的前提下,军事技术水平愈高,军队的机动性愈强,则国家担负的军职人员费用就愈少,军职人员费用在军事费用中所占的比例也愈少。反之,如果军事技术原始,缺少机动性和战斗力,就必须靠增加军职人员数额来达到维持国家安全所必需的战争能力。进入货币财政体制以后,实行常备雇佣兵制,这就需要军事技术水平比以前有明显的提高,以便通过缩减兵额保持军费开支不至恶性上涨。但是,明朝末年的军事技术水平与明初相比,虽有些小的进步,如运用了较多一点的火器,但就总的性质来说,仍不出原始性的水平。长枪大马、坚甲利兵是精良的军事装备;手执戈矛刀牌的步兵占军队人数的大多数,防务必须依托边墙和城堡。在这种水平上,战争胜负的要素是人数的对比。要保持东起辽东、西至宁夏绵亘几千里的边界安全,必须要数十上百万的常备军,要靠人墙来屏障。可是在货币财政体制下,以当时的生产力水平是养活不了这样庞大的军队的。明初的军人是世籍,世代为军不得改易。这是一种农奴兵制度,国家有军队等于有农奴,居常使之自耕取足,有事发之无偿征戍。给养基本就地解决,一般的军事活动易于控制在地区性范围内,不牵动全国的财政布局。所以,明初"养兵百万,不费朝廷一钱"②。几次大规模的军事战争,加之郑和七次下西洋,虽然费用浩繁,"国库还能应付"③。明末的情景就大变了,军人由明初的物质生产者和徭役贡献者变为物质消费者和雇佣军人,国家不得不拿出巨额白银支付军饷。

万历大学士陈于陛说:"考之国初,各边军粮但取之拨屯自赡,圣祖所云养兵百万不费百姓粒米者是也,其后边屯渐荒,屯军掣回城守,而后待给于民运,借资于榷盐,初未有请封内帑名色。自正统以后,边廷多事,召军买马,警备日亟,遂以民运给主兵,而客兵馈饷暂请帑银以为权宜接济之计,亦未有户部每年解送边银例也,有之自成化二年(1466)始。然在弘正间,各边饷银通共止四十余万,至嘉靖初犹止五十九万。十八年后,奏讨加添,亦尚不满百万。至二十八年,忽加至二百二十万。三十八年,加至二百四十余万。四十三年,加至二百五十万。隆庆初年(1539)加至二百八十余万,极矣。"④到万历三十年(1602)前后,各

①　全汉昇:《明代北边米粮价格的变动》,《新亚学报》第9卷第2期。
②　《明史》卷257《王洽传》,第6624页。
③　吴晗:《读史札记·明代的军兵》,生活·读书·新知三联书店1956年版,第133页。
④　(明)陈于陛:《披陈时政之要乞采纳以光治理疏》,(明)陈子龙等:《明经世文编》卷426,第4649—4650页。

边镇年例"通计一岁所出,共三百九十四万一千八百四十两有奇,而民屯盐茶引目不与焉"①。万历四十六年以后,增设辽饷,继后又有练、助、剿饷,军费开支几无底止。边饷的增加无疑与军事冲突的加剧相关,但战争是历代皆有的事,军饷如此狂暴的增长却是空前的。万历大学士朱赓曾经提出疑问:"不知隆庆以前虏未款贡,塞下多事,饷何以少? 今日安宁,饷何以多? 有饷有兵,及至有事何以又不足用?"②王德完对此解释得比较确切,他说:"我祖宗朝土田赋税非有加于今也,乃事不烦而自足。今甲兵战马大不逮于昔矣,乃例岁加而难支。其故何也? 盖祖宗朝寓兵以屯,且耕且守,有备无患,此赵充国金城之遗迹也。自屯田之法湮则经界隐没而难明,屯丁萧索而赔苦,人皆逋逃,地为陷井,戎马财赋遂分两途。祖宗朝输盐于边,纳粟于仓,有飞挽之利而无转输之劳,此晁错实塞之遗意也。折银之说出则金钱尽出于太仓,枵腹咸仰于内帑,脂膏益竭,刍粟愈难,米珠草桂,可为扼腕。"③这基本道出了军饷增加的原因。

雇佣兵制度下的单兵费用,比起兵农合一制度下的情形是极其高昂的。崇祯十年调派甘肃兵2079名并马骡1382匹头归陕抚孙传庭指挥,孙传庭对这支军队的开支做了详细的计算。按他的计算,这支军队官兵平均的单兵年饷额为白银22两7钱2分。如果加入马骡草料开支,则这样一个马步混杂的普通装备部队平均单兵饷用为年白银41两8钱5分。④万历中各边年例约400万两,按上述标准,不过养马步混合的军队95580人。这里还没有计入布花、胖袄、武器、功赏等大量其他开支。所以,在明朝末年,征募一兵一卒对国家财政都是沉重的负担。万历时期兵饷比明初有巨额的增长,可是万历初年的边镇军额是10120058人,马282917匹,比较永乐时期军士减额29.43%,马匹减额75.57%。⑤这里虚冒之数尚不知凡几。增饷减兵,这是明末军制和财政制度变化的产物。一旦军事政治局面发展到非增兵不可的时候,军事开支的爆发式增长就决然不可避免了。从军事的角度观察,嘉靖以来明朝遭遇的战争都是小规模的,局部的,但军费开支却一触即涨。张居正时代蒙古各部绥服,倭患平息,全国没有什么战事,但万历六年(1578)的边镇年例仍有3162145两之多,占当年太仓实收银两的88%以上。⑥万历中期三次稍大规模的局部战争一发生,明朝就彻底卷入了军事财政体制。万历四十六年的萨尔浒之战,在军事角度上看只是局部的边疆战争,明朝为此也不过投入10万左右的兵力,⑦但为此而进行的财政集结动员,却几乎倾动全国之力。明末人看到了军事制度与财政制度变化带来的矛盾,纷纷主张"复兵农之制"⑧。毕自

---

① (明)赵世卿:《复兵科中饬边防事宜疏》,(明)陈子龙等:《明经世文编》卷411,第4459页。

② (明)朱赓:《备陈边饷揭》,(明)陈子龙等:《明经世文编》卷436,第4777—4778页。

③ (明)孙承泽:《春明梦余录》卷35《户部一·经费》,《景印文渊阁四库全书》第868册,第485—486页。

④ 参见(明)孙传庭:《孙传庭疏牍》卷1《报甘兵抵凤并请责成疏》,第5—6页。

⑤ 参见梁方仲:《中国历代户口、田地、田赋统计》乙表57,第376页。

⑥ 参见(明)张学颜等:《万历会计录》卷1《天下各项钱粮原额见额岁入岁出总数》,《北京图书馆古籍珍本丛刊》第52册,第21页。

⑦ 参见李广廉:《萨尔浒战役双方兵力考实》,《北京大学学报》1980年第4期。

⑧ 《明神宗实录》卷4,隆庆六年八月丁卯。

严试于天津,孙传庭力主于陕西,但实际都无成效。原因是大规模劳役制度已成为历史的陈迹,货币化的财政体制已经建立,单纯的复旧是没有出路的。所以叶向高说:"守法易,复法难,法在而复之易,法亡而复之难。"①必然的结果就是严重的财政危机。

第四,货币财政体制与社会商品货币关系形成了复杂的矛盾。商品货币关系的较大发展是实物财政体制转向货币财政的起码条件,在一般的意义上,二者是协调的。但是具体地研究明末的经济关系,不难发现,商品货币关系的发展水平除了一般的商品货币交换关系的普及程度以外,还有一个自身的结构问题,其中至少包括:货币的具体形态、商品货币关系发展的区域平衡等问题。明末货币财政体制在运转中正是与这类体现社会商品货币关系结构的诸问题形成了尖锐复杂的矛盾。

中国的货币形态,经过了长期的多种币材、多种形式并用的历史。占主导地位的货币形态,在明代中叶以前是官铸方孔铜钱。到了明正德、嘉靖时期,白银成为占主导地位的货币,明初曾经大力行用的"宝钞"仅仅用于有名无实的赏赐和极少部分的税收,铜钱则降为辅助货币。这样,具体来说,明中叶以后的货币财政体制乃是一种白银货币体制。白银取代铜成为主要货币,无疑是货币关系由低级走向高级阶段的重要进步,但是明代的白银货币却是以其最原始的形态即银块流通于社会,并进入财政过程的,这就带来了前所未有的新问题。

当货币以各种形式的国家铸币或纸币的形态流通,并作为财政运行的价值承担者的时候,国家控制着财政运行的重要命脉,可以通过货币的发行、紧缩、膨胀、调值来有效地调节财政平衡。但是银块并没有穿着任何"国家制服",它是直接地以成色、重量标示自身代表的价值的,它的市场价格只受经济法则的支配而并不理会国家权力的权威。而且,明代的白银是通过矿冶、外贸和前代的社会蕴积进入社会经济过程的,所以社会总的白银储量国家无法掌握。这样,明代国家在进入货币财政体制,需要强化货币管理,进而实现财政综合平衡的时代,却没有可能掌握社会货币储藏和流通的总额,更无法了解货币流通量与商品流通总额的平衡关系。于是,随着白银货币的发展,国家控制财政运行的能力日渐削弱了。这就促使明朝在中叶以后一次又一次地进行以恢复铜钱统治地位为目的的货币整顿,其中嘉靖中和万历初的整顿用力尤多。虽然这些努力都没有成效,但是当明末国家财政严重困难的时候,明朝还是采用了依赖大力铸行铜钱来改善财政的政策。明中期整饬钱法遵循前代论者所称"不惜铜,不爱工"的原则,铸钱工本费常常超过钱的市场价格。但是明末铸钱却以追求"铸息",即所铸钱的市场价格超过工本费用的差额为目的。天启时增设户部宝泉局(钱法堂)与工部宝源局共铸铜钱,并且"令各省开铸,每年坐定铸息共八十二万两"②。崇祯初,京师钱局铸钱一次息率约10%,陕西巡抚练国事在陕西督铸年息率为100%,秦、

① (明)叶向高:《屯政考》,(明)陈子龙等:《明经世文编》卷461,第5060页。
② 清高宗敕撰:《续文献通考》卷11《钱币五》,第2878页。

楚、蜀、滇四局鼓铸被刻定的年息率皆在50%以上。①后来,"各镇有兵马处皆开炉鼓铸,以资军饷",结果钱皆烂恶不堪行使。②天启中还铸有当千大钱,实重仅相当于小平钱的十倍。③这些措施根本没有实现财政好转,因为铜钱只是辅币,"仅为小市之用",大量铸行只会造成币制混乱。④铸钱无益,崇祯末年又筹议发行纸钞。议者认为纸钞发行既多,"将金与土同价",不仅可以蠲免"加派",而且可以发给官吏大量养廉之费。⑤如果民间不用纸钞,就论为违法,之后"不出五年,天下之金钱尽归内帑矣"⑥。这种类乎说梦的筹划在当时曾经很受重视,它是国家在称量白银货币制度下不能有效控制财政运转时走投无路的选择。其结果则正如谈迁评论的:"今日庙议,大概画饼。"⑦

明代国家在白银货币发展削弱财政控制能力的情况下,自然地由对于白银的"敬畏"导致白银聚敛的财政原则。万历中,陕西道御史冯应凤指出:当时在财政收支中,"如官给之民则银钱参用,如民输之官则尽去其钱"⑧,结果反倒使钱法大坏,白银日益短缺。后来给事中郝敬建议适当变通;"有司征税除起运照旧收银外,其余存留支放者银钱中半,不许一概收银"⑨,但却没有被采纳。黄宗羲对明朝的这种白银聚敛政策做过尖锐的批评,他说:"二百余年,天下金银纲运至于燕京,如水赴壑。承平之时,犹有商贾官吏返其十分之二三,多故以来,在燕京者既尽泄之边外,而富商、大贾、达官、猾吏,自北而南,又能以其资力尽敛天下之金银而去,此其理尚有往而复返者乎。"⑩被国家财政尤其是中央财政聚敛的大量白银,正常返回流通领域的十不及二三,其余或流向边外,或困于官、贾。社会中下层,尤其是承担大量赋税负担的下层人民群众求银无所,破坏了社会经济生活,也转过来挖去了国家财政的社会经济基础。

这些矛盾由于中国经济发展的不平衡,在商品货币关系相对不发达的地区造成了尤为严重的恶果。发达地区如浙江,"钱钞素不行使"一概用银,当然欢迎以银为赋。⑪但在落后地区则"惟钱少而银不给,故物产所出之乡留滞而极乎贱,非所出之乡阻缺而成乎贵。民之饥寒流离,国之赋税逋欠,皆职此由。上下交患贫而国非其国矣"⑫。顾炎武对于不顾经济发达程度的地区差异,盲目实行白银收聚的财政政策提出批评,他说:"今若于通都大邑行商群集之地,虽尽征之以银,而民不告病。至于遐陬僻壤,舟车不至之处,即以什之三征之

①　参见清高宗敕撰:《续文献通考》卷11《钱币五》,第2879页。

②　参见(清)傅维鳞:《明书》卷81《食货志一》,商务印书馆1937年版,第1642页。

③　参见清高宗敕撰:《续文献通考》卷11《钱币五》,第2876页。

④　参见(明)黄宗羲:《明夷待访录·财计一》,第37页。

⑤　参见(清)徐鼒:《小腆纪年附考》卷2《自丙申日至己未日》,中华书局1957年版,第35页。

⑥　(清)谈迁:《国榷》卷99,思宗崇祯十六年,中华书局1958年版,第5980页。

⑦　(清)谈迁:《国榷》卷99,思宗崇祯十六年,第5991页。

⑧　《明神宗实录》卷224,万历十八年六月丁酉。

⑨　清高宗敕撰:《续文献通考》卷11《钱币五》,第2874页。

⑩　(明)黄宗羲:《明夷待访录·财计一》,古籍出版社1955年版,第37页。

⑪　参见(明)张学颜等:《万历会计录》卷43《杂课》,《北京图书馆古籍珍本丛刊》第52册,第1342页。

⑫　(明)王夫之:《噩梦》,古籍出版社1956年版,第35页。

而犹不可得。以此必不可得者病民，而卒至于病国。"①这也是清初许多思想家探寻明朝灭亡原因时的一个共同见解。

明末货币财政体制与社会商品货币关系的矛盾是多种因素、多重性质交错作用的结果，其表现还不止于前述的两个方面。这种矛盾造成的诸多财政问题，无不具有综合的社会问题的性质，它远远超出了明代中国传统型国家机器的控制能力，一切解决的措施都招致相反的后果，它一步步把明末财政推向危机。

以上谈到的明代财政体制转变过程中发生的四种重大矛盾是相互联系的，其中任何一种矛盾尖锐发展都会引起连锁反应。明朝末年，这四种矛盾错综发展，交互推进，加上腐朽政治、社会统治造成的司空见惯的一些弊端，构成了明末财政危机的社会历史根源。

三、明末财政危机的时代特征

综上所述，明末财政危机是在明中叶以来古老的财政体制向货币财政体制转变的基础上形成的，它是中国古代社会典型经济形态的瓦解过程在分配和再分配关系，以及国家与社会的经济关系中引起深刻变化的反映。所以，我们不应单纯地把明末财政危机看作明王朝统治危机的组成部分，而应进一步将之视为中国传统社会整体性危机的一个重要表征。从这一观点出发，我们就会发现，16、17世纪中国社会的历史性变化远不是诸如"个别地区的个别行业中发生了一些资本主义生产关系的萌芽"这种断语所能概括的，它是一个比一般这类推断要复杂、宏阔得多的矛盾运动过程。即使只从静态角度观察，不仅生产关系发生了变化，而且国家上层建筑结构也处于振荡和局部改组中。从社会再生产的运转过程来考察，不仅生产环节产生了变化，流通与分配环节也发生了重大的变化，从而使整个再生产过程都具有了新的性征。

明末财政危机影响到社会政治关系，引发了一系列具有改革色彩的要求。虽然这些要求的提出者本身基本属于旧的阶级营垒，并且主观上常以旧秩序的卫道者自诩，但是它们表达的却是对旧的社会关系实行变革的时代信息。从财政角度着眼的这类要求主要有两个方面：

第一，强调工商业对于国民经济的重要意义，主张保护工商业。万历中期以后派出大批矿监税使进行搜刮，有一个堂而皇之的借口，就是"皇上不忍加派于小民而欲取足于商税"②。这种传统的重农抑商政策与明中叶以来的经济结构发展形成尖锐的冲突，遭到激烈的反对。户部尚书赵世卿列举了这种政策造成"行旅萧条，商贾裹足"，严重破坏国家财政收入的事实，指出这种政策"譬如缚手而求持，系足而求走"，对"国计"造成严重的危害。③许多人更指出了商业与"民生"的息息相关。萧彦提出："商困则物腾贵而民困矣，独奈何不

① (明)顾炎武：《顾亭林诗文集·亭林文集》卷1《钱粮论上》，华忱之校，中华书局1959年版，第18页。
②《明神宗实录》卷330，万历二十七年正月戊戌。
③ 参见(明)赵世卿：《司农奏议》卷3《国用匮乏有由疏》，《续修四库全书》史部第480册，第188页。

一苏之为商民计也?"①倪元璐指出:"商困必中于居农,百货涌贵,民食兼两,虽稔不饱……"②堵胤锡也认为:"病商即病农。"③梅国桢则论证了商业对于国家边疆安全的意义,他说:大同地方"城军余人等不下数万,率皆荷戈防胡,不习耕桑之业。诸日用蔬菜布匹器具悉仰给内地。而内地经商攘攘为利,亦皆荷担负囊,登山涉水,不惮险远而来,与边氓竞刀锥,稍求什一之息。故穷边军土借此存活,以捍卫边圉。今抽税之令一下,商贾闻风惊遁,不敢赴边,而贫军衣食何从置办? 无乃断绝其生理,驱之而逃,以空行伍,弃边疆以资敌手?"④可见变抑商为重商。提高商人的社会地位已经被提到社会变革的议程上来。

第二,明确皇室财政与国家财政的界限,限制皇室对国库的侵夺。在中国传统专制主义制度下,国家财政与皇室财政总是不能截然划开。明中叶以来国家财政向货币中心体制的转变和国家库藏——太仓的设立,相应地提出强化国家财务行政制度、加强预决算和会计制度的要求。于是来自皇帝的非时索取变得笔笔有宗,遭到日益强烈的注意和反对。要求把皇室开支制度化、额定化,给户部以完整的财政管理权的呼声在明末财政危机期间高涨。万历六年,皇帝下令每年于金花银一百万两之外再由太仓每季进送内府白银五万两供买办之用。张学颜抗议说:"买办应用各库俱有额设正项银两,若买办取于太仓,则额银作何支用?"⑤矿税监既出,赵世卿明确指出这是对户部权力的侵犯,他说:"鲁保分本部盐课之权,高淮、李敬分本部开纳之权。当此之际,坐损数十万之入,视正出尚不能支,而内供买办又责于四百余万之外。既分其入而更督其出也,其将能乎?"⑥他毫不避讳地点破皇帝是这种状况的肇事者:"自榷采之使虎眈鸱张,单词荧惑,天怒谴加,罪者、逮者、逐且死者累累踵接。上有所偏重斯下争趋之,臣部之权于是乎分,而臣之法穷矣,安得不匮?"⑦叶向高亦主张申明权限:"祖宗设立六部,各有职司。户部所掌,责在军储,一切营造不相干涉。即如朝廷岁供,亦俱有常数,各部所掌,自行祗办,一切钱粮不相假借。"⑧户科给事中提出要求:"皇上焕发明伦,分别内外库之界,毋令中官混索,动及饷额。其他水衡之料价、闲寺之马价,光禄之上供亦各还各项,不相侵假。倘有混索,职等得以原旨封还,计臣依阿解进,职等得以白简从事。如是则太仓还其太仓,而饷何不足之与有? 伏惟敕下户部,同九列大臣从长会议,永贻经久。"⑨这类主张的直接目的是通过财政立法的手段限制皇帝对国库的任意盗夺,体现着限制皇权,增加国家职能机关权力的进步要求。

① (清)孙承泽:《春明梦余录》卷35《户部一·钞关》,《景印文渊阁四库全书》第868册,第500页。
② (明)倪元璐:《倪文贞集》卷5《江西丁卯乡试策问》,《景印文渊阁四库全书》第1297册,第56页。
③ (明)杨时乔:《两浙南关榷事书·建书》,《北京图书馆古籍珍本丛刊》第47册,书目文献出版社1988年版,第767页。
④ (明)梅国桢:《再请罢榷税疏》,(明)陈子龙等:《明经世文编》卷452,第4973页。
⑤ (明)张学颜:《题停止加派买办银两疏》,(明)陈子龙等:《明经世文编》卷363,第3914页。
⑥ (明)赵世卿:《司农奏议》卷9《辨徽宁等府税契疏》,《续修四库全书》史部第480册,第318页。
⑦ (明)赵世卿:《司农奏议》卷9《匮乏请罢矿税疏》,《续修四库全书》史部第480册,第323页。
⑧ (明)叶向高:《请止钦取钱粮疏》,(明)陈子龙等:《明经世文编》卷462,第5071页。
⑨ 《明神宗实录》卷502,万历四十年闰十一月丁亥。

这些要求显然远没有充分反映出明末财政危机所体现的历史矛盾,它们仅仅是就最容易找到根源的、直接体现为政治压迫和禁锢的社会现实提出改造的呼声,这是中国传统社会解体过程最初表现为政治冲突时的必然表现。这种现象确定了中国历史在这一发展阶段首要的政治矛盾和任务,就是经过国家权力与皇权的一定程度的剥离,摆脱极端专制主义的社会政治体制,为社会经济关系的进步开辟道路。从万历中期官僚士大夫对于矿监税使的攻击,到"得乎丘民而为天子,则民又君之主也"的民本主义观念的复萌①;从市民阶层为保护直接经济利益而烧杀矿监税使的反抗,到他们以武力阻止迫害东林党人,直接干预国家政治生活;从以公"天下之是非"为宗旨的东林党运动②,到清初启蒙思想家对皇权专制主义的猛烈批判……这些紧密联系的历史事件,正是该时代的政治矛盾和任务的生动表述。力图证明这些事件与资本主义萌芽的直接因果关系,或者探究这些阶层、集团对于改善明末的政局有什么建树,都无法揭示这一历史运动的真实价值。这是传统社会解体运动引发的社会危机在政治结构中的反映,它与明末财政危机本身的共同的时代意义是加剧现存社会结构的振荡,破坏传统的均衡。历史悠久的坚固稳定的"中国封建社会"要经过多次这种振荡和危机才会完成它的解体。

16、17世纪的中国,早已不再是"封建制度"泄泄融融的平安乐土,顽强的异己因素在难以压制地生长、躁动,使它一刻也不得安宁。但是中国传统社会的解体不会以任何标准的模式完成,明末财政危机透出了另外的信息,它以自己特定的面貌展现出人类历史的复杂性。

原文载《中国史研究》1986年第4期

作者:赵轶峰,东北师范大学亚洲文明研究院教授、博士生导师,
首都师范大学历史学院特聘教授

---

① 参见《明神宗实录》卷349,万历二十八年七月癸丑。

② 参见(明)蒋平阶:《东林始末》,上海书店1982年版,第28页。

为什么要研究南明史

——坚持历史逻辑、坚持历史正义

毛佩琦

为什么要研究南明史？这个问题是很多人在思考的问题，也是经常受到怀疑的问题。当前我们的国家处于一个非常重要的时期，是中华民族要实现伟大复兴的时期。在这个时期，我们的经济建设和思想文化都有突飞猛进的发展，其中一个重要的问题就是对优秀传统文化的继承。凭借坚船利炮的近代侵略者来到中国以后，长期以来，中国文化遭到长期粗暴的践踏。如今实现中华民族的伟大复兴，不仅要在政治、经济、军事各方面强大起来，还要实现文化的强大。在这个过程中，历史将发挥重大作用。历史是什么？历史就是要回答我是谁，中华民族是谁。我们在谈中华民族伟大复兴的时候必须要了解自己的历史。我是学明史的，明朝有二百七十多年的历史，对后来中国的历史走向产生了极其重要的影响，这种影响一直延续到现在。

知道古代才知道近代，知道近代才知道现代，很多现代的做法都是历史惯性的延续。贵州的历史很有意思，原来没有贵州省，到了明代才有。明代初期在西南地区只有湖广、四川、云南等布政使司，相当于省级行政区划。永乐十一年（1420）明朝建立了贵州布政使司，表明中原王朝加强了对这一地区的管理。贵州行政建制的设立，促进了当地社会经济的发展。六百多年过去，明朝历史的很多文化痕迹在贵州地区的山乡中仍然能找到，比如安顺的屯堡，保留了不少独特的文化。屯堡里住的是什么人？有人说他们是外地移民，有人说是军队后裔，总之不是当地人。他们在少数民族聚集区顽强地生活了下来。一方面他们保留了自己的文化传统，另一方面又和当地的少数民族和平共处。近代以来的民族国家大多数是单一民族国家，一些国家的不同民族组成联邦，而中国不是联邦，是大一统的中华。中外历史上民族的融合常常不是以和平的方式进行的，但是明朝通过羁縻政策，建立了很多土司，设置土官来管理地方，这在中国历史上是非常特殊的，而且这种模式在全世界是独一无二的。明朝文化在贵州留下了特殊的印记。

说到南明，首先要对南明做一个界定，"南明"是一个非常特殊的命名方式。南宋，它的疆域从淮河以南一直到大海，因为北面有辽、金，所以称为南宋。南宋的灭亡是在元朝军队一直打到南方，将南方基本上全部占领了，最后赵昰、赵昺跳海而死，才宣告宋朝的结束。明朝为什么会出现南明，为什么不把最后一个皇帝死的时候叫作明朝灭亡呢？现在一般的中国历史年表将公元1644年作为明朝灭亡的时间，那是明朝首都陷落，崇祯帝自缢而死的时候。如果按照宋朝灭亡的说法，明朝的灭亡应该在最后一个皇帝永历帝死后，那是在永历十六年，即清康熙元年（1662）。从明朝北京陷落到永历帝被逼死，这段时期为什么称为南明，而且被称为伪政权，都是需要思考的问题，也是我们为什么要研究南明史的原因之一。

我们要研究南明史，首先因为它是一段被抹杀的、被曲解的历史，有必要把它搞清楚，还其本来面目。

南明史是一段被抹杀的历史，被谁抹杀了？被清朝政府抹杀了。清朝政府不承认明朝残余政权的合法性，为了凸显自己的合法性必须要抹杀南明政权。过长江以后的弘光政权，清朝认为是伪政权。它一定要将之说成是伪政权，把所有出现的太子都说成是伪太子，它自己才是真的，这都是政治的需要。所以长期以来，这种划分方式在史学界是有不同意见的。比如说明朝末年清朝初年的一个史学家查继佐，还有一个史学家谈迁。如果翻开谈迁的《国榷》，里面明朝灭亡的时间不在崇祯，而在弘光。这是以史学家的眼光进行划分的，而不是按照政治需要划分的。所以我们在讲述明史的时候也要把弘光加进去，如果不把永历帝的死亡作为明朝的灭亡，也应该至少把弘光帝作为明朝最后一位皇帝。原因有两个。第一，南京是明朝的首都之一。抗战时期，南京作为首都沦陷了，但是重庆存在。明朝北都北京陷落了，可是南京存在。明朝实行两京制度，它和国民党西迁还不一样。明朝是在建国初的时候就实行了两京制度，所以南京是合法的首都。朱元璋以金陵为京师，称作应天府。后来明成祖朱棣迁都北京，称为顺天府，以金陵为南京，北京为京师，实行两京制度。而弘光时，南京还没有沦陷，所以明朝也没有灭亡。第二，弘光帝是江南各路明朝残余势力共同拥戴的君主，是合法的。他是明神宗亲近的儿子福王之后，按照宗法制度，他该继承皇位。当皇室正统没有继承人之后，按照宗法伦理，他该做皇帝。虽然在立其为帝的时候存在争议，有的大臣要立其他王为帝，但是在立了以后没有争议，不像后来有鲁王、唐王和永历帝，他们各据一方。弘光帝没有争议，大家都拥戴他，所以此时明朝没有灭亡。因此，弘光是明朝的最后一个皇帝，这段时期也应该是明朝历史，弘光之后，才可以说是南明。但是，后来历史书写者把弘光政权作为南明的开始。当代学者顾诚先生写过一部非常优秀的著作《南明史》。《南明史》资料翔实，叙述清楚，而且它的理念是非常符合实际的。所以我非常推崇顾诚的《南明史》。他把明朝与清朝的斗争、明朝清朝与农民起义军的关系、中国当时的历史走向说得非常清楚。这是在当代明史学家中没有的。可惜顾诚先生现在已经故去了。在海外研究明史的学者也有关于南明的著作：一是美国的司徒琳博士，写过《南明史》；二是日本小野和子的《南明史》。她们的写法与顾诚先生不一样，更多的是从宏观的角度论述南明的历史走向。所以，学术界对南明历史的关注还是非常多的，也出现了很多著作。我们研究南明史，就是因为南明史是一段被抹杀的历史，清政府不允许它的存在，说它是伪政权，在史书中史迹和人物都有很多的缺失。因此，我们必须把这一段被抹杀的历史说清楚。

南明史又是被曲解的历史。现在一提起明朝,就是黑暗、腐朽、宦官专政、党派之争,皇帝慵懒等等。但是我们想想,明朝存在了二百七十多年,如果一个王朝是充满了黑暗、腐朽、宦官专政、党派之争,那么它能存在二百七十多年吗?显然这种评价是偏颇的。那么这种认识是从哪里来的?是源自浙东学派,也就是黄宗羲这一派,是他和他的学生对明朝做出的评价。很多东西表述在他的《明夷待访录》中可见,比如在"置相"一篇中,他就说:"有明之无善治,自高皇帝废丞相始也。"为什么这样说呢?是因为宦官。黄宗羲为什么憎恨宦官,宦官不一定都是坏的,而且宦官做的不一定是坏事,在明朝历史上,很多宦官都做出过挽救大局的事。比如营建明朝北京城的阮安、下西洋的郑和、土木之变反对南迁的金英等,很多宦官在明朝历史上起到重要的作用。很多宦官奉朝廷之命打击贪官污吏,为什么刘瑾遭到这么多人反对,他上台清丈土地,清查赋税,清查赃物,得罪了很多贪官,最后被推倒了。可是这段历史到了黄宗羲口里面,就被抹杀了,为什么?因为他的父亲黄尊素受过宦官的迫害,最后死掉了。黄宗羲将个人的感情融入了里面,浙东学派对明朝末年的历史也有偏见。现在我们再看这段历史,不应该受黄宗羲的左右,应该以客观事实为基础。同样,弘光政权也是一段被曲解的历史。弘光帝被描绘成一个昏庸、无能、贪图享乐的皇帝,弘光政权被描绘成一个党派争斗,不问国家大事的人掌握的朝廷。可是越来越多的材料证明,这些评价是值得商榷的。比如现在就有对马士英重新认识的文章,这个很多年以前就开始了。现在有句话叫作不以成败论英雄,但是我们又往往带着成败意识来评价历史,认为谁成功了谁就是英雄,谁失败了谁就会遭到抨击。南明政权是在明末清初各种力量博弈过程中重新确定中国历史走向的舞台上存在的。不是说所有的失败者都是小丑,是应该被抹黑的,也不是所有的成功者都应该被歌颂。我们要根据历史发展的逻辑重新把这些人放在历史发展的脉络中去给他们一个准确的认识和判断。因此,我们要将南明这段被抹杀的、被曲解的历史真实地呈现出来,让我们的国人明白这段历史到底是怎么回事。

其次,南明历史是丰富多彩的,是值得研究的。

自崇祯帝吊死煤山,顺治帝入主中原起,中国的历史舞台上出现了几股势力,他们都力图争夺中原王朝的统治权。清朝入关之前,大臣范文程就认为,当时清朝争夺天下,"非与明朝争,实与流寇争也",也就是说明朝当时已经不行了,清朝是与李自成农民军争夺天下。范文程的话勾勒出了以后几十年历史发展的态势。当时,明朝走下坡路,李自成是新兴的力量,而清朝则政治经济相对落后,但有强大的军事力量。有意思的是,当清朝南下的时候,李自成政权的残余势力与南明政权却合流了,这在永历时期表现得最为突出。支持永历政权的许多军事力量都是来源于起义军,如李定国、孙可望。他们为什么要与南明联合起来,是因为民族大义。这时他们争夺天下,其政权名号都有一个"顺"字,即顺乎天理,顺乎民意,最后清朝取得了胜利,决定了历史发展的方向。但是问题在于这一方向是必然的吗?顾诚先生在他的《南明史》序言中发表了自己的看法,认为这不一定是必然的,很多偶然因素影响着历史发展的方向。历史的发展往往错过很多机会。我建议大家好好读一读顾诚先生《南明史》的序言部分,他的思想是非常精彩的。

研究南明历史不仅要研究南明的政治、经济、军事情况,例如政权如何建设,怎么样解决老百姓的民生问题,朝政如何架构,对外关系如何处理等等,还要研究南明的斗争对象清朝的历史。要知道当时民族关系提出什么要求,阶级关系提出什么要求。非常有意思的是,南明的历史还涉及对外的关系,一个就是郑成功收复台湾,郑成功在唐王去世后,奉永历为正统,用永历年号。再一个就是西方文化的传入,安龙的天主教堂就是例证,当时很多后妃受洗,信奉了天主教,这种态势是延续了明朝末年的发展态势。明朝末年,传教士利玛窦来到中国,从肇庆登陆,到了南京,一直到达北京,进入宫廷。明朝采取了一种开放的态度,是从皇宫到民间这种自上而下的开放态度。中国的知识分子对异质文化也采取了学习的态度。据英国科技史专家李约瑟和中国何兆武等学者研究,当时中国的科技水平已经发展到世界前沿,像徐光启这样的科学家是可以与西方一流科学家平起平坐的,我们对异质文化是持包容态度的。崇祯时期,宫廷内的一些嫔妃、宦官信奉了天主教,礼部尚书、大学士徐光启也接受了洗礼,现在上海徐家汇的教堂就是徐家留下的。我不信奉任何宗教,我也不是说天主教比佛教好,我只是说当时明朝人的开放态度,他对不同的文化是吸收的,是乐于学习的。所以,明朝人已经睁开眼睛看世界了,而不是到了清朝后期的林则徐。当时的徐光启等人已经开始意识到西方文化的价值,他翻译了《几何原理》,还和西方传教士、李之藻等人绘制了世界地图,叫作"坤舆万国全图",不仅绘制,还刻在书里面,传看天下,这幅地图现在还收藏在南京博物院中。所以,南明延续了明朝末年的这一特点,加强了与西方的联系,还派人去罗马教廷求援。但是,这种开放到清朝被阻断了。因此,回顾这段历史需要将明朝末年的情况、南明的情况、清朝入关后的情况对比来看,才能得出正确的结论。

现在有些说法,特别是一些"学术明星",扰乱了我们的视听。一种说法是清朝入主中原代表了进步势力,要统一中国,在这种前提下,杀人是对的,谁抵抗谁就是反动派,谁投降谁就是英雄。还有一种说法认为,当时就要实现大一统,谁破坏大一统,谁就是逆历史潮流而动。这些说法都是不对的。这些看法的问题在哪里呢?一、它们违背了历史逻辑;二、它们违背了历史正义。什么是历史逻辑?例如,一个罪犯被关进了监狱,出狱以后成了企业家,做了善事,于是就说他犯罪也是好的,多亏了进监狱,能这么说吗,不能,这即是违背了历史逻辑。历史发展的顺序,是其基本逻辑。同样一个政权在当时对就是对,错就是错,不能用后面的发展来否定前面的错误。清朝入主时,杀人是不对的,扬州十日、嘉定三屠,用现在的话说就是反人类罪。所以,还要维护历史正义。强大民族不能欺侮弱小民族,也不能因为一时军事力量的强大而肆意妄为。历史上常常不是先进战胜落后,而是落后战胜先进。按照马克思主义观点,先进战胜落后,这是从历史长时段考虑的。但是在短时段内,往往是落后战胜先进。中国历史上常常是落后民族凭借强大的军事力量战胜垂老的先进民族。所以,不是所有成功者从始至终都是正确的。清朝入主中原恰恰是落后的政治制度、落后的生产方式摧毁了相对先进、文明的政治制度和生产方式。这个结论在相当长的时期内早已经形成共识，三十年前出版的戴逸先生主编的《简明清史》就讲到了清朝入关时对整个社会经济造成的破坏，圈地造成千里无人烟，农民变成农奴，社会经济一百年恢复不过来，剃头令更是对汉族人的侮辱，这是落后的。所以，不能说清朝入关就是要大一统，谁反抗谁就是反动派，就是逆历史潮流而动。恰恰相反，江南人民的抵抗，南明的坚守是为了维护做人的尊严，为了维护先进的生产、生活方式，这时的反抗是正确的，应该支持。

在这种偏颇思想的影响下，很多历史人物和历史事件的是非也被混淆了。郑成功、李定国抗清对不对？洪承畴投降是不是就是英雄了？吴三桂是不是英雄好汉？安龙的十八先生墓中，很多的墓碑都是民国时期立的，当时人都是很尊敬十八先生的，他们认为自己就是十八先生的继承者。从孙中山先生开始，"驱除鞑虏，恢复中华"的口号就是直接从朱元璋那里引用过来的。明朝灭亡之后，反清运动绵延不断，在很大程度上，孙中山认为自己就是这些人的继承者。这与近几十年许多人对待明朝的态度是不一样的。

这就要涉及我们的民族精神。我们不是简单地赞赏一个即将灭亡的政权，那个颠沛流离的政府，而是要为天地留一股正气。当别人压迫你的时候，要保留正气，要抗争到底，威武不能屈，舍生取义。在明末清初这个大关节时期，永历帝只是一个符号，忠不忠于他不要紧，要忠的是中华民族的原则和气节，如果这种气节全没有了，中华民族的精神全部放弃，那么面对任何外侵，都可以投降。有人说岳飞也不能宣传了，因为宋金之间是兄弟，这是国内斗争，这是不对的。洪承畴带着军队在江南劝降史可法的时候，有人就做了对联"史笔流芳，虽未成名真可法；洪恩浩荡，不能报国反成仇"进行讽刺。清朝台湾巡抚沈葆桢为郑成功祠题词："开千古得未曾有之奇，洪荒留此山川，作遗民世界；极一生无可如何之遇，缺恨还诸天地，成创格完人。"这些都是讲的正气，这是中华民族需要继承的。如果把像吴三桂这样不忠不孝不仁不义的人奉为英雄，我们的民族精神将如何建设？如果说我们近二十年社会中不顾礼义廉耻的现象逐渐增多，是不是与一些人泯灭良知、吹捧吴三桂有关呢？大有关系！

清朝政权确定后，清朝又给这些投降的人做了评价。乾隆帝令人做了《贰臣传》，把所有在明朝做官、投降清朝的人都归于其中。相反，他要表彰像十八先生这样的忠臣义士，那些忠于明朝、以身殉国的人。如果他不表彰，那么面对外敌谁来忠于清朝呢？鼓励投降，清朝也很快会垮台。中华民族之所以不亡，因为有正气。我们研究南明史就是要继承和弘扬中华民族的精神，舍生取义，坚强不屈。

那么靠武力征服的清朝在什么时候成为合法政权的？那是在它实现了三个"皈依"之后，即从地方造反、破坏大一统向大一统皈依，从萨满文化向儒家文化皈依，从地方民族政权向中华皇朝正统皈依。完成了这三个皈依，清朝才成为中华民族的代表，才实现了康熙到乾隆的发展，走上了在内部是辉煌在世界是落后的道路。清朝在改变了一系列落后做法之后，才可以成为代表中华民族的政权，而不是一开始就是中华民族的代表。在这个前提下，南明政权的反抗是维护汉民族做人的尊严，保护中原地区的先进文明，保护数千年的文化,这种斗争当然是正确的,它推动或说迫使清朝做出改变。清朝实现三个皈依后,走上了正确的道路,所以,康熙时期,连明朝遗民黄宗羲也开始称赞康熙皇帝"吾皇圣明"。所以,我们在研究历史的时候,要坚持历史正义,要坚持历史逻辑。

总之,为什么要研究南明史?一是因为这是一段被抹杀的历史,被曲解的历史;二是因为南明史是丰富多彩的,是中华历史的重要部分。研究历史要坚持历史逻辑,坚持历史正义,对社会上流行的一些偏颇的有害的说法进行驳斥。当前,在进行社会主义文化建设,全民族努力实现中国梦的时候,我们要把这一段历史研究清楚,把中华民族的正气继承下来,作为我们的财富,使中华民族的发展脚步走得更好,更加坚实。

本文是作者在贵州安龙南明历史文化研讨会上的发言

作者:毛佩琦,中国人民大学历史学院教授、博士生导师

南明弘光政权内部党争的是是非非

刘中平

弘光一朝的党争,由立帝开始,至左良玉"清君侧"结束,终弘光一朝。"定策"之争刚告结束,随之而来的便是首辅之争,马士英以武装入阁,结果是"史出马入"。不久,阮大铖更挑起"顺案",致使一百多名东林党人,或被杀,或被革职,使东林党人在朝廷中遭到最严重的打击。吕大器、姜曰广、刘宗周、高弘图和徐石麒五位文臣先后被迫辞官,弘光朝廷政权完全掌控于马士英一伙手中,从而埋下弘光政权迅速瓦解的祸根。

一、首辅之争

弘光政权是适应明朝中央政权灭亡后的形势需要建立起来的新政权,如果弘光朝廷内部团结一致,尤其政权内部的两个首要人物——马士英和史可法能够团结一致,诚如马士英所说,"公诚能经营于外,我居中帅以听命,当无不济者"[1],那么南明的光复大业将是大有可为的。然而令人遗憾的是,弘光政权内部的分歧一直在继续,由党派引起的纷争,一时一刻都未止息。福王刚一监国,纷争就随之而来。马士英口头说的,与实际做的完全是相悖的。

马士英入阁

福王监国的前一天,南京官员集聚朝廷,商议内阁人选。群推史可法、高弘图及姜曰广等人入阁。诚意伯刘孔昭(刘伯温之第十二世孙)毛遂自荐,欲进入内阁以控制朝政。史可法以明朝祖制"无勋臣入阁例"将其驳回。刘孔昭又推荐马士英,他说:"我不可,马士英有何不可?"[2]于是进士英东阁大学士兼兵部尚书、都察院右副都御史,"与可法及户部尚书高弘图并命,士英仍督师凤阳"[3]。虽然马士英已入阁,但他仍督师凤阳,这使史可法等正直之士在弘光之初掌握了朝中的大权。

史可法勤政

史可法主持阁务后,在短短的几天内连续奏议如下几个方案:

一是五月七日上奏,增设江防水师。具体是,在九江以东,镇江以西,千余里之间增设江防水师,总兵力达五万。这五万兵力分配为,"开镇九江、镇江,各万五千人,听节制于操

---

[1] (清)徐鼒:《小腆纪年附考》卷6,中华书局1957年版,第173页。

[2] (清)计六奇:《明季南略》卷3《会推阁员冢臣及诸臣升擢》,商务印书馆1958年版,第46页。

[3]《明史》卷308《马士英传》,中华书局1974年点校本,第7939页;(清)计六奇:《明季南略》卷3《会推阁员冢臣及诸臣升擢》,第46页。

江总督。余二万人，操江自将之，往来策应"①。

二是五月八日上《请定南都营制启》。主张裁去南京内外守备、参赞等徒靡费饷的虚衔，遵照明成祖以来北京的旧制，改设团营，"简精壮，募义勇以实之"，以充战兵；设立巡捕营，"以防内奸"；合并神威、振武为一营，"以护陵寝"；建兵部标营，"以示居重"；侍卫及锦衣卫诸军，悉入伍操练，把兵权集中到中央，地方上所驻扎的官军均得由中央调遣。为安定人心，锦衣东西两司房及南北两镇抚司官"不备设"，"以杜告密"。②明朝中叶以来，宦官专权，设立了东厂、西厂、锦衣卫南北镇抚司等为统治者御用的特务机构。右佥都御史祁彪佳指出这些弊政："永乐间，设立东厂，始开告密，无籍凶徒投为厮养，诬告遍及善良，赤手立致巨万，招承多出于拷掠，怨愤充塞于京畿，欲绝苞苴而苞苴弥甚，欲清奸宄而奸宄益多，此缉事之弊也。"③为了澄清政治，裁撤东厂缉事这些弊政是必要的。

三是五月八日上《议设江北四藩启》（或称"敬陈第一紧急枢务事"——引者注）。他在启本中说："从来守江南者，必于江北。即六朝之弱，犹争雄于徐、泗、颍、寿之间，其不宜画江而守明矣。但此时贼锋正锐，我兵气靡，备分则力单，顾远则遗近，不得不择可守之地，立定根基，然后鼓锐而前，再图进取。臣以为当酌地利，急设四藩。四藩者：其一淮、徐；其一扬、滁；其一凤、泗；其一庐、六。以淮、扬、泗、庐自守，而以徐、滁、凤、六为进取之基。凡各属之兵马钱粮，皆听其自行征取。如恢一城、夺一邑，即属其分界之内。……而四藩即用靖南伯黄得功、总镇高杰、刘泽清、刘良佐，优以礼数，为我藩屏，听督臣（指马士英——引者注）察酌，应驻地方，相机固守。江北之兵声既振，则江南之人情自安。黄得功已封伯，似应进侯；杰、泽清、良佐似应封伯。左良玉恢复楚疆，应照黄得功进侯。马士英合诸镇之功，爵赏似难异同。卢九德事同一体，听司礼监察叙。"④史可法上此启是出于对黄得功、高杰、刘泽清和刘良佐四部的考虑。四部驻扎于南京之北，江淮之间。黄得功、高杰、刘泽清和刘良佐都与马士英相善。所谓"四藩"，是指在四个地区设立藩镇，这四个地区即淮徐、扬滁、凤泗和庐六。"以淮、扬、泗、庐自守"，"以徐、滁、凤、六为进取之基"。"凡各属之兵马钱粮，皆听其自行征取"；恢复之城邑，"属其分界之内"，而四藩即用黄得功、高杰、刘泽清和刘良佐，"优以礼数"，听督臣察酌，以期成为南京政权的屏障。上述布防措施和用人安排，体现了史可法的军事才干和政治才干。如果史可法的才干得以施展，那么弘光政权应该是有前途的。然而事实并非如此。马士英力争拥立福王之功，看重的是入阁尊居首辅之位，他不会就此甘居凤阳的。

① （清）谈迁：《国榷》卷101，崇祯十七年五月甲午，古籍出版社1958年版，第6090页。
② 参见（清）张纯修编辑：《史可法集》卷1，罗振常校补，上海古籍出版社1984年版，第13页；《明史》卷274《史可法传》，第7017—7018页；（清）谈迁：《国榷》卷101，崇祯十七年五月乙未，第6091页。
③ （清）徐鼐：《小腆纪年附考》卷6，第177页；见（清）李天根：《爝火录》卷6，郑正铎编：《明季史料丛书》，1944年石印本，第8页。
④ （清）张纯修编辑：《史可法集》卷1，第11页。该启本各书记载不一，此处根据《史可法集》卷1、计六奇《明季南略》卷1所载校补而引。

马士英武装入南京争首辅

马士英虽为东阁大学士，实际仍在外地，并未入朝。他入朝的目的尚未得以实现。他拥立福王，就是为了借此操纵朝政，得知自己被排斥在朝廷之外，不由得大怒。在五月三日福王即监国位的当天，马士英指使高杰、刘泽清等致书史可法"过江共议"，逼迫史可法渡江北上督师，"欲卸柄于马士英也"①。同时，马士英又上疏给福王，称史可法以"七不可"理由反对立福王②，遂率领部下士兵乘船一千二百艘，浩浩荡荡经淮河过长江，以武力进入南京。到南京后，马士英即得到朱由崧支持参预机务。五月十一日，马士英与史可法、高弘图、姜曰广等共同商定设立江北四镇③，一致认为，"有四镇不可无督师"，督师"应驻扬州"。按照廷议，皆主张由马士英出任督师。而马士英千方百计寻找借口，欲将史可法排除在外，从而控制朝中大权。他向史可法说："我驭军宽，颇扰民，且往岁擒刘超，服老回回，多负勤苦，筋力惫矣。公威名著淮上，军士惮服，士民仰之，不啻明神慈父。公诚能经营于外，而我居中帅以听命，当无不济者。"④史可法以士英之入，两相不利，从大局考虑，不得已允之，答曰："居者守，行者御，莫能偏废。既受事，敢辞难乎？"五月十二日，遂上疏自请督师扬州。⑤史可法督师扬州与马士英留朝辅政的消息传出，南京士民一片哗然，感叹："何乃夺我史公！"太学生陈方策、诸生卢泾才等上疏："淮扬，门户也；京师，堂奥也。门户有人，而堂奥无人，可乎？"疏中有"秦桧在内，李纲在外，宋终北辕"之语，一时传诵南京朝野。时挽留史可法的人颇众，仅在一份请愿书联名的缙绅及在南京的士子就有三百零五人。请愿书言辞恳切，但却没有被朱由崧采纳。⑥

史可法于朱由崧称帝的次日辞朝而行。⑦朝廷加其太子太保，改兵部尚书，武英殿大学士。同日马士英以内阁大学士兼兵部尚书入阁办事。史可法以"从来守江南者，必于江北"，进一步提出设四镇的具体方案：以总兵刘泽清辖淮扬⑧，驻淮安，以山阴、清河、桃源、宿迁、海州、沛县、赣榆、盐城、安东、邳州、睢宁十一州县隶之，经理山东一路。以总兵高杰辖

---

① （清）谈迁：《国榷》卷101，崇祯十七年五月庚寅，第6083页。

② 参见"七不可"见《明史》卷274《史可法传》，第7017页。

③ 参见四镇为淮扬、徐泗、凤寿、滁和。关于四镇，各书记载不一。此四镇设置的商定，是以史可法前几日《议设江北四藩启》为根据进行的，其内容与前设想有所不同。谨按。

④ 罗振常：《史可法别传》，（清）张纯修编辑：《史可法集》，第151页；（清）温睿临：《南疆逸史》卷5《史可法》，中华书局1959年版，第37页。

⑤ 参见罗振常：《史可法别传》，（清）张纯修编辑：《史可法集》，第151页；（清）温睿临：《南疆逸史》，第37页。按：关于史可法疏请督师扬州之日，《明季南略》作十六日，误。

⑥ 参见罗振常：《史可法别传》，（清）张纯修编辑：《史可法集》，第15页。（清）李清《南渡录》卷1云："南都诸生卢泾才等上言：'淮扬系朝廷门户，而朝廷是天下根本。宜别命一督臣，留可法从中调度。'"（清）黄宗羲：《南明史料（八种）》，江苏古籍出版社1999年版，第134页。按：卢泾才，或作卢泾材，卢谓。

⑦ 《明季南略》载：福王于五月十五日称帝，改元弘光。按：次日，为五月十六日。另说，史可法五月十二日向朱由崧提出督师江北，五月十八日辞朝而出，参见（清）谈迁：《国榷》卷101，崇祯十七年五月己亥、五月乙巳，第6095—6097、6101—6103页。

⑧ 参见《史可法集》和《国榷》记为其四镇则设于淮扬、徐泗、凤寿、滁和，两书所载基本相同，较《明季南略》稍有差异。此处依据《明季南略》。

徐泗,驻泗州,以徐州、萧县、砀山、丰县、沛县、泗州、盱眙、五河、虹县、灵璧、宿州、蒙城、亳州、怀远十四州县隶之,经理开(封)归(德)一路。以总兵刘良佐辖凤(阳)寿(州),驻临淮,以凤阳、临淮、颍上、颍州、寿州、太和、定远、六安、霍邱九州县隶之,经理陈杞一路。以总兵黄得功辖滁和,驻庐州,以滁州、和州、全椒、来安、含山、江浦、六合、合肥、巢县、无为十州县隶之,经理光固一路。史可法本人驻节扬州,居中调遣。①史可法江北布兵的方略是具有战略意义的。其战略目的是:以淮、扬、庐、泗自守,而以凤、徐、滁、六为进取之基,督师驻扬州居中调遣,再由此率师渡过黄河由河南归德、开封进行北伐。

除了"守江南者,必于江北"的战略布局外,史可法还考虑到吴淞是南京的门户,东南沿海一带尤其应当严加设防,于是命熟于水道的户部郎中沈廷扬以海舟防江,兼理饷务。又命总兵吴志葵驻守吴淞。②这一点也是值得称道的。当年明太祖初定江南,明太祖命徐达、常遇春率师北伐,同时命吴祯防守沿海,就是用的中路北伐,东固海防的战略方针,此时虽然情况有所不同,但这些经验是可以借鉴的。

关于"四镇"的设置,史可法的本意是想将江北的明朝控制区划成四个作战区域,由高杰、黄得功、刘泽清和刘良佐这四个总兵负责,使其各负专责。同时,又赋予了四镇总兵很大的权力:"一切军民听统辖,州县有司听节制,营卫原存旧兵听归并整理,荒芜田土听开垦,山泽有利听开采,仍许于境内招商收税,以供军前买马制器之用。每镇额兵三万人,岁供本色米二十万,折色银四十万,听各镇自行征取。"③这就将长江以北本来应由朝廷中央直接管辖的堂奥之区,变成了军阀割据的藩篱之地。朝廷在江北既无官吏任免权力,也无军队调遣权力,连招商收税的权力都归四镇所有,只剩下史可法这样一个空有其名的督师。像高杰、刘泽清这样的人原本在对农民军作战中,已是败军之将,而现在居然得到大块土地,并将地方税收等为其所有,这更助长了他们的嚣张气焰,他们根本不把朝廷放在眼里,最终演变成军阀之间的火并,给明朝的军事力量造成很大损失。

当然,史可法在辞朝督师江北之前所制定的一些措施,以至后来他为调解四镇之间的矛盾,协调四镇之间的关系所做的努力,都是值得肯定的。由于马士英的"首辅之争"所造成"史出马入"的结果,令史可法的政治才干未得充分施展,显而易见,这是弘光政权内部党争给南明第一个政权所造成的重大损失。

二、阮大铖:"彼攻逆案,吾作顺案与之对"

论及弘光政权的内部党争,必然涉及挑起党争的人物,这个人物就是马士英。"马士英,字瑶草,贵州府贵阳县人,崇祯辛未进士,本广西梧州府藤县人,与袁崇焕同里,居北门街,

---

① 参见(清)计六奇:《明季南略》卷3《史可法请设四镇》,第48—50页;参见《史可法集》卷1。
② 参见(清)徐鼒:《小腆纪传》卷10《史可法传》,中华书局1958年版,第117页;《史可法全集》之《史可法传》。
③ (清)徐鼒:《小腆纪年附考》卷5,第167页;(清)计六奇:《明季南略》卷3,第49页。

又同辛卯年生。士英本姓李,五岁时,为贩槟榔客马姓者螟蛉而去,故遂从其姓。"①明末曾有同乡亲眼看见马士英在藤县建的牌坊。②万历四十四年(1616),马士英往北京参加会试,结识休宁人阮大铖,此后即为一丘之貉。三年后马士英中进士,授南京户部主事。天启时,历官郎中、知府。崇祯三年(1630)迁山西阳和道副使,五年擢右佥都御史巡抚宣府。刚任职宣府巡抚一个月,就因檄取公帑数千金馈遗朝中权贵,被镇守太监王坤揭发,而受到革职充军处分。③马士英辗转来到南京,遇到当年故友——因依附阉党身系逆案失职久废的阮大铖。

阮大铖,字集之,号圆海、石巢、百子山樵,怀宁人,万历四十四年进士。为人机敏狡猾,有才藻。天启初年,由行人擢给事中,丁忧归里,同乡人左光斗为御史闻名于朝廷,阮大铖遂相结交。天启四年(1624)春,吏科都给事中缺,按选官次序本应由阮大铖补任,光斗招之。吏部尚书赵南星、左都御史高攀龙、左副都御史杨涟等认为,阮大铖时"轻躁不可任",准备用东林党人魏大中任此职。致使阮大铖到北京后,改任工科给事中,因此"与杨、左为仇"④。他从此依附权阉魏忠贤,"与霍维华、杨维垣、倪文焕为死友,造《百官图》,因文焕达诸忠贤。然畏东林攻己,未一月遽请急归"。等魏忠贤杀害杨涟、左光斗之事结束后,才回到北京,以示与己无关。寻召为太常少卿,极力讨好魏忠贤。阮大铖暗思魏忠贤作恶太多,不能长久,每次拜谒魏忠贤,都用重金贿赂看门人,索回自己的名片,以免留下把柄。尽管阮大铖如此机关算尽,崇祯二年(1629),崇祯帝清算魏忠贤党羽,定为逆案,阮大铖仍名列其中,"论赎徒为民,终庄烈帝(崇祯帝)世,废斥十七年,郁郁不得志"⑤。明末农民大起义时,阮大铖正避居南京,他认为有机可乘,是个复出的好机会,于是他"招揽游侠,谈兵论剑","觊从边才召"。当时金坛人周镳、无锡人顾杲、长洲人杨廷枢、贵池人吴应箕、芜湖人沈士柱、宜兴人陈贞慧、余姚人黄宗羲、鄞县人万泰等复社名流,正聚会南京议论国事。阮大铖的活动受到复社人的怀疑,认为他可能勾结农民军做内应,由周镳等人发起,刊刻了《留都防乱公揭》,要求地方官驱逐阮大铖,列名者一百四十余人。阮大铖指使其心腹收买《留都防乱公揭》,"愈收而布愈广,大铖惧,始闭门谢客"⑥。经此事件,阮大铖与东林党人怨隙益深。时为崇祯十一年。

马士英因取公帑贿赂朝中权贵,事发削职遣戍,流寓南京,两人同病相怜。大铖正值"防乱公揭"而不敢于外人来往,"独与士英深相结",两人"相结甚欢"⑦。崇祯十四年,宜兴人周延儒再召入阁。阮大铖向周延儒贿以重金谋求复职,周延儒表示阮大铖名列逆案,难

① (清)计六奇:《明季南略》卷3《会推阁员冢臣及诸臣升擢》,第48页。
② 参见(清)计六奇:《明季南略》卷3《会推阁员冢臣及诸臣升擢》,第48页。
③ 参见《明史》卷308《马士英传》,第7937页。
④ (清)张岱:《石匮书后集》卷48《马士英阮大铖传附方国安》,中华书局1959年版,第279页。
⑤ 《明史》卷308《马士英传》,第7938页;参见(清)徐鼒:《小腆纪年附考》卷6,第191页。
⑥ (清)徐鼒:《小腆纪年附考》卷6,第191页。
⑦ 《明史》卷308《马士英传》,第7938页;(清)徐鼒:《小腆纪年附考》卷5,第154页。

以通融。周延儒让大铖荐废籍中可用的人，阮大铖于是推荐了马士英。崇祯十五年六月，凤阳总督高斗先因失陷五城被革职下狱，周延儒利用这个机会，推举马士英当上兵部右侍郎兼右佥都御史总督庐凤等处军务。"时士英犹编戍籍，忽起凤督，茫然，既知大铖荐，甚感"①，因此当马士英在弘光政权中掌权之后，便极力推荐阮大铖复出。

阮大铖的复出，一是由于有马士英的推荐，二是有操江刘孔昭、太监韩赞周和李承芳等人的支持，三是阮大铖拥立福王朱由崧有功得到弘光帝的报答。弘光政权建立前，阮大铖在南京与刘孔昭、韩赞周和李承芳等关系密切。李承芳由北京发来南京的"因失势无与交者，独大铖杯酒殷勤"②，使李承芳颇为感动。阮大铖还通过韩赞周的介绍，认识了许多从北京南来的太监，与之"遍结欢"。这些人都成为阮大铖复出的支持者。还有在选立新君时，阮大铖从山中致书马士英及操江刘孔昭，"坚持伦序"以立福王。③因此，还在弘光政权刚刚建立之时，刘孔昭就已推举阮大铖。史可法予以断然否决："此先帝钦定逆案，毋庸议。"④阮大铖这样一个人，东林党人将其恨入骨髓，而马士英、刘孔昭等人视之为可以和东林抗衡的知己，且在定策之中有功于朱由崧，这个两派之争中的焦点人物由马士英特举出来参政，无疑要遭到东林党人和一些正直之士的反对，于是围绕阮大铖的复出展开了一场激烈的纷争。

当初，阮大铖在弘光政权中并无多大势力。仅以邝露与阮大铖绝交为例：明末著名诗人邝露，崇祯时曾是阮大铖的门人。阮大铖说他的诗有曹植、鲍照、庾信的文才，又有初唐沈佺期、宋之问的诗法，"超百粤而孤出，凌三唐而特奏"（阮大铖《诗话》），评价颇高。邝露因是阮的门人，故为阮大铖《咏怀唐诗》作序，自称门人邝露百拜。但到了南明弘光政权建立，阮大铖与马士英勾结，迫害东林党人时，邝露致书阮大铖与之绝交，并数其迫害正人，不顾国家危亡，树党营私等罪，侃侃千言。可见邝露的正直，并且是非分明，同时说明阮大铖在弘光政权中所作所为已让他到了众叛亲离的境地。

六月初六日，马士英上奏："冒罪特举知兵之阮大铖，当赦其往罪，即补臣部右侍郎。"⑤且言诸臣拥立福王之谋，实为"大铖启焉"，"臣至浦口，与诸臣面商定策，大铖从山中致书于臣及操江刘孔昭，戒以力扫邪谋，坚持伦序，臣甚韪之"⑥。又为阮大铖开脱，说其依附魏忠贤之事，"亦无实迹"，"珰败，按门籍，无大铖名，可证也"。弘光帝得知阮大铖有定策之功，遂命"冠带陛见"⑦。

① （清）李清：《三垣笔记》下《弘光》，中华书局1982年版，第94页。
② （清）李清：《三垣笔记》下《弘光》，第102页。
③ 参见（清）徐鼒：《小腆纪年附考》卷6，第192页。
④ （清）徐鼒：《小腆纪年附考》卷5，第158页。
⑤ （清）计六奇：《明季南略》卷4《马士英特举阮大铖》，第69页；又参见（清）谈迁：《国榷》卷102，崇祯十七年六月壬戌，第6113页。
⑥ （清）徐鼒：《小腆纪年附考》卷6，第192页；（清）李清：《南渡录》卷1，（清）黄宗羲：《南明史料（八种）》，江苏古籍出版社1999年版。
⑦ （清）温睿临：《南疆逸史》卷56《阮大铖传》，第446页；（清）徐鼒：《小腆纪年附考》卷6，第192页。另说，马士英趁高弘图出外催督漕粮之机，"即自拟旨，赐冠带陛见"，见（清）计六奇：《明季南略》卷4《马士英特举阮大铖》，第69页。

阮大铖冠带入朝引起纷争

六月八日,阮大铖陛见,备陈江防形势,并极力表白自己名列"逆案"实为冤枉。并企望让不是东林党出身的大学士高弘图替自己说话,借以抬高自己:"今幸士英申理,即首辅高弘图,向见同朝,亦知臣冤。"但高弘图则"力言逆案不可翻","倘果然冤枉,当下廷臣集议,以协公论","不当以中旨用"①。"于是一呼百和,众论沸腾,遂群起而攻之矣。"②

大学士姜曰广上疏:"前见文武交竞,既惭无术调和;近睹逆案忽翻,又愧不能寝弭。遂弃先帝十七年之定力,反陛下数日前之明诏。臣请以前事言之。臣观先帝之善政虽多,而以坚持逆案为尤美;先帝之害政间有,而以频出口宣为乱阶。用阁臣内传矣,用部臣勋臣内传矣,用大将用言官内传矣。而所得阁臣,则淫贪巧猾之周延儒也,逢君朘民奸险刻毒之温体仁、杨嗣昌也,偷生从贼之魏藻德也;所得部臣,则阴邪贪狡之王永光、陈新甲;所得勋臣,则力阻南迁尽撤守御狂稚之李国祯(又作桢);所得大将,则纨绔支离之王朴、倪宠;所得言官,则贪横无赖之史𡏋、陈启新也。凡此皆力排众议,简自中旨,后效可睹。"③姜曰广称赞崇祯帝坚持逆案为最大善政,而在用人上有许多失误是为害政,出现一批贪奸之徒,给国家造成不可挽回的损失,暗示弘光帝如果起用阮大铖,就是推翻逆案,可能再犯信用权奸"简自中旨"的错误,而导致宦官专权。

户科给事中罗万象上疏:"辅臣荐用大铖,或以愧世之无知兵者。然而大铖实未知兵,恐《燕子笺》《春灯谜》即枕上之'阴符',而袖中之'黄石'也。伏望许其陛见,以成辅臣吐握之意;禁其复用,以杜邪人觊觎之端。"④罗万象所指出的是,阮大铖根本不知兵,只会作《燕子笺》《春灯谜》之类的东西,这和军事毫无关系。所以阮大铖不能复用,以杜绝阴谋不轨之人参预政事的野心。

应天府丞兼御史郭维经上疏奉劝弘光帝:"案定先帝之手,今实录应修,若将此案抹杀不书,则赫赫英灵恐有余恫,非陛下所以待先帝;若书之,而与今日起用大铖对照,则显显令旨未免少愆,并非辅臣所以爱陛下也。惟愿陛下爱祖宗之法,因爱先帝,并爱先帝之丝纶。"⑤指出"逆案"定于先帝,不能推翻,阮大铖不能起用。

兵部侍郎吕大器则把锋芒直接对准马士英,他在上疏中说:"先帝血肉未寒,爱书凛若日星。而士英悍然不顾,请用大铖,不惟视吏部如刍狗,抑且视陛下为弁髦。"又说:"近年温(体仁)、周(延儒)擅权,老成凋谢,一时庸奸偾事,中原陆沉。皇上中兴,一时云蒸霞起,乃不意马士英浊乱朝政。夫士英非以贿败问遣,借途知兵,而为凤督哉!乃挟重兵入朝,腼颜

① 参见(清)谈迁:《国榷》卷102,崇祯十七年六月甲子,第6113—6114页;(清)李清:《三垣笔记》下《弘光》,第94—95页。

② (清)李天根:《爝火录》卷4,第12页。

③ 《明史》卷274《姜曰广传》,第7029—7030页;(清)徐鼐:《小腆纪年附考》卷6,第192—193页;(清)计六奇:《明季南略》卷4《姜曰广论中旨》,第80—81页。

④ (清)计六奇:《明季南略》卷4《马士英特举阮大铖》,第70页。

⑤ (清)李天根:《爝火录》卷4,第12—13页。

政地。南国从来蔼蔼，一唆拨而殿陛喑哑叱咤，藐主尊为赘旒矣。《逆案》一书，先帝定为乱贼大防，而士英拉大铖于尊前，径授司马，布列私人。越其杰、杨文骢等，有何劳绩，倏而尚书官保内阁，倏而金吾世荫也。"①吕大器不仅反对起用阮大铖，而且指斥马士英不顾先帝的"血肉未寒"，而"浊乱朝政"，拉拢同党，任人唯亲，结党营私的种种劣迹，是对马士英所作所为的声讨。

在这场抵制起用阮大铖和指斥马士英的逐马斗争中，侍郎吕大器，太仆少卿万元吉，大理寺丞詹兆恒，给事中陈子龙，御史陈良弼、王孙蕃、米寿图、周元泰、左光先，郎中尹民兴，怀远侯常延龄等一致认为不可擅改先帝"钦定逆案"，大铖是逆案巨魁，"必不可召"②。在众人反对，群起攻之的情况下，马士英不得不有所收敛，阮大铖的复出暂告一段落。

黄澍笏击马士英

黄澍字仲霖，徽州人。丙子举浙闱，丁丑登进士，授河南开封推官，以固守功，擢御史，巡按湖广，监左良玉军。甲申弘光立，六月二十日，黄澍入朝，宣称马士英"有十可斩之罪"，称南京有口传歌谣："若要天下平，除非杀了马士英。"他当着弘光帝和众大臣的面历数马士英的十大罪状，说到激动处声泪俱下，连弘光帝也被感动。弘光帝对高弘图说："黄澍言言有理，卿其识之。"马士英无言以对，只好跪地以求处治。恰好马士英跪在黄澍前面，黄澍趁势以笏猛击马士英后背，并言："愿与奸臣同死！"马士英请弘光帝制止，弘光帝长时间只摇头不说话，后来弘光帝让黄澍先退出去，又对太监韩赞周说："马阁老宜自退避。"③于是马士英称病，不理朝政。

黄澍以笏击马士英背，这件事不是偶然发生的。它是弘光政权党争中的一次重大事件，正如张岱《石匮书后集》所载："士英盛设兵卫，出入殿廷，六部事权，无不掌据，卖官鬻爵，贿赂公行。弘光好酒喜内，日导以荒淫，毫不省外事，而士英一手遮天，靡所不为矣。旋起大铖为江防兵部侍郎，巡视上江。湖广巡按御史黄澍同承大守备太监何志孔入朝，求召对。既入，澍面纠马士英奸贪不法，泪与语下，志孔复前佐澍，言其无上诸事，士英称疾出直。"④张岱的记述是客观公正的。

然而马士英是绝不甘心退出朝政的。马士英既然能以"定策"之功攫取首辅之位，只要是略施小计就不难重新博得弘光帝的信赖。就在笏击事件不久，马士英就采取了行动。马士英采取硬软两种手段，先是秘密上疏弘光帝，威吓说："上之得位，由臣及四镇力，其余诸臣皆意戴潞藩，今日弹臣去，明日且拥立潞藩矣。"⑤对弘光帝取进攻之势。与此同时，他又

① （清）计六奇：《明季南略》卷4《马士英特举阮大铖》，第70页。
② （清）温睿临：《南疆逸史》卷56《阮大铖传》，第446页。
③ （清）计六奇：《明季南略》卷4《黄澍笏击马士英背》，第71—72页。按：黄澍疏士英十可斩，其五云："市棍黄鼎，委署麻城，以有司之官，娶乡宦梅之焕之女。士英利其奸邪，互相表里。黄鼎私铸闯贼果毅将军银印，托言夺自贼手，飞报先帝，士英蒙厚赏，黄鼎加副将。麻城市民有'假印不去，真官不来'之谣。"见（清）黄宗羲：《弘光实录钞》卷1"乙亥，湖广巡按御史黄澍召对，劾马士英于上前"条，《南明史料（八种）》，江苏古籍出版社1999年版，第16页。
④ （清）张岱：《石匮书后集》卷48《马士英传》，第275页。
⑤ （清）李清：《三垣笔记》下《弘光》，第143页。

采取软的一面,买通原福王藩邸的两个太监田成和张执中向弘光帝求情,两个人很卖力,哭着请求弘光帝:"皇上非马公不得立,若逐马公,天下皆议皇上背恩矣。且马公在阁,诸事不烦皇上,可以悠闲自在。马公一去,谁复有念皇上者?"弘光帝不语,已经默许,田成即刻传谕马士英"疾趋入直",随有旨:"何志孔本当重处,首辅亟为求宽,具见雅度,姑饶他。"弘光帝说得很明白:何志孔应当从重处罚,是马士英为其求情,足见马士英的大度,姑且饶了何志孔。马士英非但没有被免职,反而得到弘光帝的赞誉。①

马士英经过黄澍笏击事件稍施伎俩重新获得弘光帝的信任,对阮大铖复出之事又重新提起。八月十三日,由安远侯柳祚昌上疏,始"内传起升",阮大铖为兵部添设右侍郎。阮大铖的复出也与李承芳在内助成有关②。稍后,阮大铖兼右佥都御史,巡阅江防,又转左侍郎。次年二月,进兵部尚书,兼都察院右副都御史③。

阮大铖复出遭众人反对,"举朝以逆案攻击阮大铖"。阮大铖对马士英说:"彼攻逆案,吾作顺案与之对。"④以此作为对东林党人的回击。于是马士英上疏弘光帝《请申大逆诛》,说"闯贼入都之日,死忠者寥寥,降贼者强半","如科臣光时亨力阻南迁之议而身先迎贼","龚鼎孳降贼后每语人欲死,以小妾不肯为辞"。其他逆臣,"不可枚举"。"更有大逆之尤者,如庶吉士周钟劝进未已,复上书劝贼早定江南,寄书其子,称贼为新主","今其胞兄周铨尚厕衣冠之列,堂弟周镳俨然寅清之署,均当连坐,以清逆党"⑤。马士英提到的光时亨、龚鼎孳等人,都是东林党人。特别是周镳在择立新君时,支持拥立潞王,四处活动。⑥马阮"作顺案"以治东林党人,正中弘光帝的下怀,弘光帝阅疏后认为,"北京陷后,多污伪命,逆恶滔滔,神人共殛",责"科道官逐名严核具奏"⑦。于是下令刑部、都察院、大理寺对在大顺政权任职的明朝官员以六等定罪。七月初,刑部尚书解学龙拟定罪名结果如下⑧:

> 一等甘心从贼应磔者:宋企郊、牛金星、张嶙然、曹钦程、李振声、喻上猷、黎志陞、陆之祺、高翔汉、杨王休、刘世芳等十一人。二等应斩秋决者:光时亨、巩焴、周钟、方允昌等四人。三等应绞拟赎者:陈名夏、杨起蛟、廖国遴、王永曾、冒毓宗、何胤先、项煜等七人。四等应戍拟赎者:王孙蕙、梁兆阳、钱位坤、侯恂、王秉鉴、陈羽白、申芝芳、金汝砺、黄继祖、杨廷鉴、刘大巩、郭万象、张希度、张懋爵、吴达源等十五人。五等应徒拟赎

① 参见(清)计六奇:《明季南略》卷4《黄澍笏击马士英背》,第71—72页。时南京民谣:"要纵奸,须种田;欲装哑,莫问马。"田,指太监田成;马,指马士英。说穿了弘光帝昏庸无为的本质。

② 参见(清)李清:《三垣笔记》下《弘光》,第102页:"此番传升,实系承芳"。

③ 参见(清)谈迁:《国榷》卷104,弘光元年二月甲寅,第6180页。

④《明史》卷308《马士英传》,第7941页。按:所谓"顺案",系因李自成的国号大顺而得名。李自成进京后,许多与东林党有关系的官员出任大顺的官员。阮大铖作"顺案"是对东林党人"逆案不可翻"的回击。

⑤ (清)徐鼒:《小腆纪年附考》卷7,第222页。

⑥ 参见《明史》卷308《马士英传》,第7939页。

⑦ (清)谈迁:《国榷》卷102,崇祯十七年六月丁卯,第6116页。

⑧ 参见(清)徐鼒:《小腆纪年附考》卷7,第223页。按:其他各书对此案的定罪时间说法不一。

者：宋学显、沈元龙、方拱乾、缪沅、吕兆龙、傅振铎、吴刚思、方以智、傅鼎铨、张家玉等十人。六等应杖拟赎者：潘同春、吴泰来、张琦、王子曜、周寿明、白列星、李柟、徐家麟等八人。自绞以下，听赎俟定夺者：何瑞征、杨观光、张芳麒、方大猷、党崇雅、熊文举、龚鼎孳、叶初春、戴明说、孙承湛、刘昌、涂必泓、张鸣骏、薛所蕴、赵京仕、高尔俨、卫周祚、黄纪、张襄等十九人。其另存再议者：翁元益、郭光、鲁栗、吴尔埙、史可程、王自超、白胤谦、梁清标、杨栖鹗、张元琳、吕崇烈、李化麟、朱积、赵煜、刘廷琮、侯埧佐、左懋泰、吴之琦、邹明魁、许作梅、龚懋熙、王显、王之牧、王皋、梅鹗、姬坤、朱国寿、吴嵩元等二十八人。①

马士英并不是完全赞同解学龙提出的名单，对解学龙所拟的"涉案"人员的罪名也不完全同意。于是，马士英对解学龙所拟名单及所定罪名提出"周钟不当缓""潘同春等拟罪未合"，弘光帝下令重议，最终将光时亨、周钟罪加一等，从斩刑升为磔刑。潘同春等"仍执前议"，请缓刑。马士英的一严一宽，足见他和阮大铖欲借"顺案"置东林党人于死地的用心。马士英、阮大铖一箭双雕，既达到了打击东林党人的目的，又缓解了"逆案"给他们带来的压力。解学龙也由此被免职。经过这场斗争，东林党人遭到了沉重的打击。而且，吕大器、姜曰广、刘宗周、高弘图、徐石麒等人先后被迫辞官。使马士英、阮大铖等在朝廷更加肆无忌惮。

三、被迫辞职的五文臣

由于马阮勾结"作顺案与之对"，一批东林党人或被杀，或被流放，或被迫辞职，使东林党遭受自弘光政建立权以来最严重的打击。吕大器等人被迫辞官，从表面看起来是由于"顺案"的原因。然而，究其实质，吕大器等人的辞官，表明了在弘光朝廷内部马士英、阮大铖处于优势，而东林党人处于劣势。史可法已在外督师自不必说，朝廷内以吕大器等人的力量是难以同马士英、阮大铖相抗衡的，因为后者有弘光帝的支持。所以东林党人不得不离职而去，先后辞官的有吕大器、姜曰广、刘宗周、高弘图和徐石麒等人。

一是斥马浊政的吕大器。吕大器，字俨若，四川遂宁人。崇祯元年（1628）进士。历任甘肃巡抚、江西湖广应天安庆总督、南京兵部右侍郎。等到弘光朝，因曾主张拥立潞王的原因，迁吏部左侍郎。②虽如此，主立福王一派对其仍不放过，在一个月之后的五月二十八日，还向吕大器发难。太常少卿李沾劾吕大器定策时怀有二心，疏云："当中府聚会，马士英手札移大器迎立皇上，韩赞周、刘孔昭无不允洽。黎明集议，大器绾礼兵二部印，迁回不前，臣等十九人以名帖延之，从容后至，议至日中，不决。孔昭怒形于色，臣与郭维经、陈良弼、周

---

① 据顾炎武《明季实录》整理校补，（清）张潮等：《昭代丛书·癸集萃编》，上海古籍出版社1990年版，第2817—2818页。

② 参见《明史》卷279《吕大器传》，第7142页。

元泰、朱国昌历阶而上，面折大器。赞周曰：'快取笔来！'众因得俯首就列。清晨迎驾，大器尚欲停待，而赞周已登舟矣。"①此时，弘光帝尚开明，对此未予深究。马士英荐阮大铖，翻"逆案"，"举朝大哗"，大器不顾一切，乃上疏直指马士英"浊乱纪纲，颠倒邪正"，且悍然不顾逆案，目无先帝。疏入，马士英勃然大怒，唆使刘泽清弹劾吕大器"心怀异图"。吕大器遂乞休而去。而马士英仍使太常少卿李沾再疏弹劾。吕大器最终被削籍，并令逮治。时在崇祯十七年六月。吕大器归里，四川已不在弘光管辖下，马士英遂"以无可踪迹而止"②。

二是骨鲠廉介的姜曰广。姜曰广，字居之，江西新建人。万历末举进士，官编修。为人"质直自遂"③。天启六年（1626），奉使朝鲜，"不携中国一物往，不取朝鲜一钱归，朝鲜人为立怀洁之碑"④。七年夏，因属东林而被魏忠贤削其籍。崇祯初起右中允，九年积官至吏部右侍郎，坐事左迁南京太常卿，遂引疾去。十五年任詹事府詹事，掌南京翰林院。弘光初，改礼部尚书兼东阁大学士。马士英"谋擅朝权"，对曰广深为嫉恨。马士英荐用阮大铖，曰广力争不得，遂乞休。弘光帝挽留。马阮更加不满，遂由阮大铖草拟疏稿，使宗室镇国中尉朱统𨰥奏上，列曰广数罪：一、"引用东林死党"，"把持朝政"，"广置私人"；二、"篡逆"；三、"庇护从贼诸臣"；四、"纳贿"等。"使击曰广"。虽先有高弘图对统𨰥"票拟究治"，后有给事中熊汝霖和总督袁继咸不平抗疏。又有吏科熊汝霖和通政司刘士祯指责朱统𨰥"含血喷人"，"飞章越奏"⑤，但此时，腐败势力已在朝廷中得势，正直之士无法挽回。刘孔昭、刘泽清也先后上疏弹劾姜曰广以向马士英献媚。姜曰广连遭诬蔑，气愤交加，屡次上疏乞休。获准。史称"曰广骨鲠廉介，有古大臣风，扼于奸邪，士论惜之"⑥。

三是铮铮疏言的刘宗周。刘宗周，字起东，"学者称为念台先生"⑦，浙江山阴人。万历二十九年（1601）进士。天启元年任仪制主事，由于疏劾魏忠贤"导皇上驰射戏剧"，被魏忠贤停俸半年。四年，起右通政，见东林被逐，辞而不就，被削籍。崇祯元年冬，召为顺天府尹，政令一新。历任工部左侍郎、左都御史等职，上疏言事，侃侃而论，正直不阿，对时弊多所揭发，终至惹恼崇祯帝，被革职。弘光初，起左都御史，他不肯立就，自称"草莽孤臣"，并疏陈时政，要求弘光帝驻凤阳以亲征，主张"慎爵赏以肃军情"，反对四镇无功而受封。"时四镇高杰、刘泽清、黄得功、刘良佐狡黠跋扈，拥兵咆哮；勋臣刘孔昭、柳祚昌，阁臣马士英，逆案阮大铖，朋邪误国乱政，国仇君仇竟置不问，先生各疏纠之。"⑧因此为马士英、高杰、刘泽

①（清）李天根：《爝火录》卷3，第91页。

②（清）温睿临：《南疆逸史》卷7《吕大器传》，第60页；（清）谈迁：《国榷》卷102，崇祯十七年六月癸酉，第6120页。

③（清）谈迁：《国榷》卷103，崇祯十七年九月甲午，第6146页。

④《明史》卷274《姜曰广传》，第7029页。

⑤（清）李天根：《爝火录》卷6，第2—3页。刘士祯，作刘士桢，参见（清）南沙三余氏：《南明野史》卷上，1929年铅印本，第17页。

⑥（清）徐鼒：《小腆纪传》卷11《姜曰广传》，第137页；《明史》卷274《姜曰广传》，第7031页；参见（清）张岱：《石匮书后集》卷第8《姜曰广传》，第78页。

⑦（清）黄宗羲：《思旧录》，（清）张潮等编：《昭代丛书·己集广编》，第1330页。

⑧（明）刘宗周：《刘子全书遗编》卷24《历任始末》，清道光木刻本，第2页。

清所恨。不久，刘宗周又上一疏，弹劾马士英，疾呼：出士英仍督凤阳。士英怒，攻击刘宗周"自称草莽孤臣，不书新命，明示不臣天子也"。朱统镅、高杰、刘泽清、刘良佐起而弹劾，宗周始入朝。及马士英起用阮大铖，宗周认为"大铖进退，系江左兴亡"①，要慎重行事，疏而未果，遂告归。在任仅四十九天。宗周以宿儒孚众望，为海内清流领袖，离京之时，城中人士聚观叹息，南都之不可有为已渐袭人心。

四是觚棱自持的高弘图。高弘图，字研文，山东胶州人，万历三十八年(1610)进士，授中书舍人，擢御史。为人觚棱自持，不依丽人。天启初，他曾纠举东林人赵南星，但又认为"国是已明，雷霆不宜频击"，反对魏忠贤迫害东林党过甚之举，迁怒忠贤，归家闲住。庄烈帝即位，起故官。崇祯三年(1630)春召拜左佥都御史，进左副都御史。五年迁工部右侍郎，值太监张彝宪受敕总户工二部事，高耻与并坐，七次上疏力争而不得，乃于张到任前两日，用不干之漆髹公座桌椅，使之届时无法就座。为此被削籍归里，闲居十年。崇祯十六年始召拜南京兵部右侍郎，迁户部尚书。次年弘光政权建立，改弘图礼部尚书，兼东阁大学士。疏陈新政八事。与姜、史协心，以中兴为己任。不久，阁臣史可法督师外出，王铎未至，阁中只有他与马士英、姜曰广三人。姜、高同心辅政，朝廷大议多出于高之手。及马士英疏荐阮大铖，弘图拒不答应，马阮并怒。阮大铖终于复出，高遂不得安于其位。稍后，高弘图议事多与马士英不合，还提出"召还史可法入直"的建议，马士英更加怒不可遏，矫旨切责，高遂坚决辞职。经四次上疏，十月六日，得准。因家乡已被清军占领，即至苏州、会稽过起流寓生活。②高弘图在阁之日，马士英"尚畏之，不敢肆志，及去，遂无所忌"③。

五是进贤退奸的徐石麒。徐石麒，字宝摩，号虞求，嘉兴人。天启二年(1622)进士。授工部营缮主事。主管节慎库，魏忠贤兼领惜薪司，所需皆从该库领取，石麒经常按规矩拒绝其过分要求，其党吵闹，也不为动。后来"以忤逆阉削籍"。崇祯三年起官南京，任礼部主事。官南京十余年，历任左通政、刑部右侍郎、刑部尚书等职。弘光政权建立后，召拜右都御史，未任，改吏部尚书。④在任刚方清介，下吏寒士有才者汲引不遗余力，而"不可干以私"。中贵田成辈纳赂请属，"拒不应"。马士英、阮大铖树党营私，权倾中外，徐石麒经常"以法裁之"⑤。马士英以拥立元勋自居，欲封侯，示意中官韩赞周入言弘光帝，而徐石麒坚决反对，上奏："世宗以外藩入继，将封辅臣伯爵，而杨廷和、蒋冕谦不受。今国耻未雪，诸臣遽裂土自荣，不愧廷和等耶！且俟神京克复大统告定之后，议之未晚。"马士英恨而切齿，"凡所上考选年例，少所称可"。崇祯十七年十月，御史黄耳鼎、给事中陆郎以不满于年例外

① 《明史》卷255《刘宗周传》，第6588页。参见(清)谈迁：《国榷》卷103，崇祯十七年九月丙戌，第6144页；(清)计六奇：《明季南略》卷3《刘宗周论时事》，第58页。

② 参见《明史》卷274《高弘图传》，第7028页；(清)徐鼒：《小腆纪传》卷11《高弘图传》，第133页；(清)计六奇：《明季南略》卷5《高弘图乞归》，第114页。按：高弘图，字子犹，号砑斋，参见(清)温睿临：《南疆逸史》卷6《高弘图传》，第47页。

③ (清)温睿临：《南疆逸史》卷6《高弘图传》，第48页。

④ 参见《明史》卷275《徐石麒传》，第7039—7049页；(清)温睿临：《南疆逸史》卷7《徐石麒传》，第54页。

⑤ (清)徐鼒：《小腆纪年附考》卷8，第272页。

转而诬劾徐石麒，徐石麒上疏自辩，并求归里，马士英遂乘机拟旨将之免官。后"南京不守，扁舟水宿"，在嘉兴抗清中朝服自缢而死。①

"二相闹朝"事件是五文臣辞职的高潮。阮大铖的被启用，遭到左都御史刘宗周、给事中熊汝霖、给事中章正宸、兵部主事尹民兴的再次上疏弹劾。然而弘光帝已不再理会此事，于是大学士姜曰广连连上疏请求辞职。九月初，姜曰广获准离职。临别之际，姜曰广对弘光帝说："微臣触怒权奸，自分万死。圣恩宽大，犹许归田。臣归去后，愿陛下以国事为重。"帝曰："先生言良是。"马士英反击道："我为权奸，汝且老而贼也。"因对弘光帝叩头说："臣从满朝异议中拥戴陛下，愿以犬马余生归老贵阳，请避贤路。如陛下留臣，臣亦但多一死。"姜曰广大声斥责道："拥戴是人臣居功地耶？"马士英说："汝谋立潞王，功安在？""几至老拳相向，一时喧传二相闹朝。"②

在党争中由于腐败势力在朝廷中的得势，许多正直之士被挤出朝廷。这些人在后来的抗清中都有出色的表现。在被清军攻陷的各城，有骨气的士大夫，像苏州的徐汧、文震亨，杭州的刘宗周，绍兴的祁彪佳，这些人在弘光朝为阉党所逼，愤而辞职，归隐田园，及至清军占领各地，他们决不肯为清军所利用，都以死相拒，以身殉国。

四、结语

弘光朝廷的内争，从"定策"之始，经马士英的入阁，继之的首辅之争，然后是阮大铖的复出，阮大铖的"彼攻逆案，吾作顺案"，最后吕大器、姜曰广等辞职，东林党人节节败退，马阮一伙则处处得势。为什么会是如此结果呢？主要有两方面的原因：一方面是来自于历史上的原因，另一方面是当朝的原因。弘光朝廷内部的纷争是晚明时期东林党和阉党党争的继续，这个党争是产生于晚明的腐败衰落时期，可以说没有晚明的腐败，就不会有阉党的产生，阉党在奄奄一息的明王朝中嚣张到登峰造极之时，出现了一个气盛有为的皇帝朱由检，将之定为逆案，阉党的气势一落千丈。然而，阉党势力并未绝灭，一旦时机来临，它还会东山再起。而当阉党得以再生，并继续得势，必须要有他们可以利用的皇帝出现，朱由崧正是他们最合适的人选，于是他们施展手段，甚至动用武力拥立福王朱由崧做新政权的皇帝，以便卷土重来。而恰恰福王朱由崧之父朱常洵、朱常洵之父神宗万历皇帝、朱常洵之母郑贵妃都和东林党有过怨隙，再加上朱由崧本人又昏庸无志，无才无德，马士英、阮大铖遇上朱由崧这样的人物还有不得势的吗？这是阉党在朝廷中得势的第一个原因。在"定策"问题上史可法等东林党人有失误之处，让马士英抓住了把柄③，当马士英等武装拥立朱由崧取得帝位之后，东林党人在朝中的地位就每况愈下，与此相反马阮之流的地位就蒸蒸日上，这是

① 参见（清）温睿临：《南疆逸史》卷7《徐石麒传》，第54页。

② （清）南沙三余氏：《南明野史》卷上，民国十八年铅印本，第18页。（清）李天根：《爝火录》卷6，第38页。

③ 参见（明）李清：《南渡录》卷2：士英与曰广争于上前，攻击曰广，说："臣无功，以尔辈欲立疏藩，绝意奉迎，故成臣功耳。"（清）黄宗羲：《南明史料（八种）》，江苏古籍出版社1999年版，第208页。

阉党在弘光政权中得势的第二个原因。前后两个原因互相联系,相辅相成。

弘光朝廷的党争给政权本身带来无穷的灾难,波及军队,给军队带来严重祸患,武臣直接参与党争,严重地削弱了军队的战斗力,直接的结果是导致了左良玉的"清君侧",加速了弘光政权的瓦解。

作者:刘中平,沈阳大学清文化研究所教授

论《大明一统志》的编修

张英聘

　　一统志是记载全国性的总志,称地方总志或地理总志,它取材于各地上报的舆图和方志,集四方之志于一志。明朝立国之初,朱元璋认识到修志对资政和教化的重要性,诏令天下编纂地方志书,"凡隶于职方者,咸令以其志上之。盖将纪远近,考古今,审沿革,校异同,以周知夫四方之政"[1]。朱元璋对修志的重视,为其后继者所继承。从洪武初年到天顺年间,在近百年的时间里,一统志的编修一直在进行,其模式为嗣后方志的规范和完善,产生了积极的作用和影响。

一、明一统志的数次编修

　　明朝建立后,为解除元朝残余力量和一些割据政权对新建王朝的威胁,明太祖朱元璋多次派兵遣将,南征北讨,逐步实现了对全国的统治,建立了大一统的局面。出于行政管理和政治统治的需要,朱元璋先后四次下令纂修总志,绘制舆图,以加强中央和地方的联系,达到强化中央集权的目的。

　　洪武三年(1370),朱元璋命儒臣魏俊民、黄篪、刘俨、丁凤等"编类天下州郡县地里形势降附始末",纂成《大明志书》,"送秘书监锓梓颁行"。"凡天下行省十二,府一百二十,州一百八,县八百八十七,按(安)抚司三,长官司一,东至海,南至琼崖,西至临洮,北至北平"[2],皆在颁行范围。这是明朝建国后编纂的第一部全国性总志,此书久佚,其卷数亦无从考知。

　　洪武六年(1373),朱元璋以"天下既平,薄海内外幅员方数万里,欲观其山川形势、关徼阨塞,及州县道里远近,土物所产",遂命"天下州郡绘山川险易图"[3]进呈朝廷,以备安邦治国察吏驭民之用。洪武十六年(1383)秋,"诏天下都司,凡所属卫所、城池,及境内道里远近、山川险易、关津亭堠、舟车漕运、仓库、邮传、土地所产,悉绘图以献"[4]。

---

　　① (明)姚涞:《明山先生存集》卷3《任丘志序》,《北京图书馆古籍珍本丛刊》,北京图书馆出版社2000年版。

　　②《明太祖实录》卷59,洪武三年十二月辛酉。(明)郑晓:《今言》卷1五十一条,中华书局1984年版:"洪武三年冬,儒士魏俊民、黄篪、刘俨、丁凤、郑思先、郑权上《大明志》,命秘书监梓行,授俊民等官。先是,上令军民等类编天下州郡地理形势降附始末为书,凡行省十二,府一百二十,州一百八,县八百八十七,安抚司三,长官司一。东至海,南至琼崖,西至临洮,北至北平。"

　　③《明太祖实录》卷81,洪武六年夏四月己丑。(明)郑晓:《今言》卷1五十一条:"(洪武)六年,令州府绘山川险易图。"

　　④《明太祖实录》卷155,洪武十六年秋七月丁未。(明)郑晓:《今言》卷1五十一条:"十六年,诏天下都司上卫所、城池、地理、山川、关津、亭堠、水路道路、仓库。"

洪武十七年（1384），明朝编成《大明清类天文分野书》二十四卷，"以十二分野星次分配天下郡县，于郡县之下又详载古今建置沿革之由"①。是书不以行政区域分列，不以山川形势划分，而以分野星次分配郡县。编纂形式较为特殊，这在中国方志史上也是极为罕见的。但所记府州县沿革，对研究元末明初政区变化，提供了许多有价值的资料。②是年，朱元璋又"令朝觐官上《土地人民图》"。洪武十八年（1385）夏，朱元璋"览《舆地图》"，认为"地广则教化难周，人众则抚摩难遍，此正当戒慎"③。

洪武二十七年（1394），朱元璋"以舆地之广不可无书以记之"，再命翰林儒臣刘基"以天下道里之数编类为书"，纂成《寰宇通衢书》一卷，专载全国交通水马驿程。④洪武二十八年十一月，又修成《洪武志书》，"述都城、山川、地里、封域之沿革，宫阙、门观之制度，以及坛庙、寺宇、街市、桥梁之建置更易，靡不具载，诏刊行之"⑤。

上述记载，说明朱元璋为加强全国的有效统治，建立行之有效的地方行政系统，将编绘舆地图与理政育民联系在一起，可谓高屋建瓴，纲举目张。正是从这一需要和目的出发，洪武年间一统志的编修内容偏重于地理和交通方面的载述。尽管如此，朱元璋倡修方志和一统志的基本理念和做法，却为以后方志的编修奠定了良好的基础。

明成祖即位后，对纂修地方志书更为重视，永乐六年（1408），张辅等"上交趾图"⑥。永乐十六年（1418）六月，"诏纂修《天下郡县志》书，命行在户部尚书夏元吉、翰林院学士兼右春坊右庶子杨荣、翰林院学士兼右春坊右谕德金幼孜总之。仍命礼部遣官，遍诣郡县，博采事迹及旧志书"⑦，并"命儒臣大加修纂……贻谋子孙，以嘉惠天下后世"⑧，决心修一部高水

<hr />

① 《明太祖实录》卷167，洪武十七年闰十月癸亥。（明）郑晓：《今言》卷1八十二条："洪武十七年《大明清类天文分野书》成，凡二十四卷。诏赐秦、晋、燕、周、楚、齐六府。是书刻在南雍，余尝托友人印刷。友人言：此非我朝书，殆前代人所纂，或出山野小说家。洪武中只有今南京为京师，何以此书乃有北京？又言：南京应天府，若前代书，何以又有十二布政司？布政司古未有也。余曰：'是洪武中书无疑，此时未有贵州布政司，而有北平'又洪武元年诏以应天为南京，大梁为北京矣。"

② 参见黄燕生：《〈永乐大典〉征引方志考述》，《中国历史文物》2002年第3期。明永乐初，编纂《永乐大典》时，于各布政使司及各县一般仅载沿革，引录多为该书。

③ （明）郑晓：《今言》卷1五十一条。

④ 参见《明太祖实录》卷234，洪武二十七年九月庚申。另见（明）郑晓《今言》卷1五十七条、（明）李乐《见闻杂记》卷1十条，均载："洪武二十七年《寰宇通衢书》成。书分为八目，东距辽东都司，又自辽东东北至三万卫；西极四川松潘卫，又西南距云南金齿；南逾广东崖山，又东南至福建漳州府；北暨北平大宁卫，又西北至陕西、甘肃。为驿九百四十。浙江、福建、江西、广东之道各一；河南、陕西、山东、山西、北平、湖广、广西、云南之道各二；四川之道三，为驿七百六十六。凡天下道里，纵一万九百里，横一万一千七百五十里。四夷之驿不与焉。"《钦定四库全书总目》卷72《史部二十八·地理类存目一》题：《寰宇通衢》一卷，内府藏本，明洪武中官撰。按（明）黄虞稷《千顷堂书目》曰："《寰宇通衢》一卷，洪武二十七年九月书成。先是，太祖以舆地之广，不可无书以纪之，乃命翰林儒臣以天下道里之数，编类为书。其方隅之目有八。"

⑤ 《明太祖实录》卷234，洪武二十八年十一月辛亥。

⑥ （清）傅维鳞：《明书》卷39《志二·方域志一》，收入《丛书集成初编》，中华书局1985年版。

⑦ 《明太宗实录》卷201，永乐十六年六月乙酉。又见（明）郑晓《今言》卷1，六十三条："永乐十六年，诏纂《天下郡县志》。命夏忠靖、杨文敏、金文靖三公领其事。"

⑧ 《明英宗实录》卷327，天顺五年夏四月乙酉御制序；（明）李贤等撰：《大明一统志》天顺五年五月十六日御制序，三秦出版社1990年版。

平的《天下郡县志》。于是，"颁定凡例，俾天下郡邑采辑以进，然后儒臣得以参校成书"①。然而，这一宏伟计划，因成祖去世而中辍。②其后，景泰、天顺年间，先后下诏各地修志，"命文臣纂修一统志以颁行海内，先取郡邑志以备采录"③。《寰宇通志》和《大明一统志》就是在各地所上志书的基础上编成的，"上自皇都，下至司府州县，外及四夷，无不备载，视古盖加详焉。然卷帙既繁，人不易得，故府州县又各自为志，以便观览，盖其势则然也"④。

正统十四年（1449）八月，明军在土木堡被蒙古瓦剌击败，明英宗朱祁镇被俘。为了抵御瓦剌兵南下，保卫北京，郕王朱祁钰以一个藩王的身份继位，是为景帝，又称代宗。为固己位，维护明朝的统治秩序，在抗击瓦剌侵扰的同时，继续全国一统志的编修。景泰五年（1454）七月，代宗"命少保兼太子太傅、户部尚书陈循等率其属纂修天下地理志。礼部奏遣进士王重等二十九员，分行各布政司并南北直隶府州县，采录事迹"⑤，督令各地纂修志书呈进，以备取材。并在此基础上，编成《寰宇通志》一百一十九卷。景泰七年（1456）五月，由大学士陈循进呈御览，颁行天下。

次年，英宗重新登上皇帝宝座，改元天顺。此时，距《寰宇通志》的问世仅隔一年多的时间，但出于政治上的考虑，一统志的编修又提上议事日程。天顺二年（1458）八月，以景泰年间编修的《寰宇通志》"繁简失宜，去取未当"为由，敕谕吏部尚书李贤等补充修改，要求"折衷群书，务臻精要，继成文祖之初志，用昭我朝一统之盛，以幸天下，以传后世"⑥，同样自称是继承成祖的初志，完成祖宗未竟之志。至天顺五年（1461）四月始告成书九十卷，赐名《大明一统志》，详细记述了各府州县以及民族地区和四邻各国的风俗政事。该志从内容、体裁到名称都遵循先朝修志的优长而有所创新与发展。

明一统志在短短的几年内两次编修，在中国方志史上实属罕见。值得注意的是，当时的政要大儒都参与其中，除总裁李贤外，总裁彭时、吕原，副总裁林文、刘定之、钱溥，纂修万安、李泰、孙贤、刘珝、陈鉴、刘吉等都是《寰宇通志》的编纂者。这说明朝廷的着眼点并不仅仅是在编一部全国性的通志，而是通过这一特殊的载体形式，把统治者安邦治国的政治理念融汇其中，为江山社稷的久远稳固服务。成化中，明宪宗又"诏儒臣修一统志，囊括苞举，号称全书"，虽"因革取舍、离合异同之际"⑦未能就绪，但这些事实说明明朝统治者对编纂一统志重要性的认识是一以贯之的。

---

① (明)柯暹：《东冈集》卷4《华容县志书序》，《北京图书馆古籍珍本丛刊》，北京图书馆出版社2000年版。

② 参见(明)王直：《抑庵文后集》卷22《汝宁府志序》《景印文渊阁四库全书》第1241册，第867页："我太宗皇帝在位时，稽古右文，既修《永乐大典》，以资盛治矣。即诏礼部搜集旧文，欲作志书，以著一统之大，而未及成书。"

③ 正德《高淳县志》顿锐序，载嘉靖《高淳县志》卷首，上海古籍书店1963年版。又弘治《句容县志·序》，上海古籍书店1964年版："英庙昔当此盛，尝命使臣采四方之衣冠、文物，摘其事优而迹显者，以修一统志于修实录之余，盖一统志纪四方古今之盛。"

④ (明)何瑭：《柏斋集》卷5《怀庆府志序》，《景印文渊阁四库全书》第1266册，第536页。

⑤《明英宗实录》卷243，景泰五年秋七月庚申。

⑥《明英宗实录》卷294，天顺二年八月己卯。(明)郑晓：《今言》亦谈到修一统志的重要性："景泰中修《寰宇通志》，准祝穆《方舆胜览》……天顺五年，撰《大明一统志》。"

⑦ (明)申时行：《赐闲堂集》卷9《广舆记序》，《四库全书存目丛书》集部第134册，第187页。

二、明一统志的编修体例

《大明一统志》在体例规范方面,既继承前代总志的体例,又有所创新。在明代以前,历朝所编修的全国性总志有唐李吉甫的《元和郡县志》,北宋乐史的《太平寰宇记》、王存的《元丰九域志》、欧阳忞的《舆地广记》和南宋王象之的《舆地纪胜》、祝穆的《方舆胜览》以及《大元大一统志》等,其中许多好的体例原则和规范形式为明代一统志编修者所遵循和发展。

《元和郡县志》原名《元和郡县图志》,北宋时图佚改名。全书以唐贞观十三年(639)规划的十道四十七镇分篇,列关内道四卷、河南道十卷、河东道四卷、河北道四卷、山南道四卷、淮南道一卷、江南道六卷、剑南道三卷、岭南道五卷、陇右道二卷。以府或州为叙述单位,先列府、州之名,下记开元与元和时之户数,次叙沿革、府或州境、四至八到、开元及元和年间贡赋、辖县数目和名称;再分县叙其沿革、山川、城邑和历代重大事件等。《太平寰宇记》体例因袭《元和郡县志》,以当时所分的十三道为纲,下分州县,分别记载沿革、户口、山川、城邑、关寨等内容外,又增设风俗、姓氏、艺文、人物、土产、四夷等,着重经济文化方面的记述。《元丰九域志》共十卷,以宋熙宁、元丰间四京、二十三路为标准,分路记载府、州、军、监、县的户口、乡镇、山泽、道里等,尤详四至八到、道里远近之数。《舆地广记》三十八卷,前三卷叙述历代疆域,四卷专载宋郡县名,五卷以后按元丰时四京二十三路,分述州县建置沿革,并结合历史故实,而对四至、道里、户口、风俗、土产等概不收入。《舆地纪胜》二百卷,以南宋宝庆以前政区建置为准,记载当时一百六十六府、州、军、监的沿革及风俗、形胜、景物、古迹、碑记、官吏、仙释、人物、诗文等。《方舆胜览》七十卷,以行在临安府为首,记载南渡后十七路所属府、县事,包括郡名、风俗、形胜、土产、山川、学馆、堂院、亭台、楼阁、轩榭、馆驿、桥梁、寺观、祠墓、古迹、名宦、人物、名贤、题咏、四六等。此书详于名胜古迹、建置沿革、疆域道里、田赋户口、关塞险要。[①]从唐宋所修的几部总志来看,其共同之处是:一是按当时行政区划为纲分述,二是着重地理建置与沿革,三是户口田赋、风俗形胜、人物古迹、艺文等内容逐步增多,为后来总志所沿用。

元代的志书编纂,既继承历史传统,又有新的发展。至元二十四年(1287),为了弘扬混一海宇的盛况,元世祖命秘书监虞应龙修纂《统同志》藏在秘府,创编了一统志的形式。至元二十八年(1291)成书,共七百七十五卷。其后,再议重修,元贞二年(1296),著作郎粘连呈览《大元一统志凡例》,至成宗大德七年(1303)成书,共一千三百卷,名《大元大一统志》。该志以元代的中书省及十一行省为纲,下为宣慰司辖路,路辖府州县,其内容包括建置沿革、坊郭乡镇、里至、名山大川、土产、风俗形胜、古迹、寺观、祠庙、宦迹、人物等,不仅综合了唐《元和郡县图志》,宋《太平寰宇记》《元丰九域志》《舆地纪胜》等书,大量引用宋、金、元初的地志图经,而且为了编修一统志,先由各行省撰送图志以备采用。所以,元一统志的纂

---

① 参见黄苇主编:《中国地方志词典》,黄山书社1986年版;《中国方志大辞典》,浙江人民出版社1988年版。

修,不仅使中国方志定型和规范,而且为明清两代纂修一统志提供了值得借鉴的蓝本。尤其是《大元大一统志凡例》的制定,是封建朝廷制定的第一个修志的凡例,以元代行政区域路州县为纲目,体现了国家一统的政治理念,在方志发展史上具有划时代的意义。①

明代景泰七年(1456)编修的《寰宇通志》,参考了《大元大一统志》的体例和永乐年间制定的凡例,以现行行政区划两京、十三布政司为纲,府州为目,下设建置、沿革、郡名、山川、形胜、风俗、土产、城池、祀典、山陵、宫殿、宗庙、坛壝、馆阁、苑囿、府第、公廨、监学、学校、书院、楼阁、馆驿、堂亭、池馆、台榭、桥梁、井泉、关隘、寺观、祠庙、陵墓、坟墓、古迹、名宦、迁谪、留寓、人物、科甲、题咏等三十八门②,并附载引用书目,内容丰富。与《大元大一统志》"篇帙浩繁"相比,该志文省而事增,"取舍惟当"③。之后,天顺五年(1461)编成的《大明一统志》也以南北两京、十三布政使司分区,以府州为单位,下设建置沿革、郡名、形胜、风俗、山川、土产、公署、学校、书院、宫室、关梁、寺观、祠庙、陵墓、古迹、名宦、流寓、人物、古迹、列女、仙释等二十门,而殿以"外夷"各国,并增绘了全国总图和各布政使司分图。其内容更为丰富,涉及一个区域的方方面面,同时使志书构架的科学性与合理性得以充分展现。

三、《大明一统志》的史料价值

《寰宇通志》与《大明一统志》是明代影响较大的两部总志,权衡利弊得失,《寰宇通志》多侧重于名胜景物,缺少地图、道里、户口等内容的记载,而且《大明一统志》颁行后,《寰宇通志》即被毁版,故流传不广。两相比较,《大明一统志》主要是在《寰宇通志》的基础上增补、删订而成,所不同者为沿革部分。在卷数上,《大明一统志》有所减省,《寰宇通志》一百一十九卷,《大明一统志》九十六卷;在内容上,《大明一统志》记述简要,且祀典、府第、楼阁、馆驿、堂亭、台榭、井泉、关隘、迁谪、科甲、题咏等类目有所删并,而增加了流寓、列女、仙释等类目。在元、明、清三代一统志中,《大明一统志》篇幅最少。尽管如此,《大明一统志》仍保存了不少有价值的史事,为其他史志不能替代。其丰富的内涵主要体现在如下方面:

在政区建置方面,《大明一统志》所述政区建置以天顺年间为准,和《明史·地理志》比较,可以反映出明前后期的变化。如据《大明一统志图叙》记载府州县数:"为府一百四十九,为州二百一十八,为县一千一百五。"《明史·地理志一》载:"统之府百有四十,州百九十有三,县一千一百三十有八。羁縻之府十有九,州四十有七,县六。"

以南直隶凤阳府为例,《大明一统志》卷七"凤阳府"条下"建置沿革"载:"吴元年(1367)改临濠府。洪武三年(1370)改中立府,定为中都。七年(1374),改为凤阳府,自旧城移治中都城,直隶京师,领州四县十四。"州有寿州、泗州、宿州、颍州,县有凤阳、临淮、怀远、定远、五河、虹、霍丘、蒙城、盱眙、天长、灵璧、颍上、太和、亳。《明史·地理志一》载:"太祖洪武元年

---

① 参见刘纬毅:《中国地方志》,新华出版社1991年版,第68—70页。
② 参见《寰宇通志》,郑振铎编:《玄览堂丛书续集》,国立中央图书馆1947年景印本。
③ (明)叶盛:《水东日记》卷39《〈寰宇通志〉序表凡例》,中华书局1980年版。

升为临濠府。洪武二年九月(1369)建中都,置留守司于此。六年九月立中立府。七年八月曰凤阳府。领州五县十三。"州为寿州、泗州、宿州、颍州、亳州,县为凤阳、临淮、怀远、定远、五河、虹、霍丘、蒙城、盱眙、天长、颍上、太和。二书所载不仅所领州县有变化,而且中立府、凤阳府建置时间不一。其载述的客观性和真实性,还可从成化《中都志》的相关描述中得到印证。

成化《中都志》卷一《建置沿革》记载上述过程时说:"吴元年仍为濠州,是年改临濠府。洪武三年,改为中立府,定中都,立宗社,建宫室,以泗、邳、徐、宿、寿、颍、光、六安、信阳九州为属。七年,知府张遇林上言,以信阳道远,期会之难,请易他州。遂拨滁州并来安、全椒二县隶本府,以徐州并砀山、萧、沛、丰县为直隶,以邳州并睢宁、宿迁县隶淮安府,以六安州并英山县隶庐州府,以光州并光山、固始、信阳、息县隶河南汝宁府,迁治于新城,改名曰凤阳。十九年又拨滁州并来安、全椒县为直隶,本府只领四州十四县,曰临淮、凤阳、定远、怀远、五河、虹县,泗州:盱眙、天长,宿州:灵璧,寿州:蒙城、霍丘,颍州:颍上、太和,亳州。"据《中都志》卷首柳瑛按:"国朝永乐戊戌(十六年,1418)、景泰甲戌(五年,1454),尝遣使分行郡县纂修地志。是时淮南州县但录《方舆胜览》所载而成书,淮北之志尤为脱略。今博采经史子籍,补其缺略,正其讹舛,所憾储书不多,闻见未广,尚俟博古君子正之。或曰:'馆阁诸儒纂修一统志,已颁布天下焉,用子之志。'予谓:'国志总天下之事,其法宜略;郡志载一郡之事,其记宜详,详略相因而不悖也。'"由此可知,《大明一统志》曾取材于《中都志》,二者成书距离不远,所记政区建置较为一致,只是二者详略不同,这也说明《大明一统志》取材和编纂的原则与时限。

又如应天府,弘治四年(1491)以前辖七县,即上元、江宁、句容、溧阳、溧水、江浦、六合。松江府从吴元年以来,一直领华亭、上海二县,到嘉靖二十一年(1542),始析华亭、上海置青浦县。《大明一统志》记载与此相合。对贵州布政司,《大明一统志》卷八十八载其建置沿革时云:"洪武初,以其地分隶湖广、四川、云南三布政司。永乐十一年(1413),始置贵州等处承宣布政使司,领贵州宣慰使司及思州、思南、镇远、石阡、铜仁、黎平六府,普安、永宁、镇宁、安顺四州并金筑安抚司;置贵州都指挥使司,领贵州、贵州前、普定、新添、平越、龙里、都匀、毕节、普安、威清、安南、安庄、清平、平坝、乌撒、赤水、永宁、兴隆一十八卫,普市、黄平二守御千户所……"查沈庠修、赵瓒等纂弘治《贵州图经新志》,记载区域包括贵州宣慰使司,思州府、思南府、镇远府、石阡府、铜仁府、黎平府、程番府、都匀府八府,永宁州、镇宁州、安顺州、普安州四州,龙里卫、新添卫、平越卫、清平卫、兴隆卫、威清卫、平坝卫、普定卫、安庄卫、安南卫、毕节卫、乌撒卫、赤水卫、永宁卫十四卫,黄平千户所、普市千户所。二者比较,反映了贵州政区的变化。

在其他方面,如户口增损、山川湖泊及其变迁、津梁馆驿等交通设施、土特物产、寺观祠庙、学校书院等记载,都保留了许多弥足珍贵的史料,有的可补正史之缺,有的可与正史相参证。如《大明一统志》记载的"外夷和少数民族",包括朝鲜国、女直、日本国、琉球国、西番、赤斤蒙古卫、罕东卫、安定卫、阿端卫、曲先卫、哈密卫、火州、亦力把力、撒马尔罕、哈烈、于阗、安南、占城国、暹罗国、爪哇国、真腊国、满剌加国、古麻剌国、拂菻国、三佛齐国、渤泥国、苏门答腊国、苏禄国、彭亨国、西洋古里国、琐里国、榜葛剌国、天方国、默德那国、古里班卒国、锡兰山国、白葛达国、百花国、婆罗国、吕宋国、合猫里国、蝶里国、打回国、日罗夏治国、阿鲁国、甘巴里国、忽鲁谟斯国、忽鲁母恩国、柯枝国、麻林国、沼那朴儿国、加邑勒国、祖法儿国、溜山国、阿哇国、鞑靼、兀良哈等，其中保留了有很多关于中外关系和民族关系的史料。与龚珍《西洋番国志》、严从简《殊域周咨录》、黄省曾《西洋朝贡典录》、张燮《东西洋考》等比较，又保留了许多彼略我详、彼缺我特的史料。如记占城买卖交易，《西洋番国志》云："其买卖交易，惟以七成色淡金使用。所喜者中国青瓷盘碗等器，及纻丝绫绢硝子朱等物，皆执金来转易去。"《大明一统志》卷90《占城国·风俗》载：占城"互市无缗钱，止用金银，较量锱铢，或吉贝锦，定博易之直。人有疾病，旋采生药服食。地不产茶，亦不知酝酿之法，止饮椰子酒，兼食槟榔。"其记较前书稍详，且为《殊域周咨录》所引用。

四、《大明一统志》的意义和影响

《大明一统志》成书后，虽然有人批评其有编纂粗疏，所引古事缺乏史裁与考证等毛病和不足。如李维桢《方舆胜略序》云："天顺时，馆阁修《大明一统志》，不载户口、田赋、官制诸大政典，识者病之。"[1]顾炎武《日知录》说："永乐中，命儒臣纂天下舆地书，至天顺五年（1461）乃成，赐名曰《大明一统志》，御制序文，而前代相传如《括地志》《太平寰宇记》之书皆废。今考其书，舛谬特甚……引古事舛戾最多。"[2]《四库全书总目提要》称其"舛错抵牾，疏谬尤甚"[3]。清人吴骞评其"挂漏舛讹，不可胜计"[4]。但毋庸置疑，《大明一统志》的编修，无论对当时还是后世的政治统治和方志编纂都产生了积极意义和深远影响。

1. 体现了明朝大一统的政治理念

明朝洪武、永乐年间，随着大一统局面的实现，尤其是明成祖在位期间，为谋求向外发展，五次亲征漠北，经营边陲，并遣使西洋，使明朝大一统的局面日臻巩固，明朝统治者开始了一统志的编修。对于一统志的地位和重要性，正如明人丘浚所阐述："此舆地之书，关系甚大"，故"特诏文学之士纂述……遍阅累朝之史，旁搜百氏之言……靡不网罗，举皆搜采，缀贯群籍，约为成书。义类凡例，悉有据依，信疑是非，一加订正……所以……纲举而目张，有伦有要；事增而文省，不泛不疏，自有地志，未之前闻"[5]。不仅说明编修一统志的目的在于"广圣道之咸容，示皇威于无外"，对巩固皇权与政统地位具有作用，而且更为重要的是有

①（明）李维桢：《大泌山房集》卷15《方舆胜略序》，北京师范大学图书馆藏明万历三十九年刻本。
②（清）顾炎武著，（清）黄汝成集释：《日知录集释》卷31《大明一统志》，岳麓书社1994年版。
③《钦定四库全书总目》卷68《史部二十四·地理类一》。
④（清）吴骞：《愚谷文存》卷4《大元一统志残本跋》，（清）吴骞辑：《拜经楼丛书》，上海博古斋1922年影印本。
⑤（明）丘浚撰，（明）丘尔谷编：《重编琼台稿》卷8《拟进大明一统志表》，《景印文渊阁四库全书》第1248册，第158页。

了一统志,便可以做到"海内广轮如指掌而斯见,天下险易不出户而可知"。《大明一统志图叙》中亦云:"我皇明诞膺天命,统一华夷,幅员之广,东尽辽左,西极流沙,南越海表,北抵沙漠,四极八荒,靡不来庭……为天下总图于首,披图而观,庶天下疆域广轮之大了然在目,如视诸掌,而我皇明一统之盛冠乎古今者,垂之万世有足征云。"强调的就是大一统的政治理念,这是编修一统志的前提。

洪武十五年(1382),平定云南后,朱元璋为加强对边远地区和少数民族地区的控制,"命置布政使司、都指挥使司,改所属诸路为府……设官吏以抚安其民。复命儒臣考按图籍及前代所有志书,更定而删正之"①,修成《云南志》六十一卷,"上分天文,下奠星土,贯穿礼乐、禋祀、疆场、食货、艺文之事,虽不足征前史之万一,然一方之大概亦可见其十六七"②。洪武二十九年(1396)王景常再修,这是明代最早的通志。同时,为"控驭十四土司计,省州入卫……亟欲用夏变夷,新此一方"③,令卫所修志。于是,一些边远地区如四川、贵州、甘肃等地,原来无志,此时也有了志书,"皇明御宇……所以觊即叙之效,而视中国大一统之盛者"④,折射出大一统的理念向边远地区进一步推进的趋势,也反映了方志编纂作为一项重要文化学术活动,在全国范围乃至边徼地区的普及。"圣朝统天络地,范围之以礼乐,弥隆之以政教,其典章文物之纪,舆图简册之数,光天之下至于海隅,罔有阙失"⑤,强调大一统的政治观念,成为朝廷推行礼乐教化遵循的准则和地方修志的依据。

《寰宇通志》和《大明一统志》成书后,明代宗和英宗都亲撰序文,说明编修一统志的目的是为维护明朝的统治服务。如代宗在序文中云:"太宗文皇帝尝思广如神之智,贻谋子孙以及天下后世,遣使分行四方,旁求故实之凡有关于舆地者采录以进,付诸编辑。事方伊始,而龙驭上宾。因循至今,而先志未毕,则所以成夫继述之美者,朕焉得而缓乎?窃尝观之,善其事者莫先于智,智者所谓务其已然之迹也……此朕之于是编,所为惓惓而不敢少缓也。间与二三儒臣商之,使或先后有一未备,不足以全其美,乃复遣人采足其继,俾辑成编……藏之秘府,而颁行天下。"说明此次修志,不仅在于完成明成祖未竟之业,而且"察古今事物之异……以左右民之志于悠久","盖不独以广朕一己之知,而使偏方下邑、荒服远夷,素无闻见之人,咸得悉睹而遍知焉"⑥。英宗在序文中阐述:"朕念祖宗之志,有未成者,谨当继述。乃命文学之臣,重加编辑,俾繁简适宜,去取惟当,务臻精要,用底全书。庶可继成文祖之志,用昭我朝一统之盛。而泛求约取,参极群书,三阅寒暑,乃克成编,名曰《大明一统志》,著其实也。朕于万几之暇,试览阅之,则海宇之广,古今之迹,了然尽在胸中矣。既藏之秘府,复命工锓梓以传。呜呼!是书之传也,不独使我子孙世世相承者,知祖宗开创

---

① 《明太祖实录》卷146,洪武十五年六月壬辰。
② (明)王景常:《序》,转引自《中国方志大辞典·方志书名·云南》,浙江人民出版社1988年版。
③ (明)邹维琏:《达观楼集》卷15《施州卫志序》,吉林省图书馆藏清乾隆三十一年重刻本。
④ (明)包节:《包侍御集》卷5《甘肃六志序·地里》,国家图书馆藏明嘉靖三十七年刻本。
⑤ (明)孔天胤:《孔文谷集》卷4《山西通志序》代作,齐鲁书社1996年版。
⑥ 《明英宗实录》卷266,景泰七年五月乙亥,御制序。

之功广大如是,思所以保守之惟谨,而凡天下之士亦因得以考古今故实,增其闻见,广其知识,有所感发兴起,出为用世,以辅成雍熙泰和之治,相与维持我国家一统之盛于无穷,虽与天地同其久长可也。"①更明确道出修志在维护国家一统统治方面所发挥的独特作用。

到嘉靖初年,大学士桂萼"欲佐上(即世宗)知舆图广轮之盛",乃以吏部侍郎李默所绘制《皇明舆地图》,"各为叙纪于首,条其风俗、阨塞、兵赋、藩封",成《大明舆地指掌图》一卷纂进,得到世宗的首肯,并"留中览观"②。该图将"天下分为十七图,各具叙记府州卫所之额,王府之制,户口钱粮、军马之数,四夷附末,以见大一统之义也"③。由此可见,方志编修的意识在士大夫的心目中大大加强,大一统的政治理念已深入明朝各行政区域,成为中央与地方联系的重要纽带。

2.体现了明朝官修方志的制度

中国方志发展的突出标志,就是官修制度的确立。官修制度的确立,不仅是方志编修正常化和规范化的显现,而且更为修志活动提供了人财物诸方面的保障。从隋唐开始,方志由私撰为主变成了以官修为主。宋徽宗大观元年(1107),为编修《九域志》朝廷下令设置九域图志局,此为国家设局修志之始。元代为编修一统志,不仅制定统一的范例,而且督令地方撰送图志,并设置专门机构,组织专门人员从事此事。明朝继承前代制度,其一统志的编修无论是人员的筛选、资料的搜集,还是编修凡例的制定,都是在皇帝的直接参与下进行的。

明初给修志者的待遇是很优渥的。如洪武三年(1370),《大明志书》成,儒士魏俊民等"皆授以官"④;景泰七年(1456)五月,《寰宇通志》修成,明代宗"命少保、太子太傅、户部尚书、文渊阁大学士陈循,兼华盖殿大学士;少保、太子太傅、工部尚书、东阁大学士高谷,少保、吏部尚书、东阁大学士王文,俱兼谨身殿大学士"⑤,其他参与编修者也各加官授衔,获得崇高的地位。尤其是《寰宇通志》和《大明一统志》的编修,设立了一统志馆,并设有总裁、副总裁、纂修、催纂、誊录等人,形成一套系统的编写班子,这一模式不仅影响了《大清一统志》的编修,而且使府州县地方志书的编修制度有法可循。如清雍正年间,为编修一统志由内阁制定一统志馆行查事项,作出规范的要求。明朝地方修志从主修、主纂、同修、同纂到搜集资料、缮写誊录、校对以至后勤管理各个环节,都有专人各司其职,分工明确,形成了一个严密有序的运作体制。如万历《嘉定县志》参与者达四十五人。又据清道光二十三年(1843)张用熙《续增高邮州志叙》记载,当时修志"开局于今年二月,定稿于今年八月……既成而览之,三十年间事朗若列眉……"⑥清代学者章学诚在总结历代修志制度后,甚至指出

① 《明英宗实录》卷327,天顺五年夏四月乙酉。(明)李贤等:《大明一统志》天顺五年五月十六日御制序,三秦出版社1990年版。

② (清)傅维鳞:《明书》卷39《方域志一》,中华书局1985年版。

③ (明)高儒:《百川书志》卷5《史志二·地理》,书目文献出版社1994年版。

④ 《明太祖实录》卷59,洪武三年十二月辛酉。

⑤ 《明英宗实录》卷266,景泰七年五月丁丑。

⑥ 道光《续增高邮州志》张用熙叙,南开大学图书馆藏清道光二十三年刻本。

"州县之志,不可取办于一时,平日当于诸典吏中,特立志科……而且立为成法"①,提出设立专门的机构和相应的规制"成法",从而使得事办有专人、运作有专科、经费有专设、任则有专规、统领有专官、编修有专馆。

3. 对地方志书体例的规范

《大明一统志》成书后,对明朝修志体例的规范产生了巨大影响。明朝除了几部重要的官修总志外,还有私人撰述的区域性总志传世。如王士性撰《广志绎》,万历三十八年(1610)程百二、李蒙等撰《方舆胜略》,万历间陆伯生撰《广舆记》,崇祯三年(1630)曹学佺纂修《大明一统名胜志》,以及明末清初学者顾炎武纂修《天下郡国利病书》和《肇域志》等,皆按明代行政区划,详论全国山川地理形势、赋役物产、风俗民情等内容,其中《方舆胜略》"沿一统志"②设篇立目,《广舆记》也"大都取裁一统志,而参以历代史官列省郡乘,删繁就简"③。除此之外,省府州县志也纷纷效法。如伍福纂成化《陕西通志》,祖法《一统志》。沈庠修、赵瓒纂弘治《贵州图经新志》亦遵是例。其《凡例》云:"古今地理(里)图经志书,体制不一,至宋祝穆作《方舆胜览》,纲举目张,事类颇悉,而为诸家之冠,然亦未尽善也。迨我《大明一统志》出,一扫群志之陋,而程式之美,足为万世志法。故此志之作兼准二书焉。"④郭棐纂修万历《广东通志》更是"义例仿一统志,特加详焉。或大书,或分注",只有"烦简之别也"⑤。

一些府州县志,如成化《重修毗陵志》的编纂,因"旧志有叙州叙县以通纪历代因革,有州境县境以遍述土壤接比,今遵《大明一统志》及准《方舆胜览》《舆地纪胜》诸书,改题曰建置沿革、疆域里至,与夫乡都坊市之区别素定,城郭桥梁之废兴有时者,各从本类。以州领县,次第书之,其郡名所拟,分野所属,风俗所尚,形胜所据,则通叙本类之下,或分或合,贵不失乎遗也"⑥。弘治《徽州府志》"其事目亦遵《大明一统志》立例。但《一统志》乃天下之事,不得不简;本志特一郡之事,不得不详。故于其已载而未备者增之,未载而可采者补之,事无可考者缺之,事有当纪者续之,旧志舛讹者兼考史传以正之"⑦。嘉靖《沛县志》的编纂"遵照《大明一统志》例,经纬条目,分为十卷,以备检阅"⑧;嘉靖《高淳县志》"体制悉仿《大明一统志》,有增而无损,其当续者各从类纂入"。当然,所谓遵循一统志的体例,并不是原封不动,囫囵吞枣式的模仿,而是按照志书的特点,因地制宜,突出本地的特色。如嘉靖《宁国县志》的"凡例"就明确规定,其纂修"准《大明一统志》,以遵时制。但独载一邑事,不得不详,故其间亦有不能以尽拟者焉"⑨。崇祯《砀山县志·凡例》云:"郡邑各自为纪,要皆遵仿

① (清)章学诚:《文史通义新编》外篇4《州县请立志科议》,上海古籍出版社1993年版。
② (明)李维桢:《大泌山房集》卷15《方舆胜略序》,北京师范大学图书馆藏明万历三十九年刻本。
③ (明)申时行:《赐闲堂集》卷6《广舆记序》,北京大学图书馆藏明万历刻本。
④ 弘治《贵州图经新志》凡例,国家图书馆藏明刻本。
⑤ 参见万历《广东通志》凡例,齐鲁书社1996年版。
⑥ 成化《重修毗陵志》凡例,台湾成文出版社1983年版。
⑦ 弘治《徽州府志》凡例,上海古籍书店1981年版。
⑧ 嘉靖《沛县志》凡例,上海书店出版社1990年版。
⑨ 嘉靖《宁国县志》凡例,上海书店出版社1990年版。

《大明一统志》例。但郡志略,邑志详。因刻为二卷,属以事类。虽篇门多寡不同,无非据其实而次第之。"

　　对于明志遵循《一统志》体例的做法,得到不少学者的认同,即使在清代,也有许多学者认为明代统一体例的做法,有其一定的指导意义和借鉴价值。如清代学者方苞在《与一统志诸翰林书》中阐述了统一体例的重要性,他认为"《明统志》为世所诟病久矣。然视其书,尚似一人所条次。譬为巨室,千门万户,各执斧斤,任其目巧,而无规矩绳墨以一之可乎?是书所难,莫若建置、沿革、山川、古迹。振奇矜能者,大率博引以为富,又不能辨其出入离合,而有所折衷,是以重复讹舛抵牾之病,纷然而难理。不知辞尚体要,地志非类书之比也,所尚者简明,而杂冗则愈晦……故体例不一,犹农之无畔也"①。清人程廷祚在《修一统志议》中,探讨了修志宗旨与志书体例之间的关系问题,主张体例应服从修志宗旨,他说:"著书者,以义为体,而例从之……王者光有天下,谓之一统。则其为书,非徒以志郡县之沿革广狭也,非徒以志名胜之有资于流连观览也,非徒以志古迹、名宦、人物之时代先后,必将举天下大经大法,以推明光天下之义,而后得为《一统志》之书……详所当详则不为烦,略所当略则不为简。"②言简意赅,切中要害,充分肯定了明代《一统志》体例作为修志者的"大经大法",似不为过。

原文载《史学史研究》2004年第4期

作者:张英聘,中国地方志指导小组办公室研究员,

中国社会科学院大学国史系教授、博士生导师

　　① (清)方苞:《方苞集》卷6《与一统志馆诸翰林书》,上海古籍出版社1983年版。

　　② (清)程廷祚:《青溪集》卷5《修一统志议》,国家图书馆藏民国刊本。

侯继高及其《日本风土记》

李小林

一

　　侯继高,号龙泉,又号云闲,祖籍盱眙(今属江苏)。生于嘉靖十二年(1533),世袭指挥同知侯林[1]第七代孙。二十七年,袭祖职。隆庆元年(1567),升吴淞把总。[2]五年十月,掌广东都司事。[3]万历九年(1581)正月,任提督狼山等处副总兵。[4]十三年十二月,改镇浙江。[5]十七年二月、三月间,率部大战倭寇于花脑洋、浪冈洋,皆获全胜。[6]万历十九年,遭到了兵科给事中王德完的弹劾:"闽、越总兵刘大勋、侯继高皆骄纵不简,谋勇无闻,宜会荐将材,就近速补。"于是,神宗皇帝下令革去刘大勋的职务,而命侯继高"策励供职"[7]。因此,侯继高仍以"钦差镇守浙江等处地方总兵官后军都督府都督佥事"的官职,肩负浙江地区防倭抗倭的重任,战斗在防倭抗倭战场的最前线。三十年死于任,享年七十。

　　侯继高作为一名驻守广东、浙江沿海的高级将领,任职期间,不仅亲临战场,英勇杀敌,"海寇犯卫城,继高临阵斩首五百余级"[8]。而且还十分重视军事基地的建设和军事装备的修造,如驻守南澳时,他出于该地介于粤东与闽南之间,处于东南沿海要冲这样一个军事要地的考虑,在副总兵晏继芳于万历四年修建总兵衙署的基础上,增建总兵府后楼,完善了总兵衙署,使之成为掌控闽粤台重要军事基地的指挥中心。同时,又"躬亲监督"修造各种战船,从物料选购,到船只"竣工,逐舱、逐板、逐缝,一一为理"。大大改善了拓林、玄钟二水寨舟师之装备,有效地提高了部队的战斗力。[9]

---

　　① 参见《金山卫选簿》记载:"一世祖侯林,甲午年(元至正十四年,1354)选充先锋。丙申(十六年,1356)年克中丞水寨,充千户,六月克广德,升万户。戊戌年(十八年,1358)克严州,充管军总管。乙巳年(二十五年,1365)克赣州安福,升管军百户。丙午年(二十六年,1366)克南阳。吴元年(二十七年,1367)升除襄阳卫管军副千户。洪武三年(1370)征进王保保营。十一年钦除广武卫权职指挥佥事。十二年钦与实授。十五年克复临安。十八年升世袭指挥同知。二十六年去世。"见中国第一历史档案馆、辽宁省档案馆编:《中国明朝档案总汇》第61册,广西师范大学出版社2001年版,第149页。

　　② 参见《中国明朝档案总汇》第61册《金山卫选簿》,第149页。

　　③ 参见《明穆宗实录》卷62,隆庆五年十月戊申。

　　④ 参见《明神宗实录》卷108,万历九年正月丙子。

　　⑤ 参见《明神宗实录》卷169,万历十三年十二月癸未。

　　⑥ 参见(明)侯继高:《全浙兵制考》卷1《宁绍倭乱纪》,日本内阁文库藏明万历刻本。

　　⑦《明神宗实录》卷239,万历十九年八月癸巳朔。

　　⑧ (明)侯继高:《全浙兵制考》卷1《宁绍倭乱纪》。

　　⑨ 参见(明)侯继高:《全浙兵制考》卷3《造修福船略说》。

侯继高除了积极履行镇守广东、浙江沿海边防、防倭抗倭武官职责之外，还非常热衷于修建佛寺、摩崖题词、著书立说等文化活动。如万历五年(1577)，主持修建陆丰县玄武山元山寺。并在龙门石旁的岩石上题刻"起龙岩"三字。十五年，经定海，过沈家门，谒大士于宝陀寺(今普济寺)，建玉音亭、御制藏经序碑亭、应制经赞序碑亭于该寺旁；又在该寺前殿立唐吴道子、阎立本所绘两块观音像碑。①同时，在普陀山题"磐陀石""海天佛国"等字。十六年，率临海把总陈九思、听用守备宋大斌、游哨把总詹斌、陈梦斗督汛于嵊泗枸杞岛时，在西里和石浦两村交界的山岗巨石上，镌刻"山海奇观"四个大字。其题字之书法，苍劲雄奇，四百多年来一直为海山增光添彩，成为著名的历史文化古迹。而"海天佛国"一词也成了观音道场普陀山之代名词。同年，著《游补陀洛迦山记》。次年，聘屠隆同辑《补陀山志》②。二十一年，著《全浙兵制考》③，附《日本风土记》于其后。由此可见，侯继高不愧是文武兼备的一员儒将。

二

《日本风土记》在目录书中作为单行本最早加以著录的为黄虞稷《千顷堂书目》，该书"史部地理类下"④记载说："侯继高《日本风土记》四卷。"《明史·艺文志》"史部地理类"⑤完全因袭了这一记载。而《四库全书总目》则是将该书附录于侯继高《两浙兵制》⑥一书之中，称其属于《两浙兵制》第四卷，然"有录无书，疑装缉者偶佚之也"⑦。所谓"有录无书"，指的是有《日本风土记》一书之目录，而无该书之内容。这说明，《四库全书总目》所见之《日本风土记》，不仅不是一部单行本，而且还是一部附录于《全浙兵制考》之后"有录无书"的著作。

从笔者目前所见到《日本风土记》的版本来看，单行本尚未发现，现存的刻本和抄本都附录于《全浙兵制考》一书之后，既有"有录无书"者，也有"有录有书"者。

"有录无书"者，则见于"天津图书馆所藏旧抄本"⑧。这里所谓的"旧抄本"，究竟是怎样一个抄本，引发了笔者的兴趣。于是，笔者随即到天津图书馆查阅该"旧抄本"，发现在该图书馆的书目检索卡片上，有"《全浙兵制》明侯继高撰，日本抄本，善本，一函六册。钤'八千卷楼'印"等字。当笔者小心翼翼打开书套时，一张便笺首先映入了笔者的眼帘，上面写着

① 参见(明)侯继高：《普陀洛迦山新志》卷12《游补陀洛迦山记序》，上海古籍出版社2004年版。

② 参见(明)侯继高：《补陀山志》，南京图书馆藏明万历刻本。

③ 参见雍正《浙江通志》卷254《经籍》记载："《全浙兵制考》四卷，万历癸巳将军侯继高撰。"(《景印文渊阁四库全书》第519册)然误其书名。

④ (清)黄虞稷：《千顷堂书目》卷8，上海古籍出版社2001年版，第217页。

⑤ 《明史》卷97《艺文二》，中华书局1974年版，第2419页。

⑥ 《四库全书总目》纂修官作该书提要时误其书名为《两浙兵制》，误其作者为侯继国。因现存万历刻本及其他抄本皆赫然题署为《全浙兵制考》，作者为侯继高。又《四库采进书目》"浙江省第六次呈进书目"里也明确登载着"《全浙兵制》四卷，六本"的字样，然该书在记其作者时，称"明侯继国辑"，亦误。

⑦ 《四库全书总目》卷100《子部·兵家类存目》，中华书局1995年版。

⑧ (明)侯继高：《全浙兵制考》，《四库全书存目丛书》子部第31册，第95页。

"本馆自购""棉氏旧抄本""三卷六册"数语。接着,翻开该书第一册第一页时,便是"全浙兵制考目录"①。在该页的页面上,除了钤"八千卷楼""嘉惠堂丁氏藏书之记"印章外,还钤有"南亩文库""占恒室图书""天津特别市市立第二图书馆藏书之章""天津图书馆藏"等数个收藏之印。"占恒室图书"是日本久志本藏书之印章。"南亩文库"是日本江户时代文人大田南亩②的私人藏书室。大田南亩去世后不久,他所收藏的图书在天保初期(清道光年间),由其孙谦太郎开始出售,到安政年间(清咸丰年间)几乎全部卖尽。浙江藏书家丁丙恐怕是在这个时期乘机购入,入藏其"八千卷楼"③。然而,该抄本所谓的"棉氏",何许人也?何时抄写?因资料缺乏,目前无法弄清楚。但是,从该抄本所使用的纸张来看,应该是日本纸。而且,该抄本所钤之印也反映了它的收藏历程,即该抄本最早收藏于日本,以后辗转来到了中国,由晚清浙江四大藏书楼之一嘉惠堂收藏。后来被天津图书馆购入,入藏于此。

日本抄本(或称棉氏旧抄本)与《四库全书总目》本如果从形式上看,两本同是六册和六本,皆为"有录无书",似乎应该有某种渊源关系。但是,事实并非如此,因为日本抄本(或称棉氏旧抄本)"全浙兵制考目录"每一卷所含内容与《四库全书总目》所述内容完全不同,为了说明问题,不妨列表如下:

卷次	日本抄本(或称棉氏旧抄本)	《四库全书总目》本
第一卷	全浙海图 海图总说 水陆兵制 杭嘉湖区图 杭嘉湖区图说 杭嘉湖兵制 卫所烽堠 本区倭乱纪 宁绍区图 宁绍区图说 宁绍兵制 卫所烽堠 本区倭乱纪	首列全浙海图附以说,并及沿革兵制,又析杭嘉湖三府为一图,宁绍二府为一图,台金严三府为一图,温处二府为一图,图后均有说,并详列者兵制、烽堠、倭犯
第二卷	台金严区图 台金严图说 台金严兵制 卫所烽堠 本区倭乱纪 温处区图 温处区图说 温处兵制 卫所烽堠 本区倭乱纪 附录近报倭警	载造战船、福船、鸟船、沙船、嘘火器、军器及营甲操哨、操伍等图
第三卷	造修福船略说 附纂造新修旧大小福鸟船料数 附《日本风土记》目录	载倭警始末
第四卷		为《日本风土记》

从上表所列的内容,可以清楚地看出两书每一卷的内容,存在着明显的差异,这说明日本抄本(棉氏旧抄本)和《四库全书总目》本所据的版本应当不是同一个。但它们分别依据

---

① 该目录后紧接《附日本风土记目录》。

② 大田南亩(1749—1823),名覃,字子耜,号南亩、蜀山人、四方赤良,又称直次郎。其父为幕府小吏。十七岁承继父职,为幕臣。一生不仅以清廉能吏而著称,且积极从事狂歌、戏剧的创作,成为江户时代后半期日本列岛代表东部文坛的总帅,留下了著名的《万载狂歌集》。他热衷于藏书,为购买图书,往往节衣缩食。同时,还抄写了不少珍本图书。如其所抄《麓之尘》《三十辐》等庞大丛书,至今仍是极具利用价值的文献。

③ 《八千卷楼书目》卷10《子部·兵家类》著录:"《两浙兵制》三卷,明侯继国撰。日本抄本。"然书名与作者皆误记。

什么版本进行抄写的,或作提要的呢?因资料的缺乏,笔者尚不清楚,留待日后解决。

"有录有书"者,则现存有四个版本:一是明万历刻本《全浙兵制考》三卷(三册),附录《日本风土记》。书中虽然没有序言和跋语,但在该书卷二"附录近报倭警"里有"万历二十年六月二十三日,据辽东都司呈称……"和卷三"造修福船略说"里有"万历二十年岁次壬辰仲夏之吉钦差镇守浙江等处地方总兵官后军都督府都督佥事侯继高识"的字样,因此,可以推定它应当刊刻于万历二十年六月二十三日以后,而《浙江通志》"经籍志"中明确地记载了作者撰写该书的时间,称"《两浙兵制考》四卷,万历癸巳(二十一年,1592)将军侯继高撰"①。该书不知何故流落到了日本,最初收藏于长崎市舶司牛込氏,后来归日本丰后(今九州岛大分县)佐伯藩主毛利高标②收藏,现在则被日本内阁文库收藏。二是日本抄本《全浙兵制考》三卷(三册),附录《日本风土记》。此本为日本德川幕府昌平坂学问所(学校)大学头(校长)林鹅峰③组织人员抄写的,内容与版式与刻本完全一样,但书后多了他的一段跋语。该跋语不长,不妨引录如下:"《全浙兵制》并《日本风土记》八卷,长崎市舶司牛込氏所藏也。以未播于世间,故深秘之,唯许余一见。延宝丁巳二月二十八日朝借寄焉,其日巳刻分附塾生十八人摸写之,至翌日未刻,毕一部之功,凡四百四十余页也。本书腐损,次第混杂,悉改定之,而始末分明。自非把笔者之多,则岂得如此之速乎!可以喜也,因述其趣,跋其后。"落款为"延宝五年丁巳(1677,清康熙十六年)二月二十九日弘文院林学士④"。该抄本的字体,完全不同于前面所介绍的藏于天津图书馆的"棉氏旧抄本",因此,不妨称之为"林氏抄本"。现今也收藏于日本内阁文库。三是1915年日本珍书同好会油印《日本风土记》单行本。四是1961年京都大学国文学会刊行的《全浙兵制考日本风土记》本。第三、第四两个本子与"林氏抄本"实际上皆来自现藏日本内阁文库的万历刻本。

三

《日本风土记》作为明朝民间私撰有关日本国情的代表著作之一,对日本地理环境、政治、经济、语言、文学等各个方面,都做了系统、详细的介绍,内容非常丰富,成为今人研究和了解明朝人认知日本程度的重要资料。

它之所以能够成为今人瞩目的著作,首先在于它超越了以往记述的篇幅,为容纳丰富的内容和知识提供了不小的空间。

---

① 雍正《浙江通志》卷254,《景印文渊阁四库全书》第519册,第1页。
② 毛利高标(1755—1801),幼名彦三郎,字培松,号霞山,堂号红粟斋。生于江户藩邸,六岁继承家业,成为佐伯藩二万石八代藩主。他热衷于收藏漂洋过海的汉籍,建立了著名的"佐伯文库"。
③ 林鹅峰(1618—1680),日本江户前期儒学者。名恕,又名春胜。字子和,鹅峰为其号,又号春斋、向阳轩,京都人。林罗山三子。仕于德川家光将军,历任治部卿法印、弘文院学士。博学强记,通晓日本历史和诸家家谱,与其父合纂《本朝通鉴》。又关注中国明末清初的社会动荡,将收集到有关情报,完成《华夷变态》一书。还著有《鹫峰林学士文集》二百四十卷。
④ "弘文院"是日本宽文三年(1663)幕府将军授予林氏家塾之称号,林鹅峰因此自称"林学士"。

其次是它的内容在继承前人记述范围的基础上，又有所增加和拓展。关于这一点，笔者将该书与同时代有影响的著作如薛俊《日本国考略》、郑若曾《筹海图编》卷2和《郑开阳杂著》卷4所记的内容，进行了仔细比对，发现《日本风土记》卷1十个子目中，除了"畿内部"一目有目无文之外，其他各目的内容，则完全抄自郑若曾的著述，卷2三十七个子目中，有十七个子目的内容来自薛俊的《日本国考略》(以下简称"薛书")。于是，笔者对其中的内容也一一做了比对，发现它在因袭"薛书"内容时，有以下几种情形：

第一是完全照抄。如"沿革""疆域""畿州郡岛""属国""贡物"五目，全部抄自"薛书"的"沿革略""疆域略""州郡略"和"属国略""贡物略"。不过，它在抄录时，既有抄错的地方，如将"薛书""州郡略"中的"相模""播摩""丹波"等地名，抄成了"相摩""摄摩""丹渡"等；也有改"薛书"错误的地方，如"薛书""沿革略"一目的最后数语是"其性多狙诈狼贪，往往窥伺，得间则肆为寇掠，故边海复以倭寇日之，苦其来而防之密也"，《日本风土记》将"故边海复以倭寇日之"中的"日"字，改为"目"字，遂使其上下文的意思通畅无阻。第二是照抄并有所增加。如"山川"一目，照抄"薛书"的"阿苏山"和"寿安镇国山"外，又增加了"硫黄山"和"日光山"二山；"土产"一目，除照抄"薛书"土产种类之外，又在每类土产下注明了产地；"朝贡"一目，将"薛书"记自汉武帝至明嘉靖二年争贡事件的内容照录以外，又增记嘉靖十年、二十二年、二十七年、三十二年和三十六年五次日本遣使通贡的情况。第三是删改而有所增加。如"国王世传"一目，根据"薛书"的"世纪略"一目删改而来之外，最后增加了"至今尚以天皇为号，迩来天文天皇乃当世也，传永禄天皇，我国嘉靖庚申，彼国号天正元年"数语。第四是析一目为二目，或五目，大量增添其有关内容。如"薛书""制度略"一目析为"君臣礼节"和"法度"二目；"风俗略"一目析为"风俗男子""妇人""居室""丧事""祭祀"五目。这样做不仅为记述更多的内容提供很大的空间，而且也说明其分目更趋细致和科学。此外，《日本风土记》因袭"薛书"的时候，凡是薛俊的有关按语，则往往删而不录。

最后是它开辟了新的栏目，使记载日本国情的涵盖面和范围比前人扩大了许多。涉及了日本地理环境、政治制度、经济活动、商业货币、生活状况、风俗人情、婚姻嫁娶、语言爱好、诗词歌赋，以及中日两国间的人员往来等各个方面。这些内容的记述可以说在中国是破天荒的，是首次呈现于中国人面前的新知识。如关于日本当时商业、商品交换的情况，该书是这样记载的，"日用柴米油盐菜蔬等物，皆肩于市货之。各色货物除铺店不移者，其各处地方皆有集市，例定日期，大小贸易皆运至集交易"。对一些生活必需日用商品的价格，也做了一些介绍，即"每米一石，常价一两；以一石较之中国之斛，约有三石。绢缎有花素之分，每素绢值银二两，花绢值三四两，如大红绢缎值银七八两。布有冬夏，其价不等，多不过七八钱。缎绢布匹，总不满三丈。每丝一斤，值银二两五钱。其余货物，皆依时价，无定额矣。"该书卷2"商船所聚"一目，对当时日本商船货物的集散地更是做了较为详细的介绍，称"国有三津"，即"坊津(今鹿儿岛县伊佐郡)""花旭塔津(今博多)"和"洞津(今三重县安浓津)"。此三津"乃人烟辏集之地，皆集各处通番商货"。"坊津为总路，客船往返，必由此而过。花旭塔为中津,地方广阔,人烟凑集,商贾等项,无物不备。洞津为末津,地方又远,与山城京都相近,货物或备或缺不一。"在花旭塔津又有一街,名大唐街,是"唐人留恋于彼,生男育女者有之"。而明朝商人则大多都聚住于此。该书还记述了鸟铳、火药等传入日本后,很快为其所掌握的情况,"鸟铳原出西番波罗多伽儿国(葡萄牙)、佛来释古(西班牙)者,传于丰州铁匠,近来本州铁匠造鸟铳一门,价值二十余两,用之奇中为上,其别州虽造,无此所制之妙,其价所值不多。火药亦得真传,用梧桐烧炭为领,次取焰硝滚水煮过三次,硫黄择其明净者和匀。每铳用药二钱,多弹远中。四季各有加减之方,一铳总按三弹横直分发,皆火药之秘法也"。诸如此类的记述,不胜枚举。这些记载或多或少反映了当时日本国内的实际情况,无疑为明朝人认识和了解日本提供了比较可靠的信息。

此外,最值得注目的是该书卷3、卷4的内容。如作者在卷3"字书""以路法字样"二目里,将日本文字从字母构成、文字特点、应用、书写,到读法和读音,皆一一列出,尽管其中的注音不很标准,甚至有错误和费解之处,但把这四十八个字母的写法和读音全都写出来,为中国人学习日本语,了解日本文字提供了方便,这不能不说是一个有益的创举。"歌谣"一目,作者介绍了三十九首日本歌谣,皆以草书(日文平假名)为主,旁注汉字音,后附"呼音、读法、释音、切意"四栏,尤其是"切意(翻译)"部分,忠实地翻译出和歌的原意,表现出和歌优美的诗情画意。因其优雅不俗,不妨再引录几首:

秋田晓露:秋田收稻,结舍看守;盖荐稀疏,我衣湿透。

冬花春发:何园开这花,冬到已藏华;遇春开遍苑,原是这枝花。

年内立春:年内立春,已一年别;算旧年节,当今年节。

摘花遇雨:摘樱逢暴雨,衣衫左右湿;花下堪遮躲,淋漓睡不得。

云山苔石:白云横罩,山腰如系带;绿苔深结,岩头似着衣。

然而,该书也还存在着一些不尽人意的地方。如记载有关日本当时的政治、行政运作体制方面的内容不够系统,有些记载还停留在隋唐、宋元,甚至更早陈寿撰《三国志》的时代;误记误载之现象也间或出现等。这些情况的产生,毋庸置疑,与它获取有关信息的途经和手段有着一定的关系。如前所述,该书卷2中的部分记载因袭了"薛书",而"薛书"中大部分内容"是根据旧史,特别是记载日本事情较详的《魏志》和《隋书》《宋史》,薛俊只加以分类排比而已。当薛俊在分类排比中,也做了简化和改动;这些改动,由于薛俊本人并不了解日本事情,或者可以说是完全无知,因此改出了不少笑话"①。加上作者未曾亲临日本国土进行实地考察,所有知识均采自来往于两国间的商人、使臣等。更何况日本"山城以东,地方广邈,虽倭奴远服贾者,不能阅历而知,况华人乎?故其岛之数可考(按旧图,山城以东:中

---

① 汪向荣:《中日关系史文献论考》,岳麓书社1985年版,第228页。

为近江、伊贺、尾张、三河、美浓、飞弹、信浓、上野、陆岙；北边海为但马、丹后、若佐、加贺、越前、越中、越后、出羽、甲裴、常陆；南边海为摄摩、摄津、太和、河内、远江、骏河、伊豆、相摩、武藏、下野；东北悬海则为佐渡；在南悬海则为志摩七岛、上总、下总、安房)，而其间广狭至到，有不能考者，今姑据之所闻者述之"①。

尽管如此，《日本风土记》在当时仍然不愧为一部记述日本国情比较详细的著作，是今人了解和研究明朝人认知日本程度的颇有价值的著作之一。

原文载《兰州大学学报》2006年第1期
作者：李小林，南开大学历史学院教授、博士生导师

---

① （明）侯继高：《日本风土记》卷1《倭国事略》，日本内阁文库藏万历刻本。

兰晖堂本《十六国春秋》的性质及其影响

王　薇

　　明万历三十七年(1609)，嘉兴兰晖堂百卷本《十六国春秋》问世，该书由嘉兴文人屠乔孙、项琳之编订而成，仍题北魏崔鸿撰。这部中国北方少数民族史虽在当时并未引起太多反响，却在百年之后备受质疑与诟病，被斥为伪书。其后，该书虽为世人反复翻刻，大量征引，其"伪作"的定性却在数百年间难有改变。

　　近年有学者对兰晖堂本《十六国春秋》(又简称"屠本")真伪及价值重加考证，认为该书"是依残本的辑补本"①，"其取材皆有所据，并非杜撰"②。但这种辨析尚未引起学界的足够重视，随着近年对《十六国春秋》史源的探查，反而出现兰晖堂本"伪作"评价被不断强化的倾向。

　　本文拟对兰晖堂本《十六国春秋》做进一步探讨，就清人"伪书说"详加辨析，并以此为例，对明代的古籍整理特点略做评述。

一、兰晖堂本《十六国春秋》"伪书"说的提出及延伸

　　对兰晖堂本《十六国春秋》真伪的质疑，首先出现于清乾隆间，全祖望、钱大昕、王鸣盛等都明确指出，此系明人"伪为"之书。在《答史雪汀问十六国春秋书》中，全祖望最先提出"假托"说："有明中叶以来，居然有雕本百卷行世，一二好学者以其久没不见视为拱璧。若以愚观之，则直近人撮拾成书，假托崔氏，并非宋时所有也。"③明中叶的百卷雕本，即指万历三十七年兰晖堂刻本。

　　全祖望"伪书说"理由主要有三：1.原书"宋已鲜传"："晁说之述温公语谓，当日所见疑非原本，而鄱阳马氏《通考·经籍考》中不列是书，则在宋时已鲜传者。"2.内容残缺："当十六国时，伪史最多……崔氏尽取而裁定之，勒为百卷，外别有《年表》一卷，《序例》一卷。""温公《通鉴考异》引鸿《年表》，则当是时《年表》必尚未失，而今本并无有。又《本传》称鸿书皆有赞、序、评论，'论'在《通鉴》亦多引之，今本但取《通鉴》所引附注传尾，尚得谓非赝本耶。"3.体例谫陋："崔氏今本有同一事而三四见者，况其列传大都寥寥数行，不载生卒，不叙

　　① 汤勤福：《关于屠本六国春秋真伪的若干问题》，《求是学刊》2010年第1期。
　　② 陈长琦、周群：《十六国春秋散佚考略》，《学术研究》2005年第7期。
　　③ (清)全祖望：《鲒埼亭集外编》卷43《简帖·答史雪汀问十六国春秋书》，清嘉庆十六年刻本，第3页。

职官。""东涂西抹，痕迹宛然，是不辨而自见者。"①

其后王鸣盛的考证进一步支持了全祖望的结论：1.将原书亡佚时间提前至五代及宋之际："此书《隋志》一百卷，《唐志》一百二十卷，至《宋志》则无之。盖当五代及宋初而亡。"2.点名造伪者为屠乔孙、姚士粦、贺灿然等："明槜李屠乔孙迁之刻，贺灿然为序者，亦为一百卷，乃乔孙与其友人姚士粦辈取《晋书·载记》《北史》《册府元龟》等书伪为之，非原本。"②

钱大昕的论断与全祖望也大体一致：1.将书亡佚时间更加提前："宋人已无见此书者。""考《宋史·艺文志》《崇文总目》，晁、陈、马三家书目不载崔鸿《十六国春秋》，则鸿书失传已久。"2.补充造伪者还有项琳之、朱国祚："明万历中嘉兴屠乔孙、项琳之所刊，前有朱国祚《序》，几百卷，盖钞撮《晋书·载记》，参以它书，附合成之。"3.内容罅漏显然："又考《北史·崔鸿传》：鸿既为《春秋》百篇，别作《序例》一卷，《年表》一卷，今本无《序例》《年表》。""又鸿子子元奏称亡考刊著赵、燕、秦、夏、西凉、乞伏、西蜀等遗载，为之赞序、褒贬、评论，今本有叙事而无赞论，此其罅漏之显然者。"③

可以看出，清代主流学派对兰晖堂本《十六国春秋》的评判十分严厉，并将其列为"明人好作伪"④的例证。

嗣后的《四库全书总目提要》几乎完全采纳全、王、钱之说："是亡于北宋也，万历以后，此本忽出，莫知其所自来。""考刘知几《史通·探赜篇》曰：鸿书之纪纲皆以晋为主，亦犹班书之载，吴项必系汉年，陈志之述，孙、刘皆宗魏世。乔孙等正巧附斯义，以售其欺。""此本无赞、序……无《表》，是则检阅偶疏，失于弥缝耳。"⑤

《四库全书总目》为兰晖堂本《十六国春秋》做了伪书的定性，从此各家评价多沿袭以上说法。袁枚以其内容证实"其伪无疑"："名为一百卷，而事迹寥寥，皆《晋书·载记》之唾余，断非崔鸿之旧本。按《北史·崔鸿传》极言所书十六国慕容改号、姚兴被擒之误，又称李雄《蜀书》未得，则此书之传至今者其伪无疑。"⑥周中孚径以"伪本"著录："明嘉兴屠乔孙、项琳之伪本也"，"盖其才力只能鸠合众书以成书，而不能独抒己见，自铸伟词故耳"⑦。姚际恒《古今伪书考》也将其列入《史部·伪书》类。终有清一代，兰晖堂本《十六国春秋》的伪书结论未有改变。近代学者梁启超以此书为例，将其誉为清人辨伪之"可贵"成就："不在其所辨出之成绩，而在其能发明辨伪方法而善于运用。"⑧

与之不一致的评价同时存在，如王昶谓"该书目录后列乔孙及同校姓氏十人，非仿旧翻

① （清）全祖望：《鲒埼亭集外编》卷43《简帖·答史雪汀问十六国春秋书》，第4页。
② （清）王鸣盛：《十七史商榷》卷52《崔鸿十六国春秋》，乾隆五十二年洞泾草堂刻本，第2页。
③ （清）钱大昕：《十驾斋养新录》卷13，清嘉庆九年刻本，第10页。
④ （清）钱大昕：《十驾斋养新录》卷13，第10页。
⑤ （清）《四库全书总目》卷66《史部·载记》，清乾隆武英殿刻本，第10页。
⑥ （清）袁枚：《随园随笔》卷3《诸史类》，清嘉庆十三年刻本，第13页。
⑦ （清）周中孚：《郑堂读书记》卷26，1912年吴兴丛书本。
⑧ 梁启超：《中国近三百年学术史》，复旦大学出版社1985年版，第352页。

刻之本,非出伪造明甚"①;黄本骥以为"寻撷十有六国八十余年善恶兴废之迹,亦由屠项搜辑之功,与他伪书异也"②。但这种宽容态度在清代影响甚微。

二、崔鸿《十六国春秋》存佚的再考证

崔鸿《十六国春秋》是否久佚,是辨析清人结论是否正确的依据③,也是确定兰晖堂本《十六国春秋》性质的关键所在。

近年来,多名学者从书目著录和史料记载各角度考证指出,元明以来仍有《十六国春秋》残卷流行,清人对崔鸿《十六国春秋》亡佚时间的论断不够准确。清人以书目著录为据,称《十六国春秋》亡于五代、北宋间,其理由是宋元书目未见著录。已有学者指出南宋尤袤的《遂初堂书目》"伪史类·夷狄附各国史后"条下有"《十六国春秋》"的记载。④

值得注意的是,清人考证完全无视明清二代的相关著录,因此无法解释这一时期出现过的多种有关《十六国春秋》的记述与著录。

1.明代对《十六国春秋》的记述与著录,为考察《十六国春秋》存佚提供了重要线索

首先,明人关于完本《十六国春秋》的记载,是对清人结论的最大挑战。

明代戏曲家梅鼎祚曾在致书法家许光祚的信中提及:"绣水沈汝纳(沈士龙字)孝廉识之否? 其家有《十六国春秋》百二十卷。"⑤梅氏所言,在姚士粦《尚白斋秘籍序》中可以得到证实:"沈汝纳有《十六国春秋》百二十卷,倘能刻布,亦同好一大快也。"⑥许光祚生活于万历中叶,《尚白斋秘籍》刊于万历三十四年,由此推知,梅、姚言及的《十六国春秋》,显然是与兰晖堂本不同的一个完本,于同时、同城与之并存。此二例也证实,焦竑《国史经籍志》"《十六国春秋》一百二十卷"⑦的著录言之有据,并非"滥载"⑧。

另一个完本,著录于祁承爜《澹生堂藏书目》:"《十六国春秋》一百六卷,十四册,魏崔鸿撰。前赵十二,后赵十二,前燕十,后燕十,前秦十,后秦十,南燕十,夏四,蜀五,前凉六,后凉四,西秦二,南凉三,西凉三,北凉四,北燕录三卷。"⑨此书实一〇八卷,其《前赵录》《南燕录》《西凉录》之卷数与兰晖堂本不同⑩。此书目编成于万历四十八年,再次证明,万历间另一与兰晖堂本不同的完本收藏于数百里外的绍兴祁氏藏书楼。

此外,旧本残卷也多见于明人的著录与考证。

---

① (清)王昶:《湖海诗传》卷43,清嘉庆八年刻本。
② (清)黄本骥:《三长物斋文略》卷4,清道光三长物斋丛书本,第6页。
③ 为叙述简便,本文将上述清代主流学派统称为"清人"。
④ 参见(宋)尤袤:《遂初堂书目·伪史类》,清海山仙馆丛书本,第10页。
⑤ (明)梅鼎祚:《答许灵长明府》,《鹿裘石室集》卷62,明天启三年玄白堂刻本。
⑥ (明)姚士粦:《尚白斋秘籍序》,载陈继儒辑《尚白斋秘籍》卷首,清康熙间刻本。
⑦ (明)焦竑:《国史经籍志》卷3《史部·霸史类》,明万历三十年刻本,第16页。
⑧ 《四库全书总目》卷87《史部·目录类存目》。
⑨ (明)祁承:《澹生堂藏书目》,清宋氏漫堂钞本。按,以书目载分卷数合之,实一〇八卷。
⑩ 兰晖堂本分别为十卷、三卷、三卷。

明人论北史,多言及《十六国春秋》,梅鼎祚《释文纪》多次谈及《十六国春秋》,杨慎《升庵集》有"近观《十六国春秋》,石勒下令,寒食不许禁火"语,知其手边曾有此书①,至迟在嘉靖间。现收藏于国家图书馆的钱氏在兹阁抄本《十六国春秋略》为今人仅见之明残卷,此书先后为清藏书家陈揆、瞿镛收藏,瞿镛题录云:"《十六国春秋略》十六卷,旧钞本,不著撰人,每国为一卷。专录伪主六十二人,诸臣无传,《崇文总目》作二卷,未知即其书否。冯已苍(冯舒字)以朱笔校过,跋谓此书向疑尽出《太平御览》,及校对始知亦有异同也。每叶心有'在兹阁'三字,卷首有钱印兴祖、希修、时孝延印诸朱记。"②冯舒,生活于万历、天启间,明代重要版本学、校勘学者。在兹阁抄本显然系与徐(火勃)《红雨楼书目》、赵琦美《脉望馆书目》著录之《十六国春秋》残卷不同的另一种摘抄本。

2.清人著录也证明,至清代中叶仍有旧抄本《十六国春秋》流传

康熙间编成的《汲古阁珍藏秘本书目》著录有"《十六国春秋》二十本,二套",是清代有完本的证明。毛扆题解云:"旧抄本。此乃崔鸿真本,今世正史中纪载'伪为之'③。当年世无刻本,此从宋板抄出者。六两。"④

据毛扆后人毛琛跋语"琛从曾叔祖手写与潘稼堂先生底本",知此系毛扆抄与清藏书家潘耒的鬻书目录,著录信息当清晰准确。"当年世无刻本,此从宋板抄出者",说明此据宋板,且先于各明代刻本;"旧抄本",以毛氏不藏万历后图籍的惯例判定,抄成当早于万历间。由此推知,汲古阁抄本是早于兰晖堂本的完本,流传至清代。

乾隆间孙庆增(字从添)《上善堂原本精抄书目》也有完本《十六国春秋》著录:"旧抄《十六国春秋》一百二十卷,缺四十六卷,叶石君藏",该书并有叶氏跋文⑤。孙庆增以藏书考究著称,叶石君,名树莲,明末清初著名藏书家,亦以校书精严著称,时人论其收藏:"皆手笔校正……称为第一。叶氏之书,至今为宝,好古同嗜者赏识焉。"⑥二人对该版本的鉴定当真实可信,是为明抄完本《十六国春秋》存至清中叶的证据。

残卷《十六国春秋》也见于清代著录。如《稽瑞楼书目》著录有《十六国春秋》残卷一册⑦,《八千卷楼书目》有"《别本十六国春秋》十六卷,旧本,亦题崔鸿撰。旧抄本"⑧等。另据陈长琦、周群先生考证,清人戴璐《藤阴杂记》记载康熙吏部尚书宋荦亦曾购得《十六国春秋》残本,赋诗记之。⑨

可以得出的结论是,北宋以后,崔鸿《十六国春秋》并未消失,南宋及明,乃至清代仍有

---

① 参见(明)梅鼎祚:《释文纪》卷9,明崇祯四年刻本;(明)杨慎:《升庵集》卷68,明刻本,第15页。

② (清)瞿镛:《铁琴铜剑楼藏书目录》卷10《史部三》,清光绪常熟瞿氏家塾刻本,第19页。

③ "伪为之",系王鸣盛评价兰晖堂本所言,非指此本。

④ (清)毛扆:《汲古阁珍藏秘本书目·抄本类》,《士礼居丛书》景明钞本,第7页。

⑤ 参见(清)孙庆增:《上善堂宋元板精抄旧抄书目》,瑞安陈氏刻本,1929年。

⑥ (清)叶昌炽:《藏书纪事诗》卷4,清宣统元年叶氏家刻本。

⑦ 参见(清)陈揆:《稽瑞楼书目》,收入《小榭丛书》,清光绪三年刻本。

⑧ (清)丁立中:《八千卷楼书目》卷5《史部》,钱塘丁氏刻本,1923年,第30页。

⑨ 参见陈长琦、周群:《十六国春秋散佚考略》,《学术研究》2005年第7期。

若干抄本流传,这完全有可能成为屠乔孙等编订《十六国春秋》的底本或依据。

三、兰晖堂本《十六国春秋》问世的再辨析

兰晖堂本除简扼校文外,正文中少有后人编订增删的记录,从而加大了后人辨析真伪的难度。然而,从原书序跋及校勘者信息入手,深入考察,依旧可部分了解该书刊刻原委,并判断其性质。

1.兰晖堂本《十六国春秋》并非欺世之作

从外观版刻款式看,该书不可以伪造。

首先,各序文皆清楚署名,陈述此书编订校勘的原委、宗旨和意义。其中朱国祚、甘士价、贺灿然等序为作者手写,尤其朱国祚序笔法遒劲,难以伪造。其次,所有参校者皆公开列名。卷首分署"就李屠乔孙订,项琳之同订"和"陈继儒、姚士粦、赵昌期,沈士龙、屠中孚、卜万祺、曹仲麟、项鼎铉、沈汝霖、屠懋和同较"两项;正文各卷末可见本卷校订、编次者姓名,与当时文人整理图籍的流行做法完全相符。再者,兰晖堂本经过校勘。各卷内皆有校文,以双行小字注于正文下。如卷一"河瑞元年春正月辛丑"句下,有"《晋志》作庚子"注语,可知《晋书》曾被用于校勘。卷十一"世子段疾陆眷"句下,有"疾陆二字,一作就六"注语。考《晋书》作"就陆眷"①,也与兰晖堂本不同,可知校本非据《晋书》。

就序文分析,该书的编订者也并非作伪。

兰晖堂本刻于万历三十七年,后多次印刷,分别存朱国祚、甘士价、贺灿然、史树德、屠中孚、屠乔孙、项琳之等七序②,各序皆明言书为屠、项整理之本。

列名序首的是朱彝尊曾祖父、东阁大学士朱国祚。朱氏身居高位、德高望重,既为嘉兴藏书家,又与项氏为姻亲,与屠氏为世交,受托作序,顺理成章。其序简扼说明该书经由屠、项多人补编而成:"《十六国春秋》者,魏崔鸿所记五胡乱华事也。自《晋书》有《载记》而此书不传久矣。屠侍御之孙乔孙搜逸得之,与项生琳之诸友校雠其阙,于是此书遂完。"

甘士价、贺灿然、史树德三人皆万历江浙或嘉兴地方官,三人序文虽分别刊于不同印本,但足见时人对该书的关注。

吏部员外郎贺灿然以长序论述兰晖堂刻本经屠、项"沉洽六籍,泛滥百家,乃博考旁稽,缀遗搜逸"而成的价值③,浙江巡抚甘士价序亦指出,《十六国春秋》"近代缺焉,几不知有其书",幸得屠项"抉诸先世之藏,补逸订讹,售梓以传"④。

屠中孚,兰晖堂主人屠应埈孙,嘉兴秀才。其序论及该书的辑佚过程:"(崔书)厥后稍

① 《晋书》卷63《列传第三三》。

② 笔者原看过朱国祚、甘士价、贺灿然、屠中孚、屠乔孙、项琳之六序,笔误作"五序",参见王薇:《十六国春秋考略》,《古籍整理研究学刊》1993年第3期。近年梶山智史访得另一有史树德序印本,见其《屠本十六国春秋考:编纂状况及意图》,《国际青年学术会议暨第二届清华青年史学论坛论文集》,清华大学历史系2010年印行。

③ 参见王薇:《十六国春秋考略》,《古籍整理研究学刊》1993年第3期。

④ (明)甘士价:《重刻十六国春秋序》,万历三十七年兰晖堂本《十六国春秋》卷首。

稍流传,残阙散佚,挂一漏万,卒不获与正史颉颃并翔海内,经生不睹其全……吾友群玉与吾侄迁之两人,腹笥充栋,淬精枯髓,丘坟典籍,亡不窥测。于是编尤费稽求,参伍印订,因其遗文,综为全简。"再次证明兰晖堂本是汇录补辑"残阙散佚"的结果。

屠乔孙、项琳之序文是考证兰晖堂本由来最重要的依据:"崔鸿彦鸾旧有《十六国春秋》一百卷,始终递变之机,善恶兴衰之故,足以昭湮失而垂劝戒者,严且备矣。第世远言湮,全帙废坠,卒不获与正史并传不朽。余与迁之窃相悯,用是多方采拾,编次遗忘,上下二百余年,更历数十余世如指诸掌,宛在目前。虽耆蔡不逮前修,而葑菲可备逸史。故略述其梗概如此。"[1]"崔散骑《十六国春秋》之录迹,其搜两晋遗事,稽列国掌故,故成一家言。俾十余国百余年行实不致声消影绝而无传……至于今,残缺沦亡,学士罕得睹其全,余窃痛之。顷以读礼余间,共中表项君博彩赜探,诠次补葺,爰经日月,渐克成编。虽当年载笔之旧不无阙遗乎,而究不沫古人用心之勤矣。"[2]

该二序清晰表明:1.痛惜鸿书已"全帙废坠,卒不获与正史并传不朽"。2.此书非原书,而是经"博彩赜探,诠次补葺,爰经日月,渐克成编"。3.目的明确:"可备逸史",传崔鸿"一家之言",使世人明"始终递变之机,善恶兴衰之故"。

屠序以及鸿书《序例》《年表》:"崔氏百卷之外,又别作《序例》一卷,《年志》一卷,今已无可得而观。而晁说之称,司马公休言温公所考《十六国春秋》犹非鸿当日全书,则吾以方谢氏之碎金,等昆山之片玉耳,安知夫坟索金石之篇,昭昭流在人间者,毫不漏古书之片言。"可见编订者虽"多方采拾",但未能辑录当年单行的《序例》《年表》,只得放弃。

可以看到,各序无一不了解鸿书流失已久,无一不明言兰晖堂本是辑佚补订之书,谓其"巧附斯义,以售其欺"[3]是没有道理的。于敏中《天禄琳琅书目》曾云:"朱国祚序称:此书不传已久,屠侍御之孙乔孙与诸友校雠其阙,于是此书复完……是此书为明代新刊,非仿旧翻刻之本。"[4]正是以书序做出的客观论断。

乾隆间兰晖堂本被编入《四库全书》,采用"安徽巡抚采进本",书首各序尽被剔除。嗣后,仁和汪日桂翻刻兰晖堂本,又以自序取代全部原序,如此,完全掩盖了明人辑佚补订《十六国春秋》的事实。清人在明知诸序内容前提下,避而不谈,故弄玄虚,这与乾嘉之际严谨考证的学风完全不符。

2.兰晖堂本的刊出是嘉兴文人正常的辑佚活动

对参加者身份及相互关系的考察,亦可从另一角度了解兰晖堂本刊出的文化背景。

从嘉兴人物传记和地方文献的记载看,兰晖堂本的参与者皆为万历间嘉兴文人,他们或富于藏书,或擅长校勘考订,并与明中后期嘉兴的藏刻活动有着千丝万缕的联系。

① (明)项琳之:《重刻十六国春秋序》,万历三十七年兰晖堂本《十六国春秋》卷首。
② (明)屠乔孙:《重刻十六国春秋序》,万历三十七年兰晖堂本《十六国春秋》卷首。
③ 《四库全书总目》卷66《史部·载记》,第10页。
④ (清)于敏中编:《天禄琳琅书目》卷8,《景印文渊阁四库全书》第675册,台湾商务印书馆1986年版,第520页。

首先是屠、项家族成员。屠、项皆嘉兴藏书大家，"两家璧相映"，互为姻亲。兰晖堂主人屠应埈和天籁阁主人项元汴的子孙后人或亲戚十余人参加了《十六国春秋》的整理与编刻。

编订者屠乔孙，嘉靖进士、庐州知府屠仲律孙，致力于前代旧籍的整理编刻，其高祖康僖公屠勋的《太和堂集》、曾祖屠应埈的《兰晖堂集》也经手编，以兰晖堂名刊出。序作者屠中孚（分校卷57、58、60、88、89），乔孙从叔父，嘉兴藏书家黄洪宪婿。"博及群书，精研理学"，"德行文学两者兼备"，富于校勘经验，同时参与《宝颜堂秘笈》的编订校勘。天启间嘉兴修志，"一切网罗编辑皆中孚为政"①，先后编订《历代文汇》等十余种地方文献，并著述有《联合轩杂著》等数十卷。其文集《重晖堂集》遭四库馆臣以"均有偏谬"而列入《删毁书目》。②屠乔孙从弟、藏书家沈自邠婿屠懋和也列名校勘者。③

项氏家有天籁阁、万卷堂、白雪堂、济世堂等多个书楼，长于宋元珍本收藏。五位项元汴后人列名编订校勘者：项德明（校卷85），字鉴台，项元汴子，嘉兴收藏鉴赏家，书画鉴定与其父齐名。项德弘（校卷66）项元汴子，亦擅长书画鉴定，曾主持天籁阁书画碑帖的刊印，校补《兰亭考》《兰亭续考》。项德棻（校卷90）又名项梦原，元汴从子，万历进士，官刑部郎中，既精通版本，又长于辑佚考证。家有宛委堂，编刻《古今图籍》④、《研北杂志》，名重江南。著有"《宋史偶志》《石门避暑录》《项氏经类》诸书"⑤。项鼎铉（校卷54），万历进士，元汴从孙，沈德符妹丈，尤擅鉴定校勘。著《名臣宁攘编》《秀水县志》《呼垣日记》等，文集《魏斋佚稿》被四库馆臣列入《全毁书目》。惟编订者项琳之不见经传，仅知其曾在万历三十三年辑录《酉阳杂俎》轶文给辑佚者赵琦美，"续所未备"⑥。《十六国春秋》成书后，也参与了《宝颜堂秘笈》编订校勘，编次宗懔的《荆楚岁时记》，辑录轶文四十八条⑦。

此外，项氏姻亲、东林党人沈思孝之子沈士龙（字汝纳，万历举人）、沈士皋，参加了卷43.68的校勘。二人家富藏书，擅辑佚旧籍，同为《宝颜堂秘笈》的校勘编订者。士龙从弟沈德先（校卷67），字天生，曾坐馆于项氏。《十六国春秋》刊出之年成举人⑧，后官国子监学录、刑部主事。家有书楼尚白斋、亦政斋，《宝颜堂秘笈》之刊刻主要赖其完成。

另一位项氏表亲是权臣赵文华嫡孙赵昌期（文华入赘项氏，其后人以秀水为籍）。他十岁中举，参校时尚不满十七岁。《十六国春秋》刊出次年，以十八岁登进士第，官婺源知县。

上述可知，屠项两家参加者皆精通版本，具有长期、丰富的收藏、校勘、辑佚经验，构成兰晖堂本编订校勘基本的实力背景。

① 崇祯《嘉兴县志》卷14《人物志》，书目文献出版社1991年影印本。
② 参见（清）姚觐元：《清代禁毁书目四种·抽毁书目》，清光绪《咫进斋丛书》本。
③ 卷首十"同校"者中，赵昌期、卜万祺、曹仲麟、沈汝霖、屠懋和等并无具体勘校记录，另卷18、34、56末有原因不明的涂黑印迹。
④ 参见（清）钱谦益：《绛云楼书目》卷2，清嘉庆钞本。
⑤（清）盛枫：《嘉禾征献录》卷5，清抄本，第19页。
⑥（明）赵琦美：《酉阳杂俎序》，明汲古阁刻本；（清）蒋光煦：《东湖丛记》卷5，清光绪九年缪氏本。
⑦ 参见《宝颜堂订正荆楚岁时记》，题"梁尚书宗懔撰，明就李项琳之编次，陈皋谟校"。
⑧ 参见雍正《浙江通志》卷140《选举》，《景印文渊阁四库全书》第519册，第639页。

其他校勘者亦不乏嘉兴重要文人,与屠项家族多为故交,吟诗观画,撰文作序,长期往来。

著名学者陈继儒(校卷23),万历间居嘉兴,著述讲学,不仅曾与屠应埈"同馆"[1],也是项家塾师、世交,往来密切。陈为兰晖堂校勘《十六国春秋》同时,项、屠两家也多参与《宝颜堂秘笈》编刻,如屠中孚校勘《祈嗣真诠》、项琳之编次《荆楚岁时记》、项德棻编订陆友《研北杂志》二卷等。从沈德先"今年来馆项稚玉家,余益搜得其秘,乃稍为取所杂著厘定"的序文并可知,项氏藏书亦为编刻《宝颜堂秘笈》所用。[2]

嘉兴重要辑佚、考据学者姚士粦(校卷77—80),亦屠氏旧交。早年游于东林党人沈思孝门,后"以订正古文疑义为事",精校勘,成就斐然,"东南诸名家,一时拱手逊之"[3]。校辑《十六国春秋》前,助冯梦祯校刻史籍,"南北监本多出叔祥(士粦字—引者注)之手",并积累了丰富的南北朝史料。后与著名学者胡震亨、沈思孝子沈士龙等编校《秘册汇函》,并"跋尾各为考据,具有原委"[4]。与陈继儒、沈德元同刻《宝颜堂秘笈》,并辑录有《后梁春秋》《北魏春秋》,谙熟北方少数民族历史。又编订陆绩《陆氏易解》,校订《两浙名贤录》等[5],天启间受聘分纂《嘉兴县志》。

太仆寺丞、刑部郎中赵琦美(校卷53),江南"藏书之最著名者",收藏以宋元旧本见称,并藏有《十六国春秋》残卷。擅版本目录之学,校勘、抄录,编刻书达三十余种。校勘《十六国春秋》前,曾刻宋人吴缜《新唐书纠谬》,抄校历代杂剧。著有《脉望馆书目》《赵氏铁网珊瑚》《脉望馆抄校古今杂剧》等题跋书目,名震江南。

万历中,大型丛刻《宝颜堂秘笈》编印与《十六国春秋》勘订同步展开,兰晖堂本的校勘者多人同时加入《宝颜堂秘笈》的整理:如国子监生陈泰交(校卷61、87),工于诗文,一向与项氏交往密切,项皋谟曾为其《尚书注考》作序,著有《尚书注考》《嘉禾征献录》;医家殷仲春(校卷84),精医术,又通六籍,与项氏、陈泰交互有诗文书画字交往,收藏、辑佚多医籍、佛经,所编《医藏目录》为现存最早医科目录。又如嘉兴藏刻书家郁嘉庆(校卷82)、郁之骥(校卷69),陈继儒门生,"喜结客收书,家亦以是尽"[6],《宝颜堂秘笈》所用书,大多来自其家。

上述可知,兰晖堂本《十六国春秋》的编订,只是万历间嘉兴文人活跃的旧籍辑佚整理活动的一部分,参加者也多为嘉兴学者、藏书鉴定名家,他们富于版本、目录、校勘、辑佚的经验,并各有成就,无根据视他们参加的校勘为作伪。是为兰晖堂本刊刻非属伪作的另一理由。

---

① (明)陈继儒:《见闻录》卷4,明万历《宝颜堂秘笈》本。
② 参见(明)沈德先:《宝颜堂秘笈序》,明万历《宝颜堂秘笈》本。
③ (明)李日华:《紫桃轩又缀》卷4,清乾隆三十三年刻本。
④ (清)钱谦益:《列朝诗集》丁集卷16《姚曳士粦》,清顺治九年毛氏汲古阁刻本,第41页。
⑤ 参见(清)盛枫:《嘉禾征献录》卷45、卷46。
⑥ (明)李日华:《紫桃轩又缀》卷2。

3.兰晖堂本的问世反映了明代整理旧籍的历史特点

首先,兰晖堂本《十六国春秋》的问世与明代中期以后江南士大夫整理旧籍的潮流同步。

明代中叶以后,经济发展,社会稳定,江南地区聚书活动日盛,藏书楼丛立,前代残存典籍的搜访收藏成就斐然,南宋以来严重的典籍散失趋势得到根本性扭转。

随着江南藏书风气的盛行,嘉兴地区进入了整理旧籍的活跃时期。士子交游中往往以补订、抄录古本为乐事,以传布珍藏、共享古本为目的,合力搜求前代残卷,如万历间,梅鼎祚、赵琦美、焦竑就曾以"抄书会"传阅珍本。

江南版刻业的发展,更推动了文人合力参与刊刻活动。各书楼崇尚"传布为藏,真能藏书",搜到异本秘书"靡不发雕,公诸海内,其有功于艺苑甚巨"①。如大型佛教经典《嘉兴藏》即是陆光祖、包柽芳、冯梦龙、朱茂时等文人与嘉兴高僧合力搜求,校刻而成;集众学者之力而成的《秘册汇函》《宝颜堂秘笈》等大型丛刻,也都是这一风气的产物。藏书家胡震亨曾云:"世上书,虽不易尽其存者,亦自有数。我江南得如子晋数辈,广搜异本,各称物力,举匠锓工传之。不数年,遗藏尽发,四部可大备。愚公欲移山,人咸笑之,而公谓不难,尽刻人间书故难,当不难移山也。"②这正反映了这一时期江南士人热衷于整理旧籍的心境。

兰晖堂本《十六国春秋》的编订,正是在此背景下开展的。一方面年久散佚的《十六国春秋》已有多个抄本、残卷著录流传,使兰晖堂复原旧貌成为可能,另一方面屠项家族与嘉兴善校勘者、藏书家往来密切,使兰晖堂得以借众学者之力校勘编订百卷全本。

其次,《十六国春秋》的刊刻,也受到江南繁华的书市贸易的推动。

明代中期以后出版业和图书贸易的发达,为前代旧籍的传播提供了商机,推动了江南旧籍刊刻出版潮流,私家藏书不断涌入市场,形成明代书市经济的一大景观。毛晋汲古阁、赵琦美脉望馆等皆为刊刻售书之大户,项氏宛委堂、万卷楼亦皆成为嘉兴著名刻书之处。

明人对于前代旧籍的追捧,不仅推动了散佚残本的搜求收藏,也使大批稀见图书加快了整理复原的速度。王完《百陵学山》、钟人杰《唐宋丛书》、吴馆《古今逸史》、周履靖《夷门广牍》及周子义辑刻《子汇》等丛刻的出现,证明了古籍重刊市场的繁荣。整理者并非一定是资深学者,却往往出自藏书之家。私家藏本一经补订校勘,往往迅速以原书名义推向市场,甚至形成一类仿旧新刊图书。

兰晖堂本《十六国春秋》全书装帧端整,镌刻精到,字迹清朗,名人作序,不仅以崔鸿百卷形式问世,而且申明各卷经名家手校,既为显示该书全备,在一定程度上也是为了迎合市场需求。

毋庸讳言,兰晖堂本《十六国春秋》在明后期江南编刻旧籍的风气下刊出,明显带有这一潮流的种种弊端。该书为人诟病的重要缺陷是编订者不明所用底本、校勘各书及去留改

---

① (清)朱彝尊:《静志居诗话》卷22,清嘉庆扶荔山房刻本,第29页。

② (明)胡震亨:《津逮秘书题辞》,《津逮秘书》卷首,上海博古斋1992年影印汲古阁本。

动,却径题"崔鸿《十六国春秋》","匿所自来,掩非已有,真书悉变为赝书"①,这是明中期以后旧籍辑佚的特点,也是书市经济对明代古籍整理严重的负面影响。

四、兰晖堂本《十六国春秋》性质与价值的再思考

应该看到,兰晖堂本《十六国春秋》的刊刻反映了我国明代旧籍整理的某些时代特征,对其进行实事求是的探讨与评价,可能会对学界明代文献整理成就的深入研究有所助益。

1.对兰晖堂本《十六国春秋》史源的推测

值得注意的是,多家书目的著录表明,一种一百二十卷本的《十六国春秋》一直在明清收藏中时隐时现。它初见于《旧唐书·经籍志上》(未著录作者)、《新唐书·艺文志二》"崔鸿《十六国春秋》一百二十卷。"对此,清人周中孚、姚振宗主观推定是两《唐书》"并衍'十'字"②。然而如前文所言,至迟到万历间仍有关于一百二十卷本的说法,从明焦竑《国史经籍志》、祁承爜《澹生堂书目》到清毛扆《汲古阁珍藏秘本书目》、孙庆增《上善堂原本精抄书目》也都有确切的收藏著录,描述十分具体。为此,清人吴骞叹曰:"(毛扆)云此是崔鸿真本,然则鸿真本犹未作广陵散邪?"③

更重要的是,兰晖堂校勘之士中也不乏《十六国春秋》旧本的收藏者。除脉望馆主人赵琦美自称有《十六国春秋》残本一卷外④,上文已指出,梅鼎祚、姚士粦都明确言及参加校勘的沈氏三兄弟之一沈士龙家藏有一百二十卷本《十六国春秋》!此论若可证实,兰晖堂本的史料来源便值得我们重新探讨,而这对学界长期以来所作《十六国春秋》史源及其性质的思考将产生根本性影响。

实际上,已有学者判定兰晖堂本《十六国春秋》有所依据。

清人莫友芝《邵亭知见书目》云:"屠、项刻此书于万历中,而毛氏家藏已有抄本,即使伪托,亦前人所为,决非二人自作自刻也。"⑤

当代学者赵俪生先生曾以逐字对校的方法,将兰晖堂本《十六国春秋》与《晋书·载记》比照后指出:"(傅山)'《载记》主要采自《十六国春秋》'的断语是可信的……今本《十六国春秋》在屠氏等十人整理付刻过程中虽然也留有这里动一动、那里动一动的痕迹(有些动是不高明的也是事实),但若干基本内容还是北魏末年搜集到的东西,明朝人造是造不出来的。"⑥

汤勤福先生亦断言书中有"不可能抄自其他诸书"的记载:"比较合理的解释,即它是原始文字。"并指出:"屠本记载比现在所见到的其他史籍内容更多,甚至有些内容未见其他诸

① (清)浦起龙:《史通通释》卷12《外篇·古今正史》,清乾隆十七年刻本。
② (清)周中孚:《郑堂读书记》卷26;姚振宗《隋书经籍志考证》卷14,民国师石山房丛书本。
③ (清)吴寿旸:《拜经楼藏书题跋记》卷2《正史·载记》,清道光二十七年刻本,第8页。
④ 参见(明)赵琦美:《脉望馆书目·伪史霸史》,清《玉简斋丛书》本。
⑤ (清)莫友芝:《邵亭知见书目》卷5,民国扫叶山房本。
⑥ 赵俪生:《〈十六国春秋〉〈晋书·载记〉对读记》,《史学史研究》1986年第3期。

书的记载,这是屠本依据残本辑补的重要根据!"①

从各序及相关文献记载看,《十六国春秋》的确经过屠乔孙、项琳之的加工,但这种修改正如赵俪生先生所言应当是局部的。屠、项二人是万历嘉兴的普通士子,以其工力,"抄撮《晋书·载记》,参以他书",即可将十六国的复杂历史撰为百卷完书,几乎是不可能的,参与校勘的二十余位嘉兴学者亦难以认可。

反观兰晖堂本内容之完备、笔力之严整、体例之规范,似其底本是当时某种相对完整、现成的版本。考朱国祚序所言"乔孙搜逸得之",当是指某残存之本,因据他书"校雠其阙,于是此书遂完"。否则就无法解释,在检索技术高度发达的今天,为什么人们遍考《晋书》《资治通鉴》等前代典籍,仍有大量记述史源不明。

2. 兰晖堂本《十六国春秋》具有较高的价值

综上所述,笔者认为兰晖堂本《十六国春秋》自问世以来一直具有较高的历史学价值。

崔鸿《十六国春秋》"考核众家,辨其异同,除烦补阙,错综纲纪",是系统记述、揭示中国民族发展及尖锐矛盾的鸿篇巨制,向为世人所重,并为《晋书》择录。后虽散佚,各种辑文仍长期为史家所参用。明人对《十六国春秋》史料的辑佚、引用亦十分普遍,可知该书重要的史学地位和影响。

清代至今,兰晖堂本虽遭到否定,但其利用价值并未降低。清代不仅在《四库全书》中全文刊载,而且多次翻刻,成为清人研究十六国历史必用之书。《四库全书总目》所云"考十六国之事者,固宜以是编为总汇焉",证明了兰晖堂本特有的历史学价值。当代魏晋南北朝研究中,兰晖堂本《十六国春秋》依旧是学界利用价值最高的文献之一。

明人大量编辑刊刻前代残存珍本,扭转了宋代以后图籍不断流失的趋势。明代学者的辑佚整理旧籍活动,是为坚持文化传统付出的努力,越来越为学界所重新认识。兰晖堂本《十六国春秋》稽录众籍,校勘刻印,反映了明代整理校勘古籍的一些方法与特点,是总结明代文献学成就、重新考察清人辨伪结论的重要例证。

兰晖堂本刊刻前后,崔鸿《十六国春秋》尚有多个抄本、残卷见于收藏。明末清初江南数罹兵祸,各书楼多毁,著录各本大多存佚不明。兰晖堂本多次刊印,改变了《十六国春秋》传抄无复本的局面,不仅崔鸿《十六国春秋》赖之广传,迄今也成为前述各版本之仅存者。

以澹生堂所藏一○八卷本目录与兰晖堂本比照可以看出,兰晖堂本《十六国春秋》虽与前者卷帙略有不同,但该书十六录的设置思路基本相同,因此兰晖堂本很可能准确保留了鸿书的基本框架。

由于《四库全书》本尽删兰晖堂本序跋,乾隆间汪日桂翻刻该本后冠以"汪日桂重订",又以"汪序"取代原本各序,从此兰晖堂本变为"汪本",使后人难辨是非真伪。而现存于各图书馆的万历三十七年兰晖堂刻《十六国春秋》,保留了诸序跋和原刻完貌,是今人了解《十

---

① 汤勤福:《关于屠本十六国春秋真伪的若干问题》,《求是学刊》2010年第1期。

六国春秋》源流始末的最重要的依据。

　　因而笔者依旧以为,兰晖堂本《十六国春秋》是万历间利用残本补辑勘订而成。该书的刊出,应被视为明代嘉兴文人利用当地丰富的古籍资源,以辑佚、补订、校勘的方法联手合作的一次整理古籍的活动。它既保存了我国北方少数民族历史的珍贵文献,也为今人考察评价明代旧籍整理的方法与特点提供了例证和依据。

原文载《南开学报》2013年第2期
作者:王薇,南开大学历史学院教授、博士生导师

文本中的伦理思想

——从《型世言》评点看陆云龙的义利观

雷庆锐

陆云龙是一位生活在晚明东南沿海地区从事书坊经营活动的下层文人,他一生不仅创作刊刻了许多部文学作品,而且对其所刊刻的作品都进行了评点,在这些评点中渗透着他对社会与人生的看法和思考。《型世言》是其弟陆人龙创作的一部拟话本小说集,它以明代现实社会为背景,通过对市井细民生活百态的描写与刻画,全面、真实地反映了明代社会的现实状况,而陆云龙正是通过对《型世言》的评点,鲜明地表达了他的义利观。

一

义利观念早在我国西周时期就已萌生,但作为理论形态的义利思想则是在春秋时期出现的。义、利作为两种不同的价值追求,分别指精神性价值,即伦理道德,以及物质性价值,即物质财富。在儒家议题中,义利之辩居于十分重要的地位。儒家义利之辩始于孔子,孔子把义视为行为的根本准则,他不仅用义来规范自己的行为,而且以是否合乎义来划分君子和小人。他说:"君子喻于义,小人喻于利"[①];"君子义以为上,君子有勇而无义为乱,小人有勇而无义为盗"[②]。意思是说,如果没有义作为最高道德准则,其他品格不管怎样都会被引向丑恶。在孔子看来,义处于社会价值体系中本体论的地位,它是一种具有独立自足价值的存在,无须于道德之外再去寻找其存在的依据,"君子之于天下也,无适也,无莫也,义之与比。"[③]义作为人的内在道德需要,在与其他需要(如利的需要)相比较中,被孔子视为一种根本性的需要或第一性需要,处于被优先考量的地位,这就是所谓的"义以为上""义以为质"。孔子认为,与义相比,利的需要则是第二性的,二者的地位是不对等的,即义重而利轻。可见,孔子是崇尚义的。

但在强调伦理道德即精神财富的同时,孔子并不绝对地排斥和否定物质财富。他对符合一定条件的利也是持肯定态度的。如郑国子产十分注重利,他制定出整顿田地、发展生产的治国方略,使郑国物产丰饶、社会稳定、百姓安居乐业。孔子对此表示赞赏,认为这是行君子之道,这种追求利的做法符合义。对于个人追求合理的、必需的物质利益,孔子不仅

---

① 杨伯峻译注:《论语译注》,中华书局1980年版,第39页。

② 杨伯峻译注:《论语译注》,第190页。

③ 杨伯峻译注:《论语译注》,第37页。

不反对,还给予积极的支持。他承认追求满足人们欲望的物质财富具有必然性和合理性。"饮食男女,人之大欲存焉。死亡贫苦,人之大恶存焉。"①这说明,孔子并没有把义与利绝对对立起来,他甚至坦言:"富而可求也,虽执鞭之士,吾亦为之。"②由此可见他求富的决心。这些皆表明在孔子看来,物质财富是人类社会的一种客观存在,是满足人类生存和社会延续所不可缺少的,对它的追求具有一定的必然性。但在义利关系中,孔子却始终把"义"这一道德原则放在首位,认为"义"是安身立命之根本,道德的价值高于物质利益,人的精神追求远比物质需要更有意义,即坚持"德者本也,财者末也"的观点。孔子的观点为儒家学派确立了"重义轻利"的基调。

继孔子之后,孟子进一步阐发了儒家的"重义轻利"观。孟子主张"仁政",尚义是不言而喻的。孟子说:"欲知舜与跖之分,无他,利与善之间也。"③当梁惠王问孟子将何以"利吾国"时,孟子对曰:"王!何必曰利?亦有仁义而已矣。……上下交征利而国危矣。"④因此,孟子亦认为"义"和"利"是绝对对立的,如果"后义而先利",势必会引起人们之间的冲突和争夺,乃至国灭君亡。但他又说:"若民,则无恒产,因无恒心";"今也制民之产,仰不足以事父母,俯不足以畜妻子;乐岁终身苦,凶年不免于死亡。此惟救死而恐不赡,奚暇治礼义哉?"⑤这里的"制民之产",就是希望老百姓都拥有一定的私有财产,能够安居乐业;从另一角度说,是希望统治者施行仁政,反对不顾民利的盘剥索取等暴政。他希望统治者使民"养生丧死无憾,王道之始也";"老者衣帛食肉,黎民不饥不寒,然而不王者,未之有也"⑥。这说明孟子实际上也并不完全反对利,他也讲利,讲符合义的利,讲能使百姓富足的利,即追求利必须以义为前提,必须与培养人们高尚的道德品质密切联系起来。荀子则比较明确地提出了"先义后利""以义制利"的观点。他说:"义与利者,人之所两有也,虽尧、舜不能去民之欲利,然而能使其欲利不克其好义也。虽桀、纣亦不能去民之好义,然而能使其好义不胜其欲利也。故义胜利者为治世,利克义者为乱世。"荀子认为无论是国家还是个人,都应当先义后利,以义制利。对于国家来说,先义后利就能够强大,先利后义就会弱小;对于个人而言,先义后利就能成为正人君子,先利后义,就会沦为小人。尽管荀子对利的态度比孔孟宽容得多,但仍然把义放在第一位。

至汉代,今文经学家董仲舒继承先秦儒家的义利观,提出"正其谊(义)不谋其利,明其道不计其功"的观点,并从人性论的角度做出论证。他指出,人生来就有精神和物质两方面的需要,"利以养其体,义以养其心"。从身这方面看,没有"利"的供养不得其安;从心这方面看,没有"义"的保养不得其乐。相比较而言,心的精神需求比身的物质需求更重要,所

① 王文锦译解:《礼记译解》(上),中华书局2001年版,第299页。
② 杨伯峻译注:《论语译注》,第69页。
③ 杨伯峻译注:《孟子译注》(下),中华书局1960年版,第312页。
④ 杨伯峻译注:《孟子译注》(上),第1页。
⑤ 杨伯峻译注:《孟子译注》(上),第17页。
⑥ 杨伯峻译注:《孟子译注》(上),第17页。

以，"义之养生人大于利。"董仲舒所说的"义"是指三纲五常一类维护封建统治秩序的道德规范，因而他的义利观受到统治者的欢迎，在封建时代成为不容置疑的信条。值得注意的是，董仲舒虽然发展了贵义贱利的趋势，但依然没有完全否认利的必要性。

总之，在儒家看来，义是人立身的根本，道德价值高于物质利益，精神需求比物质需求更为有益，提倡"义以为上、见利思义、以义制利"的道德原则。

陆云龙生活的晚明社会，商品经济得到了较大的发展，经济要素和物质要素的巨大增长促成了人们价值观念的转变，较为普遍地表现为人们对利益追求、物质享受和世俗情欲的肯定，形成了追金逐银、唯利是图的社会风气。但在经济发展的变化时期，经济活动是要有一定的规范性的，因而，传统的儒、释、道文化中对人的修养品行的教条含义，在人们的经济活动中仍然发挥着作用。特别是通俗的儒家思想，不但在士大夫乃至民间的伦理行为等方面都起着极大的指导作用，而且由于它不排斥物欲并讲求日用之道，所以也渗透进人们的经济活动之中。陆云龙是士人出身，曾充分接受了儒家思想的熏陶，因此，在他步入贾道之后便自然把儒家的价值观带到了经营之中，在义与利的实现问题上，他主张先义后利、见利思义。

在《型世言》评点中，他首先极力劝诫那些贪恋钱财、攫取横财之人要在道德规范容许的范围中取利。第九回《避豪恶懦夫远窜，感梦兆孝子逢亲》中的王喜，随军出征打了败仗，侥幸存活后从死亡的兵士身上搜得七八十两银子，得了笔横财，在他准备用此钱做笔生意之时，却遇上歹人将银子全数抢走，王喜又落得一无所有。陆云龙在旁评道："得横财的到底是空，可为殷鉴。"①横财即是不义之财，这是儒家所摒弃的行为，所以陆云龙极不赞成这种做法，在此劝诫世人不要攫取不义之财，要取之有道。

在第十二回《宝钗归仕女，奇药起忠臣》中，作者对钱财的得失有段描述："但拾人遗下的，又不是盗他的，似没罪过，只是有得必有失，得的快活，失的毕竟忧愁。况有经商辛苦得来，贫困从人借贷，我得来不过铢锱，他却是一家过活本钱，一时急迫所系。或夫妻子母至于怨畅，忧郁成病有之。甚至有疑心僮仆，打骂至于伤命。故此古来有还带得免饿死的，还金得生儿子的，正因此事也是阴德。"作者通过阴骘之说来劝说世人不要取横财，否则对人对己都无利处，陆云龙认为这段议论起到了"道尽俗情，唤醒人世"的劝说作用。作者在举了两例士人因拾金不昧积了阴德而中了状元的故事之后，发段感慨："人都道是富贵生死，都是天定，不知这做状元的，不淹杀的，也只是一念所感，仔么专听于天得？"陆云龙对作者的这一说法极为赞成，评道："大见解"。也表明了他对行善积德行为的看法，他认为只要出于自己的本心，富贵并不是靠天注定，而是自己的行为所致。

陆云龙的以义制利的思想还鲜明地表现在第三十二回《三猾空作寄邮，一鼎终归故主》的评语之中，一只宝鼎几易其手终归主人之手，那些乘人之危、巧取豪夺的不义之子，最终

① （明）陆人龙著，陈庆浩校点、王镆、吴书荫注释：《型世言译注》，新华出版社1999年版，第199页。

什么也没有得到。陆云龙在回末评中写道:"'黄金用尽教歌舞,留与他人乐少年',可为积聚者长叹。至于智术攘夺,转生报复,吾尤不愿人蕴此毒种也。"借用这只宝鼎的故事奉劝世人要用正当的途径获取财物,否则就会"转生报复",他希望人们不要因不义的行为而"蕴此毒种"。

在晚明利欲熏心的世风下,人们在追逐金钱的过程中采取了种种不道义的手段,陆云龙对这些卑劣行径极为不齿,因此在评点中一再强调人们在获取钱财时一定要取之有道。第二十三回《白锭动心交谊绝,双猪入梦死冤明》中作者描述了商人用钱买官、进学的现象后,对钱财的获取有段评述:"岂不可羡?岂不要银子?虽是这样说,毕竟得来要有道理。若是贪了钱财,不顾理义,只图自己富贵,不顾他人性命,谋财害命,事无不露,究竟破家亡身,一分不得。"陆云龙非常赞同此论,在旁评道:"正意"。文中讲述了朱恺结交了一班少年浪子,整日游手好闲、争风吃醋,其父为了断绝他与这帮狐朋狗友的来往,便决定让他携钱出门做生意,却被其中的一位朋友姚明谋财害了命,姚明想嫁祸于他人,逃脱法网,但终因殷知县受双猪托梦,乌鸦啼鸣而破了此案,将姚明处决。害人者最终落得人财两空的下场。陆云龙在回末评中对朱恺交友不慎,姚明见利忘义的行为进行了指斥,道:"以利合者,以利而败,岂不然哉!恺之见杀,以厚明也。故信其诱而不避,示其有而不疑。明也利有所重,爱有所轻,相与俱弊。悲夫!""推食未咽,遽成推刃。恺以比匪为招,明以负心为应,奇矣!乃明之巧,在思嫁祸,而孰知奸以此露哉?"并告诫世人道:"总之,财不可横得,人不可厚诬。"这也是陆云龙义利观的核心内容,他极力主张钱财要取之有道,不能不择手段夺取不义之财,否则,将会人财两空。

在对人们的贪欲之心和不义之举提出批驳和警示的同时,陆云龙对不贪恋钱财的人表示了赞赏,进一步明确了他重义轻利、以义制利的治生观点。第二回《千金不易父仇,一死曲伸国法》中的王世民,为报杀父之仇隐忍苟活,没有贪恋杀父仇人为了息事宁人所送的钱财等物,最终替父亲报了杀身之仇。陆云龙在对他的孝举给予赞赏的同时,也对他能在利欲的诱惑下不为之心动,不为获取钱财而舍弃孝道的行为称赞有加。在回末评中赞道:"利,人之所鹜;生,人之所贪。乃能不夺于利,不吝于死,筹以从容,出以慷慨,微斯人,吾谁与归?"肯定了王世民能"不夺于利,不吝于死,筹以从容,出以慷慨"的行为。

第十五回《灵台山老仆守义,合溪县败子回头》叙述了一位家仆的义举。纨绔子弟沈刚挥霍无度,家仆沈实苦劝不听,反被逐出家门看守山林,后沈刚家产荡尽,沈实帮其戒掉恶习,并将多年苦心经营的产业如数奉还,帮其重整家业。陆云龙对其不贪恋财物的义举极为推崇,说他"清廉洁己",具有"老臣风度"。盛赞沈实不计主人不公,仍忠心耿耿为主人效力的行径,评道:"冷暖存亡至此尝遍,而沈实不忘主之恩如一,是仆中之圣。"评他力劝主人改掉恶习的行为是"纯忠纯义"之举。甚至将他与忠心耿耿的国之老臣相提并论,在题词中说:"人有贵贱,天之赋性无贵贱。家之老仆,国之耆臣,一也。第新进易亲,老成易远,遂有不能伸其志之时。若因志不伸,遂尔敛手,则亦非仆之贞。……谁谓奴隶中无人,不堪入人笔札?"从这段评语可以看出,陆云龙对"义"的推崇,他认为人的贵贱与否是用"义",而不是用金钱来衡量,只要行"义举",便是身份低贱的奴仆也与国之大臣一样堪留史册。他认为真正的君子是富贵时不来附势,反而敢于指责纠错的人,那些在显达时来趋附的人,当你穷困时便会弃之而去,正如文中樊氏所说:"凡人富时来奉承你的,原只为得富,穷时自不相顾。富时敢来说你的,这是真为你,贫时断肯周旋。"陆云龙认为樊氏的这番话将世人对趋势之人与有义之人分析得极为透彻,不禁赞道:"格言"。

第十九回《捐金有意怜穷,卜屯无心得地》中的林森甫,因仗义疏财,积得阴功,最终得风水宝地安葬父母,并科举连捷,官场顺利。陆云龙对这种不计较得失,不贪恋钱财,仗义疏财的义举非常钦佩和赞赏,并自嘲无此侠气:"予尝自笑有侠肠而无侠才,负侠气而无侠资。观此,何人不可作侠哉?"认为只要有侠义之心,人人都可以成为仗义疏财的豪侠。从陆云龙对趋炎附势者、嫌贫爱富者的批驳,以及对仗义疏财者的极度称赞,可见他重义轻利、以义制利的经济思想。

在晚明的经济市场运作中,没有严密的法律十分有效地保护财产所有者的利益,人们只能用道德的规范来约束自己和他人的行为,来稳定市场的经营秩序。因此,人们除了普遍宣扬儒家重义轻利的思想之外,还宣扬佛教、道教中的因果报应、善恶相报等观念,以此来作为约束世人处世、经营的法宝。从《型世言》评语中我们可以看出,陆云龙的义利观中也掺杂着这种"天报"或"神助"的观念,他将其视为非人力所能控制的命运法则,并将善恶有报、因果报应的宗教思想运用到义利观中,以此规劝人们多行义事,取财有道,这也是他重义轻利思想的一种表现。

第二十五回《凶徒失妻失财,善士得妇得货》描述了崇祯元年(1628)发生的一场大水灾,在这场灾难突然来临之际,"贫的富,富的贫,翻覆了多少人家;争钱的,夺货的,也惹出多少事务。"本回讲述了一个谋财害命、贪不义之财的人,最终落得个失财失妻的结局;一个救人不贪财的人,反而得妻得财。陆云龙将这两人不同的结局归结为天命,说:"钱财有命,君子落得为君子,小人落得为小人,不必衡之得失之介。然借此得失,可以醒庸人之心。"他将钱财有命、善恶有报的观点运用到义与利的取舍中,以此来奉劝世人多行义事,少贪不义之财,否则就会受到命运的惩罚而人财两空,他从天命论的角度表达了重义轻利的价值观。

这种思想还表现在第三十一回《阴功吏位登二品,薄幸夫空有千金》中,叙述了徐晞为人忠厚、正直,救史温于急难中,史温无钱以报,欲献妻报恩,徐晞拒而不受,因积阴德官至尚书。术士胡似庄刁钻贪婪,为图财色典卖糟糠之妻,但因奸诈命薄,猝死途中。陆云龙在回末评道:"暗室不欺,徐尚书何常责天之报;糟糠不顾,胡相士岂计身之亡?造化自巧为偿,人宜善为趋避。"以善恶有报来劝诫世人要积德行善,不要贪敛不义之财。

第三十三回《八两银杀二命,一声雷诛七凶》则叙乡民阮胜因贫不聊生,为生存卖妻于邻村乡民庾盈,得八两财礼,同村恶棍鲍雷等七人图财害命,杀阮胜母子夺其银两,并嫁祸于庾盈,正在官府无法断案之时,晴天里一声惊雷将七位凶手全部劈死,使得冤案就此真相大白。对这种行不义之举而得财,终将受到"天报"的事,陆云龙评道:"人道迩,天道远。不知人易私,天最公。公则无濡滞,无漏网,不令生死含冤也。奇矣哉,雷乎! 一震之下,恶者辄首就戮,而冤者不至叹覆盆,殆与六月之霜并奇矣。"他用天报神助的观念来劝诫人们不要用不正当的卑劣手段获取财物,要在"义"的范围内去获得,否则,必将受到上天的惩罚,再次以因果报应之说诠释了他重义轻利、以义制利的价值观。

从以上评点我们可以看出,陆云龙的义利观就是对儒家义利思想的承继,他不笼统地反对物质财富,也不否定人们对利益追逐的行为,但他主张在义的规范与制约中进行逐利的行为,也就是说求利的手段和途径要正当,利富可求与否,必须受到伦理道德的制约。

二

陆云龙义利观的形成与晚明的社会现实密切相关。他生活的晚明社会,是一个无论在政治、经济、社会生活,还是在哲学思想及文学领域,都发生了显著变化的、充满了新旧交替的历史时期。这一时期,社会经济经过长期的积累和发展,达到了前所未有的发展水平。商品经济的发展打破了以小农的自给自足经济为独尊的生产方式,尤其在东南沿海地区,出现了资本主义的萌芽,这种新的生产关系的出现孕育了社会变革的新因素。

商品经济的繁荣,给传统的封建社会带来了猛烈的冲击,不但改变了人们固有的生活方式,而且形成了一种全新的思想观念、思维模式和价值取向。自给自足的自然经济受到了冲击,"重商"思想逐渐兴起,人们开始认识到商业给人们带来的许多利处。因此,在商品经济发达的地区,特别是江南一带,人们纷纷弃农经商,舍本逐末。随着商业在社会生活中地位的逐渐提高,一些有识之士开始提出了重商的理论。王阳明是士人们抛弃轻商观念的先行者,他提出的"四民异业而同道"的命题,在当时具有突破性的意义,对晚明士人强调治生、重视物质生活和物质享受的精神追求有着直接的影响。到明末时,黄宗羲明确提出了"工商皆本"的观点:"世儒不察,以工商为末,妄议抑之。夫工固圣王之所欲来,商又使其愿出于途者,盖皆本也。"[①]更是晚明"重商"思想的集大成者。

伴随着"重商"思想的产生,全国各地的经商活动日益活跃起来,"舍本逐末",蔚然成风。商品经济和城市经济的发展,使得以城镇居民为核心的市民阶层迅速发展、壮大,成了一支不可忽视的社会力量,封建社会的结构与面貌也随之发生了转变,工商活动在社会经济中的比重有所增长,坊主商人的社会地位渐次提升,在思想文化领域便出现了反映市民阶层利益和愿望的启蒙思想。启蒙思想家们竭力阐发人的主体意识和人的社会价值,提倡个体解放和人文主义,倡导理欲统一说,使"存天理,灭人欲"的封建主义的天理人性论变成了具有近代意义的自然人性论。如王艮把人性的本体作为生理自然的要求来考察,以"安身"为"天下之大本"。他主张首先要让人们吃饱穿暖,保证基本的生存权利,并认为这种权

---

① (清)黄宗羲:《明夷待访录》,中华书局1981年版,第41页。

利任何人都不能剥夺。他肯定人的欲望,认为饮食男女都是"天体之性"。王艮的学说简明直接、贴近生活实际,他不但提出了著名的"百姓日用即道"的观点,而且还进一步提出了"安身立本"的命题,认为圣人是以"道"济天下,但"道"需要人来弘扬,所以最尊贵的是人的身体。李贽发展了王艮的"百姓日用即道"观点,进一步提出了"人必有私"和"穿衣吃饭即是人伦物理"的命题,将"天理"归结为"人欲"。认为吃饭穿衣、满足日常生活的需要是最根本的,李贽认为,自私是人的天性,是人的一切活动的动机,也是人类社会发展的动力。他认为人的物质利益、物质生活,是由人的与生俱来的生理需要决定的,是人人皆同的自然属性,是人的一切其他行为的基础和社会人生的本质。他明确提出"民性之所欲"即为"至善",他的这一理论不但为百姓的生存权利而呼吁,而且也为市民阶层谋求进一步的发展提供了理论依据,他把趋利避害、追求享乐认作是人的自然本性,即使是圣人也在所难免。

虽然晚明时期的启蒙思想家们极力推崇"重商"理念,强调物欲思想,但值得强调的是,在诸多问题上都存在着分歧的程朱理学和陆王心学,在义利观上却并无大的异议,它们只是论证方式不同而已。朱熹从理本体论出发,论证"存天理,灭人欲"的必要性,对义和利做了这样的界定:"义者,天理之所宜;利者,人情之所欲。"①他认为义出于"天理之公",利生于"物我之相形"。基于这种分疏,他认为人有两个选择向度:一是"循天理",二是"殉人欲",二者必居其一。照他看来,后一条路是不足取的,"殉人欲,则求利未得随之";只有前一条路才会收到"以义制利"的效果。他认为义是克制求利之心的刀斧,"心自有这制,制如快利刀斧,事来劈将去,可底从这一边去,不可底从那一边去"②。朱熹把天理和人欲对立起来,认为二者不容并立,"天理存则人欲亡,人欲胜则天理灭"③,故而主张"革尽人欲,复进天理"。

王阳明则从心本体论出发论证"存天理,灭人欲"的必要性。与朱熹不同的是,王阳明认为天理不在心外,所以,"存天理"也就是"存心之理","此心无私欲之蔽,即是天理,不须外面添一分。"他也主张理欲不容并立,"减得一份人欲,便是复得一份天理"④。陆王学派与程朱学派的论证方式不同,但结论和目的都是一致的,他们所追求的都是道德的完善,是维护社会的普遍道德法则。正如清初思想史家黄百家所说,他们都以"扶持纲常名教"为旨归。

以王艮、李贽等为代表的启蒙思想家们虽然公开抨击了封建主义的三纲五常,蔑视封建偶像崇拜,否定以孔子之是非为是非,而且还反对"崇本抑末"的传统思想,但在对天理与物欲的论述中也渗透着重义轻利的儒家思想。王艮虽然提出了"百姓日用即道"的观点,但他对物欲还是持否定态度的,他在对"百姓日用即道"的解释中所意指的"道",实际上是一种人伦关系层面上的日常规则,即便是依附于穿衣吃饭、洒扫应对等日常之"事"进行的,也主要还是在此日常表象下贯穿的道德条理,即天命之"性"的自然流行,而人欲则恰好构成

---

① (宋)朱熹:《四书章句集注》卷2,上海古籍出版社2002年版,第96页。
② 黎靖德编:《朱子语类》,中华书局1986年版,第1220页。
③ 黎靖德编:《朱子语类》,第224页。
④ (明)王守仁:《王阳明全集》卷1,上海古籍出版社1992年版,第23页。

对之的逆违。王艮对欲念的概念是有所限定的,他对物质性、物欲性事实有着两个层面上的认识:一方面,他认为在天道人心划分的意义上,物欲构成了对天理的戕害,因而需要遏止;另一方面,他认为就限定的意义上而言,如果不是有意识的追求,或发生而能够中节的情感、欲望等,仍在天理流行的范围以内,从而有其存在的余地。可见,在王艮的思想中,天理是物欲的主宰者,在义与利的天平上义是大于利的。李贽的观点虽然与程朱理学的"道心""天理"观和"存天理,灭人欲"的说教相反,极力肯定人的私欲,高倡个性自由,公开宣扬利己主义的人性论,但在他的思想中,也有许多与儒家传统的道德观念趋同之处。

晚明商品经济的繁荣虽然给社会带来了一些新的变革因素,对旧的封建礼教制度给予了冲击,但并没有彻底瓦解旧的封建统治制度。针对人们日益大胆的僭礼行为和异端学说,统治阶级更加强了封建专制统治。在思想领域,程朱理学因其有利于统治者实行封建文化专制统治和维护封建社会秩序的稳定,故而始终占据着官方的主流统治地位,依旧钳制并束缚着大部分士人的思想。随着科举选官制的延续,理学不但在意识形态领域依然占据着主要的权威地位,而且是大部分士人所信奉和遵从的道德信念。因此,在进步的启蒙思想兴起的同时,传统的儒家思想仍旧对人们产生着巨大的影响。生活在晚明社会中的陆云龙,其思想也势必会打上时代的烙印,儒家传统的价值观及启蒙思想家的治生思想深深地影响并促成了他的义利观的形成。

另外,陆云龙义利观中的善恶相报思想深受晚明时期盛行于世的道教劝善书的影响。道教劝善书系统所主张的诚信不欺,是中国传统美德的一个重要方面,"'诚'和'不欺'上通'天之道',这便为此世的道德找到了宗教性的超越根据"①。从史料记载中可以看到,明代商人对于劝善书系统所宣扬的基于天人感应论的"天道不欺"和鬼神报应有着普遍的信仰。这种基于宗教伦理而形成的经济伦理,在明代社会经济关系中发挥着一定的积极作用。明人康海在《康对山集》中记载陕西商人樊现墓志铭中有言:"谁谓天道难信哉?吾南至江淮,北尽边塞,寇弱之患独不一与者,天监吾不欺尔!贸易之际,人以欺为计,予以不欺为计,故吾日益而彼日损。谁谓天道难信哉!"②可见这位商人笃信"天道不欺"的观念。这种以诚信、善报求生存和发展的商业伦理之事,在明代史料中有很多记载。

由此可见,道教劝善书对明代的经济伦理有着重要的影响,诚信不欺和善恶相报是晚明商人阶层经济伦理中的一个主要内容。在晚明时期,许多商人都不同程度地在思想上或生活方式上深受劝善书的启发和影响,并自觉地将之运用于经济活动之中。晚明以来善书的风行反映了商人的一种心态,他们相信商业风险虽大,但成功与否则视个人道德行为而定,因而在明代中后期还兴起了一波翻印与注解《太上感应篇》的热潮,李贽、焦竑、屠隆等人都曾宣扬过此书。陆云龙作为一名从事商业活动的下层文人,势必会受到盛行于晚明社会的这一经济伦理思潮的影响,因此,在他的义利观中不可避免地具有浓厚的"天报"和"神

① 余英时:《儒家伦理与商人精神》,广西师范大学出版社2004年版,第321页。
② 余英时:《儒家伦理与商人精神》,第321页。

助"的宗教因素,并鲜明地反映在了《型世言》评点之中。

　　总之,陆云龙的经济思想深受以先秦儒家"义利观"为主要代表的中国传统商业经营思想的影响,他主张重义轻利、以义制利,认为见到有利可图的事,首先要想到义;符合义的利,才可以考虑获取;不符合义的利,一定要抛弃,即不取不义之利,极力反对为富不仁、不择手段地攫取金钱的行为,提倡取之有道的获利方式,并且以善恶相报的宗教思想来劝诫人们,如果义与利不可兼得,宁要义而不要利,对利的追求必须处于义的制约之下,他的义利观正是对孔子所说的"不义而富且贵,于我如浮云"的具体诠释。

原文载《西南大学学报》2008年第1期

作者:雷庆锐,青海民族大学文学与新闻传播学院教授

《新编明代总督·巡抚年表》松潘巡抚

张哲郎

　　松潘位于四川布政使司所在地成都西北七百六十里处,洪武十二年(1379)(《大明一统志》卷73记十一年)四川置松州卫,洪武二十年改卫为松潘等处军民指挥使司,属四川都司。嘉靖四十二年(1563)罢军民司,只名为松潘卫,领千户所一,长官司十六,安抚司五。(《明史》卷43《地理志·四川》)据《明史》卷72《职官二·都察院附总督巡抚》说:"赞理松潘地方军务一员。正统四年,以王翱为之。"作为松潘巡抚之始设,而《大明会典》及其他官方史料皆未提及。其实,自宣宗皇帝以来,松潘地区少数民族就常叛乱,尤其松潘卫所官员及少数民族不愿被征兵前往交趾作战,设诈生事。宣德六年(1431),当时巡按四川监察御史王翱就曾上书派兵往松潘镇守。正统四年(1439)遂命王翱为右金都御史参赞松潘军务。王翱去任后,未再设巡抚,但正统五年七月以同知陈敏为四川布政司参议赞理松潘军务,陈敏虽以赞理松潘军务为名,但位低权轻,并无巡抚之职责。此后,从正统六至十年皆无松潘巡抚。直到正统十一年,才以山西按察副使寇深为都察院右金都御史提督松潘兵备。正统十四年寇深去任,升四川副使李匡为右金都御史巡抚四川,李匡为四川巡抚,非松潘巡抚。景泰二年(1451)以四川运粮刑部左侍郎罗绮代寇深。这时,四川有李匡的四川巡抚及罗绮的松潘巡抚。景泰三年四川巡抚被劾罢,四川没有巡抚,罗绮遂以松潘巡抚代理四川巡抚事,一直到天顺元年(1457)去任为止。天顺元年罗绮去任后,松潘一切军务皆由武臣负责,但天顺二年又升四川按察司金事高澄为副使往松潘抚治番夷,高澄及后来之副使王用皆是以抚治松潘番夷为名,但皆非巡抚。

　　明宪宗成化时期,松潘皆未设巡抚,但仍有以抚治松潘番夷为名之副使如沈琮、戴宾、李廷璋、东思忠、柳应辰等在松潘协助武将治理军务,但皆无巡抚之职责。明孝宗弘治元年(1488),升太常寺卿童轩为都察院右副都御史提督松潘等处军务,兼理巡抚,又恢复松潘巡抚。弘治四年,童轩去任,一直到正德五年(1510)松潘未设巡抚。正德六年五月,又以巡视四川右副都御史高崇熙提督松潘军务,兼理巡抚,才又设松潘巡抚,但仅半年,高崇熙改任四川巡抚后,松潘并未再设巡抚。

　　总之,松潘巡抚自正统四年成立,至弘治六年结束,七十二年间,断断续续,只有王翱、寇深、罗绮、童轩及高崇熙等五位巡抚,七十二年间,松潘约只有十六年有巡抚。

年	月日	姓名	籍贯出身	事由	史料	勘误
正统四年（1439）	十二月丁丑	王翱（1384—1467）	南直隶盐山，永乐十三年进士	以前浙江处州剿贼都察院右佥都御史任，参赞军务，兼督粮储	《明英宗实录》卷62，第1174—1175页：镇守松潘都指挥使赵得等奏……上命都督同知李安充总兵官，右佥都御史王翱参赞军务兼督粮储。	
正统五年（1440）	七月辛亥	陈敏	南直隶通州，永乐十三年进士	由四川布政司参议赞理松潘军务	《明英宗实录》卷69，第1338—1339页：升四川叠溪千户所掌所事指挥使孙敬为本都司指挥金事，提督松潘，掌茂州事府同知陈敏为四川布政司参议，赞理松潘军务。	陈敏非以巡抚任
		王翱（1384—1467）	南直隶盐山，永乐十三年进士			
正统六年（1441）	正月壬子	王翱（1384—1467）	南直隶盐山，永乐十三年进士	改镇守陕西	《明英宗实录》卷75，第1456页：命行在都察院右佥都御史王翱镇守陕西。	罢巡抚
正统七年（1442）						
正统八年（1443）						
正统九年（1444）						
正统十年（1445）						
正统十一年（1446）	六月丙辰	寇深（1391—1461）	直隶唐县，永乐初国子监生	升山西按察副使为都察院右佥都御史任，提督松潘兵备	《明英宗实录》卷142，第2816页："升山西按察副使寇深为都察院右佥都御史，提督松潘兵备。"	复置
正统十二年（1447）		寇深（1391—1461）	直隶唐县，永乐初国子监生			

年	月日	姓名	籍贯出身	事由	史料	勘误
正统十三年（1448）		寇深（1391—1461）	直隶唐县，永乐初国子监生			
正统十四年（1449）	三月戊戌	寇深（1391—1461）	直隶唐县，永乐初国子监生	地方人士上书请留任	《明英宗实录》卷176，第3398页："四川松潘国师商巴奏：右金都御史寇深抚治有方，番人畏服，乞留永镇边方。适参议陈敏、指挥刘雄及诸土官亦皆以为请，上允之。"	
	十月甲寅			升为右副都御史	《明英宗实录》卷184，第3623页：(升)都察院(右)金都御史寇深为右副都御史。	未记是否回京
景泰元年（1450）	正月丙戌	寇深（1391—1461）	直隶唐县，永乐初国子监生	升为左副都御史	《明英宗实录》卷187，第3776页："升都察院右副都御史寇深为左副都御史，以镇守四川松潘擒贼功也。"	寇深似乎尚未回京
景泰二年（1451）	八月壬申	罗绮（？—1458）	河南磁州，宣德五年进士	命四川运粮刑部左侍郎镇守，提督松潘兵备	《明英宗实录》卷207，第4445页：四川运粮刑部侍郎罗绮代寇深。	
	十二月甲申	寇深（1391—1461）	直隶唐县，永乐初国子监生	理本院事	《明英宗实录》卷211，第4543页："命都察院左副都御史寇深理本院事，以镇守松潘代回也。"	此时寇深才回京。按：《明督抚年表》卷5，572页误记寇深被代回是景泰三年十二月甲申
景泰三年（1452）		罗绮（？—1458）	河南磁州，宣德五年进士			
景泰四年（1453）		罗绮（？—1458）	河南磁州，宣德五年进士			
景泰五年（1454）		罗绮（？—1458）	河南磁州，宣德五年进士			

年	月日	姓名	籍贯出身	事由	史料	勘误
景泰六年（1455）	七月丙戌	罗绮（？—1458）	河南磁州，宣德五年进士	赐诰命	《明英宗实录》卷256，第5519页："赐提督松潘兵备刑部左侍郎罗绮诰命；并封赠其祖父母、父母、妻。绮先任大理寺寺丞，坐事谪戍边，后以少保于谦等奏保复任，累升是职，以前过例不得诰命，至是绮以为请，帝念其在边日久，特赐之。"	
景泰七年（1456）	二月壬寅	罗绮（？—1458）	河南磁州，宣德五年进士	建议撤松潘巡抚，未允	《明英宗实录》卷263，第5607页："四川按察使黄溥等奏，松潘虽地邻边境……又有参议管运粮储，官民多扰，乞将镇守刑部侍郎罗绮征还。诏兵部计议以闻，少保兼尚书于谦言，松潘诸种番夷骈居杂处……阴谋未测……（罗）绮难以征还，从之。"	
天顺元年（1457）	正月	罗绮（？—1458）			革去天下巡抚官	
	五月癸亥		河南磁州，宣德五年进士	升为都察院左副都御史，召还京	《明英宗实录》卷278，第5931页："提督四川松潘兵备刑部左侍郎罗绮召至，调为都察院左副都御史。"	罢巡抚；按《明督抚年表》记五月癸未，有误。
天顺元年（1458）罗绮去任后，直到宪宗成化二十三年（1487），二十九年间松潘皆未设巡抚，一切事务皆由武将及按察副使处理，以下列举这些按察副使之充任，他们虽有一些类似巡抚之职责，但皆不能视为巡抚。						
天顺二年（1458）	十月辛丑	高澄	山西阳曲，宣德七年举人	以按察司佥事往松潘治夷	《明英宗实录》卷297，第6320页："升四川按察司佥事高澄为副使，往松潘抚治番夷。"	
天顺三年（1459）						
天顺四年（1460）						

年	月日	姓名	籍贯出身	事由	史料	勘误
天顺 五年 (1461)						
天顺 六年 (1462)	三月 壬戌	王用 (1399—?)	浙江慈溪， 宣德八年 进士	以按察副使往松 潘治夷	《明英宗实录》卷338， 第6895页："升四川道 监察御史王用为四川 按察司副使(往)松潘 等处，抚治羌夷。"	
天顺 七年 (1463)						
天顺 八年 (1464)						
成化 元年 (1465)						
成化 二年 (1466)						
成化 三年 (1467)						
成化 四年 (1468)						
成化 五年 (1469)	闰二 月丁 巳	沈琮 (1420— 1503)	南直隶武 进，正统十 三年进士	以副使往松潘治 羌夷	《明宪宗实录》卷64，第 1295页："升四川按察 司佥事沈琮为副使抚 治松潘等处羌夷。"	
成化 六年 (1470)						
成化 七年 (1471)						
成化 八年 (1472)						

年	月日	姓名	籍贯出身	事由	史料	勘误
成化九年（1473）						
成化十年（1474）						
成化十一年（1475）						
成化十二年（1476）	七月乙卯	张瓒（1427—1481）	湖广孝感，正统十三年进士	以四川巡抚兼理松茂安绵建昌等处边务	《明宪宗实录》卷155，第2827页："敕巡抚四川右副都御史张瓒兼理松茂安绵建昌等处边务。"	兼任
成化十三年（1477）		张瓒（1427—1481）	湖广孝感，正统十三年进士			兼任
成化十四年（1478）	五月癸酉	张瓒（1427—1481）	湖广孝感，正统十三年进士	升为户部左侍郎，回京	《明宪宗实录》卷178，第3206页："升……都察院右副都御史张瓒为户部左侍郎。"	兼任
成化十五年（1479）	十二月辛未	戴宾（1434—?）	湖广江陵，天顺八年进士	以副使整饬松潘兵备	《明宪宗实录》卷198，第3481页："升四川按察司佥事戴宾为副使整饬松潘兵备。"	
成化十六年（1480）						
成化十七年（1481）						
成化十八年（1482）						

年	月日	姓名	籍贯出身	事由	史料	勘误
成化十九年（1483）						
成化二十年（1484）						
成化二十一年（1485）	四月戊午	东思忠（1441—1485）	陕西华州，成化二年进士	赏松潘兵备副使	《明宪宗实录》卷264，第4474—4475页：录剿平恶刭族小寨子等番贼功赏……整饬（松潘）兵备按察司副使东思忠各银五两，彩币一表里。	
成化二十二年（1486）	正月甲戌	柳应辰（1450—?）	湖广巴陵，成化五年进士	以副使整饬松潘兵备	《明宪宗实录》卷274，第4619页："升刑部署郎中事员外郎柳应辰为四川按察司副使整饬松潘等处兵备。"	
成化二十三年（1487）						
弘治元年（1488）	十月乙卯			请再设松潘巡抚	《明孝宗实录》卷19，第459页："兵部奏四川松潘番夷杂处，窃掠不常，旧有专设巡抚官，迩年革去，止令腹里都御史兼之，令地方多灾，恐生他变，请增置巡抚官一人，专理军务，抚治地方，从之。"	
	十一月庚申	童轩（1425—1498）	江西鄱阳，景泰二年进士	升太常寺卿掌钦天监事为都察院右副都御史任	《明孝宗实录》卷20，第463页："升太常寺卿掌钦天监事童轩为都察院右副都御史，提督松潘等处军务兼理巡抚。"	复置巡抚
弘治二年（1489）		童轩（1425—1498）	江西鄱阳，景泰二年进士			
弘治三年（1490）		童轩（1425—1498）	江西鄱阳，景泰二年进士			

年	月日	姓名	籍贯出身	事由	史料	勘误
弘治四年（1491）	正月甲午	童轩（1425—1498）	江西鄱阳，景泰二年进士	升为南京吏部右侍郎	《明孝宗实录》卷47，第946页："升提督松潘等处军务都察院右副都御史童轩为南京吏部右侍郎。"	罢巡抚
弘治五年至正德五年（1492—1510）无						
正德六年（1511）	正月乙亥	高崇熙（1466—1514）	山西石州，弘治三年进士	升四川左布政使为都察院右副都御史，巡视四川	《明武宗实录》卷75，第1570页："升四川左布政使高崇熙为都察院右副都御史，巡视四川，征剿江津播州蛮寇。"	复置，十二月罢。按：《明代职官年表》列为四川巡抚
	五月乙亥			改巡视四川都御史为提督松潘军务兼理巡抚	《明武宗实录》卷75，第1657页："改巡视都御史高崇熙提督松潘军务，兼理巡抚，从之。"	
	十二月庚辰			改提督松潘军务都御史高崇熙任	《明武宗实录》卷82，第1769页："改提督松潘军务都御史高崇熙巡抚四川。"	
此后未再设松潘巡抚						

本文系张哲郎、唐立宗编著：《新编明代总督·巡抚年表》已完成初稿之一部分

作者：张哲郎，中国台湾政治大学历史学系名誉教授

清代江南棉布字号探析

范金民

棉纺织业是清代江南极为重要的手工行业。棉布织成后,需要经过染色、踹光等后整理,才能作为商品进入市场,棉布的染踹加工成为棉布商品流通的必不可少的一环。从事棉布收购、委托染踹加工、大宗批销棉布的商业资本则是布店字号。字号在江南棉布的商品流通中发挥着十分重要的作用。字号的内部竞争十分激烈,字号的存在形式较为复杂,字号与踹工之间的矛盾在江南诸行业中最为突出。

学界对于这种字号的研究,已经取得了较为丰硕的成果。但字号的概念仍较模糊,需要澄清;表述与字号有紧密关系的踹坊的具体数量较为随意,需要辨正;有关字号的加工方式、与踹坊踹匠关系的论述并不符合实际,值得商榷;对于字号的具体数量,开设者的身份,单个字号的规模,收布的具体标准,加工能力等,更无人提及,值得探究。今就上述问题做些探讨,希望能够深化字号的研究。

一

清代江南的棉布字号到底有多少,至今未见具体表述。实际上,依据现有材料,可以大致厘定。

乾隆年间的苏州人顾公燮说:"前明数百家布号,皆在松江枫泾、洙泾乐业,而染坊、踹坊商贾悉从之。"①松江、嘉兴二府交界的枫泾、朱泾镇是棉织业重要市镇,布号可能很多,但说明代有数百家,由清代江南的字号数反观,似有夸大。顺治十六年(1659),苏松二府布号商人吁请官府禁止布牙假冒字号招牌,称其"布店在松,发卖在苏",列名碑石者为37家。②雍正七八年(1729、1730)间,松江踹匠1100余人,约为苏州踹匠的1/10,字号如果也为1/10,当不到10家。③乾隆元年(1736),松江府的碑文称,该府"昔年开张青、蓝布号者数十家,通

---

① (清)顾公燮:《消夏闲记摘抄》中卷"芙蓉塘"条,《涵芬楼秘笈》第2集,1917—1922年上海商务印书馆景印本,第13页。顾公燮《丹午笔记》同条(江苏古籍出版社1985年版,第103页)少"洙泾"二字。

② 参见《苏松两府为禁布牙假冒布号告示碑》,顺治十六年四月,上海博物馆等编:《上海碑刻资料选辑》,上海人民出版社1980年版,第84—85页。

③ 参见《案底汇抄·裁改苏抚标及城守营制设立专员管理踹匠各条》,南京图书馆藏。

商裕课。后有迁移他郡地方，今仅止数号"①。乾隆四十年，嘉定县南翔镇字号至少有程怡亭等10家。②清初松江字号不会少于明代，也只37家或数十家，明代字号当也不过数十家。康熙时起，苏州成为棉布字号及踹染作坊的集中之地。碑文称字号迁移他郡，实即指迁往苏州城中。

苏州城中的棉布字号，碑刻资料留下了较多的记录。康熙九年(1670)有21家，康熙三十二年有76家，牌记81家，康熙四十年有69家，康熙五十四年有72家，康熙五十九年有43家，乾隆四年有45家，道光十二年(1832)有28家，光绪三十三年(1907)仍有44家。③雍正时期字号数量无任何记载，但据浙江总督李卫雍正七年奏报，苏州踹匠"从前数有七八千余"，目前"又增出二千多人"，由踹匠增加可知字号数只会增加不会减少。④看来，康熙中后期至雍正时期是苏州乃至整个江南棉布字号最为兴盛的时期。连同其时松江、嘉定等地的字号，以苏州为主要集中地的江南棉布字号最多时大约不会超过100家。

这数十家字号，其业主的姓氏相当集中。今据留存下来的苏州的相关碑刻统计，自康熙九年到道光十二年前后163年间，共有字号354人次，其中程姓最多，31家，89人次；其次吴姓，28家，37人次；再次金姓，25家，36人次；其下依次为汪姓18家，19人次；朱姓15家，22人次；张姓11家，15人次；吕姓9家，18人次。这7姓共为236人次，占全部字号人次的66.67%，也就是说，全部字号有三分之二集中在这7姓商人手中。特别是程、吴、金3姓，就有162人次，占全部字号的45.76%，接近一半字号系这3姓商人所开。最为突出的是程姓，占了整整1/4。可见字号仅仅集中在少数几个姓氏的商人手中。程、汪、吴、李属"徽州八大姓"之列，在经营棉布字号方面也很突出。

就单个字号的存在时间而言，超过10年的，自康熙九年到乾隆四年70年间是佘允谦1家；自顺治十六年到康熙五十九年62年间是吴元震1家；自康熙九年到五十九年51年间是程源高、朱紫阳2家；自康熙三十二年到乾隆四年47年间是程益隆、程震大、金鼎盛、吕咸亨、吕双元5家；自康熙九年到五十四年46年间是程益高1家；自顺治十六年到康熙四十年43年间是程益美1家；自康熙四十年到乾隆四年37年间是程广泰、赵信义2家；自康熙九年到四十年32年间是程义昌、程益美、汪元新3家；自康熙三十二年到五十九年28年间是程益新、程元贞、周正和3家；自康熙五十四年到乾隆四年25年间是吴益大、金双隆、张震裕、邹

①《松江府为禁苏郡布商冒立字号招牌告示碑》(乾隆元年)，上海博物馆等编：《上海碑刻资料选辑》，第86页。又，所有上海、苏州碑刻集、《李煦奏折》，以及今人论著都将"青、蓝布"标点理解为"青蓝布"一种布，实际应为青布和蓝布两种布，参见王钰欣、周绍泉主编《徽州千年契约文书》宋元明编第八卷《万历程氏染店算帐簿》，花山文艺出版社1991年版。

②参见《嘉定县为禁南翔镇踹匠恃众告增规定踹匠工价钱串告示碑》，乾隆四十年八月，收入上海博物馆等编：《上海碑刻资料选辑》，第100页。

③据苏州历史博物馆等编《明清苏州工商业碑刻集》(江苏人民出版社1981年版)与江苏博物馆编《江苏省明清以来碑刻资料选集》(生活·读书·新知三联书店1959年版)所载碑文统计。

④参见浙江总督李卫奏，雍正七年十二月初二日，《雍正硃批谕旨》第42册，清光绪十三年上海点石斋影印，第24页。

元高4家;自康熙三十二年到五十四年23年间是金义盛、方德和、郑元贞3家;自康熙四十年到五十九年20年间是程同言1家;自康熙五十九年到乾隆四年20年间是邵一美1家;自康熙四十年到五十四年15年间是吴益和、金德裕、金元隆、金正源4家。以上共33家。在已知姓氏的235家字号中占14%。其余虽不到10年,但在碑石中出现两次的有29家。上述所说字号存在时间,只是依据立碑时间而言,字号实际存在时间会长些。而且碑石也没有及时、如实地反映字号的创立及存在情形。如创设于康熙三十八年的陈万孚字号①,康熙四十年的碑刻无其名,直到康熙五十四年的碑刻中才出现。该号乾隆二十一年后仍存在,但只在康熙五十九年的碑刻中再次出现,乾隆四年的碑石就没有反映。一个实际存在了至少五六十年的字号在碑刻中只在间隔短短的5年中出现两次,说明字号的实际存在时间要比碑刻中列名的时间长得多。考虑到这些因素,可以推定,创出一个牌子不易,字号一般不会旋开旋歇,通常会经营十数年,不少字号会存在长达几十年,个别会长达百年左右。

就单个字号的规模而言,至今缺乏实证,陈士策的万孚字号为我们提供了一些讯息。万孚字号创设于康熙三十八年,最初布匹染踹都是外发加工,后来因质量不佳影响销路,字号兼开染坊,到康熙五十九年分家。经二十余年经营,店主在分家书中说:"逐年所得微利,尽为店屋所费,故少余蓄。但基业粗成……子若孙如能照式勤劳……逐年常利可矣。"雍正三年正月盘查店内及染坊银钱货物,除该还各项外,净计实银31120.08两。内拨存众银两5850两,每年硬利1分2厘行息。其余实银25270.08两,作9股均分9房,每房分得本银2807.787两。乾隆二十一年,又因"人多用广,货贵利薄"等,"将全业暂并长房,计价作本生息"。这个万孚字号开张经营的时代正是苏州字号的兴盛时期,它在康熙五十四年的72家布商中列名第15位,在康熙五十九年的43家布商中列名第26位,大约在全体布商中实力居于中等。这样的字号具有相当的典型意义。由分家书所述,可知字号除了房租、工本等开支,余剩不多,利润较薄,但只要精心经营,仍可获取常利。分家后众存银两每年硬利1分2厘行息,则字号赢利必须或必然高出此数。万孚兼开染坊,用于支付染价的开支应该有所下降。万孚自开染坊,店银共31100余两,其他不开染坊的中等字号,规模应该略小于它。综合考虑,盛清苏州单个字号的规模资本银当在3万两上下,年利润率应当高于15%而低于20%。单个字号批销布匹的数量,按照《布经》的说法,重水布难踹,"好踹手一日只踹八匹"。对水布较重水布好踹,"好踹手一日踹十二匹";松水布更好踹,大概日产量更高些。如以踹对水布产量为估算标准,则苏州踹业兴盛时,全体踹坊1万余名工匠日产量约为12万匹。也就是说,清前期苏州字号提供给市场的高标准棉布在日均12万匹左右。平均到每家字号,约为2000余匹。嘉庆时,钦善听苏州布商说,松江一府,秋天售布一日达15万匹。②则松江所产名品青、蓝布匹主要是在苏州踹染加工的。

① 参见《康熙五十九年休宁陈姓阄书》,转引自章有义:《明清及近代农业史论集》,中国农业出版社1997年版,第310—316页。

② 参见(清)钦善:《松问》,《清经世文编》卷28《户政三》,中华书局1992年影印版,第694页。

二

这数十家字号的开设者籍隶何地？同样未见人提及。顺治十六年，"苏松两府为禁布牙假冒布号告示碑"上列名的37家布商，排名最前的席时、席行，是苏州近郊著名的洞庭东山的席氏棉布商人。另有程益高、吴元震两家字号，后来在可以认定为徽商字号的康熙年间的碑文中屡屡出现，显然系徽商所开。其余程、朱、吴等姓中当也有不少徽商。康熙九年，苏州府应字号呈请立碑，"为此饬谕徽商布店、踹布工匠人等知悉"①，直接将字号与徽商布店视为一体。道光十二年和十四年的两块禁止踹坊垄断把持碑，均"发新安会馆竖立"，显然应新安商人请求而立，字号与籍隶新安的商人等同为一，字号的地域性不言而喻。乾隆元年，松江府的布商呈请官府禁止苏州府的布商冒立字号，列名的字号布商6家，领衔的吴舆璠自称，"切璠原籍新安，投治西外开张富有字号"。其余5家中的朱左宜店、朱汝高店、李元士店分别以"紫阳辅记""紫阳甫记""紫阳□记"为招牌。②可知其时的松江字号，大部分已由徽商所开。乾隆十三年，苏州城重建横跨运河的渡僧桥，捐款建桥的8个布商，6个是安徽休宁人，董理建桥工料的2人，也是休宁人。③捐款者中的金双隆字号，在康熙五十四年的碑文中就曾出现过。凡此种种，说明清初江南的棉布字号，徽商开设者不少，但其他地域商人如洞庭商人等也很活跃，与徽商竞争，而进入康熙年间，徽州布商已居于主导地位，以致官府发布告示直接"饬谕徽商布店"，碑文直接竖立在新安会馆。可以认定，在清前期经营棉布字号者，绝大部分是徽州商人，甚至主要系休宁商人。

徽商开设棉布字号，也有实例可证。康熙三十八年，休宁人陈士策在苏州上津桥开设万孚布店字号，后发展成万孚、京祥、惇裕、万森、广孚5号，字号招牌无形资产"计值万金"④。这个陈万孚字号，在康熙五十四年和五十九年的两块碑石中均曾出现过，直到乾隆二十一年仍然开设，至少存在了五六十年。笔记所载著名的益美字号的事例是人们喜欢引用的："新安汪氏，设'益美'字号于吴阊，巧为居奇，密嘱衣工，有以本号机头缴者，给银二分。缝人贪得小利，遂群誉布美，用者竞市，计一年销布，约以百万匹。论匹赢利百文，如派机头多二万两，而增息二十万贯矣。十年富甲诸商，而布更遍行天下。嗣汪以宦游辍业，属其戚程，程后复归于汪。二百年间，滇南漠北，无地不以'益美'为美也。"⑤这个在笔记中被描写为先由汪氏，后改程氏，复归汪氏，以字号垄断居奇的"益美"字号，人们常常引用，但多

① 《苏州府为核定踹匠工价严禁恃强生事碑》（康熙九年）；《吴县永禁踹坊垄断把持碑》（道光十二年）；《苏州府为照章听布号择坊发踹给示遵守碑》（道光十四年）。苏州历史博物馆等合编：《明清苏州工商业碑刻集》，第54、80、82页。

② 参见《松江府为禁苏郡布商冒立字号招牌告示碑》（乾隆元年），上海博物馆等编：《上海碑刻资料选辑》，第87页。

③ 参见《重建渡僧桥碑记》（乾隆十三年），苏州历史博物馆等合编：《明清苏州工商业碑刻集》，第302页。

④ 《康熙五十九年休宁陈姓阄书》，转引自章有义：《明清及近代农业史论集》，第313页。

⑤ （清）许仲元：《三异笔谈》卷3《布利》，重庆出版社1996年版，第81页。

省略其前后归属的一段文字。而细读数件碑文,恰恰反映了这一情节。这个字号,在康熙三十二年、四十年和五十九年的碑文中,以"程益美"字样出现,在道光十二年的碑文中又以"汪益美"字样出现。①碑文印证了笔记内容,可见作者所言确有所据。由作者许仲元笔记时的道光初年前推二百年,则益美字号当开设于明末,由"汪以宦游辍业,属其戚程",则清初大概已改属汪氏的亲戚程氏,程氏至少经营了五六十年,又复归汪氏。一个字号能够前后至少维持二百年,这在徽商布业甚至整个商业行业中是很难见到的。

徽州布商活跃于广大江南棉布市镇,论者已多,不复赘述。字号踹染加工的青、蓝布匹主要销向北方,其运销线路,"溯淮而北走齐鲁之郊,仰给京师,达于九边,以清源为缩毂"②。清源是山东临清的古称。棉布转输中心临清在明后期"十九皆徽商占籍"③。徽州布商极为活跃。综合上述所论,如果说从事棉布长途贩运的商人除了徽商还有山陕、洞庭、福建等地域商人,那么开设字号从事棉布踹染加工业的商人在清代则几乎全是徽州商人,讨论棉布加工业不能无视徽州棉布字号商。

三

字号是店名、牌号,江南地方叫牌子。字号是靠店家信誉、商品质量创出来的,象征着店家的信誉、商品的质量,本身具有价值,是店家的无形资产。江南棉布品类繁多,长短精粗阔狭不一,因而从事棉布收购批销的商家都有特定的字号,以相区别,如朱紫阳生记、程益高诚记之类。不同的字号,因为布匹种类、质量以及著名度不同,所以布匹的收购价与销售价也不一样。商家从事布匹的收购、销售乃至运输,"惟凭字号识认,以昭信义,是处皆然","上供朝廷之取办,下便关津之稽查,取信远商","远商相信,全在布记确切为凭"。④字号看布人也只管"照号配布"。"因为客帮购货,习惯上只认'牌子',只要'牌子'做出,客户信任,就不愁无生意可做",所以江南棉布业有"土布业好开,牌子难打"的说法。⑤无论是棉布生产者、加工者,还是前往江南的外地客商,棉布交易首重牌子成为业内人的共识,字号成为布匹交易的唯一信誉标识。因此,围绕着字号牌号,布业展开着各种各样的激烈竞争。

正当的竞争大要有两种途径。一是加强管理,把好看布收布漂染踹各个环节,确保或提高布匹的质量。如陈士策开设万孚字号,原来布匹外发染色,因"颜色不佳,布卖不行",于是"自开各染,不惜工本,务期精工",踹布也请"良友加价,令其重水踹干",临到分家,还嘱咐子孙,"配布不苟颜色,踹石顶真","不可懈怠苟就",坚信"每布之精者必行,客肯守

①散见《明清苏州工商业碑刻集》和《江苏省明清以来碑刻资料选集》的相关碑文。
②(明)陈继儒:《陈眉公全集》卷59《布税议》,明末范景文序刻本,第21页。
③(明)谢肇淛:《五杂俎》卷14《事部二》,上海书店出版社2001年版,第289页。
④参见《苏松两府为禁布牙假冒布号告示碑》(顺治十六年四月);《松江府为禁苏郡布商冒立字号招牌告示碑》(乾隆元年)。上海博物馆等编:《上海碑刻资料选辑》,第84、85、86页。
⑤参见徐新吾主编:《江南土布史》,上海社会科学院出版社1992年版,第365—366页。

候"。①以质量取胜,这是字号维持或扩大销路,传之久远的根本途径。另一种是以品牌效应,占有更多的市场份额。前述二百年间布匹畅行天下的益美字号,以小利诱缝工,让他们义务宣传"益美"布,造就出一个滇南漠北无地不以"益美"为美的全国驰名商标,市场覆盖率广达全国。"益美"的加工生产规模也许并没有扩大,但利用人们崇尚名牌的心理,"益美"业主将收购来的布匹,贴上"益美"牌号,在市场竞争中抢了先机。

正当竞争有限,不正当竞争无限。字号可以出租、转让,也可以歇而复开,但名字不得相同,店名不得假冒,至迟自明代起,江南棉布业字号即严禁假冒雷同。所谓"从前盛行字号,可以租价顶售,□□□偿招牌,即成资本",但"苏松两府字号布记,不许假冒雷同,著有成案"。②从碑记所录名称来看,字号绝无同名者,用字发音区别较为明显。但间有姓不同而名相同者,如程益隆与金益隆,郑元贞与程元贞之类;偶尔也有音近字异如金万盛与金万成(江南方言盛、成发音相同)之类。创立字号招牌不易,利之所在,假冒字号之事也就时时发生。

假冒字号大约有三种形式。一是以同音字或近音字、近体字翻刻已有名气销路正旺的字号,以假乱真。清初字号"布店在松,发卖在苏"。顺治十六年,布牙沈青臣利用字号这种加工与发卖异地的情形,假冒金三阳字号,"或以字音相同,或以音同字异"的手段,"垄断居奇,私翻摹刻,以伪乱真,丑布射利",引起金三阳字号等苏松37家布商联名控告。江宁巡抚为此饬令"苏州府立提,限三日连人解报",将假冒的布匹判令归还金三阳字号,苏松两府并立碑告示。③康熙四十二年,又有人假冒"□元"字号牟利,官府采取同样措施示禁。利用字音做手脚,这是偷偷摸摸、冒戥影射的勾当。二是直接起名与已负盛名的字号相同,或干脆盗用他人字号,让人莫辨新旧真伪。乾隆元年,苏州有布商黄友龙假冒字号招牌,苏州布政使奉督、抚批示,严令苏松两府查禁,两府要求将各字号图记分别开呈,声明原籍何处,字号开设何地,并无重号窃冒情弊,出具遵依结,再在府署前立碑公示。④看来黄友龙是直接盗用了他人字号。嘉庆十九年,苏松两府字号同业公议,遵照成案,"新号毋许同名",立碑周知。后有杨绍宸、杨宗宪在上海县开张同名字号,即被勒令改名,"取结完案,免予提讯"⑤。字号名称相同或盗用他人字号,这是在品牌宣传上毫不投入前期成本,明目张胆以图渔利的勾当。但有些手法更为恶劣,如"有人暗中假冒他人牌号,其打包之时,内间用冒牌,外面包布借用客商字号,发往他处,无非图利巧取,非但损碍他人牌号,更为欺诈恶习"⑥。这实际上采取的是偷梁换柱的手法,隐蔽性、危害性更大。三是利用他人字号做手脚。光绪末

① 参见《康熙五十九年休宁陈姓陶书》,转引自章有义:《明清及近代农业史论集》,第313页。
② 参见《松江府为禁苏郡布商冒立字号招牌告示碑》(乾隆元年),上海博物馆等编:《上海碑刻资料选辑》,第85、86页。
③ 参见《苏松两府为禁布牙假冒布号告示碑》(顺治十六年四月);《松江府为禁苏郡布商冒立字号招牌告示碑》(乾隆元年)。上海博物馆等编:《上海碑刻资料选辑》,第84—86页。
④ 参见《松江府为禁苏郡布商冒立字号招牌告示碑》(乾隆元年),上海博物馆等编:《上海碑刻资料选辑》,第86—87页;参见《绮藻堂布业总公所牌谱》所载《上海县出示晓谕》,转引自徐新吾主编:《江南土布史》,第365页。
⑤《绮藻堂布业总公所牌谱》所载《上海县出示晓谕》,转引自徐新吾主编:《江南土布史》,第365页。
⑥ 松江府上海县正堂黄《告示》,光绪二十四年四月廿九日,转引自徐新吾主编:《江南土布史》,第361页。

年，上海县奚晓耕顶租许姓鼎茂牌号，即添加包装银五两，"而又暗蚀每匹五丈（文），以致各行庄意外亏折，纷纷倒闭"，业主许氏兄弟请求收回原牌，县令裁断准请。[1]这是利用租来的牌号，采取不正当竞争手段，或明加，或暗亏，挤垮同业的卑劣行径。

上述三种情形，违背字号同业的约定和成规，遭到同业的反对，也为官府所严禁。字号同业为了防止和杜绝各种假冒牌号行为，通常采用两种方法，一是同业订立牌谱即登录全体字号牌名，新创业者则需备案，不准字音相同，或音同字异。牌谱始于何时，尚不清楚，由道光五年上海布业议定，原来字号，"其中间有重叠或紫白套不同；或南北路各异；或同名异记，显然不符，均出无心，且各创已久，无庸更改。但自议之后，各号增添牌子及新创业者，均须取簿查阅，毋得同名"[2]。可知很可能直到那时才有牌谱。道光五年，上海布业重为校刊，再订牌谱，严定规约，以后至少在光绪二十二年、宣统三年又屡次会议，重修牌谱。二是有犯案发生，即向官府呈控。官府受理禀控后，为维护字号的信誉和市场的有序，总是站在实际受害者的一边，通过赔偿损失，勒令中止假冒，让字号切结保证，立碑周示等措施和方式，维护字号的合法利益。说明官府是维护棉布业市场合法经营、有序竞争的有效力量。从实践来看，字号同业和官府的通力合作，对于打击假冒，杜绝冒牌，净化棉布业市场，是起了相当作用的。字号通常营业十数年、几十年，就是同业与官府努力维持的结果。但字号同业对冒牌者并没有约定不得另开牌号，官府也仅断以偿还冒牌所得收入而缺乏严厉的惩罚措施，冒牌者没有任何风险；一旦成功，即有利可图，如被发觉，实际并无损失，字号可以顶租转让更为影射作弊增加了制度上的可能。因此，假冒字号事端屡禁不止，始终未曾绝迹，一直是棉布市场上的一个较为严重的问题。在棉布业市场竞争日趋激烈而假冒伪劣殊少风险的社会大背景下，一个颇负盛名的字号，可能创出品牌的前期投入和维护品牌打击冒牌的后续投入成本均相当高，这也可能是清代江南棉布的华北市场不断收缩的一个原因。

四

徽州布商在苏松等地开设的众多棉布字号，是集收布、发布委托加工、再回收布匹批销外地的大型商业资本。[3]布商字号不但通过商业资本本身谋取利润，而且还将商业资本转化成工业资本，形成商业资本与产业资本的结合，从而既谋取商业利润，又获取产业利润。乾隆《盛世滋生图》中出现的"本店自制布匹"，就是指的这种加工布匹的字号。

字号加工布匹，先要收布。收布主要有两种途径。一是在字号开设地直接收布。如上海张曼园之父"五更篝灯，收布千匹，运售阊门，每匹可赢五十文。计一晨得五十金，所谓鸡

① 参见《时事汇录》，《汇报》第11年第2期，转引自徐新吾主编：《江南土布史》，第365页。
② 《绮藻堂布业公所同业牌号簿》，转引自徐新吾主编：《江南土布史》，第362页。
③ 张研《清代经济简史》（中州古籍出版社1998年版）第438页谓："染布有作坊，叫作'字号'。"恐不确切。

鸣布也"①。这是设在苏州的字号,在清初由产地之人送布上门收购。棉业巨镇南翔镇,盛产浆纱、刷线布,"布商各字号俱在镇,鉴择尤精,故里中所织甲一邑"②。这是设在棉业市镇的字号就近收布。另一种是苏州的字号直接到产布地收购。为了增加竞争力,降低坯布收购成本,字号通常通过后一种途径。到产地收布,或者是通过布庄或牙人(实际上有的布庄即系牙人所开)代为收购,或者是字号自设布庄采购,所谓"乃自募会计之徒出银米采择"③,直接从生产者手中购买布匹。如元和县唯亭镇产布,"布庄在唯亭东市,各处客贩及阊门字号店皆坐庄买收,漂染俱精"④。而且随着字号由松江向苏州集中,这种字号的直接收购形式日益占据重要地位。为确保布匹质量,字号更直接向棉织户发银定织。许灿《梅里诗辑》卷二十三载,嘉庆间人缪元英诗,"秋间刚得拈针线,贾客肩钱定布机",作者自注"吴门布客每认机定织",说的就是这种情形。大体而言,除了南翔、朱泾、枫泾等特别重要的市镇本身开设有字号外,棉布字号在棉织业市镇如外冈、娄塘、诸翟、周庄和唯亭等地直接开庄收买布匹,在其他市镇乡村则由当地牙行布庄代为收购布匹。

　　字号的布匹要确保质量,收购白布即坯布、验收光布是关键,而聘用可靠懂行的看布之人至为重要。这种看布之人就是地方文献所说的"贾师"。⑤几十家字号,每家经营又大多长达数十年,对布匹必定有相应的质量标准,这些标准是什么呢? 字号聘请的贾师又是如何按照标准严格把关的呢? 至今未见有人提及。

　　令人高兴的是,笔者所见一个抄本,至迟形成于乾隆初年的《布经》一书,大约就是由专门为字号看布之人传授的经验总结,为我们提供了较为丰富的内容。⑥全书大体上依照字号自门庄收布到验看光布的自然流程,着重介绍验看各种布匹的诀窍及染布方法、染料来路等,分为配布总论、看白布诀、指明东路铁梿木梿诀、门庄买布要诀、指明布中一切条款、字号看白布总论、看白布总诀、认刷纱病处并木梿分解、指明浆纱水纱二布分解、刷经布路道大略、半东路大略布言、收门庄要诀、看毛头大略总要、青蓝布看法、看翠蓝月白秘言、看法条例、染坊总诀、染各样杂色每百匹该用颜料数目、门布染标扣颜色染价每匹照码六折(字号染价大约依此码五折)、江西出靛道路地名、各样颜色道路地名、各路靛、看光布总论、看光布秘言、各样退法、看光布歌诀(又歌诀曰)、石上端布法、看手踹手及滚子石头四事总诀,共28则,最后还有一则,为五逆生意,是对收布验布的感慨。全部内容可以归结为看白布法、看色布法、看光布法及染法染料四个部分。

---

　　① (清)许仲元:《三异笔谈》卷3《布利》,第81页。

　　② 嘉庆《南翔镇志》卷1《疆里·物产》,第8页。

　　③ (清)褚华:《木棉谱》,《丛书集成初编》第1469册,第10页。

　　④ 道光《元和唯亭志》卷3《物产》,第35页。

　　⑤ (明)徐献忠:《布赋》(崇祯《松江府志》卷6《物产》,第12页)谓,棉布生产者"媚贾师如父,幸而入选,如脱重负"。

　　⑥ 参见《布经》一书,李斌先生在《东南文化》1991年第1期上刊文曾经利用,笔者经安徽大学徽学研究中心卞利教授指点,于1985年元月得睹是书,在此深致谢意。后又阅读到《四库未收书辑刊》第三辑所收《布经》和《布经要览》二书。

书中所载各则，显示出字号在收白布、看毛头布、验光布等各个环节均有相应的质量标准。

　　白布的标准是："箝门密扎，花色光秀，纱线细紧为上，尺实沉重为次。经纬纱线，细要细匀，粗要粗匀。门面取其阔，尺稍取其长，上下边道取其齐。湾兜稍页不稀松，内外八面子眼一样细紧，方为好布"，反之则为"低布"（《看白布诀》）。这就是说，一匹质量上乘的白布，应该箝门密，面色光，纱线细紧，粗细匀称，门幅宽，尺稍长，边道齐，子眼细。白布标准既定，门庄收布就有所据。收布经验有5条，其要诀为："入手先评轻重，斜看经纬均匀，门面尺稍如式，子眼细紧光明，上下边道齐整。"符合这些标准的布，"方称大号布魁"（《门庄买布要诀》）。具体门庄收布时，还得注意其他事项，其要点有六："一防机关，二防面糊头，三防短布，四防破边，五防笑机，六防坏箝。"（《收门庄要诀》）由《布经》所载，可知字号看布人对白布的所谓匀、硬、软、重、阔、长、粗、朴、稀、松、毛等，均有具体衡量标准。布庄按照上述要求收布后，再交字号。字号看布，毫不含糊。所以看布人说："凡配字号布，眼睛比不得收门庄，手势要习其体格，匹匹认真。先取纱线，不可自无主意"，"箝门纱线俱好者丢，扪青略秀者丢，翠蓝粗朴者丢，月白至低者退回"（《收门庄要诀》）。[①]

　　看毛头布是指字号验收染坊染色的布匹。标准是，凡青、蓝布类，京蓝，"紫红受踏者收，白边毛灰浇红者退"。因为紫红者色脚深，踹后光彩鲜艳。收这种京蓝布，需加注意，一防缸水死伤灰眼色，二防毛灰，三防缸水失灰，四防有花布或有脚灰，五防花边布。双蓝，"沉重红鲜艳明亮收，毛边不妨，白边花搭身轻脚重者退"（《青蓝布看法》）。凡翠蓝、月白类，宝蓝，"平直清翠者收，瘢青块、扫帚花、白点风者退"（《看翠蓝月白秘言》）。

　　看光布是指验看踹坊踹光的布匹，在看布各个环节中要求最高，又直接影响到字号布匹的销路。因为春夏秋冬四季水头不同，看光布又有"看重水""取对水""取松水"之别。重水布最难踹，也最难看，"全要用手里工夫，取宝色，究纱线发亮如日出青天，毫无昏色，愈看愈精神"。看松水布最易，多系初学之人及老年人水头拿不稳者为之。大体上，"凡看布，正二三月必要究水头，踹得干；至于四五六七月，亦要究水头，踹得干，但大热炎天，人心一样，看布者亦宜体谅，只宜取对水不取重水；至八九十月稍有西风起，水头重些不妨，可以究工矣；十一十二月天寒冰冻，其纱线必脆，恐绐破者多，水头不可太重"。所以是取重水，还是取对水、松水，还要视各种色布而别。看黑扪要取重水，"惟以结亮为上，毛昏者退；看红扪，要取松水，"明亮者收，黑色者退"；看双蓝，"惟对水为上，所忌重水，恐其霉也"，但无论哪色布，"总要小眼亮而边道清也"。

　　这种种看布质量标准及一整套看布经验，虽然清晰明了，形象突出，但操作执行并非易事，有些经验只可意会，难凭言传。更为重要的是，光有质量标准，而无忠心不二的看布人，字号仍无济于事。字号业主深知"看白布一人，乃字号之栋梁也"，因此既"重俸"礼请，又对

---

　　① "丢"，在这里意丢在收进一方。

其人品细加考察。所谓"接看白布朋友,全在要取为人正直,一无私心,布内精微,无不详细,方可交财重托"(《字号看白布总论》)。对于看布人来说,看布是"清高生意",俸金又重,但关系到布匹质量,字号生意,招牌声誉,责任极为重大,还要处理好与布匹生产者、踹染加工者的关系,既掌握标准,又恰到好处,各方满意,人品技术协调能力兼优方能胜任,因而看光布被看布人称为"是非衙门",是"五逆生意"。几十家字号,要同时聘请到这样人品技术都过硬的贾师,竞争之激烈是可以想见的。棉布市场的竞争,实际上在聘请贾师这类人才时就已开始了。字号只有在重金礼聘贾师,用得其人,在收白布、验毛布、看光布各个环节,遵守注意事项,严把质量关口,才能在激烈的棉布市场竞争中,创造出过得硬的品牌。

五

江南的数十家字号又是如何经营的呢?有人主张有设局雇工染造和通过包头雇工经营两种形式。[①]也有人依据踹匠"俱系店家雇佣之人",系"局中所雇"等记载,认为字号直接经营整染作坊。[②]但上述记载是否就是字号直接经营或自行设局下的雇用,还颇值得推敲。被人举为直接经营踹坊例子的益美字号,并无设局雇用踹匠的任何迹象,倒是如前所说在康熙三十二年、四十年、五十九年和道光十二年的碑文中均曾具名,但都是以委托踹坊加工棉布的形象出现的。实际上,如果我们细读苏州康熙九年、三十二年、四十年、五十四年、五十九年和乾隆四年、四十四年、六十年的8块核定踹匠工价的碑文,道光十二年、十四年和同治十一年的3块禁止踹坊垄断的碑刻,以及嘉定县康熙和乾隆年间的2块踹匠工价碑,娄县康熙年间的1块禁止踹匠抄抢碑,对照康熙中期江苏巡抚汤斌的告示和雍正年间浙江总督李卫、苏州织造胡凤翚、署江苏巡抚何天培的几件相关奏折,可以发现它们所涉及的字号踹匠关系与地方文献所述并无根本不同,反映的都是同一种生产或加工形式,从而也可以明了真正的字号与踹匠的雇佣关系。康熙九年,苏州府核定踹匠工价,为此示谕字号、踹布工

---

① 如刘秀生《清代商品经济与商业资本》,中国商业出版社1993年版,第143页认为,苏州等地棉布染踹业中商业资本生产存在设局雇工染造和通过包头雇工经营两种形式,"这种差别产生的原因在于前者是坐商,有店、有局,置办的染踹设备归其所有,因为他就在这里定居。而包头制适用于'客商'……客商不在此定居,因而他办的生产资料(踹房设备)不能带走,这样,商人便不肯置办固定资产,这就是包头制存在的条件"。再如陈学文《明清时期太湖流域的商品市场》,浙江人民出版社2000年版,第200页认为,"在'字号'之下,有染坊、踹坊,或直接由'字号'投资经营,或将棉布交染坊、踹坊加工"。

② 如段本洛、张圻福《苏州手工业史》,江苏古籍出版社1986年版,第64—65页认为,"布商开设的字号,'店在阊门外,漂染俱精'。字号资本雄厚,兼营或投资经营整染作坊,'自漂布、染布及看布、行布各有其人,一字号常数十家赖以举火。中染布一业,远近不逞之徒,往往聚而为之,名曰踏布房'。……这些布庄字号从收布、整染加工到批发运销各地,经营业务一条龙,都是些富商巨贾。例如程益美字号……布商直接经营的染坊和踹坊只占少数。雍正元年(1723)苏州织造胡凤翚对苏州整染业做过调查后,在奏折中说:'至于染踹二匠,俱系店家雇用之人'。'店家'当指布号,直接雇用染、踹二匠,经营作坊。雍正八年(1731)浙江总督李卫在奏折中说:'康熙初,里中多布局,局中所雇踹匠、踹匠,皆江宁人,往来成群'。'布局'也是指的布号。在这里布商与作坊主合而为一,商业资本与产业资本交织在一起"。需要指出的是,论者在这里引的所谓胡凤翚话,实际上是署江苏巡抚何天培说的,载在《雍正硃批谕旨》第8册而非48册;所谓李卫的话是吴遇坤《天咫录》所言,载在光绪《枫泾小志》卷10《拾遗》,而非《雍正硃批谕旨》48册。

匠，"嗣后一切踹工人等，应听作头稽查，作头应听商家约束"①。这里的作头是否就是字号雇用的管理人员呢？康熙五十九年，踹坊包头邢庆生等呈称，"身等同为包头，约有三百余户，或有两作，或有三坊，不能分身稽察。每作用管帐一人，专责稽查，名曰坊长"②。所谓作头，原来就是坊长，责在稽察踹匠，如果一个包头有二作以上，作头就是包头聘请之人，如果包头只有一作，作头就是包头自身，是踹坊主。明了了作头的身份，我们再来探讨字号与踹坊、踹匠的关系。

雍正八年，浙江总督兼管江苏督捕事务李卫与两江总督史贻直、苏州巡抚尹继善的奏折说得较为清晰。奏中说，在苏州，"各省青、蓝布匹俱于此地兑买，染色之后，必用大石脚踹研光，即有一种之人名曰'包头'，置备菱角样式巨石木滚家伙房屋，招集踹匠居住，垫发柴米银钱，向客店领布发碾。每匹工价一分一厘三毫，皆系各匠所得，按名逐月给包头银三钱六分，以偿房租家伙之费。习此业者，非精壮而强有力不能，皆江南江北各县之人，递相传授，牵引而来，率多单身乌合不守本分之辈……从前各坊不过七八千人，现在细查苏州阊门外一带，充包头者共有三百四十余人，设立踹坊四百五十余处，每坊容匠数十人不等。查其踹石已有一万九百余块，人数称是"③。由此奏折和参考其他记载，可以确知当时苏州包头有340余人，开设踹布作坊450余处，今人所谓"六七百家踹坊"④，至今未见任何史料依据。据此，更可以明了字号、包头、踹匠三者之间的关系。字号是雇佣踹匠加工布匹的雇主，但并不直接经营踹坊，而是发放布匹，由踹匠在包头开设的踹坊内踹布，按件付以工价，然后收回布匹。其工价在康熙九年至三十二年为每匹1分1厘，雍正时增加为每匹1分1厘3毫。踹匠是江南江北安徽太平府、宁国府、和江苏江宁属县等地的"远来雇工者"，"在苏俱无家室"⑤，"皆系膂力凶悍之辈，俱非有家土著之民"⑥，"率多单身乌合不守本分之辈"⑦，是到苏州谋生的一无所有的雇佣劳动者，靠出卖劳动力获取工资报酬。踹匠到踹坊就雇，要由包头⑧或坊长介绍，填明籍贯，何人保引，何日进坊，由包头严加管束，"踹匠五人连环互保"，"日则做工，夜则关闭在坊"。⑨包头是"有身家"的苏州当地人，他们"租赁房屋，备买□

①《苏州府为核定踹匠工价严禁恃强生事碑》（康熙九年），苏州历史博物馆等合编：《明清苏州工商业碑刻集》，第54页。

②《长洲吴县踹匠条约碑》（康熙五十九年），苏州历史博物馆等合编：《明清苏州工商业碑刻集》，第69页。

③《浙江总督李卫等奏》（雍正八年七月二十五日），《雍正硃批谕旨》第42册，第76页。

④ 李伯重《江南的早期工业化》，社会科学文献出版社2000年版，第42页援引许涤新和吴承明、洪焕椿之说，认为"其中仅康雍乾时期苏州的踹坊就达六七百家之多"。

⑤《苏州织造胡凤翚奏》（雍正元年四月初五日），《雍正硃批谕旨》48册，第101页。

⑥《苏州府为永禁踹匠齐行增价碑》（康熙三十二年），苏州历史博物馆等合编：《明清苏州工商业碑刻集》，第55页。

⑦《浙江总督李卫等奏》（雍正八年七月二十五日），《雍正硃批谕旨》第42册，第76页。

⑧ 包头因责在保引踹匠，在康熙三十二年的碑文中也称为"保头"。

⑨ 参见《长洲吴县踹匠条约碑》（康熙五十九年），苏州历史博物馆等合编：《明清苏州工商业碑刻集》第69—70页。

□赁石银三钱六分,是亦有本",因而"每月得赁石租银三钱六分"。①因为包头租赁房屋开设踹坊,"招集踹匠居住",踹匠是外来单身,容易肇事生非,所以封建政府一再颁示,责令包头管束工匠,甚至将他们"立于居民之外,每十二家编为一甲"②,配合地方官府防止踹匠滋事,监视踹匠的行动。

因此,踹布业中的生产关系是相当清楚的。包头表面上是作坊主,置备菱角样式巨石(俗称元宝石)木滚家伙房屋,招集踹匠居住,垫发银米柴钱,约束工匠。实际上,加工的布匹系字号所有,踹匠的工资由字号支付。包头由于置备了住房、生产设备和垫支了银米柴钱,因而踹匠按名按月付给包头银3钱6分,"以偿房租家伙之费"。包头得到的不是利润,而只是垫支资本以及由此而来的好处,利润归布号商人所有。包头也不是所有主,真正掌握踹匠经济命运的是布号商人,包头只是包工头、揽踹人。这种揽踹人,因字号自由择坊发踹,在道光、同治年间与字号形成严重冲突,屡屡涉讼公庭。③包头充其量只是踹匠的监工头、管理者,其责在监督踹匠守分不肇事,至于工效如何,利润多少,都与其无关。当然,包头与字号更不是雇工与雇主的关系,包头没有得到任何工资,而只是转发踹匠的工资,得到工资的是出卖劳动力的踹匠,只要包头不中间克扣,踹匠与包头很少形成冲突。所以,真正形成主雇关系的是字号与踹布工匠,他们之间基本上是一种自由劳动的雇佣关系,正是在这个意义上,署江苏巡抚何天培才说踹匠"俱系店家雇用之人"。真正居于经济统治地位,限制或影响踹染行业的生产与工匠生活的也是字号,所以人称字号"漂布、染布、看布、行布各有其人,一字号常数十家赖以举火"④。所以地方政府的规定是"一切踹工人等,应听作头稽查,作头应听商家约束"。正因为如此,踹匠的每一次"齐行"斗争几乎都是为了要求增加工资,而字号则总是仰仗官府镇压踹匠的停工斗争。可见,不能因为包头横隔其间,就否认字号与踹匠之间的劳资关系。

之所以如此反复阐述字号、踹坊、踹匠之间的关系,是想说明这就是当时字号的一种基本的棉布踹砑加工方式,而并不同时存在一种字号直接设局雇佣踹匠的加工方式,所谓踹匠系"店家雇用之人",指的只是字号与踹匠存在主雇关系,并不意味着字号直接设局。所谓"一字号常数十家赖以举火",指的是因为字号的存在,看布、行布、染坊、踹坊、踹匠等社会各界都能分沾余润,赖以为生,而并不意味着字号自行开设踹染作坊独立完成棉布染整的全过程,不能望文生义,随意解释,更不能将同属字号委托踹坊加工布匹的史料理解成字号既有直接经营又有间接经营踹布业的两种加工方式,说直接经营的字号是坐商而间接经营者是行商,更是想当然之论。苏州的踹布业是由字号间接经营的。迄今为止,还未发现可以说明字号直接设立踹坊的任何史料,也未发现字号直接设立踹坊的任何例证。本文多

① 参见《苏州府为永禁踹匠齐行增价碑》(康熙三十二年),苏州历史博物馆等合编:《明清苏州工商业碑刻集》,第55—56页。
② 《长洲吴县踹匠条约碑》(康熙五十九年),苏州历史博物馆等合编:《明清苏州工商业碑刻集》,第69页。
③ 参见苏州历史博物馆等合编:《明清苏州工商业碑刻集》,第80—83、85—86页。
④ 乾隆《元和县志》卷10《风俗》,第7页。

次提及的万孚字号,兼开染坊,但"踹石已另请良友加价,令其重水踹干",踹布始终是委托踹坊的。地方文献只说字号"漂染俱精",漂布染布各有其人,而未说字号染踹俱精,染踹有人。苏州只有数十家字号,而有450余处踹坊,1万余名踹匠,如字号自设踹坊,一家字号平均约有近10处踹坊,200余名踹匠,作为外地客商的徽商,要在苏州开设这么多的作坊,安置如此多的踹匠,恐怕也是不可思议的事。

字号并不直接经营踹坊,那么是否如人所说"都设立染坊,雇有染匠"[1]呢?《布经·看毛头大略总要》说:"凡开字号,所望者,惟染坊内可以取利无穷也。"似乎是说因染业利厚,字号是兼营的。实际恐未必。康熙五十九年七月,苏州有一块染业碑,在碑文中列名的字号染坊共有64人[2],常被人视为当时苏州有染坊64家的依据。[3]本文姑且同意这种看法。染业碑中列名者在字号倡立的历年踹匠工价碑中出现的有吴益有、赵信义、程益隆、程广泰、吴益大、周正和、吕双元、金双隆、朱京元、程德丰、朱紫阳、陈万孚、朱天嘉、吕咸亨、程益美、俞启裕、程日升和方德和等18家。可以认为这18家字号确是兼营染业的。值得注意的是,这18家字号在同年同月竖立的另一块踹匠工价碑中具名的有13家,在全部43家字号中仅占30%。[4]如果这个事例可信,那么我们可以认为,字号确有兼营染坊的,但比例恐怕并不很高。前述曾经两次在碑文中出现的万孚字号,其业主陈士策,早年"代管金宅染坊",自开字号后,仍然"向来发染",后来因为颜色不佳,布匹销路不畅,才不惜工本,自开染坊。这个事例既说明字号有兼开染坊者,也说明并非所有字号均兼开染坊,或者说字号并非始终兼营染坊。字号自开染坊涉及资本、场地、人手、管理等一系列问题,在染业发达、染坊林立的苏州,外发加工染色简便易行,因此字号兼设染坊大概并不普遍,至少绝不会是"都设立染坊"。所以地方文献所说的字号"漂染俱精",不独不能理解为字号自开踹坊染整俱精,兼且不能简单地理解成字号都自开染坊精于漂染,而恐怕只是说经过字号的布匹漂染质量都是过硬的。

原文载《历史研究》2002年第1期

作者:范金民,南京大学历史学院教授、博士生导师

---

① 方行等主编:《中国经济通史·清代经济卷》,经济日报出版社2000年版,581页谓:"枫泾镇、苏州府城中的布号都设立染坊,雇有染匠。"

② 参见《奉宪勒石永禁虎丘染坊碑记》(乾隆二年九月),江苏博物馆编《江苏省明清以来碑刻资料选集》第59页。

③ 参见许涤新、吴承明主编:《中国资本主义的萌芽》,人民出版社1985年版,第404页。

④ 参见《长洲吴县踹匠条约碑》(康熙五十九年),苏州历史博物馆等合编:《明清苏州工商业碑刻集》,第70—71页。

清太宗朝汉文档案文献考析

乔治忠

　　清入关前留存至今的档案文献中,除早已引起学术界格外瞩目的满文档案之外,还有内容相当丰富的汉文档案文献,近代以来,陆续有所整理、刊布,在历史研究中具有极高的史料价值。这些汉文档案在当时的存储、利用等基本情况,及其与满文档案之间的关系,牵涉清入关前政权的运行机制,关乎对清入关前文献史料的整体认识,是清史研究与文献学研究所应重视的问题。尽管年代久远、记载亟缺,本文仍勉力予以综合考析,以期于抛砖引玉,促进海内外方家的共同探讨。

一、后金汉文文献存档制度的形成

　　1616年,努尔哈赤正式建立了后金政权,定年号为"天命",满文书写的记事性"汗的档子",亦于天命元年起笔记述。①然而是否同时就形成了保存汉文文献的档案制度呢? 这是一个值得考订的问题。

　　满文"汗的档子"形成之后,后金政权记档、存档的制度仍然很不健全,开始是若干天、一个月甚至更长的时间,才对某一事件作综合性地记载,后来时段间隔缩短,记事加密,逐步接近于按时间顺序记事的编年体形式。满文"汗的档子"之外的其他档案,起步与发展较为迟缓,例如天命八年(1623)五月,努尔哈赤指示八贝勒都要设立档子,以记录汗对八旗官员的封赏与处罚,而且是八部档子一起记录。②这说明直至天命八年,八旗的档子才形成较为完整的记录体制。而在清太祖朝,汉文文献的存档制度则没有建立起来,这当然不排除曾经对个别的重要文件有所保存。如《满文老档》天命八年七月二十三日记载:努尔哈赤阅读明永乐帝颁给其祖先的敕书,并将内容译录于当日的满文档册上。这份永乐帝的敕书原件自当为汉文(或同时具有蒙古文译件),因为极其重要而世代传承,但这次录入满文档子之后,汉文原件则不知下落,再也无人提起。这件事情本身就说明:尽管是极其重要的汉文文献,一经译成满文留存,原件反而不如此前得以重视。

---

　　① 参见关于记事性满文档册起笔记载的时间,乔治忠《后金满文档册的产生及其史学意义》一文考订为起始于天命元年(1616),见《社会科学战线》1994年第3期。
　　② 参见《满文老档》太祖朝第五十一册,天命八年五月五日,中华书局1990年汉译本,第480页。

努尔哈赤时期,有过与明朝、朝鲜的交涉信件,有对汉人发布的告示①,数量颇大,其原件应为汉文,但至今已无留存,只能从满文档册记载中知其内容。所有这些现象,都表明当时并没有自觉保存汉文文献的档案制度,即使出现重要的汉文文件,也是将其译成满文录入档册而已。今北京国家图书馆存有题为"后金檄明万历皇帝文"的汉文刻印文献②,这是后金清太祖时期留存至今的唯一汉文文献,但它是因为刊印文本流布于社会,从而偶然逃脱完全湮灭的命运,却并非仰赖于官方档案的保存。

清太宗时期,统治政权内汉人官员显著增多,统治范围向汉人区域进一步扩大,与明朝、朝鲜的外交交涉也愈加频繁,使官方的汉文文书增多并且日趋重要,因而单单翻译成满文而记入档册,已不能满足统治机制的运行需要,于是将汉文文献存为档案的制度,乃应运而生。

后金之汉文文献的存档制度何时建立,缺乏明确的历史记载,最大的可能是因行政上的需要而自然地产生、发展和日益健全。

清太祖努尔哈赤于天命十一年(1626)八月逝世,太宗皇太极继位,至十月十七日,明宁远巡抚袁崇焕派人吊唁,一个月后,皇太极向袁崇焕致以答书,开启双方的议和活动。次年即天聪元年(1627),双方书信往来,十分频繁。按当时情景,明朝方面不仅不会以满文向后金致信,甚至也不会接受后金的满文信件,这些书信原件皆当以汉文书写。对于后金来说,与明朝议和是前所未有的大事,因为此前明朝从不认为后金有谈论议和的资格,而且首先表示议和姿态的袁崇焕,乃是曾经重挫后金军锋的明朝名将,不能不认真对待。

后金天聪元年的汉文档案文献,留存至今者至少还有六件,其中一件为朝鲜的来信,内容是朝鲜与后金盟誓之事,载于《明清史料》甲编第一本;其余都是后金与明朝议和的往来信件,载于《明清史料》丙编第一本。③其中四月初八日皇太极致袁崇焕、致李喇嘛的共三封信,誊清之信件已经发送明朝方面,《满文老档》上亦翻译收录,但仍留存了带有许多修改笔迹的底稿,而且袁崇焕的来信也被保存。这种打破以往常规的转折,绝非出于偶然,当时正是双方议和涉及"七大恨"、退地、返还人口、交换物资等等实质条件,意见冲突而反复争论,使后金感觉到有必要保存汉文文件、以备继续交涉时参考。因此,后金政权最初有意识地保存汉文文献,当始于天聪元年,而与明朝将领袁崇焕之间的一系列外交来往,乃是关键性

---

① 特别是后金占领辽东之后,对汉人的告示甚多,如天命六年五月《告镇江民人书》、十二月《谕汉人不得隐匿粮食书》、天命七年正月《谕示众汉人书》、二月《告关外汉人书》等等,不能一一列举,可参见乔治忠:《清文前编》,北京图书馆出版社2000年版。

② 关于此文献的作者、内容、形成时间及相关问题,参见乔治忠:《"后金檄明万历皇帝文"考析》,载《清史研究》1992年第3期。

③ 《明清史料》甲编第一本还录有《皮岛毛文龙致清太宗书》,注有"天聪元年初次来"字样。此文题目肯定为《明清史料》编者所加,而小字附注按其惯例,似应原有,这很容易令人认为本文书是天聪元年文件。然考其实,则为天聪二年正月文件,理由是:第一,《满文老档》天聪朝第十一册首篇即此文件满文本,总标题明确写为"天聪二年正月来信";第二,本信件中称王总兵家人于十一月十三日前往后金议和,"至今两月未见回音",是此时恰为天聪二年正月。《明清史料》台湾"中央"研究院历史语言研究所1930年编刊,为原始文献资料的系列性汇编之书。

的导因。

天聪二年（1628），后金与袁崇焕间的议和一时陷入僵局，但汉文文献的保存情况则有进一步的发展。本年，后金与毛文龙书信往来相当频繁，除满文资料之外，笔者得见现存汉文文献七件，一件是皇太极十月间《谕毛文龙书》①，其余均为毛文龙方面的来信，分别载于《明清史料》甲编第一本和丙编第一本。②此外，还有对朝鲜的信件二件。③这些均属于后金政权的外交文献，此时与袁崇焕的谈判虽然暂停，而后金的外交活动仍然很多，保留外交文件的意识也得到加强。更值得注意的是，本年还保存有镶红旗备御祝世胤于十一月间的奏议④以及八月间佚名的关于"谨陈臆说，少佐圣明"的长篇条奏⑤，特别是作者佚名的长篇条奏，分析了后金对明朝、蒙古、朝鲜的政治军事态势和应采取的措施，论述了"举任贤良"、制定官爵等级、甄别所谓"奸细"和做好对外贸易等等问题，针对时弊提出一系列治理方针。这样高水平的奏议在当时是十分罕见的，必然引起后金统治者重视，或许就是这篇奏议，开启了后金保存汉文奏议文件的首例。后来，臣工奏议与外交书信遂成为后金政权特别注意保存的汉文档案文献。

据《明清史料》、罗振玉编《史料丛刊初编》、王钟翰校注《天聪谕奏》⑥等文献，天聪三年汉文文献的留存数量与去年大体相当，而值得注意者有：第一，本年金国汗下令考试秀才的汉文谕令一篇，曾作为布告张贴⑦，又有《金国汗致大明国众臣宰书》一篇⑧，据《清太宗实录》记事，乃作为传单形式散发，表明公开发布的文告、宣传文件也会留存于档案。第二，《金国汗致大明国众臣宰书》附注一个"正"字，没有修订涂改痕迹，是特意留存的誊清正本。而《明清史料》丙编第一本所载的《金国汗致袁崇焕书》，既有正本又有底稿，正本日期处满文印钤还被涂上墨杠五道，这值得予以考订。据《满文老档》记载，袁崇焕对于此信，乃"因书中用印驳回"，理由是"印信者，诚为证据，倘若非赐封者，则不得使用，中国之法例如此，请汗毋以为奇"⑨。印钤被涂抹墨杠，可能是袁崇焕所为，则此汉文文件是当时书信的原件，它与带有修改笔迹的底稿一同保存，足见当时对于保存汉文文件，已经相当自觉，相当郑重。

天聪四年留存至今的汉文文件明显地增多，仅金国汗致朝鲜国书即有八篇，这种致朝鲜的汉文信件，已经渐渐成为专题性档案。对皮岛刘兴治弟兄等人的招抚信件也在八篇以上，而且附有被后金软禁之刘兴贤的家信多件，更加引人注目。此外，后金对明朝官员、军

---

①《太宗文皇帝招抚皮岛诸将谕帖》，罗振玉编：《史料丛刊初编》，东方学会1924年刊印。

② 其中包括《明清史料》丙编第一本收载的《失名致金国汗副启》《失名复金国汗书》，此二件未署名亦未注明日期，但对照《满文老档》天聪朝第十一册所载"天聪二年毛文龙等处来文六件"，可知其内容完全吻合。

③ 参见《太宗文皇帝致朝鲜国王书》，罗振玉编：《史料丛刊初编》。

④ 参见李光涛编：《明清史料》甲编第一本《明清档案存真选辑三集》。

⑤ 参见《明清史料》甲编第一本。

⑥ 参见《天聪谕奏》，《历史档案》1990年第3期。

⑦ 参见《天聪谕奏》，《历史档案》1990年第3期。

⑧ 参见《明清史料》丙编第一本。按：此篇未署明日期，但据《满文老档》天聪三年七月十八日同一内容，可知为天聪三年文件。

⑨《满文老档》天聪朝第十六册，第930、933页。

民的宣传信件,对本国官民、将领的谕旨、布告、榜文,以及本国官员的奏议等等,至今尚存者也有七八篇之多。

天聪四年五月,皇太极向驻守新占各地的官员、将领分别发出书面谕旨,《满文老档》载有对高鸿中、范文程、金有光等等多人的谕旨内容,并且注明"致白都堂(按:白都堂即新近投降后金的明朝官员白养粹)、崔道员书,记于汉文档册内"①。《满文老档》同年又记载:"(九月)二十二日,遣往刘五哥处之李栖凤、迟变龙还。此辈携来五哥复书,载入汉文档册内。"②这里明明白白地显示出已经具有专门的汉文档册。查《满文老档》,确实没有载入皇太极致白养粹等的书信,又查今《明清史料》丙编第一本,天聪四年五月皇太极致白养粹的信件尚存,而致高鸿中等人的信件,虽然翻译录入了满文档案,但汉文文件仍然一同留存。而刘氏弟兄的盟誓复信,今仍存于《史料丛刊初编·招抚皮岛诸将谕帖》。综合分析这些信息,可以得出以下几个结论:

第一,后金政权已经设立专门的汉文档案,收录汉文的公文、信件。

第二,汉文重要文件依然译成满文而载入满文档案,但有些汉文文件经过权衡,则仅收入汉文档册,不译成满文也不收入满文档案。

第三,汉文文件无论是否翻译收录于满文档案,都将作为汉文档案保存。

这说明至迟到天聪四年(1630),后金保存汉文档案已经形成制度,被纳入整个政权的档案体制之中。

总之,后金将汉文文献存为档案,起源于应用汉文书面文件的外交活动,首先是与袁崇焕的议和交涉,这从天聪元年即已开始。由于在对外、对内军政活动中,汉文文件的使用越来越重要,保存汉文文件的意识得以强化,天聪三年出现底稿与正文一同保存的现象,已经表现出形成档案制度的迹象,也正是本年,后金将文馆官员"分为两直",即分别翻译汉字书籍和记注本朝政事。是否在重视汉字书籍的同时,也形成自觉的保存汉文档案文献的制度?这是很有可能性的,但尚未发现实据。而天聪四年则有了确切、充分的记载,可以证明汉文档案制度的已然建立。汉文文献存档制度的建立,是清太宗时期"文治"上的一大进步。

二、关于清入关前汉文档案的几点考订

清太宗时期,满洲政权各种制度发生着重大的变化,其中编年体的满文"汗的档子"于崇德二年(1637)由内国史院满文档册所接续与代替,仍采取编年体的记述方式,并且仍然处于所有档案文献的主导和核心的地位。③考察清入关前的汉文档案,不能不与满文档册的状况相联系。由于几百年来社会动荡,清入关前档案的原始储藏状况已被打乱,大量历

---

① 《满文老档》天聪朝第二十八册,天聪四年五月十三日,第1038页。
② 《满文老档》天聪朝第三十二册,天聪四年九月二十二日,第1070页。
③ 关于后金"汗的档子"与后来内国史院满文档册的承续关系,详见乔治忠:《旧满洲档与内国史院档关系考析》,《历史档案》1994年第1期。

史资料沦没,汉文文献档案及其制度的详细情况,现今已经难以确切地考定,但细致对照和分析现有史料,仍可以从文献学与公文制度方面加深对清入关前档案的认识。

(一)关于汉文文件的处理机制

上文考述了天聪四年汉文档案制度的建立,这个制度此后一直保持。综合分析现存的史料,还可以进一步揭示清入关前汉文档案制度的基本轮廓。

上文已经提到,汉文公文文件是否翻译录入编年体满文档册(先是"汗的档子",后来是内国史院档案),要经过斟酌选择来确定,这在后来的档案文献中有所显示。

《明清史料》丙编第一本载有天聪九年(1635)张文衡奏本,注明"正月二十三日到,二月初三日奏了,付"。又有鲍承先奏本,注明"正月二十四日到,二十七日奏了,付"。查《旧满洲档》天聪九年档、内国史院满文档册①、《清太宗实录》,皆载有两人奏议,鲍承先的奏议载于天聪九年正月二十七日,张文衡的奏议载于是年二月初三日。当时,汉文书面奏本要由部院官员以满语转奏,张文衡虽然上奏在先,但"奏了"较迟,在满文档册与实录中反而记载于鲍承先奏议之后。同书载孙得功本年八月初一日奏本、徐大祯八月初九日奏本、马光远十二月十四日奏疏,均注有"不附"字样,查《旧满洲档》天聪九年档、内国史院满文档册、《清太宗实录》,皆未收载。从这几项实例,可以得出如下判断:原汉文档案文献上注明的"付"或者"不附",与能否收录于编年体满文档册,以至于最终是否可能载于实录,有着密切的关系。凡注明"不附"者,则一般不会在满文档册中出现,这是可以确认的事实。

然而,并不是所有注明"付""附讫"②字样者皆收载于满文档册和实录,例如《明清史料》丙编第一本所载天聪九年九月九日朝鲜婉言回绝采买某些物品的来信、崇德四年孔有德上奏献马事、耿仲明上奏进献猎物事、马光远奏请解除固山额真之职等等,虽然都注有"附讫"字样,但查对相应日期的《旧满洲档》、内国史院满文档案及《清太宗实录》,均未见收录。这说明注有"付""附讫"字样只是作为编辑满文档册的预选资料而已,实际是否编入,还要再予以筛选。这里所举朝鲜的来信既简短也不重要,孔有德、耿仲明奏本涉及的事情很小,只是因其主体的身份和地位才机械地批上"附讫"。马光远因作战不力被清太宗惩处,才奏请辞职,是一个消极避祸的行为,未获批准,最终未记入满文档册,亦皆属有因。

汉文公文被筛选送交编辑满文档册之处,这种机制由来甚久,但笔者所见的汉文档案文献,最早出现批注"附"与"不附"字样者,乃起于天聪九年。但也不是所有汉文文献原件都会批上这些字样,这就是说,汉文文件的处理虽是日常工作,但是否作书面批注,则无一定规范。清太宗发出的汉文谕旨及书信,往往不必注明就理所当然地译入满文档册,其他文献也有类似情况。

---

① 内国史满文档案藏中国第一历史档案馆,关孝廉等曾将其中部分内容译成汉文,编为《清初内国史馆满文档案译编》,光明日报出版社1989年版。本文有所引述,皆据此书。

② 清入关前同音字混用的现象很常见,批注中的"付"和"附",语义相同。《明清史料》丙编第一本载崇德二年十一月清廷致杀胡堡张都督的书信上有两条批注和说明,一曰"三年五月初二日附",一曰"五月初二日方付",可见两字乃当时通用。

对汉文文献的筛选,批注的用语也无一定规范,如天聪九年十二月张存仁劝皇太极称帝的奏疏,被批注为"此本不译"①,因而不载于《旧满洲档》、内国史院满文档案;崇德三年六月张福宏、李华国关于对明朝议和的上奏,分别有批注"贾宿哈说满洲本不记簿罢""贾宿哈说满洲簿不记罢"②,从而失去了进一步记录于官修史籍的机会。查《满文老档》,崇德元年有满洲官员、内三院笔帖式Jasuka③,"贾宿哈"即应是其人音译④,这表明一名满洲笔帖式,就可以决定某件汉文公文不必载入满文档册。

《明清史料》丙编第一本载《崇德二年致杀胡堡张都督书》,这是一件关于明朝杀胡堡地方官与满洲政权秘密通款的文件,其文有批注曰:"崇德二年十一月十九日打儿(带来书在内),来书交原人去。二十一日与书稿在内,待两三月后方上簿,见者勿拆看。三年五月初二日附。"

又有一条批注曰:"崇德二年十一月二十一日与张都督稿。张都督原与打儿汉的书译过,有满洲稿在。汉字原交与原主去讫,不教留下汉字,以此未写下记之。次年五月初二日方付。"

两条批注反映的情况是:崇德二年十一月清政权派打儿汉(今译"达尔汉")到杀胡堡,十九日,杀胡堡张都督派人随打儿汉回访并带有书信(来书)。二十一日清政权回信,交来人带去,而为了保密,"不教留下汉字",也将张都督的来信带回,仅译成满文留存。清政权发出的信有汉文底稿(与书稿),但同样为了保密,"待两三月后方上簿",而且不许拆看。由于不能拆看,也就无从判别是否当"附",拖延到事过境迁,"次年五月初二日方付"。

因为保守机密,造成汉文档案中缺少杀胡堡张都督的来信,去信也未及时"上簿"与"附"。汉文档案的管理者觉得有必要对这个特殊情况予以注明,而这些批注却恰好表明在汉文公文处理上,"上簿"和"附"是不同的。上簿者既然有"勿拆看"的特殊情况,则多是公文原件或底稿的集中成册。现存汉文档案中,有许多文献上写有批示、说明,即来自原件;许多文献有涂抹修改笔迹,即为底稿。只有再经过"附"之后,才算取得待选译入满文档册的资格。至于是否所有汉文文件都会"上簿",以及"附"的实质性含义,我们留待下一个问题中探讨。

(二)关于汉文档案的编录副本

清入关前,不仅保存汉文文件的原件与底稿,而且还录存副本。这种录副工作,是入关前档案制度的一个重要的组成部分。

在现存的清入关前汉文档案中,有不少乃是录存的副本,例如《明清史料》丙编第一本有题名为"崇德四年文移簿残叶"的文件,其中都是恭顺王孔有德、怀顺王耿仲明、智顺王尚

---

① 《明清史料》丙编第一本。
② 《清崇德三年汉文档案选编》,《历史档案》1982年第2期。
③ 为方便印刷,此为满洲人名的罗马字拼音。
④ 中华书局汉译《满文老档》译作"扎苏喀",参见《满文老档》下册,第1542、1553、1701页。

可喜的上奏与咨文。同书还编有"崇德八年文移簿残叶",其中除孔、耿、尚三人还有续顺公沈志祥奏疏和咨文,文后往往以同样字体写明"正本附三王、公奏疏簿",这充分表明:第一,这里的文件不是正本而是抄录的副本,正本已经"附三王、公奏疏簿";第二,无论正本、副本,都是按分类的方式汇编成档簿,例如孔、耿、尚、沈等四人都是投降清军而获高位者,其有关文件即共同汇编为"三王、公奏疏簿"。

我们知道:入关前满文档案的核心部分乃是编年体的档册,此外的八旗档子、刑部、礼部等各部档案,皆为按军政组织、衙门机构汇总的档册,而汉文档簿与满文档册不同,既非编年,又不按机构,乃以专项事类汇编,这是值得注意的特点。

《明清史料》甲编第七本收录的"清崇德间与朝鲜往来诏敕章表稿簿",也是以事类汇编的档簿副本,其中第一篇所载朝鲜官员于崇德元年的来信,首尾都加写了注释说明:

> ……来书一封,来时恩国太密入厢内,不令人知。至六月初二日,复问张八阿哥,伊与常耐取书看过,说:只记日子,不记书罢。此书是张八阿哥从通远堡接来的,答前与罗德宪、李廓等赍去的长语的回书。
>
> 此书原未发,不附簿。后于崇德三年六月初五日,从国王来书架内查出,记此以便日后稽查。

由于书信内容是对满洲表示抗争与不合作,所以最初未收载于汉文档簿,被处理为仅仅按日期简记其事。揆其事理,应记于满文档册,查《满文老档》崇德元年四月,果然仅于金国斥责朝鲜的信件后,附记对方使臣未接受书信并且回信抗争之事,但不记抗争信的内容。这说明有些汉文文件是不上汉文档簿的,而另有保存办法。

有些外交文书虽然载入汉文档簿,但却仅有副本。如朝鲜来书,有时因对其内容不满而退回,便抄录副本,同时注明"原书发回,此系录稿""原本未收……记之以便查考"等等。①

至此,我们可以确认:清太宗时期的汉文文件的存档制度,含有单纯保存、编入档簿保存、编录副本等不同的处理层次。那么文件被批注"附"字者属于哪一层次呢? 笔者认为"附"是为了提供满文档册的遴选,这一定伴随着抄录副本工作,"附"是抄录副本的一个环节。因此,清政权编录汉文档案的副本档簿,不是仅仅一次性的工作,提供满文档册遴选、提供军政事务参考、编纂史籍等等,都会抄录为副本档簿。现存汉文档案中,有不少同一文件出现少许文字差异的多种写本,就是这样形成的。这里需要说明的是:入关前汉文档案的副本,有些是顺治初年纂修实录时抄录的,因而文字可能有一些修改,利用时应当有所鉴别。

汉文档案文件有选择地译入满文档册,是清入关前档案制度运作的主要方式,但亦存在由满文文件译成汉文的特殊情况。例如《明清史料》丙编第一本载《敕谕诸将领稿》,是关

---

① 《明清史料》甲编第七本《清崇德间与朝鲜往来诏敕章表稿簿》,崇德二年正月二十四日、崇德三年七月初三日朝鲜来书。

于军纪的敕令,向满、汉各将领发布,并且刻印张贴,以收宣传之效。文件中有涂改修订痕迹,极似最原始文件,但细致分析,则是从满文翻译而来,修订痕迹是翻译时的修订。文件既针对满、汉将领,在当时一般应先以满文写成;文中言"以上军律,牛录张英不传喧者,罪坐本管,不遵传喧者,罪坐本犯","牛录张英"乃"牛录章京"之误,应是从满文译为汉文时,未深思而音译致误。这种特殊情况,也需要有所注意。

三、汉文档案在纂修《清太宗实录》中的利用

清太宗朝保存汉文文件的档案制度,是在军政、外交活动的实际需要中产生的,它也首先在军政、外交活动中参考和应用。而随着时间的推移,这些汉文档案文献的政治作用逐步淡化,而积淀成为历史的资料。如上文所述,在汉文文件的处理上,会有选择性地翻译和录入编年体的满文档册,从而进入档案文献最核心的部分。而纂修太宗实录之时,原汉文档案是否再提取出来甄择利用,是一个值得考订的问题。

清顺治、康熙两朝纂修《清太宗实录》,编年体的满文档册是最重要的史料依据,有些汉文文献已经翻译和录入满文档册,即纳入了满文史料的利用。这样,满文档册之中已经包含了原汉文文献的内容,似乎不必再从汉文文献中重新甄择资料,当时清廷似乎即如此考虑。因此,天聪六年正月佟养性的奏议提出大力制造火器、建立火器营、广积粮食;是年三月臧国祚条奏"攻克招抚""抚辑安民""开拓广种"等事;十一月杨方兴奏请加强文馆建设、编纂实录、清查田地等等。这些极为重要的奏议,多数已被采纳,但在《清太宗实录》中却无片言记述。更有值得注意者:天聪四年正月,清太宗率军入关骚扰掳掠后撤回,留若干明朝投降的将官驻守攻占之地,发布一篇汉文榜文安抚鼓励。[1]这件以金国汗署名发布的榜文,仓促间未翻译和录入满文档册,因而也不见于《清太宗实录》。同年六七月间清太宗谴责与处理阿敏滥杀降附汉人的布告[2],其事其文,同样也未见于《清太宗实录》。倘若顺治、康熙两朝纂修实录之时将汉文档案文献作为一项基本史料利用,大量重要的臣工奏议以及清太宗发布的榜文、布告,当不至于如此缺载。

在入关后纂修太宗朝实录的过程中,是否完全不利用入关前的汉文档案文献呢?不是的,在今汉文本《清太宗实录》中,汉文档案被利用的痕迹也比比皆是。

天聪元年三月袁崇焕答金国书,存有汉文档案[3],《满文老档》天聪朝第二册、《清太宗实录》卷2亦载。以实录之文对照汉文档案,除个别忌讳的语句如"知汗之渐渐恭顺天朝",被实录删去之外,几乎逐字逐句地相同。如汉文档案文献中的一段文字:"然天道无私,人情忌满,是非曲直,豁若昭然,各有良心,偏私不得。不佞又愿汗再思之也。一念杀机,起世上无穷劫运;一念生机,保身后多少吉祥!不佞又愿汗图之也。"在《清太宗实录》中,仅仅"豁

---

① 此文为木刻印本,原存北大研究所,孟森:《明清史论著集刊》上册(中华书局1959年版)全文引录。
②《明清史料》丙编第一本《金国汗敕谕金汉猛古官员军民人等稿》
③《明清史料》丙编第一本《袁崇焕致金国汗书》。按:今已残脱末尾70余字。

若昭然"写为"原自昭然",其他字句则毫无区别。很明显,如果实录只以满文档册回译成汉文,绝对不可能达到词句如此一致的效果,而必定调用了汉文档案作为校订的依据。

《史料丛刊初编·天聪朝臣工奏议》有天聪九年二月《沈佩瑞屯田造船奏》,开头云:"窃思南朝所恃者,有山海阻隔,宁锦完固,兵饷充裕,所以得固守之。而我国兵马威武奋扬,别无可虑,只虑军饷或不敷耳。臣系南人,素晓龟卜,凡事吉凶可断。近思得屯田一策,于新春正月十五日虔诚灼一卦,十分可喜,是以敢在汗前上奏。"此奏在满文《旧满洲档》、内国史院满文档册中均翻译收录,而《清太宗实录》中的文字是:"窃思明人所恃者山海阻隘,宁锦完固,兵饷充裕,故得安意固守。而我国士马威武奋扬,他无可虑,但恐军饷或不敷耳。臣近思屯田一事,古人行之,皆著有成效,其法正可酌行于今日,臣敢为皇上陈之。"两相对照,其中"宁锦完固,兵饷充裕""威武奋扬""军饷或不敷耳"字句相同,足以说明纂修实录时已经利用汉文档案校订。词句不同之处,除无关紧要者之外,有称谓的修订、用语的文雅化,最为明显的是删改了关于卜卦的鄙俚之谈。同一年尚有张文衡的奏议、杨名显等人的奏议。张文衡奏议原文语句不够文雅,且有激切之言,《清太宗实录》中修改甚多;而杨名显等人原件用语文雅、意见温和,《清太宗实录》照录原文处则甚多。从这些事例之中,可以反映出《清太宗实录》利用汉文原档并且修订删改的标准和取向。

清朝对入关前外交性的汉文档案更为重视,尤其是与朝鲜的来往信件,录副、保存和利用都比较经意。《明清史料》甲编第七本载崇德二年正月被围困的朝鲜国王请降书,开头言"小邦获戾大国,自速兵祸,栖身孤城,危迫朝夕"云云,内国史院满文档册亦翻译收录①,而《清太宗实录》卷33所载之文,一看即知乃依据汉文档案校定,词语绝大部分完全相同,不是单以满文回译而成。崇德三年十月朝鲜因违误军期致咨文于清国兵部,称"负罪至此,死不足塞,自贻伊戚,徒切悔责。除席藁伏地,恭俟严谴外,差遣陪臣、领议政府崔鸣吉,赍咨驰进,口陈本国事情"②云云,查《清太宗实录》卷44载此咨文,上引一段仅"差遣"改成了"特遣"而已。这样的语句文字,仅从满文回译就是万万不可能如此契合的。《明清史料》甲编第七本载有崇德五年五月朝鲜来文,其中涉及朝鲜官员睦长钦以及私自越境民人朴介孙,其姓名用字相当特殊,《清太宗实录》卷51载录此文,内容、语句之相合自不待言,连人名用字也完全相同,这是修纂实录之时有时直接利用汉文原档的确证。

从上文论述中可以看出,入关后纂修《清太宗实录》是以满文档册为基本史料,汉文档案中的历史文献,如果未曾翻译登录于满文档册,则多被漏载。但在编定汉文本《清太宗实录》之时,则调取汉文档案,校订满文档册中登录的奏议、外交文书、书信等等文献。这种校订并不完全依照原文,而是做出修订,使语言更加文雅、称谓更合后来规范,并且删改有所忌讳的内容。

在个别特殊的情况下,《清太宗实录》也会收载满文档册未翻译和载录的汉文档案文

---

① 参见《清初内国史院满文档案译编》(上),光明日报出版社1989年版,第227页。
② 《明清史料》甲编第七本,《清崇德间与朝鲜往来诏敕章表稿簿》。

献,例如上文引述过的《明清史料》甲编第七本"清崇德间与朝鲜往来诏敕章表稿簿"中首篇,即朝鲜崇德元年向清政权抗争的信件,当时的处理是"不附簿"、不翻译,"只记日子,不记书罢",在满文档册上仅仅略记事由而已,这是因为当时对此深有忌讳。而《清太宗实录》无论初纂稿本还是重修定本,都载录了此信件的全文①,乃事过境迁反而觉得有必要明其原委,遂根据满文档册所记事由查出汉文原件以载入。当然,这种以记述线索追补文献原文的情况毕竟很少,即使满文档册所翻译载录的公文文件,利用汉文文献的校对也是相当粗率、甚至是或有或无的。总之,清朝官方纂修《清太宗实录》,并没有将汉文档案文献看作一项基本史料予以全面地清理与利用,仅仅间或用于所载文献的校订。

四、清入关前汉文档案文献的史料价值

历经世事沧桑,清太宗朝汉文档案虽然损失严重,但至今保存数量仍然颇为可观。这样丰富的文献,尚未在学术研究中得到充分的开发和利用,其史料价值应该引为重视。

第一,汉文档案文献是研究清入关前历史发展趋向不可或缺的载籍,这是其史料价值之最重要的一个方面。由于清官方没有将入关前汉文档案用作修史的一项基本资料,《清太宗实录》等官书远不能反映当时历史发展的全貌。为了弥补这种缺陷,必须结合清朝官、私史籍、满文档案等史料,全面地分析与利用汉文档案,以深入研究清入关前的历史。

首先,汉文档案可以更清晰地显现清太宗时期文治意识的增强。早在天聪二年八月的一件佚名的汉文长篇奏议中②,即提出"举任贤良""重官爵、辩等威"而以服饰区别尊卑贵贱的建议,强调"马上可以得天下,马上不可以治天下",这实际是要求在后金国内增强文治的举措。三个月后,则有清太宗致朝鲜国王的信,内容是"外闻贵国有金、元所译《书》《诗》等经及《四书》,敬求一览,惟冀慨然"③,词语十分谦和,并且主动送还了早时扣押的朝鲜通事权仁禄。这在后金对朝鲜的交往上,是极少有的"友好"态度。迫切获得这些书籍的心情,显示出一种追求"文治"的意识,此后,后金仿从汉制的改革和文治举措逐步深化。天聪三年八月,清太宗下令考试儒生,称:"朕思自古及今,莫不以武安邦,以文治世,两者缺一不可。朕今欲兴文教,尔等诸生,有怀才抱异,或在各王府及金、汉、蒙古部下者,俱限本月二十三日赴钟楼前高、殷二游击处报名,二十七日完毕,九月初一日考试。各秀才主不许阻拦。"④将沦为奴隶的许多汉人儒生解放出来,予以任用,批评、否定清太祖时杀戮儒生的行为,是一项不寻常的文治举措,虽然《清太宗实录》对此事略有记载,但远远不及汉文档案文献详明真确。从汉文档案文献可以看出:当时清太宗先于是年七月初六日行文于汉人的八

---

① 参见《清太宗实录稿本》,《清初史料丛刊第三种》,辽宁大学历史系1978年印本,第22页;《清太宗实录》卷28,天聪十年四月壬寅。
② 参见《天聪二年奏本》,《明清史料》甲编第一本。
③《太宗文皇帝致朝鲜国王书》,罗振玉编:《史料丛刊初编》。
④《天聪奏议》,王钟翰点校,《历史档案》1990年第3期。

名将领,令其通知各处儒生,再于八月将敕谕文书发于每旗十份,张贴在钟鼓八门,措施相当周密。"以文治世"和"欲兴文教"的方针既定,提倡文治的汉文奏议日益增多。例如天聪六年胡贡明奏请八旗各设官学,使满洲贵族子弟"人人知书达理,郁郁乎而成为文物之邦矣";次年宁完我奏请翻译《孝经》《四书》《资治通鉴》等,刘学成奏请"用文治内"、建立科举制度①;天聪九年马光远奏请急选贤才,选才"必察其君子、小人"等等。这些奏议多被采取或变通采取,成为满洲政权的政治理念。

其次,汉文档案比较清晰地勾画出清太宗朝"文治"举措的来龙去脉,从历史整体上反映出清政权绝不是单凭武力而发展壮大。天聪年间,后金进行了一系列的政治体制改革,如增加文馆职能、设立六部、任用汉官、制定朝廷礼仪、改文馆为内三院等等,皆为文治的举措。而现存汉文档案文献中,反映出汉人臣僚与儒生们一波又一波的奏请改革体制的高潮,这些奏议无疑是改制的导因与推动力。因此,考察清入关前政权体制变化,不能不结合汉文档案中臣工奏议的研究。

再次,汉文档案文献能够比较全面、集中地反映清太宗时期战略决策、议和策略、外交活动以及策反招降手段,这些都是其势力不断壮大,以至于取代明朝的重要原因。在汉文档案文献之中,有大量关于向明朝进军路线、方式、时机的议论,也存有对明朝议和之利弊的分析,主张不同,言人人殊,多为满文档册、实录等典籍缺载的可贵史料。清太宗政权两次武力征服朝鲜,但更长期的是与朝鲜之间的外交摩擦,《史料丛刊初编·太宗文皇帝致朝鲜国书》《清崇德年间与朝鲜往来诏敕章表稿簿》②等集中性的汉文档案,以及许多零散的文献,资料之丰富远迈于其他史籍。对明朝将领的策反招降,是清太宗政权一贯坚持的策略,其具体效果和战略作用值得深入研究。《史料丛刊初编·招抚皮岛诸将谕帖》是一项集中的汉文档案,其他如招降祖大寿、吴三桂以及各处守将的有关汉文文件,至今尚散存许多,均为最宝贵的历史资料。

总之,在关乎清入关前历史发展的整体问题上,汉文档案能够提供系列性原始文献,因而具有十分重要的史料价值。

第二,汉文档案文献是订正《清太宗实录》等官书讹误与粉饰的可靠依据,在这一点上,与满文档案的功用相似,但具有某些独特之处。例如《天聪朝臣工奏议》中存有几篇刘学成的奏议,其中天聪八年十二月的一篇收载于《清太宗实录》卷21,但人名写成了"刘学诚";汉文档案中又有陈边务的关于攻取明国的奏议③,其他史籍未载,但《清太宗实录》卷10等各卷多处出现此人,姓名都误作"陈变武",今日本东洋文库日文译本和中华书局汉译本《满文老档》,皆沿袭实录中人名之误。这种讹误,恰恰是从满文档册回译为汉文时发生的。《天聪朝臣工奏议》载有天聪九年二月宁完我和范文程的奏议,注明为二月十六日,《明清史料》甲

① 参见《天聪朝臣工奏议》,罗振玉编:《史料丛刊初编》。
② 载《明清史料》甲编第七本。
③ 参见《清崇德三年汉文档案选编》,《历史档案》1982年第2期。

编第一本亦载这两篇文献,日期相符。但《清太宗实录》卷22却载于本年二月乙未即十四日。查《旧满洲档》《清初内国史院满文档案译编》天聪九年档,两篇奏议皆载于二月十六日,实录是根据满文档册编纂的,为什么还会失误呢?原来入关后纂修实录,改以规范的干支记日,在换算中出现了误差,因而满文档册中二月十六日的其他史事,也被记载为乙未日。此等讹误虽小,但说明清朝纂修实录在某些环节上是很不经心的。至于"清实录"粉饰史事,乃史学界所尽人皆知,凡反映入关前满洲陋俗及战争中滥杀、抢掠等状况的文件,收录时尽量修改。例如清太宗崇德二年六月初敕谕朝鲜国王不要对清廷使臣行贿,实录中文字与汉文档案基本一致,但"有罪之国则兴师往征,惟蒙天佑,攻屠掠取耳"一句,被改为"惟有罪则兴师征讨,凡攻城略地,仰承天意,秉义以行耳"。①其隐讳粉饰之情,十分显见。《明清史料》丙编第一本载汉文档案文献《崇德三年谕诸王贝勒贝子》,规定了许多军纪,违反者有"用鲍头射之""挑脊背""割嘴丫""挑脚跟"等刑罚。而《清太宗实录》卷43载此谕令,则改为警告性的"射以鸣镝"和笼统的"按法治罪"。可见在这些环节上,纂修实录时却是何等的精细!因此,欲研究清入关前的历史而避免讹误,汉文档案乃是不可忽视的史料。

第三,汉文档案是考订具体史事的珍贵史料,而且往往具有无可替代的价值。例如入关前纂修《太祖武皇帝实录》的起始时间,无明确记载。但是根据《史料丛刊初编·天聪朝臣工奏议》,其中有天聪六年十一月二十八日杨方兴《条陈时政奏》,提出编修实录的建议,认为"此最紧要之事"。当很快获得采纳,因为次年十月,即有清太宗指示文馆众官详细订正历史记载,将皇考之治国之法、用兵之道"一一载入史册,名垂后世"的谕旨。②从清太宗语意中可以看出:当时正在编纂太祖朝实录,纂修起始时间应在天聪六年底至天聪七年十月之间。众所周知,清朝康熙、雍正年间征收税银加征耗羡,已成为引人注目的社会经济问题。而清太宗时的汉文档案显示,早在入关前的商业税收上就有此流弊:"八门税务每月除正税外,各报羡银若干……亦有借此名色,分外横征。买卖人等,凡应纳税银一钱者,非一钱三四分不收,且曰上之人如此,非我过索也。是朝廷负重敛之虚名,反为若辈收陶朱之实利。"③又如《清太宗实录》卷49记载:崇德四年十一月,朝鲜立碑颂扬清帝功德,清廷派官员参观并录其碑文,似乎出于朝鲜的自愿。然而汉文档案中存有崇德二年《拟朝鲜称颂皇帝功德碑文稿》④,附注称:"此稿不是奉旨与他的,止写出与他陪臣看了记去。此稿存簿,以便日后稽查。"这说明早在崇德二年,清廷即以非正式公文形式拟定碑文,勒迫朝鲜立碑,两年间必有多次威胁。似这样具有独特史料价值的文献,在汉文档案中不胜枚举,利用汉文档案文献研究清入关前的历史,尚有许多值得开发的新领域、新课题。

---

① 参见《明清史料》甲编第七本《清崇德间敕谕朝鲜国王稿》与《清太宗实录》卷36,崇德二年六月辛丑。
② 参见《清初内国史院满文档案译编》(上)天聪七年十月初十日,光明日报出版社1989版,第42页。按《清太宗实录》卷16也载有此谕,大意相同。
③《天聪朝臣工奏议·孙应时直陈末议奏》,《史料丛刊初编》。
④ 参见《明清史料》甲编第七本。

与清代一般史籍相比,入关前的汉文档案更具有原始资料的性质,其巨大的史料价值已被学术界所公认。但为了充分开发和利用这些宝贵的史料,有必要深入研究这些史料本身的形成机制、文献性质,具备对一种史料文献的系统性认识,是系统、全面利用此种史料的重要条件。将清入关前汉文档案作为一个整体进行历史文献学方面的系统研究,即为本文所要追求的撰写宗旨。

原文载《中国史研究》2003年第1期

作者:乔治忠,南开大学历史学院教授、博士生导师,廊坊师范学院特聘教授

沈颢《富春山居图》临本题跋考述

夏维中　　陈　波

现存明清之际江南著名画家沈颢(一作灏,字朗倩,号石天,苏州吴县人)《富春山居图》临本题跋,不仅是佐证、还原顺治七年(1650)宜兴吴洪裕火殉事件的关键证据之一,而且涉及《富春山居图》残卷辨伪、原貌复原等重大问题。①20世纪70年代,饶宗颐首次刊印了香港利氏北山堂所藏沈颢顺治十五年再临本的题跋②,同时也公布了其相关研究成果,嘉惠学林甚多。③因受当时资料条件所限,饶氏成果也存在着一些瑕疵和缺失。而令人不解的是,四十余年来书画史界对此竟无任何补正,以至于相关研究长期停滞不前,甚至以讹传讹。兹不揣固陋,狗尾续貂,以求证于方家。

一、沈颢顺治十五年再临本题跋及其来源

据饶宗颐研究,沈颢《富春山居图》临本共有两本,一是顺治八年初临本(未见),二是顺治十五年再临本。再临本原为浙江名士吴骞旧藏,后归皕宋楼陆心源,最后由香港利荣森北山堂收藏。④饶氏公布的题跋,即来自该卷。题跋由两部分组成,一为沈颢原跋,二为过录的宜兴吴氏题跋。因该成果出版于四十余年前的香港,内地流行不广,故不嫌烦琐,予以照录。沈颢的原跋内容如下:

---

① 最新的成果如楼秋华:《〈富春山居图〉真伪——论辩史研究兼真本与原貌考》(浙江大学出版社2011年版)、王小红:《〈富春山居图〉原貌考》(《书画世界》2011年11月号,总第148期)等文皆利用题跋进行相关研究。20世纪70年代,《富春山居图》的真伪问题曾引起书画史界激烈的争论,而沈颢临本题跋尤其是吴贞度的跋文,则是学者依据的重要文献之一。有关《富春山居图》学术成果,可参见楼秋华编:《〈富春山居图〉真伪——附论辩与研究文集》,浙江大学出版社2010年版。

② 参见饶宗颐:《黄公望及富春山居图临本》图版六《沈颢临本款识细部》《沈颢临本拖尾题跋之一》、图版七《沈颢临本拖尾题跋之二》《沈颢临本拖尾题跋之一》,香港文物馆1976年修订版。其在该书《小引》中曾对临本问题做过一精彩的总结,兹录如下:"黄大痴……《富春山》一卷,论者至誉为亘古第一画。明以来临摹者不一而足,石田有浅绛本,华亭有三癸本,俱驰誉艺林。入清而后,临写众,沈颢、周之麟实道其先路,远在石谷、麓台之先。此两卷现均藏香港。石天一卷,在利氏北山堂。卷后吴家诸题跋,均为穰梨馆所失录,尤有裨于考史,为云起楼焚卷事增一重要物证。"

③ 参见饶宗颐:《黄公望及富春山居图临本·沈颢临富春山卷及吴家题跋》,第20—28页。

④ 饶宗颐:《黄公望及富春山居图临本》,第20页:"清人临大痴《富春山卷》,似以沈石天灏为最早。石天之临本有二:其一见于秦潜《曝画纪余》所著录者,为顺治辛卯(1651),乃参考周颖侯之摹本而成,原文未见。又一十五年戊戌临本,原物现在香港,藏利荣森先生北山堂,原为吴骞藏品,绢本,上有'拜经楼'及'兔床真赏之章'诸印,后归陆心源。卷有止叟题签,为盛家故物,故流入粤东。"

黄子久师友董巨，为南宗最上一乘，尝用五墨法，尤精焦破二种，曾作富春山墨戏长卷，元宰宗伯质阳羡吴澈如千南金，为长公秘藏。三十年前同蒋泽罍开府、吴石雪兵宪同观于铜官山房。墨沉淋漓，云烟灭没，令人置身㕓巖巉嶙间，真千古奇遘也。阅其自题，非阅富春形胜，乃为一苾蒭，画于富春山中，五年始成。后为家石祖购藏，亦有临本，予及见之。今戊戌寎月，遄承石翁公祖以鹅溪缣三丈余，征图是卷，惝恍徊徨，觉子久腕中物，捻入毫端，并志之。[1]有"臞禅"一印。

此跋题于顺治十五年三月（戊戌寎月）。沈颢除点评《富春山居图》外，还介绍了该画先后被沈周、董其昌以及宜兴吴正志（澈如）收藏的过程，并记述了他本人"三十年"前曾在"蒋泽罍开府、吴石雪兵宪"两位的陪同下，前往吴氏铜官山房欣赏此画的旧事。

除沈颢原跋外，饶氏还公布了此卷所附的宜兴吴氏跋文。正如饶氏所指出的那样，吴氏跋文已非各人笔迹，即并非沈颢顺治十五年再临本的原跋，而是由他人过录。具体如下：

（1）吴邃跋

《富春卷》，先光禄藏之久，先孝廉毁之半，今且付之乌有矣。见石天临本，独得其神骏，归节培年兄赏鉴。卷虽毁，痴仙精灵烨烨，犹未没也。壬辰阳月吴邃草。壬辰小春荆溪、吴湛、吴之甲同观。

（2）吴近功跋

羊裘山人去不返，富春寂莫烟波淡。大痴笔墨千古奇，泼来三丈鹅溪茧。烟峦缥缈如有神，江流浩荡如闻声。卧游无不叹奇绝，伎两一旦通神明。庚寅年画庚寅化，劫灰应信东方话。恼乱江南好事家，追踪谁者能驱驾？沈君石天今子久，仿佛神情世希有。朱蓝为青无二观，是沈是黄非两手。神物荼毘舍利存，子久闻之莞然否？义兴弟吴近功跋。

（3）吴麟祥跋

沈石天《富春山图》，临黄公望笔也。公望卷为伯氏枫隐世宝，竟以临终付之荼毘，虽为家伯仲于烈焰中救出，然火逼其半矣。神物不传，信有之邪？今观石天所临，神骨宛肖，而色相逼真，公望卷可谓不焚矣。喜赋长篇以呈节培年社兄词家，用纪两图全毁因缘，不自知其言之俚陋也。

曲曲烟岚半杳霭，客星渔隐无乃是。昔年黄公得其意，落向老僧千尺纸。半尺风波万丈奇，笔端变化神为之。有时高松自发响，转眼欹石如奔驰。平江荡桨意摇曳，层林策杖神游移。画归余家几百年，一朝劫变昆明灰。存余偷向秦炉出，焦头烂额犹奇特。半壁乾坤烟过后，观者徘徊忆畴昔。梁溪高子真风雅，妙属石天绘元化。以意摹

① 陆心源也收录了此段题跋，但未收宜兴吴氏题跋，见（清）陆心源：《穰梨馆过眼录》卷35仅录沈颢原跋，《续修四库全书》第1087册，上海古籍出版社2002年版，第375页。

成最胜观,风流不在黄公下。危厓摩沙树缥缈,纯将我法争驱驾。为雨为风势不穷,疑朝疑暮光空濛。平江万里烟波净,倒峡一帆云雾浓。余宗观者叹奇绝,痴仙复向人间谪。当时一炬万卷残,谁知孔氏壁尚全。兰亭已归寝陵去,遂良本付高士廉。乃知神物不存两,乘除代谢非虚妄。梅花寂寞富春轩,补我残图有公望。壬辰腊月荆溪年社小弟吴麟祥具草。

（4）吴应运跋

画派犹禅,亦分南北二宗。南宗自王摩诘以来,递至元四大家,首推一峰道人,以其清远苍秀、凌跨群雄故也。先伯父光禄公,枕秘名迹虽多,实以《富春》为甲观。后贻家季问卿,临终不能割,竟付祖龙,虽救得其半,此杀风景事不足道。但当什袭时,亦尝听人展阅,无能追半笔,惟吴门沈石天风骨骏逸,克绍恒吉、启南正传,昔年来游荆溪,坐卧云起楼,时时踪(纵)观此图,略其玄黄,得其神骏,遂以意背临此卷。予从临摹之暇,亦究心六法,知其不以形似,超绝一时,大都临画与临书,如骤遇异人,止观其举止笑语,真精神流露处,绝去摹仿之迹,故称名家,此可与知者道,寄语节培年社兄,今后直谓之沈石天《富春图》,亦无不可。(诗略)壬辰立冬三日荆溪社弟吴应运跋并题。

（5）吴雯跋

……秋霜春雨变化奇,苍苍漭漭谁为之?吾将此理问高子,不问矑禅与大痴。壬辰冬日为节培年社兄题石天富春图,年弟吴雯。

（6）吴贞度跋

子久《富春图》,为先祖光禄澈如公所宝,后贻先叔父问卿,珍重异常,卷置云起楼中,坐卧与俱,非识赏家不出一示。忆甲戌之秋,先大人筮仕富春,予时尚幼,舟行但见长江绝巘而已,然亦心知其胜。年来每思富春山水,即往云起楼索观子久卷,以当卧游。前庚寅冬,先叔父将辞逆旅,欲以为殉,又虑落他人之手,强起焚之火炽逾时,叔父以不支就枕,余与家昆旋搊出火。先是子久卷长三丈,出火时才二丈许耳。每展弥深痛惋。今观石天所临,不规规形似,而神骨逼真。闻石天在云起楼纵观子久画,故最得其妙耶?展玩之次,恍疑身坐云起楼时,为语石天,黄公望子久矣。壬辰冬为节培年社兄年社弟吴贞度。[1]

饶氏起初并没有说明这些跋文的出处,但后又推测"此诸文当是跋沈氏八年辛卯初临本"[2]。此说成立,因为这些跋文确实是来自初临本[3],而其过录者应为吴骞本人。吴骞

① 另有"陈均跋",因与本文主旨无关,此处省略。
② 饶宗颐:《黄公望及富春山居图临本》附录《又记》,第42页。
③ 吴氏跋文,皆称为"节培"所题。吴骞在后引《沈朗倩富春山居图跋》一文中,直接称之为"高节培",而饶宗颐也认同此说,但在附录《又记》却将其误写为"唐节培"(饶宗颐:《黄公望及富春山居图临本》,第26、42页)。其实高节培就是高菖生,其父高世泰,为东林党高攀龙从子。

（1733—1813，字槎客，号兔床，浙江海宁人，诸生）曾对其来源做过十分清晰的说明。①

据载，嘉庆十五年（1810）九月，年事已高的吴骞，自感来日不长，曾专程赴宜兴，与诸位老友叙旧话别。与其有着二十余年交情的宜兴士人任沣堂、吴菊畦、储静斋、周藕塘、申蕉庵、潘璜溪、潘迁云等，齐集任沣堂之衡门澹和堂，与吴骞会饮。其间，吴骞出示了随身携带的朱西村《枯墨树石小景》、董香光《浓墨山水横幅》、沈朗倩临黄子久《淡墨富春山图》（即顺治十五年再临本）、徐俟斋《深墨邓尉十景》册页、王麓堂《淡墨树石》、王员照《泼墨山水》、吴历《深墨山水横卷》《青绿山水直幅》等名画，与老友一起共同欣赏。为纪念此次雅集，与会士人不仅依韵分赋诗词，而且还嘱长于丹青的吴菊畦专门画了一幅《衡门惜别图》，并由周藕塘作《〈衡门惜别图〉记》，杨丹桂作《〈衡门惜别图〉后序》。②正是在此次雅集上，吴骞才有机会看到了沈颢初临本上的吴氏跋文，并对此做过详细的记载：

> 按子久《富春卷》为洪裕所毁，人皆惋惜，据《栎园读书录》谓，洪裕临危，其嗣子从火中撤出，仅焚其前半，欲售于邹臣虎，索值千金，臣虎无以应，复题其后而还之，则真迹实未全毁，既而别售于丹阳贺氏，再归于荆溪潘氏，潘氏散出，不知落何所。
>
> 吾又从潘氏后人见朗倩《富春山图卷》，图已失，仅存国初诸人为高节培题跋甚多。盖朗倩追摹亦不止一本，予所得特其一耳。兹摘录潘卷跋语数则，以见《读画录》所记为不谬，而洪裕之为真东坡所诫，虽尤物不足以为乐，而适足以为病者也。

由此可知，吴骞在展示其新收的沈颢再临本时，因缘际会，竟然看到了初临本残存的宜兴吴氏跋文。据吴骞称，这一被其命名为"潘卷"的残卷，是来自宜兴"潘氏后人"。而据前引周藕塘《衡门惜别图记》中"袖出家藏《富春山图题跋》与原画合璧者，潘璜溪也"一句可知，当时提供此件的正是潘兆熊（字梦吉，号璜溪，诸生）。喜出望外而又感慨万分的吴骞，为保存资料，特意摘录了吴氏跋文数条。这些跋文，不仅被过录到其收藏的再临本之上，而且还连同沈颢原跋一起，被收入其文集。

吴骞文集与沈颢再临本所录吴氏跋文，尽管都来源于宜兴"潘卷"即沈颢初临本残卷，但两者之间仍存在着一些差异。除明显的避讳、有意省略以及可能的手录之误外，两者之间最大的不同，一是吴骞文集未收前引吴近功、吴雯跋，以及吴麟祥跋中的题诗等，二是再临本没有录吴骞文集所收的吴国华跋。兹据吴骞文集将其补录，具体如下：

---

① 参见(清)吴骞：《愚谷文存续编》卷2《沈朗倩富春山居图跋》，《续修四库全书》第1454册，第353—355页。后引吴氏跋文也来自此文。当年饶宗颐已知吴骞有此文，惜因未能购得《愚谷文存续编》而无缘得见，失去了进一步深究的机会（参见饶宗颐：《黄公望及富春山居图临本》，第34页）。

② 参见(清)周迪：《衡门惜别图记》，(清)任元浚：《借舫居诗抄仅存》，南京图书馆藏光绪己丑澹和堂刻本。(清)杨丹桂：《〈衡门惜别图〉后序》，道光《重刊续纂宜荆县志》卷9之二《宜兴荆溪艺文合志·辞翰·文》。

黄子久《富春图》，为先叔光禄公世宝，以贻枫隐弟，临终付之，咸阳一炬，亲朋无不惋惜。此卷为沈朗倩所临，神骨苍秀而变化自如，不恨不见大痴，恨大痴不见此矣。节培年兄鉴识精明，自当宝惜百倍，闲牕展玩，得无笑痴仙火遁之陋乎？壬辰小春国华志。

从上引跋文中的时间来看，吴氏题跋并非一次而成。最早题跋者应是吴麟祥，时间是顺治九年三月（壬辰病月）。其他人的题跋时间则大致是在同年十月立冬之后，但似乎也是分批进行的，其中吴国华与吴邃、吴湛、吴之甲一起题跋的可能性比较大。

二、吴氏跋文涉及的吴氏族人

饶宗颐曾称，沈颢顺治十五年再临本"卷后吴家诸题跋，均为穰梨馆所失录，尤有裨于考史，为云起楼焚卷事增一重要物证"。此言极是。因为在该题跋公布之前，书画界研究《富春山居图》火殉一事所依据的清人史料，仅有吴其贞、恽格、吴历、钱复、周亮工等人的记载。[1]这些信息或多或少都存在着一些问题，且相互之间也不无抵牾。因此，吴氏题跋与沈颢本人的原跋一样，具有重要意义。也正因为如此，饶氏才不吝气力，对吴氏题跋进行深入考证。

饶氏的主要贡献，一是在吴湖帆、黄观相关研究[2]的基础上，依据《宜兴县》志中的有关记载，重新编制了更为详细的《吴氏世系表》，列出了吴洪裕家族自五世至十世之世系及主要人物；二是依据宜兴县志及陈维崧《湖海楼诗集》等资料，先是简略叙述了吴贞度、吴邃、吴湛、吴近功等人的生平，后又补充了吴雯的生平，并认定吴贞度就是吴洪裕火殉时火中救画的那位侄子。[3]不过，限于当时的条件，饶氏仍遗漏了不少重要信息，甚至还存在一些舛误，因此仍有补正之必要。

要解读吴氏跋文，首先必须弄清吴洪裕家族的基本情况。四十余年前，饶宗颐仅凭县志等文献中的零散记载，已大致列出了吴氏世系，显示出其深厚的考据功力。现根据吴氏族谱[4]，予以进一步补充。

吴洪裕属宜兴济美堂吴氏中最为显赫的花园支。其先世情况如下：五世吴俭（1469—1529），字克慎，号讷斋，由廪生贡入大学，生六子，依次为骊、驻、骒、骓、驯、骐；六世吴骊（1506—1531），庶长子，字惟良，早逝无子，以吴骒第二子吴达可为嗣子；七世吴达可（1541—1621），字叔行，号安节，万历五年（1577）进士，官至通政使司通政使，《明史》有传；

---

① 参见（清）吴其贞：《书画记》卷3《黄大痴富春山图》、（清）吴历：《墨井画跋》、（清）钱复：《平生壮观》卷9《黄公望》、周亮工《读画录》卷1《邹衣白》，《续修四库全书》第1066册第65、199页，第1065册第423、第594页。（清）恽格：《南田画跋》卷2，《丛书集成续编》第100册，台北新文丰出版公司1988年版，第773页。

② 参见吴湖帆：《元黄大痴〈富春山居图〉烬余本》，《古今半月刊》1944年第57期；黄观：《吴之矩与云起楼》，香港《明报月刊》1975年第113期。均收入楼秋华所编：《〈富春山居图〉真伪——附论辩与研究文集》，浙江大学出版社2010年版。

③ 参见饶宗颐：《黄公望及富春山居图临本》，第24—26、42—43页。

④ 参见吴诚一：《宜荆吴氏族谱》卷首《世传·总汇》，第11页；卷6《世传》"花园分长房惟良公支（自六世至十世）"，第2—7页。

八世吴正志(1562—1517)①，原名秉忠，字之炬，号澈如，万历十七年进士，有三子，依次为洪亮、洪昌、洪裕。

　　吴洪亮(1583—1613)，为吴正志长子，字允执，号石芝，万历三十七年举人，有三子。长子吴贞吉(1602—1651)，字修之、迪美，号嵩岳，崇祯九年(1636)举人；次子吴贞明(1604—1660)，字子文，号静持，府学生；三子贞观(1612—1652)，字我生，崇祯十五年副榜，顺治二年恩贡，过继给吴洪裕为嗣子。吴洪昌(1593—1642)，字与京，号亦如，天启元年(1621)举人，崇祯七年进士，初任浙江严州府建德县知县，后任礼部仪制司主事。吴洪昌正室为宜兴名族曹氏之女，没有生育，另有侧室李氏、严氏。吴贞度(1628—1707)为其独子，由侧室李氏所出。吴洪裕(1598—1650)字问卿，号枫隐，万历四十三年举人，入清后隐逸不出。娶宜兴亳村都御史陈于廷之女，无出，以长兄吴洪亮三子贞观为嗣子。贞观有一子元昇(1632—1699)，字幼起。元昇有一子英世(1656—1710)，字浚明，无后。饶宗颐先生失记吴洪裕嗣子一事，并沿袭旧说，认为吴洪裕无子。

　　饶宗颐认为吴氏跋文中，"以吴贞度跋为有关焚卷事最重要"②，此言极是。吴贞度以当事人的身份记载了其家族与《富春山居图》的渊源，以及吴洪裕火殉的缘由、过程，当然还有他本人的救画贡献。吴贞度此跋，与恽格所记可互相印证③，是否定徐复观所谓火殉一事"完全是出于伪造无用师卷画迹者的捏造"④之类观点的有力证据。

　　自清代以来，书画界对吴贞度之生平，一直语焉不详。其实，现存吴氏族谱《世传》中仍完整保留着其详细的信息，具体如下："十世贞度……字谨侯，号静安，顺治甲午举人，乙未进士，改选翰林院庶吉士，以子元臣秩诰赠中宪大夫，著有《临风阁偶存稿》。生于崇祯元年戊辰六月初六日，卒于康熙四十六年丁亥九月初一日，寿登八十。"其妻为崇祯四年状元宜兴亳村陈于泰之女，另有侧室朱氏、宗氏。子三，其中元臣为进士。⑤另有佚名所作《静安公传》，内容更为详细，涉及吴贞度早年失怙、短暂仕途，以及因故致仕后读书、教子，

----

① 吴正志的卒年，因涉及董其昌向其转售《富春山居图》的时间节点，曾是书画史界争议的焦点之一。据吴氏族谱记载，吴正志的去世时间是万历四十五年丁巳(1617)十月(一说为十二月)，因此董其昌转售《富春山居图》的时间应在此前。

② 饶宗颐：《黄公望及富春山居图临本》，第23页。

③ 参见(清)恽格：《南田画跋》卷2，《丛书集成续编》第100册，台北新文丰出版公司1988年版，第773页："吴阆卿生平所爱玩者有二卷，一为智永《千字文》真迹，一为《富春图》。将以为殉，弥留，为文祭二卷。先一日，焚《千文》真迹，自临以视其烬。诘朝焚《富春图》，祭酒，面付火，火炽辄还卧内。其从子吴静安急趋焚所，起红炉而出之，焚其起手一段。余因阆卿从子问起手处，写城楼睥睨，一角却作平沙，秃锋为之，极苍莽之致。平沙，盖写富春江口出钱塘景也。自平沙五尺余以后，方起峰峦坡石，今所焚者平沙五尺余耳。他日当与石谷渡钱塘，抵富春江上严陵滩，一观痴翁真本，更嘱石谷补平沙一段，使墨苑传称为胜事也。"

④ 徐复观：《中国画史上最大的疑案：两卷黄公望的〈富春山图〉问题》，载楼秋华编：《〈富春山居图〉真伪——附论辩与研究文集》，第34页。原载香港《明报月刊》第107期。徐先生后又撰写《由疑案向定案——三论台北故宫博物院藏黄公望(大痴、子久)子明卷及无用师卷的真伪》长文(原载香港《明报月刊》第115、116、117期，后收入楼秋华编：《〈富春山居图〉真伪——附论辩与研究文集》，第115—145页)，仍坚持认定火殉一事为捏造。

⑤ 参见吴诚一：《宜荆吴氏族谱》卷6《世传》"花园分长房惟良公支(自六世至十世)"，第6页。

五十岁以后虔事仙佛、闭户安贫、终老于家等经历。①饶宗颐误称吴贞度"字子文,号静庵"②,是受清人旧说误导,其实"子文"是其堂兄吴贞明之字。此说目前仍在书画界流行,以讹传讹。

从其跋文看,吴贞度在火殉之前曾多次参详过《富春山居图》,对它应该是非常熟悉的。有学者推测吴贞度并不熟悉火殉前的《富春山居图》,并由此质疑其向恽格所提供的《富春山居图》焚毁段原貌信息的真实性。这种怀疑是不能成立的。此外,该学者还认定吴贞度在跋文中杜撰了崇祯七年的富春江之行③,此说也无根据。其实,吴贞度当年此行,是随其父吴洪昌赴任浙江严州府建德县知县,而富春江则是其必经之路。总之,吴贞度跋文及其提供给恽格的相关信息,不仅基本可信,而且更是今日研究《富春山居图》原貌的重要依据之一,绝不能轻易否定。

其他题跋者的生平,除个别存疑外,也都大致清晰,兹分述如下。

吴国华跋文,现存顺治十五年再临本未予过录,仅见吴骞文集。吴骞将其列为吴氏跋文首位,可能与其地位最高有关。吴国华(1596—1668),字以文,号葵菴,为济美堂吴氏第九世,属老大房,万历四十六年举人,崇祯七年榜眼,初授翰林院编修,历任国子监司业、崇祯十五年壬午科浙江省乡试正主考,入清后曾短暂出山。《家谱》称其"生平孝友,立朝梗概,著有《四香居士集》"④。吴国华与吴洪裕为同辈,长其两岁,但分属不同房分。

饶宗颐所录吴邃跋文,也见于吴骞文集,但其跋后署名稍有不同,为"吴邃、吴湛、吴之甲同观"。吴邃(1598—1657),字朗涵,号任安,为第九世,属花园分四房。吴邃为崇祯九年举人,曾任潜山、溧阳县教谕。族谱称"坦直和厚,亦复疏散不羁,不事家人生业,晚乃两就教职,而家徒四壁,好客豪饮,有投辖风。遇不平事,则慷慨扼腕,常有鲁国男子之叹,故寄号任安"⑤。前引那位邀请沈颢赴宜兴游玩的"荆溪吴贰公"即吴洪化,为其胞弟,而陪同沈颢到吴洪裕南岳山房赏画的吴石雪即吴正己,为其父亲,详见后述。

与吴邃一起题跋的吴湛(1613—1653),字际明,一字又邺,号匣吟,邑庠生,崇祯丙子副贡生,为十一世,属后大三房,族谱称"公性孝友,博极群书,所著有《匣吟窗稿》《粤东纪游诗文》,脍炙人口。申酉之际,放迹山水间,潜心白沙、龙溪之学,于名利泊如也。同邑陈维崧为之传,称其淡泊历落,酷似晋人"。其妻为宜兴名士任元祥(王谷)从妹。吴湛与陈维崧交情极好,饶宗颐曾引陈维崧《感旧绝句》加以说明。其实,陈维崧还曾专门为吴湛写过传记。

---

① 参见饶宗颐:《沈颢临富春山卷及吴家题跋》,第24页。
② 楼秋华:《〈富春山居图〉真伪——论辩史研究兼真本与原貌考》,第65、66、92页。
③ 参见楼秋华:《〈富春山居图〉真伪——论辩史研究兼真本与原貌考》,第65、66、92页。
④ 吴诚一:《宜荆吴氏族谱》卷1《世传》《老大房竹轩支世系(自六世至十世)》,第7—8页。后引其子吴之甲材料见第8—9页。
⑤ 吴诚一:《宜荆吴氏族谱》卷6《世传》《花园分四房菜贻公支(自六世至十世)》,第9—11页。

此外，他们两人还是儿女亲家，吴之女嫁给陈之訚子陈端履。①与吴邃一起署名的吴之甲（1628—1699），则为吴国华之子，字仲将，号愚松，十一世，邑庠生，族谱称其"萧居一室，文史自娱，啜茗苦吟，老二不倦，有《香雪楼诗》十卷藏于家"。

吴近功跋为诗体，吴骞依照"诗不具录"原则，未将其收进文集。吴近功（1616—1657），字子晋，号渭阳，顺治八年举人。吴近功去世后，其继室欧氏，"少寡家贫，针黹度日，且暮未尝少懈，守遗腹子，教养成人，不幸先卒，遗一孙，年近弱冠又卒"②，最终绝嗣。其父吴正心（1591—1661），进士，官至云南布政司，为前述吴正己胞弟。吴近功与前述吴邃为堂兄弟。

吴麟祥跋，吴骞文集未收附诗。遍索族谱，不见有吴麟祥之名。不过，如按其跋文中对吴洪裕的称谓，吴麟祥应为第十世。族谱所记第十世族人中，唯有后大房分有一位名叫吴麟翔者，可能就是吴麟祥。族谱称其"不传，无表"。吴氏后大房一支，自五世又分三支，其中唯有长房吴克洪一支子孙繁盛，而次房吴克孝、三房吴克兆两支，子孙凋零，先后绝嗣。属于三房的吴麟翔，与其兄吴龙行、吴蛟起一起，全部绝嗣，族谱中也不见其任何生平之类的记载。③或许正是因为家族绝嗣，才使包括吴麟翔在内的三房信息失记于族谱。

吴应运跋文，吴骞文集全录。吴应运（1597—1668），字大来，号南隐，邑增生，第九世，属华要支，为吴俨之后。族谱称："公少有文誉，兼工书法，与胞弟冲菴并倾动一时，抗怀高致，陶情诗酒，终其天年。"④从其跋文看，沈颢在吴氏南岳山房临画时，吴应运曾长期陪同、学习，其书画之技也因此获益匪浅。吴氏题跋中，以他对沈颢初临本的评价最为专业。

吴雯跋文为诗体，吴骞文集照例不录。吴雯其实就是大名鼎鼎的吴梅鼎（1631—1700），字天篆，号浮月（其庠名为雯，字九雯），廪贡生，十世，属花园支。族谱称其"工诗词，善书法，旁精山水翎毛，与兄天石并称一时，所著有《醉墨山房赋稿》行世"⑤。前述的"荆溪吴贰公"为其父亲，而吴邃则为其伯父。

三、顺治八年初临本沈颢题跋及其宜兴之行

沈颢在顺治八年《富春山居图》初临本题跋中，回忆他曾在无锡遇到"荆溪吴贰公"，并受其邀请而赴宜兴。其间除饱览宜兴山水之外，沈颢还应吴洪裕之邀，到云起楼观赏、临摹《富春山居图》，前后历时百余日。他还特别提到当时陪同他一起赏画的，还有蒋泽鼍、吴石雪两位"知己"。沈颢初临本题跋最早由无锡秦炳文记录，具体如下：

---

① 参见吴诚一：《宜荆吴氏族谱》卷4《世传》《后大三房分克洪支十一世至十五世》，第45页。（清）陈维崧：《吴湛传》，陈维崧：《陈维崧集·陈迦陵散体文集》卷5，陈振鹏标点，李学颖校补，上海古籍出版社2010年版，第112—113页。

② 吴诚一：《宜荆吴氏宗谱》卷6《世传》《花园分四房菜贻公支（自六世至十世）》，第18—19页。

③ 参见吴诚一：《宜荆吴氏宗谱》卷4《世系图》《世传》《后大房分（自六世到十世）》，第3、18—21页。

④ 吴诚一：《宜荆吴氏宗谱》卷5《世传》《华要分小洛公支（自六世到十世）》，第19页。

⑤ 吴诚一：《宜荆吴氏宗谱》卷6《世传》《花园分四房菜贻公支（自六世至十世）》，第14—15页。

二十年前，荆溪吴贰公觐止于梁鸿溪上，载予游铜官、玉女之诸胜。时问卿孝廉邀予过云起楼，出子久富春山中所图长卷。纵观之，惊喜往复，不忍释手。同观者蒋泽垒、吴石雪两知己。问卿语予曰：此卷系玄宰年伯质予先太仆千金，惜玄老寻即仙去，永为吾家甄叔意珠，应似难遭想也。遂留予昕夕饱玩，阅百余日，临摹稿本始归。近闻问卿诀时命付祖龙，意欲携众香国去。幸火未半，急取烬余，留度人间。里中周颖侯司李手摹一过，随游湖上。辛卯（引注：1651）初夏，予得解近颖侯，甚欢。偶索临本一观，虽十之四五，宛然如接故人。予追及旧摹笔意，穷日课成此卷，并录子久暨家石祖原题，志其缘起如此。后学沈颢于武林之昭丘禅阁。时年六十又六。①

徐复观曾对这一题跋的真实性提出过质疑。②其实，可与此跋相印证的，还有沈颢顺治十五年再临本的题跋。饶宗颐曾根据实物转录、公布过此跋，已见前述。吴骞文集也收录了此跋，内容基本相同。③再临本题跋中提到了蒋泽垒、吴石雪两人的官衔，称其为"蒋泽垒开府、吴石雪兵宪"。

饶宗颐曾根据《全清词钞》《阳羡名壶系》及宜兴县志等资料，推定那位"吴贰公"就是吴正己之子吴洪化。此说纠正了当时书画界的一种误解，即认为贰公为官名，吴贰公应是吴正志。④而徐邦达因未见饶氏大作，故仍推测吴贰公可能是吴洪裕的兄弟吴洪昌或吴洪亮。⑤不过，限于当时的资料条件，饶氏不仅未能进一步深究吴贰公的生平，而且也没有对跋文中出现的蒋泽礨、吴石雪两人展开论述。蒋泽礨、吴石雪到底为何方人物，书画史界至今仍一无所知。

正如饶宗颐所指出的那样，那位在无锡邂逅沈颢并邀其作宜兴之游的"荆溪吴贰公"，确实就是吴洪化。吴洪化（1608—1648），字以藩，号贰公，又号分霞居士，崇祯九年举人。据族谱载，其人"才高性介，壁立千仞，宵小悍之见，器于父石雪公，谓势有缓急，能间关险阻而收吾骨者，必此子也，盖素所树立如此。甲申之变，隐居龙池庵，竟卒于僧舍，亦可以征其志矣。能诗，尤长于诗余，有《分霞居士诗余》未刻，并工书法，秀润圆满，人争宝之"。吴洪化共有三子，前述沈颢顺治八年初临本上的题跋者吴雯（梅鼎），就是其次子，才气最高，名声最大。吴洪化长子本嵩（1630—1681），字天石，号岳来，有《善权山房诗稿》行世；三子素麟（1645—1695），一名玉蟾，字尔白。⑥

---

① （清）秦炳文撰，秦潜编：《曝画纪余》卷1《沈石天摹大痴富春山图》，《历代书画录辑刊》第15册，国家图书馆出版社2007年版，第101页。

② 参见楼秋华编：《〈富春山居图〉真伪——附论辩与研究文集》，第141页。

③ 参见（清）吴骞：《愚谷文存续编》卷2，《续修四库全书》第1454册，第353—355页。

④ 参见饶宗颐：《沈颢临富春山卷及吴家题跋》附录《又记》，第43页。

⑤ 参见徐邦达：《黄公望〈富春山居图〉真伪本考辨》，《故宫博物院院刊》1984年第2期。楼秋华《〈富春山居图〉真伪——论辩史研究兼真本与原貌考》也沿用了此说（第66页）。

⑥ 参见吴诚一：《宜荆吴氏宗谱》卷6《世传》《花园分四房莱贻公支（自六世至十世）》，第13页。

而陪同沈颢一起赴云起楼赏画且被其称为"知己"的那位吴石雪，就是吴洪化的父亲吴正己。吴正己（1572—1642），字与则，号石雪，万历四十三年举人，官至郧襄兵备道布政使参议，有《开美堂诗稿》行世。据族谱载，此人"好学笃行，守正不阿，居家孝友，莅官廉介，为东林理学诸君子所推重"①，口碑甚好。吴正己的长子吴邃，为沈颢顺治八年初临本的题跋者之一，已见前述。三子吴春枝（1614—1650）字符尊，号宾日，又号梅谷，崇祯十年进士，先任浙江平湖令，兼摄嘉善、海盐县令，入清后曾任南明高官。吴正己与吴洪裕的父亲吴正志，同为济美堂第八世，皆属第五世吴俭（1469—1529，字克慎，号讷斋，吴俨之弟）花园分。不过，吴正己属四房吴骃（1519—1571，字惟超，号菜贻）支，其父为吴达德（1541—1620，字叔懋，号西云），而吴正志则属长房吴骐支，已见前述。有意思的是，吴正己虽是吴洪裕的叔辈，年龄也长二十余岁，但两人却是同年，同为万历四十三年的举人。

　　另一位陪同者蒋泽叠，就是蒋允仪。蒋允仪，字闻韶，号泽叠，万历四十四年进士，历任浙江桐乡、嘉兴县知县，天启二年擢御史，因得罪魏忠贤而被外放三秦，回京后又被阉党以"东林渠魁"之罪名削籍返乡，其时间应在天启六年初。崇祯改元不久，蒋允仪起掌河南道，迁太仆寺少卿，转巡抚郧阳，后因部属牵连，被逮论戍，不久又以护陵之功推为屯田都御史，未任而卒。著有《澹香园文集》行世。②

　　沈颢在前后两种临本的题跋中，都回忆了当年其赴宜兴的大概时间。顺治八年初临本所记为"二十年前"，顺治十五年再临本则为"三十年前"。饶宗颐据前者倒推，认定沈颢宜兴之行的时间是崇祯四年。不过，如果以后者倒推，则应在崇祯元年，两者之间存在明显的出入。饶氏后来又对此做了补充说明，称"三十年是一约数，沈氏凭记忆信手写来，年岁不必十分准确"③。其实，崇祯元年未必就是确论。从蒋允仪的经历来看，崇祯元年确实是较为合理的推测，因为就在此年蒋允仪被重新启用，而此前则一直赋闲在家，住在宜兴，有接待沈颢的时间窗口。但是，也不能完全排除崇祯四年的可能性，因为就在此年的六月④，蒋允仪由太仆寺少卿一职改任湖北郧阳巡抚，其在赴任途中极有可能顺道回乡省亲，其间或许正好碰上沈颢来访。沈颢在顺治十五年再临本题跋中称其为"开府"，或许与此有关。

　　沈颢在《富春山居图》临本上的两次题跋，以及吴骞过录的宜兴吴氏题跋，不仅是研究《富春山居图》的关键文献之一，而且也是揭示明清之际江南地域文化的重要资料。长期以来，书画史研究较多关注的是书画作品的艺术属性，而对其商品、社会等属性则明显重视不够。其实，明清江南书画史研究固然有其自身的特点，但就其本质而言，它仍属于明清江南

---

① 吴诚一：《宜荆吴氏宗谱》卷6《世传》《花园分四房菜贻公支（自六世至十世）》，第9—10页。其子孙信息，见第10—16页；其父辈信息，见第3—9页。

② 参见康熙《宜兴县志》卷7《选举》、卷8《人物·正直》。另见（清）陈鼎：《东林列传》卷19《蒋允仪》；《明史》卷235《蒋允仪传》。蒋允仪被削籍时，被阉党投狱的东林党人李应昇曾寄诗给他，托其照顾家族。而据《东林同难录》所记，李应昇入狱是在天启六年二月，由此推断蒋允仪削籍的时间应在其后。

③ 饶宗颐：《黄公望及富春山居图临本》，第21、42页。

④ 参见张德信：《明代职官年表》第3册，黄山书社2009年版，第2895页。

文化史的一部分。书画的流通、收藏、鉴赏等等，更是与江南地域社会有着十分密切的关系，而人数众多的江南士人及其家族则在其中发挥着关键作用。族谱、文集和方志，是揭示这一现象不可或缺的史料。沈颢《富春山居图》临本题跋的解读，就为我们提供了一个很好的实例。

原文载《安徽师范大学学报》2018年第2期
作者：夏维中，南京大学历史学院教授、博士生导师
陈波，南京财经大学马克思主义学院讲师

大变局前夜的新瘟疫

——嘉道之际霍乱大流行探论

余新忠　　徐　旺

嘉庆二十五年夏末（1820年9月1日，本文括号内的日期均为公历），当朝皇帝颙琰在热河突发疾病，于翌日去世，又二日，清宣宗旻宁承继大统，成为清朝入关后的第六位君主，年号道光。在迎接道光时代来临的日子中，全国大部分地区风调雨顺，丰乐祥和，一幅岁月静好的图景。然而不曾想到的是，一场该朝历史上从未有过的大瘟疫却悄然登场了。在此后的数年中，这一据称自闽广地区由海路传入的疫病迅速蔓延，酿成了一场几乎波及大半个中国的巨大灾难。真性霍乱在中国长达一个多世纪周期性流行的序幕亦就此拉开。

放眼历史，这似乎不过是众多瘟疫中的一次，不过其显然并不寻常，不仅是全球性的真性霍乱在中国的第一次大流行，而且还提前预警了中国历史的大变局。对于这次瘟疫，学界已有不少的关注，程恺礼等人从不同的角度对于这次瘟疫的性质、流行状况以及前因后果做了富有价值的探讨①，但尚未见从全球视野和中国历史自身发展脉络双重视角来对此展开探讨的成果。故此，本文将这次瘟疫置于贯通古今中外的链接点上，进行全景式的梳理和解读，不仅试图借此来呈现大变局前夜中国社会的状貌，探究中国社会的自身的脉动与遭遇"现代"的尴尬，同时也希望通过观察具体历史时空中人们的瘟疫反应来历史地省思瘟疫与人的关系。

一、背景

瘟疫作为一种具有较强流行性的传染病，不仅古来有之，而且在清朝的历史上似乎更为频繁。常言道："大灾之后，必有大疫。"然而自嘉庆十九年大旱之后，却再无大的天灾光顾，社会稳定，民情祥怡。从当时的情况来看，人们实在很难预料一场巨大的灾难已经悄然在海外酝酿并日趋逼近。而且，当时的人们大概也不太会意识到，随着国际贸易的快速发展和海外交往的日趋增多，中国已在不期然中渐渐成为世界体系中的一部分。

---

① 这方面的研究主要有，程恺礼：《霍乱在中国（1820——1930）：传染病国际化的一面》，刘翠溶、尹懋可主编：《积渐所至：中国环境史论文集》，台湾"中央"研究院经济研究所1995年版，第753—755页；余新忠：《嘉道之际江南大疫的前前后后——基于近世社会变迁的考察》，《清史研究》2002年第2期，第1—18页；李永宸、赖文：《霍乱在岭南的流行及其与旱灾的关系（1820—1911）》，《中国中医基础医学杂志》2000年第3期，第52—56页；李玉尚：《霍乱在中国的流行（1817—1821）》，《历史地理》第17辑，上海人民出版社2001年版；单丽：《中国霍乱始发问题辨析》，《中国历史地理论丛》2014年第1辑，第48—56页，等等。

数年前，即1817年，远在南亚次大陆的加尔各答腹地爆发了一场严重非凡的霍乱。霍乱在印度是一种古老的地方性传染病，长期在恒河流域流行，只是此前一直未引起世界的特别关注。关于何以这一地方病在1817年时忽然变得空前严重，迄今仍是一个有待探讨的问题，不过一般认为当时气候的变化以及英国殖民统治下自然环境的改变是非常关键的因素。①

当时，离所谓的近代开埠虽然还有些时日，但在中国沿海，舳舻相衔，帆樯比栉，已颇有一派繁荣景象。受清朝闭关锁关观念的影响，以往学界对清前期海外贸易与海上交往多有忽视。然而近三四十年的研究越来越多地揭示，清前期的海外交往不仅不是微不足道，而且较宋明两代均有较大的发展，特别是乾隆中期以来，对外贸易额呈持续增长态势。②进入19世纪以后，尽管中国的远洋帆船航运业，已出现衰败之势，但外国来华船只则明显增加，乾隆中期平均每年有28.9艘，而到嘉庆二十三年，仅英国进入广州的东印度公司船和散商船就达54艘。③可见，随着海外贸易特别是英国通过东印度公司对外贸易的增长，中国沿海与印度以及东南亚之间的联系日渐加强。不仅如此，清代国内的帆船航运业，无论是沿海还是内河航运也一直维持着持续发展的趋势。据估计，鸦片战争以前，中国沿海商船总数约在9000—10000艘之间，总吨位在150万吨左右。其中江南地区的上海港，每年的进出船只不下300万吨（包括内河航运），已发展为全国第一大港。此外，宁波港也相当繁忙，1840年前每年来往海船就有约一千艘。④

以上这些现象，表面上看并没有什么直接的关联，然而嘉道之际这场突如其来的大疫却把它们紧紧地联系了起来。英国的殖民统治以及气候突然变化使得印度的霍乱变得空前的严重，同时借助当时日渐频繁的海上交往使其快速突破原有流行区域来到中国，并借由中国近海乃至内陆繁忙的交通首先在中国沿海进而在内地迅速蔓延。

二、"霍乱"：古已有之抑或外源性新疫？

这场即将到来的大疫，我们一般称之为霍乱，而且往往称其为中国第一次真性霍乱大流行。现代医学中，霍乱（Cholera）是指由霍乱弧菌引起的急性肠道传染病，主要通过含有该细菌的人类粪便污染的水和食物进行传播，其临床症状为剧烈水泻、呕吐及肌肉抽搐等，是一种致命性极强的传染病。

然而，"霍乱"在中国的文献中却不是一个新病。早在《黄帝素问》中就有"土郁之发，民

---

① 参见[美]威廉·H.麦克尼尔：《瘟疫与人》，余新忠、毕会成译，中国环境科学出版社2010年版，第157—158页；程恺礼：《霍乱在中国（1820—1930）：传染病国际化的一面》，刘翠溶、尹懋可主编：《积渐所至：中国环境史论文集》，第753—755页。

② 参见黄启臣：《清代前期海外贸易的发展》，《历史研究》1986年第4期。

③ 参见陈尚胜：《闭关与开放》，山东人民出版社1993年版，第301—308页；樊百川：《中国轮船航运业的兴起》，四川人民出版社1985年版，第34—35页。

④ 参见樊百川：《中国轮船航运业的兴起》，第35—83页。

病霍乱"和"太阴所至,为中满,霍乱吐下"①等记载,张景岳注释说:"挥霍撩乱,上吐下泻。"②另外,又有干霍乱之称,用来指称霍乱中症状严重紧急的病症。③那么,这场被人称为霍乱的大疫,与传统文献中霍乱是否同一种疾病?

对此,民国时期的一些著名医家就鉴于传统文献中霍乱几乎未涉及传染性,并通过对文献中相关记载的辨别,认为嘉庆二十五年之前,中国所谓的霍乱是指多发于夏秋二季的急性胃肠炎或细菌性食物中毒,现代医学所指由霍乱弧菌引起的烈性传染病,系嘉庆二十五年从印度由海路传入。④不过也有不同的认识,比如范行准据涂绅《百代医宗》的记载,认为真性霍乱"在16世纪中,已由海舶或从印度、安南等处传入"⑤。对于这一论述,单丽的最新的研究通过对范行准揭示史料的进一步挖掘分析,认为该观点并不成立,涂绅所言疫病并非霍乱。⑥另外,程恺礼曾比较细致梳理19世纪在中国西方医学传教士对这一问题不同意见,其中也有部分传教士认为是两者可能是同一种疾病,而且它较早已经出现于中国。⑦对于这种说法,程恺礼表示出谨慎的怀疑,而笔者则在程的研究的基础上,做了进一步的辩驳,认为其依据的传统文献对这一疾病重视以及两者治法类似这两个理由并不能表明两者为同一种疾病,认为霍乱虽然在传统医籍中时有出现,但显然不是特别受关注的疾病,而且更重要的是,传统医籍中的霍乱不仅涉及传染性,而且还伴有腹痛,与真性霍乱不同。至于治法类同,异病同治是中医的常态,即使现代医学对于急性肠胃炎和真性霍乱的治法也比较一致。⑧

由于传统时期缺乏现代的检验技术,要科学地确认古代疾病与现代病名之间的关系,显然不大可能,不过就上面分析来看,我们应该可以倾向于认为这次大疫是一种外来的新疫,特别是如果考虑到当时社会全然无措的反应(详后),以及如此烈性的传染病若真的已经传入,应该不可能不引起社会强烈关注,就更足以支持我们相信这次大疫是外源性的新疫病。

那么,这场大疫又是何以被称为霍乱大流行的呢? 或者说这次全球性的Chorela疫情为何会以"霍乱"名之? 其实,如果回到历史现场,我们可以发现,当时人们对此并无比较统一的称呼,而且也很少直接称其为"霍乱"的。比如常熟的郑光祖在瘟疫发生后不久称"两年来,论是疫者不一其说,治是疫者亦不一其方",他将其称之为"蛞蝓瘟"⑨。不过更多的人则

---

① (清)陈梦雷等编:《古今图书集成医部全录》卷257《霍乱门》,人民卫生出版社1962年版,第6册,第814页。

② 陈邦贤:《几种急性传染病的史料特辑》,《中华医史杂志》1953年第4期。

③ 参见(清)周扬俊:《温热暑疫全书》卷3,赵旭初点校,上海中医学院出版社1993年版,第42页。

④ 参见陈邦贤:《几种急性传染病的史料特辑》,《中华医史杂志》1953年第4期;陈方之:《急慢性传染病学》,商务印书馆1946年版,第193—195页;陈胜昆:《中国疾病史》,台湾自然科学文化事业公司1984年版,第29页。

⑤ 范行准:《中国医学史略》,中医古籍出版社1986年版,第245页。

⑥ 参见单丽:《中国霍乱始发问题辨析》,《中国历史地理论丛》2014年第1辑,第49—50页。

⑦ 参见程恺礼:《霍乱在中国(1820—1930):传染病国际化的一面》,第765—766页。

⑧ 参见余新忠:《嘉道之际江南大疫的前前后后——基于近世社会变迁的考察》,《清史研究》2002年第2期。

⑨ (清)郑光祖:《一斑录·杂述二》,中国书店1990年版,第23b页。

以"痧症"名之，比如天津医生寇兰皋针对这次瘟疫撰写了《痧症传信方》①一书。当时南京著名士人甘熙也称当年"痧症大行"，"名曰穿心痧"②。同时，因为该病有吐泻加手足拘挛转筋，两脚麻缩的症状，所以又有"吊脚痧""脚麻痧"③的称呼。"痧"是始现于明代、至清代变得十分常见的一种疾病名称，不仅使用范围广，而且运用灵活、内涵也不甚确定，大体上是指"痧毒"内侵，邪气郁遏一类的疾病。④传统"霍乱"中的"干霍乱"，因为"心腹绞痛，欲吐不吐，欲泻不泻"，所以俗称为"绞肠痧"⑤。不仅如此，这一疫病因发病急促，"骤如霍乱"，加上有转筋的症状，也有称之为"霍乱转筋"⑥的。而且因为其与传统霍乱均有上吐下泻的症状，故而也容易令人做此联想。更为重要的是，当时的著名温病学家王士雄，他认为，吊脚痧不过是"霍乱之剧而转筋者"，这一俗称，"以其上吐下利之后，筋转于腓而动掣，与呼干霍乱为绞肠痧，同其比喻耳"⑦。并比较快完成了后来广具影响的《霍乱论》一书。这些使得后人比较自然地利用传统的霍乱之名来指称这次大疫，并将Chorela翻译为霍乱。

三、疫情及其缘由

这次疫情多认为起源于南亚或东南亚，借助日渐频繁的海上交往使其快速突破原有流行区域来到中国，并借由中国近海乃至内陆交通迅速蔓延。⑧程恺礼根据井村哮全从地方志中搜集的疠疫资料制成了"1820—1822年全国霍乱流行图"（图1）⑨。从图中可以看到，这场大疫主要集中在东部沿海，同时黄河、长江流域及运河沿线也有流行。

1820年，这场霍乱首先在广东登陆。除侵入广州、澳门等珠江口地区外，同时蔓延至潮汕地区的澄海、海阳、揭阳并造成严重流行。⑩这应与当地与海外密切的商业往来有关。海运大港是霍乱流行集中之地，而恰恰珠江、潮汕地区海港密集，加之潮汕人多地少、粮食匮乏，不仅需要输入粮食，而且大量的人口还前往泰国等地谋生，因而成为霍乱最早传入地和易被海外流行波及的地区。⑪至当年秋冬两季，与粤北接壤的湖南、江西、福建南部府县接

① 参见（清）寇兰皋：《痧症传信方》，张文宁、张伯礼主编：《天津中医药珍本集成》，中国文史出版社2008年版。
② （清）甘熙：《白下琐言》卷1，邓振明点校，南京出版社2007年版，第19页。
③ （清）费善庆：《垂虹识小录》卷7，载《中国地方志集成·江苏府县志辑》第23本，江苏古籍出版社1991年版，第477页。
④ 关于痧症，参见余新忠：《清代江南的瘟疫与社会——一项医疗社会史的研究》，北京师范大学出版社2014年版，第85—88页；祝平一：《清代痧症——一个疾病范畴的诞生》，《汉学研究》2013年第31卷第3期。
⑤ （清）陆以湉：《冷庐杂识》卷7，中华书局1984年版，第407—408页。
⑥ （清）杨学渊：《寒圩小志·祥异》，《中国地方志集成·乡镇制专辑》第1册，上海书店1992年版，第429页。
⑦ （清）王士雄：《随息居重订霍乱论》，陈明见点校，人民卫生出版社1993年版，第7、9页。
⑧ 参见程恺礼：《霍乱在中国（1820—1930）：传染病国际化的一面》，第773—776页。
⑨ 参见程恺礼：《霍乱在中国（1820—1930）：传染病国际化的一面》，第772页。
⑩ 参见李永宸、赖文：《霍乱在岭南的流行及其与旱灾的关系（1820—1911）》，《中国中医基础医学杂志》2000年第3期。另外可参见单丽：《清代古典霍乱流行研究》，复旦大学2011年博士学位论文，历史地理研究中心，2011年，第57页。
⑪ 李永宸、赖文：《霍乱在岭南的流行及其与旱灾的关系（1820—1911）》，《中国中医基础医学杂志》2000年第3期。

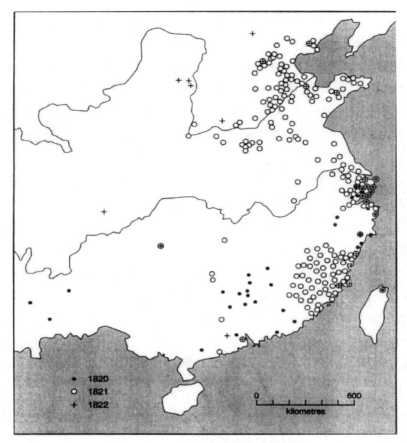

图1　1820—1822年全国霍乱流行图

连出现疫情,大有区域性爆发的迹象。①同时,霍乱还在江浙等沿海登陆,宁波府的鄞县、慈溪、定海、象山,太仓州的镇洋、嘉定,松江府所属各县及苏州府的昆山、新阳等地出现。②此外,山东青州府、河南陕州等内河航运沿线也有零星疫情流行。③

第二年,即道光元年,入夏后,疫情卷土重来,并迅速蔓延,进入疫情高峰。先是福建近乎全省霍乱流行,涉及福州府、泉州府、建宁府、兴化府、漳州府。④同时在江浙两省也再次大规模爆发。⑤在华北,霍乱的发生流行与大运河息息相关,当年山东的霍乱流行是由运河逐渐向运河两边地区扩展,首先在济南府、武定府流行后,由陆路传至东三府(青州府、登州府、莱州府),而后借助运河及陆路双重渠道传布河北,继而在七月中开始在北京肆虐并向

　　① 参见单丽:《清代古典霍乱流行研究》,第57页。
　　② 参见余新忠:《嘉道之际江南大疫的前前后后——基于近世社会变迁的考察》,《清史研究》2001年第2期。
　　③ 参见单丽:《清代古典霍乱流行研究》,第58页。
　　④ 参见程恺礼:《霍乱在中国(1820—1930):传染病国际化的一面》,第769—770页。
　　⑤ 参见(清)费善庆:《垂虹识小录》卷7,《中国地方志集成·江苏府县志辑》第23本,江苏古籍出版社1991年版,第477页。

东北作线状传播。①另外，霍乱向内陆转移的趋势愈加明显，河南、山西乃至陕西多地均出现了较严重的霍乱流行。道光二年，霍乱强度相对减弱，但并未完全结束，南方沿海地区依然较为严重，即便到了道光三、四两年，各地仍有霍乱散发。②

总体来看，本次霍乱由广东、福建通过海上交通北上到达江浙，并从江浙沿着运河、长江和黄河等交通线，继续向北、向西蔓延，几乎传遍了大半个中国。从沿海登陆并沿水陆两路特别是水陆交通线传播的特征非常明显，为更好地说明这一点，我们不妨更具体地看看以上海为中心的江南地区的情形。

在松江、太仓地区，也即今天的上海地区，霍乱并没有首先出现了府城松江，而首先在当时最大的港口城市上海登陆，利用便利的水陆交通向北、西、南三个方向蔓延。向西至青浦、华亭等地，向西北传入嘉定、镇洋、昆山、新阳等地（唯宝山似乎幸免），并跳跃式地延及无锡、金匮，向南传至川沙、南汇、奉贤、娄县、金山等县，并于初冬在嘉兴全府和湖州乌程及归安流行。③第二年夏，瘟疫在以上地区重新发作④，宝山未能再次逃过，并继续通过长江、运河、太湖等水路及陆路向西、北流传，苏州府属各县无一幸免，其他如运河、长江、太湖周边各县基本全部波及。疫情基本以近程传播的方式向外扩散，有疫地大都基本集中在沿海及内地一些重要交通线上或周围，浙西西部、江苏宁镇（江宁和镇江）南部等山地丘陵地区的大多数县均未受到影响。⑤病菌登陆后，虽然存在着陆路传播，但内河航线仍然是主要的传播途径。

对这次疫情的描述，虽然不同文献有所不同，但大体上都会谈到"吐泻""四肢厥冷""四肢拘挛""通身麻木""足肚筋转""传染无已"、起病"骤如霍乱"和"幼童多不病"等现象⑥，表现出比较典型的古典型真性霍乱的特征。

这一瘟疫具有强大的杀伤力，当时的文献中，留下大量"死者接踵""全家俱毙"之类的记载，据笔者的研究，在这次瘟疫中，在江南灾情严重地区的死亡率在8%左右，不超过10%，而一般地区在5%以下。仅受灾比较严重的苏州、松江和太仓地区，疫死人数就至少在50万以上。⑦这一数据，虽然不像欧洲黑死病和美洲天花那样夸张，但从今人的眼光来

---

① 参见李玉尚：《霍乱在中国的流行（1817—1821）》，第316—336页。

② 参见单丽：《清代古典霍乱流行研究》，第59—60页。

③ 参见霍乱的流行时间多在夏秋两季，嘉兴和湖州府的疫情出现在冬季，颇多疑惑。不过，在当时的一些记载中，疫情到初冬仍在继续的情况的确存在，比如，次年昆新等地发生的大疫，入冬才停止（光绪《昆新两县续修合志》卷51《祥异》，第924页），一种新的疾病对该种病菌的处女人群所具的威力应该不能完全按常规来理解，霍乱弧菌在初冬抵达嘉、湖，并发生流行，也不无可能。

④ 参见例外的情况是嘉兴府的石门和海盐，它们均处离松江府较远的嘉兴府南端，可能受到的影响相对较小。海盐的地方志对疫情没有记载，上年的情况是根据府志得到的，因此海盐也可能是因为缺乏记载。

⑤ 参见余新忠：《嘉道之际江南大疫的前前后后——基于近世社会变迁的考察》，《清史研究》2001年第2期。

⑥ 参见宣统《信义志稿》卷19《志事·灾疫》，第八本，第489页；（清）昭梿：《啸亭续录》卷4，载《啸亭杂录》，中华书局1980年版，第497页；（清）郑光祖：《一斑录·杂述二》，第23a页；（清）寇兰皋：《痧症传信方》，张大宁、张伯礼主编：《天津中医药珍本集成》，第467—468页；（清）甘熙：《白下琐言》卷1，第19页。

⑦ 参见余新忠：《清代江南瘟疫对人口之影响初探》，《中国人口科学》2001年第2期。

看,实在已经十分恐怖了。

在一般的印象中,当时的中国,尚是一个闭关锁国、相对封闭的东方大国,朝廷和士人也往往以"天朝大国"自居。在当时爆发的国际性的首次霍乱大流行中,中国显然并没有因为"闭关锁国"而幸免,兴起于印度的霍乱很快伴随着欧洲人主导的国际经贸往来而很快在中国南方多个沿海口岸登陆,并流布全国。这场瘟疫的爆发,似乎清楚地表明了,尽管当时可能大多数中国人并未感觉到,但实际上中国已卷入到全球性的经济贸易体系之中,成为全球贸易网络中的重要一环,中国沿海口岸与东南亚、南亚乃是欧洲,已经存在相当密切的人员和物资流动。否则,这场国际性的瘟疫可能也就不会很快传入中国,即便传入,大概也不会首先在离东南亚、南亚距离相对较远的东部沿海爆发。可见,这场瘟疫的爆发,首先源于当时的中国业已不自觉地被纳入全球商业贸易网络之中,并与外界有着颇为密切的往来。

其次,也跟当时的国内社会经济的发展密不可分。随着社会经济的发展,自18世纪以降,中国人口剧增,人口密度从清初的每平方公里不足10人,增加到1820年的近40人,而东部的江浙、山东等省均在200人以上[1],江浙两省核心的江南地区,更高达596人[2]。与此同时,随着全国市场体系的形成和交通的日渐完善[3],各地特别是运河及长江、黄河等沿线,人员和物资的流动日渐密切。这次大疫在沿海地区登陆后,能迅速传遍大半个中国,显然离不开上述社会经济发展背景。

此外,这次大疫虽然传遍各地,但显然在江南和华南等地危害更为严重,而且,这次大疫尽管在三四年后逐渐熄灭了,但霍乱从此留在了中国,也同样更多地流行于东部沿海特别是南方地区。[4]这应该不仅是因为霍乱发端于这些地区,更重要的还是与南方的自然环境及其生活习俗有着重要的关系。霍乱等肠道传染病大都爆发于夏秋季节,主要通过食物、水和接触传染,江南、华南温暖湿润的气候,密布的水网,以及当地人长期以来养成的某些生活和用水习惯,有利于其滋生流行。这些生活习惯包括厕所简陋、在河水中洗涮马桶甚至倾倒粪便和以河水为生活用水等。此外,嘉道以后,全国环境不断恶化可能也是一个不容忽视的因素。例如巨大的人口压力导致对山林的滥垦,过量的生活垃圾和手工业、工业废物对环境的污染,一定程度上均减弱了自然界对社会污染的自净能力。自然生态环境的破坏和污染,虽然与霍乱在江南的出现和反复流行并不直接相关,但无疑加剧了其在该地区的蔓延和肆虐。[5]

---

① 参见赵文林、谢淑君:《中国人口史》,人民出版社1988年版,第474—475页。

② 王业键、黄莹珏:《清中叶东南沿海粮食作物分布、粮食供需及粮价分析》,台湾《中央研究院历史语言研究所集刊》第70本,1999年,第376—377页。

③ 参见许檀:《明清时期城乡市场网络体系的形成及其历史意义》,《中国社会科学》2000年第2期。

④ 参见李孜沫:《清代(1816—1911)霍乱流行的时空特征、危险模拟与边界探测》,《地理研究》2020年第1期。

⑤ 参见余新忠:《嘉道之际江南大疫的前前后后——基于近世社会变迁的考察》,《清史研究》2001年第2期。

四、政府与民间对霍乱的反应与应对

对于瘟疫这样一种古老的存在，到清代，人们已经积累了比较丰富的经验和举措，这些应对虽然说不上多有效，但世代常有，而且从经验上看，似乎也不至于引发统治秩序上的严重后果，所以一般也不会成为朝廷宵旰忧勤的对象。当时从朝廷到地方官府，均未有对于瘟疫的救疗制定什么法规制度。不过，瘟疫既属灾异，所以每当发生，无论是朝廷和地方官府，往往都会在"仁政"的名义下采取一定的举措，比如设（医）局延医诊治、制送成药、建醮祈禳、刊布和施送医方、掩埋尸体、设置留养和隔离病人的场所和局部的检疫隔离等。①

士人对这次大疫留下了相当多令人印象深刻的记录，但从国家的角度来说，虽然也多有行动，似乎很难说特别重视。在疫情最严重的七八月，在《宣宗实录》中留下了四条有关救灾的上谕，其中七月甲戌（二十六日）条要求相关衙门"俱选良方，修和药饵，分局施散，广为救治。……设局散给棺槥，勿使暴露"②。另据王清任的记载，在这次救疗中，"国家发帑施棺，月余之间，费数十万金"③。可见，救疗力度还是不小。不过相较于当时救济其他灾荒动辄上百万甚至数百万两的拨款，显然也算不上太大的事。而且这些举措也主要针对京城而采取，对于其他比京师疫情更严重的地区，似乎并未见道光做出直接的指示。而地方官府似乎采取的举措也不多，像在疫情严重而社会经济发展水平也最高的江南，官府也虽有行动，如在常熟，疫情发生后，刘姓知县"出百金合药普济，邑中好善君子在在施药"④，不过总体上这类的记载却明显稀少。个中的原因可能有二：一是那些传统的救治方法，对这一独特新奇的疫病，效果不彰，相对于瘟疫强力的传染性和杀伤力，这种救治也就很难给时人留下深刻印象；二是由于该瘟疫的凶猛和前所未有，使当时社会出现了手忙脚乱、惘然不知所措的景象，也妨碍了进一步救治措施的举办。

从当时的文献中，我们看到的确实是更多民众的惊恐和无措，比如，在宝山，"好善求方施药，有服参桂姜附者，有服西瓜冷水者，有用针出墨血者，有用姜苏盐酒擦手足心者，然皆有效，皆有不效"⑤。在天津，"人心惶惶，各不自保"⑥。从中，我们可以看出当时社会的惊恐和慌乱，虽然也多会采取种种自救的举措，比如，祈神禳疫，或延医诊治，或买药自救，但似乎让人感到不过是应急自保或病急乱投医而已，究竟能产生多少实际的效用，似乎很难评估。

不仅如此，这次还让对瘟疫并不陌生的时人感到困惑。首先，常言道："大灾之后，必有

---

① 参见余新忠：《清代江南的瘟疫与社会：一项医疗社会史的研究》，北京师范大学出版社2014年版，第220—224页；邓铁涛主编：《中国防疫史》，广西科学技术出版社2006年版，第144—149页。

②《清宣宗实录》卷21，道光元年七月甲戌，《清实录》第33册，中华书局1985年版，第389—390页。

③（清）王清任：《医林改错》卷下《瘟毒吐泻转筋说》，李占永、岳雪莲校注，第41页。

④（清）郑光祖：《一斑录·杂述二》，第23a页。

⑤（清）杨学渊：《寒圩小志·祥异》，《中国地方志集成·乡镇志专辑》第1册，第429页。

⑥（清）寇兰皋：《痧症传信方》，张大宁、张伯礼主编：《天津中医药珍本集成》，第462页。

大疫。"但这次大疫来到时,明明是承平丰乐之年。其次,在时人的经验中,疫疠"所行之地,远不过数百里,从无延及各省者"①,然而这回,"瘟疫流行,几遍天下"②。再次,该疫发病之暴烈、症状之奇特也令时人甚感恐惑不解,在当时的记载中,像"顷刻殒命""即刻毙命""不逾时而死"之类的用语随处可见。最后,在瘟疫传染过程中的一些奇特现象也让时人产生种种猜疑,而当时又缺乏有针对性的可靠解释,造成流言飞舞。例如,当时到处传言西瓜藏毒致疫,"每每破瓜,其中辄藏毒物"③,"食西瓜者即死"④或"惟是西瓜中切出蚰蝎"⑤,等等。

大量人口以快速而奇特的方式疫死,而时人又对这一切不能做出合理可信的解释,再加上传统的救疗方式很难取效,如此这般,不可避免地造成了当时社会充斥着人人自危、惊恐无状的恐怖气氛。当时之社会,"传闻已甚一时,竟视为丰都地狱","啸梁唉室,草木皆兵",甚至有人"因疫甚恐怖竟至自经"⑥,而且这种气氛迅速扩散,弥漫着整个大江南北。

由此,似乎也可以从另一个侧面看出,这次大疫实乃是超出时人经验和记忆范围的一种新疫病,故而,尽管我们尚无法完全否认真性霍乱此前已经存在于中国,但至少从当时人们对于疫情的反应来说,这显然是一种不同于以往的霍乱、全新而且凶猛异常的疫病。

五、霍乱刺激与中国社会的脉动

瘟疫是人类的灾害,但也往往是历史的推手。霍乱的世界性流行,所到之处,生灵涂炭,经济凋敝,给人类带来的无尽的痛苦和灾难。面对这一新出现的瘟疫,各地在经历了最初的惊恐和无措后,也逐步开始努力去认识和控制它。在欧洲,广泛流行的霍乱,不仅引起了医学界瘴气学派和接触传染学派的论争、新式卫生保健法的陆续出炉,还直接促成了英国新下水道系统的建立,对于现代公共卫生机制的创立和发展,起到了积极的推动作用。⑦19世纪的欧洲,是一个充满生机、生产技术突飞猛进的社会,那么,古老而被认为衰败的中国的情况又是如何呢?

若以现代和全球的视角来观察,19世纪20年代的中国已然处于一个即将到来的急剧动荡时代的前夜,事后想来,这次捷足先登的霍乱大流行,或许就是一种上天的预警,然而身处时代中的人,没有也不太可能意识到这一点。他们仍然以自己习惯的方式去应对不时出现的变乱和灾难。相较于西方的革命性进步,中国社会尽管同样遭遇了严重的灾疫,但显然没有以此为契机促发人们去更新疫病和卫生观念,发展出现代性的卫生防疫机制。⑧

---

① (清)郑光祖:《一斑录·杂述二》,第22b页。
② (清)孙兆淮:《花笺录》卷17,同治四年刊本,第37a页。
③ (清)孙兆淮:《花笺录》卷17,第37b页。
④ (清)王士雄:《随息居霍乱论》卷上,《中国医学大成》第4册,第652页。
⑤ (清)张畇:《琐事闲录》卷上,第12a页。
⑥ (清)郑光祖:《一斑录·杂述二》,第23a—23b页;光绪《罗店镇志》卷8《轶事》,《中国地方志集成·乡镇志专辑》第4册,第327页。
⑦ 参见[美]威廉·H.麦克尼尔著:《瘟疫与人》,第159—165页;
⑧ 参见余新忠:《清代卫生防疫机制及其近代演变》,北京师范大学出版社2016年版。

但当时的清朝是否就是一个停滞、腐朽的帝国,对于这样的刺激无动于衷呢?显然也不是,其实站在当时中国的立场上来看,人们一直在努力按自己的方式来应对全新疫病所带来恐惧和慌乱,只不过其努力方向并不是机制和理论上的突破,而主要表现在医疗方法的改进,希望通过认清疫病的性质(寒热)、改进疗效来减轻疫病的危害。

传统文献中对于"霍乱"的记载虽然不少,但在此前,专门的论述并不很多,更没有专著问世。然而,在此次大疫之后,医学界很快做出了反应。寓居京城的名医王清任在道光十年出版的《医林改错》中就对这一疾病做了论述,将其称为"瘟毒吐泻",认为该病在不同阶段有寒热之分,关键在于解毒,解毒则以活血为要,可采取针刺放血或服用解毒活血汤等治疗方法。[①] 两年后,天津的寇兰皋有感于这个疫病的新奇凶险,而现有的医书难以适用,"采择古书所载及今人所传之方,并刮痧、放痧诸法,皆已经效验者,汇为一册",撰成《痧症传信方》。他认为该症属于阴毒寒症,多主张采用辛温芳香之剂加以治疗。不过他并没有对该病的性质进行探讨。[②]

稍后,当时江南的温病学大家王士雄,于道光十九年刊行了我国第一部关于霍乱的专著——《霍乱论》[③],二十余年后,经过修订,同治元年(1862)于姑苏再梓,更名为《随息居霍乱论》[④]。此后,相继出现比较重要的专著还有:徐子默《吊脚痧方论》(咸丰十年,1860)[⑤]、江曲春《霍乱论》(光绪十四年,1888)[⑥]、许起《霍乱燃犀说》(1888)[⑦]、田宗汉《伏阴论》(1888)[⑧]、连文冲《霍乱审证举要》(光绪二十五年,1899)[⑨]、姚训恭《霍乱新论》(光绪二十八年,1902)[⑩]、陈虬《瘟疫霍乱答问》(1902)[⑪]等。这些著作的撰成,无疑与当时霍乱的凶猛和不时流行有关。

真性霍乱的流行和中医学界的应对,为我们了解中国传统医学究竟是如何应对新疫病的出现,并发展出对新疫病的认识和治疗方案,提供了一个很好的个案。霍乱刚刚出现时,社会一时出现手忙脚乱、不知所措的景象,但不少人仍留下了诸多对疫病症状颇为准确的描述。疫灾过后,一些医家便纷纷开始积极探索这一疾病原理与疗法。道光十九年,王士雄出版了《霍乱论》。虽然王著并没有把真性霍乱与传统的霍乱做区分,但他在论著中提出霍乱有"热霍乱"与"寒霍乱"之别,寒霍乱的说法实际已部分表明了真性霍乱的特

① 参见王清任:《医林改错》,人民卫生出版社1991年版,第41—43页。
② 参见(清)寇兰皋:《痧症传信方》,张大宁、张伯礼主编:《天津中医药珍本集成》,第459—484页。
③ 参见(清)陈修园编著:《陈修园医书七十二种》第4册。
④ 参见曹炳章校刊:《中国医学大成》第4册,《温病分册》。
⑤ 参见(清)陈修园编著:《陈修园医书七十二种》第4册。
⑥ 参见庄树藩主编:《中华古文献大辞典·医药卷》,吉林文史出版社1990年版,第207页。
⑦ 参见裘庆元辑:《珍本医书集成》第7册《内科类》,上海科学技术出版社1988年版。
⑧ 参见曹炳章校刊:《中国医学大成》第4册《温病分册》。
⑨ 参见曹炳章校刊:《中国医学大成》第4册《温病分册》。
⑩ 参见庄树藩主编:《中华古文献大辞典·医药卷》,第207页。
⑪ 参见曹炳章校刊:《中国医学大成》第4册《温病分册》。

性。①继王之后，山阴田雪帆著《时行霍乱指迷辩证》一书，对真性霍乱作了更为准确的描述，并提出颇见成效的治疗方法。②此后，嘉兴徐子默在《吊脚痧方论》中不仅再次对真性霍乱(即其所说的吊脚痧)做出典型、准确的描述，还进一步对真性霍乱和类霍乱(即其所说的霍乱，这里指的应是中国传统的霍乱，约是细菌性食物中毒或急性胃肠炎)做了比较。③同治元年，王士雄重订《霍乱论》，虽然仍将类霍乱和真性霍乱混称，但其已较为准确地认识了当时瘟疫的性质，而且以自己深厚的温病学理论素养，做出了理论阐释。④

从嘉庆季年到同治建元，不过四十余年的时间，国内的医学人士已在既有医学认知框架中完成对真性霍乱这一新疾病的医理和疗法的探索。不仅如此，霍乱还促进了一些新的卫生观念的形成。自真性霍乱传入后，清人逐渐认识到水质污染与蚊虫叮咬也可导致疫病的传染。⑤例如，汪期莲在《瘟疫汇编》一书中就曾提及苍蝇致疫，并进而提出了驱蝇避疫的新思想。⑥此后不久，王士雄也明确指出了环境污染与疫病的关系⑦，并针对具体情况，对居所环境和用水卫生提出了部分要求。⑧这些认识虽然没有直接催生出现代卫生观念和机制，但对于晚清以降国人理解和积极引入西方现代公共卫生机制无疑具有重要的促进作用。⑨

民国初，著名学者章太炎曾就霍乱的治疗回忆道，他十六岁时，曾见一方数百里中，病者吐痢厥冷，四肢挛急，脉微欲绝，老医以四逆汤与之，十治八九。三十岁后，又见是症，老医举四逆汤、吴茱萸汤与之，亦十活八九，此皆目击，非虚言也。⑩由此可见，近代中医在应对霍乱上早已没有当初的慌乱和不知所措，不过，随着抗生素的发明和现代医学的进步，这样的努力和推进，却又变得不再具有现代意义。若从现实治疗的角度而言，自然如此，但从历史和人文的角度看，无论如何，其所展现的不仅是中国传统社会的活力，更有人类积极向上的人性价值和力量。

　　①参见(清)陈修园编著：《陈修园医书七十二种·霍乱论》第4册，第2426—2433页。
　　②转见于(清)陆以湉：《冷庐医话考注》卷3《转筋霍乱》，朱伟常考注，上海中医学院出版社1998年版，第151页。
　　③参见(清)徐子默：《吊脚痧方论·论吊脚痧与霍乱相似不同》，(清)陈修园编著：《陈修园医学七十二种》第4册，第1961—1962页。
　　④参见(清)王士雄：《随息居霍乱论》卷上，曹炳章校刊：《中国医学大成》第4册，第656页。
　　⑤参见余新忠：《清人对瘟疫的认识初探——以江南为中心》，《中国社会历史评论》(第三卷)，中华书局2001年版。
　　⑥参见(清)汪期莲编：《瘟疫汇编》卷15《诸方备用·逐蝇驱疫法》，道光八年刊本，第15b页。
　　⑦参见(清)王士雄：《随息居霍乱论》卷上，曹炳章校刊：《中国医学大成》第4册，第654页。
　　⑧参见(清)王士雄：《随息居霍乱论》卷上，曹炳章校刊：《中国医学大成》第4册，第667、668页。
　　⑨ Yu Xinzhong, "From Avoiding Disease to Preventing Disease : The Evolving Concept of Disease Response in Late Qing Dynasty", *Chinese Studies in History*, vol.47, no.4(Summer2014), pp.38-60.
　　⑩参见章太炎：《章太炎先生论医集》，徐衡之、姚若琴主编：《宋元明清名医类案》(正编)下册，天津市古籍书店1988年版，第1238页。

六、结语

随着交通工具的不断改进和国际交流的日趋频繁,各种地方性的传染病就愈益容易越过原有的地理界域而远播各地,人类共享同一个"疾病库"的程度也便越发加深。在人类社会重要的传统烈性或急性传染病中,真性霍乱是较晚一个加入世界性疫病行列的成员。尽管这场发生在嘉道之际的大疫在人类乃至中国的疫病史上,不过是一个普通的个案,但它显著地体现着国际交流日趋加强的时代背景,亦是疫病国际化进程中不可忽视的一环。

疫病国际化的背后,则是中国社会自身的演进,无论是霍乱大流行,还是此后的鸦片战争,都离不开因国际经贸需求中国被动地被纳入全球贸易体系这一重要因素,显而易见,没有国内社会经济发展和广大市场的存在,这一需求也就不会存在。不仅如此,人口的急剧增长和国内市场体系的日渐形成和发展,以及广大南方地区的自然环境和生活习俗,也为真性霍乱在国内的广泛而快速的传播和肆虐,以及从此留在中国成为影响巨大的新瘟疫,提供了极大的便利。自鸦片战争的炮声打响以后,中国人民便开始经历一段灾难深重的历史,而霍乱的提前到来,似乎提前向中国预警了一个新时代的来临。若以后见之明来看,无论是国际还是国内,当时的中国社会其实均已站在需要变革的十字路口,然而,身处其中的时人,虽然真切地体会到了这场瘟疫的怪异和恐怖,却几乎无人能看清其背后汹涌的时代大势。

当时的人们依然用传统的方式对其展开有效或无效的应对,也以自己的方式,积极推动对这一新瘟疫的认识和防治。虽然这足以让我们看到中国传统社会并非完全是个停滞没落的社会,而依然有着自身的活力。但与此同时,在世界另一方的欧美,则正在以现代更有效的理念和方法来应对这一新疫病的冲击,并最终推动了卫生防疫机制的重大发展,进而通过公共卫生机制将世界更深入地联系了起来。就此比较,尽管晚清国人的努力不无成效,但似乎也早在与西方的对比中失去了现代价值,而且由于缺乏对于时代变革的敏感,而失去了开创新时代的机会。那么,从这一个案出发,除了再一次让我们重温了一个老大帝国的败落,又具有怎样的意义呢?

首先,探究这一案例,当然不是要简单地批评时人缺乏时代变革的敏感性,而是希望通过事后的反思提醒人们更多地关注瘟疫的时代意义,瘟疫固然是人类的灾难,但它绝非单纯的天灾,可以说主要不是天灾,而是诸多社会经济和文化因素聚集的结果,可以说一定程度上为我们思考社会问题、矛盾乃至发展态势提供了可能。如果我们不是简单地把它当作人类的敌人,要加以征服的对象,而更多地去关注其作为警示性力量的意义,或许就可以为人类未来的发展提供更多有价值的思考。同时,当时中国社会应对上失败也给我们今天的省思提供了教训,面对这样的纷繁复杂困局,没有思路和格局上的提升,即便是积极的应对,也难以迎来真正的成功。

其次,尽管站在现代和科学的立场上,当时人们对瘟疫的应对,以及此后在医学治疗上的推动,都已不值一提,但若历史和人文地来观察,这些显然都是富有价值的,在当时的历史情境下,不仅治疗技艺的推进至少可以挽救更多的生命,提供更多的健康照顾,而且即便是所谓那些祈禳之类在科学上无效的应对,也会对稳定民众情绪、安慰人心产生积极的意义。这一情况,其实即便是现代社会也依然存在。这就提醒我们,瘟疫带来的不仅仅是身体的健康问题,同样还有社会的健康问题,瘟疫的应对需要看到社会文化的力量,仅仅依靠现代的医学和卫生是远远不够的。并进一步思考,近代中国医学的进展的意义何在,在现代的疫病防治中,中国传统文化和医疗资源是否还有值得进一步地挖掘的价值?

　　最后,瘟疫与人类同在,我们谁也无法预料下一次它会在何时出现,又会以怎样的方式登场。瘟疫在当代世界一次又一次的不期而至,促动我们更深刻地去感知现代社会的不确定性。科学和国家治理的现代化尽管有可能让我们通过不断推进人类对瘟疫的有效应对,尽可能降低瘟疫对个体生命和健康的危害。但似乎改变不了的,是瘟疫对社会的巨大冲击。以现代社会的眼光来看,我们可能从百余年前的疫病中无法获得超越当前的、先进的治疗经验和防疫经验,但个案历史的呈现却使我们从中更好地反思人类与病菌的共生共存及疫病侵袭下的应对逻辑。促使我们去体会和省思,面对世界的不确定性,我们该如何以科学与人文的双重态度尽可能从容应对,如何以人类的智慧去照拂科学与理性之光难以达到之处,超越种种不确定性所带来的现实困境。

作者:余新忠,南开大学历史学院院长、教授、博士生导师
　　　徐旺,南开大学历史学院硕士生

清代长芦盐商王世荣的日本铜贸易

[日]松浦章

一、前言

正如乾隆九年(1744)晏斯盛指出"钱币国家大政也,民生日用急需也"①一样,钱币是国家的大政,同时也是人们日常生活中不可缺少的东西,因此作为铸造货币原料的铜十分重要。关于清朝的铜务,有严中平的《清代云南铜政考》②,阐明了清朝政府铸造货币的铜问题,触及了洋铜,即日本铜③,在日本铜供应减少的过程中,滇铜,即云南铜得到了相应的重视,接下来对云南铜进行了详述。

在乾隆元年的《上谕条例》中《办铜条例》可见:

> 康熙五十五年,始隶八省分办,原系滇洋并采,每年采办洋铜二百七十七万一千九百九十九斤零,采办滇铜一百六十六万三千一百九十九斤零,共计办铜四百四十三万斤。④

由上,康熙五十五年清朝八省筹措为鼓铸铜钱的铜,八省在《清朝文献通考》卷14中有记载:"康熙议定京局,额铜改交江苏、安徽、江西、浙江、福建、湖北、湖南、广东八省,督抚委员办解……每年宝泉局额铜二百九十二万三千三百八十四斤,宝源局额铜一百五十一万一千八百十六斤,共需铜四百四十三万五千二百斤,历年商人,亏空不便,仍交采办,即以五十五年为始分派江苏、安徽、江西、浙江、福建、湖北、湖南、广东八省,督抚遴委贤能官承办"⑤,指的就是江苏、安徽、江西、浙江、福建、湖北、湖南、广东八省。其中所需要的铜443万斤,为了满足急需,相应的洋铜2771999斤、滇铜1663199斤,所需要的铜中约有62.5%是由洋铜供给的。

在乾隆三十四年十一月二十二日,浙江巡抚觉罗永德的奏折中,阐述了当时清朝铸造货币的原料铜的采购问题。也就是说,是为铸造而从中国国内的云南采购的铜,还是从日本进口的洋铜的问题。

---

① (清)晏斯盛:《开铜源节铜流疏》,贺长龄编:《皇朝经世文编》卷53《户政二十八》。
② 参见严中平:《清代云南铜政考》,中华书局1948年版,第1—100页。
③ 参见严中平:《清代云南铜政考》,第3—4页。
④ 日本国立公文书馆所藏:《上谕条例》第5册,函号257-19,329丁里。
⑤ 《清朝文献通考》,浙江古籍出版社2000年版,第4978—4979页。

浙省系滨海之区,向来商船出洋,前往日本,贩铜俱谕江南之上海关,及浙江之乍浦口进出,康熙、雍正年间,江浙等五省办运京局铜斤,原系委官赴苏州铜商聚集之所,选商给价,往洋采买,嗣因倭铜渐少,返棹愆期,商欠累累。①

如上所示,贸易船从浙江沿海的乍浦开往日本采购铜,采购这批洋铜对清朝来说也是当务之急。浙江的乍浦,是对日本的贸易基地,道光《乍浦备志》卷十四中前明倭寇中写道:"以彼国(日本)铜斤,足佐中土铸钱之用,给发帑银,俾官商设局,备船由乍浦出口,放采办"②,为了寻求日本的铜,设立了官商,从乍浦将船运往日本。关于这艘船,在该书中还写道:"寻分官民二局、各三船每岁夏至后、小暑前六只,装载闽广糖货及倭人所需中土杂物,东抵彼国。"③政府、民局派遣的贸易船,每年夏至后大约六月下旬,小暑前即七月上旬左右前往日本。

此后,"九月中从彼国装载铜斤,及海带、海参、洋菜等回乍"④,即农历九月左右,从日本装载铜、海带、海参和洋菜等后返帆。又在小雪后、大雪前从乍浦开船前往日本,翌年四五月左右返航。⑤由此,日本铜即洋铜的进口对于清朝来说也是必要的。

在山西商人范毓馪的传中提到"乾隆三年,奉命采办洋铜,运京局,以抵分限应输之数"⑥。在乾隆三年接受清朝政府的命令,采办洋铜,据称已交纳在北京的户部部下的宝京局。同时晏斯盛也指出,"范毓馪所洋铜,足供六年之用,而其间或有缓急之需"⑦,范毓馪采办了六年洋铜。之后,直到乾隆四十八年,范毓馪及其子女及侄子继续进行洋铜的采购。

但是,在乾隆四十八年,代替范氏进行洋铜采购的,是被称为天津商人和长芦盐商的王世荣。作为官商的王世荣,在对日铜贸易方面山胁悌二郎有相应的成果,并提到从乾隆四十八年到乾隆五十三年有关对日贸易。⑧但是,其业务内容几乎没有涉及。此后,松浦章指出王世荣是天津商人⑨,但尚未解决其对日贸易的状况。因此,本文将对长芦盐商王世荣的洋铜采购进行论述。

① 中国第一历史档案馆所藏,财政类,财政货币项,胶片61卷,第1972—1974。
② 道光《乍浦备志》卷14,《中国地方志集成·乡镇志专辑》第20册,上海书店1992年版,第229页。
③ 道光《乍浦备志》卷14,《中国地方志集成·乡镇志专辑》第20册,第229—230页。
④ 道光《乍浦备志》卷14,《中国地方志集成·乡镇志专辑》第20册,第230页。
⑤ 参见道光《乍浦备志》卷14,《中国地方志集成·乡镇志专辑》第20册,第230页。
⑥ 《国朝耆献类征初编》卷452《卓行十·范毓馪》,《国朝耆献类征初编》第19册,江苏广陵古籍刻印社1990年版,第196—197页。
⑦ (清)晏斯盛:《开铜源节铜流疏》,贺长龄编:《皇朝经世文编》卷53《户政二十八》。
⑧ 参见[日]山胁悌二郎:《清代塩商と长崎贸易の独占》,《近世日中贸易史の研究》,吉川弘文馆1960年版,第46—48(38—65)页。山胁悌二郎:《长崎の唐人贸易》,吉川弘文馆1964年版,第183—184页。
⑨ 参见[日]松浦章:《清代贸易史の研究》,朋友书店2002年版,第150页。[日]松浦章:《清代海外贸易史研究》上册,李小林译,天津人民出版社2016年版,第142—143页。

二、天津商人王世荣的家族及其事业

《乾隆朝上谕档》于乾隆四十八年十二月十六日的上谕中可见：

> 乾隆四十八年十二月十六日奉上谕，据和珅奏，天津商人王起凤，于乾隆四十三年领买户部三库绸布绒麻等项，原估价银十八万九千二百余两，业经五年限满，除交过银五万两，尚未完缴银十三万九千二百余两，据王起凤之子王世荣呈请，将自置直隶、河南两省所属引地盐窝六处，抵交未完官项变价银两等语。该商应交银，逾限不交，本应将伊产业，抵缴治罪，但念其领货后，猝被火灾，报明有案，且现在王世荣接办范清济铜务，尚知奋勉，着加恩免，其抵缴所有未完银两，分作八年。令征瑞督饬该商，按年带交银一万七千四百余两，陆续搭解广储司归款，倘仍前迟延拖欠，不但将其引地盐窝入官，并王世荣加倍治罪，将此传谕征瑞知之钦此。军机大臣遵旨传谕长芦盐政征瑞。①

这一上谕在《清高宗实录》中可见，《清高宗实录》卷1195，乾隆四十八年十二月癸酉（十六日）也有相同的论述，从王世荣的父亲的名字便可知。

> 谕军机大臣等：据和珅奏，天津商人王起凤，于乾隆四十三年领买户部三库绸布绒麻等项，原估价银十八万九千二百余两，业经户部限满，除交过银五万两，尚未完缴银十三万九千二百两。据王起凤之子王世荣呈请将自置直隶、河南两省所属引地盐窝六处，抵交未完官项变价银两等语，该商应交银两，逾限不交，本应将伊产业抵缴治罪，但念其领货后，猝被水灾，报明有案，且现在王世荣接办范清济铜务尚知奋勉，着加恩免其抵缴，所有未完银两，分作八年，令征瑞督饬该商，按年带交银一万七千四百余两，陆续搭解广储司归款，倘仍前迟延拖欠，不但将其引地盐窝入官，并将王世荣加倍治罪，将此传谕征瑞知之。②

天津商人王起凤于乾隆四十三年从户部三库采购的绸布、绒麻等物的款项的款额为银子十八万九千二百余两，五年期限偿还，其中五万两已还清，十三万九千二百两未还。恐怕王起凤未还就去世了，其偿还申请由王起凤之子王世荣担任，王世荣可以用直隶、河南的自己负责区域的盐窝，即盐商的销售量来偿还。但是王世荣也接管了范清济的铜务，其未缴纳金被分了八年的年付款支付。

从该上谕来看，天津商人王起凤之子即继承范清济的铜务事务的王世荣。范清济是山

---

① 中国第一历史档案馆编：《乾隆朝上谕档》第11册，档案出版社1991年版，第928—929页。
② 《清高宗实录》卷1195，乾隆四十八年十二月癸酉，《清实录》第23册第971—972页。

西商人,是进行对日铜贸易的范毓馪的侄子,继承了其事业。① 由此可见,王世荣进行的铜务是指对日铜贸易。

王起凤是与清政府关系较深的商人,对于这一点,在《清高宗实录》卷893,乾隆三十六年九月己未(二十二日)的上谕中可见:"商人王起凤,闻土尔扈特归顺入觐之信,即携带货物,来热河贸易,以供远人之需,颇属晓事得体,着加恩赏给五品职衔,仍赏数珠一盘,以示嘉奖。"②

王起凤以清朝归顺的土尔扈特的贡品上贡,从乾隆帝处获得奖赏。考虑到上述的记录,可以认为是与清朝内务府有关的商人。《清高宗实录》卷1280,乾隆五十二年五月庚寅(十二日)上谕:

> 据穆腾额奏,长芦商人王世荣,承办引地,应交帑利并带征银二十五万四千一百余两,现在资本不能接济,难以清缴,恳请分年暂予缓交等语。该商王世荣承办官引,亏折成本,告运维艰,本应照例斥革,另召新商接办,姑念该商行销引地,多在河南,而豫省连年旱歉,商盐停滞,以致工本亏耗,未能将应交官项,按限清还,尚属有因,着照该盐政所请,将王世荣五十二、三两年每年应交官引地帑利银九万五千余两,并应交带征四十八年两限帑利银六万三千四百余两,暂予缓交,自五十四年起,分作六年带征,每年交银四万二千三百余两,扣至五十九年,照数清款,以舒商力自此次清厘之后,倘该商不知节俭妥办,再有延宕,必须参革治罪,不能复邀宽贷也。③

长芦商人王世荣承办的长芦盐的引地问题浮出水面。关于长芦盐商王世荣的活动,黄掌纶编撰的嘉庆《长芦盐法志》卷12《赋课下·商杂课目》中提到:

> 参课,系于乾隆四十八年巡盐御史征瑞,奏言长芦各参商虚悬帑本息银,悉属无着之项,据通纲众商议,请分作五年归款……再查商人王世荣,因独肩铜务,资本不敷,据呈准令自五十一年为始,免交二钱银两,原以为贴补铜费之用,今铜务业于上年奏交钱鸣萃办理,则五十三年以后,王世荣除官引准其免交外,其自置引地,仍令按引交纳,以昭划一,五十四年,又奏言,商捐二钱参课内,请除每年应发拨船津贴饭食。④

这是到乾隆五十三年为止,王世荣作为长芦盐商的活动。《清仁宗实录》卷263,嘉庆十七年(1812)十一月辛巳(十二日)上谕:

---

① 参见[日]松浦章《清代贸易史の研究》,第150页。[日]松浦章:《清代海外贸易史研究》上册,第142—143页。
②《清高宗实录》卷893,乾隆三十六年九月己未。
③《清高宗实录》卷1280,乾隆五十二年五月庚寅。
④ 嘉庆《长芦盐法志》,《续修四库全书》第840册,上海古籍出版社2001年版,第227页。

谕内阁:本日内务府议奏,长芦盐商义和泰,恳借运本银两折,已依议行矣。折内引照乾隆五十一年商人王世荣请借帑银原案,叙称奉高宗纯皇帝特旨准借,措词殊未审慎,各部院章奏,关系重大典礼,书写庙号尊谥,进呈时朕必敬奉展观,倍加虔肃,若寻常事件辄引用书写,转涉轇轕,嗣后各衙门具奏寻常事件,凡引用乾隆年间以前旧案,但载明年分,将奉旨字样,三抬书写,即足以表示敬恭,遇有典礼奏章,必应恭引庙号尊谥者,方准敬谨书写,以昭慎重。①

乾隆五十一年王世荣从清政府借贷银,被其他商贩作为事例参考。陈忠倚编《清经世文三编》卷36《户政十五》漏税的情况也同样有论述:

乾隆五十一年,商人王世荣请借帑银,嘉庆十七年芦商义和泰恳借运本,均敕部议行之例,是诚无损于国,而大有便于民也。总之出口之货,宜求其多,而税则轻之,入口之货,宜杜其来,而税则重之,收我利权,富我商民,扩我远图,胥于是乎。

此后,王世荣的借贷银被列为户部借贷银的事例。另外,还有王起凤的孙子王佩,《清高宗实录》卷1496,嘉庆二年三月戊午(十八日)上谕:

据董椿在行在面奏,长芦商人王佩无力行运办课,恳请告退,当即交军机大臣、内务府大臣等督同该盐政酌筹妥办。今日询及此事,据大臣等奏称,该盐政董椿,拟欲借无利帑本,接办之商,并将长芦通纲盐价,每斤增加制钱四文,其从前未完帑课,具请展限二十五年分年带缴等语,殊非情理,王佩祖父王起凤,本系无力穷民,因承办长芦引地,屡次特加恩借帑借资行运起家积有厚赀,今王佩得承祖业坐享温饱,不知感激急公办运,遽思告退。②

如上可知,王佩也曾是长芦商人,但在嘉庆二年时,他似乎发现自己缺乏做商人的才智。由此可见,王佩祖父是王起凤。嘉庆《长芦盐法志》卷11《赋课上·商课》里有云:

乾隆五十六年,巡盐御史穆腾额奏,长芦商人王珮,自祖王起凤于乾隆二十八年,承办永庆号直豫二省官引地二十一州县,迄今循照章程办理,尚赅误。但引目繁多,成本綦重,设遇告运不时,行销迟滞,关击内府官产。一有亏阙,不免通纲赔累。③

---

① 《清仁宗实录》卷263,嘉庆十七年十一月辛巳。
② 《清高宗实录》卷1496,嘉庆二年三月戊午。
③ 嘉庆《长芦盐法志》卷11,《续修四库全书》840册,第221页。

正如巡盐御史穆腾额上奏所言,王珮即上文所提及的王佩。珮是佩的异体字,王珮的祖父名叫王起凤,由此可见这即是王佩。其祖父王起凤在乾隆二十八年承办了永庆号等引地,已经经营近三十年。

从乾隆四十年代到五十年代,长芦盐政的监督官厅的首席负责人是长芦巡盐御史。顺治初年,长芦巡盐御史一人,一年更差。其管辖"长芦盐,以长芦盐政总理,驻扎天津、兼辖山东"①,以天津为据点,同时兼辖山东。其巡盐御史征瑞就任时间从乾隆四十七年到五十年,内务府正白旗人;从乾隆五十一年至五十七年就任的是穆腾额,内务府满洲正白旗人。再者,征瑞从乾隆五十八年的中途开始,五十九年再任,嘉庆二年六、七月三任。②

穆腾额于乾隆五十二年五月十二日付的奏折如下:

> 奏为查明芦商王世荣现在情形,据实奏闻,仰祈睿鉴事。窃照长芦商人王世荣,自父王起凤承办永庆号官引地二十一州县,又自置引地一十七州县,二十余年,仰蒙皇上深仁至为优渥,王世荣先后借领各项帑本银三十八万四千二百余两。五十年六月,前任盐政征瑞奏准,缓征帑利银九万余两。五十一年三月又奏准,缓征帑利银三十万两。迨奴才抵任后,于本年春间,见其告运维艰。③

王世荣掌管其父王起凤承办的永庆号引地,王起凤自清朝乾隆二十八年起承继,至今已有二十余年之久。在《上谕条例》乾隆五十二年夏季条例的户例中,可以看到以下的记述:

长芦商人王世荣应交帑利带征银两分作六年完缴

乾隆五十二年五月十九日奉上谕:据穆腾额奏,长芦商人王世荣承办引地,应交帑利,并带征一百二十五万四千一百余两,现在资本不能接济,难以清缴,恳请分年暂予缴交等语。该商王世荣承办官引地,亏耗底本,告运维艰,本应照例,斥革另新商接办,姑命该商行销地名,在江南、豫省,连年旱歉,商盐停滞,以致二年亏耗,未能将应交官项按限清还,尚属有因。着照该盐政所请,将王世荣五十二、三两年应交官项地帑利银九万五千余两,并应交四十八年两项利帑一百六万三千四百余两,暂予缴交,自五十四年起限,分作六年,带征每年交银四万二千三百余两,扣至五十九年,照数清还,以纾商力,自此项清厘之后,倘该商不知,即俭妥办,再有延宕,必须参革治罪,不能复缴宽贷也。钦此。京报。④

---

① 嘉庆《长芦盐法志》卷13,《续修四库全书》840册,第254页。
② 参见嘉庆《长芦盐法志》卷13,《续修四库全书》第840册,第282—283页。
③《宫中档乾隆朝奏折》第64辑,国立故宫博物院1987年版,第357(357—359)页。
④《上谕条例》第193册(226册),国立公文书馆藏,函号287-20、14-15丁。

王世荣作为长芦盐商，于乾隆五十二年缴纳了一百二十五万四千一百余两政府的未缴款，乾隆五十四年以后，被命令六年缴完。被视为王世荣一族的王佩，协助清军西北的军事活动，《清高宗实录》卷1396，乾隆五十七年二月壬寅(三日)有记载：

> 谕曰：穆腾额奏，长芦山东商人王佩等呈称，现闻大兵进剿廓尔喀贼匪。芦商愿捐银三十五万。东商愿捐银一十五万，共五十万两，以备凯旋赏赍之需等语。廓尔喀贼匪滋扰，计日即可荡平，本不致多费军饷。今既据穆腾额奏称，该商等吁恳诚切，着准其捐银五十万两，并着照所请，于运库本年奏销五十六年引课项下借拨分作五年完交归款。所有捐饷商人等、着该盐政查明咨部。照例议叙。①

王佩作为长芦商人、山东商人的代表，在清朝赠送了"廓尔喀贼匪"军事活动的捐银五十万两。其中，长芦商人占三十五万两合70%。

如上所述，长芦盐商王起凤、其子王世荣、起凤孙王佩三代王氏系谱为人熟知。王世荣与王佩的血源关系不明，可能王世荣兄弟之子为王佩。

三、长芦盐商王世荣与日本铜贸易

天明戊申八年(乾隆五十三年，1788)四月画家司马江汉从江户出发，十月到达长崎，其旅行记有记载：

> 奉帝命渡海者，古有范氏、中有王氏、今有钱氏的人来此。此外，有十二家，是为了一己交易自行渡海，都是苏州人。苏州如日本大阪一样是南京最繁荣的地方。现在仅渡海的就有七八艘，到来的有十三艘。②

如上所记，接到清朝的命令，有为日本长崎贸易而来的商人范氏，接着有天明八年左右来的钱氏，除此之外，还有被称为十二家商人的商人，他们都是苏州人。江户时代的日本人说起南京，是当作当时江南的意思用，苏州被认为是江南最繁盛的地方。

这里所说的范氏就是范毓馪及其家族③，王氏是王世荣，钱氏是王氏之后的钱鸣萃④。关于日本长崎贸易的《长崎会所五册物》有如下记载：

---

①《清高宗实录》卷1396，乾隆五十七年二月壬寅。

②[日]司马江汉：《西游旅谭》卷3《画图西游谭》(复制缩刷版)，中外书房1966年版。

③ 参见[日]松浦章《清代贸易史の研究》，第147—150页；[日]松浦章：《清代海外贸易史研究》上册，第139—142页。

④ 参见[日]松浦章《清代贸易史の研究》，第150—151页；[日]松浦章：《清代海外贸易史研究》上册，第143—144页。

范氏与唐的商业交易困难由此以致崩溃,从天明二(寅)年开始,王氏货商王恩轮进行承包交易,这之后又从卯年以来,与唐官铜的作用难以调和,不能交易,与范氏一样下场,同是天明八(申)年开始,新商人钱氏货商钱恩荣准备申请进行承包交易,如愿被批准。①

范氏在中国的商业活动受损,于日本天明二年(乾隆四十七年,1782)由另一个王氏商人,即王恩轮接管。但是,从天明三年开始,其业务不顺利,与范氏一样,王恩轮遇到经营困难,于天明八年(乾隆五十三年,1788)由新商钱氏接替,钱氏的钱恩荣作为其代表继承了业务。

以上是保留在日方的王氏商人的信息,此后从乾隆四十七年至五十三年为止,从事日本贸易的是王氏。关于王世荣代替范氏负责铜务的情况,在《清高宗实录》卷1172,乾隆四十八年正月壬寅(十日)载:

> 谕军机大臣等:据内务府议覆,长芦盐政征瑞奏请,选派能事妥商王世荣等,代范清济办运各事宜一折。虽就所奏情形,逐条核覆,朕思范清济承办长芦盐务,并采办洋铜,原令其彼此通融,以盐务余息,接济铜斤,互为调剂,若专办铜斤,不办盐务,是办盐之商人,得沾余润,而办铜者更形竭蹶,未免苦乐不均,殊非酌盈剂虚之道,征瑞因范清济不善经理盐务,获息无多,选派能事妥商十人,并先行垫借银三十万两,代办盐务,此事在商人等自所乐从,设选派商人,专为范清济代办铜务,即一体借给银三十万两,亦未必有人肯为接办,此一定之情理也,今范清济既不能办理盐务,另选他商代办,而其每年苏局所办铜斤,仍着伊侄范柴,照旧承办,是伊既无盐务余息,可以通融调剂,而所发铜费银八万两,前赴外洋接济铜船,其往返需时,不能周转,亦属实在情形,铜斤关六省鼓铸,倘有迟误,所系匪轻,不可不妥为筹划,着传谕征瑞,或即交代办盐务之商人,并办铜务,或另行设法调剂之处,悉心熟筹妥议,务使铜盐两事,互相接济,永无贻误,方为妥善,将此谕令知之,所有内务府原折,及范清济原呈,一并发交阅看。②

由此,该信息于乾隆四十八年已有记载。管内务府奏销档案的乾隆四十八年二月初日的记载如下:

> 总管内务府谨奏为遵旨议奏事,据长芦盐政征瑞具奏,范清济引地分派十商,代办王世荣专办铜务,并令范李完纳,上年欠课银两,及范重荣接受范氏产业等因一折,于乾隆四十八年二月十六日奉珠批:该衙门议奏。钦此。查该盐政奏称,范氏二十州

---

① 长崎县史编纂委员会编:《长崎县史·史料编第四》,吉川弘文馆1965年版,第66页。
② 《清高宗实录》卷1172,乾隆四十八年正月壬寅。

县引地,肩任非轻,虽蒙赏借帑银三十万两,尚须自添资本,方能周转,若只交一二人,其力实难兼顾,恐大少力绌易,致误公人众日久,或有一二不妥,随时调剂,可以不形掣肘,请仍照前奏分派十商办盐,俾众擎易举等语……据该盐政于办盐十商之中,选得商人王世荣,系故商王起凤之子承办引地,从未误公,人亦谨慎明白,情愿独力承当,急公报效,可以接办铜务,请照原议于范氏引地,余息内每年拨给铜费八万两,照旧办解可期无误……该盐政已经行文江苏巡抚就行严行查封,勿使丝毫走漏,至苏州办铜官局,并出洋船只及应需一切什物,饬令范清济全行交代新商王世荣接收,以资办运。①

根据长芦盐政征瑞的上奏,范清济作为长芦盐商的业务由十个商人分担,铜务由王世荣进行。王世荣是长芦盐商王起凤之子,这一任命可能是根据长芦盐政征瑞的推荐决定的。在《清高宗实录》卷1175,乾隆四十八年二月壬午(二十一日)有记载:

谕军机大臣等:据总管内务府大臣议覆,长芦盐政征瑞奏,选派商人王世荣接办范清济铜务一折,已依议行矣。据称苏局存铜,并已发洋船未经办回之铜,尽属官物,恐范清济因接办有人,私将现有之铜,盗卖隐匿,新商甫经接手,船只尚未开洋,则本年应解六省额铜,必致贻误等语,该商存局铜斤,关系六省鼓铸,现在选商代办,新旧接手,恐其中隐匿偷漏之弊,在所不免,着传谕闵鹗元,就近严行查封,勿使丝毫走漏,所有苏州办铜官局,并出洋船只,及应需一切什物,并饬令范清济,全行交代新商王世荣接收,以资办运,仍将查办情形,分缮清单,据实复奏。②

王世荣将代替范清济承担洋铜的采购工作,这些洋铜运往相关的六省。《清高宗实录》卷1186,乾隆四十八年八月丙寅(八日)有如下记载:

又谕:据闵鹗元奏,苏州官商承办洋铜,除每年额解六省官铜五十一万余斤外,其多余之铜,具令一律缴官,俟年清年款之后,仍准该商变卖余铜等语,此项铜斤,前因范清济办理不善,压欠甚多,是以余铜不准其自行变卖。今新商王世荣代为接办,若能实力经理,赶紧转运,所有从前压欠之项,原可陆续带交。况该商王世荣系接办之人,若俟积欠全完,始准其变卖余铜,该商不能少沾余利,未免偏枯。嗣后除每年额运正项铜斤交清,并酌量分年带交积欠若干外,其余铜斤,即准其照旧变卖,以纾商力。③

---

①《内务府奏销档》,中国第一历史档案馆藏,胶片号116,第38—40页。
②《清高宗实录》卷1175,乾隆四十八年二月壬午。
③《清高宗实录》卷1186,乾隆四十八年八月丙寅。

王世荣采办的洋铜,以送往六省的官铜五十一万斤为基本。王世荣担负铜务之事,由冯桂撰同治《苏州府志》卷19《田赋八》苏州官商的交替可知:

国朝康熙七年,《江南通志》作六年,诏复各省鼓铸炉座,添设苏州,巩昌等。……(乾隆)四十八年八月奉上谕:据闵鹗元奏,苏州官商承办洋铜,除每年额解六省官铜五十一万余斤外,其多余之铜,令一律缴官,俟年清款之后,仍准该商变卖余铜等语,此项铜斤,前因范清济办理不善,压欠甚多,是以余铜不准其自行变卖。今新商王世荣代为接办,若能实力经理,赶紧转运,所有从前压欠之铜,原应陆续带交。况该商王世荣系接办之人,若俟积欠全完,始准其变卖余铜,该商不能稍沾余利,未免偏枯。嗣后除每年额运正项铜斤交清,并酌量分年带交积欠若干外,其余铜斤,即准其照旧变卖,以纾商力。以上并道光《志》。①

乾隆四十八年苏州官商因铜事不顺,从范清济替换为王世荣,关于苏州官商,同治《苏州府志》卷19《田赋八·鼓铸旧则》中有载:

宝苏局,在苏州府城内,设炉十二座,一月两卯,每卯炉一座,用对搭生熟铜二千四百斤,十二炉共用生熟铜二万八千八百斤,工料钱四百三十六串三百二十文,加串绳钱四串三百二十文,计铜本银三千一百八两五钱八分五厘,实得制钱二千五百六十三串二百文,每串值银一两作银二千五百六十三两二钱,仍不敷铜本银五百四十五两三钱八分五厘,自十七卯起又增炉四座共设炉十六座。②

正如所说的,承担江苏省货币铸造的是宝苏局,炉座有十二座,十二座总共需要二万八千八百斤熟铜。为了采办铜,宝苏局设有官商和民商各一个。

局设官商、民商各一人,采办洋铜,每年共发铜船十只,民商额缴苏州省铜二十万斤,浙江省二十万斤,江西省八万斤,每百斤给价银十五两三钱,官商额缴苏州省铜五万五千九百六斤,又直隶、江西铜内划苏铜三万五千斤,隶省铜二十七万斤,江西省铜二万五千斤,湖北省铜四万斤,陕西省铜四万斤,浙江省铜四万斤,每百斤给价银十二两,其浙江省铜价,系商人自赴浙藩库具领,其余各省铜价,具于苏库放给,其官商具领价值与民商较少,因从前官商情愿报效,自请减价,是以与民商铜价不同关权。③

① 同治《苏州府志》卷19《田赋八》,清光绪九年刊本,第1—16页。
② 同治《苏州府志》卷19《田赋八》,第16页。
③ 同治《苏州府志》卷19《田赋八》,第18页。

清代中国各省设有铸造局,江苏省设置在苏州的是宝苏局,在那里的铸造货币原料铜为洋铜,由日本供应。苏州商行,江苏省五万五千九百零六斤,其余直隶省二十七万斤,向江西省调度二万五千斤,湖北、陕西、浙江四万斤是必备的。仅此每年就需要采办四十七万余斤洋铜。在高晋和永德在乾隆三十六年(1771)左右的奏折中,记载了对日本的铜贸易情况:

> 据官商范清济在苏事之陶升、及额商李豫来等禀称,外洋日本长崎一岛,开采年久,每年产铜不过一百余万斤,多发洋船无益,从前原定洋船一十三只,内范商一年发办五只,一年发办六只,两年合算每年发五只半,续于乾隆三十一年增定每年发船七只,额商发六只。①

乾隆三十一年左右,作为官商的范清济属下在苏州配管的陶升和额商李豫来等的征收情况,赴日本长崎采矿的铜每年不过一百万斤,原本派遣的船只有十三艘,官商范氏第一年出航五艘,次年六艘,两年出航十一艘,平均一年出航五艘半。但是从乾隆三十一年开始,官商七艘,额商六艘,由此日本长崎每年都能带来百万斤铜。但根据乾隆四十九年十一月初五日征瑞的奏折,范清济的洋铜采矿事业停滞,被更替为新商王世荣。

> 赶办洋铜,积压全清,可复年限,恭折奏闻事,窃照参商范清济贻误铜务,亏欠各省额铜四十余万斤,经奴才奏选商人王世荣代为接办,并奉恩旨,得卖余铜,该商原俟积欠全清,再将余铜变卖,亦经奏准在案。查新商王世荣于四十八年四月接办,起扣至本年冬底,该两年正额及代补旧商积欠,共应交铜一百四十五万余斤,前据该商将运到洋铜,于四十八、九年秋夏两季报解过直隶、陕西、湖北、浙江、江苏等省额铜七十六万余斤,今复据禀续到洋铜,现在在案,包请咨分解,所有范清济名下亏欠,及四十八、九两年额铜六十九万余斤,足敷扫数全清,并现亦赶紧发船五十年之额铜,亦可无误等情,具禀前来。②

范清济的洋铜采办变得困难,纳入未缴纳,清政府的鼓铸政策中产生了问题。未缴洋铜额已逾四十万斤,因此到了官商更替的地步。

在日本,由于明和元年(乾隆二十九年,1764)秋田的铜减产,卖给中国的铜减少了二十万斤,因此唐船的来航数量减少,根据唐船主方面的要求,每艘售出十万斤,明和二年开始

---

①《砝批奏折》,中国第一历史档案馆藏,胶片卷61卷,第2497片,奏折日期不明。

②《宫中砝批奏折》,中国第一历史档案馆藏,财政类,财政货币项,胶片卷62卷,第2367—2369片。

来航唐船数定为十三艘。①因此,从明和二年即乾隆三十年开始,每年有十三艘唐船来到长崎。这个限制政策一直持续到宽政三年(乾隆五十六年,1791)四月,由于日本国内铜的减产,来航唐船数量减少三艘,宽政四年开始限制每年十艘的唐船数量②,一直延续到幕府末期。

据此,自乾隆三十年起,在范清济和王世荣作为官商采洋铜的时代,每年派遣十三艘商船前往日本。③在浙江巡抚福嵩的乾隆四十八年十二月初五日的奏折中,可以看到范清济与王世荣交替后不久的对日贸易船的情况:

> 据布政使盛住详,据嘉兴府知府恒宁等先后申报,乾隆四十八年分旧商范清济办回林永顺铜船一千箱,计十万斤,于四月十二日由嘉兴府属之乍浦进口入境,五月二十八日起运赴苏,二十九日出境。又接办新商王世荣办回万日新船铜一千箱,计十万斤,于十一月初一日由乍浦进口入境,十五日起运赴苏,十六日出境,俱经沿途各县加紧稽查防护,并偷盗沉溺情弊,照例汇详请奏前来,臣副核无异,理合循例,恭折奏闻,伏祈皇上睿鉴,谨奏。
>
> 硃批"览"。④

作为乾隆四十八年的洋铜,四月十二日由范清济差配的林永顺铜船进入乍浦港,新商王世荣差配的万日新船于十一月初一日回到乍浦港,分别带来十万斤洋铜,一同运往苏州。

林永顺船和万日新船用了多少资金运营呢?乾隆四十八年三月二十一日江苏巡抚闵鹗元的奏折上,可以看出派来的林永顺船和万日新载货的金额。

> 范清济于乾隆二十九年接铜务,自三十六年至四十五年,每年办发洋船七只,每船一只,俱照洋规额配铜十万斤运回,别项杂货销售。四十六年因资本缺乏,止洋船六只,已全行回棹。四十七年止发洋船三只,内春季办发林永顺字号一只,共货本银二万八千余两,尚未回归。夏季办发万日新字号一只,共货本银二万四千余两,于上年十月回来,带回条铜一千箱凑归。⑤

① 参见《长崎实录大成》卷11,《长崎文献丛书第一集·第二卷长崎实录大成正编》,[日]丹羽汉吉、[日]森永种夫校订,长崎文献社1973年版,第278页。

② 参见《长崎志续编》卷8,《长崎文献丛书第一集·第四卷属长崎实录大成》,[日]森永种夫校订,长崎文献社1974年版,第195—196页。

③ 官商王世荣,从日本采办洋铜从日本的天明二年(乾隆四十七年,1782)开始到天明八年(乾隆五十三年,1788),长崎来航的唐船,七年间每年有十三艘。(《长崎志续编》卷8,《长崎文献丛书第一集·第四卷属长崎实录大成》,第191、193页。)

④《宫中档乾隆朝奏折》第58辑,台北故宫博物院1987年版,第554—555页。

⑤《宫中档乾隆朝奏折》第58辑,第449(447—450)页。

乾隆四十七年林永顺船被派船，"货本银"两万八千余两，万日新船两万四千余两，每艘两万四千余两至两万百千余两。日本给长崎来航唐船的长崎通商照票的"信牌"上记载的贸易额如下："一艘所带货物限定估价，约九千五百两，以通整理。"①如上所说，在日本长崎的来航中国商船的装货额定为约九万五千两，中方的记录认为商船的"货本银"是两万四千到两万八千两，现实是日本装载了指定贸易金额的两至三倍的货物额来到了长崎。乾隆四十九年十一月初五日征瑞的奏折，可见王世荣铜务事业的状况：

> 查新商王世荣于四十八年四月接办，起扣至本年冬底，该两年正额及代补旧商积欠，共应交铜一百四十五万余斤。前据该商将运到洋铜，于四十八、九年秋夏两季报解过直隶、陕西、湖北、浙江、江苏等省额铜七十六万余斤。今复据禀续到洋铜，现在筑包，请咨分解，所有范清济名下亏欠及四十八、九两年额铜六十九万斤，足数扫数全清，并现又赶紧发船五十年之额铜，亦可无误等情。②

王世荣于乾隆四十八年四月接管铜务时最初的任务，是洋铜一百四十五万斤的采购。旧商未缴款六十九万斤，与王世荣任务部分的七十六万斤的合计洋铜需要筹备。王世荣是如何完成铜务的呢？关于这件事，征瑞报告如下：

> 办铜远在苏州，王世荣承办永庆号官引地，不能亲身赴苏，另行伙同王元章在苏料理，先经奴才面为奏明，今王元章经理一切，迅速见功，亦属能事之人，应请仍令伙同妥办，毋许诿卸，以期济公。奴才仍不时留心查察。③

王世荣专心于长芦永庆号官引地铜务，不得亲自前往苏州，交由商友王元章代办。王元章是精熟的经理，事务处理迅速，是与征瑞见过面并经确认过的人物。乾隆四十九年十一月初五日的征瑞再奏中，列举了送往日本的船舶数：

> 再，海洋风汛靡常，动多阻滞，新商铜务，本非素谙，乃能赶办迅速，此皆鼓铸攸关，仰赖圣主宏福，往返平顺之所致，第铜既清款，断不准再有积压，则先事预防，尤当妥筹永久，查范商从前初办之时，奏明铜船七只，实另有预备二只，轮流更替，是以转运得周，后被飓风漂没二船，竟不买补，一年仅发七船，即不能七船全回。又时有重洋险阻、拆板修艕等事，七船并不能全发，以致铜到日少，积欠愈多，此其前鉴也。奴才饬令新

———————
①[日]大庭修编：《唐船进港回棹录·岛原本唐人风说书割符留帐——近世日中交涉史料集》，关西大学东西学术研究所1974年版，图版第1、143页。
②《宫中硃批奏折》，中国第一历史档案馆藏，财政类，财政货币项，胶片卷62卷，第2367—2368片。
③《宫中硃批奏折》，中国第一历史档案馆藏，财政类，财政货币项，胶片卷62卷，第2367—2369片。

商,查照范商初办章程,于七船之外,再行添备船一二只,以资周转。至东洋发铜,向来每船止带回十万斤。①

范清济的时候,送往日本的船只只有七艘,考虑到遭遇台风而漂流、沉没,七艘船很难筹集到必要的洋铜,因此新商王世荣需要准备一两艘备用船只。从日本购买的铜只限于每艘船十万斤,因此要想实际采办必要的洋铜需要备用的船只。乾隆五十年正月十二日的江苏巡抚闵鹗元的奏折称:

> 官商王世荣办解陕西省乾隆四十九年分鼓铸正额余铜,并补解前商范清济四十六、七年两年正额余铜,共铜十万七千六百六十八斤,乾隆四十九年十二月初三日自苏起程,据司道会详奏前来。②

正如上述所说,在乾隆五十年正月,王世荣向陕西省缴纳了前商范清济未纳的洋铜,其数额在乾隆四十六年、四十七年的两年内达到十万七千六百六十八斤。乾隆五十年正月十八日,山东巡抚明兴在奏折中提道:

> 据布政使冯晋祚具详,直隶官商王世荣解运乾隆四十九年分额铜二十五万斤,又补前商范清济每年积欠现年短平铜一万二千五百斤,计四只,于乾隆四十九年八月十六日辰时入山东峄县境,沿途州县卫严加稽查,接递催儹,已于乾隆四十九年十月初七日卯时,催出山东德州卫境,交与直隶之吴桥县接催北上讫,详请奏咨前来。臣伏查该运铜船,在东省境内行走,共计四十九日十一时,除在峄县、济宁、汶上、阳谷、聊城、临清等州县,因各闸守板,及因风顶阻等事,耽延十八日六时一刻外,合计应行程限四十一日三时,并未逾违统限,除将各结送部,并咨前途接催儹运外,理合恭折具奏。③

王世荣将运往北京宝京局的乾隆四十九年分的洋铜二十五万斤,以及前商范清济时未缴纳的一万两千五百斤货物共计四艘船从苏州运至山东省内,决定从山东西北部德州前往直隶省吴桥县。可见山东省内曾北上峄县、济宁、坟上、阳谷、聊城、临清等大运河,即京杭运河,四艘运河船运送二十六万两千五百斤铜,平均每艘运输六万五千六百二十五余斤。根据乾隆五十年十二月二十八日浙江巡抚福嵩的奏折可见:

> 据布政使盛住详称,乾隆五十年分,据官商王世荣节次办获鼓铸洋铜,共五千六

① 《宫中硃批奏折》,中国第一历史档案馆藏,财政类,财政货币项,胶片卷62卷,第2370片。
② 《宫中硃批奏折》,中国第一历史档案馆藏,财政类,财政货币项,胶片卷62卷,第2427—2728片。
③ 《宫中硃批奏折》,中国第一历史档案馆藏,财政类,财政货币项,胶片卷62卷,第2431—2432片。

百箱,计五十六万斤,先后由嘉兴府属之乍浦进口入境,俱即催令运赴苏州官局交收,沿途各县,加谨防护,催儹出境,并无逗留,及偷盗沉溺等弊,将该商办运铜斤数目,并入境、出境日期,详请汇奏,并声明尚有何延宝等铜船出洋未回,应归入下届办理等情前来。①

王世荣采办的乾隆五十年的铜五千六百箱,五十六万斤,被运往嘉兴府下的平湖乍浦口,送往苏州政府,但是前往日本的何延宝船还没有停泊。乾隆五十一年十二月二十六日的浙江巡抚罗琅玕的奏折载:

> 据布政使顾学潮详称,乾隆五十一年分,据官商王世荣节次办获鼓铸洋铜一万三千二百三箱,计一百三十二万三百斤,先后由嘉庆府属之乍浦进口入境,除浙省钱局酌留十万四千斤外,余铜一百二十一万六千三百斤,俱即催令运赴苏州官局交收,经沿途各县,加谨护催儹出境,并无逗遛及偷盗沉溺等弊,将该商办运铜斤数目,并入境出境日期,详请汇奏前来。②

乾隆五十一年,官商王世荣从日本采办了一百三十二万零三百斤洋铜,运往乍浦,运往浙江宝浙局的一百二十一万六千三百斤,除十万四千斤外,其余送苏州局。提醒注意途中失窃、运输船事故等,仔细报告发货和到货日期等。乾隆五十二年二月初三日的江苏巡抚的闵鹗元奏折有载:

> 窃照官商办解各省鼓铸铜斤起程入境出境日期,例应随时具奏。兹查苏州官商王世荣办解陕西省乾隆五十一年正带铜斤,除宝陕局上届多收外,实应解铜五万一千六百斤,又办解湖北省乾隆五十一年正带铜五万八百斤,于乾隆五十一年十二月初六日,自苏州起程,于二十八日出江宁县境,据司道会详请奏前来。③

如上所示,在官商王世荣的差配下,运往苏州的一百三十二万余斤洋铜中,运往陕西宝陕局五万一千六百斤、湖北五万零八百斤。乾隆五十二年二月十三日江西巡抚何裕城上奏:

> 兹查江苏官商王世荣解运湖北省乾隆五十一年额铜五万斤,余铜八百斤,共五万八百斤,又解陕西省乾隆五十一年额铜五万斤,余铜一千三百六斤零,乾隆五十二年额

---

①《宫中砵批奏折》,中国第一历史档案馆藏,财政类,财政货币项,胶片卷62卷,第2747—2748片。
②《宫中档乾隆朝奏折》第62辑,国立故宫博物院1987年版,第739页。
③《宫中档乾隆朝奏折》第63辑,第235页。

铜五万斤,余铜一千六百斤,共十万二千九百六斤零,俱于乾隆五十二年正月初十日,自安徽东流县水路入江西彭泽县境,在镜子山阻风十三日,一日船被风击坏,沈铜五万一千五百斤,当即全数捞获,换船装载,共计耽延六日,十九日经九江关查验纳料,耽延一时,即于是日出江西德化县境,二十一日交湖北蕲州接替讫。据布政使李承邺查明入境出境日期,详报前来。臣查该官商铜船,除阻风换船,及赴关纳料外,并无耽延,亦无生事、盗卖带货等弊,理合恭折具奏。①

官商王世荣将乾隆五十一年的洋铜五万零八百斤送往湖北,将乾隆五十一年和乾隆五十二年共十万两千九百零六斤,经安徽由水路运输到江西省泽县境,在镜子山附近因风延误,一艘运输船因风而沉没,五万一千五百斤沉入水底。但是全部都打捞上来,转载到另一艘船上,经过九江关的巡查,延误了数日到达湖北。乾隆五十二年三月初十日安徽巡抚的奏折称:

奏报官商运解湖北、陕西二省铜斤,过境日期事,窃照邻省办运铜斤船只过境,例应一体催儹稽查,随时奏报。兹据安徽布政使陈步瀛会同按察使冯光熊、安徽道张士范详称,江苏官商王世荣办解湖北省乾隆五十一年正额余铜五万八百斤,又办解陕西省乾隆五十一年正额余铜五万一千三百六斤零,五十二年正额余铜五万一千六百斤,于乾隆五十一年十二月二十七日,入安省之当涂县境,在芜湖县阻风三日,于五十二年正月初十日交替,江西之彭泽县接护出境讫,沿途押护员弁稽查催儹,严密防范,并无迟延及偷抛盗卖情弊。又据芜湖县申称该船,实因大江风阻,并非无故逗遛各等情,会详呈请,具奏前来。②

与乾隆五十二年二月十三日江西巡抚何裕城的奏折相关,可知王世荣运送到湖北、陕西二省的洋铜运输状况之前的情况。从安徽到江西,受风影响运输延误。乾隆五十二年四月二十九日的陕西巡抚觉罗巴延三的奏折如下:

奏为收过官商运陕铜斤恭折奏闻事,窃照西安省城宝陕局鼓铸钱文,每年由官商采办洋铜五万斤,运陕交局充用。兹据布政使奏承恩、盐法道舒弼会详,官商王世荣解到乾隆五十一年并五十二年两年额铜一十万斤,随带余铜二千九百六斤三两零,经该司等督同局员,于本年四月初一二三等日,用部颁官秤公平弹兑,照例核除色耗铜斤,实收得该商净洋铜九万九千三百九十九斤八两零。内除收五十一年额铜五万斤,又收五十二年额铜四万九千六百九十三斤四两零,计不敷五十二年额铜三百六斤十一两

①《宫中档乾隆朝奏折》第63辑,第342—343页。
②《宫中档乾隆朝奏折》第63辑,第581—582页。

零。据请俟下届照数补交，再运铜自苏州起程运陕西省局例限四个月十四日十一时。今该商于乾隆五十一年十二月初六日，自苏起程，于五十二年四月初一日运局交收，共三个月零二十五日，尚在限内，并未逾违，除咨江苏抚臣将该商应解乾隆五十三年额铜五万斤，并今次挂欠短少铜三百零六斤零，饬令照数采办运陕外，理合恭折具奏。①

官商王世荣于乾隆五十一年、五十二年的洋铜十万斤送往陕西省西安的宝陕局，于乾隆五十一年十二月初六日从苏州出发，五十二年四月初一日送到。之后不久，王世荣铜事业被调查并报告给乾隆帝。乾隆五十二年五月三十日的河南巡抚毕沅的奏折如下：

> 再查，东洋采办洋铜，关系鼓铸，最为紧要。乾隆四十八年二月参商范清济退办引地后，其东洋采办洋铜一事，经前盐政征瑞奏派商人王世荣办理，每年于范宗文引地余利内，拨银八万两解苏，照额赴东洋采办洋铜五十万五千九百六斤，解交直隶、陕西、湖北、江西、浙江、江苏六省，以供鼓铸之用。嗣于四十九年十一月，复经征瑞奏明，王世荣有承办永庆号官引地，不能苏采办洋铜事务，即责成商伙王元章办理，继因王元章因病回籍，即系商伙钱鸣萃在苏经理。奴才到任后，留心查察，知苏州办理铜务，尚属妥协，自四十八年承办以来，于四十九年即已偿归年清年款，并代完过参商范清济历年积欠各省铜四十三万余斤，皆商伙钱鸣萃等经理妥善之故。奴才伏查东洋采办洋铜关系鼓铸必资熟手，方保无误，钱鸣萃乃浙江湖州府人，原办铜熟手，人地相宜，且知奋勉。今王世荣承办永庆号直豫引地，现经查办，尚需派妥商，代为经理，则苏州铜务，尤关紧要，自当一并妥筹，以期无误。查钱鸣萃委办铜熟手，前此办理，既经著有成效，理合奏明，嗣后所有东洋采办洋铜事务，请即交钱鸣萃一人经理，以专责成，以免诿卸，每年应需铜费银八万两，照旧在范宗文引地余利内如数拨给，倘有贻误，惟该商钱鸣萃是问。奴才仍留心，不时查察，如有不妥，随时奏明办理，如此则事归实在，该商钱鸣萃瞻顾责成，自必益加奋勉，铜务可期永远无误矣。理合附折奏闻，谨奏。
>
> 硃批："览"。②

河南巡抚毕沅对东洋采办洋铜进行了阐述，乾隆四十八年二月范清济作为长芦商人的业务停滞，由新商王世荣承办，洋铜采办事业也由王世荣接任，但是，王世荣继承的永庆号引地经营繁忙，不前往苏州进行铜务工作，任命王元章代办。王元章因病回老家，同为商贸的钱鸣萃在苏州办理。钱鸣萃是浙江省湖州府人，自范清济起从事铜务，是熟悉这项业务的人物。因此，代替王世荣，由钱鸣萃担任东洋采办洋铜的业务。长芦巡盐御史穆腾额于乾隆五十三年（1788）六月二十四日再奏：

①《宫中档乾隆朝奏折》第64辑，第203—204页。
②《宫中档乾隆朝奏折》第64辑，第561—562页。

再查，乾隆五十年十二月商人王世荣因独肩铜务，资本不敷，呈请自五十一年为始，免交二钱银两，当据署运使龙舜琴，详请前盐政征瑞，俟届期具奏时，另于折内声明在案。奴才查前盐政征瑞，准令王世荣免交二钱银两，原以此项为贴补铜费之用，今铜务业于上年，经奴才奏明，另交钱鸣萃办理，自五十三年以后，王世荣名下，王缴二钱银项，除官引地，准其免交外，所有自置引地，仍令按引交纳，以昭划一，谨奏。

　　朱批"览"。①

　　如上所说，在乾隆五十三年以后，王世荣的铜务由钱鸣萃来接管，这一点是确凿无疑的。但是，在此之前的乾隆五十年十二月以后，王世荣的铜务出现了问题，这一点广为人知。在官商王世荣的时代，民商的存在可见江苏巡抚闵鹗元于乾隆四十九年（1784）的奏折：

　　查苏州民商，自备资本出洋，采买铜斤，于乾隆三十二年奏定，每年额发船六只，买回铜斤，例以六分交官，四分准变卖，以资运本，所有每年应缴江苏、浙江、江西三省，抽收官铜四十八万斤，每百斤例准给部价银十七两五钱，历届于苏州藩库给领。此成例也。②

　　民商用自有资本前往日本购买铜，乾隆三十二年，民商仅派出六艘船，将购入铜的60%交纳给政府，其余40%已获准自行销售。每年向江苏、浙江、江西三省交纳四十八万斤铜，价格每100斤17两5分，全部交苏州官局。此时民商的呈称，在闵鹗元的奏折中可见：

　　今该省吴鸣銮等呈称，商等自承办洋铜以来，仰托圣主洪福，海不扬波，船帆顺利，从前认完旧商赵宸赡、赵光谟、伊升吉等欠帑一十八万八千余两，早已先后代为交清。今商力稍裕，每年交办官铜之外，得以余利，安业养家，饮水思源，报效无地。伏查商等，每年承办江苏、浙江、江西三省官铜，每百斤准领银十七两五钱，而三十四年、四十三年奉文拨运京局铜，每百斤止销正价十五两三钱，连外加水脚部饭银二两二钱，始合十七两五钱之数。③

　　吴鸣銮等商人承办洋铜，旧商赵宸赡、赵光谟、伊升吉等未纳铜十八万八千余两，此后江苏、浙江、江西三省清偿交纳官铜。

　　民商吴鸣銮等其他商人，于安永九年（乾隆四十五年，1780）漂流到日本房州即现今千叶县东南端的长崎，从来航唐船乘务员和儿玉琮的笔谈记录《漂客纪事》中可以看到当时长

　　①《宫中档乾隆朝奏折》第64辑，第649页。
　　②《宫中档乾隆朝奏折》第60辑，第75页。
　　③《宫中档乾隆朝奏折》第60辑，第75—76页。

崎中国贸易的实情。

> 今长崎互市舶共十三艘,其六艘范氏,实官舶也。其七财东七人,各一舶,开创惣
> 商共十二家,故今犹名号十二家,其实七家也。七家为谁? 曰沈云赡、王履阶、高山辉、
> 吴有光、俞会时、杨岳怀、吴鸣銮也。沈则沈敬赡同宗,王、高二子,尝往崎阳者。①

根据这一记录,王世荣成为官商的三年前,被称为十二家的民商,在乾隆四十五年左右
有七家,其中一家是吴鸣銮,从日中史料可知。吴鸣銮作为民商从事洋铜采矿事业。众所
周知,七家中沈云赡的同族沈敬赡是来航长崎的船主,作为天明五年(乾隆五十年,1785)巳
二号船主②来到了长崎。王、高二子是王履阶③和高山辉④,都是长崎来航唐船主。

综上,论述了有关官商与民商从事日本铜采矿事业的情况。

四、小结

长芦商人王世荣是以直隶、河南为中心的从事盐务的天津商人,与父亲王起凤和王起
凤的孙子王佩一起是长芦盐商。同样的长芦盐商范清济,政府命令其进行的洋铜采办事业
破产,被王世荣所代替。

由此王世荣开始从事洋铜采办事业,于乾隆四十八年(日本天明三年,1783)四月开始,
乾隆五十三年(1788)为止,继承旧商范清济从事着从日本采铜的事业。王世荣接管范清济
的事业,鼓励铸用洋铜,即日本铜,参与了从长崎向中国进口的贸易业务,办理了直隶、陕
西、湖北、江西、浙江、江苏六省的运输业务。

但对长芦盐商王世荣而言,长芦有永庆官引地的盐务,亲自前往苏州专注于铜务也是
十分困难的,有时不得不将铜务交托在部下王元章手里。然而,从乾隆五十年末左右开始,
铜务停滞,乾隆五十三年以后由浙江湖州出身的钱鸣萃接任,王世荣的洋铜采办事业只有
从乾隆四十八年四月到乾隆五十三年的短短五年时间。

作者:松浦章,日本关西大学东西学术研究所客员研究员、关西大学名誉教授

译者:曹悦,太原理工大学艺术学院讲师

---

① [日]大庭修编著:《安永九年安房千仓漂着南京船元顺号资料——江户时代漂着唐船数据集五》,关西大
学出版部1990年版,第8页。

② 参见[日]长崎县史编纂委员会编:《长崎县史·史料编第四》,第573页。

③ 参见[日]松浦章:《清代贸易史の研究》,第151—153页。[日]松浦章:《清代海外贸易史研究》上册,第
144—147页。

④ 参见[日]松浦章:《清代贸易史の研究》,第160页。[日]松浦章:《清代海外贸易史研究》上册,第155页。

章学诚"史德"论浅析

姜胜利

"史德"论是清代著名史家章学诚着力阐述的一项史学理论,由于胡适、梁启超、何炳松的阐扬和推崇,此论在近代史学理论中颇具影响。"史德"的内涵,在相当长的一段时间里,一直被解释为:史家要慎辨天人关系,即尽量以主观认识正确地反映客观史实。自20世纪80年代饶展雄、高国抗发表《章学诚"史德"论辨析》一文,提出不同的观点,认为,章氏所谓"史德",就是"不诽君谤主,不背名教,时刻按封建伦理道德来著史,以巩固封建统治"①,此后关于这个问题的不同意见,时有发表。究竟怎样解释"史德"才符合章氏的本意,实有进一步辨明之必要。笔者认为,章学诚的"史德"论分析了撰史者与史事、史文之间的关系,它实际阐明了历史认识论的一个重要问题。

一、章氏所谓"天""人"之所指

章学诚在《史德》篇中为"史德"下定义曰:"德者何? 谓著书者之心术也。"并阐明他赋予"心术"的含义:"盖欲为良史者,当慎辨于天人之际,尽其天而不益以人也。尽其天而不益以人,苟允知之,亦足以称著书者之心术矣。"由此可知,章氏所谓"史德"有其特定的含义,即"尽其天而不益以人"。这样,弄清"天""人"之所指,便成为我们理解"史德"含义的关键问题。

章氏在《史德》篇中已明确指出:"史之义出于天,而史之文不能不藉人力以成之。"这说明,他认为,"天"是在"人力"之外的,是与"人"相对的。如果再看一下他在其他篇中对"天"和"人"的论述,便更能清楚地看到,所谓"天""人"是何概念了。他说:"人者何? 聪明才力,分于形气之私者也;天者何? 中正平直,本于自然之公者也。"②何谓"自然之公"呢? 他说:"天下有公是,成于众人之不知其然而然也,圣人莫能异也。"③他还说:"道,公也。"④那么,"道"的性质又是怎样的呢? 他提出:"道者,非圣人智力之所能为,皆其事势自然,渐形渐著,不得已而出之,故曰:'天'也。"⑤章氏把"圣人莫能异"的"自然之公"和"非圣人智力之所

---

① 饶展雄、高国抗:《章学诚"史德"论辨析》,《暨南学报》1983年第2期。

② (清)章学诚:《文史通义·说林》,古籍出版社1956年版,第116页。

③ (清)章学诚:《文史通义·砭异》,第96页。

④ (清)章学诚:《文史通义·说林》,第116页。

⑤ (清)章学诚:《文史通义·原道上》,第34页。

能为"的"事势自然",称作"天",显然,章氏所谓"天",与当今所谓"客观"的范畴有某些相像了。

　　对于"人",章氏在《史德》篇中分析得非常具体。他认为,史事靠史文反映,而史文靠人来撰写;人要写好史文,就必须把握好人与史事的关系。因此,他着重分析了人的主观认识在反映客观史事时出现的一系列问题。他指出:"盖事不能无得失是非,一有得失是非,则出入予夺相奋摩矣,奋摩不已而气积焉;事不能无盛衰消息,一有盛衰消息,则往复凭吊生流连矣,流连不已而情深焉。"就是说,人的主观思想面临客观史事的是非、盛衰等情况,总要有所感触、有所定夺。接着,他分析了主观的情、气在反映史事、定夺史事时可能会发生的两种情况,即"气合于理,天也;气能违理以自用,人也;情本于理,天也;情能汩性以自恣,人也"。这段话意在说明,"气合于理""情本于理"就可以与"天"相一致;气"违理以自用"、情"汩性以自恣"就要与"天"相悖离。由此看来,章氏认为人的主观在反映客观史事时既可能有正确的一面,又可能有错误的一面。继之,他又说:"史之义出于天,而史之文不能不借人力以成之。人有阴阳之患,而史文即忤于大道之公,其所感召者微也。"这是说,人的主观在反映客观史事时,应该避免错误的一面,从而使史文顺乎"大道之公"。至此,将章氏以上三层论述贯穿起来可以看出,他逐层分析了人的主观思想面临史事,将会出现怎样的情况和应当避免哪一种情况。所以说,这些论述都是对"人"的分析,讲人的主观情、气如何与客观相统一的问题。

　　还应进一步弄清的是,章氏为什么认为气和情"合于理""本于理"就可以使主观正确反映"天"?因为,他反复指出理和性都不是人的主观意识活动,而是客观事物中固有的道理和本性。他说:"述事而理以昭,言理而事以范焉。"[1]这就是说理是通过叙述事实而明确的,理即存在于史实之中。他论述"性"时,也强调"性"必须借"器"而存,他说:"盖夫子所言,无非性与天道,而未尝表而著之曰:此性、此天道也。……所言无非性与天道,而不明著此性与天道者,恐人舍器而求道也。"[2]而他讲的"器",即是指客观事物,他说:"夫天下岂有离器言道,离形存影者哉?彼舍天下事物,人伦日用,而守六籍以言道,则固不可与言夫道矣。"[3]可见,章氏所谓"合于理""本于理",要使气和情与客观相统一。

　　综上,章氏所谓"天",是指客观史事,"人"是指主观认识,"尽其天而不益以人"是说要按照历史的本来面貌反映史实,而不能掺杂个人的主观偏见。这就是"史德"的含义。显然,章学诚的"史德"实际属于历史认识论的范畴。

二、"道"的含义及其与"史德"的关系

　　有人指出,章氏所谓"心术"是以"道"为准绳的,而其"道"就是指三纲五常之类的封建

---

①(清)章学诚:《文史通义·原道下》,第42页。
②(清)章学诚:《文史通义·原道下》,第42页。
③(清)章学诚:《文史通义·原道中》,第40页。

道德,所以违背了这种"道",就是没有"史德"。笔者认为,这样的解释正好颠倒了章氏所论"史德"与"道"的关系。章氏认为,"道"不是人的主观所固有的东西,他反复强调"学以政其道"[①],"即器以明道"[②],他说:"学术无有大小,皆期于道。"[③]史学更被他视为"纲纪天人,推明大道"[④]的经世致用之学,他提倡"史德"也正是为了使史学更好地起到"明道"的作用。他说:"阴阳伏沴之患,乘于血气而入于心知,其中默运潜移,似公而实逞于私,似天而实蔽于人,发为文辞,至于害义而违道,其人犹不自知,故曰心术不可不慎也。"[⑤]这段话阐明"心术"与"道"的前后逻辑关系是,首先要有正确的"心术",才能使写出的史文起到"明道"的作用,反之,就要"违道",而不是说"心术"端正与否决定于是否具备了"道"。其实章氏已明确指出:"尽其天而不益以人,虽未能至,苟允知之,亦足以称著书者之心术矣。"因此,有没有反映客观史实的主观要求才是衡量有没有"史德"的标准。

对于"道",章氏有很多论述,章氏在《文史通义·与史余村简》中曾说过:"近撰《史德》诸篇,所见较前有进,与《原道》《原学》诸篇足相表里。"章氏在《原道》篇中曰:"道者,万事万物之所以然,而非万事万物之当然也。"据此言可以认为,章氏所谓"道",是指万物之理。他又阐明这种"道"的性质是:"非圣人智力之所能为,皆其事势自然,渐形渐著,不得已而出之。"这是说,"道"存在和形成于客观事物之中,是任何人也无法主观臆造或改变的。章氏所说的这种客观的"道",既然是指"万事万物之所以然",就不会是专指一事一物之理的,因此,"道"是包罗极广的范畴,已初具当今所谓"规律"之意。仅在《原道》篇中就举过许多例子,诸如:"仁义忠孝之名,刑政礼乐之制""均平秩序之义""长幼尊卑之别""作君、作师、画野、分州、井田、封建、学校之意"等等,都是他欲求其"所以然"的事物。

在其他篇中,他也屡屡论及"道"的问题,但很少像《原道》篇这样,给"道"下一明确的定义,而往往是讲如何"即器以明道"的问题。《原学》曰:"学也者,效法之谓也;道也者,成象之谓也。夫子曰:'下学而上达'。盖言学于形下之器,而自达于形上之道。'士希贤,贤希圣,圣希天',希贤希圣,则其理矣。'上天之载,无声无臭',圣如何而希天哉?盖天之生人,莫不赋之以仁义礼智之性,天德也;莫不纳之于君臣、父子、夫妇、兄弟、朋友之伦,天位也。以天德而修天位,虽事物未交,隐微之地已有适当其可,而无过与不及之准焉,所谓成象也;平日体其象,事至物交,一如其准以赴之,所谓效法也。此圣人之希天也,此圣人之下学上达也。"仔细分析这段话,他在这里把"学"和"道"作为一对范畴,阐述了如何"学以政道",即如何"学于形下之器,而自达于形上之道"的问题,而并非在为"学"和"道"下定义。他在论述中举了"天德""天位"的例子,只是要以一个事物为例来阐明"下学上达"的方法,而并非说该事物就是"道"。因此,这段话充其量只能说明,章氏认为"三纲五常之类的封建道德"

---

① (清)章学诚:《文史通义·说林》,第116页。
② (清)章学诚:《文史通义·与朱沧湄中翰论学书》,第304页。
③ (清)章学诚:《文史通义·与朱沧湄中翰论学书》,第304页。
④ (清)章学诚:《文史通义·答客问上》,第136页。
⑤ (清)章学诚:《文史通义·史德》,第145—146页。

是合于"道",有其"道"的,而不能说"道"就是专指封建道德。

总之,章氏所谓"史德"既不是以"道"为准绳的,所谓"道"也不是指三纲五常之类的封建道德。在章学诚看来,"道"是指"万事万物"之理,"史德"的准绳只能是看其是否客观地反映史实,以"推明大道"。

三、"通六义比兴之旨"的含义

章氏在《史德》篇的后半部分谈到"养心术"的问题,他说:"通六义比兴之旨,而后可以讲春王正月之书,盖言心术贵于养也"。"通六义比兴之旨"的含义是什么呢?"六义"是指《诗经》的三种体裁(风、雅、颂)和三种表现方法(赋、比、兴),因此,所谓"六义比兴之旨"也就是指《诗经》的宗旨。在《文史通义》中,很少能见到章氏对《诗经》宗旨的专门论述,随处可见的是他对包括《诗经》在内的六经之旨的论述。他反复申说其"六经皆器""六经皆史"的观点,认为"夫子述而不作,而表章六艺(即六经),以存周公之旧典也,不敢舍器而言道也"[1];"六经皆史也……孔子之作《春秋》也,盖曰'我欲托之空言,不如见诸行事之深切著明'。然则典章事实,作者之所不敢忽,盖将即器而明道耳"[2]。可见,他认为六经之旨在于"明道",而作为六经之一的《诗经》,其宗旨是什么,透过他对六经总体的认识,也就显而易见了,"六义比兴之旨"当然也是"明道"了。这样看来,"通六义比兴之旨"就是说,有志于撰著史书的人,应当效法《诗经》以"明道"为指归。

章氏还通过评论司马迁的《史记》进一步阐明了"通六义比兴之旨"的含义。章氏在《史德》篇中说:"史迁百三十篇,《报任安书》所谓'究天地之际,通古今之变,成一家之言';自序以谓'绍名世,正《易传》,本《诗》《书》《礼》《乐》之际',其本旨也。所云'发愤著书',不过叙述穷愁,而假以为辞耳。后人泥于发愤之说,遂谓百三十篇,皆为怨诽所激发;王允亦斥其为谤书。于是后世论文,以史迁为讥谤之能事,以微文为史职之大权,或从羡慕而仿效为之,是直以乱臣贼子之居心,而妄附《春秋》之笔削,不亦悖乎。"这段话首先申明司马迁作《史记》自有其本旨,继而批驳别人对《史记》的评价。这说明他为《史记》鸣不平,是因为他认为别人歪曲了《史记》的本旨而不察司马迁的著述深意。继此之后,他又发表了自己对《史记》的评价:"今观迁所著书,如《封禅》之惑于鬼神,《平准》之算及商贩,孝武之秕政也。后世观于相如之文、桓宽之论,何尝待史迁而后著哉!《游侠》《货殖》诸篇不能无所感慨,贤者好奇亦洵有之。馀皆经纬古今,折衷六艺,何尝敢于讪上哉。"这表明了他对《史记》的两点看法:其一,它未曾"讪上",因而它"不背于名教";其二,它做到了"经纬古今,折衷六艺",因而它贯彻了自身的本旨。这就是他推崇《史记》的两个出发点。他还说:"夫《骚》与《史》,千古之至文也,其文之所以至者,皆抗怀三代之英而经纬乎天人之际者也。"由此更可看出,他奉《史记》为"千古之至文"不

---

① (清)章学诚:《文史通义·原道中》,第40页。
② (清)章学诚:《文史通义·答客问上》,第137页。

是因为它"不背于名教",而是因为它"抗怀三代之英而经纬乎天人之际",这正是《史记》的本旨。总之,章氏在《史德》篇中对《史记》的一系列论述,旨在说明《史记》之所以不是"谤书",是因为司马迁著史不是为了发私怨,而是有着宏大的宗旨。

章氏既然要通过评论司马迁的《史记》来阐述"通六义比兴之旨"的含义,而他推崇《史记》的根本原因又在于其本旨是可取的,那么也就可以说,他认为《史记》的本旨是符合"六义比兴之旨"的。因此,弄清他是如何认识《史记》本旨的,也就弄清了所谓"六义比兴之旨"的含义。章氏引述的《史记》第一项本旨是:"究天人之际,通古今之变,成一家之言。"这是与章氏所谓"纲纪天人,推明大道"的史学思想相一致的,显然不是指封建伦理道德而言的。他引述的《史记》第二项本旨是:"绍名世,正《易传》,本《诗》《书》《礼》《乐》之际。"他是否会认为本于六经就是本于封建伦理道德呢? 否! 因为他对六经有着独特的见解,他并未把六经只当作宣扬封建伦理道德的书,他一贯认为六经都是用以"明道"的"器",六经之旨即在于"明道"。所以司马迁的本于六经、"折衷六艺",也会被他认为是效法六经之宗旨,有志于"明道"。这说明,章氏认为司马迁作《史记》的宗旨就是"明道"。由此即可窥见,他认为"六义比兴"的宗旨也就是"明道",所谓"通六义比兴之旨"就是要求史家树立"推明大道"的史学思想,在这种思想指导下,才能刻意追求"尽其天而不益以人"的境界,即具备了"史德"。基于上述分析,我认为有人把"通六义比兴之旨"解释为"奉劝人们要认真修养封建伦理道德"这不是章氏的本意。

四、章学诚史学实践与其"史德"论的矛盾

"史德"论作为一种史学理论能否应用于史学实践之中,要由主观和客观的多方面因素所决定。封建时代的史学家因受到时代的局限,不可能完全做到科学地研究历史,因而,"尽其天而不益以人"在当时只能是一种理想境界,是一些史学家主观上努力追求的目标而已。

章学诚本人的史学实践,也同样不能完全达到"史德"论的要求。他面对清朝统治者对人民实行残酷的民族压迫和经济剥削这一客观事实,竟然吹捧这种统治是"天与人归",这说明他在封建思想束缚下,背离了自己"尽其天而不益以人"的史学理论。

章氏抨击批判理学的戴震,为维护封建伦理的程朱理学辩护,这只能说明他封建伦理道德思想浓重,而不足以说明,他的"史德"论就只是以封建伦理道德为内容的。再有,章氏修了许多方志,也许其中有许多对历史的错误记载,这也只能说明他的史学实践未能达到其"史德"论的要求,而不能据此认为"史德"论的主张就是如此。总之,章氏的史学实践与其"史德"论是有矛盾的,这种现象并非章氏一人如此,其他史家也同样难免如此。如果根据其史学实践来分析"史德"论的含义便不免失之偏颇。

最后,笔者想强调的是,章氏的"史德论"并非一般意义上的道德意蕴,他实际论述的是史家如何认识历史、追寻历史真实的问题,他要求史家以"尽其天而不益以人"的"心术",撰

写出能够"纲纪天人，推明大道"的史书，使之成为经世致用的著作。确切地说，他讲的还是"史识"的问题，属于历史认识论的范畴。

原文载《淮阴师范学院学报》2019年第1期

作者：姜胜利，南开大学《南开学报》编辑，历史学院教授、博士生导师

明清时期历代帝王庙的演变与朝鲜使臣之认识

孙卫国

洪武六年(1373)历代帝王庙始建于南京,嘉靖九年(1530)再建于北京,乃是明清两代王朝极为重要的祭祀场所,明清宫廷重要的皇家庙宇。主体建筑,至今尚存。20世纪80年代以来,经过二十多年的努力,将历代帝王庙恢复重建,现在是北京市重要旅游景点,全国重点保护文物单位。学术界有关历代帝王庙的研究,亦发表了不少论文。①对于历代帝王庙的建制沿革、明清两代皇帝对于历代帝王庙的用心以及历代帝王牌位的尊奉等等问题,皆进行了比较详细的研究。在明清两代帝王与朝臣关注的同时,作为经常往来于北京与汉城之间的朝鲜使臣,在游览北京时,也对历代帝王庙给予了充分的关注。他们是如何看待历代帝王庙的?本文就以此为出发点,略加探讨,或许有助于补充我们对于历代帝王庙的认识,也有助于明清中朝文化交流史的了解。

一、明朝历代帝王庙之创制与朝天使之观感

1368年,朱元璋在南京称帝,建立大明王朝。洪武六年,"帝以五帝、三王及汉、唐、宋创业之君,俱宜于京师立庙致祭"②,"以答禄与权言"③,"遂建历代帝王庙于钦天山之阳。仿太庙同堂异室之制,为正殿五室"④。分别崇祀三皇、五帝、夏禹、商汤、周文王、周武王、汉光武、唐太宗、汉高祖、唐高祖(后以唐太宗代替)、宋太祖、元世祖,加以崇祀。次年,庙成,"帝王庙皆塑衮冕坐像",朱元璋亲自祭奠。后不幸遭火灾焚毁,洪武二十二年五月重建竣工。重建之时,洪武二十一年,礼部尚书李原名建议,设立从祀诸臣。⑤"于是定以风后、力牧、皋陶、夔龙、伯夷、伯益、伊尹、傅说、周公旦、召公奭、太公望、召虎、方叔、张良、萧何、曹参、陈平、周勃、邓禹、冯异、诸葛亮、房玄龄、杜如晦、李靖、李晟、郭子仪、曹彬、潘美、韩世忠、岳

---

① 参见许伟:《历代帝王庙的来龙去脉》,《光明日报》2013年8月12日;郑永福、于淼:《走进历代帝王庙》,《寻根》2013年第5期;史可非:《试论清朝对历代帝王庙建成统一多民族国家祭祀体系上的贡献》,《安徽文学》2010年第4期;赵克生:《明朝历代帝王庙名臣从祀试探:以赵普、武成王为中心》,《明史研究》2003年第8辑;于淼:《历代帝王庙的元世祖祭祀》,《文史知识》2014年第1期;陆益军:《清朝历代帝王庙史观透析》,《历史教学问题》2014年第3期;王秀玲:《清朝历代帝王祭祀与民族国家认同》,《前沿》2015年第5期;刘诺:《北京历代帝王庙营建年代及景德殿正东正西碑亭朝年考》,《中国紫禁城学会论文集(第六辑上)》2007年。
② 《明史》卷50《礼志四·历代帝王陵庙》,中华书局1974年版,第1292—1293页。
③ 《明史》卷136《李原名传》,第3938页。
④ 《明史》卷50《礼志四·历代帝王陵庙》,第1292—1293页。
⑤ 参见《明史》卷136《李原名传》,第3938页。

飞、张浚、木华黎、博尔忽、博尔术、赤老温、伯颜凡三十有七人从祀历代帝王庙。"①乃是辅佐诸开国之君的重臣,这样就奠定了历代帝王庙崇祀的基本格局。

从最初崇祀对象看,有两点值得注意:第一,主要对象是统一天下的开国之君,但秦始皇、晋武帝、隋文帝并不在崇祀之列,是认为他们功德有亏,故而未列入;第二,尽管朱元璋起兵时,曾提出"驱除鞑虏"的口号,元世祖却在崇祀之列,体现了他承继元朝以来的大统,与此同时,朱元璋"命建历代帝王庙于中立府皇城西,仍命于北平立元世祖庙"②,以示特别重视。这种帝王庙的设立,在某种程度上,也表示了宣示正统之意。南京建庙之同时,在中都凤阳,也设立了同样的帝王庙,规制样式,一如南京。

朱棣借"靖难之役",推翻建文政权,即位不久,迁都北京,各种制度加以重建,南京依然保存旧制。但历代帝王庙在北京并未重建,而是保留南京的旧庙。明世宗继位后,经过"大礼议"的洗礼,明礼制有很大变化。嘉靖九年,遂令在北京西建历代帝王庙。十一年夏,庙方成。北京历代帝王庙重建之后,出现两个变化:第一,南京的帝王庙有塑像,北京则只设神位,不立塑像,加以简单化了;第二,将元世祖的神位予以撤除。最初庙成之时,尽管有翰林院的人士上奏,请求撤除元世祖神位,部议不准,认为祖制不可违背,遂得以保留。嘉靖二十四年二月庚子,"礼科给事中陈棐言元世祖以夷乱华,不宜庙祀,下礼部,集廷臣议如棐奏"③。明世宗遂听从建议,将元世祖及其从祀诸臣撤除,南京历代帝王庙亦撤其塑像。之所以会出现这样的变化,因为嘉靖一朝"北虏"问题,始终非常严重,成为朝中不得不应对的棘手问题,故而贬斥之声不绝。明世宗最终采纳这种意见,也是情有可原的。

对于历代帝王庙这样的变化,朝鲜朝天使④们未必清楚。不过,当时的朝鲜王朝尊奉"慕华"的原则,行"事大"之礼,对于明朝的文物制度都极为关心。事实上,当时的朝天使到北京后,行动并不自由。明朝初年,朝鲜使臣较之别国使臣,行动较为自由。《稗官杂记》载:"本国陪臣到燕,旧无防禁。"《明实录》亦曰:"先是,四夷贡使至京师,皆有防禁,五日一出馆,令得游观贸易,居常皆闭不出,唯朝鲜、琉球防之颇宽。"⑤但是,嘉靖年间明朝发现朝鲜使臣购得地理志《大明一统志》等书,认为于国不利,应当禁止,"因闭馆门,俾本国人一切不得出入,遂成故事"。嘉靖十三年,朝鲜国王派礼曹判书苏世让出使明朝,要求礼部放宽门禁,明朝遂以五日一次,开放门禁,朝鲜正使及书状官方可出馆游观,其他人则不得出馆。这个政策只实行了一二年,之后又严格起来。凡朝鲜使行人员,不得随意出馆门,即便公事

---

①《明太祖实录》卷188,洪武二十一年二月甲寅。

②《明太祖实录》卷86,洪武六年十一月癸丑。

③《明世宗实录》卷296,嘉靖二十四年二月庚子。

④ 朝鲜称出使明朝的使臣为朝天使,皇帝为天子,北京为上都,明朝使臣为天使。朝鲜使臣所作的使行笔记为《朝天录》。而出使清朝的使臣为燕行使,北京为燕京、行在,使行笔记为《燕行录》。这一点上体现了朝鲜尊明贬清的决然不同的心态。对于朝天使与燕行使的差别,参见孙卫国:《〈朝天录〉与〈燕行录〉——朝鲜使臣的中国使行纪录》,《中国典籍与文化》2002年第1期。

⑤《明世宗实录》卷169,嘉靖十三年十一月己巳。

出行,必有票帖,方能出去,否则严禁出入。①以后朝鲜使臣之门禁时严时宽,但并无根本变化。李民宬(1570—1629)于万历三十年(1602)出使明廷,只有公差之时,才能出馆,否则皆留于馆中。即如其言:"(二月)初四日在馆。初五日在馆。初六日在馆。初七日在馆。初八日在馆。初九日在馆。初十日在馆。自初四日至初十日,以释奠致斋,郎官皆不坐。"②因为明朝郎官不在朝,李民宬等只好在会同馆舍干耗着,根本就不能外出游观,行动极不自由。使行完毕,临回国前,又有数日在馆滞留,从三月十四日开始,到二十二日,皆留馆不出。其言:"十三日谢宴。十四日在馆。十五日在馆。十六日在馆。十七日在馆。十八日在馆。十九日在馆。二十日在馆。二十一日在馆。二十二日在馆。"③在这样一种严格的控制之下,他们在北京的游观可以说极为有限。即便这样,还是留下了他们对于历代帝王庙的相关记录。

郑士龙(1491—1570)是比较早记载历代帝王庙的,嘉靖二十一年庙成,嘉靖二十三年,郑士龙作为朝天使出使明朝,曾路过此庙,并留下了一首诗曰:"演礼朝天两过门,仰瞻神彩绚朝暾。祀从圣祖修来远,制到明时礼益尊。联虎勋庸环配食,贞珉奎藻焕皇言。虚无崇奉殚民力,往代规为不足论。"④诗中揭示他曾两度从历代帝王庙门前经过,或许就此游览了此庙。这恐怕是朝天使最早记录北京历代帝王庙的诗。

朝鲜性理学家李睟光(1563—1628),字润卿,号芝峰,分别于万历二十五年(1597)、万历三十九年,两次出使明廷。第一次为书状官,以贺圣节出使。第二次因为明中极殿、建极殿火灾,以进慰使再赴京师。使行途中,或许有机会观览历代帝王庙。在其百科全书式的名著《芝峰类说》中,有专门讨论历代帝王庙的条目,录之如次:

中朝历代帝王庙神版告文称曰:太昊伏羲氏、炎帝神农氏、黄帝轩辕氏、帝金天氏、帝高阳氏、帝高辛氏、帝陶唐氏、帝有虞氏。按《史记》:黄帝号有熊氏,姓公孙,后改姓姬,名曰轩辕。《续文献通考》《吾学编》等书,以为改以黄帝有熊氏可矣。且尧舜之称,据《史记》则尧、舜为号,而放勋、重华为名。据《尚书》则尧、舜为名,而放勋、重华为赞辞。又《孟子》放勋曰云云详。放勋,本史臣赞尧之辞,孟子因以为尧号也,然则从《尚书》似是。

按:洪武中,立历代帝王庙。岁仲春秋,祀三皇、五帝、夏禹、商汤、周文王、武王、汉高祖、光武、唐高祖、太宗、宋太祖、元世祖。后以文王虽基周命,终守臣节;唐高祖有天下,本太宗力也,可勿祀,祀于陵。至嘉靖朝,又罢元世祖祀。从祀名臣:风后、力牧、皋

---

① 参见[朝鲜]鱼叔权:《稗官杂记》二,《大东野乘》,朝鲜古书刊行会1909—1911年版,第48页。

② [朝鲜]李民宬:《壬寅朝天录》,[韩]林基中编:《燕行录全集》第15册,东国大学出版部2001年版,第51页。

③ [朝鲜]李民宬:《壬寅朝天录》,[韩]林基中编:《燕行录全集》第15册,第73页。

④ [朝鲜]郑士龙:《湖阴杂稿》卷2《朝天录·历代帝王庙》(今皇帝所营,规制极宏侈,殿东有御制碑),韩国民族文化推进会编刊《标点影印韩国文集丛刊》第25册,1988年,第55页。又见[韩]林基中编:《燕行录全集》第3册,第55页。

陶、夔龙、伯夷、伯益、伊尹、傅说、周公(旦)、召公(奭)、太公(望)、召穆公(召虎)、方叔、张良、萧何、曹参、陈平、周勃、邓禹、冯异、诸葛亮、房玄龄、杜如晦、李靖、郭子仪、李晟、曹彬、潘美、韩世忠、岳飞、张俊(浚),凡三十二人。余谓稷、契之不预从祀,盖以商周之祖也。①

这是朝鲜著作中比较系统介绍历代帝王庙的,其对历代帝王庙崇祀人员的介绍,有些明显的出入。首先,作者对于历代帝王庙的建制沿革,比较清楚,了解从洪武到嘉靖年间的变化。第二,特别提出嘉靖年间罢元世祖之崇祀,故从祀名臣中,没有木华黎、博尔忽、博尔术、赤老温、伯颜五人。第三,李晬光对这个崇祀名单略表不同意见,"余谓稷、契之不预从祀,盖以商、周之祖也",在他看来,理应将稷、契入崇祀之列,因为他们是商、周的始祖。他这么看,也是不大理解朱元璋最初创建历代帝王庙的用意。

李民宬(1570—1629)于万历三十年以王世子册封奏请书状官,出使明朝;天启三年(1623)又以奏闻使书状官,再度出使明廷。第二次赴京时,他游览过历代帝王庙。借参加演示礼仪,得以观览。在他的《朝天录》中,有过如下记录,其曰:

> (天启四年十二月)二十日乙巳,参再度演仪,谒历代帝王庙。庙在景德街,神农、伏羲、少昊、高阳、黄帝、尧、舜、汤、武,位于正殿。汉高帝、光武,配于东。唐太宗、宋太祖,配于西。名臣则东庑,自风后而终于岳飞;西庑自力牧而终于张浚。其间取舍,有不可晓者多矣。夕,伴送许选辞归。②

可见,李民宬观览历代帝王庙后,颇多疑惑,就是为何选某帝王、某臣,他十分疑惑,故言"其间取舍,有不可晓者多矣",明代朝鲜朝天使在官中并无行动自由,他们外出参观的可能性比较小,他提及参观之时,由伴送官许选陪同。他写了一首《历代帝王庙》的诗曰:"凤城西陌郁岩巉,古殿阴阴锁寂寥。圣帝经纶垂后世,宗臣勋业炳前朝。日临彩幄龙文动,风入修廊羽葆摇。坐久松林清籁起,却讶笙鹤下层霄。"③

可见,朝鲜朝天使们尽管在北京期间,并没有自由外出游观的机会,但他们还是在北京城里行走之时,注意到了历代帝王庙,最早的记录出自郑士龙,而李晬光与李民宬两次赴京,他们二人游览过历代帝王庙,对于此庙的记录也较为详尽。不过,他们的字里行间,显露出对历代帝王庙的帝王选择与座次安排,并不明白其中的道理,留下很多疑问。从中看出,朝天使所关注的层面,与明朝君臣并不相同。

---

① [朝鲜]李晬光:《芝峰类说》卷19《宫室部·祠庙》,汉城乙酉文化社1975年版,第354—355页。
② [朝鲜]李民宬:《敬亭先生续集》卷3《朝天录》下,韩国民族文化推进会编刊《标点影印韩国文集丛刊》第76册,1990年,第479页。又见李民宬:《朝天录》,[韩]林基中编:《燕行录全集》第14册,第452页。
③ [朝鲜]李民宬《敬亭先生集》卷7《燕槎唱酬集》中《历代帝王庙》(在景德街,历代名臣从祀东西庑),韩国民族文化推进会编刊《标点影印韩国文集丛刊》第76册,1990年版,第299页。

二、清代历代帝王庙之变化与燕行使门禁之调整

1644年,明朝灭亡,清兵入关,入主中原。清承明制,继续沿用历代帝王庙,不过,从顺治开始,就对历代帝王庙进行了改造。康熙、雍正、乾隆三朝更是大肆改造,增添了许多新的帝王。乾隆中期以后,随着门禁的开放,朝鲜燕行使在北京可自由游览,这样就给他们观览历代帝王庙提供了可能性。

顺治元年(1644)六月甲申,清以明太祖神牌入历代帝王庙①,以示承继明朝大统,这是清朝宣示正统仪式中非常重要的一环。顺治二年三月,"始祀辽太祖、金太祖、世宗、元太祖、明太祖于历代帝王庙,以其臣耶律曷鲁、完颜粘没罕、斡离不、木华黎、伯颜、徐达、刘基从祀"②。一反明世宗的做法,将历史上各游牧民族政权帝王神位,皆请入庙中。顺治十七年六月,"增祀商中宗、高宗、周成王、康王、汉文帝、宋仁宗、明孝宗于历代帝王庙"③。进一步增加崇祀的帝王,逐渐扩展到更多的帝王。

康熙六十年(1721)四月,康熙帝特别颁布谕旨,论及历代帝王庙崇祀问题,制定新的崇祀标准:"凡曾在位,除无道被弑亡国之主外,应尽入庙崇祀。"④一年以后,再次论及此事,"一是对开国创业和治国守业的君臣都要重视……二是对亡国之君也要具体分析。比如明朝亡国,并非崇祯之过,而是坏在万历、泰昌、天启三朝,故可祀崇祯,不可祀万历、泰昌、天启三帝"⑤。礼部经过长时间的讨论,最后拿出入祀名单,包括164位帝王、79位名臣。尚未来得及上报,康熙辞世。雍正继位后,礼部以遵大行皇帝康熙圣祖之名,增历代帝王庙中崇祀帝王之牌位,曰:

> 历代帝王庙,原祀伏羲氏、神农氏、轩辕氏、金天氏、高阳氏、高辛氏、陶唐氏、有虞氏、夏禹王、商汤王、周武王,汉高祖、世祖,唐太宗,辽太祖,宋太祖,金太祖、世宗,元太祖、世祖,明太祖二十一位。今拟增夏启、仲康、少康、杼、槐、芒、泄、不降、扃、廑、孔甲、皋、发,商太甲、沃丁、太庚、小甲、雍己、太戊、仲丁、外壬、河亶甲、祖乙、祖辛、沃甲、祖丁、南庚、阳甲、盘庚、小辛、小乙、武丁、祖庚、祖甲、廪辛、庚丁、太丁、帝乙,周成王、康王、昭王、穆王、共王、懿王、孝王、夷王、宣王、平王、桓王、庄王、僖王、惠王、襄王、顷王、匡王、定王、简王、灵王、景王、悼王、敬王、元王、贞定王、考王、威烈王、安王、烈王、显王、慎靓王,汉惠帝、文帝、景帝、武帝、昭帝、宣帝、元帝、成帝、哀帝、明帝、章帝、和帝、殇帝、安帝、顺帝、冲帝、桓帝、灵帝、昭烈帝,唐高祖、高宗、睿宗、元宗、肃宗、代宗、德

① 参见《清世祖实录》卷5,顺治元年六月甲申,中华书局1985年版。

② 《清史稿》卷4《顺治本纪》,中华书局1977年版,第94页。

③ 《清史稿》卷5《顺治本纪》,第159页。

④ 《清圣祖实录》卷987,康熙六十年四月丙午。

⑤ 许伟:《历代帝王庙的来龙去脉》,《光明日报》2013年8月12日。

宗、顺宗、穆宗、文宗、武宗、宣宗、懿宗、僖宗，辽太宗、景宗、圣宗、兴宗、道宗，宋太宗、真宗、仁宗、英宗、神宗、哲宗、高宗、孝宗、光宗、宁宗、理宗、度宗、端宗，金太宗、章宗、宣宗，元太宗、定宗、宪宗、成宗、武宗、仁宗、泰定皇帝、文宗、宁宗，明太宗、仁宗、宣宗、英宗、景皇帝、宪宗、孝宗、武宗、世宗、穆宗、愍皇帝，凡一百四十三位。其从祀功臣：原祀黄帝臣风后、力牧，唐虞臣皋陶、夔、龙、伯夷、伯益，商臣伊尹、傅说，周臣周公旦、召公奭、太公望、召虎、方叔，汉臣张良、萧何、曹参、陈平、周勃、邓禹、冯异、诸葛亮，唐臣房元龄、杜如晦、李靖、郭子仪、张巡、许远、李晟，宋臣曹彬、韩世忠、岳飞，金臣斡鲁、粘没喝、斡离不，元臣木华黎、伯颜，明臣徐达、刘基三十九人。今拟增黄帝臣仓颉，商臣仲虺，周臣毕公高、吕侯、仲山甫、尹吉甫，汉臣刘章、魏相、丙吉、耿弇、马援、赵云，唐臣狄仁杰、宋璟、姚崇、李泌、陆贽、裴度，辽臣耶律曷鲁，宋臣吕蒙正、李沆、寇准、王曾、范仲淹、富弼、韩琦、文彦博、司马光、李纲、赵鼎、文天祥，元臣不忽木、脱脱，明臣常遇春、李文忠、杨士奇、杨荣、于谦、李贤、刘大夏凡四十人。得旨：是。依议速行。[1]

这次调整，历代帝王庙的崇祀有着关键性的改变，主要体现在以下几点：第一，从明初朱元璋创设历代帝王庙开始，就一直以开国之君为主要的崇祀对象，一直到顺治年间，增设几位君主，还是依从这样的原则，并无实质上的改变。而此次将崇祀对象扩展到了历史上大多数帝王，数量大大增加。原来只崇祀21位帝王、39位大臣，现在增加了帝王143人，帝王数达到164人；又增大臣40人，大臣数达到79人。人数大大增加了，有更为广泛的代表性，这也是清朝在建构正统问题上的一次努力。

第二，重视游牧民族所建立王朝帝王的入祀，其中辽朝5位、金朝3位、元朝9位，这三朝入祀帝王比较多。《清史稿》言："初，明祀历代帝王，元世祖入庙，辽、金诸帝不与焉。至是用礼臣言，以辽、金分统宋时天下，其太祖应庙祀。元启疆宇，功始太祖，礼合追崇。从祀诸臣，若辽耶律赫噜，金尼玛哈、斡里雅布，元穆呼哩、巴延，明徐达、刘基并入之。"[2]这样，崇祀的对象增加，对游牧民族所建立的王朝，给予同等对待，显示中国历史上多民族融合的特性。

第三，凡德行有亏、昏庸无道、亡国之君、分裂时期的帝王们，不被录入。如秦始皇、秦二世、汉献帝以及三国两晋南北朝帝王们、五代十国的帝王们都没有列入。明朝建文帝、明神宗、明光宗、明熹宗四帝未录入，但崇祯帝被录入，诚如前面提到的，康熙帝认为明朝亡国，应从万历帝开始算账，光宗、熹宗皆责无旁贷，却让崇祯背负亡国的骂名，不公平。故录崇祯入祀，而舍神宗、光宗和熹宗。

乾隆年间，对于入祀帝王神位，继续完善。乾隆元年（1736），将建文帝神位入帝王庙中，设位明太祖下。乾隆四十九年七月，乾隆帝看《大清通礼》，又查看了康熙帝命增祀谕

① 《清世宗实录》卷2，康熙六十一年十二月壬戌。
② 《清史稿》卷84《礼志·历代帝王庙》，第2525页。

旨,感觉大臣们理解有误,遂下旨撤汉桓帝、灵帝神位,增东西晋、北魏、前后五代等21位帝王神位入祀,使入祀帝王达188位,从而使崇祀人数最终定谳,从祀名臣则未增加,不过,在西跨院修建了一座关帝庙,算是增加了一位从祀名臣关羽。

清朝在调整历代帝王庙崇祀帝王神位之时,他们对于藩国朝鲜王朝的政策,也一直在调整之中。入关前,对朝鲜使臣控制极严。入关以后,则一直对朝鲜王朝施恩笼络,不仅大肆减少他们的岁贡,而且对于朝鲜燕行使的赴京限制逐渐放宽。而朝鲜王朝君臣长期以来,坚守程朱理学之华夷观,视清朝为夷狄,自视为"小中华",尽管政治上被迫臣服清朝,在相当长的一段时间内高举尊周思明的策略,文化心态上贬斥清朝。[①]清朝则反其道而行之,逐步向朝鲜施恩,而优待朝鲜使臣,就是其中一个重要方面。[②]就门禁而言,清入关前控制甚严,入关后相当宽松。"三藩之乱"以后,康熙对朝鲜使臣,大开方便之门,以后门禁形同虚设。朝鲜使臣可任意出入馆舍,使臣带来的子弟亦可以任意游观。[③]乾隆年间,燕行使们在北京期间行动自由,毫无障碍。朝鲜北学派先驱洪大容(1731—1783)对门禁有过详细记述,并有所评论曰:

> 贡使入燕,自皇明时已有门禁,不得擅出游观,为使者呈文以请,或许之,终不能无间也。清主中国以来,弭兵属耳,恫疑未已,禁之益严。至康熙末年,天下已安,谓东房不足忧,禁防少解,然游观犹托汲水行,无敢公然出入也。数十年以来,升平已久,法令渐疏,出入者几无间也。但贡使之子弟从者,每耽于游观,多不择禁地,衙门诸官虑其生事,持其法而操纵之,则为子弟者倚父兄之势,呵叱诸译,以开出入之路。诸译内逼子弟之怒,外惧衙门之威,不得已以公用银货行赂于衙门,以此贡使之率子弟行者,诸译心忌畏之如敌仇,凡系游观,务为秘讳,如山僧厌客而匿其名胜也。[④]

由此可见,康熙末年以后,清朝对于朝鲜燕行使的门禁,根本就不是问题。使臣可以随时随意出入,四处游观。更有甚者,燕行使臣所带去的随行子弟,往往不择禁地,随心所欲,哪儿都敢去,以致朝鲜燕行译员怕他们惹是生非,若有游观之事,故意不告知他们。其实,就洪大容本人来讲,他就是随其叔父前往北京的,他自言:"自身无职,欲一见中国,随季父之行而来。"[⑤]他在北京期间,行动非常自由,毫无限制,在北京市内,随意游观。洪大容与同去的平仲,在琉璃厂邂逅浙江举子严诚(1732—1767)和潘庭筠(1742—?)。初次见面,他们双方相谈甚欢,十分投机,彼此都感觉相见恨晚。在京交往长达月余,饮酒赋诗,竟日作诗

① 参见孙卫国:《大明旗号与小中华意识:朝鲜王朝尊周思明问题研究(1637—1800)》,商务印书馆2007年版。
② 参见孙卫国:《试论清朝对朝鲜国王与使臣的优礼》,《当代韩国》2003年12月第3期。
③ 参见[韩]全海宗:《中国与外夷》,全善姬译,《中韩关系史论集》,中国社会科学出版社1997年版,第5页。
④ [朝鲜]洪大容:《湛轩燕记·衙门诸官》,《燕行录选集》上册,成均馆大学大东文化研究院1960年版,第245页。
⑤ [朝鲜]洪大容:《湛轩燕记·干净笔潭上》,《燕行录选集》上册,第374页。

赋雅会,书函往来不绝,互赠礼物,竟成莫逆之交。①正因为清朝大开门禁,对朝鲜燕行使臣控制极其宽松,朝鲜使行人员方可随意出行,到处游观,即便与清朝官员儒士私下往来,亦毫无限制。这种自由是出使明代的朝天使几乎不可想象的,也从未发生过的。因为燕行使有行动的自由,故而乾隆以后,北京成为中朝士人交往的重要场所。

康熙末年以后,朝鲜使臣即无门禁,而燕行使随行人员又极多,没有限制,使团庞大,往往自一百七十名到三百名不等,既无门禁,又无管束,故有惹是生非者,即便禁止入内参观的地方,他们也假托进贡之使强行进入。即如燕行使记载:"又东里许至一古庙,亦忘其名,而殿凡三重,皆有神像,颇称灵异,故祈祷者如云,而都是女人也。拜跪念祝,纷纭杂踏,跟随家丁,皆排立门前,禁止游人。我隶辈大肆咆喝,辄称万岁爷进贡之使,排闼直入,遂不敢挡阻,诸人始皆随入。"②横冲直撞,威风凛凛。为了避免非法之事发生,道光十六年(1836),礼部奏请设立门禁,使各专其责。规定使行人员来到后,由朝鲜正使委派一名人员负责处理人员出馆之事,将出馆的理由、人数及出入时间写下,交由书状官监督,发腰牌,由大通官按册在馆稽查。③遂设门禁,但管理和督促都由朝鲜使行人员负责,清朝官员并不参与。四夷馆只是监督而已,并不真正参与其事。显然设立门禁之意不在限制朝鲜使行人员的行动自由,而是督促朝鲜使臣加强对自身人员的管理,免得他们生事。这样也就意味着,朝鲜燕行使在北京拥有着绝对的自由,远非朝天使可比,正因此,他们对于历代帝王庙的游览与记录,也就远胜于朝天使。

三、燕行使对历代帝王庙之载录与认识

康熙末年开始,朝鲜燕行使就能自由地在北京进行游览,历代帝王庙成为他们经常游览之所,因而留下了许多的诗文。他们对历代帝王庙,有怎样的认识呢? 而这种认识,反映了他们怎样的一种思想状况呢?

首先,燕行使对于历代帝王庙的描述更为细致,对帝王神位的排列记述也更为清晰。大多陈陈相因,试举一例如下:

> 历代帝王庙,在阜成门内。扁其外门曰帝王庙,其内门曰景德门。正殿凡二层,而皆覆以黄瓦,扁在上层,曰景德崇圣之殿。殿设七龛。而第一龛在中央,奉伏羲、神农、轩辕三皇之位版。左二龛,奉五帝。右三龛,奉夏后氏以下十四世,商汤王以下二十六世。左四龛,奉周武王以下三十二王。右五龛,奉汉高祖以下十世,光武帝以下八世及

---

① 参见[韩]金泰俊:《洪大容及其时代:燕行的比较文学》,汉城一志社1982年版;《洪大容评传》,汉城民音社1987年版;孙卫国:《朝鲜燕行士人与清朝儒生:以洪大容与严诚、潘庭筠、陆飞交往为中心》,杨龙主编:《东北亚社会经济文化与区域合作》,南开大学出版社2006年版。

② [朝鲜]金景善:《燕辕直指》卷5《留馆录下》之《癸巳正月十六日》,[韩]林基中编:《燕行录全集》,东国大学出版部2001年版,第72册,第41—42页。

③ 参见《清宣宗实录》卷279,道光十六年二月癸未。

昭烈帝、晋元帝以下七世，宋文帝以下三世及齐武帝与魏武帝以下八世，陈文帝、宣帝。左六龛，奉唐高祖以下十六世及后唐明宗、后周世宗，宋太祖以下十四世，辽太祖以下六世。右七龛，奉金太祖以下六世，元太祖以下十一世，皇明太祖以下十三世。而周之幽、厉，汉之平、桓、灵，晋之惠帝及外此亡国见弑之君，皆不与焉。而大明神宗皇帝亦不得同享焉！似由清人逞憾之计，而甚可痛恨！

庙貌甚崇肃，而皆以丹垩雕刻之。檐角铁罘罳笼之。殿内揭"报功观德"四字。揭一对柱联曰："治统溯钦承德戒兼资洵哉古可为监；正经崇秩祀实枚式焕穆矣神其孔安。"

又东西两庑，奉历代名臣。东则风后为首，其次仓颉、夔、伯夷，商伊尹、傅说，周召公、毕公、召穆公、虎仲山甫，汉张良、曹参、周勃、魏相、邓禹、耿弇、诸葛亮，唐房玄龄、李靖、宋璟、郭子仪、许远、李晟、裴度，宋曹彬、李沆、王曾、富弼、文彦博、李纲、韩世忠、文天祥，金宗翰，元穆呼哩布呼密，明徐达、常遇春、杨士奇、于谦、刘大夏等四十人。西则力牧为首，其次皋陶、龙、伯益，商仲虺，周公、太公、吕侯、方叔、尹吉甫，汉萧何、陈平、刘章、丙吉、冯异、马援、赵云，唐杜如晦、狄仁杰、姚崇、张巡、李泌、陆贽，辽耶律赫噜，宋吕蒙正、寇准、范仲淹、韩琦、司马光、赵鼎、岳飞，金宗望干鲁，元巴延托，明刘基、李文忠、杨荣、李显等三十九人。殿庭设青铜炉八坐，东西庑各二坐。又有青瓦阁，对立左右。即望燎处也。又有四间穹碑。其重修文曰：世祧者迭迁，德盛者不毁。三皇五帝九皇六十四氏，咸祀之曰，崇祀之制，肇于唐天宝七载云云。①

这段史料的记载，较之朝天使的记录详细得多。不仅将每位崇祀帝王与名臣的称号与名字，都列出来，而且对于其牌位的座次安排，也一一说明清楚。对于此庙的建筑特色，亦有描述，匾额、对联，皆有记录，绝非朝天使的记录可比，十分详尽。同样类似的记录，尚见于《蓟山纪程》等相关燕行录中。一方面说明，燕行使是亲身游历过历代帝王庙的；另一方面也显示出后来者有抄录前者之嫌疑，因为游览名胜相同，越到后来，抄袭前者之事情，屡见不鲜。

其次，燕行使不仅载录历代帝王庙的建筑与崇祀情况，对于祭祀的时间与礼仪，也有载录，这亦非朝天使所能比。即如：

凡祭祀日，礼部每岁九月，札钦天监选择，知委太常寺，致斋则大祀三日，中祀二日。太常寺前期一日进斋戒铜人牌。天地坛、祈谷坛、太庙社稷为大祀，皆皇帝亲祭，或遣官代行。朝日坛，夕月坛；及历代帝王庙、文庙、先农坛，为中祀……历代帝王庙及

① [朝鲜]朴思浩：《心田稿》之《留馆杂录·历代帝王庙》，[韩]林基中编：《燕行录全集》第85册，第467—470页。同样相似记录，又见于徐长辅：《蓟山纪程》卷3《历代帝王庙》，甲子正月初四日，[韩]林基中编：《燕行录全集》第66册，第257—260页。

文庙、先农坛,或特行亲祭,其余遣官代行;太岁、神祇等坛及先医、东岳、城隍等庙为小祀,亦皆遣官致祭……以子时祭历代帝王庙。庙在西阜成门内……祭礼则乐章各异。祝版则白纸墨书。以黄纸镶边。祝文则自伏羲以下至明太祖列书曰:仰惟诸帝,昔皆奉天抚世,创治安民。德不忘报。兹因仲春仲秋,谨以牲帛酒醴庶品之仪,致祭于诸帝云云。①

燕行使观察十分仔细,了解历代帝王庙的祭祀,在每年仲春、仲秋举行,或皇帝亲祭,或遣官代行。对于乐章、祝文,皆有介绍,可见,他们是亲自观察过祭祀仪式的。

再次,对于庙中所立明代诸帝神位,朝鲜燕行使有着复杂的感情。一方面,对于明神宗神位不被列入,表示不满。诚如上文所引资料提到,"而大明神宗皇帝亦不得同享焉,似由清人逞憾之计,而甚可痛恨"。明神宗在朝鲜王朝有着崇高的地位,认为对朝鲜有"再造之恩",但却没有发现神宗皇帝的神位。很显然,朝鲜燕行使无法体会清朝不立神宗神位的原因。另一方面,朝鲜王室在宫中设立大报坛,儒林在万东庙分别崇祀明太祖、明神宗、崇祯皇帝,但看到历代帝王庙中明朝诸帝之神位,又产生出一种特别的反感。即如成海应所言:

万历之恩,浃洽于东土,乃满洲之族,残我皇朝,迁皇朝列祖之庙,入于历代帝王庙,与金、元杂种系列,见者莫不悲酸! 况东人之心乎! 四笾四笾,固薄仪也,得以是而荐其诚,虽在穷山幽昧之中,未尝不格于皇灵!②

感觉把明朝诸帝与金、元诸帝同列,乃是绝不可原谅之事,"见者莫不悲酸",认为一般的人都无法接受,更不用说朝鲜儒士了。朝鲜儒林在万东庙崇祀明朝三帝,"万东之祀,所以树百世之义也……二皇在上,必眷顾夷犹而不能忘也"。认为明太祖与神宗,一定会眷顾万东庙,而不会喜欢历代帝王庙的。明朝灭亡以后,朝鲜儒林始终坚信唯有他们才是明朝正统的继承者,因为由满洲建立的清朝,乃夷狄腥膻之区,非中华王朝,所以对于明朝诸帝在历代帝王庙中崇祀,才会有如此复杂的感情。

近代朝鲜燕行使李裕元游览历代帝王庙后,写诗道:"周秦明宋溯轩羲,庙宇穹然挹古时。事业兴亡征国史,股肱配侑俨朝仪。黍馨牲洁应无替,地老天荒永若斯。万八千年如一日,今看何似昔闻之。"③表达他在游览历代帝王庙时,感受到似乎将中国数千年历史,纳入一庙之中,他似乎看到中国王朝的更迭变化,一种复杂的情感涌上心头,实在一言难尽! 这或许是诸多燕行使观览历代帝王庙之时的共同感觉吧。

---

① [朝鲜]李在学:《燕行记事》之《闻见杂记》(上),[韩]林基中编:《燕行录全集》第59册,第95—102页。
② [朝鲜]成海应:《研经斋全集》卷34《风泉录四·万东庙祭义》,韩国民族文化推进会编刊《标点影印韩国文集丛刊》1998年版,第274册,第250页。
③ [朝鲜]李裕元:《嘉梧藳略》册二《历代帝王庙》,韩国民族文化推进会编刊《标点影印韩国文集丛刊》第315册,2000年版,第60页。

综上所述，洪武六年最初创置历代帝王庙于南京，嘉靖十一年于北京再建，目的都以崇祀开国之君为主，清代则一直有变化，顺治就扩展崇祀的帝王，康熙末年，进一步将崇祀的帝王扩展到大部分皇帝，只要不是无道昏君、亡国之君、分裂时的帝王，都在崇祀之列，乾隆时期最终扩展到帝王188位、名臣79位。而朝鲜使臣对此给予了相当的关注，朝天使尽管没有行动上的自由，但也多有论及。而燕行使在康熙以后，有行动上的自由，多有观览，留下了不少的记录。对于历代帝王庙帝王的牌位与祭祀的时间，都有相当细致的记载。但是无论是朝天使还是燕行使，当面对所崇祀的帝王时，都有不少的疑惑，他们似乎难以理解为何安排崇祀这些帝王，为何如此安排座次。而燕行使对于历代帝王庙中明朝诸帝的神位，也有着完全不同的情感，因为他们认为唯有朝鲜王朝才是明朝正统的承继者，透过他们对历代帝王庙观览的分析，我们也能感受到明清中朝关系的不同；也能从朝鲜使臣的视野中，体味出历代帝王庙的另一层历史含义。

原文载《南开学报》2016年第5期

作者：孙卫国，南开大学历史学院教授、博士生导师

从明清地方公共事务看徽商"士"意识的觉醒

王世华

所谓地方公共事务,是指涉及众多民众利益的事务。任何地方、任何时候都会存在大量的公共事务。这些事务能否解决? 由谁解决? 不仅可以反映地方政府的治理能力,而且可以看到解决者的担当精神和社会意识。

关于明清地方公共事务,此前学界已做了一些研究,郑振满认为,明代自正德、嘉靖年间以降,由于财政改革与财政危机的日益加深,福建地方政府的行政职能趋于萎缩,因而逐渐把各种地方公务移交给乡族集团,促成了基层社会的"自治化"倾向。①衷海燕以江西吉安府为例,认为明清时期,地方乡绅往往特别关注地方社会秩序的建设,热衷于参与各种地方公共事务。在办理各种地方公共事务的过程中,吉安府乡绅创建了形式多样的、以乡绅为主导的民间组织。各类地方教育组织往往演变成为地方公共事务管理中心。②翟岩在2011年的硕士学位论文中专门研究了清代江西建昌府的情况,也认为江西建昌府地方公共事务的修建模式,经历了由明末清初的官府修建,到清中叶的官绅合作修建,再到清末的士绅及家族独资修建或者合邑集体修建的演变过程。这一演变可以看出,建昌府公共事务修建的主导权经历了由官府向士绅阶层过渡的变化过程。③蒋威则着眼于清代的乡村塾师,认为他们是地方社会公共事务的积极参与者。④刘元则以清代湖北交通为例,探讨地方公共事务中的国家与社会,认为清前期是"官民合作",官府处于强势地位。清中期以后,在地方事务中士绅力量强化,但同样要受到官府的监督和干预。⑤前贤的研究基本认为明清时期由于地方财政的匮乏,已无力解决地方公共事务,只能依靠地方士绅的力量。这一观点无可厚非,但并不全面,主要是忽视了商人的力量。明清时期,由于商品经济的空前繁荣,商人的力量日益壮大,他们往往成为解决地方公共事务的主要力量,尤其是徽商更是如此。

明清公共事务与地方政府的窘境

明清时期,随着经济的发展和人口的增加,地方尤其是州县级区域公共事务日渐增多,

---

① 参见郑振满:《明后期福建地方行政的演变——兼论明中叶的财政改革》,《中国史研究》1998年第1期。
② 参见衷海燕:《乡绅、地方教育组织与公共事务——以明清江西吉安为中心》,《江西社会科学》2005年第4期。
③ 参见翟岩:《清代江西建昌府士绅与地方公共事务》,江西师范大学2011年硕士学位论文。
④ 参见蒋威:《论清代乡村塾师与地方公共事务》,《佳木斯大学社会科学学报》2019年第2期。
⑤ 参见刘元:《清代地方公共事务中的国家与社会——以湖北省交通碑刻为中心的研究》,《兰州学刊》2014年第3期。

也日趋复杂。诸如征税、派役、治安、交通治理、水利兴修、人文教化、赈济灾荒等,这些地方公共事务都涉及众多民众的利益,理应得到重视和解决,更是作为"父母官"的州县官的重要职责。早在洪武九年(1376),当时的平遥县训导叶伯巨在一份奏疏中就明确指出:"古之为郡守、县令,为民之师帅,则以正率下,导民善使,化成俗美者也。征赋、期会、狱讼、簿书,固其职也。"①清代县令的职责基本没有多少变化。"知县掌一县治理,决讼断辟,劝农赈贫,讨猾除奸,兴养立教。凡贡士、读法、养老、祀神,靡所不综。"②《清朝通典》也这样规定:县官"掌一县之政令,平赋役,听治讼,兴教化,厉风俗,凡养老、祀神、贡士、读法,皆躬亲厥职,而勤理之"③。但是,文本规定和实际践行还是有相当差距的。县官一般都把关注力投向考核的"硬指标",而对那些"软指标"而言,则是能推则推、能糊则糊了。难怪叶伯巨在疏中指出:"今之守令以户口、钱粮、簿书、狱讼为急务,至于农桑、学校,王政之本,乃视为虚文,而置之不问。"④地方官如果只以"户口、钱粮、簿书、狱讼为急务",其他的公共事务必然置若罔闻了。这当然与地方官的修养、责任心有关,但也与地方财政有很大关系。

明清的地方财政尤其是州县级财政简直到了非常可怜、几同儿戏的程度。明清各县应缴纳的税粮和赋役加上其他杂项收入,构成地方财政总收入。一般分为两部分,一部分为"起运",另一部分为"存留"。按乾隆《钦定大清会典则例》卷36《户部》解释:"州县经征钱粮运解布政司,候部拨,曰起运","州县经征钱粮扣留本地,支给经费,曰存留"。也就是说"起运"是缴给中央的部分,"存留"是留给地方的部分。两者的比例如何呢?无论是明代还是清代,"起运"在很多省都是大于"存留"。就明代而言,据梁方仲先生《中国历代户口、田地、田赋统计》书中乙表56《明万历六年分区起运存留米麦数及其百分比》:江西与南直隶起运比例最高,分别为86.15%和82.96%;浙江67.22%、山东60.70%、北直隶63.64%、河南63.81%;湖广、四川、福建、山西、广东为30%—40%;陕西、广西、云南、贵州则无起运,全部存留地方。陈支平也认为在明代嘉靖、万历年间,全国各地的存留数约占田赋总收入的40%。⑤到了清代,地方上的"存留"就更少了。据梁方仲统计,康熙二十四年(1685),各地平均存留占国家财政收入的22.18%,雍正二年(1724)为23.21%,乾隆十八年(1753)为21.23%,嘉庆年间为18.44%,光绪年间为14.35%。⑥

为了使大家更有一个直观的认识,我们以同治三年(1864)安徽省徽州黟县为例。这一年黟县的存留银只有不到两千两的银子,但是这些银子可不是县官能够任意开支的,可以说它是所有刚性支出的总和,且看下表:

① (明)叶伯巨:《万言书》,任继愈主编:《中华传世文选·明文衡》,吉林人民出版社1998版,第77页。
②《清史稿》卷123《职官三》,中华书局1977年版,第3357页。
③《清朝通典》卷34《职官十二》,浙江古籍出版社1988年影印版,第2211页。
④ (明)叶伯巨:《万言书》,任继愈主编:《中华传世文选·明文衡》,吉林人民出版社1998版,第77页。
⑤ 参见陈支平:《清代赋役制度演变新探》,厦门大学出版社1998年版,第94页。
⑥ 参见岁有生:《论清代州县的二元财政》,《兰台世界》2011年第7期。

同治三年黟县存留银额支各款明细表

存留（两）	支出名目（地丁钱粮项下）	金额（两）	备注
	刘猛将军两祭银	3	
	句芒神祭银	1.6	
	土地祠祭银	1.6	
	文庙春秋二祭银	55.6	
	武庙春秋诞三祭银	47.833	
	文昌宫春秋祭银	30	
	社稷神祇二坛祭银	12	
	邑厉坛三祭银	4.5	
	常雩狱神、赤帝神、旗纛神等祭银	4.8	
	巡道员下门子工食银	12	未解
	轿伞夫工食银	31	未解
	本府经历员下俸银	40	未解
	马夫一名	6	未解
	门子工食	6	奉文以三年春季为始支给
	皂役	24	奉文以三年春季为始支给
1984.306	本县知县俸银	45	至今未支，奉文编俸解司
	门子二名工食	12	
	皂役十六名	96	
	马快八名	134.4	
	捕役四名	32	
	民壮十六名工械银	128	
	库子四名工食	24	
	禁卒八名工食	48	
	奉臬司抽拨一名应解银	6	
	斗级四名	24	禀奉停支，俟有仓储再给
	轿伞夫七名	40	
	修监银	10	
	典史俸银	31.52	尚未开支
	门子一名	6	
	皂役四名	24	
	马夫一名	6	
	儒学教谕、训导俸银	80	
	文庙香烛	2.4	

资料来源：同治《黟县三志》卷9《赋役》，《中国地方志集成·安徽府县志辑》，江苏古籍出版社1998年版，第393—394页。

　　从上表可知，黟县留存的银两中，如果全部按表开支，完全是入不敷出。幸好有几项开支奉命停支，但所剩也是寥寥无几。其他各县的财政状况与黟县也差不多。在这种情况

存留(两)	支出名目(地丁钱粮项下)	金额(两)	备注
	门斗工食	14.4	
	斋工	36	奉文署事斋夫一项不准支
	廪粮	82.667	
	额支时宪书银	5	抚院奏明停支
	乡饮酒银	8	抚院奏明停支
	廉惠项下留赈贫生	20.626	
	铺司兵工食	244.8	
	又带闰	8.16	以上两项向有停六给四,及停八给六之例,本年抚院奏明全行停支
	驿站差夫工食	168.84	内实支差夫57两6钱,现亦奉文停支
	额内孤贫口粮柴布等项银	306.96	所发不敷,向在起运项下拨补
	额外孤贫口粮等	72	扣建向系按月垫给,岁底请销。奉文此项由司于匣费项下动放,不由县径支
	总计	1996.706	

下,地方上的一些公共事务,官员要么熟视无睹、置若罔闻,要么无可奈何、一推了之了。

以徽州为例,徽州处于万山丛中,水利是极重要的大事。人们为了灌溉和航运之需,往往需要筑坝拦水。歙县渔梁坝就是这样:"郡南三里丰乐、富资、布射、扬之诸水皆汇于此,又泻而不潴。宋嘉定中谓宜为梁以缓水势,郡守宋济始聚石立栅,顾遇霖潦辄败。太守袁甫议易以石,请于朝,役未及兴而迁。绍定三年,袁复指挥江东乃檄催官赵希愬督其事,伐山取材,分眉石、算石、囊石为三等,坚致完固而渔梁报成。"①可知从宋代开始就在筑坝拦水,给一方百姓带来极大利益。但随着时间的推移,渔梁坝"递倾递复,一郡之兴坏,亦往往随之"。到了明代,地方官可能由于经费问题,屡筑屡圮。清顺治十六年(1659),巡抚卫贞元深知此坝关乎四方百姓利益,于是向朝廷上疏,"称府南垒石阻流曰渔梁,宋明咸出官钱加筑,相传水厚则徽盛,水浅则徽耗,今已颓废,不可不议修筑"。"部议上,奉旨俞允。"既然皇帝已"俞允"出官钱筑坝,岂非好事?然而,"三十余年矣,而未果行"②。皇帝谕旨竟成一纸空文,最后不得不由商人捐资修坝。

筑城抗倭、赈灾救民这样刻不容缓的事,政府总应有所作为吧,遗憾的是地方政府也是无能为力,不得不依靠商人。万历二十三年(1595)仪真大饥,邑令募富室输济,多不应,徽商吴一澜正好售盐于楚,市米归来,看到灾情如此严重,立即找到县令说:"今来米千石,得倍息,若以年饥居奇,诚不忍,愿留半完本,捐半供赈。"县令说:"五百石不继,奈何?"答曰:"真距楚虽远,乘风上下计月可达,苟得母钱广籴,而以子米赈贫,事亦易易。"③于是闻

---

① 民国《歙县志》卷15《重修渔梁坝记》,《中国地方志集成·安徽府县志辑》,江苏古籍出版社1998年版,第632页。

② 民国《歙县志》卷15《重修渔梁坝记》,第632页。

③ 道光《重修仪征县志》卷38《人物志·义行》,清光绪十六年刻本,第5页。

者咸集资，共得官民钱若干，周回枀枲，济活无算。嘉靖年间，倭寇经常自海上来犯，仪真的防卫自然非常重要。县令担心东、西、南三面月城未备，一旦倭寇来犯，城将不保，但县政府根本没钱建造，朝廷更是漠然，又是徽商吴宗浩、汪灿共捐银四千两增筑之，仪真得以保聚。①

更令人不可思议的是，甚至地方军事设施的修建，朝廷也不拿钱，竟仍依靠商民捐助。据记载，明代崇祯年间，农民起义已经初露端倪，地方形势很不安宁。一些要害之地，非建敌台不足以资攻击，当时芜湖就是如此。

> 而芜湖尤最冲要者也，该县逼临大江，上接无为州，下接和州，对岸为巢湖口之裕溪，一苇之航，曾不崇朝，斗大一城，卑而难守。民居在城内者十之三，在城外者十之七。户工税关亦设城外，富商大贾之所辐辏，毂击肩摩，有小扬州之号。五方杂处，奸宄易滋，郊圻广衍，无险可扼。而从此以抵宣歙常浙，路尤径捷，绝无重关大河之限，是五达之衢地也。②

当时巡抚张国维会同有关官员，勘察地形，认为这样的要害之地，自然应建七座敌台，以资进攻。于是上疏申报在案。按说这种关系到地方安危的大事，朝廷应该紧急拨款兴建吧，可朝廷却久久不予答复，一点不肯"放血"。时不我待，"惟苦庀材鸠工，畚锸无措"，万般无奈之下，巡抚只好号召官、商、民捐建。结果，清风楼敌台一座，系户部钞关主事雷应干捐资；王公祠前敌台一座，系本县九名乡官捐建；碛溪敌台一座，系举人、贡士、生员、监生等并富商店铺民人捐建；橹港敌台一座，系生监、商民戴成、王尚礼各出资完造。而"河南江口敌台一座，高三丈六尺六寸，双港敌台一座，高三丈六尺，河北江口敌台一座，高三丈六尺，俱系徽商程国度捐助"，甚至敌台上的兵器也是靠商民捐输而购置的。③

清代也是如此。各地的公共事务，朝廷不愿管，地方无力管。如直隶各州县的水利兴修是件关系到千万百姓利益的大事，可乾隆却在一次上谕中说："御史帅方蔚奏，直隶各州县每当夏秋之间大雨时行，田亩多被淹浸，道路亦且淤阻，或遇雨泽偶愆，又复难资灌溉，皆由沟渠不立所致。今南方民田陂塘渠堰多系民修，直隶水利事宜亦可令民间自行修建，势不能尽仰官办。"④你看，"直隶水利事宜亦可令民间自行修建，势不能尽仰官办"。皇帝轻轻松松一句话，就把公共事务的责任推得干干净净。要知道，乾隆时期正是清王朝的鼎盛时期，朝廷并不缺银子，此时尚且如此，其他时期就更不必说了。

---

① 参见道光《重修仪征县志》卷38《人物志·义行》，第5页。
② （明）张国维：《抚吴疏草·报完敌台疏》明崇祯刻本。
③ 参见（明）张国维：《抚吴疏草·报完敌台疏》。
④ （清）昆冈修、刘启瑞纂：《大清会典事例》卷925《工部》，《续修四库全书》第811册，第210页。

徽商的社会担当

地方公共事务涉及千家万户的利益，它不会因为地方政府不闻不问而自动解决。为了解决众多民众眼前的困难，在很多地方、很多时候往往是地方士绅出面，或首先捐款为倡，号召民众捐款、出力，或亲自组织民众，解决公共事务，从而或多或少地解决了一些燃眉之急。这在前人研究的文章中已经做过充分的论述。

但是，在另外一些地方，尤其是徽商较多的地方，我们却看到了另一种情景。徽商充当了解决公共事务的主角，甚至承担了解决公共事务的领导责任。虽然有时还要地方官出面组织，但起关键作用的已是徽商了。

徽州的惠济仓、惠济堂的建立就是这样。本来，地方上的惠济仓或养济仓是用来帮助贫民渡过难关的机构，是非常重要的地方公共事务，但是地方官对此是什么态度呢？明代人曾对此发出感慨："郡邑养济仓庾本以为民也，而诸封守大夫或持偏心，视民阽于危亡沟壑而莫之省忧，泽民之谓何？费不出己，而犹然视济院颓败，不辑仓粟，吝不忍与即召匠修葺。遇凶发给，视为故事虚文，漠然无所关涉。郡史（吏）胥徒欣欣藉以资利，颠连无告，冒养济之名，而莫蒙实利。"①地方官是这样的态度，那养济仓只能依靠民众自己建立了。像在歙县瀹潭，徽商方起看到贫民缺食无房，就购买旷夷之地，建立义舍和义仓，"以庐族之无告者，舍东西庑面阳爽垲，足以贮义田子粒，子粒足以沾无告之口。舍之博达丈之十，深且倍之，庖厨蔬圃齐族备，且仓廪锁钥，悉记簿籍。每月一日次第施布。复虞世守或玷，别立籍户输公，何以故？即支苗或替而恩泽无穷也"②。这样的例子很多。清代更是如此。乾隆十六年（1751）夏天徽州发生旱灾，商贩不通，米谷腾贵，饥民嗷嗷待哺。政府赈灾无能为力，郡守何达善无奈劝谕绅士出谷平粜，以抒一时之困，令郡守想不到的是，"一言甫出，而诸绅士皆环起援手，自数十百金至数千金，踊跃争集"。郡守又驰书淮扬各绅商，谋所以为积储经久之计。于是在扬州经营盐业的徽商程扬宗积极捐款为倡，众多徽商响应，此举据何达善撰的乾隆十七年《歙绅捐粜碑记》统计，共有二百八十三位商人捐款，"相率乐输银六万两"③。这是一笔不小的金额，何公"以三万两发典生息，以三万两买谷建仓贮之，视谷之贵贱而以时出入焉"。徽州的"惠济仓"就在商人的努力下建成了。在知府何达善的支持下，"其积贮米谷非实系商贩阻隔、市米缺乏之时，不许妄请开粜，亦不许出借，务期长贮备急。并酌议条规，勒石永遵在案"。就这样，"惠济仓""历十余年仓储既裕，而生息银两亦倍于前"。于是，商人方承绪等又建议用这笔钱建堂"以收恤茕独"，获得官员认可，上报朝廷，"并请即名惠济堂以无失各商原捐本意"，不花朝廷一分钱，朝廷何乐而不为？立马批准。

---

① （明）方承训：《复初集》卷24《瀹潭义屋偕仓记》，《四库全书存目丛书》集部第188册，齐鲁书社1997年版，第112页。

② （明）方承训：《复初集》卷24《瀹潭义屋偕仓记》，《四库全书存目丛书》集部第188册，第112页。

③ 民国《歙县志》卷3《恤政志·振济》，《中国地方志集成·安徽府县志辑》，江苏古籍出版社1998年版，第137页。

花了一年的工夫，建成了"惠济堂"，"男妇各为一堂，共屋百六十余间，而虚其十之一以居疾病者。二堂收养男妇共二百四十人，其壮而无业者弗与，洁其井厩，供其器用，病则庇医药，死则给殡瘞。日有会，月有要，岁终则登其数，司事掌之，监堂稽之，老成绅士总核之。胥吏不得过问，计一岁之经费，需银四千二百七十两有零，而规地购材以及百工之需，用银五千三百两有零，金不外索，祇取诸惠济仓之余息，以徽人之所输者还泽徽人"[1]。这项重大的公共事务工程，劝议者为歙县知县张佩芳，但经营督率、身任其劳者为县丞祖恪铉、巡检韩复愈和徽商江国忠、黄世爵等，更重要的是所有款项均由徽商捐助。这充分反映了徽商对地方公共事务的担当精神。

道路交通是一个地方重要的基础设施，也是关系到千万民众的重要公共事务。徽州处在万山丛中，很多道路更是崎岖难行。如箬岭山路就是如此，"箬岭界宣歙间，为歙、休宁、太平、旌德要道，其高径二十里，逶迤倍之，大约道险涩南北合百里。行其间者，蓁莽塞天地，藤蔓翳日月，涧水、荦石之碍路者，随地皆是。且不特此阴翳晦莽，则蛇虺穴之、狼虎窟之，盗贼奸宄窃发者，亦必于此焉。统计一岁中，颠而踣以迄遭援噬攫禡、利刃白梏殒毙者常接踵。两府皆视为畏途，然舍此则无别道"，"率计一岁中行是岭者不下十数万人"。徽人程光国年轻时为诸生，曾多次由歙县赴省城参加乡试，都必须走这条路。那时他很穷，"一囊一伞，恒自负戴。盖自上岭以至平地，凡数百休乃得至焉"。一个年轻人上下箬岭，要休息几百次，可见道路之难行。按说关系到两府四县民众出行的大事，地方政府真应出资修缮此路，但那时这是绝无可能的，地方财政没有钱，朝廷更是一毛不拔。在这种情况下，程光国挺身而出。他屡踬科场，五举不售，乃弃儒经商，在积累了一定资金后乃立志独资整修此条道路。洪亮吉的《新修箬岭道记》记载了程光国亲自修路的情况：

> 剃莽、凿石、铲峰、填堑，危者夷之，狭者阔之，几及百里。以歙石易泐不可用，本山石不足，复自新安江辇载浙石青白坚久者补之。长七八尺至四五尺不等，皆随道之广狭筑之，咸自履勘，不假手于人。盖畜数十年心力，甫得就焉。卉莽去则搏噬者无所容，道路夷则奸宄亦无可托足。于是行者始不避昼夜，不虑霜霰霖雨，往反百里，均若行庭宇间。又虑道渴力乏之无所憩也，岭半本有旧刹，狭陋殊甚，复兴工庀材筑楼数十楹，自此行者有所憩，渴者有所饮，莫（暮）夜者有所栖宿。[2]

这条道路的整修，每年给四县十数万百姓带来多么大的便利啊！

像程光国这样有担当的徽商是很多的。歙县西北有一个村名蜀源，是入灵金、通箬岭之要路，每天来往行人非常多，其地逆大母堨之水而委折环之，始于蜀口，竟于白沙岭之巅，

① 乾隆《歙县志》卷18《艺文志下·惠济堂记》，卷16《艺文志上·惠济仓题疏》，乾隆三十六年刊本，第61—63、9—11页。

② （清）洪亮吉：《更生斋集·文甲集》卷4《新修箬岭道记》，清光绪三年洪氏授经堂增修本，第22页。

凡二千余丈。路整则堤固，堤固则流畅，亩浍町畦，灌输无碍，岁书大有而行者便之。但此路由于岁久失修，渐渐倾圮，砂砾阗淤，壅遏竭流。重要的水利设施大母堨也逐渐破坏，"路圮而堨隳，是既使行旅之多艰，而又病农人也"。同样，这一地方公共事务政府也是不管的。徽商鲍治南挺身而出，慨然拿出三千两银子，伐石于山，雇工整修数月而功成，从此，"长途坦坦，清流瀯瀯"，而且在大母堨上建亭栽树，行人在堨上少憩，可见"见其亭障参差，绿杨阴荫"，既修了路，又保了堨，真是"农夫、行者交庆焉"。①

有路就有桥。徽居万山中，"崖泉岩瀑垄涌腾溢，溪渎涧壑之属水流如织，凡康庄四达之地，非津梁无以济行旅"，所以徽州的桥特别多。路桥相连，必不可少。桥虽关乎千万路人，但在官府看来，同样只是"乡鄙之事"，自然"有司弗暇及"。甚至有的桥原是官府修建的，后来也不管了。如歙县肪溪，是东西交通要道，"向有官桥，每春夏雨涨则撤去，水平则复构，日久朽坏，则鸠工庀材而新之，经费皆给于官，而居民出力以营之。后为有司所裁省，而人始病涉"。官府既然不管，于是商人凌懋成首先捐田捐资以为倡，重建木桥，而且以后宗族三世皆担起维修责任。②可以说，徽州境内的桥大多是徽商修建的。如歙县东南与浙江接壤，自杭州之昌化到徽州府，逾昱岭，径横山，而后达横山之麓，架石为梁曰关桥。此桥是徽浙往来之要隘，非常重要。清代顺治、雍正、乾隆此桥三圮三建，谁知道光三年（1823），特大山洪爆发，彻底冲垮关桥，"旧址湮没于沙泥间，行者必迂道以济，咸患苦之"。官府又是不管，民众集议修复，皆因费巨而罢，交通中断十余年。徽商胡祖祯见此毅然决定独立修建，他委托好友主持此事，重新选址，"监工甃石，无间寒暑"，前后花了三年时间，建成一座长一百六十尺、宽二十尺、高二十六尺，"有栏有级，磐石莹洁，既朴且完"的新关桥，此举耗费五千余两银，且预留桥石于土中，以待重修之用。③

在外地经营的徽商同样对地方公共事务表现出积极的担当精神。如徽商吴焘，在上海经营丝业，是一位著名商人。道光年间，他曾多次来往于无锡，经常坐船过河，他看到不仅民众出行不方便，而且经常发生翻船覆溺事故，于是决定在此建一座钢桥，当时与工程师订议时计价六万金。后一战爆发，工料腾贵一倍有余，地方绅士劝其改造洋式木桥两座，还可盈余四万金。但吴焘婉谢曰："议定而悔，如信用何？县造桥，善举也，于善举中而自利焉，诉诸良心亦不之许，不敢闻命。"仍然坚持建造钢桥。不仅如此，他了解到家乡黟县"挹秀桥"倾圮，认为重修不如重建，乃捐一万二千银圆建了一座壮观坚实的新桥。1915年又遵照母亲意愿，在故乡的一条交通要道上建了十二所路亭，供来往行人休憩。并捐田数亩以为

① 参见民国《歙县志》卷15《艺文志·记》，《中国地方志集成·安徽府县志辑》，江苏古籍出版社1998年版，第645页。

② 参见（清）凌应秋：《沙溪集略》卷6《艺文·国朝》，邵宝振校注，安徽师范大学出版社2018年版，第176—177页。

③ 参见民国《歙县志》卷15《艺文志·记》，《中国地方志集成·安徽府县志辑》，江苏古籍出版社1998年版，第653页。

善后之费。[1]

明清时期,由于政府不重视水利建设,地方灾害经常发生。灾害发生后,赈灾可谓迫在眉睫的公共事务了。由于地方财政的窘境,决定了地方政府的无能为力。上报朝廷救济,手续极其烦琐,来往非常耗时,往往远水不解近渴,而且朝廷拨款极少,对灾民来说,无异于杯水车薪。在这种情况下,又是徽商挺身而出,见义勇为。徽商许仁在芜湖经商,嘉庆十九年(1814),安徽发生旱灾,因芜湖灾情不重,外地大批饥民涌到芜湖索食,眼看就要酿成大乱。地方大吏束手无策,他知道许仁有才智,急忙前去请教许仁,许仁说:"非先资流民出境,乱不解。"地方政府哪有这笔资金?许仁又拿出己资发给灾民,让灾民离开芜湖,一场大乱消于萌芽状态。许仁还拟了章程十条,大府称善,下本府其他各县仿行,终未发生灾民骚乱。道光十年(1830),芜湖又发生大水,凤林、麻浦二圩皆破,造成其他小圩相继被淹。许仁此时正从汉口回芜,他看到地方政府简直无所作为,立即谋划赈事,组织民众修固圩堤,以工代赈。第二年春天竣工,谁知大水又发,许仁"乃赁船,载老弱废疾,置高垲,设席棚,给饼馒,寒为之衣,病为之药。且为养耕牛,水落更给麦种,倡捐巨万,独任其劳,人忘其灾"。又议凤林、麻浦二圩通力合作章程十六条,令农民奉行。[2]在整个救灾过程中,我们看不到地方政府有多少作为,反而是徽商许仁扮演了主要角色,无论赈灾、弥乱、筑堤、善后,他都起到了领导和组织的作用。

在扬州的徽州盐商表现更为突出。雍正九年(1731),发生海啸,扬州府属不少盐场受灾,徽商汪应庚捐银煮粥赈伍佑、卞仓等场灾民三个月。十年、十一年,江潮迭泛,州民仳离,应庚先出囊金安定之,随运米数千石往给。时疫疠继作,更设药局疗治。十二年,复运谷数万石,使得哺以待麦稔。是举存活九万余人。乾隆三年(1738),岁饥,首捐万金备赈,及公厂煮赈。期竣,更独力展赈八个粥厂一月,所赈至九百六十四万一千余口。这次以徽商为主体的淮南盐商设扬州八厂共赈过男妇大小一千五百七十六万五千三百二十五名口。[3]

明清时期,弃婴是个常见现象,也是重要的地方公共事务问题,但这更是在地方官的视野之外,长期得不到解决。又是徽商站了出来,担起育婴的重任。我们翻开徽州有关的地方志,就可看到很多徽商都为育婴做出了贡献。他们或则捐资育婴堂,使其得以持续运转;或则联合同仁建立育婴堂,收养弃婴。这在扬州最为典型。因为"扬州南北之冲,女子号佳丽,四方游宦贵富者多买妾侨家,生息既繁,常倍直以佣乳,贫家利厚直,往往投其子女水中或其道周。故扬之弃婴视他方为甚"。清前期,蔡商玉看到路旁弃婴,激起恻隐之心,立马找到盐商闵象南,象南召集同仁,经过反复考虑,决定捐资建立育婴社,聘请乳妇哺乳婴儿,

① 参见民国《黟县四志》卷7《人物·尚义》,《中国地方志集成·安徽府县志辑》,江苏古籍出版社1998年版,第95—96页。
② 参见许承尧:《歙事闲谭》卷7《许静夫示儿诗》,黄山书社2001年版,第222页。
③ 参见中国第一历史档案馆、扬州市档案馆编:《清宫扬州御档》第4册《题为遵旨会议,署理两淮盐政吉庆题乾隆三年分淮南汪应庚等员捐赈银米请议叙等事》,广陵书社2010年版,第1981—2002页。

并"晓弃儿者置社旁，而令商玉主之，自是每会婴儿多至二百余人"。育婴社的婴儿在断乳后如有人愿意领养，可以领去。有一次风传南明残余势力要从海上进攻，扬州城人情汹汹，育婴社的同人大都出走，资金大匮，乳妇咸欲弃婴去，商玉求助象南，象南曰："毋！我固在也"，遂独给数月。后来同人陆续回扬，终于渡过了一场危机。育婴社制定了严密的制度，一切有条不紊。清初学者魏禧"偶同友人过其社，则妇人之褓乳婴儿以来者百数十，当日者持筹唱名给乳直与婴之絮衣，右介之室医之者处焉，婴疾及疮皆有药"，不禁大为感慨。同社之人，每人值班一月，如果收入不够支出，由值班者补贴，而象南独值两个月，故育婴得无缺，据魏禧记载，从1655年到1677年的二十三年间，存活弃婴三四千人。①扬州徽商此举解决了多大的社会问题啊。类似的现象还有很多，如后于闵象南的歙县人江承瑜，"客维扬，倡建育婴堂，设医局，全活甚众"②。绩溪胡明珙"尝寓苏州，一时待举火者数十家。倡建普济、育婴、广仁三堂，恤孤穷助殡殓"③。"乾隆二十年(1755)，(苏)州人大饥且疫，死者枕藉于道，而郊野间尤甚。甪里故有同仁堂，为施棺所，君(休宁商人汪士荣)大输金为助，得棺者以千计，即买地葬之，岁以为常。城中育婴堂，岁久人满，有来者，君别令乳母养之，尽三十余年，活儿以百数。其有残疾者，资之终身。"④清代婺源人汪焞在苏州经商，"父建吴门育婴堂，焞复输巨赀，备费广父惠"⑤。清代婺源故大洲，"尝输数百金于苏州育婴堂，太守郡公奖以额曰'功存遂长'"⑥。

最令人不可思议的是，有时竟然连官署的维修都由商人出资进行。我们知道，"官之有署，国体所系，政令所出也"⑦。这官衙无论如何也是应由政府出资建造和维修，但实际情况并非如此。两淮盐运使司衙门作为两淮盐业最高管理机关，每年征收盐税在二百多万两，应是最重要的官署，但是到了康熙前期，渐次倾圮，由于没有维修经费，几任盐政官员也都无可奈何，把官署视为传舍(旅馆)，能糊则糊了。康熙二十三年(1684)，崔华从扬州太守任上迁两淮盐运使，看到此时的官署确实已是破败不堪，但还是没钱维修。由于崔华"忾然念商灶重困，为之体察幽隐，凡有呼吁，务使群议于庭，期于允协，疴痒疾痛，必为之处方，殚力兴革"，深得盐商拥护，所以盐商一再请求出资维修官署。"于是踊跃输赀，子口趋事木石陶冶之匠，各专其技，属商员黄韶、项鼎玉掌其财，工吏梅斯盛董其役，门坊堂宇次第完整，高明爽皑，轮奂一新。"维修竣工后，"堂以西引库八楹、库大使宅六楹、卷房二十楹尚须葺，商人汪浚源目击倾圮，劝众轮资重缮一新，工费约计千金"。正是在盐商的全力参与下，两淮

① 参见(清)林时益辑：《宁都三魏全集》卷10《善德纪闻录叙 为闵象南作》，《四库禁毁书丛刊》集部第4册，北京出版社1997年版，第645—646页。
② 道光《徽州府志》卷12《人物·义行》，《中国地方志集成·安徽府县志辑》，江苏古籍出版社1998年版，第24页。
③ 道光《徽州府志》卷12《人物·义行》，《中国地方志集成·安徽府县志辑》，江苏古籍出版社1998年版，第83页。
④ (清)彭启丰：《芝庭诗文稿》卷6《封奉直大夫待次州同知汪君墓志铭》，清乾隆刻增修本，第32页。
⑤ 道光《徽州府志》卷12《人物·义行》，《中国地方志集成·安徽府县志辑》，江苏古籍出版社1998年版，第47页。
⑥ 道光《徽州府志》卷12《人物·义行》，《中国地方志集成·安徽府县志辑》，江苏古籍出版社1998年版，第60页。
⑦ 康熙《两淮盐法志》卷26《艺文》，《扬州文库》第28册，广陵书社2015年版，第734页。

盐运司官署焕然一新，"规制之盛，前此未有也"①。

总之，在明清时期，在赈灾济贫、收养弃婴、建桥修路、掩埋枯骸、兴修水利等一系列地方社会公共事务中，徽商都积极参与、尽力而为，做出了突出的贡献。翻开徽州的地方志的"义行""质行"篇，这方面的记载俯拾即是，不胜枚举。至于徽商侨寓地的方志中也有不少这方面的记载。徽商的这些行为消除了地方政府不作为、难作为所留下的巨大隐患，在很大程度上稳定了地方社会秩序。

徽商"士"意识的觉醒

乾隆初期曾在徽州府任过六年知府的何达善，对徽商积极参与地方公共事务的情况非常了解，他曾拿徽州与其他地方相比较，写道：

> 新安山水清淑，士民多慕义强仁，素封之家尤好行其德，凡修举废坠，如桥梁、道路、学舍、公廨诸项，动糜金钱数万，有任无让。以予所观各省郡州邑，即不乏富室，未有若此之争先为善者，然未亲与从事，犹以为已然可信者，或不过千百一二也。

是什么原因造成这种风气呢？他认为："风俗人心之美恶，各有所聚，往往有地相比而不相似者。风气所钟，先民流风遗俗所传，由来非一日也。"②

这种"先民流风遗俗"，恐怕主要是指朱熹思想的陶冶，也就是儒家思想的灌输与影响，这是徽州迥异于其他地方的特色之处。

那么，徽商对公共事务的勇于担当说明了什么？我认为这充分表明了徽商"士"意识的觉醒。

自从先秦确立了士、农、工、商四民社会结构以来，"士"一直居于四民之首，是人们崇敬的对象。士是社会的精英，以修身、齐家为最低目标，以治国、平天下为最高理想。从而形成了重气节，轻名利，"穷则独善其身，达则兼济天下"的处世准则。"贾而好儒"的徽商何尝不是如此。在一向重教的徽州，徽人从小就受到传统儒家文化的熏陶，从商后很多人都是书不离手，"昼则与市人昂毕货殖，夜则焚膏繙书弗倦"③。而且所至各地，都乐与士大夫交，在他们的骨子里，"士"的基因已种下，"士"的意识也在不断萌芽觉醒。更何况徽商当中本来有不少人就是以读书入仕为目标，他们寒窗苦读多少年，不少人已成为生员，还想中举人、登进士，所以饱读经书，有的更是满腹经纶，只不过因每届科举录取人数太少，屡踬场屋，无奈投笔从商的，这些人说他们是"士"一点也不为过。

---

① 康熙《两淮盐法志》卷26《艺文》，《扬州文库》第28册，广陵书社2015年版，第734页。

② 民国《歙县志》卷3《恤政志·振济·附乾隆十七年〈歙绅捐粟碑记〉》，《中国地方志集成·安徽府县志辑》，江苏古籍出版社1998年版，第137页。

③ 《休宁率东程氏家谱》卷11《明威将军程天庞甫小传》。

徽商对自己更有一个清醒的认识。清初徽人汪仕兴,初业儒,既而弃儒就商,有人就嘲笑他:"汪氏儒族也,而子商焉,是舍本而趋末矣。"而他却反驳道:

> 是岂知道哉?吾闻胶鬲举于鱼盐,是商而士者也。陶朱弃相而致累万金,是仕而商者也。苟道存焉,曾何儒商之别哉?夫衣缝掖而冠章甫,儒之饰也,由义路而居仁宅,儒之真也。是故有拘儒焉,有通儒焉,君子之于道也,无入而不自得焉耳。曾何儒商之别哉?①

胶鬲是商周之际人,本是鱼盐商人,后被周朝委为重臣。陶朱即春秋时期越国大夫范蠡,他在辅佐越王勾践灭吴后,竟然功成身退,隐居江湖,弃官经商,并取得极大成功。汪仕兴以此两人为例说明是儒是商,不在于你从事什么职业,而在于你的行为。"衣缝掖而冠章甫",只是儒的外表"由义路而居仁宅"才是儒的本质。所以他认为,有"拘儒"和"通儒"之别。"拘儒"就是不知变通之儒,"通儒"就是"由义路而居仁宅",即是说,你不管从事什么职业,只要坚持仁义就是儒。可以说,这是徽商对士的全新认识。而这种认识在徽商中很有代表性。明后期的歙县商人吴光裕(字肖甫),年轻时从父立庵公经商,"立庵公善权万货重轻,故市多倍得。肖甫间划一筹,巧出若翁上。父喜曰:'人谓汝胜我,果然。'"肖甫就说过这样的话:"岂必儒冠说书乃称儒耶?"②徽商的这些话无不充满了自信。虽然自己从事商的职业,但他们认为自己就是士。

正因为徽商有这样的认识,他们才按士的标准去行事。重气节,轻名利,重品行,讲操守,修身齐家,"穷则独善其身,达则兼济天下",很多徽商就是这样干的。他们对地方公共事务倾注了那么大的热情,正是士意识觉醒的标志。

徽商是这样的认识,这样的实践,那么士呢,他们又是怎样看待徽商的呢?

明代徽商程君,年轻时就在吴地经商,"吴之士大夫皆喜与之游",人称"白庵"。著名学者归有光在给他写的寿序中就说:"程氏由洛水而徙……并以诗书为业,君岂非所谓士而商者钦。然君为人恂恂,慕义无穷,所至乐与士大夫交,岂非所谓商而士者钦。"③

显然归有光这位著名的士认为程白庵"为人恂恂,慕义无穷",就是"商而士",既是商,也是士。

明中叶歙县人黄长寿,"少业儒,以独子当户,父老去之贾,以儒术饰贾事,远近慕悦,不数年资大起"。但他能积能散,见义勇为,"凡阨于饥者、寒者、疾者、殁者、贫未婚者、孤未字者,率倚办翁,翁辄酬之如其愿乃止"。"嘉靖庚寅,秦地旱蝗,边陲饥馑,流离载道,翁旅寓榆林,输粟五百石助赈。"朝廷赐其爵位四品,并授绥德卫指挥佥事。而他却说:"缘阿堵而我

①《汪氏通宗世谱》,刘伯山编著:《徽州谱牒》第2辑第1册,广西师范大学出版社2018年版,第359页。
② 吴吉祜:《丰南志》卷6《光裕公行状》,吴晓春点校,黄山书社2017年版,第249页。
③(明)归有光:《震川集》卷13《白庵程翁八十寿序》,四部丛刊景清康熙本,第111页。

爵,非初心也。"婉言谢绝。士人道中谨就认为他的所作所为,完全符合士的标准,他在给黄长寿写的传中就明确说他:"虽游于贾人乎,实贾服而儒行。"①

清代黟县商人程桂锜,既经商又习武,并且中了武举人。咸丰年间,"粤贼之乱,君匄众保乡里,张文毅公奇之,欲授以官,不受"。平生特别喜爱读书,而且"好拯危济急,忍人所不能忍,为人所不敢为"。他的所言所行,学者俞樾赞扬说:"业虽在商,其行则士。积德于躬,称善乡里。"②也认为他就是士。

明清时期的士人对有的徽商的评价,甚至认为他们即使置于士中也是难得的。如清代歙县商人方祈宣,继承先辈之业,贾于楚中,"无问智愚贤否,一皆推诚相结",虽然积累不少资本,但他处己俭朴,"而周人之急常恐其不及。族姻之有丧而不能敛,有子女而不能婚嫁者,均受其庇荫"。尤其对地方公共事务积极热情,乾隆十六年地方大灾,饥民待哺,方祈宣"于乡里倡为赈恤,又捐惠济仓穀至白金三千两。郡邑劝输修城,亦且捐至千缗。伐石以平治凤山之道路,烦费弗惜也"。居家性既纯孝,又笃于友恭。正因为如此,大学者刘大櫆感慨地写道:

> 世之儒者以诵说《诗》《书》自藩饰,而伦类之间孝友睦姻、任恤之行多内省而惭。至于方君者,既弃儒术而事机利矣,迹其平生所为,求之缙绅先生何可易得哉?呜呼,可谓淳笃君子矣!③

再如,明代休宁黄道德在扬州业盐,官员陈禹谟在为他作的《传》中就说:"若处士者其衷恬然,其行粹然,其品卓然,虽业贾而不竞锥刀之末,饶有儒者气象,是足以风世矣。"④明末湖广参政程策对徽州盐商黄大纪的评价也是很高:"财愈丰,而心愈下,褆躬端饬,雅有儒者风。"⑤所谓"儒者气象""儒者风",不正是"士"的基本特征吗?

确实,不少徽商无论从独善其身还是从兼济天下来看,其表现都是非常突出的,是常人难以做到的,难怪不少名士对他们称赞有加。清代黟县人朱光宅,自幼读书,具有条贯,其对司马光的《资治通鉴》熟悉程度甚至超过了一些学士大夫。经商期间,"为人慷爽有大度,而处事则缜密无间。凡所纬画,洞中机要,由其智识迈伦,翕然为人望。故有不言而人信之,不动而人敬之者"。待人接物方面,"孝友恺弟,与人交,不设城府。又自逡巡退让,未尝以炫鬻为能"。对待地方公共事务争先恐后,"修黉序、建考棚、创书院诸义举,赴之若渴"。"其他施槽薤揪,甃衢以利行,出粟以拯饥,遇事急人之急皇皇焉,日夜惟恐不及,又难更仆

①《黄氏宗谱》卷3《望云翁传》,清刻本。
②(清)俞樾:《春在堂杂文》补遗卷6《程芝滋像赞》,《续修四库全书》第1551册,上海古籍出版社2002年版,第317—318页。
③(清)刘大櫆:《海峰文集》卷6《封大夫方君传》,《续修四库全书》第1427册,第478—479页。
④(清)黄治安纂修:《休宁古林黄氏重修族谱》卷9《仲纯道德公传》,乾隆三十一年刻本。
⑤(清)黄治安纂修:《休宁古林黄氏重修族谱》卷9《左泉大纪公传》。

数也。"经商再忙，也不忘学习，"尤重问学，一时根柢朴学之彦与夫词章胜流至者，皆乐数晨夕文酒相娱，或上下其议论则辄惊座，佥谓先生固硕士而隐于市者。"曾官黟县训导的清代文学家朱骏声了解了朱光宅的事迹后说："经世之才也，醇儒之行也，通士之学也，先生兼之，岂与夫孳孳钱方仰取俯拾，至于卑琐龌龊而不顾者可同年语哉？"①这样的人难道不超过一般的士吗？

类似这样的例子绝非少数，如果我们翻检有关方志和明清学者文集，可以找到很多这方面的资料。这难道是偶然的吗？

曾经有学者指出："明代中叶以后，士与商之间已不易清楚地划界线了。"又说："十五世纪以来，'弃儒就贾'是中国社会史上普遍的新现象。不但商人多从士人中来，而且士人也往往出身商贾家庭。所以十九世纪的沈垚说：'天下之士多出于商。'"这还是从身份上立论的。但我认为，这种"士商相混""士商相杂"的现象，不仅仅表现在身份上的相通，即不少士人弃儒就贾，或者大批商人捐资纳仕，更重要的是表现在商人士意识的觉醒上。所以我更赞成下面的说法：

> 最近读到汉译本涩泽荣一《论语与算盘》，我十分欣赏他所创造的"士魂商才"的观念。明清的中国也可以说是一个"士魂商才"的时代，不过中国的"士"不是"武士"而是"儒士"罢了。

明清时期，徽商正堪称"士魂商才"。"士魂"，不就是士的意识吗？

这种士意识的觉醒在徽商身上表现得特别明显，这是不奇怪的。徽商贾而好儒，长期受到士文化的熏陶，虽然自己身份上不是士，没能"衣缝掖而冠章甫"，但他们大多能自觉地用士的标准要求自己，贾名而儒行。"虽为贾者，咸近士风。"②他们首先从修身齐家做起，当积累了一定的资金后，就有条件"兼济天下"了。他们之所以对地方公共事务勇于担当，正反映了这种"兼济天下"的胸怀。这既是商人"士"意识的觉醒，也是商人自信心的提升。这正反映了时代的进步。在社会这个大舞台上，商人正在改变以往低人一等、重利不堪的形象，表现出勇于担当的气概和强烈的社会责任感。到了近代，商人的社会作用日益显现和提升，随着实业救国的思潮兴起，商人甚至以独立的社会阶层登上历史舞台，一度成为民间社会的主导力量，这一切都不是偶然的。

原文载《安徽师范大学学报》2022年第1期

作者：王世华，安徽师范大学历史学院教授、博士生导师

---

① (清)朱骏声：《传经室文集》卷7《家萸亭先生传》，《续修四库全书》第1514册，第626—627页。
② (清)戴震：《戴震集》卷12《戴节妇家传》，上海古籍出版社2009年版，第257页。

明清中国"大西洋"概念的生成与演变

庞乃明

中文语境中的"大西洋"概念,是伴随中外文化交流而衍生的涉外地理词汇。但它并不是译自海外的外来词汇,其出现也与 Atlantic Ocean 无关。有证据表明,中文"大西洋"一词是在传统词汇"西洋""小西洋"基础上创造出来的带有中国海洋文化特色的创新词汇。与"欧逻巴""地中海"等指向西方、内涵固定的外来词汇不尽相同,"大西洋"在明清两代不同时段的不同语境中,其内涵所指颇不一致,因此给后人的解读、利用带来一些困扰。当代学者虽曾注意到明清"大西洋"概念的不同内涵,但却缺乏系统深入的专门讨论,某些论断还与历史事实不甚相符。[①]有鉴于此,本文拟对 19 世纪中叶以前汉文典籍中的"大西洋"概念作一考释,溯其源流,辨其内涵,揭橥其意义所在。不妥之处,恳请方家教正。

一

就目前所知,中文"大西洋"一词最晚出现在明朝嘉靖年间。据成书于嘉靖十五年(1536)的黄衷《海语》记载:"酴醾,海国所产为盛。出大西洋国者,花如中州之牡丹。蛮中遇天气凄寒,零露凝结,著他草木,乃冰澌木稼,殊无香韵。惟酴醾花上琼瑶晶莹,芬芳袭人,若甘露焉。夷女以泽体发,腻香经月不灭。国人贮以铅瓶,行贩他国,暹罗尤特爱重,竞买略不论直。随舶至广,价亦腾贵。大抵用资香奁之饰耳。五代时与猛火油俱充贡,谓蔷

---

① 冯承钧:《中国南洋之交通》较早注意到来华耶稣会士与大西洋地名的关系。他说:"利玛窦绘万国图,西南海名称为之一变,昔名曰西洋之印度洋,则名小西洋,而始称今西洋曰大西洋。"(冯承钧撰、邬国义编校:《冯承钧学术论文集》(上),上海古籍出版社 2015 年版,第 277 页)周定国:《Atlantic Ocean 汉语为何称为大西洋》认为,大西洋一名最早出现在明代,"利玛窦来华在晋谒明神宗时,自称是大西洋人,他把印度洋海域称之为小西洋,把欧洲以西的海域称之为大西洋。"(《地名知识》1987 年第 2 期)王尔敏:《近代史上的东西南北洋》指出,伴随西方殖民势力东来,元明以来的东西二洋界域发生巨大变化,陈伦炯:《海国闻见录》中的大西洋仍指从"红毛"到"乌鬼"的广大地区而言,而印光任、张汝霖:《澳门纪略》及谢清高《海录》中的大西洋则实指葡萄牙。(台湾《"中央研究院"近代史研究所集刊》第 15 期,1986 年)汤开建认为,葡人东来、特别是欧洲传教士来到澳门后,"大西洋""西洋"等词已不再是对东南亚及印度洋诸国的泛指,也不是当今意义上的"大西洋"或"西洋",而是专指当时的葡萄牙,或 1582—1640 年间的葡西联合王国,绝不可解释为广泛意义的外国和欧洲。(汤开建:《委黎多〈报效始末疏〉笺正》,广东人民出版社 2004 年版,第 104—105 页)英人艾尼塔·盖纳瑞也认为,"大西洋"一名最早出现在明朝万历年间,利玛窦在广东肇庆绘制的中文世界地图在今大西洋之处标注了这个名字。(艾尼塔·盖纳瑞:《"小水滴"带你畅游海洋》,朱润萍、吕志新译,黄山书社 2013 年版,第 6 页)笔者认为,关于"大西洋"之名最早出现在明朝万历年间,明末以后之"大西洋"一般指今大西洋,及其专指葡萄牙或葡西联合王国的说法有待商榷。

薇水云。"①这个以大西洋国所产为上品的酴醾露又名蔷薇水,五代时曾被当作贡品进献中国。查欧阳修《新五代史》,占城国在后周显德五年(958),遣使莆诃散贡猛火油八十四瓶、蔷薇水十五瓶,"蔷薇水云得自西域,以洒衣,虽敝而香不灭"。②占城蔷薇水来自西域何处?南宋陈敬《新纂香谱》引叶庭珪语曰,蔷薇水,"大食国花露也。五代时番将蒲诃散以十五瓶效贡,厥后罕有至者"③。叶庭珪,字嗣忠,福建瓯宁人,绍兴中任泉州知州,兼市舶提举,"因蕃商之至,询究本末",于绍兴二十一年(1151)撰成《南蕃香录》一卷④,专记海外香料贸易之事,《宋史·艺文志》子类农家类著录。⑤则叶庭珪关于蔷薇水乃"大食国花露"的论断当有所据。因此之故,陈敬《新纂香谱》又将大食国蔷薇露称为"大食水"⑥。关于大食国产上品蔷薇水的情况,蔡绦《铁围山丛谈》亦有描述。他说:"旧说蔷薇水,乃外国采蔷薇花上露水,殆不然。实用白金为甑,采蔷薇花蒸气成水,则屡采屡蒸,积而为香,此所以不败。但异域蔷薇花气,馨烈非常。故大食国蔷薇水虽贮琉璃缸中,蜡密封其外,然香犹透彻,闻数十步,洒着人衣袂,经十数日不歇也。至五羊效外国造香,则不能得蔷薇,第取素馨茉莉花为之,亦足袭人鼻观,但视大食国真蔷薇水,犹奴尔。"⑦而《宋史·外国传》也把蔷薇水列为大食国输华诸贡品之一。⑧据此,黄衷《海语》中的"大西洋国"当指今阿拉伯半岛一带。

以大西洋指代包括阿拉伯半岛在内的印度洋北岸一带,在元朝后期或已露出端倪。⑨有学者指出,元代大德《南海志》有"单重布啰国管大东洋""阇婆国管大东洋""东洋佛坭国管小东洋"等条,又有"单马令国管小西洋""三佛齐国管小西洋"专条,"大东洋"既与"小东洋"相对,则"小西洋"当与"大西洋"相对,小西洋以西当为大西洋。既然当时的小西洋在今马六甲海峡以东,那马六甲海峡以西的陆海区域应该就是大西洋。⑩但因今存大德《南海志》残本缺载大西洋,使得以上推断无法坐实。待到葡萄牙商人循西南海路前来中国,人们也把佛郎机即葡萄牙看作大西洋国家。如叶权嘉靖四十四年(1565)所撰《游岭南记》即称佛郎机为"大西洋之一国"⑪,大西洋的范围似已延至印度洋以西。

① (明)黄衷:《海语》卷中《物产·酴醾露》,《景印文渊阁四库全书》第594册,台湾商务印书馆1986年版,第128页。

② 参见《新五代史》卷74《占城》,中华书局1974年版,第922页。

③ (南宋)陈敬著,严小青编著:《新纂香谱》卷1《蔷薇水》,中华书局2012年版,第94页。

④ 参见(明)周嘉胄:《香乘》卷28《叶氏香录序》,日月洲注,九州出版社2014年版,第555页。

⑤ 参见《宋史》卷205《艺文四》,中华书局1977年版,第5207页。

⑥ (南宋)陈敬著,严小青编著:《新纂香谱》卷1《大食水》,第108页。

⑦ (宋)蔡绦:《铁围山丛谈》卷5,冯惠民、沈锡麟点校,中华书局1983年版,第97—98页。

⑧ 参见《宋史》卷490《外国六·大食》,第14118页。

⑨ 参见(元)汪大渊原著,苏继顾校释:《岛夷志略校释》"旧港"条"西洋"注曰:"藤田云:'西洋一名或以浡泥分,或以蓝无里分,此书西洋盖谓印度以西之国。'案,藤田所言以浡泥分,盖谓东西洋之分;所言以蓝无里分,盖谓大小西洋之分。据此,汪大渊所言西洋,殆谓大西洋,即今印度洋是也。"(中华书局1981年版,第189页)

⑩ 参见陈佳荣:《东西洋考释》,《东南亚研究会通讯》1981年第2期;陈佳荣:《宋元明清之东西南北洋》,《海交史研究》1992年第1期;沈福伟:《东西洋区划考源》,《中华文史论丛》1986年第2辑;万明:《释西洋——郑和下西洋深远影响的探析》,《南洋问题研究》2004年第4期。

⑪ (明)叶权:《贤博编》附《游岭南记》,凌毅点校,中华书局1987年版,第44页。

以大西洋指代欧洲,始于耶稣会士利玛窦(Matteo Ricci)来华以后,这是明清大西洋概念的重要内涵之一。万历二十八年十二月(1601年1月),再次进京的利玛窦向万历皇帝进呈《上大明皇帝贡献土物奏》,自称"大西洋陪臣"[①]。"陪臣"一词本指入于天子之国的诸侯之臣,利玛窦以朝贡天子的诸侯之臣自比,就把其进献异物的个人行为提升为外藩朝贡的国家行为,于是在明朝官方文献中开始出现"大西洋"一词。如《明神宗实录》记载:"天津河御用监少监马堂,解进大西洋利玛窦进贡土物并行李。礼部题,《会典》止有琐里国及西洋琐里国,而无大西洋,其真伪不可知。"[②]无独有偶,万历四十年(1612)九月,耶稣会士庞迪峨(Diego de Pantoja)、熊三拔(Sebatino de Ursis)在奉旨翻译西文世界图志时,曾两次上疏万历皇帝,亦自称"大西洋国陪臣"[③]。崇祯三年(1630),由澳门进京的葡萄牙炮兵统领公沙·的西劳(Gonsales Texeira)自言为"西极欧逻巴沿海国土人",称其地"在小西洋之西,故称曰大西洋,其总名也"。[④]十年(1637),艾儒略(Julio Aleni)撰成《西方答问》,其《国土》篇说:"或问曰:贵邦名称,未之详闻,且不知与中国相距几何? 予答曰:敝地总名为欧逻巴,在中国最西,故谓之太西、远西、极西。以海而名,则又谓之大西洋,距中国计程九万里云。"[⑤]相对于欧逻巴的拗口音译称谓,中国人似乎更愿意接受大西洋这个传统词汇,于是大西洋一词就逐渐演变成来华耶稣会士之西方故乡的专称,尽管他们来自不同的国度。如《明神宗实录》载:"钦天监五官正周子愚言,大西洋归化庞迪峨、熊三拔等携有彼国历法,参互考证,固有典籍所已载者,亦有典籍所未备者,当悉译以资采用。"[⑥]万历四十一年(1613),南京太仆寺少卿李之藻奏上《请译西洋历法等书疏》,将庞迪峨、龙华民(Nicolo Longobardi)、熊三拔、阳玛诺(Manuel Dias)等合称为"大西洋国归化陪臣"[⑦]。万历四十五年(1617),南京礼部会审"南京教案"之涉案教士王丰肃(Alphonse Vagnoni)、谢务禄(Alvaro Semedo)等,也把他们称作"大西洋人"[⑧]。崇祯中成书的王英明《历体略》说:"近有欧逻巴人,挟其历自大西洋来,所论天地七政,历历示诸掌。"小注曰:"欧逻巴,国名。其地亦在赤道北,北至北极出地四十五度,实与中国东西相对……俗呼大西洋也。"[⑨]大西洋成了中国对欧罗巴洲的通俗称谓。

因为欧陆一带专用了大西洋称谓,原称"西洋"或"大西洋"的印度洋北岸一带则被改称

① 朱维铮主编:《利玛窦中文著译集》,复旦大学出版社2001年版,第232页。

②《明神宗实录》卷356,万历二十九年二月庚午,中华书局2016年版,第6647页;黄彰健:《明神宗实录校勘记》,台北"中央研究院"历史语言研究所1967年版,第1561页。

③ [意]艾儒略原著,谢方校释:《职方外纪校释》卷首,中华书局1996年版,第17页。

④ 参见[葡]公沙·的西劳:《西洋大铳来历略说》,韩霖:《守圉全书》卷3之1,台湾"中央研究院"傅斯年图书馆藏明崇祯间刻本(三卷本),第95页。

⑤ [意]艾儒略:《西方答问》上卷《国土》,黄兴涛、王国荣编:《明清之际西学文本》第2册,中华书局2013年版,第736页。

⑥《明神宗实录》卷483,万历三十九年五月庚子,第9088页;黄彰健:《明神宗实录校勘记》,第1561页。

⑦ (明)李之藻:《请译西洋历法等书疏》,(明)陈子龙等选辑:《明经世文编》卷483,中华书局1962年版,第5321页。

⑧ (明)徐昌治编辑:《破邪集》卷1《会审王丰肃等犯一案》,周骃方编校:《明末清初天主教史文献丛编》,北京图书馆出版社2001年版,第120、121页。

⑨ (明)王英明:《历体略》卷下,《景印文渊阁四库全书》第789册,第981页。

为"小西洋"。如利玛窦《坤舆万国全图》"小西洋"条称："应帝亚,总名也,中国所呼小西洋。"①此应帝亚即印度的另一音译。姚旅《露书》记载了一位名叫罗华宗的欧洲传教士,此人不见于费赖之(Aloysius Pfister)《在华耶稣会士列传及书目》,"华宗"或为"怀中"之讹。如此,则罗华宗当为罗怀中,即罗儒望(João da Rocha)。姚旅曾向罗华宗询问西洋布是否出自他的故乡,罗华宗答云:"彼小西洋,吾所居大西洋,在京师之背,北海中,去京师不远,阻于鞑靼,不能飞越,故必至南海焉。"②万历时期的江西名儒章潢,在《舆地山海全图叙》中三次提及"大西洋",感慨舆地无垠,并将它与小西洋区别开来。他说:"自中国及小西洋,道途二万余里,使地止于兹,谓之有穷尽可也。若由小西洋以达大西洋,尚隔四万里余,矧自大西洋以达极西,不知可以里计者又当何如,谓之无穷尽也,非欤?"③号称明季天主教"三柱石"之一的杨廷筠,在批判佛教之"六道轮回"时,称闭他卧剌(即毕达哥拉斯,Pythagoras)为"大西洋上古一士",而称"天竺国在小西洋"。④他们显然都已接受利玛窦等人的大西洋观念。

以大西洋指称欧洲的习惯也延续到了清前中期。以来华耶稣会士为例,顺治十二年(1655),利类思(Luigi Buglio)、安文思(Gabriel de Magalhaes)在向清廷贡献"西国方物"时,自称"大西洋耶稣会士"。⑤康熙中,南怀仁(Ferdinand Verbiest)撰《坤舆图说》,把探寻、使用新航路的欧洲航海家称为"大西洋诸国名士",称其"航海通游天下,周围无所不到"。⑥乾隆中,法籍耶稣会士卜文气(Louis Porquet)在致同会戈维里神父信中写道,中文"西洋"一词,可从两个层面解读,即"小西洋"印度和"大西洋"欧罗巴⑦,也把大西洋当作欧洲之别称。以中国士大夫为例,清初遗民魏禧《兵迹·远邦编》首列"欧罗巴",称"欧罗巴一名大西洋,在中国西北数万里外,西儒称为宇内第二大州也"⑧。清代历算第一名家梅文鼎《历学疑问》说:"回回古称西域,自明郑和奉使入洋,以其非一国,概称之曰西洋。厥后欧罗巴入中国,自称大西洋,谓又在回回西也。"⑨康熙朝大学士张玉书《外国纪》有"西洋国",称"西洋总名欧逻巴,在中国极西,故谓之大西,以海而言,则又谓之大西洋"⑩。乾隆朝考据名家江永《河洛精蕴》说:"地球分五大州,极西一州曰欧逻巴,亦谓之大西洋。"⑪陈本礼《屈辞精义》在引利西

① 朱维铮主编:《利玛窦中文著译集》,第212页。

② (明)姚旅:《露书》卷9《风篇中》,刘彦捷点校,福建人民出版社2008年版,第214页。

③ (明)章潢:《图书编》卷29《舆地山海全图》,《景印文渊阁四库全书》第969册,第552页。

④ 参见(明)杨廷筠:《代疑续编》卷上,吴相湘主编:《天主教东传文献》,台湾学生书局1982年版,第515、531页。

⑤ 参见《大西洋耶稣会士利类思等奏本》,台湾"中央研究院"历史语言研究所编:《明清史料》丙编第4本,商务印书馆1936年版,第372页。

⑥ 参见[比利时]南怀仁:《坤舆图说》卷上,《景印文渊阁四库全书》第594册,第733页。

⑦ 参见[法]杜赫德编:《耶稣会士中国书简集》第4卷,朱静、耿升译,大象出版社2005年版,第90页。

⑧ (清)魏禧:《兵迹》卷11《远邦编·欧罗巴》,《丛书集成续编》第60册,台湾新文丰出版公司1989年版,第116页。

⑨ (清)梅文鼎:《历算全书》卷1《论回历与西洋同异》,《景印文渊阁四库全书》第794册,第9页。

⑩ (清)张玉书:《张文贞集》卷8《外国纪·西洋国》,《景印文渊阁四库全书》第1322册,第551页。

⑪ (清)江永:《河洛精蕴》卷8《罗针三盘说》,《四库未收书辑刊》第3辑第23册,北京出版社1997年版,第370页。

江即利玛窦的世界地图时说,舆地分为六大洲,"欧逻巴者,大西洋地也"①。闵华《自鸣钟》诗有"大西洋本欧罗巴,厥初请贡来中华"②等句。皆以大西洋指称欧洲。此外,如雍正帝称葡萄牙为"大西洋部多牙国"③,乾隆帝称意大利为"大西洋噎叮哩哑国"④,《皇清职贡图》称匈牙利为"大西洋翁加里亚国",称波兰为"大西洋波罗泥亚国"。⑤都把它们当作大西洋即欧罗巴洲之一部分。

但囿于世界地理知识之不足,一些人对大西洋与欧罗巴之间的大小关系尚不十分明了。万历中,芜湖崔淐为庞迪峨《七克》作序时说:"大西洋有瓯罗巴国,从上世不通于中国,而通自近日利子玛窦始。"⑥把欧罗巴视为大西洋中的一个国家。鄞县徐时进撰《殴罗巴国记》,将殴罗巴当作"大西洋所属三十国之一"⑦。类似者还有谈迁、万斯同等。谈迁《北游录》称:"今天主教云出大西洋欧罗巴国,即所谓西洋诸国皆有之也,第大同小异耳。"⑧万斯同《欧逻巴》诗序说:"欧逻巴者,大西洋中之国也,去中华十万里。"⑨甚至还有人怀疑大西洋的客观存在,认为它是来华耶稣会士的人为捏造。崇祯中,武安林启陆撰《诛夷论略》,批判天主教"欺诳君民,毁裂学术",怒斥"狡夷"利玛窦"诈称大西洋","间关八万里"。⑩许孚远之子许大受亦撰《圣朝佐辟》,从十个方面痛批天主教为欺世盗名。他说:"彼诡言有大西洋国,彼从彼来,涉九万里而后达此。按汉张骞使西域,或传穷河源抵月宫,况是人间有不到者。《山海经》《搜神记》《咸宾录》《西域志》《太平广记》等书,何无一字纪及彼国者……万万无大西等说,岂待智者而后知哉。"⑪

值得一提的是,何乔远《请开海禁疏》与傅元初《请开洋禁疏》中所言之大西洋可能是个特例。何乔远奏疏上于崇祯四年(1631)三月致仕前。⑫傅元初奏疏上于崇祯十二年(1639)三月,疏中文字基本抄自何乔远。何疏说:"盖海外之夷有大西洋,有东洋。大西洋则暹罗、

① (清)陈本礼:《屈辞精义》卷2《天问》,《续修四库全书》第1302册,上海古籍出版社2002年版,第485页。
② (清)闵华:《澄秋阁集》三集卷2《自鸣钟》,《四库未收书辑刊》第10辑第21册,第603页。
③ 《世宗宪皇帝朱批谕旨》卷215之1,《景印文渊阁四库全书》第425册,第363页。
④ 《清高宗实录》卷1218,乾隆四十九年十一月壬戌,《清实录》第24册,中华书局1986年版,第340页。
⑤ 参见(清)傅恒:《皇清职贡图》卷1,《景印文渊阁四库全书》第594册,第420、421页。
⑥ (明)杨廷筠:《绝徼同文纪》题赠卷1,钟鸣旦、杜鼎克、蒙曦编:《法国国家图书馆明清天主教文献》第6册,台北利氏学社2009年版,第224页。
⑦ (明)徐时进:《鸠兹集》卷6《殴罗巴国记》,天津图书馆藏明万历三十六年张萱刻、四十五年徐时进增刻本,第21页。
⑧ (清)谈迁:《北游录·纪程》,汪北平点校,中华书局1960年版,第28页。
⑨ (清)全祖望:《续耆旧》卷78《寒松斋兄弟之一》,《续修四库全书》第1683册,第11页。
⑩ 参见(明)林启陆:《诛夷论略》,(明)徐昌治编辑:《破邪集》卷6,第195页。
⑪ (明)许大受:《圣朝佐辟》,(明)徐昌治编辑:《破邪集》卷4,第162—163页。
⑫ (明)何乔远:《请开海禁疏》开题称:"南京工部右侍郎臣何乔远,为乞开海洋之禁,以安民裕国事。"[(明)何乔远:《镜山全集》卷23,张家庄、陈节点校,福建人民出版社2015年版,第674页]是此疏作于南京工部侍郎任上。其门人林欲楫《先师何镜山先生行略》说:"自乡邦中海寇之后,即上'开洋议'于当道,以奸民无所得衣食,势必驱为盗贼。师至是将归,虽知部议称其不便,严晋禁饬,复上《请开海禁》一疏。"[(明)何乔远:《镜山全集》卷首,第61—62页]则写作时间当在离任前夕。查《崇祯长编》卷44,崇祯四年三月辛卯:"准南京工部右侍郎何乔远致仕。"(中华书局2016年版,第2637页)据此可知,《请开海禁疏》上于崇祯四年三月。

柬埔寨、顺化、哩摩诸国道,其国产苏木、胡椒、犀角、象齿、沉檀、片脑诸货物,是皆我中国所需。东洋则吕宋,其夷佛郎机也,其国有银山出银,夷人铸作银钱独盛。我中国人若往贩大西洋,则以其所产货物相抵,若贩吕宋,则单是得其银钱而已。"①查此前成书的何乔远《闽书》:"元三山吴鉴为泉守偰玉立修《清源续志》,余于友人家仅得其一本,曰《岛夷志》,志所载凡百国,皆通闽中者……夫是百国者,盖皆大西洋之国也。于今则大西洋货物尽转移至吕宋,而我往市,以故不复相通如元时矣。"②《闽书》所言《岛夷志》,即汪大渊《岛夷志略》,涉及东至菲律宾群岛、西至非洲东海岸的辽阔海域。看来何乔远与傅元初是把吕宋以西今东南亚和印度洋北岸的广大地区都当作大西洋了。这或许是站在福建出海商民的角度,把福建西南方向的陆海国家皆视为大西洋。另一位福建人陈第把费信《星槎胜览》称为《大西洋记》③;同安陈伦炯《海国闻见录》称"自杳因而南,至乌鬼诸国,皆为大西洋"④,也把非洲视为大西洋的一部分。

二

以大西洋指称今大西洋北部或整个大西洋,是明清大西洋概念的又一内涵。最早在中文世界地图中将欧洲以西海域标注为"大西洋"的也是利玛窦。利玛窦来华后,曾多次刊印世界地图,深深影响了中文大西洋概念的发展演变。以流行最广的《坤舆万国全图》为例,"大西洋"被标注在波尔杜瓦尔即今葡萄牙以西海域,在利未亚即今非洲西北海域和北亚墨利加即今北美以东海域分别标注了"河折亚诺沧",在福岛即今加那利群岛稍南的小片海域标注"亚大蜡海",在赤道以南的利未亚西南海域则标注了"利未亚海"。⑤如此,在以《坤舆万国全图》为代表的利玛窦中文世界地图里,今大西洋至少包括四片海域:大西洋、河折亚诺沧、利未亚海和亚大蜡海。所谓"河折亚诺",实即大西洋古称 Oceanus Atlanticus(或 Oceano Occidentale)第一个拉丁文单词的音译⑥,"沧"乃沧海之意。所谓"利未亚",即"Libia"之音译。⑦古希腊人称埃及以西的非洲北部为 Libia,后遂泛指非洲大陆。所谓"亚大蜡",即"Atlas"的音译。据古希腊神话,今大西洋(Atlantic Ocean)源于希腊语词,意谓擎天巨神阿特拉斯(Atlas)之海。希腊语的拉丁化形式为 Atlantis,原指直布罗陀海峡至加那利群岛之间的那片海域。⑧所以,在利玛窦来华前后,西方概念中的狭义大西洋只是加那利群岛

① (明)何乔远:《镜山全集》卷23《请开海禁疏》,第675页。

② (明)何乔远编撰:《闽书》卷146《岛夷志》,厦门大学古籍整理研究所、历史系古籍整理研究室《闽书》校点组校点,福建人民出版社1994年版,第4361—4362页。

③ 参见(明)陈第:《世善堂藏书目录》卷上,《续修四库全书》第919册,第513页。

④ (清)陈伦炯:《海国闻见录·大西洋记》,李长傅校注,中州古籍出版社1984年版,第68页。

⑤ 参见朱维铮主编:《利玛窦中文著译集》,第184、199、200页。

⑥ 参见[意]艾儒略原著,谢方校释:《职方外纪校释》卷5《海名》校释②,第147—148页。

⑦ 参见[意]艾儒略原著,谢方校释:《职方外纪校释》卷3《利未亚总说》校释①,第107页。

⑧ 参见中国大百科全书总编辑委员会编:《中国大百科全书》(大气科学、海洋科学、水文科学卷),中国大百科全书出版社2002年版,第120页。

附近的小片海域,广义大西洋又包括了河折亚诺沧;而中文概念中的大西洋则指今葡萄牙以西海域。直到 17 世纪中叶,西方各国才把 Atlantic Ocean 的涵盖范围扩大到今大西洋北部,之后再延伸至整个大西洋海域。近代中国在翻译 Atlantic Ocean 时,检出明代"大西洋"对译之,殊不知二者之间尚有较大差异。

天启中,艾儒略撰成《职方外纪》,卷首《万国全图》在昼长线①以北的利未亚西北和欧逻巴以西海域标注"大西洋",在利未亚西南海域标注"利未亚海",而在赤道以北的北亚墨利加以东海域则标注了"大东洋"。②相较于利玛窦世界地图,《万国全图》"大西洋"的涵盖范围有所扩大,但以大东洋取代河折亚诺沧,表明艾儒略并没有把赤道以北的美洲东部海域视为大西洋的一部分,这反映出来华耶稣会士的大西洋概念尚未完全定型。康熙十三年(1674),南怀仁刊刻《坤舆全图》,在以西加尼亚即今西班牙以西海域标注"大西洋",在利未亚西南海域标注"利未亚海"③,与利玛窦世界地图一致。乾隆中,法籍耶稣会士蒋友仁(Benoist Michael)撰成《地球图说》。嘉庆四年(1799),阮元为该书补刻《坤舆全图》二幅,在包括亚西亚、欧逻巴、利未亚三洲在内的地球"上图"中,阮元将"大西洋"标注在今伊比利亚半岛西北和爱尔兰岛西南海域。④

在来华传教士撰写的中文地理著作中,有对海域大西洋更为具体的描述。利玛窦《坤舆万国全图》图说在介绍欧洲、非洲之地理四至时,提及大西洋和河折亚诺沧。他说:"若欧罗巴者,南至地中海,北至卧兰的亚及冰海,东至大乃河、墨何的湖、大海,西至大西洋。若利未亚者,南至大浪山,北至地中海,东至西红海、仙劳冷祖岛,西至河折亚诺沧。"⑤艾儒略《职方外纪》以中国为中心列举四海,将大西洋视为西海之一。他说:"兹将中国列中央,则从大东洋至小东洋为东海,从小西洋至大西洋为西海,近墨瓦蜡尼一带为南海,近北极下为北海,而地中海附焉。"⑥在《海名》篇中,艾儒略又把利未亚海、何折亚诺沧海、亚大蜡海、以西把尼亚海等都看作西海之一部分。⑦以西把尼亚是西班牙的又一音译,所谓以西把尼亚海当指西班牙以西海域,亦即艾儒略所称"大西洋"的一部分。在《海状》篇中,艾儒略称"海中夷险,各处不同",说"大西洋极深,深十余里",又说"从大西洋至大明海,四十五度以南其风常有定候,至四十五度以北,风色便错乱不常"。⑧南怀仁《坤舆图说》在介绍各洲之地理四至时,把"河折亚诺沧"写作"阿则亚诺海"⑨,此"阿则亚诺"或为 Oceano 的另一音译。他说:"天下第二大州名曰欧逻巴,南至地中海,北至青地及冰海,东至大乃河、墨阿的湖、大

① 即北回归线。
② 参见[意]艾儒略原著,谢方校释:《职方外纪校释》卷首,第 20 页。
③ 参见[比利时]南怀仁:《坤舆全图》,清咸丰十年降娄海东重刊本。
④ 参见[法]蒋友仁:《地球图说·补图》,《续修四库全书》第 1035 册,第 16 页。
⑤ 朱维铮主编:《利玛窦中文著译集》,第 174 页。
⑥ [意]艾儒略原著,谢方校释:《职方外纪校释》卷 5《四海总说》,第 146—147 页。
⑦ 参见[意]艾儒略原著,谢方校释:《职方外纪校释》卷 5《海名》,第 147 页。
⑧ 参见[意]艾儒略原著,谢方校释:《职方外纪校释》卷 5《海状》,第 154 页。
⑨ [比利时]南怀仁:《坤舆图说》卷上,《景印文渊阁四库全书》第 594 册,第 732 页。

海,西至大西洋,共七十余国。"①蒋友仁《地球图说》称:"欧逻巴州界,东至亚西亚,南至地中海,西至大西洋,北至冰海,分十二大国,不相统属。"②到了道光时期,新教传教士东来中国,在他们介绍的世界地理知识中,也包括了大西洋。如由德籍传教士郭实腊(Karl Friedrich August Gützlaff)编纂的《东西洋考每月统记传》,道光甲午年(道光十四年,1834)二月卷有《地球全图之总论》,其中写道:"欧逻吧南至地中海,彼基巴辣(土沓)峡③隔欧逻吧、分亚非利加,兼与亚细亚相连,北至白海并冰海,西至大西洋海";"亚墨利加南至冰海,北至冰海,西至大洋,东至大西洋。"④佚名传教士在道光十八年(1838)撰成的《万国地理全图集》中称:"诸水之汇聚,称为大洋。"并把大西洋海看作仅次于太平海的天下第二大洋:"次者大西洋海,东及欧罗巴、亚非利加等地,西交亚墨利加,长二万五千二百里,阔一万六千二百里。其中大屿四散,海港繁多,为通商之大路。"⑤至此,今大西洋已完全囊括在"大西洋海"的范围之内了。

在来华传教士的影响下,明清图籍标注或记录海域大西洋的情况并不少见。以地图为例,章潢《图书编》有《舆地图》,在"福岛"以北海域标注"大西"二字,疑漏一"洋"字。⑥在"福岛"以南、赤道以北的利未亚西部海域标注"河口亚诺海",在福岛以西的小片海域标注"亚大蜡海"。⑦成书于康熙十九年(1680)的周于漆《三才实义》有《舆地赤道以北图》,所标与此相同,只是"河口亚诺海"之缺字已补为"折"。⑧万历三十八年(1610)成书的程百二《方舆胜略外夷》有《山海舆地图》,在今伊比利亚半岛以西海域标注"大西洋",在今非洲西南海域标注"利未亚海",在今北美东南海域标注"河折亚诺沧",在今南美东北海域标注"大东洋"。⑨明代王圻《三才图会》、冯应京《月令广义》皆有《山海舆地全图》,都在欧罗巴西南海域标注"大西洋",在利未亚西北海域和北亚墨利加东南海域标注"河折亚诺沧",在利未亚西南海域标注"利未亚海",只是《月令广义》之图被清人篡改过,原"大明国"已被改为"大清国"。⑩熊明遇《格致草》有《坤舆万国全图》,在赤道以北的利未亚、欧逻巴和北亚墨利加、南亚墨(利加)之间的广大海域标注"大西洋海"。⑪袁启《天文图说》有《大地圆球五州全图》,为揭

① [比利时]南怀仁:《坤舆图说》卷下《欧逻巴州》,《景印文渊阁四库全书》第594册,第752页。
② [比利时]蒋友仁:《地球图说·欧逻巴州》,《续修四库全书》第1035册,第5页。
③ 今译"直布罗陀海峡"。
④ (清)爱汉者等编,黄时鉴整理:《东西洋考每月统记传》,中华书局1997年版,第91页。
⑤ (清)佚名:《万国地理全图集》,王锡祺辑:《小方壶斋舆地丛钞》第12帙,杭州古籍书店1985年版,第29页。
⑥ 因为同样的标注形式(圆圈内写汉字),在赤道以北的今太平洋海域就标注了"大东洋",故此处当为"大西洋"。
⑦ 参见(明)章潢:《图书编》卷29《舆地图考》,《景印文渊阁四库全书》第969册,第556页。
⑧ 参见(清)周于漆:《三才实义》卷1《舆地赤道以北图》,《续修四库全书》第1033册,第272页。
⑨ 参见(明)程百二:《方舆胜略外夷》卷1《山海舆地图》,《四库禁毁书丛刊》,北京出版社1997年版,史部第21册,第336页。
⑩ 参见(明)王圻、王思义辑:《三才图会》地理卷1《山海舆地全图》,《续修四库全书》第1233册,第3页;(明)冯应京:《月令广义》卷首《图说·山海舆地全图》,《四库全书存目丛书》史部第164册,齐鲁书社1996年版,第543页。
⑪ 参见(明)熊明遇著,徐光台校释:《函宇通校释:格致草》,上海交通大学出版社2014年版,第328页。

暄所绘,在欧逻巴以西海域标注"大西洋",在北亚墨利加以东海域标注"大东洋"。[1]而揭暄《璇玑遗述》之《大地混轮五州圆球全图》只是在利未亚西北海域标注"大西洋"。[2]游艺《天经或问前集》有《大地圆球诸国全图》,在欧罗巴以西的今北大西洋海域,由北向南标注有"大海""大西洋";在利未亚以西今南大西洋海域,由北向南标注有"河折亚诺沧""大海",在今几内亚湾及其以南海域标注"利未亚海",在今中美洲以东海域也标注了"河折亚诺沧海"。[3]张雍敬《定历玉衡》有《大地图》,粗具亚、非、欧三洲之雏形,并在非洲西北、欧洲西南海域标注"大西洋"。[4]以文字为例,程百二《方舆胜略外夷》、王圻《三才图会》、徐应秋《玉芝堂谈荟》所介绍的欧洲、非洲地理四至,都提到欧罗巴西至大西洋、利未亚西至河折亚诺沧[5];方以智《通雅》、陆耀《切问斋集》将"河折亚诺沧"写作"河折亚诺苍"[6],"苍""沧"读音虽同,字义则大相径庭,看来二人尚未弄清"河折亚诺沧"的真正含义。在《物理小识》中,方以智称"大西洋海极深,从大西洋至大明海,四十五度以南,其风常有定候,至四十五度以北,风则变乱倏忽,更二十四向"[7],汤彝《盾墨》亦云:"海中夷险不同……大西洋极深,深十余里,从大西洋至大明海,四十五度以南,其风常有定候,至四十五度以北,风色便错乱不常。"[8]这些知识来自《职方外纪》。陆凤藻《小知录》把大西洋海、利未亚海、何折亚诺沧海、亚大蜡海都看作西海之一部分[9],其知识也来自《职方外纪》。而艾儒略《万国全图》把北美以东海域标注为"大东洋"的做法,或来自《方舆胜略外夷》。这反映了来华传教士与中国士大夫在世界地理知识方面的相互影响。

三

将大西洋指定为某一欧洲国家,是明清大西洋概念的第三个内涵。除极少数表达所指不明外,具体国家意义上的大西洋一般指向两个国家:一指葡萄牙,一指意大利。

以大西洋指称葡萄牙,始见于康熙九年(1670)。是年六月,葡萄牙印度总督以国王阿丰肃六世(Don Afanso Ⅵ)名义派遣玛讷撒尔达聂(Manuel de Saldanha)出使中国。《清圣祖实录》记载此事称:"西洋国王阿丰肃遣使玛讷撒尔达聂等进贡。得旨,西洋国地居极远,初次

① 参见(明)袁启:《天文图说·大地圆球五州全图》,《续修四库全书》第1031册,第485—486页。
② 参见(清)揭暄:《璇玑遗述》卷末《大地混轮五州圆球全图》,《续修四库全书》第1033册,第610页。
③ 参见(清)游艺:《天经或问前集》卷1《大地圆球诸国全图》,《景印文渊阁四库全书》第793册,第581—582页。
④ 参见(清)张雍敬:《定历玉衡》卷3《大地图》,《续修四库全书》第1040册,第472页。
⑤ 参见(明)程百二:《方舆胜略外夷》卷1《山海舆地图》,《四库禁毁书丛刊》史部第21册,第377、379页;(明)王圻、王思义辑:《三才图会》地理卷1《山海舆地全图》,《续修四库全书》第1233册,第3—4页;(明)徐应秋:《玉芝堂谈荟》卷22《四荒所届》,《景印文渊阁四库全书》第883册,第521页。
⑥ 参见(清)方以智:《通雅》卷11《天文(历测)》,《景印文渊阁四库全书》第857册,第278页;(清)陆耀:《切问斋集》卷3《述闻下·地势广厚》,《四库未收书辑刊》第10辑第19册,第300页。
⑦ (清)方以智:《物理小识》卷2《地类》,《景印文渊阁四库全书》第867册,第796页。
⑧ (清)汤彝:《盾墨》卷4《西洋各岛至中国海道》,《续修四库全书》第445册,第104页。
⑨ 参见(清)陆凤藻辑:《小知录》卷2《泉石》,上海古籍出版社1991年版,第40页。

进贡,著从优赏赉。"①当年十月,玛讷撒尔达聂在返国途中病逝于山阳,《清圣祖实录》又云:"大西洋国正贡使玛讷撒尔达聂,道经山阳县病故,命江南布政使致祭。"②同一部《清圣祖实录》在叙述同一件葡使来华事件时,先用西洋国,后用大西洋国,说明当时人们已用大西洋国指称葡萄牙。康熙十七年(1678),葡印总督再以阿丰肃六世的名义派遣本多白垒拉(Bento Pereira de Faria)来华,《清圣祖实录》称"西洋国主阿丰素遣陪臣本多白垒拉进表贡狮子"③。远隔数万里外的葡萄牙人"进表贡狮",被视为圣朝盛事,文人诗赋贺盛,感时纪事,如王士禛有《大西洋贡师子歌应制》、蒋士铨有《为陈约堂题大西洋师子图》、徐嘉炎有《大西洋国贡狮子赋》。陆震《狮塚》诗序说,"大西洋国进黄狮,词臣献赋。未几死,葬于南苑,友各赋诗",自己也即兴和诗一首。④皆称葡萄牙为大西洋。

在此后的官方文书中,清人常以大西洋指称葡萄牙。以奏折为例,乾隆十七年(1752)七月,两广总督阿里衮奏报大西洋波尔都噶尔使臣巴这哥(又作"巴哲哥",Francisco de Assis Pacheco de Sampaio)抵达澳门,随来西洋技艺人汤德徽等愿进京效力。⑤八月,广东巡抚苏昌奏报同一件事情,并特别提到"大西洋国为海外诸番之雄长,远距中华数万余里,梯航而至,非数月不能抵粤,往返甚难,是以向来不在常贡之例"⑥。这里的"大西洋国"即大西洋波尔都噶尔国,所指为葡萄牙。乾隆三十二年(1767)十一月,在奏准法籍耶稣会士邓类斯(Joseph Louis Le Febvre)居住广州的一份奏折中,两广总督李侍尧查明了澳门葡人拒绝邓类斯在澳居住的原因,称在澳寄居者,"惟大西洋国夷人居多,该国派有夷目在澳管束"⑦。在乾隆四十年(1775)四月的另一奏疏中,李侍尧又说:"臣查澳门夷人始于前明嘉靖年间,为大西洋寄居,并无他国夷人杂处。"⑧此大西洋显指葡萄牙。嘉庆十三年(1808),英国以防范法军入侵澳门为借口,派兵强入澳门。同年九月,两广总督吴熊光上《奏报英兵借词擅入澳门业经查禁等情折》,奏陈事件原委:"据称,大西洋国地方近为(口法)嗰唦恃强占踞,西洋国王播迁他徙。(口英)咭唎国与大西洋邻封素好,特派兵前往保护,并恐澳门西洋人微弱,被(口法)嗰唦欺侵,阻其贸易,复遣夷目带领兵船前来澳门,帮同防护。"⑨次年二月,暂署两广总督的广东巡抚韩崶在《奏报查阅澳门夷民安谧并酌筹控制事宜前山寨关闸仍旧防守折》中写道:"臣随查得,澳门现在并无(口英)咭唎夷人在内,其大西洋自前明嘉靖年间即寄

① 《清圣祖实录》卷33,康熙九年六月甲寅,《清实录》第4册,中华书局1985年版,第450页。
② 《清圣祖实录》卷34,康熙九年十月壬辰,《清实录》第4册,第461页。
③ 《清圣祖实录》卷76,康熙十七年八月庚午,《清实录》第4册,第971页。
④ 参见(清)陆震:《说安堂集》卷7《狮塚》,《四库未收书辑刊》第5辑第27册,第785页。
⑤ 参见中国第一历史档案馆编:《清中前期西洋天主教在华活动档案史料》第1册,中华书局2003年版,第176—177页。
⑥ 《清中前期西洋天主教在华活动档案史料》第1册,第177页。
⑦ 《清中前期西洋天主教在华活动档案史料》第1册,第277页。
⑧ 中国第一历史档案馆、澳门基金会、暨南大学古籍研究所合编:《明清时期澳门问题档案文献汇编》,人民出版社1999年版,第1册,第404页。
⑨ 《明清时期澳门问题档案文献汇编》第1册,第667页。

居此地,迨我国朝已有二百余年。"①结合欧洲近代历史,二人所言之大西洋都是葡萄牙。道光三年(1823)六月,两广总督阮元《奏陈饬谕小西洋人嗣后无须带领多船来粤片》说:"澳门地方,在省城之南二百余里,系明代租给大西洋夷人居住贸易,岁收地租五百余两……小西洋在中国之西,距广东路程约三个月,自小西洋至大西洋又四个月。"②折中之大西洋指葡萄牙,小西洋指印度。

除奏折外,以大西洋指称葡萄牙的其他文献亦不胜枚举。如《皇清职贡图》有小西洋国夷人、夷妇图,图后文字说:"小西洋去中土万里,属于大西洋,遣夷目守之,衣冠状貌,与大西洋略同。"③这是说印度一些地方属于葡萄牙,葡萄牙国王置官守之,故其形貌、服饰与葡萄牙略同。魏源《海国图志》引《皇清四裔考》称,博尔都噶国,即布路亚国,"一作葡萄亚,即住澳之大西洋国也"④。作为乾嘉时期中国人的海外见闻录,谢清高《海录》记录了很多欧洲国家,其中包括"大西洋国"。从长达一千八百多字的文字介绍中,我们可以确定,这个"又名布路叽士"⑤的大西洋国就是葡萄牙。嘉庆二十五年(1820),清河萧枚生撰《记英吉利求澳始末》,记述英国侵占澳门经过,称外番商舶来粤贸易,其驻泊之地,"一为番禺之黄埔,一为香山之澳门"。其中,英吉利、佛兰西、荷兰、米利坚及港脚诸船进泊黄埔,大西洋、哥斯达诸船寄泊澳门。"澳门本前明濠镜地,嘉靖中西洋岁输租银五百,得入居之,历国朝不改。"⑥此大西洋又作西洋,亦即葡萄牙。梁廷楠《粤海关志》记载道光元年(1821)十月,两广总督阮元、粤海关监督达三奉命调查广东鸦片之来源,称鸦片烟来路有三,一自大西洋,一自英吉利,一自米利坚,并说:"大西洋住居澳门,每于赴本国置货及赴别国贸易之时,回帆夹带鸦片,回粤偷销。"此大西洋指葡萄牙。鸦片战争前,林则徐编译《四洲志》,在介绍布路亚国时特别注明,布路亚即葡萄亚,"一作博都尔噶亚,即住澳门之夷,明以来所谓大西洋国也。"⑦郭实腊纂《东西洋考每月统记传》道光癸巳年(道光十三年,1833)八月卷,有《大西洋即葡萄库耳国事》⑧,也以中国习惯称葡萄牙为大西洋。

以大西洋指称意大利的情况主要出现在乾隆以后。《明史·佛郎机传》写到,嘉靖中,"佛郎机得入香山澳为市",万历时,"大西洋人来中国,亦居此澳"。⑨已把佛郎机与大西洋并列为两个国家。因为意大利人利玛窦曾自称大西洋人,且由澳门进入内地,这就为以大西洋指称意大利提供了可能。在乾隆十六年(1751)成书的《澳门记略》里,印光任、张汝霖就说:

① 《明清时期澳门问题档案文献汇编》第1册,第724页。
② 《明清时期澳门问题档案文献汇编》第2册,第174—175页。
③ (清)傅恒:《皇清职贡图》卷1,《景印文渊阁四库全书》第594册,第425页。
④ (清)魏源撰,陈华等点校注释:《海国图志》卷38《葡萄亚国沿革》,《魏源全集》第6册,岳麓书社2004年版,第1111页。
⑤ (清)谢清高口述,(清)杨炳南笔录,安京校释:《海录校释》,商务印书馆2002年版,第200页。
⑥ 全国公共图书馆古籍文献编委会编:《中国公共图书馆古籍文献珍本汇刊》史部《澳门问题史料集》,中华全国图书馆文献缩微复制中心1998年版,第1037页。
⑦ 林则徐全集编辑委员会编:《林则徐全集》第10册《译编卷》,海峡文艺出版社2002年版,第50页。
⑧ 参见(清)爱汉者等编,黄时鉴整理:《东西洋考每月统记传》,第28—29页。
⑨ 参见《明史》卷325《佛郎机传》,中华书局1974年版,第8432、8434页。

"先是,有利玛窦者,自称大西洋人,居澳门二十年,其徒来者日众,至国初已尽易西洋人,无复所为佛郎机者。"①又说,佛郎机"初奉佛教,后奉天主教。明季大西洋人故得入居澳中,后竟为所有云"②。认为后来意大利人取代了先前的葡萄牙人,成为澳门的长住客。既有这种认识,所以在《意大里亚传》里,印光任、张汝霖就将明末耶稣会士与清初葡萄牙诸事统统混入其中。以进贡狮子为例,本是康熙十七年(1678)葡萄牙人的行为,他们却把王鸿绪《西洋国进狮子恭纪诗》、李澄中《狮子来歌》、毛奇龄《诏观西洋国所进狮子因获遍阅虎圈诸兽敬制长句纪事和高阳相公》等编入《意大里亚传》中;甚至还把康熙九年(1670)玛讷撒尔达聂、雍正五年(1727)麦德乐的所谓大西洋朝贡行为记在意大里亚项下,并说"其居香山澳者,自明万历迄今凡二百年,悉长子孙";又说"其国上世有历山王,又号古总王。今有二王,曰教化王、曰治世王。治世者奉教化之命惟谨,澳寺蓄僧皆教化类;夷人贸易者则治世类,西洋国岁遣官更治之。澳素饶富。国初洋禁严,诸蕃率借其名号以入市,酬之多金,财货盈溢。今诸蕃俱得自市,又澳舶日少,富庶非昔比。大西洋去中国远,三年始至。稍西曰小西洋,去中土万里,大西洋遣酋守之。澳门头目悉禀小西洋令,岁轮一舶往,有大事则附小西洋以闻,不能自达也。有地满,在南海中,水土恶毒,人黝黑,无所主,大西洋与红毛分据其地,有兵头镇戍,三年一更,遣自小西洋"③。所言或意大利史事,或葡萄牙史事。道光中,梁廷楠撰成《粤海关志》,在《意达里亚国传》中,他也记录了康熙九年(1670)六月玛讷撒尔遽聂、康熙十七年(1678)八月本多白垒拉的朝贡事件④,并说:"查《明史》,嘉靖年间,有番人佛郎机入香山濠镜澳为市。天启元年(1621),大西洋来中国,亦居此澳。终明之世,未尝为变,即今之澳夷也。"⑤也把葡萄牙与意大利混为一谈,并指意大里亚为大西洋。

魏源撰写《海国图志》时,曾对大西洋内涵进行考证。魏源认为,利玛窦来华后虽自称"大西洋之意大里亚人",但他"未尝以大西洋名其国";佛郎机⑥虽曾在澳门筑城营室,但旋即离去,亦非今日澳门之大西洋;"澳门大西洋者,明末布路亚人,以历法闻于中朝,礼部尚书徐光启奏用其法,并居其人于澳门,至今相沿,呼澳夷为大西洋国"。在魏源看来,具体国家之当称大西洋者,只有布路亚即葡萄牙,意大里亚或法兰西皆不足以当之。但因大西洋为欧洲各国之通称,"澳夷特其一隅,不得独擅也"⑦。以偏处一隅之葡萄牙独当大西洋称谓,亦有以偏概全、以小称大之嫌疑。魏源之论颇有道理。

① (清)印光任、(清)张汝霖:《澳门记略》上卷《官守篇》,赵春晨点校,广东高等教育出版社1988年版,第23页。
② (清)印光任、(清)张汝霖:《澳门记略》下卷《澳蕃篇》,第52页。
③ (清)印光任、(清)张汝霖:《澳门记略》下卷《澳蕃篇》,第57—58页。
④ 参见(清)梁廷楠:《粤海关志》卷22《意达里亚国》,袁钟仁点校,广东人民出版社2014年版,第452—453页。
⑤ (清)梁廷楠:《粤海关志》卷20《兵卫》,袁钟仁点校,第409页。
⑥ 魏源以佛郎机指称法兰西,有误。
⑦ (清)魏源:《海国图志》卷37《大西洋欧罗巴洲各国总叙》,《魏源全集》第6册,陈华等点校注释,第1078页。

余论

综上可知，明清中国之"大西洋"是一个陆海兼具的涉外地理概念，其意既可指欧洲大洲或葡萄牙、意大利等具体欧洲国家，也可指今北大西洋局部海域或整个大西洋。此一概念虽由明代中国人独自创造，但其由明到清的内涵演变却深受中西文化交流乃至中西政治关系的影响。因受传统的中国独尊观念制约，一些人对"西洋"之前加一"大"字，把大西洋当作与中国对等政治实体的做法颇难接受。在明末"南京教案"中，南礼部侍郎沈㴶就曾严厉抨击利玛窦等自称大西洋人的做法，他说："夫普天之下，薄海内外，惟皇上为覆载照临之主，是以国号曰大明，何彼夷亦曰大西？且既称归化，岂可为两大之辞以相抗乎？"①对此，庞迪峨、熊三拔出面辩解，他们说："大西洋者，对小西洋而言。海有大小，非国大小，舆地图可按也。间称泰西，或太西，犹言极西耳，以自别于回回之西域也。又见中国郡邑，亦有系以大字者，并无妨碍，辇毂之下，邑有大兴，郡有大名，其余大同、大足、泰安、泰和等，乃至附近小国，亦不闻禁称大食、大琉球等，是以不识忌讳。"②意在说明以"大"字冠首的大西洋称谓绝无弦外之音，但未消除一些人的误解和疑虑。所以到崇祯时期，瓯宁李王庭再一次指出："我太祖高皇定鼎胡元，从古得天下之正，未有匹之者也，故建号大明，名称实也。何物幺麽，辄命名大西，抑思域中有两大否？此以下犯上，罪坐不赦。旋于大字下，以西字续之，隐寄西为金方兵戈之象，则其思逞不轨潜谋之素矣。抱忠君爱国之心者，可不寒心哉。"③鉴于大西洋称谓具有一定敏感性，"大西洋"一词在明清之际有被"西洋"所取代的趋势，"西洋"二字开始具有"大西洋"的某些内涵，这是中国古代西洋概念的又一重大转变。如徐光启《辨学章疏》在言及欧洲诸国时，即以"西洋邻近三十余国"④称之；体现清朝官方思想的《四库全书总目》提要，则全以"西洋"替代大西洋。而作为海洋称谓的大西洋概念却未受到任何影响，不仅西方世界的大西洋内涵完全被中国人吸纳，Atlantic Ocean 也被中国人翻译成了大西洋。明清中国对西方学术的人为区隔与选择性认同于此可见一斑。

原文载《学术研究》2019年第11期

作者：庞乃明，南开大学历史学院教授、博士生导师

---

① (明)沈㴶：《参远夷疏》，(明)徐昌治编辑：《破邪集》卷1，第115页。
② [西]庞迪峨、熊三拔：《奏疏》，钟鸣旦、杜鼎克、黄一农、祝平一等编：《徐家汇藏书楼明清天主教文献》，第1册，台北辅仁大学神学院1996年版，第77页。
③ (明)李王庭《诛邪显据录》，(明)徐昌治编辑：《破邪集》卷6，第202页。
④ (明)徐光启：《徐光启集》卷9《辨学章疏》，王重民辑校，上海古籍出版社1984年版，第432页。

明末清初来华法国耶稣会士与"西洋奇器"

——与北美传教活动相比较

[加]蒂尔贡　　李晟文

一

　　明末清初大量欧洲耶稣会士的来华引发了一场直接的、规模甚大的中西文化交流,这种文化交流不仅仅是精神方面(如思想、观念与宗教意识方面),同时也是物质方面的,法国耶稣会士所携入的大量"西洋奇器"①即为一例。然而,这种物质文化方面的交流却没有得到应有的研究。西方不少学者对东西方产品交换有着浓厚的兴趣,但他们的兴趣主要集中在经济史与商业史方面。费尔南·布罗代尔的专著《15至18世纪的物质文明、经济和资本主义》②和米歇尔·莫里诺的《欧亚挑战》③一文即是这方面的例子,二者主要致力于考察与评估东西方的贸易额与亏损。约翰·威尔斯的《十七、十八世纪的欧洲消费与亚洲生产》一文④则从消费史的角度探讨从亚洲输入的商品对欧洲大众消费发展的推动。路易·德尔米尼的《中国和西方:18世纪的广州对外贸易(1719—1833年)》⑤,是研究清代中西关系的大部头专著,但该书同上书一样,其考察对象是商业贸易。中国学者林仁川著有《明末清初私人海上贸易》⑥,顾名思义,这也是一部商业史方面的专著。中国及西方也发表有不少研究中西文化交流与基督教在华传播的著作,如谢和耐的《中国和基督教》⑦、方豪的《中西交通史》⑧、沈福伟的《中西文化交流史》⑨以及张维华的《明清之际中西关系简史》⑩。这些著作对耶稣

---

　　① 我们这里所讲的"西洋奇器"是一个较广泛的概略,泛指当时传教士从欧洲携入的各种物品用具,它既包括生活日用方面的物品,也包括奢侈品与科技方面的器材,另外还包括艺术品。

　　② Fernand Braudel, *Civilisation matérielle, économie et capitalisme XVe —XVIIIe siècle. Le Temps du monde*, Paris, Armand Colin, 1979, tome 3, pp.417–460.

　　③ Michel Morineau, « Le challenge Europe-Asie », Pierre Leon, *Histoire économique et sociale du monde*, Les hésitations de la croissance,1580–1740,Paris, Armand Colin, 1978, tome 2, pp. 547–579.

　　④ John E. Wills, « European consumption and Asian production in the seventeenth and eighteenth century », John Brower et Roy Porter, *Consumption and the World of Goods*, London/New York, Routledge, 1993, pp.133–147.

　　⑤ Louis Dermigny, *La Chine et l'Occident:Le commerce à Canton au XVIIIe siècle, 1719–1833*, Paris, S.E.V.P.E.N., 1964.

　　⑥ 参见林仁川:《明末清初私人海上贸易》,华东师范大学出版社1987年版。

　　⑦ 参见[法]谢和耐著:《中国和基督教:中国和欧洲文化之比较》,耿升译,上海古籍出版社1991年版。

　　⑧ 参见方豪:《中西交通史》,岳麓书社1987年版。

　　⑨ 参见沈福伟:《中西文化交流史》,上海人民出版社1985年版。

　　⑩ 参见张维华:《明清之际中西关系简史》,齐鲁书社1987年版。

会士所携欧洲物品虽有提及，但内容都十分有限。鉴于上述情况，本文拟从文化史的角度对西方传教士携入的欧洲物品进行尝试性探讨。本文探讨的对象集中于法国耶稣会士，这主要是因为明末清初来华法国耶稣会士不仅人数众多、行动活跃，而且还最终取代葡系耶稣会士在华的地位而在中国传教舞台上起着举足轻重的作用。我们将考察他们携入中国的西洋奇器的数量、种类以及它们在传教士布道中的作用。此外，我们还将把它们与法国传教士携入北美的器物相比较。北美与中国的文化、历史背景相差很远，但来到两地的传教士（指我们研究的对象）不仅既同属耶稣会成员，又同为法国人，而且他们中间有的人如聂仲迁（Adrien Grellon，1618—1696）、汤执中（Pierre d'Incarville，1706—1757）还先后都在两地传过教。这种文化、宗教和民族背景完全相同的传教士在面对两种不同民族、不同文化环境时所做出的不同反应及采取的不同态度正好是我们考察法国耶稣会士利用西洋奇器在华传教的特点提供了一个很好的参照系。

　　构成本文的基本史料是当时法国传教士留下的书信、笔记与报告。有关中国方面最广为人知的是《耶稣会士书简集》，1819年刊于里昂，汇集了在世界各地的耶稣会士所写书简，凡14册，其中有关中国方面的书信占6册（9—14册，第14册为印度、中国方面的内容），它详细地介绍了耶稣会士在华传教的各方面的情况，是研究传教士的重要史料。[1]法国学者微席叶夫妇于1979年刊有《在华耶稣会士书简选（1702—1776）》[2]，凡1册，很简便。耿昇翻译了其中部分书信[3]，最近朱静出版的《洋教士看中国朝廷》一书实际上是对该选集的编译。[4]其他史料如法国耶稣会士李明的《中国近事报道（1687—1692）》[5]、白晋的《康熙皇帝》[6]及克洛迪·马托勒所编反映耶稣会士东来所乘法国商船安菲特利特号来华的航海记等材料[7]，也是本文的重要史料来源。北美方面，最基本的史料是《新法兰西耶稣会士传教大事记》，该书主要为17世纪北美法国耶稣会会长写给法国本土耶稣会会长的报告，因而也可以译为《新法兰西耶稣会士报告》。1972年刊于蒙特利尔的法文版共6大册[8]，1959年刊于纽约的英法双语版则为73巨册。该史料集逐年、逐月甚至逐日地记载了耶稣会士在北美的传教活动，具有很高的史料价值。

---

① Lettres édifiantes et curieuses écrites des missions étrangères, Lyon, Chez J. Vernarel, libraire, Et. Cabin, 1819.

② Isabelle et Jean-Louis Vissière：Lettres édifiantes et curieuses de Chine par des missionnaires jésuites，1702-1776, Paris, Garnier-Flammarion, 1979.

③ 耿昇：《耶稣会士书简集中国书简选》（选译），《清史资料》第6辑，中华书局1985年版，第133—177页。

④ 从朱静所选择的书信与编排的顺序来看，《洋教士看中国朝廷》（上海人民出版社，1995）当译自微席叶夫妇所编书简选。不过朱书略去了原书书前有关说明性的内容，如大事记、前言、参考书目等，而增入了《17—18世纪来华耶稣会传教士人名中西对照表》（附于书后）。朱书由于为编译，对原信内容的翻译有省略。

⑤ Louis Lecomte：Un jésuite à Pékin：Nouveaux mémoires sur l'état présent de la Chine, 1687-1692, Paris, Phébus, 1990；郭强、龙云、李伟将之翻译出版：《中国近事报道（1687—1692）》，大象出版社2004年版。

⑥ [法]白晋：《康熙皇帝》，赵晨译，黑龙江人民出版社1981年版。

⑦ Claudius Madrolle, Les premiers voyages français à La Chine：La Compagnie de La Chine, 1698—1719, Paris, A. Challamel, 1901.

⑧ Relations des jésuites，contenant ce quis'est passé de plus remarquable dans les missions des pères de la Compagnie de Jésus dans la Nouvelle-France, Montréal, Editions du Jour, 1972.

二

17、18世纪位于今天加拿大东部的北美地区属于法国殖民地,因而被称为"新法兰西"(Nouvelle-France)。同其他北美地区一样,这里最早的居民也是印第安人,他们长期以来生活在那种无阶级、无压迫的史前社会中。经济方面除南面的休伦部和易洛魁人属农耕部落外,其余的印第安人都主要以狩猎、采集和捕鱼为生。17世纪初以来,法国人不断来到北美,并将他们欧洲的文化和社会制度带到"新大陆"。尽管在很长时间内法国人与北美的土著居民保持的是一种联盟关系,但这些来自另一种文明和社会制度的白人打破了这里的宁静,并逐渐造成了印第安人传统社会的解体。1611年两名首批法国耶稣会士抵达北美,1632年又一批人数更多的传教士来到这里,自此以后,法国耶稣会士蜂涌而至,仅1632至1650年即达46人。①

这些来到北美的传教士携入了大量被当地居民视为奇物的欧洲物品,作为归化他们的诱饵。这些器物大体可以分为五类:1.日用品与工具:镜子、刀、缝衣针、斧头;2.科技、工艺品:时钟、磁石、玻璃珠、玻璃瓶、多面体镜、欧洲城市图以及世界地图;3.宗教美术品:绘画、雕刻;4.传教用具:便帽、念珠、十字架等;5.武器:铁制箭头、枪支。②

这些奇器首先被传教士用在对土著居民展开的心理战中。他们总是利用种种时机向印第安人出示他们的金属工具和威力无比的铁枪、街道密布的城市图以及西洋绘画与雕塑,用以炫耀欧洲文明的先进与优越,以使土著居民产生文明低下与自愧不如的心理。这一传教策略收到了效果,一些印第安人正是由于最初对欧洲物质文明(通过传教士携入的器物)产生的羡慕心理进而相信西方宗教的优越,从而放弃其本身"落后"的传统信仰而改信"白人的上帝"③。被称为模范信徒的约瑟夫(Joseph Chihouatenhoua)即是一例。他在鼓动休伦部同胞信奉基督教时说道:欧洲人的金属工具远比印第安人的石器工具要先进,对此大家毫无异议,都乐意使用;那么欧洲人的信仰也具有同样的优越性,也值得印第安人接受。④

这些奇器还被传教士当作礼品送给一些部落酋长与前来听他们讲道的群众。适应当地居民"以礼(品)代话"的习俗,传教士赠送的每项礼物往往直接代表他们的某个传教要求,或为了建立教堂或为了要求对方听教。他们送礼的形式一般有两种,一种是布道前在围观的人群前摆上礼品,以吸引听众;另一种是在讲完教理后再拿出礼物,以巩固传教的效

---

① Lucien Campeau:La première mission des jésuites en Nouvelle-France(1611-1613)et les commencements du Collège de Québec(1626—1670)),Montréal,Editions Bellarmin,1972,p. 103.

② 前引《新法兰西耶稣会士传教大事记》第1册,第33、157—163页;第2册,第40页;第6册,第49—50、99—100页。另参见 Laurier Turgeon,《Exchange d'objets et conquête de l'Autre en Nouvelle-France au XVIe siècle》),Laurier Turgeon,Denys Delâge et Réal Ouellet,Transferts culturels et métissages Amérique/Europe,XVIe—XXe siècle,Québec,Presses de l'Université Laval,1996,pp. 155-168.

③ 印第安人将传教士所宣称的上帝叫作"白人的上帝",而将他们自己的传统神灵称为"红人的上帝",参见 Denys Delâge,La religion dans l'alliance franco-amérindienne,*Antropologie et sociétés*,vol. 15,no. 1,1991.

④ 参见《新法兰西耶稣会士传教大事记》,第2册,第64页。

果,加深人们的印象。①

那些属于宗教艺术方面的物品如绘画与雕塑品通常被耶稣会士们用作直接传教的教具。传教士布道时常常摆上一幅或几幅宗教画,用绘画的形象感和直观感来加深土著对教理的理解。为了突出这方面的效果,这些宗教画往往被赋予恐怖性。画中地狱的烈火与在烈火中痛苦地挣扎的灵魂(当然是不信基督教者),令生活在前阶级社会时代的印第安人惊恐万分。传教士正是用这种带有恐怖性的画来胁迫印第安人:如果他们不像白人那样信仰传教士所宣称的全能的、至高无上的上帝,那么他们死后灵魂会坠落地狱,像画中的人一样饱受烈火焚烧之苦。传教士的这一招收效甚快,一些最初坚决拒绝听取教理的人一旦看到这种"恐怖画",马上改口,表示愿恭听传教士布道并信仰他们的上帝。②

正是通过对上述种种西洋物品的使用,法国耶稣会士很快在北美打开局面,并赢得了大量的信徒。但这种做法的可靠性是颇令人怀疑的。北美与欧洲在文化与历史背景上相差殊远,要那些生活在史前时代的人们仅仅通过某些奇器的驱使而理解并接受那种产生于阶级社会并在欧洲文化背景下发展起来的基督教是十分困难的。因而我们在传教士的报告中经常看到一些信徒在困难面前脱离与背弃他们所接受的信仰,这正好是这方面的例证。一些传教士后来也承认他们在北美布道的种种困难,1672年他们在《大事记》中称他们几乎不可能向印第安人传播福音,因为印第安人不能像文明程度高的中国人那样适当地进行思考与理解。③

三

差不多与首批两名法国传教士奔赴北美的同时,第一位法国耶稣会士(金尼阁)于1610年来到中国。继他之后,其他十几名法国传教士陆续抵华,他们是:史惟贞(Pierre Van Spiere,1584—1628)、罗德(音译,Alexandre de Rhodes,1593—1660)、金弥格(Michel Trigault,1602—1667)、方德望(Etienne Faber,1597—1657)、汪儒望(Jean Valat,1614? —1696)、聂仲迁·蓬塞(音译,Edmon Poncet,1613—1667)、穆迪我(Jacques Motel,1619—1692)、蒂萨尼尔(音译,Josheph Tissanier,1618—1688)、傅沧溟(Jean Forget,1609—1660)、穆尼各(Nicolas Motel,1622—1657)、洪度贞(Humbert Augery,1618—1673)、刘迪我(Jacques Le Faure,1613—1675)、乐类思(Louis Gobet,1609—1661)、穆格我(Claude Motel,1618—1671)、方玛诺(Germain Macret,1620—1676)。1687年应在华葡系耶稣会修会副省会长南怀仁的邀请,法国国王路易十四派来了以洪若翰为首的五人传教团(其余四人为白晋、张诚、李明和刘应),法国耶稣会士开始作为一支独立的传教力量登上中国传教舞台。从1687至1773年耶稣会解散,共约有88名法国耶稣会士来到中国。④

① 参见《新法兰西耶稣会士传教大事记》,第6册,第42、100页。
② 参见《新法兰西耶稣会士传教大事记》,第2册,第12页;第6册,第2页。
③ Bruce G. Trigger, Les Indiens, la fourrure et les Blancs, Montréal et Paris, Boréal et Seuil, 1990, p. 403.
④ 关于法国耶稣会士的来华与活动地区,请参见李晟文《清代法国耶稣会士在华传教策略》,《清史研究》1995年第3期。

与到北美一样,来中国的法国传教士同样携入了大量的西洋奇器,从我们所接触的材料来看,这种带到中国的欧洲物品数量更大、种类更多,在耶稣会士的传教活动中所扮演的角色也更为微妙。

(一)"奇器"的携入量与种类

关于传教士携带入华的欧洲物品,由于我们缺少明确、具体及总体性的统计材料,我们难以知道它们输入的确切总数,不过以下材料与有关事件却允许我们作一个大体的评估。

1687年路易十四派来的五人传教团携带有大量礼品,但该传教团于7月23日抵达宁波后发现所带来的东西只够送给康熙皇帝,却不够送给大量的贵族官吏。于是作为会长的洪若翰赶紧于8月25日给巴黎的东方传教区代理人韦尔珠(Verjus)神甫写信,请求在法国的耶稣会士运来或以后来华时带来更为大量的奇器。他在信中将所需物品列为11类,每类下各项器物皆用复数表示,即每项所需为多件而非一件。对于那些在此很受欢迎的器物更明确指出所需"无数"(如匣子)或"二三百副"(如眼镜)。在信的末端,他还要求该神父每年都运来一些奇器。①1693年7月8日白晋以"亲差"的身份前往欧洲招聘传教士,他于1698年11月4日与所招十名耶稣会士随安菲特利特(L'Amphitrite)号法国商船抵达广州。据他当时所写信件及马托勒所编有关该商船东来的航海记的记载,白晋一行(包括该商船)带有大量送给皇上、两广总督及海关官吏的礼物②,其中晋献给康熙的礼品后来由康熙专门派来的官内官员赫世亨(Hencama的音译)和传教士刘应、苏霖(Joseph Suarez,1656—1736)负责运往北京③,其数量之多是可以想见的。在白晋返华的同时,洪若翰也受皇命赴法国招聘那些"科学家与艺术家"的传教士,他于1701年率所招八名耶稣会士随上述法国商船抵达广州。据同行的汤尚贤神父记载,这批传教士携带有大量的礼品,其中送给康熙的礼物由挑夫负责担挑,并由两广总督派来的官兵负责押运。礼品队随传教士队伍浩浩荡荡北上,引起无数人的围观。这些礼品担到底有多少?汤尚贤没有具体说明,我们不得而知。不过他提到当北上队伍遇到水路而改用船装礼物时,运载礼品(当包括一些传教士的用具)的船只共9艘。④由此可知,这批传教士带给康熙皇帝的欧洲礼品的数量之多。

其他那些单独或小规模抵华的传教士,也多怀抱"奇器"而来。如1656年到华的洪度贞神父在去北京时就带有进献皇帝的贡品。⑤金尼阁于1613年前往欧洲,在欧期间,他从一些信奉基督教的公爵、贵族及法国王太后那里获得大量支持在华传教的物品。⑥1620年他返华时将所获礼物携入。

---

① Henri Bernard, Le voyage du père de Fontaney au Siam et à la Chine (1685—1687) d'après des lettres inédites, Bulletin de l'Université l'Aurore, 1942, vol. 3, no. 2, pp. 238-241.

② 前引马托勒书,第35页。

③ 白晋写于1699年11月30日的信,见耶稣会士书简选编 Choix des lettres édifiante écrites des missions étrangères, Paris, Brunot-Labbe, 1835, vol. 2, p.205, 209.

④ 汤尚贤写于1701年12月17日的信,前引耿升译书简选第147—149页,及朱静书第12—13页。

⑤ 参见[法]费赖之:《在华耶稣会士列传及书目》,冯乘钧译,中华书局1995年版,第291页。

⑥ 参见[法]费赖之:《在华耶稣会士列传及书目》,第118—120页;方豪:《中西交通史》,第758页。

尽管我们对当时法国耶稣会士携入的西洋物品的总量不很清楚,但从上述事件可以肯定,这类"奇器"的数量相当庞大,并大大超过法国传教士携入北美的物品。

我们再来考察这些输入奇器的种类。前引洪若翰求助于韦尔珠神父的信为我们提供了一份详尽的目录。该目录共11类,即:1.刀、剪刀、匣(盒)子;2.望远镜;3.各种显微镜;4.钟表(自鸣钟、摆钟);5.眼镜(近视镜、普通镜与防风御沙镜);6.多面体玻璃、凸透镜;7.镜子;8.彩色画像、反映狩猎、战争、风景与宫殿的版画;9.来自法国宫中的扇子;10.小型画、细密画、法郎画、珐琅工艺品、琥珀制品;11.玻璃制品(瓶、蜡烛台、温度计)。此外,洪若翰还提到几种在华用不上的欧洲器物:一是象限仪;二是法国所制大理石、金属或木质版;三是带有裸体画的书集;四是磁石(因中国本地所产磁石反比巴黎产的要廉价得多);五是在此毫无用处的欧洲缝衣针。①

洪若翰所列的目录算比较细致而具体的了,但它远远没有包括明末清初法国耶稣会士所携入的西方物品的全部内容。因这个目录只是洪若翰刚刚踏上中国时所感到来华必须携带的器物,以后随着传教士不断深入中国社会,他们所感到必须带来的物品更多,因而带来与运来的也更多。从实际情况来看,我们也发现许多法国耶稣会士携来的而没有被列入洪氏目录的奇器。科技仪器除洪氏提到的望远镜和显微镜外,还有其他一些数学器材与天文仪器。洪若翰神父在其信中谈到康熙跟传教士张诚、白晋等人学习西方科学时经常用仪器亲自称物体的重量,测物体的直径,验证立方体、圆柱体、圆锥体、棱锥体、球体的比例与性能,并对山、河、池塘等进行实地测量②,这些测量仪器当有一部分由法国传教士进献。另外法国耶稣会士的传教基地北京北堂(教堂)也陈列有一些数学器材。③至于天文仪器,金尼阁从欧洲返回时带有天文仪器,1687年传教团来时携带有多种天文等仪器与器材(其中有的为法国皇家科学院所发明),这些科技奇器如天文钟、水平仪、大半圆仪、照准仪、大型象限仪、大型箱装罗盘仪、干燥磷剂、液体磷剂,等等④,后来送给了康熙,有的则送给了皇太子。机械制造方面,传教士除了携带不少自鸣钟外,一些传教士还以钟表师或机械师的身份供职皇宫,进行钟表等机械的制造。如杨自新(Gilles Thébault,1703—1766)制有能步行的一狮一虎;汪达洪(Jean-Matthieu de Ventavon,1733—1787)制有手持花瓶行走的机器人;蒋友仁(Michel Benoist,1715—1774)制有自动风扇与喷水池。⑤另外,陆伯嘉(Jacques Brocard,1664—1718)也在宫中提供这方面的服务。音乐器材方面,洪若翰的目录没有提到,但实际上它们也随传教士进入中国。如金尼阁带来能

---

① 洪若翰写于1687年8月25日的信,见前引 Henri Bernard 一文,第238—240页。
② 洪若翰写于1703年2月15日的信,见耿升所译书简选第161—162页及朱静书第40—41页。
③ 杜德美于1704年8月20日的信,见朱静《洋教士看中国朝廷》,第51页。
④ 参见[法]白晋:《康熙皇帝》,第36—38、50页。
⑤ 参见南炳文、李小林、李晟文:《清代文化——传统的总结和中西大交流的发展》,天津古籍出版社1991年版,第253页。

自动演奏的小乐器①；1699年白晋率所招募的传教士在江苏镇江金山晋见南巡在此的康熙时，在舟上为康熙演奏西乐②，这批传教士中不少人如巴多明（Dominique Parrenin，1665—1741）、颜理伯（Philibert Geneix，1667—1699）、南光国（Louis de Pernon，1664—1702）精通西乐（其中南光国精于提琴与长笛），他们东来时带有欧洲乐器当是没有问题的。另外北堂陈有音乐器材③，正好也说明了这点。此外，南光国还以乐师的身份供职官中，制有羽管键琴、斯频耐琴等乐器。④关于绘画，洪若翰刚到中国时请求在法国的耶稣会士寄来西画，后来很多西画涌入中国，这说明洪若翰的请求并没有落空。白晋去法国招募传教士返回时法王即给予他一册"华丽"的版画集⑤，另外北堂内悬挂有大量的耶稣、法王及其他一些欧洲君主的肖像画。⑥圆明园西洋宫殿里也悬挂有法国宫廷送来的巨幅油画。⑦此外有的法国耶稣会士兼画家如王致诚（Jean-Denis Attiret，1702—1768）与贺清泰（Louis Antoine de Poirot，1735—1813）还供职官中，为皇上作画，其中王致诚还和意大利传教士郎世宁（Joseph Castiglione，1688—1766）等参加了乾隆年间著名的平定准噶尔、回部奏凯图的绘画。雕刻方面，一些反映基督教思想与意识的宗教雕像也传入。李明神父就讲到他把雕刻有耶稣圣像的十字架用到弥撒等宗教活动中的情景⑧，另外北堂内也陈放有雕像。洪若翰目录中还提到书。书被传教士广泛地运用到传教中去，散发给前来听教的人或对基督教感兴趣的人，无论他们是官僚、文人还是一般平民百姓⑨，因而宗教书在当时社会上的流传是很广的。当然这类赠给中国人的书，应该主要是翻译成了汉文或用汉文编写的书，而非来自西方的原版拉丁文或法文书。至于世界地图这种在当时中国人眼中很奇异的东西，意大利传教士利玛窦和法国耶稣会士也携带至华。沙守信（Emeric de Chavagnac，1670—1717）神父在其信中谈到他怎样向几位文人出示世界地图及这些令文人吃惊的情景。⑩传教方面的必备物如十字架、念珠也随传教士来到中国。其他一些器物也运入中国，如金尼阁返华前从法国王太后那里得到贵重的毯子；他另有一乌木柜，长高各三尺，珍藏有各种玩具，其中有钟表等。⑪1698及1701年白晋与洪若翰分别率传教团随安菲特利特号商船抵达广州时，法人给地方官送有分枝吊灯与珐琅鼻烟盒。⑫

① 参见方豪：《中西交通史》，第758页。
② 前引白晋写于1699年11月30日的信，第208—209页；方豪书第897—898页。
③ 杜德美写于1704年8月20日的信，第51页。
④ 参见沈福伟：《中西文化交流史》，第437页。
⑤ 参见[法]费赖之：《在华耶稣会士列传及书目》，第435页。
⑥ 杜德美写于1704年8月20日的信，第50—51页。
⑦ 参见南炳文、李小林、李晟文：《清代文化》，第260页。
⑧ 参见前引李明书，第307—308页。
⑨ 费赖之一书法文版：Louis Pfister, Notices biographiques et bibliographiques sur les Jésuites de l'ancienne Mission de Chine, 1552—1773, Chang-Hai, 1932-1934, p. 581,589,595. 冯承钧所译中文版《在华耶稣会士列传及书目》一书无此内容。
⑩ 沙守信写于1703年2月10日的信，见朱静书第19—20页。
⑪ 前引费赖之《在华耶稣会士列传及书目》，第117—118页；方豪书第758页。
⑫ Claudius Madrolle, Les premiers voyages français à La Chine, p. 43.

在所有上述传教士携入的西方物品中,令人吃惊的是某些欧洲武器的流入,它们也被当作礼品送给一些地方官。1698年白晋等到达时,同船法人送给两广总督一支枪;1701年洪若翰等到时,该总督又收到两把铁制手枪及一把军刀。洪若翰也送给他一把短枪①,他还带法船上的二副等人送给另一官吏一支短枪。那位官吏见此枪如此短小却威力很大,能射很远,感到十分惊讶,不敢使用。这令送礼的法人十分后悔,他们感到一支如此好的枪却送给了一位既不知道其价值也不知道如何使用它的人。②由此看来,17、18世纪当有不少欧洲枪支随传教士与欧洲商人流入中国,尤其进入南部的港口城市广州一带,只可惜人们一直以奇器视之,没有给予重视,更没有对之进行研究。当一百多年后英国发动鸦片战争的时候,那些迎击敌人的清军很多仍然拿着大刀、长矛等原始武器。

以上是对明末清初法国耶稣会士所携欧洲物品的简略分析,这些器物与当时传入北美的物品在种类上很相似,即同样可以分为以上五大类:日常用品与工具、科技工艺品、宗教艺术品、传教用具以及武器。有些器物还与输入北美的器物相似或完全相同,如时钟、镜子、枪支、世界地图、传教用具以及宗教绘画与雕刻。但由于中国与北美在文化背景上有着明显的不同,传教士在选择与携入二地的物品上也有很大的差别。最大的差别是在华传教士带来了一批高度专业化的科技器材,而这在北美不见。中国是一个文明悠久且古代科技发达的国家,这一情况使当时的中国具备吸收西方科技知识的条件,因而有很多中国知识分子甚至康熙皇帝对西方科学有着浓厚的兴趣,许多人致力于欧洲科技著作的翻译与学习。中国的这一特点使法国传教士感到他们的科技知识对于他们赢得中国人的好感与信任极为重要。正是在这种深思熟虑之下,法国国王路易十四于1687年派来了著名的科技传教团。其他传教士兼学者与艺术家的法国耶稣会士也一批批地招入中国,并带来了大量的数学、天文方面的器材。北美的情况与中国不同,这里的居民尚生活在石器时代,他们当时尚不具备理解已进入近代的欧洲的科技成果,即使对一般的科技方面的东西(如风标、磁石)他们也时常以魔术、巫术用具视之,将之看成不吉之物。因而传教士们对他们没有使用那些高度专业化的科技奇器。

第二个差别是即使属于同一大类的运到中国与北美的欧洲器物,其具体内容也有所不同。为适应印第安人狩猎、伐木生活的需要,传教士携入的工具有刀、斧头和箭头(印第安人多以狩猎为生,因而箭也可以看成是他们赖以生存的工具);而中国人属于农耕民族(除一些少数民族外),本身传统手工业也很发达,因而我们在上述入华欧产品中没有看到箭头与斧头,洪若翰在他的奇器单中只列了刀与剪刀。即使同属西洋画的宗教画,画中的内容也因两地文化背景的不同而作了改造。为适应中国人的伦理道德观念,传教士对携入的西画十分强调非裸体性。洪若翰在其前述的奇器单中两次提到这方面的注意事项。在第一处谈到小型画时,他指出这些画不能是裸体的;在第二处谈到书时他讲传教士所带之书很

① Claudius Madrolle, Les premiers voyages français à La Chine, p. 117, 118.

② Claudius Madrolle, Les premiers voyages français à La Chine, p. 122.

漂亮,但里面夹有一些裸体画中的人物,此使传教士送人时很难出手。他要求以后运书来中国时必须先抽走这些裸体画,然后再装订成册。①北美的情况与此不同,这里的居民身上的遮挡物很少,经常一丝不挂,他们不存在不适应裸体画的问题。他们的问题是对欧洲人的大胡子很反感,因而携到这里的画需要把画中人物的胡子减少或去掉。②

第三个差别是对于携往中国的物品,尤其对于那些送给皇帝、高官的礼品,传教士都进行了精心的选择,对其中一些器物从品种到式样到装饰以及出产地都有具体、明确与严格的要求。以洪若翰所写奇器单为例,他在提到刀时,指出刀必须是精制的,而且刀柄需要饰以玳瑁;关于扇子,由于他到华后发现"这里所有的男人都手拿扇子",因而他要求寄来法国皇宫使用的精致扇子而非一般的欧洲货;对于广受欢迎的眼镜,他提到三种不同的眼镜,一是近视眼镜,二是普通眼镜,三是骑马防风避沙之眼镜,对于其中馈赠给官吏的眼镜他要求配有玳瑁框架。由于传教士对携入的物品精心选择,因而这些器物多为精品。如金尼阁返华时携入的自鸣钟上刻有一手持弓、一手拿箭的森林之神,能发箭报时,很精巧③;对于进献给康熙皇帝的礼品,1687年传教团抵华时所带者十分"精美",白晋在他后来返法时呈给路易十四的著名的奏折《康熙皇帝》中夸耀道:"我们献给皇上的物品是他未曾见过的,并且觉得比别的物品更好。"④1698年白晋率所招传教士东来时又携带有大量路易十四所赠的华丽的铜版画及其他一些礼物,白晋在其写于1699年11月30日的信中讲,当时见到这些奇器的宫中贵族,表示从未看到过如此珍稀与奇异的东西,康熙本人也被路易十四的画像与反映其宫殿的画所吸引。⑤

北美的情况与中国不同,那里不仅在经济与文化发展程度上与中国相差很远,而且在社会形态上处于无阶级的史前时代,那里不存在一批左右与统治社会的特权阶层,传教士用不着投入那样多的精力与财力来求好于权力很有限的部落酋长。因此我们在这里没有看到传教士如此用心搜寻与精选欧洲奇器的材料,传教士在提到他们的所携物品时大多十分简略。

(二)"奇器"与传教

同在北美一样,这些西洋奇器进入中国后很快成了传教士布道的有力武器,并构成法国耶稣会在华传教策略的重要组成部分。它们首先被传教士当作礼物运入皇宫或送到与传教士有关的贵族、官吏手中。明清时期的中国是一个等级森严、在封建专制制度统治下的社会,在这个社会里皇权高于一切,皇帝拥有至高无上的权威;在地方上则由皇权的代表者与执行者——各级封建官吏统治着人民。因此,传教士要想在这样一个等级森严的社会里立足并发展其基督教,交结皇权与结好官吏就至关重要。而要达到这一目的,最直接且有效的

① 洪若翰写于1687年8月25日的信,第240页。

② Camille de Rochemonteix, Les Jésuites et la Nouvelle-France au XVIIe siècle, Paris, Letouzey et Ané, 1895, p.339.

③ 参见方豪:《中西交通史》,第758页。

④ [法]白晋:《康熙皇帝》,第36—37页。

⑤ 参见前引白晋写于1699年11月30日的信,第209页。

方法莫过于赠礼以示友好了。刚踏上中国大陆的洪若翰就感到了这方面的重要性,他在那封详列奇器的信中写道:"我们带来的送给中国皇帝的礼品十分漂亮,但我们手中却非常缺少过得去的礼物以送给那些我们需要通过他们晋见皇上的大量官吏。"[①]数月之后,他在另一封信中更将馈赠礼品与传教等同起来:"我们必须手中拥有一些欧洲奇器以送礼,这也就是传播福音。"[②]17年后,他对中国的习俗有了更多的了解,因而他在给路易十四的忏悔神父拉雪兹(La Chaize,1624—1709)的信中进一步强调送礼与适应中国习俗的重要性:"(在中国)人们从不会拜见一位受人尊重的人物并求助于他而不给他送礼。这是这里的习俗,像我们这样的外国人绝对不能脱离这种习俗。"[③]正因为这样,传教士精选的大批奇器首先是运入了皇官,献给康熙皇帝。此外,它们还被送给了皇室的其他成员。当白晋发现皇太子对法国耶稣会士进献康熙的天文仪器羡慕不已时,他赶紧跑回住所,将身边所剩唯一的一台天文钟送给皇太子。[④]这些奇器还被传教士送给了他们希望交结的大小官吏。前面谈到的白晋与洪若翰率新征传教士到广州时与同船其他法人给两广总督及海关官吏送礼的情况即为这方面的例子。进入内地的耶稣会士也都如此。殷弘绪1714年到景德镇时与当地的地方官并无联系,于是他给他们送去"一些欧洲礼物",以求建立友好的关系。[⑤]李明承认为了避开地方官的监督并使之缄默,"大家都试图以礼品来平息他们"[⑥]。一些器物还以礼物的形式流入民间,传教士常在布道之后留给听教的群众一些书、画及其他一些反映基督教教理的东西。

与北美传教士将送礼与传教直接联系起来的方法不同,在中国的传教士对皇帝、贵族与官吏的送礼往往表现为一种迂回的传教策略。他们的礼物或在外交的外衣下进行(由于白晋认为中国的皇帝不接受以普通个人名义所赠之礼,因而两次运送传教士东来的安菲特利特号商船所载礼品均以法国国王的名义呈送[⑦]),或以私人的形式送出(如在地方的传教)。他们的第一目的是通过这种迂回的策略与统治阶层建立一种友好的、亲近的关系,并获得他们的信任,为传教活动的开展创造一种有利的条件。在此基础之上,再一步步地、不露声色地将这些接受礼物者引向他们的天主教。这一策略获得了效果,当1698年到广州的白晋给两广总督送礼后,该总督回送了他装满香料的金瓶、深红宝石小雕像、丝绸、中国画等礼物[⑧];殷弘绪送给地方官的礼品很快得到了回报,其中一位主要官吏对他表示了好感,并回送他一些土产,如家禽、面粉、酒等。[⑨]

① 前引洪若翰写于1687年8月25日的信,第238页。
② 洪若翰写于1687年12月11日的信,见前引 Henri Bernard 一文,第240页。
③ 洪若翰写于1704年1月15日的信,见前引耶稣会士书简选编 Choix des lettres édifiante écrites des missions étrangères,第312页。
④ 前引白晋书,第37—38页。
⑤ 殷弘绪写于1715年5月10日的信,同上书简集,第380—381页。
⑥ [法]谢和耐:《中国和基督教》,第181页。
⑦ 前引 Claudius Madrolle 一书,第142—144页。
⑧ 前引 Claudius Madrolle 一书,第35、41页。
⑨ 前引殷弘绪写于1715年5月10日的信,第380—381页。

那些呈入皇宫与保留在传教士手中的科技仪器被用于对康熙皇帝的教学,或是投入到清政府主持的地理大绘测活动中去。这与北美的情况完全不同,在北美传教士没有使用这方面的高度专业化的科技器材,以作为传教的工具。在中国,康熙对西方科学表现出浓厚的兴趣,经常随白晋、张诚、巴多明等神父学习数学(如几何学)、天文、地理、物体、医学(解剖学、医药学、外科知识)、植物学、化学等方面的知识。康熙非常喜爱传教士所进献的仪器,他将白晋等人呈上的两件由法国皇家科学院发明的天文仪器安放在御座的两边;对于他们所献的大半圆仪,他每次出行时总让内宫官员背着同行。①他还亲自使用这些仪器来进行数学、天文、地理方面的实地测量。康熙如此热爱科学并醉心于科学知识的学习,这在中国历代帝王中实属罕见,在外国君主中也属少见。此外,大批法国耶稣会士(如白晋、巴多明、雷孝思、杜德美、汤尚贤、冯秉正、德玛诺)与其他西方传教士积极投入到当时举行的地图大测绘中去,用他们手中的各种仪器在全国各地进行测量,并将测量结果绘制成著名的《皇舆全图》。不过需要指出的是,这种利用欧洲仪器所进行的科学活动,同样是一种为传教服务的迂回的策略,其目的也是为了赢得清朝最高统治者的信任与重视,以换取皇帝对基督教在中国传播的默许与宽容。洪若翰讲到神父们为了"讨取皇上欢心"及争取到他对基督教的友好态度而不辞劳苦、夜以继日地为康熙皇帝讲课与备课的情景。②正是为了"酬谢"传教士的这种效力,康熙在位其间,对基督教一般采取比较宽容的态度,并颁布了取消禁止该教的诏书:"皇上为了适当地酬谢我们这些福音宣传者尽心竭力地工作,终于颁布了他早就希望解除天主教禁令的诏书,从而使天主教从桎梏中解放出来。确实,我们的圣教多年以来就在这一桎梏中挣扎着。"③

这些欧洲奇器还被传教士陈列于教堂之内,专门用以吸引中国居民。北京北堂即是这方面的突出例子。北堂为康熙赐地所建,建成后成为法国耶稣会士的大本营。在这里传教士们放置了各种欧洲器物:人物肖像、宗教画与雕塑、数学与音乐器材。北堂本身就如同一个巨型的欧洲"奇器",它由穹顶、拱形窗户以及大理石圆柱组成。其装潢布置极尽豪华,以至成为"东方最美,活动最频繁的大教堂"④。传教士直言不讳地道出了他们如此精心装潢北堂并在此布置各种奇器的动机:"我们在此不惜一切以激起中国人的好奇心。"⑤他们的这一苦心没有白费,这座教堂内的西洋奇器吸引了大量皇室贵族(皇太子、皇室宗亲如康熙两位兄弟及其子)、达官贵人以及平民百姓。⑥许多人在华丽而逼真的西画前驻足止步,"他们走到那里停了下来,稍微退下,又朝前走,他们用手去摸摸,看看究

① 前引白晋书,第36—37页。
② 前引洪若翰写于1703年2月15日的信,第161页。
③ 前引白晋书,第41页。
④ 前引杜德美写于1704年8月20日的信,第50—51页。
⑤ 前引洪若翰写于1704年1月15日的信,第313页。
⑥ 前引洪若翰写于1704年1月15日的信,第313—314页。

竟是否还可以走进去"①。许多人(包括一些"有身份的人")拜倒在这座祭台前,有的还成为基督徒。②不过需要指出的是,尽管当时一些中国人对西方的物品产生好奇感与羡慕之心,但从总体上讲,当时的中国人并不认为西方文明比中国文明要优越;相反,他们对本国文化有很强的自信心,认为自己的文明不仅不比外国的差,而且比那些夷蛮之地要先进。这是当时中国人与印第安人在西方奇器面前的不同反应(大量印第安人在西方文明的强烈冲击下,动摇了对其传统文化的自信心)。当时中国人的这种优越心理在传教士的书信中得到比较充分的反映③,这也就是被看成"夷人"的欧洲耶稣会士在中国行事谨慎小心的重要原因之一。

同在北美一样,那些反映基督教思想的器物与象征物也被运用到传教之中。沙守信每到一处总拿出宗教画或带有耶稣像的十字架讲解教理④;卜文气、彭加德等神父传教时也常留下一些宗教书、圣像、念珠以及其他一些传教用具⑤。与在北美不同的是,就我们所接触的史料来看,没有发现传教士们有意将宗教画弄成恐怖的样子以惊吓听众、威胁听众入教的举动。另外从当时见过西画的中国人的记载来看,中国人对西画的感受也多认为其栩栩如生。⑥

以上我们对明末清初法国耶稣会士带入中国的西洋奇器的大体数量、种类、这些物品在传教活动中所起的作用以及它们与法国耶稣会士携入北美的欧洲器物相比较所表现出来的种种特点一一进行了初步探讨。从布道的角度来讲,这些奇器的巧妙使用对于造成一种有利的传教形势是有作用的,这也是为什么法国耶稣会士能够出入禁宫、深受康熙皇帝信任,并在全国范围内发展其传教势力的重要原因之一。从科学的角度来讲,这些天文、数学、机械以及武器制造方面的仪器、器材(其中有些是法国皇家科学院发明与馈赠的)或产品(如钟表、枪)对中国传统科技的发展是有进步意义的。令人遗憾的是这些西方科技方面的成果在很多人手里只不过是掌上玩物,并没有得到应有的认识、认真的研究与充分的利用。一旦传教士们离开中国,这些器物也就大多随之销声匿迹,或弃置深宫之中了。

原文载《中国史研究》1999 年第 2 期

作者:蒂尔贡(Laurier Turgeon),加拿大拉瓦尔大学(Université Laval)人文学院历史学系教授、
博士生导师,文化遗产研究所所长

李晟文,加拿大拉瓦尔大学人文学院历史学系教授、博士生导师

---

① 杜德美写于 1704 年 8 月 20 日的信,第 51 页。
② 杜德美写于 1704 年 8 月 20 日的信,见朱静所译书,第 52 页。
③ 沙守信写于 1701 年 12 月 30 日及 1703 年 2 月 30 日的信,巴多明写于 1735 年 9 月 28 日的信,参见朱静书第 33、19、170 页。另见白晋前引书,第 2—3、12 页。
④ 前引费赖之书法文版,第 568 页。
⑤ 前引费赖之书法文版,第 588、595 页。
⑥ 参见张维华《明清之际中西关系简史》,第 242—244 页;南炳文、李小林、李晟文:《清代文化》,第 260—264 页。

中国官本位意识的历史成因

陈宝良

若以科学概念为探究的视阈,"官本位"仅可归于通俗说法之列,却大抵涵盖了中国政治文化的基本特质。所谓官本位,既是一种以官位高低作为评判人的价值尺度或以追求官位作为人生最高目标的心理意识;又是一种政治文化,包含了官场生态的种种弊端,亦可称之为"官场病"。[①]

传统中国官本位政治文化具有主体、客体两个层面的含义:就主体而言,官位的占有者置设官任职是为了"致君泽民"的本义于不顾,为追求富贵而迷恋于官位。就客体而言,又可析为两个层面:一方面,君相将官位职衔视为市私恩之具,不论人之贤与不贤,官之是否称职,希望借此获取受职者的感恩戴德;另一方面,朝廷赋予官员的权力、荣耀以及由此而来的财富,导致普通民众无不对官位具有一种崇拜意识,且将此视为一生追求的终极目标。

中国的官本位政治文化发轫于春秋之末"士"阶层的崛起;秦大一统之后,正式成型;隋唐以降,由于科举制的盛行,"科举病"与"官场病"交互影响,使官本位政治文化生态更趋烂熟。自辛亥革命后,随着帝制王朝的解体,官本位政治文化失去了赖以生存的社会与制度基础,然其意识则潜存于人们的内心深处,延续至今而不息。

一、社会成因:从封建到士大夫社会的变迁

从封建到士大夫社会的变迁,显然是中国官本位政治文化形成的社会原因。在这社会变迁中,士人阶层的崛起乃至士人意识的转向,无不贯穿于官本位政治文化形成的历史进程中。至于其间的变迁历程,则包含以下两大转向:一是从封建向郡县的转变;二是从门第社会向士大夫社会的转变。

揆诸中国社会的历史演进,从封建变为郡县,显然是社会的一大转向。这一转变,始于春秋、战国时期,形成于秦汉以后。尽管自秦以后的历代知识人,对封建与郡县之制的优劣时有争论,但如此重大的变革,实为历史的必然。从封建向郡县的演变,给传统中国政治带来了巨大的变动。随之而来者,则是世道的转变,即从"道德世界""仁义世界""礼义世界",

---

① 关于"官本位"之定义,相关的前期研究成果,可参见李向国:《"官本位"与"民本位"政治文化学研究的理论意义》,《理论研究》2007年第18期;齐秀生:《官本位意识的历史成因及其对策》,《齐鲁学刊》2002年第2期;朱岚:《中国传统官本位思想生发的文化生态根源》,《理论学刊》2005年第11期。

转而变为"威力世界""智巧世界""势力世界"。①

自秦朝大一统社会形成以后，以一家一户为基本单位的分散的小农经济，随之成为郡县制的经济基础。传统中国是一个小农社会。生活在此社会中的百姓，无不安土重迁，只考虑百里之内的桑梓之邦，不知道千里之外的世界。在这狭小的世界里，人们仅仅满足于"麻麦遍地，猪羊满圈"的生活。如此封闭的乡土生活世界，导致百姓对官员存有一种天生的崇畏心理，进而产生"生我父母，养我明府"的想法，将地方官员视为可以"生我养我"的"父母官"。②

基于小农经济结构之上的社会，其实就是社会学概念中的"乡土社会"。③在乡土社会中，地方长老无论从礼仪上还是制度上，无不享有绝对的权威。自唐宋科举制兴盛之后，乡土社会中的长老，不再单纯由地方上德高望重且又高年的里老担任，而是由致仕退归林下的官员即所谓的"乡先生"出任。就此而论，所谓的长老权力，其实就是退休官员权力。进而言之，对长老的尊敬乃至崇拜，其实就是对官员的敬畏乃至崇拜。

生活在小农社会或乡土社会里的民众百姓，自然会产生两种崇拜心理：一是由对官员的敬畏而产生的权力崇拜；二是出于对大自然等不可知力量恐惧心理而产生的神灵崇拜。由于传统政治生态固有的制度缺陷，百姓无不将公平、公正一类的希望寄托于清官、循吏之上，从"包青天"到"海青天"的历史演进，足证在百姓内心深处无不存有一种青天期盼。这些享有"青天"声誉的官员，在宦游之地，得以名列"名宦祠"；退归林下之后，又可进入家乡的"乡贤祠"，受到民间百姓的奉祀。在民间百姓的眼里，有些官员生为名宦、清官，死后更是成为神灵而得到百姓的俎豆。此即所谓的"生为上柱国，死作阎罗王"④。官员死后成为冥官、阎罗、城隍、总管之类的传说，尽管属于神话式的历史记忆，但确乎已经道出了古代中国官员崇拜与神灵崇拜趋于合流的历史倾向。

自隋唐以后，中国进而经历了从"门第社会"向"科举社会""士大夫社会"的转变⑤，并最终确立了官本位政治文化牢固的社会基础。所谓士大夫社会，又称"绅士"社会，其产生的制度根本则为科举选官，而士大夫则成为这一社会的阶级基础。在士大夫社会里，尚未入仕的知识人称为"士"，并已成为"四民之首"，尽管尚属齐民，然因冠服与百姓有异，同样可以受到公卿、里巷父老的尊重。那些已有秀才科名的士子，他们的容止、言语更是成为闾阎父老、阛阓小民的榜样。至于已经出仕的官员，则更是成为"万夫之望"。在士大夫社会里，社会等级秩序相当明显。在古代中国，思想或意见的传播途径大致为：几个大官说了，小官加以传达；小官说了，绅衿加以传达；绅衿说了，再由百姓加以传达。可见，作为"蚩蚩之民"

① 参见（明）吕坤：《呻吟语》卷4《外篇·世运》，上海古籍出版社2001年版，第215页。

② 参见（明）吕坤：《实政录》卷1《明职·知州知县之职》，《吕坤全集》中册，中华书局2008年版，第923页。

③ 参见费孝通：《乡土中国》，北京大学出版社1998年版，第54—58页。

④ （清）陈其元：《庸闲斋笔记》卷2《没而为神》，中华书局1997年版，第21—22页。

⑤ 参见钱穆：《中国历史研究法》，台北东大图书股份有限公司1991年版，第40页；[美]费正清：《费正清论中国》，台北正中书局1995年版，第104—106页。

的普通百姓根本不可能有自己独立的思想与看法,而是以士大夫为耳目,官本位意识得以最终确立。

综上所述,中国官本位政治文化的产生及其发展,完全植根于小农社会与士大夫社会的合流之上。传统士大夫家庭将"耕""读"二字,视为传家的宝训①,足以证明两者已完全趋于合流。在传统重农抑商思想的支配下,农业耕作不但是稳定家庭结构的经济基础,更是发家致富的正道;而读书则是为了科举仕进,获取官位,不但可以进一步增殖家庭财富,更可借助世代簪缨而使家族荣誉得以延续不替。

二、制度成因:从世爵到科举制的变迁

战国时期,诸国分立,最后却走上了大一统帝国的道路。秦汉帝国建立之后,尽管普遍实行了郡县制,但还是保存了古代贡纳制的残遗。官本位政治文化的形成,同样需要从选官制度变迁的角度加以考察。就此而论,从世爵制历经乡举里选制、九品中正制直至科举制的变迁,官本位政治文化才得以最终确立。

在古代,治国人才的选拔所凭借的是"德"与"功",借此获得爵禄却是有世禄而无世官。自周代衰微之后,公卿大夫逐渐成为世官。一至春秋,其制度的建构尽管限于有世功而获得世代的爵禄,然在具体的实施过程中,不免出现功薄之人也可以滥得爵禄。可见,在春秋以前的封建采邑制度下,世卿世禄的最大特点就是官位的世袭,显然已经将普通百姓追求官位的念头直接扼杀。春秋末年,随着士人阶层的崛起,出身于平民的士人得以在政治舞台上施展各自的抱负与才能。当时各诸侯国纷纷擢用非贵族出身之人,由他们领兵征伐或管理国家政务,随之在封建世袭贵族之外,一个非贵族出身的领薪官吏阶层随之形成。

自秦大一统之后,废除分封制,推行郡县制,自中央乃至郡县,官员无不实行选任,古代中国的官僚体制得以最终确立。进入两汉,推行乡举里选之制。举贤良文学对策,所取在于德贤、言良、才优,德行道义并重。举孝廉,则以德行为先,不察谋论。

秦汉是古代中国官本位政治文化的定型时期。究其原因,还是因为有以下两大转变:一是从朝廷为天下求贤才转变为君相为士人择官。其结果则是,君相选用官员,不论人之贤与不贤与是否称职,而任职者无不视官职为富贵之物。二是从世卿世禄向官僚制的转变。官僚制的确立乃至发达,不但使平民入仕为官成为一种可能,更使普通民众由此产生做官致富的念头。

隋唐尤其是宋代以后,由于科举制的盛行,更是形成了一个"平铺的社会"。这种官不世袭、政权公开的社会,尽管带来了社会流动性的加剧,但确实也使中国政治文化表现出一种"臃肿的毛病"②。换言之,隋唐以降的制度变迁,构成官僚主体力量的士人群体,不得不

---

① 参见(明)吕坤:《去伪斋集》卷7《孝睦房训辞》,《吕坤全集》上册,第374页。
② 钱穆:《中国历代政治得失》,三联书店2002年版,第171、173页。

面临"若不入仕,则无以为士"的困境。与此同时,在制度与社会变迁双重压力下,为了竞争有限的资源,士人群体发生行为分化的现象,"士不成士"的危机隐然浮现。毫无疑问,这是古代中国用人制度的巨大变化,而这种变化则更使官本位政治文化趋于成熟。

鉴于上述,大体可以认为隋唐以后科举制盛行下的社会,是中国官本位政治文化的烂熟时期。这主要体现在以下两个方面:一是读书志向的迷茫。在科举制下,读书不再为了个人道德的完善或是关心国家的安危,而是将《诗》《书》视为富贵之籍,将学校视为利禄之场。无论是宋代《劝学文》中所言书中自有"黄金屋""颜如玉"之说,《增广贤文》中所言"要振家声在读书",还是民间普遍流行的"万般皆下品,唯有读书高"之说,无不证明踏入科场的士人,所追求的绝不仅仅关乎一己的荣耀,更是担负着门楣光耀的重任。二是士人行为的堕落。在科举的影响下,一方面,士族远离本籍,群居两京,导致"士不饰行",士人为追求任官机会,渐趋浮竞;另一方面,士人脱离乡里社会,作为选举制度核心的"乡里"成分消失,意味着士人失去道德的社会实践场所,士人入仕资格与其社会实践失去联系,故无须"饰行"。①

科举选人制度的普及,以及借此途径入仕官员的特权及其荣耀,致使中国的官本位政治文化达到了极盛。唐人孟郊《登科》诗云:"昔日龌龊不足夸,今朝放荡思无涯。春风得意马蹄疾,一日看尽长安花。"诗中所言,显已道尽士人登科以后的荣耀。明人吕坤《官府来》一诗,更是对官员外出之排场,以及民间百姓对官员的崇拜意识极尽描摹之能事,诸如:官员身穿锦袍、头戴金冠、脚蹬珠履,乘坐轿子两旁有"百卒"随从,华盖翩翩、锣鼓喧天;道旁迎送之人,拥簇如蚁,不免被百姓人惊为"天上人"。②至于民间俗语所说的"官久必富"③,说明出仕可以带来财富等诸多现实的利益。

不仅如此,在科举等级制下,单凭财富的积累,很难获得社会地位的提升。这是因为,以科举等级制为基础的官本位政治文化,人们的社会地位与人生价值,并不取决于财富的多少,而是以科名等级、官职大小、官阶高低作为唯一的评判标准。于是,传统中国的商人,不得不利用读书科举、捐纳、联姻等各种途径,攫取官阶,借此晋身士大夫阶层。④可见,商人的崇官心理同样是传统官僚体制下官本位政治文化的产物。

三、文化成因:儒家真精神的异化及其沦丧

传统中国的儒家精神,堪称"内圣外王"之学,是"内圣"与"外王"的合一。这一说法,尽管出自《庄子·天下篇》,却已被儒家发扬光大,成为儒家的真精神。所谓内圣,其实就是个人的修身养性,属于"天德",是以"仁"为己任,视天地万物为一体,死而后已。这是"孔孟学

---

① 关于选举制度中"乡里"因素的消失,参见(清)顾炎武撰,[清]黄汝成集释:《日知录集释》卷13《清议》《名教》,中州古籍出版社1990年版,第311—314页。

② 参见(明)吕坤:《去伪斋集》卷10《官府来》,《吕坤全集》上册,第561—562页。

③ (清)钱泳:《履园丛话》7《臆论·官久必富》,中华书局1997年版,第183—184页。

④ 相关的探讨,可参见王桂清:《从"三言""二拍"中商人入仕途径看商人的官本位意识情结》,《北方论丛》,2004年第2期。

术"的精髓,更是一种大担当。所谓外王,属于"王道",就是使天下万物各得其所,使老者衣帛食肉,黎民不饥不寒。这是"尧舜事功"的精华,更是一种大快乐。

在传统中国文化的演进历程中,儒家真精神逐渐趋于异化乃至沦丧,进而成为中国官本位政治文化的文化成因。这可以从以下三个方面加以考察:

其一,"仕"与"隐"之关系及其转向。就中国的文化源头而言,无论是孔、孟,还是佛、老、墨、申、韩,孜孜汲汲,惕励忧勤,无不以济世安民为己任,怀抱一种死而后已的念头。自庄子、列子之后,继之以巢父、许由,乃至西晋的王衍之辈,倡导洁身自好,愿做山林高人、达士、隐士之风骤然而起。两者之分,其根本在于"人""我"之别:孔、孟认得"人"字真,身心性命只是为了天下国家;而庄、列则认得"我"字真,将天地万物只是成就自己。

事实确乎如此。在儒家学者中,孔、孟到处周游,辙环天下,孔子弟子亦不免事奉季氏。究其原因,固然因为事势不得不然,舍此无以自活;但更重要的因素,还是因为孔、孟怀抱起死回生之力,而天下又有垂死欲生之民,所以遍行天下,希望借此行道。

那么,士人为何必须出仕做官?从原始儒家的观点来看,显然是为了达臻兼善天下的公共理想。为了完成这一目标,正如唐人柳宗元所言,"官者,道之器",强调士人出仕才能满足"生人(民)之意",也就是说担任官职是士人维持小农生存、实践其公共理念的必要媒介。[①]即使是史书中所广泛记载的隐士、逸民,尽管他们远离官场,然此类隐居行为之所以被不断强调,还是因为他们原本就怀抱一种被君主征召入仕的期待。

就原始儒家的理想而言,士人积极入仕体现为一种对国家体系的依附。当然,这种依附性尚不足以证明士人阶级的存在完全是为了追求自身的利益。儒家的忧乐观足以证明士人阶级原本怀抱一种"孔颜之乐"的理想情操。"孔颜之乐"自宋儒周敦颐提出之后,已经成为宋明理学的核心理念。[②]所谓孔颜之乐,就是孔子"疏食饮水",乐在其中;颜子身处陋巷,箪食瓢饮,不改其乐。究其本义,并非是说孔子以"疏食饮水"为乐,而是孔子将"不义而富贵",视之轻如浮云。至于颜子之乐,则是倡导身处陋巷,不失自己的本心,即使身处富贵,仍能坚持自己的节操。儒家又有"仁者不忧"之说。所谓"不忧",就是不忧于未来,是一种不对个人未来祸害加以担心的境界。至于万民之忧,却被儒家一直萦挂心头。为此,儒家士人也就有了"居朝廷则忧其民,处江湖则忧其君"之论。

随着士大夫社会的确立,士人出仕的公共理想开始发生异化,也就是从做官为了"养民""爱民",进而异化为做官为了追逐个人的一己私利。于是,士人对国家体系的依附,也从高尚的淑世理想,转而变成单纯追逐利益的寄生官僚意识。随之而来者,则是官员为官意识、习气的三大转变:一是从"养德"转变为"养态",士大夫不再为可怒、可行之事而显现出刚正、果毅的德容,而是追求宽厚浑涵,不再任事敢言、忧国济时的俗状;二是从"策名委

① 参见(唐)柳宗元:《柳宗元集》卷3《守道论》,中华书局1979年版,第82页。按:相关的探讨,亦可参见王德权:《"士人"合理性的重构》,台北《政治大学历史学报》2004年第22期。

② 参见李煌明、李红专:《宋明理学"孔颜之乐"理论的发展线索》,《哲学动态》2006年第4期。

质"转变为"营营于富贵身家",士大夫不再为了任天下国家之事而不顾个人的安危得失,而是营营于富贵身家,将社稷苍生委质于自己,不再认真做事;三是"功名"观念的转变,也就是从做官是"为天地立心,为生民立命,为万世开太平",转乾旋坤,继往开来,转而变为追求富贵。

其二,"为己"与"为人"之关系及其转向。追溯儒家的精神文化源流,在学、仕关系上存在着"为己"与"为人"之别。就学术而言,儒家倡导"为己"之学,而不是"为人"。①所谓"为己"之学,其终极的目标还是为了"成物"。按照宋代大儒朱熹的看法,就是无论大事小事,只要自己应当去做的事,就毅然承担,是一种"无所为"之举。所谓"为人"之学,就是"为物"之学,最终必会丧失自我,亦即朱熹所谓的"有所为"。②就仕途而言,孔子就有"古之仕者为人,今之仕者为己"之说。所谓"仕者为人",就是为国家干事,正如宋人程颢所言:"功名未是关心事,富贵由来自有天。"③所谓"仕者为己",就是为自己营私。"做官"与"做家",原本截然分为两件事,而为己之仕,则将两者并而为一,做官就是为了做家,即发家致富。

其三,学以干禄问题。在原始儒家那里,已经有"学而优则仕"之说。这就是说,儒家并非将出仕看成"身外事",而是为了"自试所学"④。此外,在《论语》中,也有"子张学干禄"之说。儒家所谓的"禄仕"或"干禄",具有如下三层含义:一则士人必须自重,只有君主救世之心甚切,且能待之以礼,而后方可出仕。二则正如朱熹对"子张学干禄"一说的解释,士子不应先萌利禄之心,而是要先立身,一旦德行已修,声名大显,自会获得君主征聘,"禄不待干而自得"⑤。三则君子出仕,是为了"行其义"。根据清人李光地的解释,所谓的"义"字指君臣相关之意说,显然与荷蒉、晨门之流的隐居不同,因为他们无所求之志,不能行义。⑥

儒家"禄仕"或"干禄"之说,在历史的传衍过程中,逐渐开始异化,且丧失其真精神。当士人在野之时,既不能修身,反而汲汲求仕;一旦出仕为官,又担心自己的俸禄不能增加,因而趋走奔驰,一日不得清闲。尤其自科举兴盛之后,士人获得利禄,不再凭借经术,而不过是八股应试之文。⑦

这就牵涉到科举与立志之间的关系。在宋儒朱熹那里,还是把科举与读书分为两截,强调的是圣人之学,只是"为己","科举累人不浅"。⑧到了明儒王阳明,则已将"举业之学"与"圣人之学"融为一体,强调"业中求道",认为只要立志坚定,随事尽道,不以得失动念,那

① 参见(宋)程颢、(宋)程颐:《河南程氏遗书》卷18《伊川先生语》5,,《二程集》上册,王孝鱼点校,中华书局2004年版,第247页。

② (宋)程颢、(宋)程颐:《河南程氏遗书》卷25《伊川先生语》11,《二程集》上册,第325页;(宋)朱熹撰,黎靖德编:《朱子语类》卷17《大学》4《或问》上《经一章》,王星贤点校,中华书局2004年版,第384—385页。

③ (宋)程颢、(宋)程颐:《河南程氏文集》卷3《明道先生文》3,《二程集》上册,第476页。

④ (清)李光地:《榕村语录》卷4《下论》,中华书局1995年版,第71页。

⑤ (宋)朱熹撰,黎靖德编:《朱子语类》卷24《论语》6《为政篇》下,第591页。

⑥ 参见(清)李光地:《榕村语录》卷4《下论》,第68页。

⑦ 参见(清)顾炎武:《亭林文集》卷3《与友人论门人书》,(清)顾炎武:《顾亭林诗文集》,中华书局1983年版,第47页。

⑧ 参见(宋)朱熹撰,黎靖德编:《朱子语类》卷13《力行》,第243、245、246页。

么即使"勉习举业,亦自无妨圣贤之学"①。这已经是儒学的俗化,其结果是导致儒家真精神的沦丧,进而为官本位政治文化奠定了理论基础。

余论:官本位政治文化的弊端及其救治之道

传统中国文化的优秀精髓在于博施济众与民胞物与。惜乎这种优秀的文化精髓随着时代的变化而发生变异,与之相应者则是居官本义的蜕变。这就是说,那些位高爵荣的当官者,夙夜汲汲,不过是安富尊荣之奉,身家妻子之谋,一不遂心,则淫怒是逞,所做无非是为了满足一己之欲。即使那些所谓的廉静寡欲之辈,确乎做到分毫无损于民,然从他们万事废弛、分毫无益于民的作为来看,也很难逃脱"尸位素餐"四字。官场病态,由此形成,且牢固胶结,势不可破。

在病态的官场文化与官本位意识之间,显然存在着一种互为因果的关系。士、农、工、商四民顺序关系的确立,导致科名的初级获得者秀才,可以受到乡邻敬重、官府优崇,甚至免除一定的差徭,享受应有的荣名荣利。而官员体统的确立,更使身居高官者,无不武夫前呼,群骑后拥,拒百姓于百步之外,导致官民隔绝。在位时得享无限荣耀,热闹纷华,一旦致仕回归林下,门户顿时消衰,甚或门可罗雀,难免使官员有世态炎凉之叹,留恋富贵荣华,厌恶平常淡素。

针对官本位政治文化的弊端,那么如何加以救治? 简言之,还是应该从源头上加以治理。其治理之法,举其大者,则有以下两端:一则端正居官念头,从"官本"转向"民本"。居官念头,看似简单,其实关乎世之治乱,民之生死,国之安危,更是"民本"与"官本"的关键所在。换言之,居官绝非为了身家妻子、位高金多,而是为了天下国家、济世安民。这就需要恢复儒家优秀的精神传统,一方面,倡导与弘扬儒家所谓的"浩然之气",大则无所不在,刚则无所屈服;另一方面,则是进一步拓展儒家所谓"士不可不弘毅,任重而道远",做一个能挑重担的硬脊梁汉,打破公私之关,为国为民任事,不计个人得失。二则抛弃传统的"臣道"观,正如明末清初思想家黄宗羲所言,官并非为君而设,而是为民所设。官员出仕,是为了天下之公,而不是报答君主的私恩。②换言之,官员必须看破爵禄恩宠,以轻帝王之权,进而实现从"君本"向"民本"的转变。

原文载《中州学刊》2014年第2期

作者:陈宝良,西南大学历史文化学院教授、博士生导师

---

① (明)王守仁:《王阳明全集》卷4《文录》1《寄闻人邦英邦正》,上海古籍出版社1995年版,第168—169页。
② 参见(清)黄宗羲:《明夷待访录·原臣》,《梨州船山五书》,台北世界书局1988年版,第4页。

学术研究的"问题意识"与"非问题意识"

方志远

"问题意识"及因"问题意识"而产生的成果早已有之。两千多年前秦始皇君臣关于"封建"与"郡县"的讨论,贾谊《过秦论》对秦朝二世而亡的分析,都可以说是由"问题意识"催生的作品。当然,如果要归类,这些作品大抵应该归于"社会"或"人文"学科,更确切地说,是"历史学"或者是"政治学"的范畴。随着学术的发展,学科的分类越来越细,"隔行如隔山"并非虚言。尽管各学科之间,客观、求真的科学精神是一致的,但不同学科的不同特点,也决定研究方法和表述方式的不同。本文拟以历史研究为关照,就学术研究中的"问题意识"略抒己见,希望能够引起共鸣,更希望能够得到批评。

一、"问题意识"的是与非

学术界对"问题意识"的认识,从来没有像最近二十年特别是进入21世纪以来这样强烈,强烈到成为学术研究乃至公共话语的重要甚至"核心"理念。①硕士、博士研究生的开题报告、论文答辩,必须回答的问题是:"你的问题意识是什么""你准备解决或者已经解决了什么问题",等等。弄得一些博士、硕士也忘乎所以地宣称:"这个问题已经被我解决。"更有不少学者现身说法,指明自己的成功经验,乃是持续不断的"问题意识"的结果,因而倡导青年学者增强"问题意识"。②从某种意义上说,"问题意识"之被特别提出并且能够成为学术研究的"核心"理念,又是与"国际接轨"的结果。③而在当今中国,任何事情一旦贴上和"国际"接轨的标签,遂成时髦。"问题意识"也如此。④

毫无疑问,"问题意识"是基本的科学精神,是人们不断探求未知、不断破解难题的强大动力。可以说,无问题意识便无科学技术的进步,无问题意识便无学术研究的推进,无问题意识

---

① 姚亮教授在《学术研究中的问题意识》一文中,开宗明义提出:"问题意识是学术研究的核心要义。"(《学习时报》2013年12月2日)黄寿高、吴兴二位学者的《到底什么是问题意识》(《上海教育科研》2006年第1期),根据"中国期刊网镜像站"的资料统计,从1995年到2004年,十年之间,国内学者发表的与"问题意识"有关的论文数量,依次是:1、7、9、13、17、21、53、80、110、112篇。最近十年应该更多。

② 参见黄宗智《问题意识与学术研究:五十年的回顾》,《开放时代》2015年第6期。

③ 俞金吾教授的《问题意识:创新的内在动力》(《浙江日报》2007年6月18日)列举了德国哲学家克罗纳、英国哲学家波普、美国哲学家杜威等人关于"问题意识"的主张或者通过"问题意识"所取得的成果。

④ 本文的一位评审专家指出:"问题意识本是西方社会科学借鉴自然科学的方法,即提出问题假说,指出问题现象,然后找数据和材料进行解释,完成问题模式,然后经过验证。如在使用者那里得到证明,新理论就产生了。"这种由西方社会科学借鉴自然科学的"新理论"产生的方法固然可以借鉴,但如果要运用于文史哲等人文学科并成为"核心"或"基本"方法,则存在诸多问题。

便进不了学术之门。"问题意识"的强化，对中国大陆的学术研究已经产生并将持续产生重大影响，不仅各类学术著作和论文的数量以几何级数增长，而且有大量高品质的作品问世。

但是，毋庸讳言的是，被社会诟病的"硕士不硕""博士不博"的现象，以及著作等身、思想贫乏，学者成堆、大师稀缺的状况，却也不能不说与"问题意识"的过于强烈有一定关系。①因为，过于强烈的"问题意识"，违背了人类思维的一般规律，容易导致忽略过程直奔结果、关注细节忽略大局，特别是容易助长急功近利的浮躁心理和立竿见影的实用主义。

所以，在对一些尚未步入学术门槛或者虽然已经步入门槛却仍在徘徊的学者，建立或强化"问题意识"，是完全必要的。但是，在"问题意识"已经成为时髦、成为标签的今日，给"问题意识"降降温，应该说也有必要。少一些"问题意识"，多一些"非问题意识"，学者的生产欲望可能会少一些，科学精神或许会多一些；科研成果可能会少一些，传世之作或许会多一些；著作等身的学者可能会少一些，博学通达的学者可能会多一些。这或许也是"文武之道，一张一弛"：当缺乏问题意识的时候，我们倡导多一些问题意识；当问题意识过于强烈的时候，我们倡导多一些"非问题意识"。

这里所说的"非问题意识"，并非不要"问题意识"，而是在一定程度上淡化"问题意识"，关注"问题"之外的事物、关注看似并非"问题"却是问题所由发生的事物。具体地说，是在欣赏过程中发现问题、在培育情怀中超越问题。如果说"问题意识"是务实，"非问题意识"便是务虚。这样，当我们回过头来重新看"问题"的时候，或许可以更加深刻地认识问题。也就是说，当急功近利的"务实"冲动使我们"只顾拉车"而"无暇看路"的时候，"务虚"的客观冷静可能将使我们适时放缓脚步并调整前进的方向。

问题、意识、问题意识是三个相互关联又相互独立的概念。"问题"是人们在认知自然、认知社会、认知自我的过程中自然而然生成的，"问题意识"则是人们在认知自然、认知社会、认知自我过程中积极寻找问题并试图解释或者解决这些问题所产生的意图或动机。

人类认知自然、认知社会、认知自我有其自身的规律，有一个从"无意识"到"有意识"，从"有意识"到意识到"问题"、再到产生"问题意识"的过程。在这个过程中，无意识是有意识的前提与基础，有意识则是"问题意识"的前提与基础。弗洛伊德将其归纳为人类思维活动的潜意识、前意识、意识三个层次的递进。在弗洛伊德看来，潜意识恰恰是人类更深层、更隐秘、更原始、更根本的"心理能量"，是人类一切行为的"内驱力"。正是这些心理能量、这些内驱力，从深层支配着人的心理和行为，成为人的一切动机和意图的源泉。但是，人们首先感觉到的，却是最表层的意识，然后才是前意识，而最容易被忽略的，恰恰是最为重要的潜意识。②所以，弗洛伊德在展示他的研究时，是从最容易感觉到的意识开始，向不易感

① 当然，"硕士不硕""博士不博"的现象，以及著作等身、思想贫乏，学者成堆、大师稀缺的状况，有更深层的社会原因，"问题意识"的过于强化只是这些深层的原因在学术要求上的表现而已。

② 弗洛伊德在《梦的解析》（孙名之译，商务印书馆1991年版）中提出关于"潜意识"（有学者译为"无意识"）的概念，后来又在《精神分析引论》（高觉敷译，商务印书馆1984年版）、《精神分析新论》（郭本禹译，译林出版社2011年版）中不断完善和丰富了关于潜意识、前意识、意识这一人类思维方式的理论。

觉到的前意识、潜意识逆向推进。而且，即使在"意识"这个层面，也有从"意识"到"问题意识"的递进；而在"潜意识"发生的过程中，还应该经历过"无意识"。从这个角度说，"问题意识"恰恰是思维的表层现象，而"非问题意识"才是思维的深层现象。

可以说，从无意识到有意识，从非问题意识到问题意识，从客观存在的问题到人们认识到问题，从人们认识到问题到产生解释或解决问题的愿望和动机，是人类的认知过程或者说是人类思维的一般规律。与此同时，新一轮的潜意识、前意识、意识，新一轮的无意识、有意识、问题意识，以及问题意识、意识、无意识的思维循环，也早在人们的不自觉中开始。在这个过程或循环中发现问题和带着目的寻找问题，是两个不同层级的不同意识。人们发现的问题，有些可能随着人们生活阅历的丰富、知识积累的充实以及社会文明的进步而自然化解，有些则如影随形、挥之不去，甚至随着人们认知水平的提高、生活阅历的加深、社会文明的进步反复出现。正是这些如影随形、挥之不去的问题，才有可能导致人们产生"问题意识"，导致人们产生解释或解决问题的意图和动机，或者说，只有这些问题，才是真正需要启动"问题意识"进行破解的问题。

所以，从认识到问题到产生解释或解决问题的意图和动机，同样有一个过程。在这个过程中，人们对"问题"是要进行"筛选"的，而这种"筛选"也多是自然而然的结果。如果跳跃过程直接寻找问题、跳过筛选直接解决问题，寻找到的问题固然多、解决的问题固然多，但未必是真正需要解决的问题。而省略过程直奔结论，往往是欲速而不达。犹如前些年在学术研究中同样时髦的"填补空白"。当"填补空白"说刚刚兴起的时候，"填补空白"是对学者研究成果的最高褒扬；而当"填补空白"成为时髦、成为标签时，对成果鉴定不说"填补空白"就等于说这项成果没有价值。但是，难道所有的"空白"都必须"填补"吗，或者说，难道所有的所谓"问题"都需要去花大力气解决吗？①

过于强烈的"问题意识"，容易在认知的两个阶段发生"问题"。第一，在学习阶段或积累阶段，它跃过从材料中欣赏过程、感知过程，这本来是在学习和积累阶段的必须过程。第二，在研究阶段或突破阶段，它妨碍了直接从材料出发，而是将已有研究作为起点或作为"靶子"。从学术史的角度看，许多"问题"其实是学者在研究过程中的"预设"或者"失误"，其中不少属"伪问题"。如果不是从"预设"或"失误"出发，而是从原始材料出发，完全有可能直接"论从史出"。这其实是学术研究的两个途径，是从"问题"出发还是从"材料"出发，是"论从史出"还是"论从论出"。②

有学者将"问题意识"概括为"发现问题、界定问题、综合问题、解决问题、验证问题"五

---

① 邱振中教授和我讨论这一问题时戏称：上衣的背后有那么多的空白处，裁缝为何不填补空白多做一些口袋，以便小偷光顾？虽是戏言，但也可说明许多的所谓"空白"、许多的所谓"问题"，是无须花大力气去填补、去解决的。等到人们发现上衣背后的那些空白处确实有价值时，再填补不迟。但那个时候的填补，成本会降低许多，而且功能也不是我们现在的智慧所能想到的。

② 这段论述是在和王小盾教授的学术通信中得到的启示，可以说主要是陈述或阐释他的观点。

个环节,认为这五个环节构成一个完整的问题意识。①这种概括是有道理的,特别是对于自然科学而言。但是,这种概括严格地说也只是对自然科学更为适合,对社会科学,特别是对人文学科则未必如此拘泥。如上文所说,发现问题其实有两种情况,一是在过程中的"自然而然",一是带有某种目的的"刻意寻找"。后者可以归为"问题意识",前者却属"非问题意识"。在自然科学中,"验证问题"是必不可少的,如果无法验证,结论就说不上是科学的、客观的。但在社会科学特别是人文学科中,强调"验证"却过于苛求。而且,越是涉及"人",越是涉及个体的思想和行为,就越是难以验证乃至无法验证。

以史为鉴,从历史中吸取经验和教训,可以说是中国历代统治者乃至大众都十分重视的事情。前文提及的秦始皇君臣正是从历史经验和教训中讨论秦朝的制度建设。周朝为何灭亡、我朝如何长久? 讨论的结果,是西周分封子弟,数代之后关系疏远,遂至诸侯纷争、天下大乱。这个结论无疑是有一定道理的,而且此后还部分地被西汉分封、完全地被西晋分封所"验证"。但是,由于这场讨论的主角秦始皇过于直奔主题,"问题意识"过于强烈,过于"功利",致使完全不屑于不同的意见,完全无视西周分封的意义和价值所在,特别是忽略秦统一中国后"封建"理念的惯性影响及对"分封"进行改造的可能性和必要性。所以,尽管废分封而行郡县,秦朝却是二世而亡,比西周的瓦解迅速得多。但它的大趋势却是对的。继秦而起的西汉顺其自然、因势利导,秦朝进两步,西汉退一步,在中央势力能够达到的地区行郡县制,中央势力一时难以达到的地区在郡县之上同时建立王国加以控制(始为异姓王国后为同姓王国),是为郡国并行。这个措施看似无为而治,却符合当时的客观形势;看似制度倒退,却成就了两汉的大一统。但是,当西晋刻意效法时,却同样是二世而亡。贾谊《过秦论》对秦朝二世而亡的反思,固然也是带着"问题意识",但这时的"问题意识"已经升华为一种人文情怀,是在更高的层次讨论王朝的兴亡过程。而且,这个问题也并非只是贾谊在关注,而是"自然而然"地摆在人们面前,全社会都在"自然而然"地讨论、"自然而然"地进行总结,此后,柳宗元、苏轼等人也加入"封建"与"郡县"的讨论之中,顾炎武则在分析"封建"与"郡县"的利弊中,提出"寓封建于郡县之中"的折中方案。②

"竹林七贤"之一的阮籍在考察了当年楚汉相争的战场后发表评论:"时无英雄,使竖子成名。"③被阮籍称为"竖子"的,自然是汉高祖刘邦,以及被他打败的对手项羽。暂且不论作为学者的阮籍的不知天高地厚,但他的说法却在不经意间重复了陈胜的理念:"王侯将相,宁有种乎!"帝王的出身和个性是没有固定版本的,虽然我们可以寻找到其间的共同点,但作为个体的汉高祖刘邦却是前无古人后鲜来者,既难以复制也无法验证。一个底层亭长,

① 参见劳凯声:《人文社会科学的问题意识、学理意识和方法意识》,《北京师范大学学报》2009年第1期。
② 参见(汉)贾谊:《过秦论》,《汉书》卷31《陈胜项籍传》,中华书局1962年版,第1821—1825页;(唐)柳宗元:《柳河东集》卷3《论·封建论》,上海人民出版社1994年版,第43—48页;(宋)苏轼:《苏轼文集》卷5《论封建》,中华书局1986年版,第157—158页;(清)顾炎武:《顾亭林诗文集·亭林文集》卷1《郡县论一》,中华书局1959年版,第12页。
③ 《晋书》卷49《阮籍传》,中华书局1974年版,第1361页。

一个不务正业的混混，一个动辄称儒生为"腐儒"的半文盲，一个几乎被所有的读书人看不起的人，在年过半百的时候，竟然借着秦末农民战争之势，夺取天下，做了皇帝。而父亲为他树立的榜样、种田能手哥哥刘仲，却在这个乱世之中受其奚落。但是，两百多年之后，也是两兄弟——刘縯、刘秀，哥哥刘縯有刘邦的气象，弟弟刘秀却有刘仲的爱好，但最后"复兴汉室"的，却不是酷似刘邦英雄气象的刘縯，而是颇类刘仲的种田能手和经营高手刘秀。

在人文学科，可以探求也必须探求人类社会发展的大趋势、总规律，但在具体问题上如果强行要"验证问题"，其结果一般都是大跌眼镜，这和自然科学可能恰恰相反。这也导致"历史教训"人人都想吸取，"历史经验"人人都想提取，但真正能够顺利吸取、成功提取的，却又十分罕见。历史问题，人的问题，从来就不是一加一可以等于二的。

二、欣赏过程、发现问题

坦率地说，撰写本文之前，没有任何"问题意识"，完全是从"欣赏过程"中产生的兴趣、生成的潜意识。回想起来，大概和曾经读过的几种文献以及自己的学术经历有关。

第一种文献是老子的《道德经》(暂且从众说，视老子为《道德经》的作者)。

《道德经》中有两段流传甚广的话。第一段：

> 道可道，非常道；名可名，非常名。无名天地之始，有名万物之母。故常无欲以观其妙，常有欲以观其徼(窍)。(卷上《体道第一》)①

这一段话是《道德经》的开篇，不但为喜好者津津乐道，也为学术研究、历史研究揭示了一些有趣的"常理"和"人情"。而在我看来，"人文"学科的研究态度，最好是"循常理、顺人情"。

《道德经》的这段话对我的启示是：其一，"可道"之道，即通过人们观察、领悟并描述出来的"道"，其实已非客观存在的"道"，因为客观存在的道是不可"道"或难以"道"的。虽然我们不断地想探讨历史的真相乃至试图"复原"历史，但历史的真相是不可能被穷极的，历史的原貌也是不可能被复原的；尽管我们不断地想揭示人类历史发展的"规律"，但我们所描述的仍然只是已经发生的事实，很难相信人类以后的发展真会像现在的人们所预测的那样行进。其二，虽然如此，我们仍然要通过各种的努力，尽可能地揭示接近于历史真相的历史，尽可能在局部和细节上复原可能符合历史真实的历史，尽可能地在大趋势上预测人类历史发展的方向，并且不断随着时代的行进，修正这些预测。这正是历史研究的基本动力和终极价值。也就是说，虽然这些被描述的"道"并非完全是客观存在的"道"，但仍然得继

---

① 按：注《道德经》者甚多，见仁见智，歧义百出。就笔者看来，由于"语境"的接近，越早的注本应该越接近原意，所以主张读《道德经》以"河上公"及王弼的注本为主。本文所引《道德经》及注，皆依"河上公"本。

续去探求"道"、描述"道"。其三，那么，如何尽可能地揭示接近历史真相的历史、如何尽可能在局部和细节上复原可能符合历史真实的历史、如何尽可能地在大趋势上预测人类历史发展的方向，如何使"可道"之"道"接近"常道"之"道"？那就应该是既"无欲"而又"有欲"，无欲和有欲在这个过程中应该是相辅相成、不可偏废的。

《道德经》所谓的"无欲"，我喻之为"非问题意识"。只有不带任何的成见、任何的企盼、任何的预设，才可能客观地欣赏历史发展的过程、真切地感受历史发展的脉搏、欣喜地发现历史发展的无穷妙趣，或许能够从中领悟到历史的某些规律。所谓的"有欲"，我喻之为"问题意识"。我们在欣赏历史发展的过程中，发现其间的关节和问题，并且产生出解释或解决这些关节和问题的动机和愿望，同时将这些关节和问题置于历史发展的过程之中，做出我们的判断、推进我们的研究。如果没有"无欲"地欣赏过程，也就难以真正"有欲"地解释或解决问题。

《道德经》的另一段话是：

人法地，地法天，天法道，道法自然。(卷上《象元第二十五》)

这段话简洁而富有节奏，熟悉的人更多。有朋友提示，这段话的要害，就是"人法自然"。可以说是一句中的、直奔主题。

但是，明明一句话可以说完的事情，老子为何要分四句，读起来甚至有些"玄之又玄"？这就是我们对老子的不理解了，说到底，老子是在强调事物发展的"过程"。

《史记·老子韩非列传》关于孔子见老子的一段文字，有利于我们理解老子为何一句话分四句说。《史记》说，孔子适周，将问礼于老子。老子对孔子有一番告诫：

子所言者，其人与骨皆已朽矣，独其言在耳。且君子得其时则驾，不得其时则蓬累而行。吾闻之，良贾深藏若虚，君子盛德容貌若愚。去子之骄气与多欲，态色与淫志，是皆无益于子之身。吾所以告子，若是而已。[1]

老子让孔子把自己的诸多欲望、诸多想法，以及时时以文武、周公代言人、继承人自居的傲气，统统放下，这样才能平心静气地讨论"礼"。"圣人"孔子尚且多欲，尚且多骄气、多态色、多淫志，何况我等凡夫俗子。

所以，"人法自然"要有一个过程。首先是"法地"。地的特点是："安静柔和，种之得五谷，掘之得甘泉，劳而不怨也，有功而不制也。"只有放下种种欲望，像地那样安静平和、奉献不争，然后才可能"法天"。天的特点是："湛泊不动，施而不求报，生长万物，无所收取。"只

① (汉)司马迁：《史记》卷63《老子韩非列传》，中华书局1959年版，第2140页。

有像天那样光明无私、包容万物,然后才可能"法道"。只有像"道"那样清净、那样无声无息、那样一切自成,然后才可能"法自然",才可能像"自然"那样,没有羁绊、没有崖岸,生生息息、永不停顿。说到底,人法自然,是要一切因势利导、顺乎自然。但即使是这样,也只能是"法自然"而不可能就"成自然"。

这也可以说是一种研究的境界,这个境界并非刻意为之,而是"顺乎自然",才能接近于"道法自然"、水到渠成的结果,研究的结论才可能更加循乎常理而顺乎人情。

第二种文献是王阳明弟子所录的《传习录》。《传习录》收集了王阳明与朋友及弟子有关学术的通信,以及和弟子们讨论学术的对话。其中王阳明和弟子薛侃之间关于"花"与"草"的对话,在某种程度启发了我对"问题意识"与"非问题意识"的认识,特别是在"欣赏过程"中"发现问题"的感受。节选如下:

> (薛)侃去花间草,因曰:"天地间何善难培、恶难去?"
>
> 先生曰:"天地生意,花草一般,何曾有善恶之分? 子欲观花,则以花为善,以草为恶;如欲用草时,复以草为善矣。此等善恶,皆由汝心好恶所生,故知是错。"
>
> 曰:"然则无善无恶乎?"
>
> 曰:"无善无恶者理之静,有善有恶者气之动。不动于气,即无善无恶,是谓至善。"
>
> 曰:"草既非恶,即草不宜去矣。"
>
> 曰:"如此却是佛、老意见。草若有碍,何妨汝去?"
>
> 曰:"如此又是作好作恶?"
>
> 曰:"不作好恶,非是全无好恶,却是无知觉的人。谓之不作者,只是好恶一循于理,不去又着一分意思。如此,即是不曾好恶一般。"①

薛侃关于花善草恶的认识,可以说是"问题意识",也可以说是"有欲";王阳明的"天地生意,花草一般",可以说是"非问题意识",也可以说是"无欲"。只有持"无善无恶"的"非问题意识",才可能发现:在我们的认识中,当"以花为善"时,往往"以草为恶";当我们"欲用草时,复以草为善"。假如"问题意识"过于强烈,站在"今日"或"现时"的立场上,立即判断花为善而草为恶,必欲除之而后快。而在另一个时空设定下,发现曾经认为"恶"的草,对于人类甚至比一直被认为"善"的花更为可贵时,草已经在当时的"善恶"的"意识"下被铲除殆尽。

所以,后来王阳明给弟子不断宣讲他的"四句教":"无善无恶是心之体,有善有恶是意之动,知善知恶是良知,为善去恶是格物。"②由"无善无恶"到"有善有恶",由"知善知恶"到"为善去恶"也是一个过程。没有这个过程,直接为善而去恶,所去之恶未必是真恶,而所为之善也许并非真善。

---

① (明)王守仁:《王阳明全书》卷1《语录一·传习录上》,上海人民出版社1992年版,第29页。
② (明)王守仁:《王阳明全书》卷3《语录三·传习录下》,第117页。

学术研究其实也是这样，以明史研究为例。明太祖曾经杀功臣、杀贪官、剥夺富人、打击持不合作态度的文人。此是"善"还是"恶"? 对当时的和此后的明朝有何"善"果、有何"恶"果? 明神宗二十年不上朝，除了和皇室利益有关之事，大抵不过问，明朝官场及明代社会在"惯性"中运行。此是"善"还是"恶"? 对于明代社会的开放和明朝的灭亡有何"善"果、有何"恶"果? 我们只有站在当时人、后世人的双重立场上，在欣赏的过程中，用陈寅恪先生的话，建立在"理解之同情"的立场上，才可能做出更加合理的解释。

如果我们把目光从花与草、从明朝的存与亡，延伸到中国传统文化，何为善、何为恶? 何为精华、何为糟粕? 道家是善、是精华? 但老子的"鸡犬之声相闻、老死不相往来"不是被批判为小国寡民、与世隔绝? 儒家是善、是精华? 但儒家的"中庸""仁义道德"不也曾经被批判为伪善? 那么佛家是善、是精华? 基督教是善、是精华? 如果用我们通常所说的概念，"留其精华、去其糟粕"，那么，道家、儒家、佛家、基督教中哪些是精华、哪些是糟粕? 去后、留后还叫道家、儒家、佛家、基督教吗?

虽然王阳明不断教诲弟子，遇事不要"着相"，心中要少一些"芥蒂"，要"儒佛老庄皆为我用"，但王学末流的"空疏"仍然为世所讥。虽然更多是因为时代所赐，但也不能不说和王阳明自己的急迫有关。《传习录》中收录了王阳明自撰的《朱子晚年定论序》:

> 守仁早岁业举，溺志词章之习，既乃稍知从事正学，而苦于众说之纷挠疲尬，茫无可入。因求诸老释，欣然有会于心，以为圣人之学在此矣。然于孔子之教，间相出入，而措之日用，往往缺漏无归; 依违往返，且信且疑。其后谪官龙场，居夷处困，动心忍性之余，恍若有悟。体验探求，再更寒暑，证诸五经四子，沛然若决江河而放诸海也。然后叹圣人之道，坦如大路，而世之儒者，妄开窦，蹈荆棘、堕坑堑，究其为说，反出二氏之下。宜乎世之高明之士，厌此而趋彼也，此岂二氏之罪哉! ①

王阳明自己经历过"溺志词章""从事正学""求诸老释"的长期探索过程，又有"居夷三年"的感悟②，并经历了剿灭南赣汀漳民变、平定南昌宁王宸濠兵变，以及应对各种复杂局势的经历，才提出"良知"的心得，自称这一心得是从"百死千难"中所得。但是，王阳明一方面担心学生"得之容易，把作一种光景玩弄，不实落用功"，一方面又唯恐学生走了弯路，故而"不得已与人一口说尽"。③于是往往忽略过程，直接讲求"尽性至命"、直接带入"良知"。犹

<hr>

① (明)王守仁:《王阳明全书》卷3《语录三·传习录下·朱子晚年定论序》，第127—128页(标点略有改动)。

② 按:王阳明每每称自己"居夷三年"，真正在贵州的时间，应该是一年零九个月左右。据《王阳明全书》卷33《年谱一》，阳明于正德二年春离京南下;正德三年春末到贵州龙场驿;正德五年三月，抵达江西庐陵县任知县(分见《王阳明全书》卷33《年谱一》，第1227页、1228页、1230页)。这个经历从王阳明的诗文中也可以证实。又，《明史·王守仁传》说:"(刘)瑾诛，(王守仁)量移庐陵知县。"今人研究"王学"者多从此说。但刘瑾"诛"在正德五年八月，而王阳明在正德四年底得到调任庐陵知县的文书后，即离开龙场驿，这年的除夕是在往庐陵的舟中度过的(见《王阳明全书》卷19《外集一·舟中除夕二首》，第714页)。

③ 参见(明)王守仁:《王阳明全书》卷34《年谱二》，第1279页。

如时下所谓的"心灵鸡汤",在修心养性上或许立竿见影,但在修习学术上,如果不是本来学有根基,那就只能是"空疏无物"。

第三种文献是徐复观的《我的读书生活》。

徐复观先生在《我的读书生活》中,说到拜熊十力先生为师的一段轶事:

> 第一次我穿军服到北碚金刚碑勉仁书院看他(熊十力)时,请教应该读什么书。他老先生教我读王船山的《读通鉴论》,我说那早年已经读过了。他以不高兴的神气说:"你并没有读懂,应当再读。"过了些时候再去见他,说《读通鉴论》已经读完了。他问:"有点什么心得?"于是我接二连三地说出我的许多不同意的地方。他老先生未听完便怒声斥骂说:"你这个东西,怎么会读得进书! 任何书的内容,都是有好的地方,也有坏的地方。你为什么不先看出他的好的地方,却专门去挑坏的。这样读书,就是读了百部千部,你会受到书的什么益处? 读书是要先看出他的好处,再批评他的坏处,这才像吃东西一样,经过消化而摄取了营养。譬如《读通鉴论》,某一段该是多么有意义;又如某一段,理解是如何深刻。你记得吗? 你懂得吗?"[1]

徐复观当时刚刚三十岁,已经是国民党陆军少将,可谓春风得意。熊十力的一番骂,骂得这位"陆军少将"目瞪口呆。但徐复观认为,正是这一骂,骂得他在学术上"起死回生"。按时下的话说,徐复观在"国学大师"熊十力的要求下重读《读通鉴论》,是带着批评的眼光、带着"问题意识"去读的,却被骂得狗血淋头。在熊十力看来,读书首先应该是"欣赏",特别是对于《读通鉴论》这样的名著,应该先看到书中的好处,吸取书中的营养。在欣赏中发现问题,并且进行超越。

这个故事不少人都知道,它向我们揭示了一个读书的方法、研究的方法。读书本来应该是一个愉悦的过程,可以充分享受作者给我们的各种信息、感受作者传递给我们的各种情感。与此同时,也可以发现作者的一些问题。前者是强大自我、提出创见的基础,后者是超越前人的关节和契机,二者相辅相成。没有过程的欣赏,很难发现"原生"的问题。问题从哪里来? 当然可以从他人的研究成果中来。但是,如果忽略了欣赏的过程,没有发现"原生"问题,可能一开始就陷入和已有研究的"预设"对话,而不是和古人、和历史直接对话。

曾经的关于中国资本主义萌芽问题的讨论,激发出诸多的优秀作品。但是,这些真正优秀作品的特点,恰恰不是因为它们解决了最核心的"问题",如有无萌芽、何时发生萌芽,以及这些萌芽是否能够发展到资本主义的生产关系等等,而是在这个过程中,淡化"萌芽"的"问题意识",老老实实地阅读史料,在阅读中欣赏中国古代社会的发展状态,发现具体的经济与社会问题,然后解读或解决问题。而过于强烈的问题意识,导致学者把中国前资本

---

① 徐复观:《我的读书生活》,《徐复观集》,群言出版社1993年版,第51页。

主义社会的"雇佣劳动",和西方的"资本主义生产关系"牵强附会地联系在一起,从而有清代萌芽说、明中后期萌芽说、元末明初萌芽说,以及元代、南宋、北宋、唐代、南北朝、东汉、西汉、战国等等"萌芽"说,虽然也产生一定影响,但最终成为历史研究的教训。

这个教训就是,尽管我们宣称是在用马克思主义辩证唯物论的方法研究问题,但在这场长达数十年的学术讨论中,最被忽略的恰恰是恩格斯早就指出的一个原则:"如果不把唯物主义方法当作研究历史的指南,而把它当作现成的公式,按照它来剪裁各种历史事实,那末它就会转变为自己的对立物。"①资本主义的发生是一场运动、是一个过程,是一场各种因素发生作用的"偶然"。由于这个偶然在后来成为席卷全球的潮流,于是我们就认为它是人类发展的"必然"。而这个特定的问题假设,促使几代学者苦苦寻找我们自身的这种"必然"的蛛丝马迹。

或许是受业师欧阳琛教授的影响,也得益于1970年代末1980年代初"读书"气氛的浓烈,在步入史学之门的一些时间里,得以安心读书,而且是不带任何功利色彩、不带任何"问题意识"的读书。读什么书?读最为常见的书。读通史的顺序是《春秋左传正义》《史记》《资治通鉴》,读明史的顺序是《明通鉴》《明史》《明史纪事本末》《明会典》。同时读明朝人的笔记。读哪些?学校图书馆和历史系资料室有的《纪录汇编》《万有文库》《丛书集成初编》等收录的明人笔记,有什么读什么、见什么读什么。一年多下来,笔记和卡片做了许多,文章一篇也没写。当时有关心我的老师觉得奇怪,说有几十张卡片就可以写论文了,你抄了几千张吧,怎么不写论文?我说我老师不让写,自己也没有想到要写,还有许多书没有读。为何会是这样,我当时也不明白。后来逐渐明白,先师是让我在阅读中"走进"历史、"感受"历史,"走进"明朝、"感受"明朝。如果不是要写毕业论文,我估计先师还会让我再读下去。写毕业论文怎么办?还是读书,读《明实录》和相关文集、笔记,而不是读已有的研究成果。毕业以后的若干年,仍然是不带任何目的读书,读先师早年为"国立"中正大学(江西师大前身)购置的"国立"南京图书馆藏钞本《明实录》(当时黄彰健先生主持校勘的台湾"中研院"校勘本尚未在大陆流行),许多"问题"正是在这个"过程"中发现的。当一些朋友将《明实录》《明史》视为"常见史料"而弃之不顾时,我感觉从中受益巨大。

大概是因为这个过程,使我的研究习惯或"路数"和很多学者不一样,第一步不是从"学术史"中寻找问题,与研究者对话,而是在"阅读文献"即"欣赏过程"中发现问题,与古人对话。开始写"内阁""巡抚""镇守中官""御马监",后来写"江右商""传奉官""山人""冠带荣身"②,都是写完初稿之后再去关注"学术史"。十分幸运的是,竟然少有"撞车",即使"撞

① [德]恩格斯:《恩格斯致保·恩斯特》,《马克思恩格斯选集》第四卷,人民出版社1972年版,第472页。
② 参见方志远:《论明代内阁制度的形成》,《文史》第33辑,中华书局1990年;《明代的巡抚制度》,《中国史研究》1988年第3期;《明代的镇守中官》,《文史》第40辑,中华书局1994年;《明代的御马监》,《中国史研究》1997年第2期;《明清江右商帮》,香港中华书局、台湾万象书局1995年版;"传奉官"与明成化时代,《历史研究》2007年第1期;《"山人"与晚明政局》,《中国社会科学》2010年第1期;《"冠带荣身"与明代国家动员》,《中国社会科学》2013年第12期。

车",由于资料比较翔实、视野比较舒展、角度比较独特,所以"闯关"也比较顺利。这大概是因为认识直接从史料中来,较少被后人的研究"先入为主",较少"成见"和"崖岸",所以可能更为接近当时的"实况"。

只有欣赏过程,才可能使学者站在更加客观的立场上,尊重历史发展的基本规律,得出更为科学的结论。如明朝的灭亡,是李自成推翻的、是多尔衮终结的。但是,如果站在更加客观的立场上,我们可以发现,明朝"灭亡"其实也是一个过程,其间的契机不止一个,此时种种看似偶然的因素聚集在一起,到了不得不亡的时候了。万事万物,有生就有灭,从来没有真正"传之万世"的朝代。范仲淹《岳阳楼记》"不以物喜,不以己悲"的文学语言,其实也是以平和的心态看待事物过程的研究境界。

三、培育情怀、超越问题

我在《马克思主义历史学与海外中国学》一文中曾发过这样的感慨:

> 如果有宽松的研究环境、良好的研究条件、平和的研究心态,中国历史研究的最好成果应该是由中国学者贡献。因为只有体内流淌着中国血液,才有可能真正用心去感受中国的事情、才可能有与生俱来的对中国问题的感悟。历史学家应该有"纵览天下"的视野,应该有"究天人之际、通古今之变"的追求,却不必也不可能揽起"包打天下"的责任。除去浮躁、卸下不该背上的包袱,好的作品或者更容易出来。[1]

重读这段感慨,发现其实是在说两个概念:一个是"情怀",一个是"问题"。我一直认为,自然科学需要不断地"发现"问题、解决"问题",所以"问题意识"应该更为强烈;人文学科更多的是在"解释"或"解读"问题,所以需要多一些"非问题意识"以培育人文情怀、超越具体问题。即使是"自然"科学家,当研究达到一定境界时,也必然会注入更多的人文情怀,这才是他们不断有所发明、有所创造的终极动力。我们熟知的许多华人科学家,如华罗庚、李政道等,恰恰是因为拥有博大的人文情怀,才促使他们走上研究科学的道路。

作为历史学者,我们能够通过"问题意识"解决的是什么问题?主要是具体的考证问题。如前见顾诚教授考证"沈万三"的活动时间是在元朝还是明朝,以及为何明明是元朝人却被误认为是明初人的问题。[2]再如近见南炳文教授考证之"沈周"何时到南京,以及为何有关于沈周十一岁或十五岁到南京的记载的问题。[3]再如我在《"传奉官"与明成化时代》考证诸多"传奉官"真实身份,以及他们的公开职务与真实身份关系的问题[4],等等。

① 方志远:《马克思主义历史学与海外中国学》,《江西社会科学》2010年第3期。
② 参见顾诚:《沈万三及其家族事迹考》,《历史研究》1999年第1期。
③ 参见南炳文:《沈周首次游南京十一岁、十五岁两说皆误辨》,《文史》2015年第4辑。
④ 参见方志远:《"传奉官"与明成化时代》,《历史研究》2007年第1期。

以历史学科为例，人文学科能够解决的，主要是"有形"的问题，即具体的人物、具体的时间、具体的地点、具体的事项等等。对于"无形"的问题，如谷霁光教授关于王安石被称为"拗相公"之"拗"的解释①，吴晗教授关于明太祖朱元璋定国号为"大明"的解释②，以及《"传奉官"与明成化时代》中关于传奉官现象与明代中期多元化社会的关系的解释，等等，都只能是解释而很难说是已经解决，更不用说明朝为何亡而清朝为何兴、中国走出中世纪为何如此艰难等等"巨大"而且"无形"的问题。其实，许多的人文与社会问题，是无法真正有定论的。我一直为忘记一则史料的出处而耿耿于怀。这则史料是一位晚明官员的笔记，说是在崇祯十三、十四年间（1640—1641），西北有张献忠、李自成，东北有皇太极、多尔衮，官场中文官爱财、武官怕死，皇帝又是没有经过实践历练的青年，明朝眼看无法收拾，于是人们怀念起魏忠贤。觉得如果这个时候"魏珰"还在，以"魏珰"的铁腕，国家恐怕不至于落到这个地步。而就在十年前，魏忠贤是人人必欲杀之而后快的。

即使是看似"有形"的问题，我们也未必能够"解决"而只能"解读"。比如陈寅恪先生关于"牛李党争"的牛党多寒门而李党多世族的著名论断③，再如田余庆先生《蜀事四题》中关于刘备集团中的中原、荆州、蜀中三大势力关系的分析④，等等，都是言之有据而鞭辟入里，但历史的"真实"未必完全如此。再如我在《阳明史事三题》中提出的王阳明没有生育能力的推测，自以为理由充分⑤，但《阳明年谱》明明记载，在原配诸氏去世之后，续弦的张氏生了一个儿子，这就是后来继承王阳明"新建伯"爵位的"嗣子"王正億。真相到底怎样？恐怕只有动用"DNA"了。

周一良先生曾经用六个"W"概括学习历史、研究历史的诸要素：Who（何人）、When（何时）、Where（何地）、What（何事）、How（如何）、Why（为何）。⑥我们能够解决的，充其量只有两个半"W"，即时间、地点，以及人物或事件的部分内容，其他的只能是解释。那么，用什么理念进行解释，当然要有"问题意识"，但我认为，更需要的是"人文情怀"，比较流行的说法是"人文关怀"，也可以说是"非问题意识"。

前些年读刘大椿教授的《问题意识与超越情怀》⑦，感到有知音。近日读黄宗智教授的《问题意识与学术研究》，更感到振奋。在当代知名学者中，黄宗智教授是十分强调"问题意识"的，但就在《问题意识与学术研究》这样讨论"问题意识"的文章中，他开篇就说：

---

① 参见谷霁光：《王安石变法与商品经济》，《中华文史论丛》复刊号第1辑（总第7辑），上海古籍出版社1978年版。

② 参见吴晗《明教与大明帝国》，《读史札记》，三联书店1956年版，第235—270页。

③ 参见陈寅恪：《唐代政治史论述稿》，中华书局1957年版。

④ 参见田余庆：《蜀史四题》，《文史》第35辑，中华书局1992年版。

⑤ 参见方志远：《阳明史事三题》，《江西师范大学学报》2003年第4期。

⑥ 参见赵和平：《周一良先生的治学精神与方法》，《文史知识》1996年第3期。

⑦ 刘大椿：《问题意识与超越情怀》，《中国人民大学学报》2004年第4期。

今天回顾,我清楚地认识到学术研究也是一个自我认识和理解的过程,其中的关键也许是个人心底里最关心的问题。对我来说,主要是在中西思想和文化的并存和矛盾之中,怎样来对待其间的张力、拉锯、磨合,甚或融合和超越。这既是一个认识的过程,也是,甚至更是感情层面上的过程。这样的矛盾可能成为迷茫和颓废的陷阱,但也可以是独立思考和求真的动力;它可以使自己沮丧,但也可以成为深层的建设性动力。①

黄宗智说自己的学术研究是一个自我认识和理解的过程,虽然用了"也许"两个字,但真切地呼唤出"心底里最关心的问题"。而这个"心底里最关心的问题",显然并非我们所理解的"问题意识"中的"问题",而是深切的人文情怀。所以,他说自己五十年的学术历程,既是一个"自我认识和理解的过程",更是"感情层面上的过程"。那么,是什么样的"感情"推动作者做出学术的转变并向学界和社会贡献出一部又一部高品质的作品?黄宗智并没有把答案放在这篇文章的标题上,而是放在"把'老百姓'的福祉认作人生和学术的最高目的和价值"。正是这种把"老百姓"的"福祉"认为人生和学术的"最高目的和价值"的感情和情怀,成为黄宗智价值观上的"关键动力"。而黄宗智所说的这个"关键动力",正是弗洛伊德所说的意识之前的"潜意识"。如果黄宗智自己不揭示出来,谁也不会把他后来的研究,特别把《华北的小农经济与社会变迁》《长江三角洲小农家庭与乡村发展》和1948年的一场上海一夜之间冻死三千人的事件联系在一起,自然更不会把这些著作与《水浒传》《三国演义》等"闲书"的影响,和"侠义"的精神、"抱不平"的价值观联系在一起。

虽然黄宗智的这篇"回顾五十年"的文章取名为"问题意识与学术研究",但自始至终都在阐述自己的人文情怀,并且在文章的结尾再次强调:"回顾自己过去五十多年的学术生涯,我自己都感到比较惊讶的是,感情,作为自己学术研究的问题意识的来源和动力,其实比理性的认识起到更根本的作用。我们习惯认为'问题意识'主要来自一个学者的学术或理论修养,而在我的人生经历之中,它其实更来自感情。而且,感情的驱动,区别于纯粹的思考,也许更强有力、更可能成为个人长期的激励。"这种情怀开始的时候往往不易被察觉到,往往是一种"潜意识"。但在弗洛伊德看来,潜意识恰恰是人类更深层、更隐秘、更原始、更根本的"心理能量",是人类一切行为的"内驱力"。正是这些心理能量、这些内驱力,从深层支配着人的心理和行为,成为人的一切动机和意图的源泉。

黄宗智的这种人文情怀,在某种意义上正是"非问题意识",正是老子所说的"无欲以观其妙"的境界。当然,在具体的研究过程中,自然是由无数的问题组成的"问题意识"在推动,这也是老子所说的"有欲以观其窍"的过程。

---

① 黄宗智:《问题意识与学术研究:五十年的回顾》,《开放时代》2015年第6期。

不仅仅是黄宗智，黄宗智的老师萧公权，和萧公权同辈的钱穆，同样是具有深切人文情怀的学者。萧公权先生"人如秋水淡，诗与夕阳红"①的境界，绝非一般的"问题意识"可以企及。钱穆先生的巨制《国史大纲》，首揭中华文化的三大特征：历史的"悠久"、发展的"不间断"，记载的"详密"。②可以说，"中华文化"这一大情怀，是钱穆所有著作的"原动力"，是超越和驾驭研究过程中所有"问题"的大视野。

岂止黄宗智、萧公权、钱穆，中国历史上几乎所有做出重大影响的伟大学者，皆有大情怀。司马迁的情怀是"究天人之际、通古今之变"，司马光的情怀则是"关国家兴衰、系生民休戚"。我们常常说"无欲则刚"，既然"无欲"为何要"刚"？"刚"的目的又是什么？"刚"说明有欲，但非一般的欲、非世俗意义上的具体的"欲"，而是有大"欲"，有大的抱负和大的情怀。

这里又牵涉到另外一个命题："为学术而学术。"就我看来，"为学术而学术"也应该有两层境界。第一层境界是心无旁骛地关注正在学习或研究的对象，把学习或研究做到就专业要求而言可能达到的极致。在这个过程中，"问题意识"应该是基本的动力。没有这个层面的"为学术而学术"，没有"问题意识"，就根本进入不了学术。但是，当学术做到一定的层面，得进入"为学术而学术"的第二层境界也是更高的境界。那么，一个学者所追求的"为学术而学术"的更高境界是什么？不同的学科可能各有不同，以历史学而言，我认为应该就是两千多年前司马迁所说的："究天人之际，通古今之变。"尽管我们无法真正做到"究天人之际"，我们最终也许只是自以为"通古今之变"，但是，我们却需要带着这样深切的人文情怀朝着这个方向努力。这才是历史学"为学术而学术"的更高境界。

文、史、哲等"人文"学科，和数、理、化等"自然"科学之间，有着巨大的差异。对于"人文"，与其称之为"科学"，倒不如称为"学科"，除非我们建立起划分"自然科学""社会科学""人文科学"的不同的界定标准。否则，按自然科学的要求，人文是无法进入"科学"范畴的。而包括历史学在内的人文学科，完全没有必要硬挤进以"自然科学"为标准的"科学"行列，也没有必要用自然科学般的"问题意识"来考察其科学性。否则，或许成为"科学"了，但"人文"也就剥离了。近几十年人文学科在发展的过程中所遭遇的各种问题、各种困境，与用"自然科学"的理念进行要求、用"自然科学"的办法进行管理不无关系。这对于人文学科来说，并非福祉，而是灾难。当然，出现这种状况的原因，不完全在管理者，也在一些人文研究者自身，好端端的研究活生生的"人"的学问，为何硬要往公式化的"科学"行列中挤？

今日的人文学科论著不可谓不多，"问题意识"不可谓不强，但为何难以出"大制作"，恐怕在于"非问题意识"不够，急功近利，人文情怀缺乏。似乎可以说：没有"问题意识"，不可能有好的作品；没有"非问题意识"，不可能有大的制作。而缺乏人文情怀的作品，则不可能奢望得到社会的人文认同。

---

① 萧公权：《七十退休长句二章》，周策纵：《周策纵自选集》之二十三《忘年诗友：悼念萧公权先生》，山东教育出版社2005年版，第452页。

② 参见钱穆：《国史大纲·引论》，商务印书馆2011年版，第1页。

相比许多勤奋的学者,我比较懒散;相比许多高产的朋友,我属于低产。人与人之间,性情、阅历、师从和环境不一样,学习、研究的路数可能也不一样。这篇文章只是根据自己的感受,不主张过于"刻意寻求"问题,而是建议多在"欣赏过程"中"发现问题";主张在倡导"问题意识"的过程中,多一些"非问题意识",多注入一些人文情怀。如果这样,学者的胸怀可能更加博大、视野可能更加宽广,境界可能更加升华,作品的穿透力可能会更加强大。

原文载《中国社会科学评价》2016年第2期

作者:方志远,江西师范大学历史文化与旅游学院教授、博士生导师,
传统社会与江西现代化研究中心研究员

下编

南炳文先生对明史学科的卓越贡献

万　明

南炳文先生,河北广宗人。著名明史大家,改革开放以后明史学科重要奠基人之一。20世纪80年代以来,中国明史研究取得了长足进步,在明代政治史、经济史、社会史、文化史、中外关系史和文献整理等各个领域均取得了重要成就,而若从对于明史学科建设的总体贡献而言,当属南炳文先生,无出其右者。他治学育人五十余载,其学术生涯与中国明史学科紧密相连,为明史学科建设做出了卓越贡献。

南炳文先生1966年从南开大学历史系毕业,1968年至1970年在中国社会科学院中国近代史研究所工作,1971年调回南开大学历史系任教。1971年至1973年,曾借调到中国历史博物馆(今国家博物馆),主持中国通史陈列明史部分的内容设计。1978年后,担任南开大学明清史研究室副主任,成为郑天挺先生的学术助手,协助郑先生筹划明清史专业设置,指导教学,直至1981年郑先生去世。其后,他继承郑先生制订规划,倾心培养明史专业人才,不仅自己著作等身,而且带领研究生与年轻教师拓展明史学科规模,提升明史研究水平,特别是进行大规模的明史基础文献整理,推动了明史学科三大体系的建设与发展。

习近平同志在致中国社会科学院中国历史研究院成立的贺信中,提出"加快构建中国特色历史学学科体系、学术体系、话语体系"的要求。明史学科是中国历史学"三大体系"的重要组成部分。在构建新时代中国特色历史学学科体系、学术体系和话语体系的今天,总结改革开放以来明史学科体系、学术体系和话语体系建设的历史经验,是很有意义的。

明史学科体系、学术体系和话语体系的建设是一项系统工程。这一工程不仅要有宏大视野,更需要汲取科研与教学经验,探索研究发展的路径。南先生半个多世纪的学术生涯,为构建中国特色的明史学科三大体系,提供了宝贵的历史经验。据先生自述,从大学二年级开始,其初衷即以撰写明史为立志之本愿,在恪守初衷研究明史的道路上,五十年多来,南炳文先生矢志不渝地投入明史研究领域,勤奋耕耘,为建设、发展、繁荣明史三大体系殚精竭虑,硕果累累,他对于明史学科体系形成与发展的成功经验,构成明史研究学术话语体系建设的重要基石,主要体现在四个方面:第一,明朝通史。坚持唯物史观,在通史方面做出杰出贡献。第二,明代专题史。在明代政治、社会、文化、历史文献等专门领域多面开花,取得学术成就。第三,明史基本文献资料的整理与研究。这方面贡献尤为突出,为明史学科发展奠定了坚实基础。第四,培养明史学科学术队伍。以教学和科研相结合,长期从事明史学科的知识传承工作,带出一支专业研究教学的队伍。下面就从这四个方面进行简述。

一、明朝通史撰写的志向与成就

南炳文先生进入南开大学学习历史的第二年，就立志撰写一部明史。此后倾注全部心血，撰写专著、主编书籍、进行古籍整理，以及任教的主体性工作，都是围绕着这个根本任务而展开，笔耕不辍，献身学术。南先生老当益壮的敬业精神，为建设中国特色的明史学科、学术和话语体系做出了卓越贡献，成为明史学界的一代楷模。

改革开放后的20世纪八九十年代，是南先生学术生涯的开始阶段，他深知为明史学科发展做奠基工作的重要性，首先是摸清学科发展的"家底"，带领学生合作《明史研究备览》（1988），在了解学科既往研究的基础上，开展明史通史工作。南先生有感于很久以来中外学界非常重视明代历史的研究，并取得了可喜的成果。但随着时间的推移，现实要求把它做得更加全面和深入，为顺应这一形势而撰写出的《明史》上下册（总计115万字），于1985年、1991年由上海人民出版社出版。上册作者署名为汤纲、南炳文，实际上主体规划是来自南先生，他以汤先生年长于他，一直坚持上册以汤先生署名在前，下册才同意改为他署名在前。这种谦虚的美德，难能可贵地始终贯穿在他的学术生涯之中。而这部《明史》，是首部以唯物史观为指导而撰写的明代断代史巨著，出版后对于明史学界产生了广泛影响，得到学术界高度肯定和评价，1995年获得第二届全国高校社会科学优秀成果二等奖，至今仍然是明史学界唯一全面系统的大部头明史，已成为明史研究的经典著作。此书以内容丰富、史料翔实见长，全面系统地论述明代政治、经济、军事、民族关系、中外关系的发展状况和明代的阶级状况，指出明朝是中国历史上的一个重要时期，这一历史时期，社会生产力、社会经济得到了较大的发展，商品经济的发展突破了以往历史上任何一个时代，由此而引起生产关系方面产生了微妙的变化。作者认为这种变化的出现，是资本主义萌芽产生的标志，而这一变化在当时社会和生产部门中都有较为明显的表现。

有关明朝通史方面，南炳文先生的《南明史》（1992年出版），记述了清朝入关、李自成起义军撤出北京，到南明诸政权和与之合作的农民起义军最后失败，即1644年至1683年近四十年的历史。其后，南先生为蔡美彪先生主编的《中国通史》第八册（1994年出版）的编写，做出了独特贡献。这部通史是迄今发行量最大的一部《中国通史》，而第八册充分吸收了《明史》改写而成，成为国内外大学历史院系学习明史的重要参考书。

此外，南炳文先生还主编了《中国封建王朝兴亡史·明朝卷》（1996年出版）。

二、明代专题史的开拓与业绩

明史学科构成是具有系统性、专业性的多层级的学科体系，这一体系是学术体系和话语体系的统一。进入21世纪，南炳文先生出版《辉煌、曲折与启示——20世纪中国明史研究回顾》一书，分为明史研究的新阶段，唯物史观的指引和"文革"的破坏，新时期的大繁荣和大发展、丰富的经验教训、深刻的启示几大部分,对于20世纪明史研究进行了学术史的回顾,提出新时期明史研究大发展、大繁荣是基本态势,广度和深度前所未有,并特别指出了不尽如人意之处:首先是宏观上缺乏协调,研究者们各自为战,从而造成热门课题重复撞车,造成人力物力浪费,若干课题无人问津,造成缺憾;其次,在应用西方自然科学的新方法与史学理论时,生吞活剥式地照搬,无助于对历史真相的揭示;最后,部分研究者学风不正,勉强著书立说,粗制滥造,甚至错误百出,谬说充斥,更有甚者"冷饭新炒",将前人的成果重复,或做了名副其实的文抄公,还有的为了谋求资助或其他利益,撰写论著任意曲解历史,捕风捉影、牵强附会。南炳文先生认为三种危害都不能忽视。这部学术史的梳理和研究之作,促进了海内外明史研究的发展,为学科的再出发做了准备。

在回顾基础上,南先生致力于明史学科的整体发展,大力开拓社会史、文化史等新方向,展开对于明史多领域的研究,独著或合作,出版了明史多领域的学术论著。这些各个领域的论著,丰富充实了对明朝历史的整体研究,展现了明史丰富多彩的风貌。政治史方面有《中国反贪史》(明代部分)(2007),论述了明初反贪及其机制建立、明中后期反贪的新形势、农民军的反贪倡廉,总结了明代反贪斗争的启示。《"盛世"下的潜藏危机:张居正改革研究》(南炳文、庞乃明主编,2009),对于张居正改革,这一在明代历史上影响极大的重要事件,从荒政、民族政策、统治集团内部关系的处理及"西力东渐"的应对等四个方面,进行了专题研究,并探讨了张居正改革的不足。南先生还主持完成了国家清史纂修工程中的"遗民类传"撰写,是南明史研究的延续。经济史方面,有收入个人论文集的《明代两畿鲁豫的民养官马制度》《明代寺观经济初探》等论文,特点是在论列制度之外,特别关注了经济利益原则所起的决定性作用。社会史方面有主编《佛道秘密宗教与明代社会》(2002),评述了明代的宗教政策、明代佛教、道教以及秘密宗教各派别的发展演变情形、教义及经典编刊状况,分析了佛道两教以及秘密宗教对明代社会生活、经济、风俗、文化等方面的影响。文化史方面有《明代文化研究》(南炳文、何孝荣、陈安丽著,2005),全面论述了1368年至1644年长达二百七十七年的明代文化,全书分为几个部分:科学和技术、学术研究、文学艺术、哲学宗教和社会风俗、图书事业的兴盛、少数民族文化、中外文化交流。在中外关系史方面,南炳文先生的重要论文有《地理大发现后的世界格局与明朝的对策》《关于15—16世纪世界性大航海的几点浅见——纪念郑和远航开始600周年》等,不仅考述了基本史实,对世界性大航海发表新观点,并对明朝政策得失进行了深入分析。

此外,南炳文先生的研究既有史学经世思想的传承,又有对于现实的深切关怀,还表现在有多部论文集出版:《明清史蠡测》(1996)是先生出版的第一本论文集,包括军事、经济、政治、社会、思想等方面论文四十九篇;《明史新探》(2007),收入了先生1996年以来的学术文章。主要有关于明代历史的综合性论述,以及文化与文献、明代人物、社会及地方、中外关系方面的论文和学术评述等,还收入了关于明史的两篇译文。《明清考史录》(2013),共包括考论国家博物馆收藏残本《明太祖实录》《明太宗实录》两书及其他文献的版本、价值、成书时间、作者，及台湾"中央研究院"历史语言研究所校印本《明太祖实录》所收两篇敕书内容真伪的一组文章，还有为考证清代官修《明史》本纪、志、传失误的，《明史学步文选》（2014），是南炳文先生自选集，收录论文二十五篇，涵盖了明代政治史、经济史、军事史、思想史、史学史、中外关系史等方面的论文。《明史续探》（2018），是南先生出版的第五部论文集，收录2007年以后发表的论文二十四篇，分为上、中、下三编。2007年以来，先生的精力主要集中在主持二十四史中的《明史》校勘记修订工作，因而此文集的上编是《明史》校勘，中编是明史研究，主要是关于明史整体评价以及明代人物等研究成果；下编是序言及其他。这些论文集是南炳文先生几十年学术历程的重要结晶。

南先生还在担任中国明史学会会长时期作为第一主编出版会议论文集：《明代蓟镇文化学术研讨会论文集》（2011）、《张居正国际学术研讨会论文集》（2013）。2013年主持与中国社会科学院历史所明史研究室共同举办"明代国家与社会"学术研讨会，讨论明代国家与社会的密切关系，拓宽研究领域，客观评价明朝在中国史和世界史上的地位，构建明史学科话语体系，推动一些关系现实的重大课题研究向前发展。他担任中国明史学会会长是名副其实的，现仍然担任学会的学术委员会主席，在明史学界是具有广泛学术影响力的泰斗式名家。其学术成果曾获全国高校社科优秀成果二等奖、全国古籍整理一等奖、天津市社科优秀成果一等奖等。

三、明史文献资料的整理与研究

基本文献资料的整理，在明史学科建设中具有基础性的地位，因此在明史学术体系的建设中，文献资料整理及成果出版极为重要。南炳文先生长期以来大力推动有关明史大型文献资料的整理校勘与研究出版，先有广泛收集散存于国内外的史料价值极高的《万历起居注》和《泰昌实录》《天启实录》残本，进行整理与研究，恢复其本来面貌，出版了《辑校万历起居注》1—6大册（2010），获得了全国古籍整理优秀图书一等奖。接着，又出版了《校正泰昌天启起居注》1—3册（2012），做了标点和大量整理工作。

南炳文先生对于明史学科基本资料的整理工作，还突出体现在主持了国家二十四史中的《明史》修订工程。20世纪70年代，二十四史出版点校本。其中《明史》由当时南开大学历史系主任郑天挺先生组织本校明清史研究室集体整理点校，受到当时条件限制，中华书局又重新组织修订，南炳文先生继续带领南开大学明史研究室从事《明史》校勘整理。他还接受全国文献研究会委托，主持京、津、鲁、沪明史学者共同编撰篇幅达数百万字的《〈明史〉大辞典》，对二十四史的《明史》一书的六万多条词语进行了注释。至今，他仍在主持大型《〈明实录〉整理与研究》学术工程，这是国家社会科学基金重大项目，也是明史学科体系建设的奠基性工程。先生对于明史学科这一重大任务倾心奉献，项目主体及相关规划、管理等工作都由先生承担，而他所培养出来的一批教授和年轻学者参加到项目之中，是项目最重要的依托力量。学术项目是学科建设的突破口,得到重大项目的资助,不仅是对学科已有建设基础的肯定,更意味学科人才培养、科学研究、基地建设等方面将会取得更大的成果,对于明史学科的发展和进步大有裨益。

特别需要说明的是,南炳文先生是在完全不依靠电脑互联网操作情况下翻阅各种史籍文献,以超乎常人的记忆力,进行大规模的《明史》修订校勘和《明实录》的整理与研究工作,几十年深厚的学术积累,令人敬佩不已。

四、明史专业知识传授与队伍建设

以学科方向为导向,构筑学科基地,是学科建设的关键方面。南炳文先生自1971年从事明史研究和教学已达半个世纪,在发展明史学科的体系性研究和教学、深化明代政治、军事、社会、文化、人物、中外关系等领域的专题性研究、进行明史文献资料之整理与研究,以及有关明史研究的工具书编写等方面,都有重要贡献,在国内外明史学界享有盛誉。而南炳文先生对于明史学科建设的又一个重要贡献,是学科的人才培养。长年在课堂上讲授明史课程,培养学生产生对于明史的兴趣,他还注重与国外明史学界学者平等对话,互相促进,提升国际学术影响,从而带出了一批明史学科的后备力量。自1982年开始培养硕士研究生以来,他培养硕士、博士和博士后共近百名,其中许多学生走上讲台,参与到他对明史进行全面深入研究的团队之中,很多人成为明史研究的领军人物,学科的优秀后继人,带出了一批明史学科的生力军。

结语

从明史学科总的发展历程来看,21世纪初以来,明史学科体系建设已大致完成,形成了明史学科、学术和话语体系的新框架。南炳文先生是明史学科繁荣发展的重要奠基人之一。他历任南开大学历史研究所所长、中国明史学会会长、明史学会学术委员会主席、廊坊师范学院明史与明代文献研究中心主任等职务,不仅是著名明史学家,也是著名的明史教育家。回顾南炳文先生五十多年的学术生涯,南先生继承郑天挺先生在南开大学开创的明清特色学科建设布局,尤其倾注心血在明史学科,在五十多年学术生涯中孜孜不倦地追求,表现在对于明史学科建设有一个短期、中期、长期的整体发展规划。短期是首先着手做摸清学科发展"家底"工作,撰写明朝通史;中期是全面布局,在明史各个领域展开研究,出版专题论著;最后,是在长期知识积累基础上,落实到为明史学科发展做奠定基础的文献资料整理与研究工作。而在近、中、长期发展目标的实施过程中,始终贯穿着育人,即学科队伍的建设,从在南开大学任教到在南开大学历史研究所担任所长,南炳文先生建立起中国明史学科科研与教学的一个重镇,长期为明史学科建设培养人才,包括学科带头人的培育;2016年他又与中华书局合作,在廊坊师范学院建立明史与明代文献研究中心,他担任中心主任,老当益壮,继续为明史学科汇聚人才队伍,推动明史文献整理与研究,构筑了有助于明史学科长远发展的一个新的基地。半个多世纪以来,南先生实施了为明史学科近、中、远期发展目标的规划,组建了学科团队,发挥了学科优势,为学科体系建设摸索出一条成功之道,对于明史学科学术体系和话语体系建设,厥功甚伟,做出了卓越贡献。

时值南炳文先生八秩荣庆,回顾五十多年来他倾注心血的明史学科发展的历史,彰显先生对学科建设辛勤奉献的业绩与成就,谨以此文恭祝先生康寿。

作者:万明,中国社会科学院古代史所研究员、博士生导师,中国中外关系史学会会长

南炳文先生的明史研究

何孝荣

南炳文先生,1942年1月生,河北省广宗县人。1966年毕业于南开大学历史系,1968年分配到中国科学院哲学社会科学部(即今中国社会科学院)中国近代史研究所工作,1971年调回南开大学历史系。1971年至1973年,曾借调到中国历史博物馆,主持中国通史陈列明清史部分内容设计。其后,他先后在南开大学历史系、历史研究所、历史学院工作,担任历史研究所所长、校学术委员会委员、中国明史学会会长等职务。

从事历史研究五十余年来,南炳文先生先后对先秦至近代历史、地方志、天津史等多个领域加以探索和研究,取得了突出成就,其中以明史研究最为突出。

大体说来,南炳文先生的明史研究成就有以下几个方面:

第一,首次以唯物史观为指导,全面而深入地勾勒出明代中国发展的脉络和轨迹。明代是中国古代社会重要发展时期,政治、经济、文化都取得辉煌成就,达到封建社会的顶峰,在当时也处于世界领先地位。20世纪初以来,虽然不少史家投入到明代历史研究中,但能够全面而深入地对明代历史尤其是明代中后期历史进行整体研究者极少,一直没有一部大部头、权威性的明代断代史专著问世。

1979年,南炳文先生与同事汤纲先生获得上海人民出版社约稿,撰写中国古代各朝断代史专著中的明代部分。两位学者领受任务后,汤纲先生撰写明代初期、民族关系和对外关系三部分,南炳文先生承担明代中期、后期及南明部分,文化部分则二人分别撰写部分章节。他们通过研读《明实录》《明通鉴》《明史》(清官修)、《明史纪事本末》等大量官私史籍,在唯物史观指导下,用近十年时间,撰成章节体《明史》(上下册),先后于1985年、1991年出版。该书共计115万字,举凡有明一代的政治变迁、经济演化、民族和对外关系、阶级结构和风俗变迁、文化成就等无不详加叙述,言必有据,秉笔直书,史论结合,成为首部以唯物史观为指导而撰写的明代断代史巨著。该书出版后,即得到学术界高度肯定和评价,至今仍是学习和研究明史的重要著作。

在出版断代史专著《明史》以后,南炳文先生又将着眼点移向明代历史的各个侧面,包括政治、经济、文化和社会状况的考察,相继撰著或合作出版了多部独立门类的明代通史,例如《南明史》《中国封建王朝兴衰史》(明朝卷)、《中国反贪史》(明代卷)、《佛道秘密宗教与明代社会》《明代文化研究》等。这些专门领域的专著,丰富、充实了他对明代历史的整体把握和研究,也使他的明代通史研究更趋多元和深入,更为全面地勾勒出明代中国发展的脉络和轨迹。

第二，对明史涉及的各个问题加以研究，成果卓著。在注重整体性的明代通史研究与撰述的同时，南炳文先生同样重视对明代某些时期的一些重要个体问题的研究，内容涉及明代政治、经济、文化、人物、事件、对外关系等各个方面。例如，南炳文先生通过对张居正改革的背景、内容、影响、不足的进一步考察，合作撰成《张居正改革研究》。他发表的120余篇论文，大都是对不同问题的深入体现。如《"三言"中的明代奴仆》，通过对明代小说"三言"中奴仆的记载，以小说补史、证史，阐述了明代奴仆的来源、地位等问题，匠心独具，令人信服。《明代两畿鲁豫的民养官马制度》，不仅论述相关制度，还特别分析了在种马变卖与俵马折色化过程中经济利益原则所起的决定性作用。《关于15—16世纪世界性大航海的几点浅见——纪念郑和远航开始600周年》，不仅考述了郑和下西洋的基本史实，而且提出15—16世纪世界性大航海活动是全世界各国人民长期共同努力的结果，其间中国人和欧洲人分别采取了建立朝贡体系和殖民地体系两种对外关系模式，两种模式从道德角度讲可分上下，而从实际后果角度讲皆遭否定。

第三，注重史学的经世功能，利用明史研究为社会提供服务。南炳文先生的明史研究，绝不是纯粹书斋式的闭门造车，而是特别重视立足现实，为社会服务。一方面，他通过研究，尤其是明代地方史研究，为各地的经济建设、文化发展提供学术支持。如他撰著的《天津史话》《天津古代人物录》等，对发掘地方史及丰富天津地方文化具有重要的参考意义。另一方面，他尤为重视总结历史经验教训，为后人提供借鉴。他在《明史》（下册）结束语部分，花了很大篇幅，总结明代三百年的经验教训。这些总结在今日仍是掷地有声，足资借鉴。

第四，重视学术史的梳理，探讨明史研究的发展历程。南炳文先生常说，学术研究如盖高楼，上面楼层的建成离不开地基和下面楼层的支撑。从事明史研究，就是在前人基础上的创新工作，要了解相关研究的发展、演变史和最新动态，以避免重复劳动。因此，他以身作则，率先从事学术史的研究。早在20世纪80年代，天津教育出版社推出"学术研究指南丛书"，南炳文先生负责明史研究部分，他与大家合作出版了《明史研究备览》。其后，他利用赴日讲学机会，搜集到更多明史研究的成果、资料，对1997年发表于《历史研究》的《二十世纪的中国明史研究》论文又加以补充和修订，出版了《20世纪中国明史研究回顾》一书。对学术史的梳理和研究，使南炳文先生的明史研究不断创新。同时，也使其他明史研究工作者获益匪浅，促进了海内外明史研究的发展。

第五，大力研究有关明史的原始资料，推动校勘和出版。南炳文先生不仅注重利用原始史料，而且对这些原始史料加以研究，纠正其中的不当之处，发掘和推广它们的价值。《万历起居注》是明代现存的为数不多的起居注，是编修《明神宗实录》的重要依据，史料价值非常高，但长期为史学界所忽视，也因为存世较少而不为人所知。南炳文先生广泛搜集散存于国内外的残本，加以校勘研究，发表了系列论文，出版《辑校万历起居注》，大体恢复了《万历起居注》的本来面貌。该书获得2010年度全国古籍整理优秀图书一等奖。

目前,南炳文先生正在主持国家二十四史及《清史稿》修订工程中的《明史》修订。二十四史是历史研究中一套重要的史书,新中国成立后曾举全国学术之力,对其及《清史稿》进行大规模的整理,在20世纪70年代陆续出版点校本。其中的《明史》,就是当时由南开大学历史系主任郑天挺先生组织本校明清史研究室集体整理点校的。但由于工作时间短、缺少人手、资料不充分和其他条件限制,二十四史及《清史稿》点校本中还存在不少缺点。南炳文先生曾在郑天挺先生晚年担任其助手,如今他接过《明史》修订工程,继续带领南开大学明史研究室从事《明史》校勘整理,亦有薪火相传的因缘。

原文载《中国社会科学报》2012年9月24日第B2版("学林")

作者:何孝荣,南开大学历史学院研究员、博士生导师

明史专家南炳文教授的治学经历

张婷婷

南开大学资深教授南炳文先生,现任中国明史学会会长,并兼任中国社会科学院历史研究所明史室客座研究员、故宫博物院宫廷史研究中心客座研究员,在明史研究上做出许多贡献的同时,先后培养出百余名硕士生、博士生、博士后学者和外国留学生与外国高级进修生,其中多人成为博士生导师和学科带头人,有的还担任了省部级领导干部。南先生还应邀多次赴香港、台湾等地区及日本、韩国、加拿大等国家讲学和参加学术会议。回顾其治学经历,对后人当有极为有益的启示。

一

1942年岁首,先生出生在河北省农村中的一个小知识分子家庭。祖父是前清的秀才,一生的主要工作是在小学中任教。父亲高小毕业后,跟从伯父学会了诊治家畜疾病的技术,是一个在乡间数十里内享有盛名的兽医。家庭的影响,使先生自幼重视文化知识的学习。父亲希望他长大后也从事其挚爱的兽医工作,而先生对此不感兴趣,不过自己也没有明确的目标。因此,在小学至高中一年级,先生实际上是对各种知识胡子眉毛一起抓。虽然有时似乎重视自然科技知识(至今先生清晰地记着上小学时,背向太阳往空中喷水,以验证老师所讲虹霓成因的情形),有时似乎重视音乐(在小学读书期间,先生不仅苦练得能准确唱出各个音阶,被音乐老师打出100分的高分,而且自修了简谱知识,拿起一首新歌片,不用老师教即可独立演唱),又有时似乎重视数学(在初中阶段,曾用一年时间快速自修完毕要求在初中三年中学完的代数、平面几何等全部数学课本,到了初中二年级,要求在高中阶段学习的三角、立体几何等全部数学课本,也自学了一遍),还有时似乎重视文科(高中一年级以前,《三国演义》《水浒传》《三里湾》《钢铁是怎样炼成的》等古代与现代名著,读了许多部)。而总的说来,是各门功课齐头并进,每学期的考试都争取全优(无论最初的百分制,还是后来的五分制,都求满分)。直至1959年升入高中二年级以后,因为考虑到升大学时自己的身体条件仅适于报文科,这才渐渐自我要求把学习的重点定在文科。供教师用的高中文学课本教学参考书、南开大学中文系编写的供大学生使用的《古代汉语读本》、新出版的带注释的《孟子文选》,以及各省编写的供高考学生使用的历史复习提纲等,成了那一时期先生的课外读物。但直至这时,先生还没有拿定主意将来攻读文科中的哪一门。1961年高中毕业前夕,高考志愿书摆在了课桌上,怎么填写呢?先生正在茫然无措,忽然县上的教育科长来到他的面前,建议第一志愿填报南开大学历史系,理由是:"这是一个保密系。"令人心动的"保密"二字吸引了先生,于是听从了这位领导的建议,决定了自己一生的命运。同年9月,他高高兴兴地走进了南开大学。但历史这门学问是干什么的、应怎么干等一系列问题,当时他并没有深入考虑,只是根据在中小学的学习经验,天真地认为,搞历史这门学问不过是记些年代、人物状况与评价、事件经过与意义等。

二

幸亏先生进入的是南开大学这所能够造就创造性优秀人才的高水平著名大学!历史系是南开大学具有悠久传统、实力雄厚的系所之一,有阵容雄厚的教师队伍,有享誉国内外的史学界顶级大师和著名史学大家,有活跃浓厚的学术研究空气,有大量推动历史学科深入发展的奠基性科研成果,她是国内外注目的史学研究和教学重镇之一,站在了史学研究的最前列。来到了这样的环境之中,先生很自然地受到了可贵的熏陶,眼界大开,并有可能渐渐爬向巨人的肩膀之上。

在耳濡目染之中,先生很快便明白了历史工作者的任务,并非是单纯记忆前人已经得出的结论,而是在此基础上进行创造性的研究发掘工作,根据学科建设和现实社会发展的需要,不断对人类的历史进行新角度、新层面的探讨,加深对历史本来面目的认识,总结出新的有用启示。这样的工作不仅是意义重大的,而且是永无止境的。

在接受师长传道授业解惑以及抱着敬仰的心情学习师长成就的过程中,先生不仅对历史研究的过去发展过程和当前新动向有了了解,而且对师长的治学方法和特点等有所体会,从而找到了仿效的模范。诸如郑天挺先生在研究中求新求真求用的榜样,王玉哲先生要求学生应重视使用工具书的教导,杨志玖先生以其研究马可波罗经历为例指出研究历史必须从刻苦阅读原始资料做起的指示,杨翼骧先生从梳理基本史实入手在史学史研究上做出重大贡献的身教,杨生茂先生关心现实将历史研究与现实观察紧密结合从而见解精深的经验……都让先生逐渐明白了治学的诀窍和门径。

南开历史系在治学上反对闭门造车,重视与学术界相互交流和参与热点前沿课题的研究,在先生读本科的五年中,吴晗、吴于廑等几十位著名学者曾应邀来系讲演,农民起义史、历史人物评价等当时学术界关心的课题曾先后在系内进行会上会下的热烈讨论。这使先生在努力继承南开历史系优秀治学传统的同时,得以融进整个学术界,博采众长,进一步充实自己。范文澜先生针对时弊、反对历史文章放空炮的呐喊,翦伯赞先生对历史研究中存在的不分青红皂白见地主就反、见农民就捧的反历史主义现象的批评,蔡美彪先生学识渊博、在学术讨论中坚持真理、拒绝随波逐流的表现,吴晗先生提示青年学者要认真读书、做好资料卡片的治学经验传授,周一良先生学问的中外兼通,李洵先生史论结合、著作体大精深的造诣……都给先生留下深刻的印象,在许多方面给他以深刻的启迪,指示出了前进的方向。

三

身在南开，眼观整个史学界，南开五年的本科学习，使先生初步具备了从事历史研究的基本素质。这其中既包括对治学门径和史德要求的了解，还包括对个人具体研究领域的选定。在一定意义上讲，后者尤其不可缺少。因为不选定具体研究领域，就会游骑无归，难于深入，用力虽多，成效甚微，最后易于灰心丧气，一走了之。先生对个人具体研究领域的选定，是在大学二年级之时。

进入南开大学不久，先生便了解到，历史系的系主任郑天挺先生是史学界几位最有成就、最受尊重的顶级权威学者之一，他偏重的研究领域是明清史。由于他在南开大学执教，早在1956年，教育部即在南开大学历史系设立由他领导的专门研究机构明清史研究室，这是中华人民共和国成立后，在高校设立的第一批为数不多的研究机构之一。明清史不仅是南开大学历史系最具优势的学科，而且南开大学明清史研究室也是全国高校明清史研究中最为领先的单位之一。这一了解使先生对从事明清史研究产生了强烈的兴趣，认为若能登上南开大学的这个高台阶，对于自己在学术上增长见识、取得成绩，将会获得得天独厚的便利条件。升入二年级后，开始了明清史课程的学习，通过与任课老师王文郁先生以及明清史研究室林树惠先生等的接触，又了解到，截至当时，关于明史的研究还有一个大缺陷：尚未写出如同萧一山《清代通史》那样的大部头明朝断代史专著，这一情报使先生感到这正是英雄用武之地。此外，他还发现：在天津工作，阅读主要收藏于北京的清代档案极不方便，而明代留存档案不多，研究工作主要靠有关文献，并且绝大部分在南开大学图书馆和天津市的其他图书馆可以看到，于是影响先生毕生事业的决定，就这样产生出来：研究明清史，尤以研究明史为主攻方向，力争写出一部卷帙较多的明朝断代史。

目标一定，行动立刻开始。在阅读过今人有关著作(如李洵《明清史》、李光璧《明朝史略》、范文澜《中国通史简编》和吴晗《朱元璋传》等)之后，得知郑先生认为，谷应泰《明史纪事本末》是研究明代历史的入门书，即从旧书店中买来一部线装的该书，而后细细阅读，每一个地名、每一个人物都不敢放过，为了弄清时空观念，又买来陈垣编的《二十史朔闰表》、臧励龢等编《中国古今地名大辞典》及几种地图、地图集，通过查对，将书中涉及的进军路线等尽量画出，凡遇干支记时，换算成阳历与阴历的数字记时。而后依次通读夏燮《明通鉴》、清官修《明史》等重要史籍，涉猎《明实录》《明末农民起义史料》等史料书及有关野史笔记等。鉴于明代是否产生资本主义萌芽问题为学术界所关注，为了获得理论上的指导，还特地通读了马克思的《资本论》。此外，对《东华录》等清代史籍也有比较认真的阅读。每逢郑天挺先生为明清史研究生班讲课，先生都想方设法挤进去旁听。到1966年大学毕业时，对于明清史特别是对于明代历史的方方面面，先生可说已有了一定程度的了解，为将来实现撰写部头较大的明朝断代史的目标做了初步的史料和理论准备,从而增强了向这一目标前进的信心,进一步坚定了自己的人生目标。

四

上天似乎给予了先生较他人为多的关照。大学毕业后,在不长的时间里,先生得到了许多利于实现个人人生目标尤其是其中的主攻目标的机遇。这样的机遇主要有三个。一是1971年至1973年获得了在中国历史博物馆工作三年的机会。由于"文革"的干扰,先生在1968年5月才离开母校,分配到中国科学院哲学社会科学部(即今中国社会科学院)正式参加工作。至1971年初又调回母校历史系。这时,恰逢中国历史博物馆的业务骨干大多数下放在干校劳动,而又需要修改原来的中国通史陈列,因此向若干大学求援。于是,南开大学领导派先生和巩绍英先生前往帮助工作。在这三年中,先生承担的任务是修订明代部分的陈列大纲。这段工作使先生在别人尚被"文革"困扰不能顺利开展学术研究之时,获得了在优越的条件下研究他所喜欢的明代历史的大好机会。在那里,先生是"客卿",业务之外的学习会、"斗批改"活动等可以不参加,拥有专心研究明史的条件,触目皆是的丰富文物收藏,补上了过去无机会接触这些研究明史必不可少的资料的缺陷。当时各大学、各研究机构的历史研究,都被迫处于停滞或半停滞状态,只有这里因有特殊需要,历史研究在加紧进行,各地学者把这里当成了交流的中心,纷纷前来,于是先生又获得了与众多专家讨论、切磋的机会。三年过来,先生的明史知识比过去丰富了许多。

二是在20世纪70年代参加了南开大学古代史教研组集体编写教材《中国古代史》的工作。这部教材先后搞过两稿。第一稿名《中国古代史稿》,自编自印,内部发行。第二稿名《中国古代史》,1979由人民出版社出版。在写作中,每人负责其中的一个段落,或一朝,或数代。先生先后负责隋唐(第一稿)、清代(第二稿)。在参加这项工作中,先生虽然没有撰写明代,受益却是很大的:在互相传阅书稿与集体讨论修改意见中,师长们的发言使他受益甚大。参加这项工作可说是使他在正式撰写较大部头明朝断代史以前,进行了一次战前演习,使其具备了在撰写较大部头著作中处理谋篇布局等复杂问题的初步经验。

三是受邀撰写明朝断代史。1979年上半年,为了与人民出版社的编辑吕一方先生商量《中国古代史》一书下册的定稿事宜,先生在人民出版社社内的招待所中住了几个月。在此期间,上海人民出版社的一位同志也为某一个著作的定稿事宜而住在那里。相识相熟以后,他提出上海人民出版社自50年代初定下规划,要组织出版一套具有权威性的中国古代各朝的断代史专著,除杨宽等先生已承担若干部之外,明代尚未确定合适的撰写人选,如果先生与同时因为《中国古代史》定稿事宜而住在那里的南开大学汤纲先生同意的话,他希望先生与汤纲先生合作承担这一任务,但要先提出写作大纲,经社内讨论通过后,才能正式决定相邀。他之所以邀先生等两人合作,殆因其见两人志同道合,关系融洽,也因合作写书是其时常见的方式。先生与汤纲先生都很高兴，一两天后共同拟出了写作大纲，没过多久，正式约稿的信件即由上海寄到了北京。上海人民出版社对这套专著的组织极其重视，选择作者极为慎重，由于这次约稿，对先生来说，恰好是得到了实现人生主攻目标的绝好机会。

五

接受任务之后，紧张的撰写工作立即开始。根据先生和汤先生的具体情况，明初、民族关系和对外关系三部分由汤先生起草，明中期、明后期及南明时期三部分归先生撰写，文化部分则由两人分别撰写部分章节。经过约十年的奋斗，上册于1985年出版，下册于1991年印出。全书凡一百一十五万字。原名"明代史"，后为与相关专著配套，改名"明史"。另外，其中南明部分原来篇幅超过三十万字，为了避免册数过多，出版时将南明部分改为简述，原来的稿子决定另出单行本，后南开大学出版社得知消息，征得上海人民出版社的同意，该单行本以"南明史"为题于1992年由南开大学出版社出版。这部《明史》上下册至2003年由上海人民出版社纳入《中国断代史系列专著》丛书中，再度出版。

除了篇幅较大外，这部专著的撰写注意了贯彻如下学术主张：一为叙事、立论皆以原始资料为依据，重视言必有据，力戒捕风捉影、人云亦云。二为秉笔直书，实事求是，绝对排斥歪曲真相、任意褒贬。如对20世纪50年代以来评价越拔越高的明末农民起义领袖李自成、张献忠，在这部书中毫无隐瞒地批评了其急躁多疑或滥杀无辜的错误和残暴，对20世纪50年代以来在人们的笔下越来越不分青红皂白一律成为斥责对象的明代帝王，在这部书中则有了区别对待，确实昏庸者予以批评揭露，勤奋有为者则大胆表扬，倘其在位期间表现不一，时好时坏，也根据其实在情形，该批则批，该褒则褒，总之一切从实际出发，绝不简单机械地以阶级成分划分好坏善恶。三为把创新当作本书的生命，将研究重点放在过去研究的薄弱环节。如明代中、后期，尤其是中期，过去研究得很不充分，本书即特别加强了对这些部分的探讨，举凡这些时期的政治变迁、经济演化、风气转向、人群生态等皆在深入研究的基础上，尽量醮笔浓墨、着力反映。四为史论结合，坚持马列主义唯物史观的指导。如关于资本主义在明代是否萌芽的问题，史学界聚讼纷纭，莫衷一是。先生在撰写这一部分时，首先把过去已经读过的《资本论》再读一遍，并结合阅读恩格斯及列宁的有关著作，搞清马列主义经典作家关于资本主义萌芽含义及其出现的标志的论述，而后具体分析明代的实际状况，从而得出自己认为信实可靠的结论，最后才正式撰写。五为重视总结历史启示，为今人和后人提供历史借鉴。如在全书结语部分，提出了明代三百年的八点经验教训，包括：不管什么人，只有顺应历史发展的客观规律办事，才能获得成功；要把国家治理好，好的章程和优秀的当权者必须同时具备；一个政权，当其建立时间相当长之后，为了继续生存下去，必须主动进行改革，解决面临的各种矛盾；官吏是否廉洁，对于政权的兴亡，往往产生决定性影响；担当国家重任的当权者，当新的先进社会因素出现时，千万不可忘记爱之、扶之，否则就会酿成大错;中华民族大家庭中的兄弟民族,友好相处是常态,矛盾、冲突是变态,相互间关系的总趋势是日益密切,要自觉根据这一客观规律处理有关问题;在对外交往中,强大的综合国力非常重要,积极吸收外国先进文化也非常重要。

六

在准备撰写和正式撰写《明史》专著的约三十年中,特别是其中的后十年,由于撰写和所担负的岗位工作的需要,先生对于明代三百年中的政治、经济、社会、军事、文化、民族关系、中外关系、人物、事件等以及有关研究状况、文献资料,皆分门别类做过力所能及的研究,这些研究的成果,大多反映在了《明史》这部专著之中,有的因为限于篇幅体例或其他原因,而无法全部或比较详细地反映其中,则另行成文,单独存在,如《明史研究备览》(合著)、《明清史资料》(上册即明代部分,合著)以及后来收在个人论文集《明清史蠡测》中的《明代两畿鲁豫的民养官马制度》《试论刘基的政治思想》《"三言"中的明代奴仆——读"三言"札记》《明初军制初探》等论文,这些书、文也贯彻了那部《明史》专著中所贯彻的学术思想,如《明代两畿鲁豫的民养官马制度》一文在论列制度本身之外,特别分析了在种马变卖与俵马折色化过程中经济利益原则所起的决定性作用,其出发点乃是为了以此历史经验提醒读者彻底摒弃四人帮鼓吹的只问政治、不管经济效益的极"左"思潮,为20世纪70年代末以来实行的改革举措摇旗呐喊。在一定意义上讲,这些书、文可看作那部《明史》专著的姊妹篇。

在这三十年中,先生也在清史研究方面做了一些工作。除了上述参加撰写《中国古代史》一书时承担清代部分外,还在郑天挺先生仙逝后代他主持集体编写了教育部推荐高校文科教材《清史》(上册,即鸦片战争前部分),出版了《清代文化》(合著)、《清代苗民起义》,翻译了《日本学者研究中国史论著选译》(第六卷即明清卷之清代部分),发表了后来收在个人论文集《明清史蠡测》中的《清朝胜过弘光政权的几项政策》《军机处设立时间考辨》《清代专制主义中央集权制度的发展阶段和特点》等论文。这些研究工作的进行,一方面是由于先生个人承担的岗位工作的需要,另一方面也是个人原本较感兴趣的事情。此外,由于明清两代紧紧相连,关系甚大,这些工作的进行对于先生更好地理解明代历史、写好那部《明史》专著和其他有关明史的书、文,也产生了极为有益的影响。

七

《明史》专著和先生所撰写的有关书、文陆续出版后,受到了国内外学术界的鼓励,许多史学评论文章给予很高的评价,还获得了若干天津市和教育部高层次的奖励,人民出版社出版的权威性十卷本《中国通史》中关于明代的论列,即大多依其体例需要而对《明史》专著加以改写而成。这部专著也成为国内外大学历史系学习明史的重要参考书。这些无疑使先生对研究明代历史的兴趣更加浓厚。为了集中有限的精力,自20世纪90年代中期始到现在的大约二十年间,先生的研究注意力更加专注于有明一代。这除了由于兴趣浓厚以外,还由于随着研究的深入,发现自己的既往研究实际上存在许多不足,客观形势的发展也不断提出新课题。另外外界的善意邀稿,也使他不得不为。这二十年中,先生的明史研究主要集中到五个方面:一为继续探讨史学界研究明史的发展历程,《20世纪中国明史研究百年回顾》一书的出版,是这一研究的主要成果。二为继续研究有关明史的原始资料,其中包括对以前史学界注意不够而其史料价值很高的《万历起居注》和《泰昌实录》《天启实录》给予了极大的注意。广泛收集散存于国内外的残本,将《万历起居注》大体恢复出了原来的面貌,并做了初步研究,出版了《辑校万历起居注》,此书获得了2010年度全国古籍整理优秀图书一等奖。此外完成了《校注泰昌天启起居注》一书,已交出版社编辑出版。还包括受全国文献研究会的委托主持京、津、鲁、沪明史学者共同编撰篇幅达数百万字的《〈明史〉大辞典》,对二十四史中的《明史》一书的六万多条词语进行了注释,以期为阅读该书者提供帮助。另外也包括担任国家“二十四史”及《清史稿》修订工程中的《明史》修订主持人的职务,此项修订工作已进行五年,进展顺利,其阶段性成果曾得到有关领导和专家的表扬。三为继续研究明代的文化成就及时代特色。先生与其他同志合著的《明代文化研究》一书已经出版。四为加强对明代中外关系的研究,如研究了南明政权和日本的关系。尤其是鉴于15世纪的地理大发现,打破了世界各地区相对封闭的局面,各国间的相互交往日益密切,所谓“地球村”日趋形成,中国的发展与世界的局势息息相关,研究者只有站得更高,将视野放宽到整个世界,对于中国的事情才能有更深透的了解,因此,先生日甚一日地加强了从全球角度、把中国放在世界局势之中而进行的明代历史研究,目前这一研究,已收到初步成效,《地理大发现后的世界格局与明朝的对策》等数篇论文已经写出。五为从事清初遗民研究,主持完成了国家清史纂修工程中的“遗民类传”撰写工作。这一研究实属南明史领域研究的一部分。

上述之外,先生对先秦至元代的历史(如《试较〈史记〉与〈资治通鉴〉关于商鞅变法的记载》《关于部曲的含义和身份》等论文)、地方志(如《旧方志风俗志漫笔》《名胜古迹与地方志》等论文)、天津地方史(如《天津史话》、与人合编之《天津古代人物录》等书及《徐光启与海河之得名》《明代名人与天津》等论文)等,在五十余年的治学生涯中也都或多或少有所涉及。其中有的是由于偶然的机遇而发生,有的是出于配合自己完成主要研究目标的外围战。

八

回顾先生五十余个春秋的治学生涯,可知其对明史研究的贡献甚为难得:不仅在建构对明代历史成体系的认识上建树甚大,而且在梳理学术研究历程、整理文献和编纂工具书上也付出了许多心血。而更引人注目者,在于他用自己半个世纪的实践,阐释了历史学者取得成功的几个重要因素。

第一，多年勤奋努力是其成功的一个重要原因。入大学前，先生即对学习抓得很紧，入大学后更是如此。数十年来，为了学习和研究、实现自己的人生目标，他几乎牺牲了所有的节假日。勤能补拙，也能生巧。勤奋使他相当充分地利用了南开大学这个高台阶为其提供的种种有利条件，勤奋使其相当理想地实践了师长前辈的各种有见地的治学主张，相当深入地效法了他们的各种治学经验。不言而喻，这样做的回报自然是大有所获。

第二，较早地选定了研究目标同样是其成功的一个重要原因。这使其有限的精力得以集中使用，从而较早地见到成绩。有些人不是如此，而是一直没有明确的目标，东一榔头，西一棒槌，最后肯定会一事无成。

第三，在治学中不轻视"博"是其成功的又一重要原因。先生在入大学以前，由于目标没有选定，学习是朝"博"的方向发展的；而在入大学后不久，先生很快选定治学目标之后，他虽然学习和研究的重点成为明清史，尤其以明史为主攻目标，但对其他时期的历史也并非完全丢下不管，上文已经列举了其所撰写的若干种有关论文和著作，其实即使在其读大学时期抱着《明史纪事本末》等明清史籍精读时，诸如《史记》《汉书》《后汉书》《三国志》《资治通鉴》等与明清"无关"的基本历史典籍，也都是他通读的对象。这些为了"博"而做的努力，对于其"约"即研究明清史，实为有大益而无一害。中学阶段对数理功课的钻研，使其在研究明清文化的自然科学技术部分时，甚易理解，进展比较顺利；对《史记》等与明清"无关"的史学典籍的通读，使其在研究明清时期的许多制度史事时能明了其渊源，通过相互比较而发现其时代特点。看来，"约"离不开"博"，它所要求的只是"博"不可喧宾夺主，把时间占得过多，以致妨碍了"约"的充分发展，甚至使"约"立足无地，沦入被取消的境地而已。

原文载《社会科学战线》2012年第5期

作者：张婷婷，山东师范大学历史文化学院副教授

孤影"炳"烛究"文"史，冷凳独坐修"明"事

赵顺利　　易志云　　张致和

人生荣幸，我们能够成为南炳文先生的学生。我们都曾与南先生在南开的教室里，在先生的书房里，在校园林荫小路上求教与交谈，让我们真实地明白先生实在担得"南公"的称谓。

南先生博览群书，却不浅尝辄止；治学严谨，却不张扬；平静和顺，却不孤僻；洞察世事，却不设城府。请教南先生问题时，他从不会因为问题简单而不耐烦，不仅认真答疑，而且不耻下问，与我们探讨问题的起源与心得。去南先生的住所探望，先生不会因为我们是籍籍无名的晚辈学生而不理不睬，他亲自迎接待客，掀起无数平凡学子心中的滚滚热浪。跟随南先生求学，内心很是平静，与南先生交流，能够感受到历史长河中的波澜与激荡，聊到现代社会发展与历史研究，南先生并不会故步自封，他从信息横流中把握研究学习的新方向和思维。经历过"风风雨雨"的南先生总是能够敏锐地感受到我们内心的波动，他会耐心疏导，灌注坚持与耐心的力量，这也是温润平和的力量。

博学广猎开眼界，约治深究归游骑

作为一名历史学人，我们都曾在博学与专精之间"犹豫"，寻找矛盾的解决办法。在南先生的课堂中、交谈中以及身体力行的治学实践中，我们可以窥见治学的正确方向。在课堂上，先生触类旁通、博古通今，明史方面最是见解深刻、内容颇丰；交谈中，先生平易近人，毫无保留直言研究经历与学习习惯；治学实践中，先生更是博学广猎、约治深究。

史学之路绵延至今已有千年，世间万物也随之变幻无穷，以后人视角如何去窥探历史的真相？从学习史学的角度，既要博，又须约，而关键在于处理好博与约的关系。所谓博，即博览群书。所谓约，就是精，是指专精知守，不宜泛而无归。在学生时代，南先生就认识到要想学好历史必须从"博"和"约"两个字入手，饱览群书，在有了宽广的基础和全面知识之后，应该定向发展，应该在某个方面或某个专题上多下功夫，深入研究，才能更上一层楼。南先生将之谨记于心，并不断实践于自身治史的事业之中，最终发展出"不博则眼界难开，不约则游骑无归"的研究哲理。

在"博"上，南先生通读《论语》《老子》《孟子》等诸子百家的著作，奠定了良好的历史观，为后续的研究打下了良好古文化的基础；步入研究史学生涯之后，南先生通读了丰富的历史著作，在学习和研究明朝资本主义萌芽的阶段，他又通读了《资本论》，真正做到了研究历史而又不拘泥于历史，做到了博览群书、触类旁通。

在"约"上,涉及明清史的著作南先生必是深入学习、不断钻研,从不流于形式的了解,定要在内容上精准知晓。他以传承史学之道为修史的初心,大学阶段,他于王文郁先生处了解到明清史当时的研究状况:清史已有萧一山的《清代通史》,而明史方面暂时还没有体量较大的断代史专著。这对于当时致力于历史研究与创新的南先生来说,无疑是一道破开迷雾的光芒,更是他坚定明史研究方向,同时矢志不渝、延续一生追求"正经事"的指路灯。

以博学来应对"万事开头难",以专精来应对"游骑无归",这是南先生攻破无数治史难题的法宝。在定立修史目标后,南先生迫切地补充基础史料,穿行于各个偏尖的史料丛林之中,只为找到还原历史真相的道路。南先生的细致是常人难以比肩的,每一份历史结论都伴随着充分的史料支撑,《辞源》《明史纪事本末》等常用书上满是他精心写下的标注,有第一遍阅读时候的生僻字或者段落翻译,更有多遍品读以后整段文字的概括,例如《二十史朔闰表》的内容他可以说是了如指掌,只为回归根本,探究明史真相。

"寓修于精"究文史,一心治学开先河

走上研究史学的道路,我们不禁要深刻自问,治学是处理博与约之间的关系,这之后又该如何,历史工作具体开展的核心精神又是什么? 在我们寻找答案的时间里,南先生给出了他的深刻答案。深入探究南先生史学研究之路的开始和延续,品味南先生的问答,竟渐渐摸索到了答案的一丝线索。在了解南先生研究生涯的背景下,再读明史,"精"一字可以很好地解决我们的困惑。

20世纪70年代,南先生回到南开大学明清史研究室,成了明清史大家郑天挺先生的助手。在郑先生的指导下,南先生将《明史纪事本末》作为入门书籍,同时吸收品阅范文澜、吴晗等名家的著作,进一步丰富了明史研究的知识储备,明确了研究方向与方法。其间,南先生曾被借调到中国国家博物馆主持设计明代部分的展览,这段时间的工作,南先生深厚的历史功底得以彰显,他的细心与严谨也为更多人所认可。他用三年的时间对明史史料进行了比较系统的研究和整理,不仅极大地提升了他的明史底蕴,也为自己明史的研究方法积累了经验。80年代,南炳文先生和汤纲先生合作撰写了百余万字的纪传体《明史》(上下册),并先后于1985年和1991年出版,填补了长期没有明朝章节体断代史的空白。他们以原始资料为依据,把创新当作生命,坚持史论结合,做到了"既尊重史实又为现实做贡献"的史书要求。

值得一提的是,在编写《明史》(上下册)过程中,南先生发现明神宗《万历起居注》中有许多《明实录》中未曾记载的内容,具有极高的研究价值,然而当时多数史学家都未给予足够重视,且此书在国内并不完整,其残本近一半的内容流落于日本。为此,南先生利用十一年时间苦学日语,达到了流畅阅读和理解日语文献的水平。最终,在日本朋友的帮助下,南先生将中文版本《万历起居注》复印出来,结合天津图书馆、北京大学图书馆收藏的部分《万历起居注》,南先生辑校共计六册、三百余万字的《辑校万历起居注》。此后,南先生又校勘

并出版了《校正泰昌天启起居注》。两部成果均获得全国古籍整理优秀图书一等奖。有这样严谨的治史态度和丰硕的研究成果，南先生声名远扬海外。

二十四史的接续，是中国历史在几千年的时光中经久不衰的血脉。2007年，六十五岁的南炳文先生开始主持修订《明史》工作，发起并召集十几位明史研究领域的教授学者，按部分工、各取所长，在20世纪50年代郑天挺等先生第一次修订的基础上重新标点、勘误、考证，发现并标注了八千四百余条错漏，再经专家整理校正，南先生通读订正，查漏补缺，弥补不足，最终完成了《明史校勘记长编》。

作为明史领域的跋涉者和探路人，南先生形象地将《明史》修订比作法官断案，要沉下心来，不可听一面之词；要深入调查，收集详尽资料、充分证据再加上有关的论辩推论，才能做出准确的判断，不能让错误遗漏，留下历史性的遗憾。南先生始终秉持"寓修于精"的精神，深入研究明史，在推动国家史学研究建设的过程中源源不断贡献力量。

冷凳独坐修"明"事，生花妙笔著文章

我们有幸到南先生的书房多次拜访，屋中布置简单，一张办公桌，几个办公柜，桌上布满高高摞起的各类工具书，字典、词典和历史典籍等等。南先生常常自嘲说自己的书房是"乱七八糟"的风格，而我们倒觉得挺好，因为乱中有序更见真知。南先生性格内敛、不事张扬，书房要非"乱七八糟"，倒不像我们印象中的南先生。南先生恪勤匪懈、生活规律，几乎一整天都是陪伴书籍度过，孤独却灿烂。

修史以正心，南炳文先生参悟"欲知大道，必先知史"的道理，自觉肩负起了"究天人之际，通古今之变"的使命。书房是南先生每天待得最久的地方，每每走进书房抬眼一看，时间飞逝，但先生的姿势始终端庄坚定，伏于案板上翻阅着一本本明史古籍。就是这始终如一的姿态，让不少断史也能"终见天日"，为今后明史研究展开了新的画卷。钻科研，学文章；翻古典，细思量。南先生在其倾心所注的治史事业当中，成就斐然，他在学术研究上争做领头人，却在刊物署名时要求将自己的名字调后，成就了不少学界佳话。本着"恪守学术道德"的严谨钻研态度，坚持学术导向与价值取向，南先生始终如一。

南先生的学术造诣也离不开自始至终的勤奋，这在史学界是有口皆碑的，南开大学历史学院师生们也早已熟知这位老先生的日常——全年无休、风雨无阻。"不干活，我总觉得心里'没局'，这是我们老家话，就是心里没着落的意思"，南先生总是打趣说自己是个"书呆子"，"笨得要命，只好一门心思趴在这里干，就像有了个吃好东西的机会，就慢慢吃，吃得甜滋滋的就是了"。身居书房的他寓"修"于乐，勤学善思，指尖轻抚着千年不朽的光辉历史，置身浩如烟海的书卷之中，始终甘之如饴，开启"治学"与"治心"之道。

21世纪初的十年，随着"史学热"，南先生中国明史研究学会会长的身份渐渐为世人所熟知，电视台以丰厚报酬邀请他去讲解明朝历史，但都被南先生婉拒了。南先生坚持把时

间用在学术研究上,为了集中精力,他约束自己每年尽量只参加一次外出的学术活动。他曾说:"真正的学问是你忘记周围的世界,去和史实相融合,一个人独处而不寂寞,是在一个空间里与古人对话。"

南先生在学术上有"倔"劲儿,他曾幽默地调侃道:"我是一条路走到黑了。"在数本古籍间来回穿梭跳跃,都不知疲倦,就算独坐冷板凳,也能自得其乐。修阅古籍的确是个体力活,更需要长时间思想上的活跃,常人难矣!

后继传烽多桃李,再谱新章南炳文

除了深厚的史学底蕴和自身人格魅力,南先生在教书育人上真正做到了"教学相长"。他的明清史及文献学课程,为广大学子所喜爱。多年来,他培养的硕士生、博士生及博士后百余人,是全国优秀博士论文指导教师,在他的倾心传授下,一些学生成为中国社科院、南开大学等十几所院校相关专业的学术带头人,一大批学子投身于史学研究的事业之中。有人著诗赞道:"一生拼搏欲何求,不计利益身后名,明清一梦六十载,高龄驰骋亦英雄。"南先生是学生们眼中的"良师益友",拥有着非同一般的谦逊与和善,更是一位"于烟火中沉静,于谦卑中峥嵘"的学术楷模。

南先生的谦逊和善是每个接触他的人都能感受到的,无论是显贵富达,还是晚辈学子,先生都以平静的力量让人折服。去南先生的处所拜访先生,南先生必是出来亲迎;促膝交流中,温和恭谦,睿智豁达;离开时,南先生也必是出门目送直至客人的身影完全看不见才返回。更有感慨之事,家人以追寻祖史,而求教于南先生,本想区区小事,但南先生以其历史宽厚视角揭析一乡姓氏家族,细细与易老先生梳理家世,更是在如此小小家史上得显先生的为人、学问的宽宏。

在国内史学研究事业蒸蒸日上的时代,南先生主持团队投入到《明实录》的整理和研究工作之中。这个早在2013年就立项的国家社科重大项目,是一项极其浩大的研究工程,前期已经花费数年时间做了大量准备工作,典籍字数极多而使得史料整理和研究工作异常艰难。追溯到民国时期,在胡适支持下,著名学者傅斯年就曾主持这项文化工程,断续进行了三十一年,仅完成了约百分之五到十的工作量,而八十岁高龄的南先生毅然接下了这份重担,负重远行,从未停下。

南炳文始终秉承亲身垂范的精神气质,同时兼顾惟义之求、取鉴资治、经世致用等学术品德。他的精神品质如一柄温暖的烛火,为研究者指明治史的方向,吸引更多的后继者踏上"学史明理,学史增信,学史崇德,学史力行"的史学研究道路,成为在史学界口口传颂的"南炳文"精神。

作者:赵顺利,原天津市滨海新区政协副主席

易志云,天津师范大学教务处处长、教授

张致和,南开大学历史学院博士研究生

十年辛苦不寻常

——南炳文先生与点校本《明史》修订

陈　洁　　李建武

2007年，由中华书局牵头，启动了点校本二十四史修订工作，在南炳文先生的带领下，组成了一个强大团队，开启了这一浩大的工程。团队确立了明确的校勘原则，制定了切实可行的校勘方法，经过十年的艰辛和努力，中华书局点校本《明史》修订稿初步完成。

一、修订的背景

点校本《明史》修订作为二十四史修订的一部分，它的背景就是二十四史修订的背景。第一次修订是从20世纪50年代中期开始，直到70年代中期完成，前后十几年。那次修订是首创，是在毛主席、周总理的关怀和倡导下进行的，集中了全国关于二十四史研究的顶级专家。其中《明史》修订由明清史专家郑天挺先生主持完成。这一修订对反映中国几千年历史的二十四史在文字上做了校正，加上了新式标点，不仅使内容更加准确，而且使现代人利用更加方便，是一个了不起的学术贡献。但是限于当时的条件，包括图书利用条件的限制、交通的限制以及时间的限制，正文里一些错误并没有完全修正，标点也有一些值得商榷的地方。所以这套书出版之后，对学术研究起重大推动作用的同时，也渐渐发现，还有进一步加以改进的必要。从2005年开始，学术界逐渐酝酿如何进行第二次修订的事宜，以便更好发挥二十四史的作用，点校本《明史》的再次修订，就是在这样的背景下开展起来的。2006年12月31日，二十四史修订办公室主任徐俊先生带领部分工作人员来到天津，传达了当时的党和国家领导人的有关指示，并通知南先生担任《明史》修订的主持人，要求尽快组织学术团队，尽快启动点校本《明史》的修订工作。

点校本《明史》在二十四史中是篇幅较大的一部，除《宋史》外，它篇幅最大，约有五百一十万字，对这样一部篇幅庞大的史书来进行整理，显然不是一两个人所能完成的。因此南先生受命主持这项工作后，很快考虑成立一个怎样的队伍。经过思考和向同仁征求意见，确立了组成团队的主要原则：①参加者应在明史研究，包括有关文献和史实的研究上，是有一定修养的专家；②参加者应具有从事这一工作的时间条件；③参加者应是彼此志同道合，对这项工作有积极性、有兴趣者；④为了便于配合，在邀请成员的时候，应尽量注意集中于较少的单位；⑤除去已学有所成的专家之外，在选用参加者时，为了培养人才，要适当组织一些有初步修养，而且对《明史》研究有兴趣的青年学者参加，以发挥其精力旺盛、不怕烦琐艰苦、勇于钻研的特长,并使其在工作中得到锻炼。

在上述原则的指导下,当时确定了共十七人组成的修订队伍。其中有南开大学李小林、王薇、何孝荣、庞乃明、苏循波(后期转入牡丹江师范学院)、陈洁(后期转入江苏师范大学),中国社会科学院历史研究所张兆裕,西南大学张明富,福建师范大学郭培贵,武汉大学谢贵安,鲁东大学张艳芳、陈长文,河南大学展龙,青岛市委党校张松梅。此外,南开大学林延清和宁波大学钱茂伟,在初期进入了修订组,不久两人因有其他工作,不可分身,未能继续参与,林延清于退出前完成了本纪第6卷的修订初稿起草工作。修订组成员在修订初稿起草上的具体分工是:苏循波承担《本纪》二十二卷(第6、19卷除外);张兆裕承担《天文志》三卷、《五行志》三卷和《历志》九卷;庞乃明承担《地理志》七卷;何孝荣承担《仪卫志》一卷、《舆服志》四卷;郭培贵承担《选举志》三卷、《职官志》五卷;张明富承担《食货志》六卷;李小林承担《河渠志》五卷(第6卷除外)、《艺文志》三卷(第1卷除外);张松梅承担《兵志》四卷;张艳芳承担《诸王世表》五卷、《功臣世表》二卷(第3卷除外)以及列传三十八卷(包括第1—9、169—197卷);陈长文承担《功臣世表》一卷(第3卷)、《外戚恩泽侯表》一卷;谢贵安承担《宰辅年表》二卷、《七卿年表》二卷;陈洁承担列传九十一卷(包括第10—100卷);展龙承担列传六十六卷(包括第102—105、107—168卷);王薇承担《土司传》十卷。余下由南先生负责,包括《本纪》一卷(第19卷)、《礼志》十四卷、《乐志》三卷、《刑法志》三卷、《河渠志》一卷(第6卷)、《艺文志》一卷(第1卷)、列传十五卷(包括第101、106卷及《外国传》九卷、《西域传》四卷)。

二、修订的原则与流程

1.修订原则

这次修订遵循的原则是继承和发展在20世纪50年代至70年代郑天挺先生主持第一次修订工作时所遵循的原则。关于郑先生主持下,由林树惠、郑克晟、王鸿江、傅贵久、汤纲等先生参加的第一次修订的指导思想,没有留下文字资料。其主要精神和内容是将重点放在"校史"上,即主要工作为利用本校和他校的办法,将《明史》中的史实失误,寻找出来,加以改正或指出。至于利用王鸿绪《明史稿》等《明史》拟稿做比较,以改正《明史》的文字失误,即进行"校文",只是修订工作中的很小部分,且即使这部分工作中,除了"校文"外,"校史"的成分也占很大分量。这与二十四史中的其他各史多数以"校文"为主有所不同。《明史》之所以在校勘中主要作"校史"的工作,乃是因为其书之祖本即殿本,尚存于世,其他各本皆是依殿本而翻版,在发现因版本不同,而造成文字不同时,只能以殿本为正,不需作什么考证、推敲,换言之,《明史》不需作本书的版本校,在文字上以殿本为准即可。然而,由于种种原因,《明史》中在史实方面存有若干失误,而与明代历史相关的文献存在甚多,爬梳与明代历史相关的文献,可以发现《明史》存在的史实失误,于是为了使《明史》记事更为准确,提高其价值,就应该在注意校勘文字的同时,更多地关注利用与明代历史相关的文献存在甚多的条件,对《明史》从事以"校史"为内容的校勘工作。至于"二十四史"中的其他各史,一因其本书存在许多版本,无所谓祖本以定于一,二因他校的资料数量有限,难以据之将其记载的大部分内容考辨出真相,少部分可考辨者亦往往以所据资料不充分难于得出定论,故而对多数史书只好从事以"校文"为主的校勘工作。由此可知,郑先生等在点校《明史》时所规定的原则,是正确的,符合实际的,也是可行而行之有效的。有鉴于此,参加这次修订工作的各位成员一致认为,要完全依从郑先生等所规定的原则,由此前进,进一步扩大战果,使修订工作取得成绩。

2.修订细则

依据上述原则,结合"二十四史"修订的有关规定,制定了修订《明史》若干条工作细则。其中主要包括这样几条:

(1)中华书局1974年点校本《明史》以清乾隆四年武英殿原刊本《明史》(即殿本)为底本,兹仍其旧。关于这点做一说明,《明史》除去乾隆四年殿本之外,还有《四库全书》本《明史》(即库本),即乾隆后期对殿本《明史》修订形成的本子。这个版本有优于殿本的方面,如殿本未提到的《永乐大典》的编纂史实,而文渊阁库本提到了。但是比较来说以殿本作为底本更好,其理由是:第一,《四库全书》本《明史》不仅有文渊阁库本,还有文津阁库本等共五个本子,各个库本之间存在差异,而且有的并不易得,会造成使用困难。第二,库本的一个重大问题在于人名大量改动,以体现乾隆皇帝的民族思想。若改用库本作底本,会造成明史研究的衔接困难,从而造成很大的混乱。从文字上看,库本也不见得优于殿本,特别是有随意性大的毛病,不可轻信。它的很多改动是改错的,反而不如原来的本子好。第三,从学术史、史学史的角度来看,不用殿本而改用库本亦不可取。《明史》修史过程长达九十五年,乾隆四年的殿本是《明史》完成的标志,殿本《明史》修完即被定为"二十二史"之一,其正史地位早已确立。而库本《明史》的修纂主要是一次政治行为。殿本《明史》流行较广,影响较大,使用方便,有着承上启下的重要地位。因此,从版本学术史的角度讲,还是以殿本《明史》作为底本为好,库本当作参考本。

(2)以原题万斯同四一六卷《明史》、王鸿绪《明史稿》《文渊阁四库全书》本《明史》及殿本《明史本纪》为通校本。

(3)以现存朱彝尊《史馆稿传》及万斯同《明史稿》等二十余位清朝明史馆纂修官所撰或所阅改之《明史》稿本为参校本。

(4)重视吸收前人研究考证《明史》之成果。包括《明史欧洲四国传注释》《明史考证》《明史选举志考论》《明史食货志译注》等已发表之专著约二十种,及《明史小评》《明史纂误》等已发表之专文二百余篇。

(5)重视利用《国史考异》《史乘考误》等前人考证明代历史之论著。

(6)重视参考明朝《实录》等清朝编写《明史》时所依据之主要资料。

（7）重视参考《万历起居注》、明人文集、明人年谱、方志、明朝档案、《朝鲜王朝实录》等现存有关明代历史之中外重要文献。

（8）重视参考考古资料。

（9）重视本校与理校。

（10）充分继承原点校本《明史》之校勘、标点、分段成果。

（11）凡正文讹、脱、衍、倒、舛错处，尽量于正文中改正，改正情况写入校勘记。倘舛错处文字过长或因其他缘故不便于正文中改正者，亦可不改正文，仅于校勘记中加以说明。

（12）他书有误而底本不误及无关宏旨之虚字出入，不写校勘记。

（13）古今字、异体字、俗体字不校不改，因新旧笔形相异而形成之异体字，径改而不出校。

（14）清乾隆后期对殿本《明史》的修订，造成少数民族人名、族名、地名的写法与殿本《明史》相异，此次不据以改动正文，且不出校。

（15）不可利用校勘补叙殿本《明史》所记以外之史实。

3.修订的流程

在初稿起草者起草阶段，首先是要找出其应予校勘的失误或疑点，其办法有六：（1）比校本书上下文之相关记载；（2）比校原题万斯同《明史》等拟稿的有关记载；（3）查阅《明史》及其拟稿外的其他相关文献如《明实录》的相关内容；（4）查阅点校本《明史》之原有校勘记的相关部分；（5）查阅前贤时彦在著作报刊刊出的相关研究成果；（6）查阅起草者本人的原有相关读书记录。其次是根据通过上述六个办法寻找失误或疑点得到的印象，进行更深入的分析、思考，以得出结论。再次是做出校勘记长编初稿草稿：内容包括摘引有关原始文献记载，按照逻辑加以排列，并做出简要论述，提出明确的正误判断，或做出存疑之决定。最后是简化校勘记长编初稿草稿的文字，写出简明扼要的校勘记初稿草稿，其内容主要包括正误判断和资料根据。初稿起草者撰写的初稿草稿完成后，修订工作便进入了主持人审核修改、加工的阶段。在此阶段，首先是对初稿校勘记长编草稿和初稿校勘记草稿进行全面复核，这一复核实是将前一阶段起草者所进行的各项工作重来一遍，而后结合阅读主持人所积累的有关读书记录及补读主持人认为尚需补读的前贤时彦研究成果和有关文献等，对初稿草稿的结论加以评判，进而对初稿校勘记长编草稿及初稿校勘记草稿做出处理决定，除决定取消校勘者及全面认可者外，或予补充发挥，或予修改完善，或推翻重写，从而写出正式的校勘记长编和校勘记的初稿。若发现除所复核校勘记长编初稿草稿和校勘记初稿草稿外，尚需对此校勘对象所在《明史》中的上下文补作其他校勘记长编初稿和校勘记初稿者，即予补作，以尽量避免遗漏。

三、修订所取得的进展

从 2007 年实际开展工作,经过整整十年的奋战,最后做出校勘记长编初稿 14750 条,共 300 万字;校勘记初稿 10500 条,总数比原校勘记增加了 8400 余条(原校勘记 2075 条)。除 新增者外,原有的校勘记也绝大部分作了内容的补充改动,并删去原来误校者约 100 多条。 改动标点 1400 余处。校勘记增加比例最多的分布在表、志部分。表、志文字不多,但涉及的 内容多而复杂,容易出现错误,从而使校勘中在这部分发现的问题相对较多。

分析《明史》出现错误的原因主要有以下几条:(1)《明史》编纂所依据的资料,除《明实 录》外,还有野史家乘。野史家乘往往有内容失实之处,《明史》撰写时有的即据此写成,从 而导致出现错误。(2)有些私人撰写的史书依据《明实录》而作,而写作过程中难免出现误解 及其他差错,《明史》据之写作未加细辨,也会导致失误。(3)《明实录》存世版本甚多,但都是 抄本,往往有误,《明史》据之撰写,也会继承它们的一些错误。(4)《明实录》是一部庞大的丛 书,有前后不一致的地方,《明史》不同部分的撰写者所依据的《明实录》往往不是该书的同 一部分,这便造成了《明史》不同部分各讲己话、相互间矛盾不一。(5)《明史》撰写过程中,多 次改易,在改易过程中,或删减文字不当,或产生笔误,也造成《明史》中难免失误。

这次修订,所改正的《明史》失误比第一次修订增多了四倍。之所以能取得这些成果, 主要是因为修订努力贯彻了郑天挺先生等所规定的校勘原则。那么为什么第一次修订时, 没有发现比较多的错误呢?第一次修订表面上看来不如第二次取得的成绩大,那是因为限 于当时的资料条件。当时交通不发达,修订所使用的文献资料基本上限于南开大学图书馆 和天津市图书馆所收藏者,外地的资料几乎无法得到利用。而且当时没有数据库之类新鲜 手段,校勘者只能依靠自己的经验、选择可能用得上的一本本文献,用手工翻检,大海捞针 似的寻找有用资料,以便发现疑点、做出比较和判断。其效率受到极大的限制,这也使《明 史》的许多失误无法被发现。而现在处于信息时代,电子图书的问世、多种数据库的出现, 不出家门,即可几乎用上全国乃至全世界的所有图书馆的藏书。想好主题词,手指一点,即 可将有关资料几乎全部集中起来,依次接受"检阅",对比、选择、分析、判断,从而迅速发现 和解决《明史》中的相关失误。由于条件的差异,使第一次和第二次修订的成果含金量不尽 相同,不能简单地以数量论高低。

这次修订,大量吸收了前人的贡献,加上修订组自己的辛苦努力,在一定意义上说所获 成果好像是"集大成"。但是这三个字更多的是表扬最后一道工序的从事者,在这件事上是 肯定修订组的成绩。而从修订组看,与其用"集大成"这样的说法,不如说成"千人糕"。一 个带枣的年糕,其制成是做糕厨师的功劳,听上去似乎不错。但实际上前面有很多人为此 而卖力,有耕地的人、播种的人、浇水的人、收割的人、磨面的人、种枣的人、摘枣的人,最后 才由厨师进行末了一道工序。从前到后,由无数人进行共同努力才得以最后形成带枣的年糕，所以这是"千人糕"。与其说"集大成"，不如说是前前后后无数人共同努力的结果，是"千人糕"。另外修订时，对前人和同辈人的成果是一个学习的过程。团队成员阅读前人和同辈人的发现，受到了启发，得到了帮助提高，修订工作是在前人和同辈人打下了基础的前提下，接过接力棒，继续前进而已。

在修订过程中，重要的依托单位中华书局也给予了很多帮助。中华书局的领导、专家、编辑多年从事古籍整理工作，积累了很多经验。比如细则的制定，就是在他们的指导下形成的。南先生本人写长编，最初写得跟现在所写出者完全不一样，竟用论文式的一篇文章，供几条校勘记伙用，查对极不方便。长编的写法应是既摆出依据、又简单可行，且应一条长编专供一条校勘记作依据，从而走上了正路。

另外还要指出，人员所从属的各个研究单位和学校单位，都给予了很多支持。没有单位的支持，"千人糕"也做不成，其中南开大学贡献尤大。南开大学作为项目承担单位，多年来，从人力、工作条件给予了大力支持。没有她的鼎力支持，不可能完成这项工作。

此外还要特别感谢廊坊师范学院。在修订工作的最后阶段，因为一些特殊原因，南先生作为主持人，遇到了困难，面临使修订工作不能顺利进行的危险。廊坊师范学院当即伸出了热情的双手，给予了大力支持。在学校领导和社会发展学院领导的支持下，在学院内专门设立了明史与明代文献研究中心，调拨人员，配备专门学术助理，并在学校图书馆，设立专门资料室，供修订《明史》使用。在今天修订初稿完成之时，回忆这一帮助，不禁热泪盈眶：没有这一帮助，修订初稿的出现不知要比现在晚几年！

在校勘记长编中，凡是所提出修改的内容有前人提及者，都要于其末尾特别注明"某某已经论及"之字样，即使其论证是错误的，也要注明，唯不记其所论错误之事。目的是不掠前人之美，表达"千人糕"理念，记下前人的功劳。

明史修订团队确实十年来竭尽全力地投入此项工作，南先生除去其他必要的事情不得不做者之外，其余的时间全投身于此。比如从外地开会下午四五点钟回到天津，还要到研究室工作两三个小时，以充分利用时间。除了时间抓紧之外，还尽量追求完美。比如遇到干支，都要考察其正确与否。怎么考察？为此而特制了一张简便易查的表格，把六十甲子排成六排，以备每次考察之用。校勘中遇到干支，首先要查其所在月份的初一为干支何日，继而以之考察在这一月之内能否出现所遇到的那个干支之日。其次查所要考察干支的上下文，判断其跟上文干支和下文干支是否匹配。第三是用其他资料的有关记载考察与之是否一致。以上三个考察都过关了，才可认定这个干支正确无误。如有不能过关的情形，那就要进行进一步考察，以做出校勘。

为什么修订团队这么抓紧、这么认真地做这件事情呢？因为这个工作意义十分重大。人类要不断前进，经验是非常重要的，而一个人的直接经验有限，需要充分利用间接经验。而包括《明史》在内的二十四史即是丰富的间接经验的提供者。怎么改造自然、利用自然？人和人的关系应怎么处理？中华民族的这一套历史经典著作可以在这些方面提供许许多多正反面经验,给予极大的帮助。但是,二十四史中有错误之处,只有把这些错误之处改正过来,才能更便于读者阅读,从而更顺畅地向读者提供宝贵的历史经验和启发。可见,二十四史的修订工作意义重大,应该努力做好这项工作,使其错误越少越好,利用越方便越好。

不仅中国人需要修订"完美"的二十四史,外国人也需要。一个国家先进强大,周围国家就会注意她的文化,学习其历史。在古代,我国是区域的先进国家,日本、朝鲜、越南都曾充分利用中国的文字,学习中国的文化,包括读中国的史书。鸦片战争之后,很长一段时间,我国不是先进的国家,西方国家成为文明先进者,于是英文盛行,汉语不那么吃香。但是,占世界人口四分之一的中国,总会再次成为先进之国。现在我们的复兴梦正逐渐实现,国家的地位一步步提高,学汉语的人逐渐多起来,学中国历史,特别通过二十四史学习中国经验的也逐渐多起来。而在若干年中国重新成为先进国家(应该是世界范围的先进国家)之后,全世界各国学习二十四史的人更会多不胜数。言念及此,我们对修订二十四史之意义,不能不因之认识得更为深刻。二十四史是中国的,也是全人类的共同宝贵文化遗产,在今天就把它修订得好上加好,为将来其为全人类更好地服务做好准备。

初稿完成,并不代表这项工作已经结束。回忆十年来大家共同奋斗的情形,面对来之不易的成果,自然心中是十分喜悦。但另一方面也要看到,初稿毕竟是初稿,还不是最后定稿,里面难免还有不足之处。所以在完成初稿之际,团队还应继续思考,怎么广泛征求意见,怎么自己打开思路,想各种各样的办法,在定稿阶段继续努力,争取使它真正成为满足需要、整理到位的成果。

原文载《中国史研究动态》2017年第5期
作者:陈洁,江苏师范大学历史文化与旅游学院讲师
李建武,廊坊师范学院历史系副教授

南炳文先生教学硕果累累的五十年

张　磊　　程彩萍　　时　亮　　纪海龙

恩师南炳文先生数十年潜心育人、勤奋治学,在中国古代史教学与明史研究人才培养等方面成就卓然、贡献突出。2022年初,时值先生八十寿诞。笔者不揣冒昧,谨就各人耳闻目见,将先生五十余年教书育人的经历与成绩简述于下。落笔草草,挂一漏万之失在所难免。冀以此文一以见先生教学之成绩,一以作吾辈努力之方向。

一、数十年如一日的教学

1961年,南炳文先生进入南开大学历史系学习。在大学学习过程中,先生逐渐了解到南开大学明清史在全国有影响力,下定决心认真学习明清史。大学毕业以后,分配到中国科学院哲学社会科学部近代史研究所范文澜《中国通史》编写组。后因被安排到原南京军区下连当兵接受锻炼,结束后中国科学院哲学社会科学部又进行整改,存续与否不定。1971年,南先生又返回天津,进入南开大学历史系古代史教研室工作。1971年至1974年,南先生曾被借调至中国历史博物馆,负责独力设计明代部分的展览。在此期间,南先生抽暇给学生上过一些课,还参与了历史系组织的《中国古代史》教材编写。南先生的教书育人生涯可以说是从这个时候正式开始的。1974年,南先生返回南开大学,从此开始专心教书育人。

回到南开大学以后,南先生最初接触的是本科生培养。返校之初,南先生和冯尔康先生轮流讲授本科生的"中国古代史"课程。课程分为前后两段,南北朝以前为前半段,隋唐至明清时期为后半段。南先生和冯尔康先生皆担任后半段,一年一轮换。此种状况一直持续到1985年。1985年,恢复历史研究所,南先生所在的明清史研究室划入历史研究所。随着历史系年轻教师的加入,"中国古代史"课程也就由历史系的年轻教师来讲授。除了"中国古代史"课程外,南先生还讲授过"史籍选读""历史研究漫谈"等课程。与此同时,南先生积极参与社会教育。他曾为天津师范大学、天津业余大学等高校的本科生讲授"中国古代史",主要讲隋唐至明清部分。

南先生指导研究生的时间比较早。从1982年开始,就逐渐变为主要给研究生上课,包括国内的进修教师等。90年代初,先生开始指导博士研究生。不久,开始带博士后。另外,也做日本等国家进修教师的指导工作,同时还担任一些留学生的指导教师。90年代初,天津市青年联合会与南开大学合办了硕士研究生班。硕士研究生班一共三十个名额。其中十几个在经济管理方向,由经济管理系负责培养;另外十几个由历史系培养。南先生是历史系负责培养的这十几位研究生的主要教师。这批硕士研究生学制三年半,培养质量很高,根据考核标准,最终都拿到了硕士学历证、硕士学位证双证。南先生给研究生、博士后和进修教师上课和指导的方式主要是因人施教。在给他们讲解基本史料、研究方法、论文选题、论文写作等等相关知识重点的同时,还注重根据不同人的兴趣、研究方向等进行专门指导。如有研究政治的,有研究经济的,也有研究中外关系的,南先生均根据每个人的研究基础和研究领域,做具体的针对性指导。南先生给他们开设的研究生课程有"明史精读"等。

教材编写方面,南先生也做了大量工作。1974年,南开大学校内出版了南先生在历史博物馆设计展览期间参与编写的《中国古代史》教材。在这个版本的《中国古代史》中,南先生撰写的是隋唐部分。由于该书影响力较大、受到社会的一致好评,人民出版社1979年将此书正式出版,公开发行。人民出版社出版的《中国古代史》中,南先生撰写了清代部分。该书出版时,南先生还作为下册的联络人与人民出版社进行日常的学术沟通合作,在北京住了半年。1978年,教育部请郑天挺先生培养全国大学中青年明清史教师,专门开办了一个进修班。作为郑先生的助手、研究室副主任,南先生与研究室的几位教师在郑先生的指导下全力投入到这一项教学工作。郑先生决定不光上课,还要给这个进修班编一部教材。最终,在众人努力之下,编成了《明清史资料》(上下册),此书在高校中产生了相当长远的影响。

二、教学相长、亦师亦友的教学观

与大家日常交流时,南先生有时也会提及自己几十年教学的经验与心得。从先生质朴的语言中,往往能体悟到先生高屋建瓴的教学风范、润物无声的教学方式以及虚怀若谷的师生观念。

在先生看来,教学是教师的根本任务和职责,而不是教师单纯的付出。通过教学,可以起到教学相长的效果。教师为了教学,需要认真准备、好好研究,充实自己的头脑。课堂教授内容必须丰富、准确、有逻辑、有条理,让人信服。另外,课堂知识涉及的面非常广。讲课的时候,教师需要和学生深入接触。学生提出问题与教师交流,就会开阔更多的思路,激发教师继续进行探索。先生是这么说的,也一直是这么做的。在谈及自己教学的体会时他说:"你越学越感到不足,越教越感到不足。做好研究以后去教学,学生会很感兴趣,这是对教师很大的鼓励。"勇于承担教学任务,积极参与教学工作,这是先生教学的指导思想。这样的教学态度既有利于他人,实际上也非常有利于自己进步。先生一直很乐意给本科生上课。校内、校外本科生课程请他登上讲台,他都积极响应。

据大家回忆,南先生在教学时会根据不同的讲课对象,采取不同的教学方式。本科阶段的教学主要是帮助学生学好基础知识。先生在讲本科生课程时特别注意知识的系统性,以便学生能够全面掌握。讲硕士课程时,则更多采用讨论式和参与式教学,尤其注意观察学生的表情。表情就是学生对讲课的反应,可以据之全面了解教学的效果如何。如果学生表情出现困惑或疑问,先生就会思考,是不是再针对某个问题进一步讲一讲。先生讲硕士课程也注重为其打下良好的知识基础,为学生博士阶段的学习和研究做好储备。到博士阶段,研究问题更加精深,先生往往会采取针对性教学的方式。首先了解每个人的研究基础和研究兴趣,再就博士生研究的问题进行交谈。在博士后培养方面,先生不去想灌输什么。因为博士后已经有一些想法和观点,他重视的是与博士后进行亦师亦友式的讨论和学术交流。一言以蔽之,先生的教学是因人制宜,因阶段制宜。

在指导学生过程中,先生一直是和善的,也是谦虚的。他常跟我们说:"我有这样一个观念:大家是以师生结缘,实际是一辈子的好朋友。"先生对学生悉心指导,从来不求回报,认为师生之间是一种"互为师友"的关系。每当学生回忆往事,对先生的教导满怀感激之时,先生总是十分客气又淡淡地表示:"最初的时候,可能老师谈的多一点,学生听的多一点。但后来学生研究的课题、范围比老师广了,学生反过来可以教老师了。这样,大家实际上是互为师友。"先生十分珍视这种师生关系,觉得师生之间没有任何忌讳。有时候他会和大家开玩笑:"在某某领域,我要知道这方面的知识,我找你,你能不告诉我吗?"对先生这种谦逊的态度,大家在感喟之余,又增添了几分敬佩。师生之间可以互相交流,完全交心,学术兴趣也相近,这在先生看来是十分幸福的事情。

三、硕果累累的人才培养

据不完全统计,南先生自开展教学工作以来,指导的硕士生、博士生、博士后、国内进修教师、国外进修教师总共百余名。在历史学研究领域,南先生培养了一支庞大的学术队伍,交出了一份令人叹为观止的成绩单。这些毕业生和进修教师发表了许多学术论著,为推动与明史相关事业的发展,特别是高等学校明史研究与教学的进步,做出了重要贡献。

南先生培养的毕业生和进修教师分布在国内外多个国家和地区,除少部分从政或在其他领域工作外,多任职于不同的文化事业部门和高等学校。毕业生和进修教师所在的国外高校有加拿大拉瓦尔大学、日本弘前大学、日本东北学院大学、美国波士顿大学等。所在的文化事业单位有中国社会科学院历史研究所明史研究室、中国地方志指导小组、浙江地方志办公室、中国军事博物馆、国家图书馆、天津社会科学院、天津人民出版社、辽宁人民出版社、大象出版社、湖南电子音像出版社等。所在的国内高校有澳门理工学院、南开大学、南开大学分校、天津大学、天津师范大学、天津理工大学、天津外国语大学、天津职业大学、内蒙古师范大学、山西师范大学、廊坊师范学院、河北经贸大学、河南大学、周口师范学院、许昌师范学院、安阳师范学院、湖南师范大学、山东师范大学、鲁东大学、聊城大学、江苏师范大学、福建师范大学、广东潮州韩山师院、华南师范大学、海南大学、青海民族大学、遵义师范学院、贵州财经大学、云南教育学院、新疆大学、新疆和田职业技术学院、沈阳大学、辽宁师范大学、东北师范大学、牡丹江师范学院等。

南先生培养的毕业生有的成为国内外高等院校及文化单位的学术骨干和学术带头人，有的走上重要领导岗位。其中有中国社科院明史研究的学术带头人，有中国地方志指导小组的学术专家，也有明史学会的副会长和副秘书长。此外，这些毕业生在明代佛教史、明代中欧关系史、明代中韩关系史、明代科举史、明代思想文化史、明代社会史、建文史、弘治时期史、海南地方史、明代史学史、天津地方史、明代人物史、以《明实录》和清官修《明史》为代表的古代文献整理等专业学术研究领域，也都成为有影响力的专家。值得一提的是，南先生指导的关于《明史选举志》研究的博士论文，在2008年获得全国百篇优秀博士论文，先生也获得优秀博士论文指导教师称号。这篇论文是迄今为止明史学界唯一的全国百篇优秀博士论文。

在国内的学术团体中，中国明史学会有会员三四百人，其中相当一部分是南先生培养的硕士、博士、博士后以及南先生担任博士毕业答辩委员会主席而获得学位的博士。他们共同参加学会的活动，支持学会的工作，被学会的其他会员善意地戏称为"南家军"。

回顾恩师五十年教学历程，抚今追昔，不胜感慨。先生教学之大家风度，令人仰慕；先生教学之勤勉谦逊，令人敬佩；先生教学之气象规模，令人赞叹。疏浅之文，难窥先生教学成绩之一斑。谨以此小文，敬祝先生健康长寿，幸福安康！

作者：张磊、时亮、纪海龙，廊坊师范学院历史系讲师

程彩萍，廊坊师范学院历史系副教授

饮水思源 潜心治史

——南炳文教授访谈录*

胡宝亮　　杜水莲

■:南先生,非常高兴有机会采访您。我们知道,您在1961年以优异的成绩考入南开大学,请您谈一下您是如何选择历史学作为您的专业的,并请略谈一下您大学期间的求学经历。

●:高考中取得了理想的成绩,俄语离满分只差0.5分,其他科目也只扣了很少的分数。我所在的中学基础不太好,我们班是这个中学的第一届高中班。能考成这样,确实不容易。

我选择报考历史专业就像笑话一样,父亲是兽医,希望我也做一名兽医,但是我实在没有这方面的兴趣,最初只知道努力读书。在初中的时候已经自学完高中的数学知识,进入高中开始思考在文科与理科中选择哪一个。而根据自己的身体条件,最终选择了读文科。选择文科后,又首先把目标定在文学上,所以涉猎了不少文学作品,也读了一些中国古代的经典著作,如《论语》《孟子》等,还读了南开大学中文系编写的《古代汉语读本》。毕业时,看到招生广告,发现第一类高校中有南开大学,自己姓南,对她不由得有了特别的感觉。我们班既是所在中学的第一届高中毕业生,也是全县第一届,县政府很重视。因为是县里第一届高中生,加上个人表现突出,县政府很重视,县教育科科长亲自到校与毕业生交谈,他问我准备如何填报志愿,我刚说了"南开大学"四个字,他马上就说:"南开大学好,南开大学历史系是保密系,你应该报南开大学历史系。"对大学情况一无所知的我,就这样决定下来,第一类学校的第一个就填南开大学历史系,报名表上在第一类学校栏,要求填十五个,我填满了。在南开大学之后还填了北京大学中文系、北师大外语系等。结果是被南开大学历史系录取了。虽然在刚进入南开大学时,对历史专业还不了解,但很快就发生了改变。当时南开大学有一大批国内外著名的历史学家,如郑天挺、雷海宗、吴廷璆、杨生茂、杨志玖、杨翼骧等先生。系里的党政领导对学生也非常关心。入学的头一天,团总支书记王明江亲自领我们参观了水上公园。系主任郑天挺专门与新生见面并讲话,他的讲话很鼓舞人心。当时,得知郑先生长年在教育部编教材,身为南开人都很自豪。开始上课后,我对大学的讲课形式感到十分新奇,与高中极不相同,老师们以卡片讲课,没有现成的课本,讲的都是老师们最新的独到见解。还经常邀请国内的知名学者来讲课,做报告,诸如裴文中、吴于廑、吴晗等先生都来讲过。这样的学习生活渐渐地使我悟出,学习历史在大学阶段已与高中完全不同,再也不是死记硬背时间、地点、人物、事

---

*●为受访者南炳文先生,■为采访者胡宝亮、杜水莲。

件、性质、影响等，而是要通过研究原始文献资料，得出自己的见解和结论。这种探索性的学习，使我兴趣大增，真正从心底爱上了历史专业。

当时南开大学历史系本科实行的是五年制。我们班除大四、大五时下乡搞了八个月"四清"外，其余都在校学习。前三年半以中国通史、世界通史为主，还学有关理论课、工具课和必要的专业知识课。剩下的一年半分成中国史和世界史两个专门组，学生可以自由选学，我选的是中国史专门组，学习了《史记》选读课（王玉哲先生讲授）、《资治通鉴》选读课（杨志玖先生讲授）、《中国唯心主义史学批判》（杨翼骧先生讲授）、《西方史学史》（吴廷璆先生讲授）等。通过专门组学习，历史知识更加厚实，且明确了每个人的主攻方向。临近毕业，"文革"爆发，当时我们班有十个留校指标，我、张绍祥、林和坤都是内定留校的，而5月河北省委突然调我们三个人去其秘书处报到，同时去的还有中文系和哲学系的几个人。去后的工作是查旧报纸，找所谓"资产阶级学术权威"的"毒草"文章。由于认识"跟不上形势"，待了三个月没有写出一个字。后来"十六条"出来了，又被派到大学当观察员，我被派到河北大学，具体是负责北院外文、生物、教育三系，在那里待了两个月，同样因为思想"跟不上形势"，什么工作也没干。10月，河北省委瘫痪，我乘机自作主张撤回母校。这时我已经看出了"文革"并非"革命"运动，对之产生反感，很快就变成"逍遥派"，进图书馆看自己能看到的书。1968年5月，我们班进行了毕业分配，内定留校名单作废，根据原来定好的分配方案，大家一起讨论、共同决定每个人的去向。我被分到了中国社科院哲学社会科学部近代史研究所。在这个位于北京王府井大街东厂胡同的研究所里，我住了两个月，就被下放到杭州郊区的浙江省军区下沙农场进行劳动锻炼。两年后又因哲学社会科学部的军代表假传周恩来总理的指示，我又被转给杭州铁路分局车辆段五七学校（实即铁路子弟中学）。不久，骗局被揭穿，在周总理的关怀下，得以重新分配，于1971年初回到母校南开大学历史系工作。

回到母校第一天，恰逢中国革命历史博物馆（即今天的国家博物馆）因上级指示修改中国通史陈列的内容，而本馆业务骨干多在干校下放劳动，因此向南开大学历史系求援。系领导考虑到我已离校数年，与校内的政治运动脱了节，决定派我应邀赴援。到馆后，我被委派负责明代部分的内容设计。由于我在那里是"客卿"，所以只管业务工作，不参加所有的政治会议，这给了我一个很好的钻研业务的机会。当时各大学业务研究都停顿了，中国革命历史博物馆因任务特殊，变成了中国史研究的中心和交流中心。在那里我见到了明史的许多大牌专家，加上那里文献资料与实物资料都很丰富，这使我受益极大。在那里共住了三年，1974年被要求回校上课。

■：您是什么时候确定明史为主要研究方向的？原因何在？

●：大学读书时，年龄还很小，而内心充满了报效祖国，并为之奋斗的想法。刚刚上学，正赶上贯彻"高校六十条"，强调"又红又专"，不可搞空头政治，系领导与老师们对业务学习抓得很紧，提倡每个同学都要打好"三基"。所谓"三基"是指基本理论（哲学与史学理论）、基本知识（以两大通史为骨干的各种历史基础知识）、基本工具（古汉语、外语和工具书等）。那时我学的是俄文,市面上俄文书籍很多,由于有一定的阅读能力,我常从书店买些俄国民间故事之类的书在课外读。后来随着我主攻中国历史的想法越来越强烈,感到俄文不如日文用处大,又改学日语。学校没为我们班开设日语课程,我就自己设法自学。除了学好"三基"外,我还很快地把主攻明史当成自己的奋斗目标。这是因为当时南开大学历史系唯一的研究机构是明清史研究室,明清史是南开大学历史学科中最有优势的研究方向。我清楚地了解这一情况是在1962年,即大二的时候,准确地说是在大一下学期萌芽,大二上学期确定要一生主攻明史。我之所以在明史与清史中又选中明史作为主攻方向,是因为了解到研究明史的资料在南开大学图书馆与天津图书馆已经比较富足,而研究清史要大量地阅读档案史料,但档案多藏于北京,如果主攻清史在天津不占地理优势。另外,从郑天挺先生和明清史研究室诸老师那里还得知,清史已有萧一山的《清代通史》,而明史方面尚无大部头今人断代史专著,努力的空间较大,同时已有的明史研究多集中在明初与明末两个阶段,而对中期的研究较少,空白点多。那时就下定决心,如果有可能将来一定争取写一部部头较大的明朝断代史。

■:1978年,您担任南开大学明清史研究室副主任,成为郑天挺先生的助手。请问郑先生对您治学有哪些影响?

●:郑先生是世界著名的大学者,但没有一点架子,为人十分谦和,我读本科时主要接触郑先生的机会,是听他做学术公开演讲,以及旁听他的讲课。他给我的印象是学问渊博,几乎无所不知,而且有问必答,十分耐心。1974年后,我与郑先生在一个集体中工作,先是在中国古代教研室,后来在明清史教研室,相互接触的机会更多了,特别是1978年以后,每隔一两天就会到他家中与他会面,或交谈工作方面的事情,或向他请教学问。郑先生对我特别关怀,带我接见前来访问的客人,以使我开阔眼界,增加阅历。密切的接触,使我对郑先生的为人治学体会加深起来。其中感受最深的是他的做人与治学是分不开的。他做人品格高尚,治学则眼光深远。他的论著含金量高,不仅有很高的学术价值,而且紧密联系现实,关心国家的命运与前途。如他之所以注重清史,就与20世纪30年代日本加剧侵华有关。日本在明代之后就有一批人一直欲以朝鲜半岛为跳板进而侵略中国。20世纪30年代,日本发动"九一八"事变、制造伪满洲国,意图分裂中国。面对这一现实,郑先生花了很大力气,尤其是清前期史,研究满族的源流、风俗,用大量史实雄辩地证明了满族自古就是中华民族中不可分割的一分子,这有力地打击了日本的侵略阴谋。郑先生后来的历史研究也同样与国家命运息息相关,并非只是对历史的嗜好。比如他关注钓鱼岛问题、奴儿干都司等,都是他关心国家和民族利益、命运与前途的表现。他是一位高尚的爱国的历史学家。他的言传身教,使我懂得了研究历史应该是为了什么。

1980年在天津召开的第一届明清史国际学术研讨会是由南开大学牵头进行的,而会议的倡导者和主持者正是郑先生。当时我国正处在改革开放的初始阶段,郑先生倡导、主持这一次会议，就是为了推动改革开放，并非只单单为加强海内外学术交流，更重要的是要配合我国改革开放的大局。由于当时与国外学术界的交流很少，在会前对会议能否成功，心里是没底的，郑先生本人也惴惴不安，有时自问"这些人能不能来呀"。如果外国人不来，国际会议没开成，那将是很丢面子的事情。然而时已八十二岁高龄的郑先生，不计较个人得失，唯以国家利益为准绳，将祖国命运与发展学术放在第一位，毅然坚持筹备，直至会议胜利召开。这次会议成功召开，不仅反映了郑先生的威望和号召力之大，更表现了郑先生的高风亮节。

郑先生是政协委员、人大代表，也是中国史学会的执行主席，外出考察、开会的机会甚多。每逢外出有所感想，便会给我写信进行沟通。考察、开会结束回津，我几乎每次都到车站迎接，而由车站到学校的途中郑先生也总是非常兴奋地讲述在外地的所见所闻，与我分享。郑先生在信中写的和路上说的，无不将古与今、国家与个人、学术研究与国家的方针政策等联系在一起。

■：您与汤纲先生合作的《明史》(上下册)，是您中年时期的一部重要著作，至今很多学习明史的研究生将其作为必读书之一。您能介绍一下该书的写作缘起、章节设置与史料使用的特点吗？

●：前面我已经说过，早在20世纪60年代初，我就有意写一部有关明代历史的大部头断代史专著。后来便一直为此做准备。除了读现代人的论著外，对于清代官修《明史》《明史纪事本末》《明通鉴》等主要明代史籍都比较仔细地阅读过，以便了解明代历史的基本状况。此外，还阅读了前四史、《资治通鉴》等历代主要史籍，以提高史学素养。到1979年我三十七岁时，终于遇到了一个难得的机会。当时我为南开大学历史系古代史教研室集体著作《中国古代史》下册的出版事宜，住在北京朝阳门内的人民出版社，同时上海人民出版社一位编辑为其著作的出版事宜也住在人民出版社，晚饭后常在一起散步交谈。有一天他告诉我，上海人民出版社从20世纪50年代初开始计划组织编写中国断代史专著，每朝的断代史都要求选用非常合适的作者，根据最近与我的接触，他认为我对明代历史相当熟悉，是一个合适的作者，如果我有意接受，希望我写一提纲，由他寄回社里，向社里推荐，若社里审核批准，就可以正式开始这一合作。我听后很兴奋，那时流行合作写书，我就想和当时一同住在人民出版社的同事汤纲先生一起完成这一任务，向汤先生提出后，他也很感兴趣。于是我用两三天的时间写了一份提纲提交给上海人民出版社。不久，获得上海人民出版社的正式批准，紧张的撰写于是开始。当时的分工是明朝前期由汤先生起草，中后期由我起草，最后由我通稿。总字数设想五六十万字，后来接受责任编辑刘伯涵先生的建议，增加了一倍，这是因为考虑到明朝长达二百多年，计南明超过三百年，要想写得有深度，必须多些篇幅。

在章节设置方面，郑先生提了很多可贵的意见，指导得很仔细。在史料使用方面，郑先生提出稀见孤本史料无疑是可贵的，但一般读者不容易找到，不便核对与进一步研究。因而在同样情况下，要尽量选用一般的常见史料。对于更能系统全面反映历史真相的常见一般史料,更要如此。绝不能借孤本显示自己的高深。对于郑先生的主张,我与汤先生都很赞成,在写作中努力贯彻,只是不知道贯彻是否到位。郑先生在我们写的《明史》出版前就写了序言,遗憾的是此书上册出版时他老人家已经仙归道山,没能看到。20世纪90年代初,此书下册出版。读者对这部书总的反映还算不错。1985年,上册获天津市社科优秀成果专著一等奖。1995年,全书获全国高校第二届社会科学优秀成果二等奖。蔡美彪学部委员还主要以此书为底本,改写成人民出版社的十卷本《中国通史》的第八册(明代部分),郑先生倘在另一个世界得知这些消息,一定非常高兴。

■:南明史是您研究的课题之一,1992年出版了您的《南明史》,这是国内学者较早的一部系统论述南明史的专题著作。请问您如何评价南明在中国历史上的地位?南明各政权的覆灭对后人有何经验和教训?

●:南明史地位重要,它是明史不可或缺的一部分。只有将明史与南明史连接起来看,才能了解有明一代。另外,在现实生活中,南明一直是受关注的对象,在清初,怀念明朝的遗民对南明史很重视,大量私写有关南明的史书,以融进个人的感情。在清中期,有关南明的书籍大量出版,这得到了清政府的允许,清政府要借此肯定的是南明臣子的忠君思想,以使广大民众忠于自己。在清末,革命派又从反满、反清的角度大量编写,以为其革命活动服务。抗日战争时期存在国共两党的斗争,为此而使南明史之撰写继续热下去,延安被比为农民军,重庆政府被比为南明朝廷。在以上种种目的影响下的南明史研究,往往使历史的真相被歪曲与掩盖。这就使历史学家面临着还原历史真面貌的艰巨任务。所以南明史还应再研究。

南明史给后人留下的最重要的经验和教训,是一个国家、一个民族内部的团结很重要。清兵入关后,在夺取全国统治权的过程中,大搞民族压迫,迷信武力,给汉族民众带来了很大的灾难,造成扬州十日、嘉定三屠等,强令剃发,民族矛盾被激化,于是汉族人民纷纷起来反抗民族压迫,很多人心向南明政权,应该说当时南明政权的存在,是有其正义性与合理性的。南明有大批支持者,实力谈不上弱,但最终却失败了,这是为什么?根本原因是其内部不团结,派别斗争导致其失败。像隆武政权和鲁监国之间有叔侄斗争,隆武政权内部有郑氏家族与其他大臣的斗争,永历政权中有吴党楚党之争,等等。朝廷内部党派林立,内耗太大,岂能不败!大敌当前时,国家与民族内部的团结很重要。这一点永远不可忘记。

■:您曾经多次提出要将明史研究要与世界史研究联系起来,可谓高屋建瓴,体现了您的开阔眼界与全局思维。您认为怎样才能做到两者的有机联系?

●:本来中国就是世界的一部分,明朝之前就与世界有若干联系,但那时主要是与周边的国家和地区,至于对远隔大洋的其他国家与地区,因多种条件的制约,联系甚少。到了15、16世纪,随着世界大航海时代的到来,整个世界走向一体,中国与欧美等远隔大洋的国家与地区的联系发生了大变,由偶尔到经常再到不可分割。这种新状态使研究明朝时就不能离开世界,否则既不易理解明朝的地位,又不易理解明后期的变化。所以应将明朝与世界联系起来进行研究,在全世界的大视野下研究明朝。怎么联系呢? 重要的是要了解世界大势,了解时局变化,特别是要了解亚洲之外的情况。在这样的前提下,评价明代中国有三个重要角度:一是过去的角度,即将明代的中国与过去的中国比,要看一看明代有没有新进步;二是明代当时的角度,即看一看明代中国的发展状况如何,看一看与明代中国同时的世界各国发展状况如何,将二者在政治、经济、科技、军事诸方面加以对比,从而弄清明代的中国在世界上处于什么地位;三是明代以后的未来角度,即看一看明代中国正以什么道路走向未来,看一看世界各国特别是先进国家正以什么道路走向未来。若能很好地掌握以上三个角度,就可以使我们发现明代中国以前的中国取得了不少新进步,从而产生自豪感;就可以使我们发现明代的中国在世界上有许多方面仍处于先进地位,从而感到欣慰;就可以使我们发现明代的中国虽然仍是开放大度的,但对地球村逐渐形成的大势缺乏清晰的认识,与西方先进国家相比,在大力走向世界、积极地活跃于世界舞台方面逊色不少,这正是清代以后中国逐渐落后的重要原因。这样的发现无疑会使炎黄子孙一方面有极大的自信心,另一方面则取得宝贵的经验教训。

■:您写过很多考据文章,在这些文章中,您综合利用了版本学、校勘学、目录学等方面的知识,考辨缜密、论证充分,结论令人信服。您是如何认识考据与当今历史研究的关系的?

●:考据学是历史研究非常重要的一部分。历史研究有两个基本内容:一、弄清历史真相,要求真,这就需要考据;二、搞清历史事实还不是最终目的,在搞清大量事实之后,还要通过现象探讨本质、规律,并力争预见未来,为国家、为人类谋利益。以上两个方面互不可缺,既要有微观上的事实考察,又要有宏观上的规律与理论探讨与总结。没有考据,宏观研究缺少基本事实作支撑,得出的认识和规律仅仅是想象的和逻辑推理的,往往靠不住。只有以考据为前提,宏观探讨才能有坚实的基础,而反过来如果没有宏观考察,只有微观事实的探求,就会只掌握表象,难有本质的认识,即使对真相把握极其到位,历史研究服务实际生活的功能也不能充分发挥,所以规律把握、理论研究、宏观研究十分重要。南开大学历史学科在先辈的带领下,形成了既重史实考证,又重理论研究的好传统,本人受此传统影响,受益甚大。所写论文,更多的是考察历史事实真相,然而尽管没有说明,实际上往往其中力求表达个人的理论认识。如马政研究的文章,写在改革开放初期,表面看来,是在研究叙述明代马政前前后后的演变事实,这占了主要篇幅,但揭示经济效益在其演变中的推动作用,却是其重点所在,尽管所用文字并不太多。如关于郑和下西洋的文章,写于七八年前,讲当时中国对海外小国的政策和欧洲殖民者在其所到之处的政策,分析了明朝在经济上的厚往薄来,造成了经济负担过大,难以为继。而欧洲的殖民政策虽使之在当时获得了利益,推动了其资本主义文明的发展,但残酷地掠夺殖民地,引起民族仇恨,最终导致了20世纪中期的民族解放潮流。当时写这篇文章,在叙述历史事实上花了不少力气,而其最主要的指导思想只有一点,那就是主张国与国之间应实行互利的政策。

■：您在研究张居正改革时，对其改革的不足之处做了重点探讨，可谓见解独到。您是如何关注到这一点的？这些不足之处对明朝的影响是什么？其对后世的教训又是什么？

●：张居正及其政治活动，学界看法不一，近期主流看法是肯定其改革活动，本人认为张居正做了好事，其改革在一定程度上解决了当时社会存在的弊端，使社会问题得到改善，应该肯定。通过张居正改革，明中叶以来的统治危机由此得到了暂时的缓解。"江陵秉政"时间虽短，但确属封建"盛世"时期。但本人又感觉张居正改革在某些方面解决得不是很好的，即有不足之处。张居正死后半个世纪多一点，明朝就灭亡了，而明朝灭亡的直接原因是农民起义与满族兴起。当时为什么会发生农民起义呢？是因为社会保障没有做好，一旦遇到灾害发生，农民的生活就陷入绝境，这使之不得不起义。假设张居正在改革时注意到社会保障问题，把救荒问题抓好，说不定就不会发生明末农民起义，即使发生，规模也不会太大。而实际上张居正对这个方面没花什么力气。张居正改革很重视加强北方的军事防御，但主要是应对蒙古，对女真沟通等解决得不是很好，这显然成为满族能够兴起并与明朝作对的一个客观原因。不可否认，在任何时代，无论是衰世和盛世，执政者都不可能将一切问题都考虑周全，我们不应苛求古人。人的认识总是有局限的，存在没有考虑到的问题是情有可原的。但我们应重视这一局限性会引起严重后果的问题，力争从古人的教训中提高自己的认识。当国家处于盛世时，人们最容易忘记忧患，不重视研究处于苗头阶段的问题。本人特别对张居正改革时期的不足之处提出评论，就是要以张居正改革为例，对处于盛世时期的掌权者与群众提出警示，作为提醒。在这里，本人绝不是因存在某些不足而否定张居正改革。从大的方面看，这次改革解决了当时最迫切的问题，当时确实可称盛世。

■：2007年起，您主持点校中华本《明史》修订工程，此次修订《明史》原因何在？有利条件有哪些？遇到了哪些困难？目前已经取得了哪些成果？您作为主持者，是如何领导、协调修订工作的？

●：修订是由国家提出的，二十四史是我国古代最重要的历史典籍。历来都有不少书籍随着时光的流逝而被淘汰，将来也会如此。但是二十四史决不会被淘汰，几千年中华文明未断就是因为二十四史的存在，其意义重大。所以国家很重视二十四史。新中国成立之初，毛主席、周总理亲自倡议整理二十四史，加标点、作校勘记纠正错误，进一步提高其质量，取得很大成就。但是经过五十年逐渐发现，那次修订主持者虽为全国最著名的专家，但受到时代的局限，仍留有较多问题需要纠正，于是现在又决定作第二次修订。由郑天挺先生主持第一次修订《明史》取得了巨大的成绩。其中重要的一条是完美地解决了对《明史》怎样进行修订的问题。其他二十三史与《明史》不同，有不同的版本，而《明史》只有一个版本，即《明史》版本没有问题，但是内容有错误，该如何修订呢？郑先生带领的团队确定了以纠错为主的方针。这次修订的另一个贡献是在艰难的条件下，取得了丰硕的成果。20世纪50年代到60年代初，出版业尚不发达，许多有关明代历史的史料书籍没有刊行，查阅极其不便，存放于国外者更难找到。但是在郑先生的主持下，修订人员兢兢业业，在有限的条件下，仍然发现并纠正了《明史》中的大量错误，受到了广泛的赞扬。

现在的第二次修订是在郑先生等人开创的道路上继续前进。这次修订的客观条件比上次大为改善。现在是信息时代，许多分藏国内外的书都能通过网络查得到，出版业大发展，现已出版的几大丛书如"四库"系列、北大明清史丛书等，其中多为关于明代历史的书籍，原来看不到的大多变得能被看得到了，将这些资料仔细查阅、对比，就可以发现《明史》记载的许多错误。资料多，为修订工作的开展提供了条件，但同时增加了工作量。《明史》作为二十四史中部头较大者，再加上有数量很多的各种资料，对这些资料不读不放心，读的话要花大量时间，这使大家真希望每天的时间能变成四十八个小时。在修订中，每逢发现《明史》的一个记载错误并加以纠正，我们就非常有成就感，但是压力也是巨大的，非常担心会遗留下《明史》的若干错误没能发现，工作没有做到位。

参加这次《明史》修订工作的，有来自社科研究机构和大学的十几位专家。我本人作为主持人，先调查了各种情况，尔后提出修订计划，包括工作阶段划分、修订要求等，同时拟定修订细则，写出本纪、志书与列传的校订样稿，然后与参加的专家协商，以此为基础，把撰写修订样稿的具体任务分配给大家。对于初稿的撰写，我要求每个人都要做四个方面的工作：一、对初校的成果进行复核，在尊重前贤成就的前提下，做必要的取舍与修订；二、搜集初校本之外的前人已经取得的相关成果，复核后作取舍修订；三、将自己以前已经取得的相关成果，复核后吸收进来；四、仔细阅读《明史》全文，并与相关资料做比对，以尽可能多地发现《明史》记载中的失误，扩大修订成果。一年半以前（2010年夏），我已把自己承担的初稿起草任务完成，其他专家也开始陆续交初稿。我作为主持人，又开始了审改作者初稿的工作。在审改的过程中，我所遵循的程序与大家写初稿几乎完全一样，只是基本略去了仔细阅读《明史》全文一环，改为重点阅读。这使我不得不耗去大量时间，把初稿撰写者走过的路再通通走一遍，而且还要走不少初稿撰写者没有走过的路。这是必要的，不这样做，就不可能判断初稿的正误，从而不可能将其提高一步。从目前的状况看，原定计划的完成时间会有所推迟，我心里很着急。但尽管如此，我也只能这样认真仔细地看下去，力争达到现有条件可以达到的最好结果，否则就会辜负了国家与人民的期望。

■：2010年1月，由您整理、点校的《辑校万历起居注》出版了。您耗时十余年，通过比勘《万历起居注》十余种版本的文字和若干有关史书，辑残补缺，纠正误字，整理的结果近于足本，并对起居注全文进行了标点。该书体现了您在古籍整理方面的功力，其一经问世，即受到史学界的关注与好评。那么，您是如何注意到起居注这种史料的呢？起居注较之实录、文集等传统史料有何独特的价值呢？

●：该书在20世纪七八十年代之交，我与汤纲先生写章节体断代史专著《明史》的时候，我就已经注意到了，当时只知道天津图书馆收藏的一种。当时很想读，但是因为是孤本，不让读原书，只让读胶卷，而读了一周，机器坏了，就没法读下去了。我在读的时候发现该书很有用，但是因为没能把全书读完，只读了很少一部分，写那本《明史》的时候就没能采用它。20世纪80年代后期,北大出版了影印《万历起居注》,这再次引起了我的兴趣,天津图书馆也允许我读原书了。读来读去,有关该书的情形了解得多起来,得知台湾、日本也有该书,共有十几个版本,而主要的可称为祖本的有两个,一是天津图书馆本,一是日本本。天津图书馆本为残本,日本本也是残本。两者的分量都较多,除共有者外,都有不少独有的部分。另外,还有一个仅记万历元年内容的本子,藏于北大。我搞的《辑校万历起居注》是将上述三个版本合到一起而形成的。理论上计算,万历起居注最多有596个月,《辑校万历起居注》收有570多个月,距596个月只差了约20个月,它已可说接近足本了。也有一种可能,那20多个月本来就没记载,若此为真实的,那么《辑校万历起居注》就是足本了。

起居注的史料价值非常大,它是修实录的重要依据之一,是为修实录做准备而撰写的。实录的资料并非只来自起居注,也来自其他部门的有关记载,所以实录所载的内容更全面。但是起居注写得更详细,它所记载的内容有许多在实录中没有收进来。另外一般来讲,实录对起居注的记载进行过摘录、重编,这就容易出现错误,所以与实录相比,起居注的准确性要更高。明代废除了宰相制度,以内阁大学士帮助皇帝处理政务,内阁成为皇帝的秘书处。而万历帝很少见大学士,大学士通常是靠写奏本、题本而与皇帝交流的。这些奏本、题本成为《万历起居注》的重要记载对象。这些奏本、题本一旦交上去,很快就被写进起居注中,从而不可能再加修改,这一点很值得注意。因为大学士在编印自己的文集的时候,出于各种因素的考虑,往往要修改文章初稿中某些事件的记载,从而掩盖或歪曲了历史的真相。这就使起居注比文集的史料价值更高一些。

■:明代所遗留下的档案史料数量上远逊于清代,但还是有一定的规模,您怎样评价档案史料在明史研究中的地位与作用?

●:档案史料不同于一般史料,其特点是具有较高的真实性。早年编纂的《明清史料》中有不少明末档案。20世纪80年代,中国第一历史档案馆、辽宁省档案馆等单位陆续在《历史档案》上陆陆续续刊登过一些明代档案,但比较零散。21世纪初,中国第一历史档案馆、辽宁省档案馆等单位所藏的明代档案已由广西师范大学出版社出版了《中国明朝档案总汇》,其所收数量颇大,基本上囊括了中国大陆所藏大部分的明朝档案,没收进来的基本是一些零星档案。这些档案史料不仅是最原始的资料,可靠性大,而且在史书里不容易见到的一些细节性的问题,往往可以在这里找到。研究明代历史,除了实录与文集,档案史料是比较重要的,尽管其大部分都毁于明末战火或被清政府销毁,导致其存世数量少且多数集中于明后期,但其独特价值应被重视,比如档案史料中有关军事方面的一些情况,只有查阅这些档案才可弄清。

■:您与日本明史学界来往颇多,在您看来,日本学者在明史研究方面有哪些值得借鉴的地方?

●:我是在80年代与日本明史学界开始交往的,与山根幸夫、小野和子、森正夫、滨岛敦俊、寺田隆信、川胜守、岩见宏、岸本美绪、夫马进、吉尾宽、浅井纪、川越泰博、佐藤文俊、荷见守义等先生都交往颇多,年轻学者也有一些交往。日本学者重视专题研究,有的一辈子着重研究一两个专题,要将有关资料淘尽,年复一年地搞下去,因而搞得很精、很深,从而成为真正的专家。日本学者在重视文献资料的同时,非常看重实地调查,这也是一个明显的特点。此外,还重视学者间的交流,如在东京地区有个明史研究会,21世纪初以前由山根幸夫先生主持,每两个星期集会一次,届时明史学者都来参加,既有八九十岁的老专家,也有二十几岁的青年学者。在一段时间,大家共同研究一本书,细嚼慢咽,既有宏观角度的讨论,也有具体史实的交流,甚至包括细细体味原始资料的含义。这种集会使大家都能有所收获。日本明史学者的以上几点很值得我们学习。

■:熟悉您的人都知道,您一年之中的90%以上的时间都在范孙楼424室研究历史,风雨不辍,孜孜不倦,您的这种治学精神在当今尤为可贵。请问您是如何做到这点的,后学们应该如何学习您的这种精神?

●:说实在的,想做研究自然就要用功了。研究历史就像法官断案一样,法官要把案子断准,就要沉下心来听原被告双方的陈述,不可只听一面之词,要做深入的调查,要使有关的证据形成链条。研究也须收集详尽的资料,找到充分的证据,还要掌握有关的知识与理论,才能做出正确的判断。在这种情况下,不下功夫哪里能行。在下苦功夫上,南开大学历史学科非我一人如此,南开很多学人都是这样的,在家或者在研究室苦读,如我的老师杨志玖先生过春节时也读书不辍。20世纪70年代末80年代初,我经常去郑天挺先生的家中,而每次见到郑先生无不是聚精会神地读或写。历史想要做出成果,就必须下苦功,我周围人都这样,都受到郑先生的影响,受到杨先生的影响,都以老前辈为榜样,如果说我在时间利用上做得还可以的话,那也是受到了老前辈的影响,同时也受了同辈的影响。在做研究的过程中,一旦一个课题做完了,就会有一种说不出的愉快之感,在研究之初往往存在疑点,而疑点会成为悬念,它吸引着我们的注意力,使我们想放也放不下,吃着饭会想着它,回家的路上骑着车也仍然在想着它。而最后想通、找到答案,就会异常兴奋,是一种无法形容的愉快与享受。

■:您能谈谈今后的研究计划吗?

●:1962年,觉得明史研究成果中缺少大部头的断代史专著,因而自此在为写明代断代史专著做准备,准备到一定程度后又开始了实际的写作。现在的志趣仍在明朝,且仍在整体把握。在20世纪80年代与汤先生合写《明史》(上下册),是力争对之前的有关研究做个总结。现在学术界在专题研究上做得更多,且更加深入,有必要进一步加以总结,自己在这方面的研究也有一些心得,也很想回头看看,总结一下。因此几年前就有重写明史断代专著的想法。其篇幅也想大加扩充,计划搞个多卷本、章节体明史专著,而自2007年承担了中华点校本《明史》的任务,使重写多卷本章节体明史的工作未能着手。而从整体上与长远的角度来看,并不妨碍这一计划的实施,搞中华点校本《明史》的修订,会对撰写多卷本章节体明史更有利、基础会更牢固。我年已近古稀,学界友人多,学生也多,准备在他们的支持与合作下,来进行这项工作量很大的工作。为使准备工作更充分,在正式撰写前还计划先搞一部分量较大的《明史编年》。在以上工作进行的过程中,时刻离不开原始资料,如有条件,也计划趁时顺便选择重要的原始资料进行整理。

■:最后请您谈一下对明史研究现状的看法和对未来的展望。

●:改革开放以来,学术环境宽松,思想活跃,从事研究的学者大为增加,成果不少,从总体上说,是感到欣慰,但仍感到须进一步改进,重复性的工作做得太多,效率打了折扣,甚至有人写书写文章是为职称谋、学位谋,其质量可想而知,不能不受到影响。有关学会的作用也有待进一步加强。

清史没有全国性的学会,但是由于有国家级的纂修清史项目,搞得相当活跃,可以组织大家共同做一件大事。明史研究方面似也应组织大家搞一件或几件重大的工作。明史研究迫切需要国家、社会对其进行大力支持。明朝是中国历史上的一个重要朝代,贡献甚大,有许多经验应当深入总结。当然也有教训,需要深入探讨,以取得教益。希望大家能都对明史研究重视起来。我们的国家,当前处在历史上最好的时期,各项事业都已经取得并将继续取得重大的进步,明史研究也是如此。我是满怀信心地准备迎接明史研究更加辉煌时期的到来。

原文载《历史教学问题》2013年第1期
采访者:胡宝亮,岳麓书社副编审
杜水莲,新华人寿保险股份有限公司陕西分公司培训部

历史学不是书斋里的学问

——访南开大学历史学院资深教授南炳文

周学军　　　武雪彬

在南开园，人们时常看到一位骑车上下班的老者，每逢年轻师生向他问候时，他都下车谦和地还礼，他就是著名历史学家南炳文。他在明史领域辛勤耕耘数十载，治学严谨，著述颇丰，既注重宏观的历史阐释，又注重精细的微观考辨。他的学生中已有很多人成长为学科带头人和学术骨干。近日记者采访了他，听他讲述自己的治史经历和治学理路。

善思善行步入史学大门

《中国社会科学报》：您在明史研究领域躬耕数十载，成果不菲。您是如何踏上历史研究之路的？

南炳文：1961年高中毕业时，我报考了南开大学历史学专业，幸运地被录取。初入大学时，我以为学习历史就是记时、记人、记事。当时，南开大学历史系汇集了郑天挺、吴廷璆、王玉哲、杨志玖、杨翼骧、杨生茂等著名史学家，他们的言传身教让我渐渐懂得，从事历史研究，要善于思考，提出问题，通过分析、归纳等方法解决问题，知其然并知其所以然，从而认识历史的本质，获得经验、教训和启示，便于解决现实生活中的难题。

在老一辈史学家的指引下，我逐渐走上历史研究之路。在这个过程中，郑天挺先生对我的影响特别大。早在本科学习期间，我就经常听郑先生的学术报告，旁听他的课，他渊博的知识和解析历史问题的方法让我获益颇多。1978年后，我担任郑先生的学术助手，直至1981年他去世。在这三年中，我有更多的机会与郑先生接触，他与学术界同仁间的谈话也使我受益匪浅。正是在郑天挺等诸位前辈学者的指点和教诲之下，我才得以步入史学研究的大门。

《中国社会科学报》：近年来，您先后完成了国家清史纂修工程《遗民传》《万历起居注》的辑校工作。目前，您又在主持"点校本二十四史及《清史稿》修订工程"的《明史》修订工作，需要做大量的史料长编，这是否意味着您的学术兴趣发生了转移？

南炳文：最近几年，我除了做一些专题研究以外，从事的研究课题均与文献修订和整理有关。1978年以来，经过三十多年的发展，史学研究蒸蒸日上。大量文献得以影印出版，有的还实现了数字化，这都为史学研究提供了极大的便利。但因种种原因，各种史料难免存在不同程度的讹误,有的还因年代久远而残缺不全。这就要求历史研究者在引用史料时,必须认真考证辨析,也需要进行文献整理、校勘修订,尤其是对一些常用的大部头文献、基础性文献,更应如此。

现今存世的《万历起居注》有十种版本,而且均为残本。2000年后,我开始分别辑录出各版本共有和独有的内容来,并详加校勘和补正,同时与明朝奏疏等文献进行比对,基本恢复了《万历起居注》的原貌。2010年,由天津古籍出版社出版了《辑校万历起居注》(共6册)。此外,《泰昌起居注》《天启起居注》仅存于日本,国内学界关注较少,我也进行了校勘和整理,2012年由天津古籍出版社出版,即《校正泰昌天启起居注》(共3册)。

2007年以来,我又主持了中华书局点校本《明史》的修订工作,这是"点校本二十四史及《清史稿》修订工程"的一部分。我们主要对初校成果进行复核,在尊重前人成就的前提下,做必要的取舍和修订;搜集前人除初校本之外的相关成果,复核后做出取舍;在复核前人已经取得的相关成果后,将其吸收到修订工作中;仔细阅读《明史》全文,并比对相关资料,尽可能发现《明史》记载的错误。目前,《明史》的修订已进入收尾阶段。下一步,我们拟启动《明实录》的校勘,它已被列入国家重点图书出版规划。

史实勾勒明代社会发展变迁

《中国社会科学报》:您与汤纲先生合著的《明史》一书出版后,获得了学界好评,并曾荣获天津市社会科学优秀成果一等奖、首届全国高等学校人文社会科学优秀成果二等奖,多年来一直是许多大学历史系的必读书目。在该书的写作过程中,您和汤先生采取了哪些治史原则,能否谈谈具体撰写情况?

南炳文:我撰写《明史》的想法由来已久。早在大学二年级阅读萧一山先生的《清代通史》时,我就产生了研究明史的想法,并立志撰写《明史》。1979年,我与汤纲先生合作写作该书。其中,明初、民族关系和对外关系由汤先生负责,明中期、后期和南明时期由我撰写,文化部分则由我们两人联合撰写。经过多年努力,1985年、1991年分别出版了《明史》上册和下册。由于我撰写的南明部分篇幅过大,为避免册数过多,《明史》出版时,只得将南明部分改为简述。1992年又单独出版了《南明史》一书。2003年,《明史》一书又被纳入"中国断代史系列"丛书,得以再版。

在撰写《明史》时,我和汤纲先生确立了以下原则:一是以史实说话,努力做到言必有据;二是秉笔直书,实事求是;三是史论结合,坚持唯物史观的指导;四是发挥历史的资治功能,重视总结历史启示。当时,史学界对明史的研究重点集中于明代初期和晚期,对明代中期的研究则较为薄弱。因此,我们力争在这些薄弱环节上有所突破,在明代中期的政治、经济、思想、文化和社会风气等领域下了大功夫,希望揭示明代社会的总体变迁。

《中国社会科学报》:您对明史研究的状况一直比较关注,1999年曾在《历史研究》发表

《二十世纪的中国明史研究》一文,对20世纪国内明史研究做了概括和评述。作为中国明史学会的前任会长,您认为目前国内明史研究有哪些成绩和不足?

南炳文:对于明史研究的现状,我总体上比较满意。尤其是近二十年来,年轻学者不断加入研究队伍中,研究不断深化。作为明史学界的一名"老兵",我为此感到高兴。但明史研究还存在一些问题,例如有些学者急功近利,对于明代历史缺乏总体了解,只求短平快。有的仅仅是为了晋升职称而急于发表文章,缺乏扎实的基础;重复性的工作做得太多,学术原创性不够。我们应该摒弃浮躁之风,脚踏实地,加强沟通和协作,促进明史研究的发展。

微观考察是宏观研究的基础

《中国社会科学报》:在您的研究中,既有对明代历史的宏观研究,又有微观考察,您如何看待二者间的关系?

南炳文:有的学者侧重宏观研究,有的学者则侧重微观考察,在历史研究中,二者本身没有高下之分,都是不可或缺的。无论侧重哪个方面,在具体研究过程中,我们都应该将二者结合起来。微观研究需要具备宏观视野,否则可能会见木不见林,停留于历史细节和表象,难以认清历史的全局和本质,容易导致研究碎片化。受后现代理论影响,这种现象目前比较严重。宏观研究必须以微观考察为基础,否则就会失去根基,得出的结论不免流于空泛,难以立足。

我非常注重微观考察。例如,关于《万历起居注》的几篇文章都是微观研究。正是这些微观研究让我得以了解现存《万历起居注》的整体情况及其缺憾,从而为我整理校勘这一珍贵文献奠定了基础。宏观研究是在微观研究的基础上对历史发展的总结和把握,它需要敏锐的洞察力。我虽然注重微观研究,但没有停留于此。《明史》《中国封建王朝兴衰史》(明朝卷)以及《略论三百年明史的经验教训》《试论明代中国应对西欧殖民者的得与失》《明清时期古代中国社会的终结及其教训》等都力图从宏观上把握明朝发展的大势。《关于15—16世纪世界性大航海的几点浅见——纪念郑和远航开始600周年》在考察中国朝贡体系和欧洲殖民体系这两种对外关系模式的基础上,指出从道德角度来看两种模式可分上下,但从实际后果来看,皆应予以否定。这表示我们应该探索国家间新的外交模式,遵循平等互利的原则。类似的历史经验应当认真总结,这种总结既需要建立在大量微观研究的基础上,又需要从微观研究中跳出来,从宏观角度进行把握。

《中国社会科学报》:有些学者的知识面非常广博,但却散漫无统,未能取得人们期待的科研成果;有些学者的知识面比较狭窄,在科研上往往遇到瓶颈,发展后劲和潜力不足。您认为应该如何处理"博"与"约"的关系?

南炳文:文献校勘和整理必须具备宽广的知识面,否则很难进行。实际上,任何学术研究都应当注意"博"与"约"的关系,历史研究更应如此。"博"是"约"的基础,"约"是在"博"基础上的深入和重点突破。如果一味求"博"，而不注重"约"，学术研究就不可能深入，导致游骑无归。历史的发展具有连贯性、复杂性，如果没有广博的知识，没有对历史发展的总体把握，就有可能一叶障目。在明代思想文化研究这一领域，如果对先秦儒家乃至诸子百家的经典不熟悉，不了解历代思想文化的变迁，对明代的研究就不可能深入。

因此，我一直注意处理"博"与"约"的关系。虽然我进入大学不久就确立了以明清史（尤其是明史）为主攻目标，但也认真学习了其他时期的历史。除了精读明代史籍外，我还通读了《史记》《汉书》《后汉书》《三国志》《资治通鉴》等，让我在研究明清制度和史事时，明了其渊源，通过相互比较发现其时代特点。在学习过程中，我还撰写了《试较〈史记〉与〈资治通鉴〉关于商鞅变法的记载》《关于部曲的含义和身份》等论文。我们应该做到"博"不废"约"。倘若"博"而不"约"，就不免博杂浅陋。

不盲从迷信国外学术

《中国社会科学报》：有人认为历史学尤其古代史研究距离现实比较远，只能是"书斋里的学问"，因而往往对历史学的功能产生怀疑。您如何看待这个问题？

南炳文：历史学属于人文学科，与现实联系紧密。今天的现实是历史的延续，又会成为明天的历史。社会尽管有不同的发展阶段，但古今社会存在很多共性。因此，历史研究者应当关注现实，了解现实社会的复杂性，这有助于加深对历史问题的认识。同样，通过对历史的深入研究，我们又可以反观社会，从中得出经验教训，少走弯路。

当然，我们也不能生硬地将历史与现实挂钩，甚至歪曲历史。我的很多研究实际上都是基于对现实问题的关切，例如我在改革开放初期撰写的《明代两畿鲁豫的民养官马制度》，虽然重点论述明代马政的演变，但主旨是揭示经济效益在其中发挥的推动作用，以期从历史角度加深对现实商品经济的认识。历史研究者既要甘于坐冷板凳，又必须有问题意识和现实关怀，从这个意义上讲，历史学绝对不只是"书斋里的学问"。

《中国社会科学报》：您在从事明清史研究的过程中，非常注重与国外学者交流，担任了很多国外大学、科研机构的客座教授或客座研究员。我们应当如何吸收国外学术界的研究成果？

南炳文：学术研究应当有开阔的视野，加强与海内外同行间的交往，经常参加国际性学术会议，或者互访讲学。日本的中国史研究比较深入，我略通日语，因此我与日本学术界的联系较多，多次去日本访问、讲学、参加学术会议。与国外学者的交流可以获得很多宝贵信息。日本著名学者山根幸夫向我介绍了日本学界的许多研究成果，对我大有帮助。《辑校万历起居注》之所以能够出版，很大程度上也得益于与海内外学术界的交流。

我们要吸收国外学术理论和研究成果的优长，但决不能盲从迷信。国外的理论、方法能帮助我们从另一个角度看待中国历史。中国历史学界确实亟须理论概括，我们要借鉴西方理论,针对中国历史发展的特点,提炼出本土化的历史理论,但也并非所有国外的新理论、新提法都正确。有的外国学者思维方式有局限性,或对有关资料了解太少,随意提出一种新说,貌似有理,但却不合乎中国历史的实际。对此我们不可盲目跟随,应该有选择地吸收借鉴国外的新提法。

《中国社会科学报》:您培养了很多学生,可谓薪火相传、后继有人。近年来由于受到考核机制等因素的影响,有的大学教师非常注重科学研究,忽视了教学工作。请您谈谈教与学的关系。

南炳文:教学相长,其益无穷。首先,在教学中,为了把问题讲清楚,需要做很多准备,这促使我进一步从事研究;其次,学生在学习过程中提出的很多问题会给我很大启发。学生大都是年轻人,他们思维活跃,各有特长,也是我请教的对象。

教学中,老师主要是在开始阶段充当引路人。随着学生从科研入门到专题研究的步步深入,师生间越来越变成学友关系,彼此各有专长,可以取长补短,成为互相学习、帮助和合作的好朋友。在社会灾难、中韩关系、中欧关系等研究领域,我曾经指导过的很多学生都是我请教的对象。在我主持的《明史》修订和点校工作中,核心成员也主要是这些学友。

原文载《中国社会科学报》2014年3月12日第A4版("对话")
采访者:周学军、武雪彬,中国社会科学杂志社史学部编辑

明史研究的前沿探索与基础建设

——南炳文教授访谈录

时培磊

　　南炳文教授,1942年生,河北省广宗县人。1966年毕业于南开大学历史系,先后在中国科学院中国近代史研究所、南开大学历史系、历史研究所工作。曾任南开大学历史研究所所长、中国明史学会会长,现任中国明史学会学术委员会主席、天津文史馆馆员。2016年被廊坊师范学院聘为特聘教授,兼任明史与明代文献研究中心主任。著有《明史》(上下册)、《南明史》《明史新探》《明清史蠡测》《天津史话》《明史学步文选》《明清考史录》《20世纪中国明史研究回顾》《明代文化研究》(合著)等论著三十余种,在《历史研究》《史学集刊》等重要刊物发表学术论文百余篇。学术成果曾获全国高校社科优秀成果二等奖、全国古籍整理一等奖、天津市社科优秀成果一等奖等。主持完成国家“二十四史”及《清史稿》修订工程中的《明史》修订子项目,现主持在研国家社科基金课题重大项目“《明实录》”整理与研究。南炳文先生自20世纪60年代初以来,从事中国古代史、特别是关于明史的研究已达半个多世纪,在发展明代历史的体系性研究,深化明代政治、军事、社会、文化、人物、中外关系等领域的专题性研究,推动有关明代历史资料文献之整理与研究,以及总结关于明代历史研究的发展进程、编写有关明史研究的工具书等方面,都取得了开创性的贡献,在国内外明史学界享有盛誉。在进行科研与学科建设的同时,南炳文教授还努力从事教学工作。自1972年至1985年,主要担任本科生中国古代史课程的教学。自1982年正式培养硕士研究生以来,主要讲授研究生课程。南炳文先生培养硕士、博士和博士后百余名,许多人成为明史研究的领军人物,全国百篇优秀博士论文中明史类论文只有一篇,其作者即为他指导的博士生。2018年2月,廊坊师范学院社会发展学院时培磊教授对南炳文先生进行了访谈。

　　时培磊(以下简称“时”):南先生您好!非常感谢您接受访谈。众所周知,您是明史研究的大家,不仅在明代历史研究的各个方面都有精深的学术探索,而且在明史研究的学科建设上也有突出的贡献。首先,想请您谈一下您的明史研究缘起。

　　南炳文(以下简称“南”):明史研究“大家”的称号实不敢当,我只是从事明史研究的时间长一些,投入的精力大一些,与前辈师长比起来,我只是明史研究的一个“小卒”而已。之所以能够取得一些被学术界认可的成绩,是与我较早就立下毕生从事明史研究的志向有关。我是1961年参加的高考,并被南开大学历史系录取。刚进入南开大学时,对历史专业还不了解,但很快就发生了改变。当时南开大学有一大批国内外著名的历史学家,如郑天挺、雷海宗、吴廷璆、杨生茂、王玉哲、杨志玖、杨翼骧等先生。在新生开学见面会上，系主任郑天挺先生发表了非常鼓舞人心的讲话，让我们对历史专业有了耳目一新的认识。开课以后，老师们的讲课形式也与高中有很大不同，他们不是照本宣科，而是带着一摞卡片来讲自己最新研究的独到见解。一些国内著名学者如裴文中、吴于廑、吴晗等先生，也都来过南开为我们讲课或做报告。这样的大学学习生活，让我悟出不能再像高中那样学习历史的常识，而是要通过研究原始文献资料，得出自己的见解和结论。通过这种探索性的学习，使我对历史学习的兴趣大增，并真正从心底爱上了历史专业。除了学好基本理论（哲学与史学理论）、基本知识（以两大通史为骨干的各种历史基础知识）、基本工具（古汉语、外语和工具书等）这"三基"以外，我还很快地把主攻明史当成自己的奋斗目标。1962年，也就是我上大二的时候，了解到明清史研究室是当时南开大学历史系唯一的研究机构，明清史是南开大学历史学科中最有优势的研究方向。而我在明史与清史中又选中明史作为主攻方向，是因为了解到研究明史的资料在南开大学图书馆与天津图书馆已经比较富足，而研究清史要大量地阅读档案史料，但档案多藏于北京，如果主攻清史在天津不占地理优势。另外，从郑天挺先生和明清史研究室诸老师那里还得知，清史已有萧一山的《清代通史》，而明史方面尚无今人大部头章节体断代史专著，努力的空间较大，同时已有的明史研究多集中在明初与明末两个阶段，而对中期的研究较少，空白点多。所以在那时就下定决心，如果有可能将来一定争取写一部部头较大的明朝断代史。

时：您在明史研究上取得的一系列成绩与这种"咬定青山不放松"的精神密切相关。从1962年立志搞明史，到现在已经半个多世纪了。您这五十余年的明史研究之路，是否可以根据研究重点分成几个发展阶段呢？

南：我学习和研究明史大约可以分成三个阶段：第一个阶段从60年代初到70年代末，是学习和储备阶段；第二个阶段从70年代末到90年代中期，是明史研究的集中撰述阶段；第三个阶段从90年代末到现在，是明史研究的全面铺开阶段。

第一个阶段又可以分成两个时期，第一个是读大学阶段，从大二立下明史研究的志向后，就开始了如饥似渴的学习。先是阅读今人有关明史的著作，如李洵《明清史》、李光璧《明朝史略》、范文澜《中国通史简编》和吴晗《朱元璋传》等。接着开始研读谷应泰《明史纪事本末》、夏燮《明通鉴》、清官修《明史》等重要史籍，涉猎《明实录》、《明末农民起义史料》等史料书及有关野史笔记等。与此同时，还旁听了郑天挺先生为研究生班开设的明清史课程。在这个阶段，为明史研究做了初步的史料和理论储备。第二个时期是1971年至1973年在中国历史博物馆工作阶段。当时中国历史博物馆要修改原来的中国通史陈列，而业务骨干都下放干校劳动了，因此从南开大学抽调我来承担修订明代部分的陈列大纲的任务。在这三年中，正好暂时摆脱"文革"的困扰，获得了研究明代历史的优越条件。我在这里既可以接触到丰富的文物，弥补了研究明史缺少实物资料的缺陷，同时又能与各地抽调来的专家学者进行讨论交流，更可以专心地看书，大大增长了明史的知识和研究能力。

第二个阶段的工作主要围绕撰写明朝断代史而展开。1979年，因为参加人民出版社《中国古代史》定稿事宜，而在北京结识了上海人民出版社的编辑。当时他们正在寻求早在1950年就定下的出版中国古代各断代史专著计划的明史的撰写人选，因此建议我和汤纲先生承担这一任务。我和汤纲先生是同事，当时又同住在人民出版社招待所，所以很快就按照他们的要求拟出了写作大纲。大纲很快就被上海人民出版社审查通过，并将正式的邀请信寄到了北京。接受任务之后，我和汤纲先生开始了分工合作，明初、民族关系和对外关系三部分由汤先生起草，明中期、明后期及南明时期三部分归我撰写，文化部分则由两人分别撰写部分章节，最后全书由我来通稿。经过约十年的奋斗，1985年印出了上册，1991年出版了下册，全书共计115万字。1995年，该书获第二届全国高校社会科学优秀成果二等奖。

第三个阶段的工作主要包括两个方面，一是对明史进行了多方面的前沿性探索，并从整体上对明代历史做了思考；二是从事明史研究的基础性建设，为后人的深入研究做铺路架桥的工作。在第一个方面，我撰写了大量的学术论文，对明代政治、经济、文化、人物、事件、对外关系等多个方面的问题进行了创新性的探索，并且撰写《张居正改革研究》一书，对张居正改革的背景、内容、影响、不足做了进一步考察，而且从全球角度、把中国放在世界局势之中进行明代历史研究。第二方面我用力颇多，一是重视学术史的梳理，探讨明史研究的发展历程，出版了《20世纪中国明史研究回顾》一书，为其他明史研究工作者在前人基础上进行创新工作做了梳理和铺垫。二是继续研究有关明史的原始资料，其中包括对以前史学界注意不够而史料价值很高的《万历起居注》和《泰昌实录》《天启实录》给予了极大的注意。广泛收集散存于国内外的残本，将其大体恢复出了原来的面貌，并做了初步研究，出版了《辑校万历起居注》和《校正泰昌天启起居注》。三是主持国家二十四史及《清史稿》修订工程中的《明史》修订工作，经过十年的努力，修订稿已经初步完成。五是目前正在从事的国家社科基金重大项目"《明实录整理与研究》"。

时：您刚才谈到要从全球角度研究明史，并且还于2017年5月份在廊坊师范学院协助该校召开了"明朝及其所处历史时代"国际学术研讨会。请您从总体上谈谈对明朝及其所处时代的看法。

南：从世界历史的发展来看，15世纪的地理大发现，打破了世界各地区相对封闭的局面，各国间的相互交往日益密切，所谓"地球村"日趋形成，中国的发展与世界的局势息息相关，研究者只有站得更高，将视野放宽到整个世界，对于中国的事情才能有更深透的了解，因此，我们要加强从全球角度、把中国放在世界局势之中进行明代历史研究。明朝近三百年中虽发生过若干战事，但大部分时间里保持着和平稳定的局面，百姓基本能够安居乐业，当政者亦能用较多精力研究治国方略，面对现实中出现的新情况，不断提出相应的对策，保证政令之基本畅通。于是，明朝的生产力和各项文化事业在总结、继承前代成就的基础上，又有所创新，商品经济空前繁荣，并出现了与之相适应的新思潮。这些新思潮反过来又影响了现实生产、生活中的方方面面，中国由此出现了由传统向近代转型的若干因素。15世纪末、16世纪初,由于地理大发现的出现,原来在海洋限隔下各国相互分割的封闭状态开始被打破,互相间的接触和交流日益密切。由于明朝总体上毫无疑义地处于富强先进的地位,故而在应对这一新的世界形势时,显示出漫不经心的从容,坚持既往的朝贡政策仍是其处理对外关系的基本国策。对于国外传来的新知识、新技术,凡对己有用者,如天文知识、火器技术,明朝皆能重视吸纳,但却因未能认识到这些新知识、新技术与以往的本质区别而错失发展良机。总体而言,明朝是一个全面总结、继承前代成就并加以创新和发展的时代,是一个孕育着由传统向近现代转变的因素的时代。2017年5月,我在廊坊师范学院协助该校召开了"明朝及其所处历史时代"国际学术研讨会,确定会议的主题也是基于以上对明朝时代特点的整体性思考。这次会议吸引了十四个国家和地区的一百七十余位专家学者参会,与会学者不仅交流了最新研究成果,而且交流了各地最新研究动态和今后的研究设想与规划。通过这次国际学术研讨会,使中国的明史研究进一步走向世界,也使世界更好地了解研究中国明朝历史的重大学术价值和重要历史意义,《光明日报》《中国社会科学报》等主流媒体及各大网站都进行了相关报道。

时:现在高校的学术评价往往看重专著和论文,而您最近十多年来却把工作重点瞄准了《明史》和《明实录》这两大套研究明史的最基本和最重要的史料,工程量极其浩大,您为什么会选择这样的工作呢?

南:对于一个学科的发展来讲,有两点工作最重要,一是进行学术前沿的创新性研究,二是进行学科资料的基础性建设。对于明史研究的发展来说,这两个方面的工作都非常重要和有意义。作为年轻人来讲,特别是高校青年教师都要承担很重的教学和科研任务,因此较多的时间和精力都用来写论文和专著,从事着前沿性的学术探索。这是适应现实和时代发展的要求,而且年轻人精力旺盛,思维活跃,也很适合搞这方面的工作。但是明史研究资料的整理也非常有必要,但是却需要花费很长的功夫,短时间不容易出成果,而且需要对明史有全面的了解和深入的研究才能够驾驭好这项工作,"短平快"的战略做不了这个活,需要不计功利地坐"冷板凳"。这项工作,倒是很适合我们这些"老骥伏枥"者去完成。我先是关注了明史研究中最基础的史料——起居注,花了十几年的时间完成了《辑校万历起居注》和《校正泰昌天启起居注》。当然人毕竟精力有限,我在有生之年还是希望为学界再多做点贡献,因此近几年开始几乎很少写文章和专著,外出参会和各种应酬也是能推就推,几乎全身心地投入到《明史》的修订和《明实录》的整理研究工作中去。

时:《明史》的修订和《明实录》的整理研究都是工程量十分浩大的项目,也是国家非常重视的工作,请您谈谈这项工作的缘起和进展情况。

南:点校本《明史》修订作为二十四史修订的一部分,它的背景就是"二十四史"修订的背景。解放初,毛泽东主席和周恩来总理亲自倡议整理二十四史,要求加标点、作校勘记纠正错误,进一步提高其质量。第一次点校从20世纪50年代中期开始,直到70年代中期完成,前后十几年,取得了很大成就。但限于当时的历史条件,此本还存在一些缺憾。党和政府一直高度重视这些缺憾的解决。2005年11月,时任温家宝总理、陈至立国务委员分别对修订工作做出重要批示,2006年4月修订工程正式启动,全国十余所高校和中国社会科学院等科研单位选派200余位学者参加其事。2006年12月31日,二十四史修订办公室主任徐俊先生亲临天津,当面正式通知,我被确定为该工程的点校本《明史》修订子工程主持人。我受命主持这项工作后,很快就组建由南开大学、中国社科院历史所、西南大学、福建师大、武汉大学等高校和科研单位的十几名明史研究者组成学术队伍,进行了分工合作。并且由我制定了详细的修订原则和具体的工作细则。经过整整十年的奋战,目前修订工作已经接近尾声,最后作出校勘记长编初稿14750条,共300多万字;原校勘记2075条,校勘记初稿大约增加四倍。除新增者外,原有的校勘记也绝大部分作了内容的补充改动,并删去原来误校者约100条,改动标点千余处。当然需要强调的是,《明史》修订工作离不开无数前贤以及同辈人的努力,我们只是在前人和同辈人打下了基础的前提下,接过接力棒,继续前进而已。

《明实录》是关于明朝十五个皇帝在位二百六十年间的编年体史书,约1600万字,是关于明代历史的篇幅最大、内容最丰富、可信度最高的一部近于原始资料性的史书,是了解和研究明史的最重要依据。但因其原系明朝机密档案,世无印本,只有约二百种抄本传世,断简误字大量存在,且时有出于政治考虑的隐讳或曲笔,编纂时之凡例规定欠详也导致时间、地点等记载不清现象常有出现。鉴于其学术上的重要价值,1930年至1961年在当局所设"中央研究院"历史语言研究所的所长傅斯年先生的倡导和率领下,以及胡适先生的大力支持下,该所对《明实录》的七十多种版本进行了互校,并作出了大量校勘记,纠正了该书的许多讹误,为学界比较方便地利用该书,做出了历史性的贡献。但是,由于尚有百余种版本的《明实录》尚未在版本校中加以使用,利用存世的大量明人奏疏、有关档案等更原始的资料对《明实录》进行他校的工作亦基本上尚未进行,对《明实录》进行上下文互勘的本校工作同样基本上尚未开展,至于分段、标点等整理工作及从历史文献编纂学的角度对该书进行细致、全面深入的总结更有待着手。有鉴于此,从进一步发展学术和振兴中华文化的战略目标出发,全国哲学社会科学规划办公室于2013年11月将"《明实录整理与研究》"列入了2013年度国家哲学社会科学基金重大项目名单之中(项目批准号13&ZD090),使对《明实录》进行规范的现代化整理和从历史文献编纂学角度对其进行深入的研究,成为一项重要的文化工程。此项工作我仍然作为主持人,组建了一个十几人的学术团队展开分工合作。前次五年间,主要进行了以他校和版本校为主的第一阶段工作,而后将进入以审核、补充第一阶段的工作成果,并进行标点、分段、撰写文献学论著为主的第二阶段。此项工作得到了中华书局、南开大学、廊坊师范学院的大力支持,进行状况比较理想。

时:您曾担任中国明史学会会长一职,现在仍然是该学会学术委员会主席。请您谈谈明史学会的情况及其对明史研究的贡献。

南:中国明史学会,成立于1989年8月,首任会长是王毓铨先生,而后刘重日、张显清、我本人及商传先后担任会长。目前已是第八届理事会,现任会长是厦门大学陈支平教授。显清先生卸掉会长之职后一直担任学会的名誉会长,我本人则卸任会长后一直担任学会学术委员会主席。经过明史同仁近三十年的努力,学会已发展成为一个拥有三百六十多名专业会员、十多个团体会员的国家一级学术团体,是国内外明史学人进行学术交流的核心组织。学会的宗旨是团结明史学界同仁,促进明史研究的发展和繁荣,为社会主义文化建设贡献力量。业务范围包括加强国内外学术交流,组织有关明史课题研究,筹备、组织明史国内、国际学术研讨会,接受专业咨询并提供服务,编辑出版《明史研究》和《中国明史学会通讯》等。在明史学会成立前,在1983年(无锡)、1985年(黄山)、1987年(长春),由中国社会科学院明史研究室、南开大学明清史研究室、南京大学历史系、东北师大历史系、厦门大学历史系,以及安徽师大历史系等单位联合推动,已先后召开了三次关于明史的全国性学术讨论会。1989年,山西社科院承办了在太原召开的明史学术讨论会,并于这次会议上成立了中国明史学会。由此开始,学会每隔两年都要举办一次大型年会暨国际明史研讨会,中间年份举办一场或数场小型专题会。明史学会就是通过这种学术研讨会的形式,不断团结和带领明史学界同仁开拓进取,大力发展明史研究事业。明史学会作为全国性的学会,除了团结明史研究者开展明史研究和学术交流活动外,还重视与有关地方政府和部门合作,深入挖掘地方文化资源,进而举办学术交流活动、召开学术会议,力争对传播和繁荣中华文明做出贡献。

时:您曾经出版过《明史研究备览》和《20世纪中国明史研究回顾》两部专著,对21世纪之前的明史研究进行了系统的梳理和研究。今年是改革开放四十周年,请您谈一下对这四十年明史研究的印象和认识,以及对今后明史学科发展的建议和期望。

南:我有幸是中国改革开放的亲历者。改革开放四十年来,我们国家各个方面的建设都取得了全面的发展,成就辉煌,明史研究也是恰逢其时。我在《20世纪中国明史研究回顾》一书中,用"辉煌、曲折与启示"三个词语总结过20世纪的明史研究。今年是改革开放四十周年,作为一个明史工作者,回首"拨乱反正"以来的明史研究,不禁心潮澎湃,感慨万千。明史研究取得的辉煌成就让人兴奋鼓舞,而其间的曲折和教训也不禁让人警醒反思。这四十年的明史研究是在马克思主义唯物史观正确指引下开展研究的,各种研究专著和论文如井喷之势涌现出来,每年平均都有十几部专著和上百篇学术论文发表,呈现出一派学术成果繁花似锦的盛景。随着我们国家研究生招生的恢复,许多大学纷纷设立了明史方向的硕士点和博士点,培养了一大批明史研究的后继学人。有的大学还成立了明史研究室,集聚了一批明史研究的专门人才。这四十年来明史研究的队伍不断壮大,并且老中青三代明史学人同台竞技,成果纷呈,也是这一时期的新亮点。在研究范围上,举凡明史领域的政治、经济、文化、军事、社会生活、对外关系等等方面都有人进行了深入探索。明史研究的基础性资料建设也有大批成果问世,除了若干官方史料有校勘整理以外,各种私撰史书、笔记、文集等史料也都有整理出版。这得益于改革开放以来经济建设的大踏步前进,为海内外各种档案和史料的发掘提供了重要的物质前提,而这些也保障了明史研究继续前进。

改革开放以来,学术环境宽松,思想活跃,从事研究的学者大为增加,成果不少,从总体上说,是感到欣慰,但仍感到须进一步改进,重复性的工作做得太多,效率打了折扣,甚至有人写书写文章是为职称谋、学位谋,其质量可想而知,不能不受到影响。有关学会的作用也有待进一步加强。清史没有全国性的学会,但是由于有国家级的纂修清史项目,搞得相当活跃,可以组织大家共同做一件大事。明史研究方面似也应组织大家搞一件或几件重大的工作。明史研究迫切需要国家、社会对其进行大力支持。明朝是中国历史上的一个重要朝代,贡献甚大,有许多经验应当深入总结。当然也有教训,需要深入探讨,以取得教益。希望大家能都对明史研究重视起来。我们的国家,当前处在历史上最好的时期,各项事业都已经取得并将继续取得重大的进步,明史研究也是如此。我是满怀信心地准备迎接明史研究更加辉煌的新时代的到来。

原文载《淮阴师范学院学报》2018年第4期

采访者:时培磊,廊坊师范学院发展规划处处长、历史系教授

老骥伏枥致千里　烈士暮年尤壮心

——南炳文先生谈《明实录》的整理与研究

金久红

一、不畏艰难　勇挑重担

问：南先生您好！非常感谢您拨冗接受访谈。对于《明实录》，一般学者普遍使用的版本都是傅斯年先生、黄彰健先生等主持整理的史语所影印本，很多学者在研究中几乎都是不加考订地引用它，很少有人关注史料本身有什么问题，习惯于拿来主义。现在您却启动了一个国家重大项目，对《明实录》展开了全面的整理与研究，引起了学术界的广泛关注。能否请您谈一谈史语所影印本《明实录》主要存在什么问题？整体上的《明实录》整理与研究又存在什么问题？

答：《明实录》是明代历朝官修的编年体史书。明朝老皇帝一死，新皇帝就把他执政期间的大事按时间整理出来，像大事记一样。其中保存了明代政治、军事、经济、文化、外交等各方面大量的相当原始的资料，总字数超过1600万，卷帙浩繁，是了解和研究明代历史的最重要的资料依据，也是最基本的史籍，不仅利用率最高，而且多年来受到史籍研究者的极大关注。但由于《明实录》是明朝的国家机密档案，在明中叶以前，史籍研究者很难接触其书，因而无法对它加以研究。一直到明中叶以后，由于对《明实录》进行重抄，再加上有其他若干机缘，《明实录》才开始在民间广泛传布，于是对它的利用和研究也才随之兴盛起来。

由于《明实录》原本已不存世，现在能看到的只有若干抄本，抄本也多是偷着抄的，里面错误很多。1930年，当时的"中研院"历史语言研究所所长傅斯年先生提出对《明实录》进行校勘。为此而成立了专门的团队，主持人先后有傅斯年、李晋华、王崇武、黄彰健等先生，凝结了几代人的心血，这一校勘工作从1930年一直做到1961年才算告一段落。他们校勘《明实录》，以清朝纂修《明史》时所誊抄的红格本为底本，用广方言馆本、嘉业堂本、抱经楼本、内阁大库旧藏明红丝阑精写本、礼王府本等七十三种本子为对校本，最后出版了带校勘记的《明实录》。其学术意义相当重要。在20世纪40年代以前，治明史者所使用的史料多以张廷玉《明史》为主。梁鸿志本《明实录》印出后，使用《明实录》之资料研究明代历史者开始有所增多。但梁本因传布不广，这一增多现象不甚显著。而1961年出版傅斯年先生等所校《明实录》后，情况大变，以《明实录》作为研究明代历史的主要资料成为普遍的现象，大大推动了明代历史研究的深入发展。但是傅斯年先生等只校了现存《明实录》抄本中的一部分，大陆还有一百多种抄本没有被他们使用。此外,现存《明实录》中除抄写讹误外,还有许多其他方面的缺陷,需要通过他校的方法加以补救。比如该书是一个按时间排列的大事记,但其时间记载并非十分明确。举例来说,一场战争,开战是一个时间,相关人员拟写上呈报告是一个时间,报告送达朝廷是一个时间,朝廷研究怎么办是一个时间,最后发出后续对策指令又是一个时间。时间一多就容易混淆,《明实录》里记录的好多此类事件的发生、演变时间都是稀里糊涂的。

再比如说,《明实录》中一个有地位的人去世了以后要写传记,写《明实录》的人一般就抄这人的墓志铭,而墓志铭除了生卒年是准确的,其他内容往往会有错误,因为墓志铭都是由其后代或友朋拟写的,而他的后代或友朋并不一定清楚他做的具体事情,这便会影响《明实录》的质量。由此必须用他校和上下文校的办法把错误找出来,这需要相当大的工作量,并且需要依靠学识做出判断。

由上可知,傅斯年先生等做的工作非常伟大,也非常具有战略眼光,但是从校勘总量上来说还不够。现在的整理不能只在版本校的基础上,写个校勘记就完工了,而应该像新中国成立以来的二度二十四史校勘那样,除了版本校,还要作上下文校及他校,还要加标点、加专名号、分段,这样后人利用起来才方便。

对于《明实录》的整体研究,从时代上讲,自明清时期的王鏊、郑晓、王世贞、沈德符、钱谦益、徐乾学、万斯同、夏燮等,到近现代的傅斯年、李晋华、王崇武、黄彰健、吴晗、谢贵安等,可谓代有才人;从地域上讲,从中国大陆,到中国台湾、中国香港,再到日本、美国和欧洲,都有所推进。前人对《明实录》的专门研究,做出了很大成绩。但综观前人成果,截至2013年撰写"《明实录》整理与研究"国家社科基金课题申请报告时本人所发现者,似还存在如下局限:

1.现有的研究成果,只注意到了《明实录》存世的约九十种版本,但起码还有近百种存世版本尚未被注意到,更没有做出应有的研究。中国大陆的研究者中有的因未做深入的调查研究,其已发表的相关成果中竟多半引用中国台湾学者黄彰健的研究成果,而黄未及者,其亦不及,黄误者,其亦误。

2.建文时期的历史未曾撰写实录,但有的却误认撰有。

以上两项反映出对《明实录》的存世情况及有无撰写了解尚不彻底,起码是调查研究的功夫尚有欠缺。

3.对于《明实录》的版本校只用了七十三种版本的《明实录》,尚有超过百种未用,有待补校。

4.对于《明实录》之本书上下文互校及他校虽有进行,但开展的工作总量极少,甚至可说是仅处于开端阶段。

《明实录》只有抄本存世,文字讹、脱、衍、倒现象颇多,并有不少字迹潦草难辨、模糊不清,加之凡例失详等原因造成的史实记载失误、重复、颠倒、不连贯等问题相当严重。由于本校、本书上下文互校和他校的不足,使《明实录》文字讹、脱、衍、倒的纠正尚多遗漏,史实记载失误被指出者主要限于明太祖和明太宗两朝实录,其他朝实录则少有涉及。而且即使是明太祖和明太宗两朝实录,未被指出的失误也还有很多。

5.虽有若干《明实录》资料摘编对其摘录文字进行了标点,但还有大量的未被摘编的《明实录》文字未得标点。即使已被摘编出来并加标点的,其标点与高标准的规范要求还有一定距离,失误之处也有存在。

6.已发表研究成果中关于历史文献通论或专论的论著,从修纂机构、修纂过程、修纂人员、修纂程序、修纂义例、版本、收藏、价值等角度做了论述,贡献很大,但因时间等因素的限制,还有待进一步深入。对于《明实录》之文字和史实记载失误,应通过发掘其大量失误实例,而后从表现形式、分类、特点、致误缘由等方面作归纳和理论性分析。关于《明实录》因凡例缺陷造成的记事混淆不清、重复、颠倒、前后矛盾等现象,关于《明实录》的体裁局限在质量上的影响,关于《明实录》修订前后的诸多不当措施及官修造成的指导思想、编纂人员素质及责任心等方面的缺陷对《明实录》质量产生的重大负面作用,也都有待在发掘大量实例的基础上加以深入分析。

7.对于前人的研究成果有待进一步全面深入的总结。对前人研究的成果总结得不到位,就将进行进一步研究的方向与内容放在创新上,是极为不利的。

由于以上研究的局限,导致彻底纠正文字和史实记载失误而内容准确、经过规范分段标点以便于利用的《明实录》尚未出现,官修《明实录》编纂在历史文献学上留下的巨量宝贵经验教训,还没有总结出来。所以,可以说对于《明实录》的整理与研究还有很大的可推进的空间。

问:是什么契机促成您启动了这一重大工程项目?

答:我自20世纪60年代初就立下了把研究明史当作自己终生事业的志愿,从此便开始了在明史研究上的耕耘。那时南开大学藏有梁本《明实录》,此书成为我常常翻阅的对象,后来我又接触到了傅先生等校过的《明实录》。长期的阅读和使用使我渐渐感到《明实录》这部研究明史的必读书有待进一步整理。后来我又从事了《万历起居注》《泰昌天启起居注》的整理,特别是主持了《明史》的第二轮校勘,使我对校勘史籍重要性的认识进一步加深。到2012年《明史》校勘修订工作有望不久完成时,多年萦绕在我心头的《明实录》的整理与研究工作便渐渐实实在在地提上了个人的工作日程。恰在这时,我有机会与中华书局总编辑徐俊先生深谈,他询问我接下来的学术计划,我便将想法和盘托出,得到了他的肯定与支持。第二年,国家社科规划办征集国家社科重大项目选题,南开大学和中华书局便联合将此选题推荐上报,引起了有关部门的重视,并将之列入国家社科基金重大项目的申报指南中。而后,南开大学又联合中华书局,结合南开历史学科的实力和特点,让我作为首席专家牵头与校内外的有关学者共同申报,最终成功立项。

二、精心设计 周密规划

问：在《明实录》的整理与研究中，您的主要思路是什么？

答：在整体研究思想上，我们要殚精竭虑，追求真相，重视实证，重视微观深入研究与宏观准确概括两相结合。在具体工作思路上，我们要在阅读《明实录》全文与有关文献的基础上，先做大量的微观实例研究，为宏观概括奠定坚实的基础，而后进行分析、归纳，达到理论、方法上的宏观把握。要尽量多地阅读、使用有关资料，将《明实录》之讹误尽量多地发现出来。每论证一个文字讹误或史实记载失误都要花大力气，用充实的史料和严谨的方法将之证死。理论、方法论方面的结论，皆求巨量实例作支撑。坚决拒绝浅尝即止，坚决拒绝只见一、二点似是而非的资料即对正误是非下断语，坚决拒绝抓住孤证即发挥想象，构造出一个所谓"理论"。除了大量校勘文字正误外，还要重视对《明实录》进行文献学上的研究。从编写时代背景、编写文献依据、凡例、编纂人员组成、编纂工作流程等方面着眼分析，特别是要重视总结其官方组织此类活动的优长及局限，从而撰写出有深度的学术论文，为后人提供启示。此外，还要对《明实录》以整理"二十四史"的标准加以标点、分段，为读者提供一个阅读方便的新版《明实录》。

问：对《明实录》进行校勘整理，首先要选好底本，这次校勘整理以何本为底本？ 在这次校勘中主要使用哪些方法？

答：这次校刊整理是以傅先生等校勘《明实录》后所影印的版本做底本，即原藏北平图书馆的红格本为底本。这一方面是因为红格本为清朝撰写《明史》时所抄，讹误最少；另一方面是为了与学术界多年来有关研究多以此本为根据的现实情况相衔接。红格本之原书，自20世纪起寄存于美国国会图书馆，我们不便直接使用它。变通的办法是以台湾20世纪出版的傅先生等校勘后所影印的那个本子之正文为底本。为此，中华书局经过协商已得到该书的出版权转让，于2016年在北京出版，我们这次校勘整理实际上即以此印本为底本。

校勘的办法，通常使用版本校、本校、他校和理校等，这次校勘亦不例外。关于这次版本校应予说明的是其使用范围。傅先生等校勘时，已使用了相当多的版本，这些版本多数不存于中国大陆，而是存于中国台湾。由于时间限制等原因，这次校勘不再对之进行复核。国外所藏者，多数亦恐无条件使用。重点是使用国内大陆所收藏者，例如《明太祖实录》，据本人所知，国家图书馆的四种、国家博物馆的一种、上海图书馆的四种、天一阁的二种、浙江图书馆的一种、中国科学院图书馆的一种、中国社会科学院历史研究所的一种、曲阜文物管理委员会的一种、山东图书馆的二种、四川图书馆的一种、广西壮族自治区梧州市图书馆的一种、辽宁图书馆的一种、辽宁档案馆的一种、南京大学图书馆的一种、南京图书馆的一种，共二十三种，力争起码将其中价值较高的若干种对校一遍。

关于本校，这是发现《明实录》自身上下文差异，从而引起注意，进而千方百计搜寻资料以考证出真相的重要路径,傅先生等校勘时,限于条件,未能着意进行。而现在已有电子版《明实录》在学人间传用,这为进行本校提供了极大方便,这次校勘要充分利用这一现代科技手段,把本校做好。在进行这项校对时,应予注意的是,由于《明实录》错讹漏写文字的存在,有时利用这一手段并不能把应该校勘之处全部找出,因而还应不忘传统的旧式手段的使用,以防漏校。

关于他校,这是傅先生等校勘《明实录》时由于时间的限制等未能充分进行的一件憾事。这次校勘力争能在这一方面多下一些功夫。所主要采用的文献资料主要有这几个方面:一为《明实录》编写时所直接依据的《起居注》,如编写《明神宗实录》《明光宗实录》和《明熹宗实录》时直接使用的《万历起居注》《泰昌起居注》和《天启起居注》;二为编写各朝实录时直接依据的大臣奏疏,他们常收在奏议类图书、大臣文集以及《明经世文编》等之中;三为编写实录中所收小传时当作重要参考者,如《嘉靖以来首辅传》《国朝献征录》《本朝分省人物考》等所收明人传记、墓志铭、神道碑等;四为实录中所记史事的亲历者所撰有关著作,如杨士奇《三朝圣谕录》、陈侃《使琉球录》;五为官修有关图书,如《大明一统志》《大明会典》等。私人据传说撰写的史书,甚至私人据实录撰写的史书,在校勘实录时有一定参考作用,但其可信度不高,在无其他可靠旁证的情况下,不可轻易据之妄改实录之记载。

关于理校,一切校勘均对之尽量小心谨慎,此次对《明实录》进行校勘,当同样行事。历史千姿百态,难免出人意料,没有充分把握,不能仅依靠常理推测就加以改动,当以存疑为妥。

问:您认为在这次校勘中还有哪些需要重点注意的方面值得特别说明?

答:首先是如何对待傅先生等所做的校勘成果。关于这一点,一言以蔽之,是要充分尊重。傅先生等先后付出了三十年的艰苦努力,花费了很多心血,取得了丰富而价值很高的成果,非常令人敬佩。这次校勘我们要由敬其人而做到同时敬其功、爱其果,由此出发,第一,要在校勘记长编里原原本本地保留其校勘记,以使后人知其全貌。第二,在完全同意其结论的情况下,若能增加证据而使之站得更稳,则充分利用能够利用的条件,为之补充新的证据。第三,若发现其校勘未下结论,则尽量查找资料,为其补上结论,使之更加完善。第四,若其结论有失准确,则在长编中实事求是地提出根据,为之纠正。若实录正文不需改动与出校,即在校勘记中删去此条。第五,若其校勘无出校之必要,则只在校勘记长编中加以说明,此条校勘记直接删去。

其次是要充分利用前人和今人校勘《明实录》的各项成果。除傅先生等对《明实录》的校勘外,还有不少前人和今人在这方面也做出了很多贡献,如前面提到的王世贞,其所著《史乘考误》对《明实录》的许多错误做出了批评;钱谦益所著《太祖实录辨证》,专门对《明太祖实录》进行了纠误;潘柽章的《国史考异》所论则涉及了明太祖与明太宗两朝实录中的问题;今人谢贵安发表的关于《明实录》勘误的数篇专门论文,对《明实录》中诸如地名、官名、人名等方面的失误多有指出。这些宝贵的成果,对于今天校勘《明实录》都有重要的参考价值。将之吸收过来,有利于提高校勘的速度和质量。当然,在借鉴前人成果时,一定要用审慎的态度,要经过认真复核,以便克服其可能存在的忽略与误解,防止盲目接受和生吞活剥式地吸收造成以讹传讹、贻误后人。

再次是校勘的目标主要在找出失误并纠正它,至于可校可不校的差异,不必牵涉许多精力去做过多关注。比如个别字画模糊不清而不妨碍正确判断者,即可以直接改写,使之清晰,而不再出校。校勘后的《明实录》仍用繁体字,而原文中出现的简体字则仍其原貌,不加处理。文中的异体字、通假字、通用字亦不必改变。校勘后的《明实录》的读者,倘非出现特例,一般都是研究明代历史的学者,对于这些读者来说,上述情况都不会造成识别利用上的困难,这是这次校勘《明实录》确定如此处理的主要根据。另外,众所周知,中国文字的写法和用法在不同时代和不同地区相互间有所差别,常有变更,因此对于古代历史典籍来说,文字的上述写法、用法之不同,在不妨碍学者识别利用的条件下,以保持其原样为妥。倘随时代而更改,将永无定本,更改无休无止,极易出现混乱。这种认识,亦为这次校勘《明实录》做出本条规定的一个根据。

最后是校勘中发现误字,当加改正,而进行这种改正时,一定在校语中完整说明其原本的状况,使读者了解。换言之,在校勘改误时,要坚持可复原的原则。如此处理的目的,在于校改失误时利于发现不妥的读者有条件加以研究,探求真相。

问:整理与研究《明实录》是一项浩大的工程,需要一个相当庞大且水平较高的学术团队,而团队成员的合理分工与通力合作也是项目能够成功推进的必要保障,能请您介绍一下您的团队组成及其分工吗?

答:您说得很对,这样一个浩大的工程,确实需要一个相当大而高水平的学术团队来承担。傅先生等进行校勘时,除了傅斯年、李光涛、黄彰健、李晋华、王崇武等大陆非常熟悉的著名学者外,参加者还有那廉居、陈槃庵、劳贞一、吴相湘、邓诗熙、潘愨、姚家积、杨华燮、曾超球、杨庆章等大陆不太熟悉的学者,及没有留下姓名的数位学者,总数在二十人左右。另外,著名的学者胡适、袁守和、李济之、童世纲等虽未参加具体校勘工作,但也从其他方面给予了此项工作以大力支持。我们这次进行的整理研究工作,除了傅先生等主要进行的校勘事宜之外,更为繁重的任务还有他校及文献编纂学研究等。这显然需要投入更多的人力,彼此之间也需要更多的配合。

这次整理和研究《明实录》,从学术力量的来源讲,首先依靠的是南开大学。自20世纪50年代以来,由于著名明史大家郑天挺先生由北大调入南开,六十年来明史研究一直是南开的优势学科,在职教师保持在二十人左右,在校读书与明史有关的博士生、硕士生保持在五十人上下,这是一支可观的学术力量。本课题的在册承担者,即绝大部分出自南开大学的教师、博士生,其余虽然现在工作单位不在南开大学,但绝大部分是南开大学的毕业生。为了搞好本课题的研究,对于南开大学因故未能成为本课题承担者的有关教师和人数众多的博士生与硕士生,本课题组则通过开设有关课程、举办读书班和学术讨论会以及向学生推荐学位论文选题的办法,创造机会,使之成为本课题在册承担者之外的不在册承担者。

特别是其中的博士生,思维活跃,精力充沛,有关成果常常很有价值,对本课题的顺利推进帮助很大。

廊坊师范学院也是本课题的重要依托单位。该学院已确定将明史定为本学院率先重点发展的学科,专门成立了明史与明代文献研究中心,我本人已被该学校聘为特聘教授,日常工作即为主持推进本课题研究的开展。该校原有与研究明代史有关的史学史教授二人、地区史教授一人、文学史教授一人,现在该学院又引进四位南开大学明史专业的博士毕业生,两位已晋升为副教授,继续引进相关博士毕业生的计划正在大力推行。其在册教师中已有一位成为本课题组的正式成员,其与本课题相关的一项成果已正式单独列入国家社科基金后期资助计划。其学报新设"明史研究"专栏,已发表数组有分量的论文,在学术界受到关注和好评。其学校图书馆为支持明史学科的发展,在购进图书上也在可能的条件下尽量向明史方向倾斜。其他学术单位的著名明史研究员、教授,也是本课题组的重要成员来源。他们或者原本系南开大学明史专业的毕业生,与本课题组成员早已相互了解;或者由于博士毕业时在答辩中与本课题组成员有过交往而相互成为学术知己;或者多年来通过参加学术会议,相互阅读发表于学术刊物的文章,而与本课题组成员相互欣赏,引为密友。这些来自其他单位的著名学者的加入,对于开阔本课题组成员的眼界、使课题组成员各得交流之益,从而取得一加一大于二的效果,贡献巨大,不可忽视。

自2013年本课题在国家社会科学基金立项后,由于种种具体情况的变化,从事本课题的具体研究人员稍有调整,到目前为止,除我本人作为总主持人外,大体固定为如下学者:南开大学王薇教授、中国社会科学院历史研究所明史研究室主任张兆裕研究员、黑龙江大学胡凡教授、天津师范大学吴德义教授、国家图书馆古籍部张毅副研究员、山东齐鲁大学张艳芳副教授、廊坊师范学院程彩萍副教授、安阳师范学院王志跃讲师、牡丹江师范学院苏循波讲师,另外还有南开大学明史专业在校博士研究生蔡果利、纪海龙、李俊颖、邓阆旸。上述团队成员,除在校博士生外,都是研究明代历史的专家,大多数出版有研究明代历史的专著,出版有古籍整理作品。在校博士生虽然从事明史专门研究不超过七年,但皆立志终生以研究明史为业,干劲十足,又有充沛的精力。再加上其毕业论文清一色以研究和整理《明实录》中的某一朝为题目,这成为其按要求完成其所承担的本课题某一部分整理与研究任务的重要保证。此外,他们的指导教师都是本课题组的成员,在遇到具体困难时,指导教师会给予切实的指导。如其需要了解某一朝实录有关的文集是哪些时,指导教师会告诉他:张廷玉《明史》中的《宰辅年表》与《七卿年表》记有该朝的内阁大学士和吏、户、礼、兵、刑、工、都察院主要大臣的名单,依此名单继查五种"四库系列丛书"及《中国古籍总目》的有关目录,即可基本搞清。这既尽了导师指导学生的责任,也为本课题的初入研究之门的在校博士生成员能够按质、按量顺利完成课题任务提供了条件。有利于现在大体固定下来的本课题组成员完成整理与研究《明实录》的条件还有如下两点:

首先本课题组的成员中有五位(除本人外,包括王薇、张兆裕、张艳芳、苏循波),在此前十多年中,从头至尾地参加了二十四史中《明史》的校勘修订工作,在其中都承担了相当多卷篇的任务,这既积累了高标准整理研究古籍的经验,利于其本身完成整理与研究《明实录》的任务,也可在本课题组中发挥以老带新的作用,推动本课题以尽可能的高水平、高速度开展起来。另外,在整理与研究上述《明史》时,详尽阅读、品味、辨证《明实录》是不可或缺的、首屈一指的大宗事项,这也使大家发现过若干《明实录》之文字及记事的失误,比如我个人记录下来至今保存的即超过1500条,这可以成为这次进行《明实录》整理与研究的重要参考。大家也基本查清了古抄本《明实录》的现存数量及收藏单位状况。黄彰健先生在台湾所出版校印《明实录》的前言及各本校勘记卷首说明中提及的《明实录》抄本和影印本,除用于校勘的73种,中国大陆只提及辽宁省立图书馆等所藏9种,北京和上海二图书馆所藏数百册,国外谈及8部。如果不将北京、上海二图书馆数百册这一模糊估计计算在内,总共只谈及90种。中国大陆学界有人沿用了黄彰健的说法。而经本课题组成员调查,已知实际在中国大陆十多个省市二十个图书馆和文化单位尚有百余种存世,国外至少还有1种存世。这为本次开展版本校提供了具体对校本目录。而且可喜的是,其中还发现了傅先生等未曾发现和使用的部分红格本,这为本次校勘中更换部分不妥的底本提供了可能。

其次,我本人在此前从事研究活动中,对明代编写实录的重要依据——《起居注》曾做了整理。首先是整理了《明神宗实录》与《明光宗实录》编写时所依据之最直接、最重要的档案资料《万历起居注》。此书国内外存本皆残缺1/3以上。自20世纪90年代以来,本人用近二十年时间,查阅国内外10种抄本,加以辑校,最后形成310万字之《辑校万历起居注》,于2010年由天津古籍出版社出版。此项工作不仅使此书基本恢复了原貌,而且在校勘、点校中,对《明神宗实录》和《明光宗实录》中所记有关内阁大学士及翰林院的奏疏、记事以及有关各年月热点时政记事,都做了详细审读,并发现了大量失误,为整理和研究《明神宗实录》与《明光宗实录》做了重要的前期工作。其次是还整理了《泰昌起居注》和《天启起居注》。通过对此二书的校勘标点,对《明光宗实录》中所记有关内阁大学士及翰林院的奏疏和记事以及有关各年月的热点时政记事做了详细审读,发现了大量失误,为整理和研究《明熹宗实录》做了重要的前期准备。

三、展望未来 不忘初心

问:自2013年立项,您主持的《明实录》整理与研究工作至今已接近五年,这项工作的实际进展情况怎样?

答:近五年中,根据实际情况,主要安排张艳芳等十位成员进行了第一步工作。这一步包括如下工作内容:

首先请张毅副研究员利用其在国家图书馆古籍部工作、便于调查并利用中国大陆所藏而傅先生等未曾利用的若干版本《明实录》的条件,对上述《明实录》进行深入调查、阅读,并使用它对本课题所决定采用的红格本进行仔细校勘。截至目前，由于工作量甚大，主要进行的是对《明太祖实录》部分做校勘。

其次请邓闳旸博士、李俊颖博士、吴德义教授、蔡果利博士、程彩萍副教授、纪海龙博士、王志跃讲师、张艳芳副教授、苏循波讲师分别对《明太宗实录》《明仁宗实录》《明宣宗实录》《明英宗实录》《明宪宗实录》《明孝宗实录》《明武宗实录》《明世宗实录》《明穆宗实录》《明神宗实录》《明光宗实录》和《明天启实录》进行第一次校勘，包括对傅先生等原作校勘用版本校、本校、他校、理校做复核，以及用版本校、本校、他校、理校发现新校勘点，并做出校勘，分别写出校勘记长编和校勘记。除吴德义教授、王志跃讲师、张艳芳副教授、苏循波讲师还应写出若干篇有关文献学分析的单篇论文外，其余博士生邓闳旸、李俊颖、蔡果利、程彩萍、纪海龙，还要以博士论文的规格写出超过十万字的大型论文，且不包括收入其中的校勘记。以上九位课题组成员，因入学先后，所负大学授课任务等互有不同，进度各有快慢。而从总体看，接近完成者已近一半。据不完全统计，所写校勘记长编有九百二十万字，已发表及写完待发表的《明实录》文献学编纂论文已有二十篇。博士论文已完成和接近完成者三篇，字数约一百五十万字。其中，程彩萍副教授读博期间撰写的一篇论文获得南开大学及天津市两级优秀论文奖，并获得了国家社会科学基金后期资助。本人的天津市优秀博士论文指导教师荣誉称号即由此而来。

问：请问您对接下来的《明实录》整理与研究工作是如何规划的？预期最终要达到什么样的成果目标？

答：上阶段的进展虽然快慢不一，但慢者不久就会赶上来。由此，本课题组的工作现已决定向下一阶段转变。鉴于各部分情况有异，这一转变不要求一刀切，而是陆续完成。下一阶段的主要操刀者，将由年长而经验比较丰富的五位学者担任。具体名单为：负责《明太祖实录》《明太宗实录》《明仁宗实录》及《明宣宗实录》者为我本人；负责《明英宗实录》者为吴德义教授；负责明《明宪宗实录》《明孝宗实录》和《明武宗实录》者为张兆裕研究员；负责《明世宗实录》和《明穆宗实录》者为胡凡教授；负责《明神宗实录》《明光宗实录》与《明熹宗实录》者为王薇教授。五个人分别是五部分的主编，负责其最后一步的处理。处理的内容包括：用版本校、本校、他校、理校的办法，复核第一阶段所形成的校勘记和校勘记长编，补写新发现校勘点的校勘记和校勘记长编，最后完成相应的校勘记和校勘记长编的定稿；还要对实录正文进行定稿，加标点和分段。实录正文地名、人名、族名、国名、书名等分别用直线、波浪线等专门号，引号用直角式，主要使用逗、顿、句、问等号，其标点要求达到中华书局标点本二十四史的规范标准。另外，要尽量写出一定数量的关于《明实录》的文献编纂学学术论文。我本人除了与其他四个部分的主编承担上述同样任务外，还要作为总主编负责帮助解决其他部分主编提出来的难以解决的具体难题。对这些难题，其他部分主编不予提出，出版后一旦发现失误，其责由该部分主编承担。本人之所以自免通读全稿的责任，是因为全稿太长，倘责我通读全稿，则绝对时不我待，此课题终无完成之日。这一阶段，我本人除完成上述任务外,还应负起组织推进课题正常进行、与国家社科规划办等领导部门沟通等任务。至于部分主编与相应部分第一阶段承担者的沟通、协调和配合,原则上由部分主编牵头分别进行,在不能正常进行而将影响课题按时高质量完成的情况出现时,则应及时向课题总负责人提出,以便及时协调解决。根据当前的实际情况,已决定在本年2018年6月23日至24日举行部分主编(扩大)会议,正式部署研讨本课题转入下一阶段的有关事宜。本人已准备了一卷实录正文校勘后的样本及其定稿校勘记长编和校勘记的样本,另有本人起草的关于整理研究《明实录》具体实施细则45条文件一份,名为《〈明实录〉整理与研究须知(讨论稿)》,准备在会上一并提出,希望会议讨论并修改后,作为大家共同遵循的依据,以求整个整理研究《明实录》工作能够很规范地进行下去。在《〈明实录〉整理与研究须知(讨论稿)》中,提出2022年6月作为各部分主编交稿的最后期限,这是我作为课题总主持人的心愿,盼着这梦想能够实现,届时希望我看到的最终成果是:在充分鉴别与吸收前人研究成果及课题组前期成果的基础上,通过超越前人的广泛版本比对,以及大量有关文献的调查和研究,找出了《明实录》存在而尚未发现、尚未细究的大量文字讹误及史实记载失误,对《明实录》做出了全面纠正失误的校勘记;并依中华书局二十四史的整理标准,对《明实录》做出了规范的分段和标点;形成了彻底纠正或接近彻底纠正文字和史实记载失误而内容准确或基本准确的、经过规范分段标点而便于利用的、带有校勘记的、约2800万字的新版《明实录》。在此基础上,从历史文献学的角度,进一步分析了《明实录》在编纂等方面的优长;特别是分析了所发现的《明实录》大量文字失误和史实记载失误之具体实例,寻觅出其表现形式、类型、特点及致误原因;并从《明实录》的凡例缺陷、官修编辑人员组成缺陷及体裁局限等方面,结合大量具体实例,探讨出其致误的深层次原因;总结出理论性和从方法论着眼的经验教训;形成约500万字的《〈明实录〉正误及研究》一书。

问:不管是南开大学的范孙楼,还是廊坊师范学院的图书馆,您研究室的灯总是亮到最晚。不管是节假日还是风雨天,您都全程无休,您对学术研究的执着达到了一种近乎痴狂的境界,请您谈谈这是怎样的一种情怀?

答:所谓全程无休,不敢当,单位开会、客人来访、家中有事……我不可能前往研究室。当然,尽量抓紧时间是我力争达到的目标。在我没退休时有人对我说:"你早已成为著名教授了,文科又不设院士,你还拼命个啥?"在2011年我六十九岁退休后,又有人对我说:"你已退休了,拿那么一点儿退休金,国家社科项目经费报销那么困难,一分钱也用不到生活补助上,你一天三个单元,苦干国家项目,不嫌亏得慌?"诸如此类的真诚劝说,我听到不少。我感谢他们的关心,但却没有被其说动,只是一笑了之。

我为什么这样"顽固"呢?

从上小学到大学毕业,十七年的读书经历使我逐渐感到,家长的供养、新中国创造的教育环境使我获得了学习深造的机会,我应该认真读书,以报其恩,不辜负他们的期望。十七年中,特别是读大学期间,我日益强烈而真切地了解到世上有诸如郑天挺、华罗庚、郭沫若等许多在学术上做出非凡成就、受到普遍尊敬的活生生的大学问家。他们成为我向往的榜样，激励我立志在自己从事的学术领域中尽量做出自己的贡献，哪怕是一砖一瓦。以上两个原因，加上其他一些因素，使我在人生早年就渐渐养成了努力读书的习惯。2007年以后，我承担二十四史点校本中《明史》的修订任务。2013年七十一岁以后，又承担《明实录》整理与研究的主持人任务。之所以这时还能努力从事工作，与早年养成的这种习惯当不无关系。自读大学期间至今，我学习研究的内容，重点在中国古代史，其中尤以明史为主。在学习和研究的过程中，我逐渐深刻地了解到古代的中国即已是一个非常伟大的国家。几千年的历史，连续不断线，在政治、经济、文化等各方面都留下了非常丰富的经验。了解这一切，对于今天的中国人，不仅能从中获取自豪感，而且在处理当代面临的许多问题时都可以获得难得的启发。而在现存关于中国古代历史的文献资料中，属于明代与清代历史者占绝大部分。因而，通过研究明代的历史而了解中国的过去以为当代服务，显然特别重要。有鉴于此，在整理《明史》及《明实录》这两部了解明代历史的最重要的史籍中，我愿意做出一切可能的努力。

我之所以醉心于上述两个规模很大的学术工程，还由于这一工作也将为世界人民做出一份贡献。中国历史所包含的启示作用，不仅对于中国人有用，对外国人也有用。如明清以后，西方开始与中国发生密切关系，中国历史上的经验当时即有被其吸收者，如其近现代的文官制度，就是在受到中国明清官制的启发后而仿效建立起来的。关于中国历史的古籍，不仅是中国自己的宝贵遗产，也是全世界各国人民共同的文化财富。作为一个具有世界胸怀的现代中国历史学者，我曾在读明清史籍中产生过若干与世界有关的"奇想"。如发现明清时期中国与周边的邻国发生过紧密的交往，中国的文字对邻国影响极大，有的国家模仿中国文字的构成而创造和改造了自己的文字，在若干场合，甚至完全使用中国文字。在研究当时的中外关系时，我阅读那些完全使用中国文字的邻国人的作品，读起来毫无障碍，于是由此联想到了先秦以来中国各朝留下的汉字书籍，我也可以随意阅读。在这种联想中，突然发现，方块儿汉字原来是具有超越时空的魅力的，中国的古人和今人可以对话，外国人学了中国古文字与中国的古人、今人也可以顺畅对话。之所以能够如此，在于汉字是以形体为主要特征，如果换成拼音文字，那就会因为古今音变、中外音异的缘故，难以相互沟通。只就当代来讲，由于没有统一的文字，世上为沟通语言，就不得不让数不清的人专门从事语言翻译的工作，而这还解决不了所有的今人与古人相互沟通之事。至此，我产生了这样的想法，若当代全世界学者都提倡学习中国古代的方块儿汉字，并将全世界的其他语种之文献通通翻译成中国古代方块儿字，过不了多久，古今中外所有的学者即可顺畅地相互沟通，那该是多么方便的情形啊！本人知道这种"奇想"在当今因种种原因是难以实现的，不过，产生这一"奇想"的经历，在现实生活中却使我更认准了中国古代历史典籍确实是全人类的共同文化财富。为了便于全世界人们的利用，我和课题组的全体成员共同努力，整理研究好《明史》和《明实录》，是很有价值的。这种认识更提升了我从事这一工作的决心。

我之所以醉心于上述两个规模很大的学术工程，还有一个重要原因。常言说，盛世修史。中华人民共和国成立以前，我国长期陷于战乱之中，开展大规模的学术工程实属不易。而在那种情况下，傅斯年先生等尚且率先进行《明实录》的整理，并为此而辗转多地，其精神令人敬佩。中华人民共和国成立后，特别是改革开放以来，我们的国家日益强盛，党的十八大以来，更进入了崭新的时代，政治稳定，经济繁荣，人民安居乐业，各项事业蒸蒸日上，中国在国际上的影响力越来越大。国家空前重视学术文化，这是开展大型学术活动千载难逢的大好时机。在这样的盛世中，如果我本人作为一个历史学人不能振奋精神，乘势而上，把应该进行的大型学术工程开展起来，那就是辜负了身处的时代，无颜面对国人。百年之后在地下见到傅斯年先生等人，亦将无颜以对。

最后，作为一个年老的学者，我也感到本人应该毫不犹豫地全身心投入到整理与研究《明实录》这样的重大学术工程中。整理与研究《明实录》不仅工作量大，而且难度也很高。这不是轻松地做一点校对，也不是心血来潮地随意做点评论。进行这项工作涉及方方面面的知识，上至天文，下至地理，政治、经济、法律、军事、民族、外交等方面无不涉及。少数民族和外国人的名字可使整理者难分官名头衔，断不出共用的几个文字。地名、河流名能稀见到工具书不载、方志上未收。若干记事，读起来总觉不顺，但来源难寻，千思万想，无计可施。至于文献学上之探讨，倘非对有关历史十分了解，对编纂人员的身世、编纂过程的细节、有关文献的源流等知之甚确，所论只能流于表面，甚至南辕北辙。所以，从事这样的学术工程，离不开治学多年、知识丰富、见解精深的学者参与指导。本人从事明史研究已有四五十年，整理古籍文献也曾参与，自认虽非理想的知识丰富、见解精深的老学者，但毕竟略有经验，在开展这一学术工程中，可望略尽其力。现在既蒙有关领导和同行的信任，安排我担任这一课题的主持人，我自当努力从事，勇于担当，这既是不负知己，更是尽己之责。另外，参加这一工作，正是使几十年中积累的经验和学问得到了用武之地，这岂不是极大的快乐？国家、社会和亲人培养我花了无以计数的精力和财力，如果我能用这一行动对之回报和答谢，又何乐而不为之？为了做好这项有历史意义的重大学术工程，需要众多满腹学问的老年学者参与其中，以加快速度，提高质量。但由于种种原因，目前尚未能达到十分理想的程度。盼着将来通过各方面的努力能使这一状况有所改善。

问：为了使课题进行得更理想，您还有什么想法？

答：为了做好本课题，本课题组的所有成员都尽了最大的努力。作为课题的主持人，我对他们非常感激。他们与我或为师生，或为学界朋友，也都有为振兴学术尽心尽力、为国为民做出贡献的胸怀和理想。于公于私，我都真诚地感谢他们与我的合作。对于以前进行《明史》修订工程时合作的伙伴，我也是这样的心情。说起他们，我内心深处还对他们感到有所亏欠。因为他们为了与我合作，受到了很大损失。这两个课题有两个特点：一是大，完成的周期长；二是属于文献整理类的学术课题。这两个特点使之不易发表学术论文，即使发表，也会拖到课题的后期阶段，甚至拖至课题完成之后很久。另外，其所发表的刊物也只能大多数是非核心学术期刊或被视为级别较低的核心期刊。这样,他们在单位考核时一律是得分很低,影响了其绩效工资和职称晋升,有的一误就是近十年。因为现在各高校和科研单位的考核规定几乎都是不管何种学科,一律不分青红皂白地按照在核心期刊及被视为等级高的核心期刊上发表文章的数量来评分。而文献类的期刊极少,又被视为级别低,非文献类的学术期刊则很少能登载文献类的论文。与我合作的朋友都因为这种合作而受到不公平的待遇。在这里,我要向他们表达由衷的歉意,并强烈呼吁——有关高校和科研单位应该尽早改变过去刻板的、简单一律的、不顾实质水平高低的考核办法,不同的学科应有不同的衡量办法和尺度。为了提高各单位的研究水平,为了发展我国的学术研究事业,我盼望大家携起手来,共同努力,尽快优化学术评价体系,使我们的学术百花园中每种花朵都充分地更灿烂地向阳开放!

问:感谢您在百忙之中能抽时间接受我们的采访。这次访谈让我们这些后生晚辈受益匪浅。您让我们明白了史学研究应该下什么样的功夫,应该做什么样的学术,又应该有什么样的情怀。天道酬勤,相信在您的带领下,在整个团队的精诚合作下,《明实录》一定会以一个崭新的面貌呈现给世人,《明实录》的研究一定会推进到一个新的高度。

答:我也感谢你们的采访,让我能有这样一个机会向学界汇报一下我的近况和学术设想,希望这一学术工程能得到大家的关注和支持,更希望我的学术设想能得到同行的批评和指正,让我能及时发现问题、改正错误,让接下来的攻坚之路能走得比较顺畅。

原文载《史学史研究》2018年第3期

采访者:金久红,廊坊师范学院期刊部教授

明史大家南炳文

——冷坐"板凳"一甲子，为留"信史"在人间

祖伯光

新冠疫情还在全球肆虐，"世界读书日"到来。诚然，"书中没有解毒药"，但对于连续几个月禁足在家的人来说，读书的"无用之用"也许正是"大用"——抚慰心灵。

读书不能拯救世界，但一本本书、一个个图书馆，也记载着一代代人的实践和内心，可以帮助今天的人理解甚至解决困境。

近日，《新华每日电讯》"草地"周刊专访了明史专家南炳文先生。他过年也不休息，不惧疫情仍然着急从天津返回廊坊的办公室，他的愿望很简单：为后来的人读懂那段历史铺平道路。"研究历史为现实服务，关注现实也可以让你多长出一双看历史的眼睛。"南炳文是我读南开大学历史系时的同学。1961年刚入学，系主任、著名明清史专家郑天挺与同学们见面讲课，南炳文很为先生的高雅与博学所吸引。学习兴趣浓厚。由此开始，他把志向定在明清史专业上。近六十年过去，岗位有变，专业从未变过。他幽默地说："我是一条路走到黑了！"

他拿出一份论文著作编年，让我这个老同学检阅。仅从1976年到2013年就有28页之多，计222个篇目，还不包括此后六年的著述。我不禁惊叹：你的这条路是大放光芒的成功之路，它像一部明清史的百科全书，既有明清两朝的断代史、《中国历史大辞典·明朝卷》等大部头的著作，又有人们未注意的众多微观研究。他不停地纠正我"著作等身、学富五车"的称赞，说明清史是个大海，就是穷其一生也难研究深透，越深入越感觉自己所知甚浅。

本应子承父业当兽医，却读出来一位历史学家

我最近游览天津，看过由南炳文教授撰写、书法家李德海谨书的《三岔河口记》。它石刻于天津北运河岸金刚桥处，长约百米，气势恢宏，用三千余字记述了以子牙河、南北运河三河相交处一带为发源地的天津的发展变迁，以及明成祖朱棣御赐天津之名等史实。如今这方碑文成了天津的一个标志，参观者、旅游者曾问我：南炳文是谁？这么有学问！这一问，打开了我记忆的闸门。

南炳文者，1942年1月生于河北省广宗县陈家湾头村。两岁时因玩日本侵略者遗弃的炸弹炸掉了左手。当时是著名兽医的父亲考虑儿子今后的生计，坚持让他学习一手兽医技术。他嘟囔个嘴回绝了父亲的安排，坚持读书。他争辩道，没有左手怎么给牲口灌药？命

运使他没当成兽医,读书却读出来一位历史学家。

高考报志愿像一个玩笑,他的第一志愿是南开大学历史系。仅仅因为他听说该系是个保密系,而校名中的南字和自己的姓氏相同。第二志愿才是北京大学中文系。别人说他这不是南其辕北其辙吗?最后他以广宗中学高考第一名的成绩被南开大学录取。

他后来成名是与他非凡的苦读分不开的。学生时期,我与他同宿舍住上下铺。留给我的印象是他的床铺总是空的:晚上就寝他还没回来;早上同学们没起床他已经走了。他每天背一个硕大的书包,里面装满包括明清史在内的历史书和两大册的《辞源》等书,鼓鼓囊囊很沉重的样子。系外同学都向他投来奇异的目光,问他是谁呀?他把书往图书馆大桌面上一放,对面的同学都看不到他的真面目。

老师提倡读书学习要博和约。他的博是广泛的。学生时代他就通读了《论语》《孟子》等儒家和诸子百家的著作,也通读过《史记》《汉书》《后汉书》《三国志》《资治通鉴》等史书,在学习明代资本主义萌芽时,他初涉马克思的《资本论》,之后又通读了《资本论》。涉及明清史的著作是他必读之"约"。他认为不博则眼界难开,不约则游骑无归。课堂上,老师讲的历朝历代他都尽量学深学透,触类旁通。低年级就自学高年级课程,校外学者来校做学术报告,他也积极去旁听。他还自创性把历朝地名变迁标注在地图上以备查考。全班同学都信服地公认他是学霸。有什么问题请教他,均能得到满意的答复。大学五年考试成绩门门是5分,没有一个4分。

大学毕业分配到中国社科院近代史研究所,之后又回到南开明清研究室。其间被借调国家博物馆主持设计明代部分的布展,三年中对明史的方方面面和首次接触的文物实物进行较系统的整理和研究。初出茅庐,以其各方满意成果显示出扎实的功底。

史学界同行口中的"南炳文精神"

20世纪70年代后期,他做了郑天挺先生的助手,近水楼台先得月,在郑先生的指导下,把谷应泰《明史纪事本末》作为入门书。同时他也阅读范文澜、吴晗等名家的著作。作为明史领域的跋涉者和探路人,其阅读量、写作量和用时之长是难以想象的,以至于他的右手和残手都磨出了老茧。

20世纪80年代,他和一位老师撰写了百余万字的《明史》(上下册),并先后于1985年和1991年出版,填补没有长篇明朝章节体断代史的空白。在写作上加强了薄弱的明代中期的资料的收集和研究;立论、叙事皆以原始资料为依据,力戒捕风捉影,秉笔直书,实事求是,排斥歪曲真相,任意褒贬;把创新当作生命,在研究的重点上尽量醮笔浓墨;坚持史论结合,提出明代三百年的八点经验教训。该书一出版便引起史学界的阅读兴趣。国内大部分高校把它作为学习明史的重要参考教材。日本东京大学等二十所高校历史专家联合编写的一部著作对这部《明史》作了重点推介。天津市和教育部评选《明史》为优秀图书一、二等奖。2011年，南炳文又作为《清史》上册副主编和下册主编，在大家共同努力下完成全书的撰写任务，并由天津人民出版社出版，同样受到史学界的好评。

在《明史》撰写过程中，南炳文发现在位四十八年的明神宗的《万历起居注》，其中多有史学界未太注意、《明实录》不曾记载的重要内容，具有重要价值，但是该书无全本，其残本分存中国和日本，内容几乎各占一半。为了收集日本部分，他用十一年闲散时间学习日语。每天早晨起来一边帮助夫人吴艳玲打扫房间，一边收听电台的日语广播。

功夫不负有心人，最终达到阅读日语文献和日常对话的水准。他的学术名气早已名扬日本，因此受日本明史研究会会长山根幸夫之邀，从20世纪90年代初开始三次去东瀛进行学术交流。中文版本的《万历起居注》在日本是珍藏本，日本朋友帮忙将其中独有者全部复印出来。加上天津图书馆、北京大学图书馆收藏的版本，共整理出五百七十四个月的接近足本的《万历起居注》。最后由南炳文辑校成六册三百余万字的《辑校万历起居注》。之后他又校勘了《校正泰昌天启起居注》。2010年陆续出版，均获得全国古籍整理优秀图书一等奖。史学界同行都称它体现了"南炳文精神"，赖有他，才有了这两部重要图书。人们从中看到明神宗在废除宰相制度后，和大学士以及宗人府等机构官员办公处理事务的情景，它涉及的朝政领域十分广泛。

几千年来中国历史记载未断就在于二十四史的接续存在。盛世修史，由国家下达的修订《明史》重点工程任务，2007年由六十五岁的南炳文披挂出征，主持召集十几名学者教授，取其所长、按部分工，在郑天挺等教授20世纪50年代第一次修订的基础上继续前进，重新标点、勘误、考证，写出《校勘记长编》。在这次修订中重新发现八千四百多条错误。每位专家完成自己的任务后，均由南炳文再通读订正一遍。用他工整的蝇头小字，把有些篇章改成"大花脸"，以弥补其不足。他说自己的任务繁重，但没有这些专家学者的合作是难以完成这次修订任务的。

南炳文形象地比喻他们的修订就像法官断案一样，天天当法官，天天断案。法官要把案子断准，就要沉下心来听原被告双方陈诉，不可听一面之词。要深入调查，要使有关证据形成链条，收集详尽资料、充分证据再加上有关的论辩推论，才能做出准确的判断。不能让错误遗漏，再留下历史性的遗憾。

婉拒电视台讲史，独坐与古人对话

他率先垂范。明代著名画家、诗人沈周，为接收粮长年度任务，曾代父赴南京听取圣旨，此为其人经历中影响颇大之事件。但其发生年代，由文徵明为其作行状起，一直误记传世，共有年十一、年十五两说。南炳文据明代制度及沈周现存诗文详密考证，得出年三十四之真相，使这位大艺术家、诗人的人生道路更为清晰。为此，他写出沈周游南京年岁考证长文八千字，引用史书二十余部，由此可见艰巨的《明史》修订工作之一斑。历时整整十年功，

《明史》修订已完成定稿,修订的《明史》校勘长编共有三百多万字,修订版的《明史》将于一两年后出版。

七十八岁高龄的南炳文没有休整,又领衔主持团队进入《明实录》的整理和研究。这个早在2013年下达的又一国家社科重大研究项目,虽然已经做了几年的大量准备工作,但这一典籍长约一千六百万字,工程更为浩大,因此整理和研究工作非常艰辛。民国时期,在胡适支持下,著名学者傅斯年曾主持这项文化工程,断续进行三十一年,仅完成了约百分之五到十的工作量,约百分之九十的工作量则要由南炳文团队争取在2022年完成。目前已进入紧张的整理与研究中。

南炳文常说,等完成这些任务已经八十多岁了,必须惜时如命。他没有节假日,没有中秋节,没有大年初一,没有颐养天年,每天工作约十个小时。回家之路是他的散步,吃饭时间是他短暂的休息。2016年南开大学文科图书馆搬迁到津南校区。他从八里台校区工作室到新校区查阅资料,一天往返要花上两个半小时,这是他绝对不能消耗的宝贵时间。正当如此,廊坊师范学院要他兼任特聘教授。他看到该校图书资料、多种四库全书齐全便答应下来。该校为他提供了工作室和食宿便利,这对他完成这项国家级重点工程非常有利。

有个时期社会流行戏说明史。因为他是著名明史专家,又曾是全国明史学会的会长。有的电视台请他讲明朝的那些故事,安排每周一次,待遇丰厚,但被他婉拒了。他要把时间用在学术研究上。为了集中精力,他约束自己每年尽量只参加一次外出的学术活动。他说,真正的学问是你忘记周围的世界,去和史实相融合。一个人独处而不寂寞,是在一个空间里与古人对话。

他从学生时代到现在变换了许多工作室,而他都是在其中被数不清的书刊埋没。这个形象一直未曾改变,就像电影镜头反复地回放。也许有人认为他是个“书虫”。其实他早年却是文艺骨干,会识谱会教歌,能背诵许多诗词。但他这些特长只不过被专一的明清史的学习和研究压住了。有人说过,幸福应该是快乐与意义的结合,他也叙述过自己的快乐:在苦读研究之初,往往存在疑点,而疑点会成为悬念。它吸引我们的注意力,想放也放不下。吃着饭想着它,回家路上骑车也想着它。最后想通找到答案就会异常兴奋,是一种无法形容的愉快和享受。

他的经历本身就是一个楷模。他为大学生和研究生开设的明清史及文献学课程,大家都愿意去听。多年来,他培养的硕士生、博士生及博士后百余人,是全国优秀博士论文明史的唯一指导教师。有些研究生成为中国社科院及南开大学等十几所院校有关专业的学术带头人,他曾获得全国教育系统劳动模范,并享受国务院专家津贴。有人写诗赞道:一生拼搏欲何求,不计利益身后名。明清一梦六十载,高龄驰骋亦英雄。

近六十年过去了,南炳文从青春到白鬓。作为国家任务的担当者,他依然精力旺盛地工作着。他和众多学者教授共同付出的繁重劳作结出硕果。重新修订的《明史》和一两年后将完成整理研究的《明实录》,长达两千多万字的巨著将会与广大读者见面,并永远留存在灿烂的中国历史上。人们会更加准确方便地了解明代历史上的两部"真经"。

原文载《新华每日电讯》2020年4月24日第9版"草地"周刊

作者：祖伯光，新华社记者

"做功利上不讨好、学术上意义大的事"

——对话南炳文

王京雪

南炳文的书房

南炳文的书房就是他埋首历史研究的办公室，一处位于南开大学范孙楼内，另一处，也是他现在主要使用的书房，位于廊坊师范学院的图书馆一层最内侧。屋中布置简单，几个办公柜，几张办公桌。桌上布满高高摞起的各类工具书，各种字典、词典和历史典籍。南炳文工作用的桌子面朝南，对着半掩窗帘的窗户，阳光每天随时间在桌子上移动，南炳文和他那把最常见的黑色折叠椅也随之挪动，躲到太阳晒不到的位置。

校领导几次提出要为他更换桌椅摆设，他回回都拒绝，说自己现在就很好，"乱中有序"，他开玩笑说自己的两个书房是一个风格，"乱七八糟"。

"我这条件够好的，用书很方便，常用的书在这边，另一部分在对面。"对面房间是他的学术助理王雅洁的办公室，里面像图书馆，几排书架上摆着三千多册的"文渊阁"及"续修"《四库全书》（其他《四库全书》在另外书房存放）和几种大部头的地方志。

有排书架从上到下摞着一沓沓已完成修订的点校本《明史》清样打印稿，十余年修史光阴凝聚其中。

南炳文书房中的所有书籍，无一例外与其修史校勘工作相关，包括《褚遂良书法精选》也并非用以欣赏书法，而是帮助对照辨认明清时期手抄本中难以辨识的草书。

治学不求甚解，就不能很好地把握那段历史

草地：书房是您每天待得最久的地方，您在这里的一天通常如何度过？

南炳文：我比较规律，一般6点半到7点起床，8点10分左右到这儿开工，干到中午11点40分，闹钟响了。正常的话，12点到家，吃完饭午休5到10分钟，我是躺下就能睡着那种人，这样下午1点来钟回到这里接着干。下午6点40分，闹钟一响，争取7点到7点半回家，晚上处理可以在家做的事，比如写个信之类。处理完，11点多睡觉。

我现在主要工作是国家社科基金课题重大项目"《明实录》整理与研究"，基本就在这间屋子里做，因为这边用书方便。《明实录》一千六百多万字，是明代历朝官修的编年体史书，就像大事记一样，校勘必须要看更多原始资料，没书的话寸步难行。

草地：您的读书经历和最终选择明史为主要研究方向的缘起是怎样的？

南炳文：我爱读书很早，小时候就看了《水浒传》《三国演义》等各种小说。我爸爸是兽医，希望我将来也当兽医，有个谋生之道，就让我读些《元亨疗马集》一类的医典，但我真不感兴趣，自己在屋子里，有大人进来了，才赶快抓起来看两眼。

1961年我参加高考，报考了南开大学历史系。那时，我对历史这门学问还不很了解。南开有一批著名历史学家，在那样的学术氛围中，我很快发现历史跟中学时的死记硬背很不一样，你要做研究，要创新，那我创什么新？

得知明清史是南开最有优势的学科，明清史研究室是南开甚至全国明清史研究的高地，领导该研究机构的郑天挺先生又是史学界最有成就的权威学者之一，让我对从事明清史研究产生了兴趣。

1962年，我大二时，听老师王文郁说，清史方面已经有了萧一山的《清代通史》，而明史方面还没有今人大部头章节体断代史专著，于是，我立下志向，要填补这个空白，写一部大部头的断代史明史，从此开始整天读明史相关的书籍，这是影响我一生的事情。

草地：萧一山写《清代通史》也是因为中学时读到日本史学家的清史著作，认为国人应该自己研究中国史，从此以写清史为目标，上大学后废寝忘食苦读，与您二十岁立志写明史的经历有点相似。

南炳文：不太一样，我不是因为读了他的书，而是决定在明史清史中选一个方向写书时，发现清朝已经有人写过了，于是就决定做明史。

定下目标后，我立刻开始阅读有关著作，要求自己门门功课之余，所有时间都用在看明史上。还买了张中国地图，一个省、一个省剪下来，读书时，读到哪个省，就把对应那片拿出来。学历史，一个时间概念、一个地理概念，是最基本的，必须弄清楚。所以我当时读书必带地图，再必备两大本《辞源》，遇到不懂的字，立刻就查，再背几本《明史纪事本末》细读。你看，我现在手边也常放着《二十史朔闰表》，这个是用来推算时间的工具书。

遇到天文、地理、时间等各种问题，都立刻去查去解决，必须想办法弄明白，治学，如果有没弄清楚的地方，就无法连贯。遇到问题，不求甚解，就不能很好地把握那段历史。

草地：那么年轻就立下宏志，听说您当时也是废寝忘食，以刻苦闻名，吃完饭被问吃了什么都想不起来，并且一直坚持这样苦读，不会感到疲倦吗？

南炳文：一般都感觉不到，就是一种求知欲，在那儿引着你，你就放不下书，一个问题一件事情没弄清楚你就放不下。这个地名到底怎么回事？这个人物究竟怎么样？这里涉及的词是不是有典故？一定要查清楚了才放得下。

"史籍整理，在功利上不讨好，但学术上意义极大"

草地：1979年，您得到了撰写大部头断代史明史的机会，完成这一大学时立下的目标后，您的学术方向转移到史籍的点校整理上，这一转变是怎么发生的？

南炳文：对，当时受出版社邀约和汤纲先生合作撰写《明史》，1985年出版了上册，1991年出版下册，另外我写的南明部分，又另行出版了《南明史》。

做完《明史》后，我一直在思考接下来做什么，有两个方向可选择：一是聚焦比如法律、经济这样的一个方面，沿一条线深入做下去；还有一个是为史学研究做些更基础的原始材料整理工作。我感到做某一方面的明史研究，也是贡献，但做基础性的史籍文献整理贡献更大，可以给明史研究的方方面面提供基础，供千万人使用。

于是我开始对一些大部头的基础性文献进行整理校勘和修订，用十余年时间将存于国内外的《万历起居注》残本进行辑校补正，基本恢复其原貌，又对仅存于日本的《泰昌起居注》《天启起居注》进行校勘整理引进。

2007年，我主持了中华书局点校本《明史》的修订。2013年底，又开始了《明实录》的校勘与研究工作。

草地：在高校学术评价制度里，比起史籍整理，更看重专著和论文。包括您整理《万历起居注》时，听说也受过劝告，说从经济效益上说，不如只原样影印，不必耗费精力去校勘整理。您有没有担忧过肯坐冷板凳的人少了？

南炳文：现在的考核制度有其局限性，这种成果不大算数，但实事求是来看，这些最基础的材料整理好了，谁要写论文著书研究就都有了基础和依据，这些书在世界上不多了，要赶紧整理出来。

史籍整理难点很多，要求知识面特别广，遇到各种问题都有办法解决，真的是遇山开路，遇水搭桥。像《万历起居注》，如果只把国内外的部分合起来影印，很多人读起来似懂非懂，断句都断不好，那你有能力把这件事办了，让后来者用起来更方便，干吗不做？

在功利上不讨好，但学术上意义极大，不要只看眼前一时的得失，这是真正的贡献。你左右不了别人，平心静气来看就好。只是我自己觉得这是功德无量的事，所以就干下去了，而且要选意义更大、难度更大，一般人干不了的活，尽量解决它，有点担当精神。

草地：您多次强调历史研究要为现实服务，认为这是中国史学的好传统，如何理解？

南炳文：治学方法上，对我影响最深的是郑天挺先生，他对问题的论述求深求严，做历史研究与他对国家命运前途的关心息息相关。

历史研究为现实服务，一方面，我认为历史研究要做点有意义的事情，现实需要解决什么问题，可以从历史中寻找经验和教训。另一方面，关注现实问题会加深看问题的深度、广度和整体性，因为很多现实中的问题都是重复发生过很多次的，对这一类问题形成客观深入的看法后，你研究历史问题时，也会思路更开阔，更容易抓住问题要害。

研究历史为现实服务，关注现实也可以让你多长出一双看历史的眼睛。所以我每天都会看新闻。

草地：从史学研究的历史来看，用"为现实服务"的名义而从功利主义的目的出发，对历史进行不准确的记述，在历史上留下了深刻的教训。

南炳文：所以我这里说的服务现实，与把历史扭曲了来为某个目的服务是两个概念。人们往往爱拿历史来讲现实，但不是用真正从历史中总结的智慧和经验教训来指导现实，而是不论真假地拿历史给自己的某个观点辩护，我不同意那种东西，那不叫服务，而是歪曲。

"读的人也许不多，但永远有人关照"

草地：您似乎与网络技术保持着距离？网上曾有学生想发邮件向您请教问题，有人答复说您深居简出，很少用电脑，不如直接写信。您也很少用微信。

南炳文：是的，我手机能接打电话，能看短信，但不会回，微信也不懂，学生们搞了微信群，我也没加。其实很简单的事，但我不去学，学了就干不了活了。这一二十年来，我主持的都是比较重要的学术工程，需要把所有精力用上，从这个角度，我希望减少一些打扰。因为网络太方便，也太随便了，啪！一条，啪！又来一条，你说你回不回？总要处理这些，自己的事也耽误了。现在，我有了学术助手，她会为我处理电子邮件等事务。

网络的便捷是件有利有弊的事，过去你被逼着在脑子里装很多东西，知道什么问题找哪本书，在什么地方下力气，久而久之形成自己的一套方法。现在电脑检索方便了，但你没形成自己解决问题的方法和能力。网上能查出来的，只有已知的和部分搬上网络的东西，很多没被解决的问题网上也查不到，而且网上的东西准确率是要打问号的。

我当然不排斥现代技术，要充分利用好现代化的手段，但也要靠读书积累、独立思考，培养自己解决问题的本领，这是两套功夫。这两套功夫如果能很好地结合使用可能是最好的。

草地：现在网上活跃着许多分类细致、热情高涨的历史爱好者群体，这种网络时代的热潮有积极一面，但人们也时常看到以讹传讹的信息广泛传播，从专业的历史学者的角度，您怎么看这种现象？

南炳文：我不太在意这些，别太认真就是了。许多以历史面目出现的东西并不是历史，而是说书。历史学者也有理解的深浅区别，有负责和不负责任的，这是没有办法的。在电视上和网上，说得有趣、有具体情节的比较容易有观众，这是一种社会需要，但实际上历史不可能把有趣的信息都记下来，有些有趣的事情也不便于记下来。

我看到的错误太多了，做严肃历史的，就做严肃历史的事，做群众娱乐的就做群众娱乐。当然，做严肃历史的，对于歪曲历史的现象在可能的条件下也可以用一些时间加以纠正。

草地：作为严肃历史学者，不会想出来澄清一些错误吗？

南炳文：你不可能整天去纠错，那没完没了，还是要抓住自己最应该做的、最重要的任务。我觉得去澄清这些不是我的主要任务。我现在的主要任务是把手头这些史籍中的错误改过来，我的乐趣在于把它改正确，让以后研究这段历史的人有个依据，永久留下一个比较正确的本子，让人们不再以讹传讹。

我没想过我整理的书会有多少公众感兴趣，这些书的主要读者其实是几类人：搞历史的人,要从历史中总结真正的经验的大理论家和大政治家。人不多,但时间久远,它们永远有人关照。

草地:研究了大半生明史,这段历史最吸引您的是什么?

南炳文:明朝是中国历史上很重要的一个朝代,一个朝代维持近三百年的稳定是很不容易的,这一时期在治理国家等各方面都有很多值得成为经验的东西,例如,对官僚队伍的分工和安排方面。过去因为种种原因,对明朝骂得多,肯定得少,我认为应该更充分地研究这段历史。

原文载《新华每日电讯》2020年4月24日第10版"草地"周刊

采访者:王京雪,新华每日电讯记者

治学"抢先"署名"争后"

——南炳文的学术品格

王京雪

按照惯例,南炳文先生大年初二就会从天津家里返回廊坊师范学院,守着学校图书馆继续他的史料校勘工作,但是今年,受疫情影响,他在天津待到了3月底。

让儿子拉了一车南开研究室里的书回家,他用两个月大致完成了《明实录》里一个"小活儿"——十卷本《仁宗昭皇帝实录》的校勘。"在家毕竟不方便,书不全,没有'阻挠'的话我早回廊坊了。"

南炳文的学生和学术助理王雅洁说:"过完年到2月中旬,先生不停地说要回廊坊,被我们和他家人一起劝住了,后来情况一好转,他立马回来继续工作,老爷子这种精神,一般人都没有。"

"做这个事有瘾,像破谜一样,真的不觉得累。"南炳文笑着说,在还没开学的校园里,他继续着日复一日的案头工作。"现在校园里很安静,整个图书馆就两个人:我和门卫。"

见到南炳文先生,很快就会被这位七十八岁历史学家的几种特质所吸引。

首先,是他非同一般的谦逊与和善。

在学生们记忆中,南炳文对上门请教的学生如对贵宾,学生离开,他总要到门口相送,直至看不到他们的背影。

他对遇到的每个人都会奉上习惯如自然的真心尊重。每天去学校图书馆内的书房工作,对门口保安,他必笑着点头打招呼。打车时,他会夸赞出租车司机车开得好。

南炳文说:"周围的人都要尊敬。人各有所长,因为条件和机遇不同,有的在这方面有成就,有的在那方面,像一棵树上各站一枝的鸟。我可能在这根枝上,懂一点人家不知道的东西,可人家会的我懂吗?"

在他与汤纲合著、长达一百万字的新中国成立以来首部明代断代史专著《明史》背后,有段署名互让的学界佳话。1985年,这套书上册由上海人民出版社出版前,南炳文收到清样,联系出版社,要求将原本署名在前的自己,放到后面。

出版社编辑大为不解,说您承担了此书的主要撰写工作,本应署名在前,但南炳文坚持要改,只说汤先生是前辈。

《明史》上册出版后,汤纲看到署名,在该书参加评奖时,给评奖委员会写信,要求如果评上,奖状一定要将南炳文的名字放在前面,又联系出版社,说出版下册时务必将署名顺序改回来。

到2003年该书再版，两位作者还在为署名先后互相谦让，终于各退一步，接受了上册南前汤后，下册汤前南后的方案。

有编辑感叹，在出版界待了半辈子，见过以合作始，为争稿费争署名，以分裂终的，但少见南炳文式"争后"的。而这类事，南炳文做过许多回。

有学生发表由南炳文指导的论文时，将他的名字也署为作者，南炳文很生气，说这种现象要坚决杜绝。"大家写文章都常从与人互动中得到启发，但谁的就是谁的，且老师给学生讲点什么，不是应尽的责任吗?"

南炳文身上的第二种特质，是他超乎常人的勤奋。这在明史学界是有口皆碑的，南开大学历史学院师生们也早已熟知这位全年无休、风雨无阻，每天工作约十小时的老先生。

十九岁进入南开，大学时代，南炳文就已经形成这种生活方式，他说自己至今不觉得累，七十八岁跟三四十岁时比，精力和体力没感到有变化。

"不干活，我总觉得心里'没局'，这是我们老家话，就是心里没着落的意思。"他打趣说自己是个书呆子："笨得要命，只好一门心思趴在这里干，就像有了个吃好东西的机会，就慢慢吃，吃得甜滋滋的就是了。"

他的性格原本很活泼，却做了最安静枯燥的工作。打小爱唱歌，中学时，南炳文曾是班级歌唱比赛的指挥，但进了大学，决心钻研明史后，他决定告别这一爱好，"会占用时间的呀，我要集中精力搞历史"。回想起来，他说已记不清多少年没唱过歌。

有学生在写南开学风的文章时，描述过一辆被修了又修的破旧自行车，人们日复一日地在范孙楼前的小广场看见它，就知道它的主人南炳文又在楼上读书著述。

王雅洁说："南老师每天定着闹钟提醒吃饭，但有时闹钟响了也听不见或者忘了。过年也不休息，大年初一初二我就要为他订从天津回廊坊的车票。"

2016年，南开大学文科图书馆搬到了距南炳文家往返两个多小时的新校区。为方便用书，集中精力推进他所主持的点校本《明史》的修订和"《明实录》整理与研究"工程，南炳文在参观过廊坊师范学院的图书馆后，接受该校聘请，将日常工作地点从南开搬到了廊师，真正是为了书而搬家。

南炳文身上还有一种显著特质，是幽默和坦然。幽默，是话语间扑面而来的，不必多说。坦然则是一种经历岁月打磨过的从容。

回望人生，提到从小学到中学大学常常得到的全校第一，以及在考大学当中一些课程全省第一，南炳文说自己并非天生聪颖，而是被弱点逼着成长，他略抬下左臂："你有没有注意到我有残疾?"

两岁时，在村里玩日军遗留的爆炸物炸掉左手，刚懂事，就听村里人说"你将来就是个废物"，也感受着家人对自己通过好好读书，找到吃饭门道的期冀——南炳文说自己很小就有危机感，因此在每门考试中都不甘落后。

他平静地回忆以全校第一的成绩从初小考上高小，却被学校拒之门外的过往，回忆母亲在滹沱河发水涨高的时节，冒着危险，蹚水去河对岸的正定城里找教育科，为他争取上学的机会。

"说实在的，我没为此生气过，只是有点苦恼。可能从小被苦难锻炼，我知道不同的人有自己思考的角度，这种事不能怪别人。"他说挫折不一定是坏事，坏事可以变成好事。

苦难化为动力，让他成为今天的南炳文，也让他找到钟爱一生的事业。埋首于一项又一项以十年为时间单位的修史和古籍整理项目中，尽管总打趣自己是傻用功的"书呆子"，但他当然清楚自己工作的价值，那是极有意义，但能做、愿做的人不多，恰好他有能力做，也愿意为之投注毕生心血的工作。

原文载《新华每日电讯》2020年4月24日第9版"草地"周刊

作者：王京雪，新华每日电讯记者

师者的风范

杨栋梁

在恢复高考后的20世纪70年代末80年代初，坊间有"北清南复"四大名校之说，而"南"指"南开大学"，非"南京大学"。当时，南开大学享有"文理并重，比翼齐飞"之美誉，化学、数学、经济、历史作为四大支柱学科蜚声海内外。就历史学科而言，更是历史悠久，人才辈出，可谓名师各领风骚，青壮才俊青出于蓝而胜于蓝。

南炳文先生作为明史研究大家，早在20世纪80年代的不惑之年就已脱颖而出，成为南开史学新生代的代表人物之一。先生与汤纲合撰的学术巨著《明史》（上下册）出版后，学界好评如潮，由此确立了不可撼动的学术地位。

1985年，挂靠在历史系的历史研究所与历史系"脱钩"，开始作为南开大学下属的二级单位运行。研究所设有郑天挺先生创建的明清史研究室、吴廷璆先生创建的日本史研究室、杨生茂先生创建的美国史研究室、刘焱先生创建的周恩来研究室共四个研究室，加上办公室和资料室，全所教职员工约三十五人。从此时起，榜样就在身边，笔者耳濡目染了南炳文先生的师者风范。

在南开大学历史学科，南先生的"勤奋"和"刻苦"有口皆碑。进入古稀后的近十年来，依然斗志不减，每天上午、下午和晚上三个"单元"全天候工作在范孙楼研究室。担任廊坊师范学院明史与明代文献研究中心主任以来，更是以校为家，全身心投入。梅花香自苦寒来，这种持之以恒的刻苦钻研，换来了非凡的学术建树。在通史研究方面，除了获得教育部人文社科优秀成果二等奖的百余万字《明史》外，还著有《南明史》和《中国封建王朝兴亡史（明朝卷）》等大部头著述；在专史研究方面，发表《中国反贪史》（明代部分）、《"盛世"下的潜藏危机——张居正改革研究》（合编）、《明代两畿鲁豫的民养官马制度》《佛道秘密宗教与明代社会》《明代文化研究》（合著）、《地理大发现后的世界格局与明朝的对策》等著作和论文，研究成果涉猎政治史、经济史、文化思想史、中外关系史等广泛领域。其渊博学识和过人才华，由此可见一斑。

南先生对历史学的贡献，不唯在明清史研究领域取得卓越学术成就，还在于对学科建设的突出贡献，这主要体现在三个方面。一是为筑牢明史研究基础，完善明史研究学术体系，在明史文献资料的整理与研究上用力甚巨，继《辑校万历起居注》获得全国古籍整理优秀图书一等奖后，组织开展大型工程《明史》的校勘整理，主持完成百万字《〈明史〉大辞典》的词条注释，目前正主持国家社会科学基金重大项目"《明实录》整理与研究"，这些工作耗时费力但意义重大,实属惠及后世的功德之事。二是呕心沥血亲自指导培育了百余名硕博士研究生,如今桃李满园,嫡传弟子中,既有学界翘楚,亦不乏政界干才。三是在学科建设中发挥重要领导作用。1979年历史研究所成立并设立明清史研究室时,郑天挺先生任研究室主任,南先生任副主任,1981年郑先生仙逝后,全面挑起研究室工作的重担。1985年任历史研究所副所长。1991年任历史研究所所长,直至2012年七旬高龄时荣退。此外,先生还长期担任中国明史学会会长,为推进我国的明史研究谋篇布局,做了大量策划和组织工作,深受学界同行尊敬。

先生待人礼贤下士,和蔼可亲;处事豁达明理,格局高远。笔者与先生交往数十年,亦师亦友,受益匪浅。在此,仅以一事示之。

1988年,乘着改革开放的东风和学术研究国际化浪潮,俞辛焞教授以历史研究所日本史研究室的教师为基础,邀请我校经济、外语等相关系所的日本研究人员横向合作,组建了全员兼职的日本研究中心(简称"日研"或"南开日研")。当时,日研的管理体制是:中心成员推选出理事并组成理事会;理事会是日研的决策机构,有权选举产生理事长和行政主任;主任对理事会负责,在主任聘任的秘书长协助下处理日常事务;在日研的成员中,临时借调两名人员处理日常事务和资料管理,研究人员则根据专业方向和个人兴趣,自由组合成经济、外交、历史文化三个研究会开展学术活动。截至1992年,白手起家的日研纯属无固定人员编制、无固定办公场所、无校拨预算经费的"三无"机构,事业发展举步维艰。

从1993年起,"虚体"的日本研究中心获得了许多实体科研机构也没有的资源条件。日本友人冈松庆久捐赠的日本研究费和著名历史学家江口圭一捐赠的日本研究基金,解决了日研急缺的发展经费问题;利用日本友人吉永正藏的个人捐赠和日本大阪万国博览会基金援助,建造日研专用的四层独立楼房,从根本上改变了科研教学的硬件环境;从1995年起,南开日研被日本国际交流基金正式列为中国华北日本研究重点基地,开始实施第一期五年ODA援助计划,援助内容包括购买研究设备、举办国际学术会议、出版学术著作、合作研究、邀请专家讲学、研究员赴日研究考察、研究生赴日研修、日文图书赠送等。1996年7月,日本研究中心换届,笔者担任主任,随后根据实际工作需要,在日研设立了办公室、资料室、研究部、成果出版部、学术交流部、办公设备部、日语培训部、《日本研究论集》年刊编辑部,初步形成规范的工作机制。此后,由于各部门负责人的忘我付出和精诚合作,各项工作进展顺利,日研在国内外学界的影响急剧扩大。

尽管如此,由于日研事业规模和实质工作内容的骤然扩大,管理体制上的缺陷也开始呈露,这主要表现在:日研是没有独立人事编制的"虚体",成员全员兼职,故所有成员为日研承担的繁重工作,均无法得到其所在任职单位的承认,特别是在进行工作评价和职称评定时,无论日研成员对日研的发展有多大的付出和贡献,也无法被纳入评价体系。从常理讲,一时的无私付出不难做到,但能经受长期时间检验的付出就不易了。再者,兼职成员多有"被请进来"的客卿意识,反之缺乏主人公的责任感,具体表现为获取资源积极(如希望日研提供研究室和计算机等研究设备、资助研究课题、资助出国研究、资助研究成果出版),承担义务消极(如日常的楼房管理事务、频繁的学术交流事务、繁重的国际资助项目申请及结项事务等)。当时日研有一批进取心强、勇于奉献的核心成员,因此事业发展有声有色,但这并不能保证日研的发展长盛不衰。

经过慎重考虑,笔者在广泛征求意见的基础上,认为要从根本上解决问题,日研必须走实体化道路,具体方案是历史研究所日本史研究室的教师全员转制,人事关系调入日研,成为专职成员,其他系所的教师保持日研兼职成员身份不变。但是,从理想到现实还有艰难的路程,其中不可逾越的第一道"坎",是日本史研究室的主管单位历史研究所是否"放行"。日本史研究室是根据周恩来总理指示和国务院部署于1964年成立的国际问题研究机构,是历史研究所的支柱研究方向之一,从历史研究所本位的角度看,日本史研究室脱离编制,势必会削弱历史研究所的实力和影响;但是从国家需要和学校要建设优势特色学科(方向)的角度考虑,日研的实体化符合学校的战略布局方向。在这种情况下,作为历史研究所所长,南先生的态度至为关键。

在耐心听取笔者的工作汇报和发展设想后,先生最终做出艰难选择,为日本史研究室十名教师人事关系的转制开放了绿灯。2000年5月,日本研究中心实体化工作完成,正式成为学校下属的二级科研机构。

2003年4月,日本研究中心的发展再上新台阶,"升格"为国内高校中唯一的院级实体日本研究院。在人才培养方面,开辟了招收历史学、经济学和政治学三种学位的日本研究硕博士研究生、培养日本研究高级复合型人才的新路;在国别研究方面,以日本为对象,推进了史学、政治学、经济学、社会学等多学科融合与交叉研究的深化。如今,日本研究院已经成为国内领先、国际有影响力的综合性日本研究和人才培养机构。每念及此,笔者作为"日研人",总会想起当年南先生的包容、支持和期许,从而增加一份搞好日研工作的压力和动力。

作者:杨栋梁,南开大学日本研究院教授、博士生导师,世界近现代史研究中心主任,中国日本史学会会长

知者乐，仁者寿

——南炳文先生对我学术道路的引导和影响

李晟文

　　虎年来临之时，我的研究生导师、著名明清史学家、南开大学资深教授南炳文先生迎来了他的杖朝之年。闻此消息，我一时思绪万千，昔日在先生身边学习和工作的种种情景蜂拥而至，颇有一种"不得不说"的感觉，于是我对这些思绪略做整理，写下这篇回忆性的文章，算是给南老师八秩大寿添上一份小小的礼物吧。

言传身教，严格要求：从先生书室长明的灯光谈起

　　我原在湖南湘潭大学历史系学习，1983年和同窗好友张国骥一同考入南开大学明清史专业硕士研究生，入校后国骥师从冯尔康先生，我则在南先生的指导下学习，从此开启了我和南先生几十年的师生之缘。从读研到留校工作，我在南先生身边一共学习和工作了八年时间。

　　八年在人生中是十分短暂的，但我在南开的八年却是我人生中最难忘的时刻之一，因为它给我留下了非常多的美好记忆，尽管三十多年过去了，许多当时先生指导和关怀的情景仍历历在目，犹如发生在昨日一样，令我感到十分温暖。其中一个让我非常难以忘怀的情景，就是先生夜间书室窗口透出的灯光。我说的书室，其实是指当时位于南开大学主楼二楼的明清史研究室资料室和后来四楼他的办公室。在我的记忆里，那时先生除了开会、出差或重要节日之外，似乎天天都在此看书，风雨无阻，所以我在学习中如遇到什么问题要向先生请教时，一般就直奔其处（那时不像现在人人有手机，可以事先电话预约），极少有扑空的时候。一到晚上，书屋的灯光从窗口透射出来，并且随着夜色愈深，而愈显得明亮。有时我和国骥或其他学友傍晚在主楼前后散步，常看见南先生书屋窗口明亮的灯光，大家很感慨，说南先生真用功，值得我们好好学习。每次我来这里见到先生，总是看见他身在书堆之中，伏案看书，抄卡片或者奋笔疾书。有时我问先生，您好像天天在这里看书，节假日也不休息吗？先生笑着对我说，"我没有什么节假日，即使大年初一我也在这里看书"。并且对我说，做学问要静得下心来，要坐得住冷板凳，踏踏实实读书查资料，一步一个脚印，只有打下扎实的基础，步子才稳，学术道路也才宽广。先生这种坐冷板凳、伏案勤读的习惯可以说几十年如一日。后来我留校工作，也照样经常看到他书室里长明的灯光，我出国以后，偶回国专门来天津见先生时也多在他的办公室书屋见他，所不同的是这时办公室已经不在主

楼,而是搬入了范孙楼。先生退休后被廊坊师范学院聘为特聘教授,那时已经是古稀之年的他,习惯仍然如此。前几年我去廊坊师范学院先生家里看他,他就是坐在堆满书籍的书桌旁和我见面,并告诉我他正在主持《明实录》校勘的大型国家重点项目。先生很健谈,谈起此事时很高兴,根本不像一个已近耄耋之年的老学者,这使我不由想起曹操"老骥伏枥,志在千里"的豪言壮语。先生这种精神深深地感染了我,并长久地影响着我,成为我在学术道路上迈进的重要动力和榜样。

先生正是由于耕耘不辍,因而硕果累累,成为具有重要影响的明史大家,并当选为中国明史学会会长,在海外汉学界也同样具有影响。20世纪八九十年代他和汤纲先生以十年磨一剑的功力撰写的《明史》(上下册),就是其重要成果之一。该书不仅是1949年以后中国大陆出版的第一部《明史》,而且因其长达115万字、1580多页,也是明史研究方面的鸿篇巨制。其书旁征博引,史料扎实,内容翔实,加上立论平稳,见解深刻,因而出版后受到学界高度肯定和好评,成为至今为止研究明史仍不可不读的专著。先生撰写及合著的著作还有《南明史》《中国封建王朝兴衰史》(明朝卷)、《中国反贪史》(明代卷)、《明代文化研究》等。除了个人著述不辍外,先生还主持国家重大研究项目,如指导并完成了由多所大学学者共同参与的二十四史中的《明史》修订工程,目前又投身于《明实录》的校勘工程之中。先生之所以取得如此多和如此大的成就,正是他平日坐冷板凳、研读不息所开出的繁花和所结出的硕果。

先生这种勤于耕耘的精神,对我起到言传身教的示范作用,老师如此勤学,学生岂可偷懒?先生曾在著名明清史家郑天挺先生身边学习、工作多年,在治学方法上深受郑先生影响,严谨踏实,非常重视原始史料的发掘、研读与把握(郑先生主持编撰了多种历史资料集,如《明末农民起义史料》《明清史资料》等)。先生除了自己严格践行外,同样也严格要求我,认为读研究生首先要打下扎实的史料基础,所以在要求我广泛阅读不同史籍的同时,还要我精读几种基本史籍。比如他要我先通读夏燮的《明通鉴》,以便我对明代历史发展演变有一个整体的了解。我当时在读该史籍时确实下了一番功夫,除了一有空就泡在图书馆里读书做卡片外,还专门买了一个很厚的笔记本制成年表,表的左边小栏为时间(明纪年与公元年月),右边大栏则为大事记,抄录或概述相关重要事件。这种自制表格一方面巩固了我读《明通鉴》所获得的知识,另一方面由于一目了然,可以按图索骥,还可以与我抄的卡片对照使用,因而颇为方便。后来我写文章或写书时多次配制表格,作为对文字阐述的补充,就是这时候养成的习惯。此外,我还按照先生的要求细读《明史》和《明实录》,由于这两部史籍部头大,内容浩繁,我只精选了部分内容进行研读,但这对我已是很大的帮助,我后来写硕士论文《明代北京的商业活动》时就多处参考或引用了《明史》《明实录》的相关史料。先生对我的这种严格训练,为我打下了扎实的基础。

留校工作以后,我和李小林教授在先生的指导下主编了《明史研究备览》一书,该书是天津教育出版社推出"学术研究指南丛书"的明史部分,集学术性、资料性和工具性于一体,既对当时国内外明史研究状况作了总体性的评介与展望,又对一些重要问题的研究状况及重要研究成果、已故著名明史专家、重要研究机构和学刊等进行了专题介绍。此外,还对一些重要的史籍和工具书作了评介。总之,该书对明史研究确实在一定程度上起到了备览和指南的作用,因而出版后受到好评,并被评为天津市社科优秀成果三等奖。先生对该书的编著极其重视,对书的体例、条目、内容等方面都给予了很多具体指导,并对书稿进行最后审定和把关,所以该书的成功,与先生倾注的心血直接相关。我和小林教授还参加了先生主持编写的《清代文化》一书的写作,先生见我学过法语,对中西关系颇感兴趣,所以让我主要负责中外关系部分的写作。这是我第一次涉足于中外关系史特别是中西关系史的研究,由于我阅读到许多相关的资料和论著,对这方面的历史背景、重大事件与人物有比较系统的了解,从而开启了我以后主要以中西文化交流史(特别是中法、中加关系史)为研究重点的学术之路。

先生著书立说非常严谨,没有根据的话从不说,没有十足把握的结论也从不妄下,所以他的论著与观点虽历时久远,仍然具有重要参考价值。他常对我和其他弟子们说,做学问、写文章要谨慎,白纸黑字,如弄错了,对自己不好,还会误导别人,所以一定要言之有据,证据不足时宁缺毋滥。先生这种严谨的学风对我的影响这里只举一个例子。1995年我在《清史研究》上发表了第一篇探讨清代法国耶稣会士来华传教策略的论文,该文参考了诸多中法文资料与研究成果写成,此外我还对照各种资料专门编成一个法国来华耶稣会士总表,把传教士的中外文姓名、生卒年月、来华时间、入华地点以及传教士在华主要活动地区等一一列于表上,让人一目了然,为研究者提供了便利(当时学界尚无人做这方面的工作,有的学者知道传教士的中文姓名,而不知其法语原名,或所知不详)。《清史研究》主编李鸿彬先生对拙作评价较高,文章发表后他表示要推荐给《人大报刊复印资料》,但我由于看到发表后的文章在传教士法语姓名及法语书名的印刷上有弄错的地方,所以婉谢了。其实在当时乃至今天国内出版的论著中的外文人名与书名的印刷错误是很常见的事,但我谨记先生教诲,既然文章有印错的地方,就不能以讹传讹。后来我写别的文章时对这份传教士人名表做了修订和增补,予以重新发表,把印错的地方也改了过来。

和蔼可亲的长者,关爱学生的老师

在我和先生其他弟子的集体记忆中,先生既是我们的严师,对我们要求严格,同时又是我们的谦谦长辈,和蔼可亲,平易近人,对大家的学业、生活乃至未来的成长和发展都非常关心。我性格比较内向,平常言语不多,刚从大学期间的"集体生"摇身变为和老师一对一的"个体生"(我之前有王静师姐,我是先生门下的第二位研究生,那届只有我一人),刚开始有些不适应,单独见先生或听先生授课(有时也和几位师弟师妹一起)时有些紧张。先生见到我时总是满面春风,笑吟吟地看着我,要我不要紧张,有时还幽默地学我拘谨僵坐的模样,惹得我哈哈大笑,紧张的气氛也随之烟消云散。先生授教或答疑解难时口气从不居高临下,而是非常平和,非常平等,经常停下来问我对他的讲法与授教有什么想法,是否同意,其感觉颇像朋友或同人学者间的对话与切磋。在先生这种"春风化雨，润物无声"般的影响下，我也在悄然无声地发生着变化，不仅学到了许多东西，而且也变得更加开朗，更加有自信心，后来我之所以敢于只身一人来到万里之外的加拿大深造，就和先生那时的熏陶和鼓励很有关系。可见，一个好的老师，不仅学问要好，而且授教方式与个人人格魅力也十分重要，从这个角度来讲，我很庆幸我有这样一位好老师。

先生对他的学生都非常关心，我想这一点弟子们都是同有感受的，我个人这方面的感受就非常深刻。由于天津离湖南老家很远，又加上我那届从先生读书的只有我一人，所以节假之日难免有想家的时候。尽管王静师姐平日对我很关照，但先生还是担心我寂寞，所以每逢重要节假日，经常邀请我去他家做客。后来师弟师妹们多了，来做客的人也多了，每次我们来时，先生就像对待贵宾一样热情接待我们，师母吴老师则是忙前忙后，为我们做各种好吃的。回想起这些往事，虽然几十年过去了，当日那种师生欢聚、其乐融融的情景，仍历历在目，仿佛就在昨日，让我感到很温暖。

后来我出国了，和先生见面的机会少多了，但我和先生一直保持着密切的联系，书信、电话不断。先生对我非常关心，每次来信及我们通电话时总是问我和家人的生活情况、学习情况与工作情况，提醒我们多保重身体，让我十分感动。我读博期间很紧张，只回过一次国，参加工作以后就多了一些。每次回国，我都要专门去天津看先生。先生也来过我这里几次，第一次来时我还没有毕业，后两次是我参加工作以后。每次先生来我这里访问讲学，我都陪先生四处看看，有一次我还专门开车陪先生到千里之外的加美边境观看世界著名的尼亚加拉大瀑布，以便先生在工作繁忙之余能小憩一下。不论我和先生在国内还是在加拿大见面，我们就像老朋友重逢那样，有说不完的话，先生也常这样对我说："我们都是几十年的老朋友了，不用客气。"这种师徒亲切如友的真挚感情，十分珍贵。

先生对我未来的发展很关心，除了如前所说严格要求我在图书馆坐冷板凳、认真读书及邀请我参与他主持的科研项目外，有时还要我走出书斋，参加某些似与科研无直接关系但从长远的角度来看却很有意义的活动，以便从多方面对我进行锻炼。这其中让我印象最深的就是参加他主持的《热河行宫》电教片的拍摄工作。1985年夏天我作为先生的助手随先生和南开大学电教站摄影组的老师一起去承德避暑山庄拍摄。避暑山庄是清代皇家避暑和处理政务的地方，在清代前期政治、外交与民族关系史上起到过重要作用。为了配合历史教学活动，先生主持了这部六集历史电教片的撰稿与拍摄工作。我们在避暑山庄住了近一个月，每天穿梭于宫廷、园林、庙宇（如外八庙）之间进行观察和摄制。这是我第一次在书堆之外、在清人遗址遗物（也即我们目前流行说的物质文化遗产）之前近距离看历史，真有一种置身于历史之中的感觉，因而对历史的认识更加具体丰富，对历史的领悟较之以前也更觉深刻。受这次特殊经历的感悟，我回校后查阅对照相关文献资料，撰写了我的第一篇学术论文《试论承德避暑山庄的兴衰》，呈先生指正。先生看后比较满意，推荐给《南开史学》，并很快发表了（1985）。尽管这次与历史景物直接接触的时间很短，但却对我产生了较为长远的影响，后来我在加拿大工作时比较注意打通文献资料和物质资料的藩篱，利用加拿大博物馆收藏的中国器物来研究民国时期的中加文化交流，这就与我这次特殊的经历有关。我来加拿大读博士时的第一个夏天，我的导师也邀请我参加他在一个偏远小岛上主持的对一个17世纪印第安人文化遗址的考古发掘活动，这时我才猛然意识到这和以前南先生邀请我参加他的历史电教片的拍摄活动如出一辙，都是属于对学生的跨学科培养，以便进一步开阔学生的眼界，至此我才真正领悟到当年先生安排我参与这一活动的长远眼光。

先生对我在海外留学与工作的关怀和支持

1992年夏，我离开家人，离开先生以及我工作的南开大学，只身一人飞往遥远而又陌生的加拿大，攻读博士学位。经过多年的努力，我先后完成了博士学习和博士后研究，然后在拉瓦尔大学人文学院历史学系任教，直至今日。这次出国，可以说是我人生与学术道路的一大变化。可能许多人不知道的是，我的留学之路其实在很大程度上是在先生的关怀和支持下实现的。如前所述，先生以前主持《清代文化》一书的写作时因我学过法语，邀请我参加了该书中外关系方面的写作，此使我对中西关系史的研究产生起浓厚的兴趣，同时也使我感觉到自己的法语水平很不够，期待以后有机会提高。先生也希望我尽快提高法语水平，以便以后可以借此优势专门开展中西关系史特别是中法关系史的研究。刚好我留校后不久学校收到法国里昂中法大学寄来的招收进修人员的简章，向各系、所了解是否有懂法语的年轻教师愿意报名，先生当时是历史研究所副所长，知道这个消息后很快告诉了我，鼓励我报名。我随后向学校有关部门报了名，不过报名以后并没有什么结果。尽管如此，这件事使我感到确有必要去国外进修，在西方语言环境中学好法语。于是我决定自己直接和国外的法语大学联系，并把这个想法告诉了先生，先生很同意，专门为我写了推荐信。在随后的一段时间里，我向欧美几所法语大学写信申请进修或读博。经过一段时间的联系，我收到来自法国、加拿大三所大学的邀请信，由于加拿大拉瓦尔大学历史系的蒂尔贡教授的研究领域和我研究明清时期中西关系的兴趣比较接近，加上又有奖学金，所以我最后选择在拉瓦尔大学攻读博士学位。由此可见，如果没有先生的鼓励和鼎力推荐，我出国深造的想法是不可能实现的。由于当时忙于与国外大学的联系，我的研究活动受到一定程度的影响，没有能在先生的指导下做出更多的成绩，为此我一直感到有愧于先生。

拉瓦尔大学位于加拿大法语省省会魁北克市，是加拿大历史悠久的大学，也是加拿大著名的高等学府。我在这里的博士学习是很紧张、很辛苦的，特别是头两年。拉瓦尔大学是法语大学，所以在这里的学习都得仰仗自己的法语，如听课、做笔记、交课堂论文，以及作口头报告、参加课堂讨论等，还有就是在导师的指导下阅读大量法语原始资料和论著，写博士论文，这一切都需要非常扎实的法语知识，而我的法语主要是在大学本科期间上公外法语时打下的，虽然出国前我补学了一段时间，但水平很有限。还有就是我对一些西方史学界流行的理论与研究方法也不熟悉。所以头两年学习期间我常常感到很茫然，不知所措，再加上有几位从国内来读博士的年轻老师（有的原为法语老师）中途退学了，这使我感到压力很大，有时还心生犹豫。每当我感到迷茫的时候，先生就成为我的精神支柱，我给他写信或打电话，从他那里得到力量。先生很理解我在国外学习遇到的困难，但鼓励我要有自信心，说出国机会很难得（特别是那个时候），在国外能收集到很多珍贵资料，能学到很多新东西，要我一定坚持住。每次听到先生的话，都感到很受鼓舞，我的博士导师蒂尔贡教授也很关心和鼓励我，所以我坚持了下来，除了刻苦补学法语外，就是像以前在南开读硕士时那样天天坐冷板凳，泡在书堆中苦读。经过几年的努力，我终于顺利完成了学业，用法语撰写的比较研究 17 世纪法国耶稣会士在中国与北美传教活动的博士论文被评为优秀博士论文，毕业之后我利用在渥太华大学做博士后的机会把它修改出版，出版后被评为加拿大 2001—2002 年度出版的四部优秀的社会科学法语著作之一。先生听到这方面的消息后非常高兴，向我表示热烈的祝贺。

在我度过博士学习最初最艰苦的阶段后，先生高瞻远瞩，提醒我在不影响我学习的前提下，把已有的研究心得整理出来，在国内发表，这样既可以保持和中国学者的联系，在学术研究上有所贡献，同时也可以增加自己的研究成果，为以后发展做准备。我于是挤出时间撰写了四篇专门探讨明清时期法国传教士与中法文化交流的论文，先后发表于《清史研究》（1995）、黄时鉴先生主编的《东西交流论谈》（1998）、《中国史研究》（与蒂教授合著，1999）、《世界宗教研究》（1999）。此外我还写了其他两篇文章，其中一篇介绍海外汉学机构的文章刊于台湾《历史月刊》（1995），另一篇书评性文章（对一部研究法国来华传教士的法文专著进行评价）发表在张国刚教授主编的《中国社会历史评论》（1999）上。与此同时，我由于得到法兰西学院院士、著名汉学家魏丕信教授的邀请，被法国著名的社会科学高等研究院荣聘为讲座教授，前往访问了一个月，做了三场讲座（包括在魏教授主持的汉学研究活动中的讲座），还收集到大量对我博士论文的写作及以后的研究非常有用的资料。所以我感到尽管我的博士学习非常辛苦，但很充实，也很有收获。当然所有这些收获都和先生的关怀、指点和鼓舞是分不开的。

博士毕业前夕，我打算像这里许多博士生一样，向博士后方向冲刺，并考虑在加拿大首都渥太华市的渥太华大学历史系主任、清史学者戴高禄教授的指导下从事研究，具体研究课题结合戴教授的研究方向扩展到近代，即 19 世纪后期重庆的现代化进程与中西关系。我把这一想法向先生做了汇报，先生看了我写的计划很赞同，他在回信中写道："晟文寄来的博士后课题简介，我已经读过。总的感觉是设想很好，文字写得也很好，令我油然产生'士别三日自当刮目相看'之感……此课题写成后，如能在通过与中国沿海地区的近代化相比较而找出重庆地区近代化的特点，写出第二个课题，晟文就可以成为重庆近代化丛书的大作者了。"信中对我的关怀、肯定与期待溢于言表。做博士后必须先申请到相关资助。在加拿大从事文科博士后研究，其资助来源大体可以分成两类，一种是大学内部科研机构或基金会提供的资助,还有一种是政府提供的资助,以魁北克省申请人而言,政府资助又分为魁省人文社科基金会与加拿大社会与人文科学研究理事会提供的资助,这两种资助(特别是加拿大联邦政府的资助)竞争很大,很难申请到,我由于得到先生的鼓励,同时又有蒂教授、戴教授的鼎力推荐,因而同时获得了省政府和联邦政府的资助,实现了去渥太华大学从事博士后研究的愿望。

做完博士后恰逢魁北克省政府出台资助本省大学招聘教师的特别项目(此与大学相关院系自己出公告招聘教师的普通方式有所不同),鉴于我的博士学习比较成功,又同时获得魁北克省和加拿大联邦政府资助的博士后资助,因而拉瓦尔大学历史学系选定我为候选人,上报学院、学校领导,经学院、学校评选之后,学校再把我推荐给省基金会,省基金会最后评比确定入选人时我有幸名列其中,从而成为拉瓦尔大学历史学系的教师。先生得知后非常高兴,叮嘱我一定稳扎稳打,把工作做好,还特别提醒我要处理好与加拿大同事的关系。我谨从师命,勤奋工作,从助理教授与博士生导师一步步升为副教授、教授。我负责我院以中西文化交流为中心的科研与教学工作,系、学院及学校领导对我的工作都很支持。2013年,我校人文学院专门成立了魁北克中国研究中心,指定我为主任,并为此举办了研讨会与隆重的成立仪式,我校副校长、人文学院院长等领导都登台致辞,同时也特别邀请了南开大学历史学院杨栋梁院长和先生前来致辞,以表示对南开大学及先生的感谢。先生的莅临、致辞与讲学不仅是对我个人的大力支持,也是对我校中国研究的大力支持,因而对我是莫大的鼓舞。中心成立后我多次举办国际研讨会和讲座活动,后来再创办《中国历史文化研究丛刊》,并任主编,发表海内外学者的研究成果。

最后谈谈先生对我其他工作的关怀与支持。按照我校体制,教师的工作除了教学和科研外,还要适当参与某些管理方面的事务。但我对这方面的事情不太热心,觉得会影响研究活动。先生得知后认为不要总是待在书斋里闷头看书,应该适当参加一些学校管理方面的事情,这既是对自己的锻炼,也可以在学校事务上有较多的话语权。我觉得先生的话很有道理,于是不久后我当上了学院理事会理事,经常参加由院长召开并有副院长、各系主任(我校人文学院共有历史学系、语言学与翻译系、文学戏剧与电影系、信息与大众传媒系及语言培训系)参加的工作会议,研究学院的重要事务。目前我又被任命为学校理事会理事,每月定期参加由校长主持并有副校长及各学院院长等领导参加的校务会议,听取校领导的报告,参与对学校重要决策的讨论与确定。参加这种活动确实占去我一些科研时间,但也学到不少东西,使我对学校的运行、管理及办校方针有较宏观的了解,可见诚如先生所说,适当参与一些这方面的活动是有益的,可以增加阅历。

提起这方面的事情,我还要特别谈谈先生对我推动我校与中国大学合作关系的支持。自我任教以来,我多次受我院、我校领导委派到国内高校访问,推动与中国大学合作关系的发展,如2004年受我校主管外事的副校长的委派,我访问了北京外国语大学,受到陈乃芳校长的热情欢迎;2012年,我受命访问华中师范大学,拜会了马敏书记及老校长章开沅先生;

2013年，我校组成一个较大规模的代表团来中国大学访问，由我校校长、常务副校长、外事副校长及相关学院领导（包括人文学院院长）等十人组成，我也应邀参加了代表团。先生非常支持我推动中加学术交流的活动，并希望我要特别注重发展与母校南开的关系，认为这种交流关系的建立和发展对双方大学都有利，另外我也可以借此机会为母校做点贡献。先生不仅这样说，而且在力所能及之时付诸行动，如2013年来我校讲学及参加中国研究中心成立仪式期间，他在会见我校领导及人文学院领导时就表达了希望我们两个学校发展学术交流的愿望。先生所言正是我之所想，而先生所行则是我的榜样，所以我特别向我院、我校领导提议加强和南开的关系，并得到同意。先生知道我离开母校已久，加上相距遥远，联系不便，所以他也积极在南开方面配合，使我本人以及我院领导希望与南开历史学院建立学术联系的设想得到历史学院历任领导的认同，同时也使我和母校领导如陈洪、关乃佳、朱光磊副校长建立起联系。在这种情况之下，拉瓦尔大学与母校南开的关系变得紧密起来，其中突出的一个例子就是2006年我们双方在南开共同举办了一个"中国文化与世界"高层论坛，不少京津地区的学者参加了该研讨会，我校也有四十多人参加。另外，我们双方学院还于2017、2018年分别在南开和我校举办了中西文化交流史国际研讨会，目前我们双方正在筹办一个三校联办的研讨会（比利时鲁汶大学、拉瓦尔大学、南开大学），预计今年10月中旬在比利时召开。学校层面上，在拉瓦尔和南开已经是友好学校的前提之下，彼此还于2014年签订了一个互派留学生的学生交换专项协议。总之我们两校的合作交流取得了多项成绩，这些成绩的取得与南开大学历史学院李治安教授、陈志强教授、杨栋梁教授、江沛教授、余新忠教授等历任领导以及南开大学校领导的鼎力支持密不可分，但同时与先生默默无语的努力也是分不开的，所以我在这里特别提到这一点，以表示对先生的衷心感谢。

总而言之，先生对我的关心、支持与影响可谓大也，从学术研究，到个人生活，再到我在国外大学的学习与工作，处处皆可见先生之关怀。韩愈在论"师道"时说："师者，所以传道授业解惑也。"（《师说》），而先生之于其学生，实非止于此，还有殷切之关爱，即使弟子们已经毕业参加了工作，仍关怀备至，叮嘱指点。所以先生之为师，非一日一时之师，乃终身之师也。

先生知识渊博，乐观豁达，宽厚而仁爱，耄耋之年身体硬朗，精神矍铄，仍可主持国家大型重点科研项目，此诚如孔子所言："知者乐，仁者寿。"（《论语·雍也》）

谨以此文之点滴回忆，敬贺先生之八秩华诞。遥祝先生身体健康，幸福快乐！

李晟文，加拿大拉瓦尔人文学院历史学系教授、博士生导师

先 生

——我的导师南炳文

罗世龙

　　时光如梭,我的导师南炳文先生八十寿辰。回忆南先生近四十年来对我的关怀和教导,历历在目,心中充满感激。首先,祝先生生日快乐。

　　我与南先生的相识,缘于天津市青年联合会。青联是由各族各界、各行各业优秀青年代表组成的青年爱国统一战线组织。南先生是当时天津教育界优秀青年的杰出代表。我1986年调到市青联秘书处工作的时候,南先生已任两届市青联副主席,在青联中享有很高的威望,无论是哪个界别的委员,都亲切地称他为南先生。

　　青联委员们称他为先生,首先是因为南先生的学识和才华。大家都知道,先生是知名学者,历史学大家,学识渊博,在史学界有着很高的威信。他治学严谨,刻苦勤奋,一丝不苟,成就斐然。青联委员们称他为先生,也是因为虽然南先生是大家,却和蔼可亲,毫无架子,宽以待人,和谁都能相处融洽。青联委员们遇到问题和困惑,都愿意向南先生请教,他也总是耐心解答,给予指导。青联委员们称他为先生,更因为他对青年工作高度重视,积极参与。青联的主席办公会、常委会、全委会,只要他在津就一定参加,并对市青联的年度工作安排、工作报告和重大活动,结合不同时期的社会发展实际和工作需求,提出建议和指导,给予了青联工作很大的支持和帮助。特别是在青联的主席办公会上,南先生每次话虽不多,但大家却十分重视,充分采用;而在之后的实际工作中,也总能得到验证,收获很好的成果。我是市青联的专职干部,在与南先生的接触中,也为他的平易近人、睿智博学和历史学者独到的眼光所折服。每当工作中或生活上有困惑的时候,都愿意去向南先生请教。尤其是在改革开放初期,南先生在思想上给予我十分关键和重要的指导,帮助我成长,我真是受益匪浅。当时,很多青联委员都希望能够成为南先生的学生,再一次踏入校园,深度学习。

　　1991年,市青联从培养青年人才的实际出发,向南开大学提出举办硕士研究生班的想法,并请时任市青联副主席的南先生与南开大学的领导沟通协商。南先生十分支持、积极促成。经南开大学研究同意,并经国家教委批准,按照南开大学在职硕士研究生招生的相关规定,举办了我们那一届以市青联委员为主要招生对象的中国古代史专业硕士研究生班。我十分荣幸地成为班中一员,师从南炳文教授,我也真正成为南先生的学生。

　　南先生治学非常严谨,虽然我们在之前的青联工作中已经结下了友情,但在南开大学我们是师生关系,先生对我的学习始终要求严格。无论是中国通史、中国古代史料学、明清史籍精读、明清史专题等必修课，还是明清政治制度、中国古代文献学、中国古代文史工具书等选修课，无论是哪位老师给我们上课，南先生都要求我们认真做好笔记，有问题随时可以找他解答，绝不能松懈。

我们的课程大多被安排在工作日的晚上或周六整天、周日半天。在工作了一段时间后，带着上有老下有小的家庭压力，能够重新走回校园，虽然很累，但这仍是我人生中非常快乐的一段时光。从周一到周五，每天下班以后，我就马不停蹄地奔赴南开大学的教室，听老师们讲授课程；周六周日，我就泡在图书馆研读文献，为论文做准备。三十多年过去了，我仍清晰地记得南先生上课的情景，他虽然衣着朴素，但讲起课来周身熠熠闪光、挥斥方遒。简单的一杯水，几笔板书，就能将枯燥的古籍讲得有声有色，趣味无穷，听先生的课真是人生一大享受。

当我撰写论文时，从选题、文献综述，到研究方法和逻辑架构，南先生更是给了我事无巨细的指导。那一段时间，南先生满屋书籍的办公室是我常去的地方。我总在猜想，自己可能是占用先生时间最多的学生了吧。我的论文是《道光时期社会危机述论》。论文答辩通过后，当母国光校长向我颁发学历证书，胡国定教授给我颁发学位证书时，我为自己能够成为南开人而感到无比激动，心中更对南先生充满感恩。

跟从南先生这段时间的专业训练，加深了我对历史学的认识，提高了史学修养，更使我能从唯物主义历史观的立场出发，带着史学研究的视角看待事物、分析问题，结合社会的发展与变化，注重史料的挖掘和整理，注重对历史的研究和发现，做好自己的本职工作。

离开青联后，我到天津中华基督教青年会工作，深感成立于1895年的天津基督教青年会对于近代天津乃至于近代整个中国社会的转型与发展，都曾经发挥过十分重要的作用。因此我组织搜集整理天津中华基督教青年会的历史资料；远赴美国明尼苏达大学，专门搜集相关史料；组织海内外专家学者先后召开了天津中华基督教青年会与天津近代文明、与天津近代教育、与天津近代体育、与天津近代社会服务、与近代名人等多个学术研讨会；用了十年的时间，主持编纂了近四百万字的《中国基督教青年会书系》。我还参与组织了南开创始人张伯苓研究会的工作，从史料挖掘、学术研究到推广南开，宣传老校长的教育思想，以及在全国努力践行。这些都和在南开的学习、作南先生的学生直接相关。可以说南先生给我的指导使我受益终身。

虽然南先生和我都早已离开了青联，但几十年来，我们的师生情谊从未中断，每年我都会去拜会求教南先生。每当我遇到问题时，仍会第一时间想到听听我导师南先生的意见。无论我的人生遇到怎样的困顿，看到先生云淡风轻的微笑，都觉得心里特别的踏实。先生是历史大家，因此他在劝导年轻人时，总会穿插着讲几个历史小故事。其中很多在我逐渐上了年纪之后，细细品味，才越发觉得深刻。听先生讲话，宛若置身于浩瀚悠远的历史长河，自己那一点点小问题，显得那样微不足道，从而深深释怀。冷静而有温度，渊博又富乐趣，我想这就是历史学者独特的魅力吧。

2020年和2021年,我还曾陪同中国篮协的领导为策划编纂《中国篮球志》多次拜访南先生,请先生指点。看到南先生仍在为国家重大社科项目《明史》的校勘和《明实录》的整理而勤奋工作,心中深感我的导师无愧大家、无愧先生。

一朝沐杏雨,一生念师恩。以此回忆往事的小文,恭贺先生八十寿辰!

作者:罗世龙,原天津市中华基督教青年会总干事,张伯苓研究会顾问

授业传道诲人不倦，耋年笔耕领航史海

——贺恩师南炳文先生八十华诞

周晓虹

　　星霜荏苒，居诸不息。转眼间恩师南炳文先生已是杖朝之年。而我，初识先生时那个二八芳华的小姑娘，如今也是镜里堪惊两鬓霜。感慨岁月若白驹过隙，忽然而已。

　　我在恩师身边聆听教诲的时间是1981—1995年的十四年。在诸多师兄弟姐妹之中，不算长也不算短，但算得上早。屈指数来，除了王静和李小林二位师姐，就应是我了。

　　我入南门之契机，与其他师兄弟稍有不同。我本科虽非历史专业，却有幸从入大学就开始接受先生的传道授业解惑。

　　回想与先生初见，恍如昨日。1981年，不满十六岁的我考入南开大学外文系日语专业。入学前，便听我的小学同学、高我一届但同为舞蹈队队员的好友南俊英说，她大哥在南开教书。入学后不久，在一位考入历史系的中学同学引荐下见到了先生。谈论起故乡家人之间的渊源，倍感亲切。

　　先生邀我至家，设酒杀鸡款待。平易近人的先生、和蔼慈祥的师母，还有当时读小学三年级的活泼可爱的小南莉，让我少小离家和初登大雅的紧张和无依孤寂，瞬间化为找到新家的温暖。

　　当年先生家住在西南村12号楼，那是一种叫作筒子楼的建筑，先生家住在二楼的最东头。第一次去先生家吃的饭就是先生家请客时餐桌上永远不会缺席的主角——饺子（之后我在南开大学的十几年中，每当有新的师兄弟入门，迎新会都是在先生家包饺子）。

　　从此先生和师母便把我当成家人照顾，逢年过节一定邀至家里，使我虽远离故土亲人，却能时时感受到他乡胜故乡的温馨和煦。

　　先生与我谈论起未来的人生规划，以历史学家独有的洞悉过去、预判未来的敏锐，认为将来外语作为工具尚可，作为专业则未免单薄，需另掌握一门技艺方能安身立命。我深以为然。因倾慕崇拜先生之博学，便决定追随先生学习历史。

　　就这样，从大一开始，我便有幸在先生的指导下，学习中国通史、明史、清史，阅读《左传》《论语》《战国策》等古代典籍，备考明清史专业研究生……从此游入了浩瀚的史海，幸有先生在前领航。

　　研究生期间是我最青春美好的年华，也是人生最快乐的一段时光。先生的教诲，师兄师姐的帮助提携，使我度过的每一天都充实而愉快。打开回忆的沙漏，流出的满满都是阳光灿烂。

限于篇幅，在此仅分享记忆犹新的两件小事。

80年代中期，研究生并没有专门的教室，每次上课，我们几个人都是提着小黑板去先生家。当时一起上课的有李晟文师兄、夏波师兄、董郁奎师兄、李立师兄，还有我。

有一次课上，大师兄李晟文用湖南普通话讲述一个问题，我听着有点费劲，便开小差神游到了爪哇国。我发呆的神态自然逃不过先生的火眼金睛，先生突然点名："晓虹，晟文刚才讲的是什么？"我愣了一秒钟，脑海中立刻找到"甩锅对象"，做委屈状说："不是我没好好听，实在是他的湖南话我听不懂。"先生明知我在辩解，却无可奈何，夏、董、李几位师兄窃笑，晟文大师兄背了黑锅，有苦说不出，气得直用眼睛瞪我。我就这样凭着小机灵搪塞过去了。

后来长大后，一直想找机会向大师兄请罪。无奈大师兄早早便举家移居枫叶国，而我之后不久也东渡日出之地，对大师兄的歉疚感也就背负了几十年。现借此文，特此澄清，向大师兄道歉，为大师兄正名。

我虽然课上偶尔偷懒，也并非毫无收获。至今仍记忆深刻的是先生讲的"孙殿起的《贩书偶记》"。

先生讲课从来不是干瘪地照本宣科，而是用他独特的幽默讲解枯燥的内容，那些故纸堆中的故事在先生口中总是生动鲜活。

有一次在"史料学"课上，先生讲到《贩书偶记》时说："作者是个摆书摊卖书的，在卖书的过程中把读书心得记录下来，形成了这本书。所以，他的名字虽然叫孙殿起，但他不是从宫殿里起来的，而是从旧书摊上起来的。呵呵。"

当时二十岁的我觉得这个笑话有点冷。然而多年之后，我几乎把课堂学过的所有史料学知识都还给了老师，却唯有孙殿起和他的《贩书偶记》深深地烙在了记忆中。

这个经验给了我很大启发，之后的几十年中，我在给后辈传授知识时，也总是努力使用生动的语言、独特的表达、形象的比喻，来增加听者的兴趣，加深听者的记忆。

跟随先生学习工作十几年后，感觉自己不是做学问的人，对历史研究始终难有精进。90年代中期，我怀着对恩师深深的歉疚，离开南开大学，东渡扶桑，重新攻读了教育学硕士和博士，之后便一直从事中日政府间的翻译工作。

尽管最终仍回归第一专业，做了职业翻译，但十几年的历史学习和研究绝非人生弯路，多年的史学积淀和读书习惯对我做翻译工作大有助益。与单纯外语系出身的翻译人员相比，我能够应对更加复杂、难度更高的翻译，尤其是涉及历史文化的内容，更加游刃有余、得心应手。更重要的是，多年培养的史学素养，使我在异国他乡尤其重视中日两国文化历史的比较、感悟和讨论，在生活工作中潜移默化地促进两国朋友之间的理解交融，或多或少地增进了双方友谊。这完全受益于南开大学十几年的熏陶，受益于恩师南先生的悉心教诲。我无时无刻不心存感念，庆幸自己曾"走弯路"攻读了一个貌似与职业不相干的历史学硕士。

幸得恩师掌航，方有我一生坦途。得遇良师，人生何幸。师恩如山，温和厚重；师恩似水，绵远悠长。

先生数十载笔耕不辍，著作等身；扶掖后辈，桃李满园。正如鲁迅先生对陶行知先生教育生涯的描述："在生活的路上，将血一滴一滴地滴过去，以饲别人，虽自觉渐渐瘦弱，也以为快活。"借用这段话形容恩师，也是恰如其分。

在恩师八十华诞之际，谨以此文为恩师贺寿，并将先生一家给我的温暖关爱，用文字留存于先生的桃李园中，与新枝后学分享。

作者：周晓虹，日本内阁府翻译

与南炳文先生交往的几件事

兀万春

南炳文先生是我在南开大学历史研究所求学期间的硕士生导师。这一段师生情对我的一生有很大影响和帮助。

我跟南先生的缘分开始于1987年10月。那年暑假期间,我决定报考研究生,暑假提前返校开始备考,又经过一番思考,决定报考中国古代史的明清史专业,选择大城市中的一所名牌大学,于是有了两个选择,一个是北京中国人民大学明清史专业的王思治教授,另一个是天津南开大学明清史专业南炳文教授。接着,我给两位教授分别写了一封信,表明自己慕名报考其研究生的意愿,并请教修习明清史的意见建议。信发出去一周后,我就接到了南先生的回信,信不长,大意是欢迎报考,也谈了备考注意事项。这么快就收到回信,先生工作效率之高,对素未谋面学子的一封信这么重视,让我非常感动、终生难忘。当时有一位中学同学正在南开大学数学系读本科,他介绍说南先生是明清史学界翘楚,很年轻就当上了教授,是历史研究所副所长,年轻有为、成果卓著,报考他的研究生是一个很好的选择。恰好不久,人民大学王思治教授爱人回信,说王教授国外讲学,本年度不招收研究生,于是,当即决定报考南开大学南先生的研究生,并认真备考五个月。后来我顺利通过了研究生笔试,1988年5月顺利通过面试,7月份接到了南开大学研究生录取通知书。

当年南先生只招一名研究生,岳成驰师兄在先,我就挂名为王文郁先生的研究生,因王先生长期病休在家,我的研究生学业都是在南先生亲自指导下完成的。记得在校那几年,每逢节日,南先生都会在家里摆宴席款待我们这些年轻学子,师母张罗了一桌丰盛的饭菜,师兄弟们聚在一起,谈天说地,谈古论今,南先生风趣幽默的话语不时逗得大家哈哈大笑,热闹的场景让大家恋恋不舍,至今记忆犹新。

当年读研时,家里的条件比较艰苦,南先生对我很是关心爱护,亲自为我找了一份勤工俭学的差使,就是为历史研究所当办公室秘书,负责研究生管理服务等一应跑腿事务,每月三十元钱,前后干了一年多。这项工作不但让拮据的我手头有所宽裕,而且帮助我熟悉了大学的情况和机关管理工作,也为后来进党政机关工作做了很好的铺垫。

在校期间,我收获最大的还是南先生对我学业和科研上的指导帮助。当时,我想通过多选一些课程来拓宽知识面,先生提醒我要围绕专业研究选修课程,课程不要太多,要求我先把谈迁的《国榷》通读一遍,形成明史整体印象,在此基础上,根据需要再读《明史纪事本末》《明史》《明实录》等书籍的相关内容,同时,阅读关于明代政治经济军事文化等各个方面的论文,了解最新的研究进展和成果。我认真照办了,一个学年后,感觉收获很大,形成了一个自己觉得值得关注和研究的明史问题清单,得到先生的充分肯定,也为后来的毕业论文选题《明朝嘉靖中后期东南海防的重建》打下了基础。因为有系统扎实的明史修习基础,在研二暑期前毕业论文初稿就提前完成了,送南先生审阅,南先生提出删削修改意见,后来顺利通过了论文答辩。临毕业的那一学年,参加了南先生专著《明史》(下册)出版前的校对工作和《明代文化史》的研究和撰稿,通过查阅大量资料和论文,形成了初稿,完成了集体课题研究中自己负责撰写的明代中外文化交流部分。

研究生毕业后,我就留在了天津,在党政机关工作,也是南门众多弟子中唯一在党政机关工作的,这么多年来,仍然与南先生保持着联系,参加过几次明清史学术讨论会,要么逢年过节到南先生家里拜访看望,要么师兄弟到天津来,就与南先生一起聚一聚,不时聆听先生的教诲。

南先生作为南开大学历史专业教授、博士生导师,一生极为勤奋自律,不但平时工作刻苦,连节假日也基本上在自己的办公室度过,即便退休后也是如此,令众多弟子乃至学界同僚无不叹服,他真正把所有的业余时间都用在了研究和著述之上,因此著述颇丰。出版专著有《明史》(上下册)、《清史》(上下册)、《南明史》《明代文化研究》《清代文化》等,又有论文集若干,如《明清史蠡测》《明史学步文选》等,公开发表论文二百多篇。南先生先后担任全国明史学会副会长、常务副会长、会长,主持了《明史》点校、明朝《万历起居注》点校、《明实录》点校等国家重点文化工程的基础性史料性研究工作,学术界名望很高。先生的专著、论文平实无华,通俗易懂,有多少史料就说多少话,时时处处展现着大学者在历史研究方面科学严谨缜密的治学态度。

南先生为人谦和,史学修养极为深厚,长期担任天津市青联副主席,政界高层人脉很广,曾经给市纪委等市级机关多次做明清史专题讲座,并担任天津市文史研究馆馆员、市政府参事室参事,开展天津建卫六百年等有关天津历史的资政研究。因此,我与先生的共同话题较多,先生总能给我一些工作指点。无论在学期间,还是工作之后,与南先生亦师亦友,弹指之间已经三十余年,自问自思,此生所得于南先生者甚多:为我打开了人生新的更高的门槛,教会了我学问研究方法,教给我很多做人的道理,一直在工作上鼓励我支持我。从南先生那里,我也得到了很多启迪:一是很多事情,要干成它,若没有一点拼劲,不对自己要求严一点,是不行的;二是任何资源特别是时间,如果不善加利用,都是在暴殄天物、浪费生命;三是专注能够通神,没有任何成功是可以凭借天赋轻松实现的,没有持续数十年的专注和努力不可想象。

南先生以博学笃行、诲人以德、著述等身、奋斗不已,为我们树立了一个很好的榜样,仰之弥高,钻之弥坚,虽不能至,心向往之。

作者:兀万春,天津市规划和自然资源局巡察办主任

杖朝步履春秋永 钩渭丝纶日月长

——致礼吾师南炳文先生

曹 琳

回想初见业师南先生时的场景,已是廿二年前:那日研究生复试,忐忑而紧张的我推门走入会议室,抬眼处,目光恰对着一位前方端坐的先生,就在我手足无措、拘谨沉默间,这位先生却很和蔼地主动招呼,虽只是一声问候,但眼角眉梢的善意、言语表情的亲切,顿时让我放松了下来。互相介绍过后,面试的题目已然忘记,但记忆犹新的,是无论我的回答如何浅见薄识,南先生总是善意地点头与微笑,偶尔提醒、纠正,不带批评,没有轻视,平等而谦和。

有幸成为南先生门下弟子后,第一次正式拜谒,甫一跨进先生办公室,即刻就被眼前所见震撼,全然忘却了前一秒的杂念,从未见过如此的书山书海,满壁、满架、满桌、满窗!南先生还是那样温和地微笑,客气地请我坐下,我则满怀敬畏、继而好奇难抑地脱口而出:"南先生,这么多书,您真的每本都读过吗?"这位早已在学界德高望重、声名显赫的老前辈,并未因冒犯而嗔怒,却是用很认真的语气,回复了句令我更肃然起敬的话:"是的啊,可是,要学习的知识太多了,这些,是远远不够的!"

这句话,在接下来与先生相处的六年中,无时无刻都能感受到。南先生的勤奋,早就被南开师生们所传颂,在他们的描述中,一年365天,至少有360天都能够看到先生早早骑着一辆老旧的自行车,整齐停放在范孙楼下,然后小步快走到办公室去读书……也难怪后来的日子里,南先生经常笑称自己是助理保安,在我的记忆中,每一次,无论多晚离开空荡荡的范孙楼都不会害怕,因为总有先生那间办公室,直到关楼都会温暖安静地亮着灯,"夙兴夜寐、风雨无阻"这几个字,对他的勤奋,称得上是最贴切的形容了。

其实,我不止一次烦扰过先生,问他天天只知读书写文章,会不会觉得单调无趣?先生则一贯宽容而和蔼地笑着回复:"我人太笨了,不多看些书心里总觉得没底";"我以前上学的时候,还是很喜欢唱歌的,但现在要把心思用在搞研究上";"时间太宝贵,不够用,要抓紧点做些实在的事"……温和而坚定的语气,言犹在耳!

不仅勤勉,南先生做学问的态度更是非常严谨,这从他教导我们治学的方法可见一斑。记得他第一时间要求我去准备的入门书,就是无标点本的《明通鉴》,还要求一定要备好《辞源》。先生说:"学历史,首先必须要有尊重、谦卑的态度,看文献时遇到不懂的字,要立刻去查词典,想办法搞明白上下文的意思,若一时逃懒、不求甚解,就会无法全面理解史实,严重时更会谬以千里;其次不要想走捷径、更不能满足于拾人牙慧,要尝试自己逐字逐句去句读，遇到任何不懂的知识，都要亲自去找第一手资料查证，如此方法和态度读书，才能培养独立思考、勤于分析的习惯，才能够形成自己的观点。"大概也因此，南先生给学生开设的明史精读课程，从来不会灌输也不照本宣科，而是让我们自行选择内容阅读、阐发、论辩。先生是大先生，但大先生从不轻慢、也不敷衍我们这些并无甚思想可言的小学生，对我们每一个观点、每一个问题，都会深入而细致地评价与释疑。

还有一则故事，也是史学界至今脍炙人口的佳话，就是那部百万字断代史专著《明史》的署名事件。2003年这部书再版时，有段时间经常看到南先生日夜伏案、逐字逐句审校，还要因为适应书样既有排版和尊重编辑意见而对文字和史料的再安排煞费脑筋、很是辛劳，后来才知道，80年代出版时，虽然先生实际承担了主要撰写任务，但是他却主动要求出版社把名字署在后面。而这次再版，汤先生年事已高，更是南先生一力完成整个修订工作，他兢兢业业、废寝忘食地校订、查核、补正，一丝不苟，却依然还是谦让署名位次。眼见先生辛苦的我表示不解，南先生却很严肃地说："汤先生是前辈，尊重前辈是做人的基本道理，没什么不应该！"不仅如此，南先生对晚辈同样待以尊重，学生写文章，先生从来都尽心指导，经常满纸密密麻麻都是他批改的笔迹，但发表时他却从不要署名，对这个学界习以为常的惯例，他始终认为是沽名之举，理应杜绝，其品格亦可见一斑。

在人们的印象中，地位显赫的老学究们，通常应是古板而不苟言笑的，南先生则不然，和他相处，总能够被他的幽默豁达所照耀，也会因他的开明而受到鼓励。读研时候，我因一次去逛天后宫突发奇想，要将妈祖信仰与天津城市发展作论文内容，汇报时很担心因这一选题并非专注于明代而被否决。听完了我的汇报，先生非但没有否决，而是给予鼓励，他说研究学问要平衡博和约的关系，历史问题本来就应注意时代的延续性，要能够从总体上进行把握，不要局限于专业方向而忽视对其他历史时期的观察，在此基础上，再择选重点来进行深入探讨，二者并不冲突，而且，兴趣是最好的老师，让我放手去写。而到博士论文选题，先生本意是想指引着做一些政治制度方面的考察，我又因觉得枯燥自作主张要去研究商人，先生没有丝毫不满，只是提醒，商人商业的主题学界已成果斐然，另辟蹊径并不容易，如果要有所创新，就一定不能局限于历史学的知识，必须广泛去涉猎其他学科如经济学、管理学的理论，如此思路才能开阔而更易于获得启发。论文写作的两年多时间，先生不仅经常不厌其烦指点相关史料的查找与释读，也会与我讨论以现代理论观察历史问题的合适角度和程度，厚厚的博士论文，先生几次修改，写满了他齐整的蝇头小字，甚至未落下每一处不恰当的句读。

近年来，南先生夜以继日进行着《明实录》的点校整理，工程浩大，即便年节时候，年事已高的老人家也不愿休息。记得有篇采访中他说："将这些最基础的材料整理好了，谁要写论文著书研究就都有了基础和依据，这些书在世界上不多了，要赶紧整理出来。在功利上不讨好，但学术上意义极大，不要只看眼前一时的得失，这是真正的贡献。"这让我联想起南先生在其早年所撰《三岔河口记》碑文中言："三岔河口以北不远，有十方丛林一座，名曰大悲禅院,其大雄宝殿之佛祖巨像,庄严慈祥。"那么,对南先生不计名利所做的这福泽后人、无量功德之事业,吾辈弟子若以请教佛祖,佛祖当"何以复之?"应是亦可见其"笑颜颔首"吧!

谨以此文顶礼吾师!愿吾师安康!

作者:曹琳,河北经贸大学财政税务学院教授

散忆向南炳文先生求学的片段

陈　旭

　　南先生对博士生的一对一指导,非常深入,费了很大的心力。在2014年9月至2017年6月的读博期间,我单独去范孙楼找南先生汇报读书时的思考,应该至少有二十次以上。多数时候,交谈都在一小时以上。只有极少数的几次,南先生确实有事很忙,只交谈一二十分钟。甚至有一次我下午两点过去,谈了三四小时,天都黑了好久了,导致南先生晚饭耽误了,害得他被饿肚子了。每次见面谈话的内容,都是向先生汇报自己最近两周或者一个月期间读书的心得体会,有哪些收获,有哪些困惑,请先生帮我指正一番。我的研究兴趣一度有些宽泛,南先生发现后,担心我精力分散,所以他叮嘱我,主要精力还是应该集中在博士毕业论文的选题上。不要一味地贪多求大,否则最后容易流为无所成就的空疏结局。那样就不好了,会影响到按期毕业,应该集中兵力打歼灭战。他主张应该把研究的方向暂时集中,不要过度分散注意力,一步一个脚印地走,一个一个山头地逐渐占领,做一个踏实的人,做一个有计划的人。南先生指导学生时,以鼓励为主,批评为辅。因为新博士生的积累不够,往往自卑、自信不足的情绪要多一些,故而提振学生的学术自信,以夸奖为主、鼓励为主。当然了,以夸为主,并不是就对做人、做事上不正确的地方不进行饱含爱心的批评,南先生的批评,很顾及学生的自尊。只要认真整改了,一般只批评一次,不会反复提及,这说明他教育学生,是很注意教育技巧的,以宽为主、宽严相济,也顾及学生的面子。

　　南先生对自己明史研究的路数有个形象的比喻,那就是先穿衣服,再穿靴戴帽。他一贯主张,第一步是先直接阅读明代的一手史料,直击心灵,形成对某个明代历史问题的基本认识,然后再去查考学术动态,正式确定自己具体的论文题目和写作重心。就像一个人穿衣着装一样,应该先把衣服都穿戴好了,最后才去穿靴戴帽。查考明代的学术动态,就是穿靴戴帽。研读一手史料,形成研究思路和基本结论,就是穿衣服。应该先穿衣服,再穿靴戴帽,才是最顺手的。若是先穿靴戴帽,再穿衣服,就反而弄得有些不方便了。这样的研究方法,并不是说了解学术前沿不重要。而是他不主张一开始就先看前人的学术主张,而应该先选一较大问题,研读大量的有关明代一手史料,逐渐形成研究者对该问题的基本认识和基本结论后,再去查看具体的研究动态,然后才最终选择自己拟写的具体题目。若是别人写得多了,就不用写了,只选前人没有怎么涉足的论题即可。若是不先看一手史料,上来就直接查前人写过什么,似乎就觉觉得别人都研究透彻了,自己不可能有进步的空间了,会严重地打击自己继续开展研究的自信。而且前人的研究成果,看了以后,会给自己的大脑一种定势思维，自己的原创性思考就会受到一些非常不利的影响。只要该问题比较大一些，势必不可能被前人都研究得毫无空间，所以其实是不用担心自己炒冷饭的。一开始我还有些担心，我说自己看过几本研究方法类的书，里面都是大谈先了解动态，再去开展研究啊。我开始还有点将信将疑，经过南先生多次灌输、强调和解释，自己按此办法去研究明代嘉靖皇帝，果然得出了不少新结论。在南先生这样的方法指导下，我后来的写作都是按此好办法实践，最后取得了较好的学习效果，增强了自己的学术自信。后来我偶然读到《余英时访谈录》，里面的采访者问余氏："我看先生的著作，一般主要是直接去找原始的第一手的资料？"余英时先生答曰："因为你如果先从别人那里入手的话，那就有先入之见，反而不容易看到真相了。别人说了的话好像是定论一样，你无形中会受到影响。"由此可知，大学问家在研究历史问题的方法上，往往有暗合之处，都主张"直入塔中寻相轮"，从阅读古代的一手史料中去引发原创性的学术思考，这才是搞好历史研究的正确路数。

南先生工作时非常勤奋，惜时如金。每天八点过，他就骑自行车到范孙楼的办公室，中午十二点多骑自行车再回去吃午饭、睡午觉，下午两点左右又到办公室搞研究。六七点钟，再骑自行车回家吃饭，饭后还要到办公室搞研究，一直工作到晚上十一点，再骑车回家。平时的周六、周日，也是在办公室度过，不舍得把时间拿出去逛街、逛商场、旅游，不太贪图这样的生活享受，觉得时间都浪费了，耽误学术成果的取得。这是他对明史研究真心热爱的结果，强烈的兴趣驱使他忘我地工作，并且乐在其中。在外人看来，这也许是一种苦役，但是热爱学术的人，等两天不摸书，不搞研究，就会觉得精神空虚，生活变得没有意义了。这也许是全天下热爱科学研究的研究者们都具备的一个特征吧！子非鱼，安知鱼之乐？子非鱼，安知鱼之不乐？南先生数十年如一日的勤奋的工作节奏，是很多年轻学者都难以匹敌的。正是因为惜时如金、珍惜光阴，才成就了他在明史研究领域的非凡成就。

南先生对写作质量把控的态度，既认真又严谨。在那几年，先生正在主持《明史》点校的工作，手头有大量的初稿，他都要逐一进行复核。他决不肯马虎了事，有时候修改的幅度非常大，甚至好几页都彻底删去，重新撰写。真学问、好学问就是这样，来不得半点的马虎，才对得起自己的学术良心，所留下的学术成果才能经得起时间的检验。关于明代古籍校勘方面的研究，往往比较枯燥，没有研究具体的明代历史人物、历史事件那样生动，成果出得非常慢，故而学者往往不肯轻易涉足。但正是因为有着这样的精益求精的精神，《明史》点校本的质量很高，送到北京评审时，相关的评委对南先生主持的此项集体成果给予了非常高的评价。中华书局出版社的相关领导也对与南先生的学术合作非常放心，故而屡次把重要的学术任务交给他。

南先生不争名利，善于和别人合作。上海人民出版社1985年出版了汤纲、南炳文合著的《明史》，这部著作的分量很大，是南先生成名之作，奠定了南先生在明史学界的重要地位。该书部头大，对明代历史的勾勒比较深入，较同类著作内容更充实，故而成为了历史专业本科、硕士、博士学习明代历史的必读书目之一。由于南先生撰写的章节多一些，按照出版的惯例，该当第一作者。但是汤先生当时年长，职称晋升问题也尚未解决，故而南先生愿意主动让贤，自己不觉得委屈，乐见其成，成人之美。到《明史》（下册）出版时，南先生依然表示愿意当第二作者，但是汤先生坚决不肯，特意写信到上海人民出版社说明情况。汤先生在信中说，自己参与了该书的撰写，但是出力相对更多的，还是南先生，故而南先生应该在下册出版时当这个第一作者，这样才是公平的。故而在《明史》（下册）出版时的著者排序上，发生了变化，第一作者为南先生，第二作者为汤先生。这种高风亮节、不争名利的学术合作态度，着实有君子之风，被学术界一度传为难得佳话，是非常难能可贵的。

南老师的待人接物，非常讲究礼节。只有和他非常熟悉、非常亲密的人来访，他才礼节从简一些。越是陌生人，越是没有见过的来访者，南先生越是客气。无论是领导、同事、学生，还是一般的工作人员，每次来访他的办公室后，他都要起身送到办公室门口，挥手再见，或者点头致意，直到目送来访者进入电梯。甚至还有把来访者送到电梯里，陪同下去，直到范孙楼一楼的门口。这种待人接物上的礼节，不居高临下，有长者之风，一点大学者的架子都没有。敬人者，人恒敬之。此举一度让我这个不爱讲礼的"野人"深受教育，从南先生这里收获良多，果然是要做学问先做人啊。这个细节，相信在范孙楼和南先生有过交往的人，都能娓娓道来。

作者：陈旭，遵义师范学院历史文化与旅游学院教授

随南炳文先生问学二三事

王志跃

南炳文先生是明史学界著名的学者,我在研究生期间已曾听过其讲座,但未曾想到的是,三年后我能非常幸运地与南先生近距离接触,以博士后的身份再次聆听他的深思明断,同时,感受先生的人格魅力和渊博学识。

我在南开大学博士后流动站期间,先生正承担着《明史》的点校和修订工作,每次走到其办公室,举目望去,柜子里、书桌上和凳子上摆着的全都是或摆放整齐或已打开的各类书籍,让人不由地就心生敬意。而每次南先生也会把他所收到的一些学者的《明史》修订稿给我看,并指出该学者修订的长处及不足。尤其对于其不足,南先生会大量补充新的证据,从而使得相关条目的论断更坚实、更可靠,而我在看到一些修订稿被南先生密密麻麻地重新修改后,一方面感受到了南先生的知识渊博,另一方面也真切见识了什么是认真和负责!记得硕导郭培贵先生曾再三告诉我:学历史最怕认真。从南先生的身上我再次看到了这一点。

不过,由于南开大学的博士后公寓管理存在一些问题,导致我进站的时间实际只有一年半左右,加上南先生当时正忙于《明史》修订工作,而我博士期间的研究方向为宋史,因此,我当时与南先生的实际接触是比较有限的。

博士后出站后,我到了安阳师范学院就职,本以为自此与南先生除了节日问候等不会再有多少交集。而国家重大项目"《明实录》整理与研究"的出现,使得我与南先生又实实在在地交流了三年——尽管只是电话交流。

"《明实录》整理与研究"是由南先生领衔的,而我则由于各种原因很幸运地加入到了这一团队,我所负责的是《明实录》中的世宗和穆宗两朝实录。由于两三年时间未做明史,所以最先我并未意识到该任务的工作量之大。刚开始做,由于南先生让我只做他校,说版本校有人单独负责,但我手头有关明史的专项整理资料很少,加上明史留下来的资料极其丰富,以至于一则条目不少时候都要做半天,而全部《〈明世宗实录〉校勘记》(台湾学者所作)的条目则近三万条之多,搞得我当时颇为绝望,因为除了作《〈明实录〉校勘记》,学校还有教学和科研等事务缠身,而且家里还有一岁婴儿需要照顾,当时真是恨不得自己能够分身。

无奈只好向南老师请教,南老师告诉我,每则条目不必要太多他证,只需要文集、墓志铭、题名碑、地方志等主要史料具备即可。有了南老师的点拨,遂感觉有了明晰的思路,再去做时心里也更有底了。但这样做还是感觉不够快,因为中华书局的要求,所有证据还需要具体页码,我又将《国朝献徵录》《掖垣人鉴》《国朝列卿纪》等常用史籍全部整理成了电子版,这样才大大加快了速度。当然,除了他证多少的点拨以外,南老师对于不少史籍的判断也给了我很大帮助,比如《明功臣袭封底簿》《掖垣人鉴》等属较为原始的资料,而《国朝献徵录》《礼部志稿》《名山藏》等不少则为二手资料,尤其《国榷》的错误极为繁多,等等,这些判断均使得我在使用这些史籍时变得更为得心应手。此外,《明实录》中宗藩史料极多,所以南先生对于宗藩人名中基本都含有金、木、水、火、土部首的判断,使得我在订正这些人名时又多了一个重要的判定依据。在南老师的多次指导和我亲自实践下,《明世宗实录》的校证工作终于一步步走上了正轨。

不过,实际校证工作还是比较复杂的,因为《明实录》中的不少人名和职官等错误会反复出现,这也让我颇感困惑。后来南老师让我采用"详参某卷某页某条目"的办法来解决,从而使我对类似问题的处理有了更多的办法。尽管有了以上指导,但《明实录》采择史料极其丰富和多样,不少史料今天可能已经亡佚,而对于这些史料,我问了南老师,他告诉我这样的史料只能采用版本校,但版本校只能考异同,不可妄下结论。通过先他校再版本校的做法,我也深刻地意识到了此点,即仅靠版本校不少时候并无定论,而要完全夯实论断,还是需要更多更可靠的他校来做支撑。所以,做到最后,我才日渐明白南老师为什么让我先做他校再做版本校。因为他校毕竟需要广搜史料,考察的能力更为多样,且得出的结论通常更为可靠,而版本校大体只需要找到版本,相互对照即可,牵涉的能力相对少些,且不少时候不需要做结论,只需列出异同即可。

南先生从事明史研究已数十载,早年以《明史》专著享誉国内外,近年又以《明史》和《明实录》的点校与整理为其两项最重要的工作。而我有幸能够参与其一,深感与有荣焉。而今南先生已年届八十,我也因为疫情等原因,已有数载未曾与先生谋面。每当想起在南开时看到先生精神抖擞的拼搏模样,以及每次在电话交流中先生的耐心指导和热情鼓励,再想到自己现在一无所成,深感愧对先生。当然了,我的不成功不足为训,但南先生认真指导学生和热情提携后辈,这些良言善举还是需要如实记载下来,以便大家更好地了解和深入地认识先生。

作者:王志跃,安阳师范学院历史与文博学院副教授